2025

경찰·경비지도사 시험대비

박상민 Justice

범죄학

[핵심요약+**기출예상문제**]

미래인재**경찰학원**

박영사

PREFACE

| 머리말

수험에서 효율은 언제나 가장 중요한 부분입니다.

저는 학생들의 공부범위를 최소화하고, 반복학습을 유도하는 것을 목표로 하고 있습니다. 학습범위가 넓어지면 반복을 통한 회독암기가 불가능하게 되고, 결국 수험기간이 길어질 수 있기 때문입니다.

합격을 목표로 하는 수험생은 학자가 아니기에 학습량을 무조건적으로 늘리기보다는 효율적인 학습량을 유지하는 것을 권장합니다.

따라서 본서는 제가 이미 출간한 기본서의 주요 기출지문 OX와 연계하여 핵심내용을 요약하고, 단원별 기출 및 예상문제로 여러분의 시간을 좀 더 효율적으로 활용할 수 있도록 하였습니다.

또한 중요문제와 핵심해설에 강조표시를 하여 효율적인 학습이 가능하도록 하였습니다.

- 1단계: 핵심요약
- 2단계: 기출 및 예상문제

끝으로 최대한 양을 줄이려고 노력하였으며, 시간이 부족한 분들은 강의를 통해 정리하는 것도 좋습니다.

겨울, 연구실에서
박상민 드림

CONTENTS

| 차례

핵심요약

기출예상문제

박상민 Justice 범죄학

핵심요약 + 기출예상문제

핵심요약

핵심요약 01 범죄학 일반론

01 범죄에 대한 법률적 정의는 합의론, 갈등론, 상호작용적 관점 등 3가지가 있다.

02 상호작용적 관점은 범죄란 권력집단의 이익과 입장을 반영하는 것으로 사회의 도덕적 기준은 얼마든지 변할 수 있다고 본다(낙인이론적관점).

03 범죄에 대한 비법률적 정의에는 사회법률적 접근(반사회적 행위–서덜랜드), 비교문화적 접근(보편적인 행위규범–셀린), 통계적 접근(발생빈도가 낮은 행위–윌킨스), 낙인적 접근(베커), 인권적 접근(인권의 부정을 야기하는 조건), 무정부주의적 접근등이 있다.

04 일탈행위는 매우 광범위하므로 그 개념에 범죄가 포함된다. 따라서 일탈에 범죄가 포함될 뿐, 모든 일탈행위가 범죄인 것은 아니다.

05 한 사회에서 일탈인 행위가 다른 사회에서는 일탈이 아닐 수도 있다.

06 실질적 의미의 범죄는 반사회적인 법익침해행위로 사회변화를 신속하게 반영하며 형식적 의미의 범죄 개념보다 유연하다.

07 범죄학은 사실학(규범학 아님)또는 경험과학이며 종합과학이다.

08 가로팔로는 범죄학을·범죄의 현상과 원인(만)을 연구하는 사실학으로 보았고 국가마다 다른 법체계로부터 범죄학을 독립시켜서 형법학(규범학)과 형사정책을 구분하는 기초를 마련했다.

09 서덜랜드의 범죄학 개념은 범죄의 현상과 원인뿐 아니라 법제정(입법)·법위반 및 그 위반에 대한 반응과정까지를 포함하였다. 대륙과는 달리 형법학과 관련 없이 범죄사회학을 기본으로 하면서 다양한 접근방법을 가미한 것을 특징으로 한다(범죄는 사회현상).

10 고전학파와 실증학파의 차이점

고전학파	• 여러 가지 대안 행위 중에서 어떠한 행위를 선택하는 데 있어 자신의 자유의사를 활용한다고 가정한다. • 피의자에 대한 정부의 임의적이고 가혹한 처벌로부터 보호하고자 발전하였다. • 모든 범죄에 대하여 명확하게 계산된 처벌을 함으로써 범죄에 상응한 처벌을 내리도록 노력하였다.
실증학파	• 인간의 행위가 과학적으로 설명될 수 있는 방식으로 결정된다고 가정한다. • 범죄자가 비범죄자와는 근본적으로 다르며, 차이점의 발견이 실증학파의 과업이라는 것이다. • 실증학파는 범죄자의 연구를 위하여 과학적인 방법을 적용하기 위한 시도로 발전하였다. • 특정의 범죄자에게 상응한 개별화된 처우와 더불어 범죄자로부터 사회의 보호를 동시에 강조하였다.

11 범죄학의 주요연구방법

통계자료분석(인구10만명당)	집단조사(수평적조사)	사례연구
• 대량관찰 가능(양적 분석) • 일반적인 경향파악은 가능 • 시간적 비교연구 • 암수범죄 반영 못 함 • 질적 분석 어려움	• 가장 흔하게 이용되는 방법 • 표본집단과 통제집단 • 예 쌍생아연구 • 수평적 조사 (추행조사=수직적 조사)	• 질적이고 심층적 분석 • 서덜랜드(직업절도범연구) • 생애사 연구 포함(연구에 일반화 곤란 및 편견개입 우려)
참여관찰(현장조사)	**코호트연구(시간비용소요)**	**실험연구**
• 연구자 직접 현장참여 • 인류학자들의 조사방식 • 생생한 자료 획득 가능 • 미검거된 범죄자 일상관찰도 가능(편견 및 범죄가담 우려)	• 시간적분석 • 수직적 분석법 • 정밀한 시계열적 분석을 통한 범죄율 증감파악 • 필라델피아 코호트연구	• 실험집단과 통제집단 • 연구자 : 인위적 조건설정 • 사전 및 사후조사 실시 • 비교분석(인간에 대한 윤리적 문제)

12 우리나라에서 발간되는 대표적인 공식범죄통계자료

- 경찰청 : 경찰범죄통계 • 대검찰청 : 범죄분석 • 법무연수원 : 범죄백서 • 법원행정처 : 사법연감(인구 10만 명당 범죄발생건수로 표시로 인구수 대비 범죄발생건수를 비교할 수 있다는 점에서 유용)
- 범죄통계표 분석은 19세기 초 벨기에의 통계학자인 케틀레(A.Quetelet)에 의해 고안·사용되기 시작한 것으로 오늘날 세계적으로 가장 많이 활용되고 있는 방법 중 하나다.

13 암수범죄는 절대적 암수(수사기관 인지 X)와 상대적 암수(수사기관 해결 X)로 나뉘며 조사방법은 자기보고식 조사, 피해자조사, 정보제공자 조사가 있고 가장 대표적인 것이 피해자조사이다.

14 범죄율

- 범죄통계와 관련하여 인구 100,000명당 범죄발생 건수를 계산한 것(범죄수/인구수×100,000)으로, 특정 기간별 범죄의 발생 정도를 나타낸다.
- 인구 대비 범죄발생 건수를 비교할 수 있다는 점에서 유용하나, 중요 범죄와 상대적으로 가벼운 범죄가 동등한 범죄로 취급되어 통계화된다는 점, 암수범죄를 포함하지 못한다는 점 등이 문제점으로 지적된다(이러한 문제점을 해결하기 위해 범죄의 중요도를 구분한 범죄율조사가 주장되었음 – Sellin, Thorsten, Wolfgang).

15 범죄시계

- 범죄시계란 미국 범죄통계(UCR)에 나오는 것으로, 범죄가 얼마나 자주 되풀이되는가를 알아보기 위해 매 시간마다 범죄발생 현황을 표시한 것이다.
- 범죄시계는 범죄의 종류별 발생빈도를 시간단위로 분석하며, 종류별 사건의 수를 시간으로 나눈 수치로 표시된다.
- 범죄시계는 인구성장률을 반영하지 않고, 시간을 고정적 비교단위로 사용하는 문제점으로 인해 통계적 가치는 크지 않으나, 일반인들에게 범죄경보기능을 한다는 데 그 의의가 있다.

16 표본집단조사(=계열조사)

- 전체 범죄자를 관찰하는 것이 현실적으로 불가능하기에 고안된 방법이다.
- 범죄자의 일부를 표본으로 선정(실험집단)하여 이들을 정밀관찰하고, 그 결과를 전체 범죄자에게 유추적용하여 전체 상황을 파악하는 조사방법을 말한다.
- 표본집단조사는 일반적으로 범죄인군에 해당하는 실험집단과 정상인군에 해당하는 대조집단을 선정하여 양 집단을 비교하는 방법을 취한다.
- 구체적 사례 : 글룩(Glueck) 부부의 비행소년(실험집단, 500명)과 일반소년(대조집단, 500명)의 비교분석 연구가 대표적이다.

장점	• 비교적 쉽게 자료를 계량화하여 실험집단과 대조집단 간의 차이를 발견할 수 있다. • 정보수집의 방법이 체계적이고 객관성이 높다. • 비교적 많은 사람들을 대상으로 다량의 자료를 한꺼번에 수집할 수 있다.
단점	• 편중성 없는 표본선정이 쉽지 않다. • 표본조사의 결과와 사실 사이의 상호 연결관계를 명확히 규명하기 어렵다. • 통계조사가 갖는 일반적 허상을 그대로 안고 있으며(일반적 경향만 파악 가능), 표본집단이 얼마나 대표성을 가지고 전체 집단을 대표할 수 있는지 의문시된다. • 시간적 차원에서의 변화를 분석할 수 없다.

17 추행조사(Follow-up Study)

- 일정 수의 범죄자나 비범죄자를 일정 기간 계속적으로 추적하여 사회적 조건의 변화상태를 분석하고, 그 변화상태와 범죄자 또는 범죄와의 연결관계를 살펴보는 방법이다.
- 표본조사 시 실험집단과 대조집단을 동일한 시간적 범위 내에서 상호비교하는 방법이 아니라, 일정 시점과 일정 시간이 경과한 후의 다음 시점 사이에서 추적비교하는 방법을 말한다.
- 일정한 시간적 연속성 속에서 조사대상자들을 추적·조사함으로써 그들의 변화를 관찰할 수 있다는 장점이 있다.
- 표본조사가 수평적 비교방법(실험집단과 대조집단을 동일한 시간적 범위 내에서 상호비교)이라면, 추행조사는 수직적 비교방법이라고 할 수 있다.

장점	• 일정한 시간적 연속성 속에서 조사대상자들의 변화를 관찰하기에 용이하다. • 추행을 당하는 사람들의 사실관계를 정확히 밝힐 수 있어 오랜 시간이 경과한 후에도 그 사실을 파악할 수 있다. • 조사대상자의 사실관계를 비교적 정확히 파악할 수 있다. → 조사대상자 자신도 정확히 기억하지 못하고, 설명할 수 없는 사실을 밝혀낼 수도 있다.
단점	• 개인에 대한 추행이 인권적 측면에서 사생활 침해라는 결과를 가져올 수 있다. • 조사대상자의 심리상태를 정확히 파악하는 데 한계가 있다. • 조사대상자가 추행당하고 있다는 사실을 알게 되면, 의식적으로 행동하게 되어 자연적인 상태에서의 동정을 파악할 수 없게 된다.

핵심요약 02 범죄의 사회인구학적 특성

01 범죄의 사회인구학적 특성

성별과 범죄(여성범죄)	연령과 범죄(20대)	계층과 범죄(하위계층)
• 롬브로소 – 남성성 가설 • 프로이트 – 여성의 시기심 • 폴락 – 기사도 가설(자율성 부정) • 헤이건 – 권력통제이론(가부장적 양육) • 신여성범죄자이론(여성지위 상승으로 여성범죄 증가)	• 가장 높은 범죄율 (우리나라 40대) • 서덜랜드와 크레시(사춘기) • 허쉬와 갓프레드슨(젊은층의 범죄율 가장 높음) • 로우와 티틀(연령에 따라 점차 감소)	• 형사사법기관의 편견과차별 • 하위계층의 범인성 요인(도구적 범죄와 표출적 범죄) • 범죄의 계층별 차이(견해 차이 있음)
가정과 범죄	**경제와 범죄(빈곤)**	**매스컴과 범죄**
• 형태적 결손과 기능적 결손가정 (기능적 결손가정이 더 문제) • 훈육결함, 가족 간 갈등, 부도덕과 범인성 등(범죄성과 관련 있음)	• 경제적 빈곤 → 기회제한, 하위문화, 상대적 박탈감 • 경기변동(호황 및 불황) 모두 범죄율에 영향 있음 • 인플레이션(생계형 범죄 증가) • 실업이 범죄의 유일한 원인은 아님	• 범죄 유발견해 : 자극성 가설, 습관성 가설 • 범죄 억제견해 : 카타르시스 가설, 억제 가설

02 신여성범죄자 이론은 여성범죄율이 낮은 이유는 여성의 사회경제적 지위가 낮기 때문이라고 보고 여성의 사회적 역할이 변화함에 따라 남성과 유사한 생활형태를 보이면서 범죄발생에 있어 여성도 남성과 유사해진다고 주장한다.

03 빈곤과 범죄

빈곤과 범죄의 관계에 대한 연구는 과거 절대적 빈곤에 따른 재산범 등에 대한 연구로부터, 최근 상대적 빈곤으로 인한 박탈감, 열등감, 목표와 수단 사이에서의 좌절 등의 요인에 대한 연구로 발전하고 있다. 비판적 범죄패러다임에서는 빈곤계층의 반사회적 행동이 더 많이 범죄로 포착되는 것에 주목하기도 한다.

절대적 빈곤	• 일반적으로 빈곤과 관련한 범죄원인 연구결과는 절대적 빈곤과 범죄의 상관성을 인정하는 추세이다. • 대표적으로 1894년 이탈리아의 비어스(Verce), 1938년 영국의 버어트(Burt), 1942년 미국의 쇼(Shaw)와 맥케이(Mckay), 1965년 밀러(Miller)의 연구가 있다.
상대적 빈곤	• 최근 들어 상대적 빈곤과 범죄의 관계에 대한 연구가 등장하였다. • 상대적 빈곤은 타인과 비교함으로써 느끼는 심리적 박탈감을 의미한다. • 이는 범죄발생에 있어 빈곤의 영향은, 단지 하류계층에 국한된 사회현상이 아니라 어느 계층이든지 느낄 수 있는 광범위한 사회계층 전체의 문제라고 지적한다. • 대표적인 학자로 케틀레(Quetelet), 스토우퍼(Stouffer), 머튼(Merton), 토비(Toby) 등을 들 수 있다.

04 형사사법기관에 인지되는 범죄의 경우, 하위계층에 의한 것이 많으나, 경제범죄 등의 지능범죄 중상위 계층에 의한 발생률이 높기에 범죄성의 계층별 차이가 있다고 분석된다.

05 계층과 범죄의 상관관계

① **상관없음**

- **쇼트와 나이** : 하위계층에서 나타나는 결손가정의 요인은 실제 범행에 직접적인 영향을 주지 않는다.
- **티틀** : 자기보고식 조사 분석을 하여 범죄와 사회경제적 계층은 무관하다고 주장하였다.

② **상관있음**

- 엘리어트 : 강력범죄의 경우 하위계층의 범죄율이 더 높다고 강조한다.
- 브레이스웨이트: 자기보고식 조사 결과 상관관계가 있다고 주장한다.

06 **맥코드(McCord) 부부** : 6가지 훈육방식 구분, 무원칙적인 훈육과 일관성 없는 훈육이 비행을 유발하는 중요한 요인이 된다고 주장

07 경기변동과 범죄(실업도 범죄의 원인이나 유일한 원인은 아님)

- 경기변동이 있으면 경제적 호황·불황 모두 범죄율에 영향을 끼친다.

① 경기변동이 호경기(범행기회의 증가 → 사치성 범죄와 젊은 층 범죄 증가), 불경기(재산범죄 및 생계형 범죄 증가)에 따라 증가하는 범죄의 유형에 차이가 있다.

② 인플레이션(물가 상승 → 소득 감소) 생계형 범죄 증가, 디플레이션(경기침체 → 화폐가치 상승) 금전적 이익 관련 범죄가 증가한다.

08 베카리아 : 1764년 범죄와 형벌(계몽사상, 의사자유론, 공리주의, 거시이론)

① 죄형법정주의(罪刑法定主義)와 죄형균형론 ② 사형제도 폐지 주장
③ 처벌에 대한 공리성 주장과 피해자의 권리 존중 ④ 형사재판의 확실성·엄중성·신속성의 강조
⑤ 객관주의 형법이론 ⑥ 일반예방주의적 형벌관 주장
⑦ 법관의 재량권 인정 거부와 사면제도 반대 및 배심원제도 강조

09 벤담

① 형벌의 계량화를 주장(인도화는 베카리아) ② 파놉티콘(Panopticon)형 교도소 설계 (건설은 못함)
③ 채찍질 이론 ④ 형벌의 필요악 인정

10 포이에르바하

① 근대 형법학의 아버지로 '형사정책'이라는 용어를 처음으로 사용
② 심리강제설을 주장하여 일반예방주의 및 죄형법정주의의 기초를 마련

11 제지(deterrence)이론

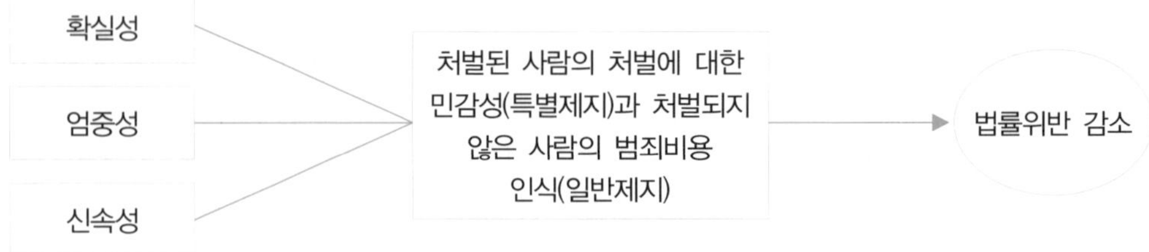

◉ 억제이론 정리(제지이론)

억제	일반억제	특정법 위반자에 대한 처벌이 일반대중의 법위반 방지
	특별억제	처벌받은 범죄자의 법률위반을 줄이는 과정
억제효과	확실성	범죄의 결과 처벌을 경험할 가능성 내지는 확률
	엄중성	벌금의 양이나 형기와 같은 형벌의 정도 내지는 강도
	신속성	범죄행위와 처벌경험의 시간적 간격

12 범죄경제학 – 클라크와 코니쉬의 합리적 선택이론

① 범죄로 인하여 얻게 될 효용(이익)과 손실의 크기를 비교하여 범행 여부를 결정
② 행위자 자신의 개인적 요인(금전욕구, 가치관, 학습경험 등)과 상황적 요인(범행대상의 견고성, 보호자 부존재 등)을 지적

13 코헨과 펠슨의 일상활동이론

① 범죄동기나 범죄를 저지를 개연성이 있는 사람의 수는 일정하다고 가정
② 동기화한 사람, 적절한 범행대상, 범행을 막을 수 있는 사람의 부존재의 세 변수에 의해 결정
③ 고전주의적 견해

14 고전학파·신고전학파·현대고전학파 비교

① 고전학파 : 자유의지, 쾌락주의, 범죄예방, 공리주의(18세기 중반)
② 신고전학파 : 법관의 재량 인정(장애인)
③ 현대 고전학파 : 억제이론과 범죄경제학으로 나뉘어짐

핵심요약 03 고전학파 그리고 실증학파와 생물학적 범죄원인론

01 고전주의(거시적-계몽사상, 사회계약설, 천부인권사상)

- 형사사법제도(=형벌부과) '개선' ➜ '범죄통제'에 중점을 두는 학파
- 인간의 자유의지 → 비결정론적 시각

02 실증주의(다윈의 진화론과 자연과학의 발달) : 인간의 행동을 과학적으로 설명할 수 있다.

- 인간(행위)에 대한 과학적 '탐구' ➜ '범죄의 원인'에 중점을 두는 학파
- 외부요인의 영향 → 결정론적 시각

03 제도학파 : 지도(제작)학파, 범죄지리학파, 범죄통계학파 등으로도 불림

① 프랑스의 게리와 벨기에의 케틀레는 범죄 발생률의 변화를 지도에 표시하여 각 나라의 사회환경 및 자연환경과 범죄의 발생 간 관계를 분석하였다.
② 일정한 범죄율 : 범죄는 전적으로 자유의지에 의한 것이 아니다. – 재범률의 증가 : 형벌정책의 변화만으로는 범죄통제 불가하다. ➜ 범죄는 사회의 환경적 요인에 의해 영향을 받는다.

04 롬브로소(범죄생물학, 생래적 범죄인(소질) = 범죄인의 외형적 특징)

① 범죄생물학적 개념에서 생래적 범죄인을 제시
② 격세유전설(범죄는 소질)
③ 범죄인 분류 : 생래적 범죄인(사형 또는 영구격리), 정신병범죄인(개선곤란), 격정범죄인(벌금), 기회범죄인(여성범–심리적 정신적으로 취약), 관습범죄인(유형), 잠재적 범죄인(알코올, 분노상태)
④ 초기 롬브로소는 생래적 범죄인비율을 70%, 후기 롬브로소는 35%까지로 낮추고 환경적 요인에도 관심

05 페리(범죄사회학, 범죄포화의 법칙(환경) = 사회제도의 결함)

– 인류학 + 범죄사회학적 입장 프랑스 범죄사회학파의 영향 + 롬브로소의 영향 → 사회적 원인의 중요성 강조
  - 범죄원인 : '사회적 요소' + 인류학적(개인적) 요소 + 물리적(자연적) 요소

① 범죄포화의 법칙
(화학에서의 포화법칙과 같이) "일정한 개인적·사회적·자연적 환경에서는 그에 상응하는 일정량의 범죄가 발생한다." (과포화의 법칙: 파생범죄도 발생함)
- 형벌대용물 사상 : 범죄를 유발하는 사회적 요인의 개선으로 사회제도와 법제도의 근본적인 개혁을 제시한다.

예 이혼의 자유, 이민의 자유, 거래의 자유, 거리 조명의 개선 등 ➜ 사회방위처분·보안처분의 시행을 주장한다.

② 페리의 범죄인 유형 분류(롬브로소와 달리 잠재적 범죄인이 없음. 대부분을 기회범죄인으로 보고 사형폐지)

06 가로팔로 : 인류학 + 범죄심리학적 입장(범죄심리학, 도덕적 정서의 결여(소질) = 범죄인의 내면적 특징)

① 진정한 범죄인이란 생래적으로 평균인의 도덕적 정서가 결핍된 심리적 변종 상태로, 자연범(시간과 공간을 초월하는 독자적인 범죄) 개념으로 분류한다.
② 가로팔로의 범죄인(자연범) 유형 분류
- 모살범죄인 : 성실/연민 모두 결여되어 개선불가 → 사형
- 폭력범죄인 : 연민 결여, 무기형/부정기형
- 재산범죄인 : 성실 결여, 무기형/강제노역
- 풍속범죄인 : 도덕감수성 결여, 부정기형
- 기타 유형 : 법정범(법률에 규정된 범죄 → 구금형), 과실범(처벌 X)

07 프랑스 환경학파

- 라카사뉴, 타르드, 뒤르켐의 공통점 : 범죄사회학(범죄원인 = 사회)
- 라카사뉴 : 경제적 사정(= 경제 상황), 거시환경론적 접근
- 타르드 : 자본주의 경제체제(의 모순) 사회접촉(모방), '거시+미시'환경론적 접근
- 뒤르켐 : 사회의 (아노미) 상황, 거시환경론적 접근

08 라카사뉴(초기에는 범죄인류학파 소속 : 롬브로소와 견해 동일하다가 → 변화(리용학파 창설) → 범죄의 원인을 환경이라 주장

① 범죄의 원인으로 '경제적 사정 등 사회적 요소' 강조한다.
② 프랑스통계자료 이용 : '곡물가격과 재산범죄의 관계' 분석 ➜ 물가상승 및 실업증가로 범죄발생의 증가
③ 사회는 범죄의 배양기이고 범죄자는 그 미생물에 해당한다. "처벌해야 하는 것은 범죄자가 아니라 사회다."
➜ '사형과 범죄'(저서) : 각 국가의 실정에 따라 허용 가능(사형존치론)

09 타르드

① 범죄원인 : 마르크스(Marx) 주의적 세계관 영향 → '자본주의 경제체제의 모순' 연구로 "범죄자를 제외한 모든 사람에게 책임이 있다." : 극단적 환경결정론 주장(집단 책임의 개념 제시) → 이탈리아 범죄인류학파와 견해 대립 ➜ 개인의 특성과 '사회와의 접촉과정'을 중시한다(범죄 = 사회적 산물).

② 모방의 법칙 : 사회란 곧 모방으로 범죄 현상을 사회심리학적으로 설명 ➜ 인간의 행위는 타인의 행위를 모방한 결과물이다(거리, 방향, 삽입).

10 뒤르켐(아노미이론 + 자살론)

① 범죄란 특정 사회에서 형벌 부과의 대상으로 정의된 행위 ➜ 시간과 장소를 초월하는 범죄 자연범 개념 부정 ➜ 사회의 무질서 상태(아노미) → 이기주의 발생 → 사회통제/규제 불가능 → 사회구성원들의 행동기준 상실(= 정신적 무규범 상태) → 범죄증가

② 범죄정상설과 필요설

11 리스트(독일의 목적형주의자 + 주관주의 형법이론+일원론)

① 전형법학(全刑法學)사상을 마부르크(Marburg)강령에서 주장

② 하멜(Hamel), 프린스(Prins) 등과 함께 국제형사학협회(IKV, 1888)를 창설

③ 다원적 범죄원인론(개인과 사회)을 제시하면서도 사회적 원인(환경)을 더 중시

④ 주관주의적 형벌이론

⑤ 범죄원인은 소질과 환경을 종합적으로 고려하여 파악

⑥ 형벌의 대상은 행위가 아니라 행위자

⑦ **형법은 형사정책의 넘어설 수 없는 장벽**(한계) : 형사정책적 측면에 대해서만 강조하는 것은 형법의 보장적 기능(책임주의)에 위배될 수 있음을 경계

⑧ 최선의 사회정책이 최상의 형사정책이라고 주장

⑨ 범죄방지대책 : 부정기형의 채택, 최초 **단기자유형의 폐지**, 집행유예, 벌금형, 누진제의 합리화, 강제노역의 인정, 소년범에 대한 특별처우를 주장

12 아샤펜부르그(우격기예누관직)

아샤펜부르크의 범죄인 분류 7분법(행위자의 위험성 기준 : 가장 전통적 분류)과 젤리히의 8분류 비교

- 예모범죄인 : 사전 계획범 (위험성 증가) • 직업범죄인 : 범죄 = 직업
- 누범범죄인 : 상습범 포함 • 관습범죄인 : 범죄 = 습관
- 우발범죄인 : 과실범 • 격정범죄인 : 충동범죄 • 기회범죄인 : 범행동기 = 우연한 기회
- 범죄대책 : '범죄와 그 대책'(저서) → 리스트의 사상을 구체화(세분화) ➜ 개별적 대책 : 범죄예방, 형벌대책, 소년범/정신병질자의 특수대책

13 롬브로소 견해의 비판 등

① **고링(비판** : 영국의 수형자와 일반인 간 '신체적 특징'을 비교하였으나 신체적 차이 없음)
⇛ "신체적 특징에 따라 범죄자와 일반인을 구분할 수는 없다"고 주장한다.
➜ 범죄의 원인으로 선천성에 의한 '생물학적 열등성'은 인정한다.

② **후튼(지지** : 미국의 수형자와 일반인 간 '신체적 특징'을 비교하였으나 신체적 차이 있음)
➜ 범죄자에게는 일반인보다 열등한 신체적 특징이 발견되었고 그것을 극복하기 위해 범죄

14 체격과 범죄 : 크레취머, 셀던, 글룩부부(중배엽형과 비행 간에는 관련성이 있다는 셀던과 동일한 주장)

크레취머	셀던	정신병질(기질성)	범죄형태	범죄시기
투사형	중배엽 우월성 (근육과 뼈 발달)	점착성 기질 (간질병질)	• 범죄가 가장 많음 • 폭력적 재산범·풍속범 및 조발상습범 • 폭력·상해 등 신체상의 범죄	조발성
세장형	외배엽 우월성(두뇌)	분열병질(분열성)	사기, 절도 및 누범	조발성
비만형	내배엽 우월성(내장)	순환병질(순환성)	• 범죄가 적음 • 기회적·우발적 범죄	지발성
발육부정형	–	–	비폭력적 풍속범	–

15 생물학적 범죄원인

유전적 결함	범죄인 가계	쌍생아연구	입양아연구	성염색체 이상(증가)
부모 → 자녀	범죄자	일란성 쌍생아 비교	친부모 범죄율 비율	**세습 X(제이콥스)**
슈툼플(영향있음) 글룩부부(영향있음)	덕데일(주크가연구) 고다드(칼리카그가)	갈튼(최초), 랑게, 크리스찬센, 달가드 와 크랭클린(**부정**)	슐징어 (친모정신병자) 크로우(친모범죄자) **허칭스와 메드닉**	X염색체 (크라인펠터) Y염색체 (폭력성)

16 현대 범죄생물학

① 비타민은 체내 생성이 불가하여 결핍되면 두뇌 기능의 이상을 유발하는데, 이는 정서 불안·폭력성 증대와 관련이 있다.

② 테스토스테론(남성호르몬)의 과잉 분비는 공격성을 야기시켜 폭력범죄를 유발한다. 지나치게 느린 뇌파가 기록될 경우 높은 범죄율을 나타낸다.

③ 다수의 충동범죄자(폭력범/성범죄자)가 저혈당증 상태였음이 입증되었다.

④ 외향적인 사람 : 불안 반응의 제거가 높을수록 충동적·공격적 행동유형이 나타나 범죄를 유발한다.

핵심요약 04 심리학적 범죄원인론

01 심리학적 범죄원인론 : 시간이 흘러도 변하지 않는 고유한 정신적·심리적 특성이 개인에게 심리적 지향성 또는 행동습관으로 자리 잡아서 범죄행위로 표출된다.

02 프로이트의 정신의학적 이론 : 아동기의 경험(트라우마)에 초점을 맞춰 이상행동을 설명한다(그 이후 행동은 아동기에 형성된 것의 발현).

① 의식
에고(자아) : 스스로 의식할 수 있는 자신의 모습으로 무의식(이드와 슈퍼에고)의 '갈등'을 조절하는 역할을 한다.

② 무의식 : 이드(본능)와 슈퍼에고(초자아), 리비도(성적 욕구)

03 에고의 갈등 해결 유형(방어기제)

① 억압 : 충동적 부정적 경험을 억눌러서 무의식에 머무르게 하는 것(전형적인 방어기제)
② 부정 : 있는 그대로 받아들이는 것이 고통스러워서 인정하지 않으려 한다.
③ 반동형성 : 금지된 충동을 억제하기 위해 그와 반대되는 생각, 행동을 한다.
④ 투사 : 타인 또는 외부 환경 때문이라고 돌리는 것을 말한다.
⑤ 승화 : 사회적으로 허용되지 않는 충동을 허용되는 행위로 바꿔서 하는 것이다(방어기제 중 가장 성숙 예술활동).
⑥ 합리화 : 죄책감, 자책을 느끼지 않기 위해 현실을 왜곡하여 상처받지 않도록 한다.
⑦ 전위 : 내적인 충동·욕구를 다른 약한 대상에게 분출하는 것이다(짐승이나 약한 사람 괴롭힘).

04 프로이트의 범죄원인 : 슈퍼에고의 과잉 발달

➜ 슈퍼에고(초자아)가 지나치게 발달하면 항상 죄책감, 불안을 느껴 범죄를 저지르고 처벌을 받아 죄의식 해소와 안정을 느낀다.
반론 : 에이크혼(아이히 호른) – 슈퍼에고에 의해 통제되지 않은 이드에 있어 양심의 가책 없이 비행을 저지르게 된다(공격반응 : 로렌즈와 위그의 외벌형과 내벌형, 헨리와 쇼트의 자살과 타살, 달라드와 밀러의 좌절의 강도 차이).

05 정신병과 정신병질

정신병질(= 병적 성격)			정신병	
슈나이더	반사회적 성격장애		정신병	정신신경증
성격 분류법 (10유형)	사이코패스	소시오패스	정신기능의 이상 (조현병, 편집증)	
	정신병질자 (선천적+환경적)	사회병질자 (후천적/환경적)		

06 정신병리적 결함과 범죄 – 슈나이더

① 상습사기범 : 발양성 정신병질자
② 사이코패스 : 무정성(정성박약성) 정신병질자
③ 상습누범자 : 의지박약성 정신병질자
④ 화이트칼라범죄 : 과장성(자기현시욕성) 정신병질자
⑤ 소극적 범죄와 관련 : 무력성·자신결핍성·우울성 정신병질자

07 사이코패스(선천 또는 후천) : 지능은 평균 이상, 사랑할 능력이나 타인에 대한 이타심의 부재, 극단적 이기주의, 회피학습능력 부족, 추상적 단어에 대한 이해 부족, 전체 인구의 1%, 수용자 4명 중 1명 정도, 로버트 헤어의 사이코패스 진단방법[PCL–R(PsychopathyChecklist–Revised)]의 개발(20개의 질문지 40점 만점), 사이코패스 원인은 불명확

08 소시오패스(후천적) : 사회와 관련한 병적 성질을 나타내는 성격, 전체 인구의 4%

09 지능과 범죄

① 고다드 : '범죄자 정신박약설'로 수형자들의 지능을 측정하였으나 대부분 지능이 낮았다.
② 비네의 아동에 대한 지능 측정 : 정신지체아동 선별 목적
③ 웩슬러의 성인 측정 : 표준화된 검사법 개발(통상적으로 정신지체의 경계는 'IQ 70'이라고 함)
④ 글룩(Glueck) 부부 : 웩슬러 검사는 비행소년의 지능 측정 ➜ (일반소년들보다) '언어적 지능' 부족하며 추상적 판단력 미흡

10 아이젠크의 범죄자의 성격을 3가지 차원으로 분석(P–E–N 모델)

① 정신병 성향(P) : 정신병적 성향과 반사회적인 이상 성격(예 공격성)
② 외향성(E) : (내향성과 비교하여) '충동성'이 강한 성격
③ 신경증 성향(N) : 정서적인 측면에서 '불안정성'을 나타내는 성격

11 골드버그의 성격의 5요인(초요인)

① 외향성(E) : 대인관계에서의 상호작용 측정(예 활동수준, 자극에 대한 욕구)
② 신경증(N) : 정서적인 불안정 측정
③ 우호성(A) : 대인관계에 대한 지향성 측정(예 타인에 대한 이해·공감 능력)
④ 성실성(C) : 목표를 지향하고 지속적으로 유지하는 성향 측정(예 동기부여, 의지)
⑤ 개방성(O) : 새로운 지식 및 경험을 추구하는지에 대한 성향 측정(예 호기심, 창의성)

12 사회학습이론

① 인간의 '행동' = (관찰을 통한) 모방 또는 '학습'에 의한 것
② 반두라(Bandura) : 타인의 행동 또는 주어진 상황(환경)을 '관찰'·'모방'하는 정신적 처리과정(= 인지적 과정)을 통해 '학습'된 결과물을 인간의 '행동'이라고 설명한다.
③ **행동주의이론은 행동만 강조하나, 사회학습이론은 내면에서 일어나는 인지과정도 중시한다.**
④ 학습은 (직접경험뿐 아니라) 대인관계를 통한 간접경험(= 관찰)도 가능하다.
⑤ '관찰학습'을 통해 학습한 사회적 '행동'이 자신에게 필요하다고 판단될 때만 실제 '행동'으로 옮긴다.

13 반두라가 제시한 주요개념

① 모방 : 타인의 행동을 보고 들으면서(= 관찰학습) 따라한다.
② 인지 : (인간은 생각하고 인식하는 존재 →) 학습한 행동을 기준으로 자신의 행동을 '조정'하거나 행동의 '결과'를 예측한다(⇛ 판단하는 과정).
③ 자기규제 : 인지 결과에 따라 행동의 기준을 정하고 통제한다.
④ 자기효율성 : 자신에게 필요성이 있다고 판단되면 비로소 행동으로 옮긴다(⇛ 강화)(학습한 모든 행동을 실제 행동으로 옮기는 것이 아님).

14 반두라가 제시한 4가지 학습과정

① 집중단계 : 관찰한 행동이 학습되려면 그 행동이 '주의'나 '관심'을 끌어야 한다.
② 인지단계 : 학습한 행동에 관한 정보를 내적으로 '기억'함으로써 '인지'한다.
③ 재생단계 : 실제 행동으로 옮기기 위해서 저장한 기억을 재생시켜 행동을 조정한다.
④ 동기화단계 : 학습한 내용대로 실제 행동에 옮기기 전에 기대감(= 동기부여)을 가진다.

15 피아제의 인지발달단계(인지발달이란 자신의 경험을 통해 단계적으로 형성해가는 자발적인 과정)

① **감각운동기**(0~2세) : 인지발달의 첫 단계로 단순한 감각(반사)운동을 시작하고, 대상 영속성 개념을 이해 + 모방한다.
② **전(前) 조작기**(2~7세) : 사물을 말로 표현하는 방법을 학습하며, 보고 느낀 대로 생각하고 자기중심적 태도를 보인다.
③ **구체적 조작기**(7~11세) : 관찰 후 사물 간 관계·순서를 인지한다('구체적'인 사물에 대해 '논리적'인 조작이 가능한 시기). 탈 중심화
④ **형식적 조작기(조합적 사고)**(11세~) : 언어·기호(⇛ 형식적인 도구)를 사용하여 추상적·논리적 이해와 생각이 가능한 시기이다.

16 피아제의 주요 개념

① **도식(Scheme) :** 개인이 가지고 있는 이해의 틀
② **동화 :** 이미 형성되어 있는 '도식'과 동일시(⇛ '동화')하여 쉽게 이해한다.
③ **조절 :** 기존의 '도식'에 맞지 않아 변형/대체하는 과정(⇛ '조절')을 통해 해소한다.
④ **조직 :** 인지능력이 발달하게 되면 비슷한 대상을 같은 범주로 분류한다.

17 콜버그 : 도덕성은 정해진 과정에 따라 발달, 3수준마다 각 2단계씩 사회화 진행

① 1수준 : **전인습적 도덕성**
㉠ 1단계 : 처벌받지 않을 행동, 처벌과 복종단계(혼나니까)
㉡ 2단계 : 일반적으로 이익이 되는 행동, 쾌락주의(상 받으려고)
② 2수준 : **인습적 도덕성**
㉠ 3단계 : 타인의 인정을 받고 비난받지 않을 행동, 대인관계 조화(왕따 두려움)
㉡ 4단계 : 법과 질서에 의해 엄격히 규정된 행동
③ 3수준 : **후인습적 도덕성**
㉠ 5단계 : 법은 대중의 복리를 위한 **사회계약이**라는 입장에 근거하여 판단
㉡ 6단계 : 보편적인 윤리원칙에 입각해서 판단

핵심요약 05 사회학적 범죄이론 전반부 (1)

범죄사회학 이론의 주요계보

01 거시환경론

1) 사회해체이론(문화전달이론)
2) 사회적 긴장이론(머튼)
   ① 매스너 & 로젠펠드의 제도적 아노미이론 ② 애그뉴(Agnew)의 일반긴장이론
3) 범죄적 하위문화이론
   ① 밀러의 하위계급 주요 관심사론 ② 코헨의 비행하위문화론 ③ 클로워드 & 올린의 차별적 기회구조론

02 미시환경론

1) 학습이론
   ① 따르드의 모방의 법칙 ② 서덜랜드의 차별적 접촉이론
   ③ 학습이론의 발전
      ㉠ 차별적 동일화이론 ㉡ 사회학습이론(차별적 강화이론) 버제스 & 에이커스
2) 통제이론
   ① 라이스 & 나이의 개인 및 사회통제이론
   ② 렉클리스의 봉쇄이론 ③ 맛차의 표류이론 ④ 허쉬의 사회통제이론
   ⑤ 갓프레드슨 & 허쉬의 일반이론
3) 낙인이론 : 레머트, 베커 & 슈어

03 갈등론적 범죄론

1) 보수적 갈등론
   ① 셀린의 문화갈등이론 ② 볼드의 집단갈등론 ③ 터크의 범죄화론(권위에 의한 지배·복종, 법률갈등)

2) 급진적 갈등론

① 막스의 계급투쟁과 범죄 ② 봉거의 자본주의와 탈도덕화 ③ 퀴니의 지배와 억압의 범죄, 대항범죄, 적응범죄

04 사회해체이론 계열(시카고학파)

① 파크 : 사회생태학, 생태학적 접근
② 버제스 : 동심원이론, 시카고 지역별 특징 연구
③ 쇼 & 맥케이 : 문화전달이론, 범죄에 지속하여 집중하는 원인, 틈새지역, 시카고 프로젝트(샘슨의 집합효율성이론 – 비공식적 조직회복)
④ 버식 & 웹 : 사회해체론, 사회해체 = 지역사회의 무능력(안정성부족) : 소통과 감시기능 결여

05 머튼의 아노미이론과 사회해체이론 비교

사회해체이론(시카고 중심)	아노미이론
사회해체를 유발하는 지역사회의 **조건**에 관심	미국 전체의 사회적 조건(자본주의)
= 인구이동 많음 + 빈곤 + 인종과 국적의 다양성	**목표**와 **수단** 간 모순 → '계층' 간 차별
공통적으로 하위계층에 의한 범죄에 관심	

06 뒤르켐과 머튼의 아노미이론 비교

뒤르켐	구분	머튼
생래적	**인간의 욕구**	사회문화적 목표
성악설	**인간의 본성**	성선설
급격한 사회변동	**사회 문제의 발단**	불평등한 사회구조
사회의 무규범 상태	**아노미**	목표와 수단 간 불일치 상황
통제받던 개인적 욕구 분출	**범죄원인**	목표를 위한 수단 → 범죄

07 머튼의 아노미 상황에서의 개인별 적응방식

- 목표와 수단 중 하나라도 거부하는 유형 = '일탈자'로 간주 동조형만 정상적인 적응방식
- 혁신형, 의례형, 도피형, 반역형 모두 반사회적(일탈적) 적응방식으로, 이 중에서 범죄적 적응방식은 혁신형, 도피형, 반역형이며 범죄학적으로 가 장 문제 되는 방식은 혁신형이다.

08 머튼과 애그뉴의 아노미이론 비교

머튼(거시)	애그뉴(미시)
사회계층의 차이 → 범죄율	스트레스를 느끼는 개인적 차이 → 범죄율
경제적 하위계층의 범죄율 높음	스트레스가 많은 개인의 범죄율 높음 (모든 사회계층에 적용 가능)

09 아노미이론 정리

뒤르켐	머튼	발전 이론	
아노미 처음 사용	뒤르켐의 이론 수정 및 보완	메스너와 로젠펠드	애그뉴
급격한 사회변동, 사회의 무규범 상태	사회변동 없이도 불공평한 사회구조, 개인별 적응 방식 다름	제도적 아노미이론, 지나치게 경제적 부분 강조	일반긴장이론, 긴장에 의한 개인적 차이

10 밀러의 하류계층문화이론(그들의 고유문화 인정) → 울프강과 페라쿠티의 폭력하위문화이론으로 발전

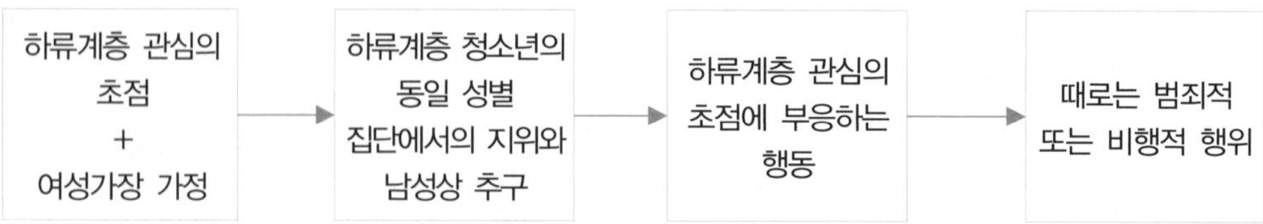

하위계층의 주요 관심사 : 말썽 – 사고치기, 강건함 – 사나움, 교활 – 영리함, 흥분추구, 숙명 – 운명주의, 독자성

11 코헨의 비행하위문화이론(고유문화라기보다는 반동문화)

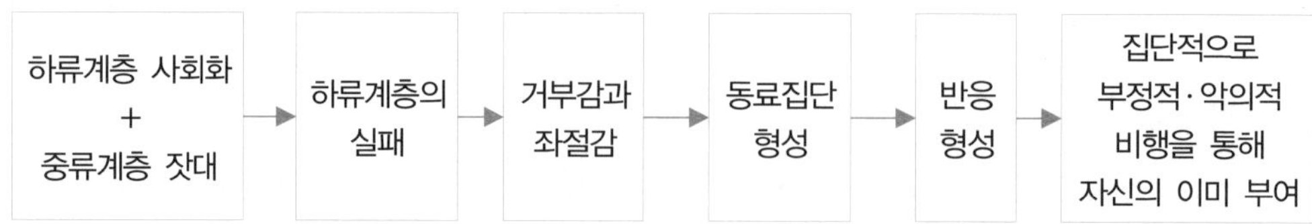

① **코헨이 제시한 소년들의 3가지 대안적 행동유형(= '반응 형성' 개념)**

- **모**퉁이 소년(corner boy) : 가장 일반적인 반응. 친구들과 거리를 서성이며 사소한 비행을 저지른다.
- **대**학생 소년(College boy) : 비행 및 일탈 반응 없음. 중산층의 문화와 가치를 수용하고자 노력한다.

- 비행소년(delinquent boy) : 비행하위문화 형성. 중산층의 문화와 가치를 거부하고 정반대의 문화를 형성한다.

② 비공리성, 악의성, 부정성, 단기적 쾌락주의, 집단자율성의 강조

12 하위계층문화이론과 비행하위문화이론 비교

구분	하위계층문화이론	비행하위문화이론
관련학자	밀러(Miller)	코헨(Cohen)
범죄원인	하위계층 청소년의 주요 관심사에 대한 동조 및 추구	중류계층의 가치와 행동규범에 대한 악의적인 원한이나 울분의 표시

13 클로워드와 올린(Cloward & Ohlin)의 차별적 기회구조이론

① 의의

㉠ 아노미현상을 비행적 하위문화의 촉발요인으로 본다는 점에서 머튼(Merton)의 영향을 받았으며, 머튼(Merton)의 이론을 확대·발전

㉡ 성공이나 출세를 위하여 합법적 수단을 사용할 수 없는 사람들은 바로 비합법적 수단을 사용할 것이라는 머튼(Merton)의 가정에 동의하지 않음

㉢ 클로워드와 올린은 사회 내에는 독립적 일탈 하위문화가 존재한다는 코헨의 주장에 동의(범죄적 하위문화)

② 주요 내용

㉠ 문화전달이론, 차별적 접촉이론, 아노미이론을 종합한 것

㉡ 개인이 합법적인 기회구조와 비합법적인 기회구조라는 양자에 걸친 지위에 있다고 가정

㉢ 두 가지 기회구조 중 어느 수단을 취하는가는 사회구조와의 관계에서 어떠한 수단을 취할 수 있는 위치에 있는가에 달려 있다고 봄

㉣ 범죄는 개인의 심리적 결단의 문제가 아니라 어떤 하위문화(범죄적·갈등적·도피적)에 속해 있느냐의 문제

③ 개인적 적응양식의 유형(머튼의 모형 수정)

㉠ 범죄적 하위문화(혁신형) : 범행의 장려·생활화, 성인범죄자와 긴밀한 연계(절도)

㉡ 갈등적 하위문화(공격형) : 욕구불만을 폭력이나 집단싸움으로 해소(갱), 위험성이 가장 낮음, 취업이나 결혼으로 정상인 생활

㉢ 도피적 하위문화(도피형) : 이중실패자, 알코올·약물중독자

14 서덜랜드의 차별적 접촉이론 : 따르드의 모방의 법칙과 반두라의 사회학습이론으로 범죄의 전달(학습)과정을 밝히고자 한 이론

① 범죄행위는 학습의 결과
② 범죄행위는 의사소통과정에 있는 다른 사람과의 상호작용을 수행하는 과정에서 학습
③ 범죄행위의 학습에 있어서 중요한 사항은 원초적 관계를 맺고 있는 집단과의 상호작용
④ 학습은 범행기술의 학습과 동기, 욕망, 합리화 방법 그리고 태도와 구체적 방향의 학습을 포함
⑤ 특정 개인이 범죄자가 되는 것은 접촉하는 집단이 법률 위반을 긍정적으로 정의하는 정도가 부정적으로 정의하는 정도보다 크기 때문
⑥ 차별적 접촉은 접촉의 빈도·기간·시기(우선)·강도에 따라 다름
⑦ 범죄자와 준법자와의 차이는 접촉의 양상에 있을 뿐 학습이 진행되는 과정에는 아무런 차이가 없음

15 차별적 접촉이론을 수정한 이론

① 레클리스(Reckless)의 자기관념이론 : 차별적 반응의 무시에 대한 비판을 보완
② 버제스와 에이커스(Burgess & Akers)의 차별적 강화이론 : 학습과정에 대한 설명 부족(과거 자신의 경험과 타인에 대한 관찰을 통한 학습 가능)
③ 글래이저(Glaser)의 차별적 동일화이론 : 간접적인 접촉을 통한 학습 가능, 즉 접촉집단의 확대
④ 맛차와 사이크스(Matza & Sykes)의 중화이론 : 범죄인이 되는 과정의 차이 수정(합리화)
⑤ 클로워드와 올린(Cloward & Ohlin)의 차별적 기회구조이론 : 학습환경에의 접근가능성 문제

16 중화(Neutralization) 이론 – 맛차와 사이크스(Matza & Sykes) : 상황적 결정론

구분	내용
책임의 부정	자기의 비행에 대해서 사실상 책임이 없다고 합리화시키는 기술로, 비행의 책임을 열악한 가정환경, 부모의 잘못된 양육, 빈곤 등 외부적 요인으로 전가시키는 것
가해의 부정	자기의 행위로 손상을 입거나 재산상의 피해를 본 사람이 없다고 함으로써 자기의 비행을 합리화하는 기술
피해자의 부정	피해자가 피해를 입어도 마땅하다고 생각함으로써 자기 행위를 합리화시키는 기술
비난자에 대한 비난	자신을 비난하는 사람을 비난함으로써 자신의 행위를 정당화시키는 기술
고도의 충성심에 호소	사회의 일반적인 가치나 규범의 정당성을 인정하면서도 더 높은 가치에 기반을 두어 비행을 합리화하는 기술

17 통제이론 : 어떤 사람은 왜 사회적 규범을 준수하게 되는가를 연구하였고, 반사회적 행위를 자행하는 근본적인 원인은 인간의 본성에 있다고 주장(고전주의적 시각) - 성악설, 쾌락주의

18 라이스(Reiss)와 나이(Nye)의 개인 및 사회통제이론

① 라이스(Reiss)(1951) : 자기통제력과 범죄의 관계를 처음으로 지적

② 나이(Nye)(1958) : 비공식적 간접통제가 소년비행을 예방할 수 있는 가장 효율적인 방법이라고 주장

19 자아관념이론과 봉쇄이론(Containment theory, 1961) - 레클리스(Reckless)

① 자아관념이론

㉠ 레클리스(Reckless), 디니츠(Dinitz), 머레이(Murray) - 어떤 사람은 왜 범죄에 빠지지 않는가를 연구

㉡ 자기관념은 가정에서 담당하는 사회화 교육에 크게 영향을 받아 12세 이전에 대체로 형성

② 봉쇄이론(Containment Theory) - 레클리스(Reckless) : 반사회적 행동으로 이끄는 힘(압력, 유인, 배출요인)이 강하면 범죄나 비행을 하게 되고, 반대로 차단하는 힘(외적 요인, 내적 요인)이 강하면 비록 이끄는 힘이 있더라도 범죄나 비행을 자제하게 된다(외적·내적 요인 중 하나만 있어도 범죄 차단).

20 허쉬(T. Hirschi)의 사회통제이론 = 사회유대(연대)이론

① 기본가정 : 인간은 누구나 범죄적 잠재성을 지니고 있다(성악설)는 고전주의적 시각에 기초

② 개인이 사회와 유대관계를 맺는 방법

구분	내용
애착 (attachment)	애정과 정서적 관심을 통하여 개인이 사회와 맺고 있는 유대관계를 의미하며, 애착에 의한 사회유대를 가장 강조
전념 (commitment)	규범준수에 따른 사회적 보상에 관심을 갖는가에 관한 것으로, 각자의 합리적인 판단을 바탕으로 개인과 사회의 유대가 형성되고 유지되는 형태
참여 (involvement)	행위적 측면에서 개인이 사회와 맺고 있는 유대의 형태로, 인습사회활동에 개인이 시간적으로 얼마나 참여하고 있는가에 따라 평가되는 것
신념 (belief)	관습적인 규범의 내면화를 통해 개인이 사회와 맺고 있는 유대의 형태로, 개인이 법 또는 사회규범을 받아들이는 정도를 의미

21 갓프레드슨과 허쉬의 일반이론(자기통제력+기회)

① 범죄성향(자기통제력)과 범죄기회를 통합함으로써 유사한 환경 속에 자란 아이들이 왜 범죄를 저지르고, 또는 저지르지 않는가를 설명한 이론
(충동적 성격 ⇨ 낮은 자아통제력 ⇨ 사회유대의 약화 + 범죄적 기회 = 범죄적 행동)

② 자기통제력은 어릴 때 부모의 양육방식에 의해 결정된다고 하여 가정에서 부모의 역할을 강조(실증주의적 시각)

③ 욕구충족을 위한 기회가 주어진다면 자기통제력이 강한 사람도 범죄행동을 할 수 있다는 것으로, 결론적으로 범행을 위한 기회가 주어진다면 자기통제력은 제 기능을 발휘하지 못한다는 주장(고전주의)

22 콜빈의 차별적 강제(압)이론

① 개인의 낮은 자기통제력은 충동적 성격이 원인이 아니라 개인으로서도 어쩔 수 없는 외부의 강제의 작용이 원인

② 강제는 사람에 대한 직접적인 폭력이나 위협, 타인으로부터의 협박과 같은 사람 사이의 강제와 개인이 통제할 수 없는 실업, 빈곤 등 경제적·사회적 압력 등과 같은 비인격적 강제로 구분

③ 강압적인 환경에서의 성상 ⇨ 자기통제력 저하 ⇨ 강압적인 환경에 노출 ⇨ 범죄행위 ⇨ 형사사법기관의 강압적인 대응이라는 악순환 되풀이 됨

23 통제이론의 정리

라이스 & 나이	레클리스	브라이어 & 필리아빈	허쉬	콜빈	사이크스 & 맛차
개인의 자기통제력	자아관념이론	동조성 전념이론	사회유대이론 (애착, 전념, 참여, 신념)	차별적 강제 이론	중화기술이론
사회통제 방법 유형 분류	범죄원인은 자아관념 차이	내적 통제 의미	**갓프레드슨 & 허쉬** 범죄일반이론 자기통제력+ 범행기회	강제적 환경이 낮은 자기 통제력의 원인	중화(합리화) 기술

핵심요약 06 사회학적 범죄원인론 후반부 (2)

01 낙인이론

① 낙인의 주체인 법집행기관의 역할에 초점을 맞춘 규범회의주의의 입장
② 범죄가 범죄통제를 야기하기보다는 범죄통제(국가의 개입)가 오히려 범죄를 야기한다고 봄
③ 실정법적인 범죄개념에 한정하지 않고 사회적 일탈도 범죄개념으로서 폭넓게 연구대상으로 삼아야 한다고 주장

02 전통적 범죄학과 낙인이론 비교

구분	전통적 범죄학	낙인이론
관심의 초점	• 동기(motivation) • 왜 범죄자가 되는가?	• 정의(definition) • 누가 어떤 행위를 범죄로 규정하는가?
	범죄	범죄통제 (통제자의 자의와 편견에 따른 범죄통제)
	범죄의 원인	범죄자가 되는 과정
범죄의 대책	국가의 간섭(교정)	불간섭주의

03 낙인이론의 주요내용

① 범죄에 대한 상징적 상호작용론적 관점을 중시
② 선별적 형사소추 – 규범적용의 임의성
③ 범죄자의 행위로 인해 주위사람이 보이는 반응과 이에 대한 범죄자의 해석능력, 나아가 범죄자가 범죄자로서의 자아정체감을 형성하는 과정 등을 중심으로 논의가 전개되고 있다는 것
④ 전통적인 범죄이론이 등한시했던 법집행기관(낙인의 주체)을 주요 연구대상으로 규정
⑤ 일탈규정 자체를 종속변수로 보아 그러한 규정이 형성된 과정이나 적용되는 메커니즘을 연구
⑥ 일탈자에 대한 사회의 반응으로 인한 암수의 문제점을 지적
⑦ 구금에 따른 악풍감염과 낙인의 문제점을 지적하고, 전환제도의 활용을 증대시키며, 처우지향적인 소년사법분야나 경미범죄 등에 대한 비범죄화와 비형벌화의 확대에 기여
⑧ 사회 내 처우의 필요성을 강조하여 불간섭주의(Non–intervention)의 이론적 근거가 되었고, 비판범죄학과 연결

04 낙인이론의 인과과정

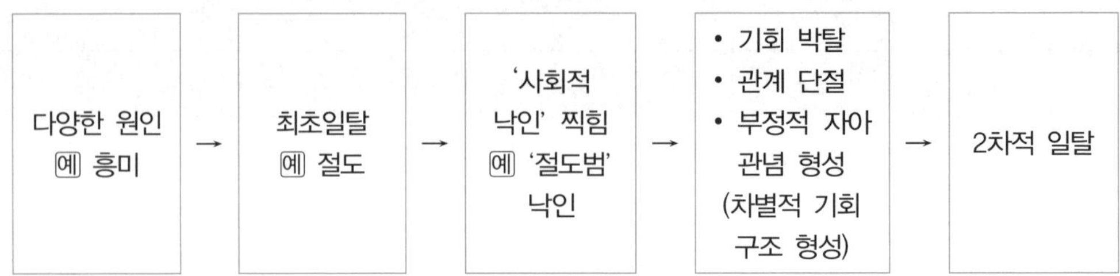

사회적 낙인의 유형 구분 : 사회구성원과 사법기관(공식적 낙인)

05 탄넨바움의 '악의 극화'

① 소년의 가벼운 비행을 각색해서 '악'(한 행동)으로 만드는 것으로, 비행과 범죄에 이르게 하는 과정을 악의 극화라 한다.

② 소년비행의 초기행동에 대해 사회는 '꼬리표'(낙인)를 붙인다. 이후 그 소년들의 모든 행동에 대해 비난, 질책을 하게 된다. 상호작용을 통하여 소년들 스스로 '부정적인 자아관념'을 형성하게 된다.

06 레머트의 '사회적 낙인'과 일탈(레머트의 주장) : '2차적 일탈' 개념

① 최초 일탈(= 1차적 일탈) : 다양한 원인에 의해 발생되어 최초로 사회적 반응을 초래(※ 개인의 자아관념과 사회적 지위에 영향 없음)

② 2차적 일탈 : (그러나) 최초 일탈로 인해 '일탈자'로 낙인('악의 극화' 발생)찍혀 사회적 관계, 지위, 기회에 부정적인 영향을 끼쳐 부정적인 자아관념이 형성(= 트라우마)되어 일탈을 반복

07 레머트가 제시한 '사법기관의 공식 반응'에 의한 낙인 효과(5가지)

① 낙인찍기 : 형사사법기관에 의한 처벌/전과기록 → 불명예(= 오명 씌우기)

② 불공정의 자각 : 불공정한 사법집행을 경험 → 사회정의 불신

③ 제도적 강제의 수용 : 형사처벌('범죄자' 신분) → 받아들일 수밖에 없게 됨

④ 일탈하위문화에 의한 사회화 : 교정시설 내 형성된 '특유의 일탈하위문화'를 경험함으로써 범죄기술과 가치를 학습

⑤ 부정적 정체성의 긍정적 측면 : 부정적 정체성이 형성되면 죄책감으로부터 도피 가능

08 베커의 사회적 지위와 일탈

① 베커의 주장 : 일탈에 대한 '사회적 반응'(낙인) 비판

② 레머트의 이론 확장 : '일탈'의 통제가 오히려 '일탈'을 증가시킨다고 주장

③ "일탈은 다른 사람들이 일탈이라고 낙인찍은 행위"이고, "일탈자는 그 낙인이 성공적으로 적용된 사람"이라고 하였다.

④ "어떤 행위가 일탈인지 아닌지 여부는 '시간에 따라' 다르고, '누가' 그 행위를 저질렀는지, 그로 인해 누가 피해를 입었는지에 따라 달라진다!" '2차적 일탈'의 관련 개념 = '주 지위'(= master status)
베커는 '일탈자'라는 낙인으로 인해 변화되는 '사회적 지위'를 강조하였다.
⑤ '일탈자'라는 낙인도 일종의 사회적 지위 신분으로 작용하여 그 사람의 사회적 상호작용(관계)에 큰 영향을 끼친다.
⑥ '일탈자' 낙인은 기존의 사회적 지위를 '압도'하고 '주 지위'로 작용하게 된다.
베커의 이론 = '단계적 이론'에 해당 : 반복적인 범죄 현상(재범/누범)을 설명
⑦ 최초 일탈로 인한 낙인이 '주 지위'를 변화시켜 일탈적 환경과의 접촉을 초래하고, 다음 단계의 일탈을 발생시킨다.

09 베커 vs 슈어 이론의 차이점

베커	슈어
규범 위반 → 자동적으로 낙인찍힘	X
최초 일탈 → 2차적 일탈은 단계적 과정	단계적/즉각적이지 않음 (스스로와의) 우회적인 협상 과정

낙인에 대한 '개인의 적응'을 고려 : '개인적 노력' 여하에 따라 '낙인'의 영향이 다름 → 낙인을 '수용'하기도 하고, '회피'하기도 함

탄넨바움	레머트	베커	슈어
악의 극화	사회적 낙인	사회적 지위	자아관념
	2차적 일탈 제시 사법기관의 공식반응 5효과	주 지위	자아낙인 개념

10 낙인이론과 비판범죄학 비교

낙인이론과 비판범죄학은 둘 다 주류범죄학인 실증주의 범죄학의 문제점을 지적하고, 사회적 반응이 일탈을 초래한다는 낙인이론의 기본전제를 수용한다.

구분	낙인이론	비판범죄학
이론의 관점	• 미시적 이론 • 사회과정이론(사회적 상호작용)	• 거시적 이론 • 사회구조이론(자본주의사회의 구조적 모순)
보호관찰	긍정	부정
범죄대책	불간섭주의	자본주의체제의 타파와 사회주의체제로의 전환

11 **셀린(Sellin)의 문화갈등이론**(= 다원주의 갈등이론) : 서로 다른 문화적 집단 사이의 갈등에서 행동규범의 충돌이 발생한다.

① 1차적 문화갈등 : 이질적인 문화 사이에서 발생하는 갈등
예 문화경계지역과 식민화지역 : 하나의 문화가 다른 문화영역으로 확장
이민집단 : 특정 문화집단의 구성원이 다른 문화영역으로 이동

② 2차적 문화갈등 : 하나의 단일문화가 각각 다른 행위규범을 갖는 여러 개의 하위문화로 분화되는 갈등
예 사회발전에 따른 도시와 농촌 간 갈등, 세대 간 갈등

이러한 문화갈등이 발생하면 다양한 가치를 하나의 문화에 반영하는 것이 불가능하여 결국 가장 지배적인 문화의 행위규범만 반영하게 된다.

12 **볼드(Vold)의 집단갈등이론**

① 인간은 이익 실현을 위해 같은 이해관계를 갖는 사람들과 '집단'을 형성한다.
② 집단의 이익을 극대화하기 위해 집단들 간에 경쟁이 발생하여 갈등을 야기한다.
③ 볼드가 주장한 갈등의 기능 : 긍정적 측면(구성원들의 집단에 대한 애착심 강화)과 부정적 측면(집단 간 첨예한 분쟁 유발)을 모두 인정한다.

13 **터크(Turk)의 권력갈등이론**(= 범죄화 요소이론) : '갈등'의 발생은 집단 간 '사회통제권력'의 확보 때문이다.

① 사회의 지배집단(= 권력자)은 '피지배집단'(= 종속자)을 범죄자로 규정하는 '법'을 제정하였다. (목적 : 권력의 유지를 위해서) ⇛ 터크는 권력자가 '종속자'를 범죄(자)화하기 위한 요소에 주목하였다. 터크의 이론을 '지배–복종이론'이라고도 한다.
② 권력자와 종속자 사이에 '문화(가치)와 행동양식(현실)' 모두 차이가 날 때 '갈등'이 발생한다.
③ 종속자(피지배집단)의 조직화 정도가 높을 때, 권력자의 행동양식에 대한 인식 정도가 낮을 때 갈등의 발생가능성이 증가한다.
④ 모든 갈등이 종속자를 범죄자로 만드는 것은 아니며, '법' 집행과정을 강조한다.

◆ **터크의 범죄화 3요소(법 '집행'가능성을 높이는 3요소)**

① 금지행위의 중대성 : 예 강도(권력자의 '문화 + 행동양식' 모두 위반 → 우선 집행가능성 높음)
② 권력의 크기 : 지배집단의 권력이 강할수록, 피지배집단이 약할수록 집행가능성이 높다.
③ 갈등의 현실성 : 실현가능성이 낮은 행위(힘이 약하다는 의미)에 대한 집행가능성이 높다.

14 보수적 갈등이론 정리

셀린	볼드	터크
문화갈등	집단갈등	권력갈등
문화적 차이	집단 간 이익갈등	집단 간 권력 확보 지배집단 vs. 피지배집단 범죄화 3요소

15 마르크스(Marx)의 계급투쟁과 범죄 : 경제적 계급 간 갈등

① 마르크스의 견해는 급진적 갈등이론 전반에 영향을 주었다.

② 갈등의 발생 배경 : 자본가 계급이 노동자 계급보다 지배적인 위치에 있어 생산수단 소유·통제와 노동자 약탈로 '이익'을 극대화하였다.

③ 노동자 계급 : 적은 노동비용과 열악한 생활조건은 이에 대한 '반응'(생존수단)으로 범죄로의 압력·유인을 받게 된다.

④ 불평등한 자본주의 체제는 노동자 계급에 의한 재산범죄·대인범죄 등을 유발한다.

⑤ 범죄 대책 : '계급갈등'을 없애기 위한 사회 변혁을 주장한다.

16 봉거(Bonger)의 자본주의와 도덕적 타락

① 범죄의 발생 배경 : 소수의 지배계층은 생산수단과 정치적·경제적 통제로써 이익의 극대화를 위해 다수의 피지배계층(하위계층)을 통제하는데, 이는 지배계층의 도덕적 타락을 초래한다.

② 계층 간 갈등 통제를 위한 지배계층의 법률 제정 및 집행 통제 : 하위계층의 행위만 '범죄'로 규정하여 하위계층에 범죄 집중, 피지배계층의 범죄원인은 경제적 종속이다(지배계층은 이기심과 탐욕에 기반한 경제범죄를 저지름).

③ 범죄원인 : 자본주의 사회구조에 따른 '경제적 부'의 불공평한 분배
경제적 빈곤의 기능 = '범죄'의 발생 : 하위계층의 범죄성향이 나타날 가능성이 크다.

④ 따라서 생산수단의 공유를 통해 경제적 부의 재분배가 가능한 사회주의 사회 실현을 주장한다.

17 경제계급 퀴니(Quinney)의 범죄의 사회적 현실

① 범죄(물질적 문제)는 자본주의 사회의 정치·경제적 구조에 의해 영향을 받는다.

② 계급(계층) 간 자원 경쟁은 필연적으로 갈등을 야기한다.

③ 지배계급 : 이익 보호를 위해 '입법'에 개입하고, 이를 이용하여 범죄의 사회적 현실을 조작(구성)한다.

④ 형법 = 지배계급이 사회의 경제적 질서를 유지하기 위한 도구라고 가정

◆ 퀴니가 구분한 노동자 계급과 자본가 계급에 의한 범죄유형

– 노동자(피지배계급)

① 적응범죄
= 자본주의 체제에 대한 일종의 적응 행위
- 자본주의로 인해 열악한 생활을 하는 노동자들은 약탈 범죄를 통해 보상을 얻고자 하고 대인 범죄를 통해 폭력성 표출

② 대항범죄
= 자본가 계급의 지배에 대항하는 범죄유형
- 노동자 계급이 자본주의 모순에 저항하는 과정에서 발생하는 행위를 국가가 '범죄'로 규정한 경우(비폭력 시위행위)

18 테일러(Tailor) 영 등의 신범죄학 : 테일러와 그의 동료들은 볼드의 집단갈등이론 비판

① '형법' ≠ 이익집단의 다원성에 의한 결과로 단 '하나'의 유력한 이익만이 존재한다고 주장 국가와 자본가들은 '민법'에 의해서만 경쟁을 규제한다.

② 결국 사회는 두 집단인 '국가와 자본가들'(지배집단)과 '노동자들'(피지배집단)로 구분되는데, 노동자(하위계층)에 대해서만 규제를 강화한다.

19 스피처(Spitzer)의 후기 자본주의 갈등론

후기 자본주의의 경제활동 및 계급갈등은 범죄의 발생과 사회통제에 관심을 둔다.
– 스피처의 관심사 : '특정 하위계층'은 왜 범죄를 저지르는가?

※ 스피처가 구분한 '문제 인구'의 유형(2가지)

① 사회적 폐물(= 쓸모없는 사람) : 지배계층의 입장에서 상대적으로 피해가 적은 경우들
예 지체부자유자, 정신질환자, 약물중독자

② 사회적 위협자 : 특히 생산과 지배 관계를 잠재적으로 의문시하는 경우
'문제 인구'(일탈자 + 범죄자)에 대한 통제 전략 :
- 통합적 통제 : 사회에서 적용되는 통제 방식(예 보호관찰)에 대해 스피처는 현대 자본주의 사회에서 '통합적 통제'가 확대될 것으로 판단
- 분리적 통제 : 제도와 기관의 활용에 의한 통제 방식

마르크스	봉거	퀴니	신갈등론	
계급투쟁	자본주의의 도덕적 타락	범죄의 사회적 현실	테일러, 영 등	스피처
경제적 계급 간 갈등	불공평한 경제적 분배	지배계급의 (범죄를 이용한) 계급 통제	신범죄학 집단갈등 비판	후기 자본주의 갈등 – 원인 > 문제 인구(하위계층)

20 페미니즘 범죄이론

① 자유주의적 페미니즘은 성 불평등의 원인을 법적·제도적 기회의 불평등으로 보았으므로, 여성에게 기회를 동등하게 부여하고 선택의 자유를 허용한다면 성 불평등을 해결할 수 있다고 주장한다.

② 사회주의적 페미니즘은 마르크스주의적 페미니즘이 사유재산으로 인한 계급 불평등을 지나치게 강조하다보니 성 불평등을 핵심적으로 부각하지 못했다는 점을 비판하면서, 계급 불평등과 함께 가부장제로 인한 성 불평등을 분석해야 한다고 주장한다.

③ 급진적 페미니즘은 가부장제에 의한 여성억압은 남성의 여성에 대한 공격과 여성의 성에 대한 통제로 나타난 것이라고 주장한다. 여성은 임신과 출산을 위한 기간에는 자신과 아이의 생존을 위해 남성에게 의존적일 수밖에 없으며, 이것이 남성으로 하여금 쉽게 여성을 지배하고 통제하도록 만들었다고 한다.

핵심요약 07 기타 범죄학 이론과 전통적 범죄유형론 (1)

01 발달이론을 통한 소년비행의 원인(Developmental life-course 범죄학)

발달이론(발전범죄학)이란 개인의 범죄경력이 '연령의 증가'에 따라 발전하는 과정을 이론화한 것을 말하며, 비행소년의 아동기 경험을 중시하면서 청소년으로 성장하는 과정에서 경험하는 다양한 변화를 중시한다.

02 숀베리(Thornberry)의 상호작용이론

① 소년의 최초 비행은 청소년기에 발생한 전통사회와의 결속 약화가 원인이다.
  예 부모와의 애착 관계가 약화될 때마다 비행의 가능성 증가
② 특히 비행친구와의 접촉(사회적 환경)은 비행의 강도·빈도를 증가시킨다.
③ 개인의 생애주기를 통해 발전하고 각 연령의 단계마다 중요하게 영향을 주는 요인들이 달라진다.
  ※ 동태적 과정, 즉 변화하는 과정임을 의미
  예 유년기에는 가족의 역할이 중요하고, 청소년기에는 친구의 역할이 중요

03 모피트(Moffitt)의 생애과정이론

① 신경심리학과 낙인이론, 그리고 (사회적) 긴장이론에서 범죄 경험의 발전 과정을 설명한다.
② 비행소년을 생애지속형(어린 나이부터 비행을 시작)과 청소년기 한정형으로 구분한다. 생애지속형은 성인이 되어서도 비행을 지속할 가능성 크다.
  이유 : 낮은 언어능력과 과잉활동, 충동적 성격 때문이다(친구의 영향을 크게 받지 않음).

04 샘슨과 라웁(Sampson & Laub)의 생애발달이론(연령등급이론)

① 비행은 비공식적 사회 통제 혹은 유대의 결과이다.
② 비행을 일찍 시작한 경우, 그러한 비행의 경력(경험)이 부모와의 유대 약화와 학교 부적응, 교우관계를 어렵도록 한다.
  ※ 다만 사회와의 유대가 회복·강화될 경우 → 비행 중단
③ '인생의 전환점' : 생애에 걸쳐 경험하게 되는 '사회유대, 사회자본'의 형성이 정상적인 생활을 할 수 있도록 변화시킨다.
  ※ 사회유대, 사회자본의 예 : 긍정적인 대인 관계, 성실한 학교생활 등

05 브레이스웨이트의 재통합적 수치심부여이론

① 재통합적 수치와 오명적 수치에 대한 범죄와의 상관관계를 규명한 이론
② 재통합적 수치 : 수치를 주는 사람이 수치를 받는 사람과의 유대를 지속할 것이라는 확신을 주는 경우로, 낮은 범죄율을 가져온다는 논리
③ 오명적 수치 : 수치를 줌으로써 수치를 받는 사람으로 하여금 비행적 행위의 느낌을 갖게 하는 경우로, 높은 범죄율을 초래

06 티틀의 통제균형이론

① 개인적 통제요인 확대 : 티틀이 개발한 통제균형이론은 잠재적 특질이론 계열로, 범죄성향의 요인으로서 개인적 통제요인을 확대하는 이론이다.
② 통제량과 피통제량 : 통제의 개념을 개인에 의해 통제받는 양(통제량)과 개인을 통제하는 양(피통제량)으로 구분하고, 이 두 개의 통제량이 균형을 이루면 개인은 순응적이 되고, 불균형을 이루면 일탈적이고 범죄적인 행동을 하게 된다.
③ 통제균형의 네변수 : 통제균형은 네 개의 주요 변수, 즉 경향(동기), 도발(자극), 범죄기회, 억제 등의 관계에 의해서 결정된다. 이러한 변수들은 사회학습이론, 아노미이론, 범죄억제, 합리적 선택이론 그리고 사회유대이론의 개념들을 통합한다.
④ 통제균형과 범죄
- 계속변수로서의 통제 : 통제를 계속적인 변수로서 생각하고, 자신에 대한 타인의 통제량과 타인에 대한 자신의 통제량은 고정되어 있는 것이 아니라 사회적 환경이나 사회적 위치의 변화에 따라 계속 변화한다.
- 통제결핍과 통제과잉 시 범죄증가 : 통제결핍과 잉여는 하나의 연속선상에 존재하는 통제에 관련된 현상으로, 중앙의 균형점으로 이동하면 범죄가 감소하고, 결핍과 잉여의 양 극단으로 갈수록 범죄는 증가한다.

07 통합이론

① 엘리엇과 동료들의 통합이론
- 엘리엇(Elliott)과 동료들은 긴장이론·사회통제이론·사회학습이론을 결합한 통합이론을 제시
- 긴장이론과 사회통제이론의 결합 : 성공에 대한 열망의 반대방향 작동
  - 긴장이론 : 긍정적 목표를 달성하기 위한 기회가 차단되었다고 느끼는 개인에게 성공에 대한 강한 열망은 관습적 수단을 포기하고 불법적 수단을 선택하게 만드는 요인이 된다.
  - 사회통제이론 : 성공에 대한 강한 열망은 교육과 같은 제도화된 수단에 대한 몰입을 높여 범죄의 유혹에 빠지지 않도록 하는 규범적 통제기제로 작용한다.

[개인에 따른 사회유대 정도의 차이]

㉠ 사회질서와 유대 정도는 가정과 학교 등에 의한 사회화과정에 따라 결정되는데, 가족관계나 또래관계, 학업 등에 있어서 성공과 실패, 긍정적 자극과 부정적 낙인 등은 사회유대를 강화 또는 약화시킨다.

㉡ 관습적 목표를 달성하기 위한 제도적 기회가 차단되었을 때 사회유대의 개인차가 상이한 방식으로 개인의 행동에 영향을 미친다.

- 사회유대가 강하고, 관습적 목표에 대한 전념 정도가 높은 사람 : 기회가 차단되었을 때 긴장이론의 주장대로 긴장이 발생하고, 이를 해소하기 위한 방편으로 비제도적, 즉 불법적 수단을 동원하게 된다.
- 사회유대가 약하고, 관습적 목표에 대한 전념 정도가 그다지 높지 않은 사람 : 비록 성공기회가 제약되더라도 이로 인한 부정적 영향을 별로 받지 않는다.
- 사회통제이론과 사회학습이론의 결합
  - 사회통제이론은 사회적 유대가 약하기 때문에 청소년이 비행행위를 저지른다고 주장하지만, 엘리엇과 동료들은 이것만으로는 충분한 설명이 되지 않는다고 비판하고, 청소년의 비행행위가 특정 사회집단으로부터 지지를 받거나 보상으로 이어질 때 그 비행행위가 유지된다는 점을 고려해야 한다는 것이다.
  - 비행또래집단은 사회적 유대가 약한 청소년이 비행을 시작하고 지속하는 데 필수적인 사회적 조건을 제공한다.

② 헤이건의 권력통제이론

- 헤이건(hagan)은 마르크스주의 범죄이론이나 페미니스트 범죄이론과 같은 비판적 범죄학을 사회통제이론과 결합한 통합이론을 제시하였다.
- 사회의 계급구조와 전통적 가부장제가 어떻게 가정에서 자녀의 성별에 따라 차별적인 양육방식으로 적용되는지, 또 범죄성의 차이로 이어지는지 설명한다.

③ 콜빈과 폴리의 마르크스주의 통합이론

- 콜빈(Colvin)과 폴리(Poly)는 마르크스주의 범죄이론과 사회통제이론을 결합한 통합이론을 제시하였다.
- 자본주의사회에서 자본가계급은 자신들의 이익을 극대화하기 위해 생산과정에서 노동자계급을 세 가지 부류로 나누어 보다 효과적으로 통제하려고 한다.

08 살인범죄의 특징

① 살인은 안면이 있는 사람에 의해 발생하는 경우가 많다.

② 우발적 범행이 가장 많다(음주 등).

09 연쇄살인의 세부유형 분류(4가지) : 홈즈(Holmes) & 드버거(DeBurger)의 '주요 행동 패턴'에 따른 분류

① **망상형** : 환청, 환각, 망상으로 인해 살인 후 이를 정당화한다.

② **사명감형** : 자신의 기준, 신념체계에 따라 사회에서 부도덕하거나 옳지 않은 일을 하는 집단을 선택하여 그 구성원을 살인의 대상으로 한다.

③ **쾌락형** : 살인 자체를 즐기면서 희열을 추구하며 '성적 쾌감과 스릴'을 맛보거나 '위안'을 삼으려고 한다.

④ **권력형** : 타인의 삶 자체를 자신이 통제할 수 있다는 '정복감'과 '힘의 우위'를 성취감으로 느끼며 성적 가학행위와 환상이 발현된다.

10 그로스(Groth)가 분류한 강간의 유형(3가지)

① **지배강간(power rape)**

- 피해자를 힘으로 자신의 통제하에 두고 싶어 하는 유형이다(= 권력강간).
- 능력 있는 남성이라는 자부심을 유지하기 위해 강간이라는 비정상적인 행위로 자신의 힘을 과시, 확인하고자 한다.

② **가학성(변태성욕)강간(sadistic rape)**

- 분노와 권력 욕구가 성적으로 변형되어 가학적인 공격행위 그 자체로부터 성적 흥분이 유발되는 정신병질적 유형이다.
- 철저한 사전계획하에 상대방을 다양하게 성적으로 모욕하는 등 반복적인 행동을 통해 쾌락과 만족감을 얻는다.

③ **분노강간(anger rape)**

- '증오와 분노'의 감정에 의해 촉발되는 우발적이고 폭력적인 유형이다.
- (성적 만족을 위해서가 아니라) 자신의 분노를 표출하고 상대방을 모욕하기 위한 행동으로 심한 신체적인 학대를 가한다.

핵심요약 08 범죄유형론 (2)

01 전문적 강도 : 범행 사전계획과 공범을 구성 + 상업시설

02 아마추어 강도

① 기회주의 강도 : 가장 보편적이고, 취약성을 중시하며, 개인을 상대로 '집단'으로 범행을 실행하고, 집단 자체가 피해자에게 위협이 된다.

② 약물중독 강도 : 사전계획이 없고, 무기를 사용하지 않으며, 범행빈도가 높다.

③ 알코올의존 강도 : 사전계획이 없고, 피해자의 취약성을 고려하지 않아 검거율이 가장 높다.

03 가정폭력 : 가정구성원 사이의 신체적, 정신적, 재산상 피해를 수반하는 행위(가정폭력범죄의 처벌 등에 관한 특례법 규정)

'가정구성원'에 해당하는 사람의 범위

배우자 (전 배우자 / 사실혼 포함)	부모, 자녀 (계부모 / 서자 포함)	동거하는 친족

04 학교폭력에 해당하는 행위의 유형

① 형법상 행위 : 상해, 폭행, 감금, 협박, 공갈, 강요, 성폭력 등이 있다.

② 따돌림 : 고통을 느끼도록 하는 지속적, 반복적인 신체적, 심리적 공격행위를 말한다.

- 사이버 따돌림 : 정보통신기기(예 휴대전화)를 이용한 지속적, 반복적인 심리적 공격행위 또는 개인정보, 허위사실 유포행위로 고통을 유발한다.

③ 기타 : 강제적인 심부름 등

05 학교폭력의 특성 : 폭력의 집단화, 지능화, 흉포화, 저연령화 등의 경향을 보인다.

최근 비행소년뿐 아니라 청소년 대다수에게서 쉽게 발견되는데, 이는 '학교폭력의 일반화'이다.

06 아바딘스키가 제시한 조직범죄의 특성(8가지)

① 비이념적 : 정치적인 것에는 관심이 없고, 오로지 '돈과 권력'이 목적이다.
② 위계적 구조 : 조직구성원 간 권력 구조가 계층적(수직적)으로 위계질서가 형성된다.
③ 구성원 제한 : 조직구성원의 자격이 매우 제한적·배타적이다.
④ 영속적 활동 : 조직활동과 참여조직원들이 평생 지속되는 경우가 많다.
⑤ 불법수단 사용 : 조직의 이익·목적을 위해서 폭력, 뇌물 등을 동원한다.
⑥ 분업화·전문화 : 조직활동에서 임무 혹은 역할이 철저하게 분업화되어 전문성을 확보한다.
⑦ 독점성 : 폭력, 뇌물 등의 방법으로 특정 사업분야를 독점하여 이익을 늘린다.
⑧ 규범 통제 : 조직 내 규칙이나 규정에 따라 통제된다.

07 알비니가 분류한 조직범죄의 유형

① 정치적 범죄활동 : 예 테러, 과격한 사회운동
② 약탈 위주(금전 추구) : 예 갱을 비롯한 집단범죄
③ 집단내부 지향(심리적 만족) : 예 폭주족 갱
④ 일반적인 조직범죄(카르텔) : 예 시장독점

08 알바네즈가 분류한 조직범죄 활동에 따른 유형

① 불법적 용역의 제공 : 예 고리대금업, 성매매
② 불법적 재화의 공급 : 예 마약, 장물
③ 이익갈취 : 예 노동조합을 이용한 불공정이익 확보
④ 불법인수·강탈로 합법적 사업에 침투 : 예 오물수거, 자판기사업 등

09 화이트칼라(White-collar)범죄

화이트칼라(White-collar)범죄 : 서덜랜드가 제시한 용어로 '경제적 상위계층'과 '권력층'이 저지른 범죄를 말한다. 과거에는 높은 사회적 지위의 사람이 자신의 직업활동과정에서 저지르는 직업적 범죄를 의미했으나, 현재는 모든 사회계층의 사람이 자신의 직업활동과정에서 저지르는 직업과 관련한 법률위반으로 확대해석되었다.

10 스토킹의 법적 처벌 요소

① 연속적 : 일련의 연속적인 스토킹이 일정한 행동유형을 나타낸다.
② 위협적 : 공포를 느낄 정도의 방법으로 행동한다.
③ 범죄적 목적 : 스토커의 행동이 반드시 의도적이어야 한다.

11 스토킹의 유형

① **단순집착형** : 가해자와 피해자는 '사실적 관계'(= 서로 아는 사이)이고, 가장 흔한 유형이다.

② **연애집착형** : 가해자와 피해자는 서로 전혀 알지 못하는 낯선 관계이다.

③ **연애망상형** : 피해자는 가해자의 존재를 전혀 모르고, 가해자는 피해자와 특별한 관계라는 망상에 빠져 있다.

12 사이버범죄의 유형

① **사이버테러**

- 주요 기관의 정보통신망을 침해하는 행위(= 신종테러)

  예 해킹(계정도용, 정보유출, 정보훼손), 서비스거부공격(= 디도스, 서버의 일시적 중단 공격), 악성코드(바이러스, 랜섬웨어)

② **정보통신망 이용**

- 범행수단으로 '정보통신망'을 이용하는 행위

  예 인터넷사기(직거래, 쇼핑몰사기), 사이버금융범죄(파밍, 스미싱)

③ **불법콘텐츠**

- 정보통신망을 통해 불법 정보나 서비스를 제공하는 행위

  예 사이버음란물, 사이버도박, 사이버명예훼손, 사이버스토킹

핵심요약 09 범죄예방론

01 범죄예방의 3유형

	대상	내용	사례
1차적 예방	일반대중	• 범죄예방교육 실시 • 물리적·사회적 '환경' 개선	방범교육, 환경설계, CCTV 설치
2차적 예방	우범자	• 잠재적 범죄자 조기 발견 • **우범자** 대상 관리, 교육 실시	우범지역 분석, 재범예측
3차적 예방	범죄자 (전과자)	• 재범방지(교화개선)	재범예방프로그램, 사회복귀

02 제프리(C. R. Jeffery)의 범죄대책모델

① 범죄억제모델(형벌) : 처벌에 의한 범죄예방효과를 높이기 위함(고전주의)
② 사회복귀모델(재사회화) : 범죄자의 치료와 재사회화를 위해 사회복귀를 지원(실증주의)
③ 사회환경 개선을 통한 범죄예방모델(CPTED) : 주거환경의 정화, 도시계획(사전예방)

03 제프리(Jeffrey)의 환경설계를 통한 범죄예방(CPTED)

① 범죄자의 범행실행조건을 어렵게 하고, 범행 시 위험을 증대시켜서 범죄로부터 얻는 보상을 감소시키는 전략
② 환경설계를 통한 범죄예방의 전략 : 자연적 감시, 접근통제, 활동지원, 동기강화, 영역성 강화 등

04 CPTED의 기본 원리(5가지)

① **자연감시** : 누구나 쉽게 외부인의 관찰이 가능하도록 하여 가시성을 극대화
 예 주택설계 시 골목길로 테라스 배치, CCTV 및 가로등 증설
② **자연적인 접근통제** : 외부로부터의 출입이나 접근을 제한하도록 설계하여 범죄를 예방
 예 건물 출입구의 단일화, 방범경보장치 설치
③ **영역성 강화** : '사적 영역'(경계) 표시로 외부인 인식을 강화하고 범죄 기회를 차단
 예 보안시스템 표지판 설치, 조경 관리, 출입통제 강화
④ **보수 관리** : 지속적인 유지 관리를 통해 안전한 이미지를 구축
 예 파손 즉시보수, 청결 유지, 낙서 제거

⑤ 활동 지원 : 주민참여 증대를 위한 설계로, 자연감시와 접근통제를 강화
예 놀이터, 근린공원, 체육시설 배치, 벤치 설치

05 뉴먼의 방어공간 : 주민을 범죄로부터 보호할 수 있도록 주거환경을 조성해 놓은 공간

① 설계과정에서 익명성 감소(예 범죄자의 침입, 도주로 차단)로 자연감시를 증가시켜서 범죄기회를 감소시킨다.

② 방어공간을 조성하기 위한 기본요소

경계 표시	(공간에 대한) 감시	(공간의) 이미지	주변 지역 보호

③ 방어공간을 통한 특정 지역의 범죄예방효과는 다른 지역으로 확산(이익의 확산 효과)

④ 뉴먼의 방어공간 개념 : 물리적 환경의 설계를 바탕으로 한 범죄예방모델이 셉테드의 이론적 기초가 됨

⑤ 뉴먼의 범죄발생 3요소 : 범죄욕구 + 범죄능력 + 범죄기회(기회가 있으면 범죄 – 상황적 범죄예방모델의 이론적 근거가 됨)

06 클라크의 상황적 범죄예방이론(기회이론) : 뉴먼의 이론에 기반한 후속 연구

① 합리적 선택의 관점에서 출발한 이론이다.

② 범죄의 '기회' 감소와 범죄로 얻는 '이익'의 감소를 통한 범죄예방전략이다.

③ 범행에 드는 (예상)비용을 증가시켜서 범행을 선택하지 않도록 한다.

07 상황적 범죄예방의 전략

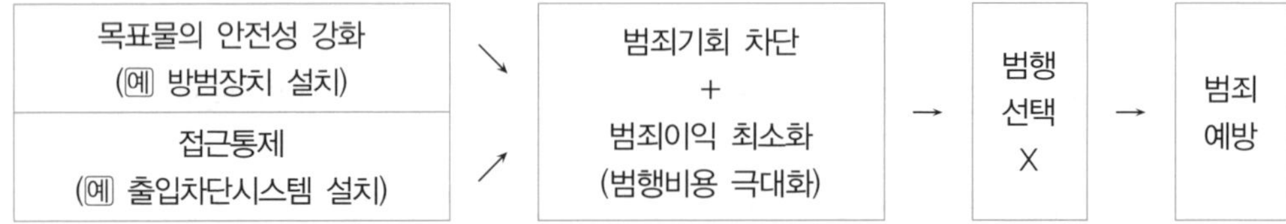

※ 코니쉬(Cornish)와 클라크(Clarke)의 상황적 범죄예방은 사회나 사회제도 개선에 의존하는 것이 아니라, 단순히 범죄기회의 감소에 의존하는 예방적 접근이다. 구체적인 범죄를 대상으로 체계적이고 장기적이며 직접적인 환경을 관리·조정하고, 범죄기회를 감소시키며, 잠재적 범죄자에게 범죄행위가 위험할 수 있음을 인지시키는 데 목적을 두고 있다. 코니쉬와 클라크는 상황적 범죄예방의 5가지 목표(노력의 증가, 위험의 증가, 보상의 감소, 자극의 감소, 변명의 제거)와 25가지 기법을 구체적으로 제시하였다.

08 코헨과 펠슨의 일상생활(활동)이론(현대 고전학파)

① 1960년대 미국의 사회적 상황은 개선되었지만 오히려 범죄율은 급증하였다.

② 범죄 발생의 필수 요인(3가지)

범행동기를 가진 범죄자	적절한 목표	보호의 부재

③ 코헨과 펠슨은 범행동기를 가진 범죄자 요인은 이미 결정된 것으로 간주하였다(나머지 두 개의 요인에 범죄예방전략의 초점을 둠).

09 브랜팅햄(Brantingham) 부부의 범죄패턴이론

① 범죄에는 일정한 장소적 패턴이 있으며, 이는 범죄자의 행동패턴과 유사하다는 논리

② 범죄자의 여가활동 장소나 이동경로·이동수단 등을 분석하여 범행지역을 예측함으로써 연쇄범죄 해결에 도움을 줄 수 있는 범죄예방이론

③ 범죄자는 일상활동에서 일반인과 같은 정상적인 시공간적 행동패턴을 보임

④ 사람들이 활동하기 위해 움직이고 이동하는 것과 관련하여 축(교차점, nodes), 통로(경로, paths), 가장자리(edges)의 세 가지 개념을 제시

- 교차점
  - 사람들의 활동 지역을 의미한다. 범죄자는 지역과 그 '주변'에서도 범죄를 저지른다. 교차점(예 집, 학교, 유흥지역), 즉 자신의 개인적 활동의 교차점 주변에서 범죄표적을 찾는다.
- 경로
  - 사람들은 일상생활의 활동 '경로'가 있는데, 피해자가 범죄의 표적이 되는 '장소'와 밀접하게 관련이 있다. 따라서 범죄의 지리적 분포와 '일상활동의 규칙적인 반복(= 생활 리듬)'에 관심을 둔다(예 장소에 따른 시간대별 범죄 발생 유형).
- 경계(변두리)
  - 낯선 사람을 대상으로 하는 범죄자는 범행 후(변두리) 자신의 지역으로 복귀할 때 지역의 '경계'를 선호한다.

10 윌슨(Wilson)과 켈링(Kelling)의 깨진유리창이론

① 파손된 창문이 신속하게 보수되지 않고 방치되면 그 건물의 다른 창문들도 곧바로 파손되기 시작한다(예 낙서, 쓰레기 등을 방치하면, 결국 큰 범죄로 이어지게 됨).

② 지역사회 내 기초질서 위반행위의 방치는 중대한 범죄를 초래한다.

③ 물리적 개선(시설보수)과 무질서 단속으로 질서를 유지하여 범죄를 예방한다.

환경 범죄학	제프리	뉴먼	클라크	코헨과 펠슨	브랜팅햄 부부	윌슨과 켈링
	범죄예방모델	방어공간	합리적 선택	일상생활	범죄패턴	깨진 유리창
	셉테드		상황적 범죄예방	적절한 목표, 보호의 부재	교차점, 경로, 경계	

11 초범예방대책

① 형벌(일반예방) ② 지역사회 조직화 ③ 여가지도 ④ 그룹워크

12 재범예방대책

① 형벌(특별예방) ② 소셜워크 ③ 임상적·기계적 개선법

13 레페토의 범죄전이 : 범죄 예방활동으로 인해 장소, 시간 또는 범죄유형 등이 다른 형태로 변경되는 것(영역적 전이, 시간적 전이, 전술적 전이, 목표의 전이, 기능적 전이, 범죄자 전이)

14 범죄예측의 전제조건

① 객관성 : 과학적인 범죄예측을 통해 예측의 결과가 항상 동일하여 신뢰성이 보장되어야 한다.

② 타당성 : 범죄예측의 목적에 부합하는 방법으로 수행되어야 한다(= 합목적성).

③ 단순성 : 예측방법 및 결과는 간단하게 구성하여 쉽게 이해되어야 한다.

④ 효율성 : 예측에 소요되는 비용·시간을 최소화하여야 한다(= 경제성).

15 범죄예측법의 발전

워너의 점수법(가석방)과 버제스의 경험표(가석방 대상자), 글룩 부부의 조기비행예측표 등

① **워너(Warner)** : 메사추세츠주(州) 가석방 대상 수용자를 60개의 항목(예 교정 여부, 전과, 석방 후 계획)으로 점수화하여 재범가능성을 예측

② **버제스(Burgess)** : 경험표를 작성하여 객관적 범죄예측의 기초를 마련

- 일리노이주 가석방자 3명을 대상으로 21개의 공통요인을 추출하고, 그 통계를 분석하여 가석방기간 중 재범가능성을 예측한다.
- 각 요인에 +1, 0, −1의 점수를 부여하는 실점부여방식

③ **글룩(Glueck) 부부** : 조기비행예측표을 작성하여 비행소년의 재비행가능성을 예측

- 매사추세츠주 비행소년 500명과 보스턴의 일반소년 500명을 대상으로 300개 요인 중 비행소년과 일반소년 간 구별요인 5개에 대한 총 예측점수를 계산한다.
- 각 요인에 대한 점수를 부여한 후 합산하는 가중실점방식

④ **최근의 예측방법** : 하서웨이와 맥킨리의 미네소타 다면적 성격검사법(MMPI)을 현재 가장 표준화된 범죄자 인성조사방법으로 활용

16 범죄예측의 발전순서

석방 시 예측 ⇨ 재판 시 예측 ⇨ 조기 예측

17 예측방법의 분류

구분	의의	검토
직관적 관찰법	예측자의 직관적 예측능력을 토대로 하는 예측방법으로, 판사·검사·교도관 등 범법자를 대상	주관적 자의와 한계 및 합리적 판단기준의 결여를 극복하기 어렵다.
임상적 예측방법 (경험적 개별예측)	정신건강의학과 의사나 범죄심리학자가 행위자의 성격분석을 위한 조사와 관찰, 임상실험의 도움을 통해 예측하는 방법	판단자의 주관적 평가의 개입가능성 및 자료 해석의 오류가능성이 있고, 비용이 많이 든다.
통계적 예측방법 (점수법, 연역적 방법)	범죄자의 특징을 계량화하여 그 점수의 많고 적음에 따라 장래의 범죄행동을 예측하는 방법	누구나 쉽게 사용할 수 있고, 객관적 기준에 의해 실효성·공평성이 높으며, 비용도 절감된다.

18 범죄예측의 한계와 문제점

① **기술적 측면 : 예측을 통해 잘못된 결과가 나타날 가능성 → 잘못된 긍정, 잘못된 부정**

	잘못된 긍정	잘못된 부정
예측결과	범죄 발생 O	범죄 발생 X
	잠재적 범죄자 → 예방처우 O	아무런 예방조치도 하지 않음
실제	X	O
문제점	인권침해	사회방위에 문제

② **윤리적 측면 : 책임주의에 반함**

핵심요약
10 피해자론 등

01 피해자

① **최협의의 피해자** : '형식적 의미의 범죄'에 대한 피해자를 의미
② **협의의 피해자** : '실질적 의미의 범죄'에 대한 피해자를 의미(과실)
③ **광의의 피해자** : 직접피해자와 간접피해자를 포함하는 개념(범죄피해보상제도와 관련)

02 피해자학 이론의 전개에 필요한 주요 개념(4가지)

① **범죄와의 접근성** : 범죄다발지역에 근접할수록 범죄피해 위험성은 높아진다.
② **범죄에의 노출(개인생활양식)** : 야간에 외출 빈도가 높으면 범죄피해 위험성도 높아진다.
③ **표적의 매력성** : 경제적 가치가 높을수록, 물리적 저항이 적을수록 표적의 매력성은 높아진다.
④ **보호능력** : 가족구성원, 이웃 주민과의 친분, 협조, 방범시설, 장치, 보호등 설치

03 **생활양식 노출이론(힌델링 : 미시적)** : 생활양식의 차이에 따라 범죄피해 위험성이 큰 상황, 지역, 시간에 노출되는 정도가 달라 피해의 위험부담 또한 차이가 난다.

04 **일상생활(활동)이론(코헨과 펠슨 : 거시적)** : 범행동기를 가진 범죄자 + 적절한 대상 + 보호의 부재로 범행의 조건을 설명한다.

05 **구조적 선택모형** : 미테와 마이어의 이론모형으로, 생활양식 노출이론 + 일상활동이론의 통합으로서 범죄기회구조와 표적선택을 의미한다.

06 미테와 마이어가 제시한 범죄의 필요조건(4가지)

범행기회(거시적)	범행동기를 가진 범죄자와	물리적 거리가 근접할 때
	범죄 위험성이 높은 환경에 노출될 때	
대상선택(미시적)	표적·대상의 범죄표적으로서의 매력성	
	보호의 가능성이 없을 때(보호의 부재)	

07 멘델존(Mendelsohn)의 분류(피해자의 유책성 정도를 기준)

① 이상적 피해자로서 책임이 전혀 없는 피해자 : 영아살해죄의 영아
② 무지에 기한 피해자로서 책임이 작은 피해자
③ 자발피해자로서 가해자와 동등한 정도의 책임이 있는 피해자 : 동반자살
④ 가해자보다 책임이 큰 피해자
⑤ 가장 책임이 큰 피해자

08 카르멘(Karmen)의 분류(피해자의 책임을 바탕으로 사회규범을 고려)

① 비행적 피해자 : 반사회적인 행위로 인해 다른 사람의 범행 표적이 된 피해자
② 유인피해자 : 범죄자를 유인(유도)하여 피해를 유발하는 피해자
③ 조심성 없는 피해자 : 예 시동을 걸어둔 채로 자리를 비워 차량을 도난당한 경우
④ 보호할 가치가 없는 피해자 : 비판범죄학에서 제기하는 피해자의 유형
예 불법하게 재산을 축적한 사람이 약탈범죄의 피해자가 된 경우

09 헨티히의 분류

① 일반적 피해자 : 정신적·신체적 약자인 피해자
② 심리학적 피해자 : 정서불안이나 탐욕적·폭력적 피해자

10 엘렌베르거의 분류(심리학적 분류) : 잠재적 피해자(피해자가 되기 쉬운 경향), 일반적 피해자

11 레클리스의 분류

① 순수한 피해자 = '가해자 – 피해자' 모델
② 도발한 피해자 = '피해자 – 가해자 – 피해자' 모델 : 피해자의 중대한 도발로 인해 가해자의 범죄행위가 발생하여 피해자가 된 경우

12 회복적 사법 : 특정 범죄에 대한 이해관계를 가진 당사자(범죄피해자와 가해자, 지역사회의 구성원)들이 사건 해결 과정에 능동적으로 참여하여 범죄피해자의 권리 신장과 피해회복에 초점을 두는 과정이다.

13 전통적 형사사법과 회복적 사법 비교

구분	응징적 패러다임(Retributive Paradigm)	회복주의 패러다임(Restorative Paradigm)
초점	법의 위반	인간관계의 위반
내용	응징적(retributive/vindictive)	복구적(reparative)
방식	강제적	협조적
주체	정부와 범죄자	정부, 지역사회, 가해자와 피해자, 그들의 가족
장소	격리된 시설 내	지역사회 내
시기	사후대응적	사전예방적
관심	적법절차 준수	참여자의 만족 극대화
역점	공식적 절차를 통한 개인의 권리보호	비공식적 절차를 통한 범죄자의 책임감 강조와 집단적 갈등의 해결

14 회복적 사법의 유형(3가지)

① 조정 모델 : 피해자, 가해자, 조정자(중립적 제3자)가 참여하는 프로그램

예 피해자 – 가해자 화해 모델, 피해자 – 가해자 조정 모델

② 협의 모델 : 피해자, 가해자의 후원자들이 프로그램에 참여하는 프로그램

예 가족집단회의 모델(피해자, 가해자와 그들의 가족 및 친구가 참여하여 가해자를 중심으로 집단적인 책임을 강조)

③ 서클 모델 : 피해자, 가해자와 그들의 가족, 지원자, 지역사회 구성원이 참여하는 프로그램

예 양형서클

15 범죄피해자 보호법의 주요규정

① 구조대상 범죄피해 : 생명 또는 신체를 해치는 죄에 해당하는 행위로 인하여 사망하거나 장해 또는 중상해를 입은 것

㉠ 포함대상 : 형사미성년자, 심신상실자, 강요된 행위, 긴급피난

㉡ 제외대상 : 정당방위, 정당행위, 과실에 의한 행위

② 구조대상 범죄피해에 대한 구조

구조금의 지급요건	• 구조피해자가 피해의 전부 또는 일부를 배상받지 못하는 경우 • 자기 또는 타인의 형사사건의 수사 또는 재판에서 고소·고발 등 수사단서를 제공하거나 진술, 증언 또는 자료제출을 하다가 구조피해자가 된 경우

③ 유족의 순위

㉠ 배우자(사실혼 포함) = 자녀(태아 포함)

㉡ 부모(양부모 우선)

㉢ 손자·손녀

㉣ 조부모

㉤ 형제자매

④ 구조금의 지급배제사유

㉠ 전부 지급배제사유

ⓐ 범죄행위 당시 구조피해자와 가해자 사이가 부부(사실상 혼인관계 포함), 직계혈족, 4촌 이내의 친족, 동거친족인 경우

ⓑ 구조피해자가 해당 범죄행위를 교사 또는 방조하는 행위, 과도한 폭행·협박 또는 중대한 모욕 등 해당 범죄행위를 유발하는 행위, 해당 범죄행위와 관련하여 현저하게 부정한 행위, 해당 범죄행위를 용인하는 행위 등을 한 경우

㉡ 일부 지급배제사유

ⓐ 폭행·협박 또는 모욕 등 해당 범죄행위를 유발하는 행위를 한 경우

ⓑ 해당 범죄피해의 발생 또는 증대에 가공한 부주의한 행위 또는 부적절한 행위를 한 경우

⑤ 손해배상과의 관계 : 국가는 구조피해자나 유족이 해당 구조대상 범죄피해를 원인으로 하여 손해배상을 받았으면 그 범위에서 구조금을 지급하지 아니한다.

⑥ 외국인에 대한 구조 : 해당 국가의 상호보증이 있는 경우에만 적용

⑦ 구조금의 지급신청

㉠ 주소지, 거주지 또는 범죄 발생지를 관할하는 지구심의회에 신청

㉡ 신청은 범죄피해의 발생을 안 날부터 3년 이내, 범죄피해가 발생한 날부터 10년 이내

⑧ 소멸시효 : 구조금을 지급받을 권리를 2년간 행사하지 아니하면 시효로 인하여 소멸

⑨ 형사조정 회부

㉠ 검사는 당사자의 신청 또는 직권으로 수사 중인 형사사건을 형사조정에 회부 가능

㉡ 도주, 증거인멸 염려, 공소시효 완성 임박, 불기소처분(기소유예 제외)의 경우에는 회부 제외

⑩ 지구심의회에서 구조금 지급신청을 기각, 각하하면, 신청인은 결정의 정본이 송달된 날부터 '2주 이내'에 (그 지구심의회를 거쳐) 본부심의회(법무부 범죄피해구조본부심의회)에 재심 신청이 가능

핵심요약 11

형벌론과 교정론

01 형벌이론에서 형법에 영향을 미친 부분(통합적 입장)

응보형주의	목적형주의	
책임원칙 수용	일반예방주의	특별예방주의
	일반인의 규범의식 강화	재사회화, 형벌의 개별화 수용
형벌의 상한 제한	형벌의 하한 결정	

02 형사절차에 따른 형벌의 기능 고려

입법단계	재판단계	형집행단계
일반예방 위하적 효과 강조	응보형주의 책임주의	특별예방 재사회화 목적

03 단기자유형의 대체방안

① 유예제도 ② 보호관찰제도 ③ 벌금 : 일수벌금제 도입

④ 구금제도의 완화 : 주말구금, 구금 없는 강제노역 등 중간처벌(부정기형 제도는 단기자유형의 대체 방안이 아님)

04 총액벌금제도와 일수벌금제도의 비교

구분	총액벌금제도	일수벌금제도(타이렌 교수)
행위자의 책임	전체 벌금액 산정기준	일수의 기준
행위자의 경제능력과 지불능력	고려하지 않음	1일 벌금액 산정 시 고려
형벌의 위하력	낮음	높음
노역장 유치기간의 산정	복잡함	일수만큼 유치(명료함)
배분적 정의 실현	부적합	적합

※ 시행 국가 : 포르투갈, 핀란드, 스웨덴, 덴마크, 독일, 오스트리아

05 벌금액별 노역장 유치기간

① 1억원 이상 5억원 미만 : 300일 이상
② 5억원 이상 50억원 미만 : 500일 이상
③ 50억원 이상 : 1,000일 이상

06 벌금미납자의 사회봉사 집행

① 절차

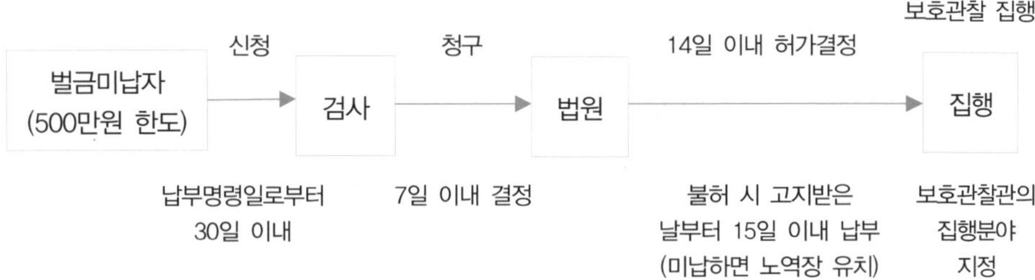

㉠ 제외대상 : 구금형, 노역장 유치명령 받은 자, 구속영장 집행 중인 자, 법원의 불허 또는 집행 중 취소된 자
㉡ 결정기간에는 자료제출 및 출석요구에 걸리는 기간 포함되지 않음
㉢ 검사의 기각결정 시 재판을 선고한 법원에 이의신청 가능
㉣ 사회봉사시간 산정 : 1시간 미만은 집행하지 않음
㉤ 사회봉사의 집행시간 : 집행시간을 합산한 결과 1시간 미만이면 1시간으로 인정
㉥ 벌금납부 : 최초 30일 이내 ⇨ 법원불허 결정 : 15일 이내 납부 ⇨ 집행 중 취소 : 7일 이내 납부

② 기간과 종료

기간	1일 9시간(최대 13시간까지) – 6개월 + 6개월 이내 완료
취소와 납부	• 취소 시 7일 이내 납부 • 집행 중 일부 또는 전부 납부 가능
종료	• 사회봉사의 집행을 마친 경우 • 사회봉사대상자가 벌금을 완납한 경우 • 사회봉사 허가가 취소된 경우 • 사회봉사대상자가 사망한 경우

07 몰수

임의적 몰수 원칙(형식적으로는 형벌이나 실질적으로는 대물적 보안처분의 성질)

① 유죄판결을 하지 않는 경우에도 몰수의 요건을 갖추고 있으면 몰수만을 선고할 수 있음
② 검사의 몰수만을 위한 공소제기는 허용되지 않음

08 범죄인 처우모델

처벌	구금모델	• 일종의 관리모형(보안, 훈육, 질서유지) • 자유의사론, 정기형 강조 • 응보·제지·무능력화 통한 사회방위 ⇨ 비판 : 재범율·범죄율 급증
교화개선	의료모델 (=치료=갱생)	• 범죄자를 환자로 취급하여 강제치료 • 치료를 위해 교정기관에 광범위한 재량권 부여 • 부정기형제도의 이론적 기초(결정론) ⇨ 비판 : 강제처우로 인한 인권침해
	적응모델 (=개선=경제)	• 교육형주의에 기초 : 자신의 행위에 대해 책임질 수 있고, 준법 여부에 대한 의사결정 가능 • 특별예방효과 목적, 각종 프로그램, 처우기법 시행 : 수형자자치제의 보충적 운영 • 부정기형제도의 기초(결정론) ⇨ 비판 : 재범률 증가, 특별예방효과의 미흡, 회의론
	재통합모델	• 주체성과 자율성 인정 ⇨ 동의와 참여하에 처우프로그램 결정·집행 • 수형자와 사회의 동시변화 강조 ⇨ 사회적·사회 내 처우 • 처우의 객체에서 처우의 주체로 그 지위를 끌어올려 자발적 참여와 동의를 전제 ⇨ 비판 : 국민 법감정 위반, 효과의 의문점

09 교정시설 연혁

브라이드웰 노역장	가장 오래된 교정시설
암스테르담 노역장	성별·연령별 분류의 시초, 자유형의 시초, 교육적·개선적 목적의 교도작업
산 미켈레 감화원	최초 소년교정시설(최초 독거교도소), 최초 분방식 구조
간트 교도소	근대 교도소의 효시, 최초 성인 독거교도소, 팔각형(방사익형) 교도소, 오번제의 시초
월넛 구치소	미국 최초 독거구금시설, 펜실베니아제의 시초
엘마이라 감화원	최초 상대적 부정기형, 미국 최초 가석방제 실시
오번 교도소	최초 수형제자치제 실시(오스본), 오번제의 시초
랭카스터 오하이오학교	카티지제(소집단처우제)의 시초

10 계호의 정도에 따른 분류

개방시설	• 도주방지설비의 전부 또는 일부를 갖추지 아니하고, 자율적 활동 가능 • 통상적인 관리·감시의 전부 또는 일부를 하지 아니하는 교정시설
완화경비시설	일반경비시설보다 완화한 교정시설
일반경비시설	통상적인 설비로 통상적인 관리·감시를 하는 교정시설
중(重)경비시설	차단설비를 강화하고 엄중한 관리·감시를 하는 교정시설

11 경비처우급

구분	개념	작업기준
개방처우급	개방시설 수용, 가장 높은 수준의 처우	외부통근작업 및 개방지역작업 가능
완화경비처우급	완화경비시설 수용, 통상적인 수준보다 높은 수준의 처우	개방지역작업, 필요시 외부통근작업 가능
일반경비처우급	일반경비시설 수용, 통상적인 수준의 처우	구내작업 및 필요시 개방지역작업 가능
중(重)경비처우급	중(重)경비시설 수용, 기본적인 처우	필요시 구내작업 가능

구분	펜실베니아제도(주야엄정독거)	오번제도(주혼거-침묵조건, 야독거)
공통점	사회로부터 격리되고 훈육된 일상생활	
목표	정직한 사람	복종적인 시민
방법	종교적인 방법으로 반성하고 참회할 수 있는 기회 부여	침묵과 집단훈육을 통한 재사회화
주장	악풍감염 방지, 독거의 처벌적 훈육효과 기대	비용절감, 노동력의 효율적 이용 가능
생산성	종교적 수공업사회 지향	산업사회 지향 – 20세기 산업교도소의 전신
창시자 및 대표적 시설	• 창시자 : 윌리엄 펜(William Penn) • 대표적 시설 : 월넛교도소(Walnut Street Jail)	• 창시자 : 엘람 린즈(Elam Lynds)(1823) • 기원 : 오번교도소 및 간트교도소 등 • 대표적 시설 : 싱싱(Sing Sing)교도소
장점	• 악풍감염과 증거인멸 방지 • 회오·반성 및 속죄할 기회를 제공 • 개별처우와 계호상 유리	• 침묵으로 인한 악풍감염 해소 • 사회적 훈련 용이 • 교정사고 방지와 통일성 유지에 유리
단점	• 사회적 훈련의 어려움 • 자살의 우려와 정신상의 문제 • 비용증대에 대한 문제	• 교도관의 계호감시와 규율유지에 어려움 • 위생상 문제 • 개별처우 곤란

12 일반귀휴 : 6개월 이상 복역한 수형자는 그 형기의 1/3이 지나고 교정성적이 우수한 경우, 1년 중 20일 이내의 (일반)귀휴 허가

13 특별귀휴 : 해당 사유가 있는 수형자는 5일 이내의 특별귀휴 허가(귀휴기간은 모두 형집행기간에 포함됨)

핵심요약 12

보안처분론

01 보안처분의 필요성

① 형벌의 부과만으로는 형사제재의 목적달성에 부적합한 경우(보완)
② 형벌이 허용되지 않는 경우(대체)
③ 보안처분의 목표 : 범죄자의 개선이며, 형벌과 달리 책임원칙이 아닌 비례원칙이 적용

02 사회방위론 : 형벌의 한계를 인식하고 대체 수단으로서 '보안처분'을 주장한 이론으로, 형벌과 보안처분을 구분하지 않았다는 점이 특징이다.

03 보호관찰이 적용되는 법률의 종류

<table>
<tr><th>적용법규</th><th colspan="2">대상자(보호관찰기간)</th></tr>
<tr><td>형법</td><td colspan="2">선고유예(1년), 집행유예(유예기간: 1년 이상 5년 이하), 가석방(잔형기간: 10년 초과 X)</td></tr>
<tr><td>소년법</td><td colspan="2">단기 보호관찰처분(1년), 장기 보호관찰처분(2년 : 1회에 한해 + 1년 가능), 임시퇴원(6개월~2년)</td></tr>
<tr><td>치료감호법</td><td colspan="2">가종료 및 치료위탁(3년)</td></tr>
<tr><td>가정폭력범죄처벌법</td><td colspan="2" rowspan="2">보호관찰처분(6개월 이내)</td></tr>
<tr><td>성매매처벌법</td></tr>
<tr><td>청소년성보호법</td><td>소년법상 보호처분사건(1~2년)</td><td rowspan="2">높은 재범위험성 + 형집행 종료 후(2년 이상 5년 이하)</td></tr>
<tr><td>전자장치부착법</td><td></td></tr>
<tr><td>성폭력처벌법</td><td colspan="2">선고유예(1년), 집행유예(유예기간)</td></tr>
</table>

04 보호관대상자의 일반준수사항

① 거주지역에서 항상 살아가고, 생업에 종사할 것
② 범죄로 이어지기 쉬운 나쁜 습관을 버리고, 선행을 하며, 범죄를 저지를 염려가 있는 사람들과 교제하지 말 것
③ 보호관찰관의 지도·감독에 따르고, 방문하면 응대할 것
④ 주거 이전 또는 1개월 이상 국내외 여행 시 미리 신고

05 사회봉사명령 : 유죄가 인정된 범죄자, 비행소년을 구금하는 대신 정상적인 사회생활을 허용하면서 일정한 기간 내에 지정된 시간 동안 무보수로 근로에 종사하도록 명하는 것을 말한다.

06 참고 스미크라(Smykla)의 보호관찰 모형

전통적 모형 (traditional model)	내부자원을 활용하고, 대상자의 지도·감독부터 보도원호에 이르기까지 다양한 기능을 수행하나, 통제가 더 중시됨
프로그램모형 (program model)	내부적으로 해결하고 관찰관이 전문가로 기능하기 때문에 대상자를 분류하여 관찰관의 전문성에 따라 배정하게 됨
옹호모델 (advocacy model)	외부자원을 적극 활용하여 관찰대상자가 다양하고 전문적인 사회적 서비스를 제공받을 수 있도록 무작위로 배정된 대상자들을 사회기관에 위탁하는 것을 주요 일과로 삼고 있음
중개모형 (brokerage model)	사회자원의 개발과 중개의 방법으로 외부자원을 적극 활용하여 대상자가 전문적인 보호관찰을 받을 수 있게 하는 것

07 참고 올린(Ohlin)의 보호관찰관 유형

보호관찰관의 유형	주요 특징
처벌적 보호관찰관	위협과 처벌을 수단으로 범죄자를 사회에 동조하도록 강요하고 사회의 보호, 범죄자의 통제 그리고 범죄자에 대한 체계적 의심 등을 강조
보호적 보호관찰관	• 사회와 범죄자의 보호 양자 사이를 망설이는 유형 • 주로 직접적인 지원이나 강연 또는 칭찬과 꾸중의 방법을 이용 • 사회와 범죄자의 입장을 번갈아 편들기 때문에 어정쩡한 입장에 처하기 쉬움
복지적 보호관찰관	• 자신의 목표를 범죄자에 대한 복지의 향상에 두고, 범죄자의 능력과 한계를 고려하여 적응할 수 있도록 도움을 줌 • 범죄자의 개인적 적응 없이는 사회의 보호도 있을 수 없다고 믿음
수동적 보호관찰관	자신의 임무를 단지 최소한의 노력을 요하는 것으로 인식하는 사람

08 치료감호제도 정리

대상자	심신장애자	금고 이상의 형에 해당하는 죄를 범한 때
	약물중독자	금고 이상의 형에 해당하는 죄를 범한 때
	정신성적 장애인	금고 이상의 형에 해당하는 성폭력범죄를 지은 자
청구	① 사유 : 치료의 필요성과 재범의 위험성 ② 전문가의 감정 여부 : 심신장애인·약물중독자는 참고, 정신성적 장애인은 필수 청구 ③ 청구시기 : 항소심 변론종결 시, 합의부 ④ 독립청구 : 심신상실자, 반의사불벌죄, 친고죄, 기소유예자 ⑤ 검사의 청구가 없는 치료감호는 법원에서 선고할 수 없고, 청구를 요청할 수는 있음	

<table>
<tr><td>치료감호 영장</td><td colspan="2">① 보호구속 사유 → 검사 청구 → 관할 지방법원 판사 발부
㉠ 일정한 주거가 없을 때
㉡ 증거를 인멸할 염려가 있을 때
㉢ 도망가거나 도망할 염려가 있을 때
② 치료감호 청구만을 하는 경우에 구속영장은 치료감호영장으로 보며, 그 효력을 잃지 아니함</td></tr>
<tr><td rowspan="4">치료감호 집행</td><td>심신장애, 정신성적 장애인</td><td>최대 15년</td></tr>
<tr><td>약물중독자</td><td>최대 2년</td></tr>
<tr><td>집행순서</td><td>치료감호 먼저 집행, 그 기간은 형기에 산입</td></tr>
<tr><td>살인범죄자 치료감호기간 연장</td><td>① 법원은 검사의 청구로 3회까지 매회 2년 범위 연장결정 가능
② 검사의 청구 : 치료감호 종료 6개월 전
③ 법원의 결정 : 치료감호 종료 3개월 전</td></tr>
<tr><td rowspan="5">종료·가종료 치료위탁 심사</td><td>가종료 종료심사</td><td rowspan="2">① 집행개시 후 매 6개월마다 심사
② 가종료됐거나 치료위탁한 경우 보호관찰 개시 : 3년
③ 치료위탁·가종료자의 종료 심사 : 매 6개월마다 심사</td></tr>
<tr><td>치료위탁·가종료</td></tr>
<tr><td>치료위탁 신청</td><td>① 독립청구된 자 : 1년 경과 후 위탁
② 형벌병과시 : 치료기간이 형기 경과한 때</td></tr>
<tr><td>재집행</td><td>① 금고 이상 형에 해당되는 죄를 지은 때(과실 제외)
② 보호관찰에 관한 지시·감독 위반
③ 증상 악화되어 치료감호 필요</td></tr>
<tr><td>피치료감호자 등의 종료심사 신청</td><td>• 치료감호의 집행이 시작된 날부터 6개월이 지난 후 가능
• 신청이 기각된 경우 6개월이 지난 후 다시 신청 가능</td></tr>
<tr><td>청구 시효</td><td colspan="2">판결확정 없이 치료청구 시부터 15년</td></tr>
<tr><td>보호관찰</td><td colspan="2">① 기간 : 3년
② 대상자 신고의무 : 출소 후 10일 이내
③ 종료 : 기간종료, 치료감호 재수용, 금고 이상 형의 집행을 받게 된 때에는 종료되지 않고 계속 진행</td></tr>
<tr><td>유치</td><td colspan="2">① 요건 : 가종료의 취소 신청, 치료 위탁의 취소 신청
② 절차 : 보호관찰소장 → 검사(구인된 때부터 48시간 이내 유치허가 청구) → 지방법원 판사 허가 → 보호관찰소장 24시간 이내 검사에게 유치사유 신청 → 검사는 48시간 이내에 치료감호심의위원회에 가종료 등 취소 신청
③ 구인한 날부터 30일 + 1회 20일 연장 가능 + 유치기간은 치료감호기간에 산입</td></tr>
<tr><td>시효 (집행 면제)</td><td colspan="2">• 심신장애인 및 정신성적 장애인에 해당하는 자의 치료감호는 10년
• 약물중독자에 해당하는 자의 치료감호는 7년</td></tr>
<tr><td rowspan="2">실효</td><td>재판상 실효</td><td>집행종료·면제된 자가 피해자의 피해를 보상하고 자격정지 이상의 형이나 치료감호를 선고받지 아니하고 7년이 지났을 때에 본인이나 검사의 신청에 의함</td></tr>
<tr><td>당연실효</td><td>집행종료·면제된 자가 자격정지 이상의 형이나 치료감호를 선고받지 아니하고 10년이 지났을 때</td></tr>
<tr><td>피치료감호자 등 격리사유</td><td colspan="2">① 자신이나 다른 사람을 위험에 이르게 할 가능성이 뚜렷하게 높은 경우
② 중대한 범법행위 또는 규율위반 행위를 한 경우
③ 수용질서를 문란케 하는 중대한 행위를 한 경우</td></tr>
</table>

09 치료명령제도 정리

대상	① 통원치료 필요와 재범의 위험성 ② 심신미약자, 알코올중독자 및 약물중독자로 금고 이상의 형에 해당하는 죄를 지은 자
선고·집행유예 시 치료명령	① 보호관찰 병과(선고유예 1년, 집행유예 유예기간) ② 치료기간은 보호관찰기간을 초과할 수 없음
집행	① 검사의 지휘를 받아 보호관찰관이 집행 ② 정신보건전문요원 등 전문가에 의한 인지행동 치료 등 심리 치료프로그램의 실시 등의 방법으로 집행
치료기관 지정	법무부장관 지정
준수사항 위반	선고유예 실효 또는 집행유예 취소
비용부담	원칙 본인부담, 예외 국가부담

10 전자장치 부착 등에 관한 법률

분류	판결선고에 의한 부착명령 집행	가석방 및 가종료자 등의 부착집행	집행유예시 부착명령 집행
대상자	① 성폭력범죄자(임의적) ② 미성년자 대상 유괴범죄자, 살인범죄자(초범은 임의적, 재범 이상은 필요적) ③ 강도범죄자(임의적) ④ 스토킹범죄자(임의적)	① 보호관찰조건부 가석방(필요적) ② 특정범죄 이외의 범죄로 형의 집행 중 가석방된 자의 가석방 기간의 전부 또는 일부기간(임의적) ③ 보호관찰조건부 가종료, 치료위탁, 가출소(임의적)	특정범죄자로 집행유예 시 보호관찰 대상자 (보호관찰 없는 부착명령 위법)
처분기관	법원의 부착명령판결	관련 위원회의 결정	법원의 부착명령판결
기간	① 법정형의 상한이 사형 또는 무기징역인 특정범죄 : 10년 이상 30년 이하 ② 법정형 중 징역형의 하한이 3년 이상의 유기징역인 특정범죄(①에 해당하는 특정범죄는 제외) : 3년 이상 20년 이하 ③ 법정형 중 징역형의 하한이 3년 미만의 유기징역인 특정범죄(① 또는 ②에 해당하는 특정범죄는 제외) : 1년 이상 10년 이하	보호관찰기간의 범위에서 기간을 정하여	집행유예 시의 보호관찰기간의 범위에서 기간을 정하여
집행권자	검사지휘하에 보호관찰관 집행	보호관찰관	검사지휘하에 보호관찰관 집행
집행개시 시점	① 형집행종료, 면제, 가석방되는 날 ② 치료감호의 집행종료, 가종료되는 날	① 가석방되는 날 ② 치료감호의 치료위탁, 가종료, 가출소되는 날	법원판결이 확정된 때부터

<table>
<tr><td>종료사유</td><td>① 부착명령기간이 경과한 때
② 부착명령과 함께 선고한 형이 사면되어 그 선고의 효력을 상실하게 된 때</td><td>① 가석방기간이 경과하거나 가석방이 실효 또는 취소된 때
② 가종료자 등의 부착기간이 경과하거나 보호관찰이 종료된 때
③ 가석방된 형이 사면되어 형의 선고의 효력을 상실하게 된 때</td><td>① 부착명령기간이 경과한 때
② 집행유예가 실효 또는 취소된 때
③ 집행유예된 형이 사면되어 형의 선고의 효력을 상실하게 된 때</td></tr>
<tr><td>형 집행 후 보호관찰</td><td colspan="3">① 특정범죄에 대한 재범의 위험성이 있는 자에 대한 검사의 청구(항소심 변론종결 시까지)
② 금고 이상의 선고형에 해당하고 보호관찰명령의 청구가 이유 있다고 인정하는 때 : 2년 이상 5년 이하의 범위 내 선고(검사의 청구 또는 법원의 직권명령 가능)
③ 치료프로그램의 이수에 대한 준수사항 : 300시간의 범위
④ 준수사항 위반 시 1년 범위 내에서 보호관찰명령 연장 가능(10일 이내 출석, 7일 이상 여행허가 등)
⑤ 형집행종료·면제·가석방되는 날, 치료감호 집행종료·가종료되는 날부터 집행</td></tr>
<tr><td>기타</td><td colspan="3">① 검사의 청구 : 항소심 변론종결 시까지 하여야 한다.
② 특정범죄사건에 대하여 판결의 확정 없이 공소가 제기된 때부터 15년이 경과한 경우에는 부착명령을 청구할 수 없다.
③ 주거이전 등 허가 : 피부착자는 주거를 이전하거나 7일 이상의 국내여행을 하거나 출국할 때에는 미리 보호관찰관의 허가를 받아야 함(10일 이내에 보호관찰소 출석)
④ 임시해제 신청 : 집행이 개시된 날부터 3개월이 경과한 후에 신청이 기각된 경우에는 기각된 날부터 3개월이 경과한 후에 다시 신청할 수 있음(임시해제기간은 부착명령기간에 산입 안 됨)
⑤ 준수사항 위반 등 위반 시 1년 범위 내 연장 가능
⑥ 19세 미만에 대한 선고는 가능하나, 부착은 19세부터 가능
⑦ 19세 미만의 사람에 대하여 특정범죄를 저지른 경우, 부착기간 하한의 2배 가중 가능
⑧ 보석과 전자장치 부착
㉠ 법원은 보석조건으로 피고인에게 전자장치 부착명령 가능
㉡ 보호관찰소의 장은 피고인의 보석조건 이행상황을 법원에 정기적으로 통지
㉢ 보호관찰소의 장은 피고인이 전자장치 부착명령을 위반한 경우 및 보석조건을 위반하였음을 확인한 경우, 지체 없이 법원과 검사에게 통지
㉣ 구속영장의 효력이 소멸한 경우, 보석이 취소된 경우, 보석조건이 변경되어 전자장치를 부착할 필요가 없게 되는 경우엔 전자장치의 부착 종료
• 대상자 준수사항
－외출제한, 특정지역·장소에의 출입금지, 주거지역의 제한, 특정인에의 접근금지, 특정범죄 치료프로그램의 이수 : 500시간의 범위 내
－법원은 19세 미만의 사람에 대하여 성폭력범죄를 저지른 사람에게 부착명령을 선고하는 경우에는 피해자 등 특정인에의 접근금지를 포함하여 준수사항을 부과하여야 함
－부착명령 등 집행전담 보호관찰관의 지정 : 피의자 조사, 부착명령 및 보호관찰명령 집행 등을 담당하는 보호관찰관 지정(19세 미만인 사람에 대하여 성폭력범죄를 저지른 사람으로서 재범위험성이 높은 경우, 피부착자 1명만을 전담하는 보호관찰관 지정)
• 부착기간의 가중
－다수의 특정범죄에 대해 동시에 부착명령을 선고할 경우에는 법정형이 가장 중한 죄의 부착기간 상한의 2분의 1을 가중하되, 각 죄의 부착기간의 상한을 합산한 기간 초과 불가
－하나의 행위가 다수의 특정범죄에 해당하는 경우에는 법정형이 가장 중한 죄의 부착기간
• 수신자료 폐기 : 실효, 사면(실효) 및 종료 후 5년이 경과한 때
• 범죄경력자료 등 조회요청 : 법무부장관은 집행이 종료된 때부터 5년 동안 관계기관에 그 사람에 관한 범죄경력자료와 수사경력자료에 대한 조회를 요청할 수 있다.</td></tr>
</table>

11 성폭력범죄자의 성충동 약물치료에 관한 법률

구분	판결에 의한 치료명령	수형자에 대한 법원의 결정	가종료자 등의 치료감호심의위원회의 결정
대상	사람을 성폭행한 19세 이상인 자로, 성도착증 환자	사람을 성폭행한 징역형 이상의 성도착증 환자로, 치료에 동의한 자	성도착증 환자(결정일 전 6개월 이내에 실시한 정신건강의학과 전문의의 진단 또는 감정 결과 반드시 참작)
기간	15년 범위 내 법원 선고	15년 범위 내 법원결정 고지	보호관찰기간의 범위 내 치료감호심사위원회 결정
관할	지방법원 합의부	지방법원 합의부	치료감호심사위원회
집행	검사지휘하에 보호관찰관 집행	검사지휘하에 보호관찰관 집행	보호관찰관 집행
비용	국가부담	원칙 본인부담, 예외 가능 (본인의 동의에 의함)	국가부담
통보	① 석방되기 3개월 전까지 보호관찰소장 통보 ② 석방되기 5일 전까지 보호관찰소장 통보	석방되기 5일 전까지 보호관찰소장 통보	석방되기 5일 전까지 보호관찰소장 통보
집행시기	석방되기 전 2개월 이내	석방되기 전 2개월 이내	석방되기 전 2개월 이내
임시해제	① 치료명령이 개시된 후 6개월 경과, 기각되면 6개월 경과 후에 신청 ② 준수사항도 동시에 임시해제됨 ③ 임시해제기간은 치료명령기간에 산입되지 않음		
치료명령 시효	① 판결확정 후 집행 없이 형의 시효기간 경과 ② 판결확정 후 집행 없이 치료감호의 시효 완성	치료명령 결정이 확정된 후 집행을 받지 아니하고 10년 경과하면 시효 완성	없음
종료	① 기간경과 ② 사면(형선고 효력 상실) ③ 임시해제기간 경과	① 기간경과 ② 사면(형선고 효력 상실)	① 기간경과 ② 보호관찰기간 경과 및 종료 ③ 임시해제기간 경과
기타	① 청구시기 : 항소심 변론종결 시까지 ② 주거이전 또는 7일 이상의 국내여행을 하거나 출국할 때에는 보호관찰관의 허가 ③ 치료명령의 집행면제 신청 ㉠ 징역형과 함께 치료명령을 받은 사람 등 : 주거지 또는 현재지 관할 지방법원(지원 포함)에 면제신청(치료감호 집행 중인 경우 치료명령 집행면제를 신청할 수 없음) ㉡ 면제신청 기간 : 징역형 집행종료되기 전 12개월부터 9개월까지 ㉢ 법원의 결정 : 징역형 집행종료되기 3개월 전까지(집행면제 여부 결정에 대한 항고 가능) ㉣ 치료감호심사위원회의 치료명령 집행면제 : 징역형과 함께 치료명령을 받은 사람의 경우, 형기가 남아 있지 아니하거나 9개월 미만의 기간이 남아 있는 사람에 한정하여 집행면제 결정		

12 소년사건 절차도

- 총칙
- 보호사건(통칙, 조사심리, 보호처분, 항고)
- 형사사건(통칙, 심판)
- 벌칙

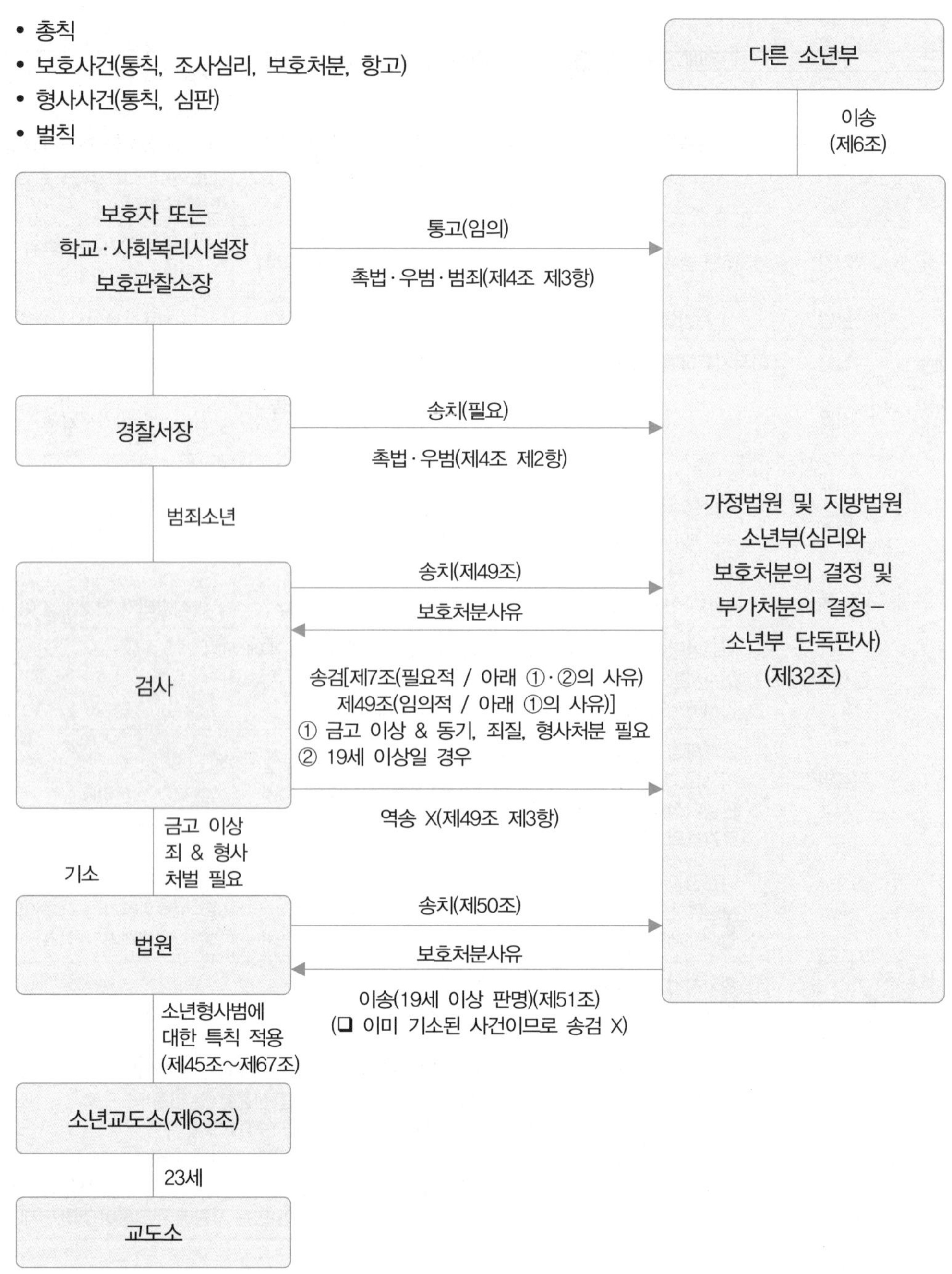

13 보호처분 요약

처분종류	내용	기간	전부 또는 일부 병합
① 1호 처분	보호자 등에게 감호위탁	6월, (6월의 범위, 1차 연장 가능)	수강명령, 사회봉사명령, 단기 보호관찰, 장기 보호관찰
② 2호 처분	수강명령 (12세 이상)	100시간 이내	보호자 등에게 감호위탁, 사회봉사명령, 단기 보호관찰, 장기 보호관찰
③ 3호 처분	사회봉사명령 (14세 이상)	200시간 이내	보호자 등에게 감호위탁, 수강명령, 단기 보호관찰, 장기 보호관찰
④ 4호 처분	단기 보호관찰	1년 〈연장 안 됨〉	보호자 등에게 감호위탁, 수강명령, 사회봉사명령, 소년보호시설 등에 감호위탁
⑤ 5호 처분	장기 보호관찰	2년, (1년의 범위, 1차 연장 가능)	보호자 등에게 감호위탁, 수강명령, 사회봉사명령, 소년보호시설 등에 감호위탁, 1개월 이내 소년원 송치
⑥ 6호 처분	소년보호시설 등에 감호위탁	6월, (6월의 범위, 1차 연장 가능)	단기 보호관찰, 장기 보호관찰
⑦ 7호 처분	병원, 요양소, 의료재활소년원에 위탁	6월, (6월의 범위, 1차 연장 가능)	–
⑧ 8호 처분	1개월 이내 소년원 송치	1월 이내	장기 보호관찰
⑨ 9호 처분	단기 소년원 송치	6월 이내 〈연장 안 됨〉	–
⑩ 10호 처분	장기 소년원 송치 (12세 이상)	2년 이내 〈연장 안 됨〉	–

참고 데이비드 스트리트(David Street) 등의 소년처우조직(Organization For Treatment)

① 복종 및 동조(obedience/conformity) 유형 : 규율의 엄격한 집행

② 재교육 및 발전(reeducation/development) 유형 : 청소년의 태도와 행동의 변화, 기술의 습득, 개인적 자원의 개발에 중점

③ 처우(treatment) 유형 : 청소년의 인성 변화를 강조

박상민 Justice 범죄학

핵심요약 + 기출예상문제

기출예상문제

PART

01

범죄학 일반

001 범죄에 대한 설명으로 옳지 않은 것은?

① 비범죄화란 지금까지 형법에 범죄로 규정되어 있던 것을 폐지하여 범죄목록에서 삭제하거나 형사처벌의 범위를 축소하는 것으로 그 대상범죄로는 단순도박죄, 낙태죄 등이 제시된다.
② 형식적 의미의 범죄는 법규정과 관계없이 반사회적인 법익침해행위이고, 실질적 의미의 범죄는 형법상 범죄구성요건으로 규정된 행위이다.
③ 신범죄화란 지금까지 존재하지 않던 새로운 형벌구성요건을 창설하는 것으로 환경범죄, 경제범죄, 컴퓨터범죄 등이 여기에 해당한다.
④ 암수범죄는 실제로 범죄가 발생하였으나 범죄통계에 나타나지 않는 범죄를 의미한다.

해설

② 실질적 의미의 범죄는 법규정과 관계없이 반사회적인 법익침해행위이고, 형식적 의미의 범죄는 형법상 범죄구성요건으로 규정된 행위이다. 정답: ②

002 형식적 의미의 범죄와 실질적 의미의 범죄에 관한 설명으로 가장 적절하지 않은 것은?

경행2차 2024

① 형식적 의미의 범죄는 시간과 공간에 따라 변하지 않는 특성이 있다.
② 형식적 의미의 범죄는 입법의 지연에 따라 법적 허점을 야기할 수 있다.
③ 실질적 의미의 범죄는 사회에 유해한 반사회적 행위를 뜻한다.
④ 실질적 의미의 범죄는 범죄개념에 더 근원적으로 접근하기 때문에 정책적 판단기준을 제시해 준다.

해설

① 입법자의 의도가 반영되는 형식적 범죄개념은 형법상 규정된 행위를 의미하기에 시간과 공간에 따라 변한다. 예를 들어, 혼인빙자간음죄는 과거에 형식적 의미의 범죄였으나 지금은 아니다.
② 형식적 의미의 범죄는 법의 명확성을 기할 수 있는 장점이 있는 반면, 실질적 의미의 범죄와 입법적 지체현상에 따라 법적 허점이 야기되는 단점이 있다. 예를 들어, 스토킹이나 사이버 범죄가 현재 심각한 문제가 되고 있어도, 입법에는 일정한 시간이 소요되는 문제점이 있다.
③ 실질적 의미의 범죄는 법 규정과는 관계없이 사회에 유해한 반사회적 행위를 뜻한다.
④ 실질적 의미의 범죄가 형식적 의미의 범죄보다 넓은 범위에서 사회에 유해한 반사회적 행위를 기준으로 하기 때문이다. 정답: ①

003 다음 중 범죄학의 개념과 특성 및 범죄학 연구대상에 대한 설명으로 가장 옳은 것은?

해경간부 2025

① 법률이 없으면 범죄도 없고 형벌도 없다는 주장에서 제시된 범죄와 관련되어 있는 개념은 실질적 범죄 개념이다.
② 범죄학은 형사정책에 비해 규범과학의 성격이 강하다.
③ 서덜랜드(Suthland)와 크래시(Cressey)에 따르면, 범죄학은 그 범위 내에 법 제정과정, 법 위반과정, 법 위반에 대한 대응과정을 포함하고 있다.
④ 형식적 의미의 범죄 개념에 따르면, 범죄는 사회적 유해성 또는 법익을 침해하는 반사회적 행위이다.

해설

① 법률이 없으면 범죄도 없고 형벌도 없다는 주장에서 제시된 범죄와 관련되어 있는 개념은 형식적 범죄 개념이다.
② 범죄학은 형사정책에 비해 경험학(사실학)적 성격이 강하다.
④ 실질적 의미의 범죄 개념에 따르면, 범죄는 사회적 유해성 또는 법익을 침해하는 반사회적 행위이다.

정답: ③

004 법과 범죄에 대한 합의론적 관점에 관한 설명으로 가장 적절한 것은? 경행경채 2022

① 법은 지배계층을 보호할 수 있는 도구가 된다.
② 법은 대부분의 사회구성원이 공유하는 가치와 규범에 의해 만들어진다.
③ 범죄는 사회가 낙인찍거나 정의하기 때문에 불법적인 행위가 된다.
④ 범죄는 실제 행위의 위해(危害) 여부와는 관계없이 사회세력에 의해 유지된다.

해설

② 범죄학에서 범죄를 바라보는 관점은 크게 합의론적 관점, 갈등론적 관점, 상호작용론적 관점으로 나눌 수 있다. ㉠ 합의론적 관점에서는 범죄를 법률의 위반인 동시에 사회의 전체 요소에 모순되는 행위로 규정하고, ㉡ 갈등론적 관점에서는 피지배집단을 대상으로 지배집단의 지위와 권한을 보호하기 위해 고안된 정치적 개념으로 파악하고 있으며, ㉢ 상호작용론적 관점에서는 범죄를 사회권력을 가진 사람들의 선호 내지는 견해를 반영하는 것으로 보고 있어 언제든 변할 수 있다고 본다. 다시 말해서, 합의론적 관점에서는 사회를 수많은 개인들로 구성된 하나의 유기체로 보고, 사회의 구성, 안전 및 질서 유지를 위해 개개인들의 합의를 통해 규범이 정립되며, 이와 같이 사회구성원의 보편적 인식과 가치관을 바탕으로 한 합의에 의해 형성된 규범이나 규칙에 위반되는 행위를 범죄로 본다. 합의론적 관점에서는 불법행위에 대한 일반적 동의하에 만들어진 법이 범죄를 정의하며, 법은 평등하게 적용된다고 본다.
① 갈등론적 관점이다.
③ 상호작용론적 관점이다.

④ 갈등론적 관점이다. 갈등론적 관점에서 범죄는 사회구성원 대다수가 동의한 것이 아닌, 힘 있는 집단이 만든 하나의 정의에 불과하다. 돌레샬(Doleschal)과 클랍뭇(Klapmuts)은 범죄란 실제 행위의 위해 여부와는 아무런 관계도 없는 사회세력에 의해 유지된다고 보고 있다. 정답: ②

005 범죄학자가 범죄를 바라보는 3가지 관점이 아닌 것은?

① 합의론적 관점
② 갈등론적 관점
③ 상호작용론적 관점
④ 기능론적 관점

해설

범죄학에서 범죄를 바라보는 관점은 크게 합의론적 관점, 갈등론적 관점, 상호작용론적 관점으로 나눌 수 있다. 합의론적 관점에서는 범죄를 법률의 위반인 동시에 사회의 전체 요소에 모순되는 행위로 규정하고, 갈등론적 관점에서는 피지배집단을 대상으로 지배집단의 지위와 권한을 보호하기 위해 고안된 정치적 개념으로 파악하고 있다. 또한 상호작용론적 관점에서는 범죄를 사회권력을 가진 사람들의 선호 내지는 견해를 반영하는 것으로 보고 있어 언제든 변할 수 있다고 본다. 정답: ④

006 범죄 및 범죄학에 대한 설명으로 가장 적절하지 않은 것은? 경찰간부 2025

① 범죄의 개념과 원인 등은 합의론적 관점, 갈등론적 관점, 상호주의적 관점에서 접근할 수 있다.
② 상호주의적 관점은 형사사법을 포함한 사회의 다양한 부분들이 하나의 통합된 구조로 조직되고, 어느 한 부분의 제도 변화가 다른 부분에 상당한 영향을 미친다고 본다.
③ '법률이 없으면, 범죄도 없고 형벌도 없다'라는 주장은 형식적 의미의 범죄개념을 의미한다.
④ 범죄학은 범죄와 범죄자, 범죄원인 및 이에 대한 통제방법 등을 연구하는 경험과학적인 성격이 강하다.

해설

② 하나의 통합된 구조로 조직된다고 보는 견해는 합의론적 관점이다. 상호주의적 관점은 우리의 현실에 대한 인식과 반응이 사실 그 자체보다는, 그 사실을 어떻게 해석하여 의미를 부여하는지에 더 큰 영향을 받는다고 보는 견해이고, 상호작용주의적 관점은 범죄에는 고유하고 객관적인 실체가 없고, 권력집단의 선택에 따라 임의적으로 규정된다고 보는 낙인이론가의 관점이다. 정답: ②

007 갈등론적 관점에 대한 설명으로 가장 적절하지 않은 것은? 경찰간부 2025

① 법의 제정과 집행은 사회 일반의 이익을 보호하기 위해서가 아니라, 국가운영을 통제하는 지배계층의 이익을 보호하기 위해 존재한다.
② 범죄원인을 밝히기보다는 '대부분의 사람은 왜 범죄를 저지르지 않고, 사회규범에 동조하는가'라는 의문에서 출발하고 있다.
③ 살인, 강도, 절도, 도박 등 일반범죄의 원인을 설명하는 것은 한계가 있다.
④ 볼드(Vold)의 집단갈등이론은 인종분쟁, 노사분쟁과 같은 이익집단 간의 갈등에서 비롯된 범죄현상을 설명하는 데 유용하다.

해설

② '대부분의 사람은 왜 범죄를 저지르지 않고, 사회규범에 동조하는가'라는 의문에서 출발하는 이론은 통제이론이다. 갈등이론은 특정 집단·계층과 갈등관계에 있는 집단·계층에서만 주로 범죄자가 발생하는 문제에 대한 의문에서 출발하였다.

정답: ②

008 갈등론적 범죄개념에 관한 설명으로 옳지 않은 것은 모두 몇 개인가?

㉠ 형사법은 다양한 집단 간 갈등의 산물이다.
㉡ 범죄는 부와 권력을 소유한 사람들에 의해 정의된다.
㉢ 범죄와 처벌에 대하여 대다수의 합의가 존재한다.
㉣ 형사법은 가진 자의 이익을 보호하기 위해 만들어진다.
㉤ 법은 지배계층을 보호할 수 있는 도구이고, 부와 권력의 불평등한 분배로 인해 범죄가 발생한다.

① 없음
② 1개
③ 2개
④ 3개

해설

○ : ㉠, ㉡, ㉣, ㉤은 갈등론적 관점에서 보는 범죄개념이다.
× : ㉢ 합의론적 관점에서 보는 범죄개념이다.

정답: ②

009 어떠한 이론이 범죄 또는 형사사법에 관해 적절하게 설명하는지 알기 위해서는 이론들을 특정한 기준에 의해 평가할 필요가 있다. 다음 중 에이커스(Akers)와 셀러스(Sellers)가 제시한 범죄학 이론 평가의 기준으로 가장 거리가 먼 것은? 경찰간부 2023

① 검증 가능성
② 시대적 대응성
③ 경험적 타당성
④ 정책적 함의

해설

【에이커스와 셀러스의 범죄학이론을 평가하는 기준 범죄학 일반론】

② 논리적 일관성 : 범죄학 이론의 설명은 논리적으로 일관적이어야 한다.

① 검증 가능성 : 범죄학은 사회과학의 한 분야이기 때문에 관찰 및 실험에 의해 검증이 가능하여야 한다.

③ 경험적 타당성 : 어떠한 이론이 주장하는 명제나 가설이 경험적 증거인 설문조사, 실험, 관찰 등에 의해 지지된다면, 경험적 타당성이 높은 좋은 이론이라고 할 수 있다(평가기준 중 가장 중요).

④ 정책적 함의 : 정책적 함의가 풍부하여 유용성이 있어야 한다. 좋은 범죄학 이론은 정책에 적용할 수 있는 다양한 정책적 함의를 가져야 한다. **정답: ②**

010 범죄학 이론의 평가기준에 관한 설명으로 옳지 않은 것은?

① 간결성 – 보다 적은 수의 명제로 더 넓은 범위의 현상을 설명하는 것을 의미한다.

② 범위 – 개념 및 명제의 관점에서 이론의 앞뒤가 맞는 정도를 의미한다.

③ 검증 가능성 – 이론이 경험적이고 과학적으로 검증될 수 있는 정도를 의미한다.

④ 경험적 타당성 – 이론이 경험적 증거에 의해서 지지되는 것을 의미한다.

해설

② 개념 및 명제의 관점에서 이론의 앞뒤가 맞는 정도를 의미하는 것은 논리적 일관성이다. 범위는 이론이 어떤 현상에 대해서 얼마나 많은 것을 설명하는지를 의미한다. **정답: ②**

011 범죄학의 연구방법에 관한 설명으로 가장 옳지 않은 것은?

① 일반화란 특정 대상에 관한 연구결과를 그것과 유사한 대상에 적용하는 것을 의미한다.

② 신뢰도란 측정하고자 하는 것을 얼마나 정확하게 측정하고 있느냐의 문제이다.

③ 거시수준은 주로 범죄율을 설명하고자 하고, 미시수준은 개인이 범죄를 저지르는 이유를 설명하고자 한다.

④ 거시수준의 연구결과를 부주의하게 미시수준에서 설명하는 추론상의 오류를 생태학적 오류라고 부른다.

해설

② 측정하고자 하는 것을 얼마나 정확하게 측정하고 있느냐의 문제는 타당도이다. 신뢰도란 측정결과의 일관성, 즉 동일한 측정을 반복적으로 시행했을 때 그 결과가 일관성 있게 나타나느냐의 문제이다. **정답: ②**

★중요★
012 범죄학과 주변 학문적 성격에 관한 기술 중 가장 옳지 않은 것은?

① 좁은 의미의 범죄학은 범죄의 원인론에 한정한다는 견해가 있다.
② 범죄학은 인접학문의 성과를 이용하는 학제적 또는 간학문적 성격을 갖는 종합과학으로서, 이에 대해 레크레스(Reckless)는 "범죄학자는 학문계의 영원한 손님이다"라고 표현했다.
③ 범죄학은 규범해석학적 성격이 내포되어 있는 학문이다.
④ 형사정책학 및 형법학은 상호의존성과 상호제한성을 가진다.

해설

범죄학에는 규범해석학적 성격은 없다. 일반적으로 범죄학은 범죄, 사회적 일탈행위, 범죄자와 범죄 피해자 및 이에 대한 예방·통제 방법과 범죄통제조직을 연구하는 '규범해석학이 아닌 경험과학 또는 사실학적 체계'이다.

정답: ③

★중요★
013 범죄 및 범죄원인에 대한 설명으로 옳지 않은 것은?

① 결정론에 따르면 인간의 사고나 판단은 이미 결정된 행위과정을 표출하는 것에 불과하므로 자신의 사고나 판단에 따라 자유롭게 행위를 선택할 수 없다고 본다.
② 합의론은 법률적 질서를 자유의사에 따른 합의의 산물로 보고 법에서 금지하는 행위를 하거나 의무를 태만히 하는 행위 모두를 범죄로 규정하며, 범죄의 원인에 따라 책임소재를 가리고 그에 상응하는 처벌을 부과해야 한다고 본다.
③ 미시적 환경론과 거시적 환경론은 개인의 소질보다는 각자가 처해 있는 상황을 주요한 범죄 발생원인으로 고려한다는 점에서 공통된다.
④ 갈등이론에 의하면 범죄란 사회권력을 가진 사람들의 견해를 반영하는 것으로 범죄자는 사회적 규범을 위반하여 일탈자로 낙인찍힌 것을 말한다.

해설

④ 상호작용론적 관점에 따른 범죄개념이다.

정답: ④

014 다음이 설명하는 법적 질서와 범죄에 대한 관점은?

- 법이 범죄를 정의한다.
- 사회에는 불법행위에 대한 일반적 동의가 있다.
- 법은 평등하게 적용된다.

① 합의론적 관점
② 갈등론적 관점
③ 상호작용론적 관점
④ 비판론적 관점

해설

① 합의론적 관점에서는 범죄를 법률의 위반인 동시에 사회의 전체 요소에 모순되는 행위로 규정하며 사회에는 불법행위에 대한 일반적 동의가 있다고 본다.

② 갈등론적 관점에서는 피지배집단을 대상으로 지배집단의 지위와 권한을 보호하기 위해 고안된 정치적 개념으로 파악하고 있다.

③ 상호작용론적 관점에서는 낙인이론의 관점에서 범죄의 개념을 파악하고 있다. 범죄는 어떠한 객관적 기준에 의한 것이 아닌 임의적인 것으로써 대체로 권력이 있는 사람들에게 유리하도록 기준을 만들고 그 기준에 의하여 범죄를 규정한다. 따라서 '범죄' 또는 '범죄적 상황'은 권력집단의 도덕적 기준에 필연적으로 영향을 받을 수밖에 없게 되며, 이에 따라 얼마든지 변할 수 있다고 본다.

정답: ①

★중요★

015 범죄학자들은 법과 범죄를 비라보는 다양한 관점을 가지고 있다. 다음 설명으로 옳지 않은 것은?

① 합의론적 관점은 법률이 사회 주류의 가치, 신념, 의견을 반영하여 제정된다고 주장한다.

② 구조기능론적 관점은 법률이 사회질서 유지에 긍정적인 기능을 한다고 주장한다.

③ 갈등론적 관점은 권력집단이 기득권 강화를 위해 법률과 형사사법시스템을 이용한다고 주장한다.

④ 상호작용론적 관점은 범죄의 정의가 권력집단의 도덕적 기준에 따라 변화하지 않는다고 본다.

해설

④ 상호작용론적 관점에서 범죄의 정의는 어떠한 객관적 기준에 의한 것이 아닌 임의적인 것으로, 대체로 권력이 있는 사람들에게 유리하도록 기준을 만들고 그 기준에 의하여 '범죄'를 규정한다. 때문에 '범죄' 또는 '범죄적 상황'은 권력집단의 도덕적 기준에 필연적으로 영향을 받을 수밖에 없게 되며, 이에 따라 얼마든지 변화가 가능하다는 것이다.

정답: ④

016 범죄학 이론의 역사적 발전과정에 대한 설명으로 틀린 것은?

① 실증주의 범죄학의 이론적 공적은 범죄학 연구에 있어서 경험과학적 연구방법의 본격적인 도입에서 찾을 수 있다.

② 서덜랜드(Sutherland)는 범죄학 이론의 발전과정을 시대순으로 고전학파, 제도(지도)학파, 사회주의학파, 유형학파, 사회학파로 분류한다.

③ 고전주의 범죄학 이론의 최대 성과는 인도주의적 형사사법체계의 구축에 대한 이론적 토대를 제공한 점에서 찾을 수 있다.

④ 최초의 실증주의자는 벨기에의 케틀레(Quetelet)와 프랑스의 게리(Guerry)를 들기도 하는데, 이들을 롬브로소 이후의 실증주의학파와 구별하여 유형학파라고 하기도 한다.

〈범죄학파의 분류〉

학파	창시년도	학설내용	방법
고전학파	1775	자유의사, 쾌락설	사변적·관념적
제도(지도)학파	1830	생태, 인구, 문화	지도, 통계
사회주의학파	1850	경제적 결정론	통계
[유형학파] 롬브로소학파 지능측정학파 정신의학파	 1876 1905 1905	 생래적 범죄인설 정신박약 정신병질	 임상, 통계 임상, 테스트, 통계 임상, 통계
사회학파	1915	사회구조, 사회과정	임상, 통계, 현장조사

자료 : Sutherland & Cressy, 1960.

④ 케틀레와 게리는 유형학파가 아닌 제도(지도)학파에 속한다. 유형학파에는 롬브로소학파, 지능측정학파, 정신의학파가 속한다. 정답: ④

017 범죄학과 인접학문과의 관계에 대한 설명으로 옳지 않은 것은?

① 형법학과 형사정책은 상호 협조관계에 있으며, 형법은 형사정책의 보조수단이다.
② 형사학은 범죄에 중점을 두는 반면, 형사정책은 범죄의 대책에 중점을 둔다는 점에서 구별된다.
③ 범죄학은 사실학이지만, 형사정책은 정책학이다.
④ 법철학은 형사정책의 평가기준을 제시한다는 점에서 상호 밀접한 관계가 있다.

해설

① 형법의 해석과 개정에 형사정책적 고려는 반드시 수반되어야 하나, 형사정책학과 형법학은 상호제한성을 가지므로 형법이 형사정책학의 보조수단이 될 수는 없다. 정답: ①

★중요★

018 범죄학의 학문적 특성으로 옳지 않은 것은?

① 종합과학적 특성을 가지고 있다.
② 하나의 범죄행위에 대해서도 다양한 해석이 가능하다.
③ 범죄를 바라보는 관점이 단일하다는 특징이 있다.
④ 학제 간 연구가 이루어질 수 있다.

해설

범죄학은 사회학·의학·심리학 등 다양한 학문분야가 자신의 학문적 관점에서 독립적으로 관계하는 복수의 학제로 그리고 때로는 이들 복수의 학제가 공동으로 관계하는 종합과학적 특성을 가지고 있기에 범죄를 바라보는 관점이 다양할 수 밖에 없다. 정답: ③

019 범죄학에 대한 다음 설명 중 옳지 않은 것은?

① 범죄학은 범죄의 원인분석을 위해 생물학과 심리학 그리고 사회학적 접근방법을 사용한다.
② 범죄학은 집단현상으로서의 범죄와 개별현상으로서의 범죄 모두 연구대상에 포함시킨다.
③ 현대의 범죄학은 범죄진압대책에 한하여 연구한다.
④ 범죄학은 현행 사법(司法)제도가 범죄방지수단으로서 유효한가에 대하여 검증을 함으로써 범죄정책에 영향을 미친다.

해설

③ 현대의 범죄학은 범죄진압대책은 물론 예방대책도 연구대상으로 한다.

정답: ③

020 범죄학에 대한 다음 설명 중 틀린 것은?

① 서덜랜드(E. H. Sutherland)는 "범죄학은 범죄라는 사회현상에 관한 지식의 체계이다"라고 규정하고, 범죄학은 범죄의 원인과 대책을 실증적으로 연구하는 학문으로 형사법의 제정과 집행에 관해 연구하는 분야도 포함된다고 보았다.
② 범죄학이라는 용어를 최초로 사용한 학자는 자연범설을 주장한 가로팔로(R. Garofalo)이다.
③ 18세기와 19세기 전반에 범죄학의 중점은 범죄의 원인 연구가 아니라 형법의 개혁에 관한 연구에 있었다.
④ 범죄학을 좁은 의미로 규정할 때에는 일반적으로 '범죄에 대한 현상론'으로 범주화할 수 있다.

해설

④ 범죄학을 좁은 의미로 규정할 때에는 '범죄에 관한 원인론'으로 범주화하는 것이 일반적이다.

정답: ④

021 범죄학의 학문적 성격에 관한 설명으로 옳지 않은 것은?

① 종합과학적 성격
② 규범학적 성격
③ 범죄원인 분석
④ 범죄를 사회현상으로 간주하는 지식체계

해설

② 범죄학이란 일반적으로 범죄와 범죄자, 사회적 일탈행위 및 이에 대한 통제방법을 연구하는 경험과학이라고도 보며, 규범학을 제외한 총체적 학문을 의미한다.
① 범죄학은 다양한 학문분야가 자신의 학문적 관점에서 독립적으로 관계하는 복수의 학제로 그리고 때로는 이들 복수의 학제가 공동으로 관계하는 독립과학이 아닌 종합과학적 특성을 가지고 있다.

③ 범죄학을 광의로 보는 견해는 범죄원인론, 범죄예방 방법론, 범죄대책, 형사법뿐만 아니라 범죄와 관련된 일체의 학문으로 이해한다.
④ 범죄학에 대해서 서덜랜드(Sutherland)는 범죄학은 사회현상으로서 간주하는 범죄에 대한 지식의 종합체라고 정의한다. 정답: ②

★중요★

022 다음은 범죄학 또는 인접학문에 관한 학자들의 주장내용이다. 주장한 사람을 순서대로 바르게 나열한 것은?

> ㉠ 형법은 범죄인의 대헌장인 동시에 형사정책의 뛰어넘을 수 없는 한계이다.
> ㉡ 범죄학은 영토를 가지지 않은 제왕의 학문이다.
> ㉢ 범죄학자는 학문계의 영원한 손님이다.

① 가로팔로(Garofalo), 셀린(Sellin), 리스트(Liszt)
② 리스트(Liszt), 셀린(Sellin), 레크리스(Reckless)
③ 셀린(Sellin), 레크리스(Reckless), 가로팔로(Garofalo)
④ 레크리스(Reckless), 리스트(Liszt), 셀린(Sellin)

해설

② 형법의 해석과 개정에 있어서는 형사정책적 고려가 필요하나 형사정책적 측면만 강조하면 책임주의가 무시되므로 형법학과 형사정책은 상호제한적 성격을 가지게 된다. 리스트(Liszt)는 양자의 이러한 관계를 두고 "형법은 형사정책의 뛰어넘을 수 없는 한계이다"라고 표현하였다. 범죄원인은 어느 한 가지 학문영역만으로는 규명될 수 없고 다양한 학문의 연구를 통해 분석되어야 한다. 셀린(Sellin)은 이러한 점에서 "범죄학은 영토를 가지지 않은 제왕의 학문이다"라고 표현하였으며, 레크리스(Reckless)는 "범죄학자는 학문계의 영원한 손님이다"라고 표현하였다. 정답: ②

023 범죄학과 형사정책에 대한 설명 중 가장 옳지 않은 것은?

① 범죄학과 형사정책은 범죄로부터 사회구성원인 시민의 법익 및 국가적·사회적 법익을 보호하기 위한 정책도 연구하는 분야이다.
② 오늘날의 형사정책연구는 형법적 수단을 중심으로 전문화하여 형법 외적 수단을 제외하는 좁은 의미의 형사정책을 지향하고 있다.
③ 형사정책이라는 용어는 근대형법학의 아버지라고 불리는 독일의 형법학자 포이어바흐(Feuerbach)에 의하여 처음으로 사용되었다.
④ 범죄학이란 용어는 이탈리아의 가로팔로가 처음 만들었고, 프랑스의 인류학자 토피나르가 국제회의에서 처음 사용하였다.

해설

② 오늘날의 형사정책연구는 형법적 수단은 물론이고 형법 외적 수단까지도 활용하는 넓은 의미의 형

사정책을 지향하고 있다. 이는 직접적인 범죄예방책뿐만 아니라 간접적인 방법까지 포함하는 형사정책 연구를 뜻한다. 정답: ②

★중요★
024 다음과 같이 범죄학을 정의한 학자는 누구인가?

> 범죄학이란 범죄를 사회적인 현상으로 간주하는 지식체계이다. 범죄학의 연구범주에는 법의 제정과정, 제정된 법의 위반과정, 법의 위반행위에 대한 대응과정 등이 포함된다.

① 롬브로소(Lombroso)
② 고링(Goring)
③ 반두라(Bandura)
④ 서덜랜드(Sutherland)

해설

【범죄학에 대한 서덜랜드(Sutherland)의 정의】
- 범죄학은 사회현상으로서 간주하는 범죄에 대한 지식의 총합체이다.
- 범죄학의 연구 범주에는 입법과정, 법의 위반과정 그리고 법의 위반행위에 대한 반응과정이 포함된다.
- 범죄학의 목적은 법, 범죄 그리고 범죄자의 처우에 관한 보편적이고도 유효한 원칙들과 이 과정에 있어 서로 다르지만 관련된 많은 지식들을 발전시켜 나가는 데 있다. 정답: ④

★중요★
025 다음 중 범죄학에 대한 설명으로 옳은 것은?

① 범죄학은 범죄와 범죄를 행하는 범죄인 및 범죄대책을 연구대상으로 한다. 다만, 범죄피해자는 범죄학의 직접적 연구대상에서 제외하는 것이 일반적인 행정이다.
② 범죄학(Criminology)이라는 용어는 미국의 범죄학자인 서덜랜드(E.Sutherland)가 처음 사용했다.
③ 서덜랜드는 범죄학을 범죄라는 사회현상의 지식체계로 보고, 범죄의 원인을 실증적으로 연구하는 분야로 한정하였다.
④ 범죄학은 가해자는 물론 피해자도 연구대상으로 한다.

해설

① 범죄피해자는 제2차 세계대전 이후부터 범죄자와 더불어 범죄학의 주된 연구대상이 되었다.
② 형사정책이라는 말과 구별하여 범죄학이라는 용어를 처음 사용한 학자는 가로팔로라고 알려져 있다. 이에 대해 프랑스 인류학자 토피나르(Paul Topinard)가 처음 사용하였다고 보는 견해도 있다.
③ 서덜랜드는 가로팔로와 달리 범죄학에 형사법의 입법·집행 및 범죄대책 연구까지 포함하는 광의의 범죄학을 연구하였다. 정답: ④

026 다음 ( )에 가장 적합한 용어를 고르면?

( )는(은) 범죄행위를 연구하는 과학적 접근법이다. ( )는(은) 범죄라는 사회현상에 대한 지식의 체계이다. 그것은 형사법을 만드는 과정, 형사법의 위반과정, 그 위반에 대한 반응과정을 연구영역으로 한다. ( )의 목적은 형사법, 범죄자의처우의 과정에 대한 일련(一連)의 보편적이고 입증된 원리와 특정 유형의 지식을 발전시키는 것이다.

① 형사정책학
② 범죄학
③ 피해자학
④ 교정학

해설

② 서덜랜드(E. Sutherland)의 범죄학에 대한 개념정의이다.

정답: ②

027 범죄학에 대한 다음 설명 중 옳지 않은 것은?

① 범죄학은 범죄의 원인분석을 위해 사실학적 접근을 필요로 하므로 경험과학의 성격을 가지고 있다.
② 범죄학은 처벌을 전제로 하므로 실질적 의미의 범죄를 연구대상에 포함시키지 않는다.
③ 범죄학은 가해자는 물론 피해자도 연구대상으로 한다.
④ 범죄학은 현행 형벌제도가 범죄예방수단으로서 유효한가에 대하여 검증을 함으로써 형법의 개정에 영향을 미친다.

해설

① 범죄학이나 넓은 의미(광의)의 형사정책학은 범죄의 현상·원인론 및 대책(정책)론까지 포괄하여 연구대상으로 삼고 있다. 현상·원인론은 경험과학(사실학), 정책론은 규범과학(가치학문)으로서의 성격을 본질로 한다.
② 범죄학은 상대적 범죄, 형식(형법)적 범죄·실질적(사회학적) 범죄, 개별현상으로서의 범죄·집단현상으로서의 범죄를 연구대상으로 한다.

정답: ②

028 형법과 형사정책 그리고 범죄학의 관계에 관한 설명 중 옳은 것은?

① 리스트(F. v. Liszt)는 형사정책이 범죄대책을 목적으로 하기 때문에 형법의 한계를 넘어설 수 있다고 한다.
② 범죄학은 규범과학이지만, 형사정책은 경험과학이다.
③ 범죄학은 범죄원인을 분석하는 데 있어서 인접학문의 도움 없이 독자적인 기준을 가지고 분석한다.
④ 형사정책과 형법을 통합관계로 보는 입장에서는 법 발견이 입법자의 목표를 창조적으로 발전시키고 체계화하는 것이므로 형사정책의 영역이라고 한다.

해설

① 형법학과 형사정책은 상호제한적 성격을 가지며, 형법이 형사정책의 보조수단이 되어서는 아니 된다. 이러한 관계를 리스트(Liszt)는 "형법은 범죄인의 대헌장인 동시에 형사정책의 뛰어 넘을 수 없는 한계이다"라고 표현하였다. ② 형사정책은 범죄학의 경험적 연구를 토대로 독자적인 규범적 기준에 따라 범죄화·비범죄화 또는 형벌의 개폐를 결정하는 분야라는 점에서 범죄학은 경험과학이지만, 형사정책은 규범과학이다. ③ 범죄원인은 종합적으로 규명되어야 하므로 범죄학은 범죄정신의학·범죄심리학·범죄사회학 등 인접학문의 연구가 응용되어야 된다. 이러한 점에서 범죄학을 '간영역적 과학' 또는 '통합과학'이라고도 한다. 또한 형사정책학은 법학은 물론 심리학·정신의학·인류학·교육학·사회학 등 다양한 주변 학문영역의 도움이 있어야 효율적인 결과를 얻을 수 있다는 점에서 종합과학적 성격을 지닌다.

정답: ④

029 **비범죄화에 대한 설명으로 옳지 않은 것은?**

① 제2차세계대전 후에 영국, 미국, 독일 등에서 가치관의 다양화에 기초한 개방사회의 이념을 배경으로 대두되었다.
② 형벌에 대신하여 과태료 등의 행정벌을 과하는 것은 비범죄화에 포함되지 않는다.
③ 피해자 없는 범죄의 처벌을 반대하는 입장과도 맥락을 같이 한다.
④ 매춘·낙태·도박 등의 처벌에 회의적인 입장이라 할 수 있다.

해설

② 비범죄화는 행위에 대한 형사처벌의 폐지뿐만 아니라 형사처벌의 완화도 포함하므로, 형벌에 대신하여 과태료 등의 행정벌을 과하는 것도 비범죄화에 해당한다.

정답: ②

030 **다음 중 범죄에 대한 설명으로 가장 옳지 않은 것은?** 해경간부 2024

① 비범죄화란 지금까지 형법에 범죄로 규정되어 있던 것을 폐지하여 범죄목록에서 삭제하거나 형사처벌의 범위를 축소하는 것이다.
② 신범죄화(신규범죄화)란 지금까지 존재하지 않던 새로운 형벌구성요건을 창설하는 것이다.
③ 도구적 범죄란 범죄자의 경제적 위치나 사회적 위치를 향상시키기 위한 범법행위를 의미한다.
④ 형식적 의미의 범죄는 법규정과 관계없이 반사회적인 법익침해행위이고, 실질적 의미의 범죄는 형법상 범죄구성요건으로 규정된 행위이다.

해설

④ 실질적 의미의 범죄는 법규정과 관계없이 반사회적인 법익침해행위이고, 형식적 의미의 범죄는 형법상 범죄구성요건으로 규정된 행위이다.

정답: ④

031 비범죄화에 대한 설명으로 가장 적절하지 않은 것은? 경찰간부 2025

① 피해자 없는 범죄와 주로 사회적 법익을 침해하는 범죄에 적용 가능하다.
② 양심적 병역거부는 대법원의 판결에 따라 비범죄화되었다.
③ 「성매매방지 및 피해자보호 등에 관한 법률」상 성매매 목적의 인신매매를 당한 사람은 처벌하지 아니한다.
④ 입법부에 의한 법률상의 비범죄화뿐만 아니라 경찰·검찰과 같은 수사기관에 의한 실무상의 비범죄화도 이루어지고 있다.

해설

③ 성매매, 즉 매춘을 처벌하지 않는다는 규정이 아니기에 비범죄화의 내용과 관련이 없다. 정답: ③

★중요★
032 비범죄화에 대한 설명으로 옳지 않은 것은?

① 1960년대 미국에서 번성했던 낙인이론 및 갈등이론에서 비롯되었다.
② 성풍속과 관련된 간통 등의 범죄가 주로 논의의 대상이 된다.
③ 공공질서 관련 범죄들은 비공식적 통제조직에 의해 오히려 효과적으로 통제될 수 있다는 생각을 바탕에 두고 있다.
④ 일정한 범죄자를 대상으로 형벌을 완화하거나 형벌 이외의 처분을 하는 것을 말한다.

해설

④ 비범죄화는 일정한 행위를 대상으로 한다는 점에서 일정한 범죄자를 대상으로 형벌을 완화하거나 형벌 이외의 처분을 하는 비형벌화와 구별된다. 정답: ④

033 비범죄화에 대한 설명으로 옳은 것은?

① 검사의 기소유예 처분은 비범죄화와 관계가 없다.
② 형법의 탈도덕화 관점에서 비범죄화 대상으로 뇌물죄가 있다.
③ 비범죄화는 형사처벌의 완화가 아니라 폐지를 목표로 한다.
④ 비범죄화는 형법의 보충성 요청을 강화시켜주는 수단이 되기도 한다.

해설

① 검사의 기소유예처분은 비범죄화와 관계가 있다.
② 비범죄화의 대상으로는 주로 경미한 범죄, 피해자 없는 범죄, 도덕 또는 윤리에 맡겨도 될 행위, 공공질서와 관련된 범죄에 대해서 주장되고 있다. 형법의 탈도덕화 관점에서 비범죄화의 대상으로 보는 것은 주로 성풍속과 관련된 행위인데 뇌물죄는 이와 무관하다.
③ 비범죄화는 행위에 대한 형사처벌의 폐지가 아니라 형사처벌의 완화를 목표로 한다. 정답: ④

034 여성범죄에 관한 설명으로 가장 적절하지 않은 것은? 경행경채 2022

① 아들러(Adler)는 여성해방운동이 여성범죄를 증가시켰다고 주장하였다.
② 폴락(Pollak)의 기사도가설(chivalry hypothesis)에 따르면 형사사법기관 종사자들이 남성범죄자보다 여성범죄자를 더 관대하게 대하는 태도를 가졌다고 본다.
③ 체스니－린드(Chesney－Lind)는 형사사법체계에서 소년범들의 성별에 따른 차별적 대우가 존재한다고 보았다.
④ 헤이건(Hagan)과 그의 동료들은 테스토스테론(testosterone)이 남성을 여성보다 폭력적으로 만든다고 주장하였다.

해설

④ 헤이건(Hagan)은 마르크스주의 범죄이론 및 페미니스트 범죄이론과 같은 비판적 범죄학을 사회통제이론과 결합한 통합이론을 제시하였다. 그는 부모의 가부장적 양육 여부에 의해 범죄에서의 성별에 따른 차이가 존재한다는 권력통제이론을 주장하였는데, 전통적인 남성지배의 가부장적 가정에서는 아들보다 딸이 더 엄격하게 통제되며, 가부장적 가정에서 자란 자녀는 남녀 간의 비행이나 범죄의 차이가 크지만, 평등주의적 가정에서 자란 자녀는 그 차이가 적다고 하였다.
참고로, 생물학적 범죄이론에서 남성호르몬인 테스토스테론이 남성의 범죄적 폭력성과 관계가 있다는 주장이 있으나, 헤이건(Hagan)의 이론과는 관련이 없다.
① 아들러(Adler)의 '신여성범죄자'(new female criminal)에 대한 설명이다. 성평등 가설 또는 여성해방가설이라고 불리는 아들러의 주장은, 전반적인 사회발전은 여성의 지위를 향상시켜 점차 남성과 평등해지며, 이 향상된 지위가 합법적인 영역에서의 남녀평등과 함께 비합법적인 영역, 즉 범죄영역에서도 남녀의 범죄의 양과 질에 있어 유사해진다고 보았다.
② 폴락(Pollak)은 「여성의 범죄성」(1950)에서 통계적으로 남성범죄자보다 여성범죄자의 비율이 낮은 이유에 대해 ㉠ 형사사법이 여성에게 관대한 처분을 내리기 때문이라는 기사도 가설(chivalry hypothesis)과 함께 ㉡ 여성은 그들의 범죄를 잘 감추는 능력을 타고나기 때문이라고 주장하였다.
③ 체스니 － 린드(Chesney － Lind)는 경찰을 비롯해 형사사법시스템에 종사하는 대부분의 사람들은 남성이며, 이들이 남성범죄자와 여성범죄자를 대하는 태도 및 방식에 차이가 존재한다고 주장하였다. 예를 들어, 여자청소년의 비행과 범죄는 남자청소년에 비해 더 엄한 법적 처벌을 받는다고 주장하며, 소년범 중 전통적인 성역할을 벗어나는 범죄의 경우에는 여성범죄자를 남성범죄자보다 더 가혹하게 처우하는 경향이 있다고 보았다.

정답: ④

035 **여성과 범죄의 관계에 대한 설명 중 옳은 것을 모두 고른 것은?**

㉠ 롬브로소(Lombroso)는 여성범죄를 격세유전과 사회적 진화론의 관점에서 파악하고자 하였다.
㉡ 토마스(Thomas)는 여성은 에너지의 파괴나 공격성의 면에서 남성보다 우월하다고 보았다.
㉢ 폴락(Pollack)은 여성의 복수심이 강하여 범죄성에 있어서는 남성에 뒤지지 않는다고 보았다.
㉣ 코위와 슬래터(J. Cowie & E. Slater)는 여성들이 폭력·강도 등에 참여하지 않는 것은 여성의 성염색체와 호르몬 때문이라고 보았다.

① ㉠, ㉡
② ㉠, ㉡, ㉢
③ ㉠, ㉢, ㉣
④ ㉢, ㉣

해설

○ : ㉠, ㉢, ㉣
× : ㉡ 토마스에 따르면 남성은 에너지의 파괴, 공격성, 창조성이라는 속성을, 여성은 에너지의 축적, 보수성, 무기력성이라는 속성을 갖는다고 보았다.

정답: ③

036 **여성범죄에 관한 폴락(O. Pollack)의 견해라고 보기 어려운 것은?**

① 여성범죄는 일반적으로 비폭력적인 수단을 사용하지만, 일정한 수준을 넘어서면 폭력적으로 변한다.
② 여성은 범죄에 직접 가담하지 않고, 그 배후에 존재한다.
③ 여성범죄의 피해자는 면식이 있는 자로 한정된다.
④ 여성범죄는 격정적·즉흥적인 경우가 많으며, 범죄성 면에서 남성에 미치지 못한다.

해설

④ 폴락에 따르면 여성은 선천적으로 교활하고, 감정적이며, 복수심도 강하기 때문에 범죄성 면에서 남성에 뒤지지 않는다고 한다.

정답: ④

037 **자신의 저서 「신여성 범죄자의 출현」을 통해 1970년대 중반에 나타난 여성해방운동이 여성의 사회적·경제적 지위의 향상을 가져오게 하였으며, 이는 여성범죄의 폭력화와 양적 증가를 가져 왔다고 주장한 사람은?**

① 토마스(W.L. Thomas)
② 슬래터(E. Slater)
③ 아들러(F. Adler)
④ 폴락(O. Pollack)

해설

③ 아들러의 주장이다.

정답: ③

038 여성범죄의 특징에 관한 설명으로 옳은 것은?

① 문명국일수록 여성범죄율이 낮다.
② 농촌지역이 도시지역보다 여성범죄율이 높다.
③ 대규모·반복적인 경향이 있다.
④ 독살·학대 등 비신체적인 방법에 의하는 경우가 많다.

해설

① 여성범죄율은 대체로 여성의 사회진출이 많은 문명국일수록 높은 편이다. ② 여성범죄율이 농촌보다는 도시지역에서 높은 편인데 이는 여성의 사회활동의 확대와 상관성이 있는 것으로 보고 있다. ③ 여성범죄는 소규모·반복적인 경향이 있다. 정답: ④

039 여성범죄의 특성이 아닌 것은?

① 불성실성
② 능동성
③ 은폐성
④ 기회성

해설

② 여성범죄는 공격적 성향이 없고, 그 배후에 대체로 남성이 있으며, 경제적 곤궁상태에서의 절도, 정신적 궁박상태에서의 영아살해 등 수동적인 경향을 지닌다.

〈여성범죄의 질적 특성 요약정리〉

수동성	공격적 범죄가 적고, 배후에 남성이 있으며, 경제적 곤궁이나 정신적 궁박상태에서 행하는 범죄가 많음
불성실성	사기·장물·간통 등의 범죄가 많고, 폭력적 범죄비율은 매우 낮은 편
은폐성	소규모로 반복하는 경향이 있고, 자신과 밀접한 관계에 있는 사람이 피해자가 많으며, 비신체적 수단을 이용
기회성	생래성이 드물고, 환경의 영향을 받는 기회적 성향을 나타내며, 특히 전쟁기에 증가
저지능성	적극적인 지능범이 적고, 범행 후에는 곧 후회하며, 여성 상호 간에 있어서 더욱 냉정한 경향이 있음

정답: ②

★중요★
040 우리나라 여성범죄의 특징으로 틀린 설명은?

㉠ 41~50세 때에 여성범죄가 가장 적게 발생한다.
㉡ 전쟁 시에 여성범죄는 남성폭력화의 경향을 보인다.
㉢ 여성범죄 유형 중 가장 많은 것은 사기이다.
㉣ 여성범죄는 공범이 없는 단독범이 전체의 50% 이상이다.
㉤ 매우 높은 은폐성과 기회적 성격을 갖는다.
㉥ 남성범죄에 비해 배후가담 등 공범의 형태가 많다.
㉦ 자신과의 관계자들을 피해자로 만드는 경우가 많다.

① 모두 옳음 ② 1개 ③ 2개 ④ 3개

해설

㉠ 여성범죄는 중년기(40대)에 가장 많이 발생한다. 정답: ②

★중요★
041 여성과 범죄에 대한 설명으로 가장 옳지 않은 것은?

① 롬브로소에 따르면 범죄여성은 정상적 여성과는 다른 신체적 특징(몸에 털이 많음)이 있으며 감정적인 면에서도 남성과 더 가깝다고 본다.
② 아들러(Adler)에 따르면 전통적으로 여성범죄율이 낮은 이유는 여성의 사회적 지위가 낮기 때문이라고 본다.
③ 폴락은 범죄의 성별 차이를 설명하기 위해 페미니즘이론, 갈등이론, 통제이론의 요소를 종합하여 권력통제이론을 제시하였다.
④ 달튼(Dalton)은 여성의 신체변화, 즉 월경 시, 임신 직후, 갱년기 등을 기준으로 범죄를 설명하였다.

해설

③은 헤이건(Hagen)의 이론이다. 폴락은 남녀 간의 범죄들이 불평등을 보이는 원인은 이른바 기사도정신 때문이고, 그것이 남성의 여성에 대한 일반적인 태도이기 때문이라고 보았다. 정답: ③

042 다음 중 여성범죄와 비교적 관련성이 낮은 범죄는?

① 절도 ② 사기 ③ 장물 ④ 강제추행

해설

①·②·③ 여성범죄는 공격적인 범죄가 적고, 경제적 곤궁상태에서의 절도, 불성실에 기인한 사기·장물·간통 등이 많다. ④는 폭력적인 범죄로, 대체로 남성이 여성을 대상으로 저지르는 경우가 많은 범죄이다. 정답: ④

★3회★
043 매스컴과 범죄의 관계에 관한 설명 중 옳지 않은 것은?

① 자극성가설에 의하면 매스컴이 묘사하는 범죄 실행장면이 모방심리를 자극함으로써 범죄를 유발한다고 한다.

② 카타르시스가설에 의하면 일반인들이 매스컴의 범죄장면을 보고 스스로 카타르시스를 얻기 위해 범죄행위에 나설 수 있기 때문에 매스컴이 범죄를 유발한다고 한다.

③ 습관성가설에 의하면 매스컴의 폭력장면에 장기적으로 노출되다 보면 폭력에 무감각해지고 범죄를 미화하는 가치관이 형성되므로 범죄가 유발된다고 본다.

④ 억제가설에 의하면 매스컴의 범죄묘사는 폭력피해에 대한 책임감과 보복에 대한 공포심을 불러 일으켜 일반인들의 공격적 성향을 억제한다고 한다.

해설

② 카타르시스가실이란 시청자는 매스미디어에서 빙영되는 폭력장면들을 보며 대리민족을 하게 되어 카타르시스를 경험함으로써 공격적 성향을 자제하게 된다는 이론이다.

〈매스미디어의 순기능과 역기능〉

매스컴의 순기능	민감화 작용	범죄인의 비행을 폭로함으로써 사회적 비난이 가해져 유사행동 방지에 기여
	정화작용	범죄현상을 보도함으로써 사람들의 본능적 범죄충동을 정화하고 억제
	카타르시스 작용	폭력행위시청을 통한 대리만족으로 공격적 성향을 자제
	억제작용	범죄인의 불행한 결말을 보게 됨으로써 공포심이 유발되어 범죄접근을 자제
매스컴의 역기능	모방효과	범죄행위의 시청으로 유사 범죄행위를 저지름
	강화작용	범죄행위의 시청으로 이전의 범죄성향이 더욱 강화됨
	둔감화 작용	범죄행위의 잦은 시청으로 범죄에 둔감하게 되어 죄책감 없이 범죄를 저지름
	습관성 가설	범죄행위의 잦은 시청으로 범죄 미화의 가치관이 형성되어 범죄를 저지름

정답: ②

044 매스미디어와 범죄와의 관계에 대한 설명으로 옳지 않은 것을 모두 고른 것은?

㉠ 클레퍼(Klapper), 레윈(Lewon), 트래셔(Trasher) 등은 매스미디어가 폭력을 미화하고, 범죄수법을 자세히 묘사하여 직접적인 범죄유발요인이 된다고 주장하였다.

㉡ 슈람(Suhramn), 쿤칙(Kunczik) 등은 매스미디어가 건전한 정신발달을 저해하고, 범죄를 미화하는 가치관을 형성시킨다는 장기효과이론을 주장하였다.

㉢ 매스미디어의 강화작용이란 범죄행위의 시청으로 범죄에 대한 거부작용이 이전보다 더욱 강화된다는 것을 말한다.

㉣ 매스미디어의 습관성 가설이란 범죄행위의 잦은 시청으로 범죄미화의 가치관이 형성되어 범죄를 저지르게 된다는 것을 말한다.

① ㉠, ㉡ ② ㉠, ㉢ ③ ㉡, ㉢ ④ ㉢, ㉣

해설

× : ㉠ 클레퍼(Klapper), 레윈(Lewon), 트래셔(Trasher) 등은 매스미디어가 사회적 환경의 일부에 불과하므로 범죄의 증가와 무관하다고 주장하였다. 매스미디어가 폭력을 미화하고, 범죄수법을 자세히 묘사하여 직접적인 범죄유발요인이 된다고 주장한 학자들은 캇츠(Katz), 버코비츠(Berkowitz), 윌슨(Wilson) 등이다. ㉢ 매스미디어의 강화 작용이란 범죄행위의 시청으로 이전의 범죄성향이 더욱 강화되는 것을 말하며, 매스미디어의 역기능에 해당한다.

○ : ㉡, ㉣

정답: ②

045 매스컴의 간접효과를 강조한 학자는?

① 카츠(Katz)
② 슈람(Schramn)
③ 스텐리(Stanley)
④ 트레셔(Trasher)
⑤ 윌슨(Wilson)

해설

② 매스미디어의 간접효과(장기효과)란 매스미디어가 건전한 정신발달을 저해하고 범죄를 미화하여 범죄를 동경하도록 가치관을 변화시키거나, 폭력 등의 묘사에 대한 인상이 누적적으로 쌓여져 이에 대한 배출구를 필요로 하게 된다는 이론으로 슈람(Suhramn)·쿤칙(Kunczik) 등에 의해 주장되었다.

〈매스미디어의 단기효과와 장기효과〉

단기효과이론 (직접효과이론)	• 캇츠(Katz)·버코비츠(Berkowitz), 윌슨(Wilson) 등이 주장 • 매스미디어는 폭력을 미화하고, 범죄수법을 자세히 묘사하여 범죄에 대한 죄의식을 없게 하는 등 직접적인 범죄유발요인이 된다는 이론
장기효과이론 (간접효과이론)	• 슈람(Suhramn), 쿤칙(Kunczik)등이 주장 • 매스미디어는 건전한 정신발달을 저해하고 범죄를 미화하여 범죄를 동경하도록 가치관을 변화시킴으로써 범죄에 대한 무비판적·무감각적 성향을 가지게 한다는 이론

정답: ②

★중요★

046 매스컴의 역기능으로 볼 수 없는 것은?

① 민감화작용 ② 강화작용 ③ 모방효과 ④ 습관성가설

해설

①은 매스컴이 범죄에 강한 역반응을 불러일으켜 범죄에 대한 모방을 거부하게 하고, 범죄자에 대한 사회적 비난을 가하게 하여 유사행동을 방지하게 하는 기능으로 매스컴의 순기능에 해당한다. ②는 매스컴이 이전의 범죄성향을 더욱 강하게 한다는 것을 말한다. ③은 매스컴이 범죄성향을 모방하게 한다는 것을 말한다. ④는 매스컴이 범죄미화의 가치관을 형성시켜 범죄를 유발한다는 것을 말한다.

〈매스미디어의 순기능과 역기능〉

매스컴의 순기능	민감화 작용	범죄인의 비행을 폭로함으로써 사회적 비난이 가해져 유사행동 방지에 기여
	정화작용	범죄현상을 보도함으로써 사람들의 본능적 범죄충동을 정화하고 억제
	카타르시스 작용	폭력행위시청을 통한 대리만족으로 공격적 성향을 자제
	억제작용	범죄인의 불행한 결말을 보게 됨으로써 공포심이 유발되어 범죄접근을 자제
매스컴의 역기능	모방효과	범죄행위의 시청으로 유사 범죄행위를 저지름
	강화작용	범죄행위의 시청으로 이전의 범죄성향이 더욱 강화됨
	둔감화 작용	범죄행위의 잦은 시청으로 범죄에 둔감하게 되어 죄책감 없이 범죄를 저지름
	습관성 가설	범죄행위의 잦은 시청으로 범죄 미화의 가치관이 형성되어 범죄를 저지름

정답: ①

047 **영화나 TV에서 폭력적인 장면이 시청자의 공격적 성향을 자제 또는 억제시킨다는 매스컴의 범죄 순기능을 강조하는 이론과 시청자에게 단기적 또는 장기적 범죄유발요인이 된다는 매스컴의 범죄 역기능을 강조하는 기능이 있다. 각 이론에 해당하는 것으로 옳게 묶인 것은?**

	범죄순기능이론	범죄역기능이론
①	자극성가설 – 억제가설	집단갈등가설 – 습관성가설
②	자극성가설 – 억제가설	카타르시스가설 – 문화갈등가설
③	카타르시스가설 – 억제가설	자극성가설 – 습관성가설
④	카타르시스가설 – 집단갈등가설	자극성가설 – 억제가설
⑤	자극성가설 – 습관성가설	억제가설 – 카타르시스가설

해설

③ 카타르시스가설이란 시청자가 매스컴에서 방영되는 폭력장면들을 보며 대리만족을 하게 되어 공격적 성향을 자제하게 된다는 이론이며, 억제가설이란 범죄인의 불행한 결말을 보게 되어 범죄접근을 자제하게 된다는 이론이다. 자극성가설이란 매스컴이 폭력을 미화하고 범죄수법을 자세히 묘사하여 직접적인 범죄유발요인이 된다는 이론이며, 습관성가설이란 범죄행위의 잦은 시청으로 범죄미화의 가치관이 형성되어 범죄를 저지르게 된다는 이론이다. 정답: ③

048 매스컴과 범죄의 관계에 관한 설명 중 옳지 않은 것은?

① 자극성가설에 의하면 매스컴이 묘사하는 범죄실행장면이 모방심리를 자극함으로써 범죄를 유발한다고 한다.
② 카타르시스가설에 의하면 일반인들이 매스컴의 범죄장면을 보고 스스로 카타르시스를 얻기 위해 범죄행위에 나설 수 있기 때문에 매스컴이 범죄를 유발한다고 한다.
③ 습관성가설에 의하면 매스컴의 폭력장면에 장기적으로 노출되다 보면 폭력에 무감각해지고 범죄를 미화하는 가치관이 형성되므로 범죄가 유발된다고 본다.
④ 억제가설에 의하면 매스컴의 범죄묘사는 폭력피해에 대한 책임감과 보복에 대한 공포심을 불러 일으켜 일반인들의 공격적 성향을 억제한다고 한다.
⑤ 텔레비전이 가족의 대화를 단절시키고 구성원을 고립시킴으로써 범죄를 유발한다는 주장도 제기된다.

해설

② 카타르시스가설이란 시청자는 매스미디어에서 방영되는 폭력장면들을 보며 대리만족을 하게 되어 카타르시스를 경험함으로써 공격적 성향을 자제하게 된다는 이론이다. 정답: ②

049 매스컴이 범죄인의 비행을 폭로하여 사회적 비난이 가해지도록 함으로써 유사행동 방지에 기여하였다면 이는 매스컴의 어떤 기능이라고 볼 수 있는가?

① 민감화작용 ② 정화작용 ③ 억제작용 ④ 강화작용

해설

②는 범죄현상의 보도로 사람들의 본능적 범죄충동을 정화하는 것을 말한다. ③은 범죄인의 불행한 결말을 보게 됨으로써 공포심이 유발되어 범죄접근을 자제하게 된다는 것을 말한다. ④는 범죄행위의 시청으로 이전의 범죄성향이 더욱 강화된다는 것을 말한다. 정답: ①

★중요★

050 가정환경과 범죄에 관한 설명으로 가장 옳지 않은 것은?

① 최근 중류계층 출신의 비행청소년이 증가하는 추세에 있다.
② 글룩 부부는 일관성 없는 훈육의 부적절성을 강조하였다.
③ 나이(Nye)는 극단적으로 엄격한 훈육은 청소년의 자유로운 동료집단과의 상호작용을 방해하여 동 집단과의 상호작용을 방해한다고 보았다.
④ 폴락은 아버지와 어머니가 직장에서 갖는 계급의 차이가 가족구조를 '가부장적 가정'과 '평등주의적 가정'으로 구분할 수 있다고 보았다.

해설

④ 헤이건의 권력통제이론에 대한 설명이다. 정답: ④

051 빈곤과 범죄에 관한 설명 중 옳지 않은 것은?

① 버어트(Burt), 봉거(Bonger) 등은 절대적 빈곤과 범죄는 비례한다고 주장하였으나, 글룩(Glueck) 부부는 빈곤과 범죄의 상관성을 부정하였다.
② 최근 우리나라 범죄통계에 따르면 하류계층의 범죄가 전체의 과반수를 차지하고 있다.
③ 상대적 빈곤이란 토비(J. Toby)가 주장한 개념으로 타인과의 접촉에서 느끼는 선망의 감정을 말한다.
④ 상대적 빈곤에 의한 범죄는 곤궁범에 대비하여 복지범죄라고도 한다.

해설

① 버어트·글룩 부부·봉거 등은 절대적 빈곤과 범죄의 비례성을 긍정하였으나, 힐리와 브론너(Healy & Bronner)는 양자의 상관성을 부정하였다.

정답: ①

052 경제환경과 범죄에 대한 학자들의 주장으로 옳은 것을 모두 고른 것은?

㉠ 마이어(Mayer)는 곡물가격과 범죄의 상관성을 입증하고자 하였다.
㉡ 독일의 렝거(Renger)는 실질임금과 범죄와의 상관성을 처음으로 언급하고, 실질임금의 증감과 절도범죄는 반비례 관계에 있다고 주장하였다.
㉢ 엑스너(Exner)는 화폐가치와 범죄의 상관성을 입증하고자 하였다.
㉣ 버어트(Burt)는 절대적 빈곤과 범죄는 비례한다고 주장하였다.

① ㉠, ㉡ ② ㉠, ㉢, ㉣ ③ ㉠, ㉡, ㉢ ④ ㉠, ㉡, ㉢, ㉣

해설

○ : ㉠, ㉡, ㉢, ㉣
× : 없음

정답: ④

053 경제와 범죄의 관계에 대한 설명 중 타당하지 않은 것은?

① 롬브로소류의 생물학적 범죄관도 환경과 범죄의 관계를 적극적으로 이해하는 점에서 차이가 없다.
② 네덜란드의 반칸은 자본주의사회를 범죄의 온상으로 보고, 오로지 빈곤의 범죄결정력에 주목하였다.
③ 범죄와 경제조건의 관계를 연구하는 데에는 경제발전·경제변동과 범죄의 관계를 고찰하는 간접적 방법이 선호된다.
④ 프랑스의 리용학파는 경제상태에 대한 범죄의존성을 중시하여 범죄를 경기불황의 산물로 보았다.
⑤ 경제의 제반 조건이 범죄발생, 종류 및 증감에 미치는 영향에 관하여는 통계학적 연구가 중요시된다.

해설

롬브로소를 비롯한 페리·가로팔로 등 범죄인류학파는 범죄원인이 유전적인 신체적 특징에 기인된 것이라는 결정론적 입장을 취하므로 ①은 옳은 표현이 아니다. 정답: ①

054 **경제환경과 범죄에 관한 설명 중 옳지 않은 것으로 묶인 것은?**

㉠ 일반적으로 재산범죄는 소득과 정비례하고, 물가와 반비례한다.
㉡ 일반적으로 호황기에는 종업원이나 젊은층의 사기·횡령·배임이 증가하고, 불황기에는 기업주나 고연령층의 사기·횡령·배임이 증가한다.
㉢ 서덜랜드(Sutherland)는 대인범죄는 호경기에는 감소하고, 불경기에는 증가한다고 보았다.
㉣ 상대적 빈곤이론에 따르면 빈곤한 사회의 빈곤계층보다 풍족한 사회의 소수집단인 빈곤계층이 빈곤을 참기 어렵다고 한다.

① ㉠, ㉡ ② ㉠, ㉢ ③ ㉡, ㉢ ④ ㉢, ㉣

해설

× : ㉠ 일반적으로 재산범죄는 소득이 높을수록 감소하고(반비례관계), 물가가 올라갈수록 증가한다(정비례관계). ㉢ 서덜랜드는 경기순환과 대인범죄는 규칙적인 상관관계가 없다고 보았다.

정답: ②

055 **다음 경제환경과 범죄에 관한 설명 중 틀린 것은?**

① 급격한 화폐가치의 하락은 범죄와는 무관하다.
② 자본주의사회를 범죄의 온상으로 보는 관점도 있다.
③ 곡가변동과 절도범의 상관성이 있다는 주장도 있다.
④ 호황기에는 주로 사치성 범죄와 종업원 및 젊은 층의 범죄가 증가하는 경향이 있다.
⑤ 인플레이션기에는 물건 자체에 대한 재산범죄가 증가하는 경향이 있다.

해설

① 급격한 화폐가치의 하락은 인플레이션을 유발하게 되어 국민경제가 동요하게 되고, 이로 인해 범죄가 유발되는 데 이 경우 특히 재산범죄가 현저히 증가하고, 풍속범죄나 대인범죄는 감소된다고 한다. ②는 비판범죄학에 대한 설명이다. ③ 마이어(Mayer)는 1835년부터 1861년까지 독일의 바이에른주에서 곡물가격이 6페니 상승할 때마다 인구 10만명당 1명의 절도범이 증가하였고, 6페니 하락할 때마다 1명의 절도범이 감소하였음을 알아내고, 곡물가격과 범죄의 상관성을 입증하고자 하였다. 정답: ①

056 경제환경과 범죄에 관한 설명 중 옳지 않은 것은?

① 글룩(Glueck) 부부는 절대적 빈곤과 범죄가 비례한다고 주장한다.
② 봉거(W. Bonger)는 자본주의의 경쟁적·착취적 특성이 불가피하게 범죄를 야기한다고 한다.
③ 엑스너(F. Exner)는 불경기와 범죄는 상관관계가 없다고 주장한다.
④ 토비(J. Toby)는 자신이 속한 사회에서 스스로 느끼고 경험하는 상대적 결핍감이 범죄원인이 된다고 한다.
⑤ 렝거(E. Renger)는 실질임금에 대한 범죄의 의존성을 지적한다.

해설

③ 엑스너(Exner)는 제1차 세계대전 직후 인플레이션이 만연하였던 독일과 오스트리아에서는 유죄판결의 수가 현저하게 증가하였음에도 풍속범이나 상해·협박 등 대인적 범죄는 반감된 반면, 재산범죄는 2.5배(절도는 3배, 장물취득은 6배 이상) 증가하였고, 낙태죄도 2배 증가하였다는 조사결과를 근거로 화폐가치와 범죄의 상관성을 입증하고자 하였다. 따라서 엑스너가 불경기와 범죄가 상관관계가 없다고 주장하였다는 표현은 옳지 않다. 정답: ③

057 전쟁의 범죄억제적 요소로 보기 어려운 것은?

① 아버지의 참전
② 배급제 실시 등 통제적 생활방식
③ 적국에 대한 적개심
④ 술·마약 등의 생산 감소

해설

① 아버지의 전쟁참가는 가족의 생계유지 곤란, 자녀의 교육 부재 등으로 가정의 붕괴를 가져와 범죄를 조장하는 요소로 작용한다. 정답: ①

058 엑스너(Exner)가 주장한 전쟁시기별 범죄현상과 관계없는 것은?

① 제1차 세계대전 시기의 오스트리아를 연구대상으로 삼았다.
② 감격기에는 범죄발생이 평상시 보다 감소한다.
③ 의무이행기에는 소년범죄만 다소 증가하고, 특이한 변화가 없다.
④ 피폐기에는 부녀와 소년범죄가 다소 감소하는 대신 재산범죄가 급증한다.

해설

④ 엑스너는 전쟁발발부터 종전까지를 감격기 – 의무이행기 – 피폐기 – 붕괴기로 나누고, 시기별로 특징적 범죄현상이 나타난다고 주장하였는데 피폐기에는 전쟁의 장기화에 따라 승전의 신념이 흔들리고 인내심도 약화되어 청소년과 여성의 범죄가 크게 증가하고, 후기에는 폭력범죄도 증가한다고 주장하였다.

〈엑스너의 전쟁시기별 범죄현상〉

전쟁시기	범죄 현상
전쟁 초기(감격기)	국민 대다수가 긴장감으로 사기가 고양되어 범죄발생이 평화시 보다 현저하게 감소
의무수행기	전쟁수행 의무감으로 곤궁을 극복하는 시기로 의무감이 희박한 소년범죄만이 다소 증가
피로이완기(피폐기)	장기전에 따른 물자결핍과 패전에 대한 불안감 등으로 인내력이 약화되어 모든 범죄가 증가
붕괴기	정치적·군사적·경제적 파탄과 기존 가치관의 붕괴로 범죄가 폭발적으로 증가

정답: ④

059 도시화와 범죄에 관한 설명으로 적절하지 않은 것을 모두 고른 것은?

㉠ 지역의 도시화란 농촌이 도시의 외관과 기능을 닮아가는 것을 말하고, 개인의 도시화란 농촌사람이 도시사람의 생활패턴을 닮아가는 것을 말한다.
㉡ 도시의 복잡한 생활을 확실하게 제재할 수 있는 규정의 미비는 도시의 범죄율을 높이는 이유가 되고 있다.
㉢ 도시의 문화적 이질성과 갈등은 범죄유발요인이 되고 있다.
㉣ 도시의 자유로운 인간결합은 범죄행위의 확산을 촉진하고, 정당한 사회규범을 집단적으로 거부할 가능성을 제공한다.

① ㉠, ㉡
② ㉠, ㉣
③ ㉡, ㉢
④ ㉢, ㉣

해설

× : ㉠ 일반적으로 도시화란 도시의 주변지역이 점차 도시권을 형성하여 도시 자체가 팽창하는 것을 말하고, 개인의 도시화란 개인이 도시로 전입하여 도시인으로 생활하게 되는 것을 말한다.
㉡ 도시의 범죄율이 높은 이유를 도시의 복잡한 생활을 제재하는 규정의 과다에서 찾는 것이 일반적이다.

○ : ㉢, ㉣

정답: ①

060 고전주의 범죄이론에 관한 설명으로 옳은 것은?

① 페리(Ferri)는 범죄포화법칙을 주장하였다.
② 범죄자의 특성을 고려하여 교화처우를 한다.
③ 인간의 행위는 개인의 자유의지에 따라 결정된다.
④ 범죄자와 비범죄자의 생물학적 차이를 인정한다.

해설

①·④ 고전주의 범죄이론과 대비되는 실증주의 범죄이론으로서의 생물학적 범죄원인론에 해당하는

설명이다.
② 고전주의 범죄이론에서는 범죄자의 특성을 고려하지 않은 예외 없는 처벌을 중시한다. 정답: ③

061 **고전주의에 대한 설명으로 맞는 것은?**

① 관찰과 실험 ② 자유의지에 대한 믿음
③ 자연과학의 발전 ④ 통계의 활용

해설
② 고전주의는 인간이 스스로의 행동을 규율하고 통제할 수 있는 자유의사를 가진 합리적 존재인 동시에 일탈할 잠재성을 지닌 존재라고 보고 있다(비결정론). ①·③·④는 실증주의에 관한 설명이다.
정답: ②

★중요★
062 **합리적 선택이론(rational choice theory)과 가장 거리가 먼 것은?**

① 고전주의 범죄학 ② 자유의지
③ 치료와 갱생 ④ 합리적 인간상

해설
합리적 선택이론에 따르면 범죄자는 주어진 조건에서 자신의 이익에 가장 유리한 것을 선택하게 되므로 그 합리적 선택에 따라 범죄의 실행 여부를 결정한다. 따라서 이는 인간의 자유의지를 강조하는 고전주의 범죄학과 밀접한 연관이 있다. 정답: ③

★중요★
063 **서덜랜드와 크레시(Sutherland & Cressey)의 범죄학 개념정의에 비추어 범죄학자들의 주요 관심영역에 포함되지 않는 것은?**

① 형사법의 제정과 집행 ② 범죄행동의 원인 규명
③ 범죄행동 통제를 위한 방법 ④ 자연과학적 연구방법의 활용

해설
【범죄학 연구의 목적과 범위(서덜랜드와 크레시)】
- 범죄학은 법의 제정과정, 범법의 과정 및 범법에 대한 반응을 연구하는 대상으로 한다.
- 범죄학은 대체로 법의 기원과 발달에 대한 법사회학, 범죄의 원인을 규명하는 범죄병리학, 범죄에 대한 사회적 반응인 행형학 (行刑學)으로 구성된다고 보며 사회과학적 연구방법을 활용한다.

정답: ④

MEMO

박상민 Justice 범죄학

핵심요약 + 기출예상문제

기출예상문제

PART

02

범죄원인론 일반

001 **범죄학의 발전과정을 시간 순서대로 나열한 것 중 가장 적절한 것은?** 경찰간부 2024

㉠ 계몽주의와 고전학파
㉡ 도시생태와 시카고학파
㉢ 과학적 탐구와 실증학파
㉣ 신고전주의 범죄학
㉤ 비판주의 범죄학

① ㉠ – ㉢ – ㉡ – ㉤ – ㉣
② ㉢ – ㉠ – ㉡ – ㉤ – ㉣
③ ㉠ – ㉢ – ㉡ – ㉣ – ㉤
④ ㉠ – ㉢ – ㉤ – ㉡ – ㉣

해설

① 범죄학의 발전과정은 ㉠ – ㉢ – ㉡ – ㉤ – ㉣ 순이다.

㉠ 고전학파 : 18C 중반 초자연주의적인 중세 형사사법의 자의적 집행과 잔혹한 처벌에 대한 반성을 계기로 시작되었다.

㉢ 실증학파 : 19C 자연과학의 발전을 바탕으로 인간행위에 대한 과학적 탐구의 필요성이 대두되었고, 철학적 논의가 아닌 객관적 증거와 관찰을 통한 연구가 주장되었으며, 인간행위에 대한 체계적인 연구로써 범죄해결이 가능하다고 보았다.

㉡ 시카고학파 : 1920~1930년대 미국 시카고대학의 범죄사회학파로, 시카고 지역의 범죄원인을 규명하고자 하였다.

㉤ 비판범죄학 : 1960~1970년대 유럽과 미국의 정치적 위기와 저항적 사회운동으로부터 발전한 학문으로, 일탈의 문제를 자본주의사회의 모순에 대한 총체적 해명 속에서 이해하고자 하였다.

㉣ 신고전주의 범죄학(현대 고전주의) : 1970년대 후반 실증주의 범죄학의 효과에 대한 비판적 시각에서 발전하였다.

정답: ①

002 **베카리아(Beccaria)의 범죄억제 세 요소가 아닌 것은?**

① 처벌의 엄격성
② 처벌의 신속성
③ 처벌의 확실성
④ 처벌의 교화성

해설

베카리아는 형벌을 응보수단이 아니고 범죄방지, 즉 일반예방의 수단으로 보았다. 따라서 형벌집행의 효과는 형벌의 양뿐만 아니라 그 집행방법의 신속성, 확실성, 엄격성의 정도에 따라 좌우된다고 주장하였다.

정답: ④

★중요★

003 〈보기 1〉에 제시된 설명과 〈보기 2〉에 제시된 학자를 옳게 짝지은 것은?

보기 1

㉠ 감옥개량의 선구자로 인도적인 감옥개혁을 주장하였다.
㉡ 「범죄와 형벌」을 집필하고 죄형법정주의를 강조하였다.
㉢ 파놉티콘(Panopticon)이라는 감옥형태를 구상하였다.
㉣ 범죄포화의 법칙을 주장하였다.

보기 2

A. 베카리아(Beccaria)
B. 하워드(Howard)
C. 벤담(Bentham)
D. 페리(Ferri)

	㉠	㉡	㉢	㉣
①	A	B	C	D
②	C	A	B	D
③	B	A	C	D
④	B	A	D	C

해설

㉠ 존 하워드, ㉡ 베카리아, ㉢ 벤담, ㉣ 페리

정답: ③

★중요★

004 고전학파가 주장한 것 중 틀린 것은 모두 몇 개인가?

㉠ 인간의 본래적인 모습은 항상 기쁨을 극대화하고, 고통을 최소화하려는 경향을 갖는다.
㉡ 인간과 사회와의 관계는 계약관계이다.
㉢ 생물학, 물리학, 화학 등 자연과학의 발전이 배경이 되었다.
㉣ 행위를 통제할 수 있는 근본적인 도구는 고통에 의한 공포감이다.
㉤ 사회는 개인을 처벌할 수 있는 권리가 있으며, 이러한 권리는 형벌집행을 전담하는 국가기구에 위임될 수 있다.
㉥ 인간의 의지란 심리적으로 실재하는 것으로 인식되어야 한다.
㉦ 환경의 변화에 적응하는 생명체는 생존할 수 있다는 적자생존의 원칙이 제기되었다.

① 2개
② 3개
③ 4개
④ 5개

해설

× : ㉢, ㉦은 실증주의학파가 대두하게 된 시대적 배경에 관한 내용이다.
○ : ㉠, ㉡, ㉣, ㉤, ㉥

정답: ①

005 **고전주의 범죄학파와 실증주의 범죄학파에 관한 설명으로 가장 적절하지 않은 것은?** 경행2차 2023

① 고전주의 범죄학파는 개인의 소질과 환경에 주목하여 범죄자의 행위에 대한 결정론을 주장하였다.
② 실증주의 범죄학파는 생물학적, 심리학적, 사회학적 요인에 기반하여 범죄원인을 설명하였다.
③ 고전주의 범죄학파는 범죄자의 자유의지와 합리성에 기반하여 범죄원인을 설명하였다.
④ 실증주의 범죄학파는 범죄원인의 규명과 해결을 위해서 과학적 연구방법의 중요성을 강조하였다.

해설

①은 실증주의 범죄학파에 대한 설명이다. 인간의 자유의지를 중시한 고전주의 범죄학파는 비결정론적 입장이다.

〈고전학파와 실증학파 비교〉

구분	고전학파	실증학파
전체	비결정론	결정론
범죄원인	자유의사	사회적 · 심리적 · 신체적 요인
관점	범죄행위	범죄자
수단	사법제도	과학적인 방법
목적	일반예방	특별예방

정답: ①

006 **고전주의 범죄학에 대한 설명으로 가장 적절한 것은?** 경찰간부 2025

① 벤담(Bentham)은 처벌의 비례성과 형벌의 특별예방을 강조하였고 최대다수의 최대행복을 주장하였다.
② 고전주의 범죄학의 영향을 받은 현대 범죄이론에는 합리적 선택이론, 일상활동이론, 인지이론, 행동주의이론 등이 있다.
③ 인간은 합리적 의사결정에 따른 자유의지를 갖는 존재이므로 경미한 범죄에도 강력한 처벌이 필요하다.
④ 규문주의 형사사법을 비판하고 적법절차에 바탕을 둔 합리적 형사사법제도를 정립하는데 공헌하였다.

해설

④ 고전주의 범죄학자들은 적법절차에 바탕을 둔 합리적 형사사법제도를 정립하는 데 공헌하였다.
① 고전학파인 벤담은 처벌의 비례성과 형벌의 일반예방을 강조하였다.
② 고전주의 범죄학의 영향을 받은 현대 범죄이론에는 합리적 선택이론, 일상활동이론, 상황적 결정이

론, 범죄패턴이론 등이 있다. 인지이론, 행동주의이론 등은 신고전주의와 관련이 없다.
③ 고전주의는, 인간은 합리적 의사결정에 따른 자유의지를 갖는 존재이므로, 형벌은 범죄에 비례하여 부과되어야 한다고 주장하였다.
정답: ④

007 베카리아(Beccaria)의 범죄 및 형사정책에 대한 설명으로 가장 적절하지 않은 것은? 경찰간부 2025

① 국가가 인간을 처벌할 수 있는 근거는 오직 사회계약에 있으며, 사회계약 시 인간은 생명에 대한 권리까지 국가에 양도하지 않았기 때문에 사형은 폐지되어야 한다.
② 개인의 정치적·사회적 신분 등에 따른 차별적 형벌의 적용은 폐지되어야 한다.
③ 입법부의 역할은 각각의 범죄에 대한 형벌을 규정하는 것이고, 판사의 역할은 재량권을 가지고 유죄의 여부 및 양형을 결정하는 것이다.
④ 범죄의 심각성은 그것이 사회에 끼친 해악의 정도로 결정되는 것이지, 범죄자의 개인적인 동기와는 무관하다.

해설
③ 베카리아(Beccaria)는, 입법부의 역할은 각각의 범죄에 대한 형벌을 규정하는 것일 뿐, 법관들에게 법을 해석할 권한은 없다고 보았다.
정답: ③

008 베카리아(Beccaria)의 주장으로 옳지 않은 것은? 보호9급 2024

① 형벌의 목적은 범죄를 억제하는 것이다.
② 범죄를 억제하는 효과를 높이기 위해서는 처벌의 신속성뿐만 아니라 처벌의 확실성도 필요하다.
③ 형벌이 그 목적을 달성하기 위해서는 형벌로 인한 고통이 범죄로부터 얻는 이익을 약간 넘어서는 정도가 되어야 한다.
④ 인도주의의 실천을 위하여 사형제도는 폐지되어야 하고 사면제도가 활용되어야 한다.

해설
④ 베카리아(Beccaria)는 사형이란 예방목적의 필요한도를 넘는 불필요한 제도로서 폐지되어야 하고, 사면제도 또한 폐지되어야 한다고 주장하였다.
정답: ④

009 고전주의 범죄학의 일반적 특징으로서 가장 옳지 않은 것은? 해경간부 2024

① 범죄자 개인이 아니라 형법 및 형사사법 체계의 개혁에 초점을 두었다.
② 사람은 욕구충족이나 문제해결을 위한 방법으로 범죄를 선택할 수 있는 자유의지를 가지고 있다고 본다.
③ 범죄를 그것에 따른 위험과 이득을 합리적으로 계산하여 선택한 결과적 행위로 본다.
④ 법률이 공정하고 정의로운지 의문을 제기하고 법관의 법 해석상 자율권을 인정한다.

해설

④ 법관의 재량권 인정을 거부하고 형법적용의 도구로 보았다. 즉, 범죄에 대한 형벌은 법률로서만 정할 수 있고, 형사사건에서 법관은 형법을 해석할 권한이 없다. 정답: ④

010 범죄원인의 결정론적 시각에 관한 설명으로 가장 적절하지 않은 것은? 경행2차 2024

① 범죄자의 처벌보다는 치료를 강조한다.
② 인간의 자유의지를 중요시한다.
③ 특별예방주의적 사고를 기초로 하고 있다.
④ 사회적 책임론을 책임의 근거로 하고 있다.

해설

② 범죄원인에 대해 비결정론은 자유의사를 가진 인간의 선택으로 인한 결과로 보는 반면, 결정론은 인간이 어찌할 수 없는 환경과 요인에 의해 결정된 결과로 본다. 정답: ②

011 고전주의에 대한 설명으로 맞는 것은?

① 관찰과 실험
② 자유의지에 대한 믿음
③ 자연과학의 발전
④ 통계의 활용
⑤ 의사결정론

해설

② 고전주의는 인간이 스스로의 행동을 규율하고 통제할 수 있는 자유의사를 가진 합리적 존재인 동시에 일탈할 잠재성을 지닌 존재라고 보고 있다(비결정론·성악설).
①·③·④·⑤는 실증주의에 관한 설명이다. 정답: ②

★중요★
012 고전주의의 토대를 이루는 사상적 배경으로 옳지 않은 것은 모두 몇 개인가?

㉠ 모든 인간은 항상 기쁨을 극대화하고, 고통을 최소화하려는 경향을 갖는다.
㉡ 인간은 합리적 존재인 동시에 일탈의 잠재성을 가진 존재이다.
㉢ 형벌이 인간의 행위를 통제하는 영향력은 크지 않다.
㉣ 사회는 개인을 처벌할 권리를 가지지 않는다.
㉤ 형벌은 잔혹해서는 아니 되며, 범죄의 예방적 기능을 할 정도로 합리적이어야 한다.
㉥ 범죄는 사회계약에 대한 위반이다.
㉦ 법률은 가능한 한 많을수록 좋다.
㉧ 형벌은 교화를 위해 사용되어서는 아니 된다.

① 2개 ② 3개 ③ 4개 ④ 5개

해설

× : ㉢ 형벌은 인간의 의지가 행위를 통제하도록 영향력을 행사한다고 본다.
㉣ 사회는 개인을 처벌할 수 있는 권리가 있다고 본다.
㉦ 법률은 가능한 한 적을수록 좋다.

○ : ㉠, ㉡, ㉤, ㉥, ㉧

고전주의학파의 사상적 기초 요약정리
• 모든 인간은 공리적이고 쾌락적이다. • 인간은 자유의사를 가진 합리적 존재이다. • 형벌은 인간의 의지가 행위를 통제하도록 영향력을 행사한다. • 사회는 개인을 처벌할 권리가 있으며, 이런 권리는 형벌집행을 전담하는 국가기구에 위임될 수 있다. • 형벌은 잔혹해서는 아니 되며, 범죄의 예방적 기능을 할 정도로 합리적이어야 한다. • 금지행위에 대해서는 형법전에 의해 처벌체계가 구성되어야 한다. • 범죄는 사회계약에 대한 위반이다. • 형벌은 범죄로 침해받은 권익과 적절한 비율을 이루어야 하고, 형벌이 교화를 위해 사용되어서도 아니 된다. • 형벌의 엄격성·확실성·신속성이 더 많이 보장될 때 범죄행위를 보다 잘 통제할 수 있다. • 법률은 가능한 한 적은 것이 좋고, 그 실행은 적법절차에 의해 이루어져야 한다.

정답: ②

013 범죄학의 발전과정에 관한 설명으로 가장 적절하지 않은 것은? 경행1차 2023

① 고전주의 범죄학은 범죄의 원인에 관심을 두기보다는 범죄자에 대한 처벌방식의 개선에 더 많은 관심을 기울였다.
② 실증주의 범죄학은 인간의 자유의지를 강조한 고전학파를 비판하며, 범죄자는 여러 요인에 의해 형성된다는 비결정론적 시각으로 인간을 바라보았다.
③ 신고전주의 범죄학의 등장은 실증주의 범죄학 및 관련 정책의 효과에 대한 비판적 시각과 관련이 있다.
④ 최근 범죄학 연구에서는 여러 이론을 통합하여 종합적으로 설명하는 새로운 경향이 등장하였다.

〈고전주의 범죄학과 실증주의 범죄학의 비교〉

구분	고전주의 범죄학	실증주의 범죄학
인간행위에 대한 기본전제	인간은 이성적이며, 자유의지를 가지고 있다.	인간의 행위는 생물학적, 심리학적, 사회학적 등 여러 가지 요인에 의해서 결정된다.
범죄의 원인	인간의 자유선택에 의한 결과이다.	인간의 이성을 제한하는 여러 가지 요인에 의해서 범죄가 발생한다.
범죄에 대한 대응	형벌을 통한 위협으로써 범죄를 억제한다(사후적 대응 위주).	범죄의 원인이 되는 요인을 과학적으로 발견하여 통제하고자 한다(사전적 범죄예방 위주).
일반사법제도와 소년사법제도에 미친 영향	일반사법제도의 근간을 이루는 원칙을 제시한다. 예 죄형법정주의, 적법절차 등	소년사법제도의 근간을 이루는 이론을 제시한다.
범죄학과 형사사법제도에 미친 영향	현대 형사사법제도의 근간이 되었다.	현대 범죄학적 연구의 대부분을 차지한다.

정답: ②

014 다음 설명과 가장 관련이 깊은 학자는? 경행1차 2023

형벌의 목적은 오직 범죄자가 시민들에게 새로운 해악을 입힐 가능성을 방지하고, 타인들이 유사한 행위를 할 가능성을 억제시키는 것이다. 따라서 형벌 및 형 집행의 수단은 범죄와 형벌 간의 비례관계를 유지하면서 인간의 정신에 가장 효과적이고 지속적인 인상을 만들어 내는 동시에, 수형자의 신체에는 가장 적은 고통을 주는 것이다.

① 베카리아(Beccaria)
② 롬브로소(Lombroso)
③ 쉘던(Sheldon)
④ 에이커스(Akers)

해설

① 18C 고전학파의 선구자이자, 형법개혁운동의 개척자인 베카리아에 대한 설명이다. 베카리아의 기본사고는 프랑스 구체제(앙시앙레짐)에 대한 비판이었으며, 1764년 저서인 「범죄와 형벌」의 배경이 된 기본사상은 프랑스의 휴머니즘과 스코틀랜드의 인간학이다.

【베카리아(Beccaria)】

- 모든 사회행위의 근저에는 공리적 가치가 있어야 한다는 공리주의 사회철학을 기초로 하면 범죄는 사회에 해를 끼치는 행위에만 국한해야 한다고 주장하였다.
- 사회계약설에 의해 사형제도의 폐지를 주장하였다.
- 신분에 따른 차별적 형법적용은 폐지되어야 하고, 범죄와 형벌의 양은 균등해야 한다고 주장하였다.
- 처벌의 신속한 집행은 범죄예방에 효과가 있으며, 범죄행위는 처벌에 대한 두려움에 의해 억제될 수 있다고 주장하였다.
- 사형폐지, 고문금지, 범죄의 처벌보다는 예방, 인간은 자신의 행동을 선택할 자유의지를 갖는다.

- 형벌의 신분성은 배제되어야 한다. 즉, 형벌의 목적이 사회에 대한 해악의 방지라면, 그것은 신분 여하를 막론하고 적용되어야 한다고 주장하였다.

정답: ①

015 베카리아의 주장 또는 그의 사상에 관한 설명으로 옳지 않은 것은 모두 몇 개인가?

㉠ 형벌은 자유를 남용하는 사람들로부터 사회구성원 전체의 자유를 지키기 위해서 존재해야 한다.
㉡ 범죄에 합당한 형벌을 모색하기 위해서는 가능한 한 법관에게 많은 법 해석의 재량권이 주어져야 한다.
㉢ 범죄를 예방하기 위해서는 법을 문서로 확정하여야 한다.
㉣ 형벌이 그 목적을 달성하기 위하여는 형벌로 인한 고통이 범죄로부터 얻는 이익을 약간 넘어서는 정도가 되어야 한다고 주장하였다.
㉤ 사형은 일반예방에 필요한 한도를 넘으므로 불필요한 제도라고 보고, 사형폐지론을 주장하였다.
㉥ 「범죄와 형벌」을 통하여 당시의 형사사법제도를 비판하였다.
㉦ 잔혹한 형의 집행보다는 예외 없는 처벌이 범죄예방에 효과적이라고 주장하였다.
㉧ 인도주의적 입장에서 범죄자에 대한 사면을 적극 활용해야 한다고 주장하였다.
㉨ 범죄자와 피해자 사이에 계급의 차이가 있는 경우에는 배심원의 절반은 피해자 계급, 나머지 절반은 범죄자 계급으로 구성해야 한다고 주장하였다.

① 2개 ② 3개 ③ 4개 ④ 5개

해설

× : ㉡ 베카리아는 입법자는 판사가 이미 설정되어 있는 범위를 넘어 범죄자들에게 형벌을 부과할 수 없도록 입법해야 한다고 주장하였다(판사의 자의적 법해석 금지).
㉧ 베카리아는 형사제도의 무질서와 법에 대한 존중심을 훼손한다는 이유를 들어 사면을 반대하였다.

○ : ㉠, ㉢, ㉣, ㉤, ㉥, ㉦, ㉨

정답: ①

016 베카리아(Beccaria)의 형벌이론에 대한 설명으로 옳지 않은 것은?

① 가혹한 형벌은 오히려 범죄를 유발한다고 하였다.
② 죄형법정주의를 주장하였다.
③ 1791년 프랑스 형법의 기초로 사용되었다.
④ 확실하고 신속한 형벌이 범죄억제효과가 크다고 하였다.
⑤ 사형도 사회계약에는 포함된다고 하였다.

해설

⑤ 베카리아는 사형이 사회계약의 취지에 부합되지 않으므로 폐지되어야 한다고 주장하였다.

정답: ⑤

017 **베카리아(Beccaria)의 주장내용이라고 보기 어려운 것은?**

① 형벌의 확실성과 일률성 확보를 위하여 형벌은 법률로 정해야 하며, 형벌의 정도는 범죄 방지의 목적에 필요한 최소한도에 그쳐야 한다.
② 범죄는 상이한 정도의 해악을 나타내기 때문에 형벌의 엄격성도 다양하게 이루어져야 한다.
③ 형벌의 목적은 범죄인에게 고통을 주어 재범을 방지함에 있다.
④ 형벌과 범죄 사이에는 적절한 비례관계가 유지되어야 한다.

해설

③ 베카리아는 형벌의 근본목적이 범죄인에게 고통을 주기 위한 것이 아니라, 사회 일반인이 범죄를 저지르지 않도록 예방하는 데 있다고 보았다(일반예방주의). 정답: ③

018 **베카리아(Beccaria)가 「범죄와 형벌」에서 주장한 내용에 관한 설명 중 옳지 않은 것은?**

① 범죄와 형벌은 상당한 비례성이 있어야 한다.
② 일반예방 내지 범죄방지를 위해서는 국민이 이해하기 쉽도록 법률이 간결하고 명확해야 한다.
③ 범죄를 예방하기 위해서는 가혹한 처벌보다 신속하고 확실한 처벌이 더욱 효과적이다.
④ 사형을 폐지하고 구금형으로 대체해야 한다.
⑤ 배심원에 의한 평결을 배제하고, 법관의 합리적 판단을 존중해야 한다.

해설

⑤ 베카리아는 재판은 대등하게 구성된 배심원에 의해 심리되어야 하며, 법관은 입법자가 아니므로 법률을 해석할 권한이 없다고 주장하였다. 정답: ⑤

019 **베카리아(Beccaria)의 사상에 관한 설명 중 옳지 않은 것은?**

① 형벌은 범죄에 비례하지 않으면 안 되며 법률에 의해 규정되어야 한다.
② 사형은 예방 목적의 필요한 한도를 넘는 불필요한 제도로서 폐지되어야 한다.
③ 처벌은 공개적이어야 하고 신속하며 필요한 것이어야 한다.
④ 범죄를 예방할 수 있는 가장 확실한 장치는 처벌의 가혹성에 있다.
⑤ 범죄와 처벌 사이의 시간적 길이가 짧을수록 범죄 예방에 더욱 효과적이다.

해설

④ 베카리아는 엄격하고 잔혹한 형의 집행보다 확실하고 예외 없는 처벌이 범죄예방 효과 면에서 더욱 효율적이며, 형벌이 비록 관대하더라도 확실히 처벌될 가능성만 있다면 범죄는 그만큼 감소된다고 주장하였다. 즉, 범죄를 효과적으로 억제하는 방법은 형벌의 가혹성이 아니라 형벌의 확실성에 있다고 보았다. 정답: ④

★중요★
020 다음 중 그 연결이 바르지 못한 것은?

① 베카리아(Baccaria) – 형벌의 계량화
② 벤담(J. Bentham) – 파놉티콘형 교도소 제안
③ 포이에르바하(Feuerbach) – 심리강제설
④ 프라이(E. Fry) – 여성수형자의 처우개선을 위한 영국부인회 조직

해설

① 형벌의 계량화는 벤담이 주장한 것으로 그는 '행복지수계산법'이란 공식을 제안하여 범죄로 인한 이득·고통·완화상황 등을 계량화하고, 이를 상쇄하기에 적합한 형벌을 부과할 것을 주장하였다.

정답: ①

021 벤담(J. Bentham)의 주장내용으로 옳지 않은 것은?

① 범죄행위는 생물학적 원인보다 사회적 원인에 더 좌우된다.
② 법은 범죄행위에 대한 응보가 아니라, 범죄행위의 예방으로 기능하여야 한다.
③ 죄와 형벌은 균형을 이루어야 한다.
④ 형벌은 일반예방목적에 의해 정당화될 수 없다.

해설

④ 벤담은 형벌이 일반예방목적에 의해 정당화될 수 있다고 보았다.

정답: ④

022 벤담(J. Bentham)이 제시하였던 이른바 '정당화될 수 없는 형벌'이 아닌 것은?

① 근거 없는 형벌
② 신체적 고통을 주는 형벌
③ 고가(高價)의 형벌
④ 불필요한 형벌

해설

벤담은 형벌을 인위적인 고통이라고 보고, 그보다 더 큰 해악의 제거가 보증될 때 형벌이 정당화될 수 있다고 보았으며, 정당화될 수 없는 형벌로 ①·③·④ 외에 실효성이 없는 형벌을 제시하였다.

〈벤담이 제시한 정당화될 수 없는 형벌의 종류〉

근거 없는 형벌	범죄행위 자체에 해악성이 없는 경우
실효성이 없는 형벌	형벌에 의해서도 범죄행위를 저지할 수 없는 경우
고가(高價)의 형벌	형벌의 해악이 범죄의 해악을 넘어서는 경우
불필요한 형벌	다른 방법으로 범죄방지가 가능한 경우

정답: ②

023 벤담(J. Bentham)의 주장내용이 아닌 것을 모두 고른 것은?

㉠ 고대 그리스의 쾌락주의 윤리관에 사상적 기초를 두고 있다.
㉡ 범죄는 형법의 불완전이 아니라 범죄인을 생성하는 사회의 불완전에서 비롯된 것이므로 형법개정이 해법이 될 수 없다.
㉢ 형벌은 그보다 더 큰 해악의 제거가 보증될 때에만 정당화될 수 있다.
㉣ 범죄예방을 위해 필요하다면 아무리 많은 비용이라도 감수해야 한다.
㉤ 그 동기의 결과가 타인에게 해악을 끼치는 것이 아니라면 쾌락추구나 고통회피라는 동기도 나쁜 것만은 아니다.

① ㉠, ㉡
② ㉠, ㉢
③ ㉡, ㉣
④ ㉣, ㉤

해설

× : ㉡ 벤담은 1789년 그의 저서 「도덕과 입법의 원칙」을 통해 법의 목적은 사회공유의 행복을 창조하고 보장해 주는 것이라고 주장하고, 범죄는 형법의 불완전에서 비롯된 것이므로 범죄 없는 사회의 실현을 위해서는 무엇보다 형법개정이 필요하다고 주장하였다. ㉣ 범죄예방에는 가능한 한 적은 비용을 사용해야 한다고 주장하였다.

○ : ㉠, ㉢, ㉤

정답: ③

★기출★

024 벤담(Bentham)의 주장에 관한 설명 중 옳지 않은 것은?

① 법의 목적은 최대다수의 최대행복을 보장하는 것이라고 주장하였다.
② 형벌은 범죄자의 재사회화를 목표로 하는 특별예방에 주된 목적이 있다고 보아 형벌대용물사상을 주장하였다.
③ 최소비용으로 최대의 감시효과를 거둘 수 있는 파놉티콘(Panopticon)이라는 감옥 형태를 구상하였다.
④ 범죄자에 대한 적개심에 따라 강도가 달라질 수 있는 채찍질처럼, 감정에 따라 불공정하게 형벌이 부과되는 것을 경계하였다.
⑤ 범죄를 상상(관념)적 범죄와 실제적 범죄로 구별하려고 하였다.

해설

② 형벌대용물사상을 주장한 사람은 페리(Ferri)이다.

정답: ②

025 **다음은 벤담(Bentham)의 주장을 소개한 것이다. 괄호 안에 들어갈 말을 모두 올바르게 고른 것은?**

> 법의 목적은 최대 다수의 최대 행복을 보장하여 주는 것이고, 형벌부과의 목적은 (A)이며, 이를 위해 가장 적은 비용을 사용해야 한다고 보았다. 그리고 범죄로 인한 이익, 고통 등을 고려하여 적절한 형벌이 부과되도록 형벌을 (B)해야 한다고 주장하였다. 범죄란 악을 낳는 것, 즉 (C)이어야 한다고 보면서 그렇지 아니한 관념적(상상적) 범죄와 엄격히 구별하였다. 또한 최소 비용으로 최대의 감시효과를 거둘 수 있는 (D)이라는 감옥형태를 구상하였다.

㉠ 응보	㉡ 범죄예방	㉢ 다양화
㉣ 계량화	㉤ 실제적 범죄	㉥ 형식적 범죄
㉦ 파놉티콘	㉧ 파빌리온	

	A	B	C	D
①	㉠	㉣	㉤	㉦
②	㉡	㉣	㉥	㉧
③	㉠	㉢	㉥	㉦
④	㉡	㉣	㉤	㉦
⑤	㉠	㉢	㉤	㉧

정답: ④

026 **다음 중 벤담(Bentham)의 파놉티콘(Panopticon)에 대한 설명으로 가장 옳은 것은?**

해경간부 2025

① 봄－보여짐의 비대칭적 구조를 갖고 있다.
② 수형자에게 강제노역은 유해하므로, 노동은 원하는 자로 한정해야 한다고 주장하였다.
③ 채찍이론을 통하여 범죄와 형벌의 비례성을 비판하고 수형자를 강하게 처벌해야 한다는 엄격함의 원칙을 주장하였다.
④ 최초로 야간독거제를 주장했으며, 수형자 상호 간의 접촉은 차단해야 한다고 하였다.

해설

① 봄–보여짐의 비대칭적 구조란 감시자는 모든 것을 볼 수 있지만 피감시자는 아무것도 볼 수 없는 구조로, 이로써 최소한의 노력으로 최대한의 감시효과를 얻는 것이 핵심이다.
② 강제노역에 대한 벤담의 견해는 없다.
③ 채찍이론을 통하여 범죄와 형벌의 비례성을 강조하였다.
④ 벤담과 관련이 없다.

정답: ①

027 포이에르바하(Feuerbach)의 형사법사상으로 보기 어려운 것은?

① 칸트의 관념철학과 자연법론이 사상적 토대를 이루고 있다.
② 심리적 강제를 통해 범죄를 방지해야 한다는 이른바 '심리강제설'을 주장하였다.
③ 형벌의 일반예방적 기능을 위하여 엄격한 형벌의 필요성을 주장하였다.
④ 형사정책이라는 용어를 최초로 사용하였다

해설

③ 포이에르바하는 '법률 없이는 형벌 없다'는 죄형법정주의를 주장하고, 국가의 자의적 형벌권 행사와 잔혹한 형벌집행을 비판하였다. 정답: ③

028 형벌이론에 대한 설명으로 옳지 않은 것은? 보호7급 2024

① 베카리아(C. Beccaria)는 사형을 폐지하고 종신노역형으로 대체할 것을 주장하였다.
② 헤겔(G.W.F. Hegel)은 절대적 형벌론자였으며, 범죄행위는 법의 부정이고, 형벌은 법의 부정을 부정하는 것이라고 주장하였다.
③ 칸트(I. Kant)는 응보이론을 옹호했으며, 형벌은 일정한 목적을 추구하기 위해 존재하는 것이 아니라 범죄자에게 고통을 주는 그 자체가 가치 있는 것이라고 주장하였다.
④ 포이어바흐(A. Feuerbach)는 일반예방과 특별예방을 구별하고, 재사회화와 관련된 심리강제설을 주장하면서 특별예방을 강조하였다.

해설

④ 포이어바흐는 심리강제설에 의한 일반예방 사상을 주장하고, 일반 국민에게 범죄로 얻는 쾌락보다 범죄로 받는 고통이 더욱 크다는 것을 알려 주는 심리적 강제로써만 범죄를 방지할 수 있으며, 이와 같은 심리적 강제는 형벌을 법전에 규정하고 이를 집행함으로써 효과적으로 이루어진다고 한다. 정답: ④

029 자신의 저서 「입법과 영아살해」를 통해 사생아 방지를 위한 미혼모 처벌규정이 사생아를 방지하는 것이 아니라, 오히려 영아살해의 기회를 제공한다고 보고, 범죄방지의 비결은 엄한 법규에 있는 것이 아니라, 인간애에 기초한 민심의 순화에 있다고 주장한 사람은?

① 페스탈로치(J.H. Pestalozzi)　② 벤담(J. Bentham)
③ 포이에르바하(L. Feuerbach)　④ 존 하워드(J. Howard)

해설

① 페스탈로치는 제도를 통한 금지보다는 내부적인 교육이 범죄방지에 효과적이라고 보고, 특히 범죄예방을 위한 사회교육의 중요성을 강조하였다. 정답: ①

030 **비인도적 행형실태를 비판하고 감옥개량운동을 전개한 사람은?**

① 베카리아(C. Beccaria) ② 존 하워드(J. Howard)
③ 리차드 위스타(R. Wister) ④ 클리포드 쇼우(C. Shaw)

해설

② 영국의 존 하워드는 5차례에 걸쳐 유럽의 300여 감옥을 직접 살펴보고, 자기가 체험한 것을 기초로 1777년 그의 저서 「감옥상태론」을 통해 감옥개량운동을 전개하였다. 정답: ②

★중요★
031 **존 하워드(J. Howard)가 감옥개량을 위해 주장한 내용과 가장 거리가 먼 것은?**

① 감옥은 징벌장소가 아닌 개선장소로 기능하여야 한다.
② 수형자는 야간에는 독거수용하여야 하며, 상호 간의 접촉은 차단되어야 한다.
③ 수형자에게는 어떠한 경우에도 강제노동을 부과할 수 없다.
④ 감옥에는 반드시 종교시설을 갖추어야 한다.

해설

③ 하워드는 범죄원인의 대부분이 음주와 나태에서 비롯된다고 보고 수형자에게 적절한 노동을 부과해야 한다고 주장하였다. 즉, 하워드는 강제노동의 필요성을 인정하였다.

존 하워드의 감옥개혁을 위한 주장
• 감옥은 안전하고 위생적이어야 하므로 계곡이나 강 근처에 건축할 것 • 과밀수용의 금지 및 분리수용 • <u>수형자 상호 간의 접촉차단 및 야간 독거수용</u> • 수형성적에 따른 <u>형기단축제도</u>를 도입하여 수형자의 자력개선을 촉진할 것 • 범죄는 음주와 나태에서 비롯되므로 이를 방지하기 위하여 <u>수형자에게 적절한 노동</u>을 부과할 것 • 감옥 내에 교회당을 설치하고, 성서나 기도서를 비치할 것 • 교회사들은 수형자와의 면담을 통해 탈선자를 훈계하고, 환자를 위로하며, 신의 섭리와 자비를 깨우치도록 할 것 • 훌륭한 관리자의 선임과 교도관의 독직행위 금지 • <u>교도관을 공적으로 임명하고, 충분한 보수</u>를 지급하며, 교회당에 참석시킬 것 • 감옥의 관리자나 교도관은 국가로부터 봉급을 받는 일종의 공무원으로 전환할 것 • 의회나 행정당국은 감옥의 시찰관을 선임하고, 시찰관은 일주일에 한 번씩 요일을 바꾸어 감옥을 시찰할 것 • <u>시찰관은 무보수</u>의 명예직으로 할 것

정답: ③

032 고전학파의 감옥개량에 관한 사상이나 노력으로 옳지 않은 것은?

① 하워드는 감옥의 시찰관은 국가로부터 지급받는 보수 외에 어떤 사적 이익도 받아서는 안 된다고 주장하였다.
② 프라이는 '뉴게이트 여성향상협회'를 조직하여 여성수형자의 처우개선을 위해 노력하였다.
③ 프라이는 중노동이 수형자의 개선을 위한 적절한 수단이라고 보았다.
④ 미국의 감옥개량운동은 종교적 사회단체에 의해 주도되었다.

해설

① 하워드는 감옥을 시찰하는 관리는 국가나 단체로부터 어떤 보수도 받아서는 아니 되는 무보수의 명예직이어야 한다고 주장하였다.

정답: ①

033 고전학파의 감옥개량운동에 관한 설명 중 옳지 않은 것만으로 묶인 것은?

㉠ 프라이는 수형자들과의 개별적인 접촉은 사적 이익이 개입될 소지가 있다는 이유를 들어 공적인 접촉을 강조하였다.
㉡ 미국의 초기 감옥개량운동은 연방정부에 의해 주도되었으나, 정부 주도의 개선작업에 많은 문제점이 드러나면서 정부의 보조하에 퀘이커교도들이 주축이 된 필라델피아협회가 주도적인 역할을 수행하였다.
㉢ 필라델피아협회는 1787년 윌리엄 펜(William Penn)에 의해 건립된 싱싱교도소에 종교적 예배를 도입하는 조치로 시작하여 분리수용, 알코올 반입금지 등을 실현시켰다.
㉣ 필라델피아협회의 노력은 서부 및 동부주립감옥의 탄생으로 결실을 맺게 되었다.

① ㉠, ㉡　② ㉠, ㉡, ㉢　③ ㉠, ㉢, ㉣　④ ㉠, ㉡, ㉢, ㉣

해설

× : ㉠ 프라이는 수형자들과의 개별적인 접촉을 중요시하고, 개선과정에 있어서의 수형자의 동의와 협력의 중요성을 강조하였다. ㉡ 미국의 초기감옥개량운동은 종교적 색채가 짙은 사회단체, 즉 필라델피아협회에 의해 주도되었다. ㉢ 싱싱교도소 → 월넛교도소
○ : ㉣

정답: ②

034 벤담(J. Bentham)의 감옥개량에 관한 주장과 가장 거리가 먼 것은?

① 감옥의 중요한 기능은 수형자의 상호접촉 금지와 범죄감염 예방이라고 보았다.
② 가장 이상적인 감옥형태로 '파놉티콘형'을 제안하였다.
③ 야간에는 한 감옥에 8명씩 거처하는 것이 바람직하다고 보았다.
④ 감옥운영은 정부의 간섭하에 놓여야 하며, 시장메커니즘에 맡겨서는 안 된다고 주장하였다.

해설

④ 벤담은 감옥운영에 있어 정부의 간섭을 배제하고, 시장메커니즘에 맡겨 운영하는 이른바 도급제식 경영방식을 주장하였다. 정답: ④

035 **범죄 연구방법에 대한 설명으로 가장 옳지 않은 것은?** 해경간부 2024

① 피해자조사는 암수범죄의 조사방법으로서 많이 활용되는 방법이다.
② 범죄율과 범죄시계는 인구변화율을 반영하여 범죄의 심각성을 인식할 수 있게 한다.
③ 공식범죄통계는 범죄의 일반적인 경향과 특징을 파악할 수 있게 한다.
④ 참여적 관찰법은 체포되지 않은 범죄자들의 일상을 관찰할 수 있게 한다.

해설

② 범죄시계는 인구변화(성장)율을 반영하지 않는다. 정답: ②

036 **다음 중 고전학파 범죄이론에 대한 설명으로 가장 옳지 않은 것은?** 해경간부 2023

① 고전학파는 범죄의 원인보다 형벌제도의 개혁에 더 많은 관심을 기울였다.
② 고전주의 범죄학은 계몽주의 시대사조 속에서 중세 형사사법 시스템을 비판하며 태동하였고, 근대 형사사법 개혁의 근간이 되는 이론적 토대를 제공하였다.
③ 파놉티콘(Panopticon) 교도소를 구상하여 이상적인 교도행정을 추구하였다.
④ 인간의 합리적인 이성을 신뢰하지 않고 범죄원인을 개인의 소질과 환경에 있다고 하는 결정론을 주장하였다.

해설

④ 실증주의학파에 대한 설명이다. 인간의 자유의지를 중시한 고전주의학파는 비결정론적 입장이며, 인간을 자유의지를 가진 합리적·이성적 존재로 보았다. 정답: ④

037 다음 범죄학 이론에 대한 설명으로 옳지 않은 것은? 교정9급 2024

> 범죄가 발생하기 위해서는 최소한 범죄성향을 갖고 그 성향을 행동으로 표현할 능력을 가진 동기화된 범죄자(motivated offender)가 존재해야 한다. 이러한 범죄자에게 적당한 범행대상(suitable target)이 되는 어떤 사람이나 물체가 존재하고, 범죄를 예방할 수 있는 감시의 부재(absence of guardianship)가 같은 시간과 공간에서 만날 때 범죄가 발생한다.

① 코헨(L. Cohen)과 펠슨(M. Felson)의 견해이다.
② 합리적 선택이론을 기반으로 한 신고전주의 범죄학 이론에 속한다.
③ 동기화된 범죄자로부터 범행대상을 보호할 수 있는 수단인 가족, 친구, 이웃 등의 부재는 감시의 부재에 해당한다.
④ 범죄예방의 중점을 환경이나 상황적 요인보다는 범죄자의 성향이나 동기의 감소에 둔다.

해설

④ 코헨과 펠슨(Cohen & Felson)의 일상활동이론(Routine activities theory)에 대한 설명으로, 범죄예방의 중점을 범죄자 개인적 성향이 아닌 환경이나 상황적 요인과 기회에 둔다.

정답: ④

038 억제이론에 대한 설명으로 가장 옳지 않은 것은? 해경간부 2024

① 억제이론은 처벌의 신속성, 확실성, 엄격성의 효과를 강조한다.
② 형벌의 특수적 억제효과란 범죄를 저지른 사람에 대한 처벌이 일반시민들로 하여금 처벌에 대한 두려움을 불러일으켜서 결과적으로 범죄가 억제되는 효과를 말한다.
③ 범죄자에 대한 처벌의 억제효과는 범죄자의 자기통제력 수준에 따라 달라질 수 있다.
④ 억제이론의 기초가 되는 것은 인간의 공리주의적 합리성이다.

해설

형벌의 일반적 억제효과란 범죄를 저지른 사람에 대한 처벌이 일반시민들로 하여금 처벌에 대한 두려움을 불러일으켜서 결과적으로 범죄가 억제되는 효과를 말한다.

〈억제이론〉

예방	일반예방	특정 법위반자에 대한 처벌이 일반대중의 법위반 방지
	특별예방	처벌받은 범죄자의 법위반을 줄이는 과정
억제효과	확실성	범죄의 결과 처벌을 경험할 가능성 내지는 확률
	엄중성	벌금의 양이나 형기와 같은 형벌의 정도 내지는 강도
	신속성	범죄행위와 처벌경험의 시간적 간격

정답: ②

039 실증주의 범죄이론의 시대적 배경이라고 보기 어려운 것은?

① 자연과학의 비약적 발전
② 산업화와 도시화의 형성
③ 다윈의 진화론
④ 인도주의사상의 사회적 만연

해설

④는 고전주의학파의 사상적 배경에 해당한다.

정답: ④

★중요★

040 다음은 실증주의학파의 사상적 배경이다. 옳지 않은 것만으로 묶인 것은?

㉠ 범죄행위나 범죄인보다는 인간의 권리보장이나 범죄예방과 같은 법적 또는 제도적 문제에 연구의 초점을 두었다.
㉡ 인간행위는 소질에 의해서 결정되며, 사회적 요인은 거의 영향을 미치지 않는다고 보았다.
㉢ 고전주의가 인간의 자유의지를 강조했다면, 실증주의는 인간행동에 대해 결정론적 시각으로 접근하였다.
㉣ 고전학파가 인도주의적이라면, 실증주의는 과학적이라고 볼 수 있다.

① ㉠, ㉡
② ㉡, ㉢
③ ㉠, ㉣
④ ㉢, ㉣

해설

× : ㉠ 실증주의학파는 인간의 권리보장이나 범죄예방과 같은 법적 또는 제도적 문제 대신에 범죄행위 자체 또는 범죄인에게 중점을 두었다. ㉡ 인간행위는 소질뿐만 아니라, 외부적 요인에 의해서도 통제되고 결정된다고 보았다.
○ : ㉢, ㉣

실증주의학파의 사상적 기초 요약정리
• 법적 또는 제도적인 문제 대신에 범죄행위 자체의 성격과 범죄인에게 초점을 맞춘 과학적 연구방법을 사용하였다. • 인간행위는 주로 소질 또는 경제·사회·물리적 환경 등 외부적 요인에 의해 통제되고 결정된다. • 범죄인은 비범죄인과 본질적으로 다르므로 처벌이 아니라, 처우(교화개선)를 하여야 한다. • 인간행동에 대해 결정론적 시각으로 접근하였다. • 고전주의학파가 인도적이라면 실증주의는 과학적이다. • 고전주의학파가 범죄행위 자체에 관심을 가졌다면 실증주의는 개별 범죄자에게 관심을 가졌다.

정답: ①

041 실증주의 범죄이론가들의 주장과 가장 거리가 먼 것은?

① 범죄인에 대한 처벌보다 처우를 강조
② 형사처분의 다양화
③ 범죄와 형벌 사이의 균형 강조
④ 환경과 소질에 따른 범죄원인의 분석

해설

③은 고전주의학파의 주장이다. 고전주의학파의 태두인 베카리아(C. Beccaria)는 형벌의 양은 사회의 평화와 안전을 보존하기 위해서 필요한 정도를 넘어서는 아니 되며, 범죄가 사회에 미치는 해악을 상쇄할 정도의 형벌만을 부과할 것을 주장하여 범죄와 형벌의 균형을 강조하였다. 정답: ③

★중요★

042 롬브로소(C. Lombroso)의 범죄이론에 관한 설명으로 옳지 않은 것은?

① 세대의 진행에 따라 신체적·정신적 조건이 퇴화한다는 프랑스의 정신의학자 모렐(Morel)의 '변질이론'에 격세유전이론을 결합하여 생래적 범죄인론을 주장하였다.

② 생래적 범죄인은 격세유전을 통해 범죄를 저지를 운명을 지닌 사람이기 때문에 예방이나 교정이 불가능하다고 보았으며, 초범이라도 무기형에 처해야한다고 주장하였다.

③ 렌츠(A. Lenz), 젤리히(E. Seeling), 그레취머(E. Kretschmer) 등 독일·오스트리아학파와 로렝(Laurent), 마스네(Massenet) 등의 리용학파도 실증적 조사를 통해 소질적 요인에 의한 범죄원인을 확인하고, 롬브로소의 주장을 지지하였다.

④ 영국의 고링(C. Goring)은 누범자 3000명을 대상으로 조사한 결과 격정범·우발범과 누범 사이에 형태상 차이는 없으며, 범죄자에 특유한 정형성은 찾을 수 없다고 주장함으로써 롬브로소의 이론을 반박하였다.

해설

③ 렌츠(A. Lenz)·젤리히(E. Seeling)·크레취머(E. Kretschmer)등 독일 ·오스트리아학파는 신롬브로소학파를 형성하여 범죄생물학적 접근을 시도하는 등 롬브로소의 주장을 지지하였으나, 로렝(Laurent)·마스네(Massenet) 등의 리용학파는 실증적 조사를 통하여 소질적 요인에 의해 범죄자로 되는지의 여부는 과학적으로 검증이 불가능하며, 소질보다는 환경이 범죄인에게 영향을 미치는 요소라고 주장하는 등 롬브로소의 이론을 반박하였다. 정답: ③

043 초기 실증주의 범죄학파 중 이탈리아학파에 대한 설명으로 가장 적절하지 않은 것은?

경찰간부 2025

① 롬브로조(Lombroso)는 생물학적 퇴행성 때문에 범죄를 저지를 수밖에 없는 유형의 범죄자는 교정의 효과를 거의 기대할 수 없기 때문에 영구격리 또는 도태처분을 해야 한다고 하였다.

② 롬브로조(Lombroso)는 범죄자를 생래적 범죄자, 정신병적 범죄자, 상습성 범죄자, 우발성 범죄자, 격정성 범죄자, 폭력성 범죄자 여섯 가지 유형으로 분류하였다.

③ 가로팔로(Garofalo)는 「범죄학」(Criminologia)이라는 저서를 통해 사실학적 의미의 '범죄학'이라는 용어를 최초로 사용하였다.

④ 가로팔로(Garofalo)는 정상적인 사람은 정직성, 동정심, 성실 등과 같은 이타적 정서를 기본적으로 지니고 있는 데 반해 범죄자는 이러한 정서가 결핍되었다고 하였다.

해설

② 범죄자를 생래적 범죄인, 정신병 범죄인, 격정(우범)범죄인, 기회범죄인, 관습범죄인 및 잠재적 범죄인 여섯 가지 유형으로 분류하였다. 즉, 폭력성 범죄인은 해당되지 않는다. 정답: ②

044 **롬브로소(Lombroso)의 영향을 받은 초기 실증주의 학자 〈보기 1〉과 주장 〈보기 2〉를 가장 적절하게 연결한 것은?** 경행2차 2024

> 보기 1
> ㉠ 가로팔로(Garofalo)　　㉡ 고링(Goring)
> ㉢ 페리(Ferri)

> 보기 2
> (가) 통계학자인 피어슨(Pearson)과 협업하여 생래적 범죄인설을 비판하였다.
> (나) 범죄방지를 위해서는 법률제도 및 사회제도의 근본적 개량이 필요하다고 주장하였다.
> (다) 범죄행위란 범죄자와 일반인의 신체적 차이가 아닌, 유전학적 열등성에 의한 것이라고 주장하였다.
> (라) 사회진화론을 적용하여 범죄자는 도덕(양심)과 연민(공감능력)이 낮은 수준이라고 주장하였다.
> (마) 사회는 자연적인 몸체이며, 범죄행위는 자연에 대항하는 것이라고 인식하였다.

① (가) ㉠ (나) ㉠ (다) ㉠ (라) ㉡ (마) ㉢
② (가) ㉠ (나) ㉢ (다) ㉠ (라) ㉢ (마) ㉡
③ (가) ㉡ (나) ㉠ (다) ㉡ (라) ㉢ (마) ㉠
④ (가) ㉡ (나) ㉢ (다) ㉡ (라) ㉠ (마) ㉠

해설

(가) 고링은 범죄자는 격세유전에 의해 원시선조의 야만성이 후대에 신체적 특징과 함께 전달되어 나타난다는 롬브로조의 주장을 비판하였다.
(나) 페리는 범죄방지를 위해서는 범죄를 발생시키는 원인인 사회제도를 변경하는 방법밖에 없다고 주장하였다.
(다) 고링은 범죄자는 일반인보다 키가 작고 몸무게도 적은 것으로 나타나는데, 범죄행위란 신체적인 변이형태와 관계된 것이 아니라 이들의 유전학적 열등성에 의한 것이라고 주장하였다.
(라) 가로팔로는 범죄원인으로 심리적 측면을 중시하였다. 즉, 범죄는 심리적·도덕적 변종에 의한 것이라고 하면서 정상인들은 모두 이타적인 정서를 기본적으로 가지고 있는 반면, 범죄자들은 이러한 정서가 결핍되어 있다고 보았다. 결론적으로 범죄자는 도덕(양심)과 연민(공감능력)이 낮은 수준이라고 주장하였다.
(마) 가로팔로의 자연범에 대한 설명으로, 사회는 자연적 몸체이고 범죄행위는 자연에 대항하는 것이라 주장하였다. 정답: ④

045 롬브로소의 이론에 대한 설명으로 관계없는 것은?

① 비행을 인간관계의 갈등의 결과로 보는 견해이다.
② 범죄자는 원시인에 유사하며, 이들은 격세유전에 의하여 출생한다.
③ 범죄자의 두개골과 신체 각 부위를 측정했다.
④ 생래적 범죄인과 신체적 특징과의 관계에 주목하였다.

해설

①은 미국 범죄사회학파의 주장이다. ②·③·④ 실증주의학파의 대표적 학자인 롬브로소는 이탈리아 죄수들의 신체적 특징을 군인들과 비교·관찰하여 범죄자들의 타고난 생물학적 퇴행성 또는 격세유전적 특징이 이들의 행위에 중요한 영향을 미친다는 것을 발견하고, 생래적 범죄인론을 주장하였다.

정답: ①

046 롬브로소(C. Lombroso)의 범죄이론과 부합하지 않는 것은?

① 생래적 범죄인은 원시인의 체격과 정신능력을 가지고 있으므로 시민사회에 적응하기 어렵다고 보았다.
② 생래적 범죄인의 신체적 특징으로 체모의 부족, 긴 팔, 예민한 미각 등을 들었다.
③ 사회방위와 범죄자의 개선을 형벌의 목적으로 보았다.
④ 매춘은 성범죄를 감소시키는 역할을 한다고 하여 범죄성을 부정하였다.

해설

④ 롬브로소는 매춘의 범죄성을 인정하였다.

정답: ④

047 롬브로소의 범죄이론에 관한 설명으로 틀린 것을 모두 고른 것은?

㉠ 생래적 범죄인의 사회적 특징으로 주색·도박의 탐닉 등을 들었다.
㉡ 초기에는 선천성 범죄자가 전 범죄자의 40% 내외라고 주장하였다가 나중에는 70% 내외라고 수정하였다.
㉢ 형벌은 범행의 동기나 범죄자의 인격을 고려하지 말고, 범죄의 경중에 따라 획일적으로 정해야 한다고 주장하였다.
㉣ 소년범죄자에게는 체벌이 바람직하다고 보았다.

① ㉠, ㉡　② ㉡, ㉢　③ ㉠, ㉣　④ ㉢, ㉣

해설

× : ㉡ 롬브로소는 초기에는 선천성 범죄자가 전 범죄자의 70% 내외라고 주장하였다가 나중에는 40% 내외라고 수정하였다. ㉢ 형벌은 범행의 동기나 범죄자의 인격을 고려하여 탄력적으로 정해야

한다고 주장하였다.

ㅇ : ㉠, ㉣ 정답: ②

★중요★

048 페리(E. Ferri)의 범죄이론에 관한 설명으로 옳지 않은 것은?

① 마르크스의 유물론, 스펜서의 사회관, 다윈의 진화론 등을 이론적 기초로 하고 있다.

② 범죄의 원인으로 인류학적 요인, 물리적 요인, 사회적 요인을 들고 그 중 특히 사회적 요인을 중시하였다.

③ 범죄에 대한 사회방위는 형벌보다 사회정책에 의존해야 한다는 이른바 형벌대용물사상을 전개하였다.

④ 인간의 행위는 환경에 영향을 받지만 결국은 자기의지에 의한다고 주장하여 고전주의의 입장을 벗어나지 못하였다.

해설

④ 페리는 고전주의학파의 비결정론을 비판하고, 인간행위는 환경에 따라 영향을 받을 수밖에 없다고 주장하여 철저한 결정론의 입장을 취하였다. 정답: ④

049 이탈리아 실증학파인 페리(E. Ferri)의 입장으로 볼 수 없는 것은?

① 기회범죄인을 중시하였다.

② 이른바 '페리초안'이라고 불리는 이탈리아 형법초안은 보안처분 이원주의에 입각하고 있다.

③ 자본주의사회의 모순이 범죄의 증가를 초래한다고 보았다.

④ 사회악의 해소를 위해서는 예방적 사회개혁조치가 필요하다고 보았다.

해설

② 페리가 1921년에 기안한 이른바 '페리초안'은 보안처분 일원주의에 입각하고 있었다. 정답: ②

★중요★

050 범죄를 일종의 사회현상으로 보고 "책임과 형벌 없는 형법전"을 주장한 학자는?

① 페리

② 리스트

③ 가로팔로

④ 베카리아

해설

① 1921년 페리는 이탈리아 형법초안을 기안하였는데 여기에서는 응보형의 개념이 배제되고, 범죄자의 위험성에 상응하는 보안처분 내지 사회방위처분 일원주의가 관철되어 '제재'라는 말로 일원화되었다. 이로 인해 그 초안은 '책임과 형벌이 없는 형법전'이라 불리게 되었다. 정답: ①

051 **페리(E. Ferri)가 범죄예방목적으로 주장한 사회개혁의 내용과 가장 거리가 먼 것은?**

① 무역자유화
② 출산장려
③ 혼인의 자유
④ 거리조명등의 개선

해설

② 페리는 범죄예방을 위해서는 출산을 억제할 필요가 있다고 주장하였다. 페리가 범죄예방목적으로 주장한 사회개혁의 내용은 ①·③·④ 외에도 이혼의 자유, 시장독점금지, 노동자 주택공급, 서민을 위한 은행설치, 무기제작의 국가적 규제, 기아보호소의 설치 등이 있다. 정답: ②

★중요★
052 **다음의 범죄원인 중 페리가 가장 중요시한 것은?**

① 생산과 분배 ② 교육 정도 ③ 계절 ④ 성별

해설

① 범죄의 원인은 개인적 원인, 사회적 원인, 자연적 원인으로 나눌 수 있는데, 페리는 사회적 원인을 가장 중요시하였다.

개인적 요인	연령, 성별, 교육 정도, 사회적 계급
사회적 요인	인구, 관습, 종교, 정치, 생산과 분배, 치안, 교육환경
자연적 요인	기후, 계절

정답: ①

053 **페리(Ferri)가 주장한 내용으로 가장 적절하지 않은 것은?** 경찰간부 2025

① 범죄자의 개인적(인류학적), 물리적 요인이 일정한 사회적 요인과 결합할 때 반드시 그에 상응한 일정량의 범죄가 발생한다고 하였다.
② 과도한 개인주의에 국가가 개입함으로써 사회문제에 효과적 대처가 이루어질 수 있다고 믿었기 때문에, 독재적 전체주의 국가이념을 표방하는 파시즘(Fascism)에 동조하였다.
③ 범죄예방을 위해서는 형벌보다는 범죄의 충동을 간접적으로 방지할 수 있는 사회정책이 필요하다고 하였다.
④ 범죄행위는 생물학적·심리학적으로 비정상적인 사람이 저지르는 것이 아니라, 정상적으로 태어난 사람이 이후에 다른 사람의 범죄를 모방한 결과라고 하였다.

해설

④ 범죄행위는 정상적으로 태어난 사람이 이후에 다른 사람의 범죄를 모방한 결과라고 주장한 학자는 프랑스 환경학파의 타르드이다. 그는 범죄행위를 생물학적 결함이나 심리학적 기능장애로 설명하는 입장을 극복하고, 정상행위와 마찬가지로 학습의 결과라는 사실을 최초로 지적했다는 점에서 매우 중요한 공헌을 하였다. 정답: ④

054 **페리(Ferri)가 주장한 이른바 예방적 사회개혁조치 중 사기와 문서위조에 대한 대책은?**

① 이민의 자유 인정
② 조세의 경감
③ 언론과 사상의 자유 확대
④ 무역의 자유화

해설

② 페리는 예방적 사회개혁조치의 일환으로 실업에 기인한 곤궁범죄에 대해서는 이민의 자유 인정을, 사기와 문서 위조에 대해서는 조세의 경감을, 정치범죄에 대해서는 언론과 사상의 자유 확대를 제시하였다.

정답: ②

055 **페리(Ferri)의 범죄이론 중 옳지 않은 것을 모두 고른 것은?**

> ㉠ 마르크스의 유물론, 스펜서의 사회관, 다윈의 진화론, 롬브로소의 생래적 범죄인설을 결합하여 범죄사회학을 창시하였다.
> ㉡ 일정한 양과 일정한 온도의 물에서는 일정량의 화학물질이 용해되는 것처럼 사회에서도 일정량의 범죄가 발생하며, 기본범죄를 초과하여 범죄가 발생되는 현상은 나타나지 않는다고 보았다.
> ㉢ 도의적 책임과 더불어 사회적 책임을 강조하였다.
> ㉣ 범죄에 대한 사회의 방위는 사회정책보다는 형벌에 의해야 한다고 주장하였다.

① ㉠, ㉡
② ㉠, ㉡, ㉣
③ ㉡, ㉢
④ ㉡, ㉢, ㉣

해설

× : ㉡ 페리는 기본범죄에 수반하여 부수적 범죄들이 증가하는 것과 같은 과포화현상이 나타나게 된다고 보았다(범죄 과포화의 원칙). ㉢ 도의적 책임을 부정하고, 사회적 책임을 강조하였다. ㉣ 범죄에 대한 사회의 방위는 형벌보다 사회정책에 의존해야 한다고 주장하였다.
○ : ㉠

정답: ④

★중요★
056 **가로팔로(R. Garofalo)의 범죄이론에 관한 설명으로 옳지 않은 것은?**

① 범죄자를 자연범과 법정범으로 구별하고, 자연범은 애타적 정조가 결여된 자로서 자연범만이 진정한 범죄자라고 보았다.
② 롬브로소와 달리 범죄자의 외형적 특징보다는 내면적·심리적인 특징에 관심을 가졌고, 페리와 달리 범죄자의 내면적 특징을 생래적인 것으로 보아 사형제도를 인정하였다.
③ 자연범은 생래적인 것이므로 인위적으로 도태하여야 하지만, 법정범과 과실범은 정기구금을 하거나 처벌할 필요가 없다고 주장하였다.
④ 자연범은 어떠한 사회정책이나 제도도 효과가 없기 때문에 처리방법은 동일하여야 한다고 하여 형벌에 있어 객관주의 입장을 취하였다.

해설

④ 가로팔로는 자연범은 그 정도 여하에 따라 처리방법이 달라야 한다는 주관주의 형벌론을 취하였다.

정답: ④

★중요★

057 〈보기 2〉는 〈보기 1〉에 열거한 학자들이 제시한 견해들이다. 옳게 연결된 것은?

보기 1

Ⅰ. 롬브로소(C. Lombroso) Ⅱ. 가로팔로(R. Garofalo) Ⅲ. 페리(E. Ferri)

보기 2

ⓐ 인간의 근본적 품성인 연민이나 정직성의 결여로 저질러지는 살인·절도와 같은 자연범은 생래적인 것이므로 사형이나 유형에 처해야 한다.
ⓑ 생물학적 퇴행성 때문에 범죄를 저지를 수밖에 없는 생래적 범죄인은 교정의 효과를 거의 기대할 수 없으므로 영구격리 또는 도태처분을 해야 한다.
ⓒ 범죄를 일으키는 원인으로 물리적 요인, 인류학적 요인, 사회적 요인이 있는데 어느 사회에나 이 세가지 요인에 상응하는 일정량의 범죄가 발생한다.

① Ⅰ - ⓐ ② Ⅰ - ⓑ ③ Ⅱ - ⓑ
④ Ⅱ - ⓒ ⑤ Ⅲ - ⓐ

해설

② 롬브로소는 철저한 사회방위와 범죄자의 개선을 목적으로 하는 형벌이론을 전개하였는데, 생래적 범죄인은 범죄의 예방이나 교정이 불가능하므로 영구적 격리나 도태처분만이 효율적 대처방법이라고 주장하였다.

정답: ②

058 범죄학에서 고전주의와 실증주의에 관한 설명으로 옳지 않은 것은?

① 고전주의가 범죄행위에 초점을 둔다면, 실증주의는 개별적 범죄인에 초점을 둔다.
② 고전주의가 계몽주의 사조의 영향을 받았다면, 실증주의는 자연과학 발전의 영향을 받았다.
③ 실증주의가 인간행동에 대해 결정론적으로 해석을 한다면, 고전주의는 자유의지를 강조하는 편이다.
④ 고전주의는 행위자의 위험성을 형벌부과의 기초로 한다.
⑤ 실증주의에 입각한 범죄예방이 기대에 미치지 못하자 고전주의가 추구했던 범죄억제를 재조명하려는 신고전주의가 나타났다.

해설

④ 범행의 동기나 범죄자의 인격을 고려하여 탄력적으로 형벌을 정해야 한다고 보는 입장은 실증주의이며, 특히 가로팔로는 행위자의 위험성에 상응한 형벌부과를 주장하였다.

정답: ④

059 실증주의 범죄학파의 기본입장에 대한 설명으로 가장 적절한 것은? 경찰간부 2023

① 인간을 자유로운 의사에 따라 합리적으로 결정하여 행동할 수 있는 이성적 존재로 인식한다.
② 합의의 결과물인 실정법에 반하는 행위를 범죄로 규정하고, 범죄에 상응하는 제재(처벌)를 부과하여야 한다고 본다.
③ 일반시민에 대한 형벌의 위하효과를 통해 범죄예방을 추구한다.
④ 인간의 행동은 개인적 기질과 다양한 환경요인에 의하여 통제되고 결정된다고 본다.

해설

④ 실증주의학파는, 인간은 이성적 판단에 따라 행동하는 자율적 존재가 아닌 이미 결정된 대로 행동할 뿐인 존재로 본다. 따라서 인간의 행위는 개인의 개별적 소질과 그 주변의 환경에 따라 결정된다고 보았다.
① 실증주의학파의 의사결정론에 따르면, 인간의 사고나 판단은 이미 결정된 행위과정을 정당화하는 것에 불과하므로, 자신의 사고나 판단에 따라 자유롭게 행위를 선택할 수 없다고 본다. 설문은 고전주의학파의 의사자유론에 대한 설명이다.
② 실증주의학파는 인간에 대한 과학적 분석을 통해 범죄원인을 규명하고자 하였으며, 범죄원인을 규명함으로써 범죄자에 따라 형벌을 개별화하여야 한다고 주장하였다. 설문은 고전주의학파에 대한 설명이다.
③ 실증주의학파는 범죄행위를 유발하는 범죄원인을 제거하는 것이 범죄통제에 효과적이라고 보았으며, 법·제도적 문제 대신 범죄자의 개선 자체에 중점을 둔 교정이 있어야 범죄예방이 가능하다고 하였다. 설문은 고전주의학파에 대한 설명이다.

정답: ④

060 괄호 안에 들어갈 내용이 순서대로 올바르게 나열된 것은?

> ㉠ 고전학파가 ( )의 감소를 연구의 주요대상으로 하였다면, 실증주의는 ( )의 감소까지 연구범위에 포함시켰다.
> ㉡ 가로팔로는 ( )이고, 롬브로소는 ( )이며, 페리는 ( )이다.

① 잔혹한 형벌, 범죄, 심리학적, 생물학적, 사회학적
② 잔혹한 형벌, 범죄, 생물학적, 심리학적, 사회학적
③ 범죄, 잔혹한 형벌, 심리학적, 생물학적, 사회학적
④ 범죄, 잔혹한 형벌, 사회학적, 심리학적, 생물학적

정답: ①

★중요★
061 **라카사뉴(A Lacassagne)에 관한 설명으로 가장 거리가 먼 것은?**

① 제1회 국제범죄인류학회의에서 롬브로소를 비판하고, 범죄인류학파와 결별한 후 범죄사회학을 주창하였으며, 리용학파를 창설하였다.
② 사회는 그 각각에 상응하는 범죄를 갖게 마련이라고 보았다.
③ 사형에 관해서는 인도주의에 위반된다는 이유를 들어 폐지론의 입장을 취하였다.
④ 범죄자의 정신적·신체적 이상은 '빈곤이라는 질병'에서 유래한다고 주장하였다.

해설

③ 라카사뉴(A Lacassagne)는 해당 국가의 인도적 문제와 감정·철학 등에 따라 사형이 허용될 수 있다고 함으로써 사형존치론의 입장을 취하였다. 정답: ③

062 **(ㄱ)~(ㄷ)에 들어갈 학자를 올바르게 조합한 것은?**

> (ㄱ)은(는) 범죄를 자연범과 법정범으로 구별하고 자연범은 연민과 성실이라는 사회의 근본적인 감정을 침해하는 행위라고 보았다. (ㄴ)은(는) "사회환경은 범죄의 배양기이며 범죄자는 미생물에 해당한다."라는 말로써 사회환경이 범죄에 미치는 영향을 강조하였다. (ㄷ)은(는) 어느 사회든지 일정량의 범죄는 있을 수 밖에 없다는 범죄정상설을 주장하였다.

① 가로팔로(Garofalo), 라카사뉴(Lacassagne), 뒤르켐(Durkheim)
② 가로팔로(Garofalo), 라카사뉴(Lacassagne), 리스트(Liszt)
③ 롬브로소(Lombroso), 타르드(Tarde), 뒤르켐(Durkheim)
④ 페리(Ferri), 케틀레(Quetelet), 리스트(Liszt)
⑤ 페리(Ferri), 타르드(Tarde), 케틀레(Quetelet)

정답: ①

★중요★
063 **"사회환경은 범죄의 배양기이며 범죄자는 미생물에 불과하므로 벌해야 할 것은 범죄자가 아니라 사회이다"라고 주장하고, 사회환경이 범죄에 미치는 영향을 강조한 학자는?**

① 라카사뉴(A. Lacassagne)
② 페리(E. Ferri)
③ 벤담(J. Bentham)
④ 가로팔로(R. Garofalo)

해설

① 라카사뉴(A Lacassagne)는 롬브로소의 생물학적 결정론을 비판하고, 사회환경, 특히 경제상황을 강조한 학자로서 프랑스의 통계자료를 이용하여 범죄가 많았던 시기에 물가가 높고 실업이 많았던 것을 밝혀내고, 행위자 각자의 특성보다 사람들이 처해 있는 사회환경이 범죄현상에 직접적으로 작용한다고 주장하였다. 정답: ①

064 프랑스의 환경학파인 따르드(Tarde)의 이론으로 보기 어려운 것은?

① 모방의 법칙이란 따르드가 사회심리학적 연구를 기초로 개인의 특성과 사회와의 접촉과정을 분석하여 범죄현상을 해명하기 위해 주장한 이론이다.
② 거리의 법칙이란 모방은 타인과 얼마나 밀접하게 접촉하고 있는가에 반비례한다는 것을 말한다.
③ 방향의 법칙이란 사회적 지위가 우월한 자를 중심으로 모방이 이루어진다는 것을 말한다.
④ 삽입의 법칙이란 모방 → 유행 → 관습의 형태로 변화·발전되어 간다는 것을 말한다.

해설

② 거리의 법칙이란 모방은 타인과 얼마나 밀접하게 접촉하고 있는가에 비례한다는 것을 말한다. 따르드가 주장한 모방의 법칙을 정리하면 다음과 같다.

〈따르드의 모방의 법칙〉

제1법칙 (거리의 법칙)	• 사람들은 서로를 모방하며, 모방 정도는 타인과의 접촉 정도에 비례 • 거리란 심리학적 의미의 거리와 기하학적 의미의 거리를 포함 • 도시에서는 모방의 빈도가 높고 빠름(유행), 시골에서는 모방의 빈도가 덜하고 느림(관습)
제2법칙 (방향의 법칙)	• 열등한 사람이 우월한 사람을 모방 • 하층계급은 상층계급의 범죄를 모방하고, 시골에서는 도시의 범죄를 모방
제3법칙 (삽입의 법칙)	• 새로운 유행이 기존의 유행을 대체 • 모방 → 유행 → 관습의 패턴으로 확대·진전

정답: ②

★중요★
065 따르드(Tarde)가 주장한 모방의 법칙과 관계가 없는 것은?

① 모방은 사회적 지위가 우월한 자를 중심으로 이루어진다.
② 삽입의 원칙으로서 모방은 유행 → 모방 → 관습의 형태로 변화한다.
③ 이 이론의 비판자는 뒤르켐과 봉거이다.
④ 이에 따르면 범죄는 귀족에서 민중으로, 도시에서 농촌으로 구체화되어 간다.
⑤ Tarde는 "범죄인을 제외한 모든 사람에게 죄가 있다"고 주장한다.

해설

② 삽입의 법칙이란 모방은 모방 → 유행 → 관습의 형태로 변화·발전되어 간다는 것을 말한다.

정답: ②

★중요★
066 따르드(Tarde)의 모방설에 대한 설명으로 옳은 것은?

① 범죄자는 태어날 때부터 범죄성을 지닌다는 가정을 통계적 방법으로 입증하고자 하였다.
② 모방의 제1법칙(거리의 법칙)에 의하면 모방의 강도는 거리에 비례하고, 접촉의 긴밀도에 반비례한다.
③ 모방의 제2법칙(방향의 법칙)으로는 농촌에서 일어난 범죄를 도시지역에서 모방하는 경우를 설명할 수 없다.
④ 신종범죄가 출현하는 원인도 모방설에 의하여 잘 설명할 수 있다.
⑤ 모방설은 낙인이론에 큰 영향을 미친 것으로 설명되고 있다.

해설

① 프랑스의 사회학자이며 범죄학자였던 따르드는 롬브로소의 생래적 범죄인설을 비판하고, 마르크스주의적 세계관에 입각하여 범죄의 원인을 자본주의 경제질서의 제도적 모순에 있다고 보았으며, "범죄인을 제외한 모든 사람에게 죄가 있다"고 하여 범죄를 사회적 산물로 보았다. ② 따르드의 제1법칙(거리의 법칙)에 따르면 사람들은 서로를 모방하는 경향이 있으며, 그 정도는 거리에 반비례하고, 타인과 얼마나 밀접하게 접촉하고 있는가에 비례한다. ④ 따르드는 모든 사회적 현상이 모방이듯이 범죄행위도 모방에 의해 이루어진다고 보았으므로 이러한 주장에 따르면 신종범죄를 모방설로 설명하기 곤란하다. ⑤ 모방설은 후일 미국의 범죄사회학이론의 출발점이 된 학습이론에 많은 영향을 주었다. ③ 모방의 제2법칙(방향의 법칙)이란 열등한 사람이 우월한 사람을 모방한다는 것으로 하층계급은 상층계급에서 행해지는 범죄를 모방하고, 시골에서는 도시에서 발생되는 범죄를 모방하게 된다고 한다. 따라서 이 법칙에 따르면 농촌에서 일어난 범죄를 도시지역에서 모방하는 경우를 설명할 수 없게 된다.

〈따르드의 모방의 법칙〉

제1법칙 (거리의 법칙)	• 사람들은 서로를 모방하며, 모방 정도는 타인과의 접촉 정도에 비례 • 거리란 심리학적 의미의 거리와 기하학적 의미의 거리를 포함 • 도시에서는 모방의 빈도가 높고 빠름(유행), 시골에서는 모방의 빈도가 덜하고 느림(관습)
제2법칙 (방향의 법칙)	• 열등한 사람이 우월한 사람을 모방 • 하층계급은 상층계급의 범죄를, 시골은 도시의 범죄를 모방
제3법칙 (삽입의 법칙)	• 새로운 유행이 기존의 유행을 대체 • 모방 → 유행 → 관습의 패턴으로 확대·진전

정답: ③

067 다음 중 타르드(Tardo)의 모방의 법칙에 관한 설명으로 가장 옳은 것은? 해경간부 2025

① 거리의 법칙에 따르면 한 개인이 접촉하는 사람들과의 빈도와 강도에 따라 타인을 모방한다는 것이다.
② 롬브로소(Lombroso)의 견해를 지지하면서 과학적 방법을 통해 범죄유발요인을 규명하려 했다.
③ 서덜랜드(Sutherland)의 차별적 접촉이론으로부터 많은 영향을 받았다.
④ 방향의 법칙은 농촌에서 발생한 범죄가 도시지역에서 모방하는 경우를 설명하기에 적합하다.

해설

② 프랑스의 사회학자이며 범죄학자였던 타르드는 롬브로소의 생래적 범죄인설을 비판하고, 마르크스 주의적 세계관에 입각하여 범죄원인을 자본주의 경제질서의 제도적 모순에 있다고 주장하였고, "범죄인을 제외한 모든 사람에게 죄가 있다"고 하여 범죄를 사회적 산물로 보았다.

③ 반대이다. 타르드의 모방이론은 후일 미국의 범죄사회학이론의 출발점이 된 서덜랜드(Sutherland)의 차별적 접촉이론에 많은 영향을 주었다.

④ 방향의 법칙이란 모방은 일반적으로 열등한 사람이 우월한 사람을 모방하는 방향으로 일어난다는 것으로, 이에 따르면 하층계급은 상층계급에서 발생하는 범죄를, 시골은 도시에서 발생하는 범죄를 모방한다.

〈타르드의 모방의 법칙〉

제1법칙 (거리의 법칙)	• 사람들은 서로를 모방하며, 모방 정도는 타인과의 접촉 정도에 비례 • 거리란 심리학적 의미의 거리와 기하학적 의미의 거리를 포함 • 도시에서는 모방의 빈도가 높고 빠름(유행), 시골에서는 모방의 빈도가 덜하고 느림(관습)
제2법칙 (방향의 법칙)	• 열등한 사람이 우월한 사람을 모방 • 하층계급은 상층계급의 범죄를, 시골은 도시의 범죄를 모방
제3법칙 (삽입의 법칙)	• 새로운 유행이 기존의 유행을 대체 • 모방 → 유행 → 관습의 패턴으로 확대·진전

정답: ①

068 따르드(Tarde)가 주장한 모방의 법칙에 관한 설명 중 옳지 않은 것은?

① 롬브로소(Lombroso)의 생래적 범죄인설을 부정하고, 범죄행위도 타인의 행위를 모방함으로써 발생한다고 본다.

② 거리의 법칙에 의하면 모방은 시골보다는 도시지역에서 쉽게 발생한다.

③ 방향의 법칙에 의하면 원래 하류계층이 저지르던 범죄를 다른 계층들이 모방함으로써 모든 사회계층으로 전파된다.

④ 삽입의 법칙에 의하면 처음에는 단순한 모방이 유행이 되고, 유행은 관습으로 변화·발전된다.

⑤ 총기에 의한 살인이 증가하면서 칼을 사용한 살인이 줄어드는 현상은 새로운 유행이 기존의 유행을 대체하기 때문이라고 보았다.

해설

③ 방향의 법칙이란 모방은 일반적으로 열등한 사람이 우월한 사람을 모방하는 경향이 있다는 것을 말하며, 이에 따르면 하층계급은 상층계급에서 행해지는 범죄를 모방하고, 시골에서는 도시에서 발생되는 범죄를 모방한다. ② 따르드는 모방은 도시에서 가장 빈번하고 빠르게 변화한다고 보았으며, 이를 '유행'이라고 하였다. 반면, 시골에서는 모방의 빈도가 덜하고 천천히 변화한다고 보았으며, 이를 '관습'이라고 하였다.

정답: ③

069 **프랑스학파인 뒤르켐(E. Durkheim)의 주장논지와 거리가 먼 것은?**

① 자살은 사회의 문화구조적 모순에서 비롯된 것이지 인간의 왜곡된 이성이 낳은 결과는 아니라고 하였다.
② 범죄발생 원인을 '사회적 상황'으로 보고, 사회적 상황을 사회적 통합수준과 도덕적 통합수준의 두 가지 측면에서 파악하였다.
③ 현대사회는 사회통제력의 약화로 무규범상태, 즉 아노미상태가 되고 있으며, 이런 상태가 범죄유발의 원인이 된다고 하였다.
④ 아노미상태를 극복하려면 형벌기능은 악으로부터 사회를 지키려는 전통적 사회연대감을 보호하는 기능으로 전환할 필요가 있다고 하였다.

해설

④ 뒤르켐은 형벌기능은 전통적 사회연대감 보호기능으로부터 개인의 사회화기능으로 전환할 필요가 있다고 하고, 범죄자의 재사회화에 중점을 두어야 한다고 주장하였다. 정답: ④

070 **뒤르켐(E. Durkheim)의 이론에 대한 설명으로 옳지 않은 것은?** 보호7급 2024

① 자살 유형을 아노미적 자살, 이기적 자살, 이타적 자살, 운명적 자살로 구분하였다.
② 급격한 경제성장기보다 급격한 경제침체기에 아노미적 자살의 빈도가 더 높다고 주장하였다.
③ 범죄는 이에 대한 제재와 비난을 통하여 사회의 공동의식을 사람들이 체험할 수 있도록 함으로써 사회의 유지·존속에 중요한 역할을 담당한다고 하였다.
④ 객관적 범죄개념은 존재하지 않으며, 특정 사회에서 형벌의 집행대상으로 정의된 행위가 바로 범죄라고 보았다.

해설

② 뒤르켐은 자살론에서 급격한 경제성장기에는 전통적 규범력이 약화되어 아노미적 자살이 증가하고, 급격한 경기침체기보다 급격한 경제성장기에 아노미적 자살의 빈도가 더 높다고 주장하였다.

【이뒤르켐의 자살 유형】

- 아노미적 자살 : 약화된 규제가 원인이다. 급격한 사회변동으로 인한 무규범과 혼란 등으로 자살하는 형태이다.
- 이기주의적 자살 : 사회통합 약화가 원인이다. 자신의 욕망에 의해 자살하는 형태로, 급격한 산업화·도시화 과정에서 발생한다.
- 이타주의적 자살 : 사회통합 강화가 원인이다. 집단의 존속을 위해 자살하는 형태이다(자살폭탄테러).
- 숙명적(운명적) 자살 : 과도한 규제가 원인이다. 사회 외적인 권위에 의해 자살하는 형태이다(고대 순장 등).

〈자살 유형〉

구분	사회적 통합(유대)	도덕적 규제
아주 강함	이타적 자살(자살폭탄테러)	숙명론적 자살(고대 순장)
아주 약함	이기적 자살(독거노인)	아노미적 자살(불경기)

【범죄정상설·범죄기능설·범죄필요설·형법발전론의 주장】

- 범죄정상설 : 범죄는 사회병리 현상이 아니라 사회구조적 모순에서 발생하는 정상적이고 불가피한 현상으로, 어느 사회건 일정 수준의 범죄는 존재하기 마련이며, 일정 수준이 넘는 경우에만 이를 사회병리 현상으로 보았다.
- 범죄기능설 : 범죄에 대한 제재와 비난을 통해 사회의 공동체의식을 체험할 수 있도록 함으로써 사회의 유지·존속에 중요한 역할을 담당한다.
- 범죄필요설 : 사회가 진보하기 위해서는 발전에 필요한 비판과 저항 등 일정량의 범죄가 필요하다.
- 형법발전론 : 사회가 발전할수록 형벌은 억압적 형태에서 보상적 형태로 변화한다. 정답: ②

★중요★

071 뒤르켐(E. Durkheim)에 대한 설명으로 옳지 않은 것은?

① 범죄는 사회에 유해한 행위라고 보았다.
② 아노미(Anomie)이론을 처음으로 주창하였다.
③ 범죄는 모든 사회가 피할 수 없는 정상적 현상으로 보았다.
④ 구조기능주의 관점에서 범죄의 원인을 설명한 학자이며, 범죄필요설을 바탕으로 범죄정상이론을 주창하였다.

해설

① 뒤르켐(Durkheim)은 범죄는 사회의 도덕적 각성과 법제의 정상적인 발전계기가 된다는 점에서 유용하며(범죄필요설), 범죄에 대한 제재와 비난을 통해 사람들이 사회공통의식을 체험하게 됨으로써 범죄가 사회의 유지·존속에 중요한 역할을 담당한다고 보았다(범죄기능설). 정답: ①

072 뒤르켐(E. Durkheim)의 범죄이론과 가장 거리가 먼 것은?

① 범죄는 회피할 수 없는 사회적 현상이다.
② 범죄는 사회의 유지 및 존속에 중요한 역할을 담당한다.
③ 범죄는 도덕적 각성을 위해 유용하다.
④ 범죄는 사회진보의 장애요소가 된다.

해설

④ 뒤르켐은 전통적 행동양식의 틀을 깨는 어느 정도까지의 범죄행위는 사회의 진보를 위해 필요하다고 주장하였다. 뒤르켐은 어느 사회이든 일정한 범죄는 존재하며, 그것은 지극히 정상적인 현상이라고 주장하고, 범죄의 필요성·유용성·개혁성을 강조하였다. 정답: ④

073 다음 중 E. Durkheim의 견해에 관한 설명 중 옳은 것은?

① 자살은 인간의 왜곡된 이성이 낳은 결과라고 하였다.
② 모든 사회와 시대에서 공통적으로 적용될 수 있는 객관적인 범죄란 존재하지 않으며, 특정 사회에서 형벌의 집행대상으로 정의된 행위가 범죄라고 보았다.
③ 범죄가 사회유지를 위해 중요한 기능은 하지만 정상적인 현상은 아니라고 하였다.
④ 범죄의 본질을 개인감정의 침해로 보고 있다.
⑤ 자살은 호경기 때보다 불경기 때 가장 높다고 하였다.

해설

① 뒤르켐은 1897년 그의 저서 「자살론」을 통해 자살을 개인적 측면으로 설명하던 종래의 태도를 비판하고, 자살은 인간의 왜곡된 이성이 낳은 결과가 아니라, 사회의 문화구조적 모순에서 비롯된 것이라고 주장하였다. ③ 어느 사회에서든지 일정량의 범죄는 있을 수밖에 없다는 범죄정상설을 주장하였다. ④ 범죄의 본질을 집단감정(집합의식, 법 등)의 침해로 보았고, 범죄발생의 원인을 개인감정의 침해가 아닌 사회적 상황으로 보았다. ⑤ 아노미적 자살은 불경기보다 호경기 때 높게 나타나는데, 이 시기에는 목표와 수단 간의 괴리를 더 많이 경험하게 됨으로써 스트레스가 증가하게 되고, 높은 스트레스는 자살로 이어진다고 보았다. 정답: ②

★기출★

074 다음은 뒤르켐(E. Durkheim)의 주장내용이다. 옳지 않은 것만으로 묶인 것은?

㉠ 사회가 발전할수록 형벌은 보상적 형태에서 억압적 형태로 변화한다.
㉡ 형벌기능은 범죄로부터 사회를 지키려는 전통적인 사회연대감 보호기능으로부터 개인의 사회화기능으로 전환해야 한다.
㉢ 범죄대책의 중점은 범죄인에 대한 비난보다는 상담·지도·치료를 통한 재사회화에 두어야 한다.
㉣ 형벌의 목적이 억압에서 원상회복으로 전환됨에 따라 처벌은 강화될 것이다.

① ㉠, ㉡　② ㉡, ㉢
③ ㉠, ㉣　④ ㉢, ㉣

해설

× : ㉠ 사회가 발전할수록 형벌은 억압적 형태에서 보상적 형태로 변화한다고 보았다.
㉣ 형벌의 목적이 억압에서 원상회복으로 전환됨에 따라 처벌은 완화될 것이라고 보았다.
○ : ㉡, ㉢ 정답: ③

075 뒤르켐(E. Durkheim)이 주장한 이론에 관한 설명 중 옳은 것으로만 묶은 것은?

㉠ 사회적 통합력의 저하 또는 도덕적 권위의 훼손은 범죄발생의 원인이 된다.
㉡ 어느 사회든지 일정량의 범죄는 있을 수밖에 없다는 범죄정상설을 주장한다.
㉢ 인간은 사회생활을 하는 중에 다른 사람의 행위를 모방하는데 범죄행위도 그 한 예이다.
㉣ 사회환경은 범죄의 배양기이며 범죄자는 미생물에 불과하므로 벌해야 할 것은 범죄자가 아니라 사회이다.
㉤ 범죄는 이에 대한 제재와 비난을 통해 사회의 공동의식을 사람들이 체험할 수 있게 함으로써 사회의 유지존속에 있어서 중요한 역할을 담당한다고 한다.

① ㉠, ㉡, ㉣
② ㉠, ㉡, ㉤
③ ㉠, ㉣, ㉤
④ ㉡, ㉢, ㉣
⑤ ㉢, ㉣, ㉤

해설

○ : ㉠, ㉡, ㉤
× : ㉢은 따르드(Garbriel Tarde)의 주장내용이다. ㉣은 라카사뉴(A. Lacassagne)의 주장내용이다.

정답: ②

★중요★

076 뒤르켐(E. Durkheim)의 범죄이론에 대한 설명으로 옳지 않은 것은?

① 어느 사회든지 일정량의 범죄는 있을 수밖에 없다는 범죄정상설을 주장하였다.
② 모든 사회와 시대에 공통적으로 적용될 수 있는 객관적 범죄가 존재한다고 주장하였다.
③ 사회의 도덕적 권위가 무너져 사회구성원들이 '지향적인 삶의 기준을 상실한 무규범상태'를 아노미라고 불렀다.
④ 뒤르켐은 범죄가 사회적 문제로 일어나는 것임을 강조하였음에도, 그에 대응할 수 있는 사회정책을 제시하지 못했다는 비판을 받기도 하였다.
⑤ 범죄발생의 주된 원인으로 사회적 상황을 고려하였다.

해설

② 뒤르켐은 모든 사회와 시대에서 공통적으로 적용될 수 있는 객관적인 범죄란 존재하지 않으며, 특정사회에서 형벌의 집행대상으로 정의된 행위가 바로 범죄라고 보았다.

정답: ②

077 뒤르케임(Durkheim)의 범죄관을 표현한 것으로 가장 옳지 않은 것은? 해경간부 2024

① 범죄는 정상적인 것이다.
② 범죄는 기능적인 것이다.
③ 범죄는 상황적인 것이다.
④ 범죄는 필연적인 것이다.

해설

【뒤르켐의 범죄정상설 · 범죄기능설 · 범죄필요설】
범죄란 모든 사회에서 나타나는 현상으로, 병리적인 것이 아니고 사회의 구조적 모순에서 자연적으로 발생하는 정상적이고 불가피한 현상이고, 사회의 규범유지를 강화시켜 주는 필수적이고 유익한 기능을 하며, 전통적 행동양식에서 벗어나는 어느 정도까지의 범죄는 사회의 진보를 위해 필요하다. 상황적은 관련이 없다.

정답: ③

078 뒤르켐(Durkheim)의 사회사상과 범죄이론에 대한 설명으로 적절한 것은 모두 몇 개인가?

경찰간부 2025

> ㉠ 근대 산업화과정에서 사회는 기계적(Mechanical) 사회에서 유기적(Organic) 사회로 급격하게 변동하였다.
> ㉡ 사회통합을 조절하는 기능이 약화되면, 사회구성원들이 자신의 행위를 통제하지 못하는 아노미(Anomie)라는 병리현상이 나타난다.
> ㉢ 사회병리의 대표적인 현상은 자살인데, 이는 개인적 문제라기보다는 사회통합의 정도와 관련되어 있다.
> ㉣ 자살은 아노미적 자살, 이기적 자살, 이타적 자살, 무동기 자살 네 가지 유형이 있는데, 이 가운데 아노미적 자살이 가장 큰 문제이다.
> ㉤ 어느 사회이든지 일정량의 범죄는 존재하는데, 이는 지극히 자연스러운 현상이다.
> ㉥ 20세기 범죄생태학, 긴장이론, 통제이론 등에 많은 영향을 미쳤다.

① 3개 ② 4개 ③ 5개 ④ 6개

해설

③ 적절한 것은 ㉠, ㉡, ㉢, ㉤, ㉥이다.

㉠ 뒤르켐(Durkheim)은 그의 저서 『사회분업론』에서 분업의 증가가 기계적 사회에서 유기적 사회로의 전이를 유발하고, 사회적 연대도 그에 따라 변한다고 지적하였다. 여기서 기계적 연대(Mechanical Solidarity)는 구성원들의 동일한 가치와 규범의 공유(집합의식)가 사회통합과 개인 결속의 기초로 작용하는 상태이고, 유기적 연대(Organic Solidarity)는 전문화된 각각의 개인이 상호의존성에 기반하여 결속된 상태이다.

㉡ 아노미(Anomie)는 무규범상태, 즉 규범과 현실의 괴리를 의미하는데, 뒤르켐은 아노미를 인간의 생래적인 끝없는 욕망을 사회의 규범이나 도덕으로써 제대로 통제하지 못하는 상태, 즉 사회적·도덕적 권위가 훼손되어 사회구성원들이 자신의 삶을 지도할 수 있는 기준을 상실한 무규범상태로 정의하였다.

㉢ 뒤르켐은 당시 유럽사회의 자살률이 급격히 증가하는 것은 산업화 과정에서 정치·경제·기술적 사회변동으로써 사회통합이 약화되어 이기적 자살이 증가하였기 때문이라고 보았다.

㉣ 자살은 아노미적 자살, 이기적 자살, 이타적 자살, 숙명적 자살 네 가지 유형이 있는데, 이 가운데 아노미적 자살이 가장 큰 문제이다.

〈자살 유형〉

구분	사회적 통합(유대)	도덕적 규제
아주 강함	이타적 자살(자살폭탄테러)	숙명론적 자살(고대 순장)
아주 약함	이기적 자살(독거노인)	아노미적 자살(불경기)

ⓜ 범죄정상설에 대한 설명으로, 범죄는 사회병리 현상이 아니라 사회구조적 모순에서 발생하는 정상적이고 불가피한 현상으로, 어느 사회이건 일정 수준의 범죄는 존재하기 마련이며, 일정 수준이 넘는 경우에만 이를 사회병리 현상으로 보았다.

ⓑ 시카고학파의 사회해체이론, 머튼의 아노미이론, 허쉬의 사회연대이론 등 미국의 사회학적 범죄이론에 가장 큰 영향을 주었다.

【뒤르켐 더 알아보기】

- 뒤르켐은 모든 사회와 시대에 공통적으로 적용할 수 있는 객관적 범죄개념을 부정하면서 특정 사회에서 형벌의 집행대상으로 정의된 행위만을 범죄로 보는 새로운 범죄개념을 제시하였다.
- 범죄란 일반적 집합의식을 위반한 행위가 아닌, 한 시대에 사회구성원의 의식 속에 강력하게 새겨져 있고 명백하게 인지된 집합의식을 위반한 행위라고 정의하였다.
- 뒤르켐의 범죄정상설이 범죄가 도덕적으로 정당하다고 보는 범죄정당설을 의미하는 것은 아니다. 뒤르켐은 집단감정을 침해하는 것을 본질로 하는 범죄에 대해 강력한 대처를 주장하였다.
- 뒤르켐은 아노미를 인간의 생래적인 끝없는 욕망을 사회의 규범이나 도덕으로써 제대로 통제하지 못하는 상태, 즉 사회적·도덕적 권위가 훼손되어 사회구성원들이 자신의 삶을 지도할 수 있는 기준을 상실한 무규범상태로 정의하였다.
- 뒤르켐은 사회구조를 사회질서, 즉 사회적 연대 측면에서 파악하고, 산업화과정에서 사회적 분업이 전통사회의 기계적 연대를 산업사회의 유기적 연대로 전환시킴으로써 기존의 사회규범이 해체되고, 사회적 통합이 약화되어 범죄가 증가한다고 보았다.
- 뒤르켐은 유기적 연대로 전이됨으로 인해 전통적인 사회통제가 비효과적인 것이 되고, 사회연대의 보전이라는 기능을 지니는 형벌, 즉 보복법이 개인의 권리구제에 중점을 두는 배상법으로 전환되었다는 형법발전론을 주장하였다. 정답: ③

079 다음 중 실증주의 범죄학파에 대한 설명으로 가장 옳지 않은 것은? 해경간부 2025

① 개인의 생물학적·심리학적 소질과 사회적 환경이 복합적으로 작용하여 인간이 범죄행위를 범한다고 보는 입장이다.

② 페리(Ferri)는 결정론적 입장에서 범죄포화의 법칙을 주장하였다.

③ 라까사뉴(Lacassagne)는 사회환경은 범죄의 배양기이며, 범죄자는 미생물에 해당할 뿐이므로 벌해야 할 것은 범죄자가 아니라 사회라고 주장하였다.

④ 뒤르켐(Durkheim)은 범죄는 정상적인 요소이며 모든 시대와 사회에서 공통적으로 적용될 수 있는 객관적인 범죄개념이 존재한다고 보았다.

해설

④ 뒤르켐은 범죄는 정상적인 요소이며 모든 시대와 사회에서 공통적으로 적용될 수 있는 절대적·객관적인 범죄개념은 존재하지 않는다고 보았다. 절대적·객관적인 범죄개념은 자연범설을 주장한 가로팔로의 견해이다. 정답: ④

★중요★
080 범죄원인에 관한 아래의 주장들과 관계가 없는 사람은?

㉠ 어느 사회든지 일정량의 범죄는 있을 수밖에 없으며, 범죄는 사회의 유지와 존속을 위하여 일정한 순기능을 지닌다.
㉡ 사회는 범죄를 예비하고, 범죄자는 그것을 실천하는 도구에 불과하다.
㉢ 모든 사회적 현상은 모방의 결과이며, 범죄도 다른 사람의 범죄를 모방한 것이다.
㉣ 사회환경은 범죄의 배양기이며 범죄자는 미생물에 해당하므로 벌해야 할 것은 범죄자가 아니라 사회이다.

① 리스트(Liszt)
② 라카사뉴(Lacassagne)
③ 케틀레(Quetelet)
④ 뒤르켐(Durkheim)
⑤ 타르드(Tarde)

해설

㉠은 뒤르켐, ㉡은 케틀레, ㉢은 타르드, ㉣은 라카사뉴의 이론에 각각 해당한다.

정답: ①

081 프랑스 초기 실증주의(환경학파)에 관한 설명으로 가장 거리가 먼 것은?

① 범죄는 정상적 행위와 동일한 학습의 결과라는 사실을 최초로 지적하였다.
② 도시는 재산범죄, 농촌은 인신범죄의 특징을 가지고 있다고 지적하여 도시직업인 범죄개념을 제시하였다.
③ 경제상태와 범죄와의 상관성을 무시하였다.
④ 생물학의 업적인 유전법칙이나 사회적 도태이론을 간과하였다.

해설

③ 프랑스 환경학파는 경제상태에 대한 범죄의존성을 중시하여 범죄를 경제불황의 산물로 보았다.

정답: ③

082 독일의 사회학파인 리스트(F. von Liszt)의 형벌이론과 거리가 먼 것은?

① 형벌의 목적은 일반인을 경계하여 범죄에 대한 두려움을 가지게 하는 데 있다고 보았다.
② 범죄를 회피할 수 없는 사회현상으로 보았다.
③ 행위자의 반사회적 태도 또는 위험성을 중심으로 범죄인을 처우할 것을 주장하여 형벌의 개별화를 강조하였다.
④ 범죄에 대한 응보형은 범죄자의 특별예방을 위한 목적형으로 전환되어야 한다고 주장하였다.

해설

① 리스트는 형벌의 목적을 범죄자의 반사회적 성격을 개선하여 사회에 복귀시키는 데에 있다고 보았다.

정답: ①

083 **리스트(Frans von Liszt)와 가장 관계가 없는 것은?**

① 형법에 있어서 목적사상
② 형법은 범죄인에 대한 마그나카르타이다.
③ 범죄인의 법적 보장을 위해 부정기형을 배척
④ 특별예방주의를 강조

해설

③ 리스트는 교육형주의에 따라 (ⅰ) 부정기형의 채택, (ⅱ) 6주 이하의 단기자유형의 폐지, (ⅲ) 집행유예, 벌금형, 누진제도 등의 합리화, (ⅳ) 강제노역, (ⅴ) 소년범에 대한 특별한 처우 등을 주장하였다.

정답: ③

084 **리스트(F. von Liszt)의 범죄 및 형벌이론과 가장 거리가 먼 것은?**

① 소년범죄자는 장차 성인범죄자로 발전할 가능성이 높으므로 소년범죄자와 성인범죄자의 처우에 차등을 둘 필요가 없다고 보았다.
② 범죄방지대책으로 강제노역을 인정하였다.
③ 범죄원인으로 사회적 원인을 중시하였다.
④ 처벌해야 할 것은 행위가 아니라 행위자라고 보았다.

해설

① 리스트는 소년범죄자에 대한 특별처우를 주장하였다.

정답: ①

085 **범죄의 원인에 대하여 소질과 환경을 모두 고려하면서도 사회적 원인을 중요시하고, “최선의 사회정책이 최상의 형사정책”이라고 말한 사람은 누구인가?**

① 롬브로소(C. Lombroso)
② 페리(E. Ferri)
③ 칸트(I. Kant)
④ 리스트(Franz. v. Liszt)

정답: ④

★중요★
086 다음 중 독일의 형사학자인 리스트(Franz. v. Liszt)가 주장한 형사정책 관련 내용으로 옳지 않은 것을 모두 고른 것은?

㉠ 개인의 인권보장을 강조한 반면, 사회방위는 경시하였다.
㉡ 마르부르그(Marburg) 강령(Programm)을 통하여 목적형사상을 주창하였다.
㉢ 부정기형의 채택
㉣ 누진제도의 합리화
㉤ 최초의 단기자유형 폐지
㉥ 형벌과 보안처분의 분리

① ㉠, ㉥
② ㉡, ㉢
③ ㉣, ㉤
④ ㉠, ㉤

해설

× : ㉠ 리스트는 형벌의 개별화를 통한 사회방위와 인권보장을 동시에 강조하여 "형법전은 범죄인의 마그나카르타이며 형사정책의 넘을 수 없는 한계"라고 주장하였다. ㉥ 리스트는 형벌만으로 특별예방의 목적을 달성할 수 없는 경우에는 개선을 위한 보안처분이 필요하다고 주장하였으므로 형벌과 보안처분의 분리라는 표현은 옳지 않다.
○ : ㉡, ㉢, ㉣, ㉤

정답: ①

★중요★
087 리스트(F. von Liszt)에 관한 설명 중 옳지 않은 것은?

① 범죄원인은 범죄인을 제외한 모든 사람에게 있다고 보았으며, 범죄원인에 있어서 심리적 요인을 중시하였다.
② 하멜(Hamel) 등과 함께 국제형사학협회(I. K. V)를 창설하였다.
③ 범죄학과 형법학이 통합되어 총체적 형법학으로 발전되어야 한다고 주장하였다.
④ 개선이 가능한 범죄자는 개선을, 개선이 필요 없는 범죄자는 위하를, 개선이 불가능한 범죄자는 격리(무해화)를 하여야 한다.
⑤ 부정기형의 채택, 단기자유형의 폐지, 집행유예·벌금형·누진제도의 합리화, 소년범죄에 대한 특별처우를 해야 한다.

해설

① 리스트는 범죄원인으로서 소질과 환경을 모두 고려하면서도 특히 범죄의 사회적 원인을 중시하여 "최고의 형사정책은 최고의 사회정책"이라고 주장하였다.

정답: ①

088 리스트(Liszt)의 형사정책이론에 관한 설명 중 옳은 것은?

① 형벌의 목적으로 특별예방사상을 처음으로 주장함으로써 형벌 예고를 통해 일반인의 범죄충동을 억제하는 것이 형벌의 가장 중요한 기능이라고 보았다.
② '처벌되어야 할 것은 행위자가 아니고 행위'라는 명제를 제시하였다.
③ 개선이 불가능한 범죄자를 사회로부터 격리수용하는 무해화 조치도 필요하다고 주장하였다.
④ 부정기형의 폐지, 단기자유형의 활용, 강제노역의 폐지 등을 주장하였다.
⑤ 형벌의 주된 목적을 응보로 이해하였다.

해설

① 리스트가 특별예방사상을 주장한 인물이라는 내용은 옳은 표현이나, 형벌 예고를 통해 일반인의 범죄충동을 억제하는 것은 일반예방사상에 관한 설명이므로 지문의 후반부 내용은 틀린 표현이다. ② 리스트는 처벌해야 할 것은 "행위가 아니라 행위자"라고 함으로써 고전학파의 행위주의를 비판하고, 행위자주의를 표방하였다. ④ 리스트는 교육형 주의의 입장에서 범죄방지대책으로 부정기형의 채택, 단기자유형의 폐지, 강제노역을 인정할 것을 주장하였다. ⑤ 리스트는 형벌의 목적이 범죄자의 반사회적·범죄적 성격을 개선하여 사회에 복귀시키는 데에 있다고 보았다. 정답: ③

089 아샤펜부르크(Aschaffenburg)에 관한 설명 중 옳지 않은 것만으로 묶인 것은?

> ㉠ 범죄대책으로 음주제한, 단종, 우생혼을 강조하였다.
> ㉡ 형벌대책으로 응보형주의와 사회방위론을 주장하였다.
> ㉢ 재판대책으로 판사에 대한 의학·심리학 등 특수교육의 필요성을 강조하였다.
> ㉣ 수형자처우대책으로 단기자유형의 폐지, 누범자에 대한 상대적 부정기형 채용을 주장하였다.

① ㉠, ㉡
② ㉠, ㉢
③ ㉡, ㉢
④ ㉡, ㉣

해설

× : ㉡ 아샤펜부르크는 형벌대책으로 응보형주의를 폐지하고 교육형주의로 전환할 것과 사회방위론을 주장하였다. ㉣ 수형자처우대책으로 누범자에 대한 절대적 부정기형의 채용을 주장하였다.
○ : ㉠, ㉢ 정답: ④

090 **다음은 독일 사회학파의 범죄이론이다. 옳지 않은 것만으로 묶인 것은?**

㉠ 독일사회학파는 소질과 환경을 모두 중시하였다.
㉡ 리스트(Liszt)는 연구의 중심을 형사정책에서 실정 형법으로 전환시켰다.
㉢ 아샤펜부르크(Aschaffenburg)는 수형자처우대책으로 작업임금제 도입, 누진처우제도의 폐지를 주장하였다.
㉣ 프린스(Prince)는 생래적 범죄인설을 배척하고, 범죄의 사회학적 원인에 의하여 범죄인을 분류하였다.
㉤ 엑스너(Exner)는 범인성 인격은 유전적 소질과 성장환경적 요소의 복합적 작용으로 형성된다고 주장하였다.

① ㉠, ㉡ ② ㉡, ㉢ ③ ㉢, ㉣ ④ ㉣, ㉤

해설

× : ㉡ 리스트는 연구의 중심을 실정 형법에서 형사정책으로 전환시켰다. ㉢ 아샤펜부르크는 수형자 처우대책으로 누진처우제도의 강화를 주장하였다.
○ : ㉠, ㉣, ㉤

정답: ②

★중요★
091 **범죄학자의 저서 및 주장내용을 바르게 연결한 것은?**

㉠ 감옥개량운동의 선구자로 감옥개혁을 주장하였다.
㉡ 범죄와 형벌 사이에는 비례성이 있어야 한다.
㉢ 감옥은 단순한 징벌장소가 아닌 개선장소가 되어야 한다.
㉣ 자연범설을 주장하면서 적응의 법칙을 강조하였다.
㉤ 범죄예방의 가장 좋은 방법의 하나는 잔혹한 형의 집행보다 확실하고 예외 없는 처벌이다.
㉥ 사형집행으로 죽는 죄수보다 감옥 내 질병으로 죽는 죄수가 많다는 것은 곤란한 일이다.
㉦ 근대범죄학의 아버지로 불리며 생래적 범죄인설을 주장하였다.
㉧ 잔혹한 누범자에 대하여 사형을 인정하였다.

① 베카리아(Beccaria) – 범죄와 형벌 – ㉡, ㉢, ㉤
② 하워드(Howard) – 감옥의 상태 – ㉠, ㉢, ㉥
③ 가로팔로(Garofalo) – 범죄사회학 – ㉡, ㉣, ㉥
④ 롬브로소(Lombroso) – 범죄인론 – ㉢, ㉦, ㉧

해설

② 하워드는 자신의 저서 「감옥의 상태」를 통해 ㉠·㉢·㉥을 주장하였다. ㉡은 베카리아, ㉣은 가로팔로, ㉤은 베카리아, ㉦·㉧은 롬브로소의 주장내용이다.

정답: ②

092 **고전학파의 형법이론에 대한 비판으로 옳지 않은 것은?**

① 범죄대책을 형벌을 통한 고통의 부과라고 지나치게 단순화하였다.
② 인간행위의 동기를 지나치게 단순하게 파악하였다.
③ 신속하고 확실한 처벌이 범죄를 억제한다는 주장에 대한 경험적 연구를 등한시하였다.
④ 관념론적 입장에서 처우를 통한 범죄인의 개선가능성을 과신하였다.

해설

④ 고전주의학파는 처우를 통한 범죄인의 개선보다는 보다 신속하고 확실한 처벌이 범죄예방에 효과적이라고 보았다. 처우를 통한 범죄인의 개선은 실증주의학파의 사상적 기초이다.

〈고전주의학파의 평가〉

공헌	• 인본주의를 바탕으로 합목적적인 형사사법제도의 토대를 구축 • 범죄행위를 신의 영역에서 현실세계로 전환시켜 과학적 범죄학의 출발을 가능하게 함 • 일반예방주의 개념을 제공 • 처벌의 자의성과 가혹성을 비판하고 처벌의 형평성을 중시
비판	• 범죄의 외부적 영향에 대한 고려가 미흡 • 범죄원인에 대한 사실적 탐구가 부족했으며, 이론 자체가 다분히 사변적이고 비현실적 • 형사사법행정의 능률성만 강조할 뿐 개별화된 형사사법정의 구현에는 소홀 • 판사의 자유재량과 부정기형을 제한하는 형벌규정은 판사를 형사사법행정의 도구로 전락시킴 • 인간행위의 동기를 지나치게 단순하게 파악 • 신속하고 확실한 처벌이 범죄를 억제한다는 주장에 대한 경험적 연구의 부족

정답: ④

093 **다음 중 벤담과 관계없는 것은?**

① 최대다수의 최대행복　　② 심리강제설
③ 파놉티콘형 교도소　　④ 공리주의

해설

심리강제설은 포이어바흐가 주장한 것이다.

정답: ②

★중요★
094 **다음 중 벤담(Bentham)과 관계없는 것은?**

① 형벌의 목적은 오로지 범죄인의 교화개선에 있다.
② 형벌기준으로 관대성기준, 우등처우기준, 경제성기준을 제시하였다.
③ 파놉티콘 감옥의 건설에 공헌하였다.
④ '최대다수의 최대행복'이라는 말을 창안하였다.

해설

파놉티콘 감옥은 구상되는 데에 그쳤고 실제 건설되지는 못하였다.

정답: ③

095 「범죄와 형벌」이라는 저서에서 형벌의 엄중성, 확실성, 신속성을 통해 범죄를 억제할 수 있다고 주장한 학자는?

① 머튼
② 사이크스와 맛차
③ 허쉬
④ 베카리아

해설

범죄억제의 세 요소로 엄중성·확실성·신속성을 주장한 학자는 베카리아(Beccaria)이다. 정답: ④

096 다음 중 범죄인류학파(이탈리아 실증주의학파)에 대한 설명으로 가장 옳지 않은 것은? 해경간부 2023

① 롬브로소(Lombroso)는 자유의지에 따라 이성적으로 행동하는 인간을 전제로 하여 범죄의 원인을 자연과학적 방법으로 분석하였다.
② 페리(Ferri)는 범죄포화의 법칙을 주장하였으며 사회적·경제적·정치적 요소도 범죄의 원인이라고 주장하였다.
③ 가로팔로(Garofalo)는 범죄의 원인으로 심리적 측면을 중시하여 이타적 정서가 미발달한 사람일수록 범죄를 저지르는 경향이 있다고 하였다.
④ 생래적 범죄인에 대한 대책으로 롬브로소(Lombroso)는 사형을 찬성하였지만 페리(Ferri)는 사형을 반대하였다.

해설

① 실증주의학파는 자연과학적 방법을 도입하여 범죄원인을 실증적으로 분석하였다. 자유의지에 따라 이성적으로 행동하는 인간을 전제로 한 것은 고전주의학파이다. 정답: ①

097 실증주의 범죄학파에 관한 설명으로 가장 적절하지 않은 것은? 경행경채 2022

① 범죄행위보다는 범죄자 개인에게 중점을 두어 범죄요인을 제거하는 것이 범죄통제에 효과적이라고 보았다.
② 야만적인 형사사법제도를 개편하여 효율적인 범죄예방을 위한 형벌제도 개혁에 힘썼다.
③ 범죄의 원인규명과 해결을 위해서 과학적 연구방법의 중요성을 강조하였다.
④ 학문적 지식은 이상 또는 신념에 의해 습득되는 것이 아니라, 직접적인 관찰을 통해서 얻어진다고 보았다.

해설

② 과거의 야만적인 형사사법제도를 개편하여 효율적인 범죄예방을 위한 형벌제도 개혁에 힘쓴 것은 고전주의 범죄학파이다. 고전학파는 합리적인 형사사법제도를 통해 범죄자의 형벌로 인한 고통이 범죄로 인한 이익보다 크도록 하였을 때 범죄행위들이 억제될 수 있다고 보고, 범죄에 상응하는 일

정한 형벌이 존재하고 엄중하게 집행된다면 범죄가 예방될 수 있다는 형이상학적 관념으로 법과 제도의 개혁에 관심을 기울였다. 정답: ②

098 **범죄원인론 중 고전학파에 대한 설명으로 가장 적절하지 않은 것은?** 경찰간부 2023

① 고전학파는 범죄의 원인보다 형벌제도의 개혁에 더 많은 관심을 기울였다.
② 고전주의 범죄학은 계몽주의 시대사조 속에서 중세 형사사법 시스템을 비판하며 태동하였고, 근대 형사사법 개혁의 근간이 되는 이론적 토대를 제공하였다.
③ 고전주의 범죄학은 범죄를 설명함에 있어 인간이 자유의지(free－will)에 입각한 합리적 존재라는 기본가정을 바탕으로 한다.
④ 고전주의 범죄학은 처벌이 아닌 개별적 처우를 통한 교화개선을 가장 효과적인 범죄예방 대책으로 본다.

해설

④ 설문은 실증주의학파에 대한 설명이다. 고전주의학파는 범죄를 효과적으로 제지하기 위해서는 처벌이 엄격·확실하고, 집행이 신속해야 하며, 효과적인 범죄예방은 형벌을 통해 사람들이 범죄를 포기하게 만드는 것이라고 주장하였다. 정답: ④

099 **신고전주의 범죄학에 대한 다음 설명 중 그 내용이 가장 적절하지 않은 것은?** 경찰간부 2023

① 합리적 선택이론(Rational Choice Theory)은 사람들이 이윤을 극대화하고 손실을 최소화하기 위한 결정을 한다는 경제학의 기대효용원리에 기초하고 있다.
② 합리적 선택이론에 따르면, 범죄자는 범행 여부에 대한 의사결정을 함에 있어 처벌의 가능성과 강도뿐 아니라 다양한 개인적, 상황적 요인을 포괄적으로 고려한다.
③ 일상활동이론(Routine Activity Theory)은 범죄발생의 3요소 중 가해자의 범행동기를 가장 중요한 요소로 제시한다.
④ 신고전주의 범죄학의 등장은 실증주의 범죄학 및 관련 정책의 효과에 대한 비판적 시각과 관련이 있다.

해설

③ 일상생활이론은 범행의 조건에 관한 이론으로, 범행을 촉발하는 요인으로서 범행을 동기화한 사람, 적절한 범행대상, 범행을 막을 수 있는 사람의 부존재를 들고 있으며, 이 범죄의 세 가지 요소 중 적절한 범행대상, 범행을 막을 수 있는 사람의 부존재가 중요하다고 본다.
① 클라크(Clarke)와 코니쉬(Cornish)의 합리적 선택이론은 경제이론에서의 기대효용법칙을 범죄학에 적용한 이론으로, 인간은 범죄로 인해 얻게 될 효용과 손실의 크기를 비교하여 범행 여부를 결정한다고 본다. 이는 고전주의 범죄학에서 이해하는 인간본성에 대한 가정과 일치한다.

② 합리적 선택이론에 따르면, 범행의 결정이나 중단은 처벌의 가능성과 강도는 물론, 일체의 범죄비용을 고려한 기대효과와 보상을 바탕으로 이루어진다. 범행결정은 돈의 필요, 스릴, 복수 등 개인적 요인 및 범행대상의 보호수준과 경찰활동 등 상황적 요인을 모두 고려하며, 사회적 관계나 개인의 특성, 능력 및 환경요인의 영향을 받는다.

④ 실증주의 범죄학은 범죄의 원인을 생물학적·심리학적·사회학적 요인에 기반하여 설명하고, 이를 바탕으로 범죄자 교화와 치료를 주장하며, 경제적 기회와 사회복지에 집중하는 다수의 범죄예방정책을 펼쳤으나, 이 시기의 범죄율은 지속적으로 증가하였고, 결국 그에 대한 비판으로 신고전주의 범죄학이 등장하였다.

정답: ③

★중요★

100 다음 학자와 그의 주장이 바르게 연결된 것은?

① 리스트(Liszt) – 죄는 범죄인을 제외한 모든 사람에게 있다.
② 케틀레(Quetelet) – 사회환경은 범죄의 배양기이며, 범죄자는 미생물에 해당할 뿐이므로 벌해야 할 것은 범죄자가 아니라 사회이다.
③ 타르드(Tarde) – 모든 사회현상이 모방이듯이 범죄행위도 모방으로 이루어진다.
④ 라카사뉴(Lacassagne) – 사회는 범죄를 예비하고, 범죄자는 그것을 실천하는 도구에 불과하다.

해설

① 따르드(Tarde), ② 라카사뉴(Lacassagne), ④ 케틀레(Quetelet)

정답: ③

★중요★

101 범죄와 일탈에 관한 설명으로 적절하지 않은 것은?

① 일탈행위는 사회적 규범에서 벗어난 행위이다.
② 일탈행위가 모두 범죄인 것은 아니다.
③ 어느 사회에서 일탈행위는 다른 사회에서도 일탈행위이다.
④ 형식적 의미의 범죄는 실정법을 위반한 행위다.

해설

각각의 문화와 전통 등에 따라 일탈에 대한 인식이 다를 수 있다(일부일처제도와 일부다처제도).

정답: ③

★중요★
102 일탈(deviance)에 관한 설명 중 가장 옳지 않은 것은?

① 일탈은 가치중립적 개념이므로 일탈이라고 하여 모두 형식적 의미의 범죄가 되는 것은 아니다. 다만 형식적 의미의 범죄는 모두 일탈행위에 해당한다.
② 일탈과 실질적 범죄는 사회학적 개념이라는 공통점이 있으나 일탈과 실질적 범죄가 동일한 개념은 아니다.
③ 일탈이란 일반적으로 승인된 보편적 행동방식을 전제로 하므로 행위자의 수를 배제하면 존재기반을 상실하는 상대적 개념이다.
④ 일탈과 형식적 의미의 범죄의 경계에서 비범죄화의 논의가 시작될 수 있다.

해설

① 미국에서 금주법이 시행되던 시기의 금주행위나 우리나라에서 도로교통법상의 규정속도 위반행위, 가벼운 도박행위 등과 같이 범죄이면서도 일탈에는 해당하지 않는 행위들도 존재한다. 정답: ①

103 범죄와 구별되는 개념으로서 일탈(deviance)에 대한 설명으로 적절하지 않은 것은?

① 특정사회의 집단적 사회규범이나 행동규칙에 위반된 행위라고 정의할 수 있다.
② 비범죄화 정책을 수립할 때 중요한 판단척도가 된다.
③ 낙인이론은 일탈을 정의할 때 규범위반 여부보다 사회적 반응을 중시한다.
④ 법규범은 사회규범의 일부에 불과하므로 일탈이 항상 범죄가 되지는 않는다.

해설

② 일탈(deviance)은 비공식적인 사회적 규범·규칙을 위반한 행위를 의미한다. 어떤 행위는 일탈행위이긴 하나 합법적일 수 있고, 어떤 행위는 범법적이긴 하나 사회대다수에 의해 일탈행위로 간주되지 않을 수도 있다. 다만, 비범죄화 정책을 수립할 때 중요한 판단척도가 되는 것은 일탈이 아니라 범죄이다. 정답: ②

104 범죄와 일탈에 관한 설명으로 옳지 않은 것은 모두 몇 개인가?

㉠ 실질적 의미의 범죄는 범죄의 실질을 가지는 반사회적 행위이다.
㉡ 형식적 의미의 범죄는 「형법」상 범죄구성요건으로 규정된 행위이다.
㉢ 범죄에 관한 규정은 시간과 공간에 따라 변할 수 있다.
㉣ 일탈의 범주 안에 범죄가 포함되지만, 범죄의 범주 안에 일탈은 포함되지 않는다.
㉤ 일탈행위는 사회적 규범에서 벗어난 행위이다.
㉥ 일탈행위가 모두 범죄인 것은 아니다.
㉦ 한 사회에서 일탈행위는 다른 사회에서도 일탈행위이다.

① 0개 ② 1개 ③ 2개 ④ 3개

해설

× : ㉣ 일탈행위는 비공식적인 사회적 규범·규칙을 위반한 행위를 의미한다. 어떤 행위는 일탈행위이긴 하나 합법적일 수 있고, 어떤 행위는 범법적이긴 하나 사회대다수에 의해 일탈행위로 간주되지 않을 수도 있다. 따라서 모든 범죄가 일탈행위인 것은 아니고, 모든 일탈행위가 범죄인 것도 아니다.

㉦ 어떤 한 행위가 어떤 한 사회에서는 일탈행위일 수 있으나, 다른 사회에서는 일탈행위가 아닐 수도 있다.

○ : ㉠, ㉡, ㉢, ㉤, ㉥ 정답: ③

★중요★

105 범죄에 대한 비교문화적 접근에 해당하는 것은?

① 서덜랜드(Sutherland)는 법률적 정의의 범주를 넓혀서 다양한 반사회적 행위에 까지 관심을 기울일 것을 주장하였다.
② 셀린(Sellin)에 의하면, 모든 집단은 행위규범이라고 일컬어지는 자신의 행위기준을 가지고 있으나 이 기준이 반드시 법으로 규정되는 것은 아니라고 주장한다.
③ 윌킨스(Wilkins)는 특정 사회에서 일어나는 다양한 행위의 발생빈도에 초점을 맞추어 발생빈도가 높은 것은 정상이며 발생빈도가 낮은 것은 일탈적인 것으로 보고 있다.
④ 베커(Becker)에 의하면, 일탈자란 일탈이라는 낙인이 성공적으로 부착된 사람이며, 일탈행위는 사람들이 그렇게 낙인찍은 행위라는 것이다.

해설

② 비교문화적 접근, ① 사회법률적 접근, ③ 통계적 접근, ④ 낙인적 접근 정답: ②

106 다음 중 범죄의 부정적 효과로 거리가 먼 것은?

① 사회질서의 붕괴현상을 초래한다.
② 사회생활을 유지하는 데 필요한 사람들 간의 신뢰감을 저하시킨다.
③ 범죄행위가 증가하면 법을 준수하고자 하는 동기 또는 의지를 약화시킨다.
④ 사회현상이나 사회조직의 모순을 알 수 없게 만든다.

해설

사회현상이나 사회조직의 모순을 미리 알려준다. 정답: ④

107 범죄학 연구에 있어서 처음으로 계량적 기술을 도입한 학자는?

① 벤담
② 케틀레
③ 리스트
④ 가로팔로

해설

벨기에의 수학자이자 사회학자였던 케틀레는 통계학적 방법이 범죄의 연구에 적용될 수 있음을 알고 처음으로 범죄학 연구에 있어서 계량적 기술을 도입하였다.

정답: ②

108 실증주의 범죄학이론에 관한 설명으로 옳지 않은 것은?

① 범죄발생의 원인을 과학적으로 연구하였다.
② 범죄의 유발원인에 대해 관심을 가졌다.
③ 범죄의 심각성에 비례한 처벌을 강조하였다.
④ 롬브로소(Lombroso)의 생래적 범죄자이론은 실증주의의 대표적 이론이다.

해설

범죄의 심각성에 비례한 처벌을 강조한 것은 고전주의학파 범죄학이론으로, 범죄통제는 범죄의 선택에 두려움을 갖도록 하는 것이 최상의 방법이고, 형벌을 가장 효과적인 범죄예방대책으로 보았다.

정답: ③

★중요★

109 범죄학의 연구방법에 관한 설명으로 옳지 않은 것은?

① 대량관찰은 정부에서 발간하는 공식범죄통계표를 분석하여 사회의 대량적 현상으로서의 범죄의 규모나 추이를 파악하는 방법이다.
② 표본조사는 범죄자의 일부를 표본으로 선정하여 조사하는 방법으로 필요한 자료를 동시에 수집할 수 있다는 장점이 있는 반면, 편중성 없는 표본선정이 쉽지 않다는 단점이 있다.
③ 추행조사는 실험집단과 비교하는 대조집단을 동일한 시간적 범위 내에서 상호 비교하는 방법으로 조사대상자들의 변화를 관찰할 수 있다는 장점이 있다.
④ 실험적 방법은 설정된 가설을 검증하기 위하여 제한된 조건하에서 반복적으로 이루어지는 관찰방법을 말하며, 보통 새로운 형사제도의 효율성을 미리 점검하는 데 많이 이용된다.

해설

③ 추행조사는 실험집단과 대조집단을 동일한 시간적 범위 내에서 상호 비교하는 것이 아니라, 일정 시점과 일정한 시간이 경과한 다음 시점 간의 추적적인 비교를 하는 방법을 말한다.

정답: ③

110 범죄통계표 분석에 관한 설명으로 가장 적절하지 않은 것은?

① 범죄통계표 분석은 케틀레(A. Quetelet)에 의해 고안되고 사용되기 시작하였다.
② 특정 시점의 범죄발생 동향을 파악하는 데 유용하다.
③ 범죄학적 연구를 위한 통계가 아니라는 점에서 사회과학적 연구를 위한 자료로는 한계가 있다.
④ 오늘날 세계적으로 가장 많이 활용되고 있는 범죄분석방법이다.

해설

② 범죄통계표는 통상 일년 단위로 작성되므로 특정 시점의 범죄발생 동향이라기보다는 일정 기간의 범죄발생 동향을 파악하는 데 유용하다.
정답: ②

111 **암수범죄(숨은범죄)에 대한 설명으로 옳지 않은 것은?**

① 수사기관에 의하여 인지되었으나 해결되지 않은 경우를 상대적 암수범죄라고 한다.
② 케틀레(Quetelet)의 정비례 법칙에 의하면, 공식적 범죄통계상의 범죄현상이 실제 범죄현상을 징표한다고 보기는 어렵다.
③ 피해자가 특정되지 않거나 간접적 피해자만 존재하는 경우, 암수범죄가 발생하기 쉽다.
④ 낙인이론이나 비판범죄학에 의하면 범죄화의 차별적 선별성을 암수범죄의 원인으로 설명한다.

해설

② 케틀레의 정비례 법칙에 의하면, 공식적 범죄통계상의 범죄현상은 실제 범죄현상을 징표하거나 대표한다.
정답: ②

112 **암수범죄에 대한 설명으로 옳지 않은 것은?** 보호7급 2024

① 절대적 암수범죄는 실제로 발생하였으나 수사기관이 인지하지 못하여 범죄통계에 반영되지 못한 범죄를 말한다.
② 상대적 암수범죄의 발생은 수사기관의 검거율과 채증력의 정도뿐만 아니라 법집행과정에서 경찰, 검찰, 법관 등의 개인적 편견에 따른 차별적 취급과도 관련이 있다.
③ 수사기관에 의해서 인지는 되었으나 해결되지 않은 범죄는 암수범죄 개념에서 제외된다.
④ 암수범죄의 조사방법으로 활용되는 피해자조사는 실제 범죄의 피해자가 범죄의 피해경험을 보고하게 하는 것을 말한다.

해설

③ 수사기관에 의해서 인지는 되었으나 해결되지 않은 범죄는 상대적 암수범죄이다.

절대적 암수범죄	실제로 범죄가 발생하였으나 인지하지 못한 범죄 예 매춘, 낙태, 도박, 마약 등
상대적 암수범죄	인지하였으나 해결되지 않아 범죄통계에 반영되지 못한 범죄

정답: ③

113 범죄측정에 대한 설명으로 옳은 것은? 보호7급 2023

① 참여관찰연구는 조사자의 주관적 편견이 개입할 수 있고, 시간과 비용이 많이 들며, 연구결과의 일반화가 어렵다.

② 인구대비 범죄발생건수를 의미하는 범죄율(crime rate)은 각 범죄의 가치를 서로 다르게 평가한다.

③ 자기보고식 조사(self-report survey)는 경미한 범죄보다는 살인 등 중대한 범죄를 측정하는 데 사용된다.

④ 피해조사(victimization survey)는 개인적 보고에 기반하는 점에서 조사의 객관성과 정확성을 확보할 수 있다.

해설

② 범죄율은 인구 10만 명당 범죄발생건수를 나타내는데, 특정기간별 범죄발생건수를 비교할 수 있다는 점에서 매우 유용한 자료이다. 다만, 무거운 범죄와 상대적으로 가벼운 범죄가 동등한 범죄로 취급되어 통계화된다는 문제점이 있다.

③ 자기보고식 조사는 경미한 범죄의 실태파악은 가능하나, 처벌에 대한 두려움 등으로 인해 중대한 범죄의 실태파악은 곤란하다.

④ 피해조사는 실제 범죄피해자로 하여금 범죄피해 경험을 보고하게 하는 것으로, 가장 많이 사용된다. 다만, 범죄피해자의 기억에만 의존하게 되므로, 객관적이고 정확한 자료수집이 곤란하다.

정답: ①

★중요★
114 범죄학의 연구방법 중 대량관찰(통계적 관찰)에 관한 설명으로 옳지 않은 것은?

① 범죄자의 외형적 분석이 주류를 이룬다.

② 일정기간의 범죄발생 동향 및 특성의 파악에 용이하다.

③ 범죄의 양적 파악은 물론 질적 파악에도 유리하다.

④ 범죄와 범죄인 사이의 인과적 연결고리를 해명하는 데 한계가 있다.

해설

③ 대량관찰은 범죄를 양적으로 파악하므로 질적 파악에는 한계가 있다는 단점이 있다.

〈대량관찰의 장단점〉

장점	단점
• 범죄자의 외형적·1회적 분석으로 범죄 당시의 상황파악에 유리 • 일정 기간의 범죄발생 동향 및 특성 파악에 유용 • 범죄발생의 계절적·시간적 상황파악에 유리	• 형사사법기관의 독자적 목적을 우선하여 작성된 것이므로 사회과학적 연구자료로는 미흡 • 양적 파악이므로 범죄자의 개인적 특성 파악에 한계 • 범죄통계표에 드러나지 않는 암수범죄 존재 • 범죄와 범죄인 사이의 인과적 연결고리 해명에 한계

정답: ③

115 범죄학 연구방법 중 질적 연구에 관한 설명으로 가장 적절하지 않은 것은? 경행2차 2024

① 사회현상에 대한 심층적 이해가 가능하다.
② 사회현상을 주관적으로 분석한다.
③ 사회현상의 인과관계를 밝혀 법칙을 발견하고 인간행동의 예측이 가능하다.
④ 소규모 분석에 유리하고 자료분석에 시간이 많이 소요된다.

해설

③ 양적 연구에 관한 설명이다. 양적 연구는 객관적이고, 인과관계를 바탕으로 자료를 개량화하며, 공식통계를 이용한 연구나 설문조사가 대표적이다. 질적 연구는 소규모로 진행하다 보니 일반화(객관화)가 어려운 단점이 있으나, 사회현상에 대한 심층적 이해가 가능하다. 정답: ③

116 다음 중 범죄통계와 거리가 먼 것은?

① 공식범죄통계를 생산하는 대표적인 기관은 경찰, 검찰, 법원 및 법무연수원 등이다.
② 공식범죄통계는 범죄율과 범죄자의 특성 연구에 이용된다.
③ 일반적으로 범죄율은 인구 10만명당 범죄발생건수를 의미한다.
④ 공식범죄통계 작성 시에는 자기보고식 조사나 피해자조사의 방법이 이용된다.

해설

④ 자기보고식 조사나 피해자조사는 암수범죄의 조사방법으로 이는 공식적인 범죄통계에 나타나지 않는 범죄행위를 파악하는 데 활용된다. 따라서 공식범죄통계 작성에 이용되는 것이라는 표현은 옳지 않다. 정답: ④

★중요★
117 범죄학 연구방법에 관한 설명으로 옳지 않은 것은?

① 자기보고식조사는 경미한 범죄를 조사하는데 비교적 유용하다.
② 참여관찰방법은 조사자가 참여관찰할 수 있는 범죄유형이 제한적이다.
③ 설문조사는 대규모의 표본에 사용하기 적합하고 연구결과를 일반화하기 쉽다.
④ 피해자조사는 과대 또는 과소 보고의 우려가 없어 암수범죄를 파악하기 쉽다.

해설

범죄피해자조사는 범죄의 실태와 피해자의 특성을 정확하게 파악하고 예방대책의 평가로 활용될 수 있고 또한 공식범죄통계에서 누락된 범죄가 피해자조사에서는 포함될 수 있으므로 암수범죄를 해결하는데 효과적일 수 있으나 사건에 대한 피해자의 잘못된 해석으로 과소·과대보고가 될 수 있으며 기억력의 한계로 범죄피해경험을 제대로 기억할 수 없다는 단점이 있다. 정답: ④

118 **「범죄분석」과 같이 국가기관에서 매년 발행하는 공식통계자료의 특성으로 볼 수 없는 것은?**

① 암수(숨은)범죄를 잘 반영하지 못한다.
② 형사사법기관의 활동에 의해 영향을 받는다.
③ 범죄피해의 구체적 상황과 개인의 특성을 잘 파악할 수 있다.
④ 지역별 범죄발생을 비교할 수 있다.

해설

③ 「범죄분석」은 대검찰청에서 매년 발행하는 공식통계자료를 말한다. 국가기관에서 매년 발행하는데 형사사법기관의 독자적인 목적을 우선시하여 작성되므로 범죄를 양적으로 파악하는 데에는 유용하나, 질적인 파악, 즉 범죄피해의 구체적 상황이나 범죄자의 개인적 특성 등을 파악하는 데에는 한계가 있다.

정답: ③

119 **범죄학의 연구방법 중 암수범죄가 발생될 여지가 가장 많은 것은?**

① 대량관찰
② 표본조사
③ 추행조사
④ 참여적 관찰법

해설

① 암수범죄란 실제로 범죄가 발생하였으나 수사기관에 인지되지 않았거나, 인지되었더라도 해결되지 않아 공식적인 범죄통계에 나타나지 않는 범죄행위의 총체를 말하는데, 대량관찰에 의한 연구는 범죄통계표에 나타나는 범죄만을 연구대상으로 하므로 암수범죄가 발생될 여지가 가장 많다.

정답: ①

120 **범죄학의 연구방법에 대한 다음 설명 중 가장 적절하지 않은 것은?** 경찰간부 2023

① 설문조사를 통한 연구는 두 변수 사이의 관계를 넘어서는 다변량 관계를 살펴볼 수 있다는 장점이 있다.
② 양적 연구는 질적 연구에 비해 연구결과의 외적 타당성을 확보하기 어렵다는 단점이 있다.
③ 실험연구는 연구자가 필요한 조건을 통제함으로써 내적 타당성을 확보하기에 용이하다.
④ 설문조사를 통한 연구는 부정확한 응답의 가능성에 대한 고려가 필요하다.

해설

② 통계자료 등 객관적인 자료를 바탕으로 결론을 도출하는 양적 연구는, 직접 관찰한 자료의 질을 바탕으로 결론을 도출하는 질적 연구에 비해 연구결과의 외적 타당성, 즉 일반화가 용이하다.
① 범죄통계를 이용하는 연구방법은 두 변수 사이의 이차원 관계 수준의 연구를 넘어서기 어렵지만, 설문조사를 통한 연구방법은 청소년비행 또는 암수범죄 등 공식통계로 파악하기 어려운 주제에 적합하며, 두 변수 사이의 관계를 넘어서는 다변량 관계를 연구할 수 있다는 장점이 있다.

③ 실험연구는 연구의 내적 타당성에 영향을 미치는 요인들을 통제하는 데 가장 유리한 연구방법으로, 연구자 자신이 실험조건 중 자극, 환경, 처우시간 등을 통제함으로써 스스로 관리가 가능하지만, 한정된 데이터의 한계에 의해 외적 타당성의 확보는 어려울 수 있다.
④ 설문조사, 즉 간접적 관찰은 기억의 불확실함과 사실의 축소 및 과장의 문제로 인한 행위자, 피해자, 정보제공자 등의 부정확한 응답의 가능성에 대한 고려가 필요하다. 정답: ②

121 범죄학 연구방법에 대한 설명으로 가장 적절한 것은? 경찰간부 2025

① 실험연구는 일정한 기간을 정하고, 이 기간 동안 연구대상 집단에 대한 시계열 분석을 하는 방법이다.
② 참여관찰은 연구자가 스스로 범죄집단에 들어가 범죄자의 일상을 관찰할 수 있다는 장점이 있지만, 연구의 객관화가 어렵고, 윤리문제가 제기될 수 있다.
③ 사례연구는 과거중심적 연구방법으로, 특정 범죄자의 성격, 성장과정, 범죄경력 등을 종합적으로 분석함으로써 연구결과의 일반화가 가능하다는 장점이 있다.
④ 문헌연구는 연구자가 설문 및 사례 등을 계량적으로 분석하는 방법으로, 연구결과의 신뢰성을 높일 수 있다는 장점이 있다.

해설

① 실험연구는 설정된 가정을 검증하기 위해 제한된 조건하에서 반복적으로 실행하는 관찰로, 집단의 등가성 확보, 사전·사후조사 및 실험집단과 통제집단이라는 세 가지 전제조건을 요한다. 즉, 실험집단과 통제집단에 대한 사전·사후검사로써 종속변수에 미치는 효과를 검증하는 것이다.
③ 한정된 개인을 대상으로 하므로 연구결과를 일반화하기가 어렵다.
④ 문헌의 신뢰도에 문제가 있으면 연구의 신빙성이 문제될 수 있다. 정답: ②

122 범죄자의 장기적인 범죄경력 연구에 가장 적합한 조사설계는? 해경간부 2024

① 횡단적 조사설계
② 반복횡단 조사설계
③ 패널 조사설계
④ 코호트 조사설계

해설

③ 패널 조사설계는 선별된 표본을 일정한 시간간격을 두고 중복적으로 관찰하여 인간생애를 종단적으로 연구하는 조사설계로, 범죄자의 장기적인 범죄경력 연구에 가장 적합하다. 정답: ③

123 범죄학 연구방법에 관한 설명으로 적절하지 않은 것은?

① 공식범죄통계는 암수범죄를 포함하지 않는다.
② 실험법은 일반적으로 설문지법보다 많은 수를 실험대상으로 한다.
③ 참여관찰은 연구자의 주관성과 윤리성 문제가 제기될 수 있다.
④ 사례연구는 질적으로 깊은 연구가 가능하다.

해설

설문조사연구에서는 유사한 특성을 공유하는 전체집단, 즉 모집단을 대표할 수 있는 제한된 수의 연구대상을 선택하는 과정인 표집이 통상적으로 이루어진다. 이러한 설문지법의 특성상 설문지조사연구는 실험연구방법보다 많은 수를 실험대상으로 할 수 있다.

정답: ②

124 범죄학의 연구방법에 관한 설명 중 타당하지 않는 것은?

① 개별사례연구는 정신의학, 생물학, 심리학, 사회학 등의 도움으로 범죄자 개인의 인격이나 환경적 측면을 조사하는 방법이다.
② 계열조사는 범죄의 종류, 수법, 연령, 범죄경력 또는 환경의 공통점 등을 구체적인 집단의 표본조사를 통해 유추하는 방법으로 알아내는 것이다.
③ 개별사례연구의 방법으로는 쌍생아연구, 가계연구 등의 방법이 있다.
④ 참여관찰은 연구자가 일정한 집단에 들어가 함께 활동하는 가운데 자료를 관찰·수집하는 방법이다.

해설

쌍생아연구, 가계연구는 집단조사의 방법이다.

정답: ③

125 범죄학의 연구방법에 관한 설명으로 가장 적절하지 않은 것은? 경행차 2023

① 피해자조사는 암수범죄를 파악하는 데 용이하다.
② 실험연구는 연구결과의 내적 타당성을 확보하기에 유용하다.
③ 사례연구는 특정한 범죄자의 생애를 연구하기에 유용하다.
④ 참여관찰은 연구자의 주관이 개입될 가능성이 낮다.

해설

[참여관찰]

- 연구자 스스로가 범죄·비행집단의 구성원과 똑같은 지위 및 자격을 가지고 들어가 그들과 똑같은 조건으로 생활하면서 범죄동기, 제반활동 상황, 인식태도, 동료 간 상호작용 등을 직접 관찰·기록하는 방법으로, 체포되지 않은 범죄자들의 일상을 관찰할 수 있는 장점이 있다.
- 여타 조사방법들이 행위자의 그 시점에서의 단면만을 살펴보는 데 반해, 참여관찰은 연구자가 연구

대상을 실시간으로 직접 관찰하므로, 그 배경이나 지속활동 등 생생한 정보를 얻을 수 있다.

- 연구자가 실제로 범죄행위를 저지르는 윤리적 문제가 발생할 위험이 있고, 연구자의 윤리성 문제가 제기될 수 있다.
- 객관적 관찰방법의 적용이 어렵고, 주관적 편견이 개입되어 사실이 왜곡될 소지가 많다.

정답: ④

★중요★

126 범죄학의 연구방법에 대한 설명으로 옳지 않은 것은?

① 공식범죄통계는 범죄현상을 분석하는 데 기본적인 수단으로 활용되고 있으며, 다양한 숨은범죄를 포함한 객관적인 범죄상황을 정확히 나타내는 장점이 있다.
② (준)실험적 연구는 새로 도입한 형사사법제도의 효과를 검증하는 데 유용하게 활용된다.
③ 표본조사방법은 특정한 범죄자 모집단의 일부를 표본으로 선정하여 그들에 대한 조사결과를 그 표본이 추출된 모집단에 유추적용하는 방법이다.
④ 추행조사방법은 일정한 범죄자 또는 비범죄자들에 대해 시간적 간격을 두고 추적·조사하여 그들의 특성과 사회적 조건의 변화를 관찰함으로써 범죄와의 상호 연결관계를 파악할 수 있다.

해설

① 공식범죄통계란 정부에서 발간하는 공식적인 범죄통계표를 통하여 사회의 대량적 현상으로서 범죄의 규모나 추이를 파악하는 조사방법을 말하는데, 이 연구방법은 수사기관이 인지한 사건만을 산술적으로 집계하는 결과 범죄통계표에 드러나지 않는 숨은 범죄, 즉 암수범죄를 파악하는 데 한계가 있다는 단점이 있다.

정답: ①

★중요★

127 형사정책학의 연구방법 중 참여적 관찰법에 관한 설명으로 옳지 않은 것은?

① 연구자가 직접 범죄자들과 생활하면서 그들과 같은 조건에서 범죄성의 원인이나 기질을 조사하는 방법이다.
② 서덜랜드(S.H. Sutherland)는 "범죄자에 대한 가장 생생한 자료를 수집하는 최선의 방법"이라고 평가하였다.
③ 범죄통계에 의한 방법보다 타당성 면에서 우수하다.
④ 관찰의 범위가 넓고 연구자의 주관적인 편견이 개입될 소지가 없어 범죄자의 전체적 파악이 용이하다.

해설

④ 참여적 관찰법은 관찰의 대상이 한정되고 연구자의 주관적인 편견이 개입될 여지가 많아 범죄자의 전체적 파악이 곤란하다는 단점이 있다.

〈참여적 관찰법의 장단점〉

장점	단점
• 범죄인의 생생한 실증자료 채취에 유리 • 일탈자의 일상생활을 자연스럽게 관찰 가능 • 다른 방법보다 비교적 타당성이 높음	• 연구자 스스로 범죄에 가담하므로 처벌문제 대두 • 연구자의 주관적 편견 개입 • 피관찰자들의 인격상태에 관한 객관적인 관찰이 불가능 • 관찰대상이 한정되어 다양한 범죄인의 전체적 파악 곤란 • 조사방법의 성격상 많은 시간이 소요

정답: ④

128 범죄학의 연구방법에 관한 설명 중 틀린 것만을 묶은 것은?

㉠ 표본조사는 범죄자의 외형적·1회적 분석으로 범죄 당시의 상황을 파악하는 데 유용하다.
㉡ 범죄통계표 분석은 실험집단과 대조집단 간의 차이를 쉽게 파악할 수 있다.
㉢ 추행조사가 수평적 비교방법이라면, 표본조사는 수직적 비교방법이라고 할 수 있다.
㉣ 사례연구는 연구자가 범죄에 가담해야 하므로 법적 문제와 윤리적 문제가 야기될 수 있다.

① ㉠, ㉡　② ㉠, ㉡, ㉣　③ ㉠, ㉢, ㉣　④ ㉠, ㉡, ㉢, ㉣

해설

× : ㉠은 범죄통계표분석에 관한 설명이다. ㉡은 표본조사에 관한 설명이다. ㉢ 추행조사가 수직적 비교방법이라면, 표본조사는 수평적 비교방법이라고 할 수 있다. ㉣은 참여적 관찰법에 관한 설명이다.

○ : 없음

정답: ④

★중요★

129 범죄학 연구 중 종단적 연구방법이 아닌 것은?

① 패널연구　② 추세연구
③ 코호트연구　④ 실태연구

해설

종단적 연구방법은 여러 시간에 걸쳐 조사를 하는 것으로, 현상의 변화를 측정하여 분석하고자 할 때 사용한다.

【종단적 연구방법의 종류】

- 패널연구 : 동일한 조사대상자를 동일한 조사항목을 중심으로 특정 시점마다 반복하여 조사하는 연구이다.
- 추세연구 : 일정한 기간 동안 전체 모집단 내의 변화를 연구하는 방법이며, 광범위한 연구대상의 특정 속성을 여러 시기에 관찰하여 그 결과를 비교하는 것이다.
- 코호트연구 : 유사한 경험을 공유하는 집단을 반복조사하며, 조사시점에 따라 응답자를 서로 다르게 하여 조사한다.

정답: ④

★중요★
130 범죄학의 연구방법에 관한 설명 중 옳은 것은?

① 표본집단조사는 일반적으로 범죄인군에 해당하는 실험집단과 정상인군에 해당하는 대조집단을 선정하여 양 집단을 비교하는 방법을 취한다.
② 경험과학적 연구에서 실험은 가장 효과적인 방법 중의 하나이지만, 암수범죄의 조사에서 실험적 방법은 금지된다.
③ 사례연구는 범죄와 범죄자에 대한 다각적인 분석결과를 집계한 것으로서 범죄현상에 대한 대량적 관찰을 가능하게 한다.
④ 참여적 관찰법에서는 조사가 대규모로 진행되기 때문에 연구결과를 일반화 할 수 있다.
⑤ 자원수형자로 교도소에 들어가 수형자와 함께 기거하면서 그들의 수형생활을 연구하는 것은 추행조사의 일례이다.

해설

② 암수범죄의 조사방법 중 인위적 관찰법은 의도적으로 범죄상황을 설정하여 관찰하는 방법이므로 암수범죄의 조사에서 실험적 방법이 금지된다는 표현은 옳지 않다. ③ 사례연구는 연구대상을 범죄자 개인으로 한정하는 결과 인적 범위가 협소하므로 범죄현상에 대한 대량적 관찰이 가능하다고 보기 어렵다. ④ 참여적 관찰법은 관찰의 대상이 한정되어 다양한 범죄인의 전체적 파악이 곤란하므로 그 결과를 일반화하기 어렵다. ⑤는 참여적 관찰법에 관한 설명이다. 정답: ①

131 범죄학과 범죄학의 연구방법에 관한 설명으로 가장 적절하지 않은 것은? 경행2차 2023

① 서덜랜드(Sutherland)와 크레시(Cressey)에 따르면 범죄학은 범죄에 대한 모든 지식체계로서 범죄의 원인과 법 위반에 대해 대응하는 과정에 관한 연구를 포함한다.
② 범죄학은 법학, 심리학, 사회학 등 다양한 학문과 연계되는 학제적인 학문이다.
③ 경험론적 범죄학 연구방법에는 표본집단조사, 설문조사연구, 통계자료분석, 실험연구 및 관찰연구가 포함된다.
④ 공식범죄통계를 통해 확인하기 어려운 암수를 직접 관찰하는 방법으로는 자기보고식 조사와 피해자 조사가 있다.

해설

④는 간접적 관찰에 대한 설명이다.

【암수조사방법】

- 직접적 관찰(자연적 관찰) : 조사자가 암수범죄를 직접 실증적으로 파악하는 방법으로, 참여적 관찰과 비참여적 관찰이 있다.
  - 참여적 관찰 : 범죄행위에 직접 가담하여 암수범죄를 관찰하는 것을 말한다.
  - 비참여적 관찰 : CCTV 등을 설치하여 암수범죄를 관찰하는 것을 말한다.
- 인위적 관찰(실험) : 인위적인 실험을 통해 암수범죄를 관찰하는 것을 말한다. 대표적인 예로 위장된 절도범과 관찰자를 보내 상점절도 발각위험성을 조사한 「블랑켄부르그(Blankenburg)의 실험」이 있다.
- 간접적 관찰(설문조사) : 피해자조사, 자기보고조사, 정보제공자조사 등이 있다. 정답: ④

★중요★
132 **울프강(Wolfgang)과 동료들이 수행한 필라델피아 코호트연구의 대표적인 결과로 옳은 것은?**

① 대부분의 범죄자는 청소년기에 비행경력이 없다.
② 연령과 범죄 사이의 관계는 발견되지 않는다.
③ 한 번 범죄를 저지른 사람들은 대부분 오랫동안 지속적으로 범죄를 저지른다.
④ 소수의 만성범죄자가 저지른 범죄가 전체 범죄의 대부분을 차지한다.

해설

코호트(cohort)연구는 유사성을 공유하는 집단을 시간의 흐름에 따라 관찰하는 연구방법으로, 범죄경력의 시작과 발달에 대한 정보를 수집하는 데 유용하며, 울프강과 동료들은 이 연구방법을 통해 소수의 만성범죄자가 저지른 범죄가 전체 범죄의 대부분을 차지한다는 연구결과를 보여주었다. 정답: ④

133 **다음 범죄연구 사례에서 활용된 연구방법에 관한 설명으로 가장 적절한 것은?**

경행경채 2022

> 범죄학자 甲은 1945년 출생자 중에서 10세부터 18세의 기간 동안 ㅇㅇ시에 거주한 청소년들을 조사하였고, 소수의 비행청소년들이 전체 소년범죄의 절반 이상을 집중적으로 저질렀으며 이들 중 약 45%의 청소년은 30세가 되었을 때 성인범죄자가 되었다고 주장하였다.

① 유사한 특성을 공유하는 집단을 시간의 흐름에 따라 추적하여 관찰하는 연구방법이다.
② 연구자가 집단의 활동에 참여함으로써 연구대상을 관찰하여 자료를 수집하는 연구방법이다.
③ 연구대상자로 하여금 자신의 비행이나 범죄행동 사실을 스스로 보고하게 하는 연구방법이다.
④ 연구자가 내적 타당성에 관련된 요인을 통제하기 용이한 연구방법이다.

해설

① 유사한 특성을 공유하는 집단을 시간의 흐름에 따라 추적하여 관찰하는 연구방법, 즉 설문의 내용은 '코호트연구'에 관한 설명이다. 울프강(Wolfgang)과 동료들의 필라델피아 코호트연구는 1945년 출생자 중에서 10세부터 18세의 기간 동안 필라델피아 시에 거주한 청소년들을 조사한 결과, 전반적으로 연령이 높아질수록 비행청소년의 비율도 증가했는데, 가장 비행을 많이 저지르는 연령은 16세였다. 그런데 이러한 비행청소년들의 46%는 한 번만 범죄에 가담한 것으로 나타났다. 또한 소수의 비행청소년들이 전체 범죄의 절반 이상을 집중적으로 저질렀는데, 이러한 청소년들의 약 45% 가량은 30세가 되었을 때 성인범죄자가 되는 것으로 밝혀졌다. 반면, 청소년기에 비행을 저지르지 않은 청소년들의 82%는 성인이 되어도 여전히 비범죄자군에 속했다.
② 참여적 관찰방법이다.
③ 연구대상자로 하여금 자신의 비행이나 범죄행동 사실을 스스로 보고하게 하는 연구방법은 암수범죄 조사방법 중 하나인 자기보고 조사방법이다.
④ 실험연구방법에 대한 설명이다. 내적 타당성이란 연구결과가 독립변수 때문에 발생한 것인지에 관한 것을 말한다. 정답: ①

134 **다음은 범죄학 연구방법에 관한 내용이다. 가장 적절한 것은?** 경찰간부 2024

> 가. 특정 지역에 거주하며 공통된 특성을 공유하고 있는 집단을 대상으로 상당 시간 동안 관찰하여 수행하는 것이다.
> 나. 대부분의 연구방법들은 시계열적 분석이 미흡하고, 범죄경력의 진전과정이나 범죄율 증감과정에 대한 분석이 간과되기 쉽다는 단점을 보완하기 위해 고안되었다.
> 다. 시간의 흐름에 따라 범죄율이 증감되는 과정의 관찰이 가능하다는 장점이 있으나, 대상자의 자료수집에 큰 비용과 시간이 소요된다.

① 코호트연구(Cohort Research) ② 참여관찰연구(Participant Observation)
③ 데이터 마이닝(Data Mining) ④ 실험연구(Experimental Study)

해설

① 코호트연구는 유사한 특성을 공유하는 집단을 시간의 흐름에 따라 추적하여 관찰하는 연구방법으로, 종단연구방법의 하나이다.
② 참여관찰연구는 질적 연구로, 연구자가 직접 범죄자집단에 들어가 함께 생활하면서 그들의 생활을 관찰하는 조사방법을 말하며, 타당성 확보에 유리하나 주관적이어서 일반화가 곤란하다.
③ 데이터 마이닝은 최신 연구기법으로, 대규모 데이터집합에서 패턴, 규칙, 통계적 구조 등의 유용한 정보를 발견하는 과정을 의미하며, 이를 위해 통계학, AI, 딥러닝 등의 기술과 알고리즘을 사용하여 데이터를 탐색하고 분석한다.
④ 실험연구는 설정된 가정을 검증하기 위해 제한된 조건하에서 반복적으로 이루어지는 관찰을 의미하며, 연구의 내적 타당성 확보에 유리하다. 정답: ①

★중요★
135 **다음과 관련된 연구방법은?**

> GIS(지리정보시스템) HotSpot(범죄다발지역) 범죄패턴분석

① 범죄지도 ② 현장조사 ③ 실험연구 ④ 범죄피해조사

해설

범죄지도는 지리정보시스템을 이용한 지리정보를 기초로 범죄다발구역 및 패턴별로 지도상에 표기한 것으로, 범죄의 공간적 분포를 시각적으로 나타내어 순찰활동의 기초자료로 활용된다. 정답: ①

★중요★
136 **다음의 공통점은?**

> 범죄분석 사법연감 범죄백서

① 공식통계 ② 범죄피해조사 ③ 자기보고식조사 ④ 패널조사

해설

공식범죄통계자료란 범죄에 관한 자료들을 분류 및 도표화시키고 분석한 것을 공식기관에서 매년 또는 정기적으로 출간한 자료이다.

【주요 공식범죄통계자료의 종류】

- 경찰청 : 경찰통계연보, 경찰백서, 범죄분석, 교통사고통계
- 대검찰청 : 범죄분석·검찰연감, 마약류범죄백서
- 법원행정처 : 사법연감
- 법무연수원 : 범죄백서
- 통계청 : 한국통계연감
- 국립과학수사연구소 : 국립과학수사연구소보

정답: ①

137 **다음 중 공식범죄통계에 대한 설명으로 가장 옳지 않은 것은?** 해경간부 2025

① 공식범죄를 대상으로 하기 때문에 암수범죄를 반영하기 어렵다.
② 우리나라의 범죄통계자료로 경찰청에서 발행하는 범죄백서가 있다.
③ 질적 분석보다 양적 분석을 위주로 하므로 개별사건의 비중이 무시될 가능성이 있다.
④ 경찰, 검찰, 법원 등 형사사법기관에 따라 공식범죄통계에 차이가 발생할 수 있다.

해설

② 범죄백서는 경찰청이 아닌 법무연수원의 범죄통계자료이다.

【우리나라에서 발간되는 대표적인 공식범죄통계자료】

- 경찰청 : 범죄통계
- 대검찰청 : 범죄분석
- 법무연수원 : 범죄백서
- 법원행정처 : 사법연감

정답: ②

138 **공식범죄통계에 대한 설명으로 가장 적절한 것은?** 경찰간부 2024

① 범죄율은 일정 기간(통상 1년) 동안 특정 지역에서 인구 1,000명당 발생한 범죄건수를 나타낸다.
② 총인구가 2022년 20만 명에서 2023년 15만 명으로 감소한 인구소멸지역인 A시에서 동 기간 범죄건수가 2,000건에서 1,000건으로 줄었다면 범죄율이 50% 감소한 것이다.
③ 우리나라의 공식범죄통계 중 경찰청 「범죄통계」와 검찰청 「범죄분석」의 범죄발생건수는 동일하다.
④ 우리나라 경찰의 검거율은 100%를 초과하여 달성되는 경우도 종종 발생한다.

해설

① 인구 10만 명당 범죄발생건수를 나타낸다.

② 2022년은 인구 10만 명당 1,000건, 2023년은 인구 10만 명당 666.6건(100,000×1,000÷150,000)으로, 33.36% 감소하였음을 알 수 있다. 다만, 이 문제는 계산문제라기보다 인구변화를 고려하는 범죄율은 50%에 미치지 못함이 핵심이다.
③ 경찰청의 「범죄통계」는 각 지역경찰서에서 입력한 범죄발생 현황을 집계한 전형적인 발생통계이고, 검찰청의 「범죄분석」은 경찰청의 「범죄통계」에 검찰이 인지한 사건을 더한 것으로, 이 역시 발생통계라고 할 수 있다.
④ 한 해에 일어난 사건의 범인이 한참 후에 검거되는 경우도 많으므로, 검거율은 100%가 넘을 수도 있다.

정답: ④

139 **범죄의 공간적 분포를 시각적으로 나타내어 순찰활동의 기초자료로 주로 활용하는 분석 방법은?**

① 코호트연구 ② 범죄지도 ③ 실험연구 ④ 범죄피해조사

해설

범죄의 분석방법 중 범죄지도는 범죄의 공간적 분포를 시각적으로 나타내어 순찰활동의 기초자료로 활용된다.

정답: ②

★중요★

140 **범죄학에서 현장 조사연구방법에 해당되지 않는 것은?**

① 실험연구 ② 민속방법론
③ 현지 사례연구 ④ 참여관찰법

해설

실험연구는 일정한 조건을 인위적으로 설정하고 그 속에서 발생하는 사실을 관찰함으로써 어떤 가설의 타당성을 검증하고 새로운 사실을 관찰하는 방법으로, 현장조사를 통해 여러 변인들의 관계를 파악하는 현장 조사연구방법에 해당되지 않는다.

정답: ①

141 **다음이 설명하는 범죄학의 연구방법은?**

> 특정 범죄자를 대상으로 그들의 성격, 성장배경, 삶의 경험, 사회생활 등의 생애과정을 분석함으로써 범죄행위의 위험요인을 연구하는 방법

① 실험연구 ② 사례연구
③ 문헌연구 ④ 피해자조사연구

해설

① 실험연구 : 일정한 조건을 인위적으로 설정하고 그 속에서 발생하는 사실을 관찰함으로써 어떤 가

설의 타당성을 검증하고 새로운 사실을 관찰하는 방법이다. 실험적 연구가 성공하기 위해서는 조사대상자의 선정, 통제집단과 비교집단의 구성, 실험조건이 필요하다.

③ 문헌연구 : 기존의 연구자들이 기록한 범죄관련 기록물이나 통계자료 등을 현재의 연구에 활용하는 방법이다. 범죄연구자들은 많은 정부기관, 연구기관 및 기타 관련기관들의 데이터 집적 자료들을 활용하기 때문에 보다 적은 비용과 시간만으로도 기존의 연구 성과를 폭넓게 파악할 수 있게 된다. 그러나 문헌의 신뢰성이 떨어질 경우 연구결과의 신뢰성도 함께 하락된다는 문제가 있다.

④ 피해자조사 : 범죄피해조사는 범죄의 피해자가 가해자보다 자신이 당한 범죄를 보고할 가능성이 더 높기 때문에 범죄 피해자의 특성을 파악하기가 보다 용이하고, 가해자가 보고하도록 기다리지 않고 직접 찾아 나선다는 점에서 정확한 범죄현상의 파악을 가능하게 하며, 전국적인 조사로 대표성 있는 자료를 수집할 수 있고, 피해원인의 규명을 통해 범죄예방을 위한 기초자료가 된다. 또한 공식범죄통계에서 누락된 범죄가 범죄피해자조사에서는 포함될 수 있으므로 암수범죄를 해결하는데 효과적이다. 정답: ②

★중요★

142 범죄학의 연구방법에 관한 설명으로 옳지 않은 것은?

① 가치중립적이고 윤리적인 방법을 택하여 다른 사람들이 신뢰할 수 있는 방법이어야 한다.
② 연구자료의 객관성을 담보하기 위하여 실험에 의한 자료수집이 일반적으로 행해진다.
③ 범죄통계의 방법은 널리 사용되는 방법이나 암수의 문제가 발생하는 문제점이 있다.
④ 참여관찰방법에 의하면 대규모 조사나 범죄통계 등에서 나타나지 않는 정확한 내용을 알아낼 수 있는 장점이 있다.

해설

실험적 방법은 그 대상이 주로 사물인 자연과학 분야에서 빈번하게 사용되지만, 범죄학 분야의 경우에는 그 주된 대상이 사람이라는 점을 감안할 때 윤리적 측면에서 한계가 있을 수 있다. 정답: ②

143 범죄이론과 범죄대책에 관한 설명으로 옳지 않은 것은?

① 고전학파는 일반예방을 강조한다.
② 실증주의는 과학적 접근을 강조한다.
③ 사회해체이론은 개별처우의 중요성을 강조한다.
④ 낙인이론은 사회내처우의 중요성을 강조한다.

해설

사회해체이론은 사회의 안정성이 약화되어 범죄나 비행이 증가한다는 이론으로, 이는 구성원의 변동이 있더라도 지속적으로 범죄가 일어날 수밖에 없다는 거시적 이론이기 때문에 개별처우와는 관련이 없다.
정답: ③

★중요★
144 다음 기술 중 옳지 않은 것은?

① 서덜랜드(Sutherland)는 범죄자는 원래부터 정상인과 다르기 때문에 범죄를 저지르는 것이 아니라, 타인들과 접촉하는 과정에서 범죄행위를 학습하기 때문에 범죄를 저지른다고 보았다.

② 허쉬(Hirschi)는 사람은 누구나 범죄를 저지를 가능성을 가지고 있으나 가족, 학교, 동료 등의 사회집단과 밀접한 유대를 맺고 있는 사람은 범죄를 저지를 가능성이 낮다고 보았다.

③ 폴락(Pollack)은 통계상 여성의 범죄율이 남성의 범죄율보다 현저히 낮은 이유는 여성이 범죄를 저지를 만한 상황에 이르면 남성이 여성을 대신하여 범죄를 저지르는 기사도 정신을 발휘하기 때문이라고 보았다.

④ 코헨(Cohen)과 펠손(Felson)의 일상생활이론 (Routine Activities Theory)에 의하면 범죄발생 여부는 범행 동기를 지닌 범죄자, 적절한 범행대상, 범행을 막을 수 있는 사람의 부존재라는 세 가지 변수에 의해 결정된다고 보았다.

해설

③ 폴락(Pollack)은 여성의 범죄율이 남성의 범죄율보다 현저히 낮은 원인 중 하나는 기사도정신이라고 보았는데, 여기에서 기사도정신이란 남성이 여성을 대신하여 죄를 저지르는 것이 아니라, 범죄행위에 대하여 남성의 여성에 대한 일반적 태도, 즉 경찰은 여성을 체포하기를 꺼려하고, 검찰은 여성을 기소하기를 꺼려하며, 재판관이나 배심원은 여성을 유죄로 하기를 꺼려하는 것 등을 의미한다.

〈암수범죄에 관한 학자들의 견해〉

학자	견해
서덜랜드 (Sutherland)	범죄와 비행에 대한 통계는 모든 사회통계 중 가장 신빙성이 없고 난해한 것이다.
엑스너 (Exner)	암수범죄의 정확한 이해는 곧 범죄통계의 급소이다.
래디노비츠 (Radxinowicz)	암수가 전체 범죄의 85%에 달하며, 특히 성범죄의 90% 이상이 암수범죄에 해당한다.
폴락 (Polak)	여성범죄의 가장 큰 특징은 은폐성이며, 현존하는 남녀범죄 간의 불평등을 야기하는 현저한 원인의 하나는 기사도 정신이다.
존스 (Jones)	암수라고 하는 성질은 그 규모를 바르게 알 수 없지만, 경찰에서 알고 있는 범죄의 약 4배 정도 될 것이다.
셀린 (Sellin)	통계상 표시되는 범죄는 형사사법절차의 각 단계가 진행됨에 따라 점점 줄어들며, 법집행기관의 개입이 가장 적은 경찰단계의 통계에서 암수가 가장 적게 나타난다.

정답: ③

145 암수범죄(숨은 범죄)에 관한 설명 중 옳지 않은 것은?

① 서덜랜드(E.T. Sutherland)는 암수범죄로 인하여 범죄와 비행에 대한 통계가 모든 사회통계 중에서 가장 신빙성이 없다고 하였다.
② 성매매, 도박, 약물범죄 등과 같은 범죄에서 암수범죄가 발생하기 쉽다.
③ 암수범죄는 범죄의 미인지, 범죄의 미신고, 수사기관의 재량적 사건처리 등으로 인하여 발생한다.
④ 범죄통계표를 근거로 암수범죄를 정확하게 파악할 수 있다.

해설

④ 암수범죄란 공식적인 범죄통계표에 나타나지 않는 범죄행위의 총체를 말한다.

〈암수범죄의 조사방법 분류〉

직접적 관찰	• 자연적 관찰	• 인위적 관찰
간접적 관찰	• 자기보고(행위자 조사) • 정보제공자 조사	• 피해자조사 • 형사사법기관 관계자의 조사

정답: ④

146 다음 중 암수범죄와 그 조사 방법에 대한 설명으로 가장 옳은 것은? 해경간부 2025

① 암수범죄의 직접적 관찰방법에는 범죄피해 조사, 정보제공자 조사가 있다.
② 암수범죄의 유형 중 절대적 암수범죄는 수사기관이 인지하였으나 해결되지 않은 범죄를 의미하는 것이다.
③ 자기보고식 조사(self－ report survey)는 응답자에게 자신의 범죄나 비행을 스스로 보고하도록 하는 조사방법이다.
④ 범죄피해 조사는 살인범죄, 경제범죄, 경미한 범죄피해 등에 대해서 정확한 조사를 하는 것이 가능하다는 장점이 있다.

해설

① 암수범죄의 간접적 관찰방법에는 범죄피해 조사, 정보제공자 조사가 있다.
② 암수범죄의 유형 중 상대적 암수범죄는 수사기관이 인지하였으나 해결되지 않은 범죄를 의미하는 것이다.

절대적 암수범죄	실제로 범죄가 발생하였으나 인지하지 못한 범죄 예 매춘, 낙태, 도박, 마약 등
상대적 암수범죄	인지하였으나 해결되지 않아 범죄통계에 반영되지 못한 범죄

④ 범죄피해자 조사는 살인범죄, 경제범죄, 경미한 범죄피해 등의 분석에는 도움이 되지 못한다는 단점이 있다.

【암수범죄 조사방법】

• 직접관찰 : 조사자가 직접 암수범죄를 파악하는 방법으로, 자연적 관찰(실제 발생하는 암수범죄 관찰로서 참여관찰과 비참여관찰)과 실험적 관찰(인위적인 실험으로 실증)이 있다.

- 간접관찰 : 주로 설문조사를 통해 진행되며 조사대상에 따라 구분
  - 자기보고식 조사 : 일정한 집단을 대상으로 개개인의 범죄 · 비행을 스스로 보고토록 하는 방법(=행위자 조사)

장점	대상자의 인격적 특성, 가치관, 태도, 환경 등을 동시에 조사하므로, 범죄원인에 대한 파악 가능
단점	• 대상자의 정직성·진실성 의문 : 조사의 타당성 문제 • 범죄유형 행위자의 대표성 의문 : 조사결과의 일반화 문제

  - 피해자 조사 : 실제 범죄피해자에게 피해경험을 보고토록 하는 방법

장점	범죄의 발생과정 파악이 가능하므로 범죄예방에 유용
단점	• 범죄유형에 따른 한계 : 전통적 범죄만 파악 가능 • 범죄 피해사실 왜곡문제 : 피해축소, 과장보고 등

※ 이외에도 정보제공자 조사(범죄·비행을 인지하고 있는 제3자에게 그 내용을 보고토록 하는 방법)를 피해자 조사의 보조수단으로 활용하고 있다.

정답: ③

147 암수범죄에 관한 내용으로 가장 적절하지 않은 것은? 경찰간부 2024

① 암수범죄란 실제로 범죄가 발생하였으나 공식적인 통계에는 나타나지 않은 범죄를 말한다.

② 절대적 암수범죄란 수사기관에 의하여 인지되었으나 해결되지 못하여 범죄통계에 반영되지 못한 범죄를 말한다.

③ 공식범죄통계가 갖는 암수범죄의 문제를 극복하기 위해 자기보고식 조사나 피해자 조사를 활용하기도 한다.

④ 서덜랜드(Sutherland)는 범죄와 비행에 대한 통계에는 암수가 존재하며, 암수는 가변적이므로 모든 사회통계 중에서 가장 신빙성이 없고 난해한 것이라고 하였다.

해설

②는 상대적 암수범죄에 대한 설명이다.

【절대적 암수범죄】

수사기관에서 인지조차 하지 못한 범죄를 말한다.

- 고소·고발 등 신고가 되지 않은 범죄
- 피해자가 범죄인지 인지조차 하지 못한 범죄
- 피해자 없는 범죄, 즉 '가해자=피해자'인 범죄(예 마약범죄), '피해자가 동의'한 범죄(예 성매매, 도박 등)에서 자주 발생
- 피해자가 신고를 기피하는 범죄, 즉 피해자가 수치심이나 사회적 지위의 손상을 염려하거나(예 성범죄), 범죄자의 보복에 대한 두려움 또는 수사기관에 대한 불신 때문에 신고를 기피하는 범죄

【상대적 암수범죄】

수사기관에서 인지하였으나 해결되지 않은 범죄

- 수사기관의 검거율 또는 증거채취력과 밀접한 관련이 있다.
- 법집행과정에서 그 주체(경찰, 검찰, 법관 등)의 재량에 의해 발생되기도 한다(선별적 형사소추의 문제).

정답: ②

148 **암수범죄에 관한 설명 중 가장 옳지 않은 것은?** 해경간부 2024

① 일반적으로 형사사법기관에 인지되지 아니하여 공식통계에 기록되지 않는 범죄를 말한다.
② 우리나라는 암수범죄의 규모를 파악하기 위해 해마다 범죄피해 패널조사를 실시한다.
③ 마약범죄와 같이 범죄자가 피해자이면서 가해자이기도 한 범죄에 많다.
④ 범죄사실이 수사기관에 의해 인지는 됐으나 용의자 신원 미파악 등 미해결된 사건은 상대적 암수범죄로 분류된다.

해설

② 우리나라는 한국형사법무정책연구원에서 2년 주기로 전국범죄피해조사를 수행하고 있다. 정답: ②

149 **상대적 암수범죄의 원인에 대한 설명으로 가장 적절하지 않은 것은?** 경찰간부 2025

① 수사기관에 알려진 모든 범죄를 수사기관이 해결할 수는 없다.
② 수사기관에서 처리한 모든 범죄가 기소되는 것은 아니다.
③ 기소된 모든 범죄가 법원에서 유죄판결을 받는 것은 아니다.
④ 모든 범죄가 수사기관에 알려지는 것은 아니다.

해설

④ 미인지 사건은 절대적 암수범죄와 관련이 있다. 성매매, 도박, 마약매매 등 피해자가 없거나 피해자와 가해자의 구별이 어려운 범죄에 많이 발생한다. 정답: ④

150 **암수범죄(暗數犯罪)에 대한 설명으로 옳은 것만을 모두 고르면?** 교정9급 2024

ㄱ. 암수범죄로 인한 문제는 범죄통계학이 도입된 초기부터 케틀레(A. Quételet) 등에 의해 지적되었다.
ㄴ. 절대적 암수범죄란 수사기관에 의해서 인지는 되었으나 해결되지 않은 범죄를 의미하는 것으로, 완전범죄가 대표적이다.
ㄷ. 상대적 암수범죄는 마약범죄와 같이 피해자와 가해자의 구별이 어려운 범죄에서 많이 발생한다.
ㄹ. 암수범죄는 자기보고식 조사, 피해자 조사 등의 설문조사방법을 통해 간접적으로 관찰할 수 있다.

① ㄱ, ㄴ ② ㄱ, ㄹ ③ ㄴ, ㄷ ④ ㄷ, ㄹ

해설

② 옳은 것은 ㄱ, ㄹ이다.
ㄱ. 범죄통계학의 창시자인 케틀레(A. Quételet)는 명역범죄와 암역범죄 사이에는 변함없는 고정관

계가 존재하는데, 이로 인해 명역범죄가 크면 암역범죄도 크고, 명역범죄가 작으면 암역범죄도 작은 정비례의 법칙을 주장하였다. 따라서 공식적 통계상의 범죄현상은 실제의 범죄현상을 징표하거나 대표하는 의미가 있다고 하였다.

ㄴ. 절대적 암수범죄는 인지 자체가 되지 않은 범죄를 말한다.

ㄷ. 마약범죄와 같이 피해자 없는 범죄에서는 처음부터 고소·고발이 잘 이루어지지 않아 수사기관이 인지조차 하지 못하는 절대적 암수범죄가 많이 발생한다.

ㄹ. 암수조사방법

직접적 관찰	간접적 관찰(설문조사)
• 자연적 관찰 – 참여적 관찰 : 직접 범죄에 가담하여 조사 – 비참여적 관찰 : CCTV 등을 설치하여 조사 • 인위적 관찰(실험) : 인위적 실험으로써 조사	• 피해자 조사 • 자기보고 조사 • 정보제공자 조사

정답: ②

151 범죄측정에 대한 설명으로 가장 적절하지 않은 것은? 경찰간부 2025

① 공식범죄통계에서 범죄율은 일정 기간(보통 1년) 동안 인구 10만 명당 몇 건의 범죄가 발생했는지를 나타내며, 검거율은 경찰이 한 해 동안 범인을 검거한 사건에서 한 해 동안 인지한 사건 수를 나누어 백분율로 계산한다.

② 범죄피해조사는 공식 형사사법기관에 보고되지 않은 암수범죄를 밝히는 데 유용하지만 살인, 강도, 강간, 절도 등 전통적인 범죄가 조사대상이 된다는 한계가 있다.

③ 경찰의 「범죄통계」는 각 경찰관서에서 입력한 범죄발생 사항을 집계한 것으로 범죄발생 및 검거, 범죄발생 상황, 범죄자 및 피해자 특성에 대한 내용을 포함한다.

④ 자기보고식조사는 보통 설문조사를 통하여 지난 1년 동안 각 유형별로 몇 건의 범죄를 했는지를 질문하는 방식인데, 익명조사로 이루어지는 경우가 많다.

해설

② 살인은 피해자의 사망으로 인해 범죄피해자 조사가 불가능하다. 정답: ②

152 범죄조사방법 중 자기보고방법(self-report)에 대한 설명으로 옳지 않은 것은?

① 공식통계에 나타나지 않은 암수범죄를 파악하는 데에 유용하다.

② 응답자가 익명으로 자신들이 저지른 범죄를 진술하게 하는 방법이 많이 사용된다.

③ 표본조사나 집단조사의 방법이 사용된다.

④ 경미한 범죄보다는 살인·강도 같은 강력범죄의 암수범죄를 파악하는 데에 유용하다.

해설

④ 자기보고방법은 일정한 집단을 대상으로 개개인의 범죄 또는 비행을 스스로 보고하게 함으로써 암

수를 측정하는 방법을 말하는데 경미한 범죄의 파악에는 도움이 되나, 중한 범죄는 은폐할 가능성이 많아 파악하기 어렵다는 단점이 있다.

〈자기보고방법의 장단점〉

장점	단점
• 대상집단 전체에서 차지하는 범죄를 정확히 파악 가능 • 공식통계에 나타난 범죄인과 자기보고에 기초한 범죄인의 특성을 비교·연구할 수 있음 • 공식통계에 나타나지 않은 암수범죄 파악에 용이 • 범죄통계상 존재할 수 있는 계급적 편견 파악에 용이 • 피조사자의 범죄에 대한 가치관과 태도 등의 파악에 용이	• 조사에 응하는 사람의 진실성과 성실성에 따라 신빙성이 좌우 • 경미한 범죄를 파악함에는 유리하나, 중한 범죄는 은폐될 가능성이 많음 • 다양한 종류의 범행을 모두 조사하기 곤란 • 지속적이고 전국적인 조사보다는 특정 시점과 특정 지역에 한정되는 경우가 많아 조사결과를 일반화하기 어려움

정답: ④

153 범죄에 대한 자기보고식 조사의 특성으로 가장 옳은 것은? 해경간부 2024

① 숨은 범죄를 파악하는 데 도움이 된다.
② 5년 이상의 오래된 범죄를 조사하는 데 유리하다.
③ 범죄의 원인이 되는 인격특성, 가치관, 환경 등을 함께 조사할 수 없다.
④ 경미한 범죄를 조사하는 데 부적합하다.

해설

① 공식통계상 기록되지 않은 범죄의 암수를 파악하는 데 유용하다.
② 최근의 범죄를 조사한다.
③ 피조사자의 인격특성, 가치관, 태도 등을 조사할 수 있다.
④ 중한 범죄보다는 경미한 범죄를 조사하는 데 적합하다.

정답: ①

★중요★

154 암수범죄(hidden crime)에 대한 설명 중 옳지 않은 것은?

① 암수는 고정된 수치가 아니라 일정치 않은 변수로 존재한다.
② 암수범죄의 존재로 인해 가장 많이 비판받는 형벌이론은 절대적 형벌이론이다.
③ 암수범죄의 조사방법으로서 가장 많이 활용되는 것은 피해자조사이다.
④ 셀린(T. Sellin)에 따르면 범죄통계의 가치는 절차의 개입에 의하여 범죄로부터 멀어지면 멀어질수록 증대한다.

해설

셀린(Sellin)은 범죄통계의 가치는 형사사법절차의 개입단계가 진행될수록 점점 줄어든다고 보고, 개입이 가장 적은 경찰단계의 통계에서 암수가 가장 적게 나타난다고 주장하였다.

정답: ④

155 다음 중 암수범죄에 대한 설명으로 가장 옳지 않은 것은? 해경간부 2023

① 암수범죄란 실제로 발생하였지만 범죄통계에 포착되지 않은 범죄를 말한다.
② 신고에 따른 불편, 수사기관 출두의 번거로움, 보복의 두려움은 절대적 암수범죄의 발생 원인이다.
③ 수사기관의 낮은 검거율과 채증력, 법집행기관의 자의적 판단은 상대적 암수범죄의 발생 원인이다.
④ 피해자가 특정되지 않거나 직접적 피해자만 존재하는 경우, 암수범죄가 발생하기 쉽다.

해설

피해자가 특정되지 않거나 간접적 피해자만 존재하는 경우, 암수범죄가 발생하기 쉽다. 정답: ④

156 「범죄분석」과 같이 국가기관에서 매년 발행하는 공식통계자료의 특성으로 볼 수 없는 것은?

① 암수(숨은)범죄를 잘 반영하지 못한다.
② 형사사법기관의 활동에 의해 영향을 받는다.
③ 범죄피해의 구체적 상황과 개인의 특성을 잘 파악할 수 있다.
④ 지역별 범죄발생을 비교할 수 있다.

해설

③ 「범죄분석」은 대검찰청에서 매년 발행하는 공식통계자료를 말한다. 국가기관에서 매년 발행하는 공식통계자료는 형사사법기관의 독자적인 목적을 우선시하여 작성되므로 범죄를 양적으로 파악하는 데에는 유용하나, 질적인 파악, 즉 범죄피해의 구체적 상황이나 범죄자의 개인적 특성 등을 파악하는 데에는 한계가 있다.

〈대량관찰의 장단점〉

장점	단점
• 범죄자의 외형적·1회적 분석으로 범죄 당시의 상황파악에 유리 • 일정 기간의 범죄발생 동향 및 특성 파악에 유용 • 범죄발생의 계절적·시간적 상황파악에 유리	• 형사사법기관의 독자적 목적을 우선하여 작성된 것이므로 사회과학적 연구자료로는 미흡 • 양적 파악이므로 범죄자의 개인적 특성 파악에 한계 • 범죄통계표에 드러나지 않는 암수범죄 존재 • 범죄와 범죄인 사이의 인과적 연결고리 해명에 한계

정답: ③

157 다음 중 범죄통계와 거리가 먼 것은?

① 공식범죄통계를 생산하는 대표적인 기관은 경찰, 검찰, 법원 및 법무연수원 등이다.
② 공식범죄통계는 범죄율과 범죄자의 특성 연구에 이용된다.
③ 일반적으로 범죄율은 인구 10만명당 범죄발생건수를 의미한다.
④ 공식범죄통계 작성 시에는 자기보고식 조사나 피해자조사의 방법이 이용된다.

해설

④ 자기보고식 조사나 피해자조사는 암수범죄의 조사방법에 해당하며, 이러한 방법은 공식적인 범죄통계에 나타나지 않는 범죄행위를 파악하는 데 활용된다. 따라서 공식범죄통계 작성에 이용되는 것이라는 표현은 옳지 않다.

정답: ④

★중요★

158 암수(暗數)범죄의 조사방법의 유형에 관한 설명과 비판이 올바르게 연결된 것은?

보기 1

㉠ 자기보고 조사(행위자 조사)　　㉡ 피해자조사

㉢ 정보제공자 조사

보기 2

ⓐ 일정한 집단을 대상으로 개인의 범죄 또는 비행을 스스로 보고하게 하는 방법

ⓑ 피해자에게 자신의 피해 경험을 보고하게 하는 방법

ⓒ 범죄나 비행을 인지하고 있는 제3자에게 그 인지 내용을 보고하게 하는 방법

보기 3

㉮ 스스로 범한 범죄를 정확하게 보고할지 의문이어서 조사결과가 부정확할 수 있다.

㉯ 피해자를 특정하기 어려운 환경범죄나 경제범죄 등에서는 정확한 조사결과를 얻기 어렵다.

㉰ 주관적 편견이 개입되고 객관성을 유지하지 못하여 조사대상자에게 감정적으로 동화될 우려가 있다.

① ㉠ – ⓑ – ㉰　② ㉠ – ⓒ – ㉮　③ ㉡ – ⓑ – ㉯　④ ㉡ – ⓐ – ㉮

해설

③ ㉡ – ⓑ – ㉯는 피해자조사에 대한 설명과 비판에 해당한다.

〈피해자조사방법의 장단점〉

장점	단점
• 보다 정확한 범죄현상 파악에 용이 • 전국적인 조사가 가능하여 대표성 있는 자료수집 가능 • 암수범죄의 규모를 파악하게 하여 공식통계의 문제점을 보완할 수 있음 • 피해원인 분석을 통해 범죄예방자료로 활용 가능 • 자기보고식 조사보다 대표성 있는 자료수집 가능 • 사회 전체의 범죄비용 산출 가능	• 강도·절도 등 전통적인 범죄가 주된 대상이고, 화이트칼라범죄 등은 조사가 곤란하여 모든 범죄파악에는 한계 • 피해자의 기억에 의존하므로 객관적 자료수집이 곤란 • 추상적 위험범, 피해자를 구체화할 수 없는 범죄, 피해자 없는 범죄, 피해자가 조사를 거부하는 경우 등에는 조사가 불가능 • 범죄발생의 빈도나 정도 파악에는 용이하나, 범죄원인의 분석자료로 활용하기에는 한계

정답: ③

159 범죄조사방법 중 자기보고방법에 대한 설명으로 옳지 않은 것은?

① 공식통계에 나타나지 않은 암수범죄를 파악하는 데에 유용하다.
② 응답자가 익명으로 자신들이 저지른 범죄를 진술하게 하는 방법이 많이 사용된다.
③ 경미한 범죄보다는 살인, 강도 같은 강력범죄의 암수범죄를 파악하는 데에 유용하다.
④ 응답의 성실성에 따라 조사결과의 신빙성이 좌우되는 문제점이 있다.

해설

경미한 범죄를 파악하는 데에 유용하다.

정답: ③

160 범죄연구방법에 관한 설명으로 옳은 것을 모두 고른 것은?

ㄱ. 공식범죄통계는 해당 기간 동안 발생한 모든 범죄 사건을 포함한다.
ㄴ. 공식범죄통계에서 누락된 범죄가 범죄피해조사에서는 포함될 수 있다.
ㄷ. 자기보고식 조사는 성별·연령과 같은 배경정보를 포함한다.
ㄹ. 범죄피해조사를 통해 살인이나 마약 사용과 같은 주요 범죄에 대한 정확한 통계를 얻을 수 있다.

① ㄱ, ㄴ ② ㄱ, ㄹ ③ ㄴ, ㄷ ④ ㄷ, ㄹ

해설

ㄱ. 모든 범죄가 빠짐없이 신고되는 것도 아니고 수사기관이 신고되지 않은 범죄를 모두 검거해내는 것도 아니므로 공식범죄통계는 암수문제라는 한계가 있다. ㄹ. 또한 범죄피해자조사는 적정수의 가구를 임의로 추출해서 면접조사하는 것이 일반적이므로 주요 범죄에 대한 정확한 통계를 얻는 것은 불가능하다.

정답: ③

161 참여관찰(participant observation)에 관한 설명으로 옳지 않은 것은?

① 자연관찰의 고릴라와 동물원의 고릴라가 서로 다른 행태를 보이는 것에 착안한 조사방법이다.
② 일탈자의 일상생활을 자연스럽게 관찰할 수 있다는 장점이 있다.
③ 체포되지 않은 자만을 연구대상으로 하므로 시설에 수용된 자를 대상으로 삼을 수는 없다.
④ 사례의 관찰에 걸리는 시간이 길기 때문에 대규모 집단을 대상으로 실시하기 어렵다는 단점이 있다.

해설

③ 범죄학의 연구방법 중 참여적 관찰법은 연구자가 스스로 범죄자 속에 들어가 범죄자의 심리나 가치관 등을 살펴 범죄성의 원인을 파악하는 방법으로, 체포되지 않은 자뿐만 아니라 시설에 수용된 자도 연구대상에 포함된다.

〈참여적 관찰법의 장단점〉

장점	단점
• 범죄인의 생생한 실증자료 채취에 유리 • 일탈자의 일상생활을 자연스럽게 관찰 가능 • 다른 방법보다 비교적 타당성이 높음	• 연구자 스스로 범죄에 가담하므로 처벌문제 대두 • 연구자의 주관적 편견 개입 • 피관찰자들의 인격상태에 관한 객관적인 관찰이 불가능 • 관찰대상이 한정되어 다양한 범죄인의 전체적 파악 곤란 • 조사방법의 성격상 많은 시간이 소요

정답: ③

162 다음 중 범죄학의 연구방법에 대한 설명으로 가장 옳지 않은 것은? 해경간부 2025

① 비참여적 관찰연구는 연구자가 직접 연구대상에 들어가 함께 생활하면서 집단구성원의 생활을 자연스럽게 관찰하는 연구방법으로, 연구자의 주관적 편견이 개입될 소지가 많아 사실이 왜곡될 수 있다.

② 서덜랜드(Suthland)의 전문절도범(Professional Thief) 연구는 대표적인 사례연구(Case Study)이다.

③ 실험연구는 일정한 조건을 인위적으로 설정한 후 그 속에서 발생하는 사실을 관찰하여 특정 가설의 타당성을 검증하는 방법이다.

④ 추행(추적) 조사(follow－up－study)는 수직(종단)적 연구방법에 해당한다.

해설

① 참여적 관찰연구에 대한 설명이다. 정답: ①

163 범죄피해조사에 관한 설명으로 옳은 것은?

① 범죄예방대책 자료로 활용할 수 없다.

② 조사대상자에게 범죄피해에 대한 경험이 있는지를 묻고 응답을 통해 수집한다.

③ 범죄피해자의 특성을 파악하기 어렵다.

④ 공식통계에 비해 암수범죄를 파악하기 어렵다.

해설

범죄피해조사는 범죄의 피해자가 가해자보다 자신이 당한 범죄를 보고할 가능성이 더 높기 때문에 범죄피해자의 특성을 파악하기가 보다 용이하고, 가해자가 보고하도록 기다리지 않고 직접 찾아 나선다는 점에서 정확한 범죄현상의 파악을 가능하게 하며, 전국적인 조사로 대표성 있는 자료를 수집할 수 있고, 피해원인의 규명을 통해 범죄예방을 위한 기초자료가 된다. 또한 공식범죄통계에서 누락된 범죄가 범죄피해자조사에서는 포함될 수 있으므로 암수범죄를 해결하는 데 효과적이다. 정답: ②

164 공식범죄통계에 관한 설명으로 옳은 것을 모두 고른 것은?

ㄱ. 범죄백서는 사법연수원에서 매년 발행하는 공식통계이다.
ㄴ. 형사사법기관의 집계기준에 따라 통계차이가 발생할 수 있다.
ㄷ. 범죄자의 태도, 가치, 행동에 대한 세세한 정보를 얻을 수 있다.
ㄹ. 범죄발생에 대한 일반적인 추세를 이해하는 데 효과적이다.

① ㄱ, ㄴ
② ㄱ, ㄷ
③ ㄴ, ㄹ
④ ㄷ, ㄹ

해설

ㄱ. 범죄백서는 법무연수원에서 매년 발행하는 공식범죄통계자료를 말한다.
ㄷ. 공식통계는 해당기관들이 인지한 범죄사건이나 범죄자에 대한 분석결과만을 포함하고 있고, 일정 기간 발생한 범죄 및 범죄자들을 죄종별로 집계하여 일반적인 경향성만을 파악할 수 있어 양적인 조사는 가능하나 범죄자의 태도, 가치, 행동에 대한 세세한 정보 등 질적인 비중의 파악이 불가능하다. 정답: ③

165 공식범죄통계와 범죄피해조사의 상대적인 장단점으로 옳지 않은 것은?

① 공식범죄통계는 시간적 비교연구에 유리하다.
② 공식범죄통계는 암수범죄가 많은 단점이 있다.
③ 범죄피해자조사는 살인에 대해 정확히 측정한다.
④ 범죄피해조사는 과거 기억을 정확히 떠올리기 어려운 단점이 있다.

해설

범죄피해조사는 범죄의 실태와 피해자의 특성을 정확하게 파악하고 예방대책의 평가로 활용될 수 있지만, 사건에 대한 잘못된 해석으로 과대보고가 될 수 있으며, 기억력의 한계로 범죄피해경험을 제대로 기억할 수 없다는 단점도 있다. 특히 살인의 경우에는 피해자의 사망으로 정확히 측정할 수 없다.

정답: ③

★중요★
166 범죄피해조사에 관한 설명으로 옳은 것은?

① 조사대상자에게 가해 경험을 묻는 방식으로 조사를 수행한다.
② 피해사실을 보고하는 과정에서 과대 혹은 과소보고가 될 수 있다.
③ 피해조사에 응하는 표본의 규모가 매우 작아 일반화의 오류가 없다.
④ 마약 및 도박과 같이 피해자 없는 범죄의 조사에 적합하다.

해설

② 범죄피해조사는 전통적인 범죄만이 조사대상이 된다. 화이트칼라범죄 등 조사대상자를 정하기 어려

운 경우가 많아 상당수의 범죄는 조사 자체가 이루어지기 어렵다. 또한 피해사실을 보고하는 과정에서 조사대상자의 명예, 사생활의 보호에 따라 피해 정도의 과대 혹은 과소보고의 문제가 발생할 수 있다.
① 자기보고조사에 관한 설명이다.
③ 피해조사에 응하는 표본의 규모가 매우 작아 일반화의 오류가 있다.
④ 마약 및 도박과 같이 피해자 없는 범죄의 조사에 적합하지 않다. 정답: ②

★중요★
167 다음 내용의 연구방법에 해당하는 것은?

> A와 B집단의 청소년들을 무작위로 선발하여 A집단만 교도소를 방문시켰다. 6개월 후 A와 B집단의 비행행동 빈도를 비교하였더니 교도소를 방문하였던 A집단의 비행행동이 감소하였다.

① 통계자료분석
② 설문조사
③ 사례연구
④ 실험연구

해설

실험연구에 해당한다. 여기서 A집단은 실험집단, 아무런 처치가 가해지지 않은 B집단은 비교집단(통제집단)이 된다. 실험연구방법은 다수 연구자가 동시에 관찰할 수 있어 연구자의 주관을 배제할 수 있고, 동일 관찰을 반복적으로 실행할 수 있어서 오류를 시정할 수 있다는 것이 가장 큰 특징이다.

정답: ④

168 공식범죄통계는 다음 중 어떤 자료를 근거로 만들어지는가?

① 가구조사자료
② 자기기입식 설문조사자료
③ 피해자조사자료
④ 법집행기관이 집계한 자료

해설

공식통계란 경찰, 검찰, 법원 등과 같은 국가의 공식적인 형사사법기관을 통하여 집계되는 범죄통계자료로서 경찰백서, 교통사고 통계, 범죄분석, 범죄백서, 검찰연감, 청소년백서 등이 있다. 따라서 법집행기관이 집계한 자료가 정답이다. 정답: ④

★중요★
169 다음 중 공식범죄통계에 해당되지 않는 것은?

① 경찰청의 경찰백서
② 형사법무정책연구원의 피해자조사보고서
③ 대검찰청의 범죄분석
④ 법원행정처의 사법연감

해설

공식범죄통계에는 경찰청의 경찰통계연보·경찰백서·범죄분석·교통사고통계, 대검찰청의 범죄분석·검찰연감·마약류범죄백서, 법원행정처의 사법연감, 법무연수원의 범죄백서, 통계청의 한국통계연감 등이 있다.
정답: ②

170 1963년부터 대검찰청에서 발행하는 공식통계는?

① 경찰백서 ② 범죄백서
③ 사법연감 ④ 범죄분석

해설

대검찰청은 범죄분석, 검찰연감, 마약류범죄백서를 공식통계자료로 발행하고 있다. 정답: ④

171 법무연수원에서 발행하는 범죄백서 작성 시 참고하는 자료가 아닌 것은?

① 법무연감 ② 사법연감
③ 교통사고통계 ④ 범죄분석

해설

【범죄백서 작성 시 참고자료】
범죄분석, 마약류범죄백서, 사법연감, 검찰연감, 출입국관리통계연보, 한국통계연감, 교통사고통계, 경찰청통계연보, 한국환경연감, 식품위생업소현황
정답: ①

172 연령과 범죄율과의 관계를 연구한 학자를 모두 고른 것은?

ㄱ. 그린버그(Greenberg) ㄴ. 애그뉴(Agnew)
ㄷ. 로우와 티틀(Rowe & Tittle)

① ㄱ ② ㄱ, ㄴ
③ ㄴ, ㄷ ④ ㄱ, ㄴ, ㄷ

해설

ㄱ. 그린버그는 사회 환경에 따라 범죄율이 가장 높은 연령대가 달라질 수 있다고 주장하였으며, 연령－범죄곡선의 정점은 10대 후반이고, 범죄 유형별로 차이가 있는 것으로 보았다. 10대 후반의 범죄증가는 긴장이론으로, 이후 범죄감소는 통제이론으로 설명하였다.
ㄴ. 애그뉴는 그의 일반긴장이론에서 긍적적 목표달성의 실패, 기대와 성취의 불일치, 긍정적 자극의 소멸, 부정적 자극에의 직면 등에 의하여 긴장이 발생하고 부정적 감정을 낳아 이는 청소년 비행을 일으키는 원인이 된다고 설명한다.
ㄷ. 로우와 티틀은 범죄행위에 참여할 가능성인 범죄적 성향은 연령에 따라 점차적으로 감소하는 것을 발견하였다.
정답: ④

★중요★
173 우리나라의 범죄발생현황을 설명한 것으로 옳은 것은?

① 폭력범죄의 경우 10대(11~19세)의 비율이 가장 높다.
② 폭력범죄 발생 건수가 교통범죄보다 많다.
③ 살인범죄의 동기는 우발적 동기가 가장 많다.
④ 강도범죄는 주로 농어촌지역에서 많이 발생한다.

해설

① 폭력범죄의 경우 41~50세의 비율이 가장 높다.
② 폭력범죄의 발생 건수는 교통범죄보다 적다.
④ 강도범죄는 주로 농어촌지역보다 도시지역에서 많이 발생한다.

정답: ③

★중요★
174 사회계층과 범죄와의 관계에 대한 설명으로 옳지 않은 것은?

① 하류계층은 퇴폐적이고 무질서한 생활습관을 가지고 있고 높은 실업률, 높은 문맹률 등 문화적 약점이 범죄를 쉽게 유발하는 요인이 된다.
② 형사사법기관의 편견과 차별로 인해 상류계층보다는 하류계층에 보다 많은 체포, 구금, 처벌 등이 행해지고, 더 많은 감시의 대상이 되므로 범행이 인지될 확률이 더 높다.
③ 엘리어트(Elliot)는 자기보고식 연구를 분석한 결과 사회경제적 계층과 범죄는 무관하다고 주장하였다.
④ 하류계층과 범죄율 간의 상관관계를 인정하는 주장에 대해 범죄발생에 있어 빈곤의 영향은 하류계층에 국한된 현상이 아니라 어떤 계층이든지 광범위한 사회계층에 작용하는 문제이므로 관련성은 단언할 수 없다는 비판이 있다.

해설

③ 엘리어트(Elliot)는 경미한 범죄는 아무런 관련이 없지만, 강력 범죄는 하류계층의 비율이 더 높다고 주장하였고, 티틀(Title)은 사회경제적 계층과 범죄는 무관하다고 주장하였다.

정답: ③

★중요★
175 부유지역과 빈곤지역에서의 범죄율을 비교하여 상대적 빈곤이 범죄의 원인이라고 주장한 학자는?

① 서덜랜드(Sutherland)
② 케틀레(Quetelet)
③ 쉐프(Scheff)
④ 랑게(Lange)

해설

② 상대적 빈곤론을 주장한 학자로 케틀레(Quetelet), 토비(Toby), 스토우퍼(Stouffer), 머튼(Merton) 등이다. 이들은 빈곤의 영향은 단지 하류계층에 국한된 현상이 아니라, 어떤 계층이든지 느낄 수 있는 것이기 때문에 광범위한 사회계층에 적용하는 문제라고 지적한다. 이에 반해 글룩(Glueck) 부부는 절대적 빈곤과 범죄가 비례한다고 주장한다.

정답: ②

★중요★
176 **환경과 범죄현상에 대한 설명으로 가장 적절하지 않은 것은?**

① 급격한 도시화는 인구의 이동이나 집중으로 인해 그 지역의 사회관계의 혼란을 초래하고, 지역사회의 연도를 어렵게 하여 범죄의 증가를 초래할 수 있다고 한다.
② 케틀레(A. Quetelet)는 인신범죄는 따뜻한 지방에서, 재산범죄는 추운 지방에서 상대적으로 많이 발생한다고 한다.
③ 경기와 범죄는 상관관계가 없다는 주장도 있지만, 일반적으로 불황기에는 호황기에 비해 재산범죄가 많이 발생한다고 한다.
④ 전체주의 사회에서는 소수집단의 공격성 때문에 다수집단의 구성원이 대량 희생되어 모든 범죄가 전체적으로 감소하게 된다고 한다.

해설

④ 전체주의 사회에서도 범죄가 감소되는 것은 아니다. 정답: ④

★중요★
177 **경제환경과 범죄에 관한 설명 중 옳지 않은 것은?**

① 글룩(Glueck) 부부는 절대적 빈곤과 범죄가 비례한다고 주장한다.
② 봉거(W. Bonger)는 자본주의의 경쟁적·착취적 특성이 불가피하게 범죄를 야기한다고 한다.
③ 엑스너(F. Exner)는 불경기와 범죄는 상관관계가 없다고 주장한다.
④ 토비(J. Toby)는 자신이 속한 사회에서 스스로 느끼고 경험하는 상대적 결핍감이 범죄원인이 된다고 한다.
⑤ 렝거(E. Ranger)는 실질임금에 대한 범죄의 의존성을 지적한다.

해설

③ 불황기에 범죄가 증가한다는 상관성을 인정한 사람은 셀린, 엑스너 등이며, 그와는 달리 경기가 좋을 때에 오히려 범죄가 증가한다는 주장을 한 사람은 클레이, 워어즈 등이 있다. 반면에 서덜랜드는 불경기와 범죄의 상관관계를 밝히는 것은 불가능하다고 하였다. 정답: ③

★중요★
178 **훈육과 통제에 관한 학자들의 주장 중 옳지 않은 것은?**

① 맥코드(McCord) 부부와 졸라(Zola)는 무(無)원칙의 훈육이 소년비행을 유발하는 중요한 요인으로 보고, 훈육의 일관성보다 유형을 강조하였다.
② 글룩(Glueck) 부부는 비행소년의 부모가 체벌에 의한 훈육방법을 더욱 자주 사용한다고 주장하면서 훈육결함을 소년비행의 주요 요인으로 보았다.
③ 버트(Burt)는 훈육의 결함이 소년비행의 가장 중요한 비행의 원인이라고 하였다.
④ 나이(Nye)는 지나치게 관대한 훈육은 청소년 행동의 준거점의 통제기준과 한계를 제시하지 못한다고 하였다.

해설

① 훈육의 유형보다 일관성이 비행에 더 중요하게 작용한다고 주장하였다. 정답: ①

★중요★

179 약물범죄와 약물치료프로그램에 관한 설명 중 옳지 않은 것은?

㉠ 약물로 인한 범죄현상에 대한 연구는 초기에 주로 개인의 심리적 요인만을 중시하였으나 이후 신체적·사회적 요인까지 연구범위가 확대되었다.
㉡ 약물범죄를 '피해자 없는 범죄'라고 한다.
㉢ 시나논(Synanon)과 같은 프로그램은 약물 없이 치료하는 것을 특징으로 한다.
㉣ 형벌과 보안처분의 일원적으로 보는 입장은 약물범죄에 대해서는 형사처벌의 강화를 통한 엄격통제가 필요하다고 본다.

① ㉠, ㉣
② ㉡, ㉢
③ ㉢, ㉣
④ ㉡, ㉣

해설

㉠ (×) 약물과 범죄의 관련성연구는 초기에 개인의 신체적·심리적 요인에 대한 관심에서 점차 사회적 요인으로까지 확대되었다.
㉣ (×) 형벌과 보안처분의 일원적으로 보는 입장은 약물범죄에 대해서는 적극적인 치료처우가 필요하다고 본다. 정답: ①

★중요★

180 다음은 룬덴(Lunden)의 지역사회와 범죄발생에 대한 설명이다. 가장 옳지 않은 것은?

① 산업사회와 도시는 전통사회와 농촌보다 범죄발생률이 높다. 즉 생활양식이 전통적 농촌사회에서 도시의 산업화적 생활로 변화함으로써 범죄가 증가한다는 것이다.
② 이질적 문화를 가진 사회는 동질적 문화를 가진 사회보다 범죄율이 높다.
③ 심리적 고립감, 무규범의 정도가 높은 사회는 사회적 통합성과 유대가 높은 사회보다 범죄율이 높다.
④ 빈곤한 사회는 풍요로운 사회보다 범죄율이 높다.

해설

④ 룬덴(Lunden)에 따르면, 물질적으로 풍요로운 사회가 오히려 빈곤한 사회보다 범죄율이 높다고 본다.
정답: ④

181 암수에 관한 다음 설명 중 틀린 것은?

① 이른바 피해자 없는 범죄의 경우에 암수율이 높다.
② 범죄의 고발률이 낮을수록 암수범죄는 증가할 가능성이 있다.
③ 암수범죄의 조사는 범죄통계의 한계를 보완할 수 있다.
④ 암수범죄의 조사방법 중 피해자조사는 경미한 피해사례까지 정확하게 조사할 수 있다는 장점이 있다.

해설

피해자조사의 경우, 개인적 법익에 관한 범죄는 비교적 파악하기가 쉽지만, 사회적 법익이나 국가적 법익에 관한 범죄의 피해를 밝히기는 매우 곤란하고, 경미한 범죄는 피해자가 범죄피해를 잊어버리고 중범죄는 기억조차 하기 싫어하기 때문에 응답하지 않아 실상을 파악하기 어려운 단점이 있다.

정답: ④

182 자기보고식 조사에 관한 설명으로 옳지 않은 것은?

① 비밀성과 익명성이 필요하다.
② 통상적으로 표집(sampling)을 통해서 조사가 이루어진다.
③ 경찰에 신고되지 않은 범죄는 조사에 포함되지 않는다.
④ 결측지(missing cases)가 문제가 될 수 있다.

해설

자기보고식 조사란 일정한 집단을 대상으로 익명성을 보장한 상태에서 개개인의 범죄 또는 비행을 스스로 보고하게 함으로써 암수를 측정하는 방법으로, 주로 표본조사 등의 방법에 의한다. 이러한 자기보고식 조사에 의하면, 공식범죄통계에 누락된 숨은 범죄를 포착할 수 있는 장점이 있다. 정답: ③

183 암수조사방법 중 자기보고방법의 단점은?

① 범죄자의 특성을 파악하기 곤란하다.
② 사회적 법익이나 국가적 법익에 관한 범죄의 피해를 밝히기가 곤란하다.
③ 일반적으로 범죄가 하류계층에서 많이 발생한다는 것을 증명할 수 있다.
④ 피조사자가 진실로 조사에 응했는지를 검토하기가 매우 곤란하다.

해설

① 피조사자의 계층, 인종, 연령, 성별, 직업 등을 함께 조사하므로 범죄자의 특성을 파악하는 데 유용하다.
② 피해자조사방법의 단점에 관한 설명이다.
③ 범죄경험조사의 자기보고방식을 통하면 범죄통계에 나타나지 않은 범죄자들이 나타나게 되는데, 이

를 통하면 범죄가 전 계층에서 발생한다는 것이 밝혀지기 때문에 일반적으로 범죄가 하류계층에서 많이 발생한다는 통념을 깨뜨릴 수 있다. 정답: ④

184 암수범죄에 대한 자기보고식 조사의 특성으로 옳은 것은?

① 경미한 범죄를 조사하는 데 부적합하다.
② 범죄의 원인이 되는 인격특성, 가치관, 환경 등을 함께 조사할 수 없다.
③ 오래된 범죄를 조사하는 데 유리하다.
④ 숨은 범죄를 파악하는 데 도움이 된다.

해설

① 자기보고방법은 무거운 범죄보다는 경미한 범죄를 파악하는 데 유용하다.
② 피조사자의 인격특성·가치관·태도·환경 등도 동시에 조사하기 때문에 범죄이론을 검증할 수 있고, 범죄성인자도 분석할 수 있다.
③ 기억력의 한계 때문에 오래된 범죄를 조사하는 데에는 적합하지 않다. 정답: ④

★중요★
185 암수범죄에 관한 설명 중 옳지 않은 것은?

① 암수범죄는 범죄의 미인지, 범죄의 미신고, 수사기관과 법원의 재량적 또는 자의적 사건처리 등으로 인해 발생한다.
② 차별적 기회구조이론은 수사기관이나 사법기관에 의한 범죄자의 차별적 취급이 암수범죄의 가장 큰 원인이라고 주장한다.
③ 암수범죄의 존재는 범죄통계의 한계를 의미하며 공식범죄통계에 바탕을 둔 범죄학의 정당성에 회의를 갖게 한다.
④ 법집행기관이 화이트칼라범죄를 관대하게 취급하기 때문에 이 분야에서 암수범죄율이 높다는 지적도 있다.

해설

암수범죄의 가장 큰 원인은 선별적 형사소추, 즉 수사기관이나 사법기관에 의한 범죄자의 차별적 취급이라는 주장은 낙인이론의 논거이다. 정답: ②

186 다음 중 암수범죄(hidden crime)가 가장 적은 범죄는?

① 강간 ② 살인 ③ 도박 ④ 성매매

해설

암수범죄란 실제로 범죄가 발생하였으나 수사기관에 인지되지 않았거나, 인지되기는 하였으나 해명되지 않아 공식적인 법률통계에 나타나지 않는 범죄행위의 총체로, 독일에서는 명역범죄와 대비해 암역

범죄라는 표현이 주로 사용된다. 살인의 경우, 그 범죄의 특성상 암수범죄로 남기 매우 어렵다.

정답: ②

187 헤이건(Hagan)의 권력통제이론의 내용으로 옳은 것은?

① 범죄자는 가난한 사람들에게도 피해를 준다.
② 범죄는 학습된다.
③ 전통적인 남성지배적 가정에서 딸은 더 엄격하게 통제된다.
④ 평화와 인본주의가 범죄를 줄일 수 있다.

해설

【헤이건(Hagan)의 권력통제이론】
- 가족구조는 계급적 위치와 남자와 여자에 대한 사회적 통제의 차이에 의해서 결정됨
- 가부장적인 가정에서는 아버지의 직업이 주로 남에게 명령·지시하는 직업이고, 평등주의적 가정은 아버지가 없거나, 타인에게 권위를 가지는 직업에 종사하는 경우가 많음
- 가부장적 가정에서 남자는 위험을 감수 하도록 교육하고, 여자는 위험을 회피하도록 교육함
- 가부장적(전통적)인 가족은 남녀 간의 범죄율이 차이가 크며, 평등적인 가족은 그 차이가 적음

정답: ③

188 범죄율 및 처벌의 성별 차이를 설명하는 이론 또는 가설이 아닌 것은?

① 남성성 가설　② 권력통제이론　③ 기사도 가설　④ 자아훼손이론

해설

자아훼손이론(Self-Derogation theory)은 부정적인 자기존중감이 청소년비행에 미치는 영향을 강조하는 이론으로 해당 설문과는 관련이 없다.

정답: ④

189 범죄의 개념에 관한 설명으로 옳지 않은 것은?

① 절대적 범죄란 가로팔로(Garofalo)가 말한 자연범을 의미한다.
② 일정한 시대와 국가에 따라 범죄가 달리 정해질 수 있다고 할 때 이 경우 범죄는 상대적 범죄를 의미한다.
③ 오늘날 범죄는 실정법체계에서 인정되는 것에 한하므로 절대적 범죄란 인정되지 않는다.
④ 교정학상의 범죄는 형사정책학상의 범죄보다 개념상 범위가 넓다.

해설

④ 교정학상의 범죄는 형사정책학상의 범죄보다 개념상 범위가 좁다.

정답: ④

190 **(신규)범죄화에 대한 설명으로 옳지 않은 것은?**

① 범죄화란 사회구조의 변화에 따라 종전에는 존재하지 않던 새로운 형벌구성요건을 창설하는 것을 말한다.
② 범죄화는 전통적인 비공식 통제수단의 사회통제기능에 대한 불신에서 비롯된다.
③ 범죄화의 대상으로 논의되는 것으로는 컴퓨터 관련 범죄·교통범죄·경제범죄·환경범죄 등이 있다.
④ 범죄화란 형법 또는 특별형법에 새롭게 처벌규정을 신설하는 것을 의미하고, 형벌법규의 확대해석이나 적용범위의 확대는 이에 포함되지 않는다.

해설

④ 범죄화의 형식에는 입법상 범죄화의 해석과 적용상 범죄화의 해석이 있는데, 전자는 형법 또는 특별형법에 범죄유형을 확정하는 것을 말하고, 후자는 형벌법규의 해석이나 적용을 함에 있어 종전에는 단속의 대상이 아니었던 사실에 대해서 형벌법규를 적용하는 것을 말한다. 정답: ④

191 **일탈행위의 개념에 관한 설명으로 가장 적절하지 않은 것은?**

① 일반적으로 사회적 규범에 의해 용인되지 않는 행위를 의미한다.
② 형법상 범죄개념보다 좁은 개념이다.
③ 형사정책적 의미의 범죄는 일탈을 포함하는 개념이다.
④ 일탈은 일반적으로 승인된 행동이 먼저 존재한다는 것을 전제로 한다는 점에 대해서는 실질적 의미의 범죄개념과 다를 바 없다.

해설

② 일탈은 형법상 범죄개념보다 넓은 개념으로, 모든 규범에 대한 침해는 물론, 규범에 지나치게 순응하는 것조차도 일탈의 범위에 포함된다는 것이 일반적인 견해이다. 정답: ②

★중요★
192 **범죄와 구별되는 일탈(deviance)에 대한 설명으로 적절하지 않은 것은?**

① 특정 사회의 집단적 사회규범이나 행동규칙에 위반된 행위라고 정의할 수 있다.
② 비범죄화정책을 수립할 때 중요한 판단척도가 된다.
③ 낙인이론은 일탈을 정의할 때 규범위반 여부보다 사회적 반응을 중시한다.
④ 법규범은 사회규범의 일부에 불과하므로 일탈이 항상 범죄가 되는 것은 아니다.

해설

② 비범죄화는 그 사회를 지배하는 국민적 공감대의 추세에 따라 가치기준이 달라질 수 있는 성격을 지닌 범죄유형이 주요 대상이 된다. 따라서 비범죄화정책을 수립할 때 일탈이 중요한 판단척도가 된다고 보기 어렵다. 정답: ②

★중요★
193 일탈행위에 관한 설명 중 옳지 않은 것으로 묶인 것은?

> ㉠ 코헨(Cohen)은 부정, 사기, 속임수, 불공평, 비열, 부도덕, 독직 등을 일탈행위의 사례로 들었다.
> ㉡ 일탈행위는 그 개념범위가 광범위하고, 가치지향적인 특징을 지닌다.
> ㉢ 자살, 불손한 행위, 부부의 불화도 일탈행위의 범위에 포함된다.
> ㉣ 형사정책적 의미에서의 범죄에는 사회학적인 일탈이 포함되지 않는다.

① ㉠, ㉡ ② ㉡, ㉢ ③ ㉠, ㉣ ④ ㉡, ㉣

해설

× : ㉡ 일탈행위는 가치중립적인 특징을 지닌다. ㉣ 형사정책적 의미에서의 범죄에는 사회학적인 일탈이 포함된다는 것이 학설의 지배적인 견해이다.

○ : ㉠, ㉢

정답: ④

194 암수범죄에 관한 설명 중 옳지 않은 것으로 묶인 것은?

> ㉠ 실제로 범죄가 발생하였지만, 공식적 범죄통계에 나타나지 않는 범죄행위를 말한다.
> ㉡ 수사기관에게 인지되지 않은 경우는 암수범죄에 포함되나, 일단 인지된 경우에는 미해결의 상태로 남아 있다 하더라도 암수범죄에 포함되지 않는다.
> ㉢ 초기에는 범죄와 암수범죄와의 관계가 일정한 비율을 유지하지 못하고 있다는 이유로 그 중요성을 인정받지 못하다가 20세기에 접어들면서 암수율은 일정하며, 규칙적으로 변화한다는 사실이 밝혀지면서 그 중요성이 인식되기에 이르렀다.
> ㉣ 존스(H. Jones)는 경찰에서 알고 있는 범죄의 약 4배 정도가 암수범죄라고 주장하였다.

① ㉠, ㉡ ② ㉡, ㉢

③ ㉠, ㉣ ④ ㉢, ㉣

해설

× : ㉡ 수사기관이 인지한 경우라도 미해결의 상태로 남아 있다면 암수범죄에 포함된다. ㉢ 초기에는 범죄와 암수범죄와의 관계가 일정한 비율을 지닌다고 보아 그 중요성을 인정받지 못하다가, 20세기에 들어서면서 암수율은 항상적인 것이 아니고, 불규칙적으로 변화한다는 사실이 밝혀지면서 그 중요성을 인정받게 되었다.

○ : ㉠, ㉣

정답: ②

★중요★
195 다음은 암수범죄에 관한 학자들의 견해이다. 순서대로 옳게 나열된 것은?

㉠ (　　)는(은) 암수범죄의 정확한 이해는 곧 범죄통계의 급소라고 하였다.
㉡ (　　)는(은) 암수가 전체 범죄의 85%에 달하며, 특히 성범죄의 90% 이상이 암수범죄에 해당한다고 하였다.
㉢ (　　)는(은) 여성범죄의 암수원인은 남성의 기사도정신에서 비롯된 것이라고 하였다.
㉣ (　　)는(은) 경찰단계의 통계에서 암수가 가장 적게 나타난다고 보았다.

① 서덜랜드(Sutherland), 엑스너(Exner), 폴락(Polak), 셀린(Sellin)
② 엑스너(Exner), 래디노비츠(Radzinwicz), 폴락(Polak), 셀린(Sellin)
③ 래디노비츠(Radzinwicz), 엑스너(Exner), 폴락(Polak), 셀린(Sellin)
④ 폴락(Polak), 셀린(Sellin), 서덜랜드(Sutherland), 엑스너(Exner)

해설

〈암수범죄에 관한 학자들의 견해〉

학자	견해
서덜랜드 (Sutherland)	범죄와 비행에 대한 통계는 모든 사회통계 중 가장 신빙성이 없고 난해한 것이다.
엑스너 (Exner)	암수범죄의 정확한 이해는 곧 범죄통계의 급소이다.
래디노비츠 (Radxinowicz)	암수가 전체 범죄의 85%에 달하며, 특히 성범죄의 90% 이상이 암수범죄에 해당한다.
폴락 (Polak)	여성범죄의 가장 큰 특징은 은폐성이며, 현존하는 남녀범죄 간의 불평등을 야기하는 현저한 원인의 하나는 기사도 정신이다.
존스 (Jones)	암수라고 하는 성질은 그 규모를 바르게 알 수 없지만, 경찰에서 알고 있는 범죄의 약 4배 정도 될 것이다.
셀린 (Sellin)	통계상 표시되는 범죄는 형사사법절차의 각 단계가 진행됨에 따라 점점 줄어들며, 법집행 기관의 개입이 가장 적은 경찰단계의 통계에서 암수가 가장 적게 나타난다.

정답: ②

196 암수범죄에 관한 설명 중 옳지 않은 것은?

① 암수범죄란 실제로 발생하였지만, 범죄통계표에 포착되지 않은 범죄를 의미한다.
② 피해자 없는 범죄의 경우에는 암수범죄가 발생하지 않는다.
③ 암수범죄의 조사방법으로 피해자조사가 많이 활용된다.
④ 암수범죄의 발생원인에는 형사사법기관의 선별적인 범죄수사 내지 형사소추도 포함된다.
⑤ 통계조사의 흠결로 인하여 암수범죄가 발생하기도 한다.

해설

② 암수범죄는 피해자가 없는 경우(매춘·도박 등)에 오히려 발생하기 쉽다.

정답: ②

197 암수범죄에 대한 설명 중 옳은 것들을 모두 묶은 것은?

> ㉠ 암수범죄를 파악하기 위해 범죄피해자로 하여금 범죄피해를 보고하게 하는 피해자조사가 행해지기도 한다.
> ㉡ 살인, 강간 등의 중범죄는 가해자의 자기보고 방식을 통해서 암수범죄를 쉽게 파악해 낼 수 있다.
> ㉢ 피해자 없는 범죄의 경우 암수범죄가 발생할 가능성이 상대적으로 높다.
> ㉣ 화이트칼라범죄는 피해규모가 크기 때문에 암수범죄가 될 가능성이 상대적으로 낮다.

① ㉠, ㉡　② ㉠, ㉢　③ ㉡, ㉢
④ ㉡, ㉣　⑤ ㉢, ㉣

해설

○ : ㉠, ㉢
× : ㉡ 자기보고방식은 경미한 범죄의 파악에는 도움이 되나, 살인·강간 등 중한 범죄는 은폐될 가능성이 많다. ㉣ 화이트칼라범죄는 직업적 전문지식을 이용하여 계획적이고 은밀하게 이루어지는 경향이 있기 때문에 적발이 용이하지 않고, 범죄통계에 나타나지 않는 암수범죄가 될 가능성이 상대적으로 높다.

정답: ②

198 암수의 발생원인에 속하지 않는 것은?

① 가석방의 남용　② 수사기관의 범죄 미인지
③ 범인의 미검거　④ 검사의 불기소처분

해설

① 가석방은 이미 형이 확정되어 형을 집행하는 단계에서 행해지는 것이므로 암수범죄와는 무관하다.

정답: ①

199 암수의 조사방법 중 간접적 관찰방법이 아닌 것은?

① 자기보고　② 정보제공자 조사
③ 인위적 관찰　④ 피해자조사

해설

③은 직접적 관찰법에 해당한다. 암수범죄의 조사방법에는 직접적 관찰법과 간접적 관찰법이 있는데, 구체적 내용은 다음과 같다.

〈암수범죄의 조사방법 분류〉

직접적 관찰	• 자연적 관찰	• 인위적 관찰

간접적 관찰	• 자기보고(행위자 조사) • 정보제공자 조사	• 피해자조사 • 형사사법기관 관계자의 조사

정답: ③

200 암수범죄(숨은 범죄)에 관한 설명 중 옳지 않은 것은?

① 서덜랜드(E. H. Sutherland)는 암수범죄로 인하여 범죄와 비행에 대한 통계가 모든 사회 통계 중에서 가장 신빙성이 없다고 하였다.
② 성매매, 도박, 약물범죄 등과 같은 범죄에서 암수범죄가 발생하기 쉽다.
③ 암수범죄는 범죄의 미인지, 범죄의 미신고, 수사기관의 재량적 사건처리 등으로 인하여 발생한다.
④ 범죄통계표를 근거로 암수범죄를 정확하게 파악할 수 있다.
⑤ 암수범죄를 파악하기 위하여 피해자조사, 자기보고조사, 정보제공자조사 등의 방법들이 사용되고 있다.

해설

④ 암수범죄란 공식적인 범죄통계표에 나타나지 않는 범죄행위의 총체를 말한다.

정답: ④

201 암수범죄(숨은 범죄)에 대한 설명으로 옳지 않은 것은?

① 암수범죄란 실제로 발생하였지만 범죄통계에 포착되지 않은 범죄를 일컫는다.
② 범죄피해자의 신고기피도 암수범죄의 발생원인 중 하나이다.
③ 낙인이론은 특히 법집행과정에서 발생하는 암수의 문제를 강조한다.
④ 현재 일반적으로 사용되는 암수범죄의 조사방법은 피해자조사이다.
⑤ 암수범죄의 비율은 범죄의 유형에 상관없이 비교적 일정하다.

해설

⑤ 암수범죄의 비율은 범죄의 유형에 따라 달리 나타나는데, 예를 들어 강력범죄는 검거율이 비교적 높고 발견이 용이하여 암수율이 낮지만, 낙태·컴퓨터범죄·여성범죄·화이트칼라범죄·성범죄 등은 발견이 쉽지 않아 암수율이 높다.

정답: ⑤

202 암수조사방법 중 자기보고방법(self-report)에 관한 설명으로 옳지 않은 것은?

① 암수범죄를 파악하는 데에 유용하다.
② 일정한 집단을 대상으로 개개인의 범죄를 스스로 보고하게 하는 방식이다.
③ 강력범죄의 암수범죄를 파악하는 데에 유용하다.
④ 다양한 종류의 범죄를 모두 조사하기 곤란하다.

해설

③ 자기보고방법은 경미한 범죄의 파악에는 도움이 되나, 중한 범죄는 은폐할 가능성이 많아 파악하기 어렵다는 단점이 있다.

〈자기보고방법의 장단점〉

장점	단점
• 대상집단 전체에서 차지하는 범죄를 정확히 파악 가능 • 공식통계에 나타난 범죄인과 자기보고에 기초한 범죄인의 특성을 비교·연구할 수 있음 • 공식통계에 나타나지 않은 암수범죄 파악에 용이 • 범죄통계상 존재할 수 있는 계급적 편견 파악에 용이 • 피조사자의 범죄에 대한 가치관과 태도 등의 파악에 용이	• 조사에 응하는 사람의 진실성과 성실성에 따라 신빙성이 좌우 • 경미한 범죄를 파악함에는 유리하나, 중한 범죄는 은폐될 가능성이 많음 • 다양한 종류의 범행을 모두 조사하기 곤란 • 지속적이고 전국적인 조사보다는 특정 시점과 특정 지역에 한정되는 경우가 많아 조사결과를 일반화하기 어려움

정답: ③

203 암수의 조사방법 중 피해자조사에 관한 설명으로 옳지 않은 것은?

① 가장 오래되고, 가장 신뢰할 수 있는 방법으로 평가되고 있다.

② 전국적인 조사가 가능하여 대표성 있는 자료를 수집할 수 있다.

③ 객관적인 자료수집이 가능하다.

④ 전통적인 범죄의 분석에는 용이하나, 화이트칼라범죄나 피해자 없는 범죄를 파악하기에는 한계가 있다.

해설

③ 피해자조사방법은 피해자의 기억에 의존하는 결과 피해자의 특성에 따라 달라질 수 있으므로 객관적 자료수집이 곤란하다는 단점이 있다.

장점	단점
• 보다 정확한 범죄현상 파악에 용이 • 전국적인 조사가 가능하여 대표성 있는 자료수집 가능 • 암수범죄의 규모를 파악하게 하여 공식통계의 문제점을 보완할 수 있음 • 피해원인 분석을 통해 범죄예방자료로 활용 가능 • 자기보고식 조사보다 대표성 있는 자료수집 가능 • 사회 전체의 범죄비용 산출 가능	• 강도·절도 등 전통적인 범죄가 주된 대상이고, 화이트칼라범죄 등은 조사가 곤란하여 모든 범죄 파악에는 한계 • 피해자의 기억에 의존하므로 객관적 자료수집이 곤란 • 추상적 위험범, 피해자를 구체화할 수 없는 범죄, 피해자 없는 범죄, 피해자가 조사를 거부하는 경우 등에는 조사가 불가능 • 범죄발생의 빈도나 정도 파악에는 용이하나, 범죄원인의 분석자료로 활용하기에는 한계

정답: ③

★중요★
204 암수범죄의 조사에 관한 설명 중 옳은 것은?

① 상점절도를 숨긴 카메라로 촬영하거나 유리벽을 통해 관찰하는 등의 참여적 관찰방법은 인위적 관찰방법에 속한다.
② 중범죄나 사회적으로 금기시되는 범죄를 조사하는 유일한 방법은 행위자의 자기보고방식이다.
③ 피해자를 개인으로 구체화할 수 없는 국가적·사회적 법익에 관한 범죄의 암수는 피해자 조사를 통해 명확하게 파악할 수 있다.
④ 자기보고, 피해자조사 등은 암수범죄의 직접관찰방법이다.
⑤ 정보제공자 조사는 법집행기관에 알려지지 않은 범죄나 비행을 인지하고 있는 제3자로 하여금 이를 보고하게 하는 방법이다.

해설

① 인위적 관찰 → 자연적 관찰
② 자기보고방식은 응답자가 익명으로 자신들이 저지른 범죄를 진술하는 방법을 주로 사용하므로 경미한 범죄의 파악에는 도움이 되나, 살인·강간 등 중범죄나 사회적으로 금기시되는 범죄를 조사하는 방법으로는 한계가 있다.
③ 피해자조사는 국가적·사회적 범죄, 추상적 위험범이나 법인 등 피해자를 개인으로 구체화할 수 없는 범죄, 보편적 법익과 관련되는 범죄, 매춘·도박 등 피해자 없는 범죄, 강간죄·강제추행죄 등과 같이 피해자가 밝히기를 꺼려하는 범죄, 살인 등 피해자가 존재하지 않는 범죄나 피해자가 조사를 거부하는 경우에는 조사가 불가능하다는 것이 단점으로 지적되고 있다.
④ 자기보고, 피해자조사 등은 암수범죄의 간접적 관찰방법에 해당한다.

정답: ⑤

205 비형벌화(Depenalization)에 관한 설명으로 옳지 않은 것은?

① 비형벌화란 형벌 대신에 다른 제재를 가하는 것을 말한다.
② 소년범죄·사상범죄 등이 논의의 대상이 될 수 있다.
③ 형벌을 행정벌로 전환하는 것은 비형벌화라고 볼 수 없다.
④ 기소유예·집행유예 등은 형사사법상 비형벌화의 대표적인 경우이다.

해설

③ 형벌을 행정벌로 전환하는 것은 입법상 비형벌화의 대표적인 경우이다.

〈비형벌화의 유형〉

입법상 비형벌화		범죄를 질서위반으로 변경, 형벌을 행정벌로 변경
형사사법상 비형벌화	재판 전 단계에서의 비형벌화	훈방, 기소유예 등
	재판단계에서의 비형벌화	집행유예, 선고유예 등
	교정단계에서의 비형벌화	보호관찰, 사회봉사명령, 수강명령 등

정답: ③

박상민 Justice 범죄학

핵심요약 + 기출예상문제

기출예상문제

PART

03

생물학적 범죄원인론과 범죄인 분류

001 **범죄인의 의의에 관한 설명으로 가장 적절하지 않은 것은?**

① 형사정책의 대상이 되는 범죄인은 형사책임의 주체에 한하지 않는다.
② 범죄적 경향을 나타내는 반사회적 인격의 소유자는 형사정책의 대상이 되는 범죄인에 포함된다.
③ 잠재적인 일탈자는 형사정책적 의미의 범죄인에 포함된다.
④ 형사정책상 범죄인의 범위에는 범죄행위의 주체가 되는 자연인뿐만 아니라 법인도 포함된다.

해설

④ 형사정책상 범죄인의 범위에는 범죄행위의 주체가 되는 자연인만을 의미한다. 따라서 법인은 형사정책상 범죄인의 범위에 포함되지 않는다. 정답: ④

★중요★
002 **롬브로소의 범죄인 분류방법 중 틀린 것은?**

① 생래적 범죄인
② 정신병범죄인
③ 기회범죄인
④ 과실범죄인

해설

④는 롬브로소의 범죄인 분류에 포함되지 않는다.

〈롬브로소의 범죄인 분류〉

구분		내용
생래적 범죄인		선천적으로 범죄자적인 생물학적 구조를 타고난 자
정신병범죄인		정신병이 원인이 되어 범행하는 자
격정범죄인		선천적으로 범죄소질을 가진 것은 아니나, 우발적으로 범행하는 자
기회범죄인	사이비범죄인	범죄의 위험성은 없으나, 자신의 생존이나 명예를 위해 범행할 수 있는 자
	준범죄인	생래적 범죄인과는 구별되나, 다소 선천적 원인이 있는 자
관습(상습)범죄인		좋지 못한 환경으로 인해 상습적으로 범행하는 자
잠재적 범죄인		음주 등 다른 이유로 격한 감정이 생기면 범죄인의 특성이 나타나는 자

정답: ④

003 **롬브로소의 범죄인 분류방법 중 범죄의 위험성은 없으나, 자신의 생존이나 명예를 지키기 위하여 범행할 수 있는 자는?**

① 준범죄인
② 사이비범죄인
③ 잠재적 범죄인
④ 기회범죄인

해설

〈롬브로소의 범죄인 분류〉

생래적 범죄인		선천적으로 범죄자적인 생물학적 구조를 타고난 자
정신병범죄인		정신병이 원인이 되어 범행하는 자
격정범죄인		선천적으로 범죄소질을 가진 것은 아니나, 우발적으로 범행하는 자
기회범죄인	사이비범죄인	범죄의 위험성은 없으나, 자신의 생존이나 명예를 위해 범행할 수 있는 자
	준범죄인	생래적 범죄인과는 구별되나, 다소 선천적 원인이 있는 자
관습(상습)범죄인		좋지 못한 환경으로 인해 상습적으로 범행하는 자
잠재적 범죄인		음주 등 다른 이유로 격한 감정이 생기면 범죄인의 특성이 나타나는 자

정답: ②

004 **다음은 범죄원인론에 관한 설명이다. ㉠, ㉡의 학자를 가장 적절하게 연결한 것은?**

경행2차 2023

- (㉠)은 범죄자 집단과 비범죄자 집단을 비교, 분석한 결과, 범죄의 원인이 신체적 차이에 있는 것이 아니라 유전학적 열등성에 있다고 주장하면서 롬브로조(Lombroso)의 연구를 비판하였다.
- (㉡)는 도덕적 발달단계를 범죄에 적용하였으며, 도덕적 발달단계를 3가지 수준인 전관습적, 관습적, 후관습적 수준으로 나누고 각 수준마다 2단계씩 총 6단계로 나누었다.

	㉠	㉡
①	후튼(Hooton)	피아제(Piaget)
②	고링(Goring)	콜버그(Kohlberg)
③	후튼(Hooton)	콜버그(Kohlberg)
④	고링(Goring)	피아제(Piaget)

해설

㉠ 고링(Goring)은 범죄인이 비범죄인보다 일반적으로 신장과 체중이 다소 미달될 뿐 신체적으로 구별되는 특징을 발견할 수 없다고 주장하면서 롬브로조의 범죄인분류는 현실적으로 활용이 부적절하다고 비판하였으나, 범죄성의 유전성에 대해서는 긍정하였다.

㉡ 콜버그(Kohlberg)는 행위의 옳고 그름에 대한 이해와 그에 따른 행동의 발달로 3가지 수준(전인습, 인습, 후인습)의 6가지 단계에 관한 사회화과정을 주장하였고, 대부분의 비행청소년은 1~2단계에 속한다고 보았다.

정답: ②

005 이탈리아학파에 관한 설명 중 옳지 않은 것은?

① 이탈리아학파는 자연과학적 방법을 도입하여 범죄원인을 실증적으로 분석하였다.
② 롬브로소(C. Lombroso)는 생래적 범죄인에 대해서 무기형을 과해야 하고, 사형을 과해서는 안 된다고 주장하였다.
③ 페리(E. Ferri)는 마르크스 유물사관, 스펜서의 발전사관, 다윈의 진화론 등의 영향을 받았다.
④ 페리(E. Ferri)는 형벌대용물사상과 범죄포화의 법칙을 주장하였다.
⑤ 가로팔로(R. Garofalo)는 범죄원인으로서 심리학적 측면을 중시하였다.

해설

② 롬브르조는 생래적 범죄인에 대해서는 초범은 무기형에, 누범은 사형에 처해야 한다고 주장하였다.

정답: ②

006 E. Ferri의 범죄인 분류 중 옳지 않은 것은?

① 상습범죄인
② 격정범죄인
③ 폭력범죄인
④ 생래적 범죄인

해설

①·②·④ 페리는 생물학적 범죄원인에 집착한 롬브로소를 비판하고, 범죄사회학적 입장에서 범죄인을 생래적 범죄인·정신병범죄인·격정범죄인·기회범죄인·상습범죄인 등 5종으로 분류하였다.

〈페리의 범죄인 분류〉

생래적 범죄인	선천적으로 개선이 불가능한 범죄인으로 무기한 격리 또는 유형에 처함
정신병범죄인	정신병에 의해 범행하는 자로서 정신병원에 수용
격정범죄인	돌발적 격정으로 범행하는 자로서 손해배상이나 강제이주
기회(우발)범죄인	정도가 중한 자는 훈련치료, 가벼운 자는 격정범과 같이 처벌
관습(상습)범죄인	개선가능성 있는 자는 훈련 조치, 개선불능한 자는 무기한 격리

정답: ③

★중요★

007 가로팔로(R. Garofalo)의 범죄인 분류와 그 처우방법이 바르게 연결되지 않은 것은?

① 모살범죄인 – 사형
② 풍속범 – 정기구금
③ 재산범죄인 – 본능적·상습적이면 무기유형
④ 과실범 – 불처벌

해설

② 가로팔로는 성범죄를 저지르는 풍속범의 경우에는 성적 편향이 고쳐질 때까지 부정기자유형에 처할 것을 주장하였다.

〈가로팔로의 범죄인 분류〉

자연범	모살범죄인	개선 불가능한 자는 사형
	폭력범죄인	본능적인 살상범은 무기유형, 기타 폭력범죄인은 부정기자유형
	재산범죄인	본능적·상습적인 자는 무기유형, 소년은 시설에 수용하여 훈련, 성인은 강제노역
	풍속범죄인	부정기자유형
법정범		정기구금형
과실범		처벌 불필요

정답: ②

★중요★

008 리스트(F. von Liszt)의 범죄인 분류에 관한 설명으로 옳지 않은 것은?

① 형벌의 목적과 관련하여 범죄자를 세 집단으로 분류하였다.
② 형벌의 목적달성방법을 개선·위협·무해화(無害化)의 세 가지로 나누고, 행위자의 유형에 따라 세 가지를 각각 달리 적용해야 한다고 주장하였다.
③ 성욕범죄인은 개선불가능자로 분류하고, 목적달성방법으로 무해화조치를 제시하였다.
④ 명예·지배욕범죄인은 기회범으로 분류하고, 목적달성방법으로 위협을 제시하였다.

해설

리스트는 범죄인을 개선불가능자·개선가능자·기회범 등 세 가지로 크게 나누고, 목적달성방법으로 개선불가능자는 무해화조치, 개선가능자는 개선조치, 기회범은 위협이 적당하다고 하였다. ③ 리스트는 성욕범죄인을 동정범죄인·긴급범죄인·격정범죄인 등과 더불어 개선가능자로 분류하고, 목적달성방법으로 개선조치를 제시하였다.

〈리스트의 범죄인 분류〉

개선불가능자	법익침해 의식이 없거나 희박한 범죄인	[무해화조치] • 종신형에 의한 무해화조치가 필요 • 개선 불가능한 자에 대한 범죄학적·형사정책적 연구는 매우 중요
개선가능자	동정범죄인	[개선조치] • 개선을 위한 형벌 부과 • 다만, 단기자유형은 불합리한 결과를 초래하므로 피해야 함
	긴급범죄인	
	성욕범죄인	
	격정범죄인	
기회범	명예·지배욕범죄인	[위협] • 위하의 목적으로 형벌 부과 • 다만, 형벌은 벌금 정도가 적합하고, 단기자유형은 피해야 함
	이념범죄인	
	이욕·쾌락욕범죄인	

정답: ③

★중요★

009 **아샤펜부르크(G. Aschaffenburg)가 분류한 범죄인유형에 해당하지 않는 것은?**

① 우발범죄인　② 풍속범죄인
③ 관습범죄인　④ 예모범죄인

해설

①·③·④ 아샤펜부르크는 심리학적 입장에서 범죄의 원인을 개인적 원인과 일반적 원인으로 나누고, 범죄인을 우발범죄인·격정범죄인·기회범죄인·예모범죄인·누범범죄인·관습범죄인·직업범죄인 등 7종으로 분류하였다.

〈아샤펜부르크의 범죄인 분류〉

우발범죄인	공공의 법적 안정성을 해칠 의도는 없으나, 사회방위의 관점에서 적당한 대책이 필요한 자
격정범죄인	해를 끼치려는 의도는 적으나, 위험성이 있으므로 일정한 조치가 필요한 자
기회범죄인	감정적 흥분 때문이 아니고, 우연한 기회가 동기로 되어 범죄를 하는 자
예모(豫謀)범죄인	모든 기회를 노리고 찾으려는 자로, 고도의 공공위험성이 있는 자
누범범죄인	범죄를 반복하는 자로, 여기에서의 누범은 전과 유무를 불문한 심리학적 개념임
관습범죄인	형벌을 불명예로 보지 않고, 범죄에 익숙하여 나태와 무기력으로 살아가는 자
직업범죄인	적극적 범죄욕구를 가진 자로, 환경보다는 이상성격이 그 원인이 되는 경우가 많음

정답: ②

010 **아샤펜부르크(G. Aschaffenburg)의 범죄인 분류 중 예모범죄인에 대한 설명으로 옳은 것은?**

① 부주의한 범죄자로 법적 안정성을 해칠 정도는 아니지만, 사회방위조치가 필요한 자
② 우연한 기회가 범행동기가 되어 범행을 한 자
③ 범행기회를 노리는 자로 고도의 공공위험성을 가진 자
④ 범죄 자체를 직업적으로 생각하는 특수한 개인적 소질을 가진 자

해설

①은 우발범죄인, ②는 기회범죄인, ④는 직업범죄인에 대한 설명이다.

정답: ③

011 **형사정책의 연구대상인 범죄와 범죄인 분류에 관한 설명 중 옳은 것은?**

① 그룰레(H. Gruhle)는 범죄인을 자연범과 법정범으로 구분한다.
② 젤리히(E. Seelig)는 성격학, 유전생물학, 범죄심리학, 범죄사회학, 형사정책학 등을 기준으로 범죄인을 분류한다.
③ 슈툼플(F. Stumpfl)은 범죄인의 인격적 특성과 행동양식을 종합하여 범죄인을 8가지 유형으로 분류한다.
④ 아샤펜부르크(G. Aschaffenburg)는 개인적 요인과 환경적 요인을 고려하여 범죄인을 7가지 유형으로 분류한다.
⑤ 국제형사학협회(IKV)는 범죄인을 기회범과 상태범으로 분류한다.

해설

① 범죄를 자연범과 법정범으로 구분한 학자는 가로팔로(R. Garofalo)이다.
② 젤리히는 범죄인의 인격적 특성과 행동양식을 종합하여 범죄인의 유형을 8종으로 분류하였다.
③ 슈툼플 → 젤리히
⑤ 국제형사학협회는 범죄인을 (ⅰ) 기회범죄인, (ⅱ) 사회생활능력이 약화된 범죄인, (ⅲ) 합법적 사회생활을 기대할 수 없는 범죄인으로 분류한다.

정답: ④

★중요★

012 **범죄인 분류에 관한 설명으로 틀린 것을 모두 고른 것은?**

㉠ 롬브로소는 관습범죄인의 경우 유형에 처할 것을 주장하였다.
㉡ 페리는 관습범죄인의 경우 개선가능성이 있는 자라도 무기한 격리할 것을 주장하였다.
㉢ 가로팔로는 풍속범죄인의 경우 부정기자유형에 처할 것을 주장하였다.
㉣ 리스트는 개선가능한 자의 경우 무해화조치를 취할 것을 주장하였다.

① ㉠, ㉡
② ㉡, ㉢
③ ㉡, ㉣
④ ㉠, ㉡, ㉢

해설

× : ㉡ 페리는 관습범죄인의 경우 개선 가능한 자는 훈련조치를, 개선 불가능한 자는 무기한 격리할 필요가 있다고 주장하였다. ㉣ 리스트는 개선 가능한 자는 개선조치를, 개선 불가능한 자는 무해화조치를 취할 것을 주장하였다.
○ : ㉠, ㉢

정답: ③

013 **범죄인의 성격적 태도나 장래 징후를 기준으로 범죄인을 중범죄인·경범죄인·조발성 범죄인·지발성 범죄인으로 분류한 사람은?**

① 슈툼플(F. Stumpfl) ② 엑스너(F. Exner)
③ 구룰레(H.W. Gruhle) ④ 마이호퍼(W. Maihofer)

해설

② 엑스너는 성격학적 원인, 유전 생물학적 원인, 범죄심리학적 원인, 체질학적 원인, 범죄사회학적 원인, 형사정책적 원인 등의 관점을 다원적으로 이용하여 범죄인을 분류하였다. ③ 구룰레는 범죄를 일으키는 동기를 심리학적으로 분석하여 경향범죄인, 박약범죄인, 격정범죄인, 명예(확신)범죄인, 빈곤범죄인 등으로 분류하였다. ④ 마이호퍼는 재사회화이념에 따라 속죄용의 있는 기회범인, 속죄용의 없는 기회범인, 개선 가능한 상태범, 개선 불가능한 상태범으로 분류하였다. 정답: ①

014 **슈툼플(F. Stumpfl)은 범죄시기에 따라 조발성범죄인과 지발성범죄인으로 분류하였는데 이 경우 양자 구별의 기준으로 삼은 연령은?**

① 18세 ② 20세
③ 23세 ④ 25세

해설

④ 독일의 슈툼플은 25세 이전에 처음 범죄를 저지르는 자를 조발성범죄인, 25세 이후에 처음 범죄를 저지르는 자를 지발성범죄인으로 분류하였다.

〈슈툼플의 범죄인 분류〉

범죄인 성격에 따른 분류	경범죄인	외적·내적 갈등으로 가벼운 범죄를 저지르는 자
	중범죄인	외적·내적 갈등 없이 소질에 의해 범죄를 저지르는 자
범죄시기에 따른 분류	조발성범죄인	25세 이전에 처음 범죄를 저지르는 자
	지발성범죄인	25세 이후에 처음 범죄를 저지르는 자

정답: ④

015 **국제형사학협회(I.K.V)가 분류한 범죄인 유형을 바르게 묶어놓은 것은?**

㉠ 기회범죄인 ㉡ 확신범죄인
㉢ 사회생활능력이 약화된 범죄인 ㉣ 노동혐오의 직업적 범죄인
㉤ 합법적 사회생활을 기대할 수 없는 범죄인

① ㉠, ㉡, ㉢ ② ㉠, ㉢, ㉣
③ ㉠, ㉢, ㉤ ④ ㉡, ㉢, ㉣

해설

③ 국제형사학협회는 리스트의 범죄인 분류를 토대로 기회범죄인, 사회생활능력이 약화된 범죄인, 합법적 사회생활을 기대할 수 없는 범죄인으로 분류하였다. 정답: ③

016 다원적 관점에서 범죄인을 분류한 학자는?

① 슈툼플(F. Stumpfl)
② 마이호퍼(W. Maihofer)
③ 젤리히(E. Seelig)
④ 엑스너(F. Exner)

해설

④ 엑스너는 여러 가지 관점에서 범죄인을 분류하였는데 (ⅰ) 유전생물학적 분류, (ⅱ) 범죄심리학적 분류, (ⅲ) 성격학적 분류, (ⅳ) 체질학적 분류, (ⅴ) 범죄사회학적 분류, (ⅵ) 형사정책학적 분류가 그것이다. 정답: ④

★중요★

017 범죄인 분류에 관한 설명으로 거리가 먼 것은?

① 롬브로소(Lombroso)는 생래적 범죄인, 정신병범죄인, 격정범죄인, 기회범죄인 등 6종으 분류하였다.
② 가로팔로(Garofalo)는 범죄인을 크게 자연범과 법정범으로 분류하였다.
③ 아샤펜부르크(Aschaffenburg)는 우발범죄인, 격정범죄인, 기회범죄인, 예모범죄인 등 7종으로 분류하였다.
④ 우리나라는 우발범죄인, 상습범죄인, 소년범죄인, 직업범죄인, 사상범죄인으로 분류하고 있다.

해설

④ 우리나라는 형사실무상 양형과 범죄인처우를 위하여 범죄인을 우발범, 상습범, 심신장애범, 소년범, 사상범으로 분류하고 있다. 정답: ④

018 생물학적 범죄원인론에 대한 설명으로 틀린 것은?

① 행위자 개인의 기본적 특성인 소질을 강조한다.
② 다윈의 진화론으로부터 영향을 받았다.
③ 크레취머와 셀던은 체형과 정신적인 기질의 일치 정도를 연구함으로써 생물학적 범죄원인론을 발전시켰다.
④ 롬브로소는 생물학적·실증적인 인간관과 범죄관념에 따라 비결정론을 전제로 범죄를 연구하였다.

해설

④ 롬브로소를 포함한 실증주의자들은 생물학·심리학·사회학 등을 활용한 과학적인 방법으로 인간행위는 주로 소질 또는 경제·사회·물리적 환경 등 외부적 요인에 의해 통제되고 결정된다고 보았다(결정론).

정답: ④

019 다음 범죄학자들의 공통된 이론은?

롬브로소(Lombroso)	고링(Goring)	셸던(Sheldon)

① 정치학적 원인론 ② 생물학적 원인론
③ 사회학적 원인론 ④ 심리학적 원인론

해설

롬브로소는 범죄인들은 원래 생물학적 열등성이 있어 범죄를 저지를 수밖에 없다고 보았으며, 셸던은 신체유형을 내배엽, 중배엽, 외배엽으로 나누어 근육질의 중배엽형 신체를 가진 사람이 공격적인 성향으로 인해 범죄를 많이 저지르게 된다고 주장하였다. 고링은 범죄자 특유의 외형적 특징은 존재하지 않는다고 주장하였으나 범죄인은 일반인에 비하여 지능이 낮다는 점을 인정하며, 범죄의 원인이 유전임은 인정하였다.

정답: ②

020 다음의 지문과 관련이 있는 학자는?

> 범죄자들은 비범죄자들과 구별되는 유별난 신체적 차이점을 가지고 있다. 일반적으로 범죄자들은 생물학적으로 덜 진화된 퇴행적 특징들을 보인다.

① 서덜랜드(Sutherland) ② 롬브로소(Lomboroso)
③ 갓프레이드슨과 허쉬(Gottfredson & Hirshi) ④ 맛차(Matza)

해설

범죄학의 아버지 롬브로소(Cesare Lombroso, 1835~1909)는 그의 저서 〈범죄인론〉을 통해 "범죄적 성향은 격세유전되며, 필연적으로 신체구조와 연관되고 일반적으로 범죄자들은 생물학적으로 덜 진화된 퇴행적 특징을 보인다."라고 주장하였다.

정답: ②

021 **초기 생물학적 범죄원인론과 생물사회학적 범죄원인론에 관한 설명으로 가장 옳지 않은 것은?**

① 초기 생물학적 범죄원인론(일반적으로 1960년대 또는 1970년대 이전)은 범죄행위의 원인으로서 주로 신체적 특성과 유전에 중점을 두었다.
② 초기 생물학적 범죄원인론은 유전자, 염색체, 식사, 호르몬, 환경오염 등을 포함하여 행동에 대한 다양한 영향요인을 조사하였다.
③ 몇몇 초기 생물학적 범죄원인론은 범죄성은 가계(family) 내에 있으며 한 세대에서 또 다른 세대로 유전될 수 있다고 제안하였다.
④ 초기 생물학적 범죄원인론은 범죄성의 유의한 근원으로서 얼굴 특성, 체형, 두개골 형태와 같은 신체적 특성을 고려하였다.

해설

② 주로 1990년 이후 현대 생물사회학적 범죄원인론은 유전자, 염색체, 식사, 호르몬, 환경오염 등을 포함하여 행동에 대한 다양한 영향요인을 조사하였다. 정답: ②

★중요★
022 **쌍생아 연구방법을 범죄생물학에 도입하여 범죄성의 형성은 유전소질에 의하여 결정적으로 좌우된다고 주장한 학자는?**

① 덕데일 ② 에스타브룩 ③ 고다드 ④ 랑게

해설

쌍생아 연구를 범죄생물학에 도입하여 체계화하고 획기적인 연구결과를 발표한 학자는 독일의 랑게(Lange)이다. 정답: ④

★중요★
023 **유전적 결함(유전부인)과 범죄와의 관계에 대한 설명으로 옳지 않은 것은?**

① 유전부인(遺傳負因)이란 선조의 유전자조건 중 범죄원인이 될 만한 특성을 보이는 나쁜 유전자조건을 말한다.
② 유전부인(遺傳負因)이 부모에게 있는 경우를 직접부인(直接負因), 부모의 형제에게 있는 경우를 간접부인(間接負因)이라 한다.
③ 유전부인(遺傳負因)과 범죄와의 상관성을 연구한 학자로는 슈툼플(F. Stumpfl)·글룩 부부(S. Glueck & E. Glueck) 등이 있다.
④ 영국의 고링(C. Goring)은 수형자와 일반사회인에 대한 비교연구를 통해 환경보다는 유전의 역할이 더욱 결정적이라고 주장하였다.

해설

② 유전부인이 부모에게 있는 경우를 직접부인(直接負因), 조부모에게 있는 경우를 간접부인(間接負因), 부모의 형제에게 있는 경우를 방계부인(傍系負因)이라 한다. 정답: ②

★중요★
024 다음 중 범죄생물학적 이론에 대한 설명으로 타당하지 않은 것은?

① 범죄원인에 대한 설명과 더불어 대응방안을 제시해주는 실천학문으로서 가치가 있다.
② 양자연구, 가계연구 등을 통해 범죄와의 상관성을 입증하려고 하였다.
③ 테스토스테론 수준이 높을수록 폭력범죄 가능성이 높다.
④ 웨스트와 패링턴은 부모의 범죄행위는 그의 자녀들에 의해 답습될 수 있다는 점을 주장하였다.

해설

① 범죄생물학적 이론은 생물학적 이유로 범죄가 발생했다는 사실은 설명하지만, 이에 대한 대응방안을 제시하지는 못하였다. 또한 생물학적 원인과 범죄의 상관관계에 대한 설명도 일관성이 부족하여 실천학문으로서의 가치는 약하다. 정답: ①

025 유전과 범죄에 관한 설명으로 틀린 것을 모두 고른 것은?

> ㉠ 고링(Goring)은 일찍 부모의 영향권을 벗어난 사람들이 더 늦게 벗어난 사람보다 고질적 범죄인이 될 비율이 높다고 보았다.
> ㉡ 리들(Riedl)은 어머니보다 아버지의 유전적 결함이 범죄에 보다 많은 영향을 미친다고 보았다.
> ㉢ 글룩 부부(S. Glueck & E. Glueck)는 범죄발생이 유전적 결함보다는 성장환경에 더 많이 좌우된다고 보았다.
> ㉣ 덕데일(Dugdale)은 유전성은 환경의 불변성과 무관하다고 주장하여 환경적 요인이 범죄에 미치는 영향을 부정하였다.

① ㉠, ㉡　　② ㉠, ㉢
③ ㉡, ㉢　　④ ㉢, ㉣

해설

× : ㉢ 글룩 부부는 범죄발생과 유전적 결함과는 밀접한 관계가 있다고 보았다.
㉣ 덕데일은 유전성은 환경의 불변성에 의존하며, 환경의 변화는 생애의 전체 변화를 낳을 수 있다고 하여 유전적 요인 외에도 환경의 중요성을 강조하였다.
○ : ㉠, ㉡ 정답: ④

026 다음 중 생물학적 범죄원인론에 대한 설명으로 가장 옳지 않은 것은? 해경간부 2023

① 크레취머(Kretschmer)는 사람의 체형을 세장형, 운동형, 비만형으로 나누고 각 체형과 범죄유형의 상관관계를 연구하였다.
② 제이콥스(Jacobs)에 의하면 XYY형의 사람은 남성성을 나타내는 염색체 이상으로 신장이 크고, 정상인들에 비하여 수용시설에 구금되는 비율이 높다고 하였다.
③ 랑게(Lange)는 이란성 쌍둥이가 일란성 쌍둥이에 비해 쌍둥이가 함께 범죄를 저지를 가능성이 높다고 하였다.
④ 덕데일(Dugdale)은 범죄는 유전의 결과라는 견해를 밝힌 대표적인 학자이다.

해설

③ 랑게(Lange)는 일란성 쌍둥이가 이란성 쌍둥이에 비해 쌍둥이가 함께 범죄를 저지를 가능성이 높다고 하였다.

정답: ③

027 다음 중 유전과 범죄의 관계에 대한 연구가 아닌 것은?

① 쌍생아연구
② 범죄자가계연구
③ 연령과 범죄곡선
④ 입양아연구

해설

유전과 범죄의 관계에 대한 연구로는 범죄자가계연구, 쌍생아연구, 입양아연구가 있고, 연령과 범죄곡선은 연령에 따른 범죄율의 증감 여부에 대한 내용이다.

정답: ③

★중요★

028 셀던(Sheldon)이 분류한 신체유형 중 공격적 기질형은?

① 내배엽형
② 외배엽형
③ 중배엽형
④ 세장형

해설

【중배엽형(mesomorphic)】

중배엽형은 근육형으로 운동근육이 발달되어 있고, 몸이 건장하며, 몸집이 큰 것이 특징이다. 활동적이며 역동적인 성격으로 행동이 공격적이다.

정답: ③

029 생물학적 범죄이론에 관한 내용으로 가장 적절한 것은? 경행경채 2022

① 셀던(Sheldon)은 인간의 체형을 중배엽형(mesomorph), 내배엽형(endomorph), 외배엽형(ectomorph)으로 구분하고, 이 중 외배엽형은 활동적이고, 공격적이며, 폭력적 면모를 가진다고 주장하였다.

② 고링(Goring)은 수형자와 일반사회인에 대한 비교연구를 통해 유전보다는 환경의 역할이 결정적이라고 주장하였다.

③ 초남성(supermale)으로 불리는 XXY 성염색체를 가진 남성은 보통 남성보다 공격성이 더 강한 것으로 알려져 있다.

④ 범죄성 유전에 대한 가계도 연구는 쥬크(Juke)가(家)와 칼리카크(Kallikak)가(家)에 대한 연구가 대표적이다.

해설

④ 범죄성 유전에 대한 가계도 연구는 덕데일의 쥬크(Juke)가와 고다드의 칼리카크(Kallikak)가에 대한 연구가 대표적이다. 범죄자 집안의 선대 사람들의 범죄경력을 조사하여 범죄성의 유전을 입증한 연구이다.

① 셀던(Sheldon)이 활동적이고, 공격적이며, 폭력적 면모를 가진다고 주장한 것은 중배엽형(근육형)으로, 가슴과 어깨근육이 발달한 근육형 인간으로서 활동적이고 공격적인 성향을 띤다. 외배엽형은 세장형으로, 피부와 신경체계가 발달하였고 여위였으며 섬세하고 작은 몸집에 성격은 예민하고 내향적이다. 내배엽형 인간은 배가 나오고 둥그스름한 체형에 살이 찌기 쉬운 체질이고, 성격은 느긋하며 외향적이다.

② 고링(Goring)은 롬브로소의 이론에 반론을 제기하면서 범죄란 신체적 변이형태와 관계된 것이 아니라 유전에 의해 전수되는 것이며, 각자가 처해 있는 사회적 환경이나 자연적 환경의 결과가 아니라고 주장하였다.

③ 보통의 남성보다 공격성이 더 강한 것으로 알려져 있는 초남성(supermale)이란 XYY 성염색체를 가진 남성을 말하며, 지능이 낮고 성적인 조숙, 조발성, 뇌파측정에서 간질환자의 뇌파와 유사한 이상파를 보이는 자로, 폭력적이고 강한 범죄성향을 가지며 공격성이 강하여 교정교화는 불가능하다고 보고 있다.

정답: ④

030 생물학적 범죄원인론에 대한 설명으로 가장 적절하지 않은 것은? 경찰간부 2024

① 셀던(Sheldon)은 소년교정시설에 수용된 청소년과 일반 청소년의 신체적 특징을 비교 조사하여 범죄자는 독특한 체형을 지니며, 이러한 체형이 반사회적 행동의 원인이라고 주장하였다.

② 랑게(Lange)는 이란성 쌍생아보다 일란성 쌍생아가 범죄적 일치성이 높아 범죄는 개인의 타고난 유전적 소질에 의한 것이라고 주장하였다.

③ 허칭스와 메드닉(Hutchings & Mednick)은 입양아 연구결과 양아버지의 영향이 생물학적 아버지의 영향보다 크다고 하였다.

④ 글룩(Glueck) 부부는 체형이 행위에 영향을 주어 간접적으로 비행을 유발하는 다양한 요인 중 하나라고 하였다.

해설

③ 허칭스와 메드닉(Hutchings & Mednick)은 초기 입양아 연구들의 문제점을 개선하기 위해 친아버지(=유전)와 양아버지(=환경)의 범죄율을 비교하여 입양아의 범죄율을 조사하였다. 이 연구결과는 생물학적 부모에 의한 유전의 영향(20%)이 입양부모에 의한 환경의 영향(14.7%)보다 더 크다는 사실을 밝혔고, 더불어 생물학적 부모와 입양부모가 모두 범죄경력이 있을 때, 즉 유전과 환경의 영향이 중첩될 때 범죄성향이 가장 증가(25%)한다는 사실도 보여 주었다.

※ 입양아의 범죄율이 높게 나타난 순서 : 친아버지·양아버지 모두 범죄 > 친아버지만 범죄 > 양아버지만 범죄

① 셀던(Sheldon)은 1939년부터 10년간 매사추세츠 주 소년원에 수용된 200명의 소년과 범죄경험이 없는 대학생 200명의 신체유형을 측정하여 비교·분석하였다. 비행소년집단은 중배엽형 즉 근육이나 골격의 발달이 뛰어났고, 외배엽형 즉 신경계는 발달이 더뎠으며, 내배엽형 즉 소화기 등의 발달상태는 보통이었다. 반면, 일반 대학생은 중배엽형 수치가 매우 낮은 반면, 외배엽형 수치는 주목할 정도로 높았다.

② 랑게는 범죄생물학에 쌍생아연구를 도입한 독일의 정신의학자로, 일란성 13쌍과 이란성 17쌍 총 30쌍의 쌍생아를 대상으로 연구를 진행하였는데, 일란성은 13쌍 중에서 10쌍, 이란성은 17쌍 중에서 2쌍만이 양쪽 모두 범죄를 저질렀다. 즉, 일란성 쌍생아 중에서 쌍생아 모두가 범죄를 저지른 비율이 이란성 쌍생아보다 높다는 것을 확인함으로써 '범죄란 개인의 타고난 유전적 소질에 의해 발현되는 것'으로 이해하였다.

④ 글룩(Glueck) 부부는 500명의 비행소년과 정상소년 500명을 비교하여 비행의 관련성을 검증하였는데, 그 결과 비행소년의 60.1%가 신체긴장형이었던 반면, 일반소년은 30.7%만이 신체긴장형이라는 사실을 발견하였다. 연구결과를 인과적 견지에서 해석하기보다는, 체형이 비행을 유발시킬 수 있는 요소로 해석하면서 범죄유발환경하에 사는 신체긴장형의 비행잠재성이 더욱 크다고 주장하였다. 즉, 체형이 비행의 직접적인 원인이라기보다는 단순히 외형은 그 사람의 행위에 영향을 미치고, 체형은 비행을 유발시키는 많은 요인 가운데 하나에 불과하다는 것이다. 정답: ③

031 범죄성향의 유전성을 밝히기 위해 허칭스와 매드닉이 코펜하겐에서 수행한 연구는?

① 쌍생아연구
② 하위문화연구
③ 범죄인가계도연구
④ 입양아연구

해설

범죄성향의 유전성을 밝히기 위해 허칭스와 매드닉이 코펜하겐에서 수행한 연구는 입양아연구이다.

정답: ④

★중요★
032 **범죄인 가계(家系)연구에 관한 설명 중 옳지 않은 것은?**

① 범죄인 가계란 범죄인의 계보를 연구한 결과 범죄인·이상성격자·부랑자 등이 많이 배출되는 가계를 말한다.
② 범죄인 가계의 연구는 범죄성이 유전되는 것을 가계도(家系圖)에 의해서 증명하려는 연구방법으로 쥬크(Juke)가와 칼리카크(Kallikak)가에 대한 연구가 대표적이다.
③ 범죄인 가계연구는 환경적 영향을 전혀 고려하지 않았고, 특정 가계에 대한 지엽적 연구에 불과하여 일반성을 인정할 수 없다는 비판이 있다.
④ 서덜랜드(Sutherland)는 조나단 에드워드(Jonathan Edward)가의 연구를 통해 범죄의 유전성을 입증하였다.

해설

④ 서덜랜드(Sutherland)는 조나단 에드워드(Jonathan Edward)가의 연구를 통해 선조 중에는 살인범이 있었으나, 후손 중에는 살인범이 전혀 없었다는 점을 들어 범죄의 유전성을 부정하였다.

정답: ④

033 **범죄인의 가계연구 중 범죄성향과 유전의 관계를 부정한 연구는?** 경행2차 2024

① 덕데일(Dugdale)의 쥬크가(Juke 家) 연구
② 고다드(Goddard)의 칼리카크가(Kallikak 家) 연구
③ 서덜랜드(Sutherland)의 에드워드가(Edward 家) 연구
④ 고링(Goring)의 통계방법에 의한 연구

해설

③ 서덜랜드는 조나단 에드워드가(家)의 연구를 통해 선조 중에는 살인범이 있었으나, 후손 중에는 살인범이 전혀 없다는 점을 들어 범죄의 유전성을 부정하였다. 참고로, 고링은 통계학의 상관계수법으로 범죄성이 유전되는지를 검토하였는데, 범죄성의 정도를 구금빈도와 구금기간 두 가지 측면에서 연구한 결과 범죄성이란 유전되는 것으로 보았다.

정답: ③

034 **고다드(H. Goddard)의 범죄연구에 대한 설명으로 옳은 것은?**

① 매스컴과 범죄의 무관성을 주장하였다.
② 인신범죄는 따뜻한 지방에서, 재산범죄는 추운지방에서 보다 많이 발생한다고 하였다.
③ 범죄자의 정신박약이나 지능과의 관계에 대하여 연구하였다.
④ 상습범죄자에 대한 조사에서 비행소년의 학업태만 등은 '범죄의 유치원'이라고 하였다.

해설

③ 고다드(Goddard)는 범죄인 가계연구를 한 학자로서 칼리카크가(家)(The Kallikak) 연구가 대표적으

로 지능과 범죄를 연구하였다. ① 클레퍼 (J.T. Klapper)·리커티(E.A. Ricutti)·레원(H.S. Lewon) 등 미국의 사회학자들에 따르면 매스미디어는 비인격적 관계에서 제시되는 사회적 환경의 일부에 불과하므로 범죄의 증가와 무관하며, 범죄발생은 개인적 인격, 가정, 집단관계 등 복합적 요소에 따라 좌우된다고 보았다. ② 케틀레(A. Quetelet)는 대인범죄는 따뜻한 지방인 유럽의 남부에 많고, 재산범죄는 추운 지방인 북부(특히 추운 계절)에 많다고 하였다. ④ 미국의 정신의학자인 힐리와 브론너(Healy & Bronner)는 여러 원인이 복합적으로 작용하여 동태적·발전적으로 소년비행에 이르게 되는 과정을 설명하였으며, 특히 '학업태만은 범죄의 유치원'이라고 하였다.

〈범죄인가계연구〉

쥬크가(家) 연구	맥스 쥬크의 7대에 걸친 조상 709명을 조사한 결과 매춘부 24.5%, 알코올중독자 18.5%, 중범죄자 10.5%, 정신병자 8.6% 등으로 조사되었고, 이들의 행동유형 또한 대체로 탐욕적, 향락적, 책임감과 정의관념 희박, 노동기피 등 특이현상이 나타났다.
칼리카크가(家) 연구	마틴 칼리카크가 정신박약자인 여인과의 사이에서 출생한 자손에게는 정신박약자 29.3%, 알코올중독자가 4.9%, 기타 범죄자 등이 다수 배출된 반면, 청교도 신앙을 가진 여인과의 사이에서 출생한 자손은 대체로 건전한 시민이었다.

정답: ③

035 생물사회학적 범죄연구 사례에 대한 내용이다. 해당되는 연구는 무엇인가? 경찰간부 2023

마틴은 기독교 집안에서 자란 청년으로 미국 독립전쟁에 참전 후 귀가하던 도중 하룻밤 묵게 된 여관에서 지적장애를 가진 여성종업원과 성관계를 맺었다. 그 후 자신의 고향에 돌아와 기독교인 여성과 결혼한 후 건실한 가정을 꾸리고 살았다.

연구자는 이 두 여성으로부터 태어난 마틴의 4대째 후손들까지를 조사하였는데, 이후에 결혼한 여성에게서 태어난 후손들 중에는 법률가, 성직자, 의사 등 사회적으로 성공한 사람들이 많았고 범죄자는 한 명도 없었다. 그에 비해 지적장애를 가진 여성종업원으로부터 태어난 후손들은 절반 이상이 지적장애인이나 범죄자였다. 연구자는 이러한 연구결과를 토대로 부모의 범죄성향이 전적으로 유전에 의해 자식에게 대물림된다고 주장하였다. 하지만 이러한 연구결과만으로는 자식이 부모의 범죄성향을 닮은 이유가 순전히 유전에 의한 것인지 아니면 부모가 자식에게 제공한 환경의 영향 때문인지에 대해 명확한 해답을 제시할 수 없다는 비판을 받는다.

① 덕데일(Dugdale)의 쥬크(Juke)가문에 관한 연구
② 고다드(Goddard)의 칼리카크(Kallikak)가문에 관한 연구
③ 서덜랜드(Sutherland)의 조나단 에드워드(Jonathan Edward)가문에 관한 연구
④ 제이콥스(Jacobs)와 스트롱(Strong)의 연구

해설

② 고다드(Goddard)는 미국 독립전쟁 당시 마틴 칼리카크라는 남자와 그의 후손들에 대한 가계를 조사하여 유전과 범죄의 관계를 찾았다.
① 덕데일(Dugdale)은 1700년대 중반에 미국에 살았던 쥬크라는 여성범죄자의 후손들을 조사한 결과, 상당수가 전과자, 포주, 창녀, 극빈자였다는 사실을 밝혀내어 범죄는 유전과 관계된 것으로 결론지

었다.

③ 서덜랜드(Sutherland)는 조나단 에드워드(Jonathan Edward)가의 연구를 통해 선조 중에는 살인범이 있었으나, 후손 중에는 살인범이 전혀 없다는 점을 들어 범죄의 유전성을 부정하였다.

④ 제이콥스(Jacobs)와 스트롱(Strong)의 연구는 성염색체에 대한 연구로, 인간의 성염색체는 그 형태, 구성, 개수 등에 이상이 나타날 수 있고, 이로 인해 성격적 결함을 초래할 수 있으며, 이것이 범죄성과 어떠한 상관관계를 갖는가에 대한 연구이다.

정답: ②

036 범죄성향의 유전성을 밝히기 위해 웨스트와 페링턴(West & Farrington)이 연구한 분야는?

① 부모자녀 사이의 유전성
② 형제자매 사이의 유전성
③ 쌍둥이 사이의 유전성
④ 입양아와 생물학적 아버지 사이의 유전성

해설

웨스트와 패링턴은 부모의 범죄행위는 그의 자녀들에 의해 답습될 수 있다는 것을 주장하였다.

정답: ①

037 범죄생물학적 관점의 연구와 관련이 없는 것은?

① 가계연구
② 쌍생아연구
③ 인성연구
④ 호르몬연구

해설

범죄자가계연구, 쌍생아연구, 입양아연구, 호르몬연구 등은 범죄생물학적 관점의 연구와 관련이 있으며, 인성연구는 심리학적 연구와 관련이 있다.

정답: ③

★중요★

038 범죄학에 관한 학자와 그 이론의 연결이 옳지 않은 것은?

ㄱ. 롬브로소(C. Lombroso)	a. 체형이론
ㄴ. 페리(E. Ferri)	b. 범죄인류학, 생래적 범죄인
ㄷ. 슐징어(Schulsinger)	c. 쌍생아연구
ㄹ. 랑게(J. Lange)	d. 범죄사회학, 범죄포화법칙

① ㄱ - b
② ㄴ - d
③ ㄷ - a
④ ㄹ - c

해설

슐징어는 양자연구를 한 학자이다. 체형이론으로는 크레취머(Ernst Kretschmer), 셀던(William Sheldon) 등의 연구를 들 수 있다.

정답: ③

★중요★
039 쌍둥이연구에 관한 설명 중 옳지 않은 것은?

① 쌍둥이연구는 일란성 쌍둥이와 이란성 쌍둥이의 범죄일치율을 비교해 봄으로써 유전적 소질이 범죄에 미치는 영향을 알 수 있다는 전제에서 출발하였다.
② 랑게(Lange)는 13쌍의 일란성 쌍둥이와 17쌍의 이란성 쌍둥이를 대상으로 연구한 결과, 일란성 쌍둥이에서 쌍둥이 모두가 범죄를 저지른 비율이 이란성 쌍둥이에서 쌍둥이 모두가 범죄를 저지른 비율보다 높다는 것을 확인하였다.
③ 크리스찬센(Christiansen)은 랑게의 연구가 가진 한계를 극복하기 위해 광범위한 표본을 대상으로 연구하였고, 그 연구결과에 의하면 일란성 쌍둥이 모두가 범죄를 저지른 비율보다 이란성 쌍둥이 모두가 범죄를 저지른 비율이 오히려 높다는 결과를 얻었다.
④ 달가드(Dalgard)와 크링글렌(Kringlen)은 쌍둥이연구에서 유전적 요인 이외에 양육과정의 차이도 함께 고려하여 연구하였다.
⑤ 쌍둥이연구는 일란성과 이란성의 분류 방법의 문제, 표본의 대표성, 공식적인 범죄기록에 의한 일치율 조사 등에 문제가 있다는 비판이 있다.

해설

③ 크리스챤센은 1881년부터 1910년까지 덴마크에서 태어난 약 6,000여 쌍에 이르는 모든 쌍생아를 조사하여 1968년 그 결과를 발표하였는데, 일란성 쌍생아 중 모두가 범죄를 저지른 비율은 35.8%였던 반면, 이란성 쌍생아 중 모두가 범죄를 저지른 비율은 12.3%에 불과하다는 사실을 밝혀냈다.

정답: ③

040 생물학적 범죄원인론에 대한 설명으로 가장 적절하지 않은 것은? 경찰간부 2025

① 덕데일(Dugdale)은 쥬크가(The Jukes) 연구를 통해 범죄의 유전적 요인에 주목하였다.
② 랑게(Lange)는 가계연구에서 밝히기 어려운 범죄성에 대한 유전과 환경의 관계를 밝히기 위해 쌍생아 연구를 하였다.
③ 허칭스와 매드닉(Hutchings & Madnick)의 연구에 따르면, 친부와 양부 모두 범죄경력이 있는 경우가 한 쪽만 범죄경력이 있는 경우에 비해 입양아의 범죄 가능성에 더 큰 영향력을 미치는 것으로 나타났다.
④ 크리스티안센(Christiansen)은 일란성 쌍생아의 경우 성별을 불문하고 이란성 쌍생아보다 한 쪽이 범죄자인 경우에 다른 쪽도 범죄자인 비율이 높은 것을 확인하였고, 범죄성의 환경적 요인에 따른 영향력은 없다고 하였다.

해설

④ 크리스티안센(Christiansen, 1968)은 1881년부터 1910년 사이에 덴마크에서 태어난 모든 쌍생아들의 범죄일치율을 조사하였는데, 남자 일란성쌍생아와 이란성쌍생아는 각각 35.8%와 12.5%, 여자의 경우 각각 21.4%와 4.3%로 나타났다. 연구결과 일란성쌍생아 집단의 범죄일치율이 높았기 때문에 유전이 범죄에 미치는 영향이 존재함을 입증하였다. 다만, 범죄발생이 환경과는 무관하게

오로지 유전에 의한다면 일란성쌍생아의 범죄일치율은 100%여야 하지만, 남녀 집단 모두 50%에도 미치지 못한다는 점을 토대로 판단해 보면, 환경이 범죄에 미치는 영향 또한 강하다는 사실을 확인할 수 있다. 더불어 비록 일란성쌍생아의 범죄일치율이 이란성쌍생아보다 더 높은 것으로 드러났지만, 이 결과가 유전적 영향을 방증하는 것이라고 단정 지을 수도 없다. 왜냐하면 일란성쌍생아는 외모나 성향이 더 유사하므로 부모나 주위 사람들로부터 이란성쌍생아에 비해 더 유사한 대접이나 처우를 받았을 수 있고, 그들의 높은 범죄일치율이 사실은 유사한 환경적 경험에 기인하는 것일 수도 있기 때문이다. 정답: ④

★중요★

041 다음 중 쌍생아연구를 수행한 연구자가 아니 사람은?

㉠ 랑게(Lange)
㉡ 크리스티안센(Christiansen)
㉢ 갈튼(Galton)
㉣ 슐싱어(Schulsinger)
㉤ 크로우(Crow)

① ㉠, ㉣
② ㉢, ㉣
③ ㉡, ㉤
④ ㉣, ㉤

해설

㉣ 슐싱어는 입양아연구를 수행했다.
㉤ 크로우는 어머니가 범죄자였던 양자들의 상태를 조사하여 그 상관성을 입증하였다. 정답: ④

042 양자(養子)연구를 통하여 범죄와 유전과의 관계를 연구한 학자가 아닌 것은?

① 슐징거(Schulsinger)
② 크로우(Crowe)
③ 허칭스(Hutchings)
④ 제이콥스(Jacobs)

해설

④ 제이콥스(Jacobs)는 성염색체의 이상과 범죄의 관계를 연구한 사람이다. 정답: ④

043 생물학적 범죄원인론에 대한 설명으로 틀린 것은?

① 행위자 개인의 기본적 특성인 소질을 강조한다.
② 다윈의 진화론으로부터 영향을 받았다.
③ 크레취머와 셀던은 체형과 정신적인 기질의 일치 정도를 연구함으로써 생물학적 범죄원인론을 발전시켰다.
④ 롬브로소는 생물학적 실증적인 인간관과 범죄관념에 따라 의사자유론을 전제로 하여 범죄연구를 하였다.

해설

생물학적 범죄원인론은 결정론적 인간관을 전제로 하여 범죄인은 비범죄인과 본질적으로 다르다고 보았다. 정답: ④

★중요★

044 범죄원인론에 관한 설명 중 괄호 안에 들어갈 이름으로 옳은 것은?

- (A)은(는) 범죄통계적 분석에 기초하여 운동형(투사형), 세장형, 비만형 등으로 구분하고 체형에 따른 범죄특성을 설명하였다.
- (B)은(는) 정신병원에 수용된 환자들을 연구대상으로 하여 이들의 염색체를 조사한 결과 XYY형은 다른 정상인들에 비하여 수용시설에 구금되는 정도가 높다고 하였다.
- (C)은(는) 부모의 범죄성과 자식의 범죄성이 관련이 있다는 연구결과에 근거하여 범죄성은 유전에 의해 전수되는 것으로 보았다.
- (D)은(는) 크레펠린(E. Kraepelin)의 정신병질자 분류유형보다 더 세분된 10가지 유형으로 정신병질적 성격유형을 구분하였다.

㉠ 제이콥스(P. Jacobs)
㉡ 크레취머(E. Kretschmer)
㉢ 셀던(W.H. Sheldon)
㉣ 고링(C. Goring)
㉤ 슈나이더(K. Schneider)

	A	B	C	D
①	㉠	㉢	㉤	㉣
②	㉡	㉠	㉣	㉤
③	㉡	㉠	㉢	㉤
④	㉡	㉢	㉣	㉤
⑤	㉢	㉡	㉠	㉤

해설

㉣ 고링은 범죄인이 비범죄인보다 일반적으로 신장과 체중이 다소 미달될 뿐 신체적으로 일반인과 구별되는 특징을 발견할 수 없었다고 주장하고, 롬브로소가 주장하는 범죄인 분류는 현실적으로 활용이 부적절하다고 비판하였으나, 범죄성의 유전성에 대해서는 긍정하는 입장을 취하였으므로 학습에 주의를 요한다. 정답: ②

045 생물학적 범죄원인론에 관한 설명 중 괄호 안에 들어갈 학자의 이름이 옳게 묶인 것은?

(A)은(는) 범죄자들 가운데 일부는 선천적 기질로 인해 범죄를 저지르며, 그들은 진화론적으로 퇴행한 것으로서 격세유전을 통해 야만적 속성이 유전된 돌연변이적 존재라고 하였다. 그러나 (B)은(는) 범죄는 신체적인 변이와 관련된 것이 아니라 유전학적 열등성에 기인한 것이라고 주장함으로써 (A)을(를) 비판하였다. 한편 (C)은(는) 체형을 비만형·투사형· 세장형으로 나누고, 각각의 범죄율과 범죄유형을 조사한 바 있다.

㉠ 롬브로소(Lombroso)
㉡ 고링(Goring)
㉢ 고다드(Goddard)
㉣ 후튼(Hooton)
㉤ 셸든(Sheld)
㉥ 크레취머(Kretschmer)

	A	B	C
①	㉠	㉡	㉣
②	㉠	㉡	㉥
③	㉠	㉢	㉤
④	㉠	㉣	㉥
⑤	㉡	㉣	㉤

정답: ②

★중요★

046 다음 설명 중 옳은 것을 모두 고른 것은?

㉠ 롬브로소(Lombroso)는 진화론을 무시하였다.
㉡ 후튼(Hooton)은 롬브로소의 이론에 반대하였다.
㉢ 프로이트(Freud)는 이드, 에고, 슈퍼에고 이론 및 XXY, XYY이론에 대해 연구하였다.
㉣ 메드닉(Mednick)은 MMPI를 개발하였다.
㉤ 글룩(Glueck) 부부는 비행소년의 성격심리특징을 찾고자 하였다.
㉥ 크레취머(Kretschmer)는 신체구조와 성격의 연구를 통해 범죄의 상관성을 설명하고자 하였다.

① ㉠, ㉡
② ㉡, ㉢
③ ㉢, ㉣
④ ㉣, ㉤
⑤ ㉤, ㉥

해설

○ : ㉤, ㉥

× : ㉠ 롬브로소는 다윈의 진화론에서 많은 영향을 받았다. ㉡ 후튼은 롬브로소의 이론에 찬성하였다. ㉢ XXY형, XYY형 등 성염색체 연구는 제이콥스(Jacobs)·위트킨(Witken) 등에 의해 이루어졌다. ㉣ 메드닉(Mednick)은 뇌파와 범죄와의 관련성을 연구한 학자이며, MMPI(Minnesota Muliphasic Personality Inventory : 미네소타 다면적 인성검사)는 1940년에 미국의 하더웨이와 맥킨리(S. Hathaway & J. Mckinley)에 의해 개발되었다.

정답: ⑤

047 생물학적 범죄원인론에 관한 연구가 아닌 것은?

① 가계연구 ② 쌍생아연구 ③ 사이코패스연구 ④ 신체유형연구

해설

생물학적 범죄원인론에는 체형이론(크레취머, 셀던), 유전적 결함에 대한 연구, 범죄인가계연구, 쌍생아연구, 양자연구, 성염색체연구 등이 있다. 사이코패스는 심리적 원인론이다. 정답: ③

048 생물학적 범죄원인론에 관련된 설명 중 옳지 않은 것은?

① 랑게(Lange)는 일란성 쌍생아들이 이란성 쌍생아들보다 범죄일치율(두 명 모두 범죄를 저지른 비율)이 현저히 높다는 점을 근거로 유전적 소질이 범죄에 영향을 미친다고 주장하였다.
② 제이콥스(Jakobs)는 염색체 구조와 범죄의 관계를 조사하여, 남성성을 나타내는 Y염색체가 일반 남성보다 많은 XYY형 남성은 폭력적이며 강한 범죄성향을 가진다고 주장하였다.
③ 고링(Goring)은 신체적 특징과 범죄의 관계를 분석하여, 범죄자가 일반인과 현저히 구별되는 신체적 특징을 지녔다는 롬브로소의 주장을 지지하였다.
④ 크레취머(Kretschmer)는 사람의 체형을 세장형, 운동형, 비만형으로 나누고 각 체형과 범죄유형의 상관관계를 연구하였다.
⑤ 글룩 부부(S. Glueck & E. Glueck)의 연구에 따르면 범죄를 저지르는 경향이 가장 높은 체형은 중배엽형이다.

해설

③ 고링은 범죄인이 비범죄인보다 일반적으로 신장과 체중이 다소 미달될 뿐 신체적으로 일반인과 구별되는 특징을 발견할 수 없었다고 주장하고, 롬브로소가 주장하는 범죄인 분류는 현실적으로 활용이 부적절하며, 생래적 범죄인은 어떠한 방법을 통해서도 판별해낼 수 없는 비경험적인 개념이라고 비판하였다. 정답: ③

049 쌍생아 연구에 대한 설명으로 가장 옳지 않은 것은?

① 쌍생아 연구는 유전학이나 심리학에서뿐만 아니라 범죄학에서도 유전소질과 환경의 관계를 명확히 하는 데 기여하였다.
② 쌍생아에 대한 뉴먼(Newman) 등의 연구는 범죄성 형성은 유전소질에 의하여 결정적으로 좌우된다는 랑게의 연구를 비판하였다.
③ 크리스찬센은 이란성 쌍생아(DZ)보다는 일란성 쌍생아(MZ)의 경우에 범죄행위 유사성이 더 높은 것을 보여주었다.
④ 달가드와 크렝클린은 1900년과 1935년 사이에 노르웨이에서 태어난 모든 쌍생아에 대하여 연구를 하여 등록된 범죄에 대한 유전적 요인들의 유의성은 존재하지 않는다고 결론내렸다.

해설

② 뉴먼 등의 1937년 연구결과는 랑게와 마찬가지로 범죄에 대한 유전적 소질의 영향이 강하다는 것을 보여주었다. 정답: ②

050 범죄생물학에 관한 설명 중 옳지 않은 것은?

① 제이콥스(Jakobs)는 남성성이 과잉인 XYY형 염색체를 가진 사람들이 폭력적이고 강한 범죄성향을 가진다고 보았다.
② 아이센크(Eysenck)는 내성적인 사람의 경우 대뇌에 가해지는 자극이 낮기 때문에 충동적, 낙관적, 사교적, 공격적이 된다고 보았다.
③ 달가드(Dalgard)와 크린글렌(Kringlen)은 쌍둥이연구를 통해 범죄 발생에서 유전적 요소는 중요하지 않다고 주장하였다.
④ 코르테(Cortes)는 신체적으로 중배엽형의 사람일수록 범죄성향이 높다고 주장하였다.
⑤ 폴링(Pauling)은 영양결핍으로 인한 지각장애와 영양부족·저혈당증에 수반되는 과활동반응에서 범죄원인을 찾았다.

해설

② 아이센크(Eysenck)는 자율신경계의 특징에 따라 사람들의 성격을 내성적인 사람과 외향적인 사람의 두 부류도 대분하고, 외향적인 사람은 대뇌에 가해지는 자극이 낮기 때문에 항상 자극을 갈망하여 성격 자체도 충동적·낙관적·사교적·공격적이 된다고 본 반면, 내성적인 사람은 대뇌에 가해지는 자극이 강하고 오랫동안 지속되기 때문에 자극을 회피하는 경향이 강하여 성격 자체도 신중하고 조심스러우며, 비관적이 된다고 보았다. 정답: ②

051 다음 중 범죄생물학이론에 대한 설명으로 틀린 것은?

① 범죄의 원인을 범죄자의 생물학적 특징에서 찾는다.
② 20세기 초반 실증주의 사조의 영향을 받았다고 볼 수 있다.
③ 범죄원인에 대한 설명과 더불어 대응방안을 제시해주는 학문으로서 가치가 있다.
④ 가계연구와 양자연구 등을 통하여 범죄와의 상관관계를 입증하고자 하였다.

해설

범죄생물학이론은 생물학적 이유에서 범죄가 발생하였다는 현상의 설명 외에 어떠한 대응방안도 제시해주지 못하며, 범죄현상을 일관성 있게 설명하지 못하기 때문에 실천학문이라고 보기에는 부족하다.
정답: ③

★중요★

052 범죄의 유전적 원인에 관한 기술 중 올바르지 않은 것은?

① 유전적 신체기능의 비정상이 범죄원인이 될 수 있다는 연구가 일반적 범죄성향이 유전된다는 연구보다 설득력이 높은 연구로 평가된다.
② 페리는 범죄인의 범죄성이 격세유전의 특성을 보인다고 주장하였다.
③ 범죄가계연구의 가장 큰 문제점은 범죄자가 이미 많이 출현한 가계를 중심으로 통계조사를 한다는 점이다.
④ 쌍생아연구는 범죄에서 유전의 영향을 어느 정도 밝혀주었지만, 쌍생아가 대부분 같은 환경에서 자란다는 점을 간과하고 있다.

해설

② 롬브로소가 범죄성의 격세유전 특성을 주장하였다. 정답: ②

053 쌍둥이 연구에 관한 설명 중 옳지 않은 것은?

① 쌍둥이 연구는 일란성 쌍둥이와 이란성 쌍둥이의 범죄일치율을 비교해 봄으로써 유전적 소질이 범죄에 미치는 영향을 알 수 있다는 전제에서 출발하였다.
② 랑게(Lange)는 13쌍의 일란성 쌍둥이와 17쌍의 이란성 쌍둥이를 대상으로 연구한 결과, 일란성 쌍둥이에서 쌍둥이 모두가 범죄를 저지른 비율이 이란성 쌍둥이에서 쌍둥이 모두가 범죄를 저지른 비율보다 높다는 것을 확인하였다.
③ 크리스찬센(Christiansen)은 랑게의 연구가 가진 한계를 극복하기 위해 광범위한 표본을 대상으로 연구하였고, 그 연구결과에 의하면 일란성 쌍둥이 모두가 범죄를 저지른 비율보다 이란성 쌍둥이 모두가 범죄를 저지른 비율이 오히려 높다는 결과를 얻었다.
④ 달가드(Dalgard)와 크렝클린(Kringlen)은 쌍둥이 연구에서 유전적 요인 이외에 양육과정의 차이도 함께 고려하여 연구하였다.
⑤ 쌍둥이 연구는 일란성과 이란성의 분류 방법의 문제, 표본의 대표성, 공식적인 범죄 기록에 의한 일치율 조사 등에 문제가 있다는 비판이 있다.

해설

③ 크리스찬센의 연구결과는 대체로 이란성 쌍둥이보다 일란성 쌍둥이의 범죄행위 일치율이 더 높다는 것을 보여주었다. 정답: ③

054 범죄유전연구에 관한 설명 중 틀린 것으로 묶인 것은?

㉠ 범죄인 가계연구에 대해서는 당시 신분기록이나 법원기록이 부실하여 정확성을 신뢰하기 어렵다는 비판이 있다.
㉡ 쌍생아 연구에서 랑게(Lange)가 사용한 쌍생아계수란 쌍생아 전체에서 나타나는 범죄발생률을 쌍생아에게서 나타나는 범죄일치율로 나눈 숫자를 말한다.
㉢ 크로우(R.R. Crowe)는 1974년 그의 논문 「반사회적 인물들에 대한 입양 연구」를 통해 유전적 요소와 범죄성 간에는 상관성이 있다고 주장하였다.
㉣ 성염색체의 이상현상이 범죄와 밀접한 관계에 있다는 것이 학설의 일반적인 견해이다.

① ㉠, ㉡
② ㉠, ㉣
③ ㉡, ㉢
④ ㉡, ㉣

해설

× : ㉡ 크리스찬센(K.O. Christiansen)이 사용하였던 쌍생아계수란 쌍생아에서 나타나는 범죄일치율을 쌍생아 전체에서 나타나는 범죄발생률로 나눈 숫자를 말한다. ㉣ 성염색체의 이상현상과 범죄의 상관성을 인정할 수 없다는 것이 학설의 일반적인 견해이다.
○ : ㉠, ㉢

정답: ④

055 생물학적 범죄원인론에 관한 설명으로 가장 적절하지 않은 것은? 경행1차 2023

① 롬브로소(Lombroso)는 범죄인은 일반인에 비해 얼굴이나 두개골 등 신체 전반에 걸쳐 생물학적 열등성이 존재한다는 생래적 범죄인(born criminals)을 주장하였다.
② 크레취머(Kretschmer)는 인간의 체형을 크게 세장형(asthenic), 근육형(athletic), 비만형(pyknic) 등으로 분류한 후 각각의 신체특징별 성격과 범죄유형을 연구하였다.
③ 덕데일(Dugdale)은 범죄에 대한 유전성을 밝히기 위해 쥬크(Juke) 가문에 대한 가계도 연구를 실시하였다.
④ 허칭스(Hutchings)와 메드닉(Mednick)은 환경적 요인을 통제하지 못한 가계도 연구의 한계를 보완하기 위하여 쌍생아를 대상으로 범죄와 유전과의 관계를 연구하였다.

해설

④ 허칭스(Hutchings)와 메드닉(Mednick)은 입양아를 대상으로 범죄와 유전과의 관계를 연구하였다.
【허칭스와 매드닉(Hutchings & Medinick)의 연구】
- 양부모와 생부모의 범죄성의 상관관계에 따른 양자의 범죄율
  생부와 양부 모두 범죄자 > 생부만 범죄자 > 양부만 범죄자 > 생부와 양부 모두 비범죄자
- 양부모와 생부모의 범죄성 연구결과는 친부의 범죄성이 양부의 범죄성보다 높은 경우, 양자가 범죄자가 되기 쉬우므로 범죄성은 유전 때문에 나타난다.

정답: ④

★중요★
056 범죄에 관한 생물학적 또는 심리학적 설명 중 옳은 것은?

① 테스토스테론 수준이 낮을수록 폭력범죄 가능성이 높다.
② 아동기의 ADHD는 반사회적 행동의 가능성을 낮춘다.
③ 지능이 높은 사람이 강력범죄를 많이 저지른다.
④ 각성수준이 낮은 사람은 범죄 행동을 할 가능성이 높다.

해설

① 중요한 남성호르몬의 하나인 테스토스테론이 남성의 범죄적 폭력성과 관계가 있다고 한다.
② 반사회적 행동을 하는 부류는 아동기에 ADHD 환자가 많은 편이다.
③ 지능이 낮은 사람일수록 강력범죄를 많이 저지를 수 있다.

정답: ④

★중요★
057 범죄원인규명이론 중 성염색체 연구에 관한 설명으로 옳지 않은 것은?

① 성염색체 이상이 성격적 결함을 초래하여 범죄로 연결될 수 있다는 것이다.
② 성염색체 이상 중 특히 XYY형과 XXY형의 성염색체를 가진 사람들에게서 범죄적 현상이 나타난다고 한다.
③ 범죄와의 관계에서 특히 문제되는 성염색체의 유형은 XXY형의 남성으로 이들에게는 단신, 성적 미숙, 피학적인 특징이 나타난다고 한다.
④ XXY형 성염색체를 가진 남성은 무정자증, 여성형 유방 등의 신체적 특징을 가지며, 성범죄·조포범죄·절도죄 등을 저지르는 경우가 많다고 한다.

해설

③ 범죄와의 관계에서 특히 문제되는 성염색체의 유형은 XYY형의 남성이며, 이들에게는 장신, 많은 여드름, 성적 조숙, 공격성·가학성, 정신적 불안 등의 특징이 나타난다고 한다.

〈성염색체연구〉

XYY형 성염색체 (초남성 증후군)	• 남성적 특징인 Y염색체의 수가 하나 더 많은 경우로서 범죄적으로 문제되는 유형 • 남성인 경우 저지능, 장신, 성적 조숙, 공격성·가학성, 정신적 불안의 특징을 가짐 • 돌연변이에 의한 것으로 보므로 유전성이 없는 것이 특징 • 성범죄, 방화, 살인 등의 강력범죄를 저지르는 경우가 많음
XXY형 성염색체 (여성적 남성 증후군, 크라인펠터 증후군)	• 여성적 특징인 X염색체의 수가 증가하는 경우로서 특히 XXY형(여성적 남성)이 범죄적으로 문제되는 유형 • XXY형 성염색체를 가진 남성들은 고환의 왜소, 무정자증, 여성형 유방, 장신 등의 신체적 특징과 저지능, 반사회적 경향, 정신적 미숙 등의 인격적 특징을 가짐 • 동성애·성범죄·절도죄 등을 저지르는 경우가 많으나, 범죄학적으로 위험시되지는 않음

정답: ③

058 다음 중 생물학적 범죄원인론에 대한 설명으로 가장 옳지 않은 것은? 해경간부 2025

① 고링(Goring)은 롬브로소(Lombroso)의 생래적 범죄자의 생물학적 열등성에 대한 연구방법에 문제가 있다고 비판하였다.

② 초남성(Supermale)으로 불리는 XXY성염색체를 가진 남성은 보통 남성보다 공격성이 더 강한 것으로 알려져 있다.

③ 크레츠머(Kretschmer)는 체형을 비만형, 운동형(투사형), 세장형으로 분류한 후 체형과 범죄성 간의 관계를 설명하였다.

④ 랑게(Lange)는 일란성 쌍둥이가 이란성 쌍둥이보다 범죄를 저지를 가능성이 높다고 하였다.

해설

② 초남성(Supermale)으로 불리는 XYY 성염색체를 가진 남성은 보통 남성보다 공격성이 더 강한 것으로 알려져 있다.

【성염색체 '과잉'현상에 관한 연구들】

- XXY 염색체(=클라인펠터 증후군)
  - 정상적인 남성보다 'X 염색체'의 수가 증가한 경우(=여성적 남성)
  - 여성의 신체적 특징이 나타나고 반사회적 경향, 자신감 결여, 낮은 지능 등이 범죄성(예 절도범, 성범죄 등)과 관련 있다.
- XYY 염색체
  - 정상적인 남성보다 'Y 염색체'의 수가 증가한 경우(=초남성)
  - 제이콥스(Jakobs)의 연구 : 정신질환자 중에는 XYY형이 많다.
  - 강한 공격성을 가지고 있어 강력범죄자가 될 확률이 높다.
  - Y 염색체 과잉은 폭력범죄와 관련이 높다.

④ 랑게(Lange)는 한 형제가 범죄자일 때 다른 형제도 범죄자일 확률인 '범죄일치율'이 일란성 쌍둥이가 이란성 쌍둥이보다 높다고 하였다. 정답: ②→②·④

059 형사정책에 관한 학자와 그 이론의 연결이 옳지 않은 것은?

㉠ 롬브로소(C. Lombroso)	ⓐ 형법에 있어 목적사상(개선, 위하, 무해화)
㉡ 페리(E. Ferri)	ⓑ 범죄인류학, 생래적 범죄인
㉢ 제이콥스(P.P. Jacobs)	ⓒ 쌍생아 연구
㉣ 랑게(J. Lange)	ⓓ 범죄사회학, 범죄포화법칙
㉤ 셀던(W.H. Sheldon)	ⓔ 체형이론
㉥ 리스트(F. von Liszt)	ⓕ 성염색체 이론

① ㉠ - ⓑ　　② ㉡ - ⓓ

③ ㉢ - ⓔ　　④ ㉣ - ⓒ

⑤ ㉥ - ⓐ

해설

③ 제이콥스는 성염색체와 범죄와의 관계를 연구한 사람이며, 체형이론을 연구한 사람은 크레취머, 셀던 등이다.

정답: ③

060 성염색체 연구에 대한 설명으로 가장 옳지 않은 것은?

① X염색체는 근육발달 등 남성적 성질과 함께 가학성, 공격성 등 남성적 기질을 전달한다.
② 1962년에 브라운(Brown) 교수는 염색체 조합이 XYY인 사람은 절도, 방화, 공연음란행위를 저지르기 쉽다는 내용을 발표하였다.
③ XYY 범죄인론은 생래적 범죄인론의 타당성을 새로운 각도에서 과학적으로 뒷받침해 주었다.
④ 1965년 제이콥스(Jacobs)의 연구는 XYY 염색체를 갖고 있는 남성이 위험하거나 폭력적이거나 범죄적인 성향을 갖고 있다고 설명하였다.

해설

① 위 내용은 X염색체가 아니라 Y염색체에 대한 설명이다.

정답: ①

061 "범죄친화적 성향은 유전된다"라는 명제를 뒷받침하는 연구결과가 아닌 것은?

① 누범자 집단과 초범자 집단을 대상으로 그들 부모의 범죄성을 조사하였는데, 누범자 집단의 부모 쪽이 더 높은 범죄성을 나타냈다.
② 일란성 쌍생아의 범죄일치율이 이란성 쌍생아의 범죄일치율보다 더 높았다.
③ 범죄자 중에 입양된 자들을 대상으로 실부와 양자 간의 범죄일치율과 양부와 양자 간의 범죄일치율을 조사하였는데, 전자가 더 높았다.
④ 결손가정의 청소년이 일반가정의 청소년보다 범죄를 저지르는 비율이 더 높았다.

해설

범죄의 선천성을 입증하기 위하여 범죄인 가계연구, 쌍생아연구, 양자연구 등이 행하여졌다. 그러나 결손가정의 청소년의 범죄율이 높다는 것은 환경 및 후천적 측면을 강조하는 입장의 논거이다.

정답: ④

062 신체적 특징과 범죄와의 관계에 대한 설명으로 틀린 것을 모두 고른 것은?

㉠ 갈(Gall)은 롬브로소(Lombroso)의 영향을 받아 두개골의 모양과 안면의 모습은 범죄와의 관련성을 갖는다고 주장하였다.
㉡ 롬브로소(Lombroso)는 범죄연구에서 연역적인 연구방법을 사용하여 최초의 과학주의적 연구로 평가되고 있다.
㉢ 후튼(Hooton)은 범죄인에게서 일반인과 구별되는 특징을 발견할 수 없다고 주장하여 롬브로소의 견해에 비판적인 입장을 취하였다.
㉣ 고링(Goring)은 열등성의 근본원인은 환경과는 무관하며, 유전이 가장 중요하다고 주장하여 롬브로소의 견해에 동조하는 입장을 취하였다.

① ㉠, ㉡
② ㉠, ㉡, ㉢
③ ㉠, ㉢, ㉣
④ ㉠, ㉡, ㉢, ㉣

해설

× : ㉠ 롬브로소는 갈의 영향을 받았다. ㉡ 연역적 → 귀납적, ㉢ 후튼 → 고링, ㉣ 고링 → 후튼
○ : 없음

정답: ④

063 사람의 체형을 내배엽·중배엽·외배엽으로 구분하고, 체형에 상응하는 기질유형 및 범죄유형을 분석한 사람은?

① 크레취머(E. Kretschmer)
② 크리스찬센(K.O. Christiansen)
③ 크로우(R.R. Crowe)
④ 셀던(W.H. Sheldon)

해설

④ 미국의 셀던은 사람의 체형을 구성하는 세 가지 기본요소를 내배엽·중배엽·외배엽으로 구분하고, 체형에 상응하는 기질유형 및 특징을 분석하였는데 비행소년들은 일반적으로 중배엽형이 가장 우세하고, 내배엽형은 중간 정도, 외배엽형은 거의 없다고 주장하였다. ① 크레취머도 체형에 따른 범죄유형을 분석하였으나, 사람의 체형을 세장형·투사형·비만형으로 구분하였다. ② 크리스찬센은 쌍생아연구를 통해 범죄와 소질의 관계를 분석하였고, ③ 크로우는 양자연구로 범죄와 소질의 관계를 분석하였다.

〈셀던의 체형연구〉

체형	기질형	특징	범죄 유형
외배엽형(세장형)	두뇌긴장형	내성적·민감·비사교적	우발성 범죄
중배엽형(투사형)	신체긴장형	활동적·공격적·권력지향	비행소년 범죄
내배엽형(비만형)	내장긴장형	온화·활달·사교적	배신적 범죄

정답: ④

064 범죄이론에서 염색체연구에 관한 설명 중 틀린 것은?

① 성염색체의 이상이 범죄성향과 관련된다는 가정을 증명하려는 연구가 그 시초라고 할 수 있다.
② 성염색체 중 Y염색체가 증가된 경우는 일반적으로 클라인펠터증후군이라고 불리며 범죄성향이 높다고 한다.
③ 클라인펠터증후군보다 더욱 범죄성향을 띠기 쉬운 염색체이상으로는 이른바 XYY형을 가진 경우가 있다.
④ 터너증후군은 성염색체가 하나밖에 없으며, 작은 키, 짧은 목, 낮은 지능지수, 청각장애 등을 특징으로 한다.

해설

클라인펠터증후군은 X염색체가 증가된 경우(XXXY, XXY)이다. 정답: ②

065 롬브로소의 범죄대책으로 맞는 내용은?

① 상습범 – 교화원이나 감화학교
② 격정범 – 자유형
③ 기회범 – 벌금형
④ 소년 – 유형을 통한 격리

해설

격정범이나 기회범에 대해서는 자유형보다는 벌금형, 상습범에 대해서는 유형을 통한 격리, 소년이나 노인에 대해서는 교화원이나 감화학교에 수용해야 한다고 했다. 정답: ③

066 페리의 범죄인 분류 중 가족이나 사회의 조건에 의한 범죄자에 해당하는 것은?

① 기회범 ② 격정범 ③ 습관적 범죄인 ④ 생래적 범죄인

해설

【페리에 의한 범죄인의 분류】
- 생래적 범죄인(롬브로소의 격세유전인과 같음)
- 정신병적 범죄자
- 격정범(만성 정신적 문제나 감정상태)
- 기회범(가족과 사회의 조건에 의한 범죄자)
- 관습적 범죄인(사회환경으로 생긴 습관에 의한 범죄자)

정답: ①

★중요★
067 범죄원인 중 페리가 가장 중요시한 것은?

① 성별 ② 교육 정도 ③ 계절 ④ 교육과 보건

해설

페리는 사회적 원인을 가장 중요시하였다.

【범죄원인 3요소】

- 개인적 원인 : 연령, 성별, 교육 정도, 사회적 계급, 기질적·정신적 구조
- 사회적 원인 : 인구, 여론, 관습, 종교, 정치·재정, 생산과 분배, 치안행정, 교육, 보건, 입법
- 자연적 원인 : 기후, 토질, 계절, 밤낮의 장단, 평균기온

정답: ④

068 **가로팔로의 이론에 대한 설명으로 틀린 것은?**

① 정신적 비정상은 유전형질로부터 전해질 수 있다고 주장했다.
② 살인자는 동정과 재산존중이 둘 다 결핍되어 있다.
③ 자연범에 대하여는 해외추방이나 정기구금을 주장하였다.
④ 국가의 생존을 개인의 권익보다 우선시하였다.

해설

자연범에 대하여는 사형이나 종신형, 해외추방을 주장하였고, 법정범에 대하여는 정기구금을 주장하였으며, 과실범에 대하여는 불처벌을 주장하였다.

정답: ③

069 **크레취머의 체형분류에 따를 경우 간질병질에 해당하는 체형은?**

① 투사형 ② 세장형 ③ 비만형 ④ 발육부정형

해설

〈크레취머의 체형분류〉

체격	기질	정신병질	정신병
세장형	분열성	분열병질	정신분열증
투사형	점착성	간질병질	간질
비만형	순환성	순환병질	조울증

정답: ①

070 **허칭스와 메드닉(Hutchings & Mednick)의 입양아연구에 관한 설명으로 옳지 않은 것은?**

① 입양아의 범죄성에 생부와 양부가 미치는 영향을 연구하였다.
② 유전이 범죄에 영향을 미친다고 주장하였다.
③ 생부가 범죄자일 때보다 양부가 범죄자일 경우, 입양아가 범죄자가 될 확률이 더 크다고 보았다.
④ 환경과 유전의 영향이 엄밀히 분리되지 못한 연구였다는 비판도 있다.

해설

허칭스와 메드닉(Hutchings & Mednick)의 입양아연구 결과 양부모와 생부모의 범죄성 상관관계는 생부와 양부 모두 범죄자 > 생부만 범죄자 > 양부만 범죄자 > 생부와 양부 모두 비범죄자 순이었다.

정답: ③

071 범죄의 생물학적 원인이 아닌 것은?

① 테스토스테론
② 중배엽형
③ 노르에피네프린
④ 리비도

해설

리비도는 성별과 무관하게 본능적 욕구, 즉 심리적 원인을 말한다. ①·②·③은 범죄의 생물학적 원인과 관련이 있다.

정답: ④

072 범죄발생의 원인에 관한 연구 중 범죄유전연구가 아닌 것은?

① 쌍생아연구
② 입양아연구
③ 체격형에 관한 연구
④ 범죄인가계연구

해설

유전과 범죄에 관한 연구로는 ①·②·④ 외에 성염색체연구가 있다. ③은 신체적 특성과 범죄와의 관련에 관한 연구로서 범죄유전연구와는 관련이 없다.

정답: ③

★중요★

073 고다드(H. Goddard)의 범죄연구에 대한 설명으로 옳은 것은?

① 매스컴과 범죄의 무관성을 주장하였다.
② 인신범죄는 따뜻한 지방에서, 재산범죄는 추운지방에서 보다 많이 발생한다고 하였다.
③ 범죄자의 정신박약이나 지능과의 관계에 대하여 연구하였다.
④ 상습범죄자에 대한 조사에서 비행소년의 학업태만 등은 '범죄의 유치원'이라고 하였다.

해설

③ 고다드(Goddard)는 범죄인가계연구를 한 학자로서 칼리카크가(家)(The Kallikak) 연구가 대표적이다.
① 클레퍼(J.T. Klapper)·리커티(E.A. Ricutti)·레원(H.S. Lewon) 등 미국의 사회학자들에 따르면 매스미디어는 비인격적 관계에서 제시되는 사회적 환경의 일부에 불과하므로 범죄의 증가와 무관하며, 범죄발생은 개인적 인격, 가정, 집단관계 등 복합적 요소에 따라 좌우된다고 보았다.
② 케틀레(A. Quetelet)는 대인범죄는 따뜻한 지방인 유럽의 남부에 많고, 재산범죄는 추운 지방인 북부(특히 추운 계절)에 많다고 하였다.
④ 미국의 정신의학자인 힐리와 브론너(Healy & Bronner)는 여러 원인이 복합적으로 작용하여 동태

적·발전적으로 소년비행에 이르게 되는 과정을 설명하였으며, 특히 '학업태만은 범죄의 유치원'이라고 하였다.

〈범죄인 가계연구〉

쥬크가(家) 연구	맥스 쥬크의 7대에 걸친 조상 709명을 조사한 결과 매춘부 24.5%, 알코올중독자18.5%, 중범죄자 10.5%, 정신병자 8.6% 등으로 조사되었고, 이들의 행동유형 또한 대체로 탐욕적, 향락적, 책임감과 정의관념 희박, 노동기피 등 특이현상이 나타났다.
칼리카크가(家) 연구	마틴 칼리카크가 정신박약자인 여인과의 사이에서 출생한 자손에게는 정신박약자 29.3%, 알코올중독자가 4.9%, 기타 범죄자 등이 다수 배출된 반면, 청교도 신앙을 가진 여인과의 사이에서 출생한 자손은 대체로 건전한 시민이었다.

정답: ③

074 생물학적 범죄이론에 대한 설명으로 옳지 않은 것은? 보호7급 2023

① 입양아 연구는 쌍생아 연구를 보충하여 범죄에 대한 유전의 영향을 조사할 수 있지만, 입양 환경의 유사성을 보장할 수 없기 때문에 연구결과를 일반화하기 어렵다.

② 가계연구는 범죄에 대한 유전과 환경의 영향을 분리할 수 없는 단점을 갖는다.

③ 롬브로조(Lombroso)는 격세유전이라는 생물학적 퇴행성에 근거하여 생래성 범죄인을 설명하였다.

④ 셸던(Sheldon)은 크고 근육질의 체형을 가진 자를 외배엽형(ectomorph)으로 분류하고 비행행위에 더 많이 관여하는 경향이 있다고 주장하였다.

해설

④ 셸던(Sheldon)은 크고 근육질의 체형을 가진 자를 중배엽형으로 분류하고 비행행위에 더 많이 관여하는 경향이 있다고 주장하였다.

① 입양부모가 최소 중산층 이상이 되어야 입양심사를 통과할 수 있으므로, 입양부모들이 제공하는 환경이 전체 모집단의 환경을 대표한다고 볼 수 없다. 즉, 그 연구결과를 모집단에 일반화하기 어렵다는 단점이 있다.

【셸던의 체형분류(3가지 유형)】

- 내배엽형 : 소화기관(내장긴장형) = 비만형, 온순·외향적 성격
- 중배엽형 : 근육·뼈(신체긴장형) = 운동형, 활동·공격적 성격
- 외배엽형 : 피부·신경계(두뇌긴장형) = 세장형, 예민·내향적 성격

정답: ④

★중요★

075 범죄의 원인으로 소질을 중시하는 입장과 가장 거리가 먼 것은?

① 롬브로소(C. Lombroso)의 생래적 범죄인설에서 비롯된다.

② 범죄자 개인의 내부적 특질이 범죄발생의 주요원인이라고 본다.

③ 소질의 범위에는 선천적 요소만이 포함되고, 후천적 요소는 포함되지 않는다.

④ 소질은 유전자의 작용뿐만 아니라, 모의 질병·음주·흡연 등 수태 시 모태의 외부적 조건에 의해서도 형성된다.

해설

③ 소질을 중시하는 입장에 따르면 소질에는 선천적 요소뿐만 아니라, 후천적 요소도 포함된다고 본다.

정답: ③

076 범죄행위에 영향을 미치는 뇌와 신경전달물질에 관한 설명으로 가장 적절하지 않은 것은?

경찰간부 2023

① 뇌의 변연계에 존재하는 편도체는 공포 및 분노와 관련되어 있다.

② 뇌의 전두엽은 욕구, 충동, 감정 관련 신경정보를 억제하거나 사회적 맥락에 맞게 조절, 제어, 표출하게 하는 집행기능을 수행한다.

③ 세로토닌 수치가 너무 높을 경우 충동, 욕구, 분노 등이 제대로 통제되지 않을 수 있다.

④ 도파민 시스템은 보상 및 쾌락과 관련되어 있다.

해설

③ 세로토닌 시스템은 사람의 충동성이나 욕구를 조절하고 억제하는 역할을 담당한다. 세로토닌이 너무 적은 경우 충동성, 욕구, 분노 등이 제대로 통제되지 않아 폭력, 자살, 알코올중독 등이 유발되기도 한다.

①·② 뇌는 크게 뇌간, 변연계 그리고 대뇌피질의 3층 구조로 구성되어 있다. 척추 위에 위치한 뇌간은 호흡, 순환, 생식 등 기초적인 생존 관련 기능을 담당하고, 뇌의 가운데 부분에 위치한 변연계에는 편도체, 시상하부, 해마 등이 존재하며 주로 본능적 욕구, 충동, 감정을 담당한다. 그중 편도체는 공포와 분노기능을 담당하기 때문에 범죄와의 직접적인 관련성이 높다. 뇌의 바깥쪽에 위치한 대뇌피질은 기억, 언어, 집중, 의식 등 고차원적 사고기능을 담당하고, 그중 특히 전두엽은 변연계에서 대뇌피질 방향으로 투사(project)된 욕구, 충동, 감정 관련 신경정보를 억제하거나, 사회적 맥락에 맞게 조절·제어·표출하게 하는 소위 집행기능을 수행한다.

④ 신경전달물질인 도파민은 운동능력, 집중력, 문제해결능력을 매개하며, 특히 뇌에 존재하는 도파민 시스템은 보상과 쾌락을 담당하는 역할을 한다. 특정 행위나 자극이 도파민을 증가시키면 즉각적인 만족과 쾌락을 느끼게 되므로, 사람들은 관련 행위나 자극을 지속적으로 추구하게 된다. 비정상적 도파민 시스템은 충동적 행위 및 폭력범죄와 깊은 연관성을 지닌다.

정답: ③

077 공격성과 관련된 신경전달물질 중 다음 〈보기〉의 설명이 지칭하는 것은? 해경간부 2024

보기

정신치료감호소에 있는 폭력범죄자들의 경우 이것의 수치가 높을수록 과도한 공격성을 보였으나, 반대로 폭력범죄자들에게 낮은 수치가 발견되기도 하였다. 결국 높고 낮은 수치 모두 도구적 공격성과 관계가 있다.

① 노르에피네프린(Norepinephrine)
② 세로토닌(Serotonin)
③ 도파민(Dopamine)
④ 모노아민(Monoamine)

해설

① 노르에피네프린에 대한 설명이다. 정답: ①

078 **다음 중 신경생리학적 조건과 범죄에 대한 설명으로 가장 옳지 않은 것은?** 해경간부 2025

① 비정상적인 도파민 수치는 충동적 행위 및 폭력범죄와 관련이 있을 수 있다.
② 노르에피네프린(norepinephrine)은 충동성, 공격성과 관련된 신경전달물질이다.
③ 모노아민 산화효소 A(moamine oxidase A) 유전자가 과활성화 형태를 가지게 되면 폭력행위를 보일 가능성이 높아지게 된다.
④ 낮은 수준의 세로토닌은 특히 기질, 공격성, 충동 등에 영향을 미친다.

해설

③ 모노아민 산화효소 A 유전자는 도파민, 세로토닌 및 노르에피네프린을 분해하는 효소로, 저활성화되면 신경전달물질이 급격히 증가되어 폭력행위를 보일 가능성이 높아지게 된다. 정답: ③

079 **생화학적 기능장애와 범죄에 대한 설명으로 가장 옳지 않은 것은?**

① 인체 내에서 생화학물질을 생성하는 내분비선의 기능장애와 이로 인한 생화학물의 불균형 상태가 신체반응이나 정신활동에 중요한 영향을 미칠 수 있다는 견해가 생물학자나 인체생리학자에 의해 주장되었다.
② 몰리치(Molitch)와 폴리아코프(Poliakoff)는 범죄자가 정상인에 비하여 2~3배 정도 더 많은 내분비선의 기능장애나 생화학물의 불균형 문제가 있다고 주장하였다.
③ 달튼은 월경 전 증후군과 여성의 일탈행위의 관련성에 대한 연구를 최초로 수행하였다.
④ 부스(Booth)와 오스굿(Osgood)은 테스토스테론과 성인범죄 사이에 강한 연관성이 인정된다고 하였다.

해설

② × : 버만(Burman)은 범죄자가 정상인에 비하여 2~3배 정도 더 많은 내분비선의 기능장애나 생화학물의 불균형 문제가 있다고 주장하였다. 반면, 몰리치(Molitch)와 폴리아코프(Poliakoff)는 정상적인 내분비선을 가진 소년과 내분비선 장애를 가진 소년의 비행행위는 그 빈도 수에서나 내용 면에서 별다른 차이를 보이지 않는다는 점을 보여 주었다. 정답: ②

080 **지능적 결함과 범죄에 대한 설명으로 가장 옳지 않은 것은?**

① 비네(Binet)는 최초로 실험실 외에서 지능검사를 수행하였고, 이것을 파리학교의 지적장애아동 문제에 적용하였다.
② 고다드(Goddard)는 범죄자 중 평균 64%가 저지능이며 범죄와 비행의 최대 단일원인은 정신박약이라고 하였다.
③ 본성이론은 부모, 친척, 사회적 접촉, 학교, 또래집단 및 수많은 다른 사람으로부터 받은 환경적 자극이 아이의 지능지수를 형성하고, 비행과 범죄행동을 조장하는 환경 또한 낮은 지능지수에 영향을 미친다고 가정한다.
④ 허쉬(Hirschi)와 힌들링(Hingdelang)은 지능과 범죄의 관계에 관한 기존 연구를 종합 검토한 후에 지능(IQ)은 범죄를 설명해주는 매우 중요한 변수라고 결론 내렸다.

해설

③은 지능에 관한 이론 중 본성이론이 아닌 양육이론에 대한 설명이다. 정답: ③

★중요★

081 **현대사회의 사회생물학에 대한 설명으로 타당하지 않은 것은?**

① 범죄의 원인으로 유전자의 영향보다는 환경의 영향을 더 강조한다.
② 환경과 경험이 행동에 영향을 미친다고 믿기는 하지만, 대부분의 행위는 사람의 생물학적 원인에 의해 통제된다고 본다.
③ 사회생물학자들은 유전자를 모든 인간 운명을 통제하는 생명의 궁극적인 단위라고 본다.
④ 사회생물학은 생물학적 조건과 유전적 조건이 어떻게 사회적 행동의 학습과 인지에 영향을 미치는지 강조한다는 점에서 행동에 대한 기존 이론과 차별된다.

해설

① 범죄의 원인으로 유전자의 영향을 더 강조하는 경향이 있다. 정답: ①

★중요★

082 **현대의 생물학적 원인론에 대한 설명으로 타당하지 않은 것은?**

① '생물학 공포증'이란 인간 본성을 이해하려고 시도할 때 생물학적 요인을 심각하게 고려해서는 안 된다는 사회학자들의 관점을 말한다.
② 사회생물학에 따르면 표면적으로 타인을 돕기 위한 것으로 보이는 행위들은 그 핵심에 자기 이익이 있다고 본다.
③ 특성이론에 따르면 범죄성은 비정상적인 생물학적·심리학적 특성의 결과라고 본다.
④ 현대의 특성이론가들은 단일한 생물학적 속성이나 심리학적 속성이 모든 범죄성을 적절하게 설명할 수 있다고 본다.

해설

④ 현대의 특성이론가들은 단일한 생물학적 속성이나 심리학적 속성이 모든 범죄성을 적절하게 설명할 수 있다고 보지 않는다. 다만, 범죄인은 신체적·정신적으로 독특하며, 따라서 각자의 행동에 대해 개별적인 원인이 있을 것이라고 본다. 정답: ④

★중요★

083 생물사회학에 대한 설명으로 타당하지 않은 것은?

① 생화학에 중점을 두는 견해에 따르면 폭력은 음식, 비타민 섭취, 호르몬 불균형, 음식 알레르기의 결과로 본다.

② 생물사회학에 따르면 비합리적인 폭력을 설명하는 데 용이하지 않다.

③ 수은, 철, 망간 등을 지나치게 섭취하면 지적 장애와 주의력결핍 과잉행동장애(ADHD) 등의 신경학적 기능장애를 일으킬 수 있다고 한다.

④ 남성 스테로이드 호르몬인 테스토스테론은 인생의 주기 동안 감소하는데 이를 통해 폭력범죄율이 시간이 흐를수록 낮아지는지 설명할 수 있다.

해설

② 생물사회학에 따르면 비합리적인 폭력을 설명하는 데 용이하다. 정답: ②

★중요★

084 다음 중 현대적 생물사회학에 대한 설명으로 타당하지 않은 것은?

① 여성의 생리주기가 시작될 때 과다한 양의 여성호르몬이 분비되고, 이것이 반사회적이고 공격적인 행동에 영향을 미친다는 월경 전 증후군은 티틀에 의해 연구되었다.

② 뇌 알레르기와 신경 알레르기 문제는 반사회적 행동과 연결되는 조건인 아동의 과잉행동과도 열결되어 있다고 본다.

③ 저혈당증이란 혈중 포도당이 정상적이고 효율적인 뇌 기능에 필요한 수준 이하로 내려갈 때 나타나며, 이때 뇌의 대사는 둔화되고 기능이 손상된다.

④ 진화범죄학자들은 인간의 행위도 다른 동물처럼 자연선택이라는 진화과정을 통해 형성되어가는 것이며, 범죄성도 자연선택에 따른 적응의 방식으로 이어진다고 본다.

해설

① 여성의 생리주기가 시작될 때 과다한 양의 여성호르몬이 분비되고, 이것이 반사회적이고 공격적인 행동에 영향을 미친다는 월경 전 증후군은 달튼에 의해 연구되었다. 정답: ①

★중요★
085 다음 생물학적 범죄원인과 관련된 설명 중 가장 타당하지 않은 것은?

① 납중독과 범죄와의 상관성을 연구한 이론도 있다.
② 화학적 거세는 성범죄자의 성욕을 억제시켜 재범을 방지하기 위한 방법이다. 우리나라도 현재 시행하고 있다.
③ 지능검사 등을 통해 지능이 낮게 측정되었다면 범죄와 직접적 관련이 있다고 볼 수 있다는 견해는 일반적으로 받아들여지고 있다.
④ 매드닉(Sarnoff A. Mednick)은 범죄를 범하기 쉬운 사람은 각성(arousal)이 느리거나 자극에 대한 반응이 둔감한 자율신경계를 가지고 있다고 주장한다.

해설
③ 지능과 범죄의 상관성은 일반적인 검증이 이루어지지 않았다. 정답: ③

086 중추신경조직 장애와 범죄에 대한 설명으로 가장 옳지 않은 것은?

① 뇌파검사기에 기록된 비정상적인 뇌파는 여러 가지 이상행동과 밀접한 연관이 있는 것으로 추정된다.
② 뇌파검사 결과에 의하면 범죄자의 25~50%가량이 비정상적이었으며, 반면에 일반인 중에서 비정상적인 경우는 5~20%에 불과하였다.
③ 메드닉(Mednick) 등은 범죄자나 폭력성향의 사람은 전두엽과 측두엽 부분에서 발생한 뇌기능 장애를 겪고 있는 것을 보여주었다.
④ 메드닉(Mednick) 등은 뇌파의 활동성과 범죄 간의 관계를 규명하고자 노력했는데, 뇌파의 활동성이 높았던 사람 중에서 범죄를 저지른 비율이 높았다.

해설
④ 메드닉 등은 뇌파의 활동성과 범죄 간의 관계를 규명하고자 노력했는데, 뇌파의 활동성이 낮았던 사람 중에서 범죄를 저지른 비율이 높았다. 정답: ④

087 범죄발생원인으로서의 소질과 환경에 대한 설명으로 옳은 것은?

① 고전학파는 소질과 환경이 모두 범죄원인으로 작용하지만 소질이 훨씬 강하게 작용한다고 보았다.
② 범죄발생원인으로서 소질의 내용에는 유전, 신체, 빈곤, 가정해체 등이 포함된다.
③ 에이커스(Akers)는 범죄발생은 개인의 소질이 아니라 자본주의의 모순으로 인해 자연적으로 발생하는 사회현상이라고 보고, 노동자계급의 범죄를 적응범죄와 대항범죄로 구분하였다.
④ 크리스찬센(Christiansen)은 쌍생아 연구를 통해 유전적 소질이 범죄원인으로 작용하는지를 탐구하였다.
⑤ 볼드(Vold)는 집단갈등론을 통해 범죄유전인자를 가진 가족사이의 갈등이 중요한 범죄원인이 된다고 보았다.

해설

① 범죄원인으로 소질을 강조한 것은 고전주의학파가 아니라 실증주의학파이다. ② 범죄발생원인으로서의 소질설은 범죄인 개인의 생리적·정신적인 내부적 특질이 범죄발생의 주요원인이라고 보는 입장이므로 유전과 신체는 소질의 내용에 포함될 수 있으나, 빈곤, 가정해체 등은 소질에 포함될 수 없다. ③ 노동자계급의 범죄를 적응범죄와 대항범죄로 구분한 학자는 퀴니(R. Quinney)이다. ⑤ 볼드(G.B. Vold)는 1958년 그의 저서 「이론범죄학」을 통해 사회적 동물인 인간의 행위는 집단적 행위개념으로 볼 때 가장 잘 이해할 수 있다고 보고, 집단 간의 이해관계 대립이 범죄의 원인이라고 주장하였다. 정답: ④

088 범죄원인의 연구방법 중 합의론과 갈등론에 관한 설명으로 옳지 않은 것은?

① 합의론에서는 사회가 많은 개인들로 구성된 하나의 유기체라고 본다.
② 뒤르켐이 표현한 이른바 '사회적 사실'은 합의론적 관점에서 이해될 수 있다.
③ 체계의 항상성은 합의론적 관점과 부합한다.
④ 코저(L. Coser)는 갈등관계에서는 어떠한 순기능도 기대하기 어렵다고 보았다.

해설

④ 코저(L. Coser)에 따르면 갈등관계에는 역기능만 존재하는 것이 아니라, 순기능도 존재한다고 보았다.
정답: ④

089 범죄인연구의 접근방법에 관한 설명 중 틀린 것으로 묶인 것은?

㉠ 페리(Ferri)는 정치·경제·인구밀도·가족조직·종교 등과 같은 사회적·문화적 요인을 중시한 반면, 기후·계절·온도와 같은 물리적·풍토적 자연환경은 무시하였다.
㉡ 다원론의 대표적 학자로는 버어트(Burt), 힐리(Healy), 글룩 부부(S. Glueck & E. Glueck) 등이 있다.
㉢ 인간의 선택에 대한 책임을 강조하고, 범죄자를 도덕적 장애자로 취급하는 것은 결정론의 입장이다.
㉣ 범죄자는 사회적 병약자로서 이들에 대해서는 처벌보다는 치료와 처우가 효과적이라는 것은 비결정론의 입장이다.
㉤ 각 부분요소들은 각각 맡은 바 기능을 담당하고, 상호 유기적인 협력관계를 맺고 있다는 것은 합의론적 관점에 해당한다.

① ㉠, ㉡, ㉢　② ㉠, ㉢, ㉣　③ ㉡, ㉣, ㉤　④ ㉢, ㉣, ㉤

해설

× : ㉠ 페리는 사회적·문화적 요인과 더불어 물리적·풍토적 환경도 중시하였다. ㉢은 비결정론의 입장이다. ㉣은 결정론의 입장이다.
○ : ㉡, ㉤

정답: ②

박상민 Justice 범죄학

핵심요약 + 기출예상문제

기출예상문제

PART

04

심리학적 범죄원인론

★중요★

001 아이젠크(Eysenck)가 제시한 성격 차원이 아닌 것은?

① 정신이상　② 리비도
③ 외향성　④ 신경성

해설

아이젠크는 성격 차원들을 세 개의 기본적인 성격 요인(정신병적 성향, 외향성, 신경증적 성향)에 의해 이해한다.

정답: ②

★중요★

002 심리학적 원인론에 대한 설명으로 옳은 것으로 연결된 것은?

㉠ 생물학적 원인론과는 달리 환경을 중시하는 이론이고, 외인적 원인론에 속한다.
㉡ 두뇌의 구조와 기능장애를 연구하는 분야와 관련이 깊다.
㉢ 사람의 정신적인 이상성을 범죄의 원인으로 보고, 범죄방지수단으로 처벌보다는 치료에 의한 범죄인처우를 강조한다.
㉣ 개인의 정신작용의 특이성 때문에 범죄가 발생하는 것으로 본다.

① ㉠, ㉢　② ㉡, ㉢
③ ㉢, ㉣　④ ㉠, ㉣

해설

㉠ 심리학적 원인론은 개인의 정신(심리)상태와 범죄의 관계를 중시하는 이론이고, 내인성 원인론에 속한다.
㉡ 두뇌의 구조와 기능에 관해 연구하는 분야는 생물학적 원인론과 관련이 깊다.

정답: ③

003 심리학적 범죄원인론의 주요 가정에 관한 설명으로 가장 옳지 않은 것은?

① 성격은 욕구와 동기의 근원이기 때문에 개인 내에 있는 주요한 동기 요인이다.
② 가족과 같은 집단이 분석의 기본적인 단위이다.
③ 범죄는 성격 내에 있는 비정상적, 역기능적, 부적절한 정신과정에서 발생한다.
④ 정상성은 일반적으로 사회적 합의에 의해서 정의된다. 즉, 어떤 사회적 집단 내에 있는 대다수의 사람이 합의하는 것이 진정한 것이고, 적절하고, 전형적인 것이다.

해설

② 심리학적 범죄원인론에서는 개인이 분석의 기본적인 단위이다.

정답: ②

004 **정신병으로 인한 범죄자 중에서 가장 많이 발견되는 증상은?**

① 간질
② 망상증
③ 정신분열증
④ 조울증

해설
정신분열증이란 감정의 둔화, 외계와의 융화성 상실 등으로 특정 지어지는 정신병으로, 정신병인구 중에서 가장 많은 부분을 차지하고 있으며 정신병으로 인한 범죄자 중에서도 가장 많이 발견되고 있다.
정답: ③

★중요★
005 **심리학적 이론들에 대한 설명으로 적절하지 않은 것은?**

① 정확한 결과를 담보하는 연구방법론이 도입되면서 경험적 타당성이 인정되고 있다.
② 주로 범죄자의 교정분야에 활발하게 활용되고 있다.
③ 사회구조적, 사회경제적 차이가 개인의 범죄행위에 어떤 영향을 미치는지에 대한 문제를 설명하지 못한다.
④ 최근의 연구결과에 따르면 범죄와 심리적 관계 간에는 별 관계가 없다는 견해도 있다.

해설
① 심리학적 연구의 가장 큰 단점 중 하나가 경험적 타당성 검증이 쉽지 않다는 것이다. 정답: ①

★중요★
006 **정신병과 범죄와의 관계를 설명한 것 중 옳지 않은 것은?**

① 망상적 정신분열증이 범죄와 가장 관련성 높다.
② 정신적 결함을 가진 사람은 다른 일반인들보다 범죄를 저지를 가능성이 월등하게 높다.
③ 조울증과 범죄와의 관계에서 '조'상태에서는 자극에 민감하기 때문에 격노성·투쟁성으로 인한 대인범죄를 범하는 경우가 많다.
④ 피해망상증의 경우, 다른 사람이 자신의 생존을 위협한다고 생각하기 때문에 자신이 먼저 그 사람을 해치울 수밖에 없다고 판단하여 범죄를 저지르는 경향이 있다.

해설
② 정신질환을 앓고 있는 사람들의 범죄율이 일반인들의 범죄율보다 높다는 과학적 증거는 없으며, 오히려 일반인들보다 범죄율이 낮다고 주장하는 학자들도 있다. 정답: ②

007 심리학적 범죄원인 및 대책에 관한 다음 설명 중 옳지 않은 것은?

① 프로이트(Freud)는 콤플렉스에 기한 잠재적 죄악감과 망상이 범죄를 유발한다고 보았다.
② 융(Jung)은 내향적인 사람이 범죄에 친화적이고, 외향적인 사람은 사회규범 등에 대한 학습능력이 높으므로 상습범죄자가 되기 어렵다고 보았다.
③ 아들러(Adler)는 신체적 결함뿐만 아니라 사회적 소외도 콤플렉스의 원인이 된다고 봄으로써 범죄원인을 개인심리적 영역에서 사회적 영역으로 확대하였다.
④ 에이크혼(Aichhorn)은 비행소년에 대해서는 권위나 제재가 아닌 애정에 의한 교정이 필요하다고 주장하였다.

해설

② 융은 인간의 태도를 외향성과 내향성으로 분류하고, 외향적인 자가 범죄에 친화적인 반면, 내향적인 자는 주의기 깊고 사회규범 등에 대한 학습능력이 높으므로 상습범죄자가 되기 어렵다고 보았다.

정답: ②

008 여성은 심리적 형성과정에서 남성에 대한 열등감, 시기심 등의 경향을 가지게 되고, 이를 극복하지 못하면 극단적인 경우 공격적인 성향을 갖게 되어 범죄의 원인이 된다고 주장한 학자는?

① 롬브로소(C. Lombroso)
② 페리(E. Ferri)
③ 프로이트(S. Freud)
④ 뒤르켐(E. Durkheim)
⑤ 랑게(J. Lange)

정답: ③

009 프로이트의 성욕설(리비도)을 비판하고, 인간심리를 작용하는 원동력은 '힘의 의지'라고 주장한 사람은?

① 버어트(C. Burt)
② 랑게(J. Lange)
③ 아들러(Adler)
④ 뒤르켐(E. Durkheim)

해설

③ 오스트리아의 심리학자인 아들러는 프로이트의 성욕설을 비판하고, 인간의 심층심리에 작용하는 원동력은 성욕이 아니라 '힘의 의지'라고 주장하였다.

정답: ③

★중요★
010 프로이트(Freud)의 정신분석학에 관한 설명 중 옳지 않은 것은?

① 모든 인간은 공격적, 파괴적, 반사회적 충동이나 본능을 가지고 있다고 가정하고 있다.
② 프로이트는 심리적 세계를 'id, ego, superego' 등 세 가지의 동질적인 체제로 구성된다고 보았다.
③ 리비도(Libido, 성욕. 성격)의 발달을 5단계로 구분하였고, 리비도는 3세 이전 '잠복기'에 형성되며 이 시기에 리비도가 정상적으로 형성되지 못하면 범죄를 저지를 확률이 높아진다고 주장하였다.
④ 프로이트의 이론은 초기 아동기 경험과 성적 욕구를 지나치게 강조했을 뿐 아니라, 검증할 수 없는 이론이라고 비판을 받았다.

해설

③ 프로이트는 리비도의 발달을 구강기·항문기·남근기(음핵기)·잠복기·성기기 등 5단계로 구분하였으며, 리비도는 남근기에 형성된다고 보았다. 이 시기에 리비도가 적절하게 형성되지 못하면 범죄를 저지를 확률이 높아진다고 주장하였다. 정답: ③

★중요★
011 다음 설명 중 옳지 않은 것은?

① 융은 분석심리학에서 무의식을 개인적 무의식과 집단적 무의식으로 구별하여 무의식의 세계를 확장하였다.
② 콜버그는 도덕발달이론을 통해 피아제의 이론을 확장하였고, 도덕적 딜레마 상황에서 인간의 행동을 분석하였다.
③ 아들러는 인간은 열등감을 극복하기 위해 노력하는 존재라고 보며, 위 이론에 의하면 폭력은 열등감 콤플렉스의 극복과정이라 할 수 있다.
④ 융의 원형들 중 가장 강하고 잠재적으로 매우 위험한 속성을 가진 것을 아니마라고 하며, 아니마가 억압되거나 배출이 어려운 경우 비참한 결과를 초래한다.

해설

④ 융(Jung)은 분석심리학에서 무의식을 개인적 무의식과 집단적 무의식으로 구분하여 무의식의 세계를 확장하였으며, 이를 위해 페르소나(persona), 그림자(shadow), 아니마(anima)와 아니무스(animus) 등의 개념을 사용하였다. ④는 그림자(shadow)에 대한 내용으로, 프로이트의 원초아(id)에 해당하며 인간의 기본적인 동물적 본성을 포함하는 원형으로, 매우 위험한 속성을 가진다고 보았다. 그림자가 자아와 조화를 이루면 위험에 효과적으로 대응할 수 있다.

페르소나(persona)	타인과의 관계에서 내보이는 공적인 얼굴로서 진정한 내면의 나와 분리될 경우에 자신의 본성을 상실하며, 과도한 페르소나는 자신이나 타인에게 해를 끼치고 범죄에 휘말릴 수도 있다.
그림자(shadow)	프로이트의 원초아(id)에 해당하며 인간의 기본적인 동물적 본성을 포함하는 원형으로, 매우 위험한 속성을 가진다고 보았다. 그림자가 자아와 조화를 이루면 위험에 효과적으로 대응할 수 있다.

아니마(anima)	남성의 여성적인 심상으로, 남성들의 여성적인 행동을 의미한다.
아니무스(animus)	여성의 남성적인 심상으로, 여성들의 공격적인 행동을 의미한다.

정답: ④

★중요★
012 **다음 설명 중 옳지 않은 것은?**

① 프로이트(Freud)는 의식을 에고(Ego)라고 하고, 무의식을 이드(Id)와 슈퍼에고(Superego)로 나누었다.
② 정신분석학은 개인이 콤플렉스에 기한 잠재적인 죄책감과 망상을 극복할 수 없는 경우에 범죄로 나아갈 수 있다고 보았다.
③ 에이크혼(Aichhorn)에 따르면 비행소년은 슈퍼에고(Superego)의 과잉발달로 이드(Id)가 통제되지 않아 양심의 가책 없이 비행을 하게 된다고 보았다.
④ 슈나이더(Schneider)는 정신병질유형 중에서 과장성(자기현시성) 정신병질자는 고등사기범이 되기 쉽다고 보았다.
⑤ 정신분석학은 초기 아동기의 경험과 성적 욕구를 지나치게 강조한다는 비판을 받는다.

해설

③ 에이크혼(Aichhorn)은 비행소년은 슈퍼에고가 제대로 발달하지 않았기 때문에 비행을 하게 된다고 보았다. 반면, 프로이트(Freud)는 과잉발달된 슈퍼에고로 인하여 범죄를 저지를 수 있다고 보았다.

정답: ③

013 **프로이트(Freud)의 정신분석이론에 대한 설명으로 가장 적절한 것은?** 경찰간부 2024

① 프로이트에 따르면 인성구조에서 이드(Id)는 쾌락원칙, 에고(Ego)는 도덕원칙을 따른다.
② 슈퍼에고(Superego)는 양심과 이상 같은 긍정적 요소이므로 미발달한 경우는 문제이지만 과다하게 발달하는 경우는 문제가 되지 않는다.
③ 프로이트는 인간발달의 성 심리적 단계를 구순기(Oral Stage), 항문기(Anal Stage), 남근기(Phallic Stage), 잠복기(Latent Stage), 생식기(Genital Stage) 순으로 제시하였다.
④ 남근기에 여자아이는 아버지에게 성적 감정을 가지게 되는데 이를 오이디푸스 콤플렉스라고 한다.

해설

① 이드(Id)는 타인의 권리를 배려하지 않고 즉각적인 만족을 요구하는 괘락원칙을 따르며, 에고(Ego)는 사회적 기준에 따라 무엇이 관습적이고 실질적인가를 고려하는 현실원칙을 따른다. 마지막으로 슈퍼에고(Superego)는 인성의 도덕적 관점으로서 행위에 대한 판단을 맡는다.
② 프로이트는 슈퍼에고(초자아)가 지나치게 발달하면 항상 죄책감이나 불안을 느껴 범죄를 저지르고 처벌을 받음으로써 죄의식 해소와 심리적 안정을 느낀다고 보았다.

④ 일렉트라 콤플렉스에 대한 설명이다.
【프로이트와 상반된 견해 : 범죄원인은 슈퍼에고의 미발달】
아이히호른(Aichhorn)은 소년비행의 원인에 대해 (슈퍼에고에 의해) 통제되지 않은 이드(본능)로 인해 양심의 가책 없이 비행을 저지르게 된다고 하였다.

정답: ③

014 프로이트(Freud)의 정신분석학에 관한 설명으로 가장 적절하지 않은 것은? 경행2차 2024

① 이드(id)를 구성하는 핵심요소에는 성(性)적 에너지인 리비도(libido)가 있다.
② 의식의 영역에는 에고(ego)와 이드(id)가 있고, 무의식의 영역에는 슈퍼에고(superego)가 있다.
③ 오이디푸스 콤플렉스는 남자아이가 어머니에게 성(性)적 욕망을 느끼고 아버지에게서는 거세의 공포를 느끼는 것이다.
④ 승화(sublimation)는 에고(ego)의 갈등 해결유형 중 하나이며, 반사회적 충동을 사회가 허용하는 방향으로 나타내는 것이다.

해설

② 프로이트는 자아(ego)를 의식의 영역, 본능(id)과 초자아(superego)를 무의식의 영역으로 나누었고, 초자아의 과잉발달도 범죄의 원인이 될 수 있다고 보았다.
① 프로이트는 인간의 욕망 가운데 가장 중요한 것은 성적 욕망, 즉 리비도라고 본다.
③ 프로이트는 인간 정신구조의 성장과정을 구순기 → 항문기 → 남근기 → 잠복기 → 성기기로 나누고, 남근기에 오이디푸스 콤플렉스와 일렉트라 콤플렉스가 형성되며, 이러한 콤플렉스로 인한 죄책감을 에고(자아)가 적절히 조절하지 못하면, 성격에 중요한 영향을 미쳐 향후 행동에 심각한 영향을 미친다고 보았다. 참고로, 오이디푸스 콤플렉스는 남자아이가 모친에게 성적 감정을 가지게 되는 것이고, 일렉트라 콤플렉스는 남근기 여자아이가 부친에게 성적 감정을 가지게 되는 것이다.
④ 승화는 이드와 슈퍼에고 간의 충돌을 건전하고 정상적인 방식으로 해결하는 것으로, 누드를 그리거나 춤을 추는 등 사회적으로 용인된 방어기제의 하나이다.

정답: ②

015 프로이드(Freud)의 정신분석학적 범죄이론에 대한 설명으로 옳지 않은 것은? 보호9급 2024

① 일탈행위의 원인은 유아기의 발달단계와 관련이 있다.
② 인간의 무의식은 에고(ego)와 슈퍼에고(superego)로 구분된다.
③ 이드(id)는 생물학적 충동, 심리적 욕구, 본능적 욕망 등을 요소로 하는 것이다.
④ 슈퍼에고는 도덕적 원칙을 따르고 이드의 충동을 억제한다.

해설

② 에고는 의식의 영역, 이드와 슈퍼에고는 무의식의 역영에 해당한다. 다시 말해 프로이드의 정신분석

학에서 인간의 무의식 세계는 무의식적 본능이나 충동인 이드와, 무의식적 통제나 양심의 세계인 슈퍼에고로 구분된다. 에고는 이와 달리 현실인식의 세계, 즉 의식의 영역에 해당한다. 정답: ②

016 **다음 중 심리학적 범죄이론에 대한 설명으로 가장 옳지 않은 것은?** 해경간부 2025

① 슈나이더(Schneider)의 정신병질에 대한 10가지 분류 중 무정성 정신병질자는 동정심이나 수치심 등 인간의 고등감정이 결여되어 있는 유형으로, 토막살인범 등에서 많이 나타난다.
② 헤어(Hare)는 사이코패스 진단방법으로 PCL－R을 개발하였다.
③ 콜버그(Kohlberg)의 도덕발달이론에 관한 경험적 연구결과에 따르면, 도덕발달 6단계 중 1단계, 2단계에 있는 사람이 범죄를 범할 가능성이 높다고 했다.
④ 아이크호온(Aichhorn)은 초자아가 과잉발달한 경우, 범죄에 대한 처벌을 통하여 죄의식을 해소하고 심리적 균형감을 얻기 위하여 범죄를 저지를 수 있다고 하였다.

해설

④ 아이크호온이 아닌 프로이트의 주장이다. 아이히호른(아이크호온)에 따르면, 소년비행의 원인은 (슈퍼에고에 의해) 통제되지 않은 이드(본능)에 있으므로, 양심의 가책 없이 비행을 저지르게 된다.
정답: ④

017 **심리학적 범죄원인론에 대한 설명으로 옳지 않은 것은?**

① 개인의 속성을 신체적 뇌기능, 생화학적 특성의 측면에서 찾는다는 점에 특징이 있다.
② 개인의 정신작용의 특이성 때문에 범죄가 발생하는 것으로 본다.
③ 범죄의 심리학적 분석은 범죄자에 대한 개별처우이념과 부합한다.
④ 범죄를 범죄자의 과거 학습경험의 자연적 발전으로 파악하는 학습 및 행동이론도 여기에 속한다.
⑤ 인격적 특성에서 범죄의 원인을 찾는 인성이론은 사람의 성격을 다양한 기준으로 분류하여 연구한다.

해설

①은 생물학적 범죄원인론에 대한 설명이다. 정답: ①

018 **프로이트(Freud)는 인간의 퍼스낼러티를 구성하는 3가지의 상호작용하는 힘이 있다고 하였다. 그중 원시적 충동 또는 욕구를 무엇이라 하는가?**

① 이드 ② 자아
③ 초자아 ④ 리비도

해설

프로이트는 의식과 무의식의 개념을 의식은 자아(ego)로, 그리고 무의식은 본능(id)과 초자아(superego)로 나누어 설명하였다. 본능(id)는 성이나 음식과 같이 모든 행동의 기초를 이루는 생물학적·심리학적 욕구·충동·자극을 대표하는 것으로서 태어날 때부터 존재하는 무의식적 개념이고, 타인의 권리를 배려치 않는 즉각적인 만족을 요하는 쾌락만족의 원칙을 따른다. 정답: ①

019 다음 중 프로이트의 정신분석적 입장에서 범죄에 대한 개념과 관련이 없는 것은?

① 리비도
② 초자아
③ 오이디푸스 콤플렉스
④ 유전적 원인

해설

유전적 원인은 생물학적 이론과 관련이 있다. 정답: ④

020 다음에서 프로이트(S. Freud)가 제시한 인성의 요소는?

- 도덕과 양심의 기능을 담당한다.
- 완벽추구적으로 작동한다.
- 지나칠 경우 죄책감이나 불안을 경험하기도 한다.

① 이드
② 에고
③ 슈퍼에고
④ 리비도

해설

내용은 슈퍼에고(초자아)에 관한 내용이다. 정답: ③

021 다음 이론이 설명하는 내용과 가장 관련이 적은 것은?

범죄는 내적 장애의 표출이다. 범죄자에게는 충동성, 공격성, 도덕성 부족, 낮은 자존감 등과 같은 특성을 발견할 수 있다.

① 심리학적 성격이론, 자기통제이론 등이 이에 해당한다.
② 범죄행위에 대한 개인의 자유의지를 부정하는 견해이다.
③ 범죄인 교정을 위해 범인성에 대한 치료적 접근이 필요하다.
④ 범죄원인 규명을 위해 개개인의 특성보다 범죄자가 처한 사회적 상황에 관심을 갖는다.

해설

위의 내용은 심리학적 범죄원인론의 관점이다. 특히 개인의 긍정적인 자아관념의 결핍이나 정신병질과 관련이 있다. 따라서 범죄원인 규명을 위해 개개인의 특성보다 범죄자가 처한 사회적 상황에 관심을 갖는다는 ④는 사회학적 범죄원인론에 대한 내용이다. 정답: ④

022 방어기제의 유형 중 가장 기본적인 것은?

① 억압 ② 부정 ③ 반동형성 ④ 투사

해설

① 불쾌한 경험이나 받아들여지기 어려운 욕구, 반사회적인 충동 등을 무의식 속으로 몰아넣거나 생각하지 않도록 억누르는 것이다.
② 외적인 상황이 감당하기 어려울 때 일단 그 상황을 거부하여 심리적인 상처를 줄이고 보다 효율적으로 대처하는 것이다.
③ 노출되기를 꺼려하는 무의식적인 충동에 반대되는 방향으로 생각·감정·욕구 등을 의식 속에 고성시켜서 이에 따라 행동하게 하는 경우이다. 예를 들어 성적 충동을 지나치게 억압하면 모든 성을 외면하게 된다.
④ 자신의 욕구나 문제를 옳게 깨닫는 대신 다른 사람이나 주변에 탓을 돌리고 진실을 감추어 현실을 왜곡하는 것이다. 정답: ①

★중요★

023 성적 충동에 따라 누드를 그린다거나 관능적인 춤을 추는 것 등을 통해서 사회가 인정하는 방식으로 표현하는 방어기제는?

① 투사 ② 승화 ③ 합리화 ④ 전위

해설

② 반사회적 충동을 사회가 허용하는 방향으로 나타내는 것으로 가장 고급스런 방법이다.
① 자신의 욕구나 문제를 옳게 깨닫는 대신 다른 사람이나 주변에 탓을 돌리고 진실을 감추어 현실을 왜곡하는 것이다.
③ 상황을 그럴듯하게 꾸미고 사실과 다르게 인식하여 자아가 상처받지 않도록 정당화시키는 것이다.
④ 직접적인 대상이 아니라, 다른 약한 사람이나 짐승에게 화풀이하는 것이다. 정답: ②

★중요★

024 로렌츠와 위그의 유형 중 불만의 원인을 자신에게 돌리고 스스로 상처받는 유형은?

① 외벌형 ② 내벌형 ③ 대벌형 ④ 무벌형

해설

② 내벌형 : 불만의 원인을 자신에게 돌리고 스스로 비난하여 상처받는다.
① 외벌형 : 분함을 신체적·언어적으로 타인에게 돌린다.
④ 무벌형 : 공격을 어느 쪽도 향하지 않고 최소화하거나 무시한다. 정답: ②

025 **퇴행반응에 대한 설명으로 적절하지 않은 것은?**

① 욕구가 충족되지 않을 때 과거의 발달단계에서 욕구충족이 되었던 원시적 행동형성으로 퇴보하는 것이다.
② 퇴행이란 안전하고 즐거웠던 인생의 이전단계로 후퇴함으로써 불안을 완화시키는 방법이다.
③ 일시적으로 불안을 감소시키지만 근본적인 원인을 해결하지 못한다.
④ 욕구좌절의 강도가 큰 만큼 공격활동이 발생하기 쉽다.

해설

④는 공격반응에 대한 설명이다.

정답: ④

★중요★
026 **다음 설명 중 옳은 것을 모두 고른 것은?**

㉠ 롬브로소(Lombroso)는 진화론을 무시하였다.
㉡ 후튼(Hooton)은 롬브로소의 이론에 반대하였다.
㉢ 프로이트(Freud)는 이드, 에고, 슈퍼에고 이론 및 XXY, XYY이론에 대해 연구하였다.
㉣ 메드닉(Mednick)은 MMPI를 개발하였다.
㉤ 글룩(Glueck) 부부는 비행소년의 성격심리특징을 찾고자 하였다.
㉥ 크레취머(Kretschmer)는 신체구조와 성격의 연구를 통해 범죄의 상관성을 설명하고자 하였다.

① ㉠, ㉡
② ㉡, ㉢
③ ㉢, ㉣
④ ㉤, ㉥

해설

○ : ㉤, ㉥
× : ㉠ 롬브로소는 다윈의 진화론에서 많은 영향을 받았다. ㉡ 후튼은 롬브로소의 이론에 찬성하였다. ㉢ XXY형, XYY형 등 성염색체 연구는 제이콥스(Jacobs)·위트킨(Witken) 등에 의해 이루어졌다. ㉣ 메드닉(Mednick)은 뇌파와 범죄와의 관련성을 연구한 학자이며, MMPI(Minnesota Muliphasic Personality Inventory : 미네소타 다면적 인성검사)는 1940년에 미국의 해서웨이와 맥킨리(S. Hathaway & J. Mckinley)에 의해 개발되었다.

정답: ④

027 프로이트(Freud)의 정신분석의 내용이 아닌 것은?

① 강조하는 개념은 id(이드), ego(에고), superego(슈퍼에고)로 구성되는 성격구조, 무의식·전의식·의식으로 구성되는 정신 구조와 성에너지인 리비도에 의한 5단계 성적 발달단계이다.

② 에고는 슈퍼에고에 의해 이드의 충동에 대한 죄의식을 경험하게 된다. 그 해결방법은 이드의 충동이 슈퍼에고에 의해 승인된 행동으로 변화되는 순화의 방법과 충동을 무의식적 세계로 밀어 넣고 그 존재사실을 부인하는 억압의 방법이 있는데, 이때 이드의 충동을 억압할 경우 행동에서 이상한 결과가 나타나는데 반작용 또는 투영의 양상이다.

③ 프로이트에 의하면 욕망 가운데 가장 중요한 것이 성적 욕망 즉 리비도인데, 그는 인간 정신구조의 성장과정을 5단계로 나누었다. 유아기 초기의 원초적 리비도는 단계별 양상에 따라 구순기 → 항문기 → 남근음핵기 → 잠복기 → 성기기로 발전한다.

④ 범죄는 퇴행에 의하여 원시적이고 폭력적이며 비도덕적인 어린 시절의 충동이 표출한 것으로 보지만, 인격 구조의 불균형과 성적 발달단계에서의 고착이 범죄의 주요한 원인은 아니라고 본다.

해설

【프로이트의 정신분석】

1. 성격구조의 기본적 토대

이드(id) (원초아)	• 생물학적·심리학적 충동의 커다란 축적체를 가르키는 것으로서 모든 행동의 밑바탕에 놓여 있는 충동들을 의미한다. • 이는 영원히 무의식의 세계에 자리 잡고 있으면서 이른바 쾌락추구원칙에 따라 행동한다.
에고(ego) (자아)	• 의식할 수 있는 성격 내지 인격으로서 현실원리를 말한다. • 본능적인 충동에 따른 이드의 요구와 사회적 의무감을 반영하는 슈퍼에고의 방해 사이에 중재를 시도하며 살아가는 현실세계를 지향한다.
슈퍼에고 (superego) (초자아)	• 자아비판과 양심의 힘을 가르키는 것으로서 개개인의 특수한 문화적 환경에서의 사회적 경험으로부터 유래하는 요구를 반영한다. • 도덕의식이나 윤리의식과 같이 스스로 지각할 수 있는 요인과 무의식 상태에서 영향력을 행사하기도 한다(어렸을 때 부모와 맺는 애정관계의 중요성을 강조).

2. 에고의 갈등과 해결방법

에고는 슈퍼에고에 의해 이드의 충동에 대한 죄의식을 경험하게 된다. 그 해결방법은 이드의 충동이 슈퍼에고에 의해 승인된 행동으로 변화되는 순화의 방법과 충동을 무의식적 세계로 밀어 넣고 그 존재사실을 부인하는 억압의 방법이 있는데, 이때 이드의 충동을 억압할 경우 행동에서 이상한 결과가 나타나는데 반작용 또는 투영의 양상이다.

반작용(reaction)	어떤 사람이 특정의 충동을 억제하고 있으면 충동과 관련한 문제에서 지나치게 민감하게 반응하는 것을 말한다.
투영(projection)	어떤 욕망을 억압하고 있는 사람은 다른 사람이 갖고 있는 같은 욕망을 잘 발견하는 것을 말한다.

3. 리비도와 콤플렉스

욕망 가운데 가장 중요한 것이 성적 욕망 즉 리비도인데, 인간 정신구조의 성장과정을 단계별 양상에 따라 구순기 → 항문기 → 남근음핵기 → 잠복기 → 성기기로 발전한다고 보았다.

4. 범죄관

범죄를 퇴행에 의하여 원시적이고 폭력적이며 비도덕적인 어린 시절의 충동이 표출된 것으로, 유아적 충동(id)과 초자아(superego)의 통제의 불균형의 표출이라고 본다. 즉, 3가지 인격 구조의 불균형과 성적 발달단계에서의 고착이 범죄의 가장 큰 원인이라는 입장을 취한다.

5. 평가

비판	• 가장 빈번히 그리고 가장 심각하게 비판받는 것이 주요한 개념을 측정하고 기본 가정이나 가설을 검증하기 어렵다는 것이다. • 초기 아동기의 경험을 지나치게 강조한다는 비판도 있다. 문화와 환경적 영향의 무시, 가정의 구성과 역할의 변화로 인한 성역할 동일체성이나 일탈의 발전에 있어서 오디푸스 콤플렉스나 엘렉트라 콤플렉스의 역할과 같은 중요한 몇 가지 프로이트 학파의 개념에 대한 의문이 제기되고 있다.
기여	정신분석학적 접근은 범죄자의 배경, 가족생활, 인성, 태도, 범행의 동기나 이유 등에 대한 이해와 범죄자의 처우에 있어서 중요한 역할을 수행하고 있다.

정답: ④

★중요★

028 정신분석이론의 비판 및 공헌점으로 옳지 않은 것은?

① 성적인 발달 등 심리학적 요인들을 지나치게 강조한다는 비판이 있다.

② 정신분석학적 연구는 임상적인 사례연구에 심하게 의존하기 때문에 일반화하기 힘들다.

③ 초기 아동기의 경험보다는 현재의 경험을 중시하기 때문에 범죄인이 현재 경험하는 문화와 환경적 요인을 중요한 범죄발생의 원인으로 파악하고 있다.

④ 범죄자의 성장배경, 가족생활, 인성력, 태도 등에 대한 심리분석탐구를 통해 범죄인의 현재 상태, 즉 문화적 환경적 요인을 명확히 파악한다.

해설

④ 정신분석이론은 현재 상황보다는 어린 시절 왜곡된 성의식을 지나치게 강조하는 경향이 있으며, 현재의 문화적·환경적 요인을 무시하고 오로지 심리학적 분석에만 초점을 맞춘다는 비판을 받고 있다.

정답: ③

029 정신분석학적 범죄이론에 대한 설명으로 가장 적절하지 않은 것은? 경찰간부 2025

① 프로이트(Freud)는 특정한 사람들은 슈퍼에고(Superego)가 과잉발달되어 죄책감과 불안을 느끼게 되어 죄의식 해소와 심리적 균형감을 얻고자 범죄를 저지르게 된다고 하였다.

② 아들러(Adler)는 인간의 무의식에는 열등감 콤플렉스가 내재해 있는데, 일부는 이러한 열등감을 과도하게 보상받기 위해 비행이나 범죄를 저지르게 된다고 하였다.

③ 에릭슨(Erikson)은 모성의 영향을 중시했는데, 어렸을 때 엄마가 없는 경우에는 기초적인 애정관계를 형성하지 못해 불균형적 인성구조를 형성하게 되어 범죄와 같은 반사회적 행동에 빠져든다고 하였다.

④ 레들과 와인맨(Redl & Wineman)은 비행소년들이 적절한 슈퍼에고(Superego)를 형성하지 못하고 에고(Ego) 또한 이드(Id)의 충동을 무조건 수용하는 방향으로 형성되어, 에고(Ego)가 슈퍼에고(Superego)의 억제 없이 이드(Id)의 욕구대로 형성된 경우를 '비행적 자아'라고 지칭하였다.

해설

③ 보울비(Bowlby)는 모성의 영향을 강조하였는데, 어린 시절 어머니가 없는 아이들은 기초적인 애정관계를 형성할 수 없어 불균형적인 인성구조를 갖게 되고, 이후에 범죄와 같은 반사회적 행위에 빠져든다고 보았다. 참고로, 에릭슨(Erikson)은 사회문화적 요소에 따른 발달을 강조하여 청소년기 이후의 심리발달을 중시하였다.

④ 레들과 와인맨은 증오심이 강한 소년들의 공통된 특성을 살폈는데, 고립되어 성장한 결과 어른들이 자신을 사랑하고 원하며 보호하고 격려한다는 느낌을 가지지 못한 것으로 나타났다. 이 결과 비행소년들은 적절한 슈퍼에고를 형성하지 못하고, 에고도 이드의 욕구를 무조건 옹호하는 방향으로 구성되며, 에고가 슈퍼에고의 제재 없이 이드의 욕구대로 형성되는데, 이를 '비행적 자아'라고 지칭하였다. 치료방법으로서 어렸을 때 결핍되었던 어른들과 자신을 연계시킬 수 있는 동일시감정을 증진시키는 것이 무엇보다 중요하다고 주장하였다.

정답: ③

★중요★

030 인성이론에 대한 설명으로 옳지 않은 것은?

① 인성이론에서 비행이란 인간의 심리적 틀 내에 존재하는 저변의 갈등이 표출된 것이라고 말한다.

② 글룩 부부는 비행소년과 일반소년 각각 500명에 대해 로르샤하 테스트(Rorschach test)를 실시한 결과 비행소년은 일반적으로 외향적이며 활발하고, 충동적이며 자제력이 약하고, 적대적이고 화를 잘 내며, 도전적이고 의심이 많고, 파괴적인 것으로 나타났다.

③ 워렌(Warren)의 대인성숙도(I-Level) 검사법에 따르면 비행자는 정상자보다 단계가 높게 나왔으며 특히 5단계부터 7단계까지 비행자가 가장 많이 발견되었다.

④ 왈도와 디니츠(Waldo & Dinitz)는 MMPI를 이용하여 범죄자의 성격프로그램을 조사하여 범죄자들은 일반인에 비해 정신병리적 일탈경향이 강한 성격이라고 특징 지을 수 있다고 보았다.

해설

【워렌(Warren)의 대인성숙도(I - Level)】

1965년 개발한 인성검사법으로 인간관계의 성숙 정도의 발전수준을 1~7단계로 나누고 I-level로 명명하였다. 이 검사법에 따르면 비행자는 정상자보다 단계가 낮게 나왔으며 특히 2단계부터 4단계까지 비행자가 가장 많이 발견되었다.

2단계	비사회적·공격적 그리고 폭력지향적 성향	반사회적 모사자
3단계	비행집단의 규칙에 동조하는 성향	문화적 동조자
4단계	전형적인 신경과민과 정신이상의 성향	신경증적 행위자

정답: ③

★중요★

031 인성이론과 관련된 설명으로 타당하지 않은 것은?

① 방법론상의 문제로 표본이 무작위로 추출되지 않아 대표성과 신뢰성에 문제가 있다.

② 아이젠크는 비행소년과 일반소년을 대상으로 로르샤흐 검사를 통해 성격적 특성에 대한 검사를 실시하였다.

③ 왈도와 디니츠는 MMPI검사를 이용하여 '범죄자의 성격 프로파일'을 분석하였고 비행자와 일반인은 인격특성상 구별된다고 주장하였다.

④ 워렌은 인간관계의 성숙 정도의 발전 수준을 분석하여 비행청소년의 유형을 제시하였다.

해설

② 글룩 부부에 대한 설명이다.

정답: ②

032 다면성 인성검사(MMPI)에 관한 설명으로써 올바른 것은?

① 범죄자를 대상으로 공통적인 10가지 프로파일 유형으로 분류한 것이 원래의 MMPI유형론이다.

② 최근 MMPI연구는 각 하위척도와 관련되는 성격적·행동적 변인들을 발견하는 쪽으로 집중되고 있다.

③ 10개의 임상척도는 각각의 개별척도 점수를 사용해 직접적인 임상적 진단이 가능하다.

④ 일관성 있게 범죄인과 비범죄인을 구분해 내는 척도는 9번 척도이다.

해설

【미네소타 다면적 인성검사(MMPI)】

ⓐ 정신의학 분야와 일반의료 분야에서 환자들의 임상진단에 관한 정보를 제공해 주려는 목적으로 개발한 가장 널리 사용되는 객관적 인성검사기법이다.

ⓑ 최초 MMPI의 문항 내용들은 정신과적·의학적·신경학적 장애에 대한 것이었으며, 총 550개로 확정되었다. 550개 문항의 질문지를 주고 그 응답유형을 바탕으로 피검사자의 성격을 검사하는 방법이다.

ⓒ MMPI의 척도 중 가장 먼저 개발된 것은 건강염려증 척도(1번 척도, Hs)였으며, 이어서 강박증(7번 척도, Pt), 우울증(2번 척도, D), 히스테리(3번 척도, Hy)의 세 가지 신경증 환자집단에 대한 척도가 개발되었다.

ⓓ MMPI는 그 결과의 해석 및 활용에 있어서는 전문가가 필요하지만, 검사 실시 및 채점방법은 간단하여 비전문가에 의해서도 손쉽게 행할 수 있다는 장점이 있다. 그러나 문항수가 너무 많고 피검사자의 학력수준이 높아야 정확한 예측이 가능하므로 피검사자의 검사에 대한 태도와 검사상황 등에 따라 그 결과가 좌우될 수 있다고 하는 단점이 있다.

ⓔ 10개의 임상척도는 각각의 개별척도 점수를 사용해 간접적인 임상적 진단이 가능하다. 직접적인 것은 아니지만 임상척도 중 4번 척도(Pd)는 반항, 가족관계 분열, 충동성, 학업이나 직업문제, 범법행위, 약물중독 등 반사회적 행동을 나타내므로 범죄인과 비범죄인의 구분에 가장 근접한 척도이다. 8번 척도(Sc)의 점수가 높을 경우 전통적인 규범에서 벗어나는 정신분열성 생활양식을 반영하며, 9번 척도(Ma)는 조울증의 조증 증상발현의 초기단계에 있는 환자에게 사용하기 위해 개발되었다.

ⓕ 최근 MMPI 연구는 각 하위척도와 관련되는 성격적·행동적 변이들을 발견하는 쪽으로 집중되고 있다.

〈MMPI의 임상척도〉

척도명	기호	약자
건강염려증(Hypochondriasis)	1	Hs
우울증(Depression)	2	D
히스테리(Hysteria)	3	Hy
반사회성(Psychopathic Deviate)	4	Pd
남성특성-여성특성(Masculinity-Femininity)	5	Mf
편집증(Paranoia)	6	Pa
강박증(Psychasthenia)	7	Pt
정신분열증(Schizophrenia)	8	Sc
경조증(Hypomania)	9	Ma
사회적 내향성(Social Introversion)	10	Si

정답: ②

033 성격과 범죄 관련성을 검사하는 방법 중 다음 〈보기〉의 설명이 지칭하는 것은?

해경간부 2024

보기

비행성이 있는 성격과 그렇지 않은 성격을 구분하기 위한 수단으로 개발됐다. 세계적으로 많이 쓰이고 있는 14세 이상 정상인 대상의 성격측정 지필검사다.

① MBTI 검사
② CPI 검사
③ 과제통각검사
④ 로르샤흐검사

해설

② CPI 검사는 1956년 캘리포니아 버클리대학의 고프(Gough)가 개발한 18개 척도의 성격검사도구로, MMPI가 신경증이나 정신병 등의 정서적 문제를 진단하기 위한 것인 데 비해, CPI는 정상적인 사람의 심리적 특성을 이해하기 위한 것이라고 할 수 있다. 정답: ②

034 성격과 범죄에 대한 설명으로 옳지 않은 것은?

① 아이젠크(Eysenck)는 「범죄와 성격」에서 융의 내향성과 외향성의 개념을 파블로프의 고전적 조건이론을 응용하여 범죄자의 성격특성을 설명하였다.
② 로렌쯔(K. Lorenz)의 본능이론은 인간의 공격적 행동특징은 학습이 아니라 본능에 의존한다고 한다.
③ 좌절공격이론은 본능이론과는 달리 공격성이 외부조건에 의해 유발된 동기로 생긴다고 본다.
④ 행동이론(behavioral theory)에서는 현실에 중심을 두면서도 정신분석이론가들에 의해 주장된 측정할 수 없는 무의식적인 현상에 대해 견해를 같이하고 있다.

해설

④ 행동심리학자들은 한 개인의 성격은 무의식적인 과정보다는 다른 사람과 상호작용을 하는 과정에서 평생 동안 배우면서 형성되는 것으로 본다. 행동이론(behavioral theory)에서는 정신분석이론가들에 의해 주장된 측정할 수 없는 무의식적인 현상이 아니라, 오로지 측정할 수 있는 사건들에만 관심을 기울인다. 정답: ④

035 자율신경조직 장애와 범죄에 대한 설명으로 가장 옳지 않은 것은?

① 처벌을 예견할 때 느끼는 불안반응은 사람이 사회규범을 배우는 데 있어서 매우 중요한 역할을 한다.
② 아이젠크(Eysenck)에 의하면 내향적인 사람은 규범에 어긋나는 행동을 하는 정도가 강하다.
③ 아이젠크(Eysenck)에 의하면 외향적인 사람은 자율신경계의 불안반응 유발기능이 낮은 수준이나 이를 제거하는 기능은 발달하였다.
④ 시들(Siddle)의 연구결과는 반사회적 행위를 저지른 피실험자(정신병자, 성인범죄자, 비행소년)들은 정상인에 비해서 피부전도가 회복되는 속도가 현저히 낮다는 것을 보여주었다.

해설

② 아이젠크에 의하면 내향적인 사람은 규범에 어긋나는 행동을 하는 정도가 약한 반면, 외향적인 사람은 처벌에 대한 불안감을 덜 느끼고 새로운 자극을 항상 추구하기 때문에 그만큼 반사회적 행위를 저지를 가능성이 높다. 정답: ②

★중요★
036 아이젠크의 성격 위계모형에서 습관적 반응수준에 해당하는 것은?

① 제1수준
② 제2수준
③ 제3수준
④ 제4수준

해설
아이젠크는 성격을 환경에 대한 개인의 독특한 적응에 영향을 끼치는 인격·기질·지성·신체요소들이 안정되고 영속적으로 조직화된 것으로 본다.

〈아이젠크의 성격 위계모형〉

제1수준	구체적 반응 수준으로 단일한 행위나 인지로 이루어진다.
제2수준	습관적 반응 수준으로 습관적 행위나 인지들로 이루어진다.
제3수준	상이한 습관적 행위들 간의 유의미한 상관으로 정의한다.
제4수준	유형수준 특질들 간 관찰된 상관으로 정의한다.

정답: ②

★중요★
037 아이젠크(Eysenck)의 인성이론에 관한 설명 중 옳은 것은?

㉠ 사람을 외향성과 내향성으로 구분하였고, 범죄자는 대체로 외향적 성격이 높다고 주장하였다.
㉡ 내향인은 사회적 금지사항을 더욱 쉽게 학습하며 그 결과 행동이 억제되어 있어 학습에서 내향인은 처벌의 영향을 더 많이 받는다. 반면, 외향인은 사교적이고 흥미로운 것을 추구함에 따라 처벌보다는 보상에 의한 영향을 더욱 많이 받는다.
㉢ 성격의 3차원 모델은 정신병적 성향(P), 외향적 성향(E), 신경증 성향(N)을 의미하며, 'P－E－N 모델'이라고도 한다.
㉣ 신경증 성향은 정서적 안정성과 불안정성을 측정하며, 신체적인 통증의 호소를 하는 경우가 빈번하고 많다.

① ㉠
② ㉠, ㉡
③ ㉠, ㉡, ㉢
④ ㉠, ㉡, ㉢, ㉣

해설
아이젠크는 성격을 환경에 대한 개인의 독특한 적응에 영향을 미치는 인격·기질·지성·신체요소들이 안정되고 영속적으로 조직화된 것으로 전제하고 인성이론을 제시하였다.

정답: ④

038 **인지발달이론에 대한 설명으로 옳지 않은 것은?**

① 도덕적 판단력이 인간의 인지발달에 따라 내재화하는 과정을 상정하여 범죄원인을 탐구한다.
② '내재화'는 사람이 사건이나 신념을 수용하고 그것을 자신의 사고의 일부로 만든다는 것을 의미한다.
③ 피아제(Piaget)는 사람의 도덕성은 일정한 단계에 따라 발전하며, 각 단계는 사람의 경험에 따라 그 전단계에 의존하여 발전한다고 한다.
④ 도덕성과 비행성과의 관계를 직접 검증한 연구가 많다는 장점이 있는 반면, 다양한 비행원인론을 포괄할 수 없다는 단점이 있다.

해설

④ 인지발달단계에 따라 도덕적 판단능력에서 차이가 있다는 인지이론의 설명은 다양한 비행원인론을 포괄할 수 있다는 장점이 있는 반면 도덕성과 비행성과의 관계를 직접 검증한 연구가 부족하다는 단점이 있다. 또한 도덕심과 비행의 상관관계는 하나의 상식에 지나지 않는다는 비판도 제기되고 있다. 정답: ④

★중요★
039 **심리학적 범죄원인론 중 인지이론과 관련이 가장 적은 것은?**

① 도덕발달
② 행동주의학습이론
③ 정보처리능력
④ 지능

해설

② 행동학습은 유기체를 자극에 대해 수동적으로 반응하는 존재라고 본다. 정답: ②

★중요★
040 **다음 인지발달이론에 대한 설명으로 가장 적절하지 않은 것은?**

① 인지이론은 자기 통제력의 부재, 즉 충동성을 범죄행동의 중요한 요인으로 파악한다.
② 범죄행동 패턴에서 왜 사람들이 성숙해지고 추론능력이 발달하면서 범죄성향이 줄어드는지를 잘 설명한다.
③ 피아제(Piaget)에 의해 제시된 도덕성 발달단계를 범죄에 응용한 콜버그(Kohlberg)의 이론도 인지이론에 해당한다.
④ 인지이론의 기본적 가설은 범죄자는 일반인들과는 다른 성격적 특질을 지니고 있다는 것이다.

해설

④는 성격이론(인성이론)에 대한 설명이다. 성격이론의 기본적 가설은 비행이나 범죄자는 비정상적이고 특정한 범죄적 성격을 지니고 있거나 법을 준수하는 사람과는 다른 성격적 특질을 지니고 있다는 것이다. 이러한 성격을 가진 사람은 타인에 대한 동정심이 없으며, 후회나 죄의식을 가지지 못하는 반사회적 성격장애자일 가능성이 높다고 본다. 정답: ④

041 **지능과 범죄의 관계에 대한 설명으로 옳지 않은 것은?**

① 지능이 낮은 사람은 어떤 특정 상황에서 자신의 잘못된 행위의 비도덕성 또는 비윤리성을 느끼고 평가할 수 있는 능력도 낮기 때문에, 낮은 지능과 범죄행위가 직접적으로 관계가 있다는 가정에서 출발했다.
② 고다드(Goddard)는 1920년에 실시한 한 연구를 통해 범죄와 지능과의 상관관계는 크지 않다는 결론을 내렸다.
③ 지능검사 방법에 대해 표본추출이나 측정조건 등 다양한 형태의 문제점이 지적되고 있다.
④ 낮은 지능이 태어날 때부터 결정되고 유전된다고 간주하는 본성이론(nature theory)과 지능은 부분적으로 생물학적인 것이지만 주로 사회학적인 것으로 간주하는 양육이론(nurture theory)이 있다.

해설

② 고다드(Goddard)는 범죄자 중 60%가 정신박약이라고 주장했으나, 머치슨(Merchison) 이후 연구결과 정신박약은 범죄와의 상관관계가 그리 크지 않다고 보고 있다.

정답: ②

★중요★

042 **슈나이더(Schneider)의 정신병질유형 중 범죄와 적극적인 관련성이 적은 것은?**

① 무정형
② 의지박약형
③ 무력형
④ 기분이변형

해설

② 의지박약형의 경우 누범의 60% 이상을 차지하는 것으로 나타난다.

범죄관련성이 높은 병질	기분이변성, 무정성, 발양성, 의지박약성, 폭발성, 과장성, 광신성(열광성)
범죄관련성이 낮은 병질	무력성, 자신결핍성, 우울성

정답: ③

043 **다음 중 슈나이더(Schneider)의 정신병질에 대한 10가지 분류에 대한 설명으로 가장 옳지 않은 것은?** 해경간부 2023

① 의지박약성 – 모든 환경에 저항을 상실하여 우왕좌왕하고, 지능이 낮은 성격적 특징을 가지고 있으며, 인내심과 저항력이 빈약하다. 상습범, 누범에서 이러한 정신병질이 많이 발견된다.
② 기분이변성 – 기분 동요가 많아서 예측이 곤란하고, 폭발성과 유사하나 정도가 낮은 특징을 가지고 있다. 방화범, 상해범에서 이러한 정신병질이 많이 발견된다.
③ 무력성 – 심신의 부조화 상태를 호소하여 타인의 동정을 바라고 신경질적인 특징을 보이며, 범죄와의 관련성이 높다.
④ 발양성 – 자신의 운명과 능력에 대해 과도하게 낙관적이며, 경솔하고 불안정한 특징을 보인다. 상습사기범과 무전취식자 등에서 이러한 정신병질이 많이 발견된다.

해설

무력성, 자신결핍성, 우울성 정신병질자는 범죄와의 관련성이 적다. 정답: ③

★중요★

044 슈나이더의 정신병질 10분법에 관하여 짝지어진 것 가운데 가장 타당하지 않은 것은?

① 발양성 – 낙관적이며 경솔한 성격으로 상습범, 누범이 많고 사기죄가 많다.
② 무정성 – 동정심·수치심 등 인간적 감정이 결여되어 잔혹하고 흉악범이 많다.
③ 의지박약성 – 환경에 대한 저항능력을 상실하여 우왕좌왕하는 형으로 좋은 환경하에서는 범죄자가 될 가능성이 적다.
④ 과장성 – 자기중심적이며 기망적 허언을 남발하고 욕구좌절 시 히스테리 반응을 보이며 고등사기범이 많다.
⑤ 우울성 – 염세적·회의적인 인생관을 갖고 있으며 자극에 민감하고 병적 흥분상태에 빠져 방화범이 특히 많다.

해설

⑤ 우울성의 경우, 염세적·회의적인 성격으로서 범죄와의 관련성보다는 자살을 하기 쉬우며, 간혹 강박성으로 인한 살인이나 상해행위 등을 범한다.

【슈나이더(Schnerider)의 정신병질 10분법】

구 분	성격의 특징	범죄상관성
발양성 (發揚性)	• 자신의 운명과 능력에 대한 과도한 낙관 • 경솔, 불안정성 • 실현 가능성이 없는 약속 남발	• 상습누범자 중에 다수 • 상습사기범, 무전취식자 • 죄의식 결여, 충동적 행동
우울성 (憂鬱性)	• 염세적·회의적 인생관에 빠져 자책성 불평이 심함 • 과거 후회, 장래 걱정	• 자살 유혹이 강함 • 강박관념에 의한 성범죄를 간혹 범함 • 자살자, 살인범
의지박약성 (意志薄弱性)	• 모든 환경에 저항을 상실하여 우왕좌왕하며, 지능이 낮음 • 인내심과 저항력 빈약	• 상습누범이 가장 많음(누범의 60% 이상) • 각종 중독자, 매춘부 등에 많음 • 상습누범자, 성매매여성, 마약중독자
무정성 (無情性)	• 동정심·수치심·회오 등 인간의 고등감정이 결여되어 냉혹·잔인함 • 복수심이 강하고 완고하며 교활함 • 자기중심적 • 사이코패스(Psychopath)	• 범죄학상 가장 문제시됨 • 목적달성을 위한 흉악범(살인, 강도, 강간 등), 범죄단체조직, 누범 등에 많음 • 생래적 범죄인, XYY범죄인
폭발성 (爆發性)	• 자극에 민감하고 병적 흥분자 • 음주 시 무정성·의지박약성과 결합되면 매우 위험하나, 타 유형에 비해 자기치료가 가능	• 살상, 폭행, 모욕, 손괴 등 충동범죄의 대부분과 관련되며 충동적인 자살도 가능 • 간질성 기질
기분이변성 (氣分易變性)	• 기분동요가 많아 예측이 곤란하고 크래페린의 욕동인에 해당함	• 방화, 도벽, 음주광, 과음, 도주증상에 따른 격정범으로 상해, 모욕, 규율위반 등을 범함 • 방화범, 상해범
과장성 (誇張性)	• 자기중심적, 자신에의 주목 및 관심을 유발하고자 하며 자기기망적 허언을 남발 • 욕구좌절 시 히스테리 반응을 보임	• 타인의 사기에 걸려들 가능성 높음 • 구금수형자 중 꾀병자가 많음 • 고등사기범(화이트칼라범죄)

자신결핍성 (自信缺乏性)	• 능력부족의 인식으로 주변을 의식하고 강박관념에 시달림 • 주변사정에 민감하여 도덕성은 강함	• 도덕성이 강해 범죄와의 관련은 적음 • 강박관념으로 인한 범죄의 가능성 존재
광신성 (狂信性)	• 개인적·이념적 사항에 열중하여 그에 따라서만 행동하는 강한 성격 • 정의감에 따라 소송을 즐김	• 종교적 광신자, 정치적 확신범
무력성 (無力性)	• 심신의 부조화 상태를 호소하여 타인의 동정을 바라며 신경질적임	• 범죄와의 관련성은 적음

• 적극적 범죄 관련 : 기분이변성, 무정성, 발양성, 의지박약성, 폭발성, 과장성, 광신성(열광성)
• 소극적 범죄 관련 : 무력성, 자신결핍성, 우울성

정답: ⑤

045 **슈나이더(Schneider)의 정신병질에 대한 10가지 분류에 관해 기술한 것이다. 가장 적절하지 않은 것은?** 경찰간부 2023

① 의지박약성 – 모든 환경에 저항을 상실하여 우왕좌왕하고, 지능이 낮은 성격적 특징을 가지고 있으며, 인내심과 저항력이 빈약하다. 상습범, 누범에서 이러한 정신병질이 많이 발견된다.

② 기분이변성 – 기분 동요가 많아서 예측이 곤란하고, 폭발성과 유사하나 정도가 낮은 특징을 가지고 있다. 방화범, 상해범에서 이러한 정신병질이 많이 발견된다.

③ 무력성 – 심신의 부조화 상태를 호소하여 타인의 동정을 바라고 신경질적인 특징을 보이나, 범죄와의 관련성은 적다.

④ 발양성 – 자신의 운명과 능력에 대해 과도하게 비관적이며, 경솔하고 불안정한 특징을 보인다. 현실가능성이 없는 약속을 남발하기도 한다. 상습사기범과 무전취식자 등에서 이러한 정신병질이 많이 발견된다.

해설

④ 발양성 정신병질자는 자신의 운명과 능력에 대해 지나치게 낙관적이며, 이로 인해 경솔하고 불안정한 특징을 보인다. 상습사기범이 되기 쉬우며, 무전취식자가 많고, 특히 상습누범자가 많다.

정답: ④

046 **슈나이더(K. Schneider)의 개별 정신병질의 유형과 그 범죄경향에 관한 연결 중 옳은 것을 모두 묶은 것은?**

> ㉠ 무력성 – 충동적 살상범, 폭행범, 손괴범
> ㉡ 기분이변성 – 방화범, 상해범
> ㉢ 발양성 – 상습사기범, 무전취식자
> ㉣ 의지박약성 – 상습누범자, 성매매여성, 마약중독자
> ㉤ 자기현시성(과장성) – 종교적 광신자, 정치적 확신범
> ㉥ 우울성 – 자살자, 살인범

① ㉠, ㉡, ㉢, ㉣
② ㉡, ㉢, ㉣, ㉤
③ ㉡, ㉢, ㉣, ㉥
④ ㉡, ㉣, ㉤
⑤ ㉢, ㉣, ㉥

해설

옳은 것은 ㉡, ㉢, ㉣, ㉥이다.

㉠ • 폭발성 정신병질 – 충동적 살상범, 폭행범, 모욕범, 손괴범
• 무력성 정신병질 – 범죄와는 관계가 적은 것으로 본다.

㉤ • 광신성(열광성) 정신병질 – 종교적 광신자, 정치적 확신범
• 자기현시성(과장성, 허영성) 정신병질 – 고급사기범(화이트칼라범죄, 고위층 사칭 사기범죄 등)

정답: ③

★중요★

047 **다음 범죄이론의 내용에 대한 설명으로 옳지 않은 것은?**

① 고다드(Goddard)의 정신박약이론에 따르면 판단력과 통찰력 등이 부족한 사람은 충동적인 범죄를 저지르기 쉬우며, 이들은 범죄 위험성이 크므로 단종 또는 격리해야 한다고 한다.
② 고프(Gough)의 반사회적 인성이론에 따르면 일반적으로 '정신병리' 또는 '사회병리'와 동의로 사용되며, 미래의 목표보다는 현실의 목표를 과대평가하고 목표 성취에 대한 사고와 계획성이 결여된 특징을 갖는다.
③ 슈나이더의 정신병질 10가지 분류 중 '광신성'은 롬브로소(Lombroso)의 생래적 범죄자 및 가로팔로(Garofalo)의 자연범과 유사하다.
④ 프랑스의 비네(Binet)는 정신지체 아동의 선별을 위한 도구를 개발하여 지능결함과 범죄의 상관관계를 연구하였다.

해설

③ 광신성이 아닌 무정성이다.

정답: ③

048 사이코패스에 대한 설명으로 옳지 않은 것은?

① 사이코패스(Psychopath)란 어떤 명백한 이유나 목적 없이 충동적으로 행동하는 공격적인 범죄자를 의미하는 것으로 사용되어 왔다.
② 사이코패스는 다른 사람에게 비정상적으로 공격적이거나 심각하게 무책임한 행동을 하는 지속적인 성격장애 또는 정신적인 장애자로서, 이로 인해 잔인한 범죄행위를 범하여 다른 사람과 사회를 괴롭히는 정신병질자로 정의된다.
③ PCL 척도(psychopathy checklist)는 범죄적 사이코패스를 측정하기 위해 가장 많이 사용되는 22개 항목으로 구성된 도구로 특히 남성 교도소에 수감된 사이코패스, 법의학적 또는 정신병리학적 집단에 속하는 사이코패스를 확인하기 위해 설계된 척도이다.
④ PCL－R(psychopathy checklist revision)은 PCL을 수정한 20개 항목으로 구성되어 있으며, 법의학 분야와 조사환경에 적용 가능한 새로운 정보를 포함하고 있지만 오늘날 PCL－R은 연구와 임상 부문에서 거의 사용하고 있지 않다.

해설

④ PCL－R(psychopathy checklist revision)은 PCL을 수정한 20개 항목으로 구성되어 있으며, 법의학 분야와 조사환경에 적용 가능한 새로운 정보를 포함하고 있다. 오늘날 PCL－R은 연구와 임상 부문에서 가장 빈번하게 사용되는 사이코패스 측정 도구이다. 이 척도는 자기보고, 행동관찰 그리고 부모, 가족, 친구 같은 2차적인 원천을 포함하는 다양한 원천으로부터 범죄적 사이코패스의 정서적·대인적·행동적·사회적 일탈 측면을 평가할 수 있다. 정답: ④

049 사이코패스(정신병질)에 대한 설명 중 가장 옳은 것은? 해경간부 2024

① 미국 정신의학회의 DSM에서는 이를 반사회적 성격장애와 구별한다.
② 유전적·생물학적 요인보다 후천적·환경적 요인이 더 크게 작용한다.
③ 가장 많이 사용되는 진단도구는 슈나이더(Schneider)가 개발한 PCL－R이다.
④ 무정성 정신병질자는 롬브로조(Lombroso)가 말한 생래적 범죄인에 가깝다.

해설

④ 슈나이더(Schneider)의 10분법 중 무정성 정신병질자는 사이코패스적인 성격 특징을 가진다.
① 사이코패스와 소시오패스의 개념은 반사회적 성격장애(ASPD)의 하위개념에 포함된다.
② 후천적·환경적 요인보다는 유전적·생물학적 요인이 더 크게 작용한다.
③ 슈나이더가 아닌 로버트 헤어가 개발하였다. 정답: ④

050 **사이코패스에 대한 설명으로 옳지 않은 것은?** 보호7급 2023

① 감정, 정서적 측면에서 타인에 대한 공감능력이 부족하며 죄의식이나 후회의 감정이 결여되어 있다.
② 헤어(Hare)의 사이코패스 체크리스트 수정본(PCL－R)은 0~2점의 3점 척도로 평가되는 총 25개 문항으로 구성된다.
③ 모든 사이코패스가 형사사법제도 안에서 범죄행위가 드러나는 형태로 걸러지는 것은 아니다.
④ 공감, 양심, 대인관계의 능력 등에 대한 전통적 치료프로그램의 효과를 거의 기대하기 어렵다.

해설

② 사이코패스 진단방법인 PCL-R은 심리학자 로버트 헤어(Robert D. Hare)가 PCL을 수정하여 개발한 것으로, 20개 항목에 40점을 최고점으로 하여 최고점에 근접할수록 사이코패스적 성향이 높다고 판단한다. 오늘날 PCL-R은 연구와 임상 부문에서 가장 빈번하게 사용되는 사이코패스 진단방법이다. 총 20문항으로 각 항목별 점수는 0~2점이다.

정답: ②

051 **슈나이더(K. Schneider)의 개별 정신병질의 유형과 그 범죄경향에 관한 연결 중 옳은 것을 모두 묶은 것은?**

㉠ 무력성－충동적 살상범, 폭행범, 손괴범
㉡ 기분 이변성－방화범, 상해범
㉢ 발양성－상습사기범, 무전취식자
㉣ 의지 박약성－상습누범자, 성매매여성, 마약중독자
㉤ 자기 현시성(과장성)－종교적 광신자, 정치적 확신범
㉥ 우울성－자살자, 살인범

① ㉠, ㉡, ㉢, ㉣
② ㉡, ㉢, ㉣, ㉤
③ ㉡, ㉢, ㉣, ㉥
④ ㉡, ㉣, ㉤
⑤ ㉢, ㉣, ㉥

해설

○ : ㉡, ㉢, ㉣, ㉥
× : ㉠은 폭발형의 범죄경향에 해당하고, ㉤은 열광형의 범죄경향에 해당한다.

정답: ③

052 다음 슈나이더의 정신병질적 성격유형 중 발양성 정신병질자에 해당하는 것은?

① 염세적, 비관적인 인생관에 빠져 항상 우울하게 지내고 자책적이다.
② 항상 최악의 상황을 생각하고 과거를 후회하고 미래를 걱정한다.
③ 강박관념에 빠져 자살할 가능성이 높다.
④ 무전취식자로 돌아다니기도 하며 닥치는 대로 훔치기도 한다.

해설

①·②·③은 우울성 정신병질자에 해당한다. 정답: ④

053 슈나이더의 정신병질적 성격유형 중 롬브로소의 생래적 범죄자에 가장 가까운 정신병자는?

① 우울성 정신병질자
② 의지박약성 정신병질자
③ 무정성 정신병질자
④ 발양성 정신병질자

해설

【무정성 정신병자】
- 인간이 보편적으로 갖고 있는 타인에 대한 동정심이나 연민의 감정, 수치심, 명예심, 공동의식, 양심의 가책 등이 결핍되어 함부로 행동한다.
- 자기 목적 달성을 위해서는 냉혹·잔인하게 행동하고 죄책감을 느끼지 못함, 복수심도 강하고 완고하며 교활하다.
- 사이코패스, 도덕적 백치 또는 도덕적 박약자(moral imbecile) 등으로 불리며, 범죄학에서 가장 주목을 받는 정신병질자이다. 정답: ③

★중요★
054 심리학적 범죄이론 중 인지이론과 관련이 가장 적은 것은?

① 도덕발달
② 행동학습
③ 정보처리능력
④ 지능

해설

행동학습은 학습을 경험이나 관찰의 결과로 유기체에게서 일어나는 비교적 영속적인 행동의 변화 또는 행동잠재력의 변화로 정의내리며, 유기체를 자극에 대해 수동적으로 반응하는 존재라고 보는 행동주의 학습이론과 관련된다. 정답: ②

055 심리학적 범죄이론에 대한 내용으로 가장 적절하지 않은 것은? 경찰간부 2023

① 심리학적 범죄이론에는 범죄자의 정신을 중심으로 범죄의 원인을 규명하려는 '정신분석이론', 범죄자의 행위가 과거의 학습경험을 통해 발달한다고 파악하는 '행동이론', 범죄자의 개인적 추론과정이 행동에 미치는 영향을 바탕으로 범죄원인을 밝히고자 하는 '인지이론', 각 개인의 성격적 결함에서 비행성을 찾으려는 '인성(성격)이론' 등이 있다.

② 아이젠크(Eysenck)는 신경계적 특징과 범죄행동 및 성격특성 간의 관련성을 정신병적 경향성(Psychoticism), 외향성(Extroversion), 신경증(Neuroticism) 등 성격의 3가지 차원에서 설명하였다.

③ 헤어(Hare)는 사이코패스에 대한 표준화된 진단표(PCL−R)를 개발하였으며, 오늘날 사이코패스 검사도구로 광범위하게 사용되고 있다.

④ 슈나이더(Schneider)는 대부분의 범죄자가 정신병질자이므로 정신치료에 초점을 맞추어야 한다고 주장하였다.

해설

④ 슈나이더는 범죄자 중 일부가 특정 정신병질과 관계가 있다고 주장하였고, 정신병질적 성격유형을 10가지 유형으로 분류하였는데, 이 중 무력성, 자신결핍증, 우울증은 일반적으로 범죄와의 관계가 적다.

① 심리학적 범죄이론에는 범죄자의 정신을 중심으로 범죄의 원인을 규명하려는 정신의학적 또는 정신분석적 접근, 인간의 인격특성의 차이에서 범인성을 찾으려는 인성(성격)이론, 범죄자의 인지발달 정도에 따라 범죄자를 밝히고자 하는 인지발달이론, 범죄를 범죄자의 과거학습경험의 자연적인 발전으로 파악하는 학습 및 행동이론, 심리학적 관점뿐만 아니라 생물학적 관점도 동시에 고려하는 심리생물학적 접근 등이 있다.

② 아이젠크(Eysenck)는 범죄행동과 성격특성 간의 관련성을 체계적으로 설명하였다. 범죄행동에 대해 외향성, 신경증, 정신병 3가지 요인의 결합이 환경적 조건과는 독립적으로 범죄행동을 유발시킬 수 있다고 하였다.

- 외향성 : 외향성을 개인의 조건화 능력을 결정짓는 중요한 성격차원으로 간주하고, 대뇌의 피각질성 수준으로 내·외향성을 판단하였으며, 외향성은 사회적·물리적 환경의 외적인 자극에 관심이 많은 성향을 가지고 있다.
- 신경증 : 충동적 속성에 의해 증폭기제로 작용하기 때문에 범죄행동과 관련이 있으며, 정서적으로 불안정한 성향을 가지고 있다.
- 정신병 : 정신병환자와 정신병질자들의 특징을 잘 나타내 주는 성격특성으로, 정신병적 취약성과 반사회적 성향을 가지고 있고, 공격적이고 자기중심적이며, 차갑고 비정한 성향을 가지고 있다.

③ 로버트 헤어(Hare)가 개발한 사이코패스에 대한 표준화된 진단표(PCL−R)는 20개의 문항으로 범죄적 사이코패스의 정서적·대인적·행동적·사회적 일탈 측면을 평가한다. 현재 가장 많이 사용되는 사이코패스 측정도구이다. 정답: ④

056 인성에 대한 설명으로 틀린 것은?

① 인성은 한 개인이 가진 여러 특성들의 전체를 말한다.
② 범죄행동은 이와 같은 개인적 성향, 즉 충동성, 폭력성, 자극추구성, 반발성, 적대감 등이 표출된 것으로 본다.
③ 인간에게 겉으로 잘 드러나지 않는 무의식 같은 것이 표출된 행동을 중시한다.
④ 여러 가지 심리검사나 측정방법을 통해 성격적 차이를 규명하는 데 주력한다.

해설

정신분석학적 설명은 인간에게 외부로 잘 드러나지 않는 무의식 같은 것이 표출된 행동을 중시하는 반면, 인성을 통한 설명은 각종 심리검사에 의해 드러난 특성을 중심으로 인간의 행동을 설명하고 예측하는 점에서 차이가 있다. 정답: ③

057 아이젠크의 인성이론에 대한 설명으로 틀린 것은?

① 외향성은 개인의 대뇌피질의 자극수용(cortical arousal) 정도에 관련이 있다.
② 외향적인 사람은 대뇌피질이 자극을 덜 받아들이기 때문에 자극을 덜 느낀다.
③ 내성적인 사람은 외향적인 사람에 비해서 조건화를 통하여 특정 행위에 대한 억제력이 보다 잘 발달된다.
④ 외향적인 사람은 내성적인 사람처럼 효과적으로 비범죄행위에 대한 학습을 한다.

해설

외향적인 사람은 내성적인 사람처럼 효과적으로 비범죄행위에 대한 학습을 하지 못한다. 따라서 외향성이 높은 사람일수록 더 빈번하게 범죄행위를 할 것이라고 기대한다. 정답: ④

★중요★

058 습관화에 대한 설명으로 적절하지 않은 것은?

① 모든 형태의 학습 중 가장 간단한 형태이다.
② 어떤 자극에 대해 반복적으로 노출되어서 친숙하게 되면 그 자극에 대해 반응하는 경향성이 감소하는 현상이다.
③ 습관화는 도피반응을 유발시키는 자극범위를 확대시킨다.
④ 유기체의 생존에 유리하게 작용한다.

해설

습관화는 도피반응을 유발시키는 자극범위를 축소시킨다. 정답: ③

★중요★
059 **성격의 5요인 중 심리적 디스트레스, 비현실적 생각과 관련이 깊은 것은?**

① 신경증(N) ② 외향성(E)
③ 개방성(O) ④ 우호성(A)

해설

① 신경성(N) : 적응 대 정서적 불안정을 측정, 심리적 디스트레스, 비현실적 생각, 과도한 열망과 충동, 부적응적인 대처 반응을 얼마나 나타내는지를 측정한다.
② 외향성(E) : 대인관계에서의 상호작용 정도와 강도를 측정, 즉 활동수준, 자극에 대한 욕구, 즐거움, 능력 등을 측정한다.
③ 개방성(O) : 자신의 경험을 주도적으로 추구하고 평가하는지의 여부를 측정, 즉 낯선 것에 대한 인내와 탐색 정도를 측정한다.
④ 우호성(A) : 사고, 감정, 행동에서 동정심부터 적대감까지의 연속선상을 따라 개인의 대인관계 지향성이 어느 위치에 있는지를 측정한다.

정답: ①

060 **심리학적 범죄이론에 관한 내용으로 가장 적절하지 않은 것은?** 경행경채 2022

① 프로이트(Freud)의 인성구조 중 이드(Id)는 모든 행동의 기초를 이루는 생물학적 심리학적 욕구와 충동자극 등을 대표하는 것으로서 즉각적인 만족을 요구하는 쾌락원리(pleasure principle)를 따른다.
② 스키너(Skinner)는 실험상자(Skinner box) 지렛대 실험에서 쥐의 행동이 보상과 처벌에 따라 변화하는 것을 확인하였고, 이를 통해 인간의 행위 역시 조절할 수 있다고 보았다.
③ 슈나이더(Schneider)의 정신병질에 대한 10가지 분류 중 무정성 정신병질자는 동정심이나 수치심 등 인간의 고등감정이 결여되었으며, 토막살인범이나 범죄단체조직원 등에서 많이 나타나는 유형이다.
④ 콜버그(Kohlberg)의 도덕발달이론에 관한 경험적 연구결과에 따르면 대부분의 범죄자는 도덕발달 6단계 중 중간단계인 3－4단계에 속하는 것으로 보았다.

해설

④ 콜버그(Kohlberg)는 행위의 옳고 그름에 대한 이해와 그에 상응하는 행동은 세 가지 수준의 여섯 가지 과정(사회화)을 통해 발달한다고 하였다. 도덕발달단계를 전인습수준(1－2단계), 인습수준(3－4단계), 후인습수준(5－6단계)으로 나누고, 대부분의 일반청소년들은 3～4단계에 속하는 반면, 대부분의 비행청소년들은 1～2단계에 속한다고 보았다.
① 프로이트(Freud)의 인성구조이론의 기본 원리에 관한 설명이다. 프로이트의 인성구조 중 이드(Id)는 생물학적·심리학적 충동의 커다란 축적체를 가리키는 것으로서 모든 행동의 밑바탕에 놓여 있는 동기들을 의미하며, 모든 행동의 기초를 이루는 생물학적·심리학적 욕구와 충동자극 등을 대표하는 것으로서 태어날 때부터 존재하는 무의식적 개념이고, 타인의 권리를 배려치 않는 즉각적인 만족을 요구하는 쾌락의 원칙을 따른다.
② 스키너는 어떤 특정 상황에서 행동을 취하게 되면 그에 따른 결과물이 제공되며 이 결과물이 보상

으로 인식될 때 강화가 이루어지고, 행동을 반복하게 되는 강화학습이 이루어진다고 하였다. 스키너(Skinner)가 쥐의 행동을 관찰한 조작적 조건반사 작용에 관한 실험, 즉 쥐가 실험상자 안에서 지렛대를 눌렀을 때 음식 한 덩어리가 나오는 것을 통한 조작적 조건반사에 관한 연구가 인간의 행위에도 적용될 수 있다는 것이다.

③ 슈나이더(Schneider)의 정신병질 10분법 중 사이코패스범죄자 등 무정성(無情性) 정신병질자에 대한 설명이다. 무정성 정신병질자는 동정심·수치심·회오 등 인간의 고등감정이 결여되어 냉혹·잔인하고 복수심이 강하며 완고하고 교활하다. 범죄학상 가장 문제시되는 유형이다.

〈콜버그(Kohlberg)의 도덕발달이론〉
- 1수준 : 전인습적 도덕성(비행청소년)
  - 1단계 : 처벌받지 않을 행동, 처벌과 복종단계
  - 2단계 : 일반적으로 이익이 되는 행동, 쾌락주의
- 2수준 : 인습적 도덕성(일반청소년)
  - 3단계 : 타인의 인정을 받고 비난받지 않을 행동, 대인관계 조화
  - 4단계 : 법과 질서에 의해 엄격히 규정된 행동
- 3수준 : 후인습적 도덕성
  - 5단계 : 법은 대중의 복리를 위한 사회계약이라는 입장에 근거하여 판단
  - 6단계 : 보편적인 윤리원칙에 입각하여 판단

정답: ④

061 심리학적 범죄이론에 대한 설명으로 옳지 않은 것은? 보호7급 2023

① 프로이트(Freud) 이론에 의하면, 성 심리의 단계적 발전 중에 필요한 욕구가 충족되지 못함으로써 야기된 긴장이 사회적으로 수용되지 못할 때 범죄행위를 유발하는 것으로 설명할 수 있다.

② 아이젠크(Eysenck)는 저지능이 저조한 학업성취를 가져오고, 학업에서의 실패와 무능은 비행 및 범죄와 높은 관련성을 갖는다고 하였다.

③ 고다드(Goddard)는 적어도 비행청소년의 50%가 정신적 결함을 갖고 있다고 하였다.

④ 콜버그(Kohlberg)의 도덕발달이론에 의하면, 인간의 도덕발달과정은 전관습적(pre-conventional), 관습적(conventional), 후관습적(post-conventional)이라는 3개의 수준으로 구분되고, 각 수준은 2개의 단계로 나뉜다.

해설

② 낮은 지능이 저조한 학업성취를 가져오고, 학업에서의 실패와 무능은 비행 및 범죄와 높은 관련성을 갖는다고 본 사람은 허쉬와 힌델링이다. 아이젠크는 성격이론에서 자율신경계의 특징에 따라 사람들의 성격을 내성적인 사람과 외향적인 사람으로 분류하였다. 내성적인 사람은 처벌에 대한 불안감을 크게 느끼고 이를 회피하는 성향이 강하기 때문에 규범에 어긋난 행동을 하는 정도가 약한 반면, 외향적인 사람은 처벌에 대한 불안감을 대체로 덜 느끼고 기본적으로 새로운 자극을 항상 추구하기 때문에 그만큼 반사회적 행위를 저지를 가능성이 크다고 보았다.

④ 콜버그(Kohlberg)는 대부분의 일반청소년들은 3~4단계에 속하는 반면, 대부분의 비행청소년들은 1~2단계에 속한다고 보고 있으며, 더 높은 도덕적 판단수준이 내재화되도록 성장한 청소년은 비행행위를 저지르지 않게 된다고 주장하였다. 정답: ②

062 **콜버그(Kohlberg)의 도덕발달이론에 관한 설명으로 가장 옳지 않은 것은?**

① 피아제의 입장을 수정하여 도덕수준은 [관습 이전 단계 ⇨ 관습 단계 ⇨ 관습 이후 단계]와 같은 연속적인 과정을 거치면서 단계별로 발전한다.
② 도덕수준이 단계별로 발전하지 못한 사람은 비행자가 될 가능성이 높다.
③ 개인이 어떤 특정상황에서 옳다고 판단하는 평가기준은 인지발달 수준 및 도덕적 추론능력에 따라 변경되지 않는다.
④ 개인의 도덕성 발달단계에서 어느 단계 이상 발달하지 못하고 발달을 멈추는 사람은 범죄자가 되는 경우가 많다.

해설

③ 콜버그의 도덕발달이론에 따르면, 개인이 어떤 특정상황에서 옳다고 판단하는 평가기준이 다르고, 이 기준은 인지발달 수준 및 도덕적 추론능력에 따라 다르게 나타난다. 정답: ③

★중요★
063 **욕구좌절과 공격에 관한 설명으로 옳지 않은 것은?**

① 욕구좌절이란 내적·외적인 장애로, 욕구의 충족이 방해받고 있는 상태를 말한다.
② 로렌즈와 위그(Rorenz & Weig)는 외부공격에 대한 반응을 외벌형, 내벌형, 무벌형으로 나누어 분석하였다.
③ 달라드와 밀러(Dollard & Miller)는 공격하고자 하는 발양성의 강도는 욕구좌절의 양에 반비례한다고 주장하였다.
④ 헨리와 쇼트(Henry & Short)는 자살과 살인이 모두 공격적인 행위이고, 좌절로부터 나온 결과로 본다.

해설

③ 달라드와 밀러(Dollard & Miller)는 공격하고자 하는 발양성의 강도는 욕구좌절의 양에 정비례한다고 주장하였다. 정답: ③

★중요★
064 **심리학적 원인론과 관련된 설명으로 가장 옳지 않은 것은?**

① 습관화는 모든 형태의 학습 중 가장 간단한 형태이며, 어떤 자극에 대해 반복적으로 노출되어 친숙하게 되면 그 자극에 대해 반응하는 경향이 감소하는 현상을 말한다.
② 패스팅거의 본능이론은 보상이 따를 만한 행위를 일부러 하지 않고, 좋지 않은 결과로 여겨지는 선택을 하는 경우를 설명하고자 하는 이론이다.
③ 피아제는 사람의 도덕성 또는 인지능력은 일정한 단계에 따라 발전하며, 인지구조는 개인과 환경과의 상호작용을 통해 발달한다고 보았다.
④ 사이코패스는 반사회적 성향을 갖게 된 자를 말한다.

해설

② 본능이론이 아닌 인지부조화이론에 대한 설명이다. 인지부조화이론에 따르면, 어느 정도 일탈을 허용하는 것이 범죄예방에 효율적이라고 본다.

〈패스팅거의 인지부조화 감소 방법〉

부인	정보의 출처를 무시하고 과소평가하여 문제의 존재 자체를 부인한다.
변경	기존의 사고를 변경하여 일관성을 가지려고 한다.
재구성	자신의 사고를 변경하거나 문제 자체의 중요성을 과소평가한다.
조사	상대방의 입장에서 오류를 발견하고 출처를 의심한다.
분리	상충관계에 있는 태도를 각각 분리한다.
합리화	불일치를 수용할 수 없는 변명거리나, 자신의 행동이나 의견을 정당화할 수 있는 이유를 찾는다.

정답: ②

★중요★

065 범죄와 지능과의 관계 중 적절하지 않은 것은?

① 지능과 비행 간에는 약하지만 완전히 무시할 수 없는 긍정적 관계가 있다.

② 지능이 낮으면 자신의 감정과 욕망을 통제할 수 있는 능력도 낮기 때문에 범죄를 저지를 가능성이 높다고 보는 견해도 있다.

③ 절도범죄를 저지르는 범죄자는 범행에 필요한 고급기술을 배워야 하므로 일반인들보다 지능이 높은 편이다.

④ 허쉬와 힌델랑(Hirschi & Hindelang)은 지능은 직접적으로 비행이나 범죄를 야기하는 요인은 아니며 간접적인 방식으로 비행에 관련된다고 보았다.

해설

③ 절도를 포함한 대부분의 범죄에서 범죄자들은 비범죄자들보다 지능이 낮다는 견해가 일반적이다.

정답: ③

★중요★

066 심리학적 원인론에 대한 설명으로 옳지 않은 것은?

① 인지발달단계는 감각운동기(0~2세), 전조작기(2~7세), 구체적 조작기(7~11세), 형식적 조작기(11~15세)로 진행되며, 언어가 급격히 발달하고 상징적 사고능력이 증가하는 시기는 전조작기이다.

② 피아제는 인지발달과정에서 인지한 것을 의미 있게 만드는 방식을 '조절'이라고 한다.

③ 반두라는 개인은 직접적인 경험이 아닌 관찰을 통해서도 학습할 수 있으며, 성격은 타인의 행동을 관찰하고, 관찰된 행동을 시행한 후 얻어지는 결과에 따라 형성된다고 본다.

④ 스키너는 자신의 행동에 대한 직접적인 강화물에 의해 강화가 이루어져 학습을 하게 된다고 본다.

해설

② 인지한 것을 유의미하게 만드는 방법은 조직이다.

〈피아제의 인지발달〉

도식(Scheme)	개인이 가지고 있는 반복될 수 있는 행동의 유형이나 인지구조로서 조직과 적응의 과정을 통해 형성된다.
동화(Assimilation)	자신이 이미 가지고 있는 도식 속에 외부의 대상을 받아들이는 인지과정이다.
조절(Adjust)	동화가 부적합할 때 도식을 바꾸어 가는 과정이다.
조직(Organization)	인지한 것을 유의미하게 만드는 방법이다.

정답: ②

★중요★

067 심리학적 원인론에 대한 설명으로 가장 옳지 않은 것은?

① 반두라에 의하면 사회학습이론의 학습과정에서 관찰을 통해 학습한 정보를 기억하는 단계에 해당하는 것은 '집중단계'이다.

② 콜버그는 도덕성은 개인이 자신의 욕망에 집착하지 않고 타인의 입장을 이해하며, 사회 속에서 적응해 가는 행동경향이라고 본다.

③ "조작적 조건화"란 어떤 반응에 대해서 선택적으로 보상을 하고 그 반응이 일어날 확률을 감소시키거나 증가시키는 방법을 말한다.

④ 고전적 조건형성에서의 행동은 외부의 자극에 의해 촉발되지만, 도구적 조건형성에서 유기체는 외적 상황의 영향을 덜 받는다고 주장하였다.

해설

① 집중이 아닌 인지에 대한 설명이다.

〈반두라의 사회학습이론에서의 학습과정〉

집중 단계	관찰을 통한 학습이 이루어지기 위해 행동·상황이 관찰자의 주의를 끌어야 하는 단계
인지 단계	관찰을 통해 학습한 정보를 기억하는 단계로, 학습한 정보가 내적으로 보유·강화되는 단계
재생 단계	저장된 기억을 재생하는 단계로, 학습한 내용과 관찰자의 행동이 일치하도록 자기 수정이 이루어지는 단계
동기화 단계	학습한 내용대로 행동에 옮기기 전에 기대감을 갖게 만드는 단계

정답: ①

068 심리학적 범죄이론에 관한 평가로 가장 적절하지 않은 것은? 경행1차 2023

① 프로이트(Freud)의 정신분석이론은 범죄자의 현재 상황보다 초기 아동기의 경험을 지나치게 강조한다는 비판을 받는다.

② 스키너(Skinner)의 행동이론은 외적 자극의 영향보다는 인지·심리 등 내적 요인을 지나치게 강조하였다는 비판을 받는다.

③ 콜버그(Kohlberg)의 도덕발달이론은 도덕적 판단과 도덕적 행위 간의 불일치가 문제점으로 지적되고 있다.

④ 아이젠크(Eysenck)의 성격이론은 극단적인 범행동기를 파악하는 데 유용하지만, 그렇지 않은 범죄자의 범행원인 파악은 어려운 것으로 평가된다.

해설

② 스키너는 고전적 조긴형성과 도구적 조건형성을 철저히게 구분할 것을 주장하였다. 인간행동에 대한 환경의 결정력을 지나치게 강조하여 인간의 내적·정신적 영향력을 배제하였고, 인간을 조작 가능한 대상으로 취급하여 그 모든 행동을 조작화로써 수정 가능하다고 보는 시각으로 인해 인간의 자유의지와 존엄성을 무시하였으며, 인간을 지나치게 단순화·객관화한다는 비판을 받고 있다.

정답: ②

069 인간의 본성과 관련한 아래의 연구 및 견해를 제시한 사람은? 경찰간부 2025

> ㉠ 선량한 인간이 어떻게 악인으로 변하게 되는지를 설명하기 위해 루시퍼 효과(Lucifer Effect)라는 용어를 사용하였다.
> ㉡ 모의교도소 실험을 통해 인간의 행위와 본성을 연구하였다.
> ㉢ 인간의 본성은 생물학적 유전 등에 의해 결정되는 것이 아니라, 경험과 실천을 통해 형성된다.
> ㉣ 인간은 상황에 따라 모두 범죄자가 될 수 있다.

① 밀그램(Milgram) ② 짐바르도(Zimbardo)

③ 험프리스(Humphreys) ④ 손다이크(Thorndike)

해설

② 1962년 짐바르도(Zimbardo)는 스탠포드 대학교의 심리학과 건물 지하에 모의교도소를 만들어 교정시설의 수형환경, 수형자들의 적응심리, 교도관들의 행태 등에 관한 연구를 시도하였으나, 참가자 모두에게 심각한 심리적 문제가 발생하여 도중에 중단하였다. 짐바르도는 위 실험으로 인간의 행위와 본성을 연구하여 루시퍼 효과(Lucifer Effect)를 개념화하였다.

정답: ②

070 **피아제의 인지발달이론에 관한 설명으로 가장 옳지 않은 것은?**

① 인지발달과정 중 동화(assimilation)란 기존에 존재하는 도식 혹은 인지구조를 변화시켜서 새로운 외부 상황 및 대상을 이해하는 능력이다.

② 사람의 '도덕성'은 일정한 단계에 따라서 발전하는데, 각 단계는 그 사람의 경험, 지적 또는 인지적 수준에 따라 그 전 단계에 의존하여 발전한다.

③ 조직화란 우리가 인지한 것을 정교하게 결합하고 조정하여 도식으로 만드는 과정이며, 조직화에 따라 도식이 발달하고 개인의 행동은 환경에 적합해진다.

④ 도식은 개인이 가지고 있는 인지구조로 일종의 사고의 틀이라고 할 수 있다.

해설

① 피아제의 인지발달이론에 따르면, 동화란 기존에 존재하는 도식 혹은 인지구조를 변화시키지 않고 새로운 외부 상황 및 대상을 이해하는 능력을 의미한다.

정답: ①

071 **페스팅거(Festinger)의 인지부조화 이론에 관한 설명으로 가장 옳지 않은 것은?**

① 인지부조화란 둘 이상의 태도, 믿음 혹은 행동 간에 발생하는 갈등 혹은 비일관성을 의미한다.

② 합리화란 불일치를 수용하기 위한 변명거리를 찾는다는 것을 의미한다.

③ 변경이란 자신의 기존 사고를 변경하여 일관성을 획득하는 것을 의미한다.

④ 분리란 상충관계에 있는 태도를 각각 분리하는 것으로, 이를 통해서 자신의 인지를 확실히 구분하여 그 불일치를 무시하거나 심지어 망각할 수 있다.

해설

② 페스팅거의 인지부조화 이론에 따르면, 합리화란 불일치를 수용할 수 없는 변명거리를 찾는다는 것을 의미한다.

정답: ②

072 **윌슨(Wilson)과 헤른스타인(Herrnstein)의 충동성 연구에 대한 설명으로 가장 옳지 않은 것은?**

① 사람은 양심이라고 불리는 내적 억제력에 의해서 통제되지 못하면 누구나 범죄로 나아가게 된다.

② 내적 억제력은 유아기에 부모의 교육에 의하여 기본적으로 형성된다.

③ 범죄는 부모나 친구 또는 미디어의 모델을 통하여 배우게 된다.

④ 범죄의 5가지 요인 중에서 가족생활의 경우 가난한 생활을 통해서 내적 억제력을 더욱 키울 수 있게 된다.

해설

④ 가족생활의 경우 가난한 생활을 통해서는 일반적으로 내적 억제력을 제대로 키우기 어렵다.

정답: ④

073 월터스(Walters)의 연구에 대한 설명으로 가장 옳지 않은 것은?

① 범죄의 충동성을 매우 중요한 요인으로 생각하였다.

② 습관적 범죄자의 특성으로 무책임성, 방종, 간섭, 습관적 범죄 등을 제시하였다.

③ 범죄의 5가지 요인으로 가족생활, 하위문화에의 참여, 매스미디어, 경제체제, 학교교육을 제시하였다.

④ 습관적 범죄자의 사고방식 중에서 불연속성은 범죄자는 자신의 의도를 실천하지 않으며, 또한 목적을 계속 추구하지도 않는다는 것을 의미한다.

해설

③ 범죄의 5가지 요인은 윌슨(Wilson)과 헤른스타인(Herrnstein)이 주장한 것이다.

정답: ③

MEMO

박상민 *Justice* 범죄학

핵심요약 + 기출예상문제

기출예상문제

PART

05

사회학적 범죄원인론

★3회★
001 범죄원인의 해명방법에 관한 설명 중 옳지 않은 것은?

① 소질과 환경 중에서 어느 하나에만 중점을 두어 범죄의 원인을 설명하는 입장은 일원론적 관점이다.
② 범죄의 원인을 여러 범인들의 복합관계로 파악하는 입장은 다원론적 관점이다.
③ 다원론적 관점은 1920년대 미국의 Show & Mckay의 연구에서 출발한다.
④ 범인성 요소들의 복합관계를 일반명제화하여 모든 범죄에 공통된 설명모델을 제시하려는 입장을 일반론이라 한다.
⑤ 다원인자론은 인자와 원인과의 구별이 명확하지 않아 혼동을 가져온다는 지적이 있다.

해설

③ 다원론적 관점(다원인자론)은 1920년대 소년비행예측에 사용된 이론으로 범죄의 발생은 하나의 원인이 아닌 생물학적·사회학적·심리학적 원인이 복합적으로 작용된 결과라고 보는 견해를 말하며, 힐리(W. Healy)·글룩 부부(S. Glueck & E. Glueck) 등의 연구에서 출발한다. 정답: ③

002 범죄에 대한 세 가지 사회학적 설명으로 가장 옳지 않은 것은?

① 사회구조이론 – 범죄는 사회구조 내에서 개인 위치의 결과이다. 이 접근법은 생활의 사회적·경제적 조건에 중점을 둔다.
② 사회과정이론 – 범죄는 계층갈등의 산출물이다.
③ 사회구조이론 – 사회적·경제적 조건은 빈곤, 소외, 사회해체, 약한 사회통제, 개인적 좌절, 상대적 박탈감, 차별적 기회, 성공에 대한 대안적 수단, 일탈적 하위문화, 전통적 가치와 갈등하는 하위문화 가치 등을 포함한다.
④ 사회갈등이론 – 사회적 집단 간 기존의 권력관계, 사회 내부의 분배, 생산수단의 소유권, 사회의 경제적·사회적 구조를 강조한다.

해설

② × : 사회갈등이론은 범죄가 계층갈등의 산출물이라고 주장하는 반면, 사회과정이론은 범죄성이란 타고난 인간 특성이 아니며 범죄행위는 다른 사람과의 상호작용을 통해 학습된다고 주장한다. 정답: ②

003 범죄원인에 대한 사회과정이론(Social Process Theory)의 설명으로 가장 적절하지 않은 것은? 경찰간부 2023

① 법위반에 대한 우호적 정의를 학습할수록 범죄를 저지를 가능성이 커진다.
② 아동기에 형성된 자기통제력이 낮을수록 범죄를 저지를 가능성이 커진다.
③ 부모와의 정서적 유대관계가 약할수록 범죄를 저지를 가능성이 커진다.
④ 낮은 사회적 지위 때문에 목표달성에 실패할수록 범죄를 저지를 가능성이 커진다.

해설

사회과정이론(Social Process Theory)은 어떻게 사람들이 범죄자가 되는지를 설명하고자 한 이론(미시)으로, 개인이 범죄자가 되는 과정을 설명한다. 사회과정이론은 크게 학습이론, 통제이론, 낙인이론으로 나눌 수 있다.

④ 사회구조적 이론에 속하는 머튼의 아노미이론(거시)에 대한 설명이다.
① 사회학습이론 중 서덜랜드의 차별적 접촉이론에 대한 설명이다.
② 사회통제이론 중 허쉬의 자기통제이론에 대한 설명이다.
③ 사회통제이론 중 허쉬의 사회통제이론에 대한 설명이다.

정답: ④

004 다음 중 미시적 관점에 해당하는 이론을 모두 고른 것은? 경행1차 2023

㉠ 뒤르켐(Durkheim)의 아노미이론(Anomie Theory)
㉡ 서덜랜드(Sutherland)의 차별접촉이론(Differential Association Theory)
㉢ 애그뉴(Agnew)의 일반긴장이론(General Strain Theory)
㉣ 메스너와 로젠펠드(Messner & Rosenfeld)의 제도적 아노미이론(Institutional Anomie Theory)

① ㉠, ㉡
② ㉡, ㉢
③ ㉠, ㉢
④ ㉢, ㉣

해설

미시적 관점에 해당하는 이론은 ㉡, ㉢이다.
㉠ 아노미이론은 거시적 이론이다.
㉡ 서덜랜드(Sutherland)의 차별접촉이론은 개인의 범죄성의 원인을 개인의 차별적 접촉에서 찾고 있는 미시적 관점이다.
㉢ 에그뉴(Agnew)의 일반긴장이론은 스트레스와 긴장을 느끼는 개인이 범죄를 저지르기 쉬운 이유를 설명하는 이론으로, 미시적 관점에 해당한다.
㉣ 메스너(Messner)와 로젠펠드(Rosenfeld)는 「범죄와 아메리칸 드림」(1994)에서 머튼의 아노미이론이 갖고 있던 거시적 관점을 그대로 계승하여 발전시켰다.

정답: ②

005 사회해체론(social disorganization theory)에 관한 설명으로 옳지 않은 것은?

① 생물학적·심리학적 범죄원인론에 비해 사회적 환경을 중요시한다.
② 비판범죄학의 갈등론적 관점을 취한다.
③ 지배적 사회관계가 와해되었지만 아직까지 새로운 관계가 형성되어 있지 않은 틈새지역은 범죄유발환경이 된다.
④ 열악한 환경에 따른 지역사회의 통제력 약화도 범죄유발요인이 된다.
⑤ 인구이동이 많은 지역에서 흔히 볼 수 있는 주민이동과 주민이질성은 사회해체의 원인이 된다.

해설

② 사회해체론은 갈등론적 관점이 아니라 문화전달이론, 동심원이론에 속한다. 정답: ②

006 **쇼(Shaw)와 맥케이(McKay)의 사회해체이론(Social Disorganization Theory)에 관한 설명으로 가장 적절하지 않은 것은?** 경행2차 2023

① 특정 지역에서의 범죄가 다른 지역에 비해서 많이 발생하는 이유를 규명하고자 하였다.
② 지역 거주민의 인종과 민족의 변화가 해당 지역의 범죄율을 좌우하는 핵심요인으로 나타났다.
③ 전이지역(transitional zone)은 타 지역에 비해 범죄율이 상대적으로 높게 나타났다.
④ 사회해체의 요소로 낮은 경제적 지위, 민족적 이질성, 거주 불안정성 등을 제시하였다.

해설

② 지역 거주민의 인종과 민족의 변화에도 불구하고 해당 지역의 범죄율에는 차이가 없었다. 전이지역 내 구성원의 인종이나 민족의 변화에도 불구하고 계속적으로 높은 범죄율이 나타나는 것은, 개별적으로 누가 거주하는지와 상관없이 그 지역의 특성과 범죄발생 사이에 중요한 연관이 있다는 것이다. 즉, 범죄 및 비행은 그 지대와 관련된 것이지 행위자의 특성이나 사회 전체의 경제적 수준 등과는 관계없다. 결과적으로 쇼와 맥케이는 높은 범죄율의 원인은 특정 인종이나 민족과 같은 개인적 특성과 관련되어 있는 것이 아니라, 지역적 특성과 관련되어 있다고 보았다. 정답: ②

007 **사회해체이론(Social Disorganization Theory)에 관한 설명으로 가장 적절하지 않은 것은?** 경행경채 2022

① 쇼(Shaw)와 멕케이(McKay)는 지역사회의 특성과 청소년비행 간의 관계를 검증하였다.
② 지역사회의 생태학적 변화를 범죄발생의 주요 원인으로 본다.
③ 초기 시카고학파의 학자들은 지역사회수준의 연구결과를 개인의 행동에 적용하는 생태학적 오류(ecological fallacy) 문제를 해결하였다는 평가를 받는다.
④ 집합효율성(collective efficacy)이란 공통의 선을 유지하기 위한 지역주민들 사이의 사회적 응집력을 의미하며, 상호신뢰와 유대 및 사회통제에 대한 공통된 기대를 포함하는 개념이다.

해설

③ 초기 시카고학파 학자들의 이론에 대해 로빈슨(Robinson)은 개인적 상관관계와 생태학적 상관관계를 구분하면서 생태학적 오류의 문제점을 지적하였다. 쇼와 맥케이를 포함한 다수의 학자들은 개인의 특성에 대해 파악하고자 하는 목적을 가지고 있었음에도, 개인적 상관관계에 근거하지 않고 오히려 생태학적 상관관계에 근거하여 자신들의 주장을 입증하려 하였다. 즉, 초기 시카고학파 학자들의 연구는 방법론적으로 공식통계에 지나치게 의존하고 있어 연구결과의 정확성에 대한 비판을 받았고, 지역사회수준의 연구결과를 개인의 행동에 적용하는 과정에서 연구결과와는 다른 제3의 원인에 의한 것일 수도 있다는 비판도 있었다.

① 쇼와 멕케이는 다양한 자료들을 근거로 지역사회의 특성과 청소년비행률 사이에 강한 상관관계가 있음을 검증하였다.
② 지역사회를 지탱하고 보호하던 공동체적 전통이 사라지고 도덕적 가치가 약화되면서 이를 틈타 비행과 범죄자가 늘어난다고 보았다.
④ 샘슨(Sampson)은 집합효율성이라는 용어를 통해 범죄를 설명하고자 했는데, 집합효율성이란 공공장소에서 질서를 유지할 수 있는 능력을 말한다. 정답: ③

008 사회해체이론에 대한 설명으로 가장 적절하지 않은 것은? 경찰간부 2024

① 사회해체(Social Disorganization)란 지역사회가 공동체의 문제해결을 위한 능력이 상실된 상태를 의미한다.
② 초기 사회해체이론은 사회해체의 개념을 명확히 측정하고 다수의 실증연구를 제시했다.
③ 사회해체이론에 기반한 대표적 정책은 시카고지역프로젝트(Chicago Area Project)가 있다.
④ 집합효율성이론, 환경범죄학, 깨진 유리창 이론은 사회해체이론을 계승·발전한 것이다.

해설

② 초기 사회해체이론가인 쇼와 메케이는 사회해체의 개념을 명확히 측정하지 못했다.
① 지역사회가 공통으로 겪는 문제를 자체적으로 해결할 수 있는 능력을 상실한 상태를 사회해체라고 한다.
③ 비행의 원인이 사회해체에 기인하므로 개별비행자의 처우는 비효과적이고, 도시 생활환경에 영향을 미치는 지역사회의 조직화가 필요한데, 그 예가 시카고지역프로젝트이다.
④ 윌슨(Wilson)과 켈링(Kelling)의 깨진 유리창 이론, 샘슨(Sampson)의 집합효율성이론, 환경범죄학 등은 사회해체이론을 계승·발전한 것이다. 정답: ②

009 인간생태학과 사회해체이론에 대한 설명으로 가장 적절하지 않은 것은? 경찰간부 2025

① 파크(Park)는 도시에 사는 사람들이 동·식물집단과 마찬가지로 유기적 통일성을 가지고 살아가고 있는 모습을 연구하고, 이를 인간생태학이라고 하였다.
② 버제스(Burgess)는 특정 도시의 성장은 도시 주변부에서 중심부로 동심원을 그리며 진행되는데, 그러한 과정에서 침입·지배·계승이 이루어진다고 하였다.
③ 쇼와 맥케이(Shaw & McKay)는 동심원을 형성한 도시 가운데 급격한 인구유입이 이루어진 전이지대에서 청소년비행 등 많은 문제를 발견하고, 이를 사회해체라고 하였다.
④ 샘슨(Sampson)은 사회해체된 지역의 문제를 해결하기 위하여, 구성원 상호 간의 응집력이 강한 공동체를 만들어야 한다는 집합효율성이론을 제시하였다.

해설

② 버제스는 특정 도시의 성장은 도시 중심부에서 주변부로 동심원을 그리며 진행한다고 하였다. 동심원모델은, 중심은 같지만 지름이 다른 다수의 원이 중심에서 외곽으로 확장해 가듯 도시가 성장해 가는 모습을 이론화한 것이다. 정답: ②

010 사회해체이론에 대한 설명으로 옳지 않은 것은? 보호9급 2024

① 범죄를 예방하기 위해서는 도시의 지역사회를 재조직함으로써 사회통제력을 증가시키는 것이 중요하다.

② 버제스(Burgess)의 동심원 이론에 따르면, 도시 중심부로부터 멀어질수록 범죄발생률이 높아진다.

③ 쇼우(Shaw)와 맥케이(McKay)는 사회해체가 높은 범죄율과 상관관계가 있다고 보았다.

④ 버제스의 동심원 이론은 소위 변이지역(zone in transition)의 범죄율이 거주민들의 국적이나 인종의 변화에도 불구하고 지속해서 높다는 것을 보여 준다.

해설

② 버제스의 동심원 이론은 구역을 중심지역(central business zone), 전이지역(transitional zone), 노동자 기주지역(working man's home zone), 중류층지역(residential zonc), 통근자 거주지역(commuter's zone) 등으로 나누고, 도시 중심부로부터 멀어질수록 범죄발생률이 낮아진다고 보았다. 특히 전이지역에 범죄가 집중되는 것으로 나타났다. 정답: ②

011 사회해체이론에 관한 설명으로 가장 적절하지 않은 것은? 경행2차 2024

① 버식과 웹(Bursik & Webb)은 사회해체지역에서는 공식적인 행동 지배규범이 결핍되어 있으므로 비공식적인 감시와 지역주민에 의한 직접적인 통제가 어렵다고 주장하였다.

② 콘하우저(Kornhauser)는 사회해체가 진행된 지역에 비행하위문화가 형성되어야만 무질서 및 범죄가 발생된다고 주장하였다.

③ 쇼와 맥케이(Shaw & McKay)는 범죄율이 거주민의 인종 및 민족구성과 상관관계가 낮다고 주장하였다.

④ 샘슨(Sampson)은 집합효율성의 약화가 범죄율을 증가시킨다고 주장하였다.

해설

② 콘하우저는 사회해체가 어느 정도 진행된 동네에서는 비행하위문화의 형성 여부와 관계없이 비행이 발생하지만, 사회해체가 진행되지 않은 동네에서는 비행이 발생하지 않기 때문에 비행을 지지하는 하위문화의 존재 자체가 발생하지 않는다고 보았다. 따라서 이론적 차원에서 보면, 비행의 발생에 중요한 역할을 하는 것은 사회해체이지 비행하위문화가 아니라고 강조한다. 정답: ②

012 시카고학파의 이론에 관한 설명 중 타당한 것은?

① 시카고의 범죄다발지역은 거주민이 달라지더라도 계속 범죄율이 높다고 하면서, 이는 그 지역의 특수한 환경이 범죄를 발생시키는 것이며, 그러한 환경은 전달된다고 보았다.
② 1920년대부터 미국 시카고 대학을 중심으로 하여 생태학적으로 범죄를 설명한 시카고학파는 범죄를 사회환경과 개인의 소질에 의한 것이라고 보아 종합적인 범죄원인을 연구하였다.
③ 버제스(Burgess)는 도심지역과 도심과 인접하면서 주거지역에서 상업지역으로 바뀐 '전이지역'의 범죄 발생률이 높고, 도심에서 멀어질수록 범죄율도 높아진다고 하였다.
④ 사회해체론자들은 공식적인 사회통제조직의 기능상실을 범죄의 주된 원인으로 본다.

해설

② 시카고학파는 범죄원인을 사회환경에 있다고 보았다.
③ 버제스는 사회생태학을 완성한 사회학자로서 동심원 지대이론을 정립하여 사회해체이론의 기초를 제공했다. 도심에서 멀어질수록 범죄율이 낮아진다고 하였다.
④ 사회해체론에서 범죄유발환경으로 중시했던 것은 사회해체이다. 사회해체의 가장 대표적 특징은 비공식적 통제기능의 상실 내지 약화이다.

정답: ①

013 사회해체론의 내용이 아닌 것은?

① 인간은 사회적 동물이다.
② 도시화와 산업화는 기본적 사회제도를 더 비인간적으로 만들었다.
③ 범죄 또는 비행행위는 지배적인 문화와 갈등을 일으킴으로써 발생한다.
④ 범죄성은 개인의 사회화가 작용한 것이다.

해설

④는 사회과정이론에 관한 내용이다.

정답: ④

014 지역사회의 해체적 특성에서 범죄원인을 찾는 거시이론가는?

① 글룩(Glueck)
② 레크리스(Reckless)
③ 쇼와 메케이(Shaw and McKay)
④ 글레이저(Glaser)

해설

쇼와 메케이는 문화전달이론을 통해 비행지역에서는 비행유발의 사회적 요인이 주민들 간에 계속 전달되고, 비행이 생기는 고유한 문화가 형성되어 다음 세대에 전달되며, 지역구성원이 바뀌더라도 비행이 계속된다고 보았다.

정답: ③

015 **시카고 지역 프로젝트(Chicago Area Project)의 배경이 된 이론은?**

① 중화기술이론 ② 사회해체이론
③ 사회유대이론 ④ 낙인이론

해설

시카고 지역 프로젝트(Chicago Area Project)의 배경이 된 이론은 사회해체이론이다. 시카고 대학의 사회학자인 쇼(Clifford Shaw)는 1934년에 시카고 지역의 갱 폭력, 약물 남용, 실업 및 비행과 같은 지역문제를 생태학적 관점에 기초한 사회해체이론적 맥락에서 진단·분석하고, 설명하였는데, 그는 시카고의 급격한 도시발전, 이민, 가난 등에 의하여 가족, 학교, 교회 등 전통적인 기관들이 제 기능을 하지 못해 가족과 이웃사회의 결합이 약화되는 현상을 가리켜 사회해체라 하고 이 슬럼지역 범죄의 주요원인이라고 주장하였다. 정답: ②

016 **도시생태학에 근거하여 "범죄율은 하류계층이 사는 도심근처의 주거지역에서 가장 높다" 라고 주장한 이론은?**

① 사회과정이론 ② 사회유대이론
③ 사회학습이론 ④ 사회해체이론

해설

사회해체이론에 따르면 도시화와 산업화로 인한 급격한 사회변동은 지역사회의 제도적 또는 비공식적 사회통제를 약화시키는 사회해체를 경험하게 되는데, 이러한 사회해체는 도시가 성장함에 따라 동심원 지역으로 일어난다고 주장한다. 따라서 지역별 범죄분포를 살펴보면 하류계층이 사는 도심근처의 주거지역에서 범죄율이 가장 높고 외곽의 범죄율은 낮다. 정답: ④

017 **다음 중 사회해체이론에서 주장한 범죄율이 높은 지역은?**

① 도심지에서 멀리 떨어진 지역
② 주민들의 평균 거주기간이 긴 지역
③ 인종이나 민족 구성이 다양한 지역
④ 인구밀도가 낮은 지역

해설

쇼(Shaw)와 메케이(McKay)는 사회적 환경이 범죄에 영향을 미친다는 데 주목하여 인종이나 민족 구성이 다양한 지역은 범죄율이 높다고 하였다. 정답: ③

018 **A도시의 지역별 범죄분포를 살펴보면 도심의 범죄율이 높고, 외곽의 범죄율은 낮은 것으로 나타난다. 이것은 다음의 어느 이론에 의해서 가장 적절히 설명될 수 있는가?**

① 봉쇄이론
② 사회해체이론
③ 차별접촉이론
④ 낙인이론

해설

사회해체이론에 따르면 사회해체를 경험하는 지역에서는 비행적 전통과 가치관이 관습적 전통과 가치관을 대체하여 공식적 또는 비공식적인 사회통제를 약화시켜서 일탈이 야기된다고 보아 도심의 범죄율이 높고 외곽의 범죄율은 낮다고 주장하였다. 정답: ②

★중요★

019 **사회해체론에 대한 설명으로 옳지 않은 것은?**

① 사회해체이론의 중요한 업적은 행위자 개인의 특성이 아니라 도시의 생태를 범죄나 비행의 발생원인으로 파악한 것이다.
② 비행이 사회해체에 기인하기 때문에 비행예방을 위해서는 개별 비행자의 처우보다 도시생활환경에 영향을 미치는 사회의 조직화가 필요하다고 본다.
③ 사회해체이론은 주로 경찰이나 법원의 공식기록에 의존하였기 때문에 그 연구결과의 정확성은 문제되지 않는다.
④ 사회통제이론, 아노미이론, 차별적 접촉이론, 문화갈등이론 등의 이론적 발전에 기초를 제공한 것으로 평가된다.

해설

③ 사회해체이론 중 범죄지역에 관한 이론, 즉 동심원이론이나 문화전달이론 등은 모두 미국형사사법기관의 공식적 통계에 지나치게 의존하여 암수범죄의 문제가 있으며, 그 연구결과의 정확성을 신뢰하기 어렵다는 비판이 있다. 정답: ③

020 **시카고학파의 창시자로서 생태학적 연구를 통해 사회라는 유기적 공동체의 균형조건과 변화과정을 분석하였으며, 특히 식물분포의 침입·지배 계승의 과정을 인간사회의 경쟁·갈등·적응·동화에 적용한 사람은?**

① 파크(Park)
② 버제스(Burgess)
③ 맥케이(Mckay)
④ 버식(Bursik)

해설

① 파크는 생태학적 분석을 통해 사회해체현상을 설명하였다. 정답: ①

021 파크와 버제스(Park & Burgess)의 사회생태학적 이론은?

① 비행하위문화이론 ② 아노미이론
③ 집합적 효율성이론 ④ 동심원이론

해설

【동심원이론】

파크와 버제스(Park & Burgess)는 시카고 지역을 5개의 동심원지대(중심상업지역, 전이지역, 노동자거주지역, 중류계층지역, 외부통근지역)로 나누어 각 지대별 특성과 범죄의 관련성을 조사하여 범죄는 빈곤, 인구유입, 실업 등과 깊은 관련이 있다고 주장하였다. 이 중 범죄율이 가장 높은 지역은 제2지역(전이지역)이고, 범죄율이 가장 낮은 지역은 부유한 계층이 주로 사는 제5지역(외부통근지역)이었다. 전이지역에서는 급격한 도시발전, 이민, 가난 등에 의하여 전통적 기관들이 깨지거나 제 기능을 하지 못해 긴장상태에 놓여 있어 가족과 이웃의 결합이 약화되는데, 이러한 사회해체 현상이 범죄의 원인이 된다고 주장하였다. 이들은 또한 범죄는 개인심리의 소산이기보다 주택사정의 열악, 심한 인구이동, 학교환경의 열악 등과 같은 사회적 요인이 주민들 간에 계속 전달된 결과로 보았다. 정답: ④

022 다음 중 사회해체이론(Social Disorganization Theory)에 대한 설명으로 가장 옳지 않은 것은? 해경간부 2023

① 지역사회의 생태학적 변화가 범죄의 발생에 중요한 역할을 한다고 보는 것이다.
② 범죄는 개인적인 차이에 의한 것이라기보다는 환경적 요인들을 범죄의 근원적 원인으로 본다.
③ 범죄의 발생이 비공식적인 감시기능의 약화에서 비롯되는 것으로 설명하기도 한다.
④ 버식(Bursik)과 웹(Webb)은 사회해체 원인을 주민의 비이동성과 동질성으로 보았다.

해설

④ 버식과 웹은 쇼와 맥케이의 이론이 지역사회의 해체가 어떻게 범죄발생과 관련되는지를 명확하게 설명하지 못했다고 비판하며, 사회해체론의 입장을 지역사회의 안정성의 관점에서 바라보았다. 지역사회 해체를 지역사회의 무능력, 즉 지역사회가 주민들에게 공통된 가치체계를 실현하지 못하고 지역주민들이 공통적으로 겪는 문제를 해결할 수 없는 상태라고 정의하고, 사회해체의 원인을 주민의 이동성과 주민의 이질성으로 보았다. 정답: ④

★중요★

023 동심원이론에서 버제스(E.W. Burgess)가 범죄학적으로 가장 문제된다고 보았던 지대는?

① 업무중심지대 ② 전이지대
③ 노동자계층지대 ④ 중간계급지대

해설

② 전이지대는 업무중심지대를 둘러싸고 있는 지역으로 도시의 확대발전에 따라 중심부 사람들이 교

외 지역으로 이전하여 퇴화과정에 있는 빈민가를 말하는데 버제스는 이 지대를 각종 실패자가 군집하여 범죄가 만연한 곳이라고 보았다. ①은 도심의 중심부를 말하고, ③은 저소득 노동자들이 거주하는 지역을 말하며, ④는 주거지대를 말한다.

〈버제스의 동심원이론 요약〉

제1지대(업무중심지대)	도시의 중심부에 위치하는 상공업 기타 각종 직업의 중심적 업무지역
제2지대(전이지대)	불량조건들이 산재하고, 일종의 빈민가를 형성하여 범죄학적으로 가장 문제되는 지역
제3지대(노동자 주거지대)	저소득의 노동자들이 많이 거주하는 지역으로 2~3세대가 한 건물에서 공동거주
제4지대(주거지대)	중류층 거주지대로 단일가구주택으로 구성
제5지대(통근자지대)	통근자 주거지대로 교외지역에 위치

정답: ②

024 **다음 중 사회해체이론에 대한 설명으로 가장 옳지 않은 것은?** 해경간부 2025

① 파크와 버제스의 동심원이론에 따라 시카고지역을 5단계로 분리하였을 때, 빈민가가 형성되어 있으며 범죄발생률이 가장 높은 지역은 중심상업지역이다.
② 초기 시카고학파의 학자들은 생태학적 오류(ecological fallacy)를 극복하지는 못했다는 평가를 받는다.
③ 쇼(Shaw)와 맥케이(McKay)의 사회해체이론은 사회해체의 요소로 낮은 경제적 지위, 민족적 이질성, 거주불안정성 등을 주장하였다.
④ 샘슨(Sampson)은 집합효율감(collective efficacy)의 강화가 범죄율 감소에 긍정적인 영향을 미친다는 점을 발견하였다.

해설

① 중심상업지역이 아닌 전이지역(변이지역)이 가장 문제시되는 지역이다.
※ 상공업지역으로 잠식되어 가는 과정 : 열악한 생활환경으로 빈민 거주 → 슬럼 형성 정답: ①

★중요★
025 **버제스(E.W. Burgess)가 지대유형의 형성에 가장 관련 있다고 본 것은?**

① 지가(地價)
② 거주민의 직업
③ 교통수단
④ 산업구조

해설

① 버제스는 이른바 동심원이론에서 지대를 5개 성층으로 구별하고, 그러한 지대의 유형은 지가(地價)와 관련 있다고 보았다. 정답: ①

026 미국 시카고학파에 관한 설명으로 옳지 않은 것은?

① 범죄연구방법으로 공식통계를 주로 이용하였다.
② 생태학적 연구를 통해 사회해체현상을 분석하였다.
③ 도시는 방사상의 형태로 팽창하는 경향이 있다는 동심원이론을 제시하였다.
④ 범죄에 친화적인 지역으로 도시 중심부를 지목하였다.

해설

④ 버제스는 동심원이론을 통해 범죄에 친화적인 지역으로 지리적·사회적 중간지대, 즉 전이지대(제2지대)를 지목하였다.

정답: ④

027 쇼와 메케이의 사회해체와 비행의 연계에 대한 설명으로 틀린 것은?

① 공식통계를 이용하여 비행을 측정하고 비행소년이 살고 있는 지역을 중심으로 분석하였다.
② 비행과 범죄를 인간이 합법적인 사회적 성공을 위한 울분과 좌절의 결과로 보고 있다.
③ 인구의 이동이 심하고 문화적 갈등이 상존하여 사회의 비공식적 통제력이 약화된 과도기적인 지역의 도심에 가까울수록 비행이 다발한다는 사실을 발견하였다.
④ 도시성장을 분석함으로써 범죄와 비행의 분포상태는 물론 그와 같은 도시범죄의 분포이유를 규명하고자 하였다.

해설

비행과 범죄를 인간이 합법적인 사회적 성공을 성취하기 위한 울분과 좌절의 결과로 본 이론은 아노미이론이다.

정답: ②

028 시카고의 비행청소년에 관한 쇼와 메케이의 연구결과에 관한 가장 적당한 설명은?

① 비행청소년의 출신지역을 분석한 결과 사회통합이 급격히 해체된 곳임을 알게 되었다.
② 시카고 이외의 모든 지역에서도 동일한 분석이 가능하다고 본다.
③ 쇼와 메케이는 비행의 원인을 결국 지역의 열악한 환경으로 본다.
④ 청소년의 비행은 우발적·기회적이기 때문에 주로 주거지에서 일어난다.
⑤ 비행청소년이 비행을 저지르는 지역은 주로 중심상업지역이다.

해설

① 쇼와 메케이의 범죄이론은 비행청소년의 출신지역을 분석한 것이 아니라, 버제스의 지대(地帶)연구를 범죄분석에 적용한 것이므로 지대를 중심으로 분석하였다고 보아야 한다. ② 쇼와 메케이의 이론은 산업화나 도시화의 초기 단계 도시에서는 일면 타당성이 있으나, 정보사회로 진입한 현대도시에 적용하기에는 한계가 있다는 지적이 있다. ④·⑤ 청소년이 범죄나 비행을 주로 저지르는 지역은 주거지나 중심상업지역이 아니라, 전이지대(제2지대)이다.

정답: ③

029 **시카고학파인 쇼(Shaw)와 맥케이(McKay)가 수행한 연구의 결과로 가장 적절하지 않은 것은?** 경찰간부 2023

① 지역 거주민의 인종과 민족이 바뀌었을 때 해당 지역의 범죄율도 함께 변했다.
② 시카고 시(市)의 전이지대(transition zone)에서 범죄율이 가장 높게 나타났다.
③ 새로운 이민자가 지속적으로 유입되면서 지역사회의 사회해체 상태가 초래되었다.
④ 범죄지역에서는 전통적 규범과 가치가 주민들의 행동을 제대로 통제하지 못했다.

해설

① 지역 거주민의 인종과 민족이 바뀌었을 때 해당 지역의 범죄율은 차이가 없었다. 전이지역 내 구성원의 인종이나 국적이 바뀌었음에도 불구하고 계속적으로 높은 범죄율을 보인 것은, 개별적으로 누가 거주하는지와 관계없이 그 지역의 특성이 범죄발생과 밀접하게 연관되어 있기 때문이다. 즉, 범죄 및 비행은 지대와 관련된 것이지 행위자의 특성이나 사회 전체의 경제적 수준 등과는 관계없다는 의미이다. 결과적으로 쇼와 맥케이는 높은 범죄율의 원인이 특정 인종이나 민족과 같은 개인적 특성과 관련된 것이 아니라, 지역적 특성과 관련된 것으로 보았다. 정답: ①

030 **사회해체론에 관한 설명 중 옳지 않은 것만으로 묶인 것은?**

㉠ 산업화·도시화로 인한 가치규범의 갈등으로 사회해체가 나타나고, 이는 사회통제력의 약화라는 결과로 이어져 범죄와 비행이 유발된다는 것이 이론의 핵심이다.
㉡ 버제스(E.W. Burgess)는 도시는 중심부에서 방사상으로 서서히 외곽으로 이동하며 팽창하는 경향이 있다는 동심원이론을 주장하였다.
㉢ 버제스의 동심원이론에 따르면 범죄학적으로 가장 문제되는 지역은 환상지대(loop)이다.
㉣ 쇼와 메케이(Shaw & Mckay)는 도시의 중심부에서 멀어질수록 범죄가 규칙적으로 증가한다고 주장하고, 이러한 범죄증가의 대표적 지역을 '틈새지역'이라고 불렀다.
㉤ 샘슨(Sampson)은 범죄지역의 속성으로 '낮은 자본론'을 거론하고, 범죄자나 비행자들이 지역거주자 사이의 관계성이 부족하고 지역자치활동이 활발하지 못한 변이지역을 차지하게 된다고 주장하였다.

① ㉠, ㉡
② ㉡, ㉢
③ ㉢, ㉣
④ ㉣, ㉤

해설

× : ㉢ 버제스의 동심원이론에 등장하는 환상지대(loop)란 도시의 중심부에 위치하는 상공업 기타 각종 직업의 중심적 업무지역을 말한다. 버제스가 범죄학적으로 가장 문제되는 지역으로 지적한 곳은 제2지대(전이지대)이다. ㉣ 쇼와 메케이는 대체로 도시의 중심부에서 멀어질수록 범죄도 거의 규칙적으로 감소한다고 보았다.

○ : ㉠, ㉡, ㉤ 정답: ③

031 다음이 설명하는 이론은?

- 지역 주민 상호 간의 유대·신뢰
- 아이들의 생활에 개입하려는 의지
- 지역 주민들 간의 비공식적 사회통제에 대한 공유된 기대
- 비공식적 사회통제의 강화를 중시
- 지역사회의 구성원이 적극적으로 참여하는 것이 범죄문제 해결의 열쇠
- 시카고학파의 사회해체이론을 현대적으로 계승한 이론으로 사회자본, 주민 간의 관계망 및 참여 등을 강조

① 일반긴장이론
② 차별기회이론
③ 집합효율성이론
④ 하위문화이론

해설

③ 샘슨 등은 범죄의 매개과정을 설명하기 위해 집합적 효율성이라는 개념을 도입하였는데, 집합적 효율성이란 공동선을 위해 개입하려는 지역 주민의 사회적 응집력이라고 주장하였다. 정답: ③

032 집합적 효율성 이론에 대한 설명으로 가장 옳지 않은 것은?

① 지역사회 구조와 범죄 간의 관계에서 샘슨과 그룹스는 지역사회 청소년에 대한 통제능력, 지역사회의 친구관계 혹은 사회적 유대, 지역사회 기관에 대한 참여라는 세 개의 매개요인을 제시하였다.
② 지역의 집합적 효율성은 인종이나 혈연에 의한 사회적 유대와 같이 정적이고 일반화되어 있다.
③ 지역의 사회적 통제노력이 약화될 때 지역의 응집력은 더욱 약해지고 범죄율은 상승한다.
④ 범죄의 주된 원인은 어떤 개인의 특성과 기질이 아니라 지역사회의 질과 주위 환경이다. 높은 수준의 사회통제와 집합적 효율성을 가진 지역에서 범죄율은 경제적 상황과 상관 없이 감소하는 것으로 나타난다.

해설

② 지역의 집합적 효율성은 인종이나 혈연에 의한 사회적 유대와 같이 정적이고 일반화되어 있다기보다는, 특정 사안에 대한 관심의 공유를 통해 결합된 개인에 의해 증대되는 것으로, 역동적이고 특정한 역할을 갖고 있다. 정답: ②

033 집합적 효율성의 형태에 대한 설명으로 가장 옳지 않은 것은?

① 비공식적 사회통제는 직접적 비판, 놀림, 배척, 유기, 신체적 처벌을 포함한다.
② 비공식적 사회통제의 가장 중요한 원천은 기업, 상점, 학교 등이다.
③ 집합적 효율성이 높은 지역사회는 범죄를 통제하기 위해 지역제도를 활용한다.
④ 공식적 사회통제의 첫 번째 자원인 경찰활동 수준은 지역마다 다를 수 있다.

해설

② 비공식적 사회통제의 가장 중요한 원천은 가족이다. 가족에 의한 비공식적 사회통제는 집합적 효율성 수준이 낮은 지역에서 더 큰 중요성을 갖고 있다. 반면, 제도적 사회통제를 위한 원천은 기업, 상점, 학교, 사회 서비스, 자원봉사자 조직을 포함한다.

정답: ②

034 다음 글에서 설명하는 이론은? 보호7급 2023

> 공동체의 사회통제에 대한 노력이 무뎌질 때 범죄율은 상승하고 지역의 응집력은 약해진다. 이에 지역사회 범죄를 줄이기 위해서는 이웃 간의 유대강화와 같은 비공식적 사회통제가 중요하며, 특히 주민들의 사회적 참여는 비공식적 사회통제와 밀접하게 관련되어 있다.

① 샘슨(Sampson)의 집합효율성(collective efficacy)
② 쇼(Shaw)와 맥케이(Mckay)의 사회해체(social disorganization)
③ 머튼(Merton)의 긴장(strain)
④ 뒤르켐(Durkheim)의 아노미(anomie)

해설

① 샘슨의 집합효율성이론(collective efficacy theory)에 대한 설명이다.

샘슨의 집합효율성
• 빈곤이 그 자체로는 범죄와 관련이 없지만, 거주지 안정성이 낮은 곳의 빈곤은 폭력범죄와 높은 상관관계가 있음을 발견하였다 • 지역사회가 자체의 공동가치를 실현할 수 있는 능력을 상실한 상태가 바로 사회해체이다. • 적은 사회자본으로 인한 익명성이 근린지역의 범죄와 폭력을 증가시키는 것이다. 오히려 준법정신이 투철한 사람들은 범죄의 증가에 따라 타 지역으로 이주하게 되고, 결국 범죄와 폭력으로 만연한 근린은 지역사회의 와해가 더욱 촉진된다. • 집합효율성 : '거리, 보도, 공원 등과 같은 공공장소에서 질서를 유지할 수 있는 능력' • 근린지역의 거주민들이 당국에 불만을 토로하거나 지역감시프로그램을 조직하는 것과 같이 질서유지를 위한 명확한 행동이 선택될 때 나타난다. • 주민들은 근린의 '결속과 상호신뢰'가 근린의 '사회통제를 위해 개입하려는 주민들의 공유된 기대'와 연계될 때에만 범죄를 줄이기 위한 행동을 한다.

정답: ①

★중요★

035 사회해체이론에 관한 설명으로 옳지 않은 것은?

① 사회해체론은 구조기능주의에 바탕을 두고 있으며 시카고지역프로젝트(Chicago area project)의 배경이 되었다.
② 쇼우와 맥케이는 버제스의 동심원이론을 범죄 및 비행분석에 적용시켜 새로운 범죄생태론을 연구하였다.
③ 사회해체론은 사회해체로 인한 이웃의 생태학적 환경이 높은 범죄율을 야기하는 주장으로 사회생태학이론에 속한다.
④ 샘슨은 집합효율성이론을 주장하고, '장소가 아니라 사람 바꾸기'의 범죄 대책을 권고한다.

해설

④ 샘슨은 범죄원인을 개인에서 찾은 것이 아니므로 '사람이 아니라 지역(장소) 바꾸기'를 범죄대책으로 강조하였다.

정답: ④

036 문화전달이론에 관한 설명 중 옳지 않은 것을 묶은 것은?

㉠ 서덜랜드(Sutherland)가 주장한 이론이다.
㉡ 남자소년의 비행률이 높은 지역은 여자소년의 비행률이 낮다.
㉢ 범죄율이 높은 지역은 지역주민의 변화가 있더라도 높은 범죄율을 보인다.
㉣ 비행률이 높은 지역에서는 그 지역의 인종이나 민족의 구성상태가 크게 변화된 후에도 그 비율이 변하지 않는다.
㉤ 비행률은 일반적으로 농촌지역에서 높고, 도심으로 가까워질수록 감소한다.

① ㉠, ㉡, ㉢
② ㉠, ㉡, ㉤
③ ㉠, ㉡, ㉢, ㉣
④ ㉠, ㉡, ㉢, ㉣, ㉤

해설

× : ㉠ 문화전달이론은 쇼와 메케이(Shaw&Mckay)가 주장한 이론이다. ㉡ 쇼와 메케이의 연구에 따르면 남자소년의 비행률이 높은 지역은 여자소년의 비행률도 높은 것으로 나타났다. ㉤ 문화전달이론에 따르면 비행률은 일반적으로 도심부근에서 높고, 도심에서 멀어질수록 감소한다.
○ : ㉢, ㉣

정답: ②

037 타르드(Tarde)가 주장한 모방의 법칙에 관한 설명으로 가장 적절하지 않은 것은?

경행2차 2023

① 타르드는 사회란 곧 모방이라고 할 정도로 모든 사회적 현상을 모방의 결과로 보았고, 범죄행위 역시 모방된다고 보았다.
② 모방의 법칙은 학습이론(Learning Theory)에 영향을 미쳤다.
③ 거리의 법칙에 따르면 모방의 강도는 사람 간의 거리에 비례하고, 사람과 얼마나 밀접하게 접촉하고 있는가에 반비례한다.
④ 방향의 법칙에 따르면 대개 열등한 사람이 우월한 사람을 모방하는 방향으로 진행된다.

해설

③ 타르드의 제1법칙(거리의 법칙)에 따르면, 사람들은 서로를 모방하는 경향이 있으며, 그 정도는 거리에 반비례하고, 타인과 얼마나 밀접하게 접촉하고 있는가에 비례한다.

【타르드의 모방의 법칙】

- 거리의 법칙 : 모방은 '사람 간의 거리'가 가까워질수록 더 강하게 일어난다. 즉, 친밀도(=심리적 거리)에 비례한다.

- 방향의 법칙 : 모방은 사회적 지위가 우월한 자를 중심으로 시작된다. 예 사회의 상위계층 → 사회의 하위계층, 도시 → 농촌 등
- 삽입의 법칙 : '모방 → 유행 → 관습'으로 변화·발전한다(무한진행). 타르드는 범죄행위도 정상적인 행위와 마찬가지로 모방을 통한 (학습의) 결과라는 사실을 최초로 지적하였다(이후 미국의 학습이론에 영향).

정답: ③

038 학습이론과 관련하여 아래의 공란에 들어갈 내용으로 가장 적절한 것은? 경찰간부 2025

( )은/는 인간의 정서반응을 형성하는 데 중요한 영향을 미친다. 공포증(phobia)과 관련하여, 객관적으로 위험하지 않은 대상이나 상황에 대해서 강한 공포와 두려움을 느끼는 경우가 있다. 예컨대, 덩치가 크고 사납게 생긴 개를 보고 크게 놀란 경험이 있는 어린아이는 아주 강력하고, 일반화된 '개 공포증'을 학습할 것이며, 이후에는 다른 개에게도 접근하는 것을 두려워하게 될 것이다.

① 고전적 조건화(Classical Conditioning)
② 조작적 조건화(Operant Conditioning)
③ 사회 및 인지학습(Social and Cognitive Learning)
④ 관찰학습(Observational Learning)

해설

① 행동주의 학습이론가 파블로프(Ivan Pavolv)는 고전적 조건형성실험(Classical Conditioning Experiment)을 통해 조건자극(소리)이 무조건자극(먹이) 없이도 개의 행동반응(침)을 유발할 수 있음을 증명함으로써 자극과 반응을 통한 학습의 원리를 처음으로 제시하였다.

정답: ①

★중요★

039 서덜랜드의 분화적(차별적) 접촉이론에 관한 설명 가운데 옳지 않은 것은?

① 범죄와 비범죄는 필요와 가치에 있어서 아무런 차이가 없다.
② 범죄와 비범죄는 단순히 모방되는 것이 아니라, 그 이상의 의미인 학습에 기인한다.
③ 범행의 학습은 범행수법이 아니라 범행동기나 목적에 관하여 이루어진다.
④ 학습은 빈도, 기간, 시기, 강도 등에 의하여 영향을 받는다.
⑤ 법 위반의 태도에 접촉하는 일이 합법적 태도에 접촉하는 경우보다 강하면 비행자가 된다.

해설

③ 일탈행위의 학습은 범행동기나 목적뿐만 아니라 범행수법도 포함된다. 서덜랜드는 인간의 본성이 어떤 집단과 차별적 접촉을 갖느냐에 따라 특정집단의 행동양식을 학습하게 된다고 주장하고, 범죄학습이 이루어지는 사회심리 과정을 다음과 같은 9개의 명제로 설명하였다.

〈서덜랜드가 주장한 비행적 사회화 과정의 9개 명제〉

제1명제	범죄행위는 학습의 결과이다.
제2명제	범죄행위는 타인과의 접촉을 수행하는 과정에서 커뮤니케이션을 통하여 학습된다.
제3명제	범죄행위의 학습은 가까운 사집단(가족, 친지 등) 내에서 이루어지며, 비인격 매체(TV, 신문 등)와는 관련이 없다.
제4명제	범죄행위의 학습은 범죄수법뿐만 아니라, 범죄행위에 유리한 동기·충동·태도·합리화 등도 포함한다.
제5명제	동기와 욕구의 구체적 관리법은 법규범에 대한 호의적 또는 거부적 정의들로부터 학습된다.
제6명제	범죄자가 되는 것은 법률위반을 긍정적으로 생각하는 정도가 부정적으로 생각하는 정도보다 크기 때문이다.
제7명제	접촉의 빈도가 많을수록, 기간이 길수록, 시기가 빠를수록 강도가 강할수록 학습효과가 높아진다.
제8명제	범죄행위의 학습과정은 여타 행위의 학습과정과 동일한 메커니즘을 이룬다.
제9명제	범죄행위는 일반적 욕구나 가치관의 표현이지만, 일반적 욕구와 가치관으로 범죄행위를 설명할 수 없다.

정답: ③

040 **사회학습이론 및 행동주의이론을 바탕으로 하여 이루어진 실제 실험에 대한 설명으로 가장 거리가 먼 것은?** 경찰간부 2024

① 조건자극(종소리)이 무조건자극(먹이) 없이도 개의 행동반응(침 흘림)을 유발할 수 있음을 증명하여 자극과 반응을 통한 학습의 원리를 처음으로 제시하였다.
② 피실험체(생쥐)가 우연한 기회(지렛대 누르기)에 긍정적인 보상(먹이)이 주어지는 것을 경험하고 지렛대 누르기를 반복하게 되는 것을 통해 행동의 강화를 증명하였다.
③ 성인 모델이 인형을 대상으로 하는 폭력적·비폭력적 행동을 아동이 화면으로 시청한 후에 성인 모델의 행동방식을 그대로 모방하는 경향을 관찰하였다.
④ 가상의 교도소에 교도관과 수용자 역할을 할 지원자를 모집하여 각자의 행동변화를 관찰하였다.

해설

① 파블로프의 고전적 조건형성실험을 통해 조건자극(종소리)이 무조건자극(먹이) 없이도 개의 행동반응(침 흘림)을 유발할 수 있음을 증명함으로써 자극과 반응을 통한 학습의 원리를 처음으로 제시하였다.
② 스키너의 조작적 조건형성실험을 통한 강화학습이다.
③ 반두라의 보보인형실험에 대한 설명으로, 아동의 공격적인 행동이 모방학습을 통해 이루어질 수 있다는 증거를 보여줌으로써 단순히 보상과 처벌에 의해 행동이 학습된다는 기존 자극-행동주의 학습이론을 비판하였다(메스컴과 범죄이론의 근거).
④ 스탠퍼드 감옥실험에 대한 설명으로, 짐바르도교수가 1971년에 한 심리학 실험이다. 감옥이라는 환경이 인간의 반응과 행동에 어떤 영향을 미치는지 관찰하기 위해 진행되었다. 정답: ④

041 **다음 〈보기〉의 행동주의 학습이론(Behavioral Learning Theory)에 관한 내용 중 옳고 그름의 표시(○, ×)가 모두 바르게 된 것은?** 해경간부 2025

보기

㉠ 스키너(Skinner)는 조작적 조건화 실험을 통해 인간의 행동은 조절할 수 있다고 주장하였다.
㉡ 반두라(Bandura)는 보보인형(Bobo Doll) 실험을 통해 강화자극이 없더라도 관찰과 모방을 통해 학습될 수 있다고 보았다.
㉢ 반두라(Bandura)는 동기화를 세 가지 측면으로 구분하였는데, 타인의 행위가 강화되거나 처벌받는 것을 관찰함으로써 이루어지는 것을 외부강화라고 명명하였다.
㉣ 범죄행위는 비정상적 성격이나 도덕적 미성숙의 표현에서 시작되므로 무의식적인 성격이나 인지발달의 정도를 중시한다.

① ㉠(○) ㉡(○) ㉢(×) ㉣(×)
② ㉠(○) ㉡(○) ㉢(○) ㉣(○)
③ ㉠(○) ㉡(×) ㉢(○) ㉣(×)
④ ㉠(×) ㉡(×) ㉢(×) ㉣(×)

해설

㉢ 외부강화가 아닌 대리강화이다.
㉣ 도덕발달(인지발달)이론에 관한 내용이다. 행동학습이론은 학습을 경험이나 관찰의 결과, 또는 유기체 내에서 일어나는 비교적 영속적인 행동이나 행동잠재력의 변화로 정의 내리고, 유기체를 자극에 수동적으로 반응하는 존재라고 본다.

【반두라의 동기화 세 가지 측면】

구분	설명	예시
대리강화	다른 사람의 행동결과를 보고 자신에게 적용하여 동기부여	부모가 요리를 하고 칭찬받는 것을 보고 아이도 요리를 하고 싶어 함
자기효능감	자신이 특정 행동을 성공적으로 수행할 수 있다는 믿음	운동을 시작하기 전에 자신이 목표체중을 달성할 수 있다고 믿음
목표설정	구체적인 목표를 설정하여 동기부여를 유지	새해 다이어트 목표를 구체적으로 설정하고 매일 체중을 기록

반두라의 동기화는 단순한 모방이 아닌, 다른 사람의 경험, 자신의 능력에 대한 믿음 그리고 구체적인 목표 설정이 상호작용하여 행동을 유발하는 과정이다.

정답: ①

042 **서덜랜드(Sutherland)의 차별접촉이론(Differential Association Theory)에서 제시하는 명제로 가장 적절하지 않은 것은?** 경찰간부 2023

① 범죄행위의 학습과정은 일반적 학습과정의 기제와 다르다.
② 범죄행위는 타인과의 의사소통에서 이루어지는 상호작용으로 학습된다.
③ 차별적 접촉은 교제의 빈도, 기간, 우선성, 강도에 있어 다양할 수 있다.
④ 범죄행위는 일반적인 욕구와 가치관으로 설명될 수 없다.

해설

① 범죄적 또는 비범죄적 유형과의 접촉에 의한 범죄행위의 학습과정은 다른 일반적 학습과정과 같으나, 접촉유형에 그 차이가 있다.
② 범죄행위는 의사소통과정에 있는 다른 사람과의 상호작용에서 학습된다.
③ 차별적 접촉은 교제의 빈도, 기간, 우선순위, 강도 등에 있어 다양할 수 있다.
④ 범죄행위는 일반적 욕구와 가치의 표현이지만, 비범죄행위도 욕구와 가치의 표현이므로 일반적 욕구와 가치로는 범죄행위를 설명할 수 없다. 정답: ①

043 **서덜랜드(E.H. Sutherland)의 비행적 사회화과정에 대한 설명으로 옳지 않은 것은?**

① 일탈행위는 학습의 산물이다.
② 일탈행위의 학습은 가족·친지·동료 등 가까운 사집단에 의해서 이루어지며, 라디오·TV·신문·잡지 등과 같은 비인격적 매체와는 관련이 없다.
③ 범죄행위의 학습 메커니즘은 일반적인 행위의 학습 메커니즘과 같다.
④ 서덜랜드가 학습내용으로 중요시한 것은 추상적인 관념이 아니라, 구체적인 행위태양이다.

해설

④ 서덜랜드에 의하면 학습되는 내용은 구체적인 행위태양보다도, 범행기술·범행동기·범행의욕·합리화·태도 등 추상적 관념이다. 정답: ④

044 **행태이론(behavior theory)에 대한 설명으로 옳지 않은 것은?** 보호7급 2023

① 버제스(Burgess)와 에이커스(Akers)의 차별적 강화이론에 의하면, 범죄행동은 고전적 조건형성의 원리에 따라 학습된다.
② 범죄행위는 어떤 행위에 대한 보상 혹은 처벌의 경험에 따라 학습된 것이다.
③ 행태이론은 범죄의 원인을 설명하면서 개인의 인지능력을 과소평가한다.
④ 반두라(Bandura)는 직접적인 자극이나 상호작용이 없어도 미디어 등을 통해 간접적으로 범죄학습이 이루어질 수 있다는 이론적 근거를 제시하였다.

해설

① 차별적 강화이론에 의하면, 범죄행동은 조작적 조건형성의 원리에 따라 학습된다. 즉, 스키너(Skinner)

의 조작적 조건화로 재구성한 것이 차별적 접촉강화이론이다.

② 행동주의 학습이론가들에 따르면, 범죄행위는 어떠한 행위에 대한 보상이나 처벌의 경험에 따라 학습되는 것이지, 비정상적이거나 도덕적으로 미성숙한 심리상태 때문에 범죄행위에 가담하는 것이 아니라고 주장한다.

③ 범죄자의 정신적·인지적·성격적 문제가 범죄행위를 유발한다는 결정론과 달리, 행동주의 학습이론가들은 범죄자의 행위는 다른 사람들의 반응이나 자극에 따라 변화한다고 본다. 특히 행동만 강조하고 개인의 인지과정을 무시했다는 점과 인간의 자유의지를 무시하고 인간을 외부통제자에 의해 조종당하는 존재로 보았다는 점에서 비판받았다.

④ 사회적 학습이론의 반두라는 보보인형실험으로써 TV 등 미디어를 통한 공격성 학습원리를 증명하였는데, 관찰자에게 제공되는 어떠한 강화자극이 없더라도 관찰과 모방을 통해 폭력과 같은 행동이 학습될 수 있음을 증명하였다는 데 의의가 있으며(대리강화), 미디어 등을 통한 간접적인 범죄학습이 가능하다는 점을 제시하였다. 정답: ①

045 서덜랜드(Surtherland)의 차별적 접촉이론의 명제로 옳지 않은 것은?

① 범죄행위는 의사소통을 통한 타인과의 상호작용을 통하여 학습된다.
② 차별적 교제양상은 빈도나 강도의 측면에서 동일하다.
③ 학습은 친밀한 집단 속에서 이루어진다.
④ 법위반에 대한 우호적 정의가 비우호적 정의보다 클 때 범죄행위를 하게 된다.

해설

자발적 접촉이론에 따르면 범죄도 일반적인 행위와 마찬가지로 학습을 통해서 배우게 되고 범죄자 역시 일반인과 마찬가지로 학습과정을 가진다고 본다. 따라서 차별적 교제 양상은 접촉의 빈도, 기간, 시기, 강도에 따라 다르다. 즉, 접촉의 빈도가 많고 기간이 길수록 학습의 영향은 더 커지고, 시기가 빠를수록, 접촉의 강도가 클수록 더 강하게 학습을 하게 된다. 정답: ②

046 서덜랜드(Sutherland)의 차별접촉이론(Differential AssociationTheory)에 관한 설명으로 가장 적절하지 않은 것은? 경행경채 2022

① 기존 생물학적 범죄이론에서 강조한 개인의 범인성을 부정한다.
② 범죄행위를 학습할 때 학습은 범죄기술, 구체적 동기나 욕구, 합리화, 태도 등을 포함한다.
③ 범죄행위의 학습은 타인과의 의사소통과정에서 이루어지는 상호작용의 산물이다.
④ 갓프레드슨(Gottfredson)과 허쉬(Hirschi)의 자기통제이론과 달리 하류계층의 반사회적 행동을 설명하는 데 국한된다.

해설

④ 갓프레드슨과 허쉬의 자기통제이론은 하위문화이론과 달리 문제행동에서부터 재산, 폭력범죄를 포함한 모든 유형의 범죄를 설명하며, 모든 연령층과 국가, 문화권에도 적용되는 이론이다. 서덜랜드

의 차별접촉이론도 하류계층의 반사회적 행동뿐만 아니라, 상류계층의 범죄에 대한 설명이 가능하다. 즉, 서덜랜드는 차별접촉이론을 통해 범죄행위에 대한 일반론을 전개함으로써 살인, 상해, 절도 등 전통적인 범죄뿐만 아니라, 현대 사회에서 문제시되고 있는 화이트칼라범죄에 대하여도 설명할 수 있다.

① 서덜랜드의 차별접촉이론은 범죄란 기본적으로 인적 교류를 통한 차별접촉의 결과물이라 가정하며, 기존 생물학적 범죄학과 심리학적 범죄학이 강조한 개인의 범인성을 부정한다.
② 차별적 접촉의 원리 중 제4명제에 대한 설명이다.
③ 차별적 접촉의 원리 중 제2명제에 대한 설명이다.

정답: ④

★경간★

047 **차별적 접촉이론(Differential Association Theory)에서 주장하는 범죄의 원인과 가장 관련되는 주장은?**

① 주변의 비행친구들과 어울리다 보니 나도 모르게 나쁜 물이 들었다.
② 성공하고 싶은 마음에 수단과 방법을 가리지 않았다.
③ 사소한 잘못에 대한 주변의 부정적인 반응 때문에 다시 사고를 쳤다.
④ 부모와 선생님의 간섭을 벗어나 내 마음대로 살다보니 문제가 생겼다.

해설

서덜랜드(Sutherland)는 차별접촉이론(Differential Association Theory)을 제시하면서 청소년들이 주위사람들로부터 법위반에 호의적인 가치나 태도를 학습하게 되면 비행의 가능성이 높다고 주장하였다. 즉, 비행은 학습되는 것이고 그것은 친밀한 관계에 있는 주위사람들과의 상호작용과 의사소통에 의해서 학습된다고 하였다.

정답: ①

048 **서덜랜드(E. Sutherland)의 차별접촉이론에 관한 설명으로 옳지 않은 것은?**

① 범죄행위의 학습기제는 일상생활의 학습기제와 다르다.
② 범죄행위의 학습은 친밀한 집단을 통해 이루어진다.
③ 법규범을 우호적 또는 비우호적으로 인식하는 태도를 학습한다.
④ 사회구조이론보다 중류계층의 범죄행위를 설명하는데 유용하다.

해설

범죄행위는 개인의 성향이나 사회경제적 지위의 발현으로 나타나는 것이 아니라 일반적인 행위와 마찬가지로 학습을 통해서 배우게 되고 범죄자 역시 일반인과 마찬가지로 학습과정을 가진다. 즉, 범죄행위의 학습기제는 일상생활의 학습기제와 동일하다.

정답: ①

049 **다음의 연구결과가 지지하는 이론은?**

- 비행친구와의 지속적인 관계에 있는 청소년은 범죄를 지지하는 태도를 계속 유지한다.
- 일탈행위에 대해 긍정적인 태도를 갖는 청소년은 그렇지 않은 청소년에 비해 비행을 더 저지른다.
- 마약사용자들과 친밀한 네트워크를 형성하고 있는 사람은 마약중독 가능성이 높다.

① 억제이론 ② 낙인이론
③ 차별적 접촉이론 ④ 아노미이론

해설

서덜랜드는 자신과 친밀한 집단들과 접촉을 통하여 범죄에 관한 관념들이 학습되는 것으로 보았다. 그리고 범죄관념을 학습하는 정도는 접촉의 빈도, 기간, 접촉의 우선순위, 강도 등에 따라 학습의 효과가 달라진다고 주장하였다. 정답: ③

★중요★
050 **서덜랜드(E. Sutherland)의 차별적 접촉이론에서 접촉효과에 영향을 주는 요소가 아닌 것은?**

① 강도 ② 지속성
③ 모방 ④ 빈도

해설

서덜랜드(E. Sutherland)의 차별접촉이론에서 접촉효과에 영향을 주는 요소는 접촉의 빈도, 기간(지속성), 접촉의 우선성, 강도 등으로 이에 따라 학습의 효과가 달라진다. 정답: ③

051 **다음을 주장한 학자는?**

- 범죄행위는 의사소통과정에 있는 다른 사람과의 상호작용에서 학습된다.
- 범죄행위는 일반적 욕구와 가치의 표현이지만, 비범죄적 행위도 똑같은 욕구와 가치의 표현이므로 그러한 일반적 욕구와 가치로는 범죄가 설명되지 않는다.

① 콜빈(Colvin) ② 뉴먼(Newman)
③ 서덜랜드(Sutherland) ④ 라웁(Laub)

해설

서덜랜드의 차별적 접촉이론에 관한 내용이다.
④ 샘슨과 라웁의 생애발달이론은 일생 동안 여러 가지 경험, 사건, 환경 등에 의해 범죄성 또한 변한다고 본다. 정답: ③

★중요★
052 **서덜랜드(E.H. Sutherland)의 차별적 접촉이론(Differential Association Theory)에 관한 설명 중 옳지 않은 것은?**

① 범죄행위는 학습된다.
② 범죄행위 학습의 중요한 부분들은 친밀한 관계를 맺고 있는 집단들에게서 일어난다.
③ 범죄행위는 일반적 욕구나 가치관의 표현이지만, 일반적 욕구나 가치관으로만 범죄행위를 설명할 수 없다.
④ 범죄행위를 학습할 때에 학습되는 내용은 범죄기술, 범죄행위에 유리한 동기, 충동, 합리화방법, 태도 등이다.
⑤ 범죄자와 비범죄자 간의 차이는 접촉유형의 차이가 아니라, 학습과정의 차이이다.

해설

⑤ 서덜랜드는 범죄행위의 학습과정은 일상생활 속에서 이루어지는 여타 행위의 학습과정과 동일한 메커니즘을 이루므로 범죄인과 비범죄인 간에는 접촉유형에 차이가 있을 뿐 학습과정에는 아무런 차이가 없다고 보았다.

정답: ⑤

053 **차별적 접촉이론(Differential Association Theory)에 따른 범죄학습과정에 관한 설명으로 옳지 않은 것을 모두 고른 것은?**

㉠ 범죄는 생물학적·심리학적 결함에서 비롯된 것이다.
㉡ 범죄의 학습은 직접적인 교제나 접촉뿐만 아니라 원거리 대상에 의해서도 가능하다.
㉢ 범죄의 학습대상은 범죄수법이 주류를 이루며, 범죄충동이나 범죄의 합리화방법 등은 학습대상에 포함되지 않는다.
㉣ 법의 위반을 호의적으로 해석하는 '정의들(definitions)'의 접촉이 법의 위반을 부정적으로 해석하는 '정의들(definitions)'보다 강할 때 특정 개인이 범죄자가 된다.

① ㉠, ㉡
② ㉠, ㉡, ㉢
③ ㉠, ㉢, ㉣
④ ㉠, ㉡, ㉢, ㉣

해설

× : ㉠ 범죄는 생물학적·심리학적 결함이 아니라, 학습의 결과라고 본다. ㉡ 범죄의 학습은 가까운 사집단 내에서 이루어지며, 라디오·TV 등과 같은 비인격적 매체나 원거리 대상과는 무관하다고 본다. ㉢ 범죄의 학습대상은 범죄수법뿐만 아니라 범죄행위에 유리한 동기, 충동, 태도, 합리화 등 구체적 방향까지 포함된다고 본다.
○ : ㉣

정답: ②

054 **서덜랜드의 차별적 접촉이론 (Differential Association Theory)을 가장 잘 설명하고 있는 주장은?**

① 나쁜 친구를 사귀면 범죄자가 되기 쉽다.
② 문제아로 찍히면 비행을 하기 쉽다.
③ 성염색체에 이상이 있으면 범죄자가 된다.
④ 좋은 자아관념을 가진 사람은 범죄적 환경 속에서도 범죄에 빠져들지 않는다.
⑤ 부모와의 애정적 유대가 약하면 범죄자가 되기 쉽다.

해설

차별적 접촉이론이란 개인의 법에 대한 태도는 소속집단 내에서 개인 사이의 접촉에 의한 상호작용에서 차등적으로 학습하게 된다는 것을 말하므로 ①의 사례가 이 이론에 가장 가깝다. 정답: ①

055 **다음 중 차별적 접촉이론과 가장 관계가 먼 것은?**

① 인간본성의 차이를 고려
② 범죄행위의 학습측면을 강조
③ 접촉의 시간적 우선성 강조
④ 문화전달이론

해설

차별적 접촉이론은 인간의 학습 측면만을 지나치게 강조하는 단점이 있다. 다시 말해서 인간본성의 차이를 무시하여 같은 원인에 의해서도 범죄자가 될 수도 안될 수도 있다는 점을 간과하고 있다.

정답: ①

056 **서덜랜드(Sutherland)의 차별적 접촉이론의 내용이 아닌 것은?**

① 범죄행위 학습의 중요한 부분은 친밀한 관계를 맺고 있는 집단 안에서 일어난다.
② 범죄행위의 학습내용에는 범행기술뿐만 아니라 동기, 합리화, 태도 등도 포함된다.
③ 사람은 자신이 직접 만나본 적이 없더라도 특정 인물과 자신을 동일시하면서 자아를 형성하고, 이것이 그의 행동선택에 영향을 미친다.
④ 어떤 사람이 범죄자가 되는 것은 법률위반을 긍정적으로 생각하는 정도가 부정적으로 생각하는 정도보다 크기 때문이다.
⑤ 범죄행위는 일반적인 욕구나 가치관의 표현이지만, 동일한 욕구와 가치관이 비범죄적 행동을 통해 표현될 수도 있다.

해설

③ 서덜랜드는 범죄행위의 학습은 가까운 사집단(가족·친지·동료 등) 내에서 이루어지며, 2차적 공식기관이나 라디오, TV, 영화, 신문, 잡지 등과 같은 비인격적 매체와는 관련이 없다고 보았다.

정답: ③

★중요★
057 서덜랜드(E.H. Sutherland)의 차별적 접촉이론에 관한 비판과 가장 거리가 먼 것은?

① 과실범 또는 격정범 등과 같은 범죄에 적용하기 어렵다.
② 사회구조적 측면에 사로잡혀 개인의 인식 측면을 간과하고 있다.
③ 접촉의 강도·빈도·기간 등의 측정이 곤란하여 결과적으로 이론의 검증이 어렵다.
④ 소질적 범죄경향을 가진 사람은 접촉과 관계없이도 범죄를 저지를 수 있다.

해설

② 차별적 접촉이론은 미시적 관점의 이론으로 개인의 인식을 주로 다루고 있는 관계로 사회구조적 측면을 간과하고 있다는 비판이 있다.

〈차별적 접촉이론의 평가〉

공헌	• 전통적 범죄행위뿐만 아니라, 화이트칼라범죄행위의 설명에도 유용 • 집단현상으로서의 범죄행위 설명에 유용 • 범죄인의 개선방법으로 집단관계요법치료를 제시
비판	• 범죄 호의적 집단과 자주 접촉한다고 해서 모두 범죄인이 되는 것은 아님 • 소질적 범죄자는 범죄와의 접촉경험이 없어도 범죄를 저지름 • 범죄학습은 TV, 라디오, 신문 등 비인격적 매체와의 접촉에 의해서도 영향을 받음 • 범죄인과의 접촉이 많은 법관, 경찰, 형집행관들이 범죄인이 될 확률이 높아야 함에도 그렇지 않음 • 충동적 범죄를 설명하기 곤란 • 개인의 인식을 기초로 하고 있으므로 사회구조적 측면을 간과

정답: ②

★중요★
058 다음과 같이 서덜랜드의 차별적 접촉이론을 비판하고, 이를 수정·보완한 이론은?

> 범죄학습의 주요 부분은 친밀한 개인집단 안에서 일어나며, 이러한 학습은 친밀한 집단과의 직접적인 접촉을 통해서만 가능하다고 주장하여 TV등 대중매체와 같은 간접적인 접촉을 통한 학습방법의 가능성을 간과하였다.

① 차별적 기회구조론(Differential Opportunity Theory)
② 차별적 동일시이론(Differential Identification Theory)
③ 자기관념이론(Self-Concept Theory)
④ 중화기술이론(Techniques of Neutralization Theory)

해설

② 차별적 동일시이론은 글래이저(D. Glaser)가 1956년 그의 논문 「범죄이론과 행동표상」에서 차별적 접촉이론의 결함을 보완하여 전개한 이론으로 서덜랜드가 사용한 '접촉'이라는 개념 대신에 '동일시'라는 개념을 사용함으로써 범죄학습의 대상을 친밀한 집단뿐만 아니라 TV나 영화 등 공간적으로 멀리 떨어져 있는 준거집단까지 확대하였다는 점에서 차별적 접촉이론과 구별된다. 정답: ②

059 **서덜랜드의 차별적 접촉이론에 대한 설명으로 틀린 것은?**

① 범죄자와의 접촉이 있다고 바로 범죄를 학습하는 것은 아니다.
② 범죄행위는 다른 사람의 행위를 학습하는 데에서 비롯된다.
③ 영화 속 주인공의 매력에 빠져 그의 행동을 모방한 경우도 잘 설명할 수 있다.
④ 범죄행위는 정상적으로 학습된 행위라고 할 수 있다.

해설

③은 글레이저의 차별적 동일시이론에 관한 설명이다.

정답: ③

060 **중학생 甲은 친구들의 따돌림을 받고 인터넷에 빠져 살던 중 어느 조직폭력단 두목의 일대기에 심취하여 그의 행동을 흉내내다가 범죄를 저지르기에 이르렀다. 甲의 범죄화 과정을 설명하는 이론으로 적절한 것은?**

① 머튼(Merton)의 아노미이론
② 서덜랜드(Sutherland)의 차별적 접촉이론
③ 레머트(Lemert)의 낙인이론
④ 셀린(Sellin)의 문화갈등이론
⑤ 글레이저(Glaser)의 차별적 동일시이론

해설

⑤ 차별적 동일시이론이란 글레이저(D. Glaser)가 전개한 이론으로 자신의 범죄행위를 수용할 수 있을 것 같은 실제 또는 가상의 사람들과 동일화 되어가는 과정에서 범죄를 저지르게 된다는 이론이다.

정답: ⑤

061 **차별적 동일화이론(Differential Identification Theory)에 관한 설명 중 옳지 않은 것만으로 묶인 것은?**

㉠ 범죄성의 학습은 직접적인 교제나 접촉에 의해서가 아니라, 원거리 대상에 의해 이루어진다고 본다.
㉡ 범죄문화에 접촉하면서도 범죄를 행하지 않는 이유를 설명하고자 한다.
㉢ 합리화 → 동일화 → 범죄행위의 과정을 거친다고 본다.
㉣ 격정범이나 소질에 의한 범죄를 설명하기 곤란하다.

① ㉠, ㉡
② ㉡, ㉢
③ ㉠, ㉢
④ ㉢, ㉣

해설

× : ㉠ 범죄성의 학습은 직접적인 교제나 접촉뿐만 아니라, 원거리 대상에 의해서도 이루어진다고 본다. 즉 직접적인 교재나 접촉도 범죄성 학습의 수단으로 본다.

ⓒ 동일화 → 합리화 → 범죄행위의 과정을 거친다고 본다.

O : ⓛ, ⓡ

정답: ③

062 **서덜랜드의 차별적 접촉이론에 관한 설명 중 가장 옳지 않은 것은?**

① 학습은 빈도, 기간, 우선성, 강도 등에 의하여 영향을 받는다.
② 범죄와 비범죄는 단순히 모방되는 것이 아니라 그 이상의 의미인 학습에 기인한다.
③ 범행의 학습은 범행수법이 아니라 범행동기나 목적에 관하여 이루어진다.
④ 법위반의 태도에 접촉하는 일이 합법적 태도에 접촉하는 경우보다 강하면 비행자가 된다.

해설

범죄행위의 학습은 범죄수법, 범행동기, 충동, 합리화 방법, 태도 등을 포함한다.

정답: ③

063 **"재범률이 높은 것은 교도소가 범죄학교이기 때문이다"라는 주장과 부합하는 이론은?**

① 사회학습이론
② 억제이론
③ 아노미이론
④ 정신분석이론

해설

사회학습이론은 행위자의 행동은 다른 사람의 행동이나 어떤 상황을 관찰·모방함으로써 이뤄진다는 이론으로, "재범률이 높은 것은 교도소가 범죄학교이기 때문이다"라는 주장과 부합한다.

정답: ①

★중요★

064 **범죄원인론에 대한 설명으로 가장 적절하지 않은 것은?**

① 범인성 소질은 부모로부터 자식에게 전해지는 선천적인 유전물질과 후천적 발전요소(체질과 성격의 이상, 연령, 지능 등) 등에 의하여 형성된다.
② 범죄를 부추기는 가치관으로의 사회화나 범죄에 대한 구조적·문화적 유인에 대한 자기통제의 상실을 범죄의 원인으로 보는 이론은 문화적 전파이론이다.
③ Shaw & Macay의 '사회해체' 개념에 대비해 Hirshi는 이를 '사회적 분화'라는 개념으로 설명하며 개인의 학습을 '사회적 학습'이라고 규정하였다.
④ Miller는 범죄는 하위문화의 가치와 규범이 정상적으로 반영된 것이라고 하였다.

해설

③ '사회해체' 개념에 대비해 이를 '사회적 분화'라는 개념으로 설명하며 개인의 학습을 '사회적 학습'이라고 규정한 사람은 서덜랜드(Sutherland)이다.

정답: ③

★중요★
065 **다음은 사회학적 범죄이론 중 학습이론에 관한 설명들이다. 옳지 않은 내용들만으로 묶인 것은?**

ㄱ. 준법행위와 마찬가지로 범죄행위도 주위로부터 학습된다는 이론이다.
ㄴ. 타르드(J. G. Tarde)는 모방의 법칙을 주장하면서, 그 내용 중 하나로 모방은 가까운 사람들 사이에 강하게 일어난다는 삽입의 법칙을 주장하였다.
ㄷ. 서덜랜드(E. H. Sutherland)는 차별적 접촉이론(differential association theory)을 주장하면서, 그 내용 중 하나로 어떤 사람이 범죄자가 되는 것은 법률위반을 긍정적으로 생각하는 정도가 부정적으로 생각하는 정도보다 크기 때문이라고 하였다.
ㄹ. 글래이저(D. Glaser)의 차별적 동일시이론(differential identification theory)은 공간적으로 멀리 떨어져 있는 준거집단도 학습의 대상으로 고려했다는 점에서 차별적 접촉이론과 차이가 있다.
ㅁ. 버제스(R. Burgess)와 에이커스(R. Akers)의 사회적 학습이론(social learning theory)은 사회적 상호작용만을 중시하고 개인의 욕구와 같은 비사회적 사정들을 배제시킨 이론이라는 점에 특징이 있다.

① ㄱ, ㄴ, ㄷ ② ㄱ, ㄴ, ㄹ
③ ㄴ, ㄷ ④ ㄴ, ㅁ

해설

× : ㄴ. 설명내용은 거리의 법칙이다. 삽입의 법칙은 모방은 유행이 되고 유행은 관습이 된다는 것을 말하는 것으로, 교육·빈곤 등이 범죄원인이 되고 범죄의 동기·성질 등으로 진화하는 과정을 해명한 것이다.
ㅁ. 버제스와 에이커스는 다른 사람들과의 사회적 상호작용과는 별개로 환경 그 자체가 범죄성을 강화시킬 수 있다는 인식을 바탕으로 사회외적 분위기를 추가하고 있다.

○ : ㄱ, ㄷ, ㄹ

정답: ④

066 **사회과정이론에 관한 설명으로 가장 적절한 것은?** 경행2차 2024

① 글레이저(Glaser)의 차별적 동일시이론은 차별적 접촉이론의 "범죄행동 학습의 중요한 부분은 친밀한 집단 내에서 일어난다."라는 명제를 수정한 것이다.
② 에이커스(Akers)가 주장하는 사회학습이론의 핵심 개념은 차별적 접촉, 차별적 강화, 차별적 동일시, 정의 및 모방이다.
③ 초등학생 甲은 조직폭력배 역할인 범죄영화 주인공에 심취하여 그 주인공의 일탈행동을 흉내 내고 결국 강력범죄를 저질렀는데, 甲의 범죄화 과정은 권력갈등이론에 부합한다.
④ 차별적 접촉이론은 주요 개념이 명확하여 결과적인 이론검증이 신속하게 이루어진다는 특징이 있다.

해설

① 사람은 누구나 자신을 다른 누군가와 동일화하려는 경향이 있는데, 자신의 범죄행위를 수용할 수 있다고 믿는 사람이나 관념상의 인간에게 자신을 동일화하는 과정을 통해 자기 자신을 합리화함으로써 범죄를 저지른다. 차별적 접촉이론이 차별적 반응의 문제를 해결하지 못하고, 범죄학습이 반드시 친근한 집단과의 직접적인 접촉을 통해서만 이루어지는 것이 아니라는 비판에 대한 대안으로서 글레이저는 차별적 동일시라는 개념을 제시하여 범죄학습대상을 확대하였다.

② 에이커스(Akers)는 차별적 강화이론을 발전시켜 차별적 접촉(differential association), 정의(definitions), 차별적 강화(differential reinforcement), 모방(imitation) 등 네 가지 개념을 중심으로 사회학습이론을 주장하였다.

③ 글레이저의 차별적 동일시이론에 부합한다. 영화 속 범죄자를 자신의 '역할모델'(role model)로 삼게 되면 자신이 추구하는 인간상과 자신을 '동일시'하게 되어 역할모델의 행동을 그대로 '모방'하고 '학습'하게 된다. 즉, 차별적 동일시이론(differential identification theory)은 '동일화 → 합리화 → 범죄행위'의 과정을 거친다고 본다.

④ 차별적 접촉이론에 대해 실제로 정확하게 무엇이 법위반에 대한 호의적·비호의적인지 규정할 수 없고, 법위반에 대한 호의적·비호의적이라는 용어 자체를 정의할 수 없으며, 중요한 요소인 접촉의 빈도, 기간(지속성), 접촉의 우선성, 강도 등의 개념이 명확하지 않고, 신속한 측정이 불가능하다는 비판이 있다.

정답: ①

067 **에이커스(Akers)의 사회학습이론에서 제시한 주요 개념에 대한 설명으로 가장 적절한 것은?**

경찰간부 2025

① 차별적 접촉이란 개인이 법 준수나 법 위반에 대한 우호적 또는 비우호적 정의에 노출되어 있는 과정을 의미하는데, 직접접촉은 물론 영상 등을 통한 간접접촉도 포함된다.

② 정의란 개인이 특정 행위에 부여하는 의미 또는 태도를 말하며, 여기에는 범죄에 대한 긍정적 정의와 부정적 정의는 포함되나 중화적 정의는 포함되지 않는다.

③ 차별적 강화는 행위로부터 얻게 되거나 예상되는 보상과 처벌의 균형을 의미하고, 주변으로부터의 인정이나 금전적 보상 등이 빈번하고 강할수록 차별적 강화는 약하게 나타난다.

④ 모방은 다른 사람의 행동을 관찰함으로써 행위를 따라 하는 것으로, 새로운 행위의 시도나 범죄수법에 영향을 미치지만 행위의 지속에는 영향을 미치지 않는다.

해설

① 서덜랜드의 차별적 접촉이론이 직접적인 접촉에 기한 상호작용을 강조하였다면, 에이커스는 반두라(A. Bandura)의 인지학습이론의 영향을 받았는데, 반두라는 보보인형실험을 통해 직접적인 자극이나 상호작용 없이 미디어 등을 관찰·모방함으로써 간접적으로 범죄를 학습할 수 있다는 이론적 근거를 제공하였다.

② 긍정적 정의와 부정적 정의뿐만 아니라 중화적 정의도 포함된다.

【정의(definition)】

개인이 특정 행위에 부여하는 의미와 태도를 말한다.

• 일반정의 : 보편적인 도덕원리에 대한 지향성으로, 도덕적·인습적 가치와 규범을 얼마나 잘 수용하

는가에 따라 일반정의는 달라진다.
- 특수정의 : 구체적인 행위에 대한 태도
- 부정적 정의 : 범죄나 일탈행위를 거부하는 도덕적·인습적 태도
- 중화적 정의 : 비록 어떤 행위가 바람직하지 않다고 생각할지라도, 그 행위가 특정 상황에서는 정당화될 수 있고 나쁜 것만은 아니며 필요하다고 변명하려는 태도

③ 차별적 강화는 행위로부터 얻게 되거나 예상되는 보상과 처벌의 균형을 의미하는데, 주변으로부터의 인정이나 금전적 보상 등이 빈번하고 강할수록 차별적 강화는 강하게 나타난다.

④ 모방은 주로 새로운 행위의 시도, 범죄수법의 도입 등에 더 큰 영향을 미치고, 지속성에 있어 강화보다는 그 영향이 적으나 다소 영향을 미친다. 정답: ①

068 학습이론가들과 그들의 핵심주장을 가장 옳지 않게 연결한 것은? 해경간부 2024

① 서덜랜드(Sutherland) – 범죄행위는 의사소통 과정에서 다른 사람과 상호작용하는 가운데 학습된다.

② 글레이저(Glaser) – 사람들은 물리적 접촉을 통해서 뿐만 아니라, 주관적 애착을 통해서도 영향을 받는다.

③ 버제스(Robert L. Burgess) – 범죄로부터 얻을 만족에 대한 기대감이 부정적 기대감을 상회할 때 범행하기 쉽다.

④ 레클리스(Reckless) – 동일한 비행적 접촉 환경 속에서도 사람들이 다른 반응을 하는 이유는 자아관념의 차이 때문이다.

해설

③ 글레이저의 차별적 동일시이론에서 발전한 차별적 기대이론에 대한 설명이다. 글레이저는 사람이 범죄로부터 얻는 만족, 즉 긍정적 기대감이 사회적 유대, 차별적 학습 및 기회의 인식결과 등으로부터 얻는 부정적 기대감을 상회할 경우에 범행하고자 한다고 주장하였다. 정답: ③

★중요★

069 에이커스(Akers)의 차별적 접촉강화이론에서 주장하는 주요 개념이 아닌 것은?

① 모방 ② 정의 ③ 신념 ④ 차별적 강화

해설

【버제스와 에이커스(Bugess & Akers)의 차별적 (접촉)강화이론의 4가지 주요 개념】
- 차별적 접촉(differential association) : 범죄자에게는 그들에게 범죄나 모방할 모형, 차별적 강화를 제공하는 집단이 존재하며, 이러한 집단 가운데 가장 중요한 것은 가족이나 친구와 같은 일차적 집단이다.
- 정의(definition) : 특정 행위에 대하여 개인이 부여하는 의미와 태도를 의미한다.
- 차별적 강화(differential reinforcement) : 차별적 강화는 행위의 결과로부터 돌아오는 보상과 처벌의 균형에 의해 달라진다. 개인이 그러한 범죄행위를 저지를 것인가의 여부는 과거와 미래에 예상되는 보상과 처벌 간의 균형에 영향을 받는다.

• 모방(imitation) : 타인의 행동에 대한 관찰과 학습의 결과로 그것과 유사한 행동을 하게 되는 것을 의미하는 것으로 사회학습 이론을 기반으로 한다. 정답: ③

070 범죄원인에 관한 학자들의 견해로 가장 적절하지 않은 것은? 경찰간부 2024

① 반두라(Bandura)는 사람들이 폭력행위를 할 수 있는 능력을 가지고 태어나는 것이 아니라, 삶의 경험을 통해서 공격적 행동을 학습하는 것이며, 학습행동이 범죄와 깊은 관련성이 있다고 보았다.

② 아들러(Adler)는 열등감을 갖는 사람들은 열등감을 보상받기 위해 탁월함을 보여주려고 노력한다고 주장하면서 열등 콤플렉스(Inferiority Complex)라는 용어로 설명하였다.

③ 글레이저(Glaser)는 단순히 범죄적 집단이나 가치에 접촉함으로써 범죄를 저지르는 것이 아니라, 그것을 자기와 동일시하는 단계에 이르러야 범죄를 저지른다고 보았다.

④ 보울비(Bowlby)는 아동이 한 행동에 대하여 칭찬이나 보상을 하면 그 행동이 강화되지만 처벌이나 제재를 하면 그러한 행동이 억제된다고 하였다.

해설

④ 차별적 강화이론에 대한 설명이다. 보울비는 애착이론을 주장하였는데, 어린 시절 어머니가 없는 아이들은 기초적인 애착관계를 형성할 수 없어 불균형적인 인성구조를 가지게 되고, 이후 범죄와 같은 반사회적 행위에 빠져든다고 보아, 이를 근거로 모성의 영향을 강조하였다. 정답: ④

071 버제스와 에이커스(Burgess & Akers)의 차별강화이론에 대한 설명으로 가장 적절하지 않은 것은? 경찰간부 2024

① 범죄행위에 대해 처벌이 이루어지지 않아 범죄행위가 지속·강화된다면 이것은 부정적 처벌이다.

② 범죄행동은 행위의 결과로 얻게 되는 보상과 처벌에 의해 영향을 받게 된다.

③ 범죄행위에 대한 보상이 제공됨으로써 범죄행위가 지속·강화된다면 이것은 긍정적 강화이다.

④ 차별접촉이론과 심리학적 학습이론을 접목하였다.

해설

①·③ 지문은 부정적 강화에 대한 설명이다.
참고로, 긍정적 강화는 보상이 있을 경우에 범죄행위가 지속·강화되는 것을 말하고, 반대로 범죄행위를 했음에도 보상이 없다면 향후 그 행위를 지속할 가능성이 낮아지는데, 이를 부정적 처벌이라고 한다.

② 차별강화이론에 따르면, 범죄행위의 결과로 보상을 얻고 처벌을 피하면 그 행위는 강화되나, 보상 없이 처벌이 강화되면 그 행위는 약화된다고 설명한다.

④ 심리학의 행동주의 학습이론과 서덜랜드의 상호작용론에 기초한 차별접촉이론을 스키너의 조작적 조건화로 재구성한 것이 차별강화이론이다. 정답: ①

072 **다음의 범죄사회학이론 가운데 사회구조와 사회심리에 중심을 둔 이론이 아닌 것은?**

① 클로워드(R.A Cloward)와 오린(L.E. Ohlin)의 차별적(분화적) 기회구조이론
② 머튼(R.K. Merton)의 아노미이론
③ 코헨(A.K Cohen)의 비행적 하위(부)문화이론
④ 서덜랜드(E.H Sutherland)이 차별적 접촉이론

해설
서덜랜드(E.H Sutherland)의 차별적(분화적) 접촉이론은 사회과정이론 중의 하나로 사람들의 일탈은 그런 유형과의 접촉을 통하여 일어난다고 보는 범죄학 이론이다. 범죄는 일반적인 행위와 마찬가지로 학습을 통해서 배우게 되고, 학습은 주로 친밀한 사람들과의 상호작용을 통해 일어난다고 설명한다.

정답: ④

073 **다음 중 범죄원인에 대한 사회과정이론(Social Process Theory)의 설명으로 가장 옳지 않은 것은?** 해경간부 2023

① 낮은 사회적 지위 때문에 목표 달성에 실패할수록 범죄를 저지를 가능성이 커진다.
② 법 위반에 대한 우호적 정의를 학습할수록 범죄를 저지를 가능성이 커진다.
③ 아동기에 형성된 자기통제력이 낮을수록 범죄를 저지를 가능성이 커진다.
④ 부모와의 정서적 유대관계가 약할수록 범죄를 저지를 가능성이 커진다.

해설
① 사회구조적 이론에 속하는 머튼의 아노미이론
② 서덜랜드의 차별적 접촉이론
③ 자기통제이론
④ 허쉬의 사회연대이론

정답: ①

074 **서덜랜드(E.H. Sutherland)가 주장한 차별적 접촉이론의 내용에 대하여 차별적 동일화이론이나 자기관념이론(Self-concept theory)이 해명하고자 하는 부분은?**

① 범죄성인격의 형성과정
② 차별적 반응의 문제
③ 정상행위와 범죄행위를 학습하는 과정에 있어서의 메커니즘
④ 백지설의 입장에서 인식한 인간의 본성

해설
차별적 접촉이론은 동일한 교제접촉 환경하에서 사람들이 각기 서로 다른 반응을 행한다는 사실을 너무 가볍게 취급하였는데, 이러한 차별적 반응의 문제를 해명하고자 하는 범죄사회학이론이 차별적 동일화이론이나 자기관념이론이다.

정답: ②

075 **범죄원인론에 관한 설명과 그에 해당하는 이론이 올바르게 연결된 것은?**

㉠ 범죄는 하나의 단일문화가 독특한 행위규범을 갖는 여러 개의 상이한 하위문화로 분화될 때, 사람들이 자신이 속한 문화의 행위규범을 따르다 보면 발생할 수 있다.
㉡ 지역사회의 전통적인 기관들이 주민들의 행동을 규제하지 못하고, 지역사회의 공통문제를 자체적으로 해결할 수 있는 능력을 상실하면 범죄율이 높아진다.
㉢ 인간은 범죄성을 본질적으로 지니고 있기 때문에 그대로 두면 누구든지 범죄를 저지를 것이라는 가정에서 출발한다.

ⓐ 사회해체이론　　　ⓑ 통제이론　　　ⓒ 문화갈등이론

① ㉠ - ⓐ, ㉡ - ⓑ, ㉢ - ⓒ
② ㉠ - ⓑ, ㉡ - ⓐ, ㉢ - ⓒ
③ ㉠ - ⓑ, ㉡ - ⓒ, ㉢ - ⓐ
④ ㉠ - ⓒ, ㉡ - ⓐ, ㉢ - ⓑ
⑤ ㉠ - ⓒ, ㉡ - ⓑ, ㉢ - ⓐ

정답: ④

076 **다음은 네 가지의 사회적 범죄원인론의 내용을 설명한 것이다. 이와 관련이 없는 것은?**

㉠ 사람들이 법률을 위반해도 무방하다는 관념을 학습한 정도가 법률을 위반하면 안 된다는 관념을 학습한 정도보다 클 때에 범죄를 저지르게 된다.
㉡ 중산층의 가치나 규범을 중심으로 형성된 사회의 중심문화와 빈곤계층 출신 소년들에게 익숙한 생활 사이에는 긴장이나 갈등이 발생하며, 이러한 긴장관계를 해결하려는 시도에서 비행문화가 형성되어 이로 인해 범죄가 발생한다.
㉢ 조직적인 범죄활동이 많은 지역에서는 범죄기술을 배우거나 범죄조직에 가담할 기회가 많으므로 범죄가 발생할 가능성이 큰 반면, 조직적인 범죄활동이 없는 지역에서는 비합법적인 수단을 취할 수 있는 기회가 제한되어 있으므로 범죄가 발생할 가능성이 적다.
㉣ 사람들은 누구든지 비행으로 이끄는 힘과 이를 차단하는 힘을 받게 되는데 만일 이끄는 힘이 차단하는 힘보다 강하게 되면 그 사람은 범죄나 비행을 저지르게 되는 반면, 차단하는 힘이 강하게 되면 비록 이끄는 힘이 있더라도 범죄나 비행을 자제하게 된다.

① 문화갈등이론(Culture Conflict Theory)
② 차별적 기회구조이론(Differential Opportunity Theory)
③ 봉쇄이론(Containment Theory)
④ 비행하위문화이론(Delinquent Subculture Theory)
⑤ 차별적 접촉이론(Differential Association Theory)

해설

㉠은 차별적 접촉이론, ㉡은 비행하위문화이론, ㉢은 차별적 기회구조이론, ㉣은 봉쇄이론에 관한 설명이다.

정답: ①

★중요★
077 **범죄원인론에 대한 설명 중 가장 옳지 않은 것은?**

① Glaser는 청소년의 비행행위는 처벌이 없거나 칭찬받게 되면 반복적으로 저질러진다고 하였다.
② Miller는 범죄는 하위문화의 가치와 규범이 정상적으로 반영된 것이라고 하였다.
③ Reckless는 좋은 자아관념은 주변의 범죄적 환경에도 불구하고 비행행위에 가담하지 않도록 하는 중요한 요소라고 한다.
④ Cohen은 하류계층의 청소년들이 목표와 수단의 괴리로 인해 중류계층에 대한 저항으로 비행을 저지르고, 목표달성의 어려움을 극복하기 위해 자신들만의 하위문화를 만들게 되며, 범죄는 이러한 하위문화에 의해 저질러진다고 한다.

해설

① 청소년의 비행행위는 처벌이 없거나 칭찬받게 되면 반복적으로 저질러진다고 보는 버제스와 에이커스의 차별적 강화이론이다.

정답: ①

078 **다음은 범죄이론가 - 주요개념 – 정책함의를 연결한 것이다. 빈칸의 내용을 적절하게 짝지은 것은?** 경찰간부 2024

범죄이론가	주요개념	주요 정책함의
서덜랜드(Sutherland)	(가)	또래집단 예방 및 개입 프로그램
(나)	재통합적 수치심 (Reintegrative Shaming)	회복적 사법
레머트(Lemert), 베커(Becker)	낙인 (Labeling)	(다)

(가)	㉠ 사회학습(Social Learning)	㉡ 차별접촉 /교제 (Differential Association)	㉢ 사회유대(Social Bond)
(나)	ⓐ 패터노스터(Paternoster)	ⓑ 브레이스웨이트(Braithwaite)	ⓒ 헤어(Hare)
(다)	㉮ 치료적 처우	㉯ 직업기술훈련	㉰ 전환처우

① ㉠ – ⓐ – ㉰
② ㉡ – ⓒ – ㉯
③ ㉢ – ⓐ – ㉮
④ ㉡ – ⓑ – ㉰

해설

㉡ – ⓑ – ㉰

- 서덜랜드 – 차별접촉/교재 – 또래집단 예방 및 개입 프로그램
- 브레이스웨이트 – 재통합적 수치심 – 회복적 사법
- 레머트와 베커 - 낙인 – 전환처우

정답: ④

★중요★

079 사회적 학습이론(Social Learning Theory)에 관한 설명으로 가장 거리가 먼 것은?

① 버제스(Bungess)와 에이커스(Akers)가 대표적 학자이다.
② 범죄행위의 결과로 보상이 이루어지고 처벌이 회피될 때 그 행위가 강화된다.
③ 차별적 강화이론 또는 분화적 접촉강화이론이라고도 한다.
④ 사회적 강화나 자극을 강조하는 반면, 비사회적 강화나 자극의 범죄관련성은 철저히 부정한다.

해설

④ 사회적 학습이론이 사회적 강화나 자극을 강조하고 있는 것은 분명하나, 비사회적 강화나 자극을 부정한 것은 아니다. 다시 말하면 비사회적 강화나 자극보다 사회적 강화나 자극을 보다 강조한다.

정답: ④

★중요★

080 에이커스(R. Akers)의 사회학습이론(Social Learmning Theory)에 대해 옳지 않은 설명은?

① 스키너(B. Skinner)의 행동주의심리학의 조작적 조건화 원리를 도입하였다.
② 다른 사람의 행동결과를 관찰함으로써 학습되는 경우도 인정한다.
③ 학습이론에 따른 개인의 행동을 설명하기 위하여 차별적 교제(접촉), 동일시, 정의(definition), 차별적 강화 등 네 가지 개념을 사용한다.
④ 사회구조적 요인은 개인의 행동에 간접적인 영향을 미치고, 사회학습변수는 개인의 행동에 직접적인 영향을 미친다고 본다.

해설

③ 에이커스는 개인의 행동을 설명하기 위해 차별적 교제(접촉), 모방(imitation), 정의(definition), 차별적 강화 등 네 가지 개념을 사용한다.

정답: ③

081 다음 중 버제스(Burgess)와 에이커스(Akers)의 차별적 강화이론(Differential Association Theory)에 대한 설명으로 가장 옳지 않은 것은? 해경간부 2025

① 사회학습요소로서 차별접촉, 차별강화, 정의(definition), 모방을 제시하였다.
② 차별강화는 행위의 결과로 얻게 되는 보상과 처벌에 의해 영향을 받는다.
③ 어린아이가 나쁜 짓을 했을 때 부모가 적절하게 훈육을 한다면 그 아이는 나쁜 짓을 덜 하게 되며, 이는 부정적 처벌(negative punishment)에 해당한다.
④ 행위에 대한 보상이 주어지는 경우 그 행위를 지속할 가능성이 높아지는데, 이를 긍정적 강화(positive reinforcement)라고 한다.

해설

③ 부정적 처벌이 아닌 긍정적 처벌이다. 부정적 처벌은 보상을 제공하지 않음으로써 목표행동을 감소시키는 것을 말한다.

정답: ③

082 범죄행위는 학습된다는 학습이론과 관계가 없는 것은?

① 따르드(Tarde)의 모방의 법칙
② 셀린(Sellin)의 문화갈등이론
③ 글레이져(Glaser)의 차별적 동일시이론
④ 서덜랜드(Sutherland)의 차별적 접촉이론
⑤ 버제스(Burgess)와 에이커스(Akers)의 사회학습이론

해설

①·③·④·⑤는 학습, 즉 문화전달에 중점을 두는 이론이나, ②는 문화갈등에 중점을 두는 이론이다. 즉 셀린은 법은 그 사회의 다양한 구성원들의 합의를 대변하는 것이 아니라, 지배적인 문화의 행위규범을 반영하는 것이라고 주장하고, 전체사회의 규범과 부분사회의 규범 간에 갈등이 생기기 쉽고, 이러한 종류의 문화갈등이 증대되면 그것이 개인의 인격해체를 일으켜 범죄를 유발시킨다고 보았다.

정답: ②

083 아노미의 개념에 관한 설명으로 옳지 않은 것은?

① 아노미(Anomie)란 용어는 뒤르켐(Durkheim)이 처음 사용하였다.
② 뒤르켐(Durkheim)은 아노미를 무규범상태를 의미하는 개념으로 사용한 반면, 머튼(Merton)은 문화적 목표와 제도적 수단의 불일치상태를 의미하는 개념으로 사용하였다.
③ 뒤르켐(Durkheim)은 사회일상적 상황에서 아노미상태가 발생할 수 있다고 본 반면, 머튼(Merton)은 사회적 변혁기에 아노미상태가 발생할 수 있다고 보았다.
④ 뒤르켐(Durkheim)은 자살을 설명하는 개념으로 아노미를 사용하기도 하였다.

해설

③ 뒤르켐은 사회적 변혁기에 아노미상태가 발생할 수 있다고 본 반면, 머튼은 사회일상적 상황에서 아노미상태가 발생할 수 있다고 보았다.

구분	뒤르켐(Durkheim)의 아노미	머튼(Merton)의 아노미
의의	무규범상태	문화적 목표와 제도적 수단의 불일치상태
발생시기	사회적 변혁기	사회일상적 상황
아노미상태	현재의 사회구조가 개인의 욕구에 대한 통제력을 유지할 수 없는 상태	문화적 목표와 제도적 수단의 차등화에 의한 긴장의 산물

정답: ③

084 다음의 내용을 주장한 학자는 누구인가? 경찰간부 2024

가. 사회적 규범해체의 원인은 이기주의와 아노미(Anomie)이다.
나. 어느 사회나 일정량의 범죄는 발생할 수 밖에 없는 지극히 자연스러운 사회적 현상이다.
다. 현재의 사회규범에 저항하는 범죄는 사회의 변화와 새로운 규범의 창설을 가능하게 한다.
라. 형벌은 개인의 피해에 대한 보복이 아니라 범죄예방이라는 목표를 지향하는 제도이다.

① 따르드(Tarde) ② 머튼(Merton)
③ 케틀레(Quetelet) ④ 뒤르켐(Durkheim)

해설

④ 뒤르켐은 개인과 사회의 관계에 대해 사회가 인간을 만들고 규제하는 측면을 강조하였고, 사회적 규범해체의 원인을 이기주의와 아노미로 파악하였으며, 범죄정상설이나 범죄기능설, 형법발전론, 자살론 등을 제시하였다.

〈뒤르켐과 머튼의 이론 비교〉

뒤르켐	구분	머튼
생래적(= 선천적) · 무한함	인간의 욕구	사회문화적 목표
성악설(이기적인 존재)	인간의 본성	성선설(노력하는 존재)
급격한 사회변동	문제의 발단	불평등한 사회구조
사회의 무규범 상태	아노미	목표와 수단 간 불일치 상황
통제받던 개인적 욕구 분출	범죄원인	목표를 위한 수단 → 범죄

정답: ④

085 다음 중 머튼(Merton)의 아노미이론에 대한 설명으로 가장 옳지 않은 것은? 해경간부 2023

① '순응형(Conformity)'은 문화적 목표와 제도화된 수단을 모두 승인하는 적응방식으로 반사회적인 행위유형이 아니다.
② '퇴행형(Retreatism)'은 문화적 목표와 제도화된 수단을 모두 부정하고 사회활동을 거부하는 적응방식으로 만성적 알코올중독자, 약물중독자, 부랑자 등이 이에 해당한다.
③ '순응형(Conformity)'은 안정적인 사회에서 가장 보편적인 행위유형으로서 문화적인 목표와 제도화된 수단을 부분적으로만 수용할 때 나타난다.
④ '혁신형(Innovation)'은 문화적인 목표에 집착하여 부당한 수단을 통해서라도 성공을 달성하려는 행위유형으로 이욕적 범죄가 대표적이다.

해설

순응형(동조형)의 적응양식을 택한 개인은 문화적으로 설정된 목표와 이를 달성하기 위한 제도적 수단 모두를 받아들인다.

정답: ③

086 **다음은 마약범죄에 가담한 다양한 형태의 사람들에 대한 내용이다. 머튼(Merton)의 아노미이론 관점에서 가장 적절한 것은?** 경찰간부 2024

> 가. 전과자 甲은 마약범죄 총책으로 해외에 본거지를 두고 조직을 운영하면서 범죄수익으로 해외 부동산 개발투자를 하고 있다.
> 나. 대학생 乙은 주식투자 실패로 대출금을 갚기 위해 고수익 아르바이트를 찾던 중 마약배송을 하게 되었다.
> 다. 공무원 丙은 경제적 문제로 배우자와 이혼을 한 이후 틈틈이 불법약물로 스트레스를 풀고 있다.
> 라. 가정주부 丁은 한때 마약중독에 빠졌으나, 현재는 재활치료에 전념하면서 사회복귀를 위해 준비하고 있다.

① 甲－순응형(Conformity) ② 乙－혁신형(Innovation)
③ 丙－의례형(Ritualism) ④ 丁－은둔형(Retreatism)

해설

甲과 乙은 혁신형, 丙은 도피형, 丁은 순응형(동조형)에 가깝다. 정답: ②

087 **초등학생인 A군의 장래희망은 도둑 또는 강도이다. 선생님과 친구에게 "은행강도가 되어서 돈을 벌겠다"고 공공연히 말한다. 이 사례에서 A군의 경우는 머튼(Merton)이 제시한 적응유형 중 어디에 해당하는가?**

① 의례형(ritualism) ② 은둔형(retreatism)
③ 동조형(conformity) ④ 혁신형(innovation)

해설

④ 머튼은 문화적 목표와 제도화된 수단에 따라 여러 가지 적응유형이 있다고 보았다. 위의 지문은 '혁신형'에 대한 설명이다. 혁신형은 목표는 추구하지만 합법적 수단이 없는 집단으로, 부당한 수단으로써 목표를 달성하려는 집단이다. 정답: ④

088 **머튼(Merton)이 주장한 아노미의 발생원인과 가장 거리가 먼 것은?** 경찰간부 2023

① 물질적 성공만을 과도하게 강조하는 문화 ② 성공을 위한 제도화된 기회의 부족
③ 급격한 사회변동과 위기 ④ 공평한 성공기회에 대한 평등주의적 이념

해설

③ 머튼(Merton)은 아노미 상황으로 인한 사회적 긴장은 문화적 목표를 지나치게 강조하는 반면, 사회의 구조적 특성에 의해 특정 집단의 사람들이 제도화된 수단으로써 문화적 목표를 성취할 수 있는

기회가 제한되었을 때에 발생한다고 하였다. 그에 반해 뒤르켐은 급격한 사회변동으로 인한 기존 규범력의 상실과 혼란을 아노미라고 하였다. 정답: ③

089 아노미이론으로 설명이 가능한 행위유형에 속하는 것은?

① 과실범
② 격정범
③ 동성애
④ 알코올 중독

해설

아노미이론의 보편성에 대한 비판으로서, 과실범·격정범·근친상간·동성애·상류계층의 경미한 재산범죄와 같은 행위유형 등을 설명할 수 없다는 점이 제기된다. 정답: ④

090 아노미이론에 대한 설명으로 옳지 않은 것은?

① 뒤르켐(Durkheim)과 머튼(Merton)의 이론이 대표적이다.
② 문화적 목표와 제도화된 수단 간의 괴리 내지 갈등을 강조한다.
③ 개혁형(innovation)에는 통상적인 재산범죄자들이 포함된다.
④ 동조형(conformity) 및 의례형(ritualism)은 아노미상태에 있지 않은 적응유형을 대표한다.

해설

④ 머튼은 문화적 목표와 제도적 수단 간의 불일치에서 발생되는 사회적 긴장상태를 아노미상태라고 보았는데 이러한 상황에 적응하는 개인의 적응유형 중 동조형은 문화적 목표와 제도적 수단이 일치하므로 아노미상태라고 볼 수 없으나, 의례형은 문화적 목표를 포기하고, 제도적 수단만을 인정하는 유형으로 양자가 불일치상태에 있으므로 아노미상태라고 보아야 한다. 정답: ④

091 머튼(R. Merton)의 긴장(아노미)이론에 관한 설명으로 옳지 않은 것은?

① 혁신형은 목표는 받아들이지만 불법적인 수단을 사용한다.
② 혁명형은 기존의 목표와 수단을 거부하고 새로운 목표와 수단을 주장한다.
③ 도피형은 합법적인 수단을 거부하고 대체수단을 사용한다.
④ 의례형은 목표달성 의지가 약하지만 합법적 수단을 사용한다.

해설

도피형은 합법적인 수단과 비합법적인 수단 등을 모두 거부하고 도피적인 생활을 하는 유형이다.
정답: ③

★중요★

092 **머튼(R. Merton)이 주장한 아노미이론에서 문화적 목표는 수용하지만 제도화된 수단은 거부하는 적응유형은?**

① 동조형(conformity) ② 혁신형(innovation)
③ 의례형(ritualism) ④ 반역형(rebellion)

해설

② 머튼은 사회인의 공동목표인 문화적 목표와 이 목표를 달성하게 하는 합법적 수단 사이에 간극이 있을 때 구조적 긴장과 불협화음이 생기고 여기에서 사회무질서인 아노미상태가 발생된다고 주장하고, 이로 인해 발생하는 기능장애상태에 적응하는 개개인의 적응유형을 5가지로 분류하였다.

개인의 적응양식	문화적 목표	제도적 수단	특징
동조형(순응형)	+	+	합법수단으로 문화적 목표를 달성하려는 유형(정상인)
혁신형(개혁형)	+	−	금지된 수단으로 문화적 목표를 달성하려는 유형(일반범죄인)
의례형(의식형)	−	+	합법수단으로 살아가는 유형(샐러리맨·하급관료)
도피형(퇴행형)	−	−	문화적 목표와 제도적 수단 모두를 포기하는 유형(알코올·마약중독자)
반항형(전복형)	±	±	기존의 목표·수단을 거부하고, 새로운 목표·수단을 추구하는 유형(확신범)

정답: ②

093 **일반긴장이론(General Strain Theory)에서 애그뉴(Agnew)가 주장하는 세 가지 긴장원인 유형의 예에 해당하지 않는 것은?** 경행2차 2023

① 수년 동안 부모의 학대와 방임을 경험한 사람
② 가장 친한 친구의 죽음을 경험한 사람
③ 학교 시험에서 기대한 점수를 받지 못해 속상한 사람
④ 반사회적이고 공격적인 성향을 가진 사람

해설

④는 관련이 없다. 애그뉴(Agnew)는 긴장(=스트레스)을 느끼는 개인과 범죄율 간의 관련성을 설명하였다.

① 부정적 자극의 발생
② 긍정적 자극의 소멸
③ 목표달성의 실패

〈머튼과 애그뉴의 이론 비교〉

머튼	애그뉴
사회계층의 차이 → 범죄율	긴장을 느끼는 개인적 차이 → 범죄율
경제적 하위계층의 범죄율 높음	긴장/스트레스가 많은 개인의 범죄율 높음 (모든 사회계층에 적용 가능)

정답: ④

094 **애그뉴(Agnew)의 일반긴장이론에 대한 설명으로 가장 옳지 않은 것은?** 해경간부 2024

① 아노미이론에 비해 긴장을 보다 개인적 수준에서 바라보았다.
② 긴장의 원인을 다양화하였다.
③ 아노미이론에 비해 긴장에 대한 폭력적 반응도 잘 설명할 수 있다.
④ 긴장상태에 있는 모두가 범죄를 행하는 것은 아니라는 점에 대한 적절한 해명을 하지 못한다.

해설

④ 애그뉴는 긴장에 대처하는 인지적·행동적·감정적 차원의 대응전략들이 다양하게 존재하는데, 이마저도 개인마다 차이가 있다고 보았다. 이러한 차이로 인해 긴장을 겪을 때 범죄나 비행으로 나아가는 사람들이 있는 반면, 그렇지 않은 사람들도 있다고 한다. 정답: ④

095 **애그뉴(Agnew)의 일반긴장이론에 대한 설명으로 적절한 것은 모두 몇 개인가?** 경찰간부 2025

㉠ 거시적 수준에서 하류층뿐만 아니라 다양한 계층의 긴장원인을 설명하고자 하였다.
㉡ 인간은 부·명예와 같은 목표의 달성에 실패하였을 때 긴장하게 된다.
㉢ 인간은 이혼, 해고, 친구의 죽음 등 긍정적인 자극이 제거되었을 때 긴장하게 된다.
㉣ 인간은 직장 내 갑질, 가정폭력, 선생님의 꾸중 등 부정적인 자극을 받았을 때 긴장하게 된다.
㉤ 특히 청소년들은 긴장상태가 지속되면 부정적인 감정에 의해 비행에 빠지기 쉽다.
㉥ 하류계층 청소년들이 중류사회의 성공목표를 합법적으로 성취할 수 없는 긴장상태에 놓였을 때 경험하는 죄책감, 불안감, 증오심을 지위좌절(Status Frustration)이라고 하였다.

① 3개 ② 4개 ③ 5개 ④ 6개

해설

② 적절한 것은 ㉡, ㉢, ㉣, ㉤, 즉 4개이다.

㉠ 일반긴장이론은 머튼의 이론을 수정하고 미시적으로 계승한 이론이라 할 수 있는데, 머튼의 이론과 달리 하류층뿐만 아니라 다양한 계층의 긴장원인을 설명하고자 하였다

㉥ 코헨(Cohen)의 비행하위문화이론에 대한 설명이다. 코헨은 하류계층의 비행은 중류계층의 가치와 규범에 대한 저항이라고 보았다. 코헨에 따르면, 인간은 집단에 소속되고 그 집단으로부터 인정받으려는 근본적인 욕구가 있는데, 만약 이러한 욕구가 제대로 충족되지 못하면 지위문제를 겪게 되고, 이 문제를 해결하기 위한 압력 아래에 놓이게 된다. 코헨은 하류계층 청소년들이 공통적으로 지위문제를 겪는다고 보았다. 하류계층의 아이들은 어릴 때 하류계층의 거주지역에 모여 살기 때문에 지위문제를 겪지 않지만, 학교에 다니기 시작하면서부터 중류계층의 아이들과 섞이게 됨으로써 지위문제를 겪고, 학교에서의 실패를 경험하게 된다. 지위좌절을 경험한 하류계층의 청소년 중 다수는 비행집단을 형성하여 비공식적·악의적·부정적 행위에 가담한다.

〈에그뉴의 일반긴장이론의 요소〉

긴장의 원인		부정적 감정의 상황		반사회적 행동
• 긍정적 가치를 주는 목적달성의 실패(열망과 기대 사이의 괴리에 의한 결과로서의 긴장) • 기대와 성취 사이의 괴리(동료와의 비교에 의한 상대적 긴장) • 긍정적 가치를 주는 자극의 제거(결별, 이사, 전학, 이혼 등) • 부정적 자극의 출현(아동학대와 무관심, 범죄피해, 체벌, 학교생활의 실패 등)	⇨	• 노여움 • 좌절 • 실망 • 우울 • 두려움 등	⇨	• 약물남용 • 일탈 • 폭력 • 학업 중도포기 등

정답: ①②

096 **1990년대에 등장한 긴장이론의 하나인 메스너(Messner)와 로젠펠드(Rosenfeld)의 제도적 아노미이론(Institutional Anomie Theory)에 대한 설명으로 가장 적절하지 않은 것은?**

경찰간부 2023

① 아메리칸 드림이라는 문화사조는 경제제도와 다른 사회제도 간 '힘의 불균형' 상태를 초래했다고 주장한다.

② 머튼의 긴장이론이 갖고 있던 거시적 관점을 계승하여 발전시켰다.

③ 아메리칸 드림이라는 문화사조의 저변에는 성취지향, 개인주의, 보편주의, 물신주의(fetishism of money)의 네 가지 주요 가치가 전제되어 있다고 분석한다.

④ 머튼의 긴장개념을 확장하여 다양한 상황이나 사건들이 긴장상태를 유발할 수 있다고 하였다.

해설

④ 머튼의 긴장이론이 갖고 있던 미시적 관점을 계승하여 발전시켰던 애그뉴의 일반긴장이론에 대한 설명이다.

① 아메리칸 드림이라는 문화사조는 경제제도가 다른 사회제도들을 지배하는 제도적 힘의 불균형상태를 초래했다는 것이 메스너와 로젠펠드의 주장이다. 경제제도의 지배는 평가절하, 적응, 침투라는 세 가지 상호 연관된 방식으로 나타난다고 하였다.

② 머튼과 같은 입장에서 사회학적 지식과 원칙의 체계적 적용을 통해 범죄의 국가 간 변이에 대한 거시적 설명을 추구한다.

③ 아메리칸 드림을 개인들의 열린 경쟁이라는 조건하에서 사회의 모든 이들이 추구해야 할 물질적 성공이라는 목표에 대한 헌신을 낳는 문화사조로 정의하고, 그 저변에는 성취지향, 개인주의, 보편주의, 물신주의의 네 가지 주요 가치가 전제되어 있다고 분석한다.

정답: ④

097 **다음 〈보기〉 중 메스너(Messner)와 로젠필드(Rosenfeld)의 제도적 아노미 이론(Institutional Anomie Theory)에 대한 설명으로 옳은 것은 모두 몇 개인가?** 해경간부 2025

보기

㉠ 머튼(Merton)의 아노미 이론을 확장하여 여러 사회 제도들의 밀접한 연관성과 어떻게 문화가 경제영역을 과도하게 강조하게 되는지를 연구하였다.
㉡ 아메리칸 드림(American Dream)이 규범적 통제의 붕괴를 촉진한다고 보았다.
㉢ 제도적 힘의 불균형 상태는 비공식적 사회통제를 약화시킨다.

① 없음 ② 1개 ③ 2개 ④ 3개

해설

【제도적 아노미이론】

- 아메리칸 드림이라는 문화사조는 경제제도가 다른 사회제도를 지배하는 제도적 힘의 불균형 상태를 초래했다는 것이 메스너와 로젠펠드의 주장으로, 경제제도의 지배는 평가절하, 적응, 침투라는 세 가지 상호 연관된 방식으로 나타난다고 하였다.
- 머튼과 같은 입장에서 사회학적 지식과 원칙의 체계적 적용을 통해 범죄의 국가 간 변이에 대한 거시적 설명을 추구한다.
- 아메리칸 드림을 개인들의 열린 경쟁이라는 조건하에서 사회의 모든 이들이 추구해야 할 물질적 성공이라는 목표에 대한 헌신을 낳는 문화사조로 정의하고, 그 저변에는 성취지향, 개인주의, 보편주의 및 물신주의의 네 가지 주요 가치가 전제되어 있다고 분석한다. 정답: ④

098 **다음 범죄원인론에 관한 설명 중 옳지 않은 것은?**

① 레크리스(Reckless)는 압력(pressures), 유인(pulls), 배출(pushes) 요인이 범행을 유발한다고 보았다.
② 허쉬(Hirschi)는 개인이 사회와 유대관계를 맺는 방법으로 애착(attachment), 전념(commitment), 믿음(belief), 참여(involvement)를 제시하였다.
③ 맛차(Matza)와 사이크스(Sykes)는 범죄자가 피해자 혹은 사회일반에 책임을 전가하거나 더 높은 가치에 의지하는 등 범죄행위를 정당화하는 방법을 '중화(Neutralization)기술'이라고 하였다.
④ 머튼(Merton)은 사람들이 사회적 긴장에 반응하는 방식 중 '혁신형'은 문화적 목표와 사회적 수단을 모두 자신의 의지에 따라 새로운 것으로 대체하려는 특성을 갖는다고 하였다.
⑤ 서덜랜드(Sutherland)의 '차별적 접촉(Differential Association)이론'은 범죄자와 비범죄자의 차이는 접촉유형의 차이에서 생긴다고 보았다.

해설

④ 기존의 문화적 목표와 사회적 수단 모두를 거부하고 새로운 목표와 수단을 추구하는 적응양식은, 혁신형이 아닌 반항형(전복형)이다. 정답: ④

099 **머튼(Merton)의 긴장이론에 대한 설명으로 가장 적절하지 않은 것은?** 경찰간부 2025

① 미국사회의 구조는 문화적 목표와 이에 도달하기 위한 제도적·규범적 수단의 두 요소로 이루어진다고 가정하였다.
② 머튼은 재산범죄 등 경제적 동기의 범죄에만 적용할 수 있다고 하였다.
③ 목표와 수단에 대한 5가지 적응유형으로 동조형(Conformity), 혁신형(Innovation), 의례형(Ritualism), 회피형(Retreatism), 반역형(Rebellion)을 제시하였다.
④ 사회의 모든 구성원이 물질적 성공을 문화적 목표로 하고 있다고 보기 어렵다는 비판이 있다.

해설

② 아노미이론은 경제적 성공이라는 목표와 이를 성취하기 위한 제도적 수단 사이의 분리를 일탈의 원인으로 강조하고 있으므로, 경제적 성공을 목표로 하지 않는 대부분의 일탈에 대해서는 제대로 설명할 수 없다는 비판을 받았는데, 머튼은 아노미이론이 '합리적 계산에 의한 실리주의적' 일탈행위에 한정되는 것이 아니라고 반박하였다. 즉, 자신의 아노미(긴장)이론에서 핵심적인 부분은 목표와 수단 간의 불일치로 인한 극심한 압력을 받는 개인이 큰 좌절을 겪게 된다는 점이고, 파괴성은 심리학적으로 지속적인 좌절에 대한 반응 중 하나이기 때문에 개인은 재산범죄뿐만 아니라, 약물범죄 등 비합리적 행위를 할 수 있다고 주장하였다. 실제로 머튼은 아노미이론을 처음 언급한 논문에서 문화적 목표와 제도적 수단 간의 불일치는 '정신병리적 성격, 반사회적 행동, 혁명적 행위' 등을 낳으며, '불안, 적개심, 신경증' 등을 초래한다고 밝혔다(Merton, 1938 : 680). 따라서 아노미이론은 경제적 동기로 인한 일탈뿐만 아니라, (긴장에 기인한) 좌절로 인한 각종 일탈도 설명 가능한 이론으로 보아야 할 것이다.

정답: ②

100 **메스너(Messner)와 로젠펠드(Rosenfeld)의 제도적 아노미이론(Institutional Anomie Theory)에 관한 설명으로 가장 적절한 것은?** 경행2차 2024

① 탈상품화(decommodification)가 치열한 경쟁을 줄이고 궁극적으로 범죄를 감소시킬 것이라고 설명한다.
② 애그뉴(Agnew)의 일반긴장이론을 구조적 차원에서 재해석하고 확장한 이론으로 평가된다.
③ 성취지향(achievement), 개인주의(individualism), 보편주의(universalism), 행위규범(conduct norms) 및 물질만능주의(money fetish)의 다섯 가지 하위 가치관이 범죄행위를 유도한다고 주장한다.
④ 다른 사회제도가 경제에 종속되어 있어 비경제적 기능과 역할이 평가절하되는 사회제도의 불균형과 개인의 관심적 초점(focal concerns)이 미국의 높은 범죄율의 원인이라고 설명한다.

해설

① 메스너와 로젠펠드에 의하면, 탈상품화 지수가 높은 국가일수록 살인율이 낮은 것으로 나타났다.

② 머튼의 아노미이론이 갖고 있던 거시적 관점을 그대로 계승하여 발전시켰다.
③ 성취지향, 개인주의, 보편주의 및 물신주의의 네 가지 주요 가치가 전제되어 있다고 분석한다.
④ 다른 사회제도가 경제에 종속되어 있어 비경제적 기능과 역할이 평가절하되는 사회제도의 불균형이 미국의 높은 범죄율의 원인이라고 설명한다. 정답: ①

★중요★
101 범죄원인에 관한 학설 중 다음에서 설명하고 있는 내용과 가장 관련이 깊은 이론은?

범죄유발의 외적 압력(가난, 비행하위문화, 퇴폐환경, 차별적 기회구조 등), 범죄유발의 내적 압력(좌절, 욕구, 분노, 열등감 등)을 설명하며, 좋은 자아관념은 주변의 범죄적 환경에도 불구하고 비행행위에 가담하지 않도록 하는 중요한 요소라 함

① Reckless – 견제이론
② Briar & Piliavin – 동조성 전념이론
③ 사회유대이론
④ Burgess & Akers – 차별적 강화이론

해설
① Reckless의 견제이론 정답: ①

102 밀러(W.B. Miller)의 하층계급문화이론(Lower-class Culture)에 관한 설명으로 옳지 않은 것은?

① 범죄는 지배계층의 문화와 대립하는 하층계급문화의 고유한 전통가치에 대한 동조의 소산이다.
② 하류계층 소년이 비행에 이르는 것은 중류계층문화에 대한 적대감정에서 비롯된다.
③ 하류계층의 문화는 이민, 국내이주, 수직적인 사회이동의 과정에서 고유하게 생겨난 것이다.
④ 비행소년은 여성이 가장인 가정에서 주로 많이 배출된다.

해설
② 밀러는 하류계층의 소년이 비행에 이르는 것은 중류계층문화에 대한 적대감정에서 비롯되는 것이 아니라, 하류계층문화에 적응하면서 생겨난 것이라고 보았다. 정답: ②

103 **다음 중 밀러(Miller)의 하류계층 하위문화이론에 대한 설명으로 가장 옳지 않은 것은?** 해경간부 2023

① 하류계층의 비행이 반항도 혁신도 아닌 그들만의 독특한 관심의 초점을 따르는 동조행위라고 보았다.
② 하류계층의 비행을 중류층에 대한 반발에서 비롯된 것이라는 코헨(Cohen)의 주장에 반대하고 그들만의 독특한 하류계층문화 자체가 집단비행을 발생시킨다고 보았다.
③ 하류계층의 문화를 범죄적 하위문화, 갈등적 하위문화, 도피적 하위문화로 분류하였다.
④ 하류계층의 대체문화가 갖는 상이한 가치는 지배계층의 문화와 갈등을 초래하며, 지배집단의 문화와 가치에 반하는 행위들이 지배계층에 의해 범죄적·일탈적 행위로 간주된다고 주장하였다.

해설

하류계층의 문화를 범죄적 하위문화, 갈등적 하위문화, 도피적 하위문화로 분류한 것은 클라워드(Cloward)와 올린(Ohlin)의 차별적 기회구조이론(differential opportunity theory)이다. 정답: ③

104 **밀러(Miller)가 주장한 하위계층문화이론(Lower Class Culture Theory)의 '관심의 초점(focal concerns)'에 관한 설명으로 가장 적절하지 않은 것은?** 경행차 2023

① 말썽부리기(trouble) – 싸움이나 폭주 등 문제행동을 유발할수록 또래들로부터 인정받기 때문에 말썽을 일으키는 것
② 강인함(toughness) – 감성적으로 정에 이끌리는 태도보다는 힘의 과시나 남자다움을 중시하는 것
③ 영악함(smartness) – 사기나 도박 등과 같이 남을 속임으로써 영리함을 인정받는 것
④ 운명주의(fatalism) – 자기 마음대로 자신의 일을 처리하는 것으로, 경찰이나 부모 등 어느 누구로부터의 통제나 간섭을 기피하는 것

해설

④는 자율·자립(Autonomy)에 대한 설명이다.

밀러가 주장한 하위계층문화이론에 의하면, 하류계층에서는 다음의 6가지 가치에 관심을 가지며, 자신의 세계에서 일정한 지위를 차지하고 그 계층의 문화적 분위기에 순응하는 관점에서 범죄를 저지르게 된다.

- 사고치기(말썽부리기)
  - 하류계층에서는 싸움, 음주, 문란한 성생활 등과 같은 사고나, 법이나 법집행기관 등과의 갈등유발이 오히려 영웅적·정상적·성공적인 것으로 간주된다.
  - 하류계층 소년들에게 문제를 만드는 중요한 수단은 싸움과 성 일탈행위이고, 이로써 갱단에 들어가는 것이 나름대로의 지위를 얻는 수단이 된다.
- 강건함
  - 신체적 강건함, 싸움능력, 용감함 등을 중시한다.
  - 하류계층 소년들은 공부에 열중하고 인정에 얽매이는 것을 남자답지 못하다고 생각한다.

– 하류계층은 어머니가 살림을 꾸리는 가정이 대부분이다. 아버지는 이혼, 알코올중독, 바쁜 직장생활 등으로 자식과 함께할 시간이 부족하고, 아버지가 부재하는 소년들은 본인이 싸움을 잘함으로써 남성다움을 대신 보상받으려고 행동한다.

- 기만성
  - 남이 나를 속이기 전에 내가 먼저 남을 속일 수 있어야 함을 강조한다. 이로 인해 도박·사기 등이 횡행한다.
  - 싸움 없이 원하는 것을 얻을수록 교활함을 인정받게 되므로, 하류계층 소년들은 어려서부터 남을 속이는 기술을 배운다.
- 흥분추구
  - 스릴과 위험을 추구하고 싸움이나 도박 등 쾌락과 모험을 즐긴다. 이로 인해 음주와 도박 등이 횡행한다.
  - 하류계층 청소년들은 술집에서의 음주나 싸움 등을 흥미를 유발하는 방법으로 사용한다.
- 운명주의
  - 인생은 자신이 어찌할 수 없는 것으로 생각한다. 즉, 자신의 미래는 운명에 달려 있다는 것이다.
  - 하류계층 소년들은 교육과 같은 합법적 수단으로써 성공하려는 시도를 일찌감치 포기한 상태이므로, 범죄행위를 저지르는 데 주저하지 않는다.
- 자율성
  - 다른 사람으로부터 간섭받는 것을 극도로 혐오하고, 외부로부터 통제나 간섭을 받기 싫어한다.
  - 하류계층 소년들은 자신이 독립적인 존재가 되고 싶어 한다. 그래서 "나를 돌봐줄 사람은 필요 없다. 내가 나를 돌볼 수 있다."라는 말을 자주 사용한다.

정답: ④

★중요★

105 **W.B. Miller가 주장한 하류계층 출신소년들의 관심의 초점(Focal Concerns)에 해당하지 않는 것은?**

① 억셈(Toughness)　② 반동형성(Reaction Formation)

③ 흥분추구(Excitement)　④ 자율성(Autonomy)

해설

①·③·④ 하층계급문화이론의 주창자인 밀러(W.B. Miller)는 하층계급이 원하는 목표를 달성하기 위하여 범행을 한다고 보고, 이는 그들이 하류계층 특유의 적응방식에서 비롯되는 문화에 젖었기 때문이라고 보았다. 밀러는 경제적으로 빈곤한 하위계층이 주로 관심을 갖는 사항(Focal Concerns) 혹은 중심가치(Central Values)들을 6가지(말썽·억셈·영악함·자율성·숙명주의·흥분)로 정리하였다.

〈밀러가 주장한 하류계층 출신소년들의 관심의 초점〉

trouble(사고치기, 말썽)	사고를 유발하고, 이를 원활히 처리하는 데 관심을 가짐
toughness(억셈, 강인, 강건함)	남성다움과 육체적인 힘, 싸움능력을 중시하는 등 강건함에 관심을 가짐
excitement(흥분추구)	스릴 있고 위험하고 흥분적인 일을 추구하는 데 관심을 가짐
smartness(기만, 교활)	사기·탈법 등과 같은 방법으로 다른 사람을 속일 수 있는 능력에 관심을 가짐
fatalism(운명주의, 숙명주의)	자신의 미래가 통제불능한 외적 요소에 지배되고 있다고 믿음
autonomy(자립, 자율성)	피해의식에 사로잡혀 간섭을 혐오하고, 자신의 뜻대로 일을 처리하려고 함

정답: ②

106 **다음 〈보기〉 중 밀러(Miller)가 하층계급 사람들의 중심적인 관심사항(Focal Concerns)으로 제시한 항목들만으로 묶인 것은?** 해경간부 2024

보기

㉠ 자율성(Autonomy)	㉡ 악의성(Maliciousness)
㉢ 운명주의(Fatalism)	㉣ 부정성(Negativism)
㉤ 쾌락주의(Hedonism)	㉥ 자극(Excitement)
㉦ 영악함(Smartness)	㉧ 강인함(Toughness)
㉨ 비실리성(Non－utility)	

① ㉠, ㉡, ㉦, ㉨
② ㉠, ㉢, ㉥, ㉧
③ ㉢, ㉤, ㉥, ㉨
④ ㉢, ㉤, ㉦, ㉧

해설

- 밀러의 하류계층문화의 주요 관심사 : ㉠, ㉢, ㉥, ㉦, ㉧
  밀러(Miller)는 하위계층의 주요 관심사(관심의 초점)로 말썽·걱정·사고치기(Trouble), 강인·완강(Toughness), 교활·영악·영리함(Smartness), 흥분·자극·스릴(Excitement), 운명·숙명(Fatalism), 자율·자립(Autonomy)을 들고 있다.
- 코헨의 비행하위문화의 특성 : ㉡, ㉣, ㉤, ㉨
  코헨(Cohen)은 비행하위문화의 특성으로 비공리성(비실리성, nonutilitarian), 악의성(malice), 부정성(negativistic, 거부주의), 변덕, 단기적 쾌락주의, 집단자율성의 강조 경향을 들고 있다. 정답: ②

107 **다음 중 밀러(Miller)의 하류계층문화 이론(Lower Class Culture Theory)에 대한 설명으로 가장 옳지 않은 것은?** 해경간부 2025

① 범죄와 비행은 중류계층의 가치를 거절하는 것이 아니라 그들만의 독특한 하류계층문화 자체가 집단비행을 발생시킨다고 보았다.
② 밀러가 하류계층 사람들의 중심적인 관심사항으로 제시한 내용 중 자율성(autonomy)은 코헨이 주장한 비행하위문화이론의 자율성과 동일한 개념에 해당한다.
③ 하류계층의 비행은 그들만의 독특한 관심을 따르는 동조행위이며 반항이나 혁신은 아니라고 보았다.
④ 하류계층의 중심적인 관심사항(focal concern)에는 운명주의(fatalism), 강인함(toughness), 사고치기(trouble) 등이 있다.

해설

② 밀러의 자율성은 간섭받기 싫어하는 개인의 자율성이고 코헨이 주장한 비행하위문화이론의 자율성은 집단자율성으로 갱 집단의 강한결속력을 의미한다.

【밀러의 하류계층문화의 주요 관심사】

- 사고치기(말썽 부리기)
  - 하류계층에서는 싸움, 음주, 문란한 성생활 등의 사고유발, 법이나 법집행기관 등과의 갈등발생 등이 오히려 영웅적이고 정상적이며 성공적인 것으로 간주된다.
  - 남자 청소년들에게 있어 문제를 만드는 중요한 수단은 싸움과 성일탈행위이고, 갱단에 들어가는 것도 나름대로 어떤 지위를 얻는 수단이 된다.
- 강건함
  - 신체적 강건함, 싸움능력 또는 용감함 등을 중시한다.
  - 하류계층 청소년들은 공부에만 열중하고 인정에 얽매이는 것을 남자답지 못하다고 생각한다.
  - 하류계층에서 아버지는 이혼, 알코올중독, 바쁜 직장생활 등으로 인해 자식과 함께할 시간이 부족하므로, 대부분 어머니가 살림을 꾸려가는 가정인 경우가 많은데, 청소년들은 자신이 싸움을 잘해서 남성다움을 보상받으려고 행동한다.
- 기만성
  - 속고 속이는 세상 속에서 남이 나를 속이기 전에 내가 먼저 남을 속일 수 있어야 함을 강조한다(도박, 사기 등).
  - 싸움 없이 무언가를 얻을수록 교활함을 인정받게 되므로, 하류계층 청소년들은 어려서부터 남을 속이는 기술을 배운다.
- 흥분추구
  - 스릴과 위험을 추구하고, 싸움이나 도박 등에서 쾌감을 느끼며, 모험을 즐긴다.
  - 흥분추구에는 음주와 도박 등이 포함된다.
  - 하류계층 청소년들은 술집에서의 음주나 싸움 등을 흥미를 유발하는 방법으로 사용한다.
- 운명주의
  - 인생은 자신이 어찌할 수 없는 것으로, 자신의 미래는 운명에 달려 있다고 한다.
  - 하류계층 청소년들은 교육과 같은 합법적인 노력을 통해 성공하려는 시도를 일찌감치 포기하므로, 범죄를 저지르는 데 주저하지 않는다.
- 자율성
  - 다른 사람으로부터 간섭받는 것을 극도로 혐오하고, 외부로부터의 통제를 거부한다.
  - 하류계층 청소년들은 독립적인 존재가 되고 싶어 하므로, "나는 나를 돌봐 줄 사람이 필요 없다. 내가 나를 돌볼 수 있다."라는 말을 자주 사용한다.

정답: ②

108 학자와 학설의 연결이 옳지 않은 것은?

① 뒤르켐(Emile Durkeim) – 범죄정상설
② 셀린(Thorsten Sellin) – 문화갈등이론
③ 허쉬(Travis Hirschi) – 사회통제이론
④ 밀러(Walter B. Miller) – 낙인이론

해설

④ 밀러(W.B. Miller)는 1958년 「갱 비행의 발생환경으로서의 하층계급문화」라는 논문을 통해 범죄는 지배계층의 문화에 대립해 있는 하층계급문화의 고유한 전통적 가치에 대한 동조의 소산이라는 하층계급문화이론을 주장하였으며, 낙인이론과는 무관하다.

정답: ④

109 사회갈등이론에 관한 설명으로 옳지 않은 것은?

① 셀린(Sellin)은 1차적 문화갈등과 2차적 문화갈등을 구분하였는데 2차적 문화갈등이란 동일문화 내의 갈등을 의미한다고 보았다.
② 볼드(Vold)는 집단 간의 이해관계 대립이 범죄의 주요 원인이라고 보았다.
③ 밀러(Miller)는 하층계급에 있는 소년들은 비록 중류층 계급문화에 동조하는 경향을 가지는 경우에도 결국 범죄나 비형에 가담하게 된다고 보았다.
④ 코헨(A. Cohen)은 하위계층 청소년들 간에 형성된 하위문화가 중산층의 문화에 대해 대항적 성격을 띠고 있다고 본다.

해설

③ 밀러는 하층계급에 있는 소년이라도 중류층 계급문화에 동조하는 경향이 있는 경우에는 범죄나 비행에 가담하지 않는다고 보았다. 정답: ③

110 비행적 하위문화이론에 관한 설명으로 가장 적절한 것은?

① 코헨(Cohen)이 자신의 저서 「비행소년」을 통해 주장한 비행적 하위문화란 전통적 문화를 인정하면서 비행집단이 자신의 행위를 합리화 하려는 자기변명의 문화를 말한다.
② 중하류계층의 범죄를 설명하기 위한 이론이다.
③ 소년비행은 집단화현상을 보이며, 경제적 이익을 추구한다고 전제한다.
④ 사회계급 간에는 가치규범이나 생활양식 등에 중요한 차이가 있다고 본다.

해설

① 비행적 하위문화란 전통적 문화에 저항하는 비행집단의 사고와 행동양식을 총칭하는 것이다. ② 하류계층의 범죄를 설명하기 위한 이론이다. ③ 소년비행은 집단화현상을 보이며, 경제적인 이익과 무관하게 이루어진다고 보았다. 정답: ④

111 하위문화이론에 관한 설명 중 옳지 않은 것은?

① 하위문화란 일반 사회구성원이 공유하는 문화와는 별도로 특정집단에서 강조되는 특수한 가치 또는 규범체계를 의미한다.
② 밀러(W. Miller)는 하위계층 청소년들의 '관심의 초점'(focal concerns)이 중산층 문화의 그것과는 다르기 때문에 범죄에 빠져들기 쉽다고 보았다.
③ 코헨(A. Cohen)은 하위계층 청소년들 간에 형성된 하위문화가 중산층의 문화에 대해 대항적 성격을 띠고 있다고 본다.
④ 코헨(A. Cohen)은 '비행적 하위문화'를 범죄적 하위문화, 갈등적 하위문화, 도피적 하위문화라는 3가지 기본 형태로 분류하였다.

해설

범죄적 하위문화와 갈등적 하위문화, 도피적 하위문화로 분류한 것은 차별적 기회구조이론이다.

정답: ④

112 **코헨(Cohen)이 1955년에 발표한 비행하위문화이론에 대한 설명으로 가장 적절하지 않은 것은?** 경찰간부 2023

① 주로 사회학습이론의 틀을 빌어 비행하위문화의 형성과정 및 유래를 제시한다.
② 하층 비행청소년들의 비행하위문화가 비실리적이고, 악의적이며, 부정적인 특성을 갖는다고 하였다.
③ 중간계급의 문화에 잘 적응하지 못하는 하층 청소년들이 하위문화 형성을 통해 문제를 해결하고자 하는 과정을 문화적 혁신이라고 하였다.
④ 경제적 목표와 수단 사이의 괴리가 긴장을 유발하는 것이 아니라 중간계급의 문화적 가치에 대한 부적응이 긴장을 유발한다고 하였다.

해설

① 코헨은 하층 남성청소년들에게서 발견되는 비행적 하위문화의 형성과정을 아노미이론으로 설명한다.
② 코헨은 하층 비행청소년들의 비행하위문화는 비실리적이고, 악의적이며, 부정적인 특성을 갖는다고 하였다.
③ 지위좌절을 겪은 하층 청소년들은 지위문제를 해결하기 위해 나름대로 해결책을 강구하는데, 동일한 적응문제를 겪은 하층 청소년들이 서로 상호작용하면서 그들만의 새로운 문화를 형성하고, 그 집단을 통해 지위문제를 해결한다는 것이다. 코헨은 이를 문화적 혁신이라고 표현하였다.
④ 중산층의 가치나 규범을 중심으로 형성된 사회의 중심문화와 빈곤계층 출신 소년들의 익숙한 생활 사이에서 긴장이나 갈등이 발생하고, 이러한 긴장관계를 해결하려는 시도에서 비행하위문화가 형성되며 비행이 발생한다고 보았다.

정답: ①

113 **코헨(Cohen)의 비행하위문화이론에 대한 비판으로 가장 적절하지 않은 것은?** 경찰간부 2024

① 청소년비행의 원인을 자본주의 체제에 책임을 전가함으로써 사회구성원 간의 상호작용 과정에서 주로 발생하는 대부분의 비행행위를 객관적으로 설명하지 못한다.
② 상당수의 청소년비행은 비행하위문화에 속한 청소년들에 의해 집단적으로 발생하기보다는 청소년 각자의 개인적 이유 때문에 발생한다.
③ 하류층의 청소년 중에서 비행을 저지르지 않는 청소년들이 많다는 사실을 간과하였다.
④ 비행하위문화이론은 중산층 또는 상류층 청소년이 저지르는 비행에 대해서는 잘 설명하지 못한다.

해설

자본주의 체제에 책임을 전가함으로써 사회구성원 간의 상호작용 과정에서 주로 발생하는 비행행위를 객관적으로 설명하지 못하는 이론은 비판범죄학이다.

정답: ①

114 **코헨(A. Cohen)이 주장한 비행하위문화(delinquent subculture)에 대한 설명으로 옳지 않은 것은?** 보호7급 2024

① 부정성(negativism)은 사회의 지배적 가치체계에 대해 무조건 거부반응을 보이는 것이다.
② 운명주의(fatalism)는 하층계급의 구성원들이 자신의 미래가 스스로의 노력보다는 운명에 달려 있다고 믿는 것이다.
③ 악의성(maliciousness)은 다른 사람이 고통을 당하는 모습에서 쾌감을 느끼는 속성을 의미한다.
④ 비공리성(non-utilitarianism)은 범죄행위로부터 얻는 물질적 이익보다 동료들로부터 얻는 신망과 영웅적 지위 때문에 범죄를 저지른다는 것이다.

해설

② 운명주의(fatalism)는 코헨(A. Cohen)이 아닌 밀러(W. B. Miller)의 하류계층문화이론에서 주장한 하류계층 사람들의 주요 관심사(focal concerns) 중 하나이다.

【밀러의 하류계층문화의 주요 관심사】

구분	관심사항
Trouble(말썽·걱정)	법이나 법집행기관 등과의 갈등을 오히려 영웅적이고 정상적이며 성공적인 것으로 간주한다.
Toughness(강인·완강)	남성다움과 육체적 힘을 과시하려고 하며, 강인함·대담함에 대한 관심이 크다.
Smartness(교활·영악)	도박이나 사기, 탈법 등의 기만적인 방법으로써 다른 사람을 속일 수 있는 능력으로, 남이 나를 속이기 전에 내가 먼저 남을 속일 수 있어야 함을 강조한다.
Excitment(흥분·자극)	스릴, 모험 등으로 권태감을 모면하는 데에 집중한다.
Fatalism(숙명·운명)	자신의 생활을 숙명이라고 생각하면서 현실을 정당화하고, 성공은 요행이 중요하다고 생각하며, 잡히면 운이 없었다고 한다.
Autonomy(자율·자립)	외부로부터의 통제나 간섭을 극도로 혐오하고, 명령을 받는 현실에 대해 반발한다.

정답: ②

115 **다음 중 코헨(Cohnen)의 비행하위문화이론(Delinquent Subculture Theory)에 대한 설명으로 가장 옳지 않은 것은?** 해경간부 2025

① 중간계층이 향유하고 있는 문화적 가치에 대한 부적응이 긴장을 낳는다고 주장한다.
② 모든 하류계층 청소년이 비행을 저지르는 것은 아니라는 비판을 받는다.
③ 비행하위문화의 특성 중 '부정성(negativism)'은 사회적으로 널리 보편화되어 있는 하류계층의 가치관을 거부하는 속성을 말한다.
④ 비행하위문화의 특성으로 '악의성(maliciousness)', '단기적 쾌락주의(short-term hedonism)' 등이 있다.

해설

③ 비행하위문화의 특성 중 '부정성(negativism)'은 사회적으로 널리 보편화되어 있는 중류계층의 가치

관을 거부하는 속성을 말한다.

【코헨의 비행하위문화의 특성】

- 비공리성 : 물질적 이익보다는 타인에게 입히는 피해나 동료로부터 얻는 명예, 지위 등을 위해 범죄를 저지른다.
- 악의성 : 다른 사람에게 고통을 주고 금기를 파괴함으로써 중류계층의 문화로부터 소외된 자신들의 (실추된) 지위를 회복하려고 한다.
- 부정성(어긋나기) : 사회지배적 가치체계에 대한 무조건적인 거부반응으로써 중류계층의 문화에서 가치를 전도시켜 그들만의 가치체계를 구축한다.
- 단기적 쾌락주의 : 현재의 쾌락에 급급해 하는 성격을 갖는다.
- 집단자율성 : 갱집단을 형성하여 내부적으로는 강한 결속력을, 외부적으로는 강한 적대감을 강조한다.

정답: ③

116 울프강과 페라쿠티(Wolfgang & Ferracuti)의 폭력적 하위문화이론을 설명한 것으로 옳지 않은 것은?

① 폭력적 하위문화는 주류문화와 항상 갈등상태를 형성한다.
② 폭력적 하위문화라도 모든 상황에서 폭력을 사용하지는 않는다.
③ 폭력적 하위문화에서 폭력태도는 차별적 접촉을 통하여 형성된다.
④ 폭력적 하위문화에서 폭력은 불법적인 행동으로 간주되지 않는다.

해설

폭력적 하위문화이론의 핵심은 모든 사회는 고유한 문화체계를 가지고 있으며 사람의 행위는 문화체계를 통하여 이해된다는 주장으로, 폭력적 하위문화는 전체문화의 하위부분으로 구성원들이 학습을 통하여 하위문화의 내용을 행동의 기준으로 하므로 주류 문화와 항상 갈등상태를 형성하는 것은 아니다.

정답: ①

117 울프강(Wolfgang)과 페라쿠티(Ferracuti)의 폭력적 하위문화이론을 설명한 것으로 가장 옳지 않은 것은? 해경간부 2024

① 폭력적 하위문화에서 폭력은 불법적인 행동으로 간주되지 않는다.
② 폭력적 하위문화에서 폭력적 태도는 차별적 접촉을 통하여 형성된다.
③ 폭력적 하위문화라도 모든 상황에서 폭력을 사용하지는 않는다.
④ 폭력적 하위문화는 주류문화와 항상 갈등상태를 형성한다.

해설

【울프강 & 페라쿠티의 폭력하위문화이론】

- 밀러의 이론처럼 사회마다 특유의 문화가 형성되어 있는데, 구성원들의 행동에 그 문화가 영향을 미친다는 주장이다.

- 미국 일부 지역의 상대적으로 높은 강력범죄율(특히 살인)의 원인 연구(해당 지역의 문화를 조사하여 특정 상황에서 문제해결을 위한 '상호작용'의 수단='폭력'의 사용이 일상생활인 '하위문화' 형성)
- 지역 내 하위문화에 동조(순응)하는 과정에서 자연스럽게 '폭력'을 행사하여 폭력과 관련하는 비행, 범죄를 저지를 가능성이 크다.
- 폭력하위문화는 주류문화와 항상 갈등상태를 형성하는 것은 아니며, 폭력하위문화라도 모든 상황에서 폭력을 사용하지는 않는다. 정답: ④

118 각각의 항목에 대한 학설 대립을 잘못 설명한 것은?

① 아노미의 발생원인 : 뒤르켐(Durheim)은 아노미란 현재의 사회구조가 구성원 개인의 욕구나 욕망에 대한 통제력을 유지할 수 없을 때 발생한다고 본 반면, 머튼(Merton)은 문화적 목표와 이를 달성하기 위한 제도적 수단 사이에 간극이 있을 때 구조적 긴장이 생기고, 여기에서 아노미가 발생한다고 보았다.

② 하위문화의 성격 : 밀러(Miller)가 하위문화란 중상류층의 보편적인 문화에 대항하고 반항하기 위하여 형성된 것이라고 생각한 반면, 코헨(Cohen)은 하위문화를 하위계층의 고유문화로 보았다.

③ 범죄피해 발생원인 : 생활양식·노출이론(Lifestyle-Exposure Theory)이 사회계층별 '범죄자 접촉기회'와 '범죄위험에의 노출'이라는 구조적 요소를 중시한 반면, 일상활동이론 Routine Activity Theory)은 '범죄대상으로서의 매력'이나 '감시의 부재'와 같은 상황적 요소를 중시한다.

④ 범행학습과정 : 서덜랜드(Sutherland)의 차별적 접촉이론은 범행의 학습은 주로 친밀한 사적 집단 안에서 이루어진다고 보았으나, 글레이저(Glaser)의 차별적 동일시이론은 범죄를 학습할 수 있는 대상이 텔레비전이나 영화의 주인공처럼 관념상의 인간으로까지 확장될 수 있다고 보았다.

⑤ 이차적 일탈로의 발전 : 슈어(Schur)에 의하면 이차적 일탈로의 발전은 레머트(Lemert)의 주장처럼 정형화된 발전단계를 거치는 것이 아니라, 그 사람이 사회적 반응에 어떻게 반응하느냐에 따라 외부적 낙인이 자아정체성에 영향을 미칠 수도 있고, 미치지 않을 수도 있다.

해설

② 밀러는 하위문화를 지배계층의 문화에 대립해 있는 하층계급의 고유문화로 본 반면, 코헨은 하위문화를 중류계층의 가치와 규범에 대한 반동적인 문화의 성격을 지닌다고 보았다. 정답: ②

119 하층소년들이 중산층 문화에의 적응실패로 반동적으로 문화를 이루어 악의적이고 부정적으로 범죄를 하게된다고 보는 이론은?

① 밀러의 하류계층문화이론
② 클로워드와 올린의 차별기회이론
③ 코헨의 하위문화이론
④ 머튼의 아노미이론

해설

코헨(Cohen)은 하층의 청소년들이 어떻게 비행하위문화를 형성하게 되고 비행을 저지르게 되는지를 설명하였다. 코헨은 물질적 성공에서의 좌절이 아니라 중산층 지위성취에 있어서의 좌절을 강조하였다. 하층의 청소년들은 중산층 기준에 맞춰 생활하다보면 늘 좌절을 겪기 때문에 그 아이들은 중상층 잣대가 아닌 자신들만의 고유한 문화를 형성하기 시작한다. 그리고 이 문화는 중산층의 문화와는 완전히 반대인 '반동형성'의 성격을 가지게 되는데 '악의적'이고, '부정적'이며, '단기 쾌락주의적'이고, '비공리적'인 가치에 입각한 하위문화의 특성을 갖는다. 정답: ③

120 **클로워드(Cloward)와 올린(Ohlin)의 차별적 기회이론에 관한 설명으로 가장 적절한 것은?**

경행2차 2024

적응유형	합법적 수단	비합법적 수단	폭력수용
㉠	−	+	
㉡	−	−	+
도피적 하위문화	−	−	−

① ㉠은 비합법적 기회가 많은 지역에서 형성된 하위문화로, 주로 과시적 폭력범죄나 조직폭력범죄 간의 다툼 등이 빈번하게 발생한다.

② ㉡은 사회해체 정도가 심한 지역에서 형성된 하위문화로, 이중의 실패(double failures)를 경험한 사람들이 주를 이룬다.

③ 합법적 수단 사용이 차단된 개인은 곧바로 비합법적 수단을 사용할 것이라는 머튼(Merton)의 가정에 동의하지 않는다.

④ 격정범 및 하위계층 청소년의 하위문화 형성을 밝히는 데 많은 기여를 하였다.

해설

〈비행문화집단의 세 가지 유형〉

범죄적 하위문화	문화적 가치를 인정하나, 비합법적 기회구조와의 접촉만이 가능하여 범죄를 저지르는 비행문화집단
갈등적 하위문화	문화적 가치를 인정하나, 합법적 기회구조뿐만 아니라 비합법적 기회구조에도 접촉하지 않고, 욕구불만을 폭력 등으로 해소하는 비행문화집단
도피적 하위문화	문화적 목표는 인정하나, 이를 달성하기 위한 모든 기회구조가 차단되어 자포자기하는 이중실패문화집단

〈차별적 기회구조이론의 개인적 적응양식의 유형(Merton의 모형 수정)〉

적응양식	목표	합법적 수단	비합법적 수단	폭력수용	하위문화
동조형	+	+			
개혁형	+	−	+		범죄적 하위문화
공격형	+	−	−	+(Yes)	갈등적 하위문화
도피형	+	−	−	−(No)	도피적 하위문화

㉠은 범죄적 하위문화, ㉡은 갈등적 하위문화이다.

③ 클라워드와 올린은 성공을 위한 합법적 수단이 없다고 하여 곧바로 비합법적 수단을 사용한다는 머튼의 가정에 동조하지 않는다. 즉, 비합법적 수단에의 접근 역시 모두에게 동등하게 주어지는 것은 아니라고 하였다.

① 범죄적 하위문화는 합법적 기회는 없고, 비합법적 기회와는 접촉이 가능하여 범행이 장려되고, 불법이 생활화되는 하위문화 유형으로, 주로 성인범죄자들과의 연계가 긴밀한 안정적 하류계층에서 발생하며, 재산범죄가 많다.

② 도피적 하위문화에 대한 설명이다.

④ 격정범에 대한 설명이 곤란하다.

정답: ③

121 다음 중 학자와 그 주장의 내용이 가장 옳지 않은 것은? 해경간부 2023

① 나이(Nye)는 가정을 사회통제의 가장 중요한 근본이라고 주장하였다.

② 레크리스(W.Reckless)의 봉쇄이론(Containment Theory)은 청소년비행의 요인으로 내적 배출요인과 외적 유인요인이 있다고 하였다.

③ 코헨(Cohen)의 비행하위문화이론은 중산계층이나 상류계층 출신이 저지르는 비행이나 범죄를 설명하지 못하는 한계가 있다.

④ 클로워드(Cloward)와 오린(Ohlin)의 범죄적 하위문화는 합법적인 기회구조와 비합법적인 기회구조 모두가 차단된 상황에서 폭력을 수용한 경우에 나타나는 하위문화이다.

해설

④ 클로워드(Cloward)와 오린(Ohlin)의 하위문화유형 중 갈등적 하위문화에 대한 설명이다. 범죄적 하위문화는 합법적 기회는 없고, 비합법적 기회와는 접촉이 가능하여 범행이 장려되고 생활화되는 하위문화유형이다.

정답: ④

122 기회차별이론(분화적 기회구조이론)에 대한 설명으로 틀린 것은?

① 아노미이론의 발전된 형태로서 문화적 목표를 달성하기 위한 정당한 수단이 없다는 것만으로 일탈행동이 유발되지는 않으며, 동시에 정당하지 못한 수단에 접근할 수 있는 기회가 일탈행동의 필요조건이 된다는 이론이다.

② 클로워드와 오린은 비합법적 수단이 어떻게 분포되어 있는가에 따라 그 지역의 비행하위문화의 성격 및 종류도 달라진다고 보았다.

③ 청소년 범죄를 설명하는 이론들로서 상당한 타당성을 가진다.

④ 범죄적 하위문화는 문화적 목표를 추구하는데 필요한 합법적인 수단을 사용하기도 어렵고 불법적인 기회도 없는 상황에서 흔히 형성된다.

해설

합법적 수단과 불법적 기회 두 가지 모두가 용이하지 않은 곳에서 자포자기하는 이중실패문화집단은 약물중독과 같은 도피적 하위문화이다.

【차별기회이론 - 비행문화집단의 세 가지 유형】

- 범죄적 하위문화 : 문화적 가치를 인정하나, 비합법적 기회구조와의 접촉만이 가능하여 범죄를 저지르는 비행문화집단
- 갈등적 하위문화 : 문화적 가치를 인정하나, 합법적 기회구조뿐만 아니라 비합법적 기회구조에도 접촉하지 않고, 욕구불만을 폭력 등으로 해소하는 비행문화집단
- 도피적 하위문화 : 문화적 목표는 인정하나, 이를 달성하기 위한 모든 기회구조가 차단되어 자포자기하는 이중실패문화집단

정답: ④

123 범죄학자와 그 견해에 관한 설명으로 가장 적절하지 않은 것은? 경행2차 2023

① 코헨(Cohen)은 하류계층의 비행이 중류계층의 가치와 규범에 대한 저항이라고 설명하였다.

② 클로워드(Cloward)와 올린(Ohlin)은 머튼(Merton)의 아노미이론(Anomie Theory)과 사이크스(Sykes)와 맛차(Matza)의 중화이론(Neutralization Theory)을 확장하여 범죄원인을 설명하였다.

③ 밀러(Miller)는 하류계층에 중류계층의 문화와는 구별되는 독자적인 문화가 있다고 설명하였다.

④ 울프강(Wolfgang)과 페라쿠티(Ferracuti)는 폭력사용이 사회적으로 용인되는 폭력하위문화가 존재한다고 설명하였다.

해설

② 클로워드(Cloward)와 올린(Ohlin)은 일탈에 이르는 압력의 근원에 초점을 맞춘 머튼의 아노미이론과 쇼와 맥케이의 문화전달이론 그리고 비행을 학습의 결과로 파악하는 서덜랜드의 차별적 접촉이론으로써 하위문화가 형성되는 과정을 설명하였다.

〈차별적 기회이론에 반영된 각 이론의 내용(범죄에 영향을 준 요인들)〉

머튼의 아노미이론	서덜랜드의 학습이론 (차별적 접촉이론)	쇼&맥케이의 문화전달론
문화적 목표(수용) + 합법적 수단	비행·범죄도 '접촉'을 통해 '학습'되는 것	비행·범죄를 접촉할 수 있는 '지역'
'혁신형'의 적응방식	접촉 → 학습	지역사회의 열악한 여건

정답: ②

124 **머튼(Robert K. Merton)의 긴장이론(Strain Theory)에 대한 설명으로 옳지 않은 것은?**

① 사회 내에 문화적으로 널리 받아들여진 가치와 목적, 그리고 그것을 실현하고자 사용하는 수단 사이에 존재하는 괴리가 아노미적 상황을 이끌어낸다고 보았다.
② 특정 사회 내의 다양한 문화와 추구하는 목표의 다양성을 무시하고 있다.
③ 다섯 가지 적응유형 중에서 혁신형(Innovation)이 범죄의 가능성이 제일 높은 유형이라고 보았다.
④ 하층계급을 포함한 모든 계층이 경험할 수 있는 긴장을 범죄의 주요원인으로 제시하였다.

해설

④ 머튼의 이론은 사회의 모든 계층에서 부의 성취를 추구하는 반면, 대부분의 하류계층에게는 문화적 목표를 달성할 합법적 수단이 제한되어 있으므로 하류계층은 비합법적 수단을 통해서라도 문화적 목표를 달성하고자 한다는 가정에서 출발하며, 머튼은 전통적인 범죄의 대부분이 하류계층에 의해 실행된다는 것을 설명하고자 하였다. 이러한 머튼의 이론에 대해서는 상류층의 일탈행위에 대한 설명이 곤란하다는 비판이 제기되었다(적용대상의 한계). 정답: ④

125 **서울의 어느 자동차부품공장에서 대리로 근무 중인 A는 현재 월세 주택에 거주하고 있는데 그의 목표는 좋은 집과 휴가 때마다 해외여행을 가는 것이다. 그러나 현재 월급으로는 둘 중 어느 하나도 이룰 수 없다고 판단하고 퇴직 때까지 여행을 자제하고 알뜰하게 돈을 모아 지방 소도시에서 작은 평수의 주택이라도 마련해야겠다고 생각하고 있다면 A는 아노미이론의 어느 적응유형에 해당하는가?**

① 동조형 ② 의례형 ③ 도피형 ④ 혁신형

해설

② 위 사례는 문화적 목표를 거부하고 제도화된 수단만을 수용하는 적응양식으로 의례형에 해당한다.
정답: ②

126 **머튼(Merton)의 아노미이론에 관한 설명 중 옳은 것은?**

① 머튼은 무규범상태를 의미하는 아노미(Anomie)라는 개념을 처음 사용하였다.
② 이 이론은 낙인이론으로 분류된다.
③ 문화적 목표를 달성할 수 있는 제도화된 수단이 제한되었을 때 개인의 적응방식에 따라 비행이 발생할 수 있다.
④ 아노미 상황에서 개인의 적응방식 중 동조(conformity)도 반사회적 적응방식의 일종이다.
⑤ 하류계층의 범죄뿐만 아니라 상류계층의 범죄를 설명할 때에도 보편적 유용성을 지닌 일반이론이다.

해설

① 아노미(Anomie)라는 개념을 처음 사용한 사람은 프랑스의 사회학자 뒤르켐(Durkheim)이다.
② 머튼의 아노미이론은 낙인이론이 아니라, 거시이론인 사회구조이론으로 분류된다.
④ 아노미상황에서 개인의 적응양식 중 동조(conformity)는 문화적 목표를 제도화된 수단에 의해 달성하려는 적응양식으로 반사회적 행위유형이 아니며, 일탈행동과 무관하다.
⑤ 머튼의 아노미이론은 하류계층의 높은 범죄율을 설명하는 데에는 유리하다, 중상류층의 일탈행위를 설명하기 어렵다는 비판이 있다. 정답: ③

★중요★
127 다음은 아노미이론에 대한 설명이다. 옳은 것은?

① 아노미이론은 머튼이 기초를 제공하고 뒤르켐이 체계화하였다. 뒤르켐에 의하면 인간의 욕구란 상대적인 것이라고 본다.
② 아노미현상은 법규범이 너무 과도하여 법이 지배하는 상태를 말한다.
③ 머튼은 사람들이 추구하는 목표는 생래적인 것이기는 하지만 그 사회의 문화적 성격에 의해서 더 큰 영향을 받으며, 이를 달성할 수 있는 수단은 한정적이라고 보았다.
④ 머튼은 뒤르켐과는 달리 규범의 부재가 아노미를 야기하는 것이 아니라 사회적 목표와 제도화된 수단의 부조화로 인해 아노미가 초래된다고 주장했다.

해설

① 아노미라는 개념은 뒤르켐이 무규범 상황을 설명하기 위해 처음 사용하였고, 머튼은 이를 받아들여 범죄이론에 적용하였다.
② 뒤르켐이 개념화한 아노미현상은 무규범·무질서·무규제 상태 또는 전통적 규범과 새로운 규범의 혼재상태를 말한다.
③ 머튼은 사람들이 추구하는 목표는 생래적인 것이 아니라 그 사회의 문화적 성격에 의해서 영향을 받으며, 이를 달성할 수 있는 수단은 한정적이라고 보았다. 정답: ④

128 범죄를 미국 사회의 문화적이고 제도적인 영향의 결과로 바라본 학자는?

① 에이커스(Akers)
② 메스너와 로젠펠드(Messner & Rosenfeld)
③ 볼비(Bowlby)
④ 애그뉴(Agnew)

해설

② 매스너와 로젠펠드(Messner & Rosenfeld)는 제도적 아노미이론을 주장하였다. 제도적 아노미이론은 경제적 제도가 힘을 얻게 되면 비경제적인 제도(정치, 학교, 가족 등)에서도 경제적 논리가 우선하게 된다는 이론이다. 비경제적 제도가 약화됨에 따라 사회규범에 대한 학습 및 상호작용이 이루어지지 않게 되고 일탈행위가 발생하게 된다고 본다.
① 에이커스(Akers)는 차별적 접촉 – 강화이론을 주장하였으며, 범죄행위는 범죄행위에 대한 긍정적인 규정을 가진 다른 사람과의 차별적 접촉의 결과인 모방에 의해 발생하며, 범죄행위의 지속 여부는

차별적 강화에 의해 결정된다.

③ 볼비(Bowlby)의 애착이론은 어린시절 엄마와 아이의 안정적인 상호관계가 정상적인 심리발달에 중요한 역할을 하며, 애착 형성의 결함이 향후 인격발달의 문제, 정서적 결핍이나 우울과 같은 정신병리의 발생에 주요한 원인이 된다는 이론이다. 아이가 엄마와의 애착관계에 지장이 생긴다면 감정이 결여된 사이코패스와 같은 증상을 보일 수 있다고 설명한다.

④ 애그뉴(Agnew)의 일반긴장이론은 범죄와 비행이 스트레스가 많은 사람들에게는 고통을 경감하고 만족을 줄 수 있는 수단이 될 수 있다는 것을 주장함과 동시에 긴장이 부정적인 감정을 발생하게 하며 이는 다시 비행을 일으키는 원인이 된다고 주장한다. 정답: ②

129 애그뉴(Agnew)의 일반긴장이론(General Strain Theory)에 관한 설명 중 옳은 것은 모두 몇 개인가? 경행경채 2022

㉠ 모든 사회인구학적 집단의 범죄행위와 비행행위를 설명하는 일반이론 중 하나이다.
㉡ 개인적인 스트레스와 긴장이 범죄의 유발요인이므로 미시적 수준의 범죄이론으로 볼 수 있다.
㉢ 긴장원인의 복잡성과 부정적 감정의 상황들을 밝혀내어 결국 아노미이론을 축소시켰다.
㉣ 부정적 자극의 발생(presentation of negative stimuli)은 일상생활에서 자신이 통제할 수 없는 부정적 사건의 발생을 의미하며, 부모의 사망, 이혼 등이 대표적 사례이다.

① 0개 ② 1개
③ 2개 ④ 3개

해설

옳은 것은 ㉠·㉡이다.

㉠ (O) 애그뉴(Agnew)의 일반긴장이론은 머튼(Merton)의 아노미이론을 확대한 일반이론이다. 일반긴장이론은 머튼의 아노미이론에 그 이론적 뿌리를 두고 있지만, 머튼의 이론과 달리 계층과 상관없는 긴장의 개인적·사회심리학적 원인을 다루고 있다. 따라서 일반긴장이론은 하류계층의 범죄행위가 아닌 사회 모든 구성요소의 범죄행위에 대한 일반적인 설명을 제공하고 있다.

㉡ (O) 애그뉴의 일반긴장이론은 거시이론인 머튼의 아노미이론과 달리 스트레스와 긴장을 느끼는 개인이 범죄를 저지르기 쉬운 이유를 미시적 관점에서 설명하는 이론으로, 긴장은 스트레스와 같은 의미로 보아도 무방하다.

㉢ (X) 애그뉴의 일반긴장이론은 기존 긴장이론이 제시한 긴장의 원인에 더해 부정적인 사회관계나 환경과 관련된 긴장을 포함하여 '일반'긴장으로 개념범주를 크게 확장하였다.

㉣ (X) 애그뉴는 긴장의 원인으로 ⓐ 목표달성의 실패, ⓑ 긍정적 자극의 소멸, ⓒ 부정적 자극의 발생을 들고 있다. 부정적 자극의 발생은 부모의 학대, 선생님의 체벌이나 친구의 괴롭힘 등 고통스럽거나 갈등적인 상황의 경험을 의미한다. 설문은 긍정적 자극의 소멸에 대한 설명으로, 부모의 사망이나 친구와의 이별 등 자신에게 긍정적인 영향을 미치는 요소들을 상실하는 경험을 의미한다.

정답: ③

★중요★
130 애그뉴(R. Agnew)의 일반긴장이론에 관한 설명으로 옳지 않은 것은?

① 기본적으로 비행을 축적된 스트레스의 결과로 본다.
② 개인이 받는 부정적 압력보다 긍정적 압력을 비행의 원인으로 주목한다.
③ 긍정적 자극의 소멸은 비행의 가능성을 증가시킨다고 예측한다.
④ 부정적 감정이 긴장과 비행을 매개한다고 본다.

해설

애그뉴는 일반긴장이론을 제시하면서 비행의 원인으로 긍정적 압력보다 부정적 압력에 주목하였다.
【애그뉴(Agnew)의 일반긴장의 원인】
- 긍정적 목표(목적) 달성의 실패
- 기대와 성취의 불일치
- 긍정적 자극의 소멸
- 부정적 자극에의 직면(부정적 자극의 생성)

정답: ②

★중요★
131 애그뉴(R. Agnew)의 일반긴장이론에서 좌절, 우울, 분노 등 부정적 감정을 일으켜서 긴장을 유발하는 원인이 바르게 연결된 것은?

㉠ 목표달성의 실패	㉡ 부정적 자극의 소멸
㉢ 기대와 성취 사이의 괴리	㉣ 긍정적 자극의 소멸

① ㉠, ㉢, ㉣　　② ㉠, ㉡, ㉣
③ ㉡, ㉢, ㉣　　④ ㉠, ㉣

해설

애그뉴(Agnew)는 일반긴장의 원인을 긍정적 목표(목적)달성의 실패, 기대와 성취의 불일치, 긍정적 자극의 소멸, 부정적 자극에의 직면으로 보았다.

정답: ①

132 다음 현상을 설명하는 이론은?

- 자신이 존경하는 사람이 그들의 일탈을 보상할 것이라고 기대하면 약물남용 가능성이 커진다.
- 부모가 자녀의 순응행동에 대해 일관되게 긍정적 보상을 하고 잘못된 행동에 대해 적절하게 부정적 제재를 할 때, 자녀는 순응행동을 자주 하게 된다.
- 비행집단에 소속된 청소년은 비행 모형에 노출되고 비행에 대한 강화를 받기 때문에 비행을 많이 저지르게 된다.

① 차별적 강화이론　　② 사회유대이론
③ 자기통제이론　　④ 낙인이론

해설

차별적 강화이론의 관점에서 서술한 내용으로, 차별적 강화이론은 행위자의 행동은 다른 사람의 행동이나 어떤 상황을 관찰·모방함으로써 이뤄진다는 것이다. 정답: ①

133 **머튼(Robert K. Merton)의 긴장이론(Strain Theory)에 대한 설명으로 옳지 않은 것은?**

① 사회 내에 문화적으로 널리 받아들여진 가치와 목적, 그리고 그것을 실현하고자 사용하는 수단 사이에 존재하는 괴리가 아노미적 상황을 이끌어낸다고 보았다.

② 특정 사회 내의 다양한 문화와 추구하는 목표의 다양성을 무시하고 있다.

③ 다섯 가지 적응유형 중에 혁신형(Innovation)이 범죄의 가능성이 제일 높은 유형이라고 보았다.

④ 하급계층을 포함한 모든 계층이 경험할 수 있는 긴장을 범죄의 주요 원인으로 제시하였다.

해설

하급계층을 포함한 모든 계층이 경험할 수 있는 긴장을 범죄의 주요 원인으로 제시한 이론은 애그뉴(Rober Agnew)의 일반긴장이론에 대한 설명이다. 정답: ④

134 **머튼(R. Merton)의 아노미(긴장)이론에 대한 설명으로 옳지 않은 것은?** 교정7급 2024

① 사람들이 추구하는 목표는 선천적인 것이 아니며, 문화적 전통과 같은 사회환경에 의해 형성된다고 보았다.

② 사회적으로 인정되는 목표를 달성하기 위한 수단은 공평하게 주어지지 않는다고 보았다.

③ 개인적 수준의 긴장은 목표달성의 실패, 긍정적 가치를 갖는 자극의 상실, 부정적 자극으로부터 발생한다고 보았다.

④ 개인의 목표는 다양하지만, 경제적 성공에만 집중하고 다른 목표를 경시한다는 비판을 받았다.

해설

③ 애그뉴의 일반긴장이론에 따르면, 스트레스가 많은 생활에 노출된 사람은 긴장에 대처하는 방법으로 비행이나 범죄를 지지르는데, 개인적 수준의 긴장은 목표달성의 실패, 긍정적 가치를 갖는 자극의 상실, 부정적 자극 등으로부터 발생한다. 정답: ③

135 **제도적 아노미이론(institutional anomie theory)이 지적하는 현대사회의 문제점으로 옳지 않은 것은?**

① 비경제적 제도 기능의 가치가 절하된다.
② 비경제적 제도가 경제적 제도의 요구사항을 과다하게 수용한다.
③ 경제적 규범이 비경제적 제도 사이로 침투한다.
④ 비경제적 제도가 우월적 위치를 차지한다.

해설

제도적 아노미이론은 메스너(Messner)와 로젠펠드(Rosenfeld)가 기존의 아노미이론을 계승·발전시킨 이론이다.
뒤르켐과 머튼과는 달리 메스너와 로젠펠드는 아노미의 원인을 현대사회에 이르러 경제제도가 지배원리로 자리 잡음에 따라 기존의 지배원리였던 가족·경제·정치 등 기타의 제도들이 경제적인 가치로 평가·환원된다고 한다. 따라서 제도적 아노미 이론에 따르면 경제적 제도가 다른 비경제적 제도에 비해 우월적 위치를 차지하게 된다고 보았다. 정답: ④

★중요★
136 **1970년대 이후의 긴장이론에 대한 설명으로 가장 적절하지 않은 것은?**

① 머튼은 사회적 긴장을 중심으로 설명하였으나 애그뉴는 경제적 목표뿐만 아니라 개인적 긴장까지 포함하여 긴장의 범위를 확대시켰다.
② 제도적 아노미이론에 따르면 비경제적 제도가 경제적 제도의 요구사항을 과다하게 수용하는 것이 현대사회의 문제점이라고 본다.
③ 매스너와 로젠펠드는 미국의 범죄율이 높은 이유를 물질적 성공을 강조하는 미국문화의 특성에서 찾았다.
④ 애그뉴는 범죄율을 낮추기 위한 조건으로 물질적 성공 이외의 목표에 더 큰 가치와 중요성을 부여해야 함을 강조하였다.

해설

④ 매스너와 로젠펠드의 제도적 아노미이론의 내용이다. 정답: ④

137 각각의 범죄원인론에 대한 비판을 잘못 연결한 것은?

① 베카리아(Beccaria)의 고전학파이론 – 형벌중심의 범죄원인론으로서 범죄를 유발하는 외부적 영향에 대한 고려가 부족하다.
② 머튼(Merton)의 아노미이론 – 범죄통계에서 범죄자가 하류계층에 가장 많은 이유를 설명하지 못한다.
③ 코헨(Cohen)의 비행하위문화이론 – 하위계층의 비행소년들이 자신의 행동을 후회하는 이유를 설명하지 못한다.
④ 레크리스(Reckless)의 자아관념이론 – 긍정적 자아개념이 어떻게 생성되는가를 설명하지 못한다.
⑤ 낙인이론 – 인간이 사회적인 반작용 없이도 범죄자가 될 수 있다는 점을 간과하였으며, 특히 초범의 범죄원인을 설명하지 못한다.

해설

② 머튼의 아노미이론은 사회의 모든 계층에서 부의 성취를 추구하는 반면, 대부분의 하류계층에게는 문화적 목표를 달성할 합법적 수단이 제한되어 있으므로 하류계층은 비합법적 수단을 통해서라도 문화적 목표를 달성하고자 한다는 가정에서 출발하며, 전통적인 범죄의 대부분이 하류계층에 의해 실행된다는 것을 설명하고자 하였다. 정답: ②

138 범죄원인론에 관한 설명 중 옳은 것은?

① 쇼와 메케이는 미국 시카고 시의 범죄발생률을 조사하면서 이 지역에 거주하는 주민의 인종, 국적과 그 지역의 특성이 범죄 발생과 매우 중요한 관련성이 있다고 보았다.
② 허쉬(Hirschi)는 쇼우와 맥케이의 이론이 지역사회의 해체가 어떻게 범죄 발생과 관련되는지를 명확하게 설명하지 못했다고 비판하면서, 사회해체의 원인을 주민이동과 주민이질성의 양 측면에서 파악하였다.
③ 터크(Turk)는 범죄자들이 표류상태에 빠져드는 과정에서 범죄행위를 정당화하고 이를 옹호하는 방법으로 책임의 부정, 가해의 부정, 피해자의 부정, 비난자에 대한 비난, 충성심에의 호소 등을 들었다.
④ 코헨(Cohen)은 중산층의 가치나 규범을 중심으로 형성된 사회의 중심문화와 빈곤계층 출신소년들이 익숙한 생활 사이에서 긴장이나 갈등이 발생하며 이러한 긴장관계를 해소하려는 시도에서 비행하위문화가 형성된다고 보았다.
⑤ 클로워드(Cloward)와 올린(Ohlin)은 개인이 사회와 유대를 맺는 방법인 애착(attachment), 전념(commitment), 참여(involvement), 신념(belief)의 정도에 따라 비행을 저지를지 여부가 결정된다고 보았다.

해설

① 쇼와 메케이는 생태적 변화과정을 이용하여 버제스의 지대연구를 범죄 및 비행분석에 적용시켰으

며, 범죄 및 비행의 발생은 행위자의 특성이나 사회전체의 경제수준 등의 산물이 아니라 지대와 관련 있다는 범죄생태이론을 전개하였다. ②는 버식과 웹(Bursik & Webb)의 지역사회 무능력이론에 관한 설명이다. ③은 사이크스와 맛차(G. Sykes & D. Matza)의 중화기술이론에 관한 설명이다. ⑤는 허쉬(T. Hirschi)의 사회통제이론에 관한 설명이다.

정답: ④

★중요★

139 **코헨(Cohen)의 비행하위문화이론과 관련된 설명 중 옳지 않은 것은?**

① 하위문화(subculture)란 지배집단의 문화와는 별도로 특정한 집단에서 강조되는 가치나 규범체계를 의미한다.
② 하위문화이론에 속하는 여러 견해들의 공통점은 특정한 집단이 지배집단의 문화와는 상이한 가치나 규범체계에 따라 행동하며, 그 결과가 범죄와 비행이라고 보는 것이다.
③ 코헨은 하위계층 청소년들 사이에서 반사회적 가치나 태도를 옹호하는 비행문화가 형성되는 과정을 규명하였다.
④ 비행하위문화이론은 중산층 또는 상류계층 청소년의 비행이나 범죄를 잘 설명하지 못한다.
⑤ 코헨은 비행하위문화의 특징으로 사고치기(trouble), 강인함(toughness), 기만성(smartness), 흥분추구(excitement), 운명주의(fatalism), 자율성(autonomy) 등을 들었다.

해설

⑤는 밀러(W.B. Miller)의 하층계급문화이론의 내용이다.

정답: ⑤

140 **밀러(Miller)의 하류계층문화이론(lower class culture theory)에 대한 설명으로 옳지 않은 것은?** 보호7급 2023

① 밀러는 하류계층의 문화를 고유의 전통과 역사를 가진 독자적 문화로 보았다.
② 하류계층의 여섯 가지 주요한 관심의 초점은 사고치기(trouble), 강인함(toughness), 영악함(smartness), 흥분추구(excitement), 운명(fate), 자율성(autonomy)이다.
③ 중류계층의 관점에서 볼 때, 하류계층 문화는 중류계층 문화의 가치와 갈등을 초래하여 범죄적·일탈적 행위로 간주된다.
④ 범죄와 비행은 중류계층에 대한 저항으로서 하류계층 문화 자체에서 발생한다.

해설

④ 코헨의 비행하위문화이론에 대한 설명이다. 코헨은 사회가 중류계층의 기준으로 평가되므로, 하류계층 청소년들은 학교에서부터 부적응을 경험하게 되고, 중류계층의 성공목표를 합법적으로 성취할 수 없음에 지위좌절이라는 문화갈등이 발생하며, 지위좌절을 겪는 하류계층 청소년들이 이를 해결하기 위한 수단으로써 비행하위문화를 형성한다고 보았다. 그러나 밀러는 하류계층의 비행이 중류계층에 대한 반발에서 비롯된 것이라는 코헨의 주장에 반대하고, 하류계층만의 독특한 문화 자체가 비행을 발생시킨다고 주장하였다.

정답: ④

141 밀러(Miller)의 하층계급문화이론에서 주장한 주요 관심(Focal concerns)이 아닌 것은?

① 말썽부리기(trouble)
② 강인함(toughness)
③ 영악함(smartness)
④ 소통(communication)

해설

하층계급문화이론에서 주장한 주요 관심으로는 말썽부리기(trouble), 강인함(toughtness), 영악함(smartness), 흥분추구(excitement), 운명(fate), 자율성(autonomy)이 있다. 정답: ④

142 다음 중 코헨(Cohen)이 주장한 비행하위문화의 특징으로 가장 옳지 않은 것은?

해경간부 2023

① 부정성(Negativism)
② 악의성(Malice)
③ 자율성(Autonomy)
④ 비합리성(Non-utilitarianism)

해설

자율성(autonomy)은 밀러(Miller)의 하위계층의 주요 관심사에 해당한다. 코헨(Cohen)이 주장한 비행하위문화의 특징은 비공리성(비합리성), 악의성, 부정성, 변덕, 단기적 쾌락주의, 집단자율성 등이 있다.

정답: ③

143 하위문화이론에 관한 설명 중 옳지 않은 것은?

① 하위문화란 일반 사회구성원이 공유하는 문화와는 별도로 특정 집단에서 강조되는 특수한 가치 또는 규범체계를 말한다.
② 밀러(W.B. Miller)는 하위계층 청소년들의 '관심의 초점(focal concerns)'이 중산층 문화의 그것과는 다르기 때문에 범죄에 빠져들기 쉽다고 보았다.
③ 코헨(A. Cohen)은 하위계층 청소년들 간에 형성된 하위문화가 중산층의 문화에 대해 대항적 성격을 띠고 있다고 본다.
④ 밀러(W.B. Miller)나 코헨(A. Cohen)의 하위문화이론으로는 중산층 출신 청소년의 범죄를 설명하기 곤란하다.
⑤ 코헨(A. Cohen)은 비행적 하위문화를 범죄적 하위문화, 갈등적 하위문화, 도피적 하위문화라는 3가지 기본형태로 분류하였다.

해설

⑤는 차별적(분화적) 기회구조이론의 주창자인 클로워드(R. Cloward)와 올린(L.E. Ohlin)의 비행적 하위문화의 유형이다. 정답: ⑤

144 **클로워드(R. Cloward)와 올린(L.E. Ohlin)의 차별적 기회구조이론에 관한 설명으로 옳지 않은 것은?**

① 머튼의 아노미이론과 서덜랜드의 분화적 접촉이론을 종합한 이론이다.
② 하층계급소년들이 추구하는 문화적 목표와 그것을 달성할 기회 사이의 불균형을 '처치 불만'이라고 표현하였다.
③ 청소년의 비행을 중산계층의 가치나 규범에 대한 부정적인 표현으로 보았다.
④ 미국 존슨정부의 비행예방정책에 기여하였다.

해설

③ 클로워드와 올린은 코헨과는 달리 청소년비행을 중산계층의 가치에 대한 부정적 표현이라고 보지 않고 사회적 지위나 복지를 이루려는 목표를 합법적으로 달성할 수 없을 때 발생되는 것이라고 보았다.

정답: ③

★중요★
145 **클로워드(R.A. Cloward)와 올린(L.E. Ohlin)은 청소년비행을 비행하위문화의 영향으로 파악하는데 아래에 해당하는 하위문화는?**

> 범죄가 조직화되지 않았지만 과시적 폭력이 빈번하다. 이러한 지역에서는 폭력성이 일종의 지위와 성공을 성취하는 수단이 된다. 성인들의 범죄가 조직되지 않아 불법적 기회마저 거의 가질 수 없는 지역에서 발견된다.

① 갈등적 하위문화 ② 도피적 하위문화
③ 합법적 하위문화 ④ 범죄적 하위문화
⑤ 의례적 하위문화

해설

① 클로워드와 올린은 청소년비행을 비행하위문화의 영향이라고 보고, 그 유형을 범죄적 하위문화, 갈등적 하위문화, 도피적 하위문화 등 세 가지로 분류하였다. 위 지문은 갈등적 하위문화에 대한 설명이다.

하위문화 유형	유형별 특징
범죄적 하위문화 (개혁형)	합법적 기회는 없고, 비합법적 기회와는 접촉이 가능하여 범행이 장려되고, 불법이 생활화되는 하위문화유형(안정적 하류계층에서 발생, 재산범죄가 많음)
갈등적 하위문화 (공격성)	합법적 기회뿐만 아니라, 비합법적 기회에도 접근하지 않고, 자신의 욕구불만을 폭력으로 표현하는 투쟁적인 하위문화유형(과시적 폭력, 무분별한 갱전쟁의 빈번한 발생)
도피적 하위문화 (도피형)	문화적 목표가치는 인정하지만, 이를 달성하기 위한 수단이 모두 봉쇄되어 있고, 이를 해소할 폭력도 사용하지 못하는 자포자기 집단의 하위문화유형(알코올이나 약물중독자)

정답: ①

146 **다음 중 클로워드(Cloward)와 올린(Ohlin)의 차별적 기회이론(Differential Opportunity Theory)에서 주장한 범죄적 하위문화에 대한 설명으로 가장 옳은 것은?** 해경간부 2025

① 성공을 위한 합법적 기회도 없고, 성인들의 범죄도 조직화되지 않아 소년들이 범죄기술을 배울 수 있는 환경이 없는 지역에서 형성되는 하위문화다.
② 성공을 위한 합법적 수단의 이용이 어렵고 비합법적인 수단을 동원할 수도 없는 이중의 실패를 경험한 집단에서 형성되는 하위문화이다.
③ 개인적이고, 조직화되지 못한 무분별한 조직폭력배들의 폭력이 빈번하게 발생하는 지역에서 형성되는 하위문화이다.
④ 범죄행위가 장려되고 불법이 생활화된 지역에서 형성되는 안정적인 하위문화이다.

해설

① 갈등적 하위문화이자 도피적 하위문화에 해당한다.
② 도피적 하위문화에 해당한다.
③ 갈등적 하위문화에 해당한다.

범죄적 하위문화	문화적 가치를 인정하나, 비합법적 기회구조와의 접촉만이 가능하여 범죄를 저지르는 비행문화집단
갈등적 하위문화	문화적 가치를 인정하나, 합법적 기회구조뿐만 아니라 비합법적 기회구조에도 접촉하지 않고, 욕구불만을 폭력 등으로 해소하는 비행문화집단
도피적 하위문화	문화적 목표는 인정하나, 이를 달성하기 위한 모든 기회구조가 차단되어 자포자기하는 이중실패문화집단

정답: ④

147 **범죄사회학이론 가운데에는 일정한 하위문화 때문에 범죄를 범한다고 하는 범죄적 하위문화론이 있다. 이에 대한 설명으로 옳지 않은 것은?**

① 범죄적 하위문화론은 모두 범죄행위를 특정한 하위문화의 자연적 결과로 인식하는 점에서는 동일하지만, 범죄적 하위문화의 구체적 성격이나 그 형성과정에 대해서는 다양한 입장을 개진하고 있다.
② 범죄적 하위문화란 사회의 다양한 하위문화 가운데 규범의 준수를 경시하거나 반사회적 행 동양식을 옹호하는 것을 말한다.
③ 청소년비행의 원인을 거시적으로 접근하고 있으며, 사회구조적으로 범죄대책을 제시하고 있다.
④ 클로워드(Cloward)와 올린(Ohlin)의 비행적 하위문화 중 범죄적 하위문화란 폭력범죄와 갱 등에서 흔히 나타나는 유형을 말한다.

해설

④는 클로워드와 올린의 비행적 하위문화유형 중 갈등적 하위문화에 대한 설명이다. 갈등적 하위문화는 합법적 기회뿐만 아니라 비합법적 기회에도 접근하지 않고, 자신들의 욕구불만을 폭력으로 표현하는 투쟁적인 하위문화유형을 말한다.

정답: ④

148 **클로워드(Cloward)와 올린(Ohlin)의 차별적 기회구조이론의 내용과 다른 것은?**

① 아노미현상을 비행적 하위문화의 촉발요인으로 본다는 점에서 머튼(Merton)의 영향을 받았다.
② 성공이나 출세를 위하여 합법적 수단을 사용할 수 없는 사람들은 바로 비합법적 수단을 사용할 것이라는 머튼(Merton)의 가정에 동의하지 않는다.
③ 범죄적 하위문화는 청소년 범죄자에게 성공적인 역할모형이 될 수 있는 조직화된 성인범죄자들의 활동이 존재하는 지역에서 나타난다.
④ 성인들의 범죄가 조직화되지 않아 청소년들이 비합법적 수단에 접근할 수 없는 지역에서는 갈등적 하위문화가 형성되는데 범죄기술을 전수할 기회가 없기 때문에 이 지역의 청소년들은 비폭력적이며 절도와 같은 재산범죄를 주로 저지른다.
⑤ 문화적 목표를 추구하는 데 필요한 합법적인 수단을 이용하기도 어렵고, 비합법적인 기회도 결여된 사람들은 이중실패자로 분류되며, 이들은 주로 마약과 음주 등을 통하여 도피적인 생활양식에 빠져 든다.

해설

④ 클로워드와 올린의 비행적 하위문화유형 중 갈등적 하위문화란 합법적 기회뿐만 아니라 비합법적 기회에도 접근하지 않고, 자신들의 욕구불만을 폭력으로 표현하는 투쟁적인 하위문화유형을 말하며, 이러한 유형에서는 범죄조직에 대한 통제가 확고하지 않은 관계로 과시적인 폭력과 무분별한 갱전쟁 등이 빈번하게 발생된다. 정답: ④

149 **차별적 기회구조이론(Defferential Opportunity Theory)에 관한 설명 중 옳지 않은 것은?**

① 클로워드(Cloward)와 올린(Ohlin)이 제시한 이론이다.
② 머튼(Merton)의 아노미이론과 서덜랜드(Sutherland)의 차별적 접촉이론의 영향을 받았다.
③ 불법적 수단에 대한 접근기회의 차이가 그 지역의 비행적 하위문화의 성격 및 비행의 종류에 영향을 미친다고 한다.
④ 합법적 수단을 사용할 수 없는 사람들은 곧바로 불법적 수단을 사용할 것이라는 머튼(Merton)의 가정을 계승하고 있다.
⑤ 비행적 하위문화로 '범죄적 하위문화', '갈등적 하위문화', '도피적 하위문화' 등 세 가지를 제시하고, 범죄적 가치나 지식을 습득할 기회가 가장 많은 문화는 '범죄적 하위문화'라고 주장하였다.

해설

④ 클로워드와 올린은 성공이나 출세를 위하여 합법적 수단을 사용할 수 없는 사람들은 바로 비합법적 수단을 사용할 것이라는 머튼의 가정에 동의하지 않았다. 정답: ④

150 하위문화이론(Subcultural Theory)에 관한 설명이다. 이와 관련된 〈보기 1〉의 설명과 〈보기 2〉의 학자를 가장 적절하게 연결한 것은? 경행경채 2022

> 보기 1
> (가) 하류계층의 비행은 범죄적(criminal), 갈등적(conflict), 은둔(도피)적(retreatist) 유형으로 구분된다.
> (나) 하류계층의 청소년들은 중류사회의 성공목표를 합법적으로 성취할 수 없기 때문에 지위좌절(status frustration)이라고 하는 문화갈등을 경험하게 된다.
> (다) 하류계층 비행청소년들의 비행하위문화는 비실리적(nonutilitarian), 악의적(malicious), 부정적(negativistic)이라는 특성을 보인다.
> (라) 비행과 기회(Delinquency and Opportunity)라는 저서를 통해 불법적인 기회에 대한 접근이 불평등하게 분포되어 있다고 주장하였다.
> (마) 신체적 강건함, 싸움능력 등을 중시하는 강인함(toughness)이 하류계층의 주된 관심 중 하나라고 주장한다.

> 보기 2
> ㉠ 코헨(Cohen)
> ㉡ 클라워드(Cloward)와 올린(Ohlin)
> ㉢ 밀러(Miller)

	(가)	(나)	(다)	(라)	(마)
①	㉠	㉡	㉢	㉢	㉡
②	㉡	㉠	㉠	㉡	㉢
③	㉡	㉡	㉠	㉢	㉠
④	㉡	㉠	㉡	㉠	㉢

해설

② (가) – ㉡, (나) – ㉠, (다) – ㉠, (라) – ㉡, (마) – ㉢

(가) 클라워드와 오린의 차별적 기회이론으로, 합법적 수단이나 비합법적 수단, 폭력의 수용 여부에 따라 하류계층의 비행이나 범죄를 범죄적, 갈등적, 도피적 유형으로 구분하였다.

(나) 코헨의 비행하위문화이론으로, 코헨은 사회가 중류계층의 기준 위주로 평가되기 때문에 하류계층 청소년들은 학교 교육과정에서 부적응을 경험함으로써 중류계층의 성공목표를 합법적으로 성취할 수 없음을 깨닫고 '지위좌절'이라고 하는 문화갈등을 겪게 되는데, 지위좌절을 겪은 하위계층 청소년들은 지위문제를 해결하기 위해 나름대로 해결책을 강구한다. 비행하위문화는 이러한 가치관으로 인해 기존의 규범을 무시하고 비행을 저지르기가 쉽다는 것이다.

(다) 코헨의 비행하위문화이론으로, 비행소년집단에서 관찰되는 비행하위문화는 반항성(악의성), 비공리성(비실리성), 거부감(부정성), 단기적인 쾌락의 추구, 집단자율의 강조 등의 특징이 있다고 보았다.

(라) 머튼(Merton)은 성공목표 달성을 위한 합법적 수단에 대한 접근이 계급에 따라 차별적으로 주어진다는 점만을 고려하여 불법적 수단에는 누구나 접근할 수 있는 것처럼 가정했지만, 클라워

드와 오린은 이 부분을 비판하면서 성공을 위한 불법적 수단에 대한 접근 역시 모두에게 동등하게 주어지는 것은 아니라고 하였다. 즉, '차별기회'를 합법적 수단뿐만 아니라, 불법적 수단에 대해서도 고려해야 한다는 것이다. 클라워드와 오린은 1964년 저서 「비행과 기회」에서 비합법적 기회구조의 불평등한 분포를 주장하였다.

(마) 밀러의 하위계층계급문화이론으로, 하위계층 청소년들은 하위계층계급문화의 '주요 관심사'에 따라 학습하고 행동하며, 비행청소년들은 특히 이를 과장된 방법으로 표현하고 행동한다. 하위계층의 주요 관심사(관심의 초점)에는 Trouble(말썽·걱정·사고치기), Toughness(강인·완강), Smartness (교활·영악·영리함), Excitement(흥분·자극·스릴), Fatalism(운명·숙명), Autonomy(자율·자립) 등이 있다. 정답: ②

★중요★

151 많은 소년들이 범죄나 비행을 유발하는 환경에 노출되어 있음에도 불구하고 비행을 저지르지 않는 이유는 비행에 대한 절연체가 있기 때문이며, 스스로를 올바른 소년으로 인식할 경우 비행에의 유혹이나 압력을 단절시킬 수 있다. 이러한 내용을 주장하는 이론은?

① 자아관념이론(Self-Concept Theory)
② 표류이론(Drift Theory)
③ 비행적 하위문화이론(Theory of Delinquent Subculture)
④ 문화갈등이론(Culture Conflict Theory)
⑤ 사회해체이론(Social Disorganization Theory)

해설

① 자아관념이론은 자기관념이론과 동일한 개념이다. 정답: ①

152 초기 통제이론들에 대한 다음 설명 중 가장 적절하지 않은 것은? 경찰간부 2023

① 나이(Nye)는 가정을 사회통제의 가장 중요한 근본이라고 주장하였다.
② 리스(Reiss)는 개인이 스스로 욕구를 참아내는 능력인 개인적 통제력의 개념을 제시하였다.
③ 레클리스(Reckless)의 봉쇄이론(Containment Theory)은 청소년비행의 요인으로 내적 배출요인과 외적 유인요인이 있다고 하였다.
④ 토비(Toby)의 통제이론은 범죄를 통제하는 기제로서 자아의 역할을 특히 강조하였다.

해설

④ 자아의 역할을 특히 강조하는 이론은 레크리스(Reckless)의 봉쇄이론이며, 토비(J. Toby)는 경제환경과 범죄에 대해 이야기하면서 자신이 속한 사회에서 스스로 느끼고 경험하는 상대적 결핍감이 범죄의 원인이 된다고 하였다.

① 나이(Nye)는 가정을 사회통제의 가장 중요한 근본으로서 강조하였고, 대부분의 청소년비행이 불충분한 사회통제의 결과라고 보았다. 그는 비행자들은 부모에게 거부당하거나 인정받지 못하였고, 비행을 저지르지 않은 청소년들은 부모의 훈육과 부모와 시간을 보내는 것에 긍정적인 태도를 갖고 있다는 설문조사의 결과를 제시함으로써 청소년비행에서 가정의 중요성을 강조하였다.

② 리스(Reiss)는 청소년범죄의 원인이 청소년 개인의 통제력에 있다고 보았고, 이를 사회의 규범을 위반하는 욕구를 절제하는 능력이라고 보았다. 그는 소년비행의 원인을 개인통제력의 미비와 사회통제력의 부족으로 파악하였다.

③ 레크리스(Reckless)의 봉쇄이론은 내부적·외부적 통제개념에 기초하여 범죄유발요인과 범죄차단요인으로 나누고, 만약 범죄로 이끄는 힘이 차단하는 힘보다 강하면 범죄나 비행을 저지르게 되고, 차단하는 힘이 강하면 비록 이끄는 힘이 있더라도 범죄나 비행을 자제한다고 주장하였다. 범죄나 비행을 유발하는 요인을 내적 배출요인, 외적 유인요인, 외적 압력요인으로, 범죄나 비행을 차단하는 요인을 내적 통제, 외적 통제로 나누었다. 정답: ④

153 다음은 사회통제이론에 관한 설명이다. 옳지 않은 것은?

① 라이스(A. Reiss)는 개인의 자기통제력과 범죄와의 관계를 처음으로 지적한 초기 통제이론가이다.

② 나이(Nye)는 가정에서의 비공식적 비행통제보다 공식적 비행통제가 보다 효과적이라고 보았다.

③ 레크리스(Reckless)는 범죄나 비행의 통제요인으로 내적 통제요인과 외적 통제요인을 제시하였다.

④ 맛차(Matza)는 대부분의 소년범죄가 일과성에 불과하다고 보았다.

해설

② 나이는 가정에서의 비공식적 간접통제가 특히 중요하다고 보고, 청소년의 욕구가 가정 안에서 충족될수록 가정 밖에서의 일탈을 막을 수 있다고 보았다. 정답: ②

★중요★

154 나이(F. Nye)가 사회통제의 수단으로 제시한 방법을 옳게 묶은 것은?

① 직접 통제, 간접 통제, 내적 통제

② 직접 통제, 간접 통제, 외적 통제

③ 직접 통제, 내적 통제, 외적 통제

④ 간접 통제, 공식 통제, 외적 통제

해설

① 나이는 자기통제력과 범죄와의 관계를 처음으로 지적한 라이스(A. Reiss)의 견해를 발전시켜 청소년비행 예방을 위한 사회통제방법으로 직접 통제, 간접 통제, 내적 통제, 공식통제, 비공식통제를 제시하였다.

사회통제유형	유형별 특징
직접 통제	비행 시 처벌이나 위협을 하고, 순응 시 보상하는 것
간접 통제	자신의 비행이 부모나 친한 사람들에게 고통과 실망을 줄 것을 의식해서 비행을 자제하는 것

내적 통제	양심이나 죄의식 때문에 비행을 자제하는 것
공식통제	형사사법기관이 담당하는 것
비공식통제	가정이나 학교가 담당하는 것

정답: ①

155 **나이(F. Nye)가 주장한 사회통제의 수단 중 자신의 잘못이 주변사람에게 실망을 줄 것이라는 점을 자각시켜 비행을 예방하는 것은?**

① 직접 통제 ② 간접 통제
③ 내적 통제 ④ 비공식 통제

해설
①은 억압적인 수단과 처벌을 부과하여 비행을 예방하는 것을 말하고, ③은 내면적 자각을 통해 비행을 자제시키는 것을 말하며, ④는 가정·학교 등에서 청소년비행을 통제하는 것을 말한다. 정답: ②

156 **레크리스(Reckless)에 의해 주장된 것으로 범죄로 이끄는 범죄유발요인보다 범죄억제요소가 더 강할 경우 범죄로 나아가지 않는다는 이론은?**

① 중화기술이론(Theory of Techniques of Neutralization)
② 차별적 동일화이론(Different Identification Theory)
③ 비행하위문화이론(Delinquent Subculture Theory)
④ 견제이론(Containment Theory)

해설
①은 맛차(Matza)와 사이크스(Sykes)가 주장한 것으로 범죄 내지 비행은 행위자가 이미 내면적으로 형성된 규범의식이나 가치관이 중화기술에 의해 마비되면서 발생한다는 이론이다. ②는 글래이저(D. Glaser)가 주장한 것으로 사람은 자신의 범죄행위를 수용할 수 있을 것 같은 실제 혹은 가상의 누군가와 자신을 동일화 하는 과정에서 범죄를 행한다는 이론이다. ③은 코헨(A.K. Cohen)이 주장한 것으로 하층계급의 문화권에서 성장한 소년들은 중류계층의 가치와 규범에 대한 반동으로 그들 특유의 비행적 하위문화를 형성하고, 이것이 청소년 범죄의 원인이 된다는 이론이다. 정답: ④

157 **렉클리스(Reckless)의 봉쇄이론(Containment Theory)이 말하는 범죄유발요인에 해당하지 않는 것은?** 해경간부 2024

① 합리화(Rationalization) ② 유인(Pull)
③ 배출(Push) ④ 압력(Pressure)

해설

레클리스(Reckless)의 봉쇄이론은 내부적·외부적 통제개념에 기초하여 범죄유발요인과 범죄차단요인으로 나누고, 만약 범죄로 이끄는 힘이 차단하는 힘보다 강하면 범죄나 비행을 저지르게 되고, 차단하는 힘이 강하면 비록 이끄는 힘이 있더라도 범죄나 비행을 자제한다고 주장하였다. 범죄나 비행을 유발하는 요인을 외적 압력요인, 외적 유인요인, 내적 배출요인으로, 범죄나 비행을 차단하는 요인을 내적 통제, 외적 통제로 나누었다.

【레클리스가 제시한 범죄의 유발 · 차단요인】

- 유발
  - 압력요인 : 사람들에게 불만을 갖게 만드는 (환경적) 요소
    예 빈곤한 생활수준, 가족 간 갈등, 낮은 사회적 지위 등
  - 유인요인 : 정상적인 생활로부터 벗어나도록 꾀어내는 요소
    예 불건전한 친구, 폭력적인 대중매체, 범죄조직 등
  - 배출요인 : 범죄 · 비행을 유발하는 개인의 생물학적 · 심리적 요소
    예 공격성, 증오심, 좌절감, 불만 등
- 차단
  - 외적 통제 : 사회적으로 범죄를 차단하는 요소
    예 가정에서의 도덕교육, 학교의 관심이나 적절한 훈육 등
  - 내적 통제 : 규범 · 도덕의 내면화 → 각자가 형성한 범죄를 차단하는 요소
    예 좋은 자아관념(가장 중요), 책임감, 인내심
    ※ "외적 · 내적 통제 중에서 어느 한 가지라도 제대로 작동하면 범죄 · 비행을 예방할 수 있다"고 주장

정답: ①

★중요★

158 레크리스(Reckless)가 주장한 견제(봉쇄)이론에 대한 설명으로 옳지 않은 것은?

① 자기관념이론을 더욱 발전시킨 이론으로 내부적·외부적 통제개념에 기초하고 있다.
② 범죄나 비행을 유발하는 힘으로 압력요인(pressures)·유인요인(pulls)·배출요인(pushes)을 제시하였다.
③ 범죄나 비행을 차단하는 힘으로 내적 봉쇄요인(inner containment)과 외적 봉쇄요인(external containment)을 제시하였다.
④ 내적 봉쇄요인과 외적 봉쇄요인의 어느 한 가지만으로는 범죄나 비행을 효과적으로 예방하기 어렵다고 보았다.

해설

④ 레크리스는 내적 봉쇄요인과 외적 봉쇄요인 중 어느 한 가지라도 제대로 작용하면 범죄나 비행을 예방할 수 있다고 보았다. 레크리스가 주장한 범죄유발요인과 범죄통제요인을 정리하면 다음과 같다.

구분		유형별 특징
범죄유발요인	압력요인	사람들을 불만족한 상태에 들게 하는 요인(열악한 사회조건, 가족갈등 등)
	유인요인	정상적인 생활로부터 이탈하도록 하는 요인(나쁜 친구, 불건전한 대중매체 등)
	배출요인	범죄를 저지르도록 하는 생물학적·심리학적 요인(불안감, 불만감, 증오심, 공격성 등)

범죄통제요인	내적 통제	내부적인 범죄차단요소(자기통제력, 긍정적 자아개념, 강한 책임감 등)
	외적 통제	외부적인 범죄차단요소(효과적인 관리와 규율, 가족과 지역사회의 유대감 등)

정답: ④

★중요★

159 레크리스(W. Reckless)의 봉쇄이론(견제이론, containment theory)에 관한 설명으로 옳지 않은 것은?

① 범죄나 비행으로 이끄는 힘이 있더라도 차단하는 힘이 강하면 범죄나 비행이 통제된다.
② 나쁜 친구는 범죄나 비행으로 이끄는 유인요인이 될 수 있다.
③ 좌절감에 대한 내성은 범죄나 비행을 차단하는 내적 봉쇄요인에 해당한다.
④ 자기통제력은 범죄나 비행을 차단하는 외적 봉쇄요인에 해당한다.
⑤ 외적 봉쇄요인이 약하더라도 내적 봉쇄요인이 강하면 범죄나 비행이 통제될 수 있다.

해설

④ 자기통제력은 내적 통제(봉쇄)요인에 해당하며, 가족과의 유대감이 외적 봉쇄요인에 해당한다.

정답: ④

160 다음의 설명에 해당하는 이론은?

> 이 이론은 차별적 접촉이론(differential association theory)이 각각의 개인들의 차별적 반응에 대한 문제를 도외시하고 있다는 비판을 한다. 즉 "왜 범죄적 문화와 접촉한 사람 중에서 어떤 사람은 범죄에 빠지지 않는가"라는 질문을 한다. 이 이론에 따르면 비행다발지역의 청소년들 중에서 다수가 비행에 가담하지 않는 것은 자신에 대한 좋은 이미지를 통해 비행에의 유혹이나 압력을 단절시키기 때문이다.

① 봉쇄이론(containment theory)
② 사회학습이론(social learning theory)
③ 중화이론(neuturalization theory)
④ 억제이론 (deterrence theory)

해설

① 봉쇄이론이란 레크리스(W. Reckless)가 자기관념이론을 더욱 발전시켜 주장한 것으로 강력한 내면적 통제와 그것을 보강하는 외부적 통제가 사회적·법적 행위규범의 위반에 대한 하나의 절연체를 구성한다는 이론을 말한다. 이 이론에 따르면 모든 사람들에게는 범죄로 이끄는 범죄유발요인과 범죄를 억제하는 범죄억제요인이 부여되어 있는데 전자가 후자보다 강하면 범죄를 저지르게 되고, 후자가 전자보다 강하면 범죄를 자제하게 된다고 한다.

정답: ①

161 **봉쇄이론의 범죄유발요인 중 배출요인과 가장 거리가 먼 것은?**

① 불안감　　② 내적 긴장감
③ 증오심　　④ 가족갈등

해설

④ 가족갈등은 압력요인에 해당한다. 정답: ④

★중요★
162 **범죄원인이론에 대한 설명 중 가장 적절하지 않은 것은?**

① Miller는 범죄는 하위문화의 가치와 규범이 정상적으로 반영된 것이라고 하였다.
② Cohen은 하류계층의 청소년들이 목표와 수단의 괴리로 인해 중류계층에 대한 저항으로 비행을 저지르며, 목표달성의 어려움을 극복하기 위해 자신들만의 하위문화를 만들게 되는데 범죄는 이러한 하위문화에 의해 저질러진다고 한다.
③ '사회해체론'과 '아노미이론'은 범죄의 원인을 사회적 구조의 특성에서 찾는 사회적 수준의 범죄원인이론이다.
④ Durkheim은 좋은 자아관념이 주변의 범죄적 환경에도 불구하고 비행행위에 가담하지 않도록 하는 중요한 요소라고 한다.

해설

④ 레클리스에 대한 설명이다. 레클리스는 좋은 자아관념이 주변의 범죄적 환경에도 불구하고 비행행위에 가담하지 않도록 하는 중요한 요소라고 보았다. 정답: ④

★중요★
163 **다음은 관할지역 내 범죄문제 해결을 위해 경찰서별로 실시하고 있는 활동들이다. 각 활동들의 근거가 되는 범죄원인론을 가장 적절하게 연결한 것은?**

> ㉠ A경찰서는 관내에서 음주소란과 폭행 등으로 적발된 청소년들을 형사입건하는 대신 지역사회 축제에서 실시되는 행사에 보안요원으로 봉사할 수 있는 기회를 제공하였다.
> ㉡ B경찰서는 지역사회에 만연해 있는 경미한 주취소란에 대해서도 예외 없이 엄격한 법집행을 실시하였다.
> ㉢ C경찰서는 관내 자전거 절도사건이 증가하자 관내 자전거 소유자들을 대상으로 자전거에 일련번호를 각인해 주는 서비스를 제공하였다.
> ㉣ D경찰서는 관내 청소년 비행 문제가 증가하자 청소년들을 대상으로 폭력 영상물의 폐해에 관한 교육을 실시하고, 해당 유형의 영상물에 대한 접촉을 삼가도록 계도하였다.

① ㉠ – 낙인이론 ㉡ – 깨진 유리창이론
㉢ – 상황적 범죄예방이론 ㉣ – 차별적 동일시이론
② ㉠ – 낙인이론 ㉡ – 깨진 유리창이론
㉢ – 상황적 범죄예방이론 ㉣ – 차별적 접촉이론
③ ㉠ – 상황적 범죄예방이론 ㉡ – 차별적 접촉이론
㉢ – 낙인이론 ㉣ – 차별적 접촉이론
④ ㉠ – 상황적 범죄예방이론 ㉡ – 낙인이론
㉢ – 깨진 유리창이론 ㉣ – 차별적 동일시이론

해설

㉠ 낙인이론
㉡ 깨진 유리창이론
㉢ 상황적 범죄예방이론은 범죄행위에 대한 위험과 어려움을 높여 범죄기회를 제거하고 범죄행위의 이익을 감소시킴으로써 범죄를 예방하려는 이론이다. 자전거에 일련번호를 각인하는 것은 절도범행의 발각위험을 높여 범죄기회를 제거하려는 것이다.
㉣ 차별적 동일시이론

정답: ①

164 다음 학자들의 범죄이론에 관한 내용 중 옳지 않은 것은?

① 레크리스(Reckless)는 범죄를 법제정 과정에 참여하여 자기의 이익을 반영하지 못한 집단의 구성원이 일상생활 속에서 법을 위반하며 자기의 이익을 추구하는 행위라고 주장하였다.
② 헨티히(Hentig)는 피해자를 일반적 피해자 유형, 심리학적 피해자 유형으로 구분하고, 피해 자도 범죄 발생의 원인이 될 수 있다고 주장하였다.
③ 서덜랜드(Sutherland)는 범죄행위는 다른 사람들과의 상호작용과정에서 의사소통을 통해 학습되며, 범죄행위 학습의 중요한 부분은 친밀한 관계를 맺고 있는 집단들에서 일어난다고 주장하였다.
④ 레머트(Lemert)는 범죄를 포함한 일탈행위를 일차적 일탈과 이차적 일탈로 구분하고, 이차적 일탈은 일차적 일탈에 대한 사회적 반응으로 야기된 문제들에 대한 행위자의 반응에 의해 발생하는 것이라고 주장하였다.
⑤ 케틀레(Quetelet)는 기후, 연령분포, 계절 등 사회환경적 요인들이 범죄 발생과 함수관계에 있다는 것을 밝힘으로써 범죄가 사회환경적 요인에 의해 유발된다고 주장하였다.

해설

① 레크리스는 견제이론을 통해 모든 사람들에게는 범죄로 이끄는 범죄유발요인과 범죄를 억제하는 범죄억제요인이 부여되어 있는데 범죄유발요인이 범죄억제요인보다 강하면 범죄를 저지르게 되고, 범죄억제요인이 범죄유발요인보다 강하면 범죄를 자제하게 된다고 주장하였다. 설문의 내용은 볼드의 집단갈등이론이다.

정답: ①

165 다음 중 통제이론에 대한 설명으로 가장 옳은 것은? 해경간부 2023

① 통제이론은 "개인이 왜 범죄로 나아가지 않게 되는가"의 측면이 아니라 "개인이 왜 범죄를 하게 되는가"의 측면에 초점을 맞춘다.
② 나이(Nye)는 범죄 통제방법 중 비공식적인 직접통제가 가장 효율적인 방법이라고 주장하였다.
③ 레크리스(W.Reckless)는 외부적 통제요소와 내부적 통제요소 중 어느 한 가지만 제대로 작동되어도 범죄는 방지될 수 있다고 보았다.
④ 마차(Matza)와 사이크스(Sykes)가 주장한 중화기술 중 '가해의 부정'은 자신의 행위로 피해를 입은 사람은 그러한 피해를 입어도 마땅하다고 합리화하는 기술이다.

해설

① 사회통제이론은 "사람들이 왜 범죄를 저지르는가?"보다는 "왜 많은 사람들이 범죄를 저지르지 않는가?"가에 초점을 맞춘다.
② 비공식적인 간접통제이다.
④ 피해자의 부정이다.

정답: ③

166 사회통제를 범죄의 원인으로 주목한 이론이 아닌 것은 모두 몇 개인가?

㉠ 아노미이론(anomie theory)	㉡ 생활양식이론(lifestyle theory)
㉢ 봉쇄이론(containment theory)	㉣ 억제이론(deterrence theory)
㉤ 사회유대이론(social bonding theory)	

① 없음
② 1개
③ 2개
④ 3개

해설

× : ㉠, ㉡ 사회통제이론에 의하면, 사회 내 통제수단이 제 기능을 발휘하지 못하여 통제력이 약화되면 범죄행위가 발생한다고 본다. 아노미이론(긴장이론)은 사회적으로 인정받은 목표와 수단 사이의 괴리가 범죄행위의 원인이라고 주장하는 이론이고, 생활양식이론은 왜 사람마다 범죄피해를 당할 가능성이 다른지를 설명하는 이론이다.

○ : ㉢, ㉣, ㉤ 봉쇄이론(제지이론), 억제이론, 사회유대이론은 사회통제와 관련이 있다. 정답: ③

★중요★

167 범죄이론과 범죄통제이론에 대한 설명으로 적절하지 않은 것을 모두 고른 것은?

㉠ 고전학파 범죄이론은 범죄에 대한 국가의 강력하고 확실한 처벌을 통해 범죄를 억제할 수 있다고 본다.
㉡ 생물학·심리학적 이론은 범죄자의 치료와 갱생을 통한 범죄통제를 주요내용으로 하며, 범죄자를 대상으로 하므로 일반예방효과에 한계가 있다는 비판이 존재한다.
㉢ 사회학적 이론은 범죄기회의 제거와 범죄행위의 이익을 감소시키는 것을 내용으로 한다.
㉣ 상황적 범죄예방이론은 사회발전을 통해 범죄의 근본적인 원인을 제거하고자 하나, 폭력과 같은 충동적인 범죄에는 적용하는 데 한계가 있다.

① ㉠, ㉡
② ㉠, ㉢
③ ㉡, ㉢
④ ㉢, ㉣

해설

㉢ 상황적 범죄예방이론에 대한 설명이다.
㉣ 사회발전이론의 범죄예방이론은 사회발전을 통해 범죄의 근본적인 원인을 제거하고자 하나, 범죄의 원인이 되는 사회적 환경을 개선할 능력 여부가 문제된다. 폭력과 같은 충동적인 범죄에는 적용하는 데 한계가 있는 이론은 고전주의학파(억제이론)이다. 정답: ④

168 통제이론에 관한 설명으로 옳지 않은 것은?

① 통제이론은 “사람들이 왜 범죄행위로 나아가지 않고 합법적인 행동을 하는가”라는 물음에 중점을 두고 있다.
② 라이스(A. Reiss)는 개인의 통제력과 범죄의 관계를 주목하였다.
③ 통제이론의 공통된 견해는 생물학적이거나 심리학적 혹은 사회적인 특정 요인이 사람들로 하여금 범죄에 빠지게 한다는 것이다.
④ 나이(F. Nye)는 청소년들의 비행을 예방할 수 있는 가장 효율적인 방법이 비공식적인 간접통제방법이라고 주장하였다.
⑤ 허쉬(T. Hirschi)는 범죄발생의 통제요인으로 개인이 학교, 가족, 이웃 등 일상적인 사회와 맺고 있는 유대 또는 연대를 주장하였다.

해설

③ 통제이론은 범죄연구의 초점을 개인이 왜 범죄를 행하게 되는가의 측면이 아니라, 개인이 왜 범죄로 나아가지 않는가의 측면에 맞추는 이론으로 그 원인으로 주목하는 것은 개인과 사회가 가지고 있는 통제력 또는 억제력이다. 따라서 범죄억제요인으로 심리학적 또는 사회적인 특정 요인은 제시하지만, 생물학적 요인은 고려의 대상에 포함하지 않는다. 정답: ③

169 통제이론에 대한 설명으로 옳지 않은 것은? 보호7급 2024

① 라이스(A. Reiss)는 개인적 통제 및 사회적 통제의 실패가 범죄의 원인이라고 보고, 가족 등 일차집단의 역할수행에 주목하였다.
② 레클리스(W. Reckless)는 대부분의 사람이 수많은 압력과 유인에도 불구하고 범행에 가담하지 않고 순응상태를 유지하는 이유 중의 하나를 사회화 과정에서 형성되는 내적(자기) 통제에서 찾았다.
③ 나이(F. Nye)는 가정이나 학교에서 소년에게 자신의 행위가 주위 사람에게 실망과 고통을 줄 것이라고 인식시키는 것이 소년비행을 예방할 수 있는 가장 효율적인 방법이라고 하였다.
④ 허쉬(T. Hirschi)는 전념(commitment)은 참여(involvement)의 결과물로 장래의 목표성취와 추구에 관한 관심과 열망이 강한 경우 범죄나 비행이 감소한다고 하였다.

해설

④ 참여가 전념의 결과물이라고 한다. 허쉬의 유대이론에서 전념은 규범준수에 따른 사회적 보상에 대한 관심의 정도로, 미래를 위해 교육에 투자하고 저축하는 것처럼 관습적 활동에 소비하는 시간과 에너지, 노력 등에 따라 일정한 보상이 주어짐을 의미한다. 정답: ④

★중요★
170 **다음은 어느 이론과 관련이 있는가?**

- 개인이 행사하는 통제의 양에 대한 그가 받는 통제의 양의 비율이 일탈의 발생 가능성뿐만 아니라 일탈의 유형도 결정한다.
- 한 사람이 다른 사람에 의해 받게 되는 통제의 양과 다른 사람에게 행사되는 통제의 양이 균형을 이룰 때 순응이 발생하고 불균형 시에 범죄가 발생한다.

① 사회해체이론 ② 권력통제이론
③ 자기통제이론 ④ 통제균형이론

해설

④ 통제균형이론에 대한 설명이다.

정답: ④

171 **다음 중 "왜 사람들은 범죄를 하지 않는가?"라는 문제제기와 가장 관계가 깊은 이론은?**

① 허쉬의 사회통제이론 ② 롬브로소의 생래적 범죄이론
③ 샘슨과 라웁의 전환점이론 ④ 볼드의 집단갈등이론

해설

허쉬의 사회통제이론은 어떠한 요인들이 작용하면 범죄를 하지 않도록 만드는가에 관심을 갖는다. 이 관점에서는 왜 많은 사람들이 범죄를 저지르지 않는데, 이들이 갖고 있는 특성은 무엇인가에 주목한다.

정답: ①

172 **사회유대의 요소로 애착(attachment), 전념(commitment), 참여(involvement), 신념(belief)을 주장한 학자는?**

① 허쉬(Hirschi) ② 나이(Nye)
③ 레크리스(Reckless) ④ 맛차(Matza)

해설

사회유대이론을 주장한 허쉬(Hirschi)는 사회유대의 구성요소로 애착, 전념, 참여, 신념을 주장하였다.

정답: ①

173 **허쉬(T. Hirschi)의 사회유대이론의 내용이 아닌 것은?**

① '왜 사람들은 범죄를 저지르지 않는가'에 관심을 가졌다.
② 사회에는 인습가치와 범죄가치가 모두 존재한다고 보았다.
③ 모든 사람들을 잠재적 범죄자로 가정했다.
④ 범죄는 개인이 사회에 대한 유대가 약해졌거나 끊어졌을 때 발생한다고 보았다.

해설

허쉬는 사회에 인습가치 이외에 하위문화도 존재한다고 보는 입장과 달리 하나의 인습적인 도덕질서만이 존재한다고 본다. 따라서 인간은 그 인습적인 사회에서 벗어날수록 범죄행위의 가능성은 높아지게 되며, 사회와 유대를 확고하게 할수록 범죄를 통제할 수 있게 되어 범죄를 저지르지 않게 된다고 주장한다. 결국 사회유대이론에서는 인간들이 사회와 맺는 사회유대 정도를 범죄의 중요한 통제요인으로 다루고 있다. 허쉬는 이러한 사회유대 요소를 네 가지로 설명하였는데 애착(attachment), 전념(commitment), 참여(involvement), 신념(belief)이다. 정답: ②

174 **허쉬(Hirschi)의 사회유대이론에 대한 설명으로 가장 적절하지 않은 것은?** 경찰간부 2025

① 누구나 범죄를 저지를 가능성이 있지만, 그것을 통제하는 요인은 개인이 사회와 맺고 있는 일상적인 유대이며, 그 유대가 약화되거나 단절되었을 때 범죄를 저지르게 된다고 하였다.
② 사회유대의 요소에는 애착(Attachment), 전념(Commitment), 참여(Involvement), 신념(Belief)이 있다.
③ 사회유대이론은 형사사법기관에 의한 공식적 통제를 강조하였다.
④ 사회유대이론과 억제이론은 통제력을 강조한다는 공통점이 있다.

해설

③ 사회유대이론은, 범죄는 범죄동기가 아니라 그것을 통제해 줄 수 있는 비공식적 통제, 즉 사회유대의 여부에 달려 있다고 본다. 정답: ③

175 **허쉬(Hirschi)가 말한 사회적 유대의 네 가지 요소 중 '규범준수에 따른 사회적 보상에 대한 관심'을 나타내는 것으로 가장 옳은 것은?** 해경간부 2024

① 애착(Attachment)
② 관여(Commitment)
③ 참여(Involvement)
④ 신념(Belief)

해설

② 관여(전념)는 사회에서의 주요 활동에 관여 또는 투자하는 정도이자, 규범준수에 따른 사회적 보상에 대한 관심의 정도를 말한다. 정답: ②

176 범죄이론에 대한 설명으로 옳지 않은 것은? 보호9급 2024

① 에이커스(Akers)의 사회학습이론에 따르면, 비행이나 일탈은 사회구성원 간의 상호작용을 통해 학습된다.

② 라이스(Reiss)와 나이(Nye)의 내적·외적 통제이론에 따르면, 애정·인정·안전감 및 새로운 경험에 대한 청소년의 욕구가 가족 내에서 충족될수록 범죄를 저지를 확률이 낮아진다.

③ 허쉬(Hirschi)의 사회유대이론에 따르면, 모든 사람은 잠재적 범죄자로서 자신의 행위로 인해 주변인과의 관계가 악화하는 것을 두려워하기 때문에 범죄를 저지르게 된다.

④ 사이크스(Sykes)와 맛차(Matza)의 중화(기술)이론에 따르면, 자신의 비행에 대하여 책임이 없다고 합리화하는 것도 중화기술의 하나에 해당한다.

해설

③ 허쉬의 사회유대이론에 따르면, 인간은 누구든지 범죄의 가능성이 잠재되어 있으나 개인이 사회와 맺고 있는 일상적인 유대가 이를 통제하는 요인으로 작용한다. 즉, 모든 사람은 잠재적 범죄자로서 자신의 행위로 인해 주변인과의 관계가 악화하는 것을 두려워하기 때문에 범죄를 억제하게 된다.

① 에이커스의 차별적 강화이론(사회적 학습이론)

② 라이스는 개인의 통제력 약화가 비행의 원인이라는 개인통제이론을 주장하였고, 나이는 비행을 예방하는 통제유형을 직접통제, 간접통제 및 내부적 통제로 나누어 설명하였다.

④ 사이크스와 맛차의 중화기술 중 책임의 부정에 해당한다. 정답: ③

177 범죄원인론의 내용과 이론에 대한 설명으로 옳은 것만을 모두 고르면? 보호7급 2024

ㄱ. 서덜랜드(E. Sutherland)의 차별적 교제이론(differential association theory)에 따르면, 범죄행위는 학습되며 법위반에 대한 우호적 정의(definition)가 비우호적 정의보다 클 때 개인은 비행을 저지르게 된다.

ㄴ. 베커(H.S. Becker)의 낙인이론에 따르면, 일탈자라는 낙인은 그 사람의 지위를 대변하는 주 지위(master status)가 되기 때문에 다른 사람들과의 원활한 상호작용에 부정적인 영향을 미치는 장애요인이 된다.

ㄷ. 머튼(R. Merton)의 아노미이론에 따르면, 아노미 상태에 있는 개인의 적응방식 중 혁신형(innovation)은 범죄자들의 전형적인 적응방식으로, 문화적 목표는 수용하지만 제도화된 수단은 거부하는 형태이다.

ㄹ. 타르드(G. Tarde)의 학습이론에 따르면, "사람들이 왜 범죄를 저지르는가?"에 대한 질문보다는 "왜 누군가는 규범에 순응하며 합법적인 행동을 하는가?"라는 질문이 중요하다.

① ㄴ, ㄷ ② ㄱ, ㄴ, ㄷ ③ ㄱ, ㄴ, ㄹ ④ ㄱ, ㄷ, ㄹ

해설

② 옳은 것은 ㄱ, ㄴ, ㄷ이다.

ㄹ. 허쉬(Hirschi)의 사회통제이론에 대한 설명이다. 허쉬는 사회통제이론에서 "우리는 모두 동물이며 자연적으로 누구든지 범죄를 저지를 수 있다."고 하면서 반사회적 행위의 근본적인 원인은 인간의 본성에 있으나, 사회적 통제가 그 본성을 억제하여 범죄를 저지르지 않게 된다고 하였다. 참고로, 타르드는 모방의 법칙을 주장하였다. 정답: ②

178 허쉬(Hirshi)의 사회통제이론(Social Control Theory) 중 옳은 것만으로 묶인 것은?

㉠ 한 개인이 일상적인 사회와 맺고 있는 유대가 약화되었거나 깨졌을 때 범죄가 발생한다는 이론이다.
㉡ 인간은 모두 동물이며, 자연적으로 누구나 범죄를 저지를 수 있다고 가정하였다.
㉢ 일탈을 통제하는 시스템에 장애가 생기면 통제가 이완되어 범죄나 비행이 발생된다고 보았다.
㉣ 개인의 범죄를 통제하는 기제는 개인이 일상적인 사회와 맺고 있는 유대라고 보았다.

① ㉠, ㉡
② ㉠, ㉡, ㉢
③ ㉠, ㉢, ㉣
④ ㉠, ㉡, ㉢, ㉣

해설

○ : ㉠, ㉡, ㉢, ㉣
× : 없음 정답: ④

179 허쉬(Hirschi)의 사회유대이론에 관한 설명으로 가장 적절하지 않은 것은? 경찰간부 2024

① 모든 사람이 범죄성을 지니고 있는 것은 아니지만 사회적 유대가 약해질 때 범죄를 저지르게 된다.
② 사회유대이론은 「비행원인론」(Causes of Delinquency)이라는 저서를 통하여 발표되었다.
③ 사회유대이론 중 애착(Attachment)이란 청소년이 상대방과의 관계를 중요하게 생각하고 감정적으로 유대감을 가지는 것을 의미한다.
④ 허쉬의 이론은 주로 청소년비행을 설명하기 위해 이론을 제시했지만, 다양한 범죄에 적용할 수 있다.

해설

허쉬는 "우리는 모두 동물이며 자연적으로 누구든지 범죄를 저지를 수 있다"고 하면서 사회와의 결속이 약하면 사회규범이나 질서에 얽매일 필요가 없으므로, 사회로부터 통제받지 않게 되어 일탈이 쉬워진다고 주장하였다. 즉, 모든 사람이 범죄성을 지니고 있다. 정답: ①

180 **허쉬(Hirshi)가 사회통제이론(Social Control Theory)을 통해 범죄자의 전형으로 예시한 경우와 가장 거리가 먼 것은?**

① 젊은 남성 ② 도시빈민가의 결손가정출신자

③ 실업자 ④ 마약중독자

해설

허쉬는 ①·②·③ 외에 학교교육을 제대로 이수하지 못한 자 등을 전형적인 범죄자로 예시하였다.

정답: ④

181 **허쉬(Hirschi)가 주장한 사회유대이론(Social Bond Theory)을 바탕으로 다음 사례에서 도출 가능한 유대 개념을 가장 적절하게 연결한 것은?** 경행1차 2023

> 경찰관이 되고자 하는 甲은 본인의 꿈을 달성하기 위하여 다음과 같은 노력을 기울이고 있다.
> ㉠ 경찰 관련 학과에 진학하여 전공과목에서 A+ 학점을 취득하기 위해 수업에 집중하고 있다.
> ㉡ 학과에서 실시하고 있는 학생순찰대에 가입하여 방과 후 대부분의 시간을 순찰활동에 할애하였다.

	㉠	㉡
①	전념(commitment)	참여(involvement)
②	참여(involvement)	전념(commitment)
③	전념(commitment)	신념(belief)
④	신념(belief)	참여(involvement)

해설

㉠ 전념(commitment)에 대한 설명이다.

㉡ 참여(involvement)에 대한 설명이다.

허쉬가 제시한 사회유대를 맺는 방법(4가지)
• 애착 : 허쉬가 가장 강조한 방법으로, 애정과 관심에 의한 유대관계 → '정서적 결속'을 의미 예 가족 간 사랑, 스승에 대한 존경, 친구와의 우정 [사례] 절도를 하려고 하였으나 이를 알면 가족들이 실망할까 봐 그만두는 경우 • 전념 : 각자의 합리적 판단에 따라 규범준수로 받게 될 '사회적 보상'에 관심을 갖는 것 [사례] 자신의 미래를 생각하며 학업에 충실하고 비행을 멀리하는 경우 • 참여 : '전념'의 결과로, 규범준수의 생활방식과 활동에 시간, 열정 등을 투자하는 것 [사례] 학업에 충실하여 과제준비에 많은 시간을 할애함으로써 비행과 접촉할 시간이 거의 없는 경우 • 신념(믿음) : 사회규범이나 도덕적 가치를 내면화하여 이를 받아들이는 것 [사례] 법을 지켜야 한다는 믿음이 강할수록 비행가능성이 낮아지는 경우

정답: ①

182 **허쉬(T. Hirschi)의 사회통제이론(social control theory)에 관한 설명으로 옳지 않은 것은?**

① 범행을 야기하는 이유보다 특정한 사람들이 범죄를 저지르지 않는 이유에 초점을 둔다.
② 부모와의 애착관계가 긴밀할수록 범죄를 저지를 가능성이 낮다.
③ 공식적 사회와의 유대감이 클수록 범죄를 저지를 가능성이 높다.
④ 규범에 대한 믿음이 약할수록 범죄를 저지를 가능성이 높다.
⑤ 범죄를 저지를 잠재적 가능성은 누구에게나 있지만, 범죄의 통제가 가능한 것은 개인이 사회와 맺고 있는 유대관계 때문이다.

해설

③ 허쉬는 자신이 주장한 사회통제이론을 통해 한 개인이 일상적인 사회와 맺고 있는 유대감이 클수록 범죄를 저지를 가능성이 낮아진다고 보았다. 정답: ③

183 **다음 중 허쉬(Hirschi)의 사회유대이론에 대한 설명으로 가장 옳지 않은 것은?**
해경간부 2023

① '애착(Attachment)'은 개인이 다른 사람과 맺는 감성과 관심으로, 이를 통해서 청소년은 범죄를 스스로 억누르게 되는 것을 말한다.
② '참여(Involvement)'는 관습적 활동 또는 일상적 활동에 열중하는 것으로, 참여가 높을수록 범죄에 빠질 기회와 시간이 적어져 범죄를 저지를 가능성이 감소되는 것을 말한다.
③ '신념(Belief)'은 지역사회가 청소년의 초기 비행행동에 대해 과잉반응하지 않고 꼬리표를 붙이지 않는 것을 말한다.
④ '관여 또는 전념(Commitment)'은 관습적 활동에 소비하는 시간·에너지·노력 등으로, 시간과 노력을 투자할수록 비행을 저지름으로써 잃게 되는 손실이 커져 비행을 저지르지 않는 것을 말한다.

해설

③ 신념이란 내적 통제를 의미하는 것으로, 사람들마다 사회규범을 준수해야 한다고 믿는 정도에는 차이가 있고, 규범에 대한 믿음이 약할수록 비행이나 범죄를 저지를 가능성이 높다고 보았다.
탄넨바움(Tannenbaum)은 범죄자라는 꼬리표에 비행소년 스스로가 자신을 동일시하고 그에 부합하는 역할을 수행하게 되는 과정을 '악의 극화'라고 하였다. 정답: ③

184 **범죄이론과 그 내용의 연결이 옳은 것은?**

① 사회유대(통제)이론 – 소년은 자기가 좋아하고 존경하는 사람들의 기대에 민감하고, 그들이 원하지 않는 경우 비행을 멀리하게 된다.
② 아노미이론 – 중산층문화에 적응하지 못한 하위계층 출신의 소년들은 자신을 궁지에 빠뜨렸던 문화와 정반대의 문화를 만들어 자신들의 적응문제를 집단적으로 해결하려고 한다.
③ 비행적 하위문화이론 – 소년은 사회통제가 약화되었을 때 우연히 발생하는 상황을 어떻게 판단하는가에 따라 합법적인 행위를 하거나 비행을 저지르게 된다.
④ 봉쇄(견제)이론 – 소년비행에 있어서는 직접적인 대면접촉보다 자신의 행동을 평가하는 준거집단의 성격이 더 중요하게 작용한다.
⑤ 차별적 동일시이론 – 소년은 범죄를 유발하는 힘이 범죄를 차단하는 힘보다 강할 때 비행을 저지르게 된다.

해설

①은 허쉬(T. Hirschi)의 사회통제이론에 관한 설명으로 맞는 표현이다. ②는 밀러(W.B. Miller)의 하층계급문화이론에 관한 설명이다. ③은 맛차(D. Matza)의 표류이론에 관한 설명이다. ④는 글래이저(D. Glaser)의 차별적 동일화이론에 관한 설명이다. ⑤는 레크리스(W. Reckless)의 봉쇄(견제)이론에 관한 설명이다.

정답: ①

185 **하층계급의 높은 범죄율을 설명하는 이론으로 가장 거리가 먼 것은?**

① 머튼의 아노미이론　　② 사회해체이론
③ 허쉬의 사회유대이론　　④ 일탈하위문화이론

해설

③ 허쉬의 사회유대이론이란 개인이 일상적인 사회와 맺고 있는 유대가 약화되거나 깨어졌을 때 범죄가 발생한다는 이론으로 그가 범죄자의 전형으로 거론한 유형은 젊은 남성, 도시빈민가의 결손가정출신자, 학교교육을 제대로 이수하지 못한 자, 실업자 등이었다. 따라서 특히 하층계급의 높은 범죄율을 설명하는 이론이라고 보기 어렵다. ①·②·④는 모두 하층계급의 높은 범죄율을 설명하는 이론에 해당한다. 정답: ③

186 **맛차(D. Matza)의 표류이론에 관한 설명으로 옳지 않은 것은?**

① 코헨의 비행부문화이론을 계승하여 이를 더욱 발전시켰다.
② 비행소년은 비행과 무비행의 생활양식 사이에서 표류하고 있는 존재에 불과하다는 이론을 말한다.
③ 비행자는 비범죄적 행동양식에 차별적으로 사회화되어 범죄로 나아가는 것이 아니라고 주장하여 서덜랜드의 차별적 접촉이론을 비판하였다.
④ 느슨한 사회통제가 소년을 비행으로 유인한다고 보았다.

해설

① 맛차는 비행적 하위문화가 독자적으로 존재하는 것이 아니라고 함으로써 코헨의 비행적 하위문화 이론을 비판하였다.

정답: ①

187 맛차(Matza)의 표류이론(drift theory)에 대한 설명으로 옳지 않은 것은?

① 비행청소년들은 비행의 죄책감을 모면하기 위해 다양한 중화의 기술을 구사한다.
② 비행이론은 표류를 가능하게 하는, 즉 사회통제를 느슨하게 만드는 조건을 설명해야 한다고 주장하였다.
③ 대부분의 비행청소년들은 합법적인 영역에서 오랜 시간을 보낸다.
④ 비행청소년들은 비행 가치를 받아들여 비행이 나쁘지 않다고 생각하기 때문에 비행을 한다.

해설

①·②·③은 맛차의 표류이론에 해당하나, ④는 코헨(Cohen)의 비행적 하위문화이론에 해당한다.

정답: ④

188 맛차(D. Matza)의 표류이론에 관한 설명 중 옳지 않은 것만으로 묶인 것은?

㉠ 하층계급소년들의 비행은 중산계층의 가치관에 대한 반동형성에 근거한다.
㉡ 대부분의 비행소년은 성년이 되면 합법적 가치체계로 환원한다.
㉢ 사회통제가 지나치게 강화되면 소년들이 규범이나 가치에 전념하지 못하고, 위법적인 행위양식에도 몰입하지 않는 표류상태에 놓여진다.
㉣ 지배적인 문화와 구별되는 하위문화가 독자적으로 존재한다.
㉤ 비행자는 비범죄적 행동양식에 차별적으로 사회화되어 범죄로 나아간다.

① ㉠, ㉡
② ㉠, ㉡, ㉣
③ ㉠, ㉢, ㉣
④ ㉠, ㉢, ㉣, ㉤

해설

× : ㉠ 맛차는 비행소년에게는 중산계층의 가치관에 대한 반동형성이 없고, 다른 청소년과 아무런 기본적 차이가 없다고 보았으며, 오히려 중산계층의 전통적 가치관에 동조한다고 보았다.
㉢ 소년들이 표류상태에 놓여지게 되는 것은 사회통제가 약화되었을 때라는 것이 표류이론의 내용이다.
㉣ 지배적인 문화와 구별되는 하위문화가 독자적으로 존재하지 않는다고 보았다(비행적 하위문화이론 비판).
㉤ 비행자는 비범죄적 행동양식에 차별적으로 사회화되어 범죄로 나아가지 않는다고 보았다(차별적 접촉이론 비판).

○ : ㉡

정답: ④

189 **중화기술이론(Theory of Techniques of Neutralization)에 관한 다음 설명 중 가장 적절하지 않은 것은?**

① 맛차(Matza)와 사이크스(Sykes)가 소년들이 표류상태에 빠지게 되는 과정을 설명하기 위해 주장한 이론이다.

② 비행소년이 위법행위를 하는 경우 자신의 행위를 정당화하려는 기술을 중화기술이라고 불렀다.

③ 중화기술은 일반인들이 자신의 행동을 합리화하는 과정과 구별되는 비행소년 고유의 합리화과정이라고 보았다.

④ 맛차(Matza)와 사이크스(Sykes)는 중화기술이 일반적인 합리화과정을 다소 확장한 것으로 파악하였다.

해설

③ 중화기술은 일반인들이 일상적인 사회생활에서 보이는 자기행동의 합리화과정과 원칙적으로 다르지 않다고 보았다.

정답: ③

190 **다음 중 사이크스(Sykes)와 맛차(Matza)의 중화이론(Theory of Neutralization)에 대한 설명으로 가장 옳지 않은 것은?** 해경간부 2025

① 법위반자는 때로는 위반행위가 단순히 자신의 잘못 때문만이 아니라 자신의 통제에서 벗어난 어쩔 수 없는 힘에 의한 결과였다고 생각한다.

② 범죄란 불법행위에 직면할 때 도덕적 고민을 해결하기 위해 사회적으로 용인된 일정의 표준화된 기술을 학습하여 얻은 극복의 결과로 여긴다.

③ 훔친 물건은 잠시 빌리는 것뿐이며, 물건파손은 이미 쓸모없는 물건에 해를 입히는 것뿐이라고 여긴다.

④ 범죄란 사회의 문화적이고 제도적 영향의 결과로 바라본다.

해설

④ 중화이론에 따르면, 범죄란 범죄자에게 내면화되어 있는 규범의식과 가치관이 중화·마비되면서 발생한다.

〈중화기술의 유형〉

책임의 부정(회피)	자신이 아닌 다른 사람, 환경 등에 책임을 전가 예 나와 같은 처지였다면 누구나 그러한 행동을 했을 것이다.
가해(해악)의 부정	자신의 행위는 누구에게도 피해를 주지 않았다고 생각함으로써 합리화 예 물건을 빌린 것이지 훔친 것이 아니다.
피해자의 부정	피해자는 피해를 받아 마땅하고, 따라서 자신의 행위는 정의로운 응징이라고 주장 예 내가 비록 상점의 물건을 훔쳤지만, 그 상점주인은 정직하지 못한 사람이다.
비난자에 대한 비난	사회통제기관을 부패한 자들로 규정하여 자신을 심판할 자격이 없다고 주장 예 경찰은 부패한 공무원인데 왜 나를 비난하는가?

고도의 충성심에의 호소	친근한 집단을 위한 충성심이나 의리 때문에 저지른 불가피한 행위였다고 주장 예 나의 범죄는 가족을 먹여 살리기 위한 행위였을 뿐이다.

정답: ④

191 미국의 사회심리학적 범죄이론에 관한 설명으로 바르지 않은 것은?

① 중화이론이란 범죄가 범죄자에게 이미 내면화되어 있는 규범의식, 가치관을 중화·마비시키면서 발생하는 것으로 본다.
② 자아관념이론에 의하면 올바른 자기관은 비행을 억제하는 절연체 구실을 한다.
③ 표류이론은 비행소년과 일반소년의 근본적인 차이가 있고 그 차이로 인하여 비행소년들이 어쩔 수 없이 범죄에 빠져든다고 보았다.
④ 표류이론에 의하면 사회통제가 약화되었을 때 소년들이 합법적인 규범이나 가치에 전념하지 못하고 그렇다고 위법인 행위양식에도 몰입하지 못하는 상태를 표류상태라 한다.

해설

표류이론은 비행소년과 일반소년 사이의 근본적 차이를 부정하고, 사회적 통제여부에 따라 비행소년으로 되기도 하고 일반소년으로 남아 있기도 한다고 본다. 정답: ③

192 중학생 A는 어느 조직폭력단 두목의 일대기에 심취하여 그의 행동을 흉내 내다가 범죄를 저지르기에 이르렀다. 다음 중 A의 범죄화 과정을 설명하는 이론으로 가장 옳은 것은?

해경간부 2023

① 머튼(Merton)의 아노미이론
② 그레이저(Glaser)의 차별적 동일시이론
③ 셀린(Sellin)의 문화갈등이론
④ 터크(Turk)의 권력갈등론

해설

차별적 동일시이론은 범죄를 학습할 수 있는 대상이 텔레비전이나 영화의 주인공처럼 관념상의 인간으로까지 확장될 수 있다고 보았다. 정답: ②

193 사이크스(Sykes)와 맛차(Matza)의 중화기술이론이다. 다음이 의미하는 것은?

자신의 범죄행위는 자신의 의지로는 어쩔 수 없는 주변환경이나 외부적요인에 의한 것이므로 자신에게는 아무런 책임이 없다고 주장

① 책임의 부정
② 가해의 부정
③ 피해자의 부정
④ 고도의 충성심에 호소

해설

【중화기술의 유형(Sykes & Matza)】

- 책임의 부정 : 청소년 범죄자는 종종 자기의 불법행위는 자기의 잘못(책임)이 아니라고 주장한다. 자신의 행위를 용납하고, 비행의 책임을 빈곤 등 외부적 요인으로 전가하면서 자신을 사회상황의 희생물로 여기는 것이다.
- 가해(손상)의 부정 : 자동차를 훔치고는 잠시 빌렸다고 생각하거나 방화를 하면 보험회사가 피해를 모두 보상해 줄 것이라는 등으로 자신의 행위로 아무도 침해를 받지 않았다고 함으로써 자신의 행위를 합리화하는 기술이다.
- 피해자의 부정 : 자기의 절취행위는 부정직한 점포에 대한 보복이라고 생각하는 식으로 자기의 가해행위는 피해자가 마땅히 받아야 하는 응징이라고 변명하는 방법이다.
- 비난하는 자에 대한 비난 : 예컨대 법관, 경찰, 선생님 등과 같이 자기를 비난하는 사람들은 더 부패한 자들로서 자기를 심판할 자격이 없다고 비난하면서 자신의 비행에 대한 죄책감과 수치심을 중화시키는 것을 말한다.
- 고도의 충성심에 호소 : 자신의 비행을 인정하면서도 친구들과의 의리나 조직을 위해 어쩔 수 없었다고 하여 형법의 요구보다는 자신이 속한 집단의 연대성이 더 중요하다고 생각하여 본인의 비행을 합리화하는 경우이다. 정답: ①

194 **중화의 기법 중 다음 〈보기〉의 연구와 관련성이 가장 적은 것은?** 해경간부 2024

> 1971년 메나헴 아미르(Menachem Amir)는 필라델피아에서 강간범죄 피해자에 대한 연구를 수행하였다. 이 연구에서 아미르는 여성피해자가 흔히 도발적인 복장을 하거나 외설적인 언어를 사용하거나 심지어 일부는 마조히즘 성향을 보이며 강간범과 관계를 가지려고 함으로써 공격에 원인을 제공하였다고 주장하였다.

① 책임의 부정　　② 가해의 부정
③ 피해자의 부정　　④ 비난자에 대한 비난

해설

① 책임의 부정: 강간범과 관계를 가지려고 함으로써 …
② 가해의 부정: 마조히즘(피학증) 성향을 보이며 강간범과 관계를 가지려고 함으로써 …
③ 피해자의 부정: 여성피해자가 흔히 도발적인 복장을 하거나 외설적인 언어를 사용하거나 (따라서 보호받을 가치가 없는) … 정답: ④

195 **사이크스(Sykes)와 마짜(Matza)가 제시한 중화의 기법과 사례의 연결이 가장 적절하지 않은 것은?** 경찰간부 2025

① 가해(손상)의 부인 : 타인의 재물을 횡령하면서 사후에 대가를 지불하면 아무런 문제가 없다고 주장하는 경우
② 충성심(상위가치)에 대한 호소 : 특수절도를 하는 과정에서 공범인 A, B와의 친분관계 때문에 의리상 어쩔 수 없었다고 주장하는 경우
③ 피해자의 부인 : 성범죄를 저지르면서 피해자가 야간에 혼자 외출하였기 때문에 발생한 것이라고 주장하는 경우
④ 비난자에 대한 비난 : 폭력을 행사하면서 어린 시절 부모로부터 학대를 당해 그럴 수밖에 없었다고 주장하는 경우

해설

④ 비난자에 대한 비난이 아닌 책임의 부정에 해당한다. 책임의 부정은 가난, 나쁜 친구의 유혹, 음주 등에 책임을 전가하고, 자신도 피해자라고 한다. 정답: ④

196 **다음 〈보기〉는 사이크스(Sykes)와 마차(Matza)의 중화기술에 관한 내용이다. 이에 해당되는 유형은 무엇인가?** 해경간부 2023

> 보기
> 범죄자 A는 경찰, 검사, 판사들은 부패한 공무원들이기 때문에 자신의 비행을 비난할 자격이 없다고 합리화한다.

① 책임의 부정(Denial of Responsibility)
② 가해의 부정(Denial of Injury)
③ 비난자에 대한 비난(Condemnation of the Condemners)
④ 피해자의 부정(Denial of Victim)

해설

사이크스(Sykes)와 맛차(Matza)의 중화기술의 유형 중 '비난자에 대한 비난'에 해당한다. 정답: ③

197 다음은 사이크스(Sykes)와 마차(Matza)의 중화기술에 관한 내용이다. ㉠, ㉡에 해당되는 유형이 가장 적절하게 짝 지어진 것은? 경행경채 2022

> ㉠ 범죄자 甲은 이 세상은 타락했고 경찰도 부패했다며 '왜 나만 갖고 그래!'라고 소리쳤다.
> ㉡ 범죄자 乙은 자신에게 폭행당한 사람에게 '네가 힘없는 부녀자를 때렸기 때문에 넌 맞아도 돼!'라고 말했다.

① ㉠ 비난자에 대한 비난(Condemnation of condemners)
㉡ 피해자의 부정(Denial of Victim)
② ㉠ 책임의 부정(Denial of Responsibility)
㉡ 피해의 부정(Denial of Injury)
③ ㉠ 책임의 부정(Denial of Responsibility)
㉡ 피해자의 부정(Denial of Victim)
④ ㉠ 비난자에 대한 비난(Condemnation of condemners)
㉡ 책임의 부정(Denial of Responsibility)

해설

① ㉠ 비난자에 대한 비난, ㉡ 피해자의 부정

㉠ 비난자에 대한 비난 : 자신을 비난하는 사람, 즉 경찰·기성세대·부모·선생님 등이 더 나쁜 사람(경찰도 부패)이면서 소년 자신의 작은 잘못을 비난하는 것은 모순이라는 식으로 합리화하는 것을 말한다.

㉡ 피해자의 부정 : 자신의 행위가 피해를 유발한 것은 인정하지만, 그 피해는 마땅히 당해야 하는 사람에 대한 일종의 정의로운 응징(힘없는 부녀자를 때렸기 때문)이라고 주장하거나, 피해를 본 사람이 노출되지 않은 경우에는 피해자의 권리를 무시함으로써 중화시키는 것을 말한다.

책임의 부정(회피)	• 자신이 아닌 다른 것에 책임을 전가함 • 예 자신과 같은 처지에 있다면 누구도 그런 행동을 했을 것이라고 생각함
가해(해악)의 부정	• 자신의 행위는 누구에게도 피해를 주지 않았다고 생각함으로써 자신의 비행을 합리화함 • 예 절도를 하면서 잠시 물건을 빌리는 것이라고 생각함
피해자의 부정	• 피해자는 피해를 받아 마땅하다고 보거나, 자신의 행위를 정의로운 응징으로 봄 • 예 상점의 물건을 훔쳤지만 가게주인은 정직하지 못한 사람이라고 생각함
비난하는 자를 비난	• 사회통제기관을 부패한 자들로 규정하여 자기를 심판할 자격이 없다고 봄 • 예 경찰·판사들은 부패한 공무원이므로 자신을 비난할 자격이 없다고 생각함
고도의 충성심에의 호소	• 친근한 집단에 대한 충성심 또는 도리를 위해 불가피하게 범죄행위를 하였다고 함 • 예 가족을 먹여 살리기 위해 어쩔 수 없이 범죄를 저질렀다고 생각함

정답: ①

198 **다음 중 중화기술이론에 대한 설명으로 타당하지 않은 것은?**

① 대표적 주장자는 사이크스(Sykes)와 맛차(Matza)이다.
② 코헨(Cohen)의 하위문화이론을 구체화한 이론이다.
③ 범죄행동의 중화기술을 잘 학습한 사람일수록 범죄자가 될 가능성이 높다고 본다.
④ 범죄는 범죄자에게 내면화되어 있는 규범의식과 가치관이 중화·마비되면서 발생한다는 것이다.

해설

중화기술이론은 코헨의 하위문화이론에 대한 비판으로 등장한 것으로서, 법률위반에 관한 서덜랜드의 적극적 정의를 구체화한 이론이다. 정답: ②

199 **사이크스(Sykes)와 맛차(Matza)의 5가지 중화기법(neutralization)이 아닌 것은?**

① 책임의 부정
② 손상(가해)의 부정
③ 처벌의 부정
④ 피해자의 부정

해설

중화기법으로는 책임의 부인, 손상의 부인, 피해자의 부인, 비난자에 대한 비난, 더 높은 충성심에의 호소가 있다. 정답: ③

200 **조직폭력배가 "조직을 위해 폭력행사는 불가피하다"라고 자신의 행동을 정당화하는 중화기술은?**

① 책임의 부정　　② 피해자의 부정
③ 손상(Injury)의 부정　　④ 더 높은 충성심에의 호소

해설

"조직을 위해 폭력행사는 불가피하다"라고 자신의 행동을 정당화하는 것은 자신이 속한 집단의 연대성이 중요하다고 생각하여, 본인의 비행을 합리화하는 경우인 더 높은 충성심에의 호소이다.

【중화기술이론】

- 책임의 부정 : 비행은 내 탓이 아닌 남의 탓
- 가해의 부정 : 내 행위는 누구도 해치지 않았다.
- 피해자의 부정 : 내가 저지른 행위는 피해자가 응당 받아야 하는 것이다.
- 비난자의 비난 : 누구나가 잘못하고 있는데 왜 나의 잘못만이 문제인가?
- 더 높은 충성심(상위가치)에의 호소 : 규범도 좋지만 더 소중한 가치도 있다.

정답: ④

201 통제이론(Control Theories)에 관한 설명으로 가장 적절하지 않은 것은? 경행차 2023

① 레클리스(Reckless)는 긍정적 자아관념이 청소년을 범죄환경의 압력과 유인으로부터 보호한다고 주장하였다.

② 나이(Nye)는 직접통제가 공식적 제재를 통해 행사될 수 있음을 인정하면서도, 가정에서의 비공식적 간접통제를 강조하였다.

③ 마차(Matza)는 비행청소년들이 비행가치를 받아들여 비행이 나쁘지 않다고 생각하기 때문에 비행을 저지른다고 보았다.

④ 갓프레드슨(Gottfredson)과 허쉬(Hirschi)는 낮은 수준의 자기통제력이 범죄행동의 주요 원인이라고 보았다.

해설

맛차와 사이크스는 비행자의 규범의식이나 가치관이 중화(마비)되어 비행을 하게 된다고 주장하였다. 즉, 자신의 비행에 대한 타인의 비난을 의식적으로 합리화(정당화·중화)시키면 죄책감이나 수치심이 없어져 비행을 하게 된다는 이론이다. 이는 교육과 불법적 기회를 제한하면 범죄가 통제될 수 있다는 상황적 결정론에 입각한 것이다. 결국 마차(Matza)는 비행자와 일반인 사이에는 인습가치와 태도, 도덕적 신념에서 차이가 없다고 본다. 대부분 비행자와 범죄자들은 준법적이고 관습적인 가치와 태도를 견지하지만, 사회통제가 약화하였을 때 중화가치기술을 배워서 비합법적 행위와 관습적 행위 사이를 왔다 갔다 하는 표류를 한다.

- 비행소년도 자유의지와 책임이 어느 정도 존재함을 인정한다.
- 규범위반에 대한 합리화(중화)를 통한 내적 통제 약화를 범죄의 원인으로 본다.
- 비행소년도 대부분 일상적이고 준법적인 생활을 하며, 특별한 경우에 한하여 위법적인 행위를 한다.
- 범죄행위를 비난하고 견제하는 규범(법·윤리) 자체는 부인하지 않는다.
- 내적 통제에 중점을 두고, 사회심리학적 측면에서 접근하였다.
- 중화기술이론은 맛차의 표류이론과 맛차와 사이크스의 잠재가치론으로 발전하였다.

정답: ③

202 다음은 사이크스(Sykes)와 마차(Matza)의 중화기술에 관한 내용이다. 해당되는 유형은 무엇인가? 경찰간부 2023

> 이 사회를 운영하는 지도층도 다들 부패했고 도둑놈들이기 때문에 법을 어기는 것은 괜찮아. 그들은 내가 하는 것에 대해서 비판하는 위선자들일 뿐이야. 그렇게 존경받는 사람들이 저지르는 화이트칼라범죄를 봐.

① 책임의 부정(Denial of Responsibility)

② 피해의 부정(Denial of Injury)

③ 피해자의 부정(Denial of Victim)

④ 비난자에 대한 비난(Condemnation of Condemners)

해설

④ 중화기술의 유형 중 '비난자에 대한 비난'에 해당한다. 자신을 비난하는 사람, 즉 경찰이나 부모, 선생님 등이 더 나쁜 사람이면서 소년 자신의 잘못을 비판하는 것은 모순이라는 식으로 합리화하는 것을 말한다. 정답: ④

203 **"어울릴 줄 모르고 튀어서 왕따당한 아이는 맞아도 싸다" 라고 하는 것은 중화의 기술 중 어디에 해당되는가?**

① 책임의 부정 ② 가해자의 부정
③ 피해자의 부정 ④ 비난자의 비난

해설

피해자의 부정(denial of victim)은 자신의 행위가 해를 유발한 것은 시인하지만 그 피해는 당해야 마땅한 사람에 대한 일종의 정의로운 응징이라고 주장하는 것을 말한다. 위의 지문은 '피해자의 부정'에 해당한다. 정답: ③

★중요★
204 **사이크스(G. Sykes)와 맛차(D. Matza)가 제시한 중화기술의 유형에 관한 예시로서 옳지 않은 것은?**

① 다른 사람의 교통위반행위는 눈감아 주면서 나의 교통위반행위를 문제 삼는 것은 도저히 용납할 수 없다.
② 아버지가 폭력을 사용하여 나를 심하게 괴롭혀왔기 때문에 나도 아버지에게 폭력을 행사할 수 있다.
③ 당신도 나와 같은 가정환경에서 자랐다면 나처럼 불량청소년이 될 수밖에 없었을 것이다.
④ 나의 잘못에 대하여 신이 벌한다면 몰라도 현재의 부패한 사법당국이 나를 벌하는 것은 도저히 수용할 수 없다.
⑤ 나의 폭력적인 쟁의행위가 위법이지만, 악덕기업인으로부터 근로자로서의 정당한 권익을 보장받기 위해서 어쩔 수 없다.

해설

①은 사이크스와 맛차의 중화기술의 유형에 해당하지 않는다. ②는 피해자의 부정, ③은 책임의 부정, ④는 비난하는 자를 비난, ⑤는 고도의 충성심에의 호소에 각각 해당한다. 맛차와 사이크스의 중화기술유형을 정리하면 다음과 같다.

책임의 부정(회피)	• 자신이 아닌 다른 것에 책임을 전가함 • 예) 자신과 같은 처지에 있다면 누구도 그런 행동을 했을 것이라고 생각함
가해(해악)의 부정	• 자신의 행위는 누구에게도 피해를 주지 않았다고 함으로써 자신의 비행을 합리화함 • 예) 절도를 하면서 잠시 물건을 빌리는 것이라고 생각함

피해자의 부정	• 피해자는 피해를 받아 마땅하다고 보거나 자신의 행위를 정의로운 응징으로 봄 • 예 상점의 물건을 훔쳤지만 가게주인은 정직하지 못한 사람이라고 생각함
비난하는 자를 비난	• 사회통제기관을 부패한 자들로 규정하여 자기를 심판할 자격이 없다고 봄 • 예 경찰·판사들은 부패한 공무원이므로 자신을 비난할 자격이 없다고 생각함
고도의 충성심에의 호소	• 친근한 집단에 대한 충성심 또는 도리를 위하여 불가피하게 범죄행위를 하였다고 봄 • 예 가족을 먹여 살리기 위해 어쩔 수 없이 범죄를 하였다고 생각함

정답: ①

205 **범죄를 저지른 사람에 대한 처벌이 일반시민들로 하여금 처벌에 대한 두려움을 불러 일으켜서 결과적으로 범죄가 억제되는 효과를 무엇이라고 하는가?**

① 일반적 억제효과 ② 특수적 억제효과
③ 절대적 억제효과 ④ 간접적 억제효과

해설

실제 범죄자들에게 가혹한 처벌을 함으로써 그 당사자가 다시는 범죄를 하지 못하도록 하는 것을 '특수적 억제효과'라고 하며, 범죄자에 대한 처벌의 고통을 일반 사람들에게 알림으로써 잠재적 범죄자에 대한 범행을 사전에 억제·예방하는 것을 '일반적 억제효과'라고 한다. 정답: ①

206 **처벌의 억제효과에 관한 일반적인 설명으로 옳지 않은 것은?**

① 계획적 범죄가 우발적 범죄에 비해 억제효과가 크다.
② 도구적 범죄가 표출적 범죄에 비해 억제효과가 크다.
③ 검거가능성이 높아질수록 억제효과가 커진다.
④ 폭력범죄가 재산범죄에 비해 억제효과가 크다.

해설

우발적 범죄가 많은 폭력범죄보다는 계획적 범죄가 많은 재산범죄에 대한 처벌의 억제효과가 더 크다.

정답: ④

207 **갓프레드슨과 허쉬(Gottfredson & Hirschi)가 일반이론에서 범죄의 유일하면서도 중요한 원인이라고 주장하는 것은?**

① 긴장 ② 자기통제력
③ 애착 ④ 재통합적 수치

해설

갓프레드슨과 허쉬(Gottfredson & Hirschi)는 모든 범죄를 설명할 수 있다는 의미에서 자신들의 이론을 일반이론이라 주장하였다. 이러한 일반이론에서는 범죄의 원인을 어릴 때 가정에서 형성된 '자기통제력'이라 보았다. 즉, 어린 시절 형성된 낮은 통제력이 성인이 될 때까지 쉽게 변하지 않고 지속되어 범죄의 원인이 된다는 것이다. 어릴 때 가정에서 형성된 '자기통제력'이라는 성향이 청소년비행을 설명할 수 있는 주요 원인이 된다고 보고 있다. 정답: ②

208 **갓프레드슨(Gottfredson)과 허쉬(Hirschi)의 자기통제이론(Self Control Theory)에 관한 설명으로 가장 적절한 것은?** 경행2차 2023

① 갓프레드슨과 허쉬는 자기통제이론이 모든 인구사회학적 집단에 의해 발생하는 모든 유형의 범죄행위와 범죄유사행위를 설명할 수 있다고 주장하였다.
② 유년기에 형성된 자기통제력은 개인의 상황과 생애과정의 경험에 따라 변화한다.
③ 낮은 자기통제력의 주요 원인은 청소년기 동안 경험한 비행친구와의 교제이다.
④ 청소년은 사회통제로부터 벗어나 합법과 위법의 사이를 표류하여 비행을 저지른다.

해설

① 갓프레드슨과 허쉬의 '범죄일반이론'(=자기통제력이론)은 범죄유발에 영향을 주는 요인을 자기통제력과 범행기회라고 보았고, 범죄와 가장 관련 있는 요인으로서 자기통제력을 강조하였다. 개인의 자기통제력은 초기 아동기에 가정에서의 양육방식에 의해 형성되고, 이때 형성된 자기통제력은 성인이 되어서도 평생 변하지 않는 안정적인 성향이 되므로, 비행친구와의 차별적 접촉과 같은 요인들은 비행의 원인이 될 수 없다고 하였다.
② 자기통제력이라는 내적 성향은 어릴 때 형성되고, 아동기에 형성된 자기통제력은 청소년기를 지나 성인이 되어서도 변하지 않는 안정적이고도 지속적인 성향이 된다고 한다.
③ 부모의 부적절한 자녀양육이 자녀의 낮은 자기통제력의 원인이라고 보았다.
④ 사이크스(Sykes)와 맛차(Matza)의 중화이론에 대한 설명이다. 정답: ①

209 **다음은 고등학교 야구선수 A의 비행시작과 비행중단에 대한 이론적 설명이다. 가장 적절하지 않은 것은?** 경찰간부 2024

> 어려서부터 유망한 야구선수였던 A는 고교 진학 후 좋은 성적을 내야 한다는 심리적 부담과 급작스런 부상으로 야구를 그만두고 비행친구와 어울리게 된다. 하지만 소속팀을 떠나 음주, 흡연, 성인오락실 출입 등 방황과 일탈로 시간을 보내던 중, 자신이 정말 원하고 좋아하는 일이 야구 그 자체였음을 깨닫고 다시 어렵사리 야구부로 돌아왔다. 일탈적 생활습관이 추후 선수생활을 유지하는 데 지장을 줄 수 있다고 생각하여 비행친구의 유혹을 뿌리치고 운동에만 매진하게 되었다.

① 애그뉴(Agnew)의 일반긴장이론에 따르면 야구선수 A의 부상과 성적에 대한 부담은 긴장으로 볼 수 있다.
② 허쉬(Hirschi)의 사회유대이론에 따르년 A가 야구부 복귀 후 비행친구의 유혹을 뿌리치고 운동에만 매진하는 것은 전념(Comm itment)에 해당한다.
③ 레클리스(Reckless)의 봉쇄이론에 따르면 A의 비행중단은 외적 봉쇄요인보다 내적 봉쇄요인의 작용이 컸다.
④ 갓프레드슨과 허쉬(Gottfredson & Hirschi)의 자기통제이론에 따르면 A의 비행은 전형적인 낮은 자기통제력 사례에 해당한다.

해설

④ 갓프레드슨과 허쉬에 따르면, 개인의 자기통제력은 초기 아동기에 가정에서의 양육방식에 의해 형성되고, 이때 형성된 자기통제력은 성인이 되어서도 평생 변하지 않는 안정적인 성향이 된다. 즉, 부모의 부적절한 자녀양육이 자녀의 낮은 자기통제력의 원인이라고 보았으므로, 사례와는 관련이 없다. 정답: ④

210 **다음 중 갓프레드슨과 허쉬(Michael R. Gottfredson and Travis Hirschi)의 일반이론의 내용으로 옳지 않은 것은?**

① 자기통제력이 범죄의 원인이라고 본다.
② 고전주의와 실증주의 범죄학을 통합하려고 시도했다.
③ 청소년 성장기의 환경요인은 크게 중요하다고 보지 않았다.
④ 교정기관에서의 심리치료를 주요 방안으로 제시한다.

해설

④ 갓프레드슨과 허쉬는 비행을 저지른 청소년에 대해서는 가정에서 즉시 벌을 주는 외적 통제가 필요함을 강조하고, 이러한 외적 통제는 사회화과정을 거쳐 청소년에게 내면화됨으로써 비행이 예방된다고 보았으며, 가족치료를 비행예방의 주요 방안으로 제시하였다. 정답: ④

★중요★
211 다음 중 갓프레드슨(Gottfredson)과 허쉬(Hirschi)의 자기통제이론에 대한 설명으로 가장 옳지 않은 것은? 해경간부 2023

① 범죄를 설명함에 있어 청소년기에 경험하는 다양한 환경적 영향요인을 충분히 고려하지 않는다는 비판이 제기되어 왔다.
② 갓프레드슨과 허쉬는 어린 시절 형성된 자기통제능력의 결핍이 범죄의 원인이라고 주장하였다.
③ 갓프레드슨과 허쉬는 성인기 사회유대의 정도가 한 개인의 자기통제능력을 변화시킬 수 있다고 주장하였다.
④ 갓프레드슨과 허쉬는 자기통제능력의 상대적 수준이 부모의 양육방법으로부터 큰 영향을 받는다고 주장하였다.

해설

③ 갓프레드슨과 허쉬에 따르면, 어릴 때 형성된 자기통제력은 청소년기를 지나 성인이 되어서도 변하지 않는 안정적이고도 지속적인 성향이 된다. 정답: ③

212 갓프레드슨(Gottfredson)과 허쉬(Hirschi)의 범죄일반이론에 관한 설명으로 옳지 않은 것은?

① 범죄는 기회와 상관없이 각 개인의 낮은 자기통제력의 결과이다.
② 낮은 자기통제력은 어린 시절 가정의 비효과적인 사회화의 결과이다.
③ 자기통제력은 안정적이기 때문에 성인기 이후에는 거의 변하지 않는다.
④ 모든 유형의 범죄의 원인을 설명하려고 한다.

해설

갓프레드슨(Gottfredson)과 허쉬(Hirschi)는 범죄는 기회의 요인에 의해 영향을 받으며, 어린 시절에 형성된 낮은 자기통제력은 성인기에도 지속적인 성향을 보인다고 하고, 또한 자기통제력이 강해도 기회가 있을 경우 범죄는 일어날 수 있다고 하였다. 정답: ①

213 **갓프레드슨(Gottfredson)과 허쉬(Hirschi)의 자기통제이론에 대한 설명으로 가장 적절하지 않은 것은?** 경찰간부 2023

① 갓프레드슨과 허쉬는 성인기 사회유대의 정도가 한 개인의 자기통제능력을 변화시킬 수 있다고 주장한다.

② 갓프레드슨과 허쉬는 자기통제능력의 상대적 수준이 부모의 양육방법으로부터 큰 영향을 받는다고 주장한다.

③ 갓프레드슨과 허쉬는 어린 시절 형성된 자기통제능력의 결핍이 모든 범죄의 원인이라고 주장한다.

④ 범죄를 설명함에 있어 청소년기에 경험하는 다양한 환경적 영향요인을 충분히 고려하지 않는다는 비판이 제기되어 왔다.

해설

① 갓프레드슨과 허쉬에 따르면, 어릴 때 형성된 자기통제력은 청소년기를 지나 성인이 되어서도 변하지 않는 안정적이고도 지속적인 성향이 된다.

② 자기통제력이라는 내적 성향은 어릴 때 형성된다고 주장한다. 즉, 자기통제력은 어릴 때 부모의 양육방법에 의해 결정된다고 하면서 부모의 감독이 소홀하거나 애정결핍 속에서 무계획적 생활습관이 방치되고, 잘못된 행동에 일관적이고도 적절한 처벌이 없이 자란 아이들의 자기통제력이 낮다고 보았다.

③ 갓프레드슨과 허쉬에 따르면 자기통제력이 낮은 아이들은 어려서부터 문제행동을 보이고, 청소년이 되어서도 지속적으로 비행을 저지르며, 성인이 되어서도 범죄를 저지를 가능성이 높고, 결국 어려서 형성된 자기통제력의 결핍이 지속적인 범죄의 주요 원인이 된다고 주장하였다.

④ 자기통제이론은 자기통제력을 범죄를 설명하는 데 있어 유일한 원인이라고 주장하지만, 청소년비행이나 범죄가 성장시기의 가정, 학교, 친구 등의 환경요인과 상관없이 어릴 때의 성향만으로 설명될 수 있는지에 대해 많은 논란과 비판이 제기되어 왔다. 정답: ①

★중요★

214 **갓프레드슨(Gottfredson)과 허쉬(Hirschi)의 낮은 자기통제(low self-control)에 대한 설명으로 옳지 않은 것은?** 보호7급 2023

① 폭력범죄부터 화이트칼라범죄에 이르기까지 모든 범죄를 낮은 자기통제의 결과로 이해한다.

② 순간적인 쾌락과 즉각적 만족에 대한 욕구가 장기적 관심보다 클 때 범죄가 발생한다.

③ 비효율적 육아와 부적절한 사회화보다는 학습이나 문화전이와 같은 실증적 근원에서 낮은 자기통제의 원인을 찾는다.

④ 자기통제가 결여된 자도 범죄기회가 주어지지 않는 한 범죄를 저지르지 않는다.

해설

③ 낮은 자기통제력의 근본적인 원인을 타고난 기질에서 찾지 않고, 부모의 부적절한 양육에 의한 결과라고 보았으며, 낮은 자기통제력과 관련하여 사회화의 결여가 범죄로 이어진다고 주장하였다.

① 갓프레드슨과 허쉬는 기존의 실증주의학파와 고전주의학파를 통합하려고 한 관계로, (일반이론) 자기통제이론은 모든 유형의 범죄를 설명한다.
④ 갓프레드슨과 허쉬는 범죄유발에 영향을 주는 요인을 자기통제력과 범행기회라고 보았다. 따라서 범행기회도 중요한 기능을 한다고 주장하였다.

정답: ③

215 각각의 범죄원인론이 제시 또는 암시하는 범죄대책을 잘못 연결한 것은?

① 사회해체론 – 지역사회의 재조직화
② 서덜랜드(Sutherland)의 차별적 접촉이론 – 집단관계요법
③ 허쉬(Hirschi)의 사회통제이론 – 비행소년에 대한 형사처벌 강화
④ 낙인이론 – 비범죄화 또는 다이버전
⑤ 봉거(Bonger)의 급진적 갈등론 – 사회주의사회의 건설

해설

③ 허쉬는 개인의 생래적인 범죄성향을 통제하는 기제는 형사처벌의 강화가 아니라, 가족·학교·동료·이웃 등 개인이 일상적인 사회와 맺고 있는 유대의 강화에서 찾아야 한다고 주장하였다.

정답: ③

216 다음 중 갓프레드슨(Gottfredson)과 허쉬(Hirshi)의 자기통제이론에 대한 설명으로 가장 옳지 않은 것은? 해경간부 2025

① 낮은 자기통제력이 범죄의 원인이라는 입장이다.
② 고전주의학파의 범죄속성을 따르면서도 실증주의학파의 일반인과 다른 범죄자의 특성을 강조해 통합하고자 하였다.
③ 자기통제의 주요 개념으로 통제비율(control ratio)을 제시하였으며, 이는 통제가 결핍되면 약탈적 비행을 저지르는 경향이 높아진다는 입장이다.
④ 거시적인 사회구조의 측면을 고려하지 못했다는 지적이 있다.

해설

③ 티틀(Tittle)의 통제균형이론에 대한 설명으로, 한 사람이 다른 사람에게 받는 통제의 양과 한 사람이 다른 사람에게 행사하는 통제의 양이 균형을 이룰 때 순응이 발생하고, 통제의 양의 불균형은 비행·범죄행위를 야기한다고 본다.

정답: ③

★중요★
217 **범죄원인에 대한 이론을 설명한 것이다. 옳은 것은 모두 몇 개인가?**

㉠ 아노미이론은 Cohen에 의해 주장되었으며 '범죄는 정상적인 것이며 불가피한 사회적 행위'라는 입장에서 사회규범의 붕괴로 인해 범죄가 발생한다고 보고 있다.
㉡ J. F. Sheley가 주장한 범죄유발의 4요소는 범죄의 동기, 사회적 제재로부터의 자유, 범죄피해자, 범행의 기술이다.
㉢ 사회학습이론 중 Burgess & Akers의 차별적 강화이론에 의하면 청소년들이 영화의 주인공을 모방하고 자신과 동일시하면서 범죄를 학습한다고 한다.
㉣ Hirschi는 범죄의 원인은 사회적인 유대가 약화되어 통제되지 않기 때문이라고 보고, 비행을 통제할 수 있는 사회적 통제의 결속을 애착, 전념, 기회, 참여라고 하였다.
㉤ 합리적 선택이론에서는 인간의 자유의지를 인정하는 결정론적 인간관에 입각하여 범죄자는 비용과 이익을 계산하고 자신에게 유리한 경우에 범죄를 행한다고 본다.
㉥ 일상생활이론은 범죄자의 입상에서 범행을 결정하는 데 고려되는 요소로 가시성, 접근성을 들고 있다.
㉦ 범죄패턴이론은 지역사회 구성원들이 범죄문제를 해결하기 위해 적극적으로 참여하는 것이 중요한 범죄예방의 열쇠라고 한다.

① 0개 ② 1개
③ 2개 ④ 3개

해설

㉠ Cohen은 하위문화이론을 주장하였다.
㉡ J. F. Sheley가 주장한 범죄유발의 4요소는 범죄의 동기, 사회적 제재로부터의 자유, 범행의 기회, 범행의 기술이다.
㉢ 글레이저(Glaser)의 차별적 동일시이론이다.
㉣ 애착, 전념, 신념, 참여를 제시하였다.
㉤ 합리적 선택이론은 현대적 고전주의이론이다. 따라서 인간의 자유의지를 인정하는 비결정론적 인간관을 취한다.
㉥ 맞음
㉦ 브랜팅햄의 범죄패턴이론은, 범죄는 일정한 장소적 패턴이 있기 때문에 범죄자의 이동경로를 분석하여 다음 범행지역을 예측하는 지리적 프로파일링으로서 연쇄범죄 해결에 도움을 줄 수 있다고 보는 이론이다. 지문은 샘슨의 집합효율성이론에 해당한다.

정답: ②

218 **대학생 A는 융자를 받아 학비를 내고 甲이 운영하는 상점에서 아르바이트를 하면서 생활비를 겨우 조달하고 있던 중 거액의 돈을 은행에 입금하라는 甲의 심부름을 하게 되었다. A는 은행으로 가는 도중 "이 돈을 훔치면 대출받은 학비를 모두 갚고 몇 년 동안 일하지 않고도 생활할 수 있을 것"이라는 생각에 돈을 훔치려다가 "만약 이 돈을 훔쳐 달아나면 범죄자로 전락되어 결국 현재보다 못한 신세로 전락될 것이며, 자신을 알고 있던 사람에게 실망을 줄 것"이라는 판단을 하고 돈을 훔치려는 생각을 포기하였다면 이를 가장 잘 설명할 수 있는 이론은?**

① 견제이론　　② 차별적 기회구조이론
③ 표류이론　　④ 중화기술이론

해설

① 견제이론이란 범죄유발요인이 범죄억제요인보다 강하면 범죄를 저지르게 되고, 범죄억제요인이 범죄유발요인보다 강하면 범죄를 자제하게 된다는 이론이다. 이 이론에 따르면 위 사례에서 범죄유발요인(학비를 갚고 생활비를 조달할 수 있다는 것)보다 범죄억제요인(범죄자가 되고 지인에게 실망을 주는 것)이 보다 강하여 범죄를 자제하게 된 것으로 설명할 수 있다. 정답: ①

219 **甲은 차량을 절도하면서 사회일반적인 규범에는 어긋나지만 친구들과의 의리 때문에 할 수밖에 없었다고 합리화하였다. 사이크스(G.M. Sykes)와 맛차(D. Matza)의 중화기술의 예 중 어디에 해당하는가?**

① 책임의 부정　　② 가해의 부정
③ 피해자의 부정　　④ 비난자에 대한 비난
⑤ 상위가치에 대한 호소

해설

⑤ 위 사례는 자신의 친구, 가족 기타 친근한 집단에 대한 충성심 또는 도리를 위하여 불가피하게 범죄행위를 하였기 때문에 정당화될 수 있다고 자신의 비행을 합리화하는 기술, 즉 중화의 기술 중 '고도의 충성심에의 호소(상위가치에 대한 호소)'에 해당한다. 정답: ⑤

220 **아래의 기사에서 피의자 甲이 사용한 범죄의 중화기술은?**

> 서울 강남경찰서는 상습적으로 고급 아동복 등을 훔친 혐의로 甲(여, 36세)에 대해 구속영장을 신청하였다. 甲은 어제 서울 잠실에 있는 백화점의 한 의류 매장에서 아동복을 훔치는 등 지난해 6월부터 최근까지 서울 명동과 강남 일대에서 아동복 50여 점과 아동화 25점 등 2,000만원 어치의 물건을 훔친 혐의를 받고 있다. 甲은 경찰에서 자신의 잘못을 잘 알고 있으며 피해자들에게도 죄송한 마음뿐이지만, 유치원에 다니는 자신의 딸을 다른 아이들처럼 부유하고 깨끗한 모습으로 키우고 싶다는 생각으로 절도를 하게 되었다고 진술하였다.

① 책임의 부정
② 가해의 부정
③ 피해자의 부정
④ 비난자에 대한 비난
⑤ 상위가치에 대한 호소

해설

⑤ 위 사례는 자신의 친구·가족 기타 친근한 집단에 대한 충성심 또는 도리를 위하여 불가피하게 범죄행위를 하였기 때문에 정당화될 수 있다고 자신의 비행을 합리화하는 기술, 즉 중화기술 중 '상위가치에 대한 호소'에 해당한다.

정답: ⑤

221 **사이크스(Sykes)와 맛차(Matza)는 청소년들이 표류상태에 빠지는 과정에서 중화기술을 습득함으로써 자신의 비행을 합리화한다고 하였다. 5가지 중화기술의 유형과 구체적인 사례를 바르게 연결한 것은?**

> ⓐ 책임의 부정(denial of responsibility)
> ⓑ 가해의 부정(denial of injury)
> ⓒ 피해자의 부정(denial of victim)
> ⓓ 비난자에 대한 비난(condemnation of the condemners)
> ⓔ 상위가치에 대한 호소(appeal to higher loyalty)

> ㉠ 경찰, 검사, 판사들은 부패한 공무원들이기 때문에 자신의 비행을 비난할 자격이 없다고 합리화한다.
> ㉡ 폭력시위 현장에서 화염병을 사용하는 것이 위법행위이기는 하지만 민주주의를 위해 어쩔 수 없다고 합리화한다.
> ㉢ 절도죄를 범하면서 필요에 의해 물건을 잠시 빌리는 것뿐이라고 합리화한다.
> ㉣ 학생이 선생님을 때리면서 이 선생은 학생들을 공평하게 대하지 않았기 때문에 구타당해 마땅하다고 합리화한다.
> ㉤ 자신이 비행을 범한 것은 열악한 가정환경과 불합리한 사회적 환경 탓이라고 합리화한다.

① ⓐ－㉢, ⓑ－㉤, ⓒ－㉣, ⓓ－㉡, ⓔ－㉠
② ⓐ－㉤, ⓑ－㉢, ⓒ－㉣, ⓓ－㉠, ⓔ－㉡
③ ⓐ－㉣, ⓑ－㉢, ⓒ－㉡, ⓓ－㉠, ⓔ－㉤
④ ⓐ－㉣, ⓑ－㉤, ⓒ－㉢, ⓓ－㉠, ⓔ－㉡
⑤ ⓐ－㉤, ⓑ－㉣, ⓒ－㉢, ⓓ－㉠, ⓔ－㉡

해설

② 사이크스와 맛차는, 중화기술은 일상적인 사회생활에서 사람들이 자기의 행동을 합리화하는 과정과 다르지 않으며, 단지 그 차이점은 일반적인 합리화과정이 적용되는 영역을 다소 확장시킨 것이라고 보고, 다섯 가지 중화기술유형을 제시하였다. 정답: ②

★중요★

222 **다음 사례는 사이크스(Sykes)와 맛차(Matza)의 중화기술 중 무엇에 해당하는가?**

> 강간범 홍길동은 자신이 술에 너무 취해서 제정신이 없는 상태에서 자신도 모르게 강간을 하게 되었다고 주장하고 있다.

① 가해의 부정
② 피해자의 부정
③ 비난자에 대한 비난
④ 책임의 부정

해설

④ 위 사례는 자기변명 방식의 학습을 통하여 외부요인으로 자신의 책임을 전가하고, 자신의 비행을 합리화하는 중화기술 중 '책임의 부정'에 해당한다. 정답: ④

223 **甲은 보석을 절도하면서 피해자가 부당한 방법으로 모은 재산이기 때문에 보복으로 한 것이라고 자기의 행위를 합리화하였다. 사이크스(G.M. Sykes)와 맛차(D. Matza)의 중화기술의 유형 중 어디에 속하는가?**

① 책임의 부정
② 가해의 부정
③ 피해자의 부정
④ 비난자에 대한 비난
⑤ 보다 높은 충성심에의 호소

해설

③ 위 사례는 자기행위로 인하여 피해를 본 사람이 있을지도 모른다는 것을 인정하면서도 그런 사람은 피해를 입어 마땅하다고 생각함으로써 자기행위를 합리화하는 기술, 즉 중화기술 중 '피해자의 부정'에 해당한다. 정답: ③

224 다음 사례를 적절히 설명할 수 있는 이론과 그 이론을 주장한 학자로 옳은 것은?

A 회사에 근무하는 甲은 신입직원 환영회에서 여직원들에게 인기를 독차지한 乙이 자신이 근무하는 부서로 발령을 받자 다른 남자 동료 직원과 함께 乙을 집단으로 따돌렸다. 甲은 乙이 오히려 부서의 단합을 저해한 원인을 제공하고 있다고 비난하였다.

① 허쉬(Hirschi)의 사회통제이론
② 클로워드(Cloward)와 올린(Ohlin)의 차별적 기회구조이론
③ 사이크스(Sykes)와 맛차(Matza)의 중화기술이론
④ 베커(Becker)의 낙인이론

해설

③ 위 보기는 사이크스(Sykes)와 맛차(Matza)의 중화기술이론 중 피해자의 부정(자신의 행위로 피해를 본 사람이 있다는 것을 인정하면서도 그런 사람은 피해를 받아 마땅하다고 보거나, 자신의 행위를 정의로운 응징이라고 봄으로써 자신의 비행을 합리화하는 기술)에 해당한다. 정답: ③

225 억제이론에서 제시하고 있는 억제의 유형이 아닌 것은?

① 일반적 억제
② 특수적 억제
③ 절대적 억제
④ 상대적 억제

해설

①·②·③ 억제이론에서 제시하고 있는 억제유형으로는 일반적 억제, 특수적 억제, 절대적 억제, 제한적 억제가 있다.

일반적 억제	범죄자에 대한 처벌이 일반시민들로 하여금 범죄로 인해 치르게 될 대가를 알게 하고, 그로 인하여 처벌의 두려움을 불러 일으켜 범행을 억제시키는 것
특수적 억제	범죄자 자신이 처벌의 고통을 체험함으로써 차후의 범행충동을 억제하는 것
절대적 억제	범죄를 절대 저지르지 않도록 억제하는 처벌효과
제한적 억제	범죄행위의 빈도를 부분적으로 감소시키는 처벌효과

정답: ④

226 억제이론(Deterrence theory)에 관한 설명으로 가장 적절하지 않은 것은? 경행경채 2022

① 억제(deterrence)는 고전주의 범죄학파의 주요 개념 중 하나이다.
② 효과적인 범죄억제를 위해서는 처벌이 확실하고 엄격하며 신속해야 한다.
③ 일반억제(general deterrence)는 전과자를 대상으로 한 재범방지에 중점을 둔다.
④ 촉법소년의 연령하향을 주장하는 학자들의 이론적 근거 중 하나이다.

해설

③ 전과자를 대상으로 한 재범방지에 중점을 두는 것은 특별억제이다.
① 억제의 개념은 고전주의 범죄학자인 베카리아와 벤담의 주장에 근거한다.
② 인간의 자유의지와 합리성을 기반으로 한 억제이론은 처벌의 확실성, 엄격성 및 신속성에 의해 계량된 처벌의 고통과 범죄로 인한 이익관계로써 범죄를 이해하였다.
④ 처벌이 확실하고 엄격하며 신속하게 이루어지면 범죄가 억제된다는 주장이다.

정답: ③

227 다음 중 억제이론(Deterrence Theory)에 관한 설명으로 가장 옳지 않은 것은?

해경간부 2023

① 일반억제는 전과자를 대상으로 한 재범방지에 중점을 둔다.
② 억제는 고전주의 범죄학파의 주요 개념 중 하나이다.
③ 효과적인 범죄억제를 위해서는 처벌이 확실하고 엄격하며 신속해야 한다.
④ 촉법소년의 연령하향을 주장하는 학자들의 이론적 근거 중 하나이다.

해설

① 특별억제에 대한 설명이다. 일반억제는 범죄자들에 대한 처벌의 위협에 의해서 잠재적인 범죄자들의 범죄행위를 억제할 수 있다는 관점이다.

정답: ①

228 다음 중 억제이론(Deterrence Theory)에 대한 설명으로 가장 옳지 않은 것은?

해경간부 2025

① 범죄는 처벌의 신속성, 엄격성, 확실성으로 통제 가능하다는 입장이다.
② 특별억제(specific deterrence)는 직업적 범죄자들이 재범을 범하지 못하도록 자제시킬 수 있다는 것을 뜻한다.
③ 일반억제(general deterrence)는 미래의 기법에 대한 인식에 의존하는 한편, 특별억제는 그것의 집행에 근거한다.
④ 억제이론은 대체로 특성이론(trait theory)에 기초하여 법위반 행동과 규범적 행동 사이의 선택을 결정하는 원인이 된다고 본다.

해설

④ 억제이론은 합리적 선택이론에 기초하여 법위반 행동과 규범적 행동 사이의 선택을 결정하는 원인이 된다고 본다. 참고로, 특성이론에 따르면, 범죄는 비정상적인 생물학적·심리학적 특성의 결과이다.

정답: ④

229 **억제이론(Deterrence Theory)에 대한 설명으로 옳지 않은 것은?**

① 억제이론의 기초가 되는 것은 인간의 공리주의적 합리성이다.
② 형벌의 특수적 억제효과란 범죄를 저지른 사람에 대한 처벌이 일반시민들로 하여금 처벌에 대한 두려움을 불러 일으켜서 결과적으로 범죄가 억제되는 효과를 말한다.
③ 범죄자에 대한 처벌의 억제효과는 범죄자의 자기통제력 수준에 따라 달라질 수 있다.
④ 처벌의 신속성, 확실성, 엄격성의 효과를 강조한다.

해설

② 억제이론에 있어서 특수적 억제효과란 범죄자 자신이 처벌의 고통을 체험하게 함으로써 차후의 범행충동을 억제하는 것을 말한다. 주어진 지문은 일반적 억제효과에 관한 설명이다. 정답: ②

★중요★
230 **합리적 선택이론(Rational Choice Theory)에 관한 설명으로 옳지 않은 것을 모두 고른 것은?**

㉠ 1960년대 범죄의 급증으로 당시 형사사조의 주류였던 사법모델에 대한 비판이 제기되면서 등장한 의료모델이 이론형성의 계기가 되었다.
㉡ 경제학의 기대효용(expected utility)원리에 기초하고 있다.
㉢ 범죄자는 범죄로 인하여 얻게 될 이익과 손실의 크기를 비교하여 범행을 결정하게 된다는 이론이다.
㉣ 1960년대 후반 베커(Becker)를 중심으로 한 경제학자들에 의해 주장된 범죄경제학의 등장이 이론형성의 토대가 되었다.
㉤ 범죄경제학에 따르면 범죄자가 범죄의 이익과 손실을 계산할 경우에 이익이란 금전적 이익을 의미하고, 개인의 취향이나 심리적 만족감과 같은 주관적 가치가 있는 것은 포함되지 않는다.

① ㉠, ㉡　　② ㉡, ㉢
③ ㉠, ㉤　　④ ㉣, ㉤

해설

× : ㉠ 1960년대 당시 주류를 이루고 있던 의료모델(범죄자는 특정질환을 가진 환자이므로 치료되어야 할 대상이라는 범죄인 처우기법)을 비판하고 등장한 정의모델이 합리적 선택이론형성의 토대가 되었다. ㉤ 범죄경제학에 따르면 범죄로 인해 얻어지는 이익이란 금전적 이익뿐만 아니라, 개인의 취향, 심리적 만족감, 대인관계에서의 위신, 편리함 등도 포함된다.
○ : ㉡, ㉢, ㉣ 정답: ③

231 다음은 범죄학자와 대표적인 주장을 요약한 것이다. 연결이 틀린 것은?

① 허쉬 – 사회유대
② 에이커스 – 사회학습
③ 클로워드 – 합리적 선택
④ 쇼와 멕케이 – 사회해체

해설

합리적 선택이론의 대표적인 학자는 코니쉬와 클라크를 들 수 있다.

정답: ③

232 합리적 선택이론에서의 범죄 선택을 단계별로 바르게 묶은 것은?

	제1단계		제2단계		제3단계
①	범죄대상	–	범죄종류	–	범죄행동
②	범죄종류	–	범죄행동	–	범죄대상
③	범죄대상	–	범죄행동	–	범죄종류
④	범죄행동	–	범죄종류	–	범죄대상

해설

④ 합리적 선택이론에 따르면 범죄자는 자신의 경험이나 학습을 기초로 범죄를 선택하는데 그 단계는 범죄행동의 선택(제1단계), 범죄종류의 선택(제2단계), 범죄대상의 선택(제3단계)으로 진행된다.

범죄선택단계	단계별 내용
제1단계(범죄행동의 선택)	범죄로부터 얻어지는 이익, 체포위험성, 형벌무게를 비교하여 범죄의 실행 여부를 결정
제2단계(범죄종류의 선택)	입수한 정보를 분석하여 어떠한 범죄를 행할 것인가를 결정
제3단계(범죄대상의 선택)	피해자를 무작위로 선정하는 것이 아니라, 합리적인 계산에 의해 범죄대상자를 선정

정답: ④

233 **〈보기 1〉의 이론과 〈보기 2〉의 내용을 연결한 것 중 옳은 것은?**

보기 1
㉠ 억제이론(deterrence theory)
㉡ 낙인이론(labeling theory)
㉢ 일상생활이론(routine activity theory)
㉣ 합리적 선택이론(rational choice theory)
㉤ 중화기술이론(techniques of neutralization)

보기 2
ⓐ 맞벌이부부의 증가로 빈집이 늘어나면서 절도범죄가 증가한다.
ⓑ 친구들에게서 '나쁜 놈'이라는 놀림을 받다가 결국에는 범죄인이 되었다.
ⓒ 기물파괴는 악의 없는 장난이고, 절도는 물건을 잠시 빌린 것이다.
ⓓ 자동차 운전자의 과속운전은 무인속도측정기가 설치된 지역에서 줄어든다.
ⓔ 수질오염방지시설을 정상적으로 가동하는 것보다 적발되더라도 벌금을 내는 것이 경제적으로 더 유리하다.

① ㉠ – ⓑ
② ㉡ – ⓐ
③ ㉢ – ⓒ
④ ㉣ – ⓔ
⑤ ㉤ – ⓓ

해설

④ 합리적 선택이론은 경제학의 기대효용(expected utility) 원리에 기초하여 범죄자는 범죄로 인해 얻게 될 손실의 크기를 비교함으로써 범행을 결정하게 된다는 이론으로, ⓔ의 내용과 부합한다.
㉠ – ⓓ, ㉡ – ⓑ, ㉢ – ⓐ, ㉣ – ⓔ, ㉤ – ⓒ 정답: ④

★중요★
234 **범죄증가를 깨진 창문을 방치하는 것에 비유하여 설명하고 있는 이론은?**

① 일상생활이론
② 황폐이론
③ 상황적 범죄예방론
④ 방범환경설계론

해설

② 황폐이론이란 1982년 윌슨과 켈링이 「깨진 창 – 경찰과 지역안전」이라는 논문을 통해 주장한 것으로 하나의 깨진 창 방치가 주민에게 나쁜 사회심리학상 영향을 끼쳐 결과적으로 마을 전체를 황폐화시킨다는 이론을 말한다. 이러한 점에서 황폐이론을 '깨진 유리창 이론'이라고도 한다. 정답: ②

235 다음 중 사회반응이론과 관련이 있는 것은?

① 레머트(Lemert)의 낙인이론
② 반두라(Bandura)의 모델이론
③ 타르드(Tarde)의 모방이론
④ 서덜랜드(Sutherland)의 차별적 접촉이론

해설

1960년대 이후 본격 논의된 낙인이론은 비행이 사회통제를 유발한다는 기존 이론과 달리 사회통제가 범죄를 유발한다는 반대의 주장을 펼치고 있다. 이는 일탈행위와 사회적 낙인화의 동적 관계를 사회적 상호작용이라는 관점에서 파악하는 것으로 사회적 반작용이론 또는 사회반응이론이라고도 한다.

정답: ①

236 사회적 구조이론이 아닌 것은?

① 동심원이론
② 사회반응이론
③ 아노미이론
④ 사회해체론

해설

범죄의 원인에 대한 사회구조적 접근방법은 뒤르켐의 사회학이론(특히 아노미이론)의 흐름에 속한 것으로, 사회구조(사회계층이나 문화 등) 자체 속에 범죄를 유발하는 요인이 내재되어 있다는 입장에서 접근한 것이다. 동심원이론, 아노미이론, 사회해체론, 비행하위문화이론, 하류계층문화이론, 폭력하위문화이론 등이 이에 해당한다.

정답: ②

237 범죄학이론에 관한 설명 중 옳지 않은 것은?

① 레클리스는 봉쇄이론을 주장하면서, 범죄나 비행으로 이끄는 힘을 압력요인, 유인요인, 배출요인으로 나누었다.
② 아노미이론은 사람들의 목적과 성취수단 간에 발생하는 긴장상태가 범죄의 원인이라고 본다.
③ 낙인이론은 다른 범죄학이론에 비해 범죄행위 그 자체에 큰 관심을 두고 있다.
④ 중화기술에는 책임의 부정, 가해의 부정, 피해자의 부정, 비난자에 대한 비난, 상위가치에 대한 호소 등이 있다.

해설

낙인이론은 사회적 상호작용과 범죄의 상태라는 점에 초점을 맞추었다.

정답: ③

238 사회학적 범죄이론과 범죄예방대책의 연결이 가장 적절하지 않은 것은? 경행2차 2023

	학자	범죄이론	범죄예방대책
①	샘슨(Sampson)과 동료들	집합효율성이론 (Collective Efficacy Theory)	지역사회 구성원의 상호유대와 신뢰도 향상
②	메스너(Messner)와 로젠펠드(Rosenfeld)	제도적 아노미이론 (Institutional Anomie Theory)	경제적 안전망 제공
③	허쉬(Hirschi)	사회유대이론 (Social Bond Theory)	개인과 사회 간의 연결 강화
④	레머트(Lemert)	낙인이론(Labeling Theory)	건전한 가정 양육환경 조성

해설

④ 레머트는 최초 일탈자를 2차 일탈자로 악화시키는 사법기관의 낙인효과를 지적하면서 범죄예방대책으로서 낙인을 회피할 수 있는 비범죄화나 다이버전을 주장하였다. 정답: ④

239 낙인이론을 주장한 학자가 아닌 것은?

① 베커(Becker)
② 탄넨바움(Tannenbaum)
③ 허쉬(Hirschi)
④ 레머트(Lemert)

해설

허쉬는 사회유대이론의 주장자이다.

- 베커(Becker) : 일탈자로 낙인찍혔을 때에 그 사람의 지위변화에 초점, '동시모델'과 '단계적 모델'을 제시
- 탄넨바움(Tannenbaum) : '악의 극화'라고 표현
- 레머트(Lemert) : '일차적 일탈'과 '이차적 일탈'로 구분하여 설명 정답: ③

240 낙인이론에 관한 다음 설명 중 옳은 것은?

① 형법규범의 구성요건표지가 서술적 성격을 가지고 있다고 주장한다.
② 어떤 행위 자체보다는 그 행위에 대한 타인의 반응을 중시한다.
③ 범죄에 대한 거시적이고 역사적인 방법을 선호한다.
④ 최초의 일탈원인을 분석하는 데 유용하다.

해설

① 서술적이 아니라 귀속적 성격을 갖는다.
③ 낙인이론은 개인적 상호작용이라는 미시적 관심에 머무르고 있으며, 범죄개념에 대해서도 국가적

범죄개념을 취함으로써 역사적 방법을 선호한다고 볼 수 없다.
④ 최초의 일탈해명에 취약하다는 비판을 받는다. 정답: ②

241 낙인이론에 대한 설명으로 옳지 않은 것은?

① 최초의 일탈원인이 일탈행위의 전 과정에 작용한다고 보는 '동시모델'에 속한다.
② 범죄는 일정한 행위의 속성이 아닌 오히려 귀속 또는 낙인찍는 과정에서 생긴 산물이라고 보는 이론이다.
③ 사회의 가치합의를 부정하고 범죄의 편재성과 정상성으로부터 출발한다.
④ 낙인이론의 범죄학적 목적은 비범죄화, 비형벌화, 법의 적정절차, 비사법적 해결, 그리고 비시설처우로 요약된다.

해설

일탈이론은 전통적 동시모델에 대치되는 개념으로서 최초의 일탈행위에 대한 원인이 다음 단계의 일탈행위에 대한 설명으로 타당하지 않게 되는 '단계적 모델'에 속한다고 할 수 있다. 정답: ①

242 전환제도(diversion)의 이론적 근거는?

① 사회학습이론 ② 갈등이론
③ 낙인이론 ④ 발달이론

해설

낙인이론은 기존의 범죄인처우에 있어 국가의 개입이 인격의 발전과정에 하등의 실효를 거두지 못함을 비판하고, 자유박탈적 처분을 피하면서 비형법적인 새로운 방법으로 범죄인을 처우할 것을 주장하며 비범죄화(Decriminalization), 전환조치(Diversion), 적법절차(Due Process), 비시설화(Deinstitutionalization)로 구성된 4D 이론의 이론적 근거를 제공하였다.

【낙인 방지대책(4D 정책)】

- 비범죄화(Decriminalization) : 웬만한 범죄는 일탈로 규정하지 말자는 것
- 전환제도(Diversion) : 비행청소년을 체포·기소·처벌이라는 공식절차상에 두지 않고, 기소하기 전에 지역사회에서 일정한 처우를 받도록 하는 지역사회 내 처우제도를 강화하는 것
- 적법절차(Due process) : 계층 간 차별 없이 공정한 법집행을 하자는 것
- 비시설화(Deinstitutionalization) : 소년원이나 소년교도소와 같은 시설에서 처우하기보다는 가능하면 사회 내에서 비시설 처우를 확대하여 해결하자는 것으로 보호관찰, 사회봉사명령, 수강명령 등을 들 수 있다. 정답: ③

243 **비범죄화에 대한 설명으로 옳지 않은 것은?** 보호7급 2023

① 비범죄화는 형법의 보충적 성격을 강조한다.
② 비범죄화는 형사처벌에 의한 낙인의 부정적 효과를 감소시킨다.
③ 「형법」상 간통죄의 폐지는 비범죄화의 예라고 할 수 없다.
④ 피해자 없는 범죄는 비범죄화의 주요 대상으로 논의된다.

해설

③ 비범죄화 논의의 대표적 범죄로 간통죄와 낙태죄가 있다.
① 비범죄화는 낙인이론의 산물로서 형법의 보충성 성격을 강조한다.
② 비범죄화는 형사처벌에 의한 낙인의 부정적 효과를 감소시킨다.
④ 피해자 없는 범죄는 비범죄화의 주요 대상으로 논의된다(도박, 매춘 등). 정답: ③

244 **전환처우(다이버전)에 대한 설명으로 가장 적절하지 않은 것은?** 경찰간부 2023

① 전환처우는 형사사법제도에 융통성을 부여해 범죄인에 대하여 보다 적절히 대응하고, 범죄사건을 효과적으로 처리할 수 있도록 한다.
② 경찰단계에서의 전환처우는 훈방, 통고처분 등이 있다.
③ 전환처우는 형사사법절차에서 적법절차의 원리를 강화하기 위한 것이다.
④ 전환처우는 성인형사사법에서보다는 소년형사사법에서 더욱 유용한 제도로 평가된다.

해설

③ 일반적으로 공식적 형사절차로부터의 이탈과 동시에 사회 내 처우프로그램에 위탁하는 것을 그 내용으로 한다. 즉, 다이버전이란 낙인이론에 근거하여 형사사법기관이 통상의 형사절차를 중단하고, 이를 대체하는 절차에 의해 범죄인을 처리하는 제도를 말한다. 정답: ③

245 **다음 중 전환제도(diversion)에 대한 설명으로 가장 옳지 않은 것은?** 해경간부 2025

① 교도소의 과밀수용 문제에 대한 대안이 될 수 있다는 장점이 있다.
② 전환제도는 낙인이론의 산물로서 경미범죄를 형사사법 절차를 거치지 않고 처리함으로써 낙인효과를 줄일 수 있다는 장점이 있다.
③ 경찰단계에서의 전환제도는 통고처분, 경고, 훈방 등이 있다.
④ 구속적부심 또는 보석은 전환제도의 대표적인 예시이다.

해설

④ 구속적부심이나 보석과 같은 통상의 형사절차는 다이버전에 해당하지 않는다.

〈형사사법 단계별 다이버전 요약정리〉

경찰단계	훈방, 경고, 통고처분, 보호기관 위탁 등
검찰단계	기소유예, 불기소처분, 선도조건부 기소유예, 약식명령 청구 등
법원단계	선고유예, 집행유예, 약식명령 등
교정단계	가석방, 개방처우, 보호관찰, 주말구금 등

정답: ④

246 낙인이론에 관한 설명으로 옳은 것은?

① 낙인이론은 형사사법기관에 의한 낙인작용이 사회복귀를 결정적으로 저해한다고 본다.
② 낙인이론은 처음에는 사회주의에서 주장된 범죄이론이다.
③ 낙인이론은 초범을 설명하는 데 유용한 이론이다.
④ 낙인이론은 범죄자를 수동적이고 피동적인 존재로 파악한다.

해설

② 낙인이론은 처음에는 사회적 상호작용이론에서 주장된 이론이다.
③ 낙인이론은 상습범을 설명하는 데 유용하다.
④ 낙인이론은 범죄자를 주체적인 사고를 통해 행동한다고 하는 주체적인 존재라고 주장한다.

정답: ①

247 낙인이론에 대한 평가로 가장 적절하지 않은 것은? 경찰간부 2025

① 낙인이론에 관한 경험적 연구들은 개인이 독립적인 주체로서 낙인을 내면화하는 과정을 명확하게 실증하고 있다.
② 탄넨바움(Tannenbaum)은 악의 극화(Dramatization of Evil)라는 개념을 사용하여 범죄행위의 원인은 사회적으로 부여된 낙인의 결과라고 하였다.
③ 공식적 형사처벌의 긍정적 효과보다는 부정적 효과에 주목하였다.
④ 슈어(Schur)는 이차적 일탈로의 발전이 정형적인 것은 아니며, 사회적 반응에 대한 개인의 적응노력에 따라 달라질 수 있다고 주장하였다.

해설

① 낙인이론에 관한 경험적 연구들은 개인이 독립적인 주체로서 낙인을 내면화하는 과정을 명확하게 실증하지 못하는 단점이 있다.

정답: ①

248 **일차적 일탈에 대한 사회적 반응(낙인)의 결과로 나타날 수 있는 현상의 개념과 그것을 제시한 학자를 옳지 않게 짝지은 것은?** 해경간부 2024

① 이차적 일탈(Secondary Deviance) – 레머트(Lemert)
② 주 지위(Master Status) – 베커(Becker)
③ 자기완성적 예언(Self – fulfilling Prophecy) – 슈어(Schur)
④ 악의 극화(Dramatization of Evil) – 탄넨바움(Tannenbaum)

해설

③ 슈어는 사회적 낙인보다 스스로 일탈자라고 규정함으로써 이차적 일탈에 이르는 경우도 있다는 점을 강조하였다. 또한 규범위반을 하였다고 바로 낙인이 찍히는 것이 아니고, 낙인이 찍히더라도 이차적 일탈자로 되는 과정이 단계적으로 진행되지 않는다고 보았다. 즉, 낙인과정에서 개인의 적응노력에 따라 어떤 사람은 낙인을 수용하고, 어떤 사람은 여러 가지 협상이나 타협을 통해 낙인을 회피할 수도 있다는 것이다. 정답: ③

249 **낙인이론(Labeling Theory)에 대한 다음 설명 중 옳지 않은 것은?**

① 범죄원인에 대한 정태적 분석으로 개인에게 주어진 제반 사회적 환경에 중점을 두는 범죄이론이다.
② 범죄 내지 일탈행위를 사회 자체 내지 그 구성원 일반과 일탈자의 상호작용으로 파악하는데 그 이론적 특징이 있다.
③ 일탈규정의 형성과정이나 적용메커니즘도 주요 연구대상으로 한다.
④ 레머트(Lemert)는 사회적 상호작용의 관점에서 낙인의 과정에 대한 체계화를 시도하면서 일차적 일탈에 대한 형사사법기관의 대응을 중시한다.

해설

낙인이론에 의하면 범죄(비행)는 그 행위의 내재적 속성이 아니라(그 실질에 관계없이) 사람들이 범죄자라는 낙인을 찍는 행위, 즉 그 사회적 반응에 의해 규정되는 것으로 법과 제재를 적용한 결과라고 한다. 이와 같이 낙인이론은 일탈행위 전반에 관한 개념적 기초로서 일탈행위와 사회적 낙인화의 동적 관계를 사회적 상호작용의 관점에서 파악하는 이론이다. 정답: ①

250 **다음 중 낙인이론과 관련이 없는 학자는 모두 몇 명인가?**

㉠ 베커(Becker)	㉡ 탄넨바움(Tannenbaum)
㉢ 허쉬(Hirschi)	㉣ 레머트(Lemert)
㉤ 뒤르켐(Durkheim)	㉥ 볼프강(M. Wolfgang)

① 1명 ② 2명 ③ 3명 ④ 4명

해설

× : ㉢ 허쉬는 사회유대이론을 제안하였다. ㉤ 뒤르켐은 아노미이론을 제안하였다. ㉥ 볼프강은 페레구티와 함께 폭력의 하위문화이론을 제안하였다.

○ : ㉠, ㉡, ㉣ 베커, 탄넨바움, 레머트는 낙인이론과 관련이 있는 학자이다.

정답: ③

251 다음 중 낙인이론에 대한 설명으로 가장 옳지 않은 것은? 해경간부 2023

① 슈어(Schur)는 이차적 일탈로의 발전은 정형적인 것이 아니며 사회적 반응에 대한 개인의 적응 노력에 따라 달라질 수 있다고 주장하였다.

② 베커(Becker)는 일탈자라는 낙인은 그 사람의 지위를 대변하는 주된 지위가 되어 다른 사람들과의 상호작용에 부정적인 영향을 미치는 요인이 되는 것으로 설명하였다.

③ 형사사법기관의 역할에 대해 회의적이며, 공식적 낙인은 사회적 약자에게 차별적으로 부여될 가능성이 높다고 본다.

④ 레머트(Lemert)는 일탈행위에 대한 사회적 반응은 크게 사회구성원에 의한 것과 사법기관에 의한 것으로 구분할 수 있고, 현대사회에서는 사회구성원에 의한 것이 가장 권위 있고 광범위한 영향력을 행사하는 것으로 보았다.

해설

④ 레머트(Lemert)는 사회적 반응 중에서 특히 사법기관에 의한 공식적인 반응이 일상생활에서 행해지는 비공식적 반응들보다 심각한 낙인효과를 끼쳐 일차적 일탈자를 이차적 일탈자로 발전시킨다고 하였다.

정답: ④

★중요★

252 낙인이론에 대한 설명으로 옳지 않은 것은?

① 탄넨바움(F. Tannenbaum)은 공공에 의해 부여된 범죄자라는 꼬리표에 비행소년 스스로가 자신을 동일시하고 그에 부합하는 역할을 수행하게 되는 과정을 '악의 극화(dramatization of evil)'라고 하였다.

② 슈어(E. Schur)는 사람에게 범죄적 낙인이 일단 적용되면, 그 낙인이 다른 사회적 지위나 신분을 압도하게 되므로 일탈자로서의 신분이 그 사람의 '주지위(master status)'로 인식된다고 하였다.

③ 레머트(E. Lemert)는 1차적 일탈에 대하여 부여된 사회적 낙인으로 인해 일탈적 자아 개념이 형성되고, 이 자아개념이 직접 범죄를 유발하는 요인으로 작용하여 2차적 일탈이 발생된다고 하였다.

④ 베커(H. Backer)는 금지된 행동에 대한 사회적 반응이 2차적 일탈을 부추길 뿐 아니라 사회집단이 만든 규율을 특정인이 위반한 경우 '이방인(outsider)'으로 낙인찍음으로써 일탈을 창조한다고 하였다.

해설

② 베커(H. Backer)의 사회적 지위로서의 일탈에 대한 설명이다. 베커는 일단 범죄적 낙인이 행해지면, 그 낙인이 다른 사회적 지위나 신분을 압도하게 되어 일탈자로서의 신분이 '주지위(master status)'로 간주된다고 보았다. 정답: ②

★중요★

253 낙인이론에 관한 설명 중 옳은 것은?

㉠ 범죄는 귀속과 낙인의 산물이 아니라 일정한 행위의 속성이라고 본다.
㉡ 범죄행위 자체보다 범죄행위에 대한 형사사법기관의 반작용에 관심을 둔다.
㉢ 레머트는 일탈을 일차적 일탈과 이차적 일탈로 구분하고, 이차적 일탈에 이르는 과정에서 협상의 중요성을 강조한다.
㉣ 베커(Becker)는 식업, 수입, 교육 정도와 무관하게 닉인은 주지위가 될 수 없다고 한다.
㉤ 국가가 범죄자의 적발과 교정에 더욱 노력할 것을 범죄대책으로 제시한다.

① ㉠(○) ㉡(×) ㉢(○) ㉣(○) ㉤(○)
② ㉠(×) ㉡(○) ㉢(○) ㉣(×) ㉤(×)
③ ㉠(×) ㉡(○) ㉢(×) ㉣(○) ㉤(×)
④ ㉠(×) ㉡(×) ㉢(×) ㉣(○) ㉤(×)

해설

㉠ 범죄는 일정한 행위속성의 결과가 아니라 귀속과 낙인의 산물이다. 즉 통제기관에 의해 범죄로 규정된다.
㉣ 베커(Becker)에 의하면 일탈자라는 낙인은 하나의 지위로서 그 사람을 대변하는 주지위가 된다고 한다. 직업, 수입, 교육 정도와 주지위는 관련이 없다.
㉤ 낙인이론은 비범죄화 또는 다이버전을 범죄대책으로 제시한다. 정답: ②

254 다음 중 낙인이론과 관련이 없는 학자는?

① 베커(Becker)
② 레머트(Lemert)
③ 뒤르켐(Durkheim)
④ 탄넨바움(Tannenbaum)

해설

뒤르켐(Durkheim)은 아노미이론과 관련이 있다. 정답: ③

255 다음 중 낙인이론 및 갈등이론과 관련이 없는 것은?

① 악의 극화(Dramatization of Evil)
② 애착(Attachment)
③ 법적 갈등(Legal Conflict)
④ 주지위(Master Status)

**해설**

애착(Attachment)은 허쉬의 사회유대이론과 관련이 있다. 정답: ②

256 낙인이론이 범죄학에 미친 긍정적인 효과가 아닌 것은?

① 다양한 전환제도의 도입
② 비범죄화와 비형벌화의 확산
③ 소년범에 대한 보호처분적용
④ 1차적 범죄에 대한 철저한 동기파악

해설

낙인이론은 비범죄화, 전환제도, 탈시설화, 공정한 절차 등 범죄학에 긍정적인 많은 변화를 가져다주었다. 정답: ④

257 낙인이론에 대한 설명으로 가장 적절한 것은? 경찰간부 2024

① 최초 일탈의 발생원인과 가해자에 대한 관심이 적다는 비판이 있다.
② 레머트(Lemert)는 사회로부터 부정적인 반응을 받은 소년이 스스로 이를 동일시하고 부정적 역할을 수행하게 되는 악의 극화(Dramatization of Evil)에 빠지게 된다고 하였다.
③ 탄넨바움(Tannenbaum)은 일차적 일탈에 대한 부정적인 주변의 반응이 이차적 일탈을 유발한다고 하였다.
④ 베커(Becker)는 일탈자는 공식적인 일탈자라는 주 지위를 얻게 되어 교육과 직업 등에 방해를 받게 되며 이로 인해 일탈을 반복하게 된다고 하였다.

해설

④ 베커는 일탈자라는 주 지위가 정상적인 집단이나 생활로부터 멀어지게 하여 '아웃사이더'가 되도록 하고, 이로써 일탈을 조장한다고 하였다(범죄통제가 오히려 범죄를 야기한다고 주장).
① 최초 일탈의 발생원인에 대한 설명과 피해자에 대한 관심이 적다는 비판이 있다.
② 레머트가 아닌 탄넨바움의 악의 극화에 대한 설명이다.
③ 탄넨바움이 아닌 레머트의 사회적 낙인으로서의 일탈에 대한 설명이다.

탄넨바움	레머트	베커	슈어
악의 극화	사회적 낙인	사회적 지위	자아관념
	2차적 일탈 제시 사법기관의 공식반응 5효과	주 지위	자아낙인 개념

정답: ④

★중요★
258 낙인이론가별 주요 개념이 옳게 짝지어진 것은?

① 레머트(Lemert) – 주지위론
② 에릭슨(Erickson) – 통제균형
③ 레머트(Lemert) – 도덕적 기업가
④ 탄넨바움(Tannenbaum) – 악의 극화

해설

① 레머트 – 일차적 일탈과 이차적 일탈
② 티틀 – 통제균형이론
③ 도덕적 기업의 이론은 사회문제는 실천적 업적이자 구성물이라 주장하며, 베커는 도덕적 기업이 포함된 관리적 기획과 종사자들을 도덕적 기업가라 불렀다. 정답: ④

259 낙인이론에 따른 범죄대책에 관한 설명으로 옳지 않은 것은?

① 비범죄화 정책을 추진한다.
② 지역사회 내 처우제도를 강화한다.
③ 형사처벌의 엄격성을 강조한다.
④ 비시설 처우를 확대한다.

해설

형사처벌의 엄격성을 강조하는 것은 레클리스(Reckless)의 봉쇄이론(억제이론)이다. 낙인이론은 계층 간 차별 없이 공정한 법집행을 하자는 것을 강조한다. 정답: ③

260 낙인이론과 관련 있는 개념은?

① 차별적 강화
② 중화의 기술
③ 이차적 일탈
④ 아노미 현상

해설

낙인이론은 이차적 일탈과 관련 있다.

【레머트(Lemert)의 이차적 일탈】

일탈행위가 타인이나 사회통제기관에 발각되어 공식적 일탈자로 낙인찍히게 됨으로써 그것이 하나의 사회적 지위로 작용하여 합법적·경제적 기회가 감소하고 정상인과의 대인적 관계가 줄어들며, 자기 자신을 일탈자로 자아규정을 하게 되어 계속 범죄행위를 저지르는 경력범죄자가 된다. 정답: ③

261 레머트(Lemert)의 이차적 일탈(secondary deviance)에 해당하는 것은?

① 공식적 낙인 이후에 발생하는 일탈
② 공식적 낙인 이전에 발생하는 일탈
③ 피해자 없는 일탈
④ 사회적 반응 없이 발생하는 일탈

해설

【일차적 일탈과 이차적 일탈】

- 일차적 일탈 : 모든 사람은 개인적 또는 사회상황적 이유 때문에 가끔 순간적이나마 규범을 어기는 행위를 하지만, 이 경우 규범위반자는 자기 자신을 일탈자라고 생각하지도 않고 타인에게 노출되지도 않아 일탈에 대한 사회적 반작용이 발생되지 않는 경우이다.
- 이차적 일탈 : 일탈행위가 타인이나 사회통제기관에 발각되어 공식적 일탈자로 낙인찍히게 됨으로써 그것이 하나의 사회적 지위로 작용하여 합법적·경제적 기회가 감소하고 정상인과의 대인적 관계가 줄어들며, 자기 자신을 일탈자로 자아규정을 하게 되어 계속 범죄행위를 저지르는 경력범죄자가 된다.

정답: ①

262 **낙인이론에 대한 설명 중 가장 적절하지 않은 것은?** 경찰간부 2023

① 레머트(Lemert)는 조직적이고 일관성 있게 일어나는 일차적 일탈을 막기 위해서는 지역사회의 관심과 역할이 중요하다고 주장하였다.

② 탄넨바움(Tannenbaum)은 「범죄와 지역공동체」(Crime and the Community, 1938)라는 저서에서 소년들이 지역사회로부터 범죄자로 낙인되는 과정을 묘사하였다.

③ 패터노스터(Paternoster)와 이오반니(Iovanni)에 의하면 낙인이론의 뿌리는 갈등주의와 상징적 상호작용이론으로 볼 수 있다.

④ 낙인이론에 따르면 범죄자의 인구통계학적 특성에 따라 낙인 가능성 및 정도가 달라질 수 있다.

해설

① 레머트(Lemert)는 일차적 일탈이란 낙인을 받기 전에 행하는 비행행위들로서 조직적이지 않고, 일관성이 없으며, 자주 일어나지 않는 사소한 일탈행위라고 정의한다.

② 탄넨바움(Tannenbaum)은 그의 저서 「범죄와 지역공동체」에서 지역사회의 개인에 대한 낙인과정을 다음과 같이 묘사하였다.
청소년들과 지역사회 구성원들 간 몇몇 행위들에 대한 가치판단의 차이가 존재한다. 예를 들어 청소년들은 남의 집 창문을 깨는 행위, 무단으로 결석하는 행위 등을 단순한 모험이나 놀이 정도로 여기지만, 지역사회 구성원들은 일종의 일탈행위로 인식하고 부정적인 시각으로 바라보며 나쁘고 치유할 수 없는 존재들로 규정짓게 되고, 이러한 규정짓기는 공식 낙인 또는 비공식 낙인의 형태로 이루어진다. 결국 해당 청소년들은 자신들을 바라보는 지역사회의 시선, 즉 자신들에 대한 지역사회의 낙인을 인식하게 되고 비행청소년으로서의 자아관념을 갖게 된다.

③ 패터노스터(Paternoster)와 이오반니(Iovanni)에 의하면, 갈등주의 관점과 상징적 상호작용이론은 낙인이론의 형성에 큰 영향을 미쳤다고 한다. 이들의 연구는 낙인이론의 기원, 낙인이론의 이론적 주장, 낙인이론에 대한 비판의 반박, 초창기 실증연구들의 문제점을 체계적으로 정리하고, 향후 연구들이 나아가야 할 방향을 제시함으로써 낙인이론이 다시 범죄학의 주요 이론으로 자리매김하는 데 크게 기여한 것으로 평가받는다.

④ 낙인이론에 따르면, 똑같이 비행을 저지르더라도 사회적 약자계층에 속한 사람들은 그렇지 않은 사람들보다 낙인을 경험할 가능성 및 낙인의 정도가 더 높다고 한다.

정답: ①

263 다음 〈보기〉 중 낙인이론에 대하여 옳은 내용만으로 짝지은 것은? 해경간부 2025

> 보기
>
> ㉠ 낙인이론에 의하면 범죄자의 인구통계학적 특성에 따라 낙인 가능성 및 정도가 달라질 수 있다.
>
> ㉡ 헤이건(Hagan)은 사회로부터 부정적인 반응을 받은 소년들이 지역사회로부터 범죄자로 낙인 받는 과정은 묘사하였다.
>
> ㉢ 허쉬(Hirschi)는 1차적 일탈과 2차적 일탈이란 용어를 사용하여 일탈행위를 설명하였는데 2차적 일탈은 심리적 구조와 사회적 역할에 큰 영향을 미치지 않는다고 보았다.
>
> ㉣ 패터노스터(Patemoster)와 이오반니(lovanni)에 의하면 낙인이론의 이론적 뿌리는 갈등주의의 상징적 상호작용주의로 볼 수 있다.

① ㉠, ㉡　　② ㉡, ㉢
③ ㉠, ㉣　　④ ㉡, ㉣

해설

㉡ 낙인이론학자인 탄넨바움(Tannenbaum)은 공공에 의해 부여된 범죄자라는 꼬리표에 비행소년 스스로가 자신을 동일시하고 그에 부합하는 역할을 수행하게 되는 과정을 '악의 극화'라고 하였다. 참고로, 헤이건(Hagan)은 마르크스주의 범죄이론과 페미니스트 범죄이론 등의 비판적 범죄학을 사회통제이론과 결합한 통합이론을 제시하였다. 그는 부모의 가부장적 양육 여부에 따라 범죄에서의 성별 차이가 존재한다는 권력통제이론을 주장했는데, 전통적인 남성지배의 가부장적 가정에서는 아들보다 딸이 더 엄격하게 통제되고, 남녀 간의 비행이나 범죄의 차이가 크지만, 평등주의적 가정에서 자란 자녀는 그 차이가 적다고 하였다.

㉢ 레머트의 이론이다. 허쉬는 통제이론가로서 사회유대이론을 주장하였는데, 개인이 일상적인 사회와 맺고 있는 유대가 약화되거나 깨졌을 때 범죄가 발생한다고 하였다.

〈레머트의 1차적 일탈과 2차적 일탈〉

1차적 일탈 (일시적 일탈)	• 1차적 일탈이란 우연적·일시적 일탈로, 개인의 자아정체감이 훼손되지 않은 상태에서 야기되는 규범위반행위를 말한다(예 학생들이 재미삼아 상점에서 물건을 훔치는 행위). • 1차적 일탈의 경우, 자신을 일탈자로 여기지 않고 일탈에 대한 사회적 반작용도 발생하지 않는다.
2차적 일탈 (경력적 일탈)	• 2차적 일탈이란 1차적 일탈의 결과로 받게 되는 사회적 반응, 즉 일탈자라는 낙인이 사회적 지위로 작용하고, 그에 상응하여 야기되는 규범위반행위를 말한다. • 2차적 일탈은 일반적으로 오래 지속되고, 행위자의 정체성이나 사회적 역할수행에 중요한 영향을 미친다. • 레머트가 특히 관심을 두고 분석한 사항은 2차적 일탈이다.

정답: ③

264 **다음 사례를 읽고 ㉠, ㉡에 적용 가능한 이론에 관한 설명으로 가장 적절하지 않은 것은?** 경행차 2023

이론	사 례
㉠	甲은 고등학교 시절 학교 친구들의 따돌림을 받고 게임에 빠져 지내던 중 TV에서 본 조직폭력배 두목의 일대기에 심취하여 그의 행동을 흉내 내다가 범죄를 저질렀다.
㉡	乙은 소년교도소 출소 후 전과자라는 부정적 인식으로 인해 정상적인 사회생활이 어려워지자 다시 범죄조직에 가담하여 범죄자로서의 삶을 살았다.

① ㉠은 개인이 범죄자가 되어가는 과정을 설명하는 사회과정이론 중 하나이다.
② ㉡은 상징적 상호작용론을 바탕으로 한 사회반응이론 중 하나이다.
③ ㉠을 주장한 글레이저(Glaser)는 직·간접적 접촉을 통한 동일시에 의해 범죄행위가 학습될 수 있다고 보았다.
④ ㉡을 주장한 베커(Becker)는 일탈행위를 일차적 일탈과 이차적 일탈로 구분하였다.

해설

㉠ 글래이저(Glaser)의 차별적 동일시이론, ㉡ 베커(Becker)의 사회적 지위로서의 일탈
④ 레머트(Lemert)에 대한 설명이다. 베커는 범죄행위로 인한 낙인은 사회적 지위와 같은 효과가 있어 낙인찍힌 자에게 주지위(이방인)가 되고, 낙인찍힌 일탈자는 다른 영역에서 정상적인 사회생활을 하는 것이 힘들게 되므로, 일탈이 더욱 용이하게 된다고 보았다. 정답: ④

265 **낙인이론의 관점에 대한 설명으로 옳지 않은 것은?**

① 범죄자에 대한 부정적인 사회적 반응이 범죄문제를 악화시키는 근본적 원인이라고 주장한다.
② 일탈행위 전반에 관한 이론이라기보다는 특정한 범법행위를 취급하므로 미시적 차원의 범죄이론이라고 볼 수 있다.
③ 범죄는 행위의 속성이 아니고, 법적·제도적 통제기관의 행태에서 생긴 산물이라고 본다.
④ 사회구조보다는 사회과정에 관심을 두고 있다.

해설

② 낙인이론은 어느 특정한 범법행위를 취급하는 것이 아니라, 일탈행위 전반에 관한 것을 다루고 있으므로 일탈행위에 관한 연구의 초점을 개개의 일탈행위에 대한 원인 규명보다는 개인의 행위를 일탈이라고 규정하는 사회 전체의 시스템에 두고 있다. 정답: ②

266 **사회과정(미시적) 이론으로 볼 수 없는 것은?**

① 사회유대이론
② 사회학습이론
③ 낙인이론
④ 생태론

해설

진화론으로부터 영향을 받은 것은 초기의 범죄생물학으로 생태론, 환경결정론적(거시적) 이론으로 분류된다.

〈사회과정이론〉

사회학습이론	서덜랜드(Sutherland)의 차별적 접촉이론
사회통제이론	• 허쉬(Hirschi)의 사회유대이론 • 레클리스(Reckless)의 봉쇄이론(억제이론) • 사이크스(Sykes)와 맛차(Matza)의 중화기술이론 • 갓프레드슨과 허쉬의 일반이론(자기통제이론)
사회적 반응이론	• 낙인이론 • 민속방법론적 이론(ethnomethodology deviance)

정답: ④

267 낙인이론의 특징에 관한 설명 중 옳지 않은 것만으로 묶인 것은?

㉠ 전통적인 범죄원인론을 배척하고, 사회적 측면에서 범죄의 원인을 분석하였다.
㉡ 범죄분석의 방법으로 자기보고 또는 참여적 관찰에 의존하는 것의 한계를 지적하고, 공식통계의 중요성을 강조하였다.
㉢ 사회통제기관의 태도가 범죄를 결정하는 데 중요한 역할을 한다고 보고, 형사입법이나 법집행에 종사하는 사람들의 가치관과 행동양식 등을 연구대상으로 한다.
㉣ 낙인이 범죄나 비행을 지속시킨다고 볼 때에는 낙인이 종속변수로 작용한다.
㉤ 법집행기관을 주요 연구대상으로 삼는다.
㉥ 일탈행위를 행위의 낙인으로 분석한다.

① ㉠, ㉡ ② ㉡, ㉢, ㉣
③ ㉠, ㉢, ㉤ ④ ㉡, ㉣, ㉥

해설

× : ㉡ 낙인이론에서는 일탈행위의 분석방법으로서 공식통계의 한계(암수범죄)를 지적하고, 자기보고나 참여적 관찰에 의한 보충의 필요성을 강조한다. ㉣ 낙인이 범죄나 비행을 지속시킨다고 볼 때에는 독립변수로 작용한다. ㉥ 일탈행위를 행위의 낙인으로 분석하지 않고, 상호작용의 낙인으로 분석한다.

○ : ㉠, ㉢, ㉤

정답: ④

268 **낙인이론에 관한 설명으로 옳지 않은 것은?**

① 전통적·심리학적·다원적 범죄원인론을 배격하고, 법집행기관을 주요 연구대상으로 삼았다.
② 일탈행위의 분석방법으로 자기보고나 참여관찰을 병용할 필요성을 강조하였다.
③ 범죄의 원인보다 범죄자에 대한 사회적 반응을 중시하고, 사회적 금지가 일탈행위를 유발하거나 강화시킨다고 주장하였다.
④ 공식적 처벌은 특정인에게 낙인을 가함으로써 범죄를 양산하는 것보다 오히려 범죄를 억제하는 효과가 더 크다고 주장하였다.

해설

④ 형사사법기관에 의한 공식적 처벌은 범죄의 억제효과보다는 특정인에게 낙인을 가함으로써 범죄를 양산한다고 주장하고, 국가의 개입을 자제할 것을 주장하였다. 정답: ④

★중요★
269 **낙인이론이 주장하는 형사정책적 결론에 부합하는 것만을 모두 고른 것은?**

> ㉠ 낙인이론은 형사입법자나 법집행종사자들의 가치관과 행동양식 등을 그 연구대상으로 한다.
> ㉡ 가능한 한 범죄에 대한 공식적 반작용은 비공식적 반작용으로, 중한 공식적 반작용은 경한 공식적 반작용으로 대체되어야 한다.
> ㉢ 가능한 한 범죄자를 자유로운 공동체 내에 머물게 하여 자유로운 상태에서 그를 처우하여야 한다.
> ㉣ 슈어(E. Schur)는 사회적 낙인보다 스스로 일탈자라고 규정함으로써 2차적 일탈에 이르는 경우도 있다는 점을 강조한다.

① ㄱ, ㄷ ② ㄴ, ㄹ
③ ㄱ, ㄴ, ㄷ ④ ㄱ, ㄴ, ㄷ, ㄹ

해설

④ 모두 낙인이론이 주장하는 내용이다. 정답: ④

270 **낙인이론(labeling theory)에 대한 설명으로 옳지 않은 것은?**

① 레머트(Lemert)는 1차적 일탈에 대한 부정적 사회반응이 2차적 일탈을 만들어 낸다고 하였다.
② 베커(Becker)는 일탈자의 지위는 다른 대부분의 지위보다도 더 중요한 지위가 된다고 하였다.
③ 중요한 정책으로는 다이버전(diversion), 비범죄화(decriminalization), 탈시설화(deinstitu-tionalization)등이 있다.
④ 사회내처우의 문제점을 지적하면서 시설내처우의 필요성을 강조하였다.

해설

④ 낙인이론은 시설내처우가 범죄적 악풍감염의 폐해를 가져온다고 비판하였다. 즉 범죄인처우의 국가개입이 실효성 면에서 효과적이지 못하다고 보고, 비형법적 방법, 즉 사회내처우의 확대필요성을 강조하였다.

정답: ④

271 낙인이론에 관한 설명 중 옳지 않은 것은?

① 다이버전(diversion)의 확대나 비범죄화 등 인도주의적 형사정책을 주장하는 근거가 된다.
② 범죄행위보다는 범죄행위에 대한 통제기관의 반작용에 관심을 가진다.
③ 레머트(Lemert)에 의하면 이차적 일탈은 일반적으로 오래 지속되며, 행위자의 정체성이나 사회적 역할들의 수행에 중요한 영향을 미친다.
④ 범죄의 원인을 범죄자의 개인적 특징에서 찾는다.
⑤ 일차적 일탈의 원인이나 범죄피해자에 대한 관심이 적다는 비판이 있다.

해설

④ 낙인이론은 범죄는 처음부터 존재하는 행위의 속성이 아니라, 형사사법기관이나 사회가 그것을 비난하고 범죄라는 꼬리를 붙였기 때문에 생겨진 산물이라고 보는 이론을 말한다. 즉 낙인이론은 범죄의 원인을 범죄자의 개인적 특성에서 찾았던 전통적 범죄원인론을 배척하고, 전통적 범죄원인론이 소홀하게 여겼던 낙인의 주체인 법집행기관의 자의성을 문제시함으로써 사회적 측면에서 범죄의 원인을 분석하였다.

낙인이론의 특징
• 사회구조보다 사회과정에, 사회의 거시적 차원보다 미시적 차원에 관심을 집중시킨다. • 전통적·유전적·심리학적·다원적 범죄원인론을 배척하고, 법집행기관의 자의성을 문제시한다. • 사회통제강화가 오히려 일탈행동을 생성한다고 본다. • 공식통계에 나타나는 허점(암수문제)의 문제점을 지적하고, 자기보고나 참여적 관찰에 의한 보충이 필요하다고 본다. • 사회통제기관의 태도를 범죄나 비행 결정의 중요한 요인으로 보므로 형사입법이나 법집행에 종사하는 사람들의 가치관과 행동양식 등에 관심을 가진다. • 경미범죄나 과실범죄에 대한 형법개입의 자제와 전환제도의 활용을 요구한다. • 범죄의 원인보다 범죄자에 대한 사회적 반응을 중시한다. • 공식적 낙인은 차별적 기회구조와 차별적 접촉을 낳는다고 본다. • 사회적 가치·규범 및 법률에 대한 사회적 합의를 인정하지 않는다.

정답: ④

272 시설구금의 폐해에 대한 문제에 대해 범죄인의 사회복귀를 촉진시켜주며, 일반 사회인의 이해와 포용을 중요한 전제로 하여 전환제도의 근거를 제공한 이론은?

① 낙인이론　② 억제이론　③ 학습이론　④ 사회통제이론

해설

① 낙인이론은 시설내구금에 따른 범죄적 악풍감염의 폐해를 방지하고자 사회내처우의 필요성을 주장

하였으며, 범죄인처우에 대한 국가개입이 실효성이 없음을 비판하고, 대체처분(전환, 다이버전)을 주장하였다. 정답: ①

273 **레머트(E.M. Lemert)의 낙인이론에 관한 설명으로 가장 거리가 먼 것은?**

① 범죄를 포함한 일탈행위를 1차적 일탈과 2차적 일탈로 구분하였다.
② 1차적 일탈은 우연적·일시적 일탈로서 그 원인은 사회적·심리적·문화적 상황 등 다양성을 특징으로 한다.
③ 2차적 일탈은 1차적 일탈의 사회적 반응으로 야기된 문제들에 대한 행위자의 반응으로서의 행위를 말한다.
④ 1차적 일탈자를 2차적 일탈자로 악화시키는 데에는 형사사법기관의 공식적인 반응보다는 일반 사회인들의 편견이 더 많은 영향을 미친다고 본다.

해설

④ 레머트는 1차적 일탈자를 2차적 일탈자로 악화시키는 데에 형사사법기관의 공식적인 반응이 가장 광범위한 영향을 미칠 수 있다고 주장하였다.

〈레머트의 1차적 일탈과 2차적 일탈〉

1차적 일탈 (일시적 일탈)	• 1차적 일탈이란 우연적·일시적 일탈로 개인의 자아정체감이 훼손되지 않은 상태에서 야기되는 규범 일탈행위를 말한다(예 학생들이 재미삼아 상점에서 물건을 훔치는 행위). • 1차적 일탈의 경우 자신을 일탈자로 여기지 않으며, 일탈에 대한 사회적 반작용도 발생되지 않는다.
2차적 일탈 (경력적 일탈)	• 2차적 일탈이란 1차적 일탈에 대한 사회적 반응에 의해 일탈자라는 낙인을 받게 되고, 그것이 사회적 지위로 작용하여 그에 상응하는 규범위반행위를 하는 것을 말한다. • 2차적 일탈은 일반적으로 오래 지속되고, 행위자의 정체성이나 사회적 역할들의 수행에 중요한 영향을 미친다. • 레머트가 특히 관심을 두고 분석한 사항은 2차적 일탈에 관한 것이었다.

정답: ④

274 **레머트(E.M. Lemert)가 주장한 낙인효과에 대한 설명이 바르게 짝지어지지 않은 것은?**

보호7급 2024

① 오명 씌우기(stigmatization): 일차적 일탈자에게 도덕적 열등아라는 오명이 씌워져서 이후 정상적인 자아정체성을 회복하는 것이 곤란해진다.
② 제도적 강제(institutional restraint)의 수용: 공식적 처벌을 받게 되면 스스로 합리적·독자적 사고를 하지 못하고 사법기관의 판단을 수용할 수밖에 없게 된다.
③ 부정적 정체성의 긍정적 측면(positive side of negative identity): 일차적 일탈자는 자신에 대한 부정적 평가를 거부하는 과정을 통해 긍정적 정체성을 형성한다.
④ 일탈하위문화에 의한 사회화(socialization of deviant subculture): 공식적인 처벌을 집행하는 시설 특유의 일탈하위문화에 의하여 범죄를 옹호하는 가치나 새로운 범죄기술을 습득하게 된다.

해설

③ 일차적 일탈자를 이차적 일탈자로 악화시키는 공식반응이 미치는 낙인효과에는 오명 씌우기, 불공정에 대한 자각, 제도적 강제의 수용, 일탈하위문화에 의한 사회화, 부정적 정체성의 긍정적 측면이 있다. 여기서 부정적 정체성의 긍정적 측면이란 형사사법기관이 일차적 일탈자에게 도덕적 열등아와 같은 부정적 정체성을 부여하더라도, 이를 수용했을 때 얻게 되는 이익 때문에 일차적 일탈자가 자신에 대한 부정적인 평가를 거부하지 않는 것이다.

〈공식반응이 미치는 낙인효과〉

오명 씌우기	사법기관에 의한 공식반응으로써 일차적 일탈자에게 도덕적 열등아라는 오명이 씌워지고, 이와 같은 사실이 대중매체를 통해 알려지면서 전과자로 기록되어 종전과는 달리 타인과의 관계설정이나 구직 등이 어려워지면, 정상적인 사회생활을 하지 못하게 된다.
불공정에 대한 자각	공식적인 처벌과정에서 일차적 일탈자는 사법집행의 불공정한 측면을 경험하게 되고, 사법제도의 공정성과 사회정의에 대한 신뢰를 유지할 수 없게 된다.
제도적 강제의 수용	공식적인 처벌을 받는 일차적 일탈자는 자신에 대한 사법기관의 판단을 수용할 수밖에 없게 된다.
일탈하위문화에 의한 사회화	집행시설 내에서는 특유의 일탈하위문화가 존재하는데, 공식적인 처벌과정에서 이를 접한 일차적 일탈자는 범죄를 옹호하는 가치나 새로운 범죄기술을 습득하게 된다.
부정적 정체성의 긍정적 측면	사법기관이 부정적 정체성을 부여하더라도, 이를 수용함으로써 얻게 되는 책임감 면책, 죄책감으로부터의 도피 등과 같은 이익 때문에 일차적 일탈자는 부정적 정체성을 거부할 수 없게 된다.

정답: ③

★중요★
275 **낙인이론(labeling theory)에 관한 설명 중 옳지 않은 것은?**

① 범죄는 일정한 행위속성의 결과가 아니라, 통제기관에 의해 범죄로 규정된다고 한다.
② 탄넨바움(F. Tannenbaum)은 일탈행위를 1차적 일탈과 2차적 일탈로 구분한다.
③ 베커(H. Becker)는 낙인이 그 사람의 지위를 대변하는 주지위(master status)가 되므로 다른 사람들과의 원활한 상호작용에 부정적인 영향을 미치는 장애요인이 된다고 한다.
④ 슈어(E. Schur)는 사회적 낙인보다 스스로 일탈자라고 규정함으로써 2차적 일탈에 이르는 경우도 있다는 점을 강조한다.
⑤ 초범의 범죄원인을 제대로 설명할 수 없다.

해설

② 레머트(E.M. Lemert)는 1951년 그의 저서 「사회병리학」을 통해 일탈을 1차적 일탈과 2차적 일탈로 구별하고 개인이 일탈자로 불리는 과정과 일탈의 경력에 빠지게 되는 과정을 설명하였다.

정답: ②

276 낙인이론에 관한 설명 중 옳은 것은?

① 범죄는 귀속과 낙인의 산물이 아니라 일정한 행위의 속성이라고 본다.
② 범죄행위 자체보다 범죄행위에 대한 형사사법기관의 반작용에 관심을 둔다.
③ 랑게(Lange)는 일탈을 일차적 일탈과 이차적 일탈로 구분하고, 이차적 일탈에 이르는 과정에서 협상의 중요성을 강조한다.
④ 베커(Becker)는 직업, 수입, 교육정도와 무관하게 낙인은 주지위가 될 수 없다고 한다.
⑤ 국가가 범죄자의 적발과 교정에 더욱 노력할 것을 범죄 대책으로 제시한다.

해설

① 낙인이론에 따르면 범죄는 처음부터 존재하는 행위의 속성이 아니라, 귀속과 낙인의 산물이라고 본다. ③ 랑게(Lange) → 레머트(E.M. Lemert), ④ 베커(Becker)는 범죄행위로 낙인을 찍는 것은 사회적 지위와 같은 효과를 주어 낙인찍힌 자에게 사회적 상호작용에 가장 직접적이고 중요한 '주지위(master status)'를 부여하는 결과가 되고, '주지위'는 교육·직업·인종 등과 같은 개인의 다양한 사회적 지위를 압도하게 되어 이 지위를 갖는 자를 직업적 범죄자로 전락시킨다고 주장하였다. ⑤ 낙인이론은 범죄는 처음부터 존재하는 행위의 속성이 아니라, 형사사법 기관이나 사회가 그것을 비난하고 범죄라는 꼬리표를 붙였기 때문에 생겨진 산물이라고 보는 이론으로 국가의 형벌 개입 자제를 요구하고, 전환제도를 활용할 것을 요구한다는 점에서 국가가 범죄자의 적발과 교정에 더욱 노력할 것을 범죄대책으로 제시하였다는 표현은 옳지 않다. 정답: ②

277 베커(H. Becker)의 낙인이론에 관한 설명으로 가장 거리가 먼 것은?

① 레머트(E.M. Lemert)의 낙인이론을 심화·발전시켰다.
② 일탈자를 단순한 규범위반자와 체계적 일탈자로 구분하고, 전자가 후자로 단계별 발전을 한다고 주장하였다.
③ 일반인이 어느 개인을 일탈자로 보게 되면 일탈자는 그가 속한 집단에서 이방인(outsider)이 된다고 보았다.
④ 범죄에 대한 사회반응이 형사사법기관의 범죄통제에 미치는 영향에 주목하였다.

해설

④ 베커는 형사사법기관의 범죄통제에 대한 사회반응이 범죄에 미치는 영향에 주목하였다. 정답: ④

★중요★

278 범죄행위로 낙인을 찍는 것은 사회적 지위와 같은 효과를 주어 낙인찍힌 자에게 사회적 상호작용에 가장 직접적이고 중요한 '주지위'를 부여하는 결과가 된다고 본 학자는?

① 탄넨바움(F. Tannenbaum) ② 레머트(E.M. Lemert)
③ 베커(H. Becker) ④ 슈어(E.M. Schur)

해설

③ 베커는 사회적 지위로서의 일탈을 주장한 학자로 '주지위' 개념을 전개하고, 그러한 주지위는 교육·직업·인종 등과 같은 개인의 다양한 사회적 지위를 압도하게 되어 이 지위를 가진 자를 직업적 범죄자로 전락시킨다고 주장하였다. 정답: ③

★중요★

279 전과자 A는 교도소에서 배운 미용기술로 미용실을 개업하여 어엿한 사회인으로 돌아오고, 범죄와의 고리를 끊었다. 다음 중 이 사례를 설명할 수 있는 것으로 가장 거리가 먼 것은?

① 허쉬(Hirschi)의 사회유대
② 샘슨(Sampson)과 라웁(Laub)의 사회자본
③ 베커(Becker)의 일탈자로서의 지위
④ 머튼(Merton)의 제도화된 수단

해설

③ 베커는 일탈자를 단순한 규범위반자와 체계적 일탈자로 구분하고, 전자가 후자로 단계별 발전을 한다는 단계별 발전모델을 제시한 낙인이론가이다. 근본적으로 낙인이론은 전통적 범죄론을 배척하고, 사회통제기관의 태도가 범죄를 결정하는 중요한 요인이라고 보며, 처벌이 범죄를 억제하기보다는 오히려 증가시킨다고 보므로 결론적으로 낙인이론으로는 사례와 같이 전과자가 건전한 사회인으로 복귀하는 것을 설명하기 어렵다. 정답: ③

280 슈어(E.M. Schur)의 낙인이론에 관한 설명으로 가장 거리가 먼 것은?

① 낙인이란 규범위반으로 인해 자동적으로 찍히게 되는 것이라고 본다.
② 일탈자가 되는 과정은 시간이 걸려서 이루어진 협상과 같은 것이라고 본다.
③ 형사사법기관으로부터 낙인이 찍힌 경우라도 사회적 반응과 개인의 적응양식에 따라 2차 일탈을 회피할 수 있다고 본다.
④ 국가 개입의 최소화가 낙인의 폐해를 최소화할 수 있다고 본다.

해설

① 슈어는 낙인은 규범위반이나 사회적 지위로 인해 자동적으로 찍히는 것이 아니라, 시간이 걸려서 이루어진 협상과 같은 것으로 이 협상의 성공 여부가 자아낙인에 영향을 미치고, 결국 2차적 일탈을 가져오는 원인이 된다고 보았다. 정답: ①

281 **낙인이론(Labeling Theory)에 관한 설명 중 옳지 않은 것은?**

① 규범이나 가치에 대하여 단일한 사회적 합의가 존재한다는 관점에 입각하고 있다.
② 낙인이론은 범죄 내지 일탈행위를 사회 자체 또는 그 구성원 일반과 일탈자의 상호작용으로 파악하는 데 그 이론적 특징이 있다.
③ 낙인이론에 의하면 범죄현실은 범죄행위의 구조와 범죄자의 선별로써 결정되며, 그 결정은 사회적 강자가 내린다고 한다.
④ 비범죄화(Decriminalization), 전환(Diversion)등은 낙인이론이 형사정책적으로 의도하는 목적이라고 할 수 있다.
⑤ 레머트(E.M. Lemert)는 행위자의 정체성과 그의 사회적 역할 수행에 영향을 미치는 이차적 일탈에 관심을 두었다.

해설

① 낙인이론은 규범이나 가치에 대하여 단일한 사회적 합의의 존재를 부정한다. 정답: ①

282 **다음은 범죄사회 연구에 대한 논의이다. 가장 옳은 것은?**

① 아노미이론은 전통적인 범죄원인을 의례형에서 찾는다.
② 밀러(Miller)와 코헨(Cohen)의 하위문화의 특징은 같은 것이다.
③ 낙인이론은 사회적 반응을 강조한다.
④ 차별적 접촉이론은 범죄와 비범죄의 차이는 학습과정의 차이라고 본다.
⑤ 중화기술이론에 의하면 범죄는 일정한 문화 속에서의 학습결과로 본다.

해설

① 아노미이론은 전통적인 범죄원인을 혁신형에서 찾는다. ② 밀러는 하류계층의 소년이 비행에 이르는 것이 하류계층의 문화에 적응하면서 생겨난 것이라고 본 반면, 코헨은 중류계층문화에 대한 적대감정에서 비롯되는 것이라고 보았다. ④ 서덜랜드의 차별적 접촉이론은 인간의 본성이 어떤 집단과 차별적 접촉을 갖느냐에 따라 특정집단의 행동양식을 학습하게 된다고 본다. 즉 범죄와 비범죄와의 차이는 학습과정의 차이라기보다는 접촉대상의 차이라고 보는 것이 보다 적절하다. ⑤ 중화기술이론에 의하면 범죄는 학습의 결과가 아니라, 비행자들이 자신들의 행동을 정당화하기 위해서 자신의 내면화된 가치관이나 규범의식의 중화를 시도하면서 비행으로 나아가게 된다고 본다. 정답: ③

283 범죄원인에 관한 이론과 그에 대한 비판으로 옳지 않은 것만으로 묶인 것은?

㉠ 차별접촉이론 : 과실범과 격정범 등의 범죄는 설명하기 쉬우나, 청소년비행은 설명하기 어렵다.
㉡ 문화갈등이론 : 이민사회의 다양한 문화를 전제로 한 이론이기 때문에 범죄원인론으로 보편화하는 데에는 한계가 있다.
㉢ 범죄정상이론 : 범죄를 옹호한다는 비판이 있다.
㉣ 머튼(R. Merton)의 아노미이론 : 과실범, 격정범 및 상류계층의 경미한 재산범죄 등을 설명할 수 없다.
㉤ 낙인이론 : 일탈의 생성에 있어서 행위자의 속성을 너무 강조한다.

① ㉠, ㉡　　② ㉠, ㉤　　③ ㉡, ㉢
④ ㉢, ㉣　　⑤ ㉣, ㉤

해설

× : ㉠ 차별접촉이론에 대해서는 과실범·격정범 등 학습과정 없이 이루어지는 충동적 범죄에는 적용하기 어렵다는 비판이 있다. ㉤ 낙인이론은 일탈자와 사회 간의 상호작용을 지나치게 강조하는 결과 행위자의 주체적 속성을 소홀히 하고 있다는 비판이 있다.
○ : ㉡, ㉢, ㉣

정답: ②

★중요★
284 다음 중 낙인이론의 정책과 가장 거리가 먼 것은?

① 적정절차　　② 전환(Diversion)
③ 비범죄화　　④ 시설내처우의 필요성 강조

해설

④ 낙인이론은 시설내처우보다는 사회내처우의 필요성을 강조한다. 낙인이론은 범죄인처우에 있어 국가의 개입이 오히려 범죄자 양성의 원인이 된다고 비판하고, 비범죄화(Decriminalization), 비형벌화(Depenalization), 비시설수용화(Deinstitutionalization), 전환(Diversion), 적정절차(Due process) 등 이른바 5D 정책을 주장하였다.

정답: ④

285 낙인이론에 대한 설명으로 옳지 않은 것은?

① 범죄통계에 있어 암수범죄의 문제점을 지적하였다.
② 시설구금에 따른 폐해를 지적하고, 사회내처우의 필요성을 강조하였다.
③ 연구대상을 하류계층에 한정하여 화이트칼라범죄나 지배계층의 범죄에 소홀하다는 비판이 있다.
④ 비공식적 낙인은 공식적 낙인에 못지않게 범죄유발의 원인이 된다고 본다.

해설

④ 낙인이론은 공식적 낙인에만 관심을 집중하는 결과 비공식적 낙인이나 개인의 양심과 도덕률의 존재 자체에 대한 이론적 배려가 없다는 비판이 있다. 정답: ④

286 낙인이론의 영향과 가장 거리가 먼 것은?

① 예방차원의 비범죄화
② 암수문제의 중시
③ 공적 개입의 자제와 전환제도의 활용
④ 사회내처우의 필요성
⑤ 범죄피해자에의 높은 관심

해설

⑤ 낙인이론에 대해서는 범죄피해자에 대하여 관심을 보이지 않는다는 것이 단점으로 지적되고 있다. 낙인이론은 ① 기존 형법의 범죄목록 중에서 사회변화로 인하여 더 이상 사회적 위해성이 없는 행위로 평가되는 것에 대해서는 범죄목록에서 삭제할 것(비범죄화), ③ 경미범죄나 과실범죄에 대한 형벌개입의 자제와 전환제도를 활용할 것(전환), ④ 가능한 한 범죄자를 자유로운 공동체 내에 머물게 하여 자유상태에서 그를 처우할 것(시설수용의 지양), ⑤ 범죄인처우의 국가개입을 자제하고 비형법적으로 처우할 것(비형벌화) 등을 주장하였으며, ② 일탈행위의 분석방법으로 공식통계에만 의존하는 문제(암수범죄)를 지적하고, 자기보고나 참여관찰을 병용할 것을 주장하였다. 정답: ⑤

287 낙인이론에 대한 평가로 보기 어려운 것은?

① 최초일탈에 대한 논리적 설명이 미흡하다.
② 형사사법체계의 역기능을 지나치게 강조한 나머지 일탈자의 주체적 특성에 대한 고찰이 부족하다.
③ 지배계층의 범죄에 대해 지나치게 가혹한 관점을 지니고 있다.
④ 낙인효과의 일반예방적 기능을 과소평가하고 있다.

해설

③ 낙인이론은 하류계층의 일탈행위를 지나치게 강조한 나머지 화이트칼라범죄나 제도적 폭력과 같은 지배계층의 범죄에 대해서는 지나치게 관대하다는 비판이 있다. 정답: ③

288 낙인이론에 관한 평가 중 옳지 않은 것만으로 묶인 것은?

㉠ 특히 소년사법분야, 경미범죄자, 과실범죄자 분야의 이차적 일탈예방에 대한 대책수립에 영향을 주었다.
㉡ 최초 일탈의 원인분석에 미흡하여 반교정주의로 흐를 위험이 있다.
㉢ 낙인이 없으면 범죄도 없다는 극단적 절대주의 논리에 집착하고 있다.
㉣ 일탈자의 주체적 특성에 주안점을 두고 있다.
㉤ 사법기관이 범죄로 선언하지 않아도 법률위반행위는 여전히 존재한다는 사실에 대한 해명이 부족하다.

① ㉠, ㉡ ② ㉡, ㉢ ③ ㉡, ㉣ ④ ㉢, ㉣

해설

× : ㉢ 낙인이 없으면 범죄도 없다는 개념은 상대주의 논리에 해당한다. ㉣ 낙인이론은 일탈자와 사회 간의 상호작용에 집착하는 결과 일탈자의 소질적인 요인 등 주체적 특성에 대한 이론적 배려가 없다는 것이 단점으로 지적되고 있다.

○ : ㉠, ㉡

정답: ④

★중요★

289 문화갈등이론에 관한 기술로 옳지 않은 것은?

① 하나의 사회에는 다양한 문화체계가 존재한다는 점을 전제로 범죄원인을 설명하려는 시도이다.
② 인간의 사회행동을 결정하는 데는 한 사회의 문화적 가치체계가 결정적 작용을 한다.
③ 개별집단의 문화적 행동규범과 사회전체의 지배적 가치체계 사이에 발생하는 문화적 갈등관계가 범죄원인이 된다.
④ 셀린은 동일문화 안에서 사회변화에 의해 분화갈등이 생기는 경우를 일차적 문화갈등이라 하고 이질적 문화의 충돌에 의한 갈등을 이차적 문화갈등이라 본다.

해설

셀린은 이질적 문화충돌에 의한 갈등을 일차적 문화갈등이라 하고, 동일문화 내에서 사회적 분화에 의한 갈등을 이차적 문화갈등이라 보았다.

정답: ④

290 범죄학이론과 학자가 다르게 연결된 것은?

① 실증주의 범죄학 – 롬브로소
② 아노미이론 – 뒤르켐
③ 하위문화론 – 코헨
④ 문화갈등이론 – 페리

해설

문화갈등이론은 셀린이 주장한 이론이다.

정답: ④

291 **이주이민이 기존문화와 충돌하는 경우를 1차 문화갈등, 현대문화의 발전에 수반한 사회분화의 과정에서 생겨나는 갈등을 2차 문화갈등이라고 보고, 양자 모두가 범죄의 원인이 된다고 주장한 미국의 사회학자는?**

① 셀린(Sellin)
② 글레이져(D. Glaser)
③ 크레이시(D.R. Cressey)
④ 밀러(W.B. Miller)

해설

②는 사람들이 동일화되어 가는 과정에서 범죄행동을 수행한다는 차별적 동일화이론을 주장하였다. ③은 서덜랜드의 제자로 쇼와 메케이의 연구결과를 토대로 차별적 접촉이론을 주장하였다. ④는 범죄가 중산층 규범에 대항하는 반작용이 아니라, 하층계급문화에 고유한 전통적 가치에 대한 동조의 소산이라는 하층계급문화이론을 주장하였다. 정답: ①

292 **주류 범죄학과 갈등 범죄학에 관한 설명 중 갈등 범죄학에 해당하지 않은 것은?**

① 갈등이론, 페미니스트이론, 신비판이론, 급진적 관점 등을 포함한 많은 대안적 접근법을 촉진하고 있다.
② 경쟁적인 집단이 범죄와 비행을 정의할 권력을 위해서 투쟁한다.
③ 기존 사회에 대하여 의심하지 않은 채 수용을 하며, 일탈 개인 및 집단이 사회의 현 상태에 적응하려 하지 않는 이유에 대하여 집중하였다.
④ 범죄는 불가피한 사회적 조건에 대한 합리적인 반응으로 보여질 수 있다.

해설

③ 주류 범죄학은 기존 사회에 대하여 의심하지 않은 채 수용을 하며, 일탈 개인 및 집단이 사회의 현 상태에 적응하려 하지 않는 이유에 대하여 집중하였다. 정답: ③

293 **셀린(T. Sellin)의 문화갈등이론(Cultural Conflict Theory)에 관한 설명으로 옳지 않은 것을 모두 고른 것은?**

㉠ 문화갈등이란 용어를 최초로 사용하였다.
㉡ 문화갈등이 존재하는 지역의 사람들은 서로 경쟁적이며, 이러한 경쟁은 사회통제를 강화하는 요인으로 작용하여 범죄예방효과로 나타난다고 보았다.
㉢ 범죄원인 연구분야에 문화적 측면을 중요한 요소로 포함시켰다.
㉣ 개인 간의 관계 악화, 규범혼란 등은 제1차적 문화갈등에 해당한다.
㉤ 문화갈등이론은 비판범죄학의 이론적 기초를 제공하였다.

① ㉠, ㉡ ② ㉠, ㉢ ③ ㉡, ㉣ ④ ㉣, ㉤

해설

× : ㉡ 문화갈등이 존재하는 지역의 사람들은 그 지역의 행위규범이 모호하고, 상호 경쟁적이기 때문에 사회통제가 약화되어 범죄에 빠지기 쉽다고 보았다. ㉣ 개인 간의 관계 악화, 규범혼란 등은 동일문화 내의 문화갈등, 즉 제2차적 문화갈등에 해당한다.

○ : ㉠, ㉢, ㉤

정답: ③

294 **다음 甲의 성장과정에서 나타나는 범죄경향의 변화를 설명할 수 있는 이론으로 가장 적절하지 않은 것은?** 경행2차 2023

> 甲은 평범한 중산층 가정에서 태어나 부족함 없이 자랐으나 고등학교 진학 후 비행친구들과 어울리면서 절도에 가담하게 되었다. 이 사건으로 甲은 법원으로부터 소년보호처분을 받게 되었으며, 주변 친구들로부터 비행청소년이라는 비난을 받고 학교생활에 적응하지 못하여 자퇴를 하게 되었다. 甲은 가출 후 비행친구들과 더 많은 범죄를 저지르고 급기야 불법도박에 빠지게 되었고 많은 재산을 탕진하게 되었다. 甲은 경제적 어려움으로 인해 방황을 하다가 군대에 입대하게 되었고, 규칙적이고 통제된 군대생활 속에서 삶에 대해 고민하는 계기를 가지게 되었다. 甲은 군 전역 이후 기술을 배워 안정적인 직장을 다니면서 더 이상 범죄를 저지르지 않게 되었다.

① 차별접촉이론(Differential Association Theory)
② 문화갈등이론(Culture Conflict Theory)
③ 생애과정이론(Life Course Theory)
④ 낙인이론(Labeling Theory)

해설

② 셀린(Sellin)의 문화갈등이론은 범죄의 원인을 문화적 차이에 따른 갈등으로 보았는데, 이러한 문화갈등이 발생하면 다양한 가치를 하나의 문화에 반영하는 것이 불가능하여 결국 가장 지배적인 문화의 행위규범만을 반영하게 된다고 하였다. 따라서 사례의 내용과는 거리가 멀다고 보이며, 그 부분이 시카고학파의 사회해체이론과 다른 부분이다.
참고로, 문화갈등을 겪는 지역의 사람들은 충돌하는 문화집단 간의 경쟁으로 인한 스트레스 유발과 사회통합 약화로 보다 쉽게 일탈에 이끌리게 되고, 지배문화의 행위규범만이 법에 반영되는 결과로 기존의 비지배문화의 행위규범을 따르는 사람들은 법위반가능성이 커진다.

① 차별접촉이론에 따르면, 범죄는 의사소통을 통한 타인과의 상호작용과정에서 학습된다. → '비행친구들과 어울리면서'

③ 생애과정이론에 따르면, 범죄성에는 가변성이 존재한다. → '안정적인 직장을 다니면서 더 이상 범죄를 저지르지 않게 되었다'

④ 낙인이론에 따르면, 낙인은 당사자로 하여금 비행자아관념을 갖도록 하여 또 다른 비행을 야기하는 원인이 된다. → '주변 친구들로부터 비행청소년이라는 비난을 받고'

정답: ②

295 **다음 학자와 그 이론에 대한 설명으로 바르게 연결되지 않은 것은?**

① 롬브로소(Lombroso) – 범죄의 원인을 생물학적으로 분석하여 격세유전과 생래적 범죄인설을 주장하였다.

② 페리(Ferri) – 범죄의 원인을 인류학적 요인, 물리적 요인, 사회적 요인으로 구분하고 이 세 가지 요인이 존재하는 사회에는 이에 상응하는 일정량의 범죄가 발생한다는 범죄포화의 법칙을 주장하였다.

③ 셀린(Sellin) – 동일한 문화 안에서 사회변화에 의하여 갈등이 생기는 경우를 일차적 문화갈등이라 보고, 상이한 문화 안에서 갈등이 생기는 경우를 이차적 문화갈등으로 보았다.

④ 머튼(Merton) – 아노미 상황에서 개인의 적응 방식을 동조형(conformity), 개혁형(in-novation), 의례형(ritualism), 도피형(retreatism), 반역형(rebellion)으로 구분하였다.

해설

③ 셀린의 주장한 문화갈등에는 1차적인 것과 2차적인 것이 있는데 여기에서 1차적 문화갈등이란 상이한 문화체계를 가지고 이주한 이민이 새롭게 정주한 나라의 문화와 충돌하는 경우를 말하고(횡적 문화갈등), 2차적 문화갈등이란 현대문화의 발전에 따른 사회분화의 과정에서 생겨나는 동일문화 내의 갈등을 말한다(종적 문화갈등).

정답: ③

296 **다음 범죄학자들의 주장 중 가장 옳지 않은 것은?** 해경간부 2024

① 코헨(Cohen)은 중산층 문화에 적응하지 못한 하위계층 출신 소년들이 자신을 궁지에 빠뜨린 문화나 가치체계와는 정반대의 비행하위문화를 형성한다고 보았다.

② 머튼(Merton)은 문화적 목표와 제도화된 수단 간의 불일치로 범죄를 설명하였다.

③ 셀린(Sellin)은 동일한 문화 안에서의 사회변화에 의한 갈등을 1차적 문화갈등이라고 하고, 이질적 문화 간의 충돌에 의한 갈등을 2차적 갈등이라고 설명하였다.

④ 라까사뉴(Lacassagne)는 사회는 범죄의 배양기이고 범죄자는 그 미생물에 해당한다고 하여 범죄원인은 결국 사회와 환경에 있다는 점을 강조하였다.

해설

③ 셀린은 상이한 문화 간의 출동에 의한 갈등을 1차적 문화갈등, 동일한 문화 안에서 사회변화에 의한 갈등을 2차적 문화갈등이라고 설명하였다.

정답: ③

297 범죄원인론 중 갈등이론에 대한 설명으로 가장 옳지 않은 것은? 해경간부 2024

① 터크(Turk)는 갈등의 개연성은 지배집단과 피지배집단 양자의 조직화 정도와 세련됨의 수준에 의해 영향을 받는다고 한다.

② 셀린(Sellin)은 전체 사회의 규범과 개별집단의 규범 사이에는 갈등이 존재하고, 개인도 이러한 종류의 갈등이 내면화됨으로써 인격해체가 이루어지고 범죄원인으로 작용하게 된다고 한다.

③ 볼드(Vold)는 범죄를 법제정과정에 참여하여 자기의 이익을 반영시키지 못한 집단의 구성원이 일상생활 속에서 법을 위반하며 자기의 이익을 추구하는 행위로 본다.

④ 갈등이론에 의하면, 한 사회의 법률을 위반하는 범죄문제는 사회경제적이고 정치적인 함의를 지니는 문제가 아니라 도덕성의 문제로 다루어진다.

해설

④ 갈등이론에 의하면, 한 사회의 법률을 위반하는 범죄문제는 도덕성의 문제가 아니라 사회경제적이고 정치적인 함의를 지니는 문제로 다루어진다. 정답: ④

298 법과 형사사법에 대한 갈등주의적 관점과 가장 거리가 먼 이론은? 경찰간부 2023

① 챔블리스(Chambliss)의 마르크스주의 범죄이론

② 체스니－린드(Chesney－Lind)의 페미니스트 범죄이론

③ 블랙(Black)의 법행동이론

④ 메스너(Messner)와 로젠펠드(Rosenfeld)의 제도적 아노미이론

해설

갈등주의적 관점의 이론은 ①·②·③이다.

④ 메스너와 로젠펠드의 제도적 아노미이론은 아노미이론에 속하며, 범죄와 아메리칸드림에서의 제도적 불균형과 이로 인한 규범적 통제요소의 부재가 일탈행동을 유발하게 된다는 이론으로, 경제적 제도와 비경제적 제도의 영향력 간 차이가 클수록 일탈행동이 빈번해질 수 있다고 보았다.

① 챔블리스의 마르크스주의 범죄이론은 범죄의 주 원인을 자본주의경제 체제의 속성에 따른 불평등한 분배구조로 보는 갈등주의적 관점의 이론이다.

② 체스니－린드는 가부장제의 형성과 강화를 통해 여성에 대한 억압과 여성의 성에 대한 통제가 어떻게 이루어졌는지에 대한 분석이 필요하다고 주장하였고, 이는 갈등주의적 관점의 이론이다.

③ 블랙의 법행동이론은 종적 분화·횡적 분화·문화·사회조직·대체적 사회통제의 5가지 관점에 의해 사회적 요인을 분석한 갈등주의적 관점의 이론이다. 정답: ④

299 **갈등이론에 관한 설명으로 틀린 것은?**

① 셀린의 2차적 문화갈등이론이란 이질적인 문화 사이에서 발생한다.
② 볼드의 집단갈등이론은 사람을 집단지향적인 존재라는 점을 전제로 한다.
③ 봉거는 자본주의적 생산양식 때문에 범죄가 발생한다고 보았다.
④ 퀴니의 대항범죄란 자본가들의 지배에 대항하는 범죄행태이다.

해설

① 보수적 갈등론자인 셀린(Sellin)은 이질적인 문화 사이에서 발생하는 갈등형태를 '1차적 문화갈등'이라고 하고, 하나의 단일문화가 각기 독특한 행위규범을 갖는 여러 개의 상이한 하위문화로 분화될 때에 일어나는 갈등형태를 '2차적 문화갈등'이라고 하였다. 정답: ①

300 **범죄원인론 중 이른바 갈등이론에 관한 설명으로 옳지 않은 것은?**

① 범죄는 개인이 세운 목표와 수단 간의 괴리가 있는 경우에 제도화된 수단을 거부하고 불법적인 수단을 통해 목표를 이루려 할 때 발생한다.
② 법의 제정과 적용은 권력을 차지한 집단의 이익을 도모하는 방향으로 이루어진다.
③ 형사사법절차에 있어서 빈부나 사회적 지위에 따라 불평등하게 법이 집행된다.
④ 범죄통제는 지배계층의 피지배계층에 대한 억압수단이다.

해설

갈등이론은 범죄는 개인의 내부적인 요인이 아닌, 사회경제적 계급·권력관계·문화적 차이로 인하여 발생한 집단 간의 갈등으로 인해 발생하는 것으로 본다. ①은 머튼의 아노미이론에 관한 설명이다.
정답: ①

301 **다음 중 사회갈등이론에 대한 설명으로 가장 옳지 않은 것은?** 해경간부 2025

① 범죄는 피지배계층을 통제하기 위한 지배계층의 억압적 노력의 결과물이다.
② 볼드(Vold)는 입법정책 영역에서 집단갈등이 가장 격렬하게 나타난다고 주장했다.
③ 터크(Turk)는 우리 사회의 갈등과 그로 인한 범죄성을 지배와 복종관계에서 규명하려 했기에 그의 이론을 지배－복종(authority－subject) 이론이라고 한다.
④ 한 사회의 법률을 위반하는 문제는 도덕성의 문제로 다루어진다.

해설

④ 갈등이론에서는 범죄를 행위자의 도덕, 소질, 환경 등의 결과로 보는 것이 아니라, 범죄라는 개념이 어떻게 경제적·정치적 권력과 연관되어 있는지를 중요하게 다룬다. 한 사회의 법률을 위반하는 문제를 도덕성의 문제로 다루는 것은 합의론의 입장이다. 정답: ④

★중요★
302 **볼드(Vold)의 집단갈등이론(Group Conflict Theory)에 관한 설명으로 틀린 것을 모두 고른 것은?**

㉠ 자신의 저서 「이론범죄학」을 통해 집단 간의 이해관계 대립이 범죄의 원인이라고 주장하였다.
㉡ 집단 간의 갈등을 사회발전의 저해요인으로 파악하였다.
㉢ 법의 제정, 위반 및 집행의 전 과정은 집단이익 간의 근본적인 갈등과 투쟁의 결과라고 보았다.
㉣ 범죄는 충분한 권력을 가진 사회집단이 자신들의 이익을 지키기 위한 투쟁의 표현이라고 보았다.

① ㉠, ㉡　　② ㉠, ㉢
③ ㉡, ㉣　　④ ㉢, ㉣

해설

× : ㉡ 볼드는 집단 간의 갈등을 사회의 지속적인 발전을 이끄는 핵심적이고 필수적인 사회과정의 하나로 보았다. ㉣ 범죄는 충분한 권력을 가지지 못한 사회집단이 자신들의 이익을 획득하기 위한 투쟁이라고 보았다.

○ : ㉠, ㉢

정답: ③

★중요★
303 **갈등론적 범죄론자인 볼드(Vold)가 집단 간의 이익갈등이 가장 첨예하게 대립하는 영역으로 지적한 정책분야는?**

① 입법정책　　② 사법정책
③ 외교정책　　④ 교정정책

해설

① 볼드는 집단 간에 갈등이 발생하는 이유는 이익과 목적이 중첩되고 상호 잠식하며 경쟁적이기 때문이라고 주장하고, 그 갈등이 가장 첨예하게 대립하는 영역은 입법정책분야라고 하였다. 정답: ①

304 **다음 중 사회갈등론적 관점과 관련이 없는 학자는?**

① 봉거(Bonger)　　② 볼드(Vold)
③ 퀴니(Quinney)　　④ 롬브로소(Lombroso)

해설

롬브로소(Lombroso)는 생물학적 원인론과 관련이 있다.

정답: ④

305 **갈등이론에 관한 설명 중 옳은 것(O)과 옳지 않은 것(X)을 올바르게 조합한 것은?**

> ㉠ 퀴니(Quinney)는 피지배집단(노동자계급)의 범죄를 적응(accommodation)범죄와 대항(re-sistance)범죄로 구분하였다.
> ㉡ 볼드(Vold)는 법제정과정에서 자신들의 이익을 반영시키지 못한 집단 구성원이 법을 위반하며 자기의 이익을 추구하는 행위를 범죄로 보았다.
> ㉢ 터크(Turk)는 피지배집단의 저항력이 약할수록 법의 집행가능성이 높아진다고 보았다.
> ㉣ 봉거(Bonger)는 범죄발생의 원인을 계급갈등과 경제적 불평등으로 보고, 근본적 범죄대책은 사회주의 사회의 달성이라고 하였다.

① ㉠(○), ㉡(×), ㉢(○), ㉣(×)
② ㉠(×), ㉡(○), ㉢(×), ㉣(×)
③ ㉠(○), ㉡(○), ㉢(×), ㉣(×)
④ ㉠(×), ㉡(○), ㉢(×), ㉣(○)
⑤ ㉠(○), ㉡(○), ㉢(○), ㉣(○)

해설

○ : ㉠, ㉡, ㉢, ㉣
× : 없음

정답: ⑤

306 **갈등이론에 관한 아래 ㉠부터 ㉣까지의 설명 중 옳고 그름의 표시(○, ×)가 모두 바르게 된 것은?** 경행경채 2022

> ㉠ 범죄는 자본주의사회의 본질적인 불평등과 밀접한 관련이 있다고 본다.
> ㉡ 터크(Turk)는 자본가들의 지배에 대항하는 범죄형태를 저항범죄(crime of resistance)라고 정의하였다.
> ㉢ 볼드(Vold)는 범죄를 개인적 법률위반이 아니라 집단 간 투쟁의 결과로 보았다.
> ㉣ 퀴니(Quinney)는 법이 집행되는 과정에서 특정한 집단의 구성원이 범죄자로 규정되는 과정에 주목하였다.

① ㉠(○) ㉡(×) ㉢(○) ㉣(×)
② ㉠(○) ㉡(×) ㉢(×) ㉣(○)
③ ㉠(×) ㉡(○) ㉢(○) ㉣(×)
④ ㉠(×) ㉡(○) ㉢(×) ㉣(○)

해설

① ㉠(○), ㉡(×), ㉢(○), ㉣(×)

㉠ (○) 갈등론적 범죄학은 범죄행위의 개별적 원인을 규명하기보다는 어떠한 행위가 범죄로 규정되는 과정에 더 관심을 가졌고, 갈등이론 중 비판범죄학에서 범죄는 자본주의사회 체제의 본질적인 불평등 때문에 발생한다고 보았다. 즉, 범죄는 자본주의사회의 본질적인 불평등과 밀접한 관련이 있다고 본다(자본주의사회가 범죄의 온상이다).

㉡ (×) 퀴니(Quinney)는 범죄란 자본주의의 물리적 상황에 의해 어쩔 수 없이 유발된다고 주장하

며, 범죄의 유형을 노동자계급의 범죄와 자본가계급의 범죄로 나누고, 노동자계급의 범죄를 그 반응형태에 따라 자본주의에 대한 적응범죄와 대항범죄로 구분하였다. 저항범죄는 자본가의 지배에 대항하는 노동자계급의 범죄로, 비폭력적이거나 잠재적인 불법행위와 자본주의에 직접적으로 대항하는 혁명적인 행위들을 포함한다. 자본가계급의 범죄는 경제범죄, 정부범죄 등 자본가계급이 자본주의의 기본모순을 안고 체제를 유지해 가는 과정에서, 자신의 이익을 보호하기 위해 불가피하게 자신이 만든 법을 스스로 위반하는 유형의 범죄로 보았다.

ⓒ (○) 볼드(Vold)는 1958년 저서 『이론적 범죄학』에서 인간은 본래 집단지향적인 존재로서 자기가 속한 집단의 이익을 위해 투쟁하며, 각각의 집단 간에 갈등이 발생하는 이유는 여러 집단들이 추구하는 이익이 중첩되고 경쟁적이며 서로 잠식하게 되기 때문이라고 주장하였다. 그는 법의 제정, 위반 및 법집행의 전 과정은 집단이익의 갈등이나 국가의 권력을 이용하고자 하는 집단 간 투쟁의 결과로 보았다. 특히 법제정을 권력집단의 협상결과로 보고, 범죄를 개인적 법률위반이 아닌 비권력 소수계층의 집단투쟁으로 이해한다.

ⓓ (×) 터크(Turk)의 권력갈등이론은 다른 갈등이론과 달리 법제도 자체보다는 법이 집행되는 과정에서 특정 집단의 구성원이 범죄자로 규정되는 과정을 중시하였는데, 법집행기관이 자신들의 이익을 위해 차별적 법집행을 한다고 보았다. 터크는 문화갈등이론과 낙인이론의 영향을 받아 '범죄화론(권력갈등이론)'을 주장하고, 범죄자의 지위를 갖게 되는 과정인 범죄화는 그 사람이 무엇을 했느냐가 아니라, 그 사람이 권위, 즉 정치적 힘에 있어 어떠한 위치를 차지하느냐에 달려 있다고 주장하였다. 즉, 사회의 권위구조를 집단의 문화규범이나 행동양식을 다른 사람들에게 강제할 수 있는 권위를 가진 지배집단과 그렇지 못한 피지배집단으로 구분하고, 어느 집단에 속해 있느냐에 따라 범죄화 여부가 달라진다고 보았다. 정답: ①

307 범죄원인론에 관한 설명으로 옳지 않은 것은?

① 셀린(Sellin)은 이해관계의 갈등에 기초한 집단갈등론을 1958년 이론범죄학에서 주장하였다.

② 사이크스(Sykes)와 맛차(Matza)의 중화기술이론에 의하면 중화기술의 유형에는 책임의 부정, 가해의 부정, 피해자의 부정, 비난자에 대한 비난, 고도의 충성심에 호소 등 5가지가 있다.

③ 메스너(Messner)와 로젠펠드(Rosenfeld)는 머튼(Merton)의 아노미이론을 계승하여 제도적 아노미이론을 주장하였다.

④ 합리적 선택이론은 고전주의학파에 그 뿌리를 두고 있다.

해설

① 볼드(G.B. Vold)는 1958년 그의 저서 「이론범죄학」을 통해 사회적 동물인 인간의 행위는 집단적 행위개념으로 볼 때 가장 잘 이해할 수 있다고 보고, 집단 간의 이해관계 대립이 범죄의 원인이라고 주장하였다. 즉 셀린이 아니라 볼드이다. 정답: ①

308 **터크(A. Turk)의 범죄이론에 관한 설명으로 옳지 않은 것은?**

① 터크는 다른 갈등론자들과는 달리 법제도 자체보다는 법이 집행되는 과정에서 특정한 집단의 구성원이 범죄자로 규정되는 과정을 주요 연구과제로 하였다.
② 사회질서가 유지되는 근원은 집단 간의 경쟁과 투쟁의 소산이라고 본다.
③ 현실의 법이 지배집단의 행동규범 및 문화규범과 일치할수록 그러한 법이 우선적으로 집행될 가능성이 크다.
④ 집단 간 갈등의 산물인 법규위반이 실현가능성이 높은 목표를 관철하려는 경우일수록 법집행이 강화된다.

해설

④ 터크는 집단 간의 갈등의 산물인 법규위반이 실현가능성이 낮은 목표를 주장·관철하려는 경우일수록 법집행이 강화된다고 보았다.

정답: ④

309 **갈등이론에 대한 설명으로 옳지 않은 것은?** 보호9급 2024

① 터크(Turk)는 법제도 자체보다는 법이 집행되는 과정에서 특정 집단의 구성원이 범죄자로 규정되는 과정에 주목하였다.
② 셀린(Sellin)은 이질적인 문화 사이에서 발생하는 갈등을 일차적 문화갈등이라고 하고, 하나의 단일 문화가 각기 독특한 행위규범을 갖는 여러 개의 상이한 하위문화로 분화될 때 일어나는 갈등을 이차적 문화갈등이라고 하였다.
③ 스핏처(Spitzer)는 후기 자본주의 사회에서는 생산활동에서 소외되는 인구가 양산됨에 따라 이로 인해 많은 일탈적 행위가 야기될 것이라고 보았다.
④ 봉거(Bonger)는 법규범과 문화적·사회적 규범의 일치도, 법 집행자와 저항자 간의 힘의 차이, 법규범 집행에 대한 갈등의 존재 여부가 범죄화에 영향을 미친다고 보았다.

해설

④ 터크(A. Turk)의 범죄진화론에 대한 설명이다. 봉거는 가진 자와 못 가진 자의 갈등적 양상이 심화되면서 양자 모두 비인간화되고, 여기서 범죄생산의 비도덕성(탈도덕화)이 형성된다고 보았다.

정답: ④

★중요★
310 **터크(A. Turk)의 범죄화론(Criminalization Theory)에 관한 설명으로 틀린 것을 모두 고른 것은?**

> ㉠ 1969년 자신의 저서 「범죄와 법적 명령」을 통해 지배집단의 힘이 강하고, 집단 간의 갈등이 그들의 행동이나 문화규범에 중요할 경우 지배집단의 구성원이 범죄자로 규정되고 처벌될 가능성이 커진다는 이론을 주장하였다.
> ㉡ 사회를 통제할 수 있는 권위를 추구하는 과정에서 집단 간의 갈등이 발생한다.
> ㉢ 피지배자들이 조직화되어 있을수록 갈등의 개연성이 감소된다.
> ㉣ 지배집단이든 피지배집단이든 어느 한쪽이 세련되어 있을수록 갈등의 개연성이 높아진다.
> ㉤ 집단 간의 갈등이 비현실적인 것일수록 법의 집행을 통해 피지배집단의 투쟁을 억제하려고 한다.

① ㉠, ㉡, ㉢ ② ㉠, ㉢, ㉣ ③ ㉡, ㉢, ㉣ ④ ㉢, ㉣, ㉤

해설

× : ㉠ 범죄자로 규정되고 처벌될 가능성이 커지는 것은 지배집단이 아니라 피지배집단이다. ㉢ 피지배자들이 조직화되어 있을수록 갈등의 개연성은 높아진다고 보았다. ㉣ 지배집단이든 피지배집단이든 어느 한쪽이 덜 세련되어 있을수록 갈등의 개연성이 높아진다고 보았다.

○ : ㉡, ㉤

정답: ②

★중요★
311 **권력을 가진 사람들이 자신의 언어로 범죄와 법을 규정한다고 주장한 이론은?**

① 권력통제이론 ② 포스트모던이론
③ 비판적 여성주의 이론 ④ 평화구성이론

해설

포스트모던 이론은 권력을 가진 사람들이 객관적이고 합리적인 것이 아닌 자의에 의한 자신들 중심으로 범죄와 법을 규정하고 집행한다. 따라서 객관적 공정성이나 타당성과 거리가 멀고 합리(이성)중심주의에 대한 근본적인 회의를 내포하는 사상이다.

정답: ②

312 **비판범죄학의 시대적·이론적 배경에 관한 다음 설명 중 옳지 않은 것은?**

① 초기 비판범죄학의 이론적 기초를 형성한 것은 낙인이론이었다.
② 1970년대 초부터 시작된 미국사회의 위기 심화와 마르크스주의의 부활이 비판범죄학 등장의 시대적 배경이 되었다.
③ 1973년에 출간된 「신범죄학」은 비판범죄학의 이론 형성에 획기적 전기를 마련하였다.
④ 비판범죄학자들은 사회과학의 가치중립성 유지와 일탈 및 범죄문제에 대한 개혁주의적 해결을 촉구하였다.

해설

④ 비판범죄학자들은 사회과학의 가치중립성을 거부하고, 일탈 및 범죄문제에 대해서는 개혁주의적 해결 대신 전반적인 체제변동과 억압에 대한 정치적 투쟁을 주장한다.

③ 신범죄학은 갈등론적·비판적·마르크스주의적 비행이론을 반영한 급진적 갈등범죄이론으로 테일러·월튼·영 등 3인이 공동집필한 '신범죄학(The New Criminology)'에서 그 명칭이 비롯되었다.

정답: ④

313 비판범죄학에 대한 설명으로 옳은 것은?

① 어떤 행위가 범죄로 규정되는 과정보다 범죄행위의 개별적 원인을 규명하는데 주된 관심이 있다.

② 비판범죄학에는 노동력 착취, 인종차별, 성차별 등과 같이 인권을 침해하는 사회제도가 범죄적이라고 평가하는 인도주의적 입장도 있다.

③ 자본주의 사회의 모순이 범죄원인이라는 관점에서 범죄에 대한 다양하고 구체적인 대책들을 제시하지만 급진적이라는 비판이 제기된다.

④ 형사사법기관은 행위자의 경제적·사회적 지위에 관계없이 중립적이고 공평하게 법을 집행한다는 것을 전제한다.

해설

② 슈베딩거 부부는 법률보다는 기본적 인권을 위반한 것을 범죄라고 보았다.

① 비판범죄학은 범죄원인의 책임을 자본주의체제 그 자체에 전가함으로써 사회구성원 간의 상호작용 과정에서 범죄가 주로 발생한다는 사실을 무시하였다. 비판범죄학은 범죄발생에 영향을 미치는 구조적 요인을 분석한 거시이론으로, 범죄행위의 개별원인을 규명하기보다는 어떠한 행위가 범죄로 규정되는지 그 과정에 주된 관심이 있다.

③ 비판범죄학은 범죄문제의 궁극적인 해결은 자본주의의 몰락과 사회주의의 도래라고 보았지만, 이에 대한 다양하고 구체적인 대책을 제시하지는 못하고 있다.

④ 급진범죄학자인 퀴니는 법이란 사회 내에서 권력을 가진 사람의 이익을 대변한다고 보았고, 챔블리스와 사이드먼은 법률의 제정과 집행에 관련된 조직을 조사함으로써 법적 질서는 사실상 권력과 특권을 유지하기 위한 자기편의적 체계라고 보았다.

정답: ②

314 퀴니가 볼드의 초기 연구와 사회적 상호작용 및 학습이론을 활용하여 제시한 6가지 명제에 대한 설명으로 가장 옳지 않은 것은?

① 부분사회 중 권력을 가진 집단이 염려하고 있는 범죄인식은 범죄로 정의될 가능성이 거의 없다.

② 범죄의 정의는 「형법」의 집행과 행정을 형성하는 권력을 가진 일부 사회집단에 의해 적용된다.

③ 행동유형은 사회 내에서 개인이 속한 사회집단에 따라 구조화되며, 그 사회집단 속에서 개인이 취하는 행위가 범죄로 정의될 확률은 상대적이다.

④ 범죄의 정의는 정책을 형성할 수 있는 권력을 가진 일부 사회집단의 이익과 충돌되는 행동을 기술한 것이다.

해설

① 부분사회 중 권력을 가진 집단이 염려하고 있는 범죄인식은 범죄로 정의될 가능성이 크다.

정답: ①

315 비판범죄학에 관한 설명으로 옳지 않은 것은?

① 1960년대 중반부터 주장되기 시작한 이론으로 급진적 범죄학, 갈등론적 범죄학, 마르크스적 범죄학, 사회주의적 범죄학 등으로 다양하게 불린다.
② 범죄문제 해결에 대하여 점진적 개혁을 거부하고, 전반적인 체제의 변동을 추구한다.
③ 일탈의 원인을 자본주의체제의 모순에서 찾으며, 거시적 시각에서 분석하고 있다.
④ 낙인이론을 비판하고, 범죄의 원인을 국가공권력의 적극적 태도에서 찾는다.

해설

④ 비판범죄학은 사회적 반응이 일탈을 초래한다는 낙인이론의 기본전제를 수용하면서도 나아가 범죄발생의 저변에 작용하고 있는 구조적 요인에서 범죄의 원인을 찾는다. 공식적 통제기구의 범죄자에 대한 적극적 태도(낙인찍는 행위)에서 범죄의 원인을 찾는 것은 낙인이론이다.

정답: ④

316 갈등론적 범죄개념에 관한 설명으로 옳지 않은 것은?

① 형사법은 다양한 집단 간 갈등의 산물이다.
② 범죄는 부와 권력을 소유한 사람들에 의해 정의된다.
③ 범죄와 처벌에 대하여 대다수의 합의가 존재한다.
④ 형사법은 가진 자의 이익을 보호하기 위해 만들어진다.

해설

범죄와 처벌에 대하여 대다수의 합의가 존재한다는 것은 합의론적 범죄개념의 설명이다.

정답: ③

317 볼드(Vold)의 집단갈등이론으로 설명하기에 적합하지 않은 범죄는?

① 정치적 지위 때문에 발생하는 범죄
② 성격장애로 인한 범죄
③ 노동쟁의 때문에 생겨나는 범죄
④ 인종적, 민족적 충돌 때문에 발생하는 범죄

해설

성격장애로 인한 범죄는 집단의 갈등과 관련된 문제라기보다는 개인의 심리적 문제에 의한 범죄발생원인에 해당한다.

【볼드의 집단갈등이론】
- 갈등의 발생이유 : 집단들이 추구하는 이익과 목적이 상호경쟁적이기 때문
- 볼드의 이론이 적용될 수 있는 범죄유형
  - 정치적 갈등으로 야기된 범죄
  - 노사 간의 이익갈등으로서 파업 시 수반되는 폭력행위
  - 노동조합 간의 관할권분쟁
  - 인종적 갈등으로서 각종 인종차별에 저항하려는 시도와 폭력행위

정답: ②

★중요★
318 다음의 주장을 한 학자는?

> 법의 제정·위반·집행 등 정치적 과정은 이익집단들 사이의 뿌리 깊고 근원적인 갈등과 국가경찰력의 장악을 위한 투쟁이 직접적으로 반영된 것이다. 입법 당시 다수파는 누가 법위반자인가를 결정하는 경찰을 지배할 수 있게 되는 것이다.

① 볼드(Vold)
② 뒤르켐(Durkheim)
③ 필(peel)
④ 밀러(Miller)

해설

해당 지문은 집단갈등이론에 대한 내용으로 이를 주장한 학자는 볼드(Vold)이다.

정답: ①

319 다음과 관련 있는 범죄이론은?

> - 개인적 권력, 집단 권력과 형법 제정의 관계
> - 자본주의, 자유기업경제와 범죄율과의 관계
> - 퀴니(Quinney), 챔블리스(Chambliss)가 대표 학자

① 억제이론
② 환경범죄학이론
③ 생활양식노출이론
④ 비판범죄론

해설

④ 비판범죄론은 범죄를 국가와 계급지배라는 맥락에서 연구하고자 하는 이론적 입장이며, 주류 범죄학 이론들이 범죄를 권력과 지배라는 계급구조와 동떨어진 것으로 연구하는 것에 대한 비판으로 나타난 것이다.

① 억제이론은 사법기관의 처벌 여하에 의해 범죄나 비행을 설명할 수 있다는 이론이며, 인간은 누구나 쾌락을 추구하지만 처벌을 두려워하기 때문에 강력한 처벌만이 범죄를 막을 수 있다고 주장한다.

② 환경범죄학이론은 환경이 가진 범죄유발 요인을 분석하여 방범환경의 설계관리를 제안하는 이론이다.

③ 생활양식노출이론은 범죄피해나 범죄발생가능성이 피해자의 일상생활과 관련이 있다고 보는 이론이다.

정답: ④

320 **갈등이론에 대한 설명으로 가장 적절하지 않은 것은?** 경찰간부 2024

① 봉거(Bonger)는 자본주의사회에서의 생산수단 소유 여부, 즉 자본주의적 경제조건 때문에 범죄가 발생한다고 하였다.
② 볼드(Vold)는 사회의 주도권을 쟁취한 권력집단이 스스로의 이익을 지키기 위해 법규범과 범죄를 규정하고 국가경찰력을 통제한다고 하였다.
③ 셀린(Sellin)은 문화갈등에 따른 행위규범의 갈등은 심리적 갈등을 유발하고 이것이 범죄의 원인이 된다고 하였다.
④ 챔블리스(Chambliss)는 범죄를 지배적 범죄와 저항적 범죄로 구분하고, 자본가들의 지배에 대항하는 범죄형태를 저항적 범죄라고 하였다.

해설

④ 퀴니(Quinney)에 대한 설명이다. 챔블리스(Chambliss)와 사이드만(Seidman)은 법이란 지배집단이 자신들의 우월성을 보장하기 위해 정한 행위규범이라고 규정하였다. 즉, 법은 공공이익을 대변하지도 않고, 모든 시민을 동등하게 취급하지도 않으며, 사회 최고의 이익에 봉사하지도 않는다고 한다.

마르크스	봉거	퀴니	신갈등(이)론	
계급투쟁	자본주의 > 도덕적 타락	범죄의 사회적 현실	테일러 등	스피처
경제적 계급 간 갈등	불공평한 경제적 분배	지배계급의 (범죄를 이용한) 계급통제	신범죄학 집단갈등 비판	후기자본주의 갈등 - 원인 > 문제인구 (하위계층)

정답: ④

321 **비판범죄학과 다른 범죄이론과의 차이점에 관한 설명으로 가장 거리가 먼 것은?**

① 주류범죄학이 범죄의 원인만을 제거하면 범죄방지가 가능하다고 본 반면, 비판범죄학은 이를 미봉책에 불과하다고 평가절하하였다.
② 갈등론적 입장에 있다는 점에서 합의론적 입장에 있는 다른 범죄이론과 구별된다.
③ 낙인이론이 범죄원인을 미시적으로 접근하였다면, 비판범죄학은 범죄원인을 사회구조적·거시적으로 접근하였다.
④ 낙인이론이 범죄의 정치경제성을 강조한다면, 비판범죄학은 범죄자에 대한 사회적 반응을 강조한다.

해설

④ 범죄의 정치경제성을 강조하는 것은 비판범죄학이며, 범죄자에 대한 사회적 반응을 강조하는 것은 낙인이론이다.

정답: ④

★중요★

322 낙인이론과 비판범죄론의 비교에 관한 설명 중 옳지 않은 것은?

① 두 이론은 모두 형사사법기관의 편파성을 지적하고, 공식통계를 신뢰하지 않는다.
② 낙인이론은 범죄의 원인보다 범죄자에 대한 사회적 반응을 중시하며, 비판범죄학은 범죄의 정치경제성을 강조한다.
③ 두 이론은 모두 사회적 가치·규범 및 법률에 대한 사회적 합의를 인정하지 않는다는 점에서 유사하다.
④ 두 이론은 모두 범죄와 범죄통제의 문제를 개인적·사회적 차원에서 미시적으로 분석한다는 점에서 유사하다.
⑤ 비판범죄학은 일정한 사람을 범죄자로 규정하는 주체의 정당성을 문제 삼는 점에서 낙인이론과 본질적 차이가 있다.

해설

④ 낙인이론은 사회구조보다는 사회과정에, 사회의 거시적 차원보다는 미시적 차원에 그 관심을 집중시키는 반면, 비판범죄론은 사회적 반응이 일탈을 초래한다는 낙인이론의 기본전제를 수용하면서도 나아가 범죄발생의 저변에 작용하고 있는 구조적 요인을 거시적 시각에서 분석하고 있다.

〈비판범죄학과 낙인이론 요약비교〉

구분		비판범죄학	낙인이론
공통점		• 형사사법기관의 편파성을 지적하고, 공식통계를 신뢰하지 않는다. • 사회적 가치·규범 및 법률에 대한 사회적 합의를 인정하지 않는다.	
차이점	접근방법	거시적	미시적
	강조점	범죄의 정치경제성을 중시	범죄자에 대한 사회적 반응을 중시

정답: ④

323 비판범죄학에 관한 설명 중 옳지 않은 것은?

① 사회는 일정한 가치에 동의하는 동질적 집단이 아니라, 서로 다른 가치와 이해관계가 충돌하는 이질적 집단이라고 본다.
② 형법은 국가와 지배계급이 기존의 사회·경제질서를 유지하고 영속화하기 위한 도구라고 보고, 형법의 정당성에 대하여 의문을 제기한다.
③ 범죄원인을 개인의 반사회성에서 찾는 종래의 범죄원인론을 비판한다.
④ 비범죄화와 다이버전을 범죄문제의 궁극적 해결책으로 제시한다.
⑤ 급진적 범죄학 또는 갈등론적 범죄학이라고도 한다.

해설

④ 비판범죄학은 범죄는 자본주의의 구조적 모순에서 기인하므로 자본주의를 붕괴시키고 사회주의원리에 기초한 새로운 사회의 건설만이 범죄문제를 궁극적으로 해결할 수 있다고 주장한다.

정답: ④

324 **자본주의에 의해 곤경에 빠진 사람들이 다른 사람의 수입과 재산을 탈취함으로써 보상받으려 하거나 또는 자본주의에 의해 피해를 입은 사람들이 무력을 행사하여 다른 사람의 신체를 해하는 유형의 범죄를 적응(화해)범죄(crime of accommodation)라고 칭한 학자는?**

① 퀴니(R. Quinney)
② 따르드(G. Tarde)
③ 베커(H. Becker)
④ 코헨(A. Cohen)
⑤ 탄넨바움(F. Tannenbaum)

해설

① 퀴니는 범죄를 자본주의체제하에서 불가피하게 유발되는 반응양태라고 보고, 노동자계급의 범죄를 적응범죄와 대항범죄로 구분하였다. 대항범죄란 자본가들에 대항하여 체제를 변혁하려는 행동이 자본주의체제하에서는 범죄로 여겨지는 것을 말한다.

적응범죄	자본주의체제에 대항하지 않고, 타인의 수입과 재산을 탈취함으로써 보상을 받으려고 하거나, 무력을 행사하여 다른 사람의 신체를 해하는 유형의 범죄
대항범죄	자본가들의 지배에 대항하여 체제를 변혁하려는 행동은 도덕적이지만, 자본주의체제하에서는 범죄로 여겨지는 것

정답: ①

325 **다음 중 범죄원인에 대한 설명으로 가장 옳은 것은?** 해경간부 2023

① 퀴니(Quinney)는 대항범죄(Crime of resistance)의 예로 살인을 들고 있다.
② 부모 등 가족구성원이 실망할 것을 우려해서 비행을 그만두는 것은 사회유대의 형성방법으로서 애착(Attachment)에 의한 것으로 설명할 수 있다.
③ 중화기술이론에서 세상은 모두 타락했고, 경찰도 부패했다고 범죄자가 말하는 것은 책임의 부정에 해당한다.
④ 레크리스(W.Reckless)는 범죄를 유발하는 압력요인으로 불안감을 들고 있다.

해설

① 퀴니(Quinney)는 노동자 계급(피지배 집단)의 범죄를 적응범죄와 대항범죄로 구분하였고, 대항범죄의 예로 시위, 파업 등을 들고 있다. 살인은 적응범죄이다.
③ 중화기술의 유형 중 비난자에 대한 비난이다.
④ 범죄나 비행을 유발하는 요인을 압력요인, 유인요인, 배출요인으로 구분하고, 압력요인으로는 열악한 생활조건, 가족갈등, 열등한 신분적 지위, 성공기회의 박탈 등, 유인요인으로는 나쁜 친구들, 배출요인으로는 불안감, 불만감, 긴장감, 증오심, 공격성, 즉흥성, 반역성 등을 들고 있다. 정답: ②

★중요★
326 갈등론적 범죄론자인 퀴니(R. Quinney)가 지적한 적응범죄란?

① 자본가의 지배에 대항하는 행동으로 발생되는 범죄
② 체제에 대항하지 않으면서 체제에 의해 피해를 받은 사람들이 보상심리로 저지르는 범죄
③ 부당내부거래, 가격담합 등 경제범죄
④ 불공정한 사법기관의 행위

해설

퀴니는 자유주의 범죄학에 대한 비판에서 출발하여 역사적 고찰과 경제적 조건에 대한 분석을 범죄이론에 접목한 계급주의 범죄학의 대표적 학자이다. ①은 대항범죄, ③은 기업범죄, ④는 통제범죄에 관한 설명이다.

정답: ②

327 비판범죄학자들의 주장으로 옳지 않은 것을 모두 고른 것은?

㉠ 봉거(Bonger)는 마르크스주의 입장에서 범죄원인론을 최초로 체계화하였다.
㉡ 퀴니(Quinney)는 자본주의가 노동자계급의 범죄만을 유발시키고, 자본가계급의 범죄는 유발시키지 않는다고 주장하였다.
㉢ 테일러(Taylor)는 과학기술의 발달로 인한 자동화로 인해 전문성 없는 비숙련노동자들이 생산활동에서 소외되는 문제인구로 전락되고, 이들이 일탈행위를 하게 될 것이라고 보았다.
㉣ 슈베딩거 부부(H. Schwedinger & J. Schwedinger)는 범죄개념의 정의에서 가치판단을 배제하고, 사법기관의 활동과 형법의 배후에 있는 동기가 인간적인가를 고려해야 한다는 휴머니즘 비판범죄학을 전개하였다.

① ㉠, ㉡
② ㉡, ㉢
③ ㉠, ㉣
④ ㉢, ㉣

해설

× : ㉡ 퀴니는 자본주의가 노동자계급의 범죄뿐만 아니라 자본가계급의 범죄도 유발시킨다고 보았으며, 그 유형으로 기업범죄·통제범죄·정부범죄를 들었다. ㉢은 스핏쩌(Spitzer)의 주장내용이다.
○ : ㉠, ㉣

정답: ②

328 〈보기 1〉의 학자와 〈보기 2〉의 내용을 바르게 연결한 것은?

보기 1

㉠ 머튼(R. Merton) ㉡ 허쉬(T. Hirschi)
㉢ 볼드(G. Vold) ㉣ 퀴니(R. Quinney)

보기 2

ⓐ 어느 사회에서나 문화적 목표나 가치에 대해서는 사람들 간에 기본적인 합의가 이루어져 있다는 가치공유설을 전제로 한다.
ⓑ 자본가들에 의한 범죄를 지배와 억압의 범죄로 보았다.
ⓒ 일탈을 통제하는 시스템에 장애가 생기면 일탈행동이 발생한다.
ⓓ 본인 스스로의 자아낙인(self-label)을 고려했다는 점에서 다른 낙인이론가들과는 차이가 있다.
ⓔ 범죄행위란 집단갈등과정에서 자신들의 이익과 목적을 제대로 방어하지 못한 집단의 행위로 인식하였다.

① ㉠ - ⓐ, ㉡ - ⓓ, ㉢ - ⓔ
② ㉡ - ⓒ, ㉢ - ⓓ, ㉣ - ⓑ
③ ㉠ - ⓒ, ㉡ - ⓑ, ㉣ - ⓓ
④ ㉠ - ⓐ, ㉢ - ⓔ, ㉣ - ⓑ

해설

ⓒ는 허쉬(T. Hirschi)의 사회통제이론에 관한 설명이며, ⓓ는 슈어(E.M. Schur)의 낙인이론에 관한 설명이다.

정답: ④

329 비판범죄학에 관한 설명으로 가장 적절한 것은? 경행차 2023

① 비판범죄학자들은 범죄를 하류층의 권력과 지위를 보호하기 위해 고안된 정치적 개념으로 본다.
② 터크(Turk)는 법이 집행되는 과정에서 특정한 집단의 구성원이 범죄자로 규정되는 과정에 주목하였고, 이를 '비범죄화(decriminalization)'라고 규정하였다.
③ 볼드(Vold)의 집단갈등이론(Group Conflict Theory)은 범죄를 집단 간 투쟁의 결과로 보았으며, 강도·강간·사기와 같은 개인 차원의 전통적 범죄를 설명하는 데 유용한 것으로 평가된다.
④ 퀴니(Quinney)는 노동자 계급의 범죄를 자본주의 체계에 대한 적응범죄와 저항범죄로 구분하였다.

해설

④ 퀴니(Quinney)의 급진적 갈등론은 범죄란 자본주의의 물질적 상황에 의해 어쩔 수 없이 야기되는 반응양태라고 보았다.

【퀴니의 범죄의 사회적 현실】

지배계급이 이익보호를 위해 입법에 개입하고, 법을 이용하여 범죄의 사회적 현실을 조작하는데, 특히 형법은 지배계급이 사회의 경제질서를 유지하기 위한 도구라고 가정한다.

〈퀴니가 구분한 노동자계급과 자본가계급에 의한 범죄유형〉

행위주체와 목적	지배와 억압의 범죄	자본가 계급의 범죄는 그들이 자본주의의 기본모순을 안고 체제유지를 해 나가는 과정에서 자신들의 이익을 보호하기 위해 자신들이 만든 법을 스스로 위반하는 경우를 말한다. • 경제범죄(기업범죄) : 기업의 가격담합, 부당내부거래 및 환경오염부터 기업구성원·전문직업인의 화이트칼라범죄까지, 경제적 지배를 도모하기 위해 저지르는 범죄 • 정부범죄 : 공무원의 독직범죄, 부정부패 및 정치적 테러와 전쟁범죄 • 통제범죄 : 형사사법기관이 시민의 인권을 탄압하는 행위
	적응 및 대항의 범죄	• 적응범죄 : 생존의 필요에 의한 약탈범죄(절도, 강도, 마약거래 등)와 기본모순의 심화 속에서 야기된 난폭성의 표현으로서의 대인범죄(살인, 폭행, 강간 등) • 대항범죄 : 노동자 집단이 기본모순에 저항하고 이를 극복하려는 과정에서 행하는 행위들을 국가가 범죄로 규정한 것(비폭력시위)

① 비판범죄학자들은 범죄를 상류층의 권력과 지위를 보호하기 위해 고안된 정치적 개념으로 본다.

② 터크는 1969년 「범죄와 법적 명령」에서 지배집단의 힘이 강하고 집단 간의 갈등이 그들의 행동규범이나 문화규범에 중요한 경우, 피지배집단의 구성원들이 범죄자로 규정되어 처벌될 가능성이 커진다는 '범죄화론'을 주장하였다.

범죄화 현상의 3가지 조건

- 지배집단의 행동규범과 문화규범에 일치하는 법일수록 우선적으로 집행될 가능성이 크다.
- 피지배집단의 권력이 약할수록 법이 집행될 가능성이 크다.
- 집단 간의 갈등은 비현실적인 목표를 주장하거나 이를 관철하려고 할수록 법집행을 강화하고, 투쟁을 억제한다.

③ 볼드의 이론은 정치적 갈등, 노사 간의 이익갈등, 노동조합 간의 관할권 분쟁, 인종적 갈등 등으로 야기된 범죄에 가장 적합한 설명이라고 할 수 있다. 따라서 집단갈등과 관련 없는 충동적이고 비합리적인 범죄에는 적용이 곤란하다.

볼드의 집단갈등이론

- 내용 : 볼드는 「이론범죄학」(1958)에서 이해관계갈등을 기초로 한 집단갈등이론을 전개하였다. 이는 범죄를 집단 간 투쟁의 결과로 보고, 범죄를 집단갈등과정에서 자신들을 제대로 방어하지 못한 집단의 행위로 보는 이론이다.
- 특징 : 집단갈등은 집단 간의 사회적 위치와 우월성을 유지하기 위해 경쟁하고 노력하기 때문에 발생하며, 가장 첨예하게 대립하는 영역은 입법정책 분야라고 보았다. 그는 범죄를 개인적 법률위반이 아닌 집단투쟁으로 보아 인종차별분쟁, 산업분쟁 또는 확신범죄 등 전통적인 범죄학에서 도외시되었던 특수범죄를 이해하려고 하였다.
- 비판
  - 범죄를 집단갈등과정에서 자신들의 이익과 목적을 제대로 방어하지 못한 집단의 행위로 인식한다.
  - 정치적 성격을 지나치게 강조하고, 법을 타 집단에 대한 억압수단으로 보고 있다.
  - 집단갈등과 관련 없는 충동적이고 비합리적인 범죄에는 적용이 곤란하다.
- 갈등의 기능 : 긍정적 측면과 부정적 측면 모두 인정
  - 긍정적 측면 : 구성원들의 집단에 대한 애착심 강화
  - 부정적 측면 : 집단 간 첨예한 분쟁 유발

정답: ④

330 범죄원인론에 대한 설명으로 옳은 것은? 교정7급 2024

① 고링(C. Goring)은 생물학적 결정론과 내적 요인에 관한 탐구의 필요성을 역설하고, 생래적 범죄인설을 지지하였다.

② 나이(F. Nye)는 청소년들의 비행을 예방할 수 있는 사회통제방법을 직접통제, 간접통제, 내부통제, 욕구충족의 가능성(availability of need satisfaction)으로 분류하고, 소년비행을 예방할 수 있는 가장 효율적인 방법은 내부통제라고 하였다.

③ 콜버그(L. Kohlberg)는 상당수의 범죄자는 도덕발달 6단계 중 관습적(conventional) 수준인 3~4단계에 해당한다고 주장하였다.

④ 퀴니(R. Quinney)는 범죄를 정치적으로 조직화된 사회에서 권위가 부여된 공식기관들에 의해 만들어진 인간의 행동으로 정의하였다.

해설

① 고링에 따르면, 범죄는 개인마다 처해 있는 사회적·자연적 환경의 결과가 아니고, 영국에서의 비교연구를 통해 수형자와 일반인의 차이점을 발견할 수 없었으며, 신체적 변이형태와 관계된 것이 아니라 유전되는 것이라고 하였다.

② 나이는 청소년들의 비행을 예방할 수 있는 사회통제방법을 직접통제, 간접통제, 내부통제, 공식통제 및 비공식통제로 분류하고, 그중 가장 효율적인 방법은 비공식적 간접통제라고 주장하였다.

③ 콜버그는 대부분의 일반청소년은 3~4단계(관습), 대부분의 비행청소년은 1~2단계(관습 이전)에 해당한다고 주장하였고, 도덕적 판단수준이 성장하면서 내재화된 청소년은 더 이상 비행행위를 저지르지 않는다고 보았다.

정답: ④

331 다음 〈보기〉 중 비판범죄학에 대한 설명으로 옳은 것을 모두 고른 것은? 해경간부 2023

보기

㉠ 마르크스(Marx)는 범죄발생의 원인을 계급갈등과 경제적 불평등으로 설명하고, 생활에 필요한 물적 자산을 충분히 갖지 못한 피지배계급이 물적 자산 내지 지배적 지위에 기존 사회가 허락하지 않는 방법으로 접근하는 행위를 범죄로 인식했다.

㉡ 봉거(Bonger)는 사법체계가 가진 자에게는 그들의 욕망을 달성할 수 있는 합법적인 수단을 허용하는 반면, 가난한 자에게는 이러한 기회를 허용하지 않기 때문에 범죄는 하위계급에 집중된다고 주장했다.

㉢ 퀴니(Quinney)는 마르크스의 경제계급론을 부정하면서 사회주의사회에서의 범죄 및 범죄통제를 분석하였다.

㉣ 볼드(Vold)는 집단갈등이 입법정책 영역에서 가장 첨예하게 나타난다고 보았다.

① ㉠, ㉡, ㉢　② ㉠, ㉡, ㉣　③ ㉠, ㉢, ㉣　④ ㉡, ㉢, ㉣

해설

옳은 것은 ㉠, ㉡, ㉣이다.

ⓒ 퀴니(Quinney)는 범죄란 자본주의사회의 물질적 상황에 의해 어쩔 수 없이 유발되는 것이라고 보는 마르크스주의적 관점을 취하였으며, 마르크스 이후 발전된 경제계급론을 총체적으로 흡수하여 자본주의 사회에서의 범죄 및 범죄통제를 분석하였다. 정답: ②

332 비판범죄학에 대한 설명으로 옳지 않은 것은?

① 급진주의 범죄학이라고도 한다.
② 권력형 범죄의 분석에 무력하다는 비판이 있다.
③ 범죄대책은 자본주의 사회의 모순을 극복하기 위해 사회체제를 사회주의로 전환시켜야 한다고 주장한다.
④ 자본주의 사회의 모순을 가장 중요한 범죄의 원인으로 보고, 범죄는 국가에 대한 사회적 약자의 레지스탕스라고 주장한다.

해설

② 비판범죄학은 정치적인 측면에서 범죄문제를 다루고 있으므로 권력형 범죄의 분석에 무력하다는 표현은 적절하지 않다.

〈비판범죄학의 평가〉

공헌	• 종전 범죄이론은 범죄원인을 개인에게서 찾는 미시적 관점이었으나, 비판범죄학은 범죄원인을 사회구조에서 찾는 거시적 관점에서 파악 • 범죄를 다루는 기관들의 배후에 있는 진정한 동기를 찾으려 함 • 권력형 범죄의 분석에 유용 • 암수범죄의 중요성을 지적
비판	• 가치전제적이고, 사변적이며, 지나치게 이념적 • 범죄의 원인규명에 미흡하고, 범죄문제를 정치적 측면 위주로 파악 • 상층범죄의 관심집중으로 하층계급의 보호에 충분한 배려가 없음 • 자본주의체제에 대한 비판만 있을 뿐 형사사법체계의 개선을 위한 구체적 대안을 제시하지 못함 • 생물학적 또는 심리학적 범죄대책을 도외시

정답: ②

333 급진범죄학의 기본입장에 대한 설명으로 옳지 않은 것은?

① 마르크스주의에 기초하고 있다.
② 갈등론적 관점을 취한다고 할 수 있다.
③ 범죄원인을 실증적으로 분석하는 데 초점을 맞추고 있다.
④ 기본적으로 형사사법제도에 내재하는 불평등을 문제 삼고 있다.

해설

③은 실증주의 범죄학에 관한 설명이다. 참고로 급진범죄학은 사변적이며 정치적이다. 정답: ③

334 **페미니즘 범죄이론에 대한 설명으로 가장 적절하지 않은 것은?** 경찰간부 2024

① 자유주의적 페미니즘은 성 불평등의 원인은 법적·제도적 기회의 불평등이므로 여성에게 동등한 기회를 부여하고 선택의 자유를 허용한다면 성 불평등은 해결될 수 있다고 한다.

② 사회주의적 페미니즘은 계급 불평등과 함께 가부장제로 인한 성 불평등을 분석해야 한다고 한다.

③ 급진적 페미니즘에 따르면 남성은 생물학적 우월성을 근거로 여성이 자신보다 나약한 존재이기 때문에 통제나 지배를 할 수 있는 대상이라고 인식한다.

④ 페미니즘 범죄이론은 1970년대에 다양한 실증적 연구가 이루어져 1980년대부터 주류 범죄학 이론 중 하나로 완전히 자리매김하였다.

해설

④ 페미니즘 범죄이론은 여성범죄학자들에 의해 활발하게 전개되었으나, 주류 범죄학이라고 하기에는 많은 범죄학자들이 동의하는 이론이 아니다.

① 자유주의적 페미니즘은 성 불평등의 원인을 법적·제도적 기회의 불평등으로 보았으므로, 여성에게 기회를 동등하게 부여하고 선택의 자유를 허용한다면 성 불평등을 해결할 수 있다고 주장한다.

② 사회주의적 페미니즘은 마르크스주의적 페미니즘이 사유재산으로 인한 계급 불평등을 지나치게 강조하다보니 성 불평등을 핵심적으로 부각하지 못했다는 점을 비판하면서, 계급 불평등과 함께 가부장제로 인한 성 불평등을 분석해야 한다고 주장한다.

③ 급진적 페미니즘은 가부장제에 의한 여성억압은 남성의 여성에 대한 공격과 여성의 성에 대한 통제로 나타난 것이라고 주장한다. 여성은 임신과 출산을 위한 기간에는 자신과 아이의 생존을 위해 남성에게 의존적일 수밖에 없으며, 이것이 남성으로 하여금 쉽게 여성을 지배하고 통제하도록 만들었다고 한다.

정답: ④

335 **다음 설명에 해당하는 범죄이론으로 가장 적절한 것은?** 경찰간부 2025

> 여성억압은 사유재산제의 도입과 함께 시작되었으며, 여성억압과 불평등을 해결하려면 사유재산의 불평등이 극대화된 자본주의에 대해 투쟁해야 한다고 주장한다. 이 이론에 따르면 자본주의-가부장제 체제를 위협하는 행동은 형법과 형사사법기관에 의해 범죄로 정의된다.

① 차별적 페미니즘(Differential Feminism)

② 자유주의적 페미니즘(Liberal Feminism)

③ 포스트모던 페미니즘(Postmodern Feminism)

④ 마르크스주의 페미니즘(Marxist Feminism)

해설

④ 마르크스주의 페미니즘은 마르크시즘의 핵심주장을 성 불평등을 사용하는 분석틀로 사용하는데, 이들은 자유주의적 페미니스트들이 그들만의 세계관에 갇혀 계급과 성 불평등의 구조적 본질을 간과

하고 있다고 비판한다. 또한 여성억압은 사유제산제의 도입과 함께 시작되었으므로, 여성억압과 성 불평등을 해결하기 위해서는 자본주의에 대항하여야 한다고 주장하였다. 즉, 계급사회가 타파되면 여성은 남성에게 더 이상 경제적으로 의존하지 않고 자유로워질 수 있다는 것이다. 결국 마르크스주의 페미니즘은 여성억압이 자본주의의 정치적·경제적·사회적 구조 때문이라고 보았고, 임금차별은 자본주의의 속성과 관련 있는 것으로 분석하고 있으며, 자본주의하에서 저임금 노동과 불안정한 노동이 여성의 삶을 고통으로 내몰고 있다는 점을 강조한다. 보기의 내용은 가부장적 구조를 강조한 사회주의적 페미니즘과 가까우나, 마르크스주의 페미니즘의 요소를 포함하고 있으므로 이를 답으로 한다. 정답: ④

336 비판범죄학에 대한 평가로 가장 거리가 먼 것은?

① 우연적·예외적 위반을 강조할 뿐 구조적이고 제도화된 정규적 위반을 분석하지 못하고 있다.
② 유물론적 범죄학이 아니라, 폭로범죄학에 불과하다는 비판이 있다.
③ 사변적·가치전제적인 주장으로 과학적 이론이라기보다 이데올로기적 성격이 강하다.
④ 범죄문제를 정치적인 측면 위주로 파악하려고 하며, 범죄통제 측면보다는 범죄원인의 규명에 치중하고 있다.

해설

④ 비판범죄학은 범죄통제 측면을 지나치게 강조하고 있어 범죄의 원인규명에 미흡하다는 지적이 있다.
정답: ④

337 다음은 범죄학자 A의 여성범죄의 원인에 대한 내용이다. 이를 주장한 범죄학자 A는 누구인가? 경찰간부 2024

가. 자신의 저서 「여성의 범죄성」(The Criminality of Women)에서 여성의 범죄는 대개 사적인 영역에서 발생하며 잘 들키지 않는다고 주장하였다.
나. 여성범죄가 감추어져 있는 것이지 실제로는 남성의 범죄와 비슷한 양을 가지고 있을 것이라고 추정하였다.
다. 여성은 그들의 범죄를 잘 감추는 능력을 타고났다고 보았으며, 범죄를 교사하여 자신은 체포되지 않거나, 들키지 않는 방법으로 범죄를 행하는 특성이 있다고 하였다.

① 프로이트(Freud)
② 폴락(Pollak)
③ 롬브로조(Lombroso)
④ 애들러(Adler)

정답: ②

338 **여성범죄에 대한 설명으로 가장 옳지 않은 것은?** 해경간부 2024

① 롬브로조(Lombroso)는 범죄여성은 신체적으로 다른 여성과 구별되는 특징이 없지만, 감정적으로는 다른 여성과 구별되는 특징이 있다고 설명하였다.

② 신여성범죄자 개념은 여성의 사회적 역할변화와 그에 따른 여성범죄율 변화와의 관계에 초점을 맞추어 등장하였다.

③ 폴락(Pollak)은 여성이 남성 못지않게 범죄행위를 저지르지만, 은폐 또는 편견적 선처에 의해 통계상 적게 나타나는 것일 뿐이라고 지적하였다.

④ 여성범죄는 우발적이거나 상황적인 경우가 많고 경미한 범행을 반복해서 자주 저지르는 경향이 있다.

해설

① 롬브로조는 여성범죄에 대해 범죄대상으로서의 매춘을 주장하고, 이는 대부분 기회범이며 모성감각의 결여가 원인이라고 보았다. 또한 여성의 전형적인 특질이 부족한 소수의 여성 범죄집단은 신체적·감정적으로 (범죄적·비범죄적) 남성과 유사하다는 남성성 가설을 주장하였는데, 범죄를 저지르는 여성은 몸에 털이 많이 나는 등 신체적으로 정상적인 여성과 구별되고, 감정적인 면에서도 다른 여성보다 (범죄적·비범죄적) 남성과 더 가깝다고 한다. 정답: ①

339 **여성과 범죄에 대한 설명으로 가장 적절하지 않은 것은?** 경찰간부 2025

① 폴락(Pollak)은 여성이 남성에 비해 범죄행위를 덜할 뿐만 아니라, 은폐되는 경향이 있기 때문에 통계상 적게 나타난다고 하였다.

② 여성이 남성에 비해 가벼운 처벌을 받는 이유로는 사법당국의 남성들이 발휘하는 기사도 정신이나 여성에 대한 온정주의가 있다.

③ 데일리(Daly)와 체스니－린드(Chesney－Lind)는 여성이 남성보다 일관되게 가벼운 처벌을 받는 것은 아니며, 전통적인 여성성을 위반했다고 인정되는 경우에는 오히려 더 엄중한 처벌을 받는다고 하였다.

④ 헤이건(Hagen)은 권력－통제이론에서 계급, 성별 불평등과 청소년의 성별 범죄율 차이를 분석하였다.

해설

① 폴락(Pollack)은 여성의 범죄율이 남성의 범죄율보다 현저히 낮은 원인 중 하나는 기사도정신이라고 보았는데, 여기서 기사도정신이란 남성이 여성을 대신하여 죄를 저지르는 것이 아니라, 범죄행위에 대하여 남성의 여성에 대한 일반적 태도, 즉 경찰은 여성을 체포하기를 꺼려하고, 검찰은 여성을 기소하기를 꺼려하며, 재판관이나 배심원은 여성을 유죄로 판결하기를 꺼려하는 것 등을 의미한다. 즉, 여성의 범죄는 남성과 비교하여 덜하지 않다고 주장하였다. 정답: ①

340 **범죄학이론을 거시이론과 미시이론으로 구분할 때 성격이 다른 것은?**

① 사회해체이론 ② 차별적 접촉이론
③ 아노미이론 ④ 동심원이론

해설
범죄학이론을 거시이론과 미시이론으로 구분할 때 차별적 접촉이론은 미시이론에 포함된다. 동심원이론은 사회해체이론 중의 하나이다. 정답: ②

341 **범죄사회학이론은 미시이론과 거시이론으로 구분할 수 있다. 다음 중 미시이론에 해당하는 것은?**

① 아노미이론 ② 갈등이론
③ 자기통제이론 ④ 사회해체이론

해설
아노미이론, 갈등이론, 사회해체이론은 거시이론이고, 자기통제이론만 미시이론이다. 정답: ③

★중요★
342 **「범죄, 수치심, 재통합(1989)」이란 저서에서 재통합적 수치심이론을 주장한 학자는?**

① 에이커스(Akers) ② 브레이스웨이트(Braithwaite)
③ 봉거(Bonger) ④ 헤이건(Hagan)

해설
브레이스웨이트의 재통합적 수치심이론은 기존의 낙인이론, 하위문화이론, 기회이론, 통제이론, 차별적 접촉이론 그리고 사회학습이론을 통합한 것이다. 정답: ②

343 **발달범죄학이론에 대한 설명으로 옳지 않은 것은?**

① 1930년대 글룩(Glueck) 부부의 종단연구는 발달범죄학이론의 토대가 되었다.
② 인생항로이론은 인간의 발달이 출생 시나 출생 직후에 나타나는 주된 속성에 따라 결정된다고 주장한다.
③ 인생항로이론은 인간이 성숙해 가면서 그들의 행위에 영향을 주는 요인도 변화한다는 사실을 인정한다.
④ 인생항로이론은 첫 비행의 시기가 빠르면 향후 심각한 범죄를 저지를 것이라고 가정한다.

해설
②는 잠재적 특질 이론에 대한 설명이다. 잠재적 특질 이론은 범죄행동이 출생 또는 그 직후에 나타나

고, 평생을 통해서 변화하지 않는 주요한 특질에 의해 통제되기 때문에 인간은 변하지 않고 기회가 변할 뿐이라는 관점을 취하나 인생항로 이론은 인간은 인생항로 속에서 많은 변화를 경험하게 되고, 다양한 사회적·개인적·경제적 요인들이 범죄성에 영향을 미친다는 것으로 일부 위험스러운 아이가 왜 범죄를 중단하는가를 설명할 수 있다. 이 이론은 개인의 생애 과정 가운데 범죄를 만들어 내는 결정적 순간을 파악하고자 한다.

- 연령 – 등급이론(Sampson & Laub)
  - 사람이 성숙해가면서 범죄를 저지르는 성향에 영향을 주는 요인은 변화한다는 것이다.
  - 어린 시절에는 가족요인이 결정적이고, 성인기에는 결혼이나 직장요인이 범죄행위에 큰 영향을 끼친다.
  - 생애에 걸쳐 범죄를 발생시키는 결정적 순간을 파악하고자 한 이론이다.
- 사회적 발달모델(Hawkins & Catalano)
  - 지역사회의 위험요인이 일부 사람을 반사회적 행위에 노출시킨다(가족과 사회의 해체 등).
  - 반사회적 행위의 위험을 통제하려면 아이들이 친사회적 유대를 유지할 수 있도록 해야 한다.
  - 가족 간의 애착, 학교와 친구에 대한 애착 정도는 반사회적 행동발달에 큰 영향을 미치는 요인이다.
  - 가족이나 친구 사이에 애착관계가 형성되면, 친사회적 행동으로 발달하게 되고, 애착관계가 적절히 형성되지 않으면 반사회적 행동의 발달을 촉진한다.
- 상호작용이론(Thornberry & Krohn & Lizotte & Farnwirth)
  - 악화된 유대는 비행친구들과의 관계를 발전시켜 비행에 참여하게 되고, 빈번한 비행의 참여는 다른 친구들과의 유대를 약화시키고 결국 관습적 유대관계를 재정립하기가 어렵게 하여 만성적 범죄 경력을 유지하도록 만든다.
  - 범죄성이란 사람이 성숙해 가면서 단계별로 다른 의미와 형태를 갖는 발달 과정이다.
  - 초기 청소년기에는 가족의 애착이 결정적이고, 중기 청소년기까지는 가족의 영향력이 친구, 학교, 청소년 문화로 대체되며, 성인기에 이르러서는 개인 행위의 선택이 관습적 사회와 자신이 속한 핵가족 내의 위치에 따라 형성된다.
  - 비록 범죄가 이런 사회적 힘에 의해 영향을 받는다고 하더라도, 범죄도 이런 사회적 과정과 교제에 영향을 주기 때문에 범죄와 사회적 과정은 상호작용적이다.

정답: ②

344 글룩 부부의 발달범죄학 연구에 대한 설명으로 가장 옳지 않은 것은?

① 글룩 부부의 연구는 범죄경력의 한 조짐으로서 초기 비행의 시작에 집중하였다.
② 글룩 부부의 연구는 서덜랜드(E. Sutherland)와 같은 사회학자에 의해서 많은 비난을 받았다.
③ 글룩 부부는 범죄의 지속과 관련된 많은 개인적·사회적 요인을 확인하였는데, 가장 중요한 요인은 친구관계였다.
④ 글룩 부부는 범죄경력의 시작과 계속은 내적 및 외적 상황·조건·환경에 의해서 영향을 받는 발달적 과정이라고 제안하였다.

해설

③ 글룩 부부는 범죄의 지속과 관련된 많은 개인적·사회적 요인들을 확인하였는데, 가장 중요한 요인은 가정관계였다.

정답: ③

345 **현대 범죄학 연구에 대한 설명으로 가장 옳지 않은 것은?**

① 고전주의 범죄학 이론은 합리적 선택이론과 억제이론으로 발전해 왔다.
② 오늘날 대다수의 범죄학자는 유전적 특성이 행동과정을 결정한다는 것을 인정하고 있다.
③ 오늘날 합리적 선택이론은 범죄자는 합리적이며 범죄가 가치 있는지를 결정하기 위하여 이용 가능한 정보를 사용한다고 주장하며, 억제이론은 이러한 선택이 처벌의 두려움에 의해서 영향을 받는다는 것을 계속 주장하고 있다.
④ 오늘날 사회심리학 이론은 개인의 학습경험과 사회화는 개인의 행동을 직접 통제한다고 제안한다.

해설

② 몇몇 범죄학자는 유전적 특성이 행동과정을 결정한다는 것을 인정할지라도, 오늘날 대다수의 범죄학자는 이를 인정하지 않고 있다. 정답: ②

346 **발달범죄학의 기본원리에 관한 설명으로 가장 옳지 않은 것은?**

① 사람이 생애 사이클을 통해서 발달할 때 직면하는 전환에 특별한 관심을 기울인다.
② 인간발달은 심리학적, 생물학적, 혈통적, 사람 사이에서, 문화적, 사회적, 생태학적 수준을 포함해서 많은 수준에서 동시에 발생한다.
③ 일반적으로 특정 시점에서 비행과 범죄를 측정하는 횡단적인 연구를 한다.
④ 발달 관점에서 발달은 출생 시에 (그리고 아마도 훨씬 더 일찍) 시작하고 주로 사회적 맥락 내에서 발생한다고 이해한다.

해설

③ 발달이론은 일반적으로 비행과 범죄를 장기적으로 측정하는 종단적인 추적조사를 한다.

정답: ③

347 **발달이론에서 주로 사용하는 연구방법은?**

① 고전적인 실험 ② 횡단적인 설문조사
③ 집중적인 심층면접 ④ 종단적인 추적조사

해설

④ 발달이론은 기존의 범죄학 이론과는 달리 개인의 범죄행위를 종단적인 관점에서 다루며, 범죄행위의 시작, 빈도, 강도, 지속, 중단 등 범죄경력의 각 단계를 설명한다. 종단적인 연구설계는 두 개 이상의 시기에 걸쳐 정보를 반복적으로 수집함으로써 시간에 따른 변화를 조사한다. 정답: ④

348 **발달 범죄학의 주요이론에 대한 설명으로 적절한 것은 모두 몇 개인가?** 경찰간부 2024

> ㉠ 쏜베리(Thornberry)의 상호작용이론은 사회유대의 약화를 비행이 시작되는 출발점으로 보았다.
> ㉡ 패터슨(Patterson)은 비행청소년을 생애 지속형(Life Persistent)과 청소년기 한정형(Adolescent Limited)으로 구분하였다.
> ㉢ 모핏(Moffit)은 비행청소년이 되어가는 경로에 따라 조기 개시형(Early Starters)과 후기 개시형(Late Starters)으로 구분하였다.
> ㉣ 샘슨과 라웁(Sampson & Laub)의 생애과정이론은 사회유대이론과 사회학습이론을 결합한 합성이론이다.
> ㉤ 티틀(Tittle)의 통제균형이론은 타인으로부터 받는 통제와 자신이 행사하는 통제의 양이 균형을 이룰 때 순응이 발생하고 통제의 불균형이 비행과 범죄행위를 발생시킨다고 설명한다.

① 2개　　② 3개　　③ 4개　　④ 5개

해설

옳은 것은 ㉠, ㉤이다.

㉡ 모핏의 범죄자 분류에 대한 설명이다.

㉢ 패터슨의 범죄자 분류에 대한 설명이다.

㉣ 샘슨과 라웁의 생애과정이론은 사회학습이론이 아닌 사회통제(유대)이론의 주장을 그대로 차용하였다. 이는 사회유대의 약화를 범죄행위의 직접적인 원인으로 간주한다는 점에서 알 수 있는데, 다른 점이 있다면, 허쉬의 사회유대는 아동기와 청소년기에 국한된 반면, 샘슨과 라웁의 사회유대는 생애 전 과정에서 강화와 약화가 반복되는 현상으로 보았다. 정답: ①

349 **다음 〈보기〉는 통합이론 및 발달이론에 대한 학자들의 주장을 나열한 것이다. 〈보기〉의 내용을 주장한 학자를 가장 옳게 짝지은 것은?** 해경간부 2025

> 보기
> ㉠ 연령에 따른 범죄행위의 지속성과 가변성이 인생의 중요한 전환기에 발생하는 사건과 그 결과에 영향을 받는다.
> ㉡ 비행청소년이 되어 가는 경로를 초기개시형(early starters)과 만기개시형(late starters)으로 구분하였다.
> ㉢ 범죄자를 청소년기 한정형(adolescent－limited)과 생애지속형(life－course persistent)으로 분류하였다.

	㉠	㉡	㉢
①	패터슨(Patterson)	샘슨(Sampson)과 라웁(Laub)	모핏(Moffitt)
②	모핏(Moffitt)	패터슨(Patterson)	샘슨(Sampson)과 라웁(Laub)
③	샘슨(Sampson)과 라웁(Laub)	패터슨(Patterson)	모핏(Moffitt)
④	샘슨(Sampson)과 라웁(Laub)	모핏(Moffitt)	패터슨(Patterson)

해설

③ ㉠ 샘슨과 라웁 ㉡ 패터슨 ㉢ 모핏 정답: ③

350 **다음은 발달범죄학 이론에 관한 설명이다. ㉠, ㉡ 이론을 주장한 학자를 가장 적절하게 연결한 것은?** 경행경채 2022

㉠ 범죄자를 청소년기 한정형(adolescence-limited) 범죄자와 생애지속형(life-course-persistent) 범죄자로 분류하였다. 청소년기 한정형은 사춘기에 집중적으로 일탈행동을 저지르다가 성인이 되면 일탈행동을 멈추는 유형이고, 생애지속형은 유아기부터 문제행동이 시작되어 평생 동안 범죄행동을 지속하는 유형이다.
㉡ 범죄의 시작, 유지, 중단의 연령에 따른 변화는 생애과정에서의 비공식적 통제와 사회유대를 반영하고, 인생의 중요한 전환기에 발생하는 사건들과 그 결과에 영향을 받는다고 보았다.

① ㉠ 모핏(Moffitt) ㉡ 패터슨(Patterson)
② ㉠ 모핏(Moffitt) ㉡ 샘슨과 라웁(Sampson&Laub)
③ ㉠ 패터슨(Patterson) ㉡ 모핏(Moffitt)
④ ㉠ 패터슨(Patterson) ㉡ 샘슨과 라웁(Sampson&Laub)

해설

② ㉠ 모핏(Moffitt), ㉡ 샘슨과 라웁(Sampson&Laub)
㉠ 모핏(Moffitt)은 신경심리학, 낙인이론, 긴장이론의 입장에서 범죄경력의 발전과정을 설명하였고, 생물사회이론 범죄학자답게 생물학적 특성을 보다 강조하였으며, 범죄자를 청소년기 한정형 범죄자와 생애지속형 범죄자로 분류하였다. 그는 청소년기 한정형 범죄자보다 생애지속형 범죄자가 정신건강상 문제를 더 많이 가지고 있다고 하였다.
㉡ 범죄의 시작, 유지, 중단의 연령에 따른 변화는 생애과정에서의 비공식적 통제와 사회유대를 반영하고, 인생의 중요한 전환기에 발생하는 사건들과 그 결과에 영향을 받는다고 본 사람은 생애과정이론(Life Course Theory, 인생항로이론)을 주장한 샘슨과 라웁(Sampson&Laub)이다. 그들은 패터슨이나 모핏의 이론처럼 청소년 집단을 인위적으로 구분하지 않았고, 누구든지 생애과정 속에서 범죄행위를 지속하거나 중지할 수 있다고 전제하였다. 정답: ②

351 **잠재적 속성이론에 관한 설명으로 가장 옳지 않은 것은?**

① 범죄경향성(crime proneness)이라는 잠재적 속성이 생애에 걸쳐 범죄행위에 영향을 미친다.
② 허쉬와 갓프레드슨의 범죄 일반이론과는 달리 잠재적 속성이론은 범죄문제를 이해하는데 범죄자 경력연구의 중요성을 간과한다.
③ 잠재적 속성은 출생 시 나타나거나 삶의 초기단계에서 형성될 수 있으며, 오랜 기간 안정적으로 남아 있을 수 있다.
④ 잠재적 속성은 생애에 걸쳐 안정적으로 유지되기 때문에 청소년기에 반사회적이었던 사람은 범죄를 지속적으로 저지르기 쉽다.

해설

② × : 잠재적 속성이론은 허쉬와 갓프레드슨의 범죄 일반이론과 유사한 측면이 있으나, 범죄 일반이론과는 달리 범죄문제를 이해하는 데 범죄자 경력연구의 중요성을 강조한다. 정답: ②

352 범죄경력에 대한 두 개의 관점에 관한 설명으로 가장 옳지 않은 것은?

① 범죄경력에 대한 조사 연구가 진화하면서 '생애경로이론'과 '잠재적 속성이론'이라는 2개의 독특한 관점이 형성되었다.

② 생애경로이론은 범죄성을 다양한 개인적 특성 및 속성, 사회적 경험 등으로부터 영향을 받는 하나의 동적 과정으로 본다.

③ 잠재적 속성이론은 범죄행위에 영향을 미치는 속성은 생애 초기에 발달하여 생애 동안 역동적으로 변화한나고 한다.

④ 잠재적 속성이론은 인간의 발달이 출생 시나 출생 직후에 나타나는 개인적 속성 혹은 특징에 따라 통제된다고 한다.

해설

③ 잠재적 속성이론에 의하면, 범죄행위에 영향을 미치는 속성은 생애 초기에 발달하여 생애 동안 안정적으로 유지된다. 정답: ③

353 통합 및 발달범죄이론에 관한 설명으로 가장 적절하지 않은 것은? 경행1차 2023

① 패터슨(Patterson)은 비행청소년이 되어가는 경로를 조기 개시형(early starters)과 만기 개시형(late starters)으로 구분하였다.

② 손베리(Thornberry)는 비행청소년을 청소년기 한정형(adolescence－limited)과 생애 지속형(life－course－persistent)으로 분류하였다.

③ 엘리엇(Elliott)과 동료들은 사회유대가 강한 청소년일수록 성공기회가 제약되면 긴장을 느끼게 되고, 불법적 수단을 활용할 가능성이 크다고 주장하였다.

④ 샘슨(Sampson)과 라웁(Laub)은 연령에 따른 범죄행위의 지속성과 가변성이 인생의 중요한 전환기에 발생하는 사건들과 그 결과에 의해 영향을 받는다고 주장하였다.

해설

② 모핏(Moffitt)에 대한 설명이다. 모핏은 신경심리학·낙인이론·긴장이론의 입장에서 범죄경력의 발전과정을 설명하였고, 생물사회이론 범죄학자답게 생물학적 특성을 보다 강조하였다.

- 어린 나이부터 비행을 시작한 사람들은 10대에 시작하는 사람들과 차이가 있다.
- 어린 나이부터 비행을 시작한 사람들은 사회나 법의 규범을 위반할 높은 가능성을 가지고 청소년기나 그 이후의 시기를 지속하는 반면, 10대에 시작하는 사람들은 성인이 되면 거의 비행을 지속하지 않는다.
- 어린 나이부터 비행을 시작한 사람들에 대한 친구의 영향은 미미하다. 하지만 10대에 시작하는 사람들은 친구의 영향을 보다 강하게 받는다.

【손베리(Thornberry)의 상호작용이론】
- 최초의 비행은 청소년기에 전통사회와의 결속이 약화되면서 발생한다. 예를 들어 부모에 대한 애착, 학교에 대한 전념, 전통적 가치에 대한 믿음 등의 연결이 약화될 때마다 비행가능성이 증가한다고 본다.
- 상호과정적 과정은 개인의 생애주기를 통해 발전되며, 각 연령단계에 따라 이론적 설명요인들의 중요도는 상이하게 작용한다.

  예 유년기에는 가족이 중요한 역할을 하지만, 청소년기에는 가족보다는 친구, 학교, 청소년문화 등이 중요한 역할을 하고, 성인기에는 전통적 활동이나 가족에 대한 헌신이 보다 중요한 역할을 한다.

정답: ②

354 **샘슨(Sampson)과 라웁(Laub)의 생애과정이론(연령–단계이론)의 주장으로 가장 적절하지 않은 것은?** 경찰간부 2023

① 타고난 기질과 어린 시절의 경험이 범죄행위의 지속과 중단에 가장 큰 영향을 미친다.
② 행위자를 둘러싼 상황적·구조적 변화가 범죄로부터 단절된 삶으로 이끈다.
③ 생애과정을 통해 사회유대와 범죄행위가 서로 영향을 미친다.
④ 결혼, 취업, 군입대는 범죄궤적을 올바른 방향으로 바꾸는 인생의 변곡점이다.

해설

① 샘슨(Sampson)과 라웁(Laub)의 생애과정이론은 어린아이가 성인에 이르는 과정에서 범죄성이 지속되거나 중단되는 현상을 설명하고자 했다. 또한 범죄의 지속과 중단이 어린 시절의 특성이나 경험에 의해 결정된다기보다는, 인생의 중요한 전환기에 발생하는 사건들과 그 결과에 의해 영향을 받는다고 보았다.
② 사회유대의 회복을 통해 범죄와의 단절이 이루어지는 과정에 관해 샘슨과 라웁은, 행위자를 둘러싼 상황적(결혼과 취업 등) 변화가 장기적인 행동의 변화를 이끈 것이라고 설명한다.
③ 생애과정이론은 사회유대의 약화를 범죄행위의 직접적인 원인으로 간주한다는 점에서 허쉬의 사회통제이론과 유사하지만, 허쉬(Hirschi)의 사회유대가 아동기와 청소년기에 국한되었다면, 샘슨과 라웁은 사회유대의 강화·약화·단절이 한 사람의 생애 전 과정에서 반복되는 현상으로 보았다는 점에서 차이가 있다.

정답: ①

355 **발달범죄학에 관한 설명으로 가장 적절하지 않은 것은?** 경행2차 2023

① 손베리(Thornberry)는 사회통제이론(Social Control Theory)과 사회학습이론(Social Learning Theory)을 통합하여 범죄행위는 행위자와 환경이 상호작용하는 발전적 과정에 의하여 발생한다고 주장하였다.
② 샘슨(Sampson)과 라웁(Laub)은 아동기, 청소년기를 거쳐 성인기까지의 생애과정에 걸친 범죄의 지속성과 가변성을 설명하였다.
③ 샘슨과 라웁은 행위자를 둘러싼 상황적, 구조적 변화로 인해 범죄가 중단된다고 주장하였다.
④ 모핏(Moffit)의 비행청소년 분류에서 청소년기 한정형(adolescent–limited) 집단이 저지르는 범죄와 반사회적 행위는 전 생애에 걸쳐 안정성이 두드러지며 가변성을 특징으로 하지 않는다.

해설

④ 모핏의 비행청소년 분류에서 생애 지속형에 대한 설명이다. 청소년기 한정형은 생애 지속형과 달리 10대에 집중적으로 일탈을 저지르고 성인이 되면 일탈을 멈춘다.
① 손베리의 사회작용이론은 사회통제(유대)이론과 사회학습이론을 통합한 이론이다.
② 샘슨과 라웁에 의하면, 범죄행위의 지속성과 가변성은 어린 시절 특성이나 경험에 의해 결정되는 것이 아니라, 인생의 중요한 전환기에서 발생하는 사건들이나 그 결과에 의해 결정된다.
③ 사회유대의 회복을 통해 범죄와의 단절이 이루어지는 과정에 관해 샘슨과 라웁은 행위자를 둘러싼 상황적·구조적 변화가 장기적인 행동의 변화를 이끈 것이라고 설명한다. 정답: ④

356 범죄경력연구에 관한 설명으로 가장 옳지 않은 것은?

① 「필라델피아 코호트 조사연구」에서 볼프강(Wolfgang)은 소수의 만성 범죄자는 범죄행위를 자주 반복할 뿐만 아니라 평생 지속적으로 범죄를 저지른다는 사실을 발견하였다.
② 뢰버(Loeber) 등은 세 가지 범죄 및 일탈경로를 구분했는데, 그중에서 권위갈등경로에 있는 소년은 15세 이전에 범죄행동을 시작하는데 사소하고 비밀스러운 행위로 시작해서 재산범죄로 이어진다.
③ 장래에 심각한 범죄자가 될 아이일수록 범죄경력을 아주 빠른 나이(취학 이전)에 시작한다.
④ 범죄의 중단자는 장기간의 인지적 변화를 겪게 되는데, 그 과정에서 자신을 새로운 사람으로 보기 시작하거나 인생에 대해 새로운 희망을 갖기 시작한다.

해설

② 지문은 은밀경로에 대한 설명이다. 권위갈등경로는 12세 이전의 어린 나이에 시작되며, 종종 부모와 선생님에게 저항하는 고집부리기, 반항, 불복종의 형태로 특징지어진다. 정답: ②

357 다음은 통합이론과 관련된 설명이다. ㉠, ㉡, ㉢에 해당하는 이론으로 가장 적절한 것은?

경행2차 2024

> 엘리엇(Elliott)과 동료들은 ㉠, ㉡, ㉢을 결합한 통합이론을 제시하였다. ㉠과 ㉡의 연결고리 역할은 '성공에 대한 열망'이지만, '성공에 대한 열망'이 범죄에 미치는 영향은 서로 정반대 방향으로 작용한다. 이후 두 이론과 ㉢을 결합하여 관습집단과의 사회적 유대 강도에 따라 범죄에 이르게 되는 다양한 경로를 제시하였다.

① ㉠ 사회통제이론 ㉡ 긴장이론 ㉢ 사회학습이론
② ㉠ 사회통제이론 ㉡ 사회유대이론 ㉢ 사회학습이론
③ ㉠ 사회학습이론 ㉡ 긴장이론 ㉢ 사회유대이론
④ ㉠ 사회학습이론 ㉡ 사회통제이론 ㉢ 긴장이론

해설

① 엘리엇(Elliott)과 동료들은 긴장이론, 사회통제이론 및 사회학습이론을 결합한 통합이론을 제시하였다.

【긴장이론과 사회통제이론의 결합 : 성공에 대한 열망의 반대방향으로 작용】

- 긴장이론 : 긍정적 목표를 달성하기 위한 기회가 차단되었다고 느끼는 개인에게 존재하는 성공에 대한 높은 열망은, 관습적 수단을 포기하고 불법적 수단을 선택하게 만드는 요인이 된다.
- 사회통제이론 : 성공에 대한 높은 열망은 교육과 같은 제도화된 수단에 대한 몰입을 높여 범죄의 유혹에 빠지지 않도록 하는 규범적 통제기제로 작용한다.

【개인에 따른 사회유대 정도의 차이】

- 사회유대 정도는 가정, 학교 등에서의 사회화 과정에 의해 결정되는데, 가족관계나 또래관계, 학업에서의 성공과 실패, 긍정적 자극과 부정적 낙인 등은 사회유대를 강화시키거나 약화시킨다.
- 관습적 목표의 달성을 위한 제도적 기회가 차단되면 사회유대 정도에 따라 개인마다 상이한 방식으로 행동한다.
  - 사회유대가 강하고 관습적 목표에 대한 전념 정도가 높은 사람 : 긴장이론의 주장대로 긴장이 발생하고, 이를 해소키 위한 방편으로 비제도적(불법적) 수단을 동원한다.
  - 사회유대가 약하고 제도적 목표에 대한 전념 정도가 낮은 사람 : 제도적 기회의 제약으로 인한 부정적 영향을 별로 받지 않는다.

【사회통제이론과 사회학습이론의 결합】

- 사회통제이론은 청소년의 범죄원인을 사회유대의 약화에서 찾지만, 엘리엇과 동료들은 이를 비판하면서 청소년의 비행·범죄는 특정 사회집단으로부터 지지나 보상을 받을 때 유지된다는 점을 고려해야 한다고 주장하였다.
- 따라서 비행 또래집단은 사회유대가 약한 청소년이 비행·범죄를 시작하고 지속하는 데 필수적인 조건이라고 볼 수 있다.

첫 번째 경로	가정, 학교 등 관습집단과의 유대가 약한 청소년이 비행 또래집단과 접촉하면서 범죄를 학습
두 번째 경로	관습집단과의 사회적 유대가 강한 초기 청소년들은 문화적으로 가치 있는 목표에 몰입하나, 이를 성취하기 위한 제도적 기회가 제약되면 긴장이 형성되어 사회유대가 약화되는 반면, 비행 또래집단과의 유대는 강화되어 범죄를 학습

정답: ①

358 **엘리엇(Elliott)과 동료들의 통합이론(Integrated Theory)이 주장하는 내용으로 가장 적절한 것은?** 경찰간부 2023

① 노동자계급 가정에서 양육된 청소년은 부모의 강압적 양육방식으로 인해 부모와의 유대관계가 약해져 범죄를 저지를 가능성이 크다.

② 사회유대가 강한 청소년일수록 성공기회가 제약되면 긴장을 느끼고 불법적 수단으로 목표를 달성하려 할 가능성이 크다.

③ 가부장적 가정은 양성평등적 가정보다 청소년비행에 있어 성별 차이가 크다.

④ 범죄행위에 대한 비난을 받더라도 사회유대가 강한 청소년은 재범을 저지를 가능성이 적다.

해설

② 엘리엇(Elliott)과 동료들은 관습적 목표를 달성하기 위한 제도적 기회가 차단되었을 때 사회유대의

개인차가 상이한 방식으로써 개인의 행동에 영향을 미친다고 한다. 사회유대가 강하고 관습적 목표에 대한 전념 정도가 높은 사람은 기회가 차단되었을 때 긴장이론의 주장대로 긴장이 발생하고, 이를 해소하기 위한 방편으로 비제도적, 즉 불법적 수단을 동원하게 된다. 하지만 처음부터 사회유대가 약하고 제도적 목표에 그다지 전념하지 않는 사람은, 성공기회가 제약되더라도 이로 인한 부정적 영향을 별로 받지 않는다.

① 콜빈(Colvin)과 폴리(Poly)의 마르크스주의 통합이론에 대한 설명이다. 마르크스주의 범죄이론과 사회통제이론을 결합한 통합이론으로, 노동자의 지위에 따라 차별적인 통제방식이 가정에서 이루어지는 부모의 양육방식과 연관되어 있다고 주장한다.
③ 헤이건(Hagan)의 권력통제이론에 대한 설명이다.
④ 허쉬의 사회통제이론에 대한 설명이다. 정답: ②

359 **헤이건(Hagan)과 동료들의 권력통제이론(Power Control Theory)에 관한 설명으로 가장 적절한 것은?** 경행2차 2023

① 아노미(anomie)의 발생원인을 문화적 목표와 제도화된 수단 간의 괴리에서 찾는다.
② 부모가 아들보다 딸을 더 많이 통제하기 때문에 결과적으로 소녀가 소년보다 더 위험한 행동을 한다.
③ 부모의 직장에서의 권력적 지위가 부부 간의 권력관계에 반영되고, 이는 자녀에 대한 감독, 통제 수준과 연계된다.
④ 부모의 권력이 평등한 가정의 자녀들은 성별에 따른 범죄 정도의 차이가 뚜렷하지만, 가부장적 가정의 자녀들은 성별에 따른 범죄 정도의 차이가 상대적으로 뚜렷하지 않다.

해설

③ 헤이건(Hagan)의 권력통제이론은 마르크스주의 범죄이론과 페미니스트 범죄이론과 같은 비판적 범죄학을 사회통제이론과 결합한 통합이론을 제시하며, 범죄의 성별 차이는 부모의 가부장적 양육행태에 의해 결정된 것이라 강조하고 가부장(전통적인 남성지배)적 가정에서 여자는 위험을 회피하도록 가르치는 등 남녀에 대한 사회적 통제의 차이가 영향을 준 것이라 주장한다. 또한 헤이건은 부모의 직장에서의 권력적 지위가 부부 간의 권력관계에 반영되고, 이는 자녀에 대한 감독·통제 수준과 연계된다고 하였다.
① 머튼의 아노미 이론이다.
② 가부장적인 가정에서의 아들은 딸보다 상대적으로 자유롭게 위험하거나 일탈적인 행동을 저지른다.
④ 부모의 권력이 평등한 가정의 자녀들은 성별에 따른 범죄 정도의 차이가 뚜렷하지 않지만, 가부장적 가정의 자녀들은 성별에 따른 범죄 정도의 차이가 상대적으로 뚜렷하다. 정답: ③

360 **다음 〈보기〉의 내용을 주장한 학자는 누구인가?** 해경간부 2024

보기

㉠ 성과 계급, 가족구조를 하나의 이론적 틀 안에서 고려하면서 범죄를 설명하였다.
㉡ 부모는 가족 내에서 자신들의 직장 내 권력관계를 재생산한다. 따라서 부모의 직업과 지위가 자녀의 범죄성에 영향을 준다.
㉢ 부모가 직장이나 가정에서 비슷한 권력을 소유하는 평등한 가정에서 자란 딸은 아들과 비슷한 수준의 비행을 저지른다.

① 헤이건(Hagan)
② 메셔슈미트(Messerschmidt)
③ 티프트(Tifft)
④ 설리번(Sullivan)

해설

① 헤이건의 권력통제이론(power-control theory)에 대한 설명이다. 헤이건은 마르크스주의 범죄이론이나 페미니스트 범죄이론과 같은 비판적 범죄학을 사회통제이론과 결합한 통합이론을 제시하였다.

【헤이건의 권력통제이론】

- 범죄의 성별 차이는 부모의 양육형태에 의해 결정된다고 강조한다.
- 가부장적 가정(전통적인 남성지배)에서는 여자에게 위험을 회피하도록 가르치는 등 남녀에 대한 통제의 차이가 범죄의 성별에 영향을 준다고 주장한다.

정답: ①

361 **회복적 사법(Restorative Justice)에 관한 설명으로 가장 적절하지 않은 것은?** 경행2차 2023

① 회복적 사법에서는 자발적인 피해자의 참여를 필요로 한다.
② 회복적 사법 프로그램으로는 피해자-가해자 중재, 가족회합 등이 있다.
③ 회복적 사법은 가해자에게는 엄격한 처벌을, 피해자에게는 회복을 중심으로 두고 있다.
④ 국제연합(UN)은 회복적 사법의 개념을 대면, 변환, 회복(배상) 3가지 개념으로 분류하고 있다.

해설

③ 가해자에 대한 엄격한 처벌은 전통적(응징적) 형사사법의 성격에 해당한다.

〈전통적 형사사법과 회복적 사법 비교〉

기존의 형사처벌	회복적 사법
• 범죄자 처벌 중심 • 국가(정부)가 주도하는 방식 • 가해자와 피해자 간 조정 없음	• 피해자 (피해)회복 중심 • 피해자의 적극적인 참여 유도 • 가해자와의 갈등해소·원상회복

정답: ③

362 **브레이스웨이트(Braithwaite)의 재통합적 수치이론(Reintegrative Shaming Theory)에 대한 설명으로 가장 적절하지 않은 것은?** 경찰간부 2023

① 수치란 일종의 불승인 표시로서 당사자에게 양심의 가책을 느끼게 하는 것을 의미한다.
② 브레이스웨이트는 상호의존적이고 공동체 지향적인 사회일수록 재통합적 수치의 효과가 더 크다고 주장하였다.
③ 재통합적 수치이론은 형사처벌의 효과에 대하여 엇갈리는 연구결과들을 통합하려는 시도의 일환이라고 할 수 있다.
④ 브레이스웨이트는 낙인으로부터 벗어나도록 하기 위한 의식, 용서의 말과 몸짓만으로는 재통합적 수치가 이루어지기 어렵다고 주장하였다.

해설

④ 재통합적 수치는 제재를 가하되 범죄자라는 낙인으로부터 벗어나도록 해주기 위한 의식, 용서의 말과 몸짓 등을 수반한다.
① 재통합적 수치이론의 핵심개념인 수치란 낙인이론에서의 낙인에 상응하는 개념으로 볼 수 있는데, 브레이스웨이트는 수치를 불승인 표시로서 "당사자에게 양심의 가책을 느끼게 하는 것"으로 정의하였다.
② 상호의존적이고 공동체 지향적인 사회일수록 재통합적 수치의 효과는 더 클 것이라고 주장하였다.
③ 형사처벌과 이차적 일탈 간의 관계를 살펴본 실증연구들의 결론은 일관되지 않다. 이렇듯 엇갈리는 연구결과는 형사처벌의 효과를 설명하는 두 가지 상반된 이론의 존재와 무관하지 않다. 낙인이론은 형사처벌, 즉 공식낙인이 향후 범죄 및 비행을 유발한다고 보는 반면, 전통적 억제이론은 형사처벌이 향후 범죄를 억제한다고 본다. 재통합적 수치이론은 이렇듯 엇갈리는 형사처벌의 효과에 대한 이론 및 실증연구의 결과들을 통합하고자 하는 시도의 일환이라고 볼 수 있다. 정답: ④

363 **다음 중 브레이스웨이트(Braithwaite)의 재통합적 수치심에 대한 설명으로 가장 옳지 않은 것은?** 해경간부 2025

① 일반예방 및 특별예방 효과가 있다.
② 피해자의 참여와 용서는 중요한 요소가 아니다.
③ 수치심은 비공식적 사회통제의 강력한 수단이다.
④ 양심의 가책을 느끼도록 하되 지역사회와 재통합하는 노력을 병행함으로써 미래 범죄가능성을 줄이려는 의도를 내포하고 있다.

해설

② 재통합적 수치심 이론은 피해자의 참여와 용서를 기반으로 한다.

〈전통적 형사사법과 회복적 사법의 비교〉

구분	응징적 패러다임(Retributive Paradigm)	회복주의 패러다임(Restorative Paradigm)
초점	법의 위반	인간관계의 위반
내용	응징적(retributive/vindictive)	복구적(reparative)

방식	강제적	협조적
주체	정부와 범죄자	정부, 지역사회, 가해자와 피해자, 그들의 가족
장소	격리시설 내	지역사회 내
시기	사후대응적	사전예방적
관심	적법절차 준수	참여자의 만족 극대화
역점	공식적 절차를 통한 개인의 권리보호	비공식적 절차를 통한 범죄자의 책임감 강조와 집단적 갈등의 해결

정답: ②

364 빌라(Vila)의 통합이론 조건에 관한 설명으로 가장 옳지 않은 것은?

① 어떤 이론이 모든 범죄행동을 설명할 수 있을 만큼 일반적이라면 생태학적·통합적 발달이론이어야 하고, 미시적 수준과 거시적 수준의 설명을 모두 담고 있어야 한다.
② 생태학적 이론은 개인 간의 상호관계와 그들의 물리적 환경을 고찰한다.
③ 발달이론은 시간이 경과함에 따라, 특히 개인의 나이와 관련하여 범죄원인의 변화뿐만 아니라 범죄 자체에도 변화가 온다는 점을 인정한다.
④ 통합이론은 개인의 행동에 영향을 미칠 수 있는 세 가지 요인을 모두 포함해야 하는데, 대부분의 이론이 세 가지 요인을 만족시킨다.

해설

④ 빌라는 본인이 제시한 통합이론의 세 가지 요인 가운데 최소한 두 가지를 만족시키는 수많은 이론을 검토하였지만, 지금까지 그 어떠한 이론도 세 가지 요인을 모두 만족시키지는 못하였다고 주장한다.

정답: ④

365 버나드(Bernard)와 스나입스(Snipes)의 통합모델에 관한 설명으로 가장 옳지 않은 것은?

① 범죄학 이론을 두 가지 유형으로 분류할 수 있다.
② 구조/과정이론과 개인차이론은 상호 배타적이다.
③ 구조이론은 사회의 구조적 조건과 범죄율 및 범죄의 분포를 관련시키는 반면, 과정이론은 왜 그러한 구조적 조건을 경험한 정상인이 범죄행동에 더 잘 가담하게 되는가를 설명한다.
④ 개인차이론은 개인이 범죄를 저지를 개연성을 예측하기 위해 개인의 특성 차이를 원용하는 이론이다.

해설

② 버나드와 스나입스에 의하면, 구조/과정이론과 개인차이론은 상호 배타적이지 않다.

정답: ②

366 엘리엇 등의 통합모델에 관한 설명으로 가장 옳지 않은 것은?

① 엘리엇 등은 긴장이론, 사회통제이론, 사회학습이론의 이론적 통합모형을 제안하였다.
② 사실상 비행행동 또는 정상행동을 유발하는 경로는 하나이다.
③ 약한 전통적인 유대관계에 영향을 주는 요인은 긴장, 부적절한 사회화, 사회해체이다.
④ 통합모델을 사회학습이론보다는 사회통제이론과 동일시한다.

해설

② 엘리엇 등의 통합모델은 비행행동 또는 정상행동을 유발하는 경로는 하나가 아니며, 여러 방향으로 다양하게 존재할 수 있다는 점을 강조했다. 정답: ②

367 카플란의 자아존중감 훼손 이론에 관한 설명으로 가장 옳지 않은 것은?

① 청소년 비행을 설명하기 위해서 '자아존중감 훼손 이론'을 주장했다.
② 비행과 약물남용은 낮은 자아존중감 또는 자아훼손감에 대한 청소년의 반응으로 보여진다.
③ 가족, 학교, 주류 친구집단 등 관습적 준거집단의 기준에 순응하는 데 실패할 경우, 자아존중감을 경험하게 된다.
④ 점차 청소년이 비행적 대안을 인식하게 되면, 자아훼손을 극복하고 자아존중감을 개선할 수 있는 비행집단에 끌리게 된다.

해설

③ 카플란의 자아존중감 훼손 이론에 의하면, 가족, 학교, 주류 친구 집단 등 관습적 준거집단의 기준에 순응하는 데 실패할 경우, 자아훼손감(평가절하)을 경험하게 된다. 정답: ③

368 다음 〈보기〉의 내용은 어느 학자의 이론을 언급한 것인가? 해경간부 2024

보기
㉠ 한 사람이 다른 사람에게 행사하는 통제의 양과 다른 사람으로부터 받게 되는 피통제 양의 비율(통제비)로써 범죄와 피해를 설명한다.
㉡ 두 개의 요소가 균형을 이루면 순응이 발생하나, 그것이 불균형을 이루면 범죄와 피해가 발생한다.

① 티틀(Tittle)
② 패링턴(Farrington)
③ 콜빈(Colvin)
④ 헌스타인(Herrnstein)

해설

① 티틀의 통제균형이론은 개인의 통제를 범죄성향의 요인으로서 확대한 이론으로, 통제의 개념을 개

인이 타인을 통제하는 양과 개인이 타인으로부터 통제받는 양으로 구분하고, 두 통제의 양이 균형을 이루면 순응이 발생하고, 불균형을 이루면 범죄와 피해가 발생한다고 주장하였다. 정답: ①

369 **티틀(Title)의 통제균형이론(Control-Balance Theory)에 관한 설명으로 가장 적절하지 않은 것은?** 경행2차 2024

① 개인이 받는 통제의 양과 개인이 행사할 수 있는 통제의 양이 일탈의 확률을 결정한다는 '통제비율(control ratio)'을 제시하였다.

② 통제결손(control deficit)이 발생할 경우 약탈적이거나 반항적 행동을 저지를 가능성이 더 높다고 주장하였다.

③ 극단적인 억압은 굴종형(submission)과 가장 관련성이 높다고 주장하였다.

④ 강제적이고 비일관적인 통제가 가장 심각한 범죄를 유발한다고 주장하였다.

해설

④ 티틀의 통제균형이론은 또 하나의 뛰어난 잠재적 특질이론으로, 통제의 결핍과 잉여는 하나의 연속선상에 존재하는 현상이라고 한다. 즉, 중앙의 균형점으로 이동할수록 범죄는 감소하고, 결핍과 잉여의 양 극단으로 이동할수록 범죄는 증가한다. 통제균형은 네 개의 주요 변수, 즉 경향(범죄동기), 도발(상황자극), 기회, 억제 등의 관계로 결정되는데, 이와 같은 변수들은 사회학습이론, 아노미이론, 범죄억제이론, 합리적 선택이론 및 사회유대이론의 개념들을 통합한다.

〈통제결핍과 통제과잉〉

구분	내용	
통제결핍	• 개인의 욕망과 충동이 타인의 처벌, 규제 등에 의해 제한될 때 일어나는 현상 • 균형을 회복하기 위해 일탈, 무시, 굴종 등 세 가지 형태의 행동 발현	
통제과잉	• 타인의 행동을 통제·수정하는 정도가 과도할 때 일어나는 현상 • 통제과잉의 세 가지 행동유형	
	이기적 이용	청부살인, 마약거래 등 타인을 범죄에 이용 등
	묻지 마 폭력	불특정 증오범죄, 환경오염 등
	일시적 비합리적 행동	아동학대 등

정답: ④

370 **티틀의 통제균형이론에 관한 설명으로 가장 옳지 않은 것은?**

① 사회학습이론, 아노미이론, 합리적 선택이론, 사회유대이론의 개념을 통합하였다.

② 비행행위는 4개 변수의 융합으로부터 발생하는데, 이 중에서 성향과 자극은 비행의 동기적인 측면을 구성한다.

③ 통제는 비행행위의 동기가 아니라 비행행위의 억제요인으로 작용한다.

④ 타인에 의해서 통제되는 사람은 그러한 통제를 회피하기 위해서 비행행위에 가담하는 경향이 있는 반면에, 타인에게 통제를 가하는 사람은 그러한 통제범위를 확장시키기 위해서 비행행위에 가담하는 경향이 있다.

해설

③ 티틀의 통제균형이론에 따르면, 통제는 비행 억제요인으로 작용하지만, 비행 동기요인으로 작용할 수도 있다. 정답: ③

371 티틀이 제시한 비행의 6가지 유형과 그 설명이 올바르게 연결되지 않은 것은?

① 굴종형 – 자신이 행사하는 통제와 비교하여 가장 큰 통제를 받는 사람에게서 발생할 수 있는 유형

② 저항형 – 굴종형보다는 억압의 정도가 약하지만 자신이 행사하는 통제와 비교하여 상당한 통제를 받는 경우 나타나는 유형

③ 순응형 – 자신이 행사하는 통제가 자신이 받는 통제보다 약간 더 큰 유형

④ 퇴폐형 – 자신이 받는 통제량과 비교하여 자신이 행사하는 통제량이 가장 큰 유형

해설

③ 순응형이라는 이름의 유형은 존재하지 않는다. 지문은 착취형에 대한 설명이다. 정답: ③

372 범죄현상에 대한 급진적 페미니즘의 설명으로 가장 적절한 것은? 경찰간부 2023

① 임신, 출산, 육아에 있어 여성의 생물학적 특성에서 비롯된 역할로 인해 노동의 성 분업이 이루어졌고, 남성에 대한 여성의 의존도가 높아졌으며, 남성에게 더 많은 범죄기회가 주어졌다.

② 가부장제에서 비롯된 남성우월주의에 대한 믿음과 남성지배 – 여성종속의 위계구조가 사회 전반으로 확대되면서 여성에 대한 남성의 폭력이 정당화되었다.

③ 자본주의 체제로 인해 남성이 경제권을 장악하고 여성은 가사노동으로 내몰리면서 남성의 경제적 지배를 위협하는 여성의 행동은 범죄로 규정되었다.

④ 사회적·문화적으로 요구되는 전통적 성 역할의 차이로 인해 여성보다 남성이 더 많은 범죄를 저지른다.

해설

② 급진적 페미니즘은 가부장제에 의한 여성억압은 남성의 여성에 대한 공격과 여성의 성에 대한 통제로 나타난 것이라고 주장하면서 여성의 성(sexuality)에 대한 억압과 통제를 분석의 핵심으로 삼는다. 즉, 가부장제의 형성과 강화를 통해 여성에 대한 억압과 여성의 성에 대한 통제가 어떻게 이루어졌는지에 대한 분석이 필요하다고 주장한다. 정답: ②

373 **다음 중 샘슨(Sampson)과 라웁(Laub)의 생애과정이론(연령-단계이론)의 주장으로 가장 옳지 않은 것은?** 해경간부 2023

① 타고난 기질과 어린 시절의 경험만이 범죄행위의 지속과 중단에 가장 큰 영향을 미친다.
② 행위자를 둘러싼 상황적·구조적 변화가 범죄로부터 단절된 삶으로 이끈다.
③ 생애과정을 통해 사회유대와 범죄행위가 서로 영향을 미친다.
④ 결혼, 취업, 군 입대는 범죄궤적을 올바른 방향으로 바꾸는 인생의 변곡점이다.

해설

① 어린 시절의 특성이나 경험에 의해 결정된다기보다는 인생의 중요한 전환기에 발생하는 사건들과 그 결과에 의해 영향을 받는다고 보았다. 정답: ①

★중요★
374 **다음 중 발달이론(development theory)과 관련이 없는 것은?**

㉠ 모피트(Moffitt)의 이론
㉡ 갓프레드슨(Gottfredson)과 허쉬(Hirschi)의 범죄일반이론
㉢ 샘슨(Sampson)과 라웁(Laub)의 연령-등급이론(age-graded theory)
㉣ 애그뉴(Agnew)의 일반긴장이론
㉤ 손베리(Thomberry)의 상호작용이론(interaction theory)

① ㉠, ㉡
② ㉢, ㉣
③ ㉡, ㉤
④ ㉡, ㉣

해설

㉡ 갓프레드슨과 허쉬의 범죄일반이론은 어릴 때 가정에서의 부적절한 사회화로 형성되는 낮은 자아통제력이 한 범죄성을 평생 좌우한다고 본다.
㉣ 애그뉴의 일반긴장이론은 머튼의 아노미이론을 확장한 이론이다. 정답: ④

375 **모피트(Moffitt)의 발달이론과 관련이 없는 것은?**

① 사회적 자본(social capital)
② 성숙격차(maturity gap)
③ 생애지속형 범죄자
④ 청소년기

해설

① 사회적 자본은 샘슨과 라웁의 연령-등급이론과 관련이 있다.
참고로, 모피트는 비행청소년을 생애 지속형 비행청소년과 청소년기 한정형 비행청소년으로 구분하였고, 각 유형은 다른 원인을 가지고 있다고 주장하였다. 정답: ①

376 모피트(Moffitt)의 발전이론과 관련성이 가장 적은 것은? 해경간부 2024

① 청소년기 한정형 범죄자
② 거리효율성(Street Efficacy)
③ 성숙격차(Maturity Gap)
④ 생애지속형 범죄자

해설

② 거리효율성은 샘슨(Sampson)의 집합효율성이론을 확장한 이론으로, 집합효율성을 거리의 개념에서 측정한 것이다. 거리효율성이 높은 청소년은 폭력적 행동을 회피하는 것으로 나타났다. 정답: ②

377 발달범죄이론에 대한 설명으로 가장 적절하지 않은 것은? 경찰간부 2025

① 범죄자 삶의 궤적을 통해 범행의 지속 및 중단 요인을 밝히는 데 관심을 둔다.
② 모피트(Moffitt)에 따르면, 청소년기 한정형(Adolescence-limited)은 신경심리학적 결함으로 각종 문제행동을 일으키는 경우가 많다고 하였다.
③ 샘슨과 라웁(Sampson & Laub)은 글룩(Glueck)부부의 연구를 재분석하여 생애과정이론을 제시하였다.
④ 범죄경력을 중단하는 계기가 되는 중요한 사건으로는 결혼과 취업이 있다.

해설

② 모피트(Moffitt)에 따르면, 생애지속형(Life Persistent)은 신경심리학적 결함으로 각종 문제행동을 일으키는 경우가 많다고 하였다. 청소년기 한정형은 성숙격차와 사회모방이 각종 문제행동의 원인이 된다. 정답: ②

★중요★
378 청소년의 연령에 따라 비행의 원인이 다르게 작용하는데, 초기(11~13세)에는 상대적으로 가정에서의 부모와의 유대가 비행에 중요한 요인으로 작용하지만 중기(15~16세)를 거쳐 후기(18~20세)에 이를수록 부모의 영향력은 작아진다고 주장하는 발전이론은?

① 손베리(Thornberry)의 상호작용이론(interaction theory)
② 샘슨(Sampson)과 라웁(Laub)의 연령-등급이론(age-graded theory)
③ 모피트(Moffitt)의 이론
④ 갓프레드슨(Gottfredson)과 허쉬(Hirschi)의 범죄일반이론

해설

① 손베리의 상호작용이론(interactional theory)이다. 정답: ①

379 **달리(Daly)와 체스니-린드(Chesney-Lind)가 제시한 페미니스트 범죄학의 관심에 관한 설명으로 가장 옳지 않은 것은?**

① 남성적 범죄이론이 여성에게 적용될 수 있는가라는 일반화의 문제이다.
② 전체적으로 범죄학 이론의 전통적 줄기는 남성과 여성 모두에게 정확하게 적용될 수 있다.
③ 기존 이론이 범죄에 있어서의 성차(性差)를 설명할 수 있는가라는 성비(性比)의 문제이다.
④ 페미니스트 이론가는 성과 관련된 변수들이 범죄에 있어서 성차를 설명할 수 있다는 가설을 세운다.

해설

② 전체적으로 범죄학 이론의 전통적 줄기는 여성에게 적용하기에는 부적절하다. 기존의 일부 이론이 남성과 여성 모두에게 적용될 수 있을 뿐이다.

정답: ②

380 **페미니스트 범죄학의 유형에 관한 설명으로 가장 옳지 않은 것은?**

① 자유주의적 페미니즘은 여성의 범죄행위를 설명하는 데 있어서 전통 범죄학의 한 부분으로서 과거의 공백을 메우고 과거에 왜곡되었던 것을 수정한 것이다.
② 급진적 페미니즘은 남성이 여성을 지배하는 가부장적 사회질서를 근본적인 문제로 본다.
③ 합의적 페미니즘에 의하면 남성과 여성 간 권력의 불균형은 남성우월적 신념을 주입하는 성차별적인 사회화 과정의 결과이다.
④ 사회주의 페미니즘은 자본주의는 필연적으로 결함을 갖고 있으며, 그것이 여성이 당하는 경험을 비롯하여 다양한 억압을 양산하는 것으로 본다.

해설

③ 페미니스트 범죄학의 유형으로서 합의적 페미니즘이라는 개념은 없다. 지문은 급진적 페미니즘에 대한 설명이다.

정답: ③

박상민 Justice 범죄학

핵심요약 + 기출예상문제

기출예상문제

PART 06

범죄유형론

001 범죄현황을 분석하는 데 사용되는 범죄율 등에 대한 정의로 틀린 것은?

① 범죄율이란 특정기간 동안에 형사사법기관들에 인지된 전체 범죄건수를 그 기간의 인구로 나눈 수치이다.
② 일반적으로 범죄율은 인구 10,000명당 범죄건수로 표시하여 특정기간별 범죄의 발생정도를 나타낸다.
③ 범죄해결률은 형사사법기관에 인지된 범죄사실 중에서 범인이 판명된 정도에 관한 통계치로 흔히 전체 범죄건수에서 이러한 경우가 차지하는 퍼센트로 표시한다.
④ 검거율이란 실제로 인지한 범죄자를 검거하는 비율을 산출하는 것이다.

해설

② 범죄율은 일반적으로 인구 100,000명당 범죄건수로 표시한다.

〈범죄현황 분석도구〉

범죄율	범죄율이란 가장 널리 사용되는 범죄통계치로 특정기간 동안에 형사사법기관들에 인지된 전체 범죄건수를 그 기간의 인구로 나눈 수치이다. 범죄율은 인구 100,000명당 범죄건수로 흔히 표시하여 특정기간별 범죄의 발생정도를 나타낸다.
범죄해결율	범죄해결률은 형사사법기관에 인지된 범죄사실 중에서 범인이 판명된 정도에 관한 통계치로 흔히 전체 범죄건수에서 이러한 경우가 차지하는 퍼센트로 표시한다.
검거율	실제로 인지한 범죄자를 검거하는 비율을 산출하는 것이다.

정답: ②

★중요★
002 범죄현황을 분석하는 데 사용되는 범죄율에 대한 설명으로 틀린 것은?

① 미국에서는 중요범죄(index crime)만을 중심으로 범죄율을 계산하고 있다.
② 인구대비 범죄발생건수를 비교할 수 있다는 점에서 유용한 자료이다.
③ 중요범죄와 상대적으로 가벼운 범죄가 동등한 범죄로 취급되어 통계화된다는 문제점이 지적된다.
④ ③과 같은 문제점을 해결하기 위하여 셀린, 울프강 등은 범죄의 중요도를 구분한 범죄율 조사를 주장하기도 하였다.
⑤ 인구 10만명당 범죄발생건수를 나타내는 것으로 인구변동에 관계없이 범죄발생의 일반적 경향 및 암수범죄를 알 수 있다.

해설

⑤ 인구변동에 관계없이 범죄발생의 일반적 경향을 알 수 있지만, 암수범죄를 파악할 수는 없다.

정답: ⑤

003 다음의 학자들이 사용한 유형분류의 기준이 아닌 것은? 경찰간부 2024

가. 가로팔로(Garofalo)의 범죄자유형
나. 페리(Ferri)의 범죄자유형
다. 린드스미스와 던햄(Lindesmith & Dunham)의 범죄유형
라. 클리나드(Clinard)의 범죄유형
마. 트레비노(Trevino)의 범죄유형

① 개인적 유형화(Individualistic Typologies)
② 법률적 유형화(Legalistic Typologies)
③ 사회적 유형화(Social Typologies)
④ 다차원적 유형화(Multi－Dimensional Typologies)

해설

② 법률적 유형화라는 유형분류의 기준은 없다.
① 개인적 유형화 : ㉠, ㉡
③ 사회적 유형화 : ㉢
④ 다차원적 유형화 : ㉣, ㉤

정답: ②

004 표출적 범죄와 도구적 범죄에 관한 설명으로 가장 적절한 것은? 경행2차 2024

① 표출적 범죄(expressive crime)는 특정한 목적이나 목표를 위해 동기부여된 범죄이다.
② 표출적 범죄는 주로 개인의 욕구충족을 위해 저지르는 경우가 많다.
③ 도구적 범죄(instrumental crime)는 타인과의 갈등상황에서 감정이 격해져 우발적으로 저지르는 범죄이다.
④ 도구적 범죄의 유형에는 절도, 사기, 횡령이 있다.

해설

④ 도구적 범죄는 원하는 것을 관습적인 방법으로 얻을 수 없어 불법적인 방법을 사용하는 범죄이고, 표출적 범죄는 가난한 사람이 스스로를 나쁜 사람으로 인식함으로써 긍정적 자아상을 개발할 수 없게 된 상황하에서 그 분노나 좌절감 등을 표현하는 범죄(폭행, 강간 등의 폭력성 범죄)이다. 따라서 절도, 사기, 횡령은 도구적 범죄에 속한다.
①·② 도구적 범죄에 관한 설명이다.
③ 표출적 범죄에 관한 설명이다.

정답: ④

005 **범죄자의 특성으로 가장 적절하지 않은 것은?**

① 남성이 여성보다 더 폭력범죄를 저지른다.
② 노인일수록 더 폭력범죄를 저지른다.
③ 하류계층일수록 폭력범죄를 더 저지를 가능성이 높다.
④ 미혼일수록 범죄를 저지를 가능성이 높다.

해설

② 일반적으로 연령층에 따라 상이한 종류의 범죄를 저지르는데, 청년은 '가시적인 범죄'를 주로 저지르는 반면, 노인은 '숨겨진 범죄'를 주로 저지른다. 특히 65세 이상의 남성노인은 알코올과 관련된 범죄(예 공공장소에서의 주정, 음주운전 등), 여성노인은 절도범죄로 체포되는 경우가 많다.

정답: ②

006 **소년비행에 있어 가정환경의 영향을 설명한 것으로 틀린 것은?**

① 최근에는 가정의 영향, 특히 외형적 결함의 중요성이 증대하고 있다.
② 가정의 기능적 결함은 비행유발에 있어 중요한 요인이 될 수 있다.
③ 부모의 일관성 있는 훈육방식이 소년비행의 억제에 있어 중요하다.
④ 갈등가정은 가족 간의 갈등으로 인하여 가출의 원인이 될 수 있다.

해설

① 소년비행에 있어 가정환경의 영향으로 최근에 그 중요성이 증대하고 있는 것은, 결손가정과 같은 외형적 결함보다는 가정의 기능(권위형, 애정형, 자유분방형, 간섭형 등)과 훈육의 일관성 등이다.

정답: ①

007 **인구사회학적 특성과 범죄의 일반적 관계에 관한 설명으로 적절하지 않은 것은?**

① 사회경제적 지위와 범죄의 관계를 일률적으로 설명하기는 어렵다.
② 폭력범죄의 경우 남성의 범죄율은 여성의 범죄율보다 높다.
③ 폭력범죄 발생건수는 대도시가 농촌지역보다 더 많다.
④ 가정의 결손 여부는 청소년비행의 일관된 예측요인이다.

해설

④ 결손가정의 자녀는 교양부족이나 정서발달 장애 등이 나타나는 경우가 많고, 이는 비행이나 범죄를 야기하는 중요한 원인이 될 수 있으나, 결손가정과 청소년비행이 직접적인 관계가 있다고는 할 수 없다.

정답: ④

008 **공식통계상 인구사회학적 특성과 범죄의 관계에 관한 설명으로 옳지 않은 것은?**

① 여성범죄는 폭력범죄보다 재산범죄가 더 많다.
② 강도·성폭력 발생비율은 대도시가 농어촌보다 더 높다.
③ 노인범죄는 폭력범죄보다 재산범죄가 더 많다.
④ 사회경제적 지위와 범죄의 관계는 일관적이다.

해설

④ 사회경제적 지위와 범죄의 관계는 많은 논쟁의 대상이 되고 있으나, 직접적인 관계가 없다고 볼 수 있다. 일례로 하류계층의 범죄가 상류계층의 범죄보다 두드러지게 많아 보이는 것은 계층에 따른 행동 차이가 아닌 차별적 법집행 때문일 수 있다. 정답: ④

009 **우리나라의 일반적인 범죄현상에 관한 설명으로 옳은 것은?**

① 여성범죄율이 남성범죄율보다 더 높다.
② 하류층의 범죄율이 상류층보다 더 높다.
③ 폭력범죄 발생건수는 대도시보다 농어촌이 더 많다.
④ 연령과 범죄율 사이의 관련성은 없다.

해설

② 전통적으로 범죄는 하류층의 현상으로 여겨지고, 형사사법기관에 의해 구금되는 사람 또한 하류층에 속하는 사람이 많다.
① 여성범죄율은 특정 사회에서의 여성의 지위나 여성에 대한 사회적 인식 등에 따라 다르지만, 일반적으로 남성의 10~20% 정도이다.
③ 대도시와 농어촌의 범죄율을 비교하자면, 대도시의 범죄율이 압도적으로 높고, 대도시의 환경은 거의 모든 종류의 범죄에 영향을 미친다.
④ 일반적으로 연령층에 따라 상이한 종류의 범죄를 저지르는데, 청년은 '가시적인 범죄'를 주로 저지르는 반면, 노인은 '숨겨진 범죄'를 주로 저지른다. 정답: ②

010 **빈곤과 범죄와의 관계를 설명하는 이론에 해당되지 않는 것은?**

① 머튼(R. Merton)의 긴장이론
② 클로워드(Cloward)와 올린(Ohlin)의 차별적 기회이론
③ 베카리아(C. Beccaria)의 억제이론
④ 밀러(W. Miller)의 하층계급문화이론

해설

③ 베카리아의 억제이론(처벌의 신속성·확실성·엄격성)은 빈곤과 범죄의 관계가 아닌 처벌과 범죄의 관계를 설명하는데, 인간은 합리적 선택을 하는 존재임을 전제로, 처벌이 신속하고 확실하며 엄격

하게 집행될수록 범죄를 억제할 수 있다는 이론이다.
①·②·④ 하류계층의 범죄를 설명할 수 있는 이론들이다. 정답: ③

011 환경과 범죄현상에 대한 설명으로 가장 적절하지 않은 것은?

① 급격한 도시화는 인구의 이동이나 집중으로 인해 그 지역의 사회관계의 혼란을 초래하고, 지역사회의 연대를 어렵게 하여 범죄의 증가를 초래할 수 있다고 한다.
② 케틀레(A. Quetelet)는 인신범죄는 따뜻한 지방에서, 재산범죄는 추운 지방에서 상대적으로 많이 발생한다고 한다.
③ 경기와 범죄는 상관관계가 없다는 주장도 있지만, 일반적으로 불황기에는 호황기에 비해 재산범죄가 더 많이 발생한다고 한다.
④ 전체주의 사회에서는 소수집단의 공격성 때문에 다수집단의 구성원이 대량 희생되어 모든 범죄가 전체적으로 감소하게 된다고 한다.

해설

④ 전체주의 사회에서는 다수집단의 공격성 때문에 소수집단의 구성원이 희생되어 범죄가 전체적으로 감소하게 된다. 일정한 정치적 이데올로기가 사회를 지배하게 되면, 사회를 구성하는 다수집단의 가치합의가 강화되고 전체주의적 성격을 띠게 됨으로써 일시적으로 범죄를 감소시키는 효과가 나타날 수 있다. 정답: ④

012 사회·문화적 환경과 범죄에 대한 설명으로 옳지 않은 것은?

① 체스니－린드(Chesney－Lind)는 여성 범죄자가 남성 범죄자보다 더 엄격하게 처벌받으며, 특히 성(性)과 관련된 범죄에서는 더욱 그렇다고 주장하였다.
② 스토우퍼(Stouffer), 머튼(Merton) 등은 상대적 빈곤론을 주장하면서 범죄발생에 있어 빈곤의 영향은 단지 빈곤계층에 국한된 현상이 아니라고 지적하였다.
③ 매스컴과 범죄에 대하여 ‘카타르시스 가설’과 ‘억제 가설’은 매스컴의 역기능성을 강조하는 이론이다.
④ 서덜랜드(Sutherland)는 화이트칼라 범죄를 직업활동과 관련하여 존경과 높은 지위를 가지고 있는 사람이 저지르는 범죄라고 정의했다.

해설

③ 카타르시스 가설은 폭력물 시청이 감정정화 혹은 대리만족을 유도하여 공격성향을 감소시킨다는 가설이고, 억제 가설은 폭력물 시청이 공포심을 불러일으켜 공격성향을 감소시킨다는 가설이다. 따라서 두 가설 모두 매스컴의 순기능성을 강조하는 이론이다.
① 체스니-린드는 여성범죄와 남성범죄가 서로 다르게 증가한다고 주장한다. 특히 여성의 체포·기소·구금은 1970년대 이후 매우 증가했는데, 여성이 남성과 다른 범죄를 범하는 것뿐만 아니라, 여자청소년은 남자청소년과 비교하여 차별적으로 처벌받기 때문이다.

② 상대적 박탈이론(relative deprivation theory)은 1949년 스토우퍼와 동료들의 「미군(The American Soldier)」 연구에 기초하는데, 그들은 제2차 세계대전 동안 미군의 계급과 만족도 사이에 존재하는 특별한 관계를 설명하기 위해 상대적 박탈감이라는 용어를 만들었다. 또한 머튼에 의하면, 하류계층 사람은 상류계층 사람과의 관계에서 상대적 박탈감을 느끼는 것이 아니라 같은 입장에 있는 사람과 비교함으로써 상대적 박탈감을 느끼므로, 아노미 조건에 대한 개인적 해석의 차이가 가능하고, 이러한 차별적 해석이 개인의 행위에 영향을 미친다. 정답: ③

013 다음 ( ) 안에 들어갈 내용으로 가장 적절한 것은? 경행차 2023

> 살인범죄는 피해자의 수에 따라 일반살인과 다수(다중)살인으로 구분할 수 있다. 보통 일반살인은 피해자가 1명인 경우를 말하며, 다수살인은 피해자가 2~4명 이상인 경우를 의미한다. 다수살인을 시간과 장소에 따라 보다 세분화하면, (㉠)은 한 사건에서 다수의 피해자를 발생시키는 행위를 말하고, (㉡)은 심리적 냉각기를 거치지 않고 여러 장소를 옮겨 다니면서 살해하는 행위이며, (㉢)은 한 사건과 그 다음 사건 사이에 심리적 냉각기가 존재하는 살인행위를 의미한다.

	㉠	㉡	㉢
①	대량살인	연쇄살인	연속살인
②	연속살인	연쇄살인	대량살인
③	대량살인	연속살인	연쇄살인
④	연속살인	연속살인	대량살인

해설

㉠ 대량살인 ㉡ 연속살인 ㉢ 연쇄살인

【살인의 유형】

- 표출적 살인 : 부정적 감정표출에 의한 살인이다.
- 도구적 살인 : 피해자를 성적 도구로 이용하는 살인으로, 가해자는 피해자를 단순히 자신의 목적을 달성하기 위해 제거하거나 이용해야 할 물건(대상)으로 여긴다.
- 충동적 살인 : 감정과 행동이 통제가 안 되는 살인으로, 다양한 범죄를 지속할 가능성이 크다.
- 연쇄살인 : 다수의 장소에서 4건 이상의 살인을 저지르는 것으로, 사건 간에 심리적 냉각기를 갖는다.
- 연속살인 : 짧은 시간 안에 여러 장소에서 두 명 이상의 살인을 저지르는 것
- 대량살인 : 동일한 시간과 장소에서 여러 명의 살인을 저지르는 것 정답: ③

014 연쇄살인의 특징으로 옳지 않은 것은?

① 반복성을 가진다.
② 우발적으로 범행을 하는 경우가 대부분이다.
③ 심리적 냉각기를 가진다.
④ 사건 사이에 시간적 공백이 있다.

해설

【연쇄살인의 특징】
- 순간적인 충동에 의한 살인이 아닌 철저한 계획하에 행해진다.
- 다른 살인범죄와 달리 살인의 과정에서 자신이 했다는 일종의 표시를 남기기도 하는 자기 과시적 범죄가 많다.
- 범행의 반복가능성이 있으며, 사건 사이에 시간적 공백, 심리적 냉각기가 있다.
- 동기가 분명하지 않아 범인을 색출하는 데 있어서 어려움이 크다.

정답: ②

★중요★
015 다음 살인이 설명하는 것은?

- 한 사건에서 1명 또는 여러 명의 가해자에게 4명 이상이 살해당하는 것
- 같은 시간에 같은 장소에서 여러 명을 살해하는 것

① 연쇄살인(serial murder)
② 1급살인(first degree murder)
③ 대량살인(mass murder)
④ 2급살인(second degree murder)

해설

① 연쇄살인은 연속적으로 살인행위를 저지르는 범죄로, 심리적 냉각기를 가지며, 범인은 주로 계획적으로 범행을 저지르고, 일정한 간격으로 살인을 저지르는 공통점을 갖고 있다.
② 1급 살인은 상대방을 살해할 의도를 갖고 사전계획을 하고 살인을 저지른 경우다(모살).
④ 2급 살인은 사람을 죽일 의도가 있는 경우, 생명이 위험할 수 있다는 것을 알면서 그 행동을 하는 경우 등에 살인을 저지른 것이다(고살).

정답: ③

016 살인에 관한 내용으로 옳지 않은 것은?

① 살인의 피해는 원상회복될 수 없다.
② 가해자가 면식범이 아닌 경우가 많다.
③ 주로 하층집단에 의해서 행해진다.
④ 우발적 동기에 의한 경우가 많다.

해설

개인적 살인은 주로 치정, 원한, 금품 갈취의 동기로 범행을 저지른다. 보통 가해자와 피해자는 아는 사이인 경우가 많다. 개인적 살인은 징후, 조짐, 과정이 잘 나타나기 때문에 그 예방이 가능하다. 개인적 살인의 경우는 피해자의 신원파악이 급선무이며, 보통 소유욕, 지배욕, 집착, 내적 열등감을 가진 사람이 개인적 살인을 저지른다. 정답: ②

017 홈즈와 드버거(Holmes & DeBurger)의 연쇄살인범 유형에 대한 설명으로 가장 적절하지 않은 것은? 경찰간부 2024

① 망상형(Visionary Serial Killers) - 환각, 환청 또는 망상이 살인의 원인이 된다. 정신적 장애를 수반하며 망상형 연쇄살인범은 신의 지시 명령에 따른 것이라고 주장하기도 한다.

② 사명형(Mission-Oriented Serial Killers) - 성매매 여성, 동성애자, 범죄자 같은 특정 유형의 사람들을 사회에서 제거해야 한다는 신념으로 살해하는 경우로 정신이상이 아니며 환청이나 환각을 경험하지 않는다.

③ 쾌락형(Hedonistic Serial Killers) - 본인의 쾌락을 충족하기 위해 살해하는 유형으로, 이들이 추구하는 쾌락에 따라 성욕형, 스릴형, 재물형으로 구분할 수 있다.

④ 권력형(Power/Control Serial Killers) - 정치적·경제적 권력을 쟁취하기 위하여 자신에게 방해되는 사람들을 무자비하게 살해하는 폭군이나 독재자 같은 포식자 유형이다.

해설

④ 권력형은 정치적 권력이 아닌 타인의 삶 자체를 자신이 통제할 수 있다는 '정복감'과 '힘의 우위' 등을 성취감으로 느끼며, 성적 가학행위와 환상이 발현된다.

【홈즈와 드버거의 주요 행동패턴에 따른 연쇄살인 분류】

- 망상형 : 환청·환각, 망상으로 인한 살인 후 이를 정당화한다.
- 사명형 : 자신의 기준이나 신념에 따라 사회에서 부도덕하거나 옳지 않은 일을 하는 집단을 선별하여 그 구성원을 대상으로 살인을 한다.
- 쾌락형 : 살인 자체를 즐기면서 희열을 추구하며, '성적 쾌감과 스릴'을 맛보거나 '위안'을 삼으려고 한다.
- 권력형 : 타인의 삶 자체를 자신이 통제할 수 있다는 '정복감'과 '힘의 우위' 등을 성취감으로 느끼며, 성적 가학행위와 환상이 발현된다. 정답: ④

018 **홈즈와 드버거(Holmes & DeBurger)의 연쇄살인범 유형 중 다음 사례에 해당하는 것으로 가장 적절한 것은?** 경찰간부 2025

> 연쇄살인범 A는 보험금을 노리고 가족과 지인 등을 대상으로 범행을 저질렀다. A의 범행으로 5명이 사망하고 5명이 실명하였으며 1명이 화상을 입었다. 사망한 사람은 A의 첫 번째와 두 번째 남편, 친아들과 친딸, 지인의 남편이었고, 실명한 사람은 친모와 친오빠 등이었다.

① 망상형 연쇄살인범(Visionary Serial Killers)
② 사명형 연쇄살인범 (Mission－Oriented Serial Killers)
③ 쾌락형 연쇄살인범(Hedonistic Serial Killers)
④ 권력형 연쇄살인범(Power－Control Serial Killers)

해설

③ 쾌락형 : 본인의 쾌락을 충족하기 위해 살인
※ 쾌락의 유형에 따라 성적 욕구를 충족하기 위한 성욕형, 피해자의 고통으로부터 희열을 느끼는 스릴형, 경제적 이익을 목적으로 하는 재물형으로 세분
① 망상형 : 환청·환각, 망상으로 인한 살인 후 이를 정당화
② 사명형 : 자신의 기준이나 신념에 따라 부도덕하다고 생각되는 사람을 대상으로 살인
④ 권력형 : '정복감'과 '힘의 우위' 등이 곧 성취감

정답: ③

★중요★
019 **다음이 설명하는 폭스와 레빈(Fox & Levin)의 연쇄살인범 유형은?**

> 세상을 변혁시키기 위한 어떤 임무를 수행하는 일환으로 연쇄살인 범죄를 저지르는 유형

① 스릴추구형
② 이익추구형
③ 미션추구형
④ 애정추구형

해설

지문에 제시된 내용은 미션추구형(사명감형)에 대한 설명이다.

〈폭스와 레빈(Fox & Levin, 1992)의 연쇄살인범 유형〉

유형	세부유형	내용
스릴형 (thrill)	성적 가학형	성적 학대를 이유로 하며 연쇄살인범의 대다수를 차지한다.
	지배형	상대방에 대한 우월감을 얻기 위해 행하는 유형이다.
미션형(사명감형) (mission)	개혁형	사회의 악을 제거한다는 명분으로 행하는 유형이다. 살해대상은 매춘부, 노숙자, 성소수자 등이다.
	망상형	신으로부터 지시를 받고 행한다는 망상에 잡힌 유형이다. 빈도는 가장 낮다.
편의형 (expedience)	이익추구형	금전적 이익을 얻기 위한 유형이다.
	보호수단형	범죄 후 이를 은폐하고자 하는 유형이다.

정답: ③

020 폭스(Fox)와 레빈(Levin)이 분류한 대량살인범의 유형이 아닌 것은?

① 복수형 살인자(revenge killers) ② 사랑형 살인자(love killers)
③ 이익형 살인자(profit killers) ④ 편의형 살인자(expedience killers)

해설

④ 폭스와 레빈은 대량살인범의 유형을 ㉠ 복수형 살인자(revenge killer), ㉡ 치정형(사랑형) 살인자(love killer), ㉢ 이익형 살인자(profit killer), 테러형 살인자(terrorist killer)로 분류하였고, 연쇄살인범의 유형을 스릴 추구형(thrill) 연쇄살인범, ㉡ 사명 추구형(mission) 연쇄살인범, ㉢ 이익 추구형(편의형)(expedience) 연쇄살인범으로 분류하였다. 정답: ④

021 폭스(Fox)와 레빈(Levin)이 분류한 대량살인범의 유형에 포함되지 않는 것은?

해경간부 2024

① 복수형 살인범(Revenge Killers) ② 사명형 살인범(Mission Killers)
③ 이익형 살인범(Profit Killers) ④ 사랑형 살인범(Love Killers)

해설

폭스(Fox)와 레빈(Levin)은 대량살인범의 유형을 복수형 살인범(Revenge Killers), 사랑형 살인범(Love Killers), 이익형 살인범(Profit Killers), 테러형 살인범(terror Killers)으로 구분하였다. 정답: ②

022 강력범죄에 해당하는 범죄유형은?

① 절도 ② 사기 ③ 강도 ④ 횡령

해설

강도죄는 상대방의 반항을 억압할 정도의 폭행 또는 협박으로 타인의 재물을 강취하거나 기타 재산상의 이익을 취득하거나 제3자로 하여금 취득하게 함으로써 성립하는 범죄로, 강력범죄에 해당한다.

정답: ③

023 형사사법 실무에서 강력범죄로 분류하지 않는 것은?

① 사기 ② 강도 ③ 방화 ④ 강간

해설

형사사법 실무에서 강력범죄로 분류하고 있는 죄로는 방화, 살인, 상해와 폭행, 협박, 강도, 강간과 추행, 공갈, 약취와 유인의 죄가 있다. 법무연수원에서 발간한 범죄백서의 분류기준에 의하면 강력범죄란 살인, 강도, 강간, 방화범죄를 일컫는다. 정답: ①

★중요★
024 범죄 유형에 관한 설명 중 옳지 않은 것은?

① 주요범죄를 통칭하는 것으로 살인, 강도, 강간, 절도, 폭력범죄를 말한다.
② 7대 범죄라 함은 살인, 강도, 강간, 절도, 폭력, 방화, 사기범죄를 말한다.
③ 범죄동기에 따라 이욕범, 곤궁범, 격정범, 유쾌범, 정치범으로 구분하기도 한다.
④ 행위양태에 따라 폭력범, 지능범, 무력범으로 구분하기도 한다.

해설

② 7대 범죄는 살인, 강도, 강간, 절도, 폭력, 방화, 마약범죄를 말한다. 정답: ②

025 폭력범죄에 관한 설명으로 적절하지 않은 것은?

① 일반적으로 대도시의 폭력범죄율은 농촌지역의 폭력범죄율보다 높다.
② 여성이 남성보다 폭력범죄를 더 많이 저지른다.
③ 일반적으로 20대는 60대보다 폭력범죄를 더 많이 저지른다.
④ 문제행동을 일찍 시작한 아이는 폭력범죄를 지속적으로 저지를 가능성이 높다.

해설

일반적으로 남성이 여성보다 폭력범죄를 더 많이 저지른다. 정답: ②

026 우리나라의 범죄발생현황을 설명한 것으로 옳은 것은?

① 폭력범죄의 경우 10대(11~19세)의 비율이 가장 높다.
② 폭력범죄 발생건수가 교통범죄보다 많다.
③ 살인범죄의 동기는 우발적 동기가 가장 많다.
④ 강도범죄는 주로 농어촌지역에서 많이 발생한다.

해설

① 우리나라의 폭력범죄의 경우 40대의 비율이 가장 높다.
② 폭력범죄 발생건수는 교통범죄보다 적다.
④ 강도범죄는 주로 농어촌지역보다 도시지역에서 많이 발생한다. 정답: ③

027 **볼프강(Wolfgang)과 페라쿠티(Ferracuti)의 폭력적 하위문화이론을 설명한 것으로 옳지 않은 것은?**

① 폭력적 하위문화는 주류 문화와 항상 갈등상태를 형성한다.
② 폭력적 하위문화라도 모든 상황에서 폭력을 사용하지는 않는다.
③ 폭력적 하위문화에서 폭력 태도는 차별적 접촉을 통하여 형성된다.
④ 폭력적 하위문화에서 폭력은 불법적인 행동으로 간주되지 않는다.

해설

① 볼프강과 페라쿠티에 의하면, 폭력의 하위문화는 주류 문화와 아주 근소한 차이를 보일 뿐 완전히 다를 수 없다. 폭력의 하위문화에 포섭되어 있는 사람일지라도 대부분의 시간 동안 폭력성을 나타내지는 않는다. 정답: ①

028 **폭력범죄의 발생원인에 대한 설명으로 가장 옳지 않은 것은?**

① 감정폭발 사건은 정신적 이상 또는 생물학적 이상과 폭력 사이의 관계를 보여준다.
② 인간행위는 생존의 본능과 죽음의 본능이란 두 가지 본능적 욕구에 의해 결정된다.
③ 어린 시절에 신체적 체벌을 받은 경험이 있는 아이는 나중에 폭력을 행사할 가능성이 높다.
④ 볼프강과 페라쿠티의 폭력의 하위문화에 의하면, 대부분의 사람은 폭력을 싫어하지만 소득불평등과 인종차별은 폭력을 부정적으로 받아들이는 규범과 가치를 증폭시키는 역할을 한다.

해설

④ 볼프강과 페라쿠티의 폭력의 하위문화에 의하면, 대부분의 사람은 폭력을 싫어하지만 소득불평등과 인종차별은 폭력을 우호적으로 받아들이는 규범과 가치를 증폭시키는 역할을 한다. 정답: ④

★중요★

029 **우리사회의 가정폭력범죄에 관한 설명으로 옳지 않은 것은?**

① 배우자학대의 경우 여성이 피해자인 경우가 많다.
② 사회적 불평등이 원인들 가운데 하나이다.
③ 외부에 잘 알려지지 않는다는 특징이 있다.
④ 법적 개입이 빈번하다.

해설

④ 피해에 비해 가정 밖으로 노출이 되지 않는 문제점을 가지고 있기 때문에 법적 개입이 보다 적극적으로 필요하다. 정답: ④

030 가정폭력의 특징으로 적절하지 않은 것은?

① 가족구성원이라는 고정된 대상에게 지속적이고 반복적으로 행사된다.
② 경제적 수준을 살펴보면 하층계급에만 국한된 문제이다.
③ 가정이라고 하는 사적인 공간에서 발생하는 폭력이다.
④ 유년시절 가정폭력 피해자는 성인이 되어 가정폭력 가해자가 될 가능성이 높다.

해설

② 여성가족부 가정폭력실태조사에 따르면, 가정의 소득수준과 상관없이 가정폭력이 발생하고 있다.

정답: ②

031 「가정폭력범죄의 처벌 등에 관한 특례법」에 규정되어 있는 가정폭력행위자에 대한 보호처분에 해당하지 않는 것은?

① 가정폭력행위자가 친권자인 경우 피해자에 대한 친권행사의 제한
② 가정폭력행위자가 피해자 또는 가정구성원에게 접근하는 행위의 제한
③ 상담소등에의 상담위탁
④ 의료기관에의 치료위탁
⑤ 국가경찰관서 유치장 또는 구치소에의 유치

해설

⑤ 경찰관서 유치장 또는 구치소에의 유치는 보호처분이 아닌 임시처분에 해당한다(「가정폭력범죄의 처벌 등에 관한 특례법」 제29조 제1항 제5호).

가정폭력범죄의 처벌 등에 관한 특례법 제40조(보호처분의 결정 등)

① 판사는 심리의 결과 보호처분이 필요하다고 인정하는 경우에는 결정으로 다음 각 호의 어느 하나에 해당하는 처분을 할 수 있다.

1. 가정폭력행위자가 피해자 또는 가정구성원에게 접근하는 행위의 제한
2. 가정폭력행위자가 피해자 또는 가정구성원에게 「전기통신기본법」 제2조 제1호의 전기통신을 이용하여 접근하는 행위의 제한
3. 가정폭력행위자가 친권자인 경우 피해자에 대한 친권 행사의 제한
4. 「보호관찰 등에 관한 법률」에 따른 사회봉사·수강명령
5. 「보호관찰 등에 관한 법률」에 따른 보호관찰
6. 「가정폭력방지 및 피해자보호 등에 관한 법률」에서 정하는 보호시설에의 감호위탁
7. 의료기관에의 치료위탁
8. 상담소등에의 상담위탁

정답: ⑤

032 **「가정폭력범죄의 처벌 등에 관한 특례법」 제5조에 의하면 진행 중인 가정폭력범죄에 대하여 신고를 받은 사법경찰관리는 즉시 현장에 임하여 응급조치를 취하여야 한다. 이 경우 사법경찰관리가 취할 수 있는 응급조치에 해당하지 않는 것은?**

① 폭력행위의 제지
② 현행범인의 체포 등 범죄수사
③ 피해자가 동의한 경우에 피해자를 가정폭력 관련 상담소 또는 보호시설로 인도
④ 긴급치료가 필요한 피해자를 의료기관으로 인도
⑤ 피해자 또는 가정구성원이나 그 주거·직장 등에서 100미터 이내의 접근금지

해설

⑤ 피해자 또는 가정구성원이나 그 주거·직장 등에서 100미터 이내의 접근금지는 응급조치가 아닌 긴급임시조치나 임시조치에 해당한다.

가정폭력범죄의 처벌 등에 관한 특례법 제5조(가정폭력범죄에 대한 응급조치)

진행 중인 가정폭력범죄에 대하여 신고를 받은 사법경찰관리는 즉시 현장에 나가서 다음 각 호의 조치를 하여야 한다.

1. 폭력행위의 제지, 가정폭력행위자·피해자의 분리

1의2. 「형사소송법」 제212조에 따른 현행범인의 체포 등 범죄수사

2. 피해자를 가정폭력 관련 상담소 또는 보호시설로 인도(피해자가 동의한 경우만 해당한다)
3. 긴급치료가 필요한 피해자를 의료기관으로 인도
4. 폭력행위 재발 시 제8조에 따라 임시조치를 신청할 수 있음을 통보
5. 제55조의2에 따른 피해자보호명령 또는 신변안전조치를 청구할 수 있음을 고지

정답: ⑤

033 **학교폭력예방 및 대책에 관한 법률에 규정된 주요내용이 아닌 것은?**

① 학부모의 형사처벌
② 피해학생의 보호
③ 가해학생의 선도
④ 피해학생과 가해학생 간의 분쟁조정

해설

① 학부모의 형사처벌에 관한 내용은 없다.

학교폭력예방 및 대책에 관한 법률 제1조(목적)

학교폭력예방 및 대책에 관한 법률은 학교폭력의 예방과 대책에 필요한 사항을 규정함으로써 피해학생의 보호, 가해학생의 선도·교육 및 피해학생과 가해학생 간의 분쟁조정을 통하여 학생의 인권을 보호하고 학생을 건전한 사회구성원으로 육성함을 목적으로 한다.

정답: ①

034 학교폭력예방 및 대책에 관한 법률상 학교폭력이 아닌 것은?

① 학교 외에서 학생이 다른 학교 학생을 폭행하는 행위
② 학교 내에서 학생들이 한 학생을 따돌리는 행위
③ 학교 내에서 학생이 교사를 폭행하는 행위
④ 학교 외에서 학생들이 한 학생을 대상으로 하는 성폭력 행위

해설

"학교폭력"이란 학교 내외에서 학생을 대상으로 발생한 상해, 폭행, 감금, 협박, 약취·유인, 명예훼손·모욕, 공갈, 강요·강제적인 심부름 및 성폭력, 따돌림, 사이버 따돌림, 정보통신망을 이용한 음란·폭력 정보 등에 의하여 신체·정신 또는 재산상의 피해를 수반하는 행위를 말한다(학교폭력예방 및 대책에 관한 법률 제2조 제1호).

정답: ③

★중요★

035 학교폭력예방 및 대책에 관한 법률상 학교폭력 가해자에 대한 조치로 옳지 않은 것은?

① 피해학생에 대한 서면사과
② 학내외 전문가에 의한 특별교육이수
③ 학교에서의 봉사
④ 장기보호관찰

해설

④ '장기보호관찰'은 소년법상 규정된 소년보호처분이다.

학교폭력예방 및 대책에 관한 법률 제17조(가해학생에 대한 조치)

① 자치위원회는 피해학생의 보호와 가해학생의 선도·교육을 위하여 가해학생에 대하여 다음 각 호의 어느 하나에 해당하는 조치(수 개의 조치를 병과하는 경우를 포함한다)를 할 것을 학교의 장에게 요청하여야 하며, 각 조치별 적용 기준은 대통령령으로 정한다. 다만, 퇴학처분은 의무교육과정에 있는 가해학생에 대하여는 적용하지 아니한다.

1. 피해학생에 대한 서면사과
2. 피해학생 및 신고·고발 학생에 대한 접촉, 협박 및 보복행위의 금지
3. 학교에서의 봉사
4. 사회봉사
5. 학내외 전문가에 의한 특별 교육이수 또는 심리치료,
6. 출석정지
7. 학급교체
8. 전학
9. 퇴학처분

정답: ④

036 **학교폭력 가해자의 일반적 특성이 아닌 것은?**

① 충동에 대한 통제력이 강하다. ② 죄책감이나 동정심이 적은 편이다.
③ 권력과 지배에 대한 욕구가 강하다. ④ 폭력적 성향이 강한 편이다.

해설

【학교폭력 가해자의 일반적 특성】
- 공격적인 성향을 가지고 있고, 충동조절이 잘 되지 않으며, 권력과 지배에 대한 강한 욕구가 있고, 남을 지배하고 굴복시키는 것을 즐긴다.
- 주변 환경에 대해 어느 정도의 적대감을 품고 있는 경우가 많고, 폭력행동에 이익의 요소가 뒤따른다는 것을 알게 된다.
- 대부분 다른 비행문제를 동시에 가지고 있으며, 집단에 소속되어 동료들과 함께 폭력행위에 가담하게 되는 경우가 많다.

정답: ①

★중요★
037 **젠더(Gender) 폭력이 아닌 것은?**

① 성폭력 ② 리벤지포르노(revenge porno)
③ 학교폭력 ④ 데이트강간

해설

젠더폭력이란 생물학적 성과 성별 정체성 혹은 사회적으로 정의된 남성성, 여성성의 규범에 따라 스스로 인지한 정체성에 기반을 두어 한 개인을 겨냥하는 폭력으로서 신체적·성적·정신적 학대, 협박, 강압, 자유의 임의적 박탈과 경제적 박탈을 포함한다.

① 성폭력 : 성폭행, 성추행, 성희롱 등을 모두 포괄하는 개념이며, 상대방의 의사에 반하여 성을 매개로 이루어지는 모든 가해행위를 의미한다.
② 리벤지포르노(revenge porno) : 헤어진 연인에 대한 복수의 목적으로 사귈 당시 촬영한 성적인 영상이나 사진을 유포한 콘텐츠를 말한다.
④ 데이트 강간 : 데이트를 하는 상호 간의 동의 없이 강제적 성관계를 갖게 되는 경우를 말한다.

정답: ③

038 **피해자의 인종, 종교, 성적 취향, 민족 또는 장애에 대한 편견과 반감을 가지고 상대방을 공격하는 범죄는?**

① 증오범죄 ② 양심범죄 ③ 조직범죄 ④ 문화범죄

해설

증오범죄란 소수인종이나 소수민족, 동성애자, 장애인·노인 등에게 이유 없는 증오심을 갖고 테러를 가하는 범죄행위를 말한다. 증오집단 가운데 가장 큰 규모는 KKK단이 있다.

정답: ①

★중요★

039 **다음 중 유형별 범죄에 대한 설명으로 가장 옳지 않은 것은?** 해경간부 2023

① 스토킹 범죄는 대체로 안면이 있거나 과거의 친밀한 관계에 있는 사람들에 의해서 행해진다.

② 미국 FBI의 정의에 따르면, 증오범죄란 피해자에 대한 개인적 원한 또는 복수심이 원인이 되어 발생하는 범죄를 말한다.

③ 일상생활에 도움이 필요한 아동과 노인을 적절히 돌보지 않는 행위도 가정폭력의 범주에 포함될 수 있다.

④ 어떠한 범죄가 화이트칼라범죄인지 여부는 범죄자의 사회적 지위만으로 판단할 수 있는 것이 아니다.

해설

② 미국 FBI의 정의에 따르면, 증오범죄란 인종, 종교, 장애, 성적 지향, 성별 또는 성정체성에 대한 범죄자의 편견이 범행의 전체 또는 일부 동기가 되어 발생하는 범죄를 의미한다. 정답: ②

040 **미국의 전국범죄피해자센터(The National Center for Victims of Crime)에서 제시한 스토킹의 4가지 유형에 대한 설명으로 가장 적절하지 않은 것은?** 경찰간부 2024

① 단순 집착형(Simple Obsessional Stalking) - 전남편, 전처, 전애인 등 주로 피해자와 스토커가 서로 잘 알고 있는 관계에서 많이 발생하는 유형으로 위험성이 가장 높다.

② 애정 집착형(Love Obsessional Stalking) - 피해자와 스토커 사이에 기존에 특별한 교류가 없어 서로 잘 모르는 관계에서 발생하는 유형으로 단순 집착형에 비해서 피해자에 대한 직접적인 피해는 적은 편이다.

③ 증오 망상형(Hate Obsessional Stalking) - 피해자와 스토커 사이에 원한 관계가 있는 경우로 피해자에게 심리적 고통을 주기 위해 스토킹하는 유형이다.

④ 허위 피해 망상형(False Victimization Syndrome) - 실제로는 스토커가 없는데 피해자 자신이 스토킹 피해를 당하고 있다는 망상에 빠진 유형이다.

해설

③ 증오 망상형이라는 유형은 없다.

미국의 전국범죄피해자센터에서 제시한 스토킹의 4가지 유형
• 단순 집착형 : 가해자와 피해자는 서로 아는 사실적 관계로, 가장 많고 위험성이 높다. • 애정 집착형 : 가해자와 피해자는 서로 전혀 알지 못하는 낯선 관계로, 유명인이나 공인을 대상으로 하는 경우가 많고, 피해자와 특별한 관계가 되는 상상에 빠져 있다. • 연애 망상형 : 피해자는 가해자의 존재를 전혀 모르고, 가해자는 피해자와 특별한 관계라는 망상에 빠져 있으며, 가해자 대부분은 강박, 망상 등 성격장애가 있어 정상적인 관계나 일상을 유지하는 능력이 낮다. • 허위피해 망상형 : 실제로는 스토커가 없는데 피해자 자신이 스토킹 피해를 당하고 있다는 망상에 빠져 있다.

정답: ③

★중요★
041 각 유형별 범죄에 대한 설명으로 가장 적절하지 않은 것은? 경찰간부 2023

① 화이트칼라범죄(white－collar crime)라는 용어는 서덜랜드(Sutherland)가 최초로 사용하였다.
② 미국 FBI의 정의에 따르면, 증오범죄란 피해자에 대한 개인적 원한 또는 복수심이 원인이 되어 발생하는 범죄를 말한다.
③ 일상생활에 도움이 필요한 아동과 노인을 적절히 돌보지 않는 행위도 가정폭력의 범주에 포함될 수 있다.
④ 어떠한 범죄가 화이트칼라범죄인지 여부는 범죄자의 사회적 지위만으로 판단할 수 있는 것이 아니다.

해설

② 미국 FBI의 정의에 따르면, 증오범죄란 인종, 종교, 장애, 성적 지향, 성별 또는 성정체성에 대한 범죄자의 편견이 범행의 전체 또는 일부 동기가 되어 발생하는 범죄를 의미한다. 개인적 원한이나 복수심과는 거리가 멀다.
① 화이트칼라범죄란 상류계층의 사람이나 권력이 있는 사람들이 자신의 직업활동과정에서 자신의 지위를 이용하여 저지르는 범죄를 의미하며, 1939년 서덜랜드가 부유한 사람과 권력 있는 사람들의 범죄활동을 기술하기 위해 처음 사용한 용어이다.
③ 방임은 아동학대와 노인학대에서 주로 많이 나타나는 가정폭력의 유형 중 하나로 경제적 자립능력이 부족하거나 일상생활에 도움이 필요한 아동과 노인을 방치하는 행위를 말한다.
④ 서덜랜드에 따르면, 화이트칼라범죄는 높은 사회적 지위를 가지고 존경받고 있는 사람이 자신의 직업활동과 관련하여 행하는 범죄로 정의된다. 정답: ②

★중요★
042 증오범죄에 관한 설명 중 옳지 않은 것은?

① 백인 경찰관이 흑인을 무차별적으로 폭행한 TV 방영은 흑인들의 증오범죄를 유발하기도 하는데, 촉발 사건의 존재가 원인이 되기도 한다.
② 증오범죄는 대면성, 범행대상의 특정성, 비합리성, 잔인성, 지속성 등의 특징을 가진다.
③ 백인 우월주의에 근거한 백인들의 흑인에 대한 범행, 최근 아시아인에 대한 묻지마 폭행 등이 그 예이다.
④ 레빈과 맥드빗(Levin & McDevitt)은 증오범죄를 스릴추구형, 방어형, 사명형, 보복형으로 구분하였다.

해설

② 증오범죄는 비대면성, 불특정성, 비합리성, 잔인성, 피해대량성, 지속성, 모방성, 보복유발성 등이 특징이다.

〈레빈과 맥데빗(Levin & McDevitt)의 증오범죄 분류〉

스릴추구형	• 소수 집단에 대한 편견, 괴롭힘, 재산 파괴 • 상대방에게 고통을 주며 스릴을 느낌
방어형	• 자신과 가치관이 다른 자들이 자신에게 위협이 된다고 인식함 • 외부세력에 대한 방어적 차원에서 공격이 곧 최선의 방어라 봄
사명형	• 종교적 믿음 등에 기초함 • 상대방을 증오하는 것이 사명이라고 인식
보복형	• 자신의 이익훼손에 대한 보복

정답: ②

043 **증오범죄(hate crime)에 관한 설명으로 옳지 않은 것은 모두 몇 개인가?** 경행2차 2024

㉠ 증오범죄는 특정 대상에 대한 편견을 바탕으로 범행을 실행하므로 표적범죄(target crime)의 한 유형으로 볼 수 있다.
㉡ 증오범죄의 유형 중 스릴추구형은 특정 대상에게 고통을 주는 행위를 통한 가학성 스릴을 즐기는 경향이 있다.
㉢ 증오범죄의 유형 중 사명형은 특정 대상을 괴롭히는 것이 세상의 악을 없애기 위해 자신에게 부여된 신성한 사명이라고 여긴다.
㉣ 증오범죄는 피해자에 대한 개인적 원한이나 복수심에 의하여 주로 발생되며, 증오범죄자는 자신의 행동이 옳다고 믿는다.

① 없음　② 1개
③ 2개　④ 3개

해설

② 옳지 않은 것은 ㉣이다.
㉣ 증오범죄는 대상의 인종, 종교, 장애, 성적 지향, 성별, 성정체성 등에 대한 범죄자의 편견이 범행의 전체 또는 일부의 동기가 되어 발생한다.

【증오범죄의 분류(McDevitt, Levin, & Bennett)】
• 스릴형(가장 많음) : 가학성 스릴을 즐기기 위해 범죄를 저지른다.
• 방어형 : 자신의 구역과 집단을 지키기 위해 범죄를 저지른다.
• 복수형 : 복수를 위해 상대 집단이나 개인을 대상으로 범죄를 저지른다.
• 사명형(가장 적음) : 집단의 이익을 위해 사탄이나 마귀로 여겨지는 상대 집단이나 개인을 대상으로 범죄를 저지른다.

정답: ②

044 **다음 중 가정폭력범죄의 처벌 등에 관한 특례법상 가정구성원에 해당되는 사람은 모두 몇 명인가? (단, 다음 각 경우는 1인을 전제로 한다)**

> 별거 중인 배우자, 동거하는 계모, 동거하는 사촌, 동거하지 않는 부친

① 1명
② 2명
③ 3명
④ 4명

해설

④ 가정폭력범죄의 처벌 등에 관한 특례법 제2조에서는 '가정구성원'에 대하여 다음과 같이 규정하고 있다. 별거 중인 배우자는 제1호에, 동거하는 계모는 제3호에, 동거하는 사촌은 제4호에, 동거하지 않는 부친은 제2호에 각각 해당된다.

가정폭력범죄의 처벌 등에 관한 특례법 제2조 제2호(정의 – 가족구성원)

- 배우자(사실혼 포함) 또는 배우자였던 사람
- 자기 또는 배우자와 직계존비속관계(사실상의 양친자관계를 포함한다. 이하 같다)에 있거나 있었던 사람
- 계부모와 자녀의 관계 또는 적모(嫡母)와 서자(庶子)의 관계에 있거나 있었던 사람
- 동거하는 친족

정답: ④

045 **가정폭력에 관한 설명으로 옳지 않은 것은?**

① 유년시절에 가정폭력을 경험한 피해자가 성인이 되어 가해자가 될 가능성이 높다.
② 불평등한 가족관계 내에서 영향력을 과시하기 위해 폭력을 행사한다.
③ 가정 내에서 자녀에 의한 노인학대가 감소하는 경향이 있다.
④ 남성이 여성보다 배우자폭력의 가해자가 되는 경우가 많다.

해설

③ 노인학대의 경우에는 노인들의 평균 연령이 증가하고, 집에서의 생활이 주를 이루면서 이전보다 학대의 가능성이 증가하고 있다.

정답: ③

046 **다음에 해당하는 아동학대 유형은?**

> 아이의 자존심이나 욕구 등을 무시하여 굴욕감, 수치심, 분노, 애정결핍 등의 감정을 갖게 하는 행위

① 신체적 학대
② 정서적 학대
③ 성적 학대
④ 방임

해설

② 정서적 학대에 대한 내용이다.

〈아동학대 유형〉

유형	설명
신체적 학대	아동에게 신체적 손상을 입히거나 신체적 손상을 입도록 허용한 행위
정서적 학대	아동에게 가하는 언어적·정서적 위협, 억제, 감금, 기타 가학적 행위
성적 학대	성인의 성적 충족을 목적으로 아동과 함께하는 모든 성적 행위
방임·유기	고의적·반복적으로 아동의 양육 및 보호를 소홀히 함으로써 아동의 건강과 복지를 해치거나 정상적인 발달을 저해할 수 있는 모든 행위
아동매매	아동을 매매하는 행위

정답: ②

047 아동학대에 관한 설명으로 옳지 않은 것은?

① 현행법상 아동은 19세 미만인 자를 말한다.
② 친부모가 가해자인 경우가 많다.
③ 현행법상 누구든지 학대사실을 신고할 수 있다.
④ 피해유형이 중복되는 경우가 많다.

해설

① 아동학대범죄의 처벌 및 그 절차에 관한 특례를 규정하고 있는 「아동학대범죄의 처벌 등에 관한 특례법」에 따르면, 아동이란 「아동복지법」 제3조 제1호에 따른 아동, 즉 18세 미만인 사람을 말한다.

정답: ①

048 다음 중 아동학대에 관한 설명으로 가장 옳지 않은 것은? 해경간부 2025

① 심리적 특징으로는 냉담한 태도로 사람을 피하면서 눈동자만은 끊임없이 주위를 살피며 위험이 있는지 탐색하는 '얼어붙은 감시상태(frozen watchfulnessy)'가 있다.
② 학대피해자가 성인이 되어 폭력의 가해자가 될 가능성이 높은 폭력의 대물림이라는 특징이 있다.
③ 「아동학대범죄의 처벌 등에 관한 특례법」상 방임과 무관심도 아동학대의 유형에 해당한다.
④ 암수범죄가 많고, 장기간 은폐되는 특징이 있다.

해설

① 얼어붙은 감시상태란 아이가 경험에 기반한 학대상황에 대한 공포로 인해 몸이 마치 얼어붙은 듯 움직이지 않게 되어 주변을 예의주시하는 상태를 말한다. 이는 포식자를 마주친 사냥감이 얼어붙는 것과 비슷하다고 할 수 있다.

정답: ①

049 청소년비행 및 범죄의 특징이나 추세가 아닌 것은?

① 주로 또래집단을 대상으로 폭력을 행사한다.
② 일반적으로 집단화보다는 개인화되는 경향이 있다.
③ 청소년비행이 점점 저연령화되는 경향이 있다.
④ 청소년의 사이버비행이 증가하는 경향이 있다.

해설

② 청소년비행은 저연령화, 지능화, 흉포화, 집단화, 중류화(중상류층 자녀들로 확장), 단순화(작은 일에도 이해와 타협보다 행동이 먼저 가해진다)되어 가고 있다. 정답: ②

050 다음 청소년의 행동 중 지위비행이 아닌 것은?

① 성인영화 관람　　② 흡연
③ 폭력　　④ 가출

해설

③ 지위비행은 성인이 하면 범죄에 해당하지 않지만 청소년이 일탈행위를 삼게 되면 범죄가 성립하는 것을 말한다. 폭력은 청소년만 처벌되는 범죄는 아니다. 정답: ③

★중요★

051 다음 중 스토킹범죄의 처벌 등에 관한 법률에서 규정하는 스토킹행위에 포함되는 것은?

㉠ 접근하거나 따라다니거나 진로를 막아서는 행위
㉡ 주거, 직장, 학교, 그 밖에 일상적으로 생활하는 장소(이하 "주거등"이라 한다) 또는 그 부근에서 기다리거나 지켜보는 행위
㉢ 우편·전화·팩스 등을 이용하여 물건이나 글·말·부호·음향·그림·영상·화상(이하 "물건등"이라 한다)을 도달하게 하는 행위
㉣ 직접 또는 제3자를 통하여 물건등을 도달하게 하거나 주거등 또는 그 부근에 물건등을 두는 행위
㉤ 주거등 또는 그 부근에 놓여져 있는 물건등을 훼손하는 행위

① 1개　　② 2개
③ 3개　　④ 모두 해당

해설

④ 스토킹범죄의 처벌 등에 관한 법률 제2조 제1호 정답: ④

★중요★
052 스토킹범죄의 처벌 등에 관한 법률의 내용으로 옳지 않은 것은?

① "스토킹범죄"란 지속적 또는 반복적으로 스토킹행위를 하는 것을 말한다.
② "피해자"란 스토킹범죄로 직접적 또는 간접적인 피해를 입은 사람을 말한다.
③ 법원은 스토킹범죄의 원활한 조사·심리 또는 피해자 보호를 위하여 필요하다고 인정하는 경우 피해자나 그 주거 등으로부터 100미터 이내의 접근 금지, 피해자에 대한 전기통신을 이용한 접근 금지나 유치장 또는 구치소에 유치하는 것 등을 내용으로 하는 잠정조치 결정을 할 수 있도록 할 수 있다.
④ 스토킹범죄를 저지른 사람은 3년 이하의 징역 또는 3천만원 이하의 벌금에 처한다. 흉기 또는 그 밖의 위험한 물건을 휴대하거나 이용하여 스토킹범죄를 저지른 사람은 5년 이하의 징역 또는 5천만원 이하의 벌금에 처한다.

해설

② 피해자란 스토킹범죄로 직접적인 피해를 입은 사람을 말한다(스토킹범죄의 처벌 등에 관한 법률 제2조 제3호).
① 동법 제2조 제2호
③ 동법 제9조 제1항
④ 동법 제18조 제1항 제2항

정답: ②

★중요★
053 스토킹범죄의 처벌 등에 관한 법률의 내용으로 옳지 않은 것은?

① 사법경찰관은 긴급응급조치를 하였을 때에는 지체 없이 검사에게 해당 긴급응급조치에 대한 사후승인을 지방법원 판사에게 청구하여 줄 것을 신청하여야 한다.
② 위의 신청을 받은 검사는 긴급응급조치가 있었던 때부터 48시간 이내에 지방법원 판사에게 해당 긴급응급조치에 대한 사후승인을 청구한다. 이 경우 긴급응급조치결정서를 첨부하여야 한다.
③ 지방법원 판사는 스토킹행위가 지속적 또는 반복적으로 행하여지는 것을 예방하기 위하여 필요하다고 인정하는 경우에는 긴급응급조치를 승인할 수 있다.
④ 긴급응급조치기간은 6개월을 초과할 수 없다.

해설

④ 긴급응급조치기간은 1개월을 초과할 수 없다(스토킹범죄의 처벌 등에 관한 법률 제5조 제5항).
① 동법 제5조 제1항
② 동법 제5조 제2항
③ 동법 제5조 제3항

정답: ④

054 **「스토킹범죄의 처벌 등에 관한 법률」의 내용에 대한 설명으로 옳지 않은 것은?** 보호7급 2023

① 스토킹행위가 지속적 또는 반복적으로 이루어진 경우가 아니라면 스토킹범죄에 해당하지 않는다.
② 법원이 스토킹범죄를 저지른 사람에 대하여 형의 선고를 유예하는 경우에는 200시간의 범위에서 재범 예방에 필요한 수강명령을 병과할 수 있다.
③ 상대방의 의사에 반하여 정당한 이유 없이 상대방 또는 그의 동거인, 가족을 따라다님으로써 상대방에게 불안감을 일으켰다면 스토킹행위에 해당한다.
④ 법원이 스토킹범죄를 저지른 사람에 대하여 벌금형의 선고와 함께 120시간의 스토킹 치료프로그램의 이수를 명한 경우 그 이수명령은 형 확정일부터 6개월 이내에 집행한다.

해설
② 법원은 스토킹범죄를 저지른 사람에 대하여 유죄판결(선고유예는 제외한다)을 선고하거나 약식명령을 고지하는 경우에는 200시간의 범위에서 재범 예방에 필요한 수강명령 또는 스토킹 치료프로그램의 이수명령을 병과할 수 있다(스토킹범죄의 처벌 등에 관한 법률 제19조 제1항).
① 스토킹범죄란 지속적 또는 반복적으로 스토킹행위를 하는 것을 말한다(동법 제2조 제2호).
③ 동법 제2조 제1호 가목
④ 동법 제19조 제4항 제2호

정답: ②

055 **다음 중 현행 「스토킹범죄의 처벌 등에 관한 법률」상 신고를 받은 사법경찰관리가 즉시 현장에 나가서 취해야 할 응급조치로 가장 옳지 않은 것은?** 해경간부 2025

① 스토킹행위의 제지
② 재발우려 시 임시조치를 신청할 수 있음을 통보
③ 스토킹행위자와 피해자 등의 분리
④ 피해자동이 동의한 경우 스토킹 피해 관련 보호 시설로의 피해자 등 인도

해설
② 재발우려 시 임시조치를 신청할 수 있음을 통보가 아니라, 향후 스토킹행위의 중단통보 및 스토킹행위를 지속적 또는 반복적으로 할 경우 처벌 서면경고이다.

〈스토킹범죄의 처벌 등에 관한 법률 정리〉

사법경찰관리 현장응급조치	① 스토킹행위의 제지, 향후 스토킹행위의 중단통보 및 스토킹행위를 지속적 또는 반복적으로 할 경우, 처벌 서면경고 ② 스토킹행위자와 피해자 등의 분리 및 범죄수사	단, 긴급응급조치의 기간은 1개월 초과 ×	응급조치 변경	① 긴급응급조치 대상자나 대리인은 취소 또는 종류변경을 사경에 신청 가능 ② 상대방이나 대리인은 상대방 등의 주거 등을 옮긴 경우 사경에 긴급응급조치 변경신청 가능 ③ 상대방이나 대리인은 긴급응급

사법경찰관리 현장응급조치	③ 피해자 등에 대한 긴급응급조치 및 잠정조치 요청의 절차 등 안내 ④ 스토킹 피해 관련 상담소 또는 보호시설로의 피해자 등 인도(동의한 경우)			조치가 필요하지 않은 경우, 취소신청 가능 ④ 사경은 직권 또는 신청에 의해 긴급조치를 취소할 수 있고, 지방법원 판사의 승인을 받아 종류변경 가능
사법경찰관 긴급응급조치 (직권 또는 피해자 등 요청)	① 스토킹행위의 상대방 등이나 그 주거등으로부터 100m 이내의 접근금지 ② 스토킹행위의 상대방 등에 대한 전기통신을 이용한 접근금지			※ 통지와 고지 ① 상대방 등이나 대리인은 취소 또는 변경취지 통지 ② 긴급조치 대상자는 취소 또는 변경조치내용 및 불복방법 등 고지
검사의 잠정조치 (청구)	검사는 스토킹범죄가 재발될 우려가 있다고 인정하면 직권 또는 사경의 신청에 따라 잠정조치 청구할 수 있음			
법원의 잠정조치	① 피해자에 대한 스토킹범죄 중단에 관한 서면경고 ② 피해자 또는 그의 동거인, 가족이나 그 주거 등으로부터 100m 이내의 접근금지 ③ 피해자 또는 그의 동거인, 가족에 대한 전기통신을 이용한 접근금지 ④ 전자장치의 부착 ⑤ 국가경찰관서의 유치장 또는 구치소 유치	①·②·③·④는 3개월 초과 X (두 차례에 한정하여 각 3개월의 범위에서 연장 가능 ⑤는 1개월 초과 X	잠정조치 변경신청	① 피해자, 동거인, 가족, 법정대리인은 2호(100m 이내 접근금지) 결정 있은 후 주거 등 옮긴 경우, 법원에 잠정조치결정 변경신청 가능 ② 스토킹행위자나 그 법정대리인은 잠정조치 취소 또는 종류변경을 법원에 신청 가능 ③ 검사는 직권이나 사경의 신청에 따라 기간연장 또는 종류변경 청구 가능, 필요하지 않은 경우 취소청구도 가능 ④ 법원은 결정할 수 있고, 고지하여야 함

정답: ②

056 **1999년에 Mullen 등이 캐나다의 스토커 145명을 대상으로 한 정신의학 연구는 5개 유형의 스토커를 확인하였다. 스토커의 유형에 관한 설명으로 가장 옳지 않은 것은?**

① 거절된 스토커는 거절을 없던 것으로 하거나 복수하기 위해서 피해자를 따라 다닌다.
② 친근함을 찾는 스토커는 피해자와 친근하고 사랑하는 관계를 형성하기를 원한다.
③ 약탈적 스토커는 공격을 준비하기 위해 피해자를 감시하는데, 이것은 그 성격상 금품을 약탈하기 위한 것이다.
④ 유능하지 못한 구혼자는 사회적 기술이 부족한 상황에서도 피해자에 대해 낭만적이거나 성적 흥미를 갖고 있다.

해설

③ 약탈적 스토커는 공격을 준비하기 위해 피해자를 감시하는데, 이것은 그 성격상 성적인 것이다.

정답: ③

057 **「스토킹범죄의 처벌 등에 관한 법률」상 진행 중인 스토킹행위에 대하여 신고를 받고 현장에 출동한 사법경찰관리가 취할 수 있는 응급조치로서 옳지 않은 것은?**

① 스토킹행위의 제지
② 스토킹행위자와 피해자 등의 분리
③ 범죄수사
④ 국가경찰관서의 유치장 또는 구치소에의 유치

해설

④ 국가경찰관선의 유치장 또는 구치소에의 유치는 응급조치가 아닌 잠정조치 중 하나이다.

스토킹범죄의 처벌 등에 관한 법률 제3조 【스토킹행위 신고 등에 대한 응급조치】 사법경찰관리는 진행 중인 스토킹행위에 대하여 신고를 받은 경우 즉시 현장에 나가 다음 각 호의 조치를 하여야 한다.

1. 스토킹행위의 제지, 향후 스토킹행위의 중단 통보 및 스토킹행위를 지속적 또는 반복적으로 할 경우 처벌 경고
2. 스토킹행위자와 피해자등의 분리 및 범죄수사
3. 피해자등에 대한 긴급응급조치 및 잠정조치 요청의 절차 등 안내
4. 스토킹 피해 관련 상담소 또는 보호시설로의 피해자등 인도(피해자등이 동의한 경우만 해당한다)

정답: ④

058 **다음의 내용을 주장한 학자는?**

- 비행 또는 범죄는 청소년시절의 사회유대 약화가 근원
- 청소년 초기에는 가족의 애착이 중요하고, 중기에는 가족의 영향력이 친구, 학교, 청소년문화로 대체
- 성인기에는 관습적 사회와 가족 내 자신의 위치에 따라 애착을 형성
- 비행 또는 범죄는 개인과 주변과의 교제, 유대, 그리고 사회화과정 등의 상호작용 결과

① 모피트(Moffitt)
② 숀베리(Thornberry)
③ 샘슨과 라웁(Sampson & Laub)
④ 고프만(Goffman)

해설

숀베리의 상호작용이론에 관한 설명이다. 사회적으로 해체된 지역에서 성장한 아동은 낮은 사회적 유대감을 가질 가능성이 크며 그 결과 범죄행동을 보이게 된다는 것이다.

정답: ②

059 **발전이론(developmental theory)에 해당하지 않는 것은?**

① 샘슨과 라웁의 연령-등급이론 ② 모피트의 이원적 경로이론
③ 숀베리의 상호작용이론 ④ 헤이건의 권력통제이론

해설

헤이건(John Hagan)의 권력통제이론은 범죄의 성별 차이를 설명하기 위하여 페미니즘이론, 갈등이론, 통제이론의 요소들을 종합하여 구성한 이론으로, 남성과 여성의 범죄차이를 가족구조(가부장적, 평등주의적)에 연결시켜 설명하는 이론이다. 정답: ④

★중요★
060 **샘슨과 라웁(Sampson & laup)은 생애발달이론에서 개인의 적극적인 교육참여, 성실한 직장생활, 활발한 대인관계, 비범죄경력 등을 무엇이라고 정의하는가?**

① 악의 극화(Dramatization of evil) ② 전환점(turning points)
③ 인생경로(life course) ④ 사회자본(social capital)

해설

샘슨과 라웁은 청소년 비행의 원인을 약화된 사회유대 때문이라 본다. 하지만 비행청소년이 어떤 계기로 사회와의 유대가 회복되거나 강화될 경우 더 이상 비행을 저지르지 않고 비행을 중단하게 되며 사회자본을 형성하게 된다고 한다. 정답: ④

061 **샘슨과 라웁(Sampson & Laub)의 인생항로이론에 관한 설명으로 옳지 않은 것은?**

① 범죄성은 타고나는 것이므로 평생 변하지 않는다.
② 생애에 걸쳐 발생하는 전환기적 사건들의 영향을 중요하게 다룬다.
③ 군대, 결혼, 직업 등의 경험이 비행청소년의 성인기 범죄활동에 중요한 영향을 미친다.
④ 비행청소년도 성장하면서 유대감이 강해지면 범죄를 중단할 수 있다.

해설

샘슨과 라웁(Sampson & Laub)의 인생항로이론에 따르면 일생 동안 여러 가지 경험, 사건, 환경 등에 의해 범죄성 또한 변한다고 본다. 정답: ①

★중요★
062 **그로스가 분류한 강간유형 중 피해자를 힘으로 자신의 통제하에 놓고 싶어 하는 유형은?**

① 지배강간 ② 가학성 변태성욕강간
③ 데이트강간 ④ 분노강간

해설

피해자를 힘으로 자신의 통제하에 놓고 싶어 하는 유형은 지배강간으로, 능력 있는 남성이라는 자부심을 유지하기 위하여 강간이라는 비정상적인 행위를 통하여 자신의 힘을 과시하고 확인하고자 한다.

정답: ①

063 **다음에서 설명하는 그로스(Groth)의 강간유형으로 가장 적절한 것은?** 경행2차 2023

> 피해자를 자신의 통제 하에 놓고 싶어하는 강간으로, 여성을 성적으로 지배하기 위한 목적으로 행하는 강간의 유형이다.

① 권력형(지배형) 강간
② 분노형 강간
③ 스릴추구형 강간
④ 가학성 변태성욕 강간

해설

① 권력형(지배형) 강간의 유형이다.

그로스(Groth)가 분류한 강간의 다양한 유형
• 지배 강간(power rape) : 피해자를 힘으로써 자신의 통제하에 두고 싶어 하는 유형(=권력강간)으로, 능력 있는 남성이라는 자부심을 유지하기 위해 '강간'이라는 비정상적인 행위로 자신의 힘을 과시·확인하고자 한다. • 가항성(변태성욕) 강간(sadistic rape) : 분노와 권력욕구가 성적으로 변형되어 가학적인 공격행위 그 자체에서 성적 흥분을 느끼는 유형으로, 철저한 사전계획하에 상대방을 성적으로 다양하게 모욕하는 등 반복적인 행위를 통해 쾌락과 만족을 얻고자 한다. • 분노 강간(anger rape) : 증오와 분노의 감정에 의해 촉발되는 우발적·폭력적 유형으로, 성적 만족이 아닌 자신의 감정을 표출하고 상대방을 모욕하기 위해 심한 신체적 학대를 가한다.

정답: ①

064 **그로스(Groth)의 폭력적 강간의 유형으로 가장 옳지 않은 것은?** 해경간부 2024

① 가학성 변태성욕 강간
② 지배 강간
③ 스릴추구적 강간
④ 분노 강간

해설

【그로스가 분류한 강간의 3가지 유형】

• 지배 강간(power rape) : 피해자를 힘으로써 자신의 통제하에 두고 싶어 하는 유형으로(=권력강간), 능력 있는 남성이라는 자부심을 유지하기 위해 '강간'이라는 비정상적인 행위로 자신의 힘을 과시·확인하고자 한다.
• 가학성 변태성욕 강간(sadistic rape) : 분노와 권력에 대한 욕구가 성적으로 변형되어 가학적인 공격행위 그 자체에서 성적 흥분을 일으키는 정신병질적 유형으로, 철저한 사전계획하에 상대방을 다양하게 성적으로 모욕하는 등 반복적인 행동을 통해 쾌락과 만족감을 얻는다.

- 분노 강간(anger rape) : 증오와 분노의 감정에 의해 촉발되는 우발적·폭력적 유형으로, 성적 만족을 위해서가 아니라 자신의 분노를 표출하고 상대방을 모욕하기 위한 행동으로서 심한 신체적인 학대를 가한다.
  ※ 데이트 강간 : 10~20대 사이에서 주로 발생하는 유형으로, 폭행이나 협박, 약물 등을 동반하여 여성의 동의 없이 강제로 이루어지는 경우가 대부분이다.

정답: ③

★중요★

065 다음이 설명하는 성폭행범죄의 동기유형은?

> 성폭행범들의 가장 흔한 유형으로 여성을 지배하는 통제력을 느끼고 싶어 하지만 남성다운 외모나 체격을 갖추지 못한 유형

① 권력형 ② 분노치환형
③ 가학형 ④ 남성성 확인형

해설

제시된 지문은 남성성 확인형에 대한 설명이다.

〈성폭행범죄의 동기유형〉

권력형	• 성적 만족보다는 자신의 힘, 남성다움, 성적 매력을 과시하는 것이 목적인 유형이다. • 주로 술집 등에서 피해자에게 환심을 산 후 범행을 저지른다.
분노치환형	• 여성을 적대시하며 처벌할 목적으로 범행을 저지르는 유형이다. • 성욕 때문이 아니라 특정 여성에 대한 복수심이 원인이 되어 그와 비슷한 외모·분위기를 가진 여성을 대상으로 한다.
가학형	• 성폭행범들 중 가장 드물고 난폭한 유형이다. • 비면식관계인 피해자에게 가학적인 행위를 하면서 그들의 반항, 고통, 공포를 통해 쾌락과 만족감을 얻는다.
남성성 확인형	• 성폭행범들 중 가장 흔한 유형이다. • 여성을 지배하는 통제력을 가지고 싶지만, 정상적인 방법으로는 여성을 유혹할 수 있는 남성다움을 갖추지 못한 유형이다.
기회주의형	• 절도, 가택침입 등 다른 범죄를 저지르던 중 여성을 강간할 기회가 생기면 범행을 저지르는 유형이다.

정답: ④

066 「아동·청소년의 성보호에 관한 법률」상 성범죄로 유죄판결이 확정된 자의 공개되는 신상정보가 아닌 것은?

① 성명 ② 가족관계
③ 성폭력범죄 전과사실 ④ 등록대상 성범죄 요지

해설

② 아동·청소년의 성보호에 관한 법률 제49조에 따르면, 가족관계는 공개되는 신상정보가 아니다.

아동·청소년의 성보호에 관한 법률 제49조(등록정보의 공개)

① 법원은 다음 각 호의 어느 하나에 해당하는 자에 대하여 판결로 제4항의 공개정보를 「성폭력범죄의 처벌 등에 관한 특례법」 제45조 제1항의 등록기간 동안 정보통신망을 이용하여 공개하도록 하는 명령(이하 "공개명령"이라 한다)을 등록대상 사건의 판결과 동시에 선고하여야 한다. 다만, 피고인이 아동·청소년인 경우, 그 밖에 신상정보를 공개하여서는 아니 될 특별한 사정이 있다고 판단하는 경우에는 그러하지 아니하다. 〈개정 2020.5.19.〉

1. 아동·청소년대상 성범죄를 저지른 자
2. 「성폭력범죄의 처벌 등에 관한 특례법」 제2조 제1항 제3호·제4호, 같은 조 제2항(제1항 제3호·제4호에 한정한다), 제3조부터 제15조까지의 범죄를 저지른 자
3. 제1호 또는 제2호의 죄를 범하였으나 「형법」 제10조 제1항에 따라 처벌할 수 없는 자로서 제1호 또는 제2호의 죄를 다시 범할 위험성이 있다고 인정되는 자

④ 제1항에 따라 공개하도록 제공되는 등록정보(이하 "공개정보"라 한다)는 다음 각 호와 같다. 〈개정 2020.12.8.〉

1. 성명
2. 나이
3. 주소 및 실제거주지(「도로명주소법」 제2조 제3호에 따른 도로명 및 같은 조 제5호에 따른 건물번호까지로 한다)
4. 신체정보(키와 몸무게)
5. 사진
6. 등록대상 성범죄 요지(판결일자, 죄명, 선고형량을 포함한다)
7. 성폭력범죄 전과사실(죄명 및 횟수)
8. 「전자장치 부착 등에 관한 법률」에 따른 전자장치 부착 여부

정답: ②

067 「아동·청소년의 성보호에 관한 법률」상 신상정보 공개 고지명령의 집행권자는?

① 경찰서장
② 여성가족부장관
③ 관할 보호관찰소장
④ 관할 지방검찰청 검사

해설

② 고지명령의 집행은 여성가족부장관이 한다. 법원은 고지명령의 판결이 확정되면 판결문 등본을 판결이 확정된 날부터 14일 이내에 법무부장관에게 송달하여야 하며, 법무부장관은 제50조 제3항에 따른 기간 내에 고지명령이 집행될 수 있도록 최초등록 및 변경등록 시 고지대상자, 고지기간 및 같은 조 제4항 각 호에 규정된 고지정보를 지체 없이 여성가족부장관에게 송부하여야 한다(아동·청소년의 성보호에 관한 법률 제51조 제1항·제2항).

정답: ②

068 **「아동·청소년의 성보호에 관한 법률」상 사법경찰관리가 신분을 드러내지 않고 디지털 성범죄를 수사하는 기법은?**

① 긴급수사 ② 신분비공개수사 ③ 알리바이수사 ④ 초동수사

해설

② 설문은 신분비공개수사에 대한 설명이다.

아동·청소년의 성보호에 관한 법률 제25조의2(아동·청소년대상 디지털 성범죄의 수사 특례)

① 사법경찰관리는 다음 각 호의 어느 하나에 해당하는 범죄(이하 "디지털 성범죄"라 한다)에 대하여 신분을 비공개하고 범죄현장(정보통신망을 포함한다) 또는 범인으로 추정되는 자들에게 접근하여 범죄행위의 증거 및 자료 등을 수집(이하 "신분비공개수사"라 한다)할 수 있다.

1. 제11조 및 제15조의2의 죄
2. 아동·청소년에 대한 「성폭력범죄의 처벌 등에 관한 특례법」 제14조 제2항 및 제3항의 죄

② 사법경찰관리는 디지털 성범죄를 계획 또는 실행하고 있거나 실행하였다고 의심할 만한 충분한 이유가 있고, 다른 방법으로는 그 범죄의 실행을 저지하거나 범인의 체포 또는 증거의 수집이 어려운 경우에 한정하여 수사 목적을 달성하기 위하여 부득이한 때에는 다음 각 호의 행위(이하 "신분위장수사"라 한다)를 할 수 있다.

1. 신분을 위장하기 위한 문서, 도화 및 전자기록 등의 작성, 변경 또는 행사
2. 위장신분을 사용한 계약·거래
3. 아동·청소년성착취물 또는 「성폭력범죄의 처벌 등에 관한 특례법」 제14조 제2항의 촬영물 또는 복제물(복제물의 복제물을 포함한다)의 소지, 판매 또는 광고

정답: ②

★중요★

069 **강간범죄의 유형에 관한 설명 중 옳지 않은 것은?**

① 어린이 강간은 면식범이 가해자인 비율이 매우 높다.

② 그로스(Gross)는 강간의 형태를 대체적 공격, 보상적 공격, 성공격 동시 수행, 충동에 의한 경우로 분류하였다.

③ 남성 강간은 피해에 대한 인정이 어려워 신고율이 매우 낮은 편이다.

④ 학습이론에 따르면 강간도 다른 사회행위를 학습하는 것과 동일하다고 본다.

해설

② 강간에 대한 코헨(Cohen)의 분류이다.

〈코헨의 강간 분류〉

대체공격	배우자나 애인 등에게 성적 거절을 당했을 때, 불만해소를 위해 임의로 선택한 여성에게 성적 공격
보상적 공격	여자를 만나기 어려운 성격의 사람이 방어력이 약한 여성을 대상으로 성적 공격
성(性)공격 동시수행	피해자가 공격하면 더욱 흥분하고 이에 대한 반격으로 성적 공격
충동	순간적인 충동에 의한 경우

정답: ②

070 그로스의 폭력적 강간의 유형으로 옳지 않은 것은?

① 분노강간
② 스릴추구적 강간
③ 지배강간
④ 가학성 변태성욕강간

해설

그로스가 주장한 폭력적 강간의 유형에는 지배강간, 가학성 변태성욕강간, 데이트강간, 분노강간이 있다.

【그로스(N. Groth)가 분류한 강간유형】

- 지배강간 : 피해자를 힘으로 자신의 통제하에 놓고 싶어 하는 유형으로, 능력 있는 남성이라는 자부심을 유지하기 위하여 강간이라는 비정상적인 행위를 통하여 자신의 힘을 과시하고 확인하고자 한다.
- 가학성 변태성욕강간 : 분노와 권력에의 욕구가 성적으로 변형되어 가학적인 공격행위 그 자체에서 성적 흥분을 일으키는 정신병리적 유형으로, 사전계획하에 상대방을 묶거나 성기나 유방을 물어뜯거나 불로 지지는 등 다양한 방법으로 모욕하는 등 반복적인 행동으로 쾌락과 만족감을 얻는다.
- 데이트강간 : 데이트를 하고 있는 이성 간에 여성의 동의 없이 남성이 강제로 폭행 또는 협박 등에 의해 일어나는 강간유형으로, 주로 10대에서 20대의 젊은이들 사이에서 많이 발생한다.
- 분노강간 : 강간자의 증오와 분노 감정에 의해 촉발되는 우발적이고 폭력적인 유형으로, 성적 만족을 위해서 행해지는 것이 아니라 자신의 분노를 표출하고 상대방을 모욕하고 미워하기 위한 행동으로 신체적인 학대가 심하다.

정답: ②

071 알코올과 범죄에 관한 설명으로 옳지 않은 것은?

① 알코올은 폭력적·충동적 범죄의 직접적 원인이 된다.
② 알코올은 가장의 알코올중독으로 인한 실직·빈곤 등으로 자녀의 비행화를 초래하는 간접적 원인이 된다.
③ 옐리네크(E.M. Jellinek)는 알코올중독자가 되는 단계를 징후기·전구기·위험기·만성기 등 4단계로 설명하였다.
④ 최근 각국은 알코올중독자에 대한 치료처분의 한계를 인정하고, 형벌을 과하는 방향으로 입법하는 추세를 보이고 있다.

해설

④ 최근 세계 각국은 알코올중독자에 대하여 형벌을 과하는 대신 치료처분으로 전환하는 이른바 비형벌화의 추세를 보이고 있다.

정답: ④

072 옐리네크(E.M. Jillinek)가 주장한 알코올 중독단계 중 알코올을 약품으로 마시게 되고, 끊임없이 술 생각에 빠져 있는 단계는?

① 징후기(徵候期)
② 전구기(前驅期)
③ 위험기(危險期)
④ 만성기(慢性期)

해설

② 옐리네크는 알코올중독자가 되는 단계로 징후기·전구기·위험기·만성기를 예로 들고, 알코올을 약품으로 마시게 되고, 끊임없이 술 생각에 빠져 있는 단계를 전구기라고 하였다.

〈옐리네크의 알코올 중독단계〉

단계	단계별 특징
징후기	각종 사회적 동기에 따라 음주를 시작하는 단계
전구기(前驅期)	알코올을 기호품이 아닌 일종의 약품으로 마시게 되고, 끊임없이 술 생각에 빠지는 단계
위험기	음주통제력을 잃는 단계로 허사적 거동과 공격성을 띠게 됨
만성기	만취상태가 계속되고, 윤리적 판단력이 쇠퇴하여 사고능력이 장애를 받는 단계

정답: ②

073 결손가정과 범죄에 관한 설명으로 가장 적절하지 않은 것은?

① 결손가정에는 실제 부모 중 일방이나 쌍방이 없는 가정뿐만 아니라, 양친이 있어도 가족의 기능이 정상적이지 못한 가정도 포함되는데 통상 후자가 전자보다 더 위험하다고 본다.

② 서덜랜드(Sutherland)와 힐리(Healy)는 결손가정이 청소년 비행의 중요한 원인이 된다고 보았다.

③ 결손가정이 아동의 인격형성에 미치는 영향에 대해 호프만(Hoffmann)은 모가 없는 경우가, 구룰레(Gruhle)는 부가 없는 경우가 더 위험하다고 보았다.

④ 일반적으로 학령기 이전의 유아기 때에는 모친이 없는 경우가 더 위험하나, 그 이후에는 부친이 없는 경우가 더 위험하다고 보고 있다.

해설

③ 어떤 유형의 결손가정이 아동의 인격형성에 더 위험한가에 관하여 호프만은 부가 없는 경우가, 구룰레는 모가 없는 경우가 더 위험하다고 보았다. 정답: ③

074 사기범죄의 특성에 관한 설명으로 옳지 않은 것은?

① 사전에 범행 계획을 세운 후에 실행한다.

② 전문지식과 기술을 필요로 한다.

③ 지능적인 범행수법을 사용한다.

④ 격정적인 흥분상태에서 범행을 실행한다.

해설

사기범죄는 계획성, 전문성, 지능성에 의해 이루어지는 범죄이다. 격정적인 흥분상태에서 범행을 실행하는 것은 주로 폭력범죄, 성범죄 등이다. 정답: ④

075 전문절도범에 관한 설명으로 옳지 않은 것은?

① 전문적인 절도기술을 가지고 있다.
② 즉흥적·무계획적으로 범행을 한다.
③ 장물처리가 능숙하다.
④ 돈을 얻기 위해 고도의 기술을 사용한다.

해설

전문절도범은 계획적이며 용의주도한 것이 특징이다.

정답: ②

076 강도범죄에 관한 설명으로 옳은 것은?

① 순수한 재산형 범죄이다.
② 폭행 또는 협박을 수단으로 한다.
③ 지인을 범행대상으로 삼지 않는다.
④ 업무상 관계에서는 발생하지 않는다.

해설

② 폭행 또는 협박으로 타인의 재물을 강취하거나 기타 재산상의 이익을 취득하거나 제3자로 하여금 이를 취득하게 한 자는 3년 이상의 유기징역에 처한다(형법 제333조).
① 강도범죄는 금전이나 재물을 취득하기 위해 무력으로써 위협하거나 무력사용을 하므로, 재산범죄와 폭력범죄의 특성을 모두 가지고 있다.
③ 면식강도란 자신이 잘 알고 있는 사람을 대상으로 하는 강도범죄로, 이처럼 지인을 범행대상으로 삼기도 한다.
④ 강도범죄는 업무상 관계에서도 발생할 수 있다.

정답: ②

077 클라우스(Klaus)가 분류한 강도의 유형에 대한 설명으로 가장 옳지 않은 것은?

① 개방된 장소에서 발생하는 강도는 단독범행이 아니라 주로 역할분담을 이룬 두 명 이상의 조직화된 강도단에 의해 발생한다.
② 상가강도는 은행에서부터 주류 상점에 이르기까지 사업관계에서 발생한다.
③ 사적 점유영역에서 발생하는 강도는 가장 전형적인 강도행위이다.
④ 짧은 기간의 예비적 접촉 이후에 발생하는 강도는 술집, 파티 등에서 우연한 만남 이후에 발생한다.

해설

③ 가장 전형적인 강도행위는 개방된 장소에서 발생하는 노상강도이다.

정답: ③

078 **콘클린(Conklin)이 분류한 강도범의 유형과 그 설명으로 가장 옳지 않은 것은?**

① 전문적 강도범 – 생계를 유지하기 위한 수단으로 강도범죄를 범하는 것이 아님
② 기회 강도범 – 비교적 접근이 용이한 대상이 나타났을 때 적은 액수의 돈을 얻기 위해 강도범죄를 범함
③ 마약중독 강도범 – 구체적인 범죄계획을 갖고 있지 않고 흉기도 잘 사용하지 않으며 기회적 강도범보다 더 조심성이 많음
④ 알코올중독 강도범 – 생계를 유지하기 위한 수단으로 강도범죄를 범하는 것이 아니며, 계획 없이 범죄를 저지름

해설

① 전문적 강도범은 생계를 유지하기 위해 대부분 오랫동안 범죄를 범하며, 이들은 직접적이고 빠르며 많은 이익을 남기기 때문에 강도범죄로부터 매력을 느낀다. 정답: ①

079 **플레이트(Plate)가 제시한 전문적 범죄자의 특성에 대한 설명으로 가장 옳지 않은 것은?**

① 익명성을 추구한다.
② 반드시 조직범죄 구성원인 것은 아니다.
③ 주로 마약 중독자이다.
④ 주로 안정적인 가정 구성원이다.

해설

③ 전문적 범죄자는 주로 마약 중독자가 아니다. 정답: ③

080 **서덜랜드(Sutherland)가 제시한 전문 절도범의 특성에 대한 설명으로 가장 옳지 않은 것은?**

① 주의 깊게 범죄기획을 한다.
② 전문적 기술 및 방법에 의존한다.
③ 이동하는 생활양식을 갖고 있다.
④ 생계를 위한 다른 직업을 갖고 있다.

해설

④ 서덜랜드에 의하면 전문 절도범은 ㉠ 범죄가 유일한 생계수단이고, ㉡ 주의 깊게 범죄기획을 하며, ㉢ 전문적 기술 및 방법에 의존하고, ㉣ 이동하는 생활양식을 갖고 있다. 정답: ④

081 **매과이어(Maguire)가 제시한 세 가지 수준의 침입절도범에 대한 설명으로 가장 옳지 않은 것은?**

① 주로 청소년인 낮은 수준의 침입절도범은 종종 순간의 충동으로 범죄를 범하고, 보안장치에 의해서 쉽게 단념하게 된다.
② 중간 수준의 침입절도범은 조직화된 멤버들과 함께 활동하고 목표대상에 대하여 믿을 수 있는 정보를 제공해 주는 출처와 연결되어 있다.
③ 높은 수준의 침입절도범의 범죄는 목표대상을 포함해서 주의 깊게 기획되고 일반적으로 외부 지원을 받는다.
④ 낮은 수준의 침입절도범의 경우 범죄로부터 얻는 보상은 일반적으로 중요하지 않으며, 나이가 들어감에 따라서 절도범죄를 중지하게 된다.

해설

②는 높은 수준의 침입절도범에 대한 설명이다. 정답: ②

082 **카메론(Cameron)이 제시한 아마추어 상점절도범의 특성에 대한 설명으로 가장 옳지 않은 것은?**

① 자신이 범죄자라고 생각하지 않는다.
② 자기가 사용하기 위해 상품을 훔친다.
③ 훔친 물건을 판매해서 수입의 대부분을 얻는다.
④ 체포된 절도범은 과거의 상점절도 체포기록을 갖고 있지 않다.

해설

③ × : 카메론에 의하면, 전문적 상점절도범은 훔친 물건을 판매해서 수입의 대부분을 얻는 반면, 아마추어 상점절도범은 자기가 사용하기 위해 상품을 훔친다. 정답: ③

083 **쇼버(Shover)는 아마추어 침입절도범과 전문적 침입절도범에 대하여 설명하였는데 아마추어 침입절도범의 특징에 대한 것으로 가장 옳지 않은 것은?**

① 침입하려는 장소 내 또는 침입장소 가까이에 거주하는 경향이 있다.
② 즉각적인 경제적 보상을 추구한다.
③ 범죄행위로 인해 재정적 성공을 갖고 있다.
④ 주택에 들어갈 때 현금이나 장물아비에 의해서 쉽게 처분될 수 있는 보석이나 다른 물품을 찾는다.

해설

③ 전문적 침입절도범에 대한 설명이다. 아마추어 침입절도범은 비교적 기술이 없고, 다양한 다른 범죄와 함께 가끔 침입절도를 범하는 경향이 있다. 정답: ③

084 **맥캐기(McCaghy) 등이 구분한 차량절도의 유형에 대한 설명으로 가장 옳지 않은 것은?**

① 유희형 – 경험을 위해서 또는 자동차를 소유했다는 자만심을 만족시키기 위해 차량 절도를 범한다.
② 단거리 이동형 – 한 지역에서 다른 지역으로 이동하기 위해 차량을 훔친다.
③ 이익 추구형 – 훔친 차량을 계속해서 사용하는 경향이 있다.
④ 타 범죄 실행형 – 강도나 일반절도 같은 범죄에 사용하기 위해 차량을 훔친다.

해설

③ 장거리 이동형에 대한 설명이다. 이익추구형은 금전적 이익에 의해 동기부여된다. 정답: ③

085 **크롬웰(Cromwell)의 장물아비 유형에 대한 설명으로 가장 옳지 않은 것은?**

① 전문 장물아비는 재판매를 위해 정규적으로 훔친 물건을 사는 사람이다.
② 부업 장물아비는 주된 사업활동에 부차적으로, 그렇지만 주로 주된 사업활동과 관련되어 훔친 물품을 임시적으로 구입하는 유형이다.
③ 훔친 물품을 처분하기 위해 주거침입절도범은 흔히 전문적 장물아비를 활용한다.
④ 아마추어 장물아비는 주로 비교적 작은 규모로 훔친 물품을 구입하지만 개인적 소비를 위해서도 구입하는 사람이다.

해설

③ 훔친 물품을 처분하기 위해 전문적 장물아비를 활용하는 것은 대부분의 주거침입절도범에게 일상적인 일이 아니다. 정답: ③

086 **피해자 없는 범죄와 가장 거리가 먼 것은?**

① 성매매　　② 사이버 명예훼손
③ 도박　　④ 약물남용

해설

② 피해자 없는 범죄는 가해자가 동시에 피해자가 되는 범죄와 피해자가 동의·기여한 범죄로 구분되는데, 전자에는 마약사용 등이 있고, 후자에는 마약매매, 매춘, 동의낙태, 도박 등이 있다. 정답: ②

087 범죄유형에 관한 설명으로 가장 적절하지 않은 것은? 경행차 2023

① 화이트칼라범죄(white-collar crimes)란 사회적 지위가 높은 사람이 주로 직업 및 업무 수행의 과정에서 범하는 범죄를 의미한다.
② 증오범죄(hate crimes)란 인종, 종교, 장애, 성별 등에 대한 범죄자의 편견이 범행의 전체 또는 일부 동기가 되어 발생하는 범죄를 의미한다.
③ 피해자 없는 범죄(victimless crimes)란 전통적인 범죄와 마찬가지로 피해자와 가해자의 관계가 명확하여 피해자를 특정하기 어려운 범죄를 의미한다.
④ 사이버범죄(cyber crimes)란 사이버공간을 범행의 수단·대상·발생장소로 하는 범죄행위로 비대면성, 익명성, 피해의 광범위성 등의 특성이 있는 범죄를 의미한다.

해설

③ 피해자 없는 범죄란 전통적인 범죄와 달리 피해자와 가해자의 관계가 명확하지 않아 피해자를 특정하기 어려운 범죄로, 성매매나 마약복용 등이 있다.

【피해자 없는 범죄】

- 피해자와 가해자의 관계가 분명하지 않다는 점에서 피해자가 없는 것으로 간주하고, 전통적인 범죄와의 구별을 위해 이를 피해자 없는 범죄라고 통칭한다.
- 동일한 범죄의 가해자가 동시에 피해자가 되어 전통적인 가해자와 피해자의 상대적 관계가 형성되지 않는다거나, 피해자가 특정인이 아닌 불특정 다수이어서 가해자와의 관계가 분명하지 않은 경우를 일컫는다.
- 피해자 없는 범죄는 가해자가 동시에 피해자가 되는 범죄와 피해자가 동의·기여한 범죄로 구분되는데, 전자에는 마약사용 등이 있고, 후자에는 마약매매, 매춘 동의낙태, 도박 등이 있다. 정답: ③

★중요★

088 피해자 없는 범죄가 아닌 것은?

① 약물남용 ② 사기
③ 성매매 ④ 낙태

해설

② 사기는 사람을 기망하여 재물을 교부받거나 재산상의 이익을 취득하는 것으로, 피해자가 존재한다.

정답: ②

089 「마약류 관리에 관한 법률」상 향정신성의약품에 해당하는 것은?

① 메스암페타민 ② 헤로인
③ 아편 ④ 모르핀

해설

「마약류 관리에 관한 법률」에서는 헤로인, 모르핀, 아편, 양귀비, 코카잎 등을 마약으로 규정하고 있으며, 메스암페타민은 오용하거나 남용할 우려가 심하고 매우 제한된 의료용으로만 쓰이는 것으로, 이를 오용하거나 남용할 경우 심한 신체적 또는 정신적 의존성을 일으키는 약물 또는 이를 함유하는 물질로서 향정신성의약품으로 규정되어 있다. 정답: ①

090 세계보건기구(WHO)에서 정의한 마약류의 특성이 아닌 것은?

① 내성
② 의존성
③ 금단현상
④ 개인 한정적 유해성

해설

④ 세계보건기구는 마약류에 대해 약물사용에 대한 욕구가 강하고(의존성), 사용량이 증가하는 경향이 있으며(내성), 금단현상 등이 나타나고, 개인뿐 아니라 사회에도 해를 끼치는 약물로 정의하였다.
정답: ④

091 다음이 설명하는 마약류의 특징은?

마약류의 복용을 중단한 뒤에도 부정기적으로 과거에 마약류를 복용했을 당시의 환각상태가 나타나는 현상

① 공황장애
② 내성
③ 재발현상
④ 의존성

해설

③ 재발(재현)현상(flashback)은 마약류의 복용을 중단한 뒤에도 부정기적으로 과거에 마약류를 복용했을 당시의 환각상태가 나타나는 현상을 말한다. 정답: ③

092 속칭 '물뽕'으로 불리며 '데이트 강간 약물'로 사용되고 있는 것은?

① GHB
② LSD
③ Heroin
④ YABA

해설

GHB(물뽕)는 환각이나 수면, 진정 등의 효과를 야기하는 약물로, 비교적 최근 마약류 관리에 관한 법률상 향정신성의약품으로 지정되었으며, 다른 마약과 다르게 강간 등의 목적으로 타인에게 복용시키기 위한 용도로 사용된다. 정답: ①

093 「마약류 관리에 관한 법률」 중 천연약물이 아닌 것은?

① 아편 ② 대마초 ③ 코카인 ④ 엑스터시

해설

엑스터시는 암페타민류의 유기화합물로 환각을 일으키는 향정신성 의약품이다. 대표적 천연약물에는 아편, 모르핀, 헤로인, 코카인, 대마초가 있다. 정답: ④

094 약물 범죄에 관한 설명으로 옳은 것은 모두 몇 개인가? 경행2차 2023

㉠ 「마약류 관리에 관한 법률」에 따르면 마약류란 마약?향정신성 의약품 및 대마를 말한다.
㉡ 클로워드(Cloward)와 올린(Ohlin)의 차별기회이론(Differential Opportunity Theory)과 머튼(Merton)의 아노미이론(Anomie Theory) 등으로 약물 범죄의 원인을 설명할 수 있다.
㉢ 세계보건기구(WHO)는 마약을 '사용하기 시작하면 사용하고 싶은 충동을 느끼고(의존성), 사용할 때마다 양을 증가시키지 않으면 효과가 없으며(내성), 사용을 중지하면 온몸에 견디기 힘든 이상을 일으키며(금단증상), 개인에게 한정되지 않고 사회에도 해를 끼치는 물질'로 정의하고 있다.
㉣ 마약류는 특정 직업 및 계층에 국한되어 남용되고 있다.

① 1개 ② 2개
③ 3개 ④ 4개

해설

○ : ㉠ 마약류 관리에 관한 법률 제2조 제1호 ㉡ 클로워드와 올린의 비행하위문화 유형 중 도피적 하위문화 ㉢ 세계보건기구(WHO)의 마약에 대한 정의
× : ㉣ 마약류와 관련한 문제는 특정계층에 국한되지 않고 있다.

【클로워드와 올린의 비행하위문화 유형】

- 범죄적 하위문화 : 불법적 기회구조가 발달한 지역의 하위문화로, 지역 내 범죄조직이 체계적이고, 성인범죄자와 소년들 간의 결합이 강하여 범죄기술의 학습이 가능하며, 따라서 범죄자가 되기 싶다.
- 갈등적 하위문화 : 범죄가 조직화되어 있지 않지만 좌절을 공격성으로 표출하는 지역의 하위문화로, 체계적 범죄조직이 없어 범죄기술의 학습이 불가능하므로 안정적인 범죄하위문화 형성이 어렵고, 힘을 과시하기 위한 폭력의 행사가 빈번하다(예 갱 전쟁).
- 도피적 하위문화 : 모든 불법적 기회구조가 형성되지 않은 지역의 하위문화로, 합법적 기회뿐만 아니라 불법적 기회까지 차단되어 있다(이중실패자 예 마약중독자, 성적 일탈자) 정답: ③

095 「마약류 관리에 관한 법률」 중 향정신성의약품으로 옳은 것은?

① 코카인(cocaine) ② 헤로인(heroin)
③ 프로포폴(propofol) ④ 모르핀(morphine)

해설

③ 약물의 오남용 방지를 위해 2011년 2월부터 '마약류 관리에 관한 법률'에 따른 향정신성의약품에 포함되었다. 정답: ③

★중요★

096 향정신성의약품에 해당되지 않는 것은?

① 메스암페타민 ② LSD ③ 날부핀 ④ 대마초

해설

대마는 향정신성의약품이 아니라 천연약물에 해당된다. 정답: ④

★중요★

097 엑스터시(Ecstasy)에 관한 설명으로 옳은 것은?

① 아편으로 만든 천연마약이다.
② 의사의 처방이 있으면 약국에서 구입이 가능하다.
③ 클럽마약, 도리도리 등으로 불린다.
④ 감기약으로 진해작용이 있고 코데인 대용품이다.

해설

③ 엑스터시는 파티에서 주로 사용되기 때문에 '파티용 알약', '도리도리'라고도 불리우며, 환각작용이 강하다. 치료용으로 사용되지 않기 때문에 의사가 처방할 수 없다. 정답: ③

098 마약의 재배, 유통, 제조 등 공급을 차단하는 규제전략은?

① 생산지 관리 ② 교육적 전략 ③ 치료 전략 ④ 취업지원 프로그램

해설

마약의 재배, 유통, 제조 등 공급을 차단하는 규제전략은 생산지 관리이다. 정답: ①

099 마약의 주생산지인 황금의 삼각지대에 해당되는 곳은?

① 아프가니스탄 ② 이란 ③ 파키스탄 ④ 미얀마

해설

마약의 주생산지인 황금의 삼각지대는 미얀마·태국·라오스 3국의 접경지역이고, 제2의 주생산지로 알려진 황금의 초승달 지역은 아프가니스탄·파키스탄·이란 3국의 접경지역이다. 정답: ④

100 **약물범죄에 대한 설명으로 가장 적절하지 않은 것은?** 경찰간부 2025

① 약물범죄는 대표적인 피해자 없는 범죄로 불법약물의 사용, 제조, 판매, 유통하는 행위를 통칭한다.

② 작용에 따른 약물의 종류 중 각성제는 중앙신경계통 자극제로 아편, 몰핀, 헤로인, 합성제재 등이 있다.

③ 작용에 따른 약물의 종류 중 환각제는 환각을 일으키는 물질로 LSD, 마리화나 등이 있다.

④ 세계적인 헤로인 생산지에는 미얀마, 태국, 라오스 3국의 접경지역에 있는 황금의 삼각지대와 아프가니스탄, 파키스탄, 이란 3국의 접경지역에 있는 황금의 초승달 지역이 있다.

해설

② 작용에 따른 약물의 종류 중 각성제는 중앙신경계통 자극제로, 에너지 증가나 집중력 향상, 기분상승, 피로감소 등의 효능이 있는데, 메스암페타민이나 코카인 등이 이에 해당한다. 아편, 몰핀, 헤로인 등은 중추신경계통 억제제(진정제)로, 신체와 정신의 긴장을 완화하고 불안감소, 수면유도 등의 효능이 있는데, 합성제제 등이 이에 해당한다. 정답: ②

101 **다음 중 마약류에 관한 설명으로 가장 옳지 않은 것은?** 해경간부 2025

① 코카인에 베이킹파우더를 섞어 담배형태로 피울 수 있는 크랙(Crack)은 가격이 저렴하여 흑인, 유색인종들에게 애용되고 있다.

② L.S.D는 호밀에 생기는 곰팡이인 맥락에서 추출된 물질로, 향정신성의약품에 해당한다.

③ YABA는 주로 종이에 묻혔다가 뜯어서 혓바닥을 통해 입에 넣는 방법으로 남용된다.

④ 황금의 초승달 지대란 이란·아프가니스탄·파키스탄의 접경지역에 위치하는 아편 생산지대이다.

해설

③ L.S.D에 대한 설명이다. YABA는 주로 알약으로 먹는다.

메스타암페타민 (필로폰, 히로뽕)	술 깨는 약이나 피로회복제, 체중조절약 등을 가장하여 유통되고, 복용 시 식용감퇴, 환시·환청을 경험하며, 말이 많아진다. 주로 정맥혈관에 주사한다.
엑스터시 (MDMA, XTC)	독일에서 식욕감퇴제로 개발되었으나 현재는 클럽마약, 포옹마약, 도리도리 등으로 불리고 있다. 메스암페타민보다 가격이 싸지만 환각작용은 3배이다.
러미라 (덱스트로메토르판)	진해거담제로서 의사의 처방으로 약국에서 구입 가능하다. 강한 중추신경계 억제성 진해작용이 있으나, 의존성과 독성이 없어 코데인 대용으로 널리 시판되고 있다.
L.S.D	호밀에 생기는 곰팡이인 맥락에서 추출된 물질로, 향정신성의약품이다. 종이에 묻혔다가 뜯어서 혓바닥을 통해 입에 넣는 방법으로 남용되고, 환각제 중 가장 강력하다(의존성·내성)
YABA	동남아 지역에서 주로 생산되어 유흥업소 종사자, 육체노동자 등을 중심으로 확산되었다. 헤로인과는 달리 안정적인 밀조가 가능하다.
메스카린	선인장인 페이요트에서 추출·합성한다.
GHB	무색, 무취, 짠맛을 가진 액체로, 일명 물뽕이라고 불린다. 데이트 강간 약물로 많이 사용된다.

S정	골격근 이완의 효과가 있고, 과다복용 시 인사불성, 혼수쇼크, 호흡저하 등을 유발하여 사망까지 이를 수 있다.
사일로사이빈	남미에서 자생하는 사일로시비라고 불리는 버섯에서 추출한다.
바르비탈염제제	시중 약국에서 구입 가능하고, 복용 시 알코올 냄새 없이 만취한 모습으로 비틀거리는 특징이 있다.
중국산 살빼는 약	분기납명편(펜플루라민, F정), 안비납동편(암페프라몬)
프로포폴	수면마취제라고 불리는 정맥마취제로, 주로 수면내시경 등에 사용되는데, 환각제 대용으로 오남용되기도 한다(연예인 사례).

정답: ③

102 황금의 삼각지대(golden triangle) 나라로 옳은 것은?

① 라오스 – 미얀마 – 태국
② 라오스 – 베트남 – 인도네시아
③ 중국 – 태국 – 인도네시아
④ 베트남 – 중국 – 미얀마

해설

황금의 삼각지대는 세계적 헤로인 생산지로 미얀마, 태국, 라오스 3국의 접경지역에 둘러싸여 있는 메콩강 주변의 비옥한 지역이다.

정답: ①

103 다음 「마약류 관리에 관한 법률」 중 양귀비와 관련이 없는 약물은?

① 아편
② 코카인
③ 헤로인
④ 모르핀

해설

② 코카인은 코카나무잎에서 추출하는 알칼로이드를 말한다.
① 아편은 양귀비의 덜 익은 꼬투리에서 유액을 말려 채취하는 마약의 일종이다.
③ 헤로인은 아편에 들어 있는 모르핀으로 만드는 반합성 마약이다. 염산모르핀을 무수초산으로 처리하여 만든다.
④ 모르핀은 아편에 들어 있는 알카로이드이며, 1804년 독일의 약제사인 프리드리히 세르튜르너가 처음 분리하였다.

정답: ②

104 **약물범죄에 대한 설명으로 가장 적절하지 않은 것은?** 경찰간부 2024

① 약물은 생산방식에 따라 천연약물, 합성약물, 대용약물로 구분되는데 합성약물에는 메스암페타민, LSD, 엑스터시 등이 있다

② 약물범죄는 약물사용자 스스로가 가해자인 동시에 피해자가 되는 것이지 특정인이나 제3자가 범죄피해자가 되는 것이 아니라는 점에서 대표적인 피해자 없는 범죄(Victimless Crime)로 구분된다.

③ 대마는 세계에서 가장 널리 남용되고 있는 마약류로 세계 전역에서 생산되어 마리화나, 해시시, 대마유 등의 형태로 가공되어 유통되고 있다.

④ 마약의 주생산지 중 황금의 삼각지대와 황금의 초생달지역에서 세계 아편과 코카인의 대부분을 생산하고 있다.

해설

코카인은 코카나무 자생지인 콜롬비아(50%), 페루(32%), 볼리비아(15%) 등 남미 안데스 산맥의 3개국에서 대부분 생산되고 있다. 정답: ④

★중요★

105 **다음 중 아바딘스키(Abadinsky)가 제시한 조직범죄의 특징이 아닌 것은?**

① 정치적·이념적 목적이 개입된 경우가 많다.

② 조직구성원이 매우 제한적이며 배타적이다.

③ 계층적인 조직구조를 가지고 있다.

④ 내부구성원이 따라야 할 규칙을 가지고 있다.

해설

조직범죄는 정치적·이념적 목적보다는 경제적 목적이 개입된 경우가 많다. 정답: ①

106 **다음 중 아바딘스키(Abadinsky)가 제시한 조직범죄의 특징으로 옳은 것을 모두 고른 것은?**

ㄱ. 구성원의 역할이 분업화되어 있다.	ㄴ. 계층적인 조직구조를 가지고 있다.
ㄷ. 정치적 이념이 영리추구보다 우선이다.	ㄹ. 조직활동 및 구성원의 참여가 일시적이다.

① ㄱ, ㄴ　　② ㄴ, ㄷ

③ ㄱ, ㄴ, ㄹ　　④ ㄴ, ㄷ, ㄹ

해설

ㄷ. 무엇보다 자신들의 영리추구를 우선시한다.

ㄹ. 조직활동이나 구성원의 참여가 거의 영속적이다.

【아바딘스키가 제시한 조직범죄의 특징】

- 조직범죄는 자신들의 보호나 면책을 위한 수단으로 정치적 참여를 이용하며 비이념적 특성을 가지고 있다.
- 조직범죄는 위계적이고 계층적이다.
- 조직구성원은 매우 제한적이며 배타적이다.
- 조직활동이나 구성원의 참여가 거의 영속적이다.
- 빠른 목표달성을 위하여 불법적 폭력과 뇌물을 활용한다.
- 조직 내의 임무와 역할이 분업화되고 전문화되어 있다.
- 조직의 규칙과 규정에 의해 통제되고 운영된다.

정답: ①

107 **아바딘스키(Abadinsky)가 제시한 조직범죄의 특성에 대한 설명으로 옳지 않은 것은?**

보호7급 2023

① 정치적 목적이나 이해관계가 개입되지 않는 점에서 비이념적이다.

② 내부 구성원이 따라야 할 규칙을 갖고 있고, 이를 위반한 경우에는 상응한 응징이 뒤따른다.

③ 조직의 활동이나 구성원의 참여가 일정 정도 영속적이다.

④ 조직의 지속적 확장을 위하여 조직구성원이 제한되지 않고 배타적이지 않다.

해설

④ 조직구성원은 매우 제한적이고 배타적이다.

【아바딘스키가 제시한 조직범죄의 8가지 특성】

- 비이념적 목적 : 정치적인 것에는 관심이 없고 오로지 '돈'과 권력이 목적이다.
- 위계적 구조 : 조직구성원 간 권력구조(위계질서)가 계층적(수직적)으로 형성된다.
- 구성원 제한 : 조직구성원은 매우 제한적이고 배타적이다.
- 영속적 활동 : 조직의 활동이나 구성원의 참여가 평생 지속되는 경우가 많다.
- 불법수단 사용 : 조직의 이익이나 목적을 위해 폭력, 뇌물 등을 동원한다.
- 분업화·전문화 : 조직의 활동에서 임무나 역할을 철저하게 분업화하여 전문성을 확보한다.
- 독점성 : 폭력, 뇌물 등을 동원하여 특정 사업분야를 독점한다.
- 규범통제 : (합법적 조직과 같이) 규칙이나 규정에 따라 통제된다.

정답: ④

108 **조직범죄의 특성에 해당하지 않는 것은?**

① 목표달성을 위해 불법적 폭력을 사용한다.

② 조직구성원의 충성심이 요구된다.

③ 위계적인 구조를 가진다.

④ 조직의 목표는 정치적 이데올로기를 지향한다.

해설

조직범죄는 오로지 돈과 권력을 목적으로 하는 비이념성을 지니므로 정치적 이데올로기를 지향하지 않는다. 정답: ④

109 범죄유형에 대한 설명으로 가장 적절한 것은? 경찰간부 2025

① 화이트칼라 범죄는 사회적 지위가 높은 사람이 주로 직업 및 업무수행 과정에서 범하는 범죄를 의미하고, 피해가 직접적이고 암수범죄의 비율이 낮으며 선별적 형사소추가 문제된다.

② 화이트칼라 범죄는 범행동기에 따라 조직적 범죄와 직업적 범죄로 나눌 수 있는데, 직업적 범죄는 사기기만형, 시장통제형, 뇌물매수형, 기본권 침해형으로 구분된다.

③ 피해자 수에 따라 살인은 일반살인과 다중살인으로 구분되며, 다중살인은 다시 한 사건과 다음 사건 사이에 심리적 냉각기의 존재 여부에 따라 연속살인과 대량살인으로 구분된다.

④ 「아동복지법」에서는 가정폭력에 아동을 노출시키는 행위를 정서적 학대에 포함한다.

해설

④ 누구든지 아동의 정신건강 및 발달에 해를 끼치는 정서적 학대행위(「가정폭력범죄의 처벌 등에 관한 특례법」 제2조 제1호에 따른 가정폭력에 아동을 노출시키는 행위로 인한 경우를 포함한다)를 하여서는 아니 된다(아동복지법 제17조 제5호).

① 화이트칼라 범죄는 피해가 간접적이고 암수범죄의 비율이 높다.

② 조직적 범죄는 사기기만형, 시장통제형, 뇌물매수형, 기본권 침해형으로 구분되고, 직업적 범죄는 범죄자의 신분에 따라 기업범죄, 정부범죄, 전문가범죄 등으로 구분된다.

③ 피해자 수에 따라 살인은 일반살인(1명의 피해자)과 다중살인(2명 이상의 피해자)으로 구분되며, 다중살인은 대량살인, 연속살인 및 연쇄살인으로 세분된다. 정답: ④

110 조직범죄의 일반적인 활동영역으로 볼 수 없는 것은?

① 매춘
② 도박장
③ 마약
④ 강도

해설

【조직범죄의 유형 및 활동영역】

- 정치적 범죄활동 : 테러, 사회운동
- 집단범죄 : 금전추구 위주의 약탈적인 것, 갱
- 집단 내부지향적 조직범죄 : 심리적 만족이 목적, 폭주족 갱
- 신디케이트범죄 : 무력이나 위협을 통한 불법활동에 참여하는 지속적 집단 및 조직
- 불법적 용역의 제공 : 매춘, 고리대금업
- 불법적 재화의 공급 : 마약, 장물

• 합법적 사업에의 침투 : 노조 관련 이익갈취행위, 오물수거, 자판기사업 관련 불법인수 등

정답: ④

111 조직범죄(organized crime)의 일반적인 특성이 아닌 것은?

① 위계성 ② 위협이나 무력 등 불법적 수단 사용
③ 불법적 이익 추구 ④ 자격의 무제한성

해설

조직범죄(organized crime)의 일반적인 특성으로는 비이념성, 위계성, 자격의 제한성, 영속성, 불법적 수단의 사용, 활동의 전문성과 분업성 그리고 조직에 대한 충성심 등이 있다. 정답: ④

112 조직범죄에 대한 설명으로 가장 옳지 않은 것은?

① 조직범죄는 계층적으로 조직되어 최소한 세 개 이상의 지위와 상호 밀접한 관계를 갖는 사람을 포함하는 비이념적 범죄이다.
② 조직범죄는 규범적인 사회의 강직성 때문에 합법적인 경로가 막혔다는 점을 깨달은 인종 집단을 위해서 출세의 대안을 제공한다.
③ 조직범죄는 아노미이론 관점에서 쉽게 이해될 수 있다.
④ 종속계승이론에 의하면 조직범죄의 원인은 이탈리아 시실리안의 마피아 조직이 미국으로 들어옴으로써 생긴 것이라고 본다.

해설

④ 종속계승이론이 아닌 외생적 음모이론에 대한 설명이다. 종속계승이론에 의하면, 조직범죄의 원인은 여러 이민종족이 미국의 사회·경제적 구조 안에서 적응하기 위한 방편으로서 범죄조직을 만들거나 가입하게 된 것이라고 본다. 정답: ④

113 '사회적으로 높은 지위를 가지고 있는 사람이 직업활동의 과정에서 저지르는 범죄'라고 서덜랜드(Sutherland)가 주장한 범죄유형은?

① 사이버범죄 ② 화이트칼라범죄
③ 정치범죄 ④ 피해자 없는 범죄

해설

화이트칼라범죄는 서덜랜드가 부유한 사람과 권력 있는 사람들의 범죄활동을 기술하기 위해 처음 사용한 용어이다. 그는 화이트칼라범죄가 하류계층보다 사회적 지위가 높으며 비교적 존경받는 사람들이 자신의 직업수행과정에서 행하는 직업적 범죄라고 정의 내리고 있다. 정답: ②

114 **무어(Moore)가 제시한 화이트칼라 범죄의 유형에 대한 설명으로 가장 옳지 않은 것은?**

① 속임수와 사기 – 사람을 속여 돈을 사취할 때 거의 부끄러움을 느끼지 않고, 자주 노약자나 병든 사람을 범행대상으로 삼는다.
② 지위의 사적 남용 – 조직에서 권력의 사용방법에 관심이 있는 사람을 이용하기 위해 조직의 권력이나 지위를 남용하는 것을 말한다.
③ 직권남용과 뇌물 – 부탁을 들어주거나 공모자가 접할 수 없는 정보를 팔기 위해 조직 내의 지위를 이용한다.
④ 횡령과 직원사기 – 개인이 회사 기금이나 회사 재물을 횡령하기 위해 자신의 지위를 이용하는 것을 포함한다. 이때 그 범죄자를 고용한 회사나 조직은 화이트칼라 범죄의 공범이 된다.

해설

④ 개인이 회사 기금이나 회사 재물을 횡령하기 위해 자신의 지위를 이용하는 것을 포함한다. 이때 그 범죄자를 고용한 회사나 조직은 화이트칼라 범죄의 피해자가 된다. 정답: ④

115 **화이트칼라 범죄의 원인에 대한 설명으로 가장 옳지 않은 것은?**

① 범죄 수단을 통해 개인의 재정문제를 해결하고자 하는 것은 화이트칼라 범죄를 저지르기 위해 자신을 합리화하면서 시작한다.
② 범죄자는 스스로 일탈적 행태를 인식하면서 갖게 되는 죄의식을 강화해 주는 세 가지 중화기술을 사용하여 화이트칼라 범죄를 범한다.
③ 몇몇 사업조직은 하위문화가 청소년 갱과 거리범죄를 촉진시키는 것과 같은 방식으로 화이트칼라 범죄를 촉진한다.
④ 화이트칼라 범죄자는 낮은 자아통제력을 갖고 있으며 범죄행동의 장기적 비용에 관한 고려 없이 금전적 충동에 따르는 경향이 높다.

해설

② 2005년 Evans & Porche의 건강관리 종사자에 대한 인터뷰 연구결과에 따르면, 범죄자는 스스로 일탈적 행태를 인식하면서 갖게 되는 죄의식을 완화해 주는 세 가지 중화기술을 사용한다.
정답: ②

116 **화이트칼라범죄(White-collar Crime)에 대한 설명으로 옳지 않은 것은?**

① 화이트칼라범죄는 경제적·사회적 제도에 대한 불신감을 조장하여 공중의 도덕심을 감소시키고 나아가 기업과 정부에 대한 신뢰를 훼손시킨다.

② 화이트칼라범죄의 폐해가 심각한 것은 청소년비행과 기타 하류계층 범인성의 표본이나 본보기가 된다는 사실이다.

③ 오늘날 화이트칼라범죄의 존재와 현실을 부정하는 사람은 없으나, 대체로 초기 서덜랜드(Sutherland)의 정의보다는 그 의미를 좁게 해석하여 개념과 적용범위를 엄격하게 적용하려는 경향이 있다.

④ 화이트칼라범죄는 피해규모가 큰 반면 법률의 허점을 교묘히 이용하거나 권력과 결탁하여 조직적으로 은밀히 이뤄지기 때문에 암수범죄가 많다.

해설

③ 오늘날 화이트칼라범죄의 주체는 기업의 거물부터 범죄를 위해 시장을 이용하는 중류계층 등 더욱 광범위해지고, 그 유형은 소득세 탈세, 신용카드사기, 위장파산 등 더욱 다양화되고 있다.

정답: ③

★중요★
117 **화이트칼라범죄에 관한 설명으로 옳지 않은 것은?**

① 서덜랜드(Sutherland)가 최초로 사용한 용어이다.

② 자신의 직무상의 권한과 영향력을 악용하여 저지르는 불법행위이다.

③ 일반적 범죄자에 비해 자신을 범죄자로 생각하지 않는 경향이 있다.

④ 개인의 신용카드범죄, 마약범죄, 성폭력범죄 등이 포함된다.

해설

화이트칼라범죄는 하류계층보다 사회적 지위가 높고 비교적 존경받는 사람들이 자신의 직업수행과정에서 행하는 직업적 범죄이다. 화이트칼라범죄는 조직체범죄와 직업범죄로 크게 나눠진다. ④의 신용카드범죄, 마약범죄, 성폭력범죄는 화이트칼라범죄로 분류되는 범죄유형이라고는 할 수 없다.

정답: ④

118 **다음 중 화이트칼라범죄에 대한 설명으로 가장 옳지 않은 것은?** 해경간부 2023

① 서덜랜드(Sutherland)에 따르면 사회적 지위가 높은 사람이 그 직업활동과 관련하여 행하는 범죄로 정의된다.

② 범죄행위의 적발이 쉽지 않고 증거수집에 어려움이 있다.

③ 암수범죄의 비율이 높고 선별적 형사소추가 문제되는 범죄유형이다.

④ 범죄로 인한 피해의 규모가 크기 때문에 행위자는 죄의식이 크고 일반인은 범죄의 유해성을 심각하게 생각하는 것이 특징이다.

해설

화이트칼라범죄는 피해의 규모가 큰 반면, 교묘하고 계획적인 범죄가 많아 피해자가 느끼는 피해감정이 미약하며, 가해자도 죄책감을 갖지 않는 특징을 가진다. 정답: ④

★중요★

119 화이트칼라범죄의 통제방법 중 법을 따르도록 시장의 인센티브를 만들려는 시도로 행위자보다 행위에 초점을 맞추는 전략은?

① 분산전략
② 환원전략
③ 억제전략
④ 준수전략

해설

④ 화이트칼라범죄의 통제전략 중 준수전략은 인센티브를 통해 올바른 방향으로 영향을 끼치게 하는 전략이다. 정답: ④

★중요★

120 화이트칼라범죄의 특징으로 옳지 않은 것은?

① 범행의 일회성
② 피해사실 인지의 어려움
③ 형사처벌의 어려움
④ 범죄자의 죄의식 결여

해설

【화이트칼라범죄의 특징】
- 범죄의 전문성과 복잡성
- 범죄의 은폐성
- 피해파악의 곤란성
- 처벌의 곤란성

정답: ①

121 화이트칼라범죄(white collar crime)에 관한 설명 중 옳지 않은 것은?

① 서덜랜드(E. H. Sutherland)는 높은 사회적 지위를 가진 자들이 이욕적 동기에서 자신의 직업활동과 관련하여 행하는 범죄라고 하였다.
② 화이트칼라범죄자의 범죄의식은 낮은 편이다.
③ 공무원의 뇌물수수, 회사원의 금융사기나 횡령 등을 예로 들 수 있다.
④ 피해자뿐만 아니라 일반인도 피해의식이 높다.

해설

화이트칼라범죄는 직업상의 전문지식이나 조직체계를 이용하므로 일반인들은 그러한 행위를 범죄로 인식하기 어려워 화이트칼라범죄를 중대한 범죄로 보지 않는 경향이 있다. 정답: ④

122 화이트칼라범죄에 해당하지 않는 것은?

① 변호사의 수임료 편취 행위
② 회계사의 횡령 행위
③ 기업인의 세금 포탈 행위
④ 공무원의 살인

해설

화이트칼라범죄는 서덜랜드가 부유한 사람과 권력 있는 사람들의 범죄활동을 기술하기 위해 처음 사용한 용어이다. 그는 화이트칼라범죄가 하류계층보다 사회적 지위가 높으며 비교적 존경받는 사람들이 자신의 직업수행과정에서 행하는 직업적 범죄라고 정의하였다. 그의 정의에 비추어 보면 ①·②·③은 각각의 주체가 자신들의 직무상의 권한을 이용해 저지른 불법행위라고 볼 수 있다. 정답: ④

123 화이트칼라범죄에 속하지 않는 것은?

① 은행원의 고객예금 횡령
② 공인회계사의 탈세
③ 증권사직원의 주식 내부거래
④ 변호사의 교통사고

해설

화이트칼라범죄는 서덜랜드가 부유한 사람과 권력 있는 사람들의 범죄활동을 기술하기 위해 처음 사용한 용어이다. 그는 화이트칼라범죄를 하류계층보다 사회적 지위가 높으며 비교적 존경받는 사람들이 자신의 직업수행과정에서 행하는 직업적 범죄라고 정의하였다. 정답: ④

124 서덜랜드(Sutherland)의 화이트칼라(White Collar) 범죄에 관한 설명으로 옳지 않은 것은?

① 화이트칼라범죄라는 용어는 서덜랜드에 의해 처음으로 사용되었다.
② 서덜랜드는 화이트칼라범죄를 정치·경제적으로 명망이 높은 사회적 지위에 있는 사람들이 자신의 직업과정에서 범하는 범죄라고 정의하였다.
③ 처음에는 상표법·저작권법 등의 위반, 허위광고, 리베이트 등 경영인에 의한 범죄를 의미하는 것으로 보았다.
④ 살인·폭행 등이라 할지라도 상류층에 의한 직업적 활동과정에서 발생하였다면 화이트칼라범죄에 속한다고 볼 수 있다.

해설

④ 사회적 지위가 높거나 사회적으로 추앙받고 있는 사람이라도 그가 범한 범죄가 일반형사범죄에 속한다면 화이트칼라범죄라고 볼 수 없다. 서덜랜드에 따르면 화이트칼라범죄는 사회상류층이 그들의 직업과 관련하여 저지르는 직업성 범죄를 말하므로 직업과 관계없이 행해지는 살인·폭행 등의 일반형사범죄는 화이트칼라범죄에 해당되지 않는다. 정답: ④

125 **화이트칼라범죄에 관한 설명 중 옳지 않은 것으로 묶인 것은?**

> ㉠ 사회일반인의 반규범적 의식이 일반범죄의 경우에 비해 희박하다.
> ㉡ 지능적·조직적으로 범하지만, 비권력적·비관료적인 성질을 가지고 있다.
> ㉢ 사회적인 명망가에 의해 발생하는 모든 범죄를 말한다.
> ㉣ 일반범죄에 비해 숨은 범죄의 비율이 높고, 선별적 형사소추가 문제된다.
> ㉤ 사회·경제·직업적으로 재량 내지 의사결정권을 가진 사람의 배임행위를 예로 들 수 있다.
> ㉥ 피해자뿐만 아니라 일반인도 높은 피해의식을 가지고 있다.

① ㉠ – ㉡ – ㉤　② ㉠ – ㉢ – ㉣　③ ㉡ – ㉢ – ㉥
④ ㉡ – ㉣ – ㉤　⑤ ㉣ – ㉤ – ㉥

해설

× : ㉡ 화이트칼라범죄의 개념을 처음으로 사용한 서덜랜드는 "사회적 지위가 높은 사람들이 그 직업상 저지르는 범죄"라고 정의한 바와 같이 화이트칼라범죄는 주로 상류계층에 속하는 사람의 직무와 관련되므로 권력적·관료적 성질을 가진다. ㉢ 비록 사회적 명망가에 의해 발생하는 범죄라 할지라도 살인·강도·절도 등 일반형사범죄는 화이트칼라범죄에 포함시키지 않는 것이 일반적 경향이다. ㉥ 화이트칼라범죄는 그 피해의 범위가 광범위 함에도 불구하고 일반인의 피해의식이 높지 않은 것이 특징이다.

○ : ㉠, ㉣, ㉤

정답: ③

126 **화이트칼라범죄(White–Collar Crime)에 관한 설명 중 옳지 않은 것은?**

① 서덜랜드(E.H. Sutherland)는 높은 사회적 지위를 가진 자들이 이욕적 동기에서 자신의 직업활동과 관련하여 행하는 범죄라고 하였다.
② 화이트칼라범죄자의 범죄의식은 낮은 편이다.
③ 공무원의 뇌물수수, 회사원의 금융사기나 횡령 등을 예로 들 수 있다.
④ 은밀한 방법으로 이루어져 적발이 용이하지 않다.
⑤ 피해자뿐만 아니라 일반인도 피해의식이 높다.

해설

⑤ 화이트칼라범죄는 그 피해의 중대성에도 불구하고 행위자가 범죄자로서 받는 사회적 비난의 정도가 크지 않으며, 일반인들도 직접적으로 자신에게 손실이 발생되는 것을 체감하지 못하기 때문에 피해의식도 낮은 편이다.

정답: ⑤

127 **화이트칼라범죄에 관한 설명으로 옳은 것은?**

① 사회경제적 지위가 높은 사람들이 저지르는 일체의 범죄를 가리키는 용어이다.
② 개인이 저지르는 경우에 한하며, 집단에 의한 경우는 제외된다.
③ 범죄피해의 규모는 크지만, 범죄자는 물론 일반인도 중대한 범죄로 보지 않는 경향이 있다.
④ 전형적인 형태로 절도, 사기, 횡령 등을 들 수 있다.
⑤ 적발이 용이하므로 범죄통계를 통해 그 규모를 쉽게 확인할 수 있다.

해설

① 화이트칼라범죄는 초기에는 높은 사회적 지위를 가진 자들의 범죄라는 개념으로 사용되었으나, 오늘날에는 자신의 지위나 전문적 지식을 이용하여 저지르는 범죄행위로 확대해석되고 있다.
② 오늘날 화이트칼라범죄는 개인이나 집단이 직업활동을 하는 과정에서 자신의 지위 또는 전문적 지식을 이용하여 저지르는 범죄행위로 확대해석되고 있다.
④ 주로 사회적 지위나 전문적 지식을 이용하여 저지르는 범죄를 의미하므로 절도·사기·횡령 등 일반적인 재산범은 여기에 해당하지 않는다.
⑤ 화이트칼라범죄자는 직업적 전문지식을 이용하여 계획적이고 은밀하게 이루어지는 경향이 있기 때문에 적발이 용이하지 않고, 범죄통계에 나타나지 않는 암수범죄가 많다.

정답: ③

★중요★
128 **화이트칼라범죄의 특징이라고 볼 수 없는 것은?**

① 범죄피해의 규모가 막대하여 사회를 혼란하게 할 수 있다.
② 합법적 경제활동을 위장하기 때문에 공개적으로 행해지는 경우가 많다.
③ 범죄의 주체가 대체로 사회적 지위가 높은 자들이므로 증거확보가 용이하지 않다.
④ 화이트칼라범죄에 대한 사회일반의 규범의식이 충분히 발달되어 있지 않다.

해설

② 화이트칼라범죄는 법률 위반이 정상적인 경제거래의 수단을 이용하여 행해지는 경우도 있지만, 대체로 치밀한 계획에 따라 비공개되는 경향이 많다.

〈화이트칼라범죄의 특징 요약정리〉

특징	내용
피해의 대규모성	국민의 신뢰를 무너뜨리고 사회질서를 교란하여 광범위한 사회해체를 유발
범죄성 인정의 곤란	범죄인은 물론 일반인들도 중대한 범죄로 인정하지 않는 경향이 있고, 위법성을 논하기 애매
증거확보의 곤란	범죄자의 사회적 지위가 높거나 전문지식을 이용하는 경우가 많아 적발이 용이하지 않음
암수범죄성	계획적이고 은밀하게 이루어지는 경향이 있어 범죄통계에 나타나지 않는 암수범죄가 많음
사회적 비난의 미약	일반인들이 직접적으로 범죄의 손실을 체감하지 못하므로 사회적 비난이 약하고 피해의식도 낮음
확산 추세	기술과학의 발전에 따른 전문적 영역의 확대로 범죄발생은 점차 증가 추세

정답: ②

129 화이트칼라범죄에 관한 설명 중 옳지 않은 것으로 묶인 것은?

㉠ 처음에는 높은 사회적 지위를 가진 자들의 범죄라는 개념으로 사용되었으나, 오늘날에는 개인이나 집단이 직업활동을 하는 과정에서 자신의 지위나 전문적 지식을 이용하여 저지르는 범죄행위로 확대해석되고 있다.
㉡ 경제발전이 지속되고, 전문기술이 보편화됨에 따라 종전에는 화이트칼라범죄로 분류되었던 범죄들이 일반범죄로 전환되었으므로 화이트칼라범죄는 감소추세에 있다.
㉢ 범죄의 피해자가 명확하다.
㉣ 기업에 의한 환경범죄도 화이트칼라범죄에 포함된다.

① ㉠, ㉡
② ㉠, ㉣
③ ㉡, ㉢
④ ㉢, ㉣

해설

× : ㉡ 전반적인 기술과학의 발전에 따라 전문적 영역이 확대되면서 화이트칼라범죄는 증가추세에 있다. ㉢ 화이트칼라범죄는 그 피해자가 명확하지 않다는 특징을 가지고 있다.
○ : ㉠, ㉣

정답: ③

130 화이트칼라범죄에 대한 설명으로 올바르지 않은 것은?

① 서덜랜드(Sutherland)는 사회경제적 지위가 높은 사람들이 그 직업상 저지르는 범죄를 화이트칼라범죄라고 정의하였다.
② 화이트칼라범죄는 지능성·계획성·은밀성을 특징으로 한다.
③ 화이트칼라범죄에 대한 일반인들의 피해감정은 대체로 높게 나타난다.
④ 화이트칼라범죄는 규범의식이 없는 경우가 대부분이다.

해설

화이트칼라범죄는 일반인들의 피해감정이 희박하다는 것이 특징이다.

정답: ③

131 화이트칼라범죄가 다른 범죄와 구별되는 가장 큰 특징은?

① 범행의 적발이 용이하다.
② 전문직업범적 성격을 가진다.
③ 피해자의 피해인식이 명확하다.
④ 범행이 일회성의 성격을 지닌다.

해설

화이트칼라범죄는 사회적으로 높은 지위를 가지고 있는 사람이 직업활동의 과정에서 저지르는 범죄로, 전문직업범적 성격을 가진다.

정답: ②

132 화이트칼라범죄에 대한 설명으로 가장 타당한 것은?

① 사회적 명망이 있고 부유층에 속한 사람이 명정상태에서 폭행을 한 경우가 대표적이다.
② 강도단의 두목이 일시적인 증권사기로 거액의 수입을 올리는 것도 이에 속한다.
③ 자본주의사회의 대다수 시민이 일반적으로 범할 수 있는 것이 특징이다.
④ 일반형사범에 비하여 사회일반인의 비난의식이 희박한 범죄현상이다.

해설

④ 화이트칼라범죄로 인한 피해는 그 크기가 엄청난 것이지만 대부분 간접피해로 사회일반의 비난의식이 희박하다는 것이 특징 중의 하나이다. 또한 화이트칼라범죄는 직접적인 피해자뿐만 아니라 대부분의 다른 사람에게도 미치기 때문에 일반인이 그 유해성을 피부로 느끼지 못하나 그 해악은 상당히 크다.

정답: ④

133 화이트칼라범죄에 대한 설명으로 옳지 않은 것으로만 묶인 것은?

㉠ 화이트칼라범죄는 사회지도층에 대한 신뢰를 파괴하고, 불신을 초래할 수 있다.
㉡ 화이트칼라범죄는 청소년비행이나 하류계층 범인성의 표본이나 본보기가 될 수 있다.
㉢ 화이트칼라범죄는 폭력성이 전혀 없다는 점에서 전통적인 범죄유형과 구별된다.
㉣ 화이트칼라범죄는 업무활동에 섞여 일어나기 때문에 적발이 용이하지 않고 증거수집이 어려운 특성이 있다.
㉤ 경제발전과 소득증대로 화이트칼라범죄를 범하는 계층은 점차 확대되어 가는 경향이 있다.
㉥ 서덜랜드는 사회적 지위와 직업활동이라는 요소로 화이트칼라범죄를 개념 정의한다.
㉦ 화이트칼라범죄는 직접적인 피해자를 제외하고는 다른 사람들에게 영향을 미치지 않는다.
㉧ 화이트칼라범죄는 전문적 지식이나 기법을 기반으로 행해지기 때문에 대체로 위법성의 인식이 분명한 특성이 있다.

① ㉠, ㉣, ㉧ ② ㉡, ㉦, ㉧ ③ ㉢, ㉦, ㉧ ④ ㉤, ㉥, ㉦

해설

③ ㉢, ㉦, ㉧이 옳지 않은 설명이다.

㉢ 화이트칼라범죄는 폭력성이 전혀 없는 것이 아니라, 약하고 복잡하다는 특징을 가진다.
㉦ 화이트칼라범죄는 살인, 강도, 폭행과 같이 개인을 직접적인 피해자로 하기보다는 사회 전체에 광범위한 피해를 야기하는 점에서 일반범죄와 구분된다.
㉧ 화이트칼라범죄는 전문적 지식이나 기법을 기반으로 늘상 행하던 일과 연관되기 때문에 대체로 위법하다는 인식이 적은 경향이 있다.

화이트칼라범죄는 사회의 지도적·관리적 위치에 있는 사람이 직무상 지위를 이용하여 저지르는 범죄를 말하며, 종래 범죄는 사회부적응자 등 비교적 낮은 계층에 속하는 사람들에 의해 저질러진다고 여겨졌으나, 미국 범죄사회학자 서덜랜드는 화이트칼라 계층에 속하는 사람들 사이에도 범죄행위를 널리 볼 수 있다고 지적하고 화이트칼라범죄이론을 주창하였다("경영인 등 높은 사회적 지위를 가진 자들이 이욕적인 동기에서 자신의 직업활동과 관련하여 행하는 범죄"). 갈수록 범죄의 발생빈도가 높아지고 있으며 횡령·배임·탈세 등을 비롯하여 뇌물, 주식범죄, 기업합병 등 종류도 다양하다. 화이트칼라범죄는 개인을 피해자로 하기보다는 사회 전체에 광범위한 피해를 야기하고 불법적인 기업행위의 대부분이 국가 공무원과 결탁하에 이루어짐으로써 정부를 부패시키는 경향이 있다. 자본주의사회의 일상적 현상이 되었으며, 적법한 기업활동이나 행정집행과정에서 저질러지기 때문에 적법·위법의 판단을 내리기 어려운 경우가 많다. 이 범죄는 교묘하고 계획적인 범죄가 많아 피해자가 느끼는 피해감정이 미약하며, 가해자도 살인·강도 등을 저지른 것과 같은 죄책감을 갖지 않는 특징을 가진다.

정답: ③

134 **화이트칼라범죄에 관한 다음 기술 중 부적당한 것은?**

① 이 범죄의 의의를 최초로 주장한 학자는 서덜랜드이다.
② 이 범죄는 직접적이고 단독적인 것이 특징이다.
③ 이 범죄는 사기·수뢰의 형태로 나타난다.
④ 살인·강도·낙태 등은 이 범죄에서 제외된다.

해설

② 대체로 간접적이고 조직적인 형태를 띠고 있다.

정답: ②

135 **화이트칼라범죄에 대한 설명으로 가장 타당한 것은?**

① 화이트칼라범죄는 전통적 범죄에 비해 그 피해나 손해가 특정계층에 집중된다.
② 기업가의 범죄는 동료집단 사이에서 제재를 받는 경향이 있다.
③ 화이트칼라범죄를 볼 때 범죄현상은 사회계층의 전반에 걸쳐 만연해 있음을 알 수 있다.
④ 화이트칼라범죄는 일반범죄에 비해 숨은 범죄가 많지 않다.

해설

③ 전통적 범죄이론은 범죄를 주로 하위계층의 문제로 파악하지만 화이트칼라범죄는 관료나 경제인 등 상위계층의 범죄를 나타내므로 범죄는 사회계층 전반의 문제임을 보여준다.
① 화이트칼라범죄는 전통적 범죄에 비해 그 피해나 손해가 광범위하다는 특징이 있다.
② 기업가의 범죄가 있다고 해도 동료집단 사이에서 어떤 상징적 제재를 받지 않는 경향이 있다.
④ 화이트칼라범죄는 권력적, 지능적, 은폐적 특성이 있어 숨은 범죄가 대단히 많다.

정답: ③

136 **화이트칼라 범죄의 통제방법 중 법을 따르도록 시장의 인센티브를 만들려는 시도로, 행위자보다 행위에 초점을 맞추는 전략으로 가장 옳은 것은?** 해경간부 2024

① 분산전략 ② 환원전략 ③ 억제전략 ④ 준수전략

해설

④ 준수전략에 대한 설명이다.

정답: ④

137 **다음의 문화적 환경과 범죄에 관한 설명 중 타당하지 않은 것은 어느 것인가?**

① 종교는 범죄행위의 방지에 도움을 준다.
② 학력이 높으면 높을수록 모든 범죄와는 거리가 멀어진다.
③ 종교적 확신범은 종교가 범죄유발작용도 한다는 대표적 예이다.
④ 학교교육은 범죄억제작용과 아울러 범죄촉진작용도 한다.

해설

② 화이트칼라범죄 등은 지능이 높을수록, 학력이 높을수록 범죄와 깊은 상관관계를 가진다.

정답: ②

138 **다음 중 경제범죄의 특징에 대한 설명으로 옳지 않은 것은?**

① 영리성
② 지능성
③ 신분성
④ 피해자의 소수성

해설

④ 경제범죄의 개념이 무엇인가에 대해서는 명확하게 정립된 것이 없지만 형법상의 재산범죄가 개인적 법익을 침해하는 것을 내용으로 하는 데 반하여 경제범죄는 사회적 경제구조 내지 경제기능을 침해하는 것을 내용으로 하는 것으로 일반적으로 이해된다.

①·②·③ 경제범죄는 곤궁범죄와 달리 타산적인 이성인이 영리추구를 위해 범하는 영리성, 타인이 모방하는 모방성 및 상호연쇄성, 전문인에 의한 지능성 및 전문성, 화이트칼라에 해당하는 신분을 가진 자가 권력과 결탁하여 범하는 신분성 및 권력성의 특징을 가지며 그 피해 범위도 크다.

정답: ④

139 **부유지역과 빈곤지역에서의 범죄율을 비교하여 상대적 빈곤이 범죄의 원인이라고 주장한 학자는?**

① 서덜랜드(Sutherland)
② 케틀레(Quetelet)
③ 쉐프(Scheff)
④ 랑게(Lange)
⑤ 아들러(Adler)

해설

② 케틀레(Quetelet), 스토우퍼(S.A.Stouffer), 머튼(R.K.Merton), 토비(J.Toby)는 범죄발생에 있어 빈곤의 영향은 단지 하류계층에 국한된 현상이 아니라 어떤 계층이든지 느낄 수 있는 것이기 때문에 광범위한 사회계층에 작용한다며 상대적 빈곤이 범죄원인이라 주장한다.

정답: ②

★중요★

140 은행처럼 꾸민 가짜 웹사이트를 개설하고 개인정보를 입력하도록 유도하여 금융사기를 일으키는 신종 범죄는?

① 스토킹(stalking) ② 피싱(phishing)
③ 디도스(DDos) ④ 스팸메일(spam mail)

해설

피싱은 금융기관 등의 웹사이트나 거기서 보내온 메일로 위장하여 개인의 인증번호나 신용카드번호, 계좌정보 등을 빼내 이를 불법적으로 이용하는 사기수법이다. 정답: ②

141 경찰청은 사이버범죄를 '정보통신망 침해 범죄', '정보통신망 이용 범죄', '불법콘텐츠 범죄'로 구분하고 있다(2021년 기준). 다음 중 '정보통신망 침해범죄'와 가장 거리가 먼 것은? 경찰간부 2023

① 해킹 ② 사이버 도박
③ 서비스 거부공격(DDos 등) ④ 악성프로그램 전달 및 유포

해설

【경찰청 사이버범죄의 유형 구분】
- 정보통신망 침해 범죄 : 해킹, 서비스 거부공격, 악성프로그램, 기타 정보통신망 침해형 범죄 등
- 정보통신망 이용 범죄 : 사이버 사기, 사이버 금융범죄(피싱, 파밍, 스미싱, 메모리해킹, 몸캠피싱 등), 개인·위치정보 침해, 사이버 저작권 침해, 사이버 스팸메일, 기타 정보통신망 이용형 범죄 등
- 불법콘텐츠 범죄 : 사이버 성폭력, 사이버 도박, 사이버 명예훼손·모욕, 사이버 스토킹, 사이버 스팸메일, 기타 불법콘텐츠 범죄 등 정답: ②

142 사이버범죄에 관한 설명으로 가장 적절하지 않은 것은? 경행경채 2022

① 사이버범죄란 일반적으로 사이버공간을 범행의 수단, 대상, 발생장소로 하는 범죄행위를 의미한다.
② 전통적 범죄와 달리 사이버범죄는 비대면성, 익명성, 피해의 광범위성 등의 특성이 있다.
③ 경찰청 사이버범죄 분류(2021년 기준)에 따르면 몸캠피싱은 불법콘텐츠 범죄 중 사이버 성폭력에 속한다.
④ 경찰청 사이버범죄 분류(2021년 기준)에 따르면 메모리해킹은 정보통신망 이용 범죄 중 사이버 금융범죄에 속한다.

해설

③·④ 경찰청 사이버안전국의 사이버범죄 분류에 따르면 몸캠피싱은 정보통신망 이용 범죄 중 사이버 금융범죄에 속한다. 경찰청 사이버범죄는 기본적으로 정보통신망 침해 범죄, 정보통신망 이용 범죄, 불법콘텐츠 범죄로 분류된다.

〈경찰청 사이버안전국의 사이버범죄 분류〉

유형		세부유형
사이버 범죄	정보통신망 침해 범죄	해킹
		서비스거부공격(DDoS등)
		악성프로그램
		기타 정보통신망 침해형 범죄
사이버 범죄	정보통신망 이용 범죄	사이버 사기
		사이버 금융범죄(피싱, 파밍, 스미싱, 메모리해킹, 몸캠피싱 등)
		개인·위치정보 침해
		사이버 저작권 침해
		사이버 스팸메일
		기타 정보통신망 이용형 범죄
	불법콘텐츠	사이버 성폭력
		사이버 도박
		사이버 명예훼손·모욕, 사이버 스토킹
		사이버 스팸메일
		기타 불법콘텐츠 범죄

정답: ③

143 **사이버범죄의 유형을 나타내는 용어 중 성격이 가장 다른 하나는?** 해경간부 2024

① e-후킹(Hooking)　② 스푸핑(Spoofing)
③ 스미싱(Smishing)　④ 비싱(Vishing)

해설

①은 정보통신망 침해 범죄에 해당하고, ②·③·④는 정보통신망 이용 범죄에 해당한다.

① e-후킹은 해킹의 한 종류로, 이용자가 키보드로 누른 비밀번호 등 중요한 정보를 유출시키는 기법이다.

② 스푸핑은 "속이거나 골탕먹이다."는 의미로, 직접적으로 시스템에 침입을 시도하지 않고 피해자가 공격자의 악의적인 시도에 의한 잘못된 정보, 혹은 연결을 신뢰하게끔 만드는 일련의 기법이다. 참고로, 스니핑이란 "냄새를 맡다."라는 의미로, 컴퓨터 네트워크상에 돌아다니는 패킷들을 훔쳐보는 것을 말한다.

③ 스미싱은 인터넷이 가능한 휴대폰 사용자에게 문자 메시지를 보낸 후 사용자가 웹사이트에 접속하면, 악성코드를 주입하여 휴대폰을 통제하는 기법이다.

④ 비싱은 피싱의 발전된 기법으로, 인터넷 전화로 금융기관을 가장하여 은행계좌에 문제가 있다는 자동녹음된 메시지를 보낸 뒤 사용자가 비밀번호 등을 입력하면 빼내가는 기법이다.

정답: ①

144 **다음에서 설명하고 있는 사이버금융범죄에 해당하는 것은?** 경찰간부 2025

> '무료쿠폰 제공', '돌잔치 초대장' 등을 내용으로 하는 문자메시지 내 인터넷 주소를 클릭하면, 악성코드가 스마트폰에 설치되어 피해자가 모르는 사이에 소액이 결제되거나 개인·금융정보를 탈취해 가는 수법을 말한다.

① 피싱(Phishing)
② 파밍(Pharming)
③ 스미싱(Smishing)
④ 메모리해킹(Memory Hacking)

해설

③ 스미싱은 인터넷이 가능한 휴대폰 사용자에게 문자 메시지를 보낸 후 사용자가 웹사이트에 접속하면, 악성코드를 주입하여 휴대폰을 통제하는 기법이다.
① 피싱은 피해자를 기망하거나 협박하여 개인정보, 금융거래정보 등을 요구하거나 금전을 이체토록 하는 기법이다.
② 파밍은 피해자의 PC를 악성프로그램에 감염시켜 정상 사이트 주소를 입력하더라도 가짜 사이트로 접속되도록 조작한 후 금융거래정보를 빼내어 금전을 부당하게 인출하는 기법이다.
④ 메모리해킹은 피해자의 PC 메모리에 상주하는 악성프로그램을 심어 정상 사이트에 접속하더라도 거래오류가 발생되거나, 별도의 팝업창을 띄워 금융거래정보를 입력하게 하여 금전을 부당하게 인출하는 기법이다.

정답: ③

★중요★
145 **다음이 설명하는 사이버범죄 유형은?**

> 컴퓨터가 프로그램 본래의 목적을 실행하면서도 일부에서는 부정한 결과가 나올 수 있도록 프로그램 속에 특별한 프로그램을 은밀히 삽입하여 이용하고 범행 후에는 그 증거가 되는 부분의 프로그램을 전부 없애는 것을 말한다.

① 트로이목마(trojan horse)
② 슈퍼재핑(super zapping)
③ 트랩도어(trap door)
④ 자료편취(data diddling)

해설

트로이목마 (trojan horse)	프로그램 일부에서 부정한 결과가 생기도록 프로그램 속에 범죄자만 알 수 있는 명령문을 삽입하며 사용하는 수법
자료편취 (data diddling)	데이터를 최종적으로 입력하는 순간에 자료를 삭제하거나 변경하는 방법으로, 금융기관에서 주로 사용되는 수법
슈퍼재핑 (super zapping)	컴퓨터가 고장날 때 비상으로 쓰는 프로그램인 슈퍼재핑의 수행 시 보안장치기능을 마비시켜 컴퓨터의 기억장치에 수록된 자료를 복사해 가는 수법
트랩도어 (trap door)	대규모의 프로그램을 개발할 때에는 프로그램을 수정할 수 있는 명령어가 필요한데, 트랩도어(trap door)는 이 명령어를 삭제하지 않거나 못해서 이를 이용해 프로그램을 조작하는 수법

정답: ①

146 **다음 두 사람의 대화에서 설명하고 있는 사이버범죄에 해당하는 것으로 가장 옳은 것은?**

해경간부 2025

> 보기
>
> 민지 : 유진아, 그 매일 읽지 마!
>
> 유진 : 왜? 여기 내 정보가 정확하게 기재되어 있어.
>
> 민지 : 아니야. 이거 요즘 신종수법인데, SNS에서 얻은 네 정보가 포함된 이메일을 발송해서 마치 합법적인 것처럼 가장하는 거야. 악성코드가 이름, 비밀번호, 은행계좌정보, 신용카드번호 및 기타 개인정보와 같은 세부정보를 수집하기 위해 이메일 첨부파일을 열도록 요청하는 사기의 유형이야.

① 스피어피싱(spearphishing) ② 살라미 기술(salami technique)
③ 돼지도살 사기(pig butchering scam) ④ 슈퍼재핑(superzapping)

해설

① 스피어피싱은 특정 대상을 선정하여 그의 정보를 조사한 후 맞춤형 메시지를 보내 개인정보를 수집하는 기법이다.

② 살라미 기술은 작은 사기나 불법행위를 여러 번에 걸쳐 실행하여 피해를 최소화시킴으로써 가해자의 존재를 감추는 기법으로, 이름은 저미어 먹는 살라미 소시지에서 유래되었다.

③ 돼지도살 사기는 피해자와 신뢰를 쌓은 후 고수익을 약속하며 투자를 유도하는 사이버 범죄로, 초기 투자 시 가짜 수익을 보여주면서 추가 투자를 유도하고, 결국에는 모든 돈을 가지고 사라지므로 피해자는 대부분 큰 재정적 손실을 입게 된다.

④ 슈퍼재핑은 특정 대상이나 집단의 데이터를 조작하거나 훔치는 기법으로, 재핑보다 더 고도화된 기법이다. 주로 해커가 대량의 데이터를 효율적으로 수집하기 위해 사용하는데, 목표대상의 취약점을 이용하여 빠르게 많은 정보를 얻는 데 집중한다. 정답: ①

147 **다음 중 사이버범죄에 대한 특징으로 옳지 않은 것은?**

① 범행이 반복적이고 지속적이다.
② 피해가 매우 광범위할 수 있다.
③ 적발될 가능성이 매우 높아 범죄를 준비하기 위해 고도의 용기와 공범이 필수적이다.
④ 가장 넓은 의미에서의 사이버범죄는 신용카드 관련 범죄도 포함한다.

해설

③ 사이버범죄란 정보나 재산적 가치를 불법적으로 취득할 목적으로 컴퓨터를 조작하거나 오용하는 일체의 행위를 말하며 그 특징으로는 범행이 반복적이고 지속적이라는 점, 피해 정도가 매우 광범위할 수 있다는 점, 적발될 가능성이 적고 다른 사람과의 접촉없이 행동으로 실천할 수 있으며 단기간에 걸쳐 많은 양의 정보를 처리할 수 있다는 점이다. 정답: ③

★중요★
148 **경찰청은 사이버범죄를 '정보통신망 침해 범죄', '불법콘텐츠 범죄', '정보통신망 이용 범죄'로 구분하고 있다. 다음 중 '정보통신망 침해 범죄'에 해당하지 않는 것은?**

① 서비스거부공격 ② 인터넷사기
③ 악성프로그램 유포 ④ 해킹

해설

【사이버범죄 유형별 구분(경찰청 분류기준)】
- 정보통신망 침해 범죄 : 해킹, 서비스거부공격, 악성프로그램 유포, 기타
- 정보통신망 이용 범죄 : 인터넷사기, 사이버금융범죄, 개인위치정보침해, 사이버저작권침해, 스팸메일, 기타
- 불법콘텐츠범죄 : 사이버음란물, 사이버도박, 사이버명예훼손·모욕, 사이버스토킹, 기타 정답: ②

149 **사이버범죄의 일반적 특성이 아닌 것은?**

① 익명성 ② 비대면성
③ 시공간 제약성 ④ 피해의 광역성

해설

③ 사이버범죄는 익명성, 비대면성, 시공간의 무제약성, 피해의 광역성을 특징으로 한다. 정답: ③

150 **사이버범죄의 특징으로 옳은 것은?**

① 대면성 ② 비익명성
③ 시·공간적 제약성 ④ 범죄성의 인식 결여

해설

④ 사이버범죄는 익명성과 비대면성으로 인해 범행자 스스로 범죄성에 대한 인식이 희박하거나 결여되어 있다. 또한 시·공간의 무제약성으로 인해 범죄의 영향력이 매우 크고 범죄 피해가 빠르게 확산될 수 있어 피의자 및 증거확보가 곤란하고 책임자가 불명확하다. 정답: ④

151 **사이버범죄의 특징을 모두 고른 것은?**

ㄱ. 비대면성 ㄴ. 느린 전파성
ㄷ. 범죄의식의 희박성 ㄹ. 탈시공간성
ㅁ. 피해의 국지성

① ㄱ, ㄴ, ㄷ ② ㄱ, ㄷ, ㄹ
③ ㄱ, ㄷ, ㅁ ④ ㄴ, ㄹ, ㅁ

해설

사이버범죄는 ㄴ. 빠른 전파성, ㅁ. 피해의 광역성을 특징으로 한다. 정답: ②

152 **사이버범죄의 특성이 아닌 것은?**

① 기술성
② 빠른 전파성
③ 증거확보의 어려움
④ 책임자의 명확성

해설

④ 사이버범죄는 사이버공간을 통해 빠르게 전파되므로 책임자가 불명확하다. 정답: ④

153 **사이버 명예훼손죄에 관한 설명으로 틀린 것은?**

① 공연히 사실을 적시하여 사람의 명예를 훼손하는 것을 내용으로 한다.
② '공연히'의 의미에 관해 판례는 전파성이론을 취하고 있다.
③ 명예훼손죄는 사이버공간에서 쉽게 이루어질 수 있다.
④ 인터넷 홈페이지도 출판물에 해당한다고 볼 수 있다.

해설

④ 명예훼손죄의 출판물에 해당하기 위해서는 그것이 등록·출판된 제본인쇄물이나 제작물은 아니라고 할지라도 적어도 그와 같은 정도의 효용과 기능을 가지고 사실상 출판물로 유통·통용될 수 있는 외관을 가진 인쇄물로 볼 수 있어야 한다고 한다. 즉, 인터넷 홈페이지는 인쇄물에 해당하지 않는다.
정답: ④

154 **사이버범죄의 특징이라고 할 수 없는 것은?**

① 전문성
② 대면성
③ 빠른 전파성
④ 피의자 및 증거확보의 곤란성

해설

② 인터넷을 통해 형성된 사이버공간에서 벌어지므로 직접 대면하지 않는다. 정답: ②

155 **디도스, 해킹, 바이러스 유포와 같은 범죄의 특징이 아닌 것은?**

① 탈시공성
② 익명성
③ 피해의 광역성
④ 비전문성

해설

④ 디도스 해킹, 바이러스 유포 등은 사이버범죄로 그 수법이 매우 지능적이며 고도의 전문기술을 필

요로 하므로 비전문성과는 거리가 멀다. 정답: ④

156 영리목적의 광고성 정보(이른바 스팸메일)를 전송하는 자가 그 광고성 정보에 명시하여야 할 사항이 아닌 것은?

① 수신자의 비밀누설 금지
② 전송자의 명칭 및 연락처
③ 전자우편주소를 수집한 출처
④ 수신거부의 의사표시를 쉽게 할 수 있는 조치 및 방법에 관한 사항

해설

① 수신자의 비밀누설 금지가 아니라 전송정보의 유형 및 주요내용이 명시되어야 한다. 정답: ①

157 무어(R. Moore)가 분류한 해커의 6가지 유형에 대한 설명으로 가장 옳지 않은 것은?

① 블랙 해커 – 컴퓨터 시스템과 네트워크를 불법적이고 악의적인 접근으로부터 보호하기 위하여 프로그램을 작성함
② 회색 해커 – 블랙 해커와 화이트 해커를 혼합한 것으로서 기회주의적인 것으로 여겨짐
③ 해킹 행동주의자 – 그들의 정치적 메시지를 전파하기 위해서 컴퓨터 시스템이나 네트워크를 해킹하고자 시도함
④ 사이버 테러리스트 – 국가기반시설에 연결된 컴퓨터 시스템에 접근하여 공격하는데, 그러한 공격은 서비스 불능으로 인해 손상이나 사망을 야기할 수 있음

해설

① 블랙 해커가 아니라 화이트 해커에 대한 설명이다. 블랙해커는 악의적 목적이나 개인적 이익을 위해 타인의 시스템에 불법침입하거나 시스템 자체를 파괴한다. 정답: ①

158 사이버범죄 중 해킹의 특징을 모두 고른 것은?

㉠ 타인의 정보처리 장치나 시스템에 불법으로 침입한다.
㉡ 범행의 시간적·공간적 제약이 일반범죄에 비해 적다.
㉢ 금전적 이득을 꾀하려는 경우도 있다.
㉣ 단순한 호기심이나 지적 과시의 동기에서 이루어지는 경우도 있다.

① ㉠, ㉢
② ㉠, ㉡, ㉣
③ ㉡, ㉢, ㉣
④ ㉠, ㉡, ㉢, ㉣

해설

모두 해킹의 특징에 해당한다. 정답: ④

★중요★

159 환경범죄의 특성으로 보기 어려운 것은?

① 침해의 간접성 ② 침해의 복합성
③ 침해의 신속성 ④ 피해의 광범성

해설

【환경범죄의 특성】
침해의 간접성, 복합성, 광범성, 상규성, 전파성, 완만성, 특수성, 침해행위의 특수성, 행위자와 피해자의 특수성 정답: ③

160 다음 중 환경범죄의 특징에 대한 설명으로 옳지 않은 것은?

① 행위자의 범죄의식 결여 ② 침해의 정당행위 주장
③ 책임의 주체 불명확 ④ 피해의 최소성

해설

④ 피해가 광범위하다.

〈환경범죄의 특징〉

인위성, 간접성, 전파성, 완만성	자연적 재해가 아닌 인위적으로 야기되는 것으로, 그 현상이 단기간에 나타나지 않고 상당 시간이 경과한 후 불특정 다수에게 나타난다는 점이다.
침해의 정당행위성, 힘의 불균형성	행위자의 범죄의식이 희박하고 피해자는 생물적·사회적 약자로부터 나타난다.
기술성, 주체확정의 곤란성	환경범죄는 기술적 분야와 관련된 행위이기 때문에 기술적 요소가 강하고, 행위자가 다수이거나 기업인 경우에는 책임의 주체를 확정하는 데 있어 어려움이 있다.

정답: ④

161 우리나라의 성매매에 대한 입장은?

① 규제주의 ② 비범죄주의
③ 금지주의 ④ 제한적 합법화주의

해설

우리나라는 자발적으로 성을 판매한 사람도 처벌하도록 한 성매매특별법조항에 따라 성을 사고파는 행위 모두를 처벌대상으로 두어 성매매 금지주의 원칙을 엄격히 지키고 있다. 정답: ③

★중요★
162 **현행법상 성범죄로 유죄판결이 확정된 자의 공개되는 신상정보가 아닌 것은?**

① 성명
② 가족관계
③ 성폭력범죄 전과사실
④ 등록대상 성범죄 요지

해설

② 가족관계는 현행법상 성범죄로 유죄판결이 확정된 자의 공개되는 신상정보에 해당되지 않는다.

아동·청소년의 성보호에 관한 법률 제49조(등록정보의 공개)

④ 제1항에 따라 공개하도록 제공되는 등록정보(이하 "공개정보"라 한다)는 다음 각 호와 같다.

1. 성명
2. 나이
3. 주소 및 실제거주지(「도로명주소법」 제2조제3호에 따른 도로명 및 같은 조 제5호에 따른 건물번호까지로 한다)
4. 신체정보(키와 몸무게)
5. 사진
6. 등록대상 성범죄 요지(판결일자, 죄명, 선고형량을 포함한다)
7. 성폭력범죄 전과사실(죄명 및 횟수)
8. 「전자장치 부착 등에 관한 법률」에 따른 전자장치 부착 여부

정답: ②

박상민 Justice 범죄학

핵심요약 + 기출예상문제

기출예상문제

PART

07

범죄대책론

1. 예방론 및 예측론

★중요★
001 제프리(C.R. Jeffery)가 범죄대책으로 제시한 모델이 아닌 것은?

① 범죄통제모델 ② 사회복귀모델
③ 교정교화모델 ④ 환경공학적 범죄통제모델

해설

①·②·④ 제프리는 범죄대책의 목적설정과 관련하여 세 가지 범죄대책모델을 제시하였는데 범죄통제모델·사회복귀모델·환경공학적 범죄통제모델이다.

〈제프리의 범죄대책모델〉

범죄통제모델	• 종래의 형사정책에서 주된 관심을 두었던 방법으로 고전학파 범죄이론의 입장이다. • 범죄예방의 방법으로 진압적 방법을 주장하며, 처벌의 신속성·확실성·엄격성을 강조한다.
사회복귀모델	• 주관주의 형법이론의 입장으로 범죄인의 재사회화와 재범방지에 중점을 둔다. • 임상적 개선, 지역활동, 교육 및 직업훈련, 복지정책 등 사회정책적 수단을 강조한다.
환경공학적 범죄통제모델	• 도시정책, 환경정화, 인간관계의 개선, 정치·경제·사회의 각 분야에서의 갈등해소를 강조한다. • 범죄방지는 근본적인 사회환경의 개선을 통해서만 가능하다고 본다. ※ 제프리가 가장 강조한 모델이다.

정답: ③

002 범죄예방에 관한 설명으로 가장 적절하지 않은 것은? 경행2차 2023

① 상황적 범죄예방모델은 브랜팅햄(Brantingham)과 파우스트(Faust)의 범죄예방모델 중에서 2차적 범죄예방에 속한다.
② 깨진 유리창 이론(Broken Windows Theory)을 근거로 도출된 범죄예방모델에서는 무관용 원칙을 중요시한다.
③ 랩(Lab)은 범죄예방의 개념을 '실제의 범죄발생 및 범죄두려움(fear of crime)을 제거하는 활동'이라 정의하고, 범죄예방은 범죄의 실질적인 발생을 줄이려는 정책과 일반시민이 범죄에 대하여 가지는 막연한 두려움과 공포를 줄여나가는 정책을 포함하여야 한다고 주장한다.
④ 제프리(Jeffery)가 제시한 범죄대책 중 범죄억제모델은 주로 형집행단계에서 특별예방의 관점을 강조하고 있다.

해설

④ 실증주의의 특별예방관점에 의한 재범방지모델, 즉 사회복귀모델에 대한 설명이다.
① 2차적 범죄예방은 범행가능성이 있는 잠재적 범죄자를 조기에 발견하고 그를 감시·교육함으로써

반사회적 행위에 이르기 전에 미리 예방하는 것을 말하고, 상황적 범죄예방모델은 환경설계를 통해 범죄기회를 차단하고 범죄자에게 범죄이익의 감소를 인식하게 하여 범죄예방을 한다. 상황적 범죄예방모델은 브랜팅햄과 파우스트의 범죄예방모델 중에서 2차적 범죄예방에 속한다. 정답: ④

003 범죄예방과 형사사법제도의 비교에 관한 설명으로 가장 적절한 것은? 경행2차 2024

① 범죄예방은 사후대응적(reactive)인 반면, 형사사법제도는 사전예방적(proactive)이다.
② 범죄예방의 범주는 범죄행동에 중점을 두는 반면, 형사사법제도는 범죄행동뿐 아니라 범인성, 두려움 등에도 중점을 둔다.
③ 범죄예방의 접근방법은 개입에만 중점을 두는 반면, 형사사법제도는 개입뿐 아니라 예측 및 평가도 포함한다.
④ 범죄예방은 비공식적 사회통제에 중점을 두는 반면, 형사사법제도는 공식적 사회통제에 중점을 둔다.

해설

④ 범죄예방은 비공식적 사회통제에 중점을 두는 반면, 형사사법제도는 공식적 사회통제에 중점을 둔다.
① 범죄예방은 사전예방적인 반면, 형사사법제도는 사후대응적이다.
② 범죄예방의 범주는 범죄행동뿐 아니라 범인성, 두려움 등에도 중점을 두는 반면, 형사사법제도는 범죄행동에만 중점을 둔다.
③ 범죄예방의 접근방법은 개입뿐 아니라 예측 및 평가에도 중점을 두는 반면, 형사사법제도는 개입에만 중점을 둔다. 정답: ④

004 제프리(Ray C. Jeffery)가 제시한 범죄대책에 관한 설명으로 옳지 않은 것은?

① 범죄통제모델은 형벌을 수단으로 범죄를 예방하려는 모델로서 처벌의 신속성·확실성·엄격성을 요구한다.
② 사회복귀모델은 범죄인의 복지에 대한 관심을 본격적으로 유발한 모델로서 현대 행형에서 강조되고 있다.
③ 범죄통제모델은 롬브로소(C. Lombroso)의 생물학적 결정론과 같은 이론에 근거하는 모델로서 임상적 치료를 통해 개선하는 방법을 이용한다.
④ 환경공학적 범죄통제모델은 궁극적인 범죄방지는 사회환경의 개선을 통해 이루어질 수 있다고 주장한다.

해설

③ 범죄통제(억제)모델은 종래의 형사정책에서 주된 관심을 두었던 방법으로 비결정론적 인간관을 전제하는 고전학파의 범죄이론에 근거하고 있다. 정답: ③

005 범죄대책모델에 관한 설명으로 옳지 않은 것은?

① 제프리(Jeffery)의 범죄대책모델 중 범죄통제모델은 고전학파의 이념적 기초와 부합한다.
② 제프리(Jeffery)의 범죄대책모델 중 사회복귀모델은 범죄인의 심리적 특성과 사회적 환경에 따라 효과 면에서 차이가 발생한다는 비판이 있다.
③ 제프리(Jeffery)는 자신의 범죄대책모델 중 사회복귀모델을 특히 강조하였다.
④ 사회복귀모델은 주관주의 형법이론과 이념적 기초를 함께 한다.

해설

③ 제프리는 자신의 범죄대책모델 중 환경공학적 범죄통제모델을 특히 강조하였다. 정답: ③

006 범죄대책과 예방에 관한 내용으로 가장 적절하지 않은 것은? 경찰간부 2024

① 제프리(Jeffery)는 범죄예방이란 범죄발생 이전의 활동이며, 범죄행동에 대한 직접적 통제이며, 개인의 행동에 초점을 맞추는 것이 아니라 개인이 속한 환경과 그 환경 내의 인간관계에 초점을 맞춰야 하며, 인간의 행동을 연구하는 다양한 학문을 배경으로 하는 것이라고 하였다.
② 브랜팅햄과 파우스트(Brantingham & Faust)는 범죄예방을 1차적 범죄예방, 2차적 범죄예방, 3차적 범죄예방으로 나누었다.
③ 제프리(Jeffery)는 범죄예방모델로 범죄억제모델(Deterrent Model), 사회복귀모델(Rehabilitation Model), 환경공학적 범죄통제모델(Crime Control Through Environmental Engineering)을 제시하였으며, 세 가지 모델은 상충관계에 있다.
④ 랩(Lab)은 범죄예방의 개념을 실제의 범죄발생 및 시민의 범죄에 대해서 가지는 두려움을 제거하는 활동이라고 하였다.

해설

③ 제프리(Jeffery)는 범죄대책모델로서 범죄억제모델, 사회복귀모델, 사회환경 개선을 통한 범죄예방모델을 제시하였으며, 이 세 가지 모델은 상호보완관계에 있다.

	환제프리	뉴만	클라크	코헨 & 펠슨	브랜팅햄 부부	윌슨 & 켈링
환경 범죄학	범죄예방모델	방어공간	합리적 선택	일상활동	범죄패턴	깨진유리창
	CPTED		상황적 범죄예방	적절한 목표, 감독 없음	교차점, 경로, 경계	

정답: ③

007 나이(I. Nye)의 범죄대책모델이 아닌 것은?

① 직접통제
② 간접통제
③ 외부통제
④ 내부통제

해설

①·②·④ 나이는 범죄대책모델로서 직접통제, 간접통제, 내부통제를 제시하였다.

〈나이의 범죄대책모델〉

직접통제	비행을 저지르면 부모가 억압적 수단을 사용하여 그 후의 비행을 예방하는 방법
간접통제	비행을 저지르면 친지들에게 고통을 주게 될 것이라는 점을 자각시켜 비행을 자제시키는 방법
내부통제	스스로의 양심과 죄의식 때문에 비행을 자제하도록 하는 방법

정답: ③

008 **나이(I. Nye)의 범죄대책모델 중 비행을 저지르면 자신을 알고 있는 사람들에게 고통을 주게 될 것이라는 점을 인식시켜 그 후의 비행을 자제하도록 하는 것은?**

① 직접통제 ② 간접통제
③ 외부통제 ④ 내부통제

해설

〈나이의 범죄대책모델〉

직접통제	비행을 저지르면 부모가 억압적 수단을 사용하여 그 후의 비행을 예방하는 방법
간접통제	비행을 저지르면 친지들에게 고통을 주게 될 것이라는 점을 자각시켜 비행을 자제시키는 방법
내부통제	스스로의 양심과 죄의식 때문에 비행을 자제하도록 하는 방법

정답: ②

009 **비행가능성이 높은 청소년을 대상으로 교육프로그램을 실시하는 것은 브랜팅햄과 파우스트(Brantingham & Faust)의 범죄예방모델 중 어느 것에 해당하는가?**

① 1차적 범죄예방 ② 2차적 범죄예방
③ 3차적 범죄예방 ④ 4차적 범죄예방

해설

② 브랜팅햄과 파우스트는 범죄예방모델로 1차적 범죄예방, 2차적 범죄예방, 3차적 범죄예방을 제시하였는데 위 사례는 2차적 범죄예방에 해당한다.

〈브랜팅햄과 파우스트의 범죄예방모델〉

1차적 범죄예방	• 범죄를 사전에 방지할 목적으로 범죄를 유발하는 물리적·사회적 환경조건을 변화시키는 것 • 환경설비, 이웃감시, 경찰방범활동, 범죄예방교육 등이 여기에 해당
2차적 범죄예방	• 잠재적 범죄인을 조기에 발견하여 감시 또는 교육을 통해 범죄를 예방하는 것 • 잠재적 비행소년의 교육실시, 범죄발생지역의 분석, 전환제도 등이 여기에 해당
3차적 범죄예방	• 실제 범죄인을 무능화, 교화개선시켜 재범을 방지하는 것 • 구금, 교정 및 치료, 사회복귀, 갱생보호사업, 지역사회교정 등이 여기에 해당

정답: ②

010 범죄예방에 대한 설명으로 옳지 않은 것은? 보호7급 2023

① 생활양식이론에 의하면, 범죄예방을 위하여 체포가능성의 확대와 처벌의 확실성 확보를 강조한다.

② 브랜팅햄(Brantingham)과 파우스트(Faust)는 질병예방에 관한 보건의료모형을 응용하여 단계화한 범죄예방모델을 제시하였다.

③ 일상활동이론에 의하면, 동기부여된 범죄자와 매력적인 목표물, 보호능력의 부재나 약화라는 범죄의 발생조건의 충족을 제지함으로써 범죄를 예방할 수 있다.

④ 이웃감시는 일반시민을 대상으로 한 1차적 범죄예방모델의 예에 해당한다.

해설

① 힌델링의 생활양식이론은 범죄예방을 위한 체포가능성의 확대와 처벌확실성의 확보보다는 개인의 직업활동과 여가활동을 포함하는 일상활동의 생활양식이 그 사람의 범죄피해 위험성을 결정하는 중요한 요인이 된다고 한다. 즉, 범죄와 접촉할 가능성이 큰 생활양식을 가진 사람이 범죄피해자가 되기 쉬우므로, 범죄예방을 위해서는 외부에서 활동하는 시간을 줄이고, 가족과 함께하는 시간을 늘리는 등 범죄와 접촉할 가능성이 적은 생활양식으로 변화할 필요가 있음을 강조하였다.

② 브랜팅햄과 파우스트의 범죄예방모델은 질병예방의 보건의료모형을 차용하였다. 1차적 예방은 질병예방을 위해 주변환경의 청결·소독과 같은 위생상태를 개선하는 것과 유사하고, 2차적 예방은 질병에 걸린 사람들을 격리하고 주변 사람들에게 예방접종을 하는 것과 유사하며, 3차적 예방은 중병에 걸린 사람을 입원시켜 치료하는 것과 유사하다. 즉, 1차적 범죄예방은 범죄를 야기할 가능성이 있는 문제점을 미연에 방지할 목적으로 범죄의 기회를 제공하거나 범죄를 촉진하는 물리적·사회적 환경조건을 변화시키는 것을 말하고, 2차적 범죄예방은 범죄의 가능성이 있는 잠재적 범죄자를 조기에 발견하고 그를 감시·교육함으로써 반사회적 행위에 이르기 전에 미리 예방하는 것을 말하며, 3차적 범죄예방은 범죄자를 대상으로 하는 범죄예방조치를 통하여 재범을 방지할 수 있도록 하는 것을 말한다

③ 코헨(Cohen)과 펠슨(Felson)의 일상활동이론에 따르면, 동기부여된 범죄자와 매력적인 목표물, 보호능력의 부재나 약화라는 범죄의 발생조건의 충족을 제지함으로써 범죄를 예방할 수 있다.

〈브랜팅햄과 파우스트의 범죄예방모델〉

구분	대상	내용	사례
1차적 범죄예방	일반인	• 범죄예방교육 실시 • 물리적·사회적 환경개선	방범교육, 환경설계, CCTV 설치 등
2차적 범죄예방	잠재적 범죄자	• 잠재적 범죄자 조기발견 • 우범자 대상 관리·교육 실시	우범지역분석, 재범예측 등
3차적 범죄예방	범죄자(전과자)	• 재범방지(교화·개선)	재범예방프로그램, 사회복귀

정답: ①

★중요★
011 브랜팅햄과 파우스트(Brantingham & Faust)의 범죄예방 구조모델에 관한 설명으로 옳지 않은 것은?

① 1차적 범죄예방은 일반대중을 대상으로 한다.
② 2차적 범죄예방은 우범자나 우범자집단을 대상으로 한다.
③ 3차적 범죄예방은 범죄자가 주요 대상이다.
④ 4차적 범죄예방은 이웃과 민간경비가 대상이다.

해설

단계	대상	내용	예
1차 예방	일반대중	• 범죄행동의 원인을 처음부터 제거하려는 활동 • 범죄원인이 되는 물리적·사회적 조건의 개선	환경설계, 이웃감시, 민간경비, CCTV 설치, 범죄예방교육 등
2차 예방	우범자	• 잠재적 범죄자를 조기에 발견하고 감시·교육함으로써 범행기회 차단	범죄예측, 범죄지역 분석, 전환제도
3차 예방	범죄자	• 교화개선 노력을 중심으로 한 재범방지대책	체포, 기소, 교도소구금, 재범예방프로그램, 범죄자교화정책 등

정답: ④

012 브랜팅햄(Brantingham)과 파우스트(Faust)가 제시한 범죄예방모델 중 2차적 범죄예방에 해당하는 것으로 가장 옳은 것은? 해경간부 2025

① 이웃상호감시활동
② 전과자 고용
③ 시민에 대한 범죄예방교육
④ 상황적 범죄예방

해설

④ 2차적 범죄예방 ①·③ 1차적 범죄예방 ② 3차적 범죄예방

〈브랜팅햄과 파우스트의 범죄예방모델〉

1차적 범죄예방	물리적·사회적 환경을 변화시켜 사전에 범죄발생을 억제하는 것 예 환경설비, 이웃감시, 경찰방범활동, 범죄예방교육 등
2차적 범죄예방	잠재적 범죄자를 조기에 발견하여 감시, 교육 등으로 범죄를 예방하는 것 예 잠재적 비행소년 교육, 범죄발생지역 분석, 전환제도뿐만 아니라 기회감소와 관련된 상황적 범죄예방 등
3차적 범죄예방	실제 범죄자를 무능화하고 교화·개선시켜 재범을 방지하는 것 예 구금, 교정 및 치료, 사회복귀, 갱생보호사업, 지역사회교정 등

정답: ④

013 **브랜팅햄과 파우스트(Brantingham & Faust)가 제시한 범죄예방모델 중 1차적 범죄예방에 해당되지 않는 것은?**

① 범죄발생지역분석
② 민간경비활동
③ 이웃감시
④ 주거환경설계

해설

①은 2차적 범죄예방에 해당한다.

정답: ①

014 **브랜팅햄(Brantingham)과 파우스트(Faust)의 범죄예방모형에 따를 때 다음 중 성격이 다른 하나는?** 해경간부 2024

① 이웃감시
② 상황적 범죄예방
③ 민간경비
④ 환경설계 범죄예방

해설

② 2차적 범죄예방에 해당한다. 상황적 범죄예방은 범죄가능성이 다분한 잠재적 범죄자를 조기에 발견하여 감시, 교육 등으로 반사회적 행위, 즉 범죄를 예방하는 것이다.

①·③·④ 범죄예방모형 중 1차적 범죄예방에 해당한다.

정답: ②

015 **범죄예방에 대한 설명으로 옳지 않은 것은?** 보호9급 2024

① 적극적 일반예방이론은 형벌이 사회의 규범의식을 강화해 주는 효과를 가짐으로써 범죄가 예방된다고 보는 것이다.
② 브랜팅햄(Brantingham)과 파우스트(Faust)가 제시한 범죄예방 구조모델에 따르면, 사회환경 가운데 범죄의 원인이 될 수 있는 것을 정화하는 것은 3차 예방에 해당한다.
③ 환경설계를 통한 범죄예방(CPTED)모델은 사전적 범죄예방을 지향한다.
④ 일상활동이론(routine activity theory)에서는, 범죄예방에 관하여 범죄자의 범죄성향이나 동기를 감소시키는 것보다는 범행기회를 축소하는 것이 강조된다.

해설

② 1차 예방에 대한 설명이다. 3차 예방은 실제 범죄자를 무능화하고 교화·개선시켜 재범을 방지하는 것으로, 구금, 교정 및 치료, 사회복귀, 갱생보호사업, 지역사회교정 등이 그 예이다. 참고로, 1차 예방의 예로는 조명, 자물쇠, 접근통제 등의 환경설비, 감시, 시민순찰 등의 이웃감시, 경찰방범활동, 민간경비, 범죄예방교육 등이 있다.

정답: ②

016 **브랜팅햄(Brantingham)과 파우스트(Faust)의 범죄예방모델에 대한 다음 설명 중 가장 적절하지 않은 것은?** 경찰간부 2023

① 잠재적 범죄자를 조기에 판별하고 이들이 불법행위를 저지르기 전에 개입하려는 시도는 2차적 범죄예방에 해당한다고 볼 수 있다.
② 범죄실태에 대한 대중교육을 실시하는 것은 1차적 범죄예방에 가장 가깝다.
③ 2차적 범죄예방은 대부분 형사사법기관에 의해 이루어진다.
④ 브랜팅햄과 파우스트의 범죄예방모델은 질병예방의 보건의료모형을 차용하였다.

해설

③ 2차적 범죄예방은 범죄가능성이 높은 취약지역이나 개인을 대상으로 하기 때문에 이들과 많이 접촉하는 지역사회의 지도자나 부모, 교사 등에게 많이 의존하게 된다. 3차적 범죄예방은 범죄자를 대상으로 하는 예방조치로서 과거에 범행한 적이 있는 범죄자를 대상으로 재범하지 않도록 하는 것이며, 이 기능의 대부분은 형사사법기관에 의해 이루어지고 있고 구금, 교정 및 치료, 사회복귀, 갱생보호사업, 지역사회교정 등이 여기에 해당한다(대상 : 범죄자).
① 2차적 범죄예방은 범행가능성이 있는 잠재적 범죄자를 조기에 발견하고 그를 감시·교육함으로써 반사회적 행위에 이르기 전에 미리 예방하는 것을 말한다(대상 : 우범자·우범집단).
② 1차적 범죄예방의 방법으로는 조명·자물쇠장치·접근통제 등과 같은 환경설비, 감시·시민순찰 등과 같은 이웃감시, 경찰방범활동, 범죄예방교육, 민간경비 등이 있다(대상 : 일반인).
④ 브랜팅햄과 파우스트의 범죄예방모델은 질병예방의 보건의료모형을 차용하였다. 1차적 예방은 질병예방을 위해 주변환경의 청결·소독과 같은 위생상태를 개선하는 것과 유사하고, 2차적 예방은 질병에 걸린 사람들을 격리하고 주변 사람들에게 예방접종을 하는 것과 유사하며, 3차적 예방은 중병에 걸린 사람을 입원시켜 치료하는 것과 유사하다.

정답: ③

017 **다음 중 브랜팅햄(Brantingham)과 파우스트(Faust)의 범죄예방모델에 대한 설명으로 가장 옳지 않은 것은?** 해경간부 2023

① 브랜팅햄과 파우스트의 범죄예방모델은 질병예방의 보건의료모형을 차용하였다.
② 범죄실태에 대한 대중교육을 실시하는 것은 1차적 범죄예방에 가장 가깝다.
③ 잠재적 범죄자를 조기에 판별하고 이들이 불법행위를 저지르기 전에 개입하려는 시도는 2차적 범죄예방에 해당한다고 볼 수 있다.
④ 2차적 범죄예방은 특별예방과 관련이 있다.

해설

④ 2차적 범죄예방은 범죄가능성이 높은 취약지역이나 개인을 대상으로 하기 때문에 이들과 많이 접촉하는 지역사회의 지도자나 부모, 교사 등에게 많이 의존하게 된다. 3차적 범죄예방은 범죄자를 대상으로 하는 예방조치로서 과거에 범행한 적이 있는 범죄자를 대상으로 재범하지 않도록 하는 것으로, 특별예방과 관계가 있다.

정답: ④

018 **브랜팅햄과 파우스트(Brantingham & Faust)의 범죄예방모델에서 분류한 2차적 범죄예방은?**

① 민간경비 ② 재범예측 ③ 교정교육 ④ 특별예방

해설

〈범죄예방의 구조모델〉

접근법	대상	내용	적용 예
1차적 예방	일반대중	범죄행위를 조장하거나 범죄의 기회를 제공하는 물리적·사회적 환경조건을 개선하여 범죄를 예방	환경설계, 민간경비, 이웃감시, 경찰방범활동, 일반예방, 감시장비설치, 범죄예방교육 등
2차적 예방	우범자 또는 우범자집단	잠재적 범죄자를 초기에 발견하고 이들의 범죄기회를 차단하여 범죄를 예방	범죄지역 분석, 재범예측, 전환제도 등
3차적 예방	범죄자	범죄자들이 더 이상 범죄를 저지르지 못하게 하는 범죄예방	교정기관의 목표로 범죄자교화, 재범예방프로그램 등

정답: ②

019 **브랜팅햄과 파우스트(Brantingham & Faust)의 범죄예방에 관한 설명으로 옳은 것은?**

① 감시장비설치는 1차적 범죄예방이다.
② 환경설계는 2차적 범죄예방이다.
③ 범죄예방교육은 3차적 범죄예방이다.
④ 재범예방프로그램은 2차적 범죄예방이다.

해설

② 환경설계는 1차적 범죄예방이다.
③ 범죄예방교육은 1차적 범죄예방이다.
④ 재범예방프로그램은 3차적 범죄예방이다.

정답: ①

020 **범죄자를 처벌함으로써 보통사람들의 범죄를 예방하는 것은?**

① 절대적(absolute) 억제 ② 일반적(general) 억제
③ 한계적(marginal) 억제 ④ 특수적(specific) 억제

해설

【일탈예방전략】
- 일반적 억제 : 일탈은 결국 무거운 벌을 받게 된다는 것을 믿으면 범죄를 선택하지 않는다.
- 특수적 억제 : 무겁게 처벌받으면 그 경험이 불법행동을 반복하지 않도록 확신을 준다.
- 상황적 억제 : 특정범죄를 저지를 기회를 줄이는 것이다.

정답: ②

★중요★
021 다음은 '범죄 통제이론'을 설명한 것이다. 가장 적절하지 않은 것은?

① '억제이론'은 인간의 합리적 판단이 범죄 행동에도 적용된다고 보아서 폭력과 같은 충동적 범죄에는 적용에 한계가 있다.
② '치료 및 갱생이론'은 결정론적 인간관에 입각하여 특별예방효과에 중점을 둔다.
③ '일상활동이론'의 범죄발생 3요소는 '동기가 부여된 잠재적 범죄자', '적절한 대상', '범행의 기술'이다.
④ 로버트 샘슨은 지역주민 간의 상호신뢰 또는 연대감과 범죄에 대한 적극적인 개입을 강조하는 '집합효율성이론'을 주장하였다.

해설

③ '일상활동이론'의 범죄발생 3요소는 동기가 부여된 잠재적 범죄자, 적절한 대상, 보호의 부재이다.

정답: ③

022 깨진 유리창이론에 관한 설명으로 옳지 않은 것은?

① 윌슨(Wilson)과 켈링(Kelling)이 주장한 이론이다.
② 기초질서 위반사범 단속과 관련이 있다.
③ 실천적 전략으로 지역사회 경찰활동이 등장하였다.
④ 뉴욕시 경찰국이 깨진 유리창이론을 적용하였다.

해설

③ 지역사회 경찰활동은 지역사회의 필요와 요구에 부응하면서 범죄와 무질서, 범죄에 대한 공포를 축소하고 사전예방을 강조하는 적극적이고 분권적인 접근이다. 깨진 유리창이론과는 관련이 없다.
①·② 깨진 유리창이론은 미국의 범죄학자인 제임스 윌슨과 조지 켈링이 1982년 3월에 공동발표한 깨진 유리창이라는 글에 처음으로 소개된 사회 무질서에 대한 이론이다. 깨진 유리창 하나를 방치해 두면 그 지점을 중심으로 범죄가 확산되기 시작한다는 이론으로 사소한 무질서를 방치하면 큰 문제로 이어질 가능성이 높다는 의미를 담고 있다.
④ 뉴욕시 경찰국은 깨진 유리창이론에 바탕을 둔 기초질서위반사범에 대한 철저한 단속을 펼친 결과 범죄율이 대폭 감소하는 성과를 거두었다.

정답: ③

023 지역사회 범죄예방활동과 가장 거리가 먼 것은?

① 이웃감시
② 시민순찰
③ 지역사회 경찰활동
④ 보호감호

해설

보호감호는 교정기관에서 행하는 것으로 지역사회 범죄예방활동이 아니다.

정답: ④

★중요★

024 비공식적 사회통제의 강화를 중시하며, 지역사회의 구성원들이 적극적으로 참여하는 것이 범죄문제 해결의 열쇠라고 주장하는 이론은?

① 자기통제이론 ② CPTED
③ 집합효율성이론 ④ 일반긴장이론

해설

샘슨의 집합효율성이론은 지역사회 구성원들의 끈끈한 유대 강화로 범죄 등 사회문제에 지역사회 구성원들이 공동의 주의를 기울인다면 범죄를 예방할 수 있다고 주장하는 이론이다. 정답: ③

025 뉴먼(Newman)과 레페토(Reppetto)의 범죄예방모델에 대한 설명으로 옳지 않은 것은?

① 뉴먼은 주택건축과정에서 공동체의 익명성을 줄이고 순찰·감시가 용이하도록 구성하여 범죄예방을 도모해야 한다는 방어공간의 개념을 사용하였다.
② 범죄행위에 대한 위험과 어려움을 높여 범죄기회를 줄임으로써 범죄예방을 도모하려는 방법을 '상황적 범죄예방모델'이라고 한다.
③ 레페토는 범죄의 전이양상을 시간적 전이, 전술적 전이, 목표물 전이, 지역적 전이, 기능적 전이의 5가지로 분류하였다.
④ 상황적 범죄예방활동에 대해서는 '이익의 확산효과'로 인해 사회 전체적인 측면에서는 범죄를 줄일 수 없게 된다는 비판이 있다.

해설

④ 이익의 확산효과는 한 지역의 상황적 범죄예방활동의 효과가 다른 지역으로 확산되어 다른 지역의 범죄예방에도 긍정적인 영향을 미치는 것이고, 전이효과는 상황적 범죄예방활동으로 인해 범죄행위가 다른 시간이나 장소로 전이되어 사회 전체적인 측면에서는 범죄예방에 실패한다는 부정적인 시각을 의미한다. 정답: ④

026 뉴만(Newman)의 방어공간이론에 대한 설명으로 가장 적절하지 않은 것은? 경찰간부 2025

① 방어공간이론은 많은 도시시설 가운데 특히, 주거시설에 초점을 두고 정립되었다.
② 방어공간에는 영역성, 자연적 감시, 이미지, 환경의 네 가지 구성요소가 있는데, 이 가운데 영역성을 강조하였다.
③ 방어공간 구성요소 가운데 이미지는 특정 지역·장소에 있는 특정 사람이 범행하기 쉬운 대상으로 인식되지 않도록 하는 것을 의미한다.
④ 방어공간의 영역은 사적 영역, 준사적 영역, 준공적 영역, 공적 영역으로 나뉘는데, 이 가운데 준공적 영역과 공적 영역의 범죄발생 위험성이 높다고 하였다.

해설

④ 뉴만은 준공적 영역도 범죄발생 위험이 존재하지만, 공적영역보다는 상대적으로 낮다고 설명한다.

따라서 준공적 영역과 공적 영역의 범죄발생 위험성이 높다는 설명은 옳지 않다. 범죄발생 위험성이 높은 영역은 공적 영역이다.

① 방어공간이론에서 방어공간 개념의 초점은 주거시설이다.

정답: ④

★중요★

027 다음에서 설명하는 레페토의 범죄전이의 유형은?

> 특정한 지역에서 이웃감시프로그램을 시작하자 절도범들이 인근의 다른 지역으로 이동하여 절도범죄를 행하는 현상

① 영역적 전이
② 전술적 전이
③ 시간적 전이
④ 기능적 전이

해설

레페토의 범죄의 전이란 특정한 지역 안에서 행해지는 범죄예방활동의 영향으로 범죄가 다른 지역으로 이동하는 것을 의미한다. 전이에 관한 대부분의 논의는 범죄가 한 지역에서 다른 지역으로의 이동하는 것에 초점을 두며, 범죄의 감소나 예방차원보다는 단지 범죄의 이동에 국한된다.

영역적 전이	한 지역에서 다른 지역, 일반적으로 인접지역으로의 이동
시간적 전이	낮에서 밤으로와 같이 한 시간대에서 다른 시간대로의 이동
전술적 전이	범행에 사용하는 방법을 바꿈
목표의 전이	같은 지역에서 다른 피해자 선택
기능적 전이	범죄자가 한 범죄를 그만두고, 다른 범죄유형으로 옮겨감
범죄자 전이	한 범죄자의 활동중지가 또 다른 범죄자에 의해 대체

정답: ①

028 다음 〈보기〉 중 레페토(Reppetto)의 범죄전이(crime displacement)의 예시와 전이유형을 올바르게 짝지은 것은?

해경간부 2025

> ㉠ 어떤 지역에서 범죄예방활동이 행해지면 그러한 범죄예방활동이 없는 다른 지역으로 이동하는 경우
> ㉡ 범죄자가 경찰순찰 때문에 다른 시간에 범죄를 범하는 경우

① ㉠－지역적(Territorial) 전이 ㉡－시간적(Temporal) 전이
② ㉠－지역적(Territorial) 전이 ㉡－기능적(Functional) 전이
③ ㉠－전술적(Territorial) 전이 ㉡－시간적(Temporal) 전이
④ ㉠－전술적(Tactical) 전이 ㉡－기능적(Functional) 전이

해설

① ㉠-지역적(Territorial) 전이, ㉡-시간적(Temporal) 전이

레페토(Reppetto)는 범죄전이를 영역적 전이, 시간적 전이, 전술적 전이, 목표의 전이, 기능적 전이, 범죄자 전이 등으로 구분하였다.

영역적 전이	한 지역에서 다른 지역, 일반적으로 인접지역으로의 이동
시간적 전이	낮에서 밤으로와 같이 한 시간대에서 다른 시간대로의 이동
전술적 전이	범행에 사용하는 방법을 바꿈
목표의 전이	같은 지역에서 다른 피해자 선택
기능적 전이	범죄자가 한 범죄를 그만두고, 다른 범죄유형으로 옮겨감
범죄자 전이	범죄자의 활동의 중지가 또 다른 범죄자에 의해 대체

정답: ①

029 **레페토(Reppetto)가 주장한 범죄전이(Crime Displacement)에 대한 내용으로 가장 적절하지 않은 것은?** 경찰간부 2024

① 범죄의 전이(Crime Displacement)는 개인 또는 사회의 예방활동에 의한 범죄의 변화를 의미한다.

② 기능적 전이(Functional Displacement)란 기존 범죄자의 활동중지가 또 다른 범죄자에 의해 대체되는 것을 의미한다.

③ 목표의 전이(Target Displacement)란 같은 지역에서 다른 피해자 또는 범행대상을 선택하는 것을 의미한다.

④ 전술적 전이(Tactical Displacement)란 범죄에 사용하는 범행수법을 바꾸는 것을 의미한다.

해설

기능적 전이는 범죄자가 기존 범죄를 그만두고 다른 유형의 범죄를 저지르는 것을 의미한다.

정답: ②

030 **레페토(Reppetto)가 분류한 범죄전이(crime displacement)의 유형이 아닌 것은?**

① 목적의 전이
② 영역적 전이
③ 시간적 전이
④ 전술적 전이

해설

범죄전이란 개인 또는 사회의 예방활동에 의한 범죄의 변화를 의미한다. 레페토는 범죄의 전이를 영역적 전이, 시간적 전이, 전술적 전이, 목표의 전이, 기능적 전이, 범죄자 전이 등으로 분류하였다.

정답: ①

031 **다음은 범죄자 甲과 乙의 범행장소 선정에 관한 가상 시나리오이다. 경찰의 순찰강화가 B지역과 C지역에 미친 효과에 해당하는 것으로 가장 적절하게 연결한 것은?** 경행경채 2022

> 범죄자 甲은 A지역에서 범죄를 할 예정이었으나, A지역의 순찰이 강화된 것을 확인하고 C지역으로 이동해서 범죄를 저질렀다. 범죄자 乙은 B지역에서 범행을 계획하였으나, A지역의 순찰이 강화된 것을 인지하고 A지역과 인접한 B지역 대신 멀리 떨어진 C지역으로 이동해서 범죄를 저질렀다.

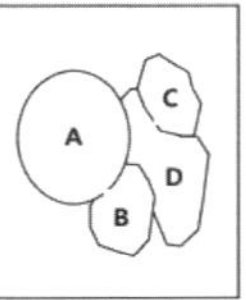

① B지역 – 이익의 확산(diffusion of benefits), C지역 – 범죄전이(crime displacement)
② B지역 – 범죄전이(crime displacement), C지역 – 억제효과(deterrent effect)
③ B지역 – 범죄전이(crime displacement), C지역 – 이익의 확산(diffusion of benefits)
④ B지역 – 이익의 확산(diffusion of benefits,) C지역 – 억제효과(deterrent effect)

해설

甲은 A지역의 순찰이 강화되어 멀리 떨어진 C지역으로 이동해서 범죄를 저질렀고, 乙은 B지역은 순찰이 강화된 A지역과 가까우므로 멀리 떨어진 C지역에서 범죄를 저질렀다. 따라서 B지역은 긍정적 효과가 미친 이익의 확산지역에 해당하고, C지역은 부정적 효과가 미친 범죄전이가 발생한 지역에 해당한다.

정답: ①

032 **범죄전이에 관한 설명으로 가장 적절하지 않은 것은?** 경행2차 2023

① 레페토(Reppetto)는 범죄는 탄력적이며, 범죄자들은 합리적 선택을 한다고 가정하였다.
② 레페토가 제안한 전이의 유형 중 전술적 전이는 범죄자가 동종의 범죄를 저지르기 위해 새로운 수단을 사용하는 것을 말한다.
③ 레페토가 제안한 전이의 유형 중 목표의 전이는 범죄자가 같은 지역에서 다른 피해자를 선택하는 것을 말한다.
④ CCTV의 증설로 인하여 차량절도범이 인접 지역으로 이동해 범행을 저지르는 것은 레페토가 제안한 전이의 유형 중 영역적 전이에 해당한다.

해설

① 레페토는 범죄의 총량 및 종류는 비탄력적으로 보았다. 잠재적 범죄자는 물리적·사회적·환경적 요인 등 다양한 요인에 반응하여 합리적 선택을 하며 범행 여부를 결정한다.

영역적 전이	한 지역에서 다른 지역, 일반적으로 인접지역으로의 이동
시간적 전이	낮에서 밤으로와 같이 한 시간대에서 다른 시간대로의 이동
전술적 전이	범행에 사용하는 방법을 바꿈
목표의 전이	같은 지역에서 다른 피해자 선택
기능적 전이	범죄자가 한 범죄를 그만두고, 다른 범죄유형으로 옮겨감
범죄자 전이	한 범죄자의 활동중지가 또 다른 범죄자에 의해 대체

정답: ①

033 **범죄예방모델에 대한 설명으로 옳지 않은 것은?**

① 범죄억제모델은 고전주의의 형벌위하적 효과를 중요시하며 이를 위하여 처벌의 신속성, 확실성, 엄격성을 요구한다.
② 사회복귀모델은 범죄자의 재사회화와 갱생에 중점을 둔다.
③ 제프리(Jeffery)는 사회환경 개선을 통한 범죄예방모델로 환경설계를 통한 범죄예방(Crime Prevention Through Environmental Design : CPTED)을 제시하였다.
④ 상황적 범죄예방모델은 한 지역의 범죄가 예방되면 다른 지역에도 긍정적 영향이 전해진다는 소위 범죄의 전이효과(displacement effect)를 주장한다.

해설

④ 상황적 범죄예방이론에서 한 지역의 상황적 범죄예방활동의 효과가 다른 지역으로 확산되어 다른 지역의 범죄예방에도 긍정적인 영향을 미치게 된다고 하는 이론은 '이익의 확산효과(diffusion of benefit)'이다. 정답: ④

034 **환경설계 범죄예방(CPTED)의 배경이 되는 범죄학이론으로 보기 가장 어려운 것은?** 해경간부 2024

① 뉴먼(Newman)의 방어공간이론
② 윌슨(Wilson)의 합리적 선택이론
③ 콜빈(Colvin)의 잠재특성이론
④ 클라크(Clarke)의 상황적 범죄예방론

해설

③ 잠재적 특질이론 중 하나인 콜빈의 차별적 강압이론은, 개인의 낮은 통제력은 충동적 성격 때문이 아니라, 개인으로서도 어쩔 수 없는 강력한 힘의 작용이 그 원인이라고 설명한다. 정답: ③

035 **다음 중 레페토(Reppetto)가 분류한 전이(Displacement)의 유형과 유형별 사례가 가장 부합하지 않는 것은?** 해경간부 2024

① 영역적(Territorial) 전이 – 상점의 경비가 강화되자 주택을 범행대상으로 선택하는 것
② 전술적(Tactical) 전이 – 열린 문을 통해 침입하다가 문에 자물쇠가 설치되자 창문을 깨고 침입하는 것
③ 기능적(Functional) 전이 – 경비강화로 절도가 어려워지자 대신 강도를 저지르는 것
④ 시간적(Temporal) 전이 – 야간에 절도를 하다가 야간 시민순찰이 실시되자 오전에 절도를 하는 것

해설

영역적 전이	한 지역에서 다른 지역, 일반적으로 인접지역으로의 이동
시간적 전이	낮에서 밤으로와 같이 한 시간대에서 다른 시간대로의 이동

전술적 전이	범행에 사용하는 방법을 바꿈
목표의 전이	같은 지역에서 다른 피해자 선택
기능적 전이	범죄자가 한 범죄를 그만두고, 다른 범죄유형으로 옮겨감
범죄자 전이	범죄자의 활동의 중지가 또 다른 범죄자에 의해 대체

정답: ①

036 다음에서 설명하는 이론은?

- 지역 주민들 상호 간의 유대·신뢰
- 아이들의 생활에 개입하려는 의지
- 지역주민들 간의 비공식적 사회통제에 대한 공유된 기대

① 일반긴장이론 ② 차별기회이론
③ 집합효율성이론 ④ 하위문화이론

해설

③ 비공식적 사회통제의 강화를 중시하며, 지역사회의 구성원들이 끈끈한 유대 강화로 범죄 등 사회문제에 적극적으로 참여하는 것이 범죄문제 해결의 열쇠라고 주장하는 이론이다.

① 일반긴장이론은 긴장이 부정적 감정을 일으키고, 이는 비행을 일으키는 원인이 되며, 범죄와 비행은 스트레스가 많은 사람들에게는 고통을 경감하고 만족을 줄 수 있는 수단이 될 수 있다고 주장한다.

② 차별기회이론은 성공을 추구하는 문화적 목표를 수용하나, 구조적으로 합법적인 수단이 없는 사람이 비행을 저지르게 된다고 본다.

④ 하위문화이론은 하위문화란 일반 사회구성원이 공유하는 문화와는 별도로 특정집단에서 강조되는 특수한 가치 또는 규범체계를 의미하며, 대부분의 비행행위가 집단 내에서 발생한다는 것을 전제로 한다.

정답: ③

★중요★

037 사회통제의 강화를 중시하며, 지역사회의 구성원들이 적극적으로 참여하는 것이 범죄문제 해결의 열쇠라고 주장하는 이론은?

① 일반긴장이론 ② 집합효율성이론
③ CPTED ④ 자기통제이론

해설

② 지역사회 구성원들이 긴밀한 유대 강화를 통해 범죄 등 사회문제에 대해 함께 주의를 기울인다면 범죄를 예방할 수 있다고 보는 이론은 '집합효율성이론'이다.

정답: ②

★중요★
038 설계를 통한 범죄예방(CPTED)의 기본원리라고 할 수 없는 것은?

① 영역성
② 자연적 감시
③ 이미지
④ 특별억제

해설

【CPTED의 기본원리】
- 자연적 감시(natural surveillance)
- 자연적 접근통제(access control)
- 영역성의 강화(territoriality)
- 활동성의 강화
- 유지관리(이미지)

정답: ④

039 환경설계를 통한 범죄예방(CPTED)의 전략이 아닌 것은?

① 안전한 입지환경
② 자연적 감시
③ 경찰순찰
④ 영역성 강화

해설

환경설계를 통한 범죄예방(CPTED)은 상황적 범죄예방이론을 바탕으로 건물이나 도시구조의 형태·조명·조경 등의 개선을 통해 범죄기회를 차단함으로써 주거침입 절도와 같은 기회성 범죄를 예방하기 위한 프로그램이다.

정답: ③

040 환경설계를 통한 범죄예방(CPTED)에 관한 설명으로 가장 적절하지 않은 것은?
경찰간부 2023

① CPTED는 주거 및 도시지역의 물리적 환경설계 또는 재설계를 통해 범죄기회를 감소시키고자 하는 기법이다.
② CPTED의 기본원리 중 자연적 감시는 사적 공간에 대한 경계를 제거하여 주민들의 책임의식과 소유의식을 감소시킴으로써 사적 공간에 대한 관리권을 약화시키는 원리이다.
③ 뉴먼(Newman)은 방어공간의 4가지 구성요소로 영역성, 자연적 감시, 이미지, 환경을 제시하였다.
④ CPTED의 기본원리 중 자연적 접근통제는 일정한 지역에 접근하는 사람들을 정해진 공간으로 유도하거나 외부인의 출입을 통제하도록 설계함으로써 접근에 대한 심리적 부담을 증대시켜 범죄를 예방하려는 원리이다.

해설

② 셉테드(CPTED)의 기본원리 중 자연적 감시는 주민들이 자연스럽게 낯선 사람을 볼 수 있도록 건물과 시설물을 배치하는 것을 말한다. 영역성은 사적 공간, 준사적 공간, 공적 공간 사이의 경계를 분명히 하여 공간이용자들이 사적 공간에 들어갈 때 심리적 부담을 주는 원리이다.

① 셉테드는 '환경설계를 통한 범죄예방', 즉 주거 및 도시지역의 물리적 환경설계 또는 재설계를 통하여 범죄를 예방하고자 하는 전략이다.
③ 뉴먼(Newman)은 주택건설설계를 통해서 범죄자의 범죄기회를 제거하거나 감소시킬 수 있다는 방어공간이론을 제기하였다. 그는 환경설계 원칙으로 영역성 설정 원칙, 자연스런 감시의 확보 원칙, 거주지 이미지 형성 원칙, 입지조건(환경) 원칙 등 4가지를 제시하였다.
④ 자연적 접근통제는 범죄표적 대상 강화라고도 하며 건물 출입구의 수 줄이기, 특수 잠금장치 설치, 방범경보장치 설치, 차단기·방범창 설치, 방범견 배치, 경비원 배치 등의 방법이 있다. 정답: ②

041 다음 사례에 적용된 환경설계를 통한 범죄예방(CPTED)의 원리로 가장 적절한 것은?
경행2차 2023

> ○○경찰서에는 관할구역 내 방치된 공·폐가와 인적이 드문 골목길에 대한 민원이 자주 접수되고 있다. 이에 경찰서는 관할 구청과 협조하여 방치된 공·폐가는 카페로 조성하고 골목길에는 벤치와 운동기구를 설치하였다. 새로 조성된 카페와 시설물을 주민들이 적극적으로 이용하면서 자연스럽게 감시 기능이 향상되는 결과가 나타났다.

① 접근통제(access control)
② 영역성(territoriality)
③ 활동성 지원(activity support)
④ 유지·관리(maintenance & management)

해설

③ 활동성 지원에 관한 내용이다.

【셉테드(CPTED)】

셉테드(Crime Prevention Through Environmental Design)는 건축환경 설계를 이용하여 범죄를 예방하는 연구 분야로, 아파트나 학교, 공원 등 도시생활공간의 설계단계부터 범죄예방을 위한 다양한 안전시설 및 수단을 적용한 도시계획 및 건축설계를 말한다.

- 자연적 감시 : 건축물이나 시설물의 설계 시 가로등 설치를 확장하여 가시권을 최대로 확보하고, 외부침입에 대한 감시기능을 확대함으로써 범죄위험 및 범죄기회를 감소시킨다.
- 접근통제 : 일정한 지역에 접근하는 사람들을 정해진 공간으로 유도하거나, 방범창이나 차단기 등을 설치하여 외부인의 출입을 통제하도록 설계함으로써 접근에 대한 심리적 부담을 증대시켜 범죄를 예방한다.
- 영역성 강화 : 사적 공간에 대한 경계를 표시하기 위해 울타리 등을 설치하여 주민들의 책임의식과 소유의식을 증대시킴으로써 사적 공간에 대한 관리권을 강화시키고, 외부인들에게 침입에 대한 불법사실을 인식시켜 범죄기회를 차단한다.
- 활동성 지원 : 지역사회 설계 시 주민들이 모여 상호 의견을 교환하고 유대감을 증대시킬 수 있는 놀이터, 공원 등을 설치하고, 체육시설의 접근성과 이용을 권장하여 '거리의 눈'을 활용한 자연적 감시와 접근통제의 기능을 확대한다.
- 유지·관리 : 처음 설계된 대로 또는 개선한 의도대로 지속적으로 파손된 부분을 즉시 보수하고, 청결을 유지·관리함으로써 범죄예방을 위한 환경설계의 장기적이고 지속적인 효과를 유지한다.

자연적 감시	조명, 조경, 가시권 확대를 위한 건물의 배치 등
자연적 접근통제	차단기, 방범창, 잠금장치, 통행로의 설계, 출입구의 최소화 등
영역성의 강화	울타리(펜스)의 설치, 사적·공적 공간의 구분 등
활동성의 활성화	놀이터, 공원의 설치, 체육시설의 접근성과 이용 증대, 벤치·정자의 위치 설계 등
유지·관리	파손의 즉시보수, 청결유지, 조명·조경의 관리 등

정답: ③

★중요★
042 **CPTED의 기본전략과 실행방법의 연결이 옳지 않은 것은?**

① 자연적 접근통제 – 방범창 설치
② 자연적 접근통제 – 건물출입구의 단일화
③ 유지관리 – 사적·공적 공간의 구분
④ 자연적 감시 – 조명개선

해설

③ 사적·공적 공간의 구분은 영역성 강화와 관련된다. 정답: ③

★중요★
043 **최근 근린생활 지역 치안 확보를 위하여 CPTED(환경설계를 통한 범죄예방) 기법이 강조되고 있다. CPTED 기본원리와 그 설명으로 가장 적절하지 않은 것은?**

① 자연적 접근통제 – 일정한 지역에 접근하는 사람들을 정해진 공간으로 유도하거나 외부인의 출입을 통제하도록 설계함으로써 접근에 대한 심리적 부담을 증대시켜 범죄를 예방하는 원리
② 영역성 강화 – 처음 설계된 대로 혹은 개선한 의도대로 기능을 지속적으로 유지하도록 관리함으로써 범죄예방을 위한 환경설계의 장기적이고 지속적인 효과를 유지하는 원리
③ 자연적 감시 – 건축물이나 시설물의 가시권을 최대한 확보하여 외부 침입에 대한 감시기능을 확대함으로써 범죄행위의 발견 가능성을 증가시키고, 범죄기회를 감소시키는 원리
④ 활동의 활성화 – 지역사회의 설계 시 주민들이 모여서 상호의견을 교환하고 유대감을 증대할 수 있는 공공장소를 설치하고 이용하도록 함으로써 '거리의 눈'을 활용한 자연적 감시와 접근통제의 기능을 확대하는 원리

해설

② 유지관리에 대한 설명이다. 이는 처음 설계된 대로 혹은 개선한 의도대로 기능을 지속적으로 유지하도록 관리함으로써 범죄예방을 위한 환경설계의 장기적이고 지속적인 효과를 유지하는 원리이다. 파손의 즉시보수, 청결유지, 조명과 조경의 관리 등이 여기에 해당한다. 정답: ②

044 **1세대 환경설계를 통한 범죄예방(CPTED) 전략을 활용한 범죄예방 방안으로 가장 거리가 먼 것은?** 경찰간부 2024

① CCTV 설치　　② 벽화 그리기
③ 출입구 단일화　　④ 시민방범순찰

해설

④ 1세대 CPTED는 범죄예방에 효과적인 물리환경을 설계·개선하는 하드웨어 중심의 접근으로, 가로등 세우기나 CCTV 설치, 쓰레기 치우기 등이 그 예이다. 시민방범순찰은 주민이 참여하는 2세대 CPTED에 해당하고, 참고로 3세대 CPTED는 주민에게 결정권이 있다. 정답: ④

★중요★

045 **환경설계를 통한 범죄예방(CPTED) 원리와 그에 대한 적용을 연결한 것 중에 옳지 않은 것은?**

① 자연적 감시 – 조경·가시권의 확대를 위한 건물 배치
② 자연적 접근통제 – 출입구의 최소화, 벤치·정자의 위치 및 활용성에 대한 설계
③ 영역성의 강화 – 사적·공적 공간의 구분, 울타리의 설치
④ 활동의 활성화 – 놀이터·공원의 설치, 체육시설의 접근성과 이용의 증대

해설

② 벤치·정자의 위치 및 활용성에 대한 설계는 활동의 활성화에 해당한다. 정답: ②

046 **사빌과 클리블랜드(Saville & Cleveland)가 제시한 2세대 환경설계를 통한 범죄예방(CPTED)의 구성요소 가운데 핵심 전략(Core Strategy)에 해당하는 것은?** 경찰간부 2025

① 사회적 응집(Social Cohesion)　　② 연계성(Connectivity)
③ 지역사회 문화(Community Culture)　　④ 한계수용량(Threshold Capacity)

해설

1세대 CPTED는 범죄예방에 효과적인 물리환경을 설계·개선하는 하드웨어 중심의 접근방법이고, 2세대 CPTED는 지역구성원이 환경개선과정에 직접 참여함으로써 물리적 개선과 함께 유대감을 재생하는 소프트웨어 중심의 접근방법이며, 3세대 CPTED는 2세대 CPTED에 대한 접근을 확장하여 지역구성원이 스스로 필요한 서비스를 결정하고 추진하는 공동체적 추진절차를 구축하는 접근방법이다. 참고로, 사빌과 클리브랜드가 제시한 2세대 CPTED는 범죄자들에게 감시받고 있음을 인식토록 함으로써 범죄를 저지르기 어렵게 만드는 사회적 응집을 핵심전략(Core Strategy)으로 강조하였는데, 2세대 CPTED의 기본요소로서 사회적 응집 또는 결속(Social Cohesion), 연계구축(Connectivity), 지역통합을 도모할 수 있는 지역사회문화(Community Culture), 주민응집을 이끌어 내고 공동체 발전에 기여하며 주민의 요구와 노력을 지원하는 한계능력(수용력)(Threshold Capacity)을 제시하였다. 정답: ①

★중요★
047 환경범죄학(Environmental Criminology)에 대한 설명으로 옳지 않은 것은?

① 범죄사건을 가해자, 피해자, 특정 시공간상에 설정된 법체계 등의 범죄환경을 통해 설명하였다.

② 브랜팅햄(Brantingham) 부부의 범죄패턴이론(Crime Pattern Theory)에 따르면 범죄자는 일반인과 같은 정상적인 시공간적 행동패턴을 갖지 않는다.

③ 환경설계를 통한 범죄예방(CPTED)을 주장한 제프리(Jeffery)는 "세상에는 환경적 조건에 따른 범죄행동만 있을 뿐 범죄자는 존재하지 않는다"라고 주장하였다.

④ 환경범죄학의 다양한 범죄분석 기법은 정보주도 경찰활동(Intelligence－Led Policing : ILP)에 활용되고 있다.

해설

② 범죄패턴이론은 범죄란 일정한 장소적 패딘이 있으며 이는 범죄자의 일상적인 행동패턴과 유사하다는 논리로, 범죄자의 여가활동장소나 이동경로·이동수단 등을 분석하여 범행지역을 예측함으로써 연쇄살인이나 연쇄강간 등의 연쇄범죄 해결에 도움을 줄 수 있다는 범죄예방론이다. 정답: ②

048 상황적 범죄예방 전략에 해당하지 않는 것은?

① 처벌을 강화한다.

② CCTV를 설치한다.

③ 출입문에 인터폰을 설치한다.

④ 상가 건물에 경비원을 배치한다.

해설

【상황적 범죄예방 전략】

범죄자의 범죄실행이 어렵도록 범죄기회를 감소시키는 방안들이 강조된다. 따라서 행위 이후의 처벌강화는 거리가 멀다.

- 경보장치 등의 물리적 안전성 증대
- 접근통제 : 울타리, 시정장치 강화
- 요인통제 : 무기 구입, 공공장소에서 음주행위 통제
- 민간경비 활성화, CCTV 설치 등

정답: ①

049 **다음 중 범죄예방에 관한 설명으로 가장 옳지 않은 것은?** 해경간부 2023

① '상황적 범죄예방모델'은 범죄기회를 감소시키는 것만으로는 범죄를 예방하는 데 한계가 있다는 생각에서 출발한다.
② '범죄자 치료와 갱생을 통한 사회복귀모델'은 주로 형집행단계에서 특별예방의 관점을 강조하고 있다.
③ '형벌을 통한 범죄억제모델'은 범죄예방의 효과를 높이기 위해서 처벌의 신속성, 확실성, 엄격성을 요구한다.
④ '환경설계를 통한 범죄예방'은 주택 및 도시설계를 범죄예방에 적합하도록 구성하려는 생각이다.

해설

① 범죄예방은 특별한 범죄기회를 감소시킴으로써 성취될 수 있다는 것이 상황적 범죄예방모델이다.

정답: ①

050 **클락(Clarke)이 제시한 상황적 범죄예방 기법 중 보상의 감소에 해당하는 것은?** 경찰간부 2023

① 목표물 견고화
② 접근통제
③ 자연적 감시
④ 소유자 표시

해설

코니쉬(Cornish)와 클락(Clarke)의 상황적 범죄예방이란 사회나 사회제도 개선에 의존하는 것이 아니라 단순히 범죄기회의 감소에 의존하는 예방적 접근을 말하며, 구체적인 범죄를 대상으로 체계적이고 장기적으로 직접적인 환경을 관리·조정하며 범죄기회를 감소시키고, 잠재적 범죄자로 하여금 범행이 위험할 수 있음을 인지하도록 하는 데 목표를 두고 있다. 코니쉬와 클라크는 상황적 범죄예방의 5가지 목표(노력의 증가, 위험의 증가, 보상의 감소, 자극의 감소, 변명의 제거)와 25가지 구체적 기법을 제시하였다.
④ 소유자 표시 기법은 보상의 감소에 해당한다.
①·② 목표물 견고화(대상물 강화), 접근통제(시설 접근통제) 기법은 노력의 증가에 해당한다.
③ 자연적 감시 기법은 위험의 증가에 해당한다.

정답: ④

051 **코니쉬(Cornish)와 클락(Clarke)의 상황적 범죄예방 기법 25개 중 '노력의 증가(increasing efforts)'에 해당하지 않는 것은?** 경행1차 2023

① 대상물 강화(hardening targets) – 운전대 잠금장치, 강도방지 차단막
② 시설접근 통제(control access to facilities) – 전자카드 출입, 소지품 검색
③ 출구검색(screen exits) – 전자식 상품 태그, 퇴장 시 티켓 확인
④ 자연적 감시 지원(assist natural surveillance) – 가로등 개선, 방어적 공간설계

해설

④ 상황적 범죄예방의 5가지 목표 중 위험의 증가이다.

【코니쉬와 클라크의 상황적 범죄예방】

사회나 사회제도 개선에 의존하는 것이 아니라, 단순히 범죄기회 감소에 의존하는 예방적 접근으로, 5가지 목표(노력의 증가, 위험의 증가, 보상의 감소, 자극의 감소, 변명의 제거)와 25가지 기법을 구체적으로 제시하였다.

목 표	구체적 기법
노력의 증가	대상물 강화, 시설접근 통제, 출구검색, 잠재적 범죄자 분산, 도구·무기 통제
위험의 증가	보호기능 확장, 자연적 감시, 익명성 감소, 장소감독자 활용, 공식적 감시 강화
보상의 감소	대상물 감추기, 대상물 제거, 소유자 표시, 장물시장 교란, 이익불허
자극의 감소	좌절감과 스트레스 감소, 논쟁 피하기, 감정적 자극 감소, 친구압력 중화, 모방 좌절시키기
변명의 제거	규칙의 명확화, 지침의 게시, 양심에의 호소, 준법행동 보조, 약물과 알코올 통제

노력의 증가	1. 대상물 강화 • 운전대 잠금장치 • 강도장치 차단막	2. 시설접근 통제 • 전자카드 출입 • 소지품 검색	3. 출구검색 • 출구통과 티켓 • 전자상품인식표	4. 잠재적 범죄자 분산 • 분리된 여자화장실 • 술집분산	5. 도구·무기 통제 • 스마트 건 • 도난휴대폰 작동 불능화
위험의 증가	6. 보호기능 확장 • 일상적 경계대책(야간외출 시 집단으로 이동 등) • 이웃감시 프로그램	7. 자연적 감시 • 가로등 개선 • 방어적 공간설계	8. 익명성 감소 • 택시운전기사 ID 의무화 • 학교교복 착용	9. 장소감독자 활용 • 편의점 2인 점원 두기 • 신고보상	10. 공식적 감시 강화 • 침입절도경보기 • 민간 경비원
보상의 감소	11. 대상물 감추기 • 식별 안 되는 전화번호부 • 표식없는 금고 운송 트럭	12. 대상물 제거 • 탈부착 가능한 차량라디오 • 여성 피난시설	13. 소유자 표시 • 재물표식 • 자동차고유번호·차대번호	14. 장물시장 교란 • 전당포 감시감독 • 노점상 인가제도	15. 이익불허 • 상품잉크 도난방지택 • 스피드광 과속방지턱
자극의 감소	16. 좌절감과 스트레스 감소 • 효율적인 줄서기·서비스 • 마음을 진정시키는 부드러운 음악과 조명	17. 논쟁 피하기 • 라이벌 축구팬들을 분리시킨 관람석 • 택시요금정찰제	18. 감정적 자극 감소 • 폭력적 포르노물 통제 • 인종적 비하언어 금지	19. 친구압력 중화 • 음주운전은 바보짓이다. • 교내 문제아들 분리조치	20. 모방 좌절시키기 • 상세한 범죄수법 노출방지 • TV 폭력을 제어칩 설치
변명의 제거	21. 규칙 명확화 • 괴롭힘 방지 규정 • 주택임대규정	22. 지침의 게시 • 주차금지 • 사유지	23. 양심에의 호소 • 도로 옆의 속도알림 표시판 • 세관신고서 작성	24. 준법행동 보조 • 간편한 도서관 체크아웃 • 공중화장실, 쓰레기통	25. 약물과 알코올 통제 • 술집에 음주측정기 비치 • 알코올 없는 행사 진행

정답: ④

052 범죄예방에 대한 설명으로 가장 적절하지 않은 것은? 경찰간부 2025

① 브랜팅햄과 파우스트(Brantingham & Faust)는 질병예방에 관한 보건의료모형을 응용하여 3단계로 분류한 범죄예방모델을 제시하였다.

② 이웃감시와 주민순찰은 브랜팅햄과 파우스트(Brantingham & Faust)가 제시한 1차적 범죄예방과 관련이 있다.

③ 코니쉬와 클락(Cornish & Clarke, 2003)이 제시한 상황적 범죄예방에서, 관련 규정과 규칙을 명확하게 하고 표시판 등을 통해 양심에 호소하는 것은 '변명의 제거'를 목표로 하는 기법이다.

④ 코니쉬와 클락(Cornish & Clarke, 2003)은 상황적 범죄예방의 목표를 '노력의 증가', '위험의 감소', '보상의 감소', '변명의 제거' 네 가지로 제시하였다.

해설

④ 코니쉬와 클락은 상황적 범죄예방의 5가지 목표(노력의 증가, 위험의 증가, 보상의 감소, 자극의 감소, 변명의 제거)와 25가지 기법을 구체적으로 제시하였다.

① 브랜팅햄과 파우스트의 범죄예방모델은 질병예방에 관한 보건의료모형을 차용하였다.

② 1차적 범죄예방의 예로는 조명, 자물쇠, 접근통제 등의 환경설비, 감시, 시민순찰 등의 이웃감시, 경찰방범활동, 민간경비, 범죄예방교육 등이 있다.

정답: ④

053 상황적 범죄예방의 5가지 전략과 구체적인 전술을 잘못 짝지은 것은? 해경간부 2024

① 노력의 증가 – 범행대상의 견고화, 시설의 접근통제

② 보상의 감소 – 자산 식별하기, 목표물 제거

③ 위험의 증가 – 자연적 감시력 제고, 마약 및 알콜 통제

④ 변명의 제거 – 안내문 게시, 규칙 정하기

해설

코니쉬(Cornish)와 클라크(Clarke)의 상황적 범죄예방이란 사회나 사회제도 개선에 의존하는 것이 아니라, 단순히 범죄기회 감소에 의존하는 예방적 접근을 말하는데, 상황적 범죄예방의 5가지 목표(노력의 증가, 위험의 증가, 보상의 감소, 자극의 감소, 변명의 제거)와 25가지 기법을 구체적으로 제시하였다.

목 표	구체적 기법
노력의 증가	대상물 강화, 시설접근 통제, 출구검색, 잠재적 범죄자 분산, 도구·무기 통제
위험의 증가	보호기능 확장, 자연적 감시, 익명성 감소, 장소감독자 활용, 공식적 감시 강화
보상의 감소	대상물 감추기, 대상물 제거, 소유자 표시, 장물시장 교란, 이익불허
자극의 감소	좌절감과 스트레스 감소, 논쟁 피하기, 감정적 자극 감소, 친구압력 중화, 모방 좌절시키기
변명의 제거	규칙의 명확화, 지침의 게시, 양심에의 호소, 준법행동 보조, 약물과 알코올 통제

정답: ③

★중요★
054 **범죄통제 이론에 대한 설명 중 가장 적절하지 않은 것은?**

① 합리적 선택이론, 일상활동이론, 범죄패턴이론은 사회학적 이론 중 사회발전이론에 속한 내용으로 분류된다.

② 일상활동이론은 범죄의 요소를 동기가 부여된 잠재적 범죄자, 적절한 대상, 보호자(감시자)의 부재 등 3가지로 규정하고 범죄발생의 요소를 고려하여 범죄에 대응하여야 한다는 입장이다.

③ 범죄패턴이론은 범죄에는 여가활동장소, 이동경로, 이동수단 등 일정한 장소적 패턴이 있다고 주장하며 지리적 프로파일링을 통한 범행지역의 예측활성화에 기여해야 한다는 입장이다.

④ 합리적 선택이론은 범죄행위는 비용과 이익을 고려하여 합리적으로 선택하는 것으로 범죄자의 입장에서 선택할 수 있는 기회를 미리 진단하여 예방하여야 한다는 입장이다.

해설

① 합리적 선택이론, 일상활동이론, 범죄패턴이론은 범죄예방이론 중 상황적 범죄예방이론으로 분류된다.

정답: ①

★중요★
055 **다음의 학자들이 주장한 범죄예방이론에 대한 설명 중 가장 옳지 않은 것은?**

① 클락 & 코니쉬의 합리적 선택이론 – 체포의 위험성과 처벌의 확실성을 높여 효과적으로 범죄를 예방할 수 있다.

② 브랜팅햄의 범죄패턴이론 – 범죄에는 일정한 시간적 패턴이 있으므로, 일정 시간대의 집중 순찰을 통해 효율적으로 범죄를 예방할 수 있다.

③ 로버트 샘슨의 집합효율성이론 – 지역사회 구성원들이 범죄문제를 해결하기 위해 적극적으로 참여하면 효과적으로 범죄를 예방할 수 있다.

④ 윌슨 & 켈링의 깨진 유리창이론 – 경미한 무질서에 대한 무관용 원칙과 지역주민 간의 상호협력이 범죄를 예방하는 데 중요한 역할을 한다.

해설

② 범죄패턴이론은 브랜팅햄이 주장하였고, 범죄에는 일정한 장소적 패턴이 있으며 범죄자의 일상적인 행동패턴과 유사하다고 주장한다. 지리적 프로파일링을 통한 범행지역 예측활성화에 기여하였다.

정답: ②

056 **다음 중 합리적 선택이론(Rational Choice Theory)에 대한 설명으로 가장 옳은 것은?** 해경간부 2025

① 범죄자에게 있어서 범죄의 상황적 요인은 고려되지 않는다.
② 범죄는 잠재적인 범죄자가 불법행위에 대한 비용과 편익을 분석하는 의사결정과정의 결과라는 입장이다.
③ 범죄경제학을 비판하면서 등장한 이론이다.
④ 범죄자 개인의 학습과 경험은 범죄선택에 영향을 미치는 요소가 되지 못한다.

해설
① 범죄자에게 있어서 범죄의 상황적 요인은 중요한 고려사항이다.
③ 신고전학파인 범죄경제학에서 발전한 이론이다.
④ 범죄자 개인의 학습과 경험도 범죄선택에 영향을 미치는 중대한 요소가 된다. 정답: ②

057 **환경설계를 통한 범죄예방(CPTED) 전략이 아닌 것은?**

① 가로등의 확대설치를 통한 자연적 감시
② 주민자치기구를 통한 이웃감시
③ 출입차단기 설치를 통한 접근통제
④ 울타리 설치를 통한 영역성 강화

해설
환경설계에 주민의 참여는 필요하지만, 범죄와 범죄의 공포를 감소시키는 것이 주목적이지 이웃의 감시는 목적으로 적합하지 않다. 정답: ②

058 **환경설계를 통한 범죄예방(CPTED)에 관한 설명으로 가장 적절하지 않은 것은?** 경행경채 2022

① CPTED는 물리적 환경설계를 통한 범죄예방전략을 의미한다.
② 목표물 견고화(target hardening)란 잠재적 범행대상이 쉽게 피해를 보지 않도록 하는 일련의 조치를 말한다.
③ CPTED의 기본원리 중 자연적 접근통제(natural access control)란 사적 공간, 준사적 공간, 공적 공간상의 경계를 분명히 하여 공간이용자들이 사적 공간에 들어갈 때 심리적 부담을 주는 원리를 의미한다.
④ 2세대 CPTED는 범죄예방에 필요한 매개요인들에 대한 직접개입을 주목적으로 하지만, 3세대 CPTED는 장소, 사람, 기술 및 네트워크를 핵심요소로 하여 안전한 공동체 형성을 지향한다.

해설

③ 셉테드(CPTED)는 감시와 접근통제, 공동체 강화를 기본원리로 하여 ㉠ 자연감시(주변을 잘 볼 수 있고 은폐장소를 최소화시킨 설계), ㉡ 접근통제(외부인과 부적절한 사람의 출입을 통제하는 설계), ㉢ 영역성 강화(공간의 책임의식과 준법의식을 강화시키는 설계), ㉣ 활동의 활성화(자연감시와 연계된 다양한 활동을 유도하는 설계), ㉤ 유지관리(지속적으로 안전한 환경을 유지하기 위한 계획) 등 5가지 실천전략으로 구성된다. 사적 공간, 준사적 공간, 공적 공간상의 경계를 분명히 하여 공간 이용자들이 사적 공간에 들어갈 때 심리적 부담을 주는 원리는, CPTED의 주요 내용 중 '영역성 강화'이다. 영역성 강화는 주민에게 영역에 대한 소속감을 제공하여 범죄에 대한 관심을 제고하고, 자신의 영역 내에서의 심리적 안정감을 부여하여 공적인 영역과 사적인 영역을 명확히 구분 지음으로써 잠재적 범죄자에게 그러한 영역성을 인식시켜 범행시도를 어렵게 하는 기법을 말한다. 자연적 접근통제는 접근통제방법 중 건물의 디자인을 통해 자연스럽게 사람들의 행위를 통제하는 전략으로, 예를 들어 출입구 등의 설정으로 범행 대상물에 대한 범죄자의 접근이 정해진 경로나 한정된 공간을 통해서만 가능하도록 환경을 설계하여 접근을 어렵게 하는 방법을 말한다.

① CPTED는 고전주의 범죄학이론에 근거한 대표적인 범죄예방정책으로, 건축학자 뉴먼의 방어공간이론을 환경범죄학적 견지에서 발전시킨 범죄학자 제프리(Jeffery)에 의해 개념화되었으며, 주거 및 도시지역의 물리적 환경설계 또는 재설계를 통해 범죄를 예방하고자 하는 전략을 말한다.

② 목표물 견고화란 잠재적 범행대상이 쉽게 피해를 보지 않도록 하는 일련의 조치를 말하는 것으로, 범죄에 대한 물리적 장벽을 설치·강화하거나, 범죄의 표적이 되는 대상물의 약점을 보강함으로써 범죄의 실행을 곤란하게 하는 것이다.

④ 1세대 CPTED는 범죄예방에 효과적인 물리환경을 설계·개선하는 하드웨어 중심의 접근방법이고, 2세대 CPTED는 주민이 환경개선과정에 직접 참여하여 물리적 개선과 함께 유대감을 형성하는 소프트웨어적 접근방법이며, 3세대 CPTED는 제2세대 셉테드에 대한 접근을 확장하여 지역구성원이 스스로 필요한 서비스를 결정하고 추진하는 공동체적 추진절차를 구축하는 것을 말한다.

정답: ③

059 다음 중 환경설계를 통한 범죄예방(CPTED)에 대한 설명으로 가장 옳은 것은?

해경간부 2025

① 자연적 감시(Natural surveillance)란 사적 공간에 대한 경계표시를 강화하여 공간이용자가 사적 공간에 들어갈 때 심리적 부담을 주는 원리를 의미한다.

② 활동성의 증대(Activity support)란 주민이 모여서 상호의견을 교환하고 유대감을 증대할 수 있는 공공장소를 설치하고, 시민의 눈에 의한 감시를 이용하여 범죄위험을 감소시키는 원리를 의미한다.

③ 영역성의 강화(Territorial)란 건축물 설계 시 가시권을 최대한 확보하여 범죄발각 위험을 증가시키는 원리를 의미한다.

④ 자연적 접근통제(Access control)란 시설물이나 장소를 처음 설계대로 유지하여 범죄예방의 지속적 효과를 유지하는 원리를 말한다.

해설

① 영역성의 강화 ③ 자연적 감시 ④ 유지·관리

【셉테드(CPTED)】

셉테드(Crime Prevention Through Environmental Design)는 건축환경 설계를 이용하여 범죄를 예방하는 연구 분야로, 아파트나 학교, 공원 등 도시생활공간의 설계단계부터 범죄예방을 위한 다양한 안전시설 및 수단을 적용한 도시계획 및 건축설계를 말한다.

- 자연적 감시 : 건축물이나 시설물의 설계 시 가로등 설치를 확장하여 가시권을 최대로 확보하고, 외부침입에 대한 감시기능을 확대함으로써 범죄위험 및 범죄기회를 감소시킨다.
- 접근통제 : 일정한 지역에 접근하는 사람들을 정해진 공간으로 유도하거나, 방범창이나 차단기 등을 설치하여 외부인의 출입을 통제하도록 설계함으로써 접근에 대한 심리적 부담을 증대시켜 범죄를 예방한다.
- 영역성 강화 : 사적 공간에 대한 경계를 표시하기 위해 울타리 등을 설치하여 주민들의 책임의식과 소유의식을 증대시킴으로써 사적 공간에 대한 관리권을 강화시키고, 외부인들에게 침입에 대한 불법사실을 인식시켜 범죄기회를 차단한다.
- 활동성 지원 : 지역사회 설계 시 주민들이 모여 상호 의견을 교환하고 유대감을 증대시킬 수 있는 놀이터, 공원 등을 설치하고, 체육시설의 접근성과 이용을 권장하여 '거리의 눈'을 활용한 자연적 감시와 접근통제의 기능을 확대한다.
- 유지·관리 : 처음 설계된 대로 또는 개선한 의도대로 지속적으로 파손된 부분을 즉시 보수하고, 청결을 유지·관리함으로써 범죄예방을 위한 환경설계의 장기적이고 지속적인 효과를 유지한다.

자연적 감시	조명, 조경, 가시권 확대를 위한 건물의 배치 등
자연적 접근통제	차단기, 방범창, 잠금장치, 통행로의 설계, 출입구의 최소화 등
영역성의 강화	울타리(펜스)의 설치, 사적·공적 공간의 구분 등
활동성의 활성화	놀이터, 공원의 설치, 체육시설의 접근성과 이용 증대, 벤치·정자의 위치 설계 등
유지·관리	파손의 즉시보수, 청결유지, 조명·조경의 관리 등

정답: ②

060 다음 중 깨어진 유리창이론(Broken Windows Theory)에 대한 설명으로 가장 옳지 않은 것은? 해경간부 2023

① 법률에 의한 범죄화와 범죄에 대한 대응을 중시한다.
② 종래의 형사정책이 범죄자 개인에 집중하는 개인주의적 관점을 취한다는 점을 비판하고, 공동체적 관점으로의 전환을 주장한다.
③ 경찰의 역할로서 지역사회의 물리적·사회적 무질서를 집중적으로 다룰 것을 강조한다.
④ 개인의 자유와 권리, 법의 지배라는 기본적 가치가 상실될 수 있다는 비판의 소지가 있다.

해설

깨진 유리창이 상징하는 의미는 지역사회의 무질서이다. 피해가 없는 사소한 무질서 행위에 대한 경찰의 강경한 대응을 강조한다.

정답: ①

★중요★
061 무관용 경찰활동(Zero Tolerance Policing)에 관한 설명으로 옳지 않은 것은?

① 깨진 유리창이론에 근거한 경찰의 범죄통제전략이다.
② 경찰이 사회봉사자라는 인식의로의 전환을 요구한다.
③ 비교적 사소한 질서문란 행위도 강력하게 단속하는 것이 핵심이다.
④ 향후 더 큰 범죄를 사전에 예방할 수 있어 범죄율 감소에 기여할 수 있다.

해설

건물의 창문 하나가 깨진 채 방치되면 범죄에 이르게 된다는 이론인 깨진 유리창이론에 근거하여, 이와 같이 범죄는 경미한 일탈행위까지도 철저히 단속되어야 더 큰 범죄를 해결할 수 있다고 보는 경찰 정책이다. 즉, 강력한 법집행이 이루어져야 사회의 질서도 유지된다고 보는 입장이다. 따라서 경찰이 사회봉사자라는 인식으로의 전환을 요구한다는 설명은 옳지 않다. 정답: ②

062 깨진유리창이론(Broken W indow Theory)에 대한 설명으로 가장 적절하지 않은 것은? 경찰간부 2024

① 이웃사회의 무질서는 비공식적 사회통제 참여활동을 감소시켜 이로 인해 지역사회가 점점 더 무질서해지는 악순환에 빠져 지역사회의 붕괴로 이어지게 된다.
② 기존 범죄대책이 범죄자 개인에 집중하는 개인주의적 관점을 취하는 것에 반하여 공동체적 관점으로의 전환을 주장하고 범죄예방활동의 중요성을 강조하였다.
③ 깨진유리창이론은 윌슨과 켈링(Wilson & Kelling)이 발표하였다.
④ 1990년대 미국 시카고시에서 깨진유리창이론을 적용하여 사소한 범죄라도 강력히 처벌하는 무관용주의(Zero Tolerrance)를 도입하였다.

해설

④ 1990년대 미국 뉴욕시에서 깨진유리창이론을 적용하여 사소한 범죄라도 강력히 처벌하는 무관용주의(Zero Tolerrance)를 도입하였다. 정답: ④

063 최근 증가하고 있는 CCTV 설치에 대한 비판이 아닌 것은?

① 사생활 침해
② 범죄의 전이
③ 혜택의 확산
④ 고비용

해설

CCTV의 설치로 인해 시민들의 초상권이 침해될 수 있고, 사생활의 노출로 시민 개개인이 잠재적 범죄자로 각인될 수도 있으며, 그 높은 투자비용과 CCTV 설치지역 외에 다른 지역에서 범죄를 저지르는 범죄의 전이현상이 나타난다. 혜택의 확산은 CCTV의 비판과 관련이 없다. 정답: ③

064 상황적 범죄예방프로그램이 아닌 것은?

① 조기개입(early intervention)
② 목표물 제거(target removal)
③ 재물표시(property identification)
④ 목표물 강화(target hardening)

해설

상황적 범죄예방프로그램의 목적은 범죄자에게 범행의 기회를 감소시키고 반대로 검거의 위험에 대한 인식은 증대시켜 궁극적으로 범죄를 효과적으로 예방하고자 하는 것이다. 이러한 상황적 범죄예방 기술에는 범죄의 목적이 되는 목표물을 제거하거나 재물의 표시로 장물의 환가를 어렵게 하고 범죄 목적물에 대한 접근을 어렵게 하는 목표물 강화 등이 있다.

정답: ①

065 미국 일부 주에서 삼진아웃제도(Three Strikes and You're Out)로 상습범죄자를 매우 무겁게 처벌하는 것은 다음 중 무엇과 가장 관련이 있는가?

① 신중성
② 엄격성
③ 신속성
④ 확실성

해설

【억제의 요소】

- 엄격성 : 처벌의 강도 또는 가혹성
- 확실성 : 체포, 구속, 투옥 등 처벌의 명확한 가능성
- 신속성 : 법규위반과 처벌 간의 시간적 간격

정답: ②

066 범죄두려움(Fear of Crime)에 대한 설명으로 가장 적절하지 않은 것은? 경찰간부 2024

① 범죄두려움에 대한 개념은 다양하나 일반적으로 특정 범죄의 피해자가 될 가능성의 추정이나 범죄 등에 대한 막연한 두려움의 추정으로 정의된다.
② 범죄두려움의 이웃통합모델(Neighborhood Integration Model)은 지역사회의 무질서 수준이 범죄두려움에 영향을 준다는 설명방식이다.
③ 일반적으로 여성이나 노인은 젊은 남성에 비해 범죄피해율이 매우 낮지만 상대적으로 범죄두려움은 더 높게 나타나는 현상을 범죄피해-두려움의 패러독스라 한다.
④ 범죄두려움 개념은 CCTV, 조명 개선의 범죄예방효과 확인을 위한 지역주민의 주관적 평가에 활용할 수 있다.

해설

② 이웃통합모델은 이웃지역과의 결속과 상호신뢰가 존재한다면 지역의 범죄두려움은 감소될 수 있다는 이론이고, 무질서모델은 개인에게 지각되는 물리적·사회적 무질서가 범죄두려움을 증가시킨다는 이론이다.

정답: ②

067 **다음은 각 경찰활동과 해당 경찰활동의 근거가 되는 대표적인 범죄학 이론을 짝지은 것이다. 이 중 옳은 내용을 모두 고른 것은?** 경찰간부 2023

> ㉠ 순찰을 통해 경찰력을 주민들에게 자주 노출시키는 것 – 억제이론(Deterrence Theory)
> ㉡ 전환처우(다이버전)를 통해 형사처벌의 부작용을 줄이는 것 – 자기통제이론(Self–Control Theory)
> ㉢ 지역주민들을 범죄예방활동에 참여하도록 유도하는 것 – 사회해체이론(Social Disorganization Theory)
> ㉣ 방범용 CCTV를 설치함으로써 범죄 위험지역의 감시를 강화하는 것 – 허쉬의 사회통제이론(Social Control Theory)
> ㉤ 지역 내 무질서 행위를 철저히 단속하는 것 – 깨어진 유리창이론(Broken Windows Theory)

① ㉠, ㉢, ㉣ ② ㉠, ㉢, ㉤
③ ㉠, ㉣, ㉤ ④ ㉡, ㉢, ㉤

해설

㉡ 전환처우(다이버전)를 통해 형사처벌의 부작용을 줄이는 것 – 낙인이론
㉣ 방범용 CCTV를 설치함으로써 범죄 위험지역의 감시를 강화하는 것 – 합리적 선택이론, 환경설계를 통한 범죄예방(CPTED)

정답: ②

068 **에크와 스펠만(Eck & Spelman)이 제시한 SARA모델에 대한 설명으로 가장 적절하지 않은 것은?** 경찰간부 2024

① 탐색(Scanning) 단계는 지역사회 문제, 쟁점, 관심사 등을 인식하고 범주화하는 단계이다.
② 분석(Analysis) 단계는 경찰 내부 조직을 통해 문제의 범위와 성격에 따라 문제에 대한 원인을 파악하기 위해 데이터를 수집하고 분석하는 단계이다.
③ 대응(Response) 단계는 경찰과 지역사회의 다양한 주체가 협력하여 분석된 문제의 원인을 제거하고 해결하는 단계이다.
④ 평가(Assessment) 단계는 대응 후의 효과성을 검토하는 단계로서 문제해결의 전 과정에 대한 문제점을 분석하고 환류를 통해 대응방안 개선을 도모한다.

해설

② SARA모델은 문제지향적 경찰활동으로서 탐색·분석·대응·평가의 단계를 거쳐 문제를 해결하는 과정을 설명하는데, 분석 단계는 문제의 범위와 성격에 따른 각각의 원인을 파악하기 위해 (내부뿐만 아니라 문제와 관련한 모든) 데이터를 수집하고 분석하는 단계이다.

정답: ②

069 절도범죄의 취약물품(Hot Products)에 대한 설명으로 가장 적절하지 않은 것은? 경찰간부 2024

① 취약물품이란 범죄자의 주의를 끌고 절도의 대상이 되기 쉬운 물건을 의미한다.
② 클라크(Clarke)는 취약물품의 특성을 설명하기 위해 코헨과 펠슨(Cohen & Felson)의 VIVA개념을 확장하여 CRAVED개념을 제시하였다.
③ 취약물품으로서 휴대폰보다 대형 미술품의 경우가 CRAVED성격에 더 가깝다.
④ 제품디자인(Product Design)이나 목표물 강화(Target Hardening) 전략은 취약물품 절도를 예방할 수 있다.

해설

- 취약물품이란 범죄자의 주의를 끌고 절도의 대상이 되기 쉬운 물건을 의미하는데, 취약물품으로서 가장 좋은 예는 작고 가벼우며 비싼 물건인 노트북, 휴대전화 등이다.
- 클라크와 뉴먼은 범행의 대상이 되는 것은 대부분 일상적 물품이고, 이는 물품의 설계를 변경함으로써 그 대상이 될 가능성을 낮출 수 있다고 하였다.
- CRAVED(크레이브드) : Concealable(은폐 가능한), Removable(탈착 가능한), Available(이용 가능한), Valuable(가치 있는), Enjoyable(즐길 수 있는), Disposable(처분 가능한)

정답: ③

070 클라크(Clarke)는 절도범죄와 관련하여 VIVA 모델과 CRAVED 모델을 제시하였다. 두 모델의 구성 개념들은 일부 중첩되는데, VIVA 모델에서 말한 관성(Inertia)은 CRAVED 모델의 무엇과 가장 가까운 개념인가? 해경간부 2024

① 가치성(Valuable)
② 접근성(Available)
③ 이동성(Removable)
④ 처분성(Disposable)

해설

관성(Inertia)은 CRAVED 모델의 이동성(Removable)과 가장 가까운 개념이다.

- CRAVED(크레이브드): Concealable(은폐 가능한), Removable(이동 가능한), Available(이용 가능한), Valuable(가치 있는), Enjoyable(즐길 수 있는), Disposable(처분 가능한)
- 범죄를 결정하는 4가지 요소(VIVA모델): 가치(Value), 관성(Inertia), 가시성(Visibility), 접근성(Accessibility)

정답: ③

071 다음 중 클라크(Clarke)가 주장한 자주 도난당하는 제품(취약물품)의 특징으로 가장 옳지 않은 것은? 해경간부 2025

① 처분 가능한(disposable)
② 즐거운(enjoyable)
③ 이용 가능한(available)
④ 숨길 수 없는(unconcealable)

해설

CRAVED(크레이브드) : Concealable(은폐 가능한), Removable(이동 가능한), Available(이용 가능한), Valuable(가치 있는), Enjoyable(즐길 수 있는), Disposable(처분 가능한)

정답: ④

★3회★
072 다음 중 초범방지를 위한 대책이라고 보기 어려운 것은?

① 형벌 ② 지역사회의 조직화
③ 임상적 개선법 ④ 그룹워크(Group Work)

해설

③은 재범방지대책 중 하나이다. 초범방지를 위한 대책으로는 ①·②·④ 외에도 여가지도, 경찰의 범죄예방활동, 매스컴의 범죄예방활동, 협력회의의 편성과 활동 등이 있다.

〈초범방지대책〉

형벌의 일반예방적 기능 강화	범죄자의 신속한 체포 및 정확한 수사, 신속한 소추 및 공정한 재판, 신속한 형의 확정 및 선고 등을 통하여 처벌의 확실성을 담보하고, 법질서에 대한 신뢰 및 법의식을 강화
경찰의 범죄예방활동	범죄우려지역의 순찰, 불심검문, 경찰제지, 보호조치, 각종 법령위반행위의 단속 등 통상의 외근방범활동이 여기에 해당
지역사회의 조직화	지역사회가 범죄나 비행의 예방을 위하여 범인성 환경을 정비
매스컴의 범죄예방활동	매스컴은 신종범죄 또는 은폐된 범죄를 가장 신속하게 사회구성원에게 알릴 수 있다는 점에서 범죄예방에 효과적
그룹워크(Group Work)	그룹활동을 통해 범죄성을 치료하는 범죄대책으로 19세기 중엽부터 시작된 YMCA나 인권보호사업운동에서 기원한 사회사업의 일종
여가지도	조직적인 레크리에이션 활동 등을 통해 범죄에 대한 욕구를 억제시키고, 건전한 정신을 가지게 하여 범죄성을 예방
협력회의의 편성과 활동	경찰·소년법원·학교·아동상담소·행정당국·사회복지단체 등 범죄예방기능을 담당하는 기관들이 범죄예방에 관하여 통합적·조직적 프로그램을 수행

정답: ③

073 다음 중 재범방지를 위한 대책으로 보기 어려운 것은?

① 협력회의의 편성 및 활동 ② 기계적 개선법
③ 임상적 개선법 ④ 교육·훈련

해설

①은 초범방지를 위한 대책에 해당한다. 재범방지대책으로 논의되는 것으로는 ②·③·④ 외에도 형벌 및 보안처분, 전문기술응용 개선법, 사회여건 개선법, 집단관계 개선법 등이 있다.

〈재범방지대책〉

형벌 및 보안처분	• 형벌은 범죄자를 교화개선시켜 범행을 뉘우치게 하는 데에 중점을 둠 • 보안처분은 범죄자를 격리하여 사회위험을 방지하고, 재범을 방지하는 데에 중점을 둠
기계적 개선법	• 형벌에 부수하여 강제적 수단을 통해 준법생활습관을 가지게 하는 방법 • 작업부과, 직업훈련, 교양교육 등이 여기에 해당
임상적 개선법	• 범죄인에게 내재하는 범죄원인이나 결함을 발견하여 치료하는 데에 중점을 두는 방법 • 치료감호처분, 약물중독자에 대한 치료프로그램 등이 여기에 해당

집단관계 개선법	• 범죄를 조장하는 환경으로부터 범죄인을 차단하여 준법적 행동양식을 습득시키는 방법 • 수형자자치제, 약물중독자의 금단프로그램 등이 여기에 해당
전문기술응용 개선법	• 대상자의 잠재능력을 발견하여 이를 발전시키고, 사회복귀를 원조하는 방법 • 교정과정에 전문가를 참여시키는 것이 여기에 해당
교육·훈련	• 수형자의 사회적응에 필요한 지식·기능·태도 등을 함양시키는 방법 • 교육기회의 확대, 교육·직업훈련프로그램의 개선, 직업알선 등이 여기에 해당
사회여건 개선	근본적인 재범방지대책은 수형자가 출소 후 사회에 성공적으로 적응할 수 있는 사회의 제반 여건을 개선하는 데 있다는 것

정답: ①

074 범죄예방대책에 관한 설명으로 옳지 않은 것은?

① 브랜팅햄(Brantingham)의 범죄예방모델 중 3차적 범죄예방에는 형사사법기관의 역할이 강조된다.
② 방범정보의 수집, 범죄인의 취업알선 등은 경찰의 특별방범활동에 해당한다.
③ 지역사회의 조직화는 초범방지를 위한 대책에 포함된다.
④ 기계적 개선법에는 생물학적, 정신의학적 접근법이 주요수단으로 사용된다.

해설

④ 생물학적·정신의학적 접근법을 주요수단으로 사용하는 범죄예방대책은 임상적 개선법이다.

정답: ④

075 작업부과 직업훈련·교양교육 등과 같은 강제적 방법을 통하여 준법생활습관을 가지게 하거나 각종 교화프로그램을 통하여 도덕화과정을 거치는 재범방지대책은 무엇인가?

① 기계적 개선법
② 임상적 개선법
③ 집단관계 개선법
④ 전문응용기술 개선법

해설

②는 범죄자에게 내재하는 범죄원인, 즉 생물학적·정신의학적·심리학적 이상이나 결함을 발견하여 치료하는 데에 중점을 두는 방법이다. ③은 범죄행동을 집단문화의 소산이라고 보고, 범죄조장환경으로부터 범죄자를 차단하여 준법적 행동양식을 습득하게 하는 방법이다. ④는 사회적 자원들을 활용하여 범죄자 스스로 당면한 문제를 해결하고, 사회에 복귀할 수 있도록 원조·지도하는 방법이다. 정답: ①

076 범죄예방에 관한 설명으로 옳지 않은 것을 모두 고른 것은?

㉠ 브랜팅햄과 파우스트(Brantingham & Faust)의 범죄예방모델에 따르면 지역사회교정은 2차적 범죄예방대책에 해당한다.
㉡ 경찰의 범죄예방활동 중 특별방범활동이란 특정인을 대상으로 하거나 특별한 사항에 관하여 시행되는 방범활동을 말하며, 범죄우려지역의 순찰, 불심검문 등이 여기에 해당한다.
㉢ 그룹워크(Group Work)는 그룹활동을 통해 범죄성을 치료하는 범죄대책으로 재범방지를 위한 대책에 해당한다.
㉣ 임상적 개선법은 사회환경적 원인에 의한 범죄인에게는 실효를 거두기 어렵다는 단점이 있다.

① ㉠
② ㉠, ㉡
③ ㉠, ㉡, ㉢
④ ㉠, ㉡, ㉢, ㉣

해설

× : ㉠ 지역사회교정이란 지역사회 내에서 행해지는 범죄인에 대한 여러 제재와 비시설적 교정처우 프로그램을 말하며, 브랜팅햄과 파우스트(Brantingham & Faust)의 범죄예방모델에 따르면 지역사회교정은 3차적 범죄예방에 해당한다. ㉡ 범죄우려지역의 순찰이나 불심검문은 범죄기회 및 범죄유발요인을 제거하거나 줄이는 일상의 범죄예방활동, 즉 일반방범활동에 해당한다. ㉢ 그룹워크는 초범방지를 위한 대책에 해당한다.

○ : ㉣

정답: ③

077 재범방지대책에 대한 설명으로 틀린 것을 모두 고른 것은?

㉠ 기계적 개선법은 수형자의 자발적 참여가 있을 때 효과를 거둘 수 있다.
㉡ 기계적 개선법은 수형자의 의사에 따라 교육과정이 변경될 수 있어 일관성 있는 프로그램을 유지할 수 없다는 단점이 있다.
㉢ 임상적 개선법에는 전기충격요법이나 인슐린 주사 등이 사용될 수 있다.
㉣ 임상적 개선법은 판단자의 주관이 개입될 가능성이 많다는 것이 단점으로 지적되고 있다.
㉤ 집단관계 개선법은 환경성 범죄자에게는 적합하지 않다는 것이 단점으로 지적되고 있다.

① ㉠, ㉡
② ㉡, ㉢
③ ㉢, ㉣
④ ㉡, ㉤

해설

× : ㉡ 기계적 개선법은 수형자의 의사를 무시하고, 특정한 교육과정을 강제한다는 점이 단점으로 지적되고 있다. ㉤ 집단관계 개선법은 환경성 범죄자에게 적합하다.

○ : ㉠, ㉢, ㉣

정답: ④

★중요★

078 다음은 두 명의 학생 사이에 이루어지는 가상의 대화이다. 이들 주장의 근거가 되는 범죄학자들의 이름이 올바르게 짝지어진 것은? 경찰간부 2023

> ㉠ 인간의 본성은 악하기 때문에 그냥 두면 범죄를 저지를 위험성이 높습니다. 그래서 어릴 때부터 부모나 주변 사람들과의 정서적 유대를 강화하여 행동을 통제해야 합니다.
> ㉡ 저는 다르게 생각합니다. 사람이 악하게 태어나는 것이 아니라 주변 환경의 영향 때문에 악해지는 것입니다. 따라서 아동이 범죄자로 성장하지 않도록 하기 위해서는 범죄행동을 부추기는 사람들과의 접촉을 차단하는 것이 더 중요합니다.

① ㉠ 갓프레드슨(Gottfredson) ㉡ 허쉬(Hirschi)
② ㉠ 허쉬(Hirschi) ㉡ 서덜랜드(Sutherland)
③ ㉠ 에이커스(Akers) ㉡ 서덜랜드(Sutherland)
④ ㉠ 갓프레드슨(Gottfredson) ㉡ 에이커스(Akers)

해설

㉠ 허쉬(Hirschi)의 사회통제이론에 대한 설명으로, 반사회적 행위를 자행하게 하는 근본적인 원인은 인간의 본성에 있다고 보았으며, 누구든지 범행가능성이 잠재되어 있음에도 불구하고 이를 통제하는 요인으로 허쉬가 지적한 것은, 개인이 사회와 맺고 있는 일상적인 유대이다.
㉡ 서덜랜드(Sutherland)의 차별적 접촉이론에 대한 설명으로, 어느 집단과 친밀감을 가지고 차별적 접촉을 갖느냐에 따라 백지와 같은 인간의 본성이 특정 집단의 행동양식을 배우고 익혀 나간다는 이론이다.

정답: ②

079 범죄예측에 관한 설명으로 옳은 것은?

① 범죄예측이란 장래 범죄나 비행을 예측하는 것을 말하고, 범죄자나 비행소년이 아니라도 범죄가능성이 있는 사람은 그 대상이 될 수 있다.
② 범죄예측은 범죄방지의 목적을 위한 것이며, 범죄원인의 규명과는 무관하다.
③ 범죄예측은 수사·재판의 단계에서 요구되고, 교정의 단계에서는 요구되지 않는다.
④ 범죄예측은 집단현상으로서의 범죄에 대한 이해를 돕는 것이다.

해설

① 범죄예측은 범죄자나 비행소년뿐만 아니라, 범죄가능성이 있는 사람도 포함되므로 옳은 표현이다.
② 범죄예측은 범죄방지의 목적뿐만 아니라, 범죄원인의 규명도 추구한다.
③ 범죄예측은 수사·재판의 단계뿐만 아니라, 범죄의 예방 및 교정의 단계에서도 요구된다.
④ 범죄예측은 개별현상으로서의 범죄에 대한 이해를 돕는 것이다.

정답: ①

080 범죄예측의 전제조건이라고 보기 어려운 것은?

① 신뢰성 ② 타당성 ③ 복합성 ④ 경제성

해설

①·②·④ 범죄예측의 전제조건으로 거론되는 것은 신뢰성(객관성), 타당성, 단순성, 경제성(효율성) 등이다.

〈범죄예측의 전제조건〉

신뢰성	범죄예측은 누가 하더라도 동일한 결과가 나올 수 있도록 신뢰성이 담보되어야 한다.
타당성	범죄예측은 합목적적 방법으로 수행되어야 하며, 범죄예측의 목적에 맞는 결과를 얻을 수 있어야 한다.
단순성	예측척도의 판정을 위한 조작이 간단하고, 많은 시간이 소요되지 않아야 한다.
경제성	예측비용과 예측시간은 경제적이어야 하며, 적은 예측인자로 정확성이 높은 결과를 얻을 수 있어야 한다.

정답: ③

081 **범죄예측의 네 가지 요소에 관한 설명으로 가장 적절한 것은?** 경행2차 2024

① 경제성 : 예측이 과학적으로 이루어져서 예측자가 누가 되더라도 결과가 동일해야 한다.
② 객관성 : 예측방법과 결과가 쉽게 이해될 수 있어야 한다.
③ 단순성 : 예측에 소요되는 비용과 시간이 과다하지 않아야 한다.
④ 타당성 : 예측의 목적에 따라서 예측이 합목적적 방법으로 수행되는 것을 의미한다.

해설

④ 타당성 ① 객관성 ② 단순성 ③ 경제성

【범죄예측의 네 가지 요소】

- 신뢰성(객관성) : 누가 예측을 하더라도 동일한 결과이어야 한다.
- 타당성 : 예측의 목적에 대하여 올바른 기능을 하여야 한다.
- 단순성 : 판정을 위한 조작이 간단하고 단시일 내에 마칠 수 있어야 한다.
- 효율성(경제성) : 가능한 한 적은 인자로 높은 정밀도를 얻어낼 수 있어야 한다.

정답: ④

082 **특정한 개인의 범행가능성에 대한 범죄예측의 문제점 및 한계에 대한 설명으로 가장 적절하지 않은 것은?** 경찰간부 2025

① 아직 발생하지 않은 미래에 대한 예측을 근거로 불이익한 처우를 하는 것은 죄형법정주의나 책임원칙에 반할 수 있다.
② 기술적인 측면에서 100%의 정확도를 가진 예측은 현실적으로 불가능하므로, 오류긍정(False Positive)과 오류부정(False Negative)의 잘못된 결과가 나타날 가능성이 있다.
③ 예측항목에 성별, 직업, 소득수준 같은 개인의 사회·경제적 지위와 관련된 내용이 포함되는 경우에, 이로 인해 차별대우 등 공평한 사법처리에 반하는 윤리적 문제가 발생할 수 있다.
④ 범죄예측은 형사사법절차 중 예방 및 재판 단계에서는 유용하나, 수사 및 교정 단계에서는 유용하지 않다.

해설

④ 범죄예측은 형사사법절차 중 예방 및 재판 단계뿐만 아니라 수사 및 교정 단계에서도 유용하다. 특히 가석방 심사 시 재범예측 수단으로 활용된다. 정답: ④

083 범죄예측에 관한 설명 중 가장 옳지 않은 것은? 해경간부 2024

① 범죄예측은 사실상 범죄자의 재범위험성에 대한 예측이기 때문에, 브랜팅햄(Brantingham)과 파우스트(Faust)의 범죄예방모형에 따르면, 3차적 범죄예방에 해당한다.
② 전체적 평가법은 대상자의 소질과 인격 전체에 대한 구체적 상황을 종합분석하여 그 사람의 범죄성향을 임상적 경험에 의하여 예측하는 방법이다.
③ 통계적 예측법은 여러 자료를 통하여 범죄예측 요인을 수량화함으로써 점수의 비중에 따라 범죄 또는 비행을 예측하는 것이다.
④ 1928년에 버제스(E.W. Burgess)는 '경험표'라고 불렀던 예측표를 작성하여 객관적인 범죄예측의 기초를 마련하였다.

해설

① 범죄예측은 잠재적 범죄자 또는 이미 범죄를 저지른 사람을 대상으로 범죄개연성을 사전에 판별하는 활동으로, 각각의 형사절차, 즉 수사·재판·교정단계에서 범행가능성이나 재범가능성을 판단한다. 따라서 2차적 범죄예방에도 해당된다 할 것이다. 정답: ①

084 범죄예측에 대한 설명으로 옳은 것은?

① 임상적 예측방법은 정신의학, 심리학 등을 바탕으로 행위자를 조사·관찰한 후 범죄를 예측하기 때문에 조사자의 주관이 개입이 될 여지가 없어 자료해석의 오류가능성이 없다.
② 수사단계의 예측은 선도조건부 기소유예와 같은 처분의 결정 시 소년에 대한 잠재적 비행성을 판단하는 데 유용하다.
③ 현행법상 제도로는 재판단계에서의 피고인에 대한 다양한 조사를 하는 데 한계가 있으므로 판결전 조사제도 도입이 시급하다.
④ 통계적 예측은 개별 범죄인에게 존재하는 고유한 특성이나 개인의 편차를 예측과정에 반영할 수 있다.

해설

① 임상적 예측방법은 조사자의 주관이 개입이 될 여지가 있어 객관성에 한계가 있다.
③ 현행법상 판결전 조사제도는 성인과 소년에 대해 운영되고 있다.
④ 개별 범죄인에게 존재하는 고유한 특성이나 개인의 편차를 예측과정에 반영할 수 있는 것은 임상적 예측방법이다. 정답: ②

085 통계적 범죄예측방법에 관한 설명으로 옳은 것은?

① 인간의 보편적 인식능력을 기초로 한다.
② 범죄자의 특성을 계량화하는 방법이다.
③ 범죄자의 성격분석을 토대로 하는 방법이다.
④ 판단자의 직업경험이 중요한 역할을 한다.

해설

통계적 범죄예측방법(점수법)은 범죄자의 특성을 계량화(수량화)하여 그 점수의 많고 적음에 따라 장래의 범죄행동을 예측하는 방법을 말한다.

정답: ②

086 범죄의 예방·수사·교정의 각 단계에서 범죄가능성을 측정할 수 있는 여러 요인들을 통하여 장래의 범죄행위 또는 비행의 위험도를 측정·판단하는 범죄예측은 범죄원인을 찾아내어 범죄를 예방할 수 있다는 점에서 대단히 중요하다. 이러한 범죄예측이 갖추어야 할 요소로 옳지 않은 것은?

① 신뢰성 ② 타당성 ③ 단순성
④ 임의성 ⑤ 경제성

해설

①·②·③·⑤ 일반적으로 범죄예측이 갖추어야 할 요소로 제시되는 것은 객관성(신뢰성)·타당성·단순성·경제성(효율성) 등이다.

정답: ④

087 범죄예측에 관한 설명으로 틀린 것을 모두 고른 것은?

㉠ 범죄예측의 타당성이란 누가 범죄예측을 하더라도 동일한 결과가 나올 수 있어야 한다는 것을 말한다.
㉡ 글룩(Glueck) 부부는 주요 예측요인을 선정하고, 그 점수를 합산하는 가중실점방식을 이용하였는데 이 조기비행예측표는 예측률이 높아 많은 학자들에 의해 응용되었다.
㉢ 워너(Warner)는 21개 요인들 중에서 같은 범죄 내에 가석방을 위반한 사람의 비율을 평균과 비교하여 각 요인에 +1, 0, −1 등의 점수를 부여하는 방법인 실점부여방식으로 범죄예측표를 구성하였다.
㉣ 하셔웨이와 맥킨리(S. Hathaway & J. Mckinley)가 개발한 미네소타식 다면적 인성검사법은 범죄예측에 관한 방법의 일종이다.

① ㉠, ㉡ ② ㉠, ㉢ ③ ㉡, ㉢ ④ ㉢, ㉣

해설

× : ㉠은 범죄예측의 신뢰성(객관성)에 관한 설명이다. ㉢은 버제스(Burgess)에 관한 설명이다.
○ : ㉡, ㉣

정답: ②

088 **다음 중 범죄예측에 대한 설명으로 가장 옳은 것은?** 해경간부 2025

① 워너(Warner)는 '경험표'라고 불린 예측표를 작성하여 객관적인 범죄예측에 기초를 마련하였다.

② 예측방법 중 '통계적 예측'은 실무에서 가장 많이 사용되는 방법으로, 판단자의 주관적 평가가 개입되어 자료를 객관적으로 분석할 수 있는 장점이 있다.

③ 미래에 범죄를 범할 것이라고 예측하였으나 실제로는 범죄를 저지르지 않은 '오류부정(false negative)'의 경우, 개인의 자유가 부당하게 침해된다는 단점이 있다.

④ 수사단계에서의 소년사건에 대한 범죄예측은 수사종료 시 비행소년 처우결정의 기초자료가 된다.

해설

① 경험표라고 불린 예측표를 작성하여 객관적인 범죄예측에 기초를 마련한 사람은 워너가 아닌 버제스이다.

② 예측방법 중 통계적 예측은 실무에서 가장 많이 사용되는 방법으로, 판단자의 주관적 평가가 개입될 여지가 없어 자료를 객관적으로 분석할 수 있는 장점이 있다. 다만, 사례만을 중시하므로 개별 범죄인의 고유한 특성이나 개인적 편차를 충분히 반영할 수 없다는 단점이 있다.

③ 미래에 범죄를 범할 것이라고 예측하였으나 실제로는 범죄를 저지르지 않은 오류긍정의 경우 개인의 자유가 부당하게 침해된다는 단점이 있다.

【미국의 범죄예측 발전】

- 워너(Warner)
  - 점수법을 통한 가석방심사기준의 타당성 평가가 목적이다.
  - 메사추세츠주(州) 가석방자를 60개의 항목(예 교정 여부, 전과, 석방 후 계획 등)으로 점수화하여 재범가능성을 예측하였다.
- 버제스(Burgess)
  - 경험표(예측표)를 작성하여 객관적 범죄예측의 기초를 마련하였다.
  - 일리노이주(州) 가석방자 3,000명을 대상으로 21개의 공통요인을 추출하고, 통계분석하여 가석방 기간 중 재범가능성을 예측하였다.
  - 각 요인에 +1, 0, −1의 점수를 부여하는 실점부여방식이다.
- 글룩(Glueck)부부
  - 조기비행예측표를 작성하여 비행소년의 재비행가능성을 예측하였다.
  - 매사추세츠주(州) 비행소년 500명과 보스턴의 일반소년 500명을 대상으로 300개의 요인 중 비행소년과 일반소년 간 구별요인 5개에 대한 총 예측점수를 계산하였다.
  - 각 요인에 대한 점수를 부여한 후 합산하는 가중실점방식이다.
- 최근의 방법 : 하서웨이(Hathaway)와 맥킨리(Mckinley)가 고안한 '미네소타 다면적 성격검사법(MMPI ; Minnesota Multiphastic Personality Inventory)'이 가장 표준화된 범죄자 성격(인성) 조사방법으로 활용되고 있다.

정답: ④

089 **범죄예측에 관한 설명으로 옳은 것은 모두 몇 개인가?** 경행2차 2023

㉠ 범죄예측이란 예방, 수사, 재판, 교정의 각 단계에서 잠재적 범죄자의 범행가능성이나 범죄자의 재범가능성을 판단하는 것이다.
㉡ 버제스(Burgess)는 가중실점방식이라는 조기예측법을 소개하였다.
㉢ 교정단계의 예측은 가석방 여부와 가석방 시기를 결정하기 위해 필요하다.
㉣ 우리나라에서 범죄예측은 청소년의 재범을 예측하기 위해서 시작되었다.

① 0개 ② 1개 ③ 2개 ④ 3개

해설

○ : ㉠ 범죄예측이란 예방, 수사, 재판, 교정의 각 단계에서 잠재적 범죄자의 범행가능성이나 범죄자의 재범가능성을 판단하는 것이다.
㉢ 교정단계의 예측은 주로 석방 시 예측으로, 교도소 및 소년원에서 가석방 및 임시퇴원을 결정할 때 그 대상자의 누범 및 재범위험성을 예측한다.
㉣ 미국의 범죄예측은 가석방예측으로부터 시작되었지만, 우리나라는 글룩 부부의 범죄예측이 도입되면서 시작되었다(청소년비행예측).

× : ㉡ 버제스는 1928년 일리노이주에서 3,000명의 가석방자를 대상으로 21개의 인자를 분석하여 공통점을 추출하였고, 경험표에 해당하는 예측표(실점부여방식)를 작성하였다. 가중실점방식은 글룩 부부의 조기비행예측표에서 사용되었다.

【미국의 범죄예측 발전】

- 워너(Warner)
  - 점수법을 통한 가석방심사기준의 타당성 평가가 목적이다.
  - 메사추세츠주(州) 가석방자를 60개의 항목(예 교정 여부, 전과, 석방 후 계획 등)으로 점수화하여 재범가능성을 예측하였다.
- 버제스(Burgess)
  - 경험표(예측표)를 작성하여 객관적 범죄예측의 기초를 마련하였다.
  - 일리노이주(州) 가석방자 3,000명을 대상으로 21개의 공통요인을 추출하고, 통계분석하여 가석방 기간 중 재범가능성을 예측하였다.
  - 각 요인에 +1, 0, −1의 점수를 부여하는 실점부여방식이다.
- 글룩(Glueck)부부
  - 조기비행예측표를 작성하여 비행소년의 재비행가능성을 예측하였다.
  - 매사추세츠주(州) 비행소년 500명과 보스턴의 일반소년 500명을 대상으로 300개의 요인 중 비행소년과 일반소년 간 구별요인 5개에 대한 총 예측점수를 계산하였다.
  - 각 요인에 대한 점수를 부여한 후 합산하는 가중실점방식이다.
- 최근의 방법 : 하서웨이(Hathaway)와 맥킨리(Mckinley)가 고안한 '미네소타 다면적 성격검사법(MMPI ; Minnesota Multiphastic Personality Inventory)이 가장 표준화된 범죄자 성격(인성) 조사방법으로 활용되고 있다.

정답: ④

090 범죄예측에 관한 내용으로 가장 적절하지 않은 것은? 경찰간부 2024

① 범죄예측은 크게 범죄사건예측, 범죄자예측, 범죄자신원(동일성)예측, 피해자예측 등 4가지 영역으로 구분된다.
② 현재 우리나라 경찰청에서는 CCTV를 활용한 AI인식시스템으로 프리카스(Pre-CAS)를 활용하고 있다.
③ 범죄를 예측하고 경찰활동에 체계적으로 적용한 미국 내 최초의 사례는 뉴욕경찰국(NYPD)의 공간지각시스템(DAS)이다.
④ 미국 법무부산하 국립사법연구소(NIJ)는 예측적 경찰활동이란 "다양한 분석기법을 활용하여 경찰개입이 필요한 목표물을 통계적으로 예측함으로써 범죄를 예방하거나 해결하는 제반활동"이라고 정의하였다.

해설

범죄를 예측하고 경찰활동에 체계적으로 적용한 미국 내 최초의 사례는 캘리포니아주 LA경찰국과 산타크루즈 경찰서에서 시행한 프레드폴(PredPol)이다. 정답: ③

091 범죄예측방법 중 전체적 관찰법에 관한 설명으로 옳지 않은 것은?

① 범죄사회학적 입장에서 대상자의 범죄행동을 논리적으로 예측하려는 방법이다.
② 의학·심리학·사회학 등 전문지식을 이용하여 임상적 경험으로 예측한다.
③ 전문적인 판단자 간의 개인차로 객관적 기준을 확보하기 어렵다는 단점이 있다.
④ 각 개인에게 내재하는 특이성을 집중적으로 관찰할 수 있다는 장점이 있다.

해설

① 전체적 관찰법은 범죄생물학적 입장에서 인격 전체를 분석·종합하여 대상자의 범죄행동을 논리적으로 예측하는 방법이다. 정답: ①

092 다음의 내용은 범죄예측 방법 중 어느 것에 해당되는가? 경찰간부 2023

> 정신과 의사나 범죄학을 교육받은 심리학자가 행위자의 성격 분석을 위한 조사와 관찰 등을 토대로 내리는 예측을 말한다.
> 대상자에게 내재되어 있는 특성을 집중적으로 관찰할 수 있는 장점이 있는 반면, 판단자의 자료해석 오류가능성이나 주관적 평가가 개입될 위험으로 인해 객관성이 결여될 수 있고, 비용이 많이 든다는 단점이 있다.

① 전체적 관찰법(직관적 관찰법)
② 경험적 개별예측(임상적 예측법)
③ 점수법(통계적 예측법)
④ 구조예측(통합적 예측법)

해설

① 직관적 예측능력을 토대로 하는 예측방법으로, 실무에서 많이 쓰인다. 판사·검사·교도관 등의 범법자를 대상으로 한 직업경험이 중요한 역할을 한다.
② 임상적 예측법에 대한 설명이다.
③ 여러 자료를 통하여 범죄예측요인을 수량화함으로써 점수의 비중에 따라 범죄 또는 비행을 예측하는 방법으로, 예측표를 작성하여 활용하며, 객관적이나 질적인 자료의 수집이 어렵다.
④ 전체적 관찰법과 점수법을 조합하여 각각의 단점을 보완하고자 하는 방법이다. 정답: ②

★중요★

093 통계적 범죄예측법에 대한 설명으로 옳지 않은 것은?

① 여러 자료를 통하여 범죄예측요인을 수량화함으로써 점수의 비중에 따라 범죄를 예측한다.
② 이미 작성된 판정척도를 사용하므로 비교적 객관성이 높고, 경제적이다.
③ 임상적 지식이나 경험이 없는 사람도 예측가능하다는 장점이 있다.
④ 각 개인에게 내재하는 특수성을 집중적으로 관찰할 수 있다.

해설

④는 임상적 관찰법에 관한 설명이다. 정답: ④

094 범죄예측에 관한 설명으로 옳지 않은 것은?

① 조기예측은 주로 청소년을 대상으로 이용되며, 초범예측에 해당한다.
② 수사단계예측은 범죄자에 대한 수사를 종결하면서 처분내용을 결정할 때 사용하는 예측을 말한다.
③ 판결전 조사제도는 재판단계예측을 보완하기 위한 것이다.
④ 교정단계예측 시 종전에는 사회복귀 후의 환경이 주된 자료로 활용되었으나, 최근에는 수용생활성적도 중요한 예측자료로 활용되고 있다.

해설

④ 가석방 시 예측을 할 경우, 종전에는 수용생활성적이 예측의 주된 자료로 활용되었으나, 최근에는 사회복귀 후의 환경 등도 중요한 예측자료로 활용되고 있다. 정답: ④

095 조기예측에 관한 설명으로 옳지 않은 것은?

① 재판단계예측이 재범방지를 위한 예측이라면, 조기예측은 범죄예방을 위한 예측이다.
② 범죄와 무관한 시민의 자유영역을 침해할 우려가 있다는 비판이 있다.
③ 선정기준의 공정성을 담보하기 어렵다는 단점이 있다.
④ 범죄위험성이 있는 것으로 판정된 경우 가시적인 법적 조치를 즉시 취하기가 용이하다는 점에서 범죄예방에 탁월하다는 장점이 있다.

해설

④ 조기예측의 결과 범죄위험성이 있는 것으로 판정된 경우라 할지라도 뚜렷한 범죄행위가 없는 한 가시적인 법적 조치를 취하기 어렵다는 것이 단점으로 지적되고 있다. 정답: ④

★중요★

096 범죄예측에 관한 설명으로 옳지 않은 것은?

① 범죄예방단계에서의 범죄예측은 주로 소년들의 잠재적인 비행을 예측하는 데 사용되고 있으나, 오히려 소년들을 미래의 비행자로 낙인찍을 수 있다는 비판이 제기된다.
② 재판단계에서의 범죄예측은 양형책임을 결정하는 중요한 수단으로 작용한다.
③ 가석방결정을 위해 범죄예측이 활용된다.
④ 임상적 예측방법은 각 개인에게 내재한 특성을 집중적으로 관찰할 수 있지만, 평가자의 전문성 여부에 따라 동일한 대상에 대한 판단이 달라질 수 있다는 단점이 있다.
⑤ 통계적 예측방법은 범죄의 종합적인 측면과 개별 범죄자의 고유한 특성을 동시에 고려할 수 있지만, 경험이 풍부한 전문가에 의해서만 행해져야 한다는 단점이 있다.

해설

⑤ 통계적 예측방법은 이미 작성된 판정척도를 사용하므로 전문가가 아니라도 범죄예측을 할 수 있다는 장점이 있다. 정답: ⑤

097 범죄예측에 관한 설명이 옳은 것만으로 묶인 것은?

㉠ 범죄예측의 정확성에 대한 의문은 예측방법의 발전에 따라 완전히 해소되었다.
㉡ 조기예측은 성인이 아닌 소년범죄예측에 주로 많이 사용된다.
㉢ 보호관찰을 위한 적정한 방법을 찾아내기 위해서 고안되었다.
㉣ 통계적 예측방법의 장점은 판정과정에 전문가가 개입하여 개별 범죄의 고유한 특성이나 개인편차를 알 수 있다는 것이다.
㉤ 우리나라에서 범죄예측은 청소년의 재범을 예측하기 위해서 시작되었다.

① ㉠, ㉤ ② ㉡, ㉤ ③ ㉢, ㉣
④ ㉠, ㉢ ⑤ ㉡, ㉣

해설

○ : ㉡, ㉤
× : ㉠ 범죄는 다양한 개별적·환경적·사회적 요인에 의해 발생된다는 점과 예측표에 기재된 계량화된 항목만으로 범죄를 정확히 예측하기에는 한계가 있다는 점에 비추어 볼 때 범죄예측의 정확성에 대한 의문은 그 방법의 발전에도 불구하고 완전히 해소될 수 없다고 할 것이다. ㉢ 범죄예측은 가석방된 자들이 가석방기간 중 재범하지 않을 가능성을 예측한 것에서 시작되었다. ㉣ 통

계적 예측방법은 이미 작성된 판정척도를 사용하므로 전문가가 아닌 사람, 즉 임상적 지식이나 경험이 없는 사람도 예측이 가능하다는 것이 장점이다. 정답: ②

098 범죄예측에 관한 설명으로 옳지 않은 것은?

① 범죄예측이란 예방·수사·재판·교정의 각 단계에서 개개의 사례를 통해서 잠재적 범죄자의 범행가능성이나 범죄자의 재범가능성을 판단하는 것이다.
② 통계적 예측방법은 임상적 지식이나 경험이 없는 비전문가에 의해서도 행해질 수 있다.
③ 임상적 예측방법은 의학·심리학 등을 바탕으로 대상자를 조사하고 관찰하여 범죄를 예측하기 때문에 조사자의 주관이 개입될 여지가 없다.
④ 예방단계에서 조기예측은 주로 성인범죄보다는 소년범죄의 예측에 사용되고 있다.

해설

③ 임상적 예측방법은 전문지식을 활용한다는 점에서 효율적인 결과를 기대할 수 있지만, 개인차에 따라 판단결과가 달라질 수 있어 조사자의 주관이 개입될 여지가 많다는 것이 단점으로 지적되고 있다.

정답: ③

099 범죄예측에 관한 설명으로 옳은 것은?

① 통계적 예측방법은 개별범죄자의 모든 개인적 편차를 반영하여 재범가능성을 판단한다.
② 임상적 예측방법은 전문가의 개인적 판단을 배제할 수 있는 장점이 있다.
③ 재판시 피고인에 대한 재범가능성 예측은 법관의 예단을 배제한다.
④ 성별이나 신분을 나타내는 예측항목에 의한 평가는 공평한 사법처리를 위한 전제조건이다.
⑤ 수사단계에서의 범죄예측은 수사를 종결하면서 범죄자의 처리나 처분을 결정할 때 사용된다.

해설

① 통계적 예측방법은 사례를 중심으로 개발된 것이므로 개별 범죄인에게 존재하는 고유한 특성이나 개인적 편차를 예측과정에 충분히 반영할 수 없다는 단점이 있다. ② 임상적 예측방법은 평가자의 주관을 배제하기 어려워 객관성이 결여될 수 있다는 단점이 있다. ③ 재판단계에서는 법관에게 재량권이 많이 주어지므로 법관의 예단을 배제한다는 표현은 옳지 않다. ④ 공평한 사법처리를 위해서는 성별이나 사회적 신분이 예측항목에 포함되어서는 아니 된다. 정답: ⑤

100 범죄예측에 대한 설명으로 옳은 것은?

① 임상적 예측방법은 정신의학·심리학 등을 바탕으로 행위자를 조사·관찰한 후 범죄를 예측하기 때문에 조사자의 주관이 개입될 여지가 없어 자료해석의 오류가능성이 없다.
② 수사단계의 예측은 선도조건부 기소유예와 같은 처분의 결정 시 소년에 대한 잠재적 비행가능성을 판단하는 데 유용하다.
③ 현행법상의 제도로는 재판단계에서의 피고인에 대한 다양한 조사를 하는 데 한계가 있으므로 판결전 조사제도 도입이 시급하다.
④ 통계적 예측은 개별 범죄인에게 존재하는 고유한 특성이나 개인의 편차를 예측과정에 반영할 수 있다.

해설

① 임상적 예측법에 대해서는 평가자의 주관이 개입되기 쉬워 객관성이 결여될 수 있다는 것이 단점으로 지적되고 있다.
③ 종전에는 판결전 조사제도가 소년범에 한정하여 인정되었으나, 2008년 12월 26일 개정된 「보호관찰 등에 관한 법률」에 따라 현재에는 그 대상이 성인범까지 확대되어 시행되고 있다.
④ 통계적 예측법은 사례를 중심으로 개발된 것이기 때문에 개별 범죄인에게 존재하는 고유한 특성이나 개인적 편차를 예측과정에 충분히 반영할 수 없다는 것이 단점으로 지적되고 있다. 정답: ②

101 범죄예측에 관한 설명으로 가장 적절하지 않은 것은?

① 오류긍정(false positive)과 오류부정(false negative)이 발생될 수 있다.
② 미래의 위험성을 이유로 대상자에 대한 차별적 처우를 하는 것은 책임주의원칙에 반한다.
③ 범죄예측표는 통계학적 방법으로 개개인을 취급하게 되므로 개별화라는 현대 형사사조의 기본원칙에 부합한다.
④ 의학이나 심리학 등의 전문가에 의해 행해지는 임상적 예측은 주관적 판단을 배제하기 어려워 객관성을 담보하기 곤란하다.

해설

③ 범죄예측표는 통계학적 방법으로 개개인을 취급하게 되므로 개개인의 특수성을 무시하게 되는데 이는 개별화라는 현대 형사사조의 기본원칙에 역행하는 것이라는 지적이 있다. 정답: ③

102 범죄예측에 관한 설명으로 옳지 않은 것은?

① 범죄예방단계에서의 범죄예측은 주로 소년들의 잠재적인 비행을 예측하는 데 사용되고 있으나, 오히려 소년들을 미래의 비행자로 낙인찍을 수 있다는 비판이 제기된다.
② 재판단계에서의 범죄예측은 양형책임을 결정하는 중요한 수단으로 작용한다.
③ 가석방결정을 위해 범죄예측이 활용된다.
④ 통계적 예측방법은 범죄의 종합적인 측면과 개별 범죄자의 고유한 특성을 동시에 고려할 수 있지만 경험이 풍부한 전문가에 의해서만 행해져야 한다는 단점이 있다.

해설

④는 통합적 예측방법에 대한 비판이다. 통계적 예측방법은 다양한 과학적 지식과 논리를 가지고 범죄의 원인을 분석하면서 범죄를 행한 자들의 개인적 특성들을 계량화하여 그 점수의 많고 적음에 따라 장래의 범죄행동을 예측하는 방법으로, 범죄의 개별적 차이를 구별하기 곤란하다는 단점을 지닌다.

정답: ④

103 다음 중 범죄예측에 대한 설명으로 가장 옳지 않은 것은? 해경간부 2023

① 수사단계에서의 범죄예측은 수사를 종결하면서 범죄자에 대한 처분을 내리는 데에 중요한 역할을 할 수 있다.
② 통계적 예측방법은 여러 자료를 통하여 범죄예측요인을 수량화함으로써 점수의 비중에 따라 범죄 또는 비행을 예측하는 것으로 점수법이라고도 한다.
③ 임상적 예측방법은 전문가의 개인적 판단을 배제할 수 있는 장점이 있다.
④ 글룩(Glueck) 부부는 범죄예측과 관련하여 가중실점방식이라는 조기예측법을 소개하였다.

해설

③ 임상적 예측방법은 정신건강의학과 의사나 범죄심리학자가 행위자의 성격분석을 위한 조사와 관찰, 임상실험의 도움을 통해 내리는 예측을 말한다. 주관적 판단의 우려가 있다.

정답: ③

2. 피해자론

001 피해자의 개념에 관한 설명으로 옳지 않은 것은?

① 피해자는 형식적 의미의 범죄뿐만 아니라, 실질적 의미의 범죄로 인해 보호법익을 침해당한 사람까지 포함하는 개념이라는 것이 일반적인 견해이다.

② 멘델존(Mendelsohn)은 피해의 원인을 묻지 않고, 자살은 물론 자연재해나 민법상 사건에 의한 경우까지도 피해자의 범위에 포함시켰다.

③ 형사정책에서 피해자에 대한 논의는 범죄원인에 관한 문제와 피해자보호에 관한 문제의 두 가지가 모두 대상이 되고 있다.

④ 종래의 형사정책은 피해자를 범죄자와 대립되는 개념으로 파악하였으나, 제2차 세계대전 이후 피해자를 범죄자와 동반자로 파악하게 되었다.

해설

④ 종래의 형사정책은 범죄인에 대한 연구에만 중점을 두고, 피해자에 대해서는 관심을 두지 않았으나, 제2차 세계대전 이후에는 범죄인과 피해자를 형사상 동반자 내지 대립자로 파악하게 되었다.

정답: ④

★중요★

002 피해자학에 관한 설명으로 옳지 않은 것은?

① 피해자가 되기 쉬운 사람들의 심리상태나 피해자를 만들어 내는 사회구조를 연구한다.

② 피해자의 진술권보장, 배상명령제도 및 증인보호 등은 피해자학의 중요한 관심영역이다.

③ 범죄피해원인론 중 생활양식이론이 사회계층별 폭력범죄의 위험성을 밝히려고 했다면, 일상활동이론은 시간의 흐름에 따른 범죄율의 변화를 설명하려고 하였다.

④ 헨티히(H. von Henting)와 멘델존(B. Mendelsohn)은 피해자학의 발전에 중요한 역할을 했다.

⑤ 피해자학에서의 피해자는 형식적 의미의 범죄개념에 해당하는 범죄행위로 인하여 피해를 입은 자만을 의미하는 데에 견해가 일치한다.

해설

⑤ 피해자학에서의 피해자는 형식적 의미의 범죄뿐만 아니라 실질적 의미의 범죄로 인해 보호법익을 침해당한 사람까지 포함한다는 견해가 통설이다.

정답: ⑤

003 범죄피해자가 형사사법절차를 통하여 받을 수 있는 피해자화는?

① 제1차 피해자화 ② 제2차 피해자화
③ 제3차 피해자화 ④ 제4차 피해자화

해설

2차 피해자화는 최초의 범죄 피해에 대하여 사건을 처리하는 과정에서 파생되는 피해자가 받게 되는 피해를 말하며 주로 수사기관이나 재판기관에서 발생하는 피해자 본인이나 그 가족 등의 고통이 주가 된다.

정답: ②

★중요★
004 범죄피해자화의 단계 중 1차 피해자화에 관한 설명으로 옳은 것은?

① 범죄현장의 직접적인 피해를 말한다.
② 형사사법기관의 수사나 재판과정에서 받게 되는 피해를 말한다.
③ 주위사람들로부터 부정적인 반응을 얻는 피해를 말한다.
④ 언론보도로 인해 명예가 실추되는 피해를 말한다.

해설

【피해자화 단계에 따른 분류】
- 1차 피해자화 : 범죄나 불법행위, 기타 개인·단체집단이 사회생활 중 부당한 사건에 의해 육체적·물질적·심리적 피해를 직접적으로 받게 되는 것이다.
- 2차 피해자화 : 범죄피해자가 형사절차를 통하여 받을 수 있는 피해자화이며, 최초의 범죄피해에 대하여 사건을 처리하는 과정에서 파생되는 피해자가 받게 되는 피해를 말한다.
- 3차 피해자화 : 1·2차 범죄피해에서 적절한 피해자 지원이나 대책을 받지 못한 경우 반사회적·비사회적 반응을 보이고 그에 관련된 피해를 말하는 것이다.

정답: ①

005 피해자의 보호 내지 공적 구제라는 측면에서 많은 업적을 남긴 인물로서 1963년 뉴질랜드의 「범죄피해자 보상법」의 제정에 영향을 미친 사람은?

① 프라이(M. Fry)
② 헨티히(H. von Hentig)
③ 에이머(M. Amir)
④ 가로팔로(R. Garofalo)

해설

① 영국의 프라이 여사는 1957년 자신의 논문 「피해자를 위한 정의」를 통해 피해자의 공적 구제에 대한 관심을 촉구하였으며, 그녀의 영향으로 뉴질랜드에서는 1963년 처음으로 「범죄피해자 보상법」이 제정되었다.

정답: ①

006 멘델존(Mendelsohn)은 범죄피해자 유형을 5가지로 분류하였다. 분류의 기준은 무엇인가?

경찰간부 2023

① 피해자의 유책성(귀책성)
② 피해자의 외적 특성과 심리적 공통점
③ 피해자의 도발 유무
④ 일반적 피해자성과 잠재적 피해자성

해설

① 멘델존은 범죄피해자 유형을 피해자의 유책성(귀책성) 정도를 기준으로 책임이 없는 피해자(영아살해죄의 영아), 책임이 조금 있는 피해자, 가해자와 동등한 책임이 있는 피해자(동반자살), 가해자보다 더 책임이 있는 피해자, 가해자보다 책임이 많은 피해자(정당방위의 상대방)로 분류하였다.

정답: ①

007 다음 중 멘델존(Mendelsohn)이 분류한 피해자의 유형이 가장 옳게 연결된 것은?

해경간부 2025

① 자신에 대한 살인을 촉탁 또는 승낙한 자 – 상상적 피해자
② 범죄피해를 가장하고 타인을 무고한 자와 같은 기만적인 피해자 – 완전히 유책성이 없는 피해자
③ 상대방에게 학대적인 언행을 하다가 맞은 사람 – 가해자와 같은 정도의 유책성이 있는 피해자
④ 자신의 무지로 낙태를 감행하다가 사망한 임산부 – 경미한 유책성이 있는 피해자

해설

① 가해자와 동일한 책임 있는 피해자
② 가장 책임 있는 피해자
③ 가해자보다 더 책임 있는 피해자

〈멘델존의 피해자 유형〉

책임 없는 피해자	영아살해죄의 영아, 약취유인된 유아 등
조금 책임 있는 피해자	낙태로 인해 사망한 임산부 등 무지로 인한 피해자
가해자와 동일한 책임 있는 피해자	자살미수·동반자살 등 자발적 피해자
가해자보다 더 책임 있는 피해자	범죄자의 가해행위를 유발시킨 피해자, 부주의에 의한 피해자 등
가장 책임 있는 피해자	정당방위의 상대방과 같은 공격적 피해자, 무고죄의 가해자와 같은 기망적 피해자 등

정답: ④

★중요★

008 **범죄자의 가해행위를 유발시킨 피해자, 부주의에 의한 피해자 등은 멘델존(Mendelsohn)의 피해자 유형 중 어느 것에 해당하는가?**

① 책임 없는 피해자
② 조금 책임 있는 피해자
③ 가해자와 같은 정도의 책임이 있는 피해자
④ 가해자보다 더 책임 있는 피해자

해설

④ 멘델존은 피해자의 유책성 정도에 따라 (ⅰ) 책임이 없는 피해자, (ⅱ) 책임이 조금 있는 피해자, (ⅲ) 가해자와 동등한 책임이 있는 피해자, (ⅳ) 가해자보다 더 책임이 있는 피해자, (ⅴ) 가장 책임 있는 피해자 등으로 분류하였고 해당 지문은 가해자보다 더 책임 있는 피해자 유형에 해당한다.

〈멘델존의 피해자 유형〉

책임 없는 피해자	영아살해죄의 영아, 약취유인된 유아 등
조금 책임 있는 피해자	낙태로 인해 사망한 임산부 등 무지로 인한 피해자
가해자와 동일한 책임 있는 피해자	자살미수·동반자살 등 자발적 피해자
가해자보다 더 책임 있는 피해자	범죄자의 가해행위를 유발시킨 피해자, 부주의에 의한 피해자 등
가장 책임 있는 피해자	정당방위의 상대방과 같은 공격적 피해자, 무고죄의 가해자와 같은 기망적 피해자 등

정답: ④

009 **1941년 "행위자와 피해자 사이의 상호작용에 관한 연구"라는 논문에서 범죄피해자는 단순한 수동적 객체에 불과한 것이 아니라 범죄화 과정의 적극적 주체가 된다고 주장한 학자는?**

① 머튼(Merton)
② 허쉬(Hirschi)
③ 헨티히(Hentig)
④ 롬브로소(Lombroso)

해설

③ 설문은 헨티히에 대한 설명이다.

정답: ③

★중요★

010 범죄피해자에 관한 설명으로 가장 적절한 것은? 경행2차 2023

① 레클리스(Reckless)는 피해자의 도발을 기준으로 피해자 유형을 '가해자－피해자' 모델과 '피해자－가해자－피해자' 모델로 분류하였다.

② 멘델존(Mendelsohn)은 심리학적 기준으로 피해자 유형을 잠재적 피해자와 일반적 피해자로 분류하였다.

③ 헨티히(Hentig)는 피해자의 유책성을 기준으로 피해자 유형을 이상적인 피해자, 무지에 의한 피해자, 자발적 피해자, 유발적 피해자 및 기망적 피해자 5가지 유형으로 분류하였다.

④ 엘렌베르거(Ellenberger)는 '피해자를 위한 정의'라는 논문을 통하여 피해자의 공적 구제에 대한 관심을 촉구하였다.

해설

① 레클리스는 피해자가 가해자에게 중대한 도발을 했는지를 기준으로 '가해자–피해자' 모델과 '피해자–가해자–피해자' 모델로 분류하였다.

② 엘렌베르거의 피해자 분류에 대한 설명이다. 멘델존은 유책성을 기준으로 피해자를 분류하였다.

③ 멘델존에 대한 설명이다. 헨티히는 피해자의 범죄취약성을 기준으로 일반적 피해자와 심리학적 피해자로 분류하였다.

④ 프라이 여사에 대한 설명이다. 프라이 여사는 「피해자를 위한 정의」에서 가해자와 피해자를 화해시키고 법평화를 재생시키기 위해서는 원상회복제도가 고려되어야 한다고 주장하였다. 정답: ①

★중요★

011 헨티히(Hentig)의 피해자 유형 중 '심리학적 피해자'가 아닌 것은?

① 폭군 ② 탐욕자

③ 의기소침자 ④ 침묵자

해설

헨티히의 피해자 유형 중 심리학적 피해자는 ①·②·③ 외에 울화병자, 파멸된 자가 있다.

〈헨티히의 피해자 유형〉

구분		내용
일반적 피해자		평균인에 비해 정신적·육체적 또는 사회적 지위가 상대적으로 열악한 사람
심리학적 피해자	폭군	자신의 밑에서 고통받던 자가 보복하는 입장에 서면 쉽게 이를 감수함
	탐욕자	탐욕에 눈이 어두워 쉽게 속음
	의기소침자	누구에게나 쉽게 압도되고, 장래의 위험에도 관심이 결여되어 있음
	울화병자	비판능력이 상실 또는 위축되어 있어 저항력이 약함
	파멸된 자	파멸적 상황에 몰려 저항능력도 약하여 범죄자에게 가장 손쉬운 먹이가 됨
활동적 피해자		자신이 당한 범죄피해의 충격과 악영향으로 인하여 스스로가 범죄자로 전락하는 피해자 또는 명백히 부당한 처분이나 판결에 대한 반항심으로 재차 범죄를 저지르는 사람

정답: ④

012 피해자 유형의 분류에 따른 설명으로 옳지 않은 것은?

① 엘렌베르거(H. Ellenberger)는 피해자 유형을 일반적 피해자성과 잠재적 피해자성으로 나누며, 피학대자를 잠재적 피해자성으로 분류한다.

② 헨티히(H. von Henting)는 피해자 유형을 일반적 피해자와 심리학적 피해자로 나누며, 심신장애자를 심리학적 피해자로 분류한다.

③ 멘델존(B. Mendelsohn)은 피해자 유형을 피해자 측의 귀책성 여부에 따라 나누며, 영아살해죄의 영아를 완전히 유책성이 없는 피해자로 분류한다.

④ 레클리스(W. Reckless)는 피해자 유형을 피해자의 도발 유무를 기준으로 하여 순수한 피해자와 도발한 피해자로 나눈다.

해설

② 헨티히는 피해자 유형을 일반적 피해자와 심리학적 피해자로 나누었다. 심신장애자는 일반적 피해자에 해당한다.

유형	내용
일반적 피해자	여성, 어린이, 노인, 심신장애자, 소수집단 등 피해자가 저항능력이 약하여 피해를 입기 쉬운 외적 특성을 가진 자
심리학적 피해자	우울한 자, 탐욕자, 방종(자유분방)한 자, 고독과 비탄에 빠진 자 등 피해자의 심리적 특성을 가진 자

정답: ②

★중요★

013 피해자의 유형을 잠재적 피해자와 일반적 피해자로 나눈 사람은?

① 레크리스 ② 미야자와 ③ 엘렌베르거 ④ 코니쉬

해설

③ 엘렌베르거는 피해자의 유형을 잠재적 피해자와 일반적 피해자로 나누었다.

〈엘렌베르거의 피해자 유형〉

구분	내용
잠재적 피해자	• 실제로 범죄피해를 당하지 않았지만 언젠가는 범죄자의 표적이 될 가능성이 많은 사람 • 잠재적 피해자는 자기혐오의 성향, 우울증 및 아벨증후군(스스로 남들보다 행복하다고 믿고 있어 늘 모두의 질투를 받고 있다는 불안에 시달린 나머지 비정상적으로 행동하는 것)을 가지는 특징이 있음
일반적 피해자	• 잠재적 피해자 외의 피해자가 여기에 해당 • 일반적으로 피해자는 일시적 또는 외형적인 요인 때문에 피해를 당한다고 보고, 이들의 일반적 특성으로서 연령, 직업, 정신병리적·사회적 또는 신체적 상황 등을 들고 있음

정답: ③

014 **다음 중 레크리스(W.Reckless)의 범죄피해자 유형 분류 기준으로 가장 옳은 것은?** 해경간부 2023

① 피해자의 유책성(귀책성)
② 피해자의 도발 유무
③ 피해자의 외적 특성과 심리적 공통점
④ 일반적 피해자성과 잠재적 피해자성

해설

피해자의 도발 유무를 기준으로 순수한 피해자(가해자 – 피해자 모델)와 도발한 피해자(피해자 – 가해자 – 피해자 모델)로 분류하고 있다. 정답: ②

015 **피해자학에서의 피해자 유형에 대한 설명으로 옳지 않은 것은?** 보호7급 2024

① 레클리스(W. Reckless)는 피해자 도발을 기준으로 '가해자–피해자 모델'과 '피해자–가해자–피해자 모델'로 구분하였다.
② 헨티히(H. Hentig)는 사회구조적 요인을 기초로 하여 피해자 유형을 구분하고자 하였으며, 피해자를 크게 '일반적 피해자 유형'과 '심리적 피해자 유형'으로 구분하였다.
③ 멘델존(B. Mendelsohn)은 피해자가 범죄행위에 어떠한 역할을 하는지 파악하기 위해 피해자 유책의 개념을 제시하였고, 피해자를 책임 정도에 따라 구분하였다.
④ 엘렌베르거(H. Ellenberger)는 개인의 심리학적 특성을 기준으로 하여 피해자의 유형을 피해자가 되기 쉬운 특성을 지닌 '잠재적 피해자성'과 그렇지 아니한 '일반적 피해자성'으로 구분하였다.

해설

② 헨티히는 피해자의 특성을 기초로 하여 피해자 유형을 구분하고자 하였으며, 피해자를 크게 일반적 피해자 유형과 심리적 피해자 유형으로 구분하고, 일반적 피해자 유형은 다시 생래적 피해자 유형과 사회적 피해자 유형으로 세분하였다. 정답: ②

★중요★
016 다음 중 피해자의 유형에 대한 설명으로 옳지 않은 것은?

① 셰이퍼(S.Schafer)는 피해자가 자신의 피해자화에 끼치는 기능을 중심으로 피해자와 가해자의 상호작용 관계를 분석하는 연구를 하였다.
② 멘델존은 자기의 이욕적인 동기에 의해 타인을 공격하다가 반격을 당한 피해자를 가장 유책한 피해자로 유형화했다.
③ 엘렌베르거는 학대자가 피학대자보다 잠재적으로 피해자가 되기 쉬운 속성이 많다고 보았다.
④ 카르멘은 책임의 정도와 특성에 기초하여 비행적 피해자, 유인피해자, 조심성 없는 피해자, 보호받을 가치가 없는 피해자로 분류하였다.

해설

③ 엘렌베르거는 헨티히와는 달리 피학대자가 잠재적으로 피해자가 되기 쉬운 속성이 많다고 보았다.

정답: ③

017 쉐이퍼(Schafer)가 제시한 범죄피해자 유형의 분류기준으로 가장 적절한 것은?

경찰간부 2024

① 범죄피해 위험요인(Risk Factors)
② 피해자 책임공유(Shared Responsibility)
③ 피해자에 대한 비난(Victim Blaming)
④ 기능적 책임성(Functional Responsibility)

해설

④ 쉐이퍼(스차퍼)는 멘델존과 헨티히의 피해자 유형에 대한 연구를 보완하면서 피해자의 기능에 관심을 보였다. 그는 범죄피해자를 기능적 책임성(Functional Responsibility)을 기준으로 책임 없는 피해자(unrelated victim), 적극적 범죄유발 피해자(provocative victim), 행위촉진적 피해자(precipitative victim), 신체적으로 나약한 피해자(biologically weak victim), 사회적으로 나약한 피해자(socially weak victim), 자기희생적 피해자(self-victimizing), 정치적 피해자(political victim)로 분류하였다.

정답: ④

018 **쉐이퍼(Schafer)의 피해자 분류 및 주장에 관한 설명으로 가장 적절하지 않은 것은?**

경행2차 2024

① 피해자를 '기능적 책임성'에 따라 분류하였다.

② 1968년 그의 저서 『피해자와 그의 범죄자(The Victim and His Criminal)』에서 피해자 유형을 분류하였다.

③ 범죄를 단지 개인적 행동으로만 평가해서는 안 되고, 사회적 현상의 일종으로 평가되어야 한다고 주장하였다.

④ 피해자의 유형으로는 범죄와 무관한(unrelated), 피해를 유발한(provocative), 피해를 촉진시키는(precipitative), 생물학적으로 취약한(biologically weak), 사회적으로 취약한(socially weak), 자신에게 피해를 야기한(self－victimizing), 윤리적(ethical) 피해자 등 7가지로 분류하였다.

해설

④ 쉐이퍼는 피해자를 기능적 책임성(Functional Responsibility)에 따라 범죄와 무관한(unrelated), 피해를 유발한(provocative), 피해를 촉진시키는(precipitative), 생물학적으로 취약한(biologically weak), 사회적으로 취약한(socially weak), 자신에게 피해를 야기한(self–victimizing), 정치적(political) 피해자 등 7가지로 분류하였다. 정답: ④

019 **피해자학 이론의 주요개념에 관한 설명으로 옳지 않은 것은?**

① 범죄근접성이란 범죄에 대해 물리적으로 근접한 경우에는 피해자가 되기 쉽다는 것을 말한다.

② 범죄노출성이란 범죄를 당할 위험성이 높은 상태로 노출되어 있는 경우에는 범죄피해자가 되기 쉽다는 것을 말하며, 범죄가 많은 곳에 자주 출입하는 경우가 여기에 해당한다.

③ 표적매력성이란 범죄의 표적이 된 자는 가해자에게 일정한 가치가 있기 때문에 선택된다는 것을 말한다.

④ 표적매력성에서의 매력기준은 적극적 이용가치뿐만 아니라, 소극적인 물리적 저항도 포함될 수 있다.

해설

② 범죄가 많은 곳에 자주 출입하는 경우는 범죄근접성에 해당한다. 외딴 곳이나 심야시간대에는 그렇지 않은 경우보다 범죄피해자가 될 가능성이 높은데 이 경우가 범죄노출성에 해당한다. 정답: ②

020 **범죄피해자 관련 이론이 아닌 것은?**

① 일상활동이론
② 차별적 기회구조이론
③ 생활양식노출이론
④ 피해자 – 가해자 상호작용이론

해설

올린의 차별적 기회구조이론은 청소년 비행에 관한 이론이다. 범죄피해자 관련 이론에는 일상활동이론, 생활양식노출이론, 피해자 – 가해자 상호작용이론, 구조적 – 선택모형 등이 있다. 정답: ②

021 **피해자학에 관한 설명 중 옳지 않은 것으로 묶인 것은?**

㉠ 피해자학이라는 용어를 처음 사용한 사람은 멘델존(B. Mendelsohn)이다.
㉡ 멘델존(B. Mendelsohn)은 피해자학의 문헌을 수집하는 도서관의 창설, 피해자의 치료를 위한 중앙클리닉 창설, 피해자문제의 토의를 위한 국제회의 창설 등을 주장하였다.
㉢ 엘렌베르거(H. Ellenberger)는 '범죄의 이중주적(二重奏的) 구조'라는 가설을 제시하고, 범죄를 가해자와 피해자의 상호관계로 파악할 것을 주장하였다.
㉣ 헨티히(H. von Hentig)는 잠재적 피해자설을 제창하고, 가해자와 피해자의 사이에는 신경증적 관계, 심리학적 관계, 유전학·생물학적 관계 등 세 가지의 특수한 관계가 있다고 주장하였다.

① ㉠, ㉡　　② ㉡, ㉢
③ ㉠, ㉣　　④ ㉢, ㉣

해설

× : ㉢은 헨티히의 주장이고, ㉣은 엘렌베르거의 주장이다.
○ : ㉠, ㉡
정답: ④

022 피해자학에 관한 설명 중 괄호 안에 들어갈 이름으로 옳은 것은?

> 피해자에 대한 체계적인 연구는 제2차 세계대전 이후에 시작되었다고 볼 수 있다. (A)은(는) 강간범죄의 피해자를 연구하여 형사정책적으로 의미 있는 피해자학의 기초를 마련하였고, 범죄에 대한 피해자의 유책성 정도에 따라 피해자를 분류하였다. (B)은(는) 죄를 범한 자와 그로 인하여 고통받는 자라는 도식을 통하여 "피해자의 존재가 오히려 범죄자를 만들어낸다"고 지적하면서 범죄자와 피해자의 관계에 대한 과학적인 연구의 필요성을 강조하였다.

> ㉠ 포이에르바하(A. von Feuerbach)　　㉡ 멘델존(B. Mendelsohn)
> ㉢ 가로팔로(R. Garofalo)　　㉣ 프라이(M. Fry)
> ㉤ 헨티히(H. von Hentig)

	A	B		A	B
①	㉠	㉢	②	㉡	㉣
③	㉠	㉤	④	㉢	㉣
⑤	㉡	㉤			

해설

A – ㉡, B – ㉤

정답: ⑤

023 다음 설명 중 그 내용이 가장 옳지 않은 것은? 해경간부 2023

① 일상활동이론(Routine Activity Theory)은 범죄발생의 3요소 중 가해자의 범행 동기를 가장 중요한 요소로 제시한다.

② 합리적 선택이론(Rational Choice Theory)에 따르면, 범죄자는 범행 여부에 대한 의사결정을 함에 있어 처벌의 가능성과 강도뿐 아니라 다양한 개인적, 상황적 요인을 포괄적으로 고려한다.

③ 신고전주의 범죄학의 등장은 실증주의 범죄학 및 관련 정책의 효과에 대한 비판적 시각과 관련이 있다.

④ 합리적 선택이론(Rational Choice Theory)은 사람들이 이윤을 극대화하고 손실을 최소화하기 위한 결정을 한다는 경제학의 기대효용원리에 기초하고 있다.

해설

① 코헨(Cohen)과 펠슨(Felson)의 일상활동이론은 범죄자가 아니라 피해자를 둘러싸고 있는 범행의 조건을 강조하는 이론으로, 약탈적 범죄의 설명을 위하여 시작하였으며, 그러한 범죄가 발생하기 위해서는 범행을 동기화한 사람(범행동기를 가진 잠재적 범죄자), 적절한 범행대상(합당한 표적), 범행을 막을 수 있는 사람의 부존재(보호할 수 있는 능력의 부재)의 세 가지 요소가 시간과 공간적으로 융

합되어야 한다고 가정한다. 이 이론은 잠재적 범죄자는 이미 정해진 것으로 간주하고, 나머지 두 요소에 초점을 맞춘다.

정답: ①

024 **범죄피해자학을 연구한 학자로서 특히 살인사건의 조사를 통해 '피해자가 유발한 살인'이라는 가설을 통해 살인사건의 4분의 1 정도는 피해자가 유발하였다고 주장한 사람은?**

① 멘델존(B. Mendelsohn)
② 볼프강(M.E. Wolfgang)
③ 헨티히(H. von Hentig)
④ 엘렌베르거(H. Ellenberger)

해설

② 볼프강은 헨티히의 연구를 계승한 학자로서 특히 사회학적 관점에서 '피해자가 유발한 살인'이라는 가설을 통해 피해자와 범죄자의 관계에 대한 이론적 가설을 검증하고자 하였다. 그는 경찰통계를 이용하여 588건의 살인사건을 소사한 결과 그중 150건(약 26%)이 피해자가 유발한 사례였다고 주장하였다.

정답: ②

025 **코헨(L. Cohen)과 펠슨(M. Felson)의 일상생활이론(routine activity theory)에 관한 설명 중 옳지 않은 것은?**

① 범죄인의 특성을 분석하는 데 중점을 둔다는 점에서 실증주의 범죄원인론과 유사하다.
② 어느 시대나 사회에도 범죄를 범할 개연성이 있는 사람의 수는 일정하다고 가정한다.
③ 범죄의 발생 여부에 결정적인 영향을 미치는 요인은 적절한 범행대상(합당한 표적)과 보호능력의 부존재(감시의 부존재)라고 본다.
④ 시간의 흐름에 따른 범죄율의 변화를 설명하기 위해 등장한 이론이다.
⑤ 경제적 불평등, 실업률 등 범죄를 자극하거나 동기를 부여하는 구조적 조건이 저하됨에도 불구하고 범죄율이 지속적으로 증가하고 있는 이유에 대한 설명을 가능하게 한다.

해설

① 일상생활이론이란 코헨(L.E. Cohen)과 펠슨(M. Felson)이 1979년 그들의 논문 「사회변화와 범죄발생률의 경향 – 일상적 생활접근방법」을 통해 제시한 것으로 범죄가 실행되는 기회는 일상생활 속에 수없이 존재하고 있으며, 범죄의 표적이 무방비상태로 방치되어 있을 때에 범죄가 발생한다는 이론으로, 범죄인의 특성을 분석하는 데 중점을 두는 실증주의 범죄원인론과 유사하다고 보기 어려운 현대 고전주의학파 이론이다.

정답: ①

026 코헨(Cohen)과 펠슨(Felson)의 일상활동이론(Routine ActivityTheory)에 관한 설명으로 가장 적절하지 않은 것은? 경행경채 2022

① 범죄기회가 주어지면 누구든지 범죄를 저지를 수 있다고 본다.

② 범죄를 저지르고자 하는 동기화된 범죄자(motivated offender), 적절한 범행대상(suitable target), 보호(감시)의 부재(absenceof capable guardian)라는 세 가지 조건이 충족될 때 범죄가 발생한다고 가정한다.

③ 도시화, 여가활동 증대 등 가정 밖에서 일어나는 활동을 증가시킴으로써 피해자와 범죄자가 시·공간적으로 수렴할 가능성을 증대시킨다고 본다.

④ 형사사법체계에 의해서 수행되는 공식적 통제를 통한 범죄예방을 설명하는 데 유용하다.

해설

④ 코헨(Cohen)과 펠슨(Felson)은 감시인 또는 보호자는 경찰이나 민간경비원 등의 공식 감시인을 의미하는 것이 아니라, 그 존재나 근접성 자체가 범죄를 좌절시킬 수 있는 사람들을 의미하는 것으로, 의도하지 않더라도 사람들이 친지나 친구 또는 모르는 사람들로부터 보호받게 되는 측면을 의미한다고 설명하였다. 또한 동기를 가진 범죄자, 적당한 범행대상의 존재 및 범죄방지의 보안장치 또는 감시인의 결여 등과 같은 요소가 결집되면 범죄의 피해자가 될 수 있다고 본다. 따라서 일상활동의 구조적 변화에 따라 위와 같은 세 가지 요소에 시간적·공간적으로 영향을 미치게 되고, 그것이 결집된 경우에 범죄가 발생하므로 범죄의 예방을 위해서는 이러한 영향을 미치는 요소가 결집되지 않도록 하여야 함을 의미한다.

① 범죄를 범할 가능성이 있는 사람의 수는 일정하다고 가정하며, 범죄기회가 주어지면 누구든지 범죄를 저지를 수 있다고 본다.

② 동기화된 범죄자, 적절한 범행대상, 보호의 부재, 즉 3요소가 동일한 시간과 공간에서 만나면 범죄 발생의 가능성이 높아진다고 한다.

③ 제2차 세계대전 이후 미국에서 일상활동의 변화로 인해 사람들이 특정한 장소와 시간에 모이는 상황이 조성되었고, 이러한 일상활동의 변화가 범죄대상이 될 가능성을 증가시키는 동시에 재산을 감시할 능력을 감소시켰다고 설명하였다. 정답: ④

027 다음 그림에 관한 설명으로 가장 적절하지 않은 것은? 경행1차 2023

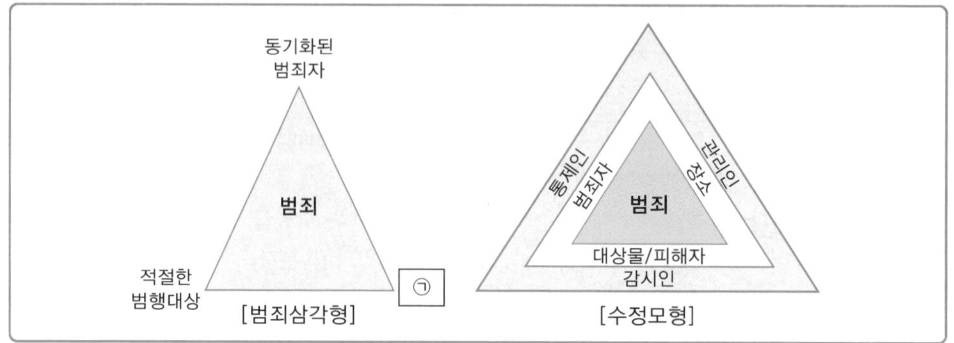

① 범죄삼각형은 일상활동이론(Routine Activity Theory)의 3요소가 시공간에서 수렴했을 때 범죄가 발생한다는 것을 도식화한 것이다.

② 두 모형은 범죄문제 해결 및 예방을 위한 환경설계를 통한 범죄예방(CPTED) 및 상황적 범죄예방기법과 밀접한 관련이 있다.

③ ㉠에 대한 구체적 범죄예방 기법으로는 소유물에 대한 표시, 출입문 잠금장치 및 방범창 설치, 금고의 활용 등이 있다.

④ 수정모형은 ㉠의 개념을 보다 구체화한 것으로, 동기화된 범죄자를 사적으로 통제할 수 있는 통제인(handler), 장소와 시설을 관리할 수 있는 관리인(manager), 범행대상을 공·사적으로 보호할 수 있는 감시인(guardian)으로서의 역할을 강조하였다.

해설

- ㉠은 감시의 부재이다. 펠슨은 감시인(또는 보호자)이란 경찰이나 민간경비원 등의 공식감시원이 아닌 그 존재 자체가 범죄를 좌절시킬 수 있는 사람들로, 의도치 않더라도 사람들이 가족이나 친구 또는 타인으로부터 보호를 받게 되는 측면을 의미한다고 설명하였다. 즉, 일상활동이론은 비공식적 통제체계에서의 자연스러운 범죄예방과 억제를 중요시한다.
- 일상활동이론(Routine Activity Theory)은 1970년대 미국의 범죄증가율을 설명하기 위해 코헨과 펠슨(Cohen & Felson, 1979)이 제안한 이론으로, 범죄증가율을 설명함에 있어 미시적이고도 거시적인 접근을 시도하였다. 첫 번째 그림은 미시적 차원에서 시간·공간·대상물·사람을 기본요소로 하며, 핵심은 범죄삼각형이라는 세 가지 요소를 전제로 한다는 점이다. 두 번째 그림은 엑(Eck)이 고안한 것으로, 동기화된 범죄자, 적절한 범행대상, 감시의 부재라는 세 가지 요소에 통제인(Handler)이 추가된 네 가지 요소를 전제로 하는 범죄삼각형(문제삼각형)이다.

일상활동이론은 비공식적 통제체계에서의 자연스러운 범죄예방과 억제를 중요시하는 것이다. 일반적으로 우리는 경찰이나 경비원을 감시나 보호의 주체로 생각하는 경향이 있지만 친구, 가족 그리고 지나가는 일반시민들이 범죄예방을 위한 감시자의 역할을 잘할 수 있다는 것이다. 그렇지만 일상활동이론의 타당성은 범죄에 대한 공식적 통제체계와 비공식적 통제체계 중 어느 것이 범죄예방에 더 영향을 미치는가에 있다기보다는, 이론이 제시하는 세 가지 핵심요소의 효과가 경험적으로 얼마나 지지되는가에 달려 있다고 봐야 한다(Akers & Sellers). 거시적인 차원에서의 일상활동이론은 거대사회와 지역사회의 어떠한 특징이 미시적 차원에서 세 가지 핵심요소의 결합을 통한 범죄발생을 더 용이하게 한다고 설명한다. 일상활동이론은 미국의 범죄율 상승의 원인을 상품과 서비스에서의 테크놀로지의 변화는 물론 사람들의 활동범주가 가족과 가정을 벗어나 확대되는 사회분위기에서 찾고자 하였다(Felson, 2008). 코헨과 펠슨

(Cohen & Felson, 1979)은 제2차 세계대전 이후 직업이나 여가에서의 일상활동의 변화로 사람들이 특정한 장소와 시간에 모이는 상황이 조성되었고, 이러한 일상활동의 변화가 범죄대상이 될 가능성을 증가시키고 재산을 감시할 능력을 감소시켰다고 설명하였다. 예를 들자면, 제2차 세계대전 이후에 주거침입절도와 자동차절도가 급증한 것은 전쟁 이후 경제활동의 활성화를 위해 맞벌이 부부가 늘어나면서 비어 있는 집과 출퇴근용 자동차의 증가가 불가피했던 당시의 사회상황과 맞물려 이해할 수 있겠다. 거대사회와 지역사회의 변화가 범죄기회를 양산하여 특정 범죄를 증가시킨 것으로 설명될 수 있는 것이다. 스마트폰과 개인용 컴퓨터의 일반화가 보이스피싱이나 사이버범죄를 증가시킨 것도 이러한 맥락에서 이해될 수 있겠다. 일상활동이론의 범죄삼각형은 범죄가 발생하는 세 가지 요소를 구체화하였는데, 이후 이러한 세 가지 요건에 영향을 줄 수 있는 통제인의 개념이 추가되면서 범죄통제 메커니즘에 도움이 되는 시사점이 제시되었다. "부모는 아이들의 행동에 좋은 영향을 줄 수 있지만 떨어져 있을 때는 이러한 역할을 효과적으로 수행할 수 없다. 이러한 측면에서 부모와 같은 통제인(handler)의 개념이 일상활동이론의 네 번째 요소로 추가되었다"(Felson, 2008). 초창기의 일상활동이론은 통제이론 관련 요소는 전혀 고려하지 않았지만 이론이 발전해 옴에 따라 통제(control)를 일상활동이론 자체의 요소로 수용하게 되었다. 그렇지만 "통제"의 개념은 일상활동이론에 내재된 것이라기보다는 사람들을 감시할 누군가의 존재나 부존재 여부를 강조하고자 추가된 것이다. 엑(Eck, 2003)은 동기화된 범죄자, 범행에 적합한 대상 그리고 사람이나 재산에 대한 감시의 부재라는 3요소에 통제인(handler)이 추가된 네 가지 요소를 기반으로 범죄삼각형(crime triangle) 또는 문제삼각형(problemtriangle)을 고안하였다.
범죄삼각형은 두 개의 삼각형으로 구성되었다. 안쪽의 삼각형은 일반적으로 발생하는 범죄의 세 요소인 잠재적인 범죄자, 범죄의 대상물과 피해자 그리고 범행에 용이한 장소로 구성되어 있다(Eck, 2003). 동기화된 범죄자가 범행을 수행하기 위해서는 적합한 상황에서 범죄대상을 찾아야 가능한 것이다. 바깥쪽 삼각형은 "통제인"이 추가된 세 감시 주체들로서 통제인(handler), 감시인(guardian), 관리인(manager)으로 구체화되었다. 통제인은 잠재적 범죄자에게 영향력을 행사하고 통제할 수 있는, 예를 들자면 청소년의 경우 부모, 형제나 선생님이 될 수 있다. 감시인은 대상물이나 피해자를 감시하고 보호할 수 있는, 예를 들자면 이웃이나 지나가는 사람들이 될 수 있다. 관리인은 장소를 관리하는 역할을 할 수 있는, 예를 들자면 편의점의 경우 편의점 주인이나 종업원이 될 수 있다. 이 감시주체들이 무능하거나 없는 상황에서 범행의 발생이 용이하게 되는데, 범죄자가 통제자의 영향력에서 벗어나 감시인이 없는 피해자나 대상물을 관리인의 눈길이 없는 장소에서 만나게 되면 범죄가 발생하는 것이다. 이러한 엑(Eck, 2008) 및 클락과 엑(Clarke& Eck, 2005) 등 학자들의 노력으로 일상활동이론은 초창기의 모습보다 발전된 모형을 갖게 되었다(Felson, 2008).

정답: ③

028 **다음 그림은 에크(Eck)가 제시한 범죄의 삼각형이다. 이에 대한 설명으로 가장 적절하지 않은 것은?** 경찰간부 2024

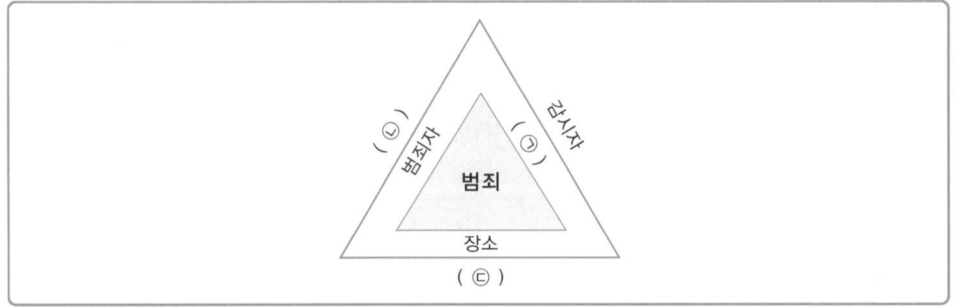

① 내부의 삼각형은 일상활동이론의 범죄발생 3요소를 의미한다.
② ㉠은 적절한 범행대상 목표물로 범죄자가 갖거나 통제하고 싶은 어떤 대상을 의미한다.
③ ㉡은 보호자(Guardians)로서 범죄자와의 사적 유대관계를 통해 법위반을 억제한다.
④ ㉢은 관리자(Managers)로 상점점원, 학교 교사, 시설의 경비원이나 안내원 등이 포함된다.

해설

① 범죄삼각형은 두 개의 삼각형으로 구성되었다. 안쪽의 삼각형은 일반적으로 발생하는 범죄의 세 요소인 잠재적인 범죄자, 범죄의 대상물과 피해자 그리고 범행에 용이한 장소로 구성되어 있다(Eck, 2003). 동기화된 범죄자가 범행을 수행하기 위해서는 적합한 상황에서 범죄대상을 찾아야 가능한 것이다. 바깥쪽 삼각형은 "통제인"이 추가된 세 감시주체들로서 통제인(handler), 감시인(guardian), 관리인(manager)으로 구체화되었다.

③ ㉡은 통제인으로서 잠재적 범죄자에게 영향력을 행사하고 통제할 수 있는, 예를 들자면 청소년의 경우 부모, 형제나 선생님이 될 수 있다.

② ㉠은 범죄의 대상물과 피해자이다.

④ ㉢은 관리인으로서 장소를 관리하는 역할을 할 수 있는, 예를 들자면 편의점의 경우 편의점 주인이나 종업원이 될 수 있다.

정답: ①·③

029 범죄피해이론에 대한 설명으로 가장 적절하지 않은 것은? 경찰간부 2024

① 일상활동이론은 범죄자와 피해자의 일상활동이 특정 시간과 공간에 걸쳐 중첩되는 양식을 고려하여 범죄피해를 설명한다.

② 생활양식·노출이론은 직장과 학교 등 직업적 활동과 여가활동을 포함한 매일의 일상적 활동이 범죄피해에 미치는 영향에 주목하였다.

③ 구조적-선택이론은 생활양식·노출이론과 집합효율성이론을 통합하여 기회이론의 의미를 심화시킨 이론이다.

④ 피해자-가해자 상호작용이론은 가해자와 피해자의 상호작용 등을 포함한 일련의 범죄피해의 전개과정에 주목했다.

정답: ③

030 다음이 설명하는 범죄피해에 관한 이론으로 가장 적절한 것은? 경행차 2023

> 인구통계학적·사회구조적 요인이 개인별 생활양식의 차이를 야기하고 이러한 생활양식의 차이가 범죄피해 가능성의 차이로 이어진다고 본다. 예컨대, 밤늦은 시간 술집에 가거나 혼자 밤늦게까지 일하는 생활양식을 가진 사람은 그렇지 않은 사람에 비해 상대적으로 범죄피해의 가능성이 증가한다는 것이다.

① 집합효율성이론(Collective Efficacy Theory)

② 생활양식·노출이론(Lifestyle-Exposure Theory)

③ 생애과정이론(Life-Course Theory)

④ 합리적 선택이론(Rational Choice Theory)

해설

② 생활양식·노출이론(lifestyle-exposure theories)에 대한 설명이다. 생활양식·노출이론의 기본적 가

설은 범죄피해의 가능성은 피해자의 개인적인 생활양식의 차이에 기인한다는 것이다. 즉, 사람은 그 생활환경에 따라 범죄피해 위험성이 높은 상황, 지역, 시간 등에 노출되는 정도가 다르므로, 범죄피해 가능성 또한 다르게 나타난다는 것이다.

③ 생애과정이론은 다른 발달범죄학 이론과 마찬가지로, 어린아이에서 성인에 이르는 과정에 범죄성이 지속되거나 중단되는 현상을 설명하고자 하였다.

【힌델링의 생활양식·노출이론】

- 개인의 직업활동과 여가활동을 포함하는 일상활동의 생활양식이 그 사람의 범죄피해 위험성을 결정하는 중요한 요인이 된다고 한다.
- 젊은 사람, 남자, 미혼자, 저소득층, 저학력층 등은 늙은 사람, 여자, 기혼자, 고소득층, 고학력자보다 폭력범죄의 피해자가 될 확률이 높다.
- 폭력범죄의 피해자가 될 확률이 높은 사람은 가족과 보내는 시간이 적고, 외부에서 보내는 시간과 일이 많으며, 범죄자 특성의 소유자와 빈번한 접촉을 하기 때문이다.
- 생활양식에 따라 그 사람의 범죄피해 위험성에 대한 노출 정도가 결정되는데, 생활양식이 유사한 다른 사람과의 접촉을 유발하여 범죄피해 위험성에 대한 노출 정도가 달라지므로, 이에 따라 그 위험성도 달라지기 때문이다.

정답: ②

031 피해자에 대한 설명 중 가장 적절하지 않은 것은? 경찰간부 2025

① 멘델손(Mendelsohn)은 비난 정도를 고려한 법적 유책성에 따라 피해자를 분류하였다.

② 헨티히(Hentig)는 개인의 의지와 무관하게 피해가능성을 높이는 취약한 피해자가 있음을 지적하면서, 일반적인 피해자 유형과 심리학적 피해자 유형으로 구분하였다.

③ 울프강(Wolfgang)은 살인사건 기록을 분석하여, 피해자가 범죄유발 동기를 제공하는 경우도 있다는 것을 설명하였다.

④ 미쓰와 메이어(Miethe & Meier)는 생활양식-노출이론에서 피해자와 가해자의 상호작용을 통해 범죄피해의 과정을 설명하고자 하였다.

해설

④ 힌델랑(Hindelang)은 생활양식-노출이론에서 피해자와 가해자의 상호작용을 통해 범죄피해의 과정을 설명하고자 하였다. 미쓰와 메이어는 구조적 선택이론을 제시하였다.

정답: ④

032 미스(Miethe)와 마이어(Meier)의 구조적 선택이론을 구성하는 핵심개념에 포함되지 않는 것은? 해경간부 2024

① 동기화된 범죄자
② 대상의 매력성
③ 노출의 정도
④ 보호력의 부재

해설

① 구조적 선택이론은 일상활동이론과 생활양식노출이론을 종합한 이론으로, 사회적 상호작용의 특성과 개인의 특성이 유발하는 범행기회, 즉 근접성과 노출이 있고, 사회적 · 공간적 상황에서 범죄자

의 주관적 선택, 대상선택에 영향을 미치는 요인, 즉 표적의 매력성과 보호능력이 있다. 동기화된 범죄자는 관련이 없다.

정답: ①

033 **생활양식노출이론(Lifestyle-Exposure Theory)에 관한 설명으로 옳지 않은 것은 모두 몇 개인가?** 경행2차 2024

> ㉠ 힌델랑(Hindelang)과 그의 동료들이 연구하였다.
> ㉡ 개인의 방어능력(guardianship)과 노출(exposure)이 개인의 범죄피해자화에 영향을 미친다고 설명하는 이론이다.
> ㉢ 남성·기혼자·저소득층 및 저학력층은 범죄피해자가 될 확률이 보다 높다고 설명한다.
> ㉣ 구조적 기대에 대한 순응과 같은 거시적인 요소보다 미시적인 요소로 인해 개인의 위험노출 정도가 결정된다고 설명한다.
> ㉤ 이론 초기에는 사회계층별 대인범죄를 설명하고자 시도하였으나, 이후 재산범죄와 같은 대물범죄까지 확대되었다.

① 1개　② 2개
③ 3개　④ 4개

해설

옳지 않은 것은 ㉢ · ㉣이다.

㉠ 옳은 설명이다.

㉡ 사람은 생활환경에 따라 범죄피해 위험이 높은 상황 · 지역 · 시간에 노출되는 정도가 다르므로, 범죄피해에 대한 위험부담 또한 다르다.

㉢ 청년층, 남자, 미혼자, 저소득층, 저학력층 등은 노년층, 여자, 기혼자, 고소득층, 고학력층 등보다 범죄피해자가 될 확률이 훨씬 높다. 이는 그들이 가족과 보내는 시간보다 외부에서 보내는 시간이 더 많기 때문이다.

㉣ 범죄기회구조의 내용으로, 범죄자와의 근접성과 범죄위험에의 노출이라는 거시적 요소를 중시한다. 인구통계학적 · 사회구조적 요인이 개인별 생활양식의 차이를 야기하고, 이와 같은 차이가 범죄피해 가능성의 차이로 이어진다고 본다.

㉤ 이론 초기에는 사회계층별 폭력범죄에 대한 피해위험성의 차이를 밝히기 위해 제안되었으나, 점차 재산범죄까지 확대되었다.

정답: ②

034 범죄피해에 관한 이론들의 내용으로 가장 적절하지 않은 것은? 경찰간부 2023

① 생활양식·노출이론(Lifestyle-Exposure Theory)은 인구통계학적, 사회구조적 요인이 개인별 생활양식의 차이를 야기하고 이러한 생활양식의 차이가 범죄피해 가능성의 차이로 이어진다고 본다.

② 코헨(Cohen)과 펠슨(Felson)의 일상활동이론(Routine Activity Theory)은 사람들의 일상활동에 영향을 미친 사회변화에 관한 거시적 차원의 고찰이 없다는 비판을 받는다.

③ 코헨(Cohen)과 펠슨(Felson)의 일상활동이론(Routine Activity Theory)은 동기가 부여된 범죄자, 적합한 표적(범행대상), 보호(감시)의 부재라는 세 가지 요소가 합치할 때 범죄피해가 발생한다고 본다.

④ 펠슨(Felson)은 경찰과 같은 공식적 감시자의 역할보다 가족, 이웃, 지역사회 등 비공식적 통제수단에 의한 범죄예방과 억제를 강조하였다.

해설

② 일상활동이론은 1970년대 미국의 범죄증가율을 설명하기 위하여 코헨과 펠슨이 제안한 이론으로, 억제이론과 합리적 선택이론의 요소들을 근간으로 한다. 이 이론은 범죄율을 설명함에 있어서 미시적이고 거시적인 접근을 시도한다.

① 힌델링(Hindelang)의 생활양식·노출이론은 개인의 직업적 활동·여가활동 등 모든 일상적 활동의 생활양식이 그 사람의 범죄피해 위험성을 높이는 중요한 요인이 된다는 이론으로, 인구학적·사회학적 계층, 지역에 따른 범죄율의 차이는 피해자의 개인적 생활양식의 차이를 반영한다고 한다.

③ 미시적인 차원에서 코헨과 펠슨은 시간, 공간, 대상물, 사람을 기본요소로 범죄에 대한 일상활동이론을 발전시켰으며, 핵심은 범죄삼각형이라는 동기화된 범죄자, 범행에 적합한 대상, 보호(감시)의 부재라는 세 가지 요소가 동일한 시간과 공간에서 만나면 범죄발생의 가능성이 높아진다는 것이다. 거시적인 차원에서의 일상활동이론은 거대사회와 지역사회의 어떠한 특징이 미시적 차원에서 세 가지 핵심요소의 결합을 통한 범죄발생을 더 용이하게 한다고 설명한다.

④ 펠슨은 감시인 또는 보호자는 경찰이나 민간경비원 등의 공식 감시인을 의미하는 것이 아니라, 그 존재나 근접성 자체가 범죄를 좌절시킬 수 있는 사람들을 의미하는 것으로, 의도하지 않더라도 사람들이 친지나 친구 또는 모르는 사람들로부터 보호받게 되는 측면을 의미한다고 설명하였다. 즉, 일상활동이론은 비공식적 통제체계에서의 자연스러운 범죄예방과 억제를 중요시한다. 정답: ②

035 형사절차에서의 피해자보호에 관한 제도라고 보기 어려운 것은?

① 재정신청
② 재판정진술권
③ 증언 시 피고인의 참여
④ 보석의 취소사유 인정

해설

③ 형사소송법에서는 범죄피해자를 보호하기 위하여 범죄피해자가 증인으로 증언 시 피고인의 참여를 배제하도록 하고 있다. 정답: ③

036 형사절차상 피해자보호와 직접 관련이 없는 것은?

① 간이공판절차
② 배상명령
③ 심리의 비공개
④ 필요적 보석의 예외사유 인정

해설

① 간이공판절차는 경미한 범죄의 소송절차를 간이하게 하는 제도로서 이는 피해자보호보다는 소송경제 및 범죄자를 위한 제도에 해당하며 신속한 재판을 하기 위한 제도이다. 정답: ①

★중요★
037 다음 설명 중 옳지 않은 것은?

① 헨티히(Hentig)는 범죄자와 피해자 사이의 상호작용에 의해 범죄가 발생한다고 주장하였다.
② 피해자학은 형사절차에서 피해자의 권리와 안전을 적극적으로 보호하려는 것 외에 국가가 공적으로 범죄피해를 구제하는 것까지 그 관심분야에 포함시키고 있다.
③ 형사소송법은 피고인이 피해자의 생명·신체나 재산에 해를 가할 염려가 있다고 믿을 만한 충분한 이유가 있는 경우를 필요적 보석의 예외사유로 규정하고 있다.
④ 범죄피해자 보호법에 의하면 범죄피해에 대한 구조금은 일시금으로 지급되며, 과실에 의한 범죄행위로 인한 범죄피해도 구조의 대상이 된다.
⑤ 범죄피해자 보호법에 의하면 국가는 범죄피해자에 관한 상담·의료제공 등의 업무에 종사하는 자에 대하여 필요한 교육과 훈련을 실시하여야 한다.

해설

④ 과실에 의한 범죄행위로 인한 범죄피해는 구조대상에서 제외된다(범죄피해자 보호법 제3조 제1항 제4호). ⑤ 동법 제10조 정답: ④

038 범죄피해자학 또는 범죄피해자에 대한 설명으로 가장 옳지 않은 것은? 해경간부 2024

① 정당방위에 해당하여 처벌되지 않는 행위 및 과실에 의한 행위로 인한 피해자는 범죄피해 구조대상에서 제외된다.
② 마약복용, 성매매 등 행위는 피해자 없는 범죄에 해당한다.
③ 「범죄피해자 보호법」에서는 대인범죄 피해자와 재산범죄 피해자를 모두 범죄피해 구조대상으로 본다.
④ 멘델존(Mendelsohn)은 피해자학의 아버지로 불리며 범죄피해자의 유책성 정도에 따라 피해자를 유형화하였다.

해설

③ 구조대상 범죄피해란 사람의 생명 또는 신체를 해치는 죄에 해당하는 행위로 인하여 사망하거나 장해 또는 중상해를 입은 것을 말한다. 따라서 재산범죄는 해당되지 않는다. 정답: ③

039 **「범죄피해자 보호법」상 범죄피해 구조제도에 대한 설명으로 가장 적절하지 않은 것은?** 경찰간부(변형) 2025

① 구조금은 유족구조금, 장해구조금 및 중상해구조금으로 구분하며, 특별한 사정이 없으면 일시금으로 지급한다.
② 외국인이 구조피해자이거나 유족인 경우에는 해당 국가의 상호보증이 있는 경우에 적용한다.
③ 구조피해자가 사망할 당시에 아직 출생하지 않은 태아는 구조금을 받을 수 있는 유족의 범위에 포함되지 않는다.
④ 구조금을 받을 권리는 양도하거나 담보로 제공하거나 압류할 수 없다.

해설

③ 유족의 범위에서 태아는 구조피해자가 사망할 때 이미 출생한 것으로 본다(범죄피해자 보호법 제18조 제2항).
① 동법 제17조
② 동법 제23조
④ 동법 제32조

정답: ③

040 **「범죄피해자 보호법」상 형사조정에 대한 설명으로 옳지 않은 것은?** 보호7급 2023

① 검사는 피의자와 범죄피해자 사이에 형사분쟁을 공정하고 원만하게 해결하여 범죄피해자가 입은 피해를 실질적으로 회복하는 데 필요하다고 인정하면 직권으로 수사 중인 형사사건을 형사조정에 회부할 수 있다.
② 형사조정위원회는 필요하다고 인정하면 직권으로 형사조정의 결과에 이해관계가 있는 사람을 형사조정에 참여하게 할 수 있다.
③ 검사는 형사사건을 수사하고 처리할 때 형사조정이 성립되지 아니하였다는 사정을 피의자에게 불리하게 고려하여서는 아니 된다.
④ 검사는 기소유예처분 사유에 해당함이 명백한 형사사건을 형사조정에 회부하여서는 아니 된다.

해설

④ 형사조정에 회부할 수 있는 형사사건의 구체적인 범위는 대통령령으로 정한다. 다만, 피의자가 도주하거나 증거를 인멸할 염려가 있는 경우, 공소시효의 완성이 임박한 경우, 불기소처분의 사유에 해당함이 명백한 경우(다만, 기소유예처분의 사유에 해당하는 경우는 제외한다)에는 형사조정에 회부하여서는 아니 된다(범죄피해자 보호법 제41조 제2항).
① 동법 제41조 제1항
② 동법 제43조 제3항
③ 동법 제45조 제4항

정답: ④

041 **현행 「범죄피해자 보호법」의 내용으로 옳지 않은 것은?**

① 유족구조금을 지급받을 수 있는 유족의 범위에서 태아는 구조피해자가 사망할 때 이미 출생한 것으로 본다.

② 범죄행위 당시 구조피해자와 가해자가 사실상 혼인관계에 있는 경우 구조금을 지급하지 않는 것이 원칙이지만, 지급하지 않는 것이 사회통념에 위배된다고 인정할 만한 특별한 사정이 있는 경우에는 구조금의 일부를 지급할 수 있다.

③ 국가는 구조피해자나 유족이 해당 구조대상 범죄피해를 원인으로 하여 손해배상을 받았으면 그 범위에서 구조금을 지급하지 아니한다.

④ 구조금 지급의 대상범죄는 살인, 폭행, 상해와 같은 생명과 신체에 관한 범죄 및 절도, 강도와 같은 재산범죄이다.

⑤ 구조금을 받을 권리는 그 구조결정이 해당 신청인에게 송달된 날로부터 2년간 행사하지 아니하면 시효로 인하여 소멸된다.

해설

④ "구조대상 범죄피해"란 대한민국의 영역 안에서 또는 대한민국의 영역 밖에 있는 대한민국의 선박이나 항공기 안에서 행하여진 사람의 생명 또는 신체를 해치는 죄에 해당하는 행위[형법 제9조(형사미성년자), 제10조 제1항(심신상실자), 제12조(강요된 행위), 제22조 제1항(긴급피난)에 따라 처벌되지 아니하는 행위를 포함하며, 형법 제20조(정당행위) 또는 제21조 제1항(정당방위)에 따라 처벌되지 아니하는 행위 및 과실에 의한 행위는 제외한다]로 인하여 사망하거나 장해 또는 중상해를 입은 것을 말한다(범죄피해자 보호법 제3조 제1항 제4호). 즉 구조금 지급의 대상범죄는 사람의 생명 또는 신체를 해치는 죄에만 한정되고, 재산범죄는 대상이 되지 않는다.

① 동법 제18조 제2항

② 동법 제19조 제7항

③ 동법 제20조

⑤ 동법 제31조

정답: ④

042 **「범죄피해자 보호법」상 범죄피해 구조제도에 대한 설명으로 옳은 것은? (다툼이 있는 경우 판례에 의함)**

① 사실혼 관계에 있는 배우자는 구조금을 받을 수 있는 유족에 포함되지 않는다.

② 유족구조금은 범죄행위로 인한 손실 또는 손해를 전보하기 위하여 지급된다는 점에서 불법행위로 인한 소극적 손해의 배상과 같은 종류의 금원에 해당하지 않는다.

③ 국가 간 상호보증과 무관하게 구조피해자나 유족이 외국인이라도 구조금 지급대상이 된다.

④ 범죄피해자 구조청구권의 대상이 되는 범죄피해에 해외에서 발생한 범죄피해의 경우를 포함하고 있지 아니한 것은 평등원칙에 위배되지 아니한다.

해설

④ 범죄피해자구조청구권의 대상이 되는 범죄피해에 해외에서 발생한 범죄피해의 경우를 포함하고 있

지 아니한 것이 현저하게 불합리한 자의적인 차별이라고 볼 수 없어 평등원칙에 위배되지 아니한다(헌법재판소 2011.12.29. 2009헌마354).

① "범죄피해자"란 타인의 범죄행위로 피해를 당한 사람과 그 배우자(사실상의 혼인관계를 포함한다), 직계친족 및 형제자매를 말한다(범죄피해자 보호법 제3조 제1항).

② 「범죄피해자 보호법」에 의한 범죄피해 구조금 중 위법 제17조 제2항의 유족구조금은 사람의 생명 또는 신체를 해치는 죄에 해당하는 행위로 인하여 사망한 피해자 또는 그 유족들에 대한 손실보상을 목적으로 하는 것으로서, 위 범죄행위로 인한 손실 또는 손해를 전보하기 위하여 지급된다는 점에서 불법행위로 인한 소극적 손해의 배상과 같은 종류의 금원이라고 봄이 타당하다(대법원 2017.11.9. 2017다228083).

③ 이 법은 외국인이 구조피해자이거나 유족인 경우에는 해당 국가의 상호보증이 있는 경우에만 적용한다(범죄피해자 보호법 제23조).

정답: ④

043 「범죄피해자 보호법」의 내용에 관한 설명으로 옳지 않은 것은?

① 범죄피해자는 범죄피해 상황에서 빨리 벗어나 인간의 존엄성을 보장받을 권리가 있다.

② 범죄피해자의 명예와 사생활의 평온은 보호되어야 한다.

③ 범죄피해자란 타인의 범죄행위로 피해를 당한 사람과 그 배우자(사실상의 혼인관계를 포함한다), 직계친족 및 형제자매를 말한다.

④ 범죄피해자는 해당 사건과 관련하여 각종 법적 절차에 참여할 권리가 없다.

해설

④ 범죄피해자는 해당 사건과 관련하여 각종 법적 절차에 참여할 권리가 있다(범죄피해자 보호법 제2조 제3항).

① 동법 제2조 제1항

② 동법 제2조 제2항

③ 동법 제3조 제1항 제1호

정답: ④

044 범죄의 피해자에 대한 설명으로 옳지 않은 것은?

① 「형법」에 의하면 피해의 정도뿐만 아니라 가해자와 피해자의 관계도 양형에 고려된다.

② 피해자는 제2심 공판절차에서는 사건이 계속된 법원에 「소송촉진 등에 관한 특례법」에 따른 피해배상을 신청할 수 없다.

③ 레클리스(Reckless)는 피해자의 도발을 기준으로 '가해자－피해자 모델'과 '피해자－가해자－피해자 모델'로 구분하고 있다.

④ 「범죄피해자보호기금법」에 의하면 「형사소송법」에 따라 집행된 벌금의 일부도 범죄피해자보호기금에 납입된다.

해설

② 피해자는 제1심 또는 제2심 공판의 변론이 종결될 때까지 사건이 계속(係屬)된 법원에 제25조에

따른 피해배상을 신청할 수 있다(소송촉진 등에 관한 특례법 제26조 제1항).

① 형을 정함에 있어서는 다음 사항을 참작하여야 한다. 1. 범인의 연령, 성행, 지능과 환경, 2. 피해자에 대한 관계, 3. 범행의 동기, 수단과 결과, 4. 범행 후의 정황(형법 제51조)

④ 정부는 형사소송법 제477조 제1항에 따라 집행된 벌금에 100분의 6 이상의 범위에서 대통령령으로 정한 비율을 곱한 금액을 기금에 납입하여야 한다(범죄피해자보호기금법 제4조 제2항).

정답: ②

045 범죄피해자 보호법령상 형사조정에 대한 설명으로 옳지 않은 것은?

① 피의자가 도주하거나 증거를 인멸할 염려가 있는 경우에는 형사조정에 회부하여서는 아니 된다.

② 각 형사조정사건에 대한 형사조정위원회(개별 조정위원회)는 3명 이내의 조정위원으로 구성한다.

③ 검사는 형사조정이 성립되지 아니하였다는 사정을 피의자에게 불리하게 고려하여서는 아니 된다.

④ 형사조정에 회부하는 것이 분쟁해결에 적합하다고 판단되는 경우에는 당사자의 동의가 없어도 조정절차를 개시할 수 있다.

해설

④ 검사는 피의자와 범죄피해자 사이에 형사분쟁을 공정하고 원만하게 해결하여 범죄피해자가 입은 피해를 실질적으로 회복하는 데 필요하다고 인정하면 당사자의 신청 또는 직권으로 수사 중인 형사사건을 형사조정에 회부할 수 있다(범죄피해자 보호법 제41조 제1항). 그러나 형사조정절차를 개시하기 위해서는 당사자의 동의가 있어야 한다(동법 시행령 제52조 제1항).

① 동법 제41조 제2항

② 동법 시행령 제48조 제1항

③ 동법 제45조 제4항 단서

정답: ④

046 범죄피해자와 관련한 현행 제도에 대한 설명으로 옳지 않은 것은? (다툼이 있는 경우 판례에 의함)

① 「소송촉진 등에 관한 특례법」 제25조 제1항에 따른 배상명령은 피고사건의 범죄행위로 발생한 직접적인 물적 피해, 치료비 손해와 위자료에 대하여 피고인에게 배상을 명함으로써 간편하고 신속하게 피해자의 피해회복을 도모하고자 하는 제도이다.

② 「범죄피해자 보호법」은 피해자와 피의자 사이의 합의가 이루어졌더라도 기소유예처분의 사유에 해당함이 명백한 경우 형사조정에 회부하지 못하도록 하고 있다.

③ 「범죄피해자 보호법」상 범죄피해자란 타인의 범죄행위로 피해를 당한 사람과 그 법률상·사실상 배우자, 직계친족 및 형제자매를 말한다.

④ 「성폭력범죄의 처벌 등에 관한 특례법」에 따르면 검사는 성폭력범죄 피해자에게 변호사가 없는 경우 국선변호사를 선정하여 형사절차에서 피해자의 권익을 보호할 수 있다.

해설

② 형사조정에 회부할 수 있는 형사사건의 구체적인 범위는 대통령령으로 정한다. 다만, 다음 각 호의 어느 하나에 해당하는 경우에는 형사조정에 회부하여서는 아니 된다(범죄피해자 보호법 제41조 제2항).

1. 피의자가 도주하거나 증거를 인멸할 염려가 있는 경우
2. 공소시효의 완성이 임박한 경우
3. 불기소처분의 사유에 해당함이 명백한 경우(다만, 기소유예처분의 사유에 해당하는 경우는 제외한다) 따라서, 기소유예처분의 사유에 해당하는 경우에는 형사조정에 회부할 수 있다.

① 소송촉진 등에 관한 특례법 제25조 제1항
③ 범죄피해자 보호법 제3조 제1항 제1호
④ 성폭력범죄의 처벌에 관한 특례법 제27조 제6항

정답: ②

047 범죄피해자 보호법에 의할 때 국가에 의한 범죄피해 구조금의 지급대상이 되는 경우는?

① 전치 8주의 폭행치상을 당한 자가 피해의 전부를 가해자로부터 배상받은 경우
② 10억원의 사기피해를 당한 자가 가해자로부터 5억원만 배상받은 경우
③ 강도상해를 당하여 반신불수가 된 자가 가해자로부터 배상받지 못한 경우
④ 단순폭행을 당한 자가 가해자로부터 일부 배상을 받았지만, 피해자가 가난하여 생계유지가 곤란한 경우
⑤ 명예훼손을 당한 자가 심한 정신적 고통을 겪다가 결국 우울증에 걸려 자살하였고, 피해자의 유족인 처는 가해자의 행방불명으로 피해를 전혀 배상받지 못한 경우

해설

범죄피해자 보호법상 "구조대상 범죄피해"란 대한민국의 영역 안에서 또는 대한민국의 영역 밖에 있는 대한민국의 선박이나 항공기 안에서 행하여진 사람의 생명 또는 신체를 해치는 죄에 해당하는 행위[형법 제9조(형사미성년자), 제10조 제1항(심신상실자), 제12조(강요된 행위), 제22조 제1항(긴급피난)에 따라 처벌되지 아니하는 행위를 포함하며, 형법 제20조(정당행위) 또는 제21조 제1항(정당방위)에 따라 처벌되지 아니하는 행위 및 과실에 의한 행위는 제외한다]로 인하여 사망하거나 장해 또는 중상해를 입은 것을 말한다(범죄피해자 보호법 제3조 제1항 제4호). ③ 강도상해는 사람의 신체를 해치는 죄에 해당하고, 반신불수는 중상해를 입은 것에 해당하므로 범죄피해 구조금의 지급대상이 된다. ① 구조금의 지급대상이 되려면 구조피해자가 피해의 전부 또는 일부를 배상받지 못하는 경우이어야 하는데 (동법 제16조 제1호) ①의 경우 피해의 전부를 가해자로부터 배상받았으므로 구조금의 지급대상이 될 수 없다. ② 사기피해는 사람의 생명 또는 신체를 해치는 죄에 해당하지 않으므로 구조금의 지급대상이 될 수 없다. ④ 단순폭행은 사망하거나 장해 또는 중상해를 입은 것에 해당하지 않으므로 구조금의 지급대상이 될 수 없다. ⑤ 명예훼손은 사람의 생명 또는 신체를 해치는 죄에 해당하지 않으므로 범죄피해 구조금의 지급대상이 될 수 없다.

정답: ③

048 피해자학 또는 범죄피해자에 대한 설명으로 옳지 않은 것은?

① 멘델존(Mendelsohn)은 피해자학의 아버지로 불리며 범죄피해자의 유책성 정도에 따라 피해자를 유형화하였다.
② 범죄피해자 보호법에서는 대인범죄 피해자와 재산범죄 피해자를 모두 범죄피해 구조대상으로 본다.
③ 마약 복용, 매춘 등의 행위는 '피해자 없는 범죄'에 해당한다.
④ 정당방위(형법 제21조 제1항)에 해당하여 처벌되지 않는 행위 및 과실에 의한 행위로 인한 피해는 범죄피해 구조대상에서 제외된다.

해설

② 범죄피해자 보호법상 구조대상 범죄피해란 대한민국의 영역 안에서 또는 대한민국의 영역 밖에 있는 대한민국의 선박이나 항공기 안에서 행하여진 사람의 생명 또는 신체를 해치는 죄에 해당하는 행위로 인하여 사망하거나 장해 또는 중상해를 입은 것을 말한다(범죄피해자 보호법 제3조 제1항 제4호). 따라서 재산범죄 피해자는 구조대상 범죄피해에 해당하지 않는다. 정답: ②

★기출★
049 우리나라의 범죄피해자 보호제도에 관한 설명 중 옳지 않은 것은?

① 과실범의 피해자는 「범죄피해자 보호법」의 피해자 구조대상에서 제외된다.
② 범죄피해 방지 및 범죄피해자 구조활동으로 피해를 당한 사람도 「범죄피해자 보호법」상 범죄피해자로 본다.
③ 외국인이 구조피해자이거나 유족인 경우에는 해당 국가의 상호보증이 있는 경우에는 「범죄피해자 보호법」이 적용된다.
④ 국가는 범죄피해자가 해당 사건과 관련하여 수사담당자와 상담하거나 재판절차에 참여하여 진술하는 등 형사절차상의 권리를 행사할 수 있도록 보장하여야 한다.
⑤ 「범죄피해자 보호법」에 의하면 구조피해자가 가해자로부터 피해의 전부를 배상받지 못하여 생계곤란의 사유가 인정될 때에만 구조를 받을 수 있다.

해설

⑤ 구조피해자가 피해의 전부 또는 일부를 배상받지 못하면 족하고, 생계곤란의 사유를 요하지 않는다(범죄피해자 보호법 제16조 제1호).
① 동법 제3조 제1항 제4호
② 동조 제2항
③ 구조피해자 또는 그 유족이 외국인인 때에는 다음 각 호의 어느 하나에 해당하는 경우에만 이 법을 적용한다(동법 제23조).
  1. 해당 국가의 상호보증이 있는 경우
  2. 해당 외국인이 구조대상 범죄피해 발생 당시 대한민국 국민의 배우자이거나 대한민국 국민과 혼인관계(사실상의 혼인관계를 포함한다)에서 출생한 자녀를 양육하고 있는 자로서 다음 각 목의 어느 하나에 해당하는 체류자격을 가지고 있는 경우

가. 「출입국관리법」 제10조 제2호의 영주자격
나. 「출입국관리법」 제10조의2 제1항 제2호의 장기체류자격으로서 법무부령으로 정하는 체류 자격
④ 동법 제8조 제1항 정답: ⑤

050 범죄피해자 보호법상 구조금의 전부 또는 일부의 지급배제사유가 아닌 것은?

① 가해자가 피해자와 동거하는 사실상의 배우자인 경우
② 피해자가 해당 범죄행위를 교사한 경우
③ 피해자가 과도한 폭행으로 해당 범죄행위를 유발한 경우
④ 피해자가 해당 범죄행위를 방조한 경우
⑤ 가해자가 신체장애 등의 사유가 있어서 해당 범죄를 행하는 것이 매우 곤란했을 것으로 인정되는 경우

해설

① 범죄피해자 보호법 제19조 제1항 제1호, ②·④ 동조 제3항 제1호, ③ 동조 제2호 정답: ⑤

051 현행법상 범죄피해자 보호에 관한 설명 중 옳지 않은 것은?

① 범죄피해자 보호법상 범죄피해자의 개념에는 타인의 범죄행위로 피해를 당한 사람의 배우 자도 포함된다.
② 지방자치단체는 범죄피해자 보호·지원을 위하여 적극적으로 노력해야 할 책무가 있다.
③ 긴급피난 규정에 의하여 처벌되지 않는 행위로 인해 피해를 입은 자도 범죄피해 구조금을 받을 수 있다.
④ 범죄피해자 보호·지원업무에 종사하는 자는 그 범죄피해자에 관한 형사절차에서 가해자에 대한 처벌을 요구할 수 있다.
⑤ 외국인이 구조피해자이거나 유족인 경우에는 해당 국가의 상호보증이 있는 경우에만 지급대상이 될 수 있다.

해설

④ 범죄피해자 보호·지원 업무에 종사하는 자는 형사절차에서 가해자에 대한 처벌을 요구하거나 소송관계인에게 위력을 가하는 등 수사, 변호 또는 재판에 부당한 영향을 미치기 위한 행위를 하여서는 아니 된다(범죄피해자 보호법 제38조). ① 동법 제3조 제1항 제1호, ② 동법 제5조 제1항, ③ 동법 제3조 제1항 제4호, ⑤ 동법 제23조 정답: ④

★3회★

052 현행 「범죄피해자 보호법」상 구조금에 관한 설명 중 옳지 않은 것은?

① 구조금 지급신청은 해당 구조대상 범죄피해의 발생을 안 날부터 1년이 지나면 할 수 없다.
② 구조금을 받을 권리는 양도하거나 담보로 제공하거나 압류할 수 없다.
③ 국가는 지급한 구조금의 범위에서 해당 구조금을 받은 사람이 구조대상 범죄피해를 원인으로 하여 가지고 있는 손해배상청구권을 대위한다.
④ 국가는 구조피해자나 유족이 해당 구조대상 범죄피해를 원인으로 하여 손해배상을 받았으면 그 범위에서 구조금을 지급하지 아니한다.
⑤ 구조금은 유족구조금·장해구조금 및 중상해구조금으로 구분하며, 원칙적으로는 일시금으로 지급한다.

해설

① 구조금 지급신청은 해당 구조대상 범죄피해의 발생을 안 날부터 3년이 지나거나 해당 구조대상 범죄피해가 발생한 날부터 10년이 지나면 할 수 없다(범죄피해자 보호법 제25조 제2항).
② 동법 제32조
③ 동법 제21조 제2항
④ 동법 제21조 제1항
⑤ 구조금은 일시금으로 지급한다. 다만, 구조피해자 또는 그 유족이 연령, 장애, 질병이나 그 밖에 대통령령으로 정하는 사유로 구조금을 관리할 능력이 부족하다고 인정되는 경우로서 다음 각 호의 어느 하나에 해당하는 경우에는 대통령령으로 정하는 바에 따라 구조금을 분할하여 지급할 수 있다(동법 제17조 제4항).
1. 구조피해자나 그 유족이 구조금의 분할지급을 청구하여 제24조 제1항에 따른 범죄피해구조심의회가 구조금의 분할 지급을 결정한 경우
2. 제24조 제1항에 따른 범죄피해구조심의회가 직권으로 구조금의 분할지급을 결정한 경우

053 다음 중 「범죄피해자 보호법」의 구조금 지급에 관한 설명으로 가장 옳지 않은 것은?

해경간부 2023

① 구조피해자나 유족이 해당 구조대상 범죄피해를 원인으로 하여 손해배상을 받았으면 그 범위에서 구조금을 지급하지 아니한다.
② 유족구조금을 받을 유족 중 부모의 경우 양부모를 선순위로 하고 친부모를 후순위로 한다.
③ 외국인이 구조피해자이거나 유족인 경우에도 구조금을 지급하여야 한다.
④ 범죄행위 당시 구조피해자와 가해자가 사실상의 혼인관계에 있는 경우 원칙적으로 구조금을 지급하지 아니한다.

해설

③ 구조피해자 또는 그 유족이 외국인인 때에는 다음 각 호의 어느 하나에 해당하는 경우에만 이 법을 적용한다(범죄피해자 보호법 제23조).

1. 해당 국가의 상호보증이 있는 경우
2. 해당 외국인이 구조대상 범죄피해 발생 당시 대한민국 국민의 배우자이거나 대한민국 국민과 혼인관계(사실상의 혼인관계를 포함한다)에서 출생한 자녀를 양육하고 있는 자로서 다음 각 목의 어느 하나에 해당하는 체류자격을 가지고 있는 경우
   가. 「출입국관리법」 제10조 제2호의 영주자격
   나. 「출입국관리법」 제10조의2 제1항 제2호의 장기체류자격으로서 법무부령으로 정하는 체류자격

① 동법 제21조 제1항
② 동법 제18조 제3항
④ 동법 제19조 제1항 제1호 정답: ③

054 **「범죄피해자 보호법」상 범죄피해의 구조에 대한 설명으로 옳지 않은 것은?** 보호7급 2023

① 범죄피해 구조금을 받을 권리는 그 구조결정이 해당 신청인에게 송달된 날부터 2년간 행사하지 아니하면 시효로 인하여 소멸된다.
② 구조대상 범죄피해를 받은 사람이 해당 범죄피해의 발생 또는 증대에 가공한 부적절한 행위를 한 때에는 범죄피해 구조금의 일부를 지급하지 아니한다.
③ 범죄피해구조심의회에서 범죄피해 구조금 지급신청을 일부기각하면 신청인은 결정의 정본이 송달된 날부터 2주일 이내에 그 범죄피해구조심의회를 거쳐 범죄피해구조본부심의회에 재심을 신청할 수 있다.
④ 범죄피해 구조금을 받은 사람이 거짓이나 그 밖의 부정한 방법으로 범죄피해 구조금을 받은 경우, 국가는 범죄피해구조심의회 또는 범죄피해구조본부심의회의 결정을 거쳐 그가 받은 범죄피해 구조금의 전부를 환수해야 한다.

해설

④ 국가는 이 법에 따라 구조금을 받은 사람이 거짓이나 그 밖의 부정한 방법으로 구조금을 받은 경우, 구조금을 받은 후 구조금을 지급하지 아니할 수 있는 경우에 규정된 사유가 발견된 경우, 구조금이 잘못 지급된 경우의 어느 하나에 해당하면 지구심의회 또는 본부심의회의 결정을 거쳐 그가 받은 구조금의 전부 또는 일부를 환수할 수 있다(범죄피해자 보호법 제30조 제1항).
① 동법 제31조
② 동법 제19조 제4항 제2호
③ 지구심의회에서 구조금 지급신청을 기각(일부기각된 경우를 포함한다) 또는 각하하면 신청인은 결정의 정본이 송달된 날부터 2주일 이내에 그 지구심의회를 거쳐 본부심의회에 재심을 신청할 수 있다(동법 제27조 제1항). 정답: ④

055 범죄피해자 보호에 관한 현행법상 태도로 보기 어려운 것은?

① 법무부장관은 범죄피해자 보호·지원에 관한 기본계획을 5년마다 수립하여야 한다.
② 범죄피해자 보호·지원에 관한 기본계획 심의를 위해 법무부장관 소속하에 범죄피해자보호위원회를 둔다.
③ 지방자치단체는 범죄피해자 지원법인에 대하여 보조금을 교부할 수 있다.
④ 범죄피해자 보호·지원 업무에 종사하고 있거나 종사하였던 자는 어떠한 경우에도 범죄피해자를 보호·지원한다는 이유로 수수료 등의 명목으로 금품을 요구하거나 받아서는 아니 된다.

해설

④ 범죄피해자 보호·지원 업무에 종사하고 있거나 종사하였던 자는 범죄피해자를 보호·지원한다는 이유로 수수료 등의 명목으로 금품을 요구하거나 받아서는 아니 된다. 다만 다른 법률에 규정이 있는 경우에는 그러하지 아니하다(범죄피해자 보호법 제40조). 따라서 다른 법률에 규정이 있는 경우에는 수수료 등의 명목으로 금품을 요구하거나 받을 수 있다. ① 동법 제12조 제1항, ② 동법 제15조 제1항, ③ 동법 제34조 제1항

정답: ④

056 「범죄피해자 보호법 시행령」상 범죄피해자보호위원회에 대한 설명으로 옳은 것은?

① 위원장은 법무부차관이 된다.
② 위원의 임기는 2년으로 하되 연임할 수 없다.
③ 회의는 재적위원 2/3 이상의 출석으로 개의하고, 출석위원 과반수의 찬성으로 의결한다.
④ 위원장이 부득이한 사유로 직무를 수행할 수 없을 때에는 위원장이 미리 지정한 위원이 그 직무를 대행한다.

해설

① 범죄피해자보호위원회(이하 "보호위원회"라 한다)의 위원장은 법무부장관이 된다(범죄피해자 보호법 시행령 제13조 제1항). ② 위원의 임기는 2년으로 하되 연임할 수 있으며, 보궐위원의 임기는 전임자의 임기의 남은 기간으로 한다(동조 제3항). ③ 보호위원회의 회의는 재적위원 과반수의 출석으로 개의하고, 출석위원 과반수의 찬성으로 의결한다(동 시행령 제14조 제3항). ④ 동 시행령 제14조 제2항

정답: ④

057 범죄피해자 보호법상 구조금 지급요건에 관한 설명으로 옳지 않은 것은?

① 생명 또는 신체를 해하는 범죄에 의한 피해에 대해서만 구조금을 지급한다.
② 과실행위에 의한 범죄피해에 대해서는 구조금을 지급하지 않는다.
③ 정당행위로 인한 범죄피해에 대해서는 구조금을 지급하지 않는다.
④ 타인의 형사사건의 재판에 있어서 증언과 관련하여 피해자로 된 때에는 구조금을 지급하지 않는다.
⑤ 피해자가 범죄행위를 유발한 경우에는 구조금을 지급하지 않을 수 있다.

해설

④ 타인의 형사사건의 재판에 있어서 증언과 관련하여 피해자로 된 때에는 구조금을 지급한다.

정답: ④

★중요★

058 범죄피해자 보호법상 구조금에 관한 내용 중 옳지 않은 것으로 묶인 것은?

㉠ 구조금은 유족구조금, 장해구조금, 중상해구조금으로 구분한다.
㉡ 범죄행위 당시 구조피해자와 가해자가 동거친족이었다면 구조금을 지급하지 아니한다.
㉢ 구조금을 받을 권리는 그 구조결정이 해당 신청인에게 송달된 날부터 1년간 행사하지 아니하면 시효로 인하여 소멸된다.
㉣ 구조금 지급에 관한 사항을 심의·결정하기 위하여 각 지방법원에 범죄피해구조심의회를 둔다.

① ㉠, ㉡
② ㉠, ㉣
③ ㉡, ㉢
④ ㉢, ㉣

해설

× : ㉢ 1년 → 2년(범죄피해자 보호법 제31조), ㉣ 지방법원 → 지방검찰청(동법 제21조 제1항)
○ : ㉠ 동법 제17조 제1항, ㉡ 동법 제19조 제1항 제4호

정답: ④

059 범죄피해자 보호법상 구조금에 관한 설명으로 옳지 않은 것은?

① 자기 또는 타인의 형사사건의 수사 또는 재판에서 고소·고발 등 수사단서를 제공하거나 진술, 증언 또는 자료제출을 하다가 구조피해자가 된 경우 범죄피해 구조금을 지급한다.
② 구조금 지급신청은 법무부령으로 정하는 바에 따라 그 주소지, 거주지 또는 범죄발생지를 관할하는 지구심의회에 할 수 있다.
③ 구조금 지급신청은 당해 범죄피해의 발생을 안 날로부터 3년이 지나거나 해당 구조대상 범죄피해가 발생한 날로부터 10년이 지나면 할 수 없다.
④ 구조피해자나 유족이 해당 구조대상 범죄피해를 원인으로 하여 손해배상을 받았더라도 국가는 구조금 전액을 지급해야 한다.

해설

④ 국가는 구조피해자나 유족이 해당 구조대상 범죄피해를 원인으로 하여 손해배상을 받았으면 그 범위에서 구조금을 지급하지 아니한다(범죄피해자 보호법 제21조 제1항). ① 동법 제16조 제2호, ② 동법 제25조 제1항, ③ 동법 제25조 제2항

정답: ④

060 피해자에 관한 설명 중 옳은 것은?

① 최초의 범죄피해자 보상법을 제정·시행한 국가는 오스트레일리아이다.
② 멘델존(B.Mendelsohn)은 피해자를 일반적 피해자 유형과 심리적 피해자 유형으로 분류하였다.
③ 「성매매알선 등 행위의 처벌에 관한 법률」상 '성매매피해자'에는 업무·고용 그 밖의 관계로 인하여 보호 또는 감독하는 사람에 의하여 마약에 중독되어 성매매를 한 사람도 포함된다.
④ 「성매매알선 등 행위의 처벌에 관한 법률」에 따르면 '성매매피해자'에 해당하더라도 성매매의 시작 동기가 자발적이었다면 처벌된다.
⑤ 「범죄피해자 보호법」상 '범죄피해자'에는 타인의 범죄행위로 피해를 당한 사람과 사실상의 혼인관계에 있는 배우자가 포함되지 않는다.

해설

① 오스트레일리아 → 뉴질랜드. ② 멘델존 → 헨티히. ④ 성매매피해자의 성매매는 처벌하지 아니한다(성매매알선 등 행위의 처벌에 관한 법률 제6조 제1항). ⑤ 범죄피해자 보호법상 "범죄피해자"란 타인의 범죄행위로 피해를 당한 사람과 그 배우자(사실상의 혼인관계를 포함한다), 직계친족 및 형제자매를 말한다(범죄피해자 보호법 제3조 제1항). ③ 성매매알선 등 행위의 처벌에 관한 법률 제2조 제1항 제4호

정답: ③

061 다음 사례 중 범죄피해자 보호법상 구조대상 범죄피해에 해당하지 않는 것은 모두 몇 개인가?

㉠ 범죄피해자 A는 미국 영해를 항해하던 대한민국의 선박 안에서 행해진 범죄로 사망하였다.
㉡ 범죄피해자 B는 인천에서 형법상 정당방위에 의한 행위로 중상해를 입었다.
㉢ 범죄피해자 C는 러시아 영공을 지나던 대한민국의 항공기 안에서 행해진 범죄로 장해를 입었다.
㉣ 범죄피해자 D는 서울에서 13세인 가해자의 폭행으로 사망하였다.
㉤ 범죄피해자 E는 대한민국 영국대사관 안에서 행해진 범죄로 중상해를 입었다.
㉥ 범죄피해자 F는 부산에서 음주운전 중인 乙의 차량에 부딪혀 사망하였다.

① 2개 ② 3개
③ 4개 ④ 5개

해설

× : ㉡ 정당방위에 위한 행위. ㉥ 과실에 의한 행위
○ : ㉠, ㉢, ㉣, ㉤

정답: ①

062 **구조피해자가 사망할 당시 그에게 사실혼 관계에 있는 동거녀 甲과 초등학생인 아들 乙이 있었고, 구조금으로 2억원이 지급될 예정이라면 甲과 乙에게 지급될 구조금으로 맞는 것은?**

① 甲 1억, 乙 1억
② 甲 2억원, 乙 없음
③ 甲 없음, 乙 2억원
④ 甲 없음, 乙 없음

해설

① 유족구조금은 구조피해자가 사망하였을 때 맨 앞의 순위인 유족에게 지급하되, 순위가 같은 유족이 2명 이상이면 똑같이 나누어 지급하고(범죄피해자 보호법 제17조 제2항), 맨 앞의 유족순위는 배우자(사실상 혼인관계를 포함한다) 및 구조피해자의 사망 당시 구조피해자의 수입으로 생계를 유지하고 있는 구조피해자의 자녀이다(동법 제18조 제1항 제1호). 따라서 甲과 乙은 유족구조금 2억원을 똑같이 나눈 금액인 1억원씩 지급받게 된다.

정답: ①

063 **회복적 사법에 대한 설명 중 가장 적절하지 않은 것은?** 경찰간부 2023

① 최초의 공식적인 회복적 사법프로그램은 미국 오하이오 주에서 도입된 피해자–가해자 화해프로그램(victim–offender mediation)이다.
② 가족집단 회합모델(family group conference)은 뉴질랜드 마오리족의 전통에서 유래하였다.
③ 서클모델(circle)은 아메리칸 인디언과 캐나다 원주민들에 의해 사용되던 것으로 범죄상황을 정리하여 피해자와 가해자를 공동체 내로 재통합하려는 시도이다.
④ 미국에서 시행된 가장 대규모의 회복적 사법제도는 버몬트주의 배상적 보호관찰프로그램이다.

해설

① 피해자 – 가해자 중재(조정)모델은 범죄자와 피해자 사이에 제3자가 개입하여 화해와 배상 등을 중재하는 프로그램을 의미한다. 1974년 캐나다 온타리오 주의 피해자 – 가해자 화해프로그램에서 시작되었으며, 가장 오래된 회복적 사법프로그램의 모델이다.
② 가족집단 회합모델은 뉴질랜드 마오리족의 전통에 기원을 두고 있는데, 1989년 뉴질랜드의 소년범 중 마오리족 청소년들이 높은 비중을 차지하는 문제를 해결하기 위한 방안으로, 「아동·청소년 및 그 가족들에 관한 법」에 의해 도입되었다.
③ 서클모델은 범죄의 상황을 정리하는 치유서클에서 기원하며, 아메리칸 인디언과 캐나다 원주민들에 의해 사용되던 것으로, 범죄상황을 정리하여 피해자와 가해자를 공동체 내로 재통합하려는 시도이다. 이 제도에 기인하여 이후 가해자 처벌과 관련하여 형사사법기관에 적절한 양형을 권고하는 데 중점을 둔 제도가 양형서클이다.

정답: ①

064 **회복적 사법의 핵심원리로 옳지 않은 것은?**

① 당사자의 자발적 참여
② 피해의 회복
③ 사회공동체의 참여
④ 가해자에 대한 엄중한 처벌

해설

회복적 사법이란 피해자와 가해자 또는 지역사회 구성원 등 범죄사건 관련자들이 사건 해결과정에 능동적으로 참여하여 피해자 또는 지역사회의 손실을 복구하고 관련 당사자들의 재통합을 추구하는 일체의 범죄대응형식을 말하는 것으로 ①·②·③이 이에 해당한다. 반면 ④의 경우 전통적 형사사법의 원리로서 제재와 처벌에 초점을 둔다는 점에서 앞서 말한 원리와 구별된다. 정답: ④

065 **회복적 사법에 대한 설명으로 옳지 않은 것은?** 보호7급 2023

① 범죄로 인한 피해에는 지역사회가 겪는 피해가 포함된다.
② 시민에게 갈등과 사회문제의 해결에 참여하는 기회를 제공함으로써 공동체 의식을 강화하는 것을 목표로 한다.
③ 지역사회 내에서 범죄자와 그 피해자의 재통합을 추구한다.
④ 가해자는 배상과 교화의 대상으로서 책임을 수용하기보다는 비난을 수용하여야 한다.

해설

④ 응보적 사법, 즉 전통적 형사사법에 대한 설명이다. 회복적 사법에서 피해자는 직접참여자로서 범죄해결과정의 중심인물로 인식되고, 가해자는 책임을 수용하고 배상과 교화의 대상으로 인식된다.

〈전통적 형사사법과 회복적 사법 비교〉

기존의 형사처벌	회복적 사법
• 범죄자 처벌 중심 • 국가(정부)가 주도하는 방식 • 가해자와 피해자 간 조정 없음	• 피해자 (피해)회복 중심 • 피해자의 적극적인 참여 유도 • 가해자와의 갈등해소·원상회복

정답: ④

066 **다음 중 회복적 사법(Restorative Justice)에 대한 설명으로 가장 옳은 것은?** 해경간부 2025

① 회복적 사법 프로그램으로 양형서클 모델, 피해자-가해자 중재모델 등이 있다.
② 회복적 사법은 범죄감소를 위한 공동협력을 국가에게만 맡긴다.
③ 응보적 사법에서 피해자는 사법절차의 직접 참여자로서 범죄해결 과정에 중심적인 역할을 담당한다.
④ 회복적 사법의 목표는 가해자의 처벌과 피해자의 회복이다.

해설

② 회복적 사법은 피해자 및 지역사회가 직접 범죄로 인한 손실을 원상회복하는 데 참여한다.
③ 회복적 사법에서 피해자는 사법절차의 직접 참여자로서 범죄해결 과정에 중심적인 역할을 담당한다.
④ 회복적 사법의 목표는 지역사회 재통합과 피해자의 회복이다. 정답: ①

067 **회복적 사법 전략에 관한 설명으로 옳지 않은 것은?**

① 지역사회가 부담할 형사사법비용을 국가가 부담한다는 비판을 받는다.
② 전통적인 구금처우정책이 사회적 문제를 야기했다는 반성에서 시작되었다.
③ 피해자와 지역사회에 대한 가해자의 적극적인 사과와 배상노력이 전제되어야 한다.
④ 범죄자와 피해자 간 조정제도는 당사자 간 화해가 전제되어야 한다.

해설
①은 전통적 형사사법에 관한 내용이다. 정답: ①

★중요★
068 **회복적 사법의 이념에 기초한 프로그램이 아닌 것은?**

① 삼진아웃제
② 피해자와 가해자의 조정
③ 양형써클
④ 가족집단회합

해설
회복적 사법프로그램들의 주요 유형으로는 피해자 – 가해자 조정프로그램, 가족집단회합, 양형써클 등이 있다. 정답: ①

069 **회복적 사법에 관한 설명으로 옳지 않은 것은?**

① 법원이 분쟁해결의 전 과정을 주도한다.
② 피해자를 지원하는 것이 우선적 고려사항이다.
③ 가해자, 피해자, 지역사회가 참여한다.
④ 가해자가 자발적으로 참여하여 뉘우칠수록 재범의 가능성이 낮아질 수 있다.

해설
형사사법절차의 각 단계마다 적용가능하다. 즉, 경찰·검찰·법원·교정기관은 모든 단계에서 프로그램을 검토할 수 있다. 정답: ①

070 **회복적 사법에 관한 설명으로 옳은 것은?**

① 국가기관과 가해자의 화해를 추구한다.
② 회복과정을 통해 피해자의 이익에 기여한다.
③ 가해자의 재사회화에는 불리하다.
④ 가석방은 회복적 사법의 한 형태이다.

해설

① 국가기관이 가해자와 피해자 간의 화해를 추구한다.
③ 가해자가 능동적으로 참여하여 관련 당사자들의 재통합을 추구하는 것으로, 가해자의 재사회화에 유리하다.
④ 가석방은 징역 또는 금고의 집행 중에 있는 자가 개전의 정이 현저한 때에 형기만료 전에 조건부로 석방하는 제도로 다이버전(전환제도)의 한 형태이다. 회복적 사법의 형태에는 피해자 – 가해자 조정 프로그램, 가족집단회합, 양형써클 등이 있다. 정답: ②

071 회복적 사법에 관한 설명으로 옳지 않은 것은?

① 전통적인 형사사법모델에 대한 반성에서 시작되었다.
② 범죄를 단순한 국법질서의 침해로 보지 않고, 하나의 사회현상으로 취급한다.
③ 가해자와 피해자, 그 가족 및 지역사회를 함께 참여시키는 가운데 문제를 해결하고자 한다.
④ 범죄로 인한 피해자의 물질적 피해의 회복에 그 목적을 둔다.

해설

④ 회복적 사법은 피해자의 범죄로 인한 정신적·물질적 피해의 회복에 그치지 않고, 범죄의 피해와 그로 인한 후유증 등을 해소하고, 관련 당사자들의 재통합을 추구하는 일체의 범죄대응 형식을 말한다. 정답: ④

072 회복적 사법에 관한 설명으로 옳지 않은 것을 모두 고른 것은?

㉠ 가해자에 대해서는 규범합치적 행동양식의 회복을 촉구한다.
㉡ 사회방위를 통한 공동체의 안녕과 질서회복에 중점을 둔다.
㉢ 범죄는 사회적 병리현상이라는 관념을 이론적 토대로 한다.
㉣ 형사사법체계의 운용 및 절차지연으로 인한 사회적·경제적 비용을 절감할 수 있다.

① ㉠, ㉡ ② ㉠, ㉣ ③ ㉡, ㉢ ④ ㉢, ㉣

해설

× : ㉡ 회복적 사법은 가해자와 피해자, 그 가족 및 지역사회를 함께 참여시키는 사회적 관계 속에서 문제를 해결하고자 하므로 사회방위와는 직접적 관련이 없다. ㉢ 범죄도 하나의 사회현상이라는 사실을 중시한다.
○ : ㉠, ㉣ 정답: ③

073 회복적 사법의 목표와 가장 거리가 먼 것은?

① 물질적 또는 감정적 손해의 회복 ② 범죄인에 대한 응보
③ 가해자를 지역사회에 재통합 ④ 사회의 재건

해설

② 회복적 사법은 종래의 "보복감정에 기초한 해악 부과"라는 파괴적 구도보다는 "화해와 용서"라는 이념을 추구한다. 정답: ②

★중요★
074 **형사사법정책의 새로운 방향으로서 회복적 사법(Restorative Justice)에 대한 설명으로 옳지 않은 것은 모두 몇 개인가?**

> ㉠ 회복적 사법의 핵심가치는 피해자, 가해자 욕구뿐만 아니라 지역사회 욕구까지 반영하는 것이다.
> ㉡ 범죄를 개인 대 국가의 갈등으로 인식한다.
> ㉢ 회복적 사법은 범죄가 발생하는 여건·환경에 관심을 둔다.
> ㉣ 회복적 사법은 범죄로 인한 손해의 복구를 위해 중재, 협상, 화합의 방법을 강조한다.
> ㉤ 회복적 사법은 범죄자의 교화개선이라는 교정의 이념을 실현시키기 위해 등장하였으며, 피해자 권리운동의 발전과는 관련이 없다.

① 1개 ② 2개 ③ 3개 ④ 4개

해설

× : ㉡ 회복적 사법에서는 범죄를 개인 대 국가의 갈등, 즉 범죄를 국법질서의 침해로 보는 것이 아니라 범죄도 하나의 사회현상이라고 인식하고, 가해자와 피해자, 그 가족 및 지역사회를 함께 참여시키는 사회적 관계 속에서 문제를 해결하고자 한다. ㉤ 회복적 사법에 있어서 가장 중요한 주제는 피해자 회복이므로 범죄자의 교화개선보다는 범죄에 의해서 야기된 손상에 초점을 맞춘다. 따라서 회복적 사법은 피해자 권리운동의 발전과 밀접한 관계를 가진다고 보아야 한다.

○ : ㉠, ㉢, ㉣ 정답: ②

075 **최근 각국의 교정정책 수립 시 중요한 이념적 토대를 제공하고 있는 회복적 사법에 대한 설명으로 틀린 것은?**

① 공동사법, 배상적 사법, 관계적 사법이라고도 불린다.
② 기존의 형사사법이 가해자 책임성에 대해서 지나치게 강조하였다고 비판하면서 가해자 책임성에 대해서는 완화된 입장을 견지한다.
③ 피해자가 입은 상처에 대해 진단하고 피해자의 욕구를 범죄처리절차에서 반영해야 한다고 주장한다.
④ 가해자와 피해자뿐만 아니라, 그들이 구성원으로 있는 지역사회 자체의 역할과 기능도 강조한다.

해설

② 회복적 사법은 가해자에 대해서는 피해자와의 적극적 화해를 통해 자신의 행위에 대해 실질적으로

책임질 수 있도록 조력한다. 따라서 가해자의 책임성에 대해 완화된 입장을 견지한다는 표현은 옳지 않다. 정답: ②

076 **회복적 사법에 기초한 프로그램으로 가장 옳지 않은 것은?** 해경간부 2024

① 가족집단회합 ② 전자장치 부착
③ 양형써클 ④ 피해자와 가해자의 화해

해설

회복적 사법에 기초한 프로그램으로는 피해자-가해자 중재, 양형서클, 가족집단회합 등이 있다. 전자장치부착은 회복적 사법과 관련이 없다. 정답: ②

077 **회복적 사법(restorative justice)에 대한 설명으로 가장 적절하지 않은 것은?**

① 피해자와 가해자의 합의와 조정을 강제한다.
② 전통적인 형사사법이 가해자 책임성을 지나치게 강조하면서 범죄로 인한 실질적인 피해에 대한 복구가 제대로 되지 못한 점을 비판한다.
③ 피해자의 상처를 진단하고 치유하는 과정이 형사절차에 반영되어야 한다고 주장한다.
④ 지역사회의 역할과 책임성을 강조한다.

해설

① 회복적 사법에서는 피해자와 가해자의 자발적인 참여를 유도하여 합의와 조정을 이끌어 낸다.
정답: ①

078 **회복적 사법(restorative justice)에 대한 설명으로 옳지 않은 것은?**

① 회복적 사법은 가해자에 대한 강한 공식적 처벌과 피해의 회복을 강조한다.
② 회복적 사법은 공식적인 형사사법이 가해자에게 부여하는 오명효과를 줄이는 대안이 될 수 있다.
③ 회복적 사법의 시각에서 보면 범죄행동은 법을 위반한 것일 뿐만 아니라 피해자와 지역사회에 해를 끼친 것이다.
④ 회복적 사법 프로그램으로는 피해자 - 가해자 중재, 가족회합 등이 있다.

해설

① 회복적 사법은 가해자에 대한 강한 공식적 처벌보다는 가해자와 피해자의 적극적인 화해를 도모하고, 피해자는 물론 가해자의 재활도 지원하는 것을 내용으로 한다. 정답: ①

079 회복적 사법에 대한 평가로 가장 적절하지 않은 것은?

① 범죄자의 낙인효과를 최소화하고, 사회복귀를 촉진시킨다.
② 지역사회의 자율적 분쟁해결능력을 제고시킨다.
③ 수사기관의 부담을 줄이는 대신 법원의 부담을 가중시킨다는 비판이 있다.
④ 피해자의 용서와 이해를 전제하므로 피해자에게 내적 희생을 강요할 수 있다는 비판이 있다.

해설

③ 법원의 역할이 축소되는 대신 경찰, 검찰, 보호관찰기관 등에 의한 사건처리가 증대된다는 비판이 있다.

〈회복적 사법의 평가〉

장점	• 피해자의 피해복구에 유리 • 낙인효과의 최소화 및 사회복귀 촉진 • 지역사회의 자율적 분쟁해결능력 제고 및 재범위험 감소 • 법원의 업무부담 감소 • 형사사법절차로 해결이 어려운 범죄에 효과적 • 형사사법 적용에 대한 국민신뢰 증대
비판	• 형사화해 대상의 한정으로 전체 범죄에 적용 한계 • 가해자와의 합의실패 시 재피해화의 공포 증대 • 피해자에게 내적 희생이 강요될 수 있음 • 낙인효과 감소나 재범감소의 실증적 근거가 미약 • 유죄확정 전의 화해절차는 무죄추정의 원칙에 반하고, 재판받을 권리를 침해하는 것임 • 지역사회의 적극적 참여는 산업화된 현대사회에서는 환상에 불과함 • 범죄처리가 비전문가들에게 맡겨져 사법절차의 공정성과 명확성의 확보가 곤란 • 법원역할의 축소 대신 경찰, 검찰, 보호관찰기관의 사건처리 증대

정답: ③

080 전환처우(Diversion)의 이론적 근거에 해당하는 것은?

① 사회해체이론
② 긴장이론
③ 낙인이론
④ 차별접촉이론

해설

다이버전(Diversion)이란 일반적으로는 공식적 형사절차로부터의 일탈과 동시에 사회 내 처우프로그램에 위탁하는 것이다. 다이버전은 형사사법의 탈제도화라는 의미에서 낙인이론의 산물이라고 할 수 있다.

정답: ③

081 **전환제도(Diversion)의 장점에 관한 설명으로 틀린 것은?**

① 형사사법의 망을 확대함으로써 효율적인 형사사법제도를 구축할 수 있다.
② 형사사법절차의 과중한 부담을 해소할 수 있는 방법이 될 수 있다.
③ 형사사법제도로부터 조기에 이탈시킴으로써, 낙인효과를 억제할 수 있다.
④ 범죄자에 대한 인도적 처우 등 인도주의적 형사사법제도의 형성에 기여할 수 있다.

해설

전환제도(Diversion)는 범죄자나 비행청소년을 체포·기소·처벌이라는 공식절차상에 두지 않고 기소하기 전에 지역사회에서 일정한 처우를 받도록 함으로써 낙인을 줄이려는 것이다. 전환제도가 형사사법의 망을 확대시키는 것은 단점이다. 정답: ①

082 **오늘날 형사사법정책의 새로운 방향이 아닌 것은?**

① 범죄예방에 대한 공중참가제도
② 벌금형의 축소 및 단기자유형의 확대
③ 원상회복적 사법
④ 소년비행 및 소년범죄에 대한 다이버전

해설

벌금형의 확대 및 단기자유형의 폐지 등이 새로운 방향이라 할 수 있다. 정답: ②

083 **비범죄화와 전환제도(다이버전)에 관한 설명으로 옳지 않은 것은?**

① 비범죄화는 형사처벌을 하지 않거나 범위를 축소하는 것이다.
② 수사상의 비범죄화도 가능하다.
③ 보석제도는 전환제도의 한 종류이다.
④ 낙인이론을 이론적 근거로 들 수 있다.

해설

보석제도는 일정한 보증금의 납부를 조건으로 구속의 집행을 정지하고 구금을 해제하여 구속된 피고인을 석방하는 제도로, 전환제도(다이버전)와는 관련이 없다. 정답: ③

084 **비범죄화와 전환제도(diversion)에 관한 설명으로 옳지 않은 것은?**

① 낙인을 방지하는 효과가 있다.
② 구금의 비효과성에 대한 대안을 제시한다.
③ 수사상의 비범죄화도 가능하다.
④ 사회통제이론을 근거로 하고 있다.

해설

전환제도는 형사사법의 탈제도화라는 의미에서 낙인이론의 산물이라고 할 수 있다. 즉, 전환제도는 낙인 방지대책 중 하나로 비행청소년을 체포·기소·처벌이라는 공식절차상에 두지 않고, 기소하기 전에 지역사회에서 일정한 처우를 받도록 지역사회 내의 처우제도를 강화한다. 정답: ④

085 비범죄화이론에 관한 설명 중 옳은 것은?

① 비범죄화이론은 입법자에 의한 법률규정 자체의 폐지만을 말한다.
② 피해자 없는 범죄와 개인적 법익에 관한 범죄에서 특히 문제된다.
③ 검찰의 기소편의주의에 의한 불기소처분은 비범죄화 논의의 대상이 아니다.
④ 비범죄화이론은 형사사법기관의 업무부담을 덜어주는 데 기여한다.

해설

① 형사사법의 공식적 통제권한에는 변함이 없으면서도 일정한 행위양태에 대해 형사사법체계의 점진적 활동축소로 이루어지는 '사실상의 비범죄화'도 비범죄화의 유형에 속한다.
② 개인적 법익에 관한 범죄는 보통 비범죄화이론의 관심대상이 되지 않는다.
③ 검찰의 기소편의주의에 의한 불기소처분은 사실상의 비범죄화의 대표적인 유형이다. 정답: ④

086 비범죄화에 관한 기술 중 틀린 것은?

① 비범죄화는 범죄화에 대칭되는 말로써 지금까지 형법에 범죄로 규정되어 있던 것을 폐지하여 범죄목록에서 삭제하는 것을 말한다.
② 가까운 장래에 비범죄화가 가능한 영역으로는 특정한 세계관을 기초로 하는 형벌구성요건, 예컨대 성범죄나 존속범죄의 가중규정을 들 수 있다.
③ 법률상의 비범죄화란 입법작용이나 헌법재판소의 위헌결정과 같은 판결에 의해 형벌법규가 무효화됨으로써 이루어지는 비범죄화이다.
④ 법률상 비범죄화의 구체적 예로는 범죄관련자의 고소·고발기피, 경찰의 무혐의처리, 법원의 절차중단 등이 있다.

해설

범죄관련자의 고소·고발기피, 경찰의 무혐의처리, 법원의 절차중단 등은 사실상 비범죄화 방법의 예이다. 정답: ④

087 다음 중 비범죄화에 대한 설명으로 가장 옳지 않은 것은? 해경간부 2025

① 법률상 비범죄화는 국회의 입법으로 법률이 폐지되거나 헌법재판소의 위헌결정 등에 의한 비범죄화를 의미한다.
② 형사처벌의 범위를 축소시키는 것은 비범죄화에 해당하지 않는다.
③ 수사상 비범죄화는 수사기관이 형벌법규가 존재함에도 사실상 수사하지 아니하는 것을 의미한다.
④ 간통죄는 헌법재판소가 위헌결정을 내림에 따라 비범죄화되었다.

해설

② 비범죄화는 형사처벌을 하지 않거나 그 범위를 축소시키는 것이다. 정답: ②

088 전환제도(diversion)의 장점이 아닌 것은?

① 비공식적 절차로 범죄자를 처우할 수 있다.
② 범죄자의 낙인방지효과가 있다.
③ 형사사법기관의 업무량을 감소시켜 준다.
④ 중대한 성인형사범에게 유용한 제도이다.

해설

다이버전은 범죄인의 자연스런 사회복귀와 재범방지를 위해서 사법 처리 대신에 지역사회의 보호와 관찰 등을 실시하는 제도를 말한다. 비교적 경미한 사안에 대해 실시하므로 중대한 성인사범에게 유용한 제도는 아니다. 소년범에게 유용한 제도다. 정답: ④

089 다이버전의 단점은 무엇인가?

① 형사사법기관의 전체 업무량을 증가시킨다.
② 형벌의 고통을 감소시켜 재범률의 증가를 초래한다.
③ 범죄문제를 처리함에 있어 보다 경제적이다.
④ 경미한 범죄를 저지른 사람은 중범죄인으로부터 분리시킨다.

해설

① 감소시킨다. ③·④는 다이버전의 장점이다. 정답: ②

090 **다이버전에 관한 설명으로 옳지 않은 것은?**

① 과도한 구금형의 문제점에 대한 비판에서 비롯되었다.
② 경미한 범죄보다는 심각한 범죄에 더 유용하게 이용된다.
③ 정식 형사절차보다 낙인효과를 줄일 수 있다.
④ 형벌의 고통을 감소시켜 재범의 위험성을 증가시킨다는 비판이 있다.

해설

다이버전(Diversion)이란 범죄인의 자연스런 사회복귀와 재범방지를 위해서 사법처리 대신에 지역사회의 보호와 관찰 등을 실시하는 제도이다. 따라서 심각한 범죄보다는 경미한 범죄에 더욱 유용하게 이용된다. 정답: ②

★중요★
091 **다이버전(Diversion)에 관한 설명 중 옳지 않은 것은?**

① 다이버전이란 형사사법기관이 통상의 형사절차를 중단하고 이를 대체하는 절차에 의해 범죄인을 처리하는 제도를 말한다.
② 시설내처우를 사회내처우로 대체하는 것도 다이버전에 포함된다.
③ 구속적부심사제도는 다이버전의 일례이다.
④ 다이버전은 낙인효과를 줄일 수 있다.
⑤ 사회적 통제를 강화시킬 뿐 범죄원인 제거에는 큰 효과가 없다는 비판이 있다.

해설

③ 구속적부심사나 보석과 같은 통상의 형사절차는 다이버전에 해당하지 않는다. 정답: ③

★중요★
092 **형사사법절차의 단계별 다이버전(Diversion)이 바르게 연결되지 못한 것은?**

① 사법절차 진입 전 – 당사자 간의 합의, 학교 내 비행사건 처리
② 경찰단계 – 훈방, 경고
③ 검찰단계 – 기소유예, 불기소처분
④ 법원단계 – 선고유예, 집행유예, 노역장 유치

해설

④ 법원단계에서의 다이버전으로는 선고유예·집행유예·약식명령 등이 있다. 노역장 유치는 벌금이나 과료를 완납하지 않은 자를 노역장에 유치하는 제도로, 사실상 자유형의 집행과 다름없다는 점에서 다이버전의 취지에 역행하는 제도로 보아야 할 것이다.

〈형사사법 단계별 다이버전 요약정리〉

경찰단계	훈방, 경고, 통고처분, 보호기관 위탁 등

검찰단계	기소유예, 불기소처분, 선도조건부 기소유예, 약식명령청구 등
법원단계	선고유예, 집행유예, 약식명령 등
교정단계	가석방, 개방처우, 보호관찰, 주말구금 등

정답: ④

093 **다이버전(diversion)에 관한 연결로서 옳지 않은 것은?**

① 경찰단계의 다이버전 – 약식명령청구
② 검찰단계의 다이버전 – 선도조건부 기소유예
③ 재판단계의 다이버전 – 집행유예
④ 재판단계의 다이버전 – 보호관찰부 선고유예
⑤ 행형단계의 다이버전 – 가석방

해설

① 약식명령청구는 검찰단계의 다이버전에 해당한다. 정답: ①

094 **형사사법절차에서 전환(diversion)에 관한 설명 중 옳지 않은 것은?**

① 형사사법기관의 업무량이 증가한다는 단점이 있다.
② 경찰단계에서의 전환으로는 훈방, 통고처분 등이 있다.
③ 검찰단계에서의 전환으로는 기소유예, 불기소처분, 선도조건부 기소유예 등이 있다.
④ 재판단계에서의 전환으로는 선고유예, 집행유예 등이 있다.
⑤ 범죄자를 전과자로 낙인찍을 가능성이 줄어든다.

해설

① 전환은 정식의 형사절차보다 경제적인 방법으로 범죄문제를 처리하므로 형사사법기관의 업무량을 감소시킨다는 장점이 있다.

〈전환제도의 장단점〉

장점	단점
• 정식의 형사절차보다 경제적 방법으로 범죄문제 처리 • 낙인효과 최소화 • 형사사법기관의 업무량 감소 • 범죄자처우에 인도적 • 단기자유형의 폐해 방지	• 형사사법망의 확대 우려 • 형사사법기관의 재량확대 우려 • 범죄원인 제거에 비효과적 • 경찰·검찰단계의 전환인 경우, 재판절차 이전에 행해지는 형사사법 개입프로그램이라는 점에서 또 하나의 형사사법절차를 창출할 뿐이라는 비판이 있음

정답: ①

095 **다이버전(Diversion)에 관한 설명으로 옳지 않은 것은?**

① 형벌의 사회통제기능으로서의 한계를 극복하기 위한 방안으로 대두되었다.
② 낙인효과를 피하고 사회복귀를 위하여 그 필요성이 강조된다.
③ 초동단계부터 적극적 형사제재를 가하여 범죄예방에 기여할 수 있다.
④ 형사사법제도의 융통성을 제고하고, 범죄에 대한 효과적 처리를 가능하게 한다.

해설

③ 다이버전은 통상의 사법절차를 개입시키지 않고 형벌 이외의 조치로 대응하는 것을 추구하므로 형사처벌보다는 사회 내 처우프로그램에 위탁하는 것을 주내용으로 한다. 정답: ③

096 **다이버전(Diversion)에 관한 설명으로 옳지 않은 것은?**

① 공식적인 형사사법절차에 따른 낙인효과의 폐단을 줄이기 위한 해결방식이다.
② 소년분류심사원에의 위탁처분도 여기에 해당한다.
③ 담당자에게 광범위한 재량이 주어져 형사사법의 불평등이 심화될 우려가 있다.
④ 사실상 유죄추정에 근거한 처분을 내리게 되므로 헌법상의 권리를 침해한다는 비판이 있다.
⑤ 형사사법의 대상조차 되지 않을 사건을 다이버전으로 취급함으로써 사회적 통제가 오히려 확대된다는 비판이 있다.

해설

② 소년분류심사원에 위탁하는 처분은 소년부 판사가 사건을 조사 또는 심리하기 위하여 행하는 임시조치의 일종이므로 다이버전으로 볼 수 없다. 정답: ②

097 **소년에 대한 다이버전(diversion)에 해당하지 않는 것을 모두 고르면?**

㉠ 선도조건부 기소유예	㉡ 소년법상 압수, 수색
㉢ 불처분결정	㉣ 신입자 수용 특칙
㉤ 소년법상 심리 불개시의 결정	㉥ 경찰의 훈방처분
㉦ 소년교도소 수용처분	

① ㉠, ㉣, ㉦　　② ㉡, ㉤, ㉦
③ ㉡, ㉣, ㉦　　④ ㉡, ㉤, ㉥

해설

㉠·㉢·㉤·㉥은 다이버전의 종류에 해당하나, ㉡은 형벌을 전제로 하는 절차라는 점에서, ㉣·㉦은 시설내처우라는 점에서 다이버전에 해당하지 않는다. 정답: ③

098 비범죄화 또는 다이버전(Diversion)에 대한 설명 중 옳지 않은 것은?

① 비범죄화론은 약물범죄와 같은 공공질서 관련 범죄에 대해서 많이 주장되고 있다.
② 다이버전은 형사제재의 최소화를 도모하는 것으로 보석도 그 한 형태이다.
③ 다이버전은 재판절차 전 형사개입이라는 점에서 또 다른 형사사법절차의 창출이라는 비판이 있다.
④ 경미범죄에 대한 경찰의 훈방조치 내지 지도장 발부, 범칙금 납부제도 등은 넓은 의미의 비범죄화의 일환이다.
⑤ 다이버전은 범죄자를 전과자로 낙인찍을 가능성을 줄인다.

해설

② 다이버전은 형사사법기관이 통상의 형사절차를 중단하고 이를 대체하는 새로운 절차로의 이행을 통해 형사제재의 최소화를 도모할 수 있다는 점에서 통상의 형사절차에 해당하는 보석이나 구속적부심과 구별된다.

정답: ②

099 다음 ㉠과 ㉡에 관한 설명으로 가장 적절하지 않은 것은? 경행경채 2022

> ㉠ 피해자에 대한 피해의 원상회복, 범죄에 대한 보상, 지역사회 내에서의 가해자와 피해자의 재통합을 추구하며, 궁극적으로는 범죄로 발생한 손상을 복구하고 나아가 범죄를 예방함으로써 미래의 손상을 감소시키고자 하는 전략을 의미한다.
> ㉡ 사법기관의 공식적 개입을 최소화함으로써 부정적 영향을 감소시키는 전략을 의미하며, 검찰단계에서의 소년범에 대한 선도조건부 기소유예제도 등이 대표적이다.

① ㉠은 브레이스웨이트(Braithwaite)의 재통합적 수치이론(Reintegrative Shaming Theory)을 근거로 하고 있다.
② ㉡은 리스(Reiss)와 나이(Nye)의 사회통제이론(social control theories)을 근거로 하고 있다.
③ ㉠의 대표적 프로그램으로는 피해자-가해자 중재(victim-offender mediation)모델, 양형서클(sentencing circles) 등이 있다.
④ ㉡의 대표적 프로그램으로는 경찰단계에서의 훈방, 통고처분 등이 있다.

해설

㉠은 회복적 사법에 대한 설명이고, ㉡은 다이버전(Diversion, 전환)에 대한 설명이며, 다이버전의 배경이 된 이론은 낙인이론이다.

② 다이버전은 낙인이론의 산물이다.

① 재통합적 수치이론은 낙인이론을 확장한 이론으로, 브레이스웨이트는 낙인이론에 대한 실증연구의 지지가 제한적인 이유는 낙인의 종류를 제대로 구분하지 못했기 때문이라고 주장하면서 이에 대한 대안으로 재통합적 수치이론을 제시하였다. 이론의 핵심개념인 '수치'란 낙인이론에서의 '낙인'에 상응하는 개념으로 볼 수 있으며, 재통합적 수치는 일정한 제재를 통해 범죄자로 하여금 양심의 가

책을 느끼도록 하되, 지역사회의 구성원으로 재통합하려는 노력을 병행함으로써 미래 범죄의 가능성을 줄이고자 하는 의도를 포함한 수치를 의미한다.

③ 회복적 사법의 주요 모델로는 피해자 – 가해자 중재모델, 가족집단 회합모델, 양형서클모델 등이 있다.

④ 경찰단계에서의 훈방, 통고처분 등이 있고, 검찰단계에서의 기소유예, 불기소처분, 선도조건부 기소유예, 약식명령청구 등이 있으며, 법원단계에서의 선고유예, 집행유예, 약식명령 등이 있다.

정답: ②

100 범죄대책에 대한 설명으로 적절한 것은 모두 몇 개인가? 경찰간부 2025

㉠ 국가는 모든 국민의 보호자이며 부모가 없는 경우나 있더라도 자녀를 보호해 줄 수 없는 경우, 국가가 나서서 대신 보호해 주어야 한다는 소년보호제도의 기본이념은 국친사상이다.
㉡ 우리나라의 양형기준은 효력이 발생된 이후에 법원에 공소제기된 범죄에 대하여 내·외국인 모두에게 적용되며, 모든 범죄에서 미수에 대해서는 적용되지 않고 기수에 대해서만 적용된다.
㉢ 수사단계에서의 피의자 신상공개는 피의자의 재범방지 및 범죄예방 등을 위하여 필요한 경우에 활용하므로 보안처분에 해당한다.
㉣ 우리나라에서는 소년형사범을 대상으로만 판결 전 조사가 이루어지고 있다.
㉤ 「개인정보 보호법」에 따르면, 고정형 영상정보처리기기 운영자는 고정형 영상정보처리기기의 설치목적과 다른 목적으로 고정형 영상정보처리기기를 임의로 조작하거나 다른 곳을 비춰서는 아니 되며, 녹음기능은 사용할 수 없다.

① 1개　② 2개
③ 3개　④ 4개

해설

적절한 것은 ㉠ · ㉤ 2개이다.

㉠ 옳은 설명이다.

㉡ 우리나라의 양형기준은 효력이 발생된 이후에 법원에 공소제기된 범죄에 대하여 내 · 외국인 모두에게 적용되며, 살인을 제외한 범죄에서 미수에 대해서는 적용되지 않고 기수에 대해서만 적용된다.

㉢ 수사단계에서의 피의자 신상공개는 피의자에게 법원이 확정한 형사제재가 아니므로 보안처분에 해당하지 않는다. 그에 반해 성범죄자 신상공개는 성범죄를 저지르고 유죄판결이 확정된 자에게 선고와 함께 법관에 의해 이루어지므로, 일종의 보안처분의 성격을 가진다.

㉣ 판결 전 조사는 소년형사범뿐만 아니라 성인형사범도 그 대상으로 하고 있다(보호관찰 등에 관한 법률 제19조 제1항).

㉤ 개인정보 보호법 제25조 제5항

정답: ②

101 양형의 합리화를 위한 방안과 그에 대한 설명을 옳게 짝지은 것은? 보호7급 2024

(가) 양형기준표의 마련	(나) 양형위원회의 설치 및 운영
(다) 판결 전 조사제도	(라) 공판절차이분론

A. 공판절차를 사실인정절차와 양형절차로 분리하자는 주장
B. 판결 전 피고인의 성향과 환경을 과학적으로 조사하여 이를 양형의 기초자료로 이용하는 제도
C. 법관의 양형을 일정 부분 통제할 수 있도록 양형기준표를 개발하는 것을 주된 임무로 삼는 제도
D. 특정 범죄에 대해 어떤 형벌과 어느 정도의 형량이 선고될지를 예측할 수 있게 만드는 업무지침

	(가)	(나)	(다)	(라)
①	B	D	D	A
②	C	B	A	D
③	D	B	C	A
④	D	C	B	A

해설

④ 양형의 합리화를 위한 방안에는 양형지침서(양형기준표)의 마련, 양형위원회의 설치 및 운영, 판결 전 조사제도, 공판절차이분론 외에도 적응예측표 활동, 검사구형의 합리화, 판결서에 양형이유 명시 등이 있다.

(가)–D 양형기준표의 마련 : 특정 범죄에 대한 형벌과 형량을 제시한 업무지침으로, 양형위원회에서 흔히 발생하는 20대 주요 범죄의 유형별 선고범위와 집행유예 여부의 대략적인 기준이 마련되어 있다.

(나)–C 양형위원회의 설치 및 운영 : 양형위원회는 양형을 어느 정도 통제할 수 있도록 양형기준표를 개발하는데, 대법원에 양형위원을 두고 법관이 합리적인 양형을 도출하는 데 참가할 만한 구체적·객관적 양형기준을 설정하거나 변경한다.

(다)–B 판결 전 조사제도 : 미국의 보호관찰제도와 밀접한 관련을 가지고 발전되어 온 제도로, 재판부의 요청으로 판결 전에 보호관찰관이 피고인의 성격, 성장가정, 범행동기, 피해회복 여부 등에 대한 제반사항을 조사하여 그 결과를 형량에 참고토록 한다.

(라)–A 공판절차이분론 : 소송절차를 범죄사실의 인정절차와 양형절차로 나누자는 주장으로, 범죄사실의 인정절차를 순화하고, 양형절차를 과학화·합리화함으로써 변호권을 보장하여 피고인을 보호함을 목적으로 한다. 현재 영국, 미국, 독일 등에서 공판절차를 이분하여 운영하고 있다.

정답: ④

3. 각종 유예제도

001 현행 형사사법제도에 대한 설명으로 옳지 않은 것은?

① 공식적 형사절차로부터 이탈시켜 사회 내 프로그램의 위탁과 결합하는 이른바 다이버전(diversion)은 외국에서는 많이 행해지지만, 현재 우리나라에서는 행해지는 것이 없다.
② 현재 경찰이 주장하는 수사권 독립은 사실상 경찰이 전체 범죄의 대부분을 처리하고 있다는 수사현실을 그 근거의 하나로 들고 있다.
③ 현행 형법상 형집행을 유예하는 경우에는 보호관찰을 받을 것을 명하거나 사회봉사 또는 수강을 명할 수 있다.
④ 검사의 불기소처분에 대한 불복수단으로는 현행법상 항고와 재항고 제도, 재정신청제도 및 헌법소원제도가 있다.

해설

① 현재 우리나라에서도 다양한 다이버전이 행해지고 있다. (ⅰ) 경찰단계에서는 훈방, 경고, 통고처분, 보호기관 위탁, (ⅱ) 검찰단계에서는 기소유예, 불기소처분, 선도조건부 기소유예, 약식명령청구 (ⅲ) 법원단계에서는 선고유예, 집행유예, 약식명령 등이 있다. 정답: ①

★중요★
002 형의 유예제도에 대한 내용으로 적절하지 않은 것은?

① 선고유예에 대한 보호관찰의 기간은 1년으로 한다.
② 집행유예에 대한 보호관찰의 기간은 집행을 유예한 기간으로 함을 원칙으로 한다.
③ 집행유예 선고 시 보호관찰, 사회봉사 또는 수강을 명할 수 있다.
④ 선고유예 선고 시 보호관찰, 사회봉사 또는 수강을 명할 수 있다.

해설

선고유예 선고 시에는 보호관찰만 부과할 수 있으며, 사회봉사 또는 수강을 명할 수는 없다. 정답: ④

003 기소유예에 관한 설명 중 옳지 않은 것을 모두 고른 것은?

㉠ 공소를 제기하기에 충분한 범죄혐의가 있으나, 소송조건을 갖추고 있지 않은 경우에 검사의 재량으로 공소를 제기하지 않는 처분을 말한다.
㉡ 기소유예는 기소편의주의의 내용이다.
㉢ 형식적 공평과 경직적 사법처리에 흐르기 쉽다는 비판이 있다.
㉣ 법정이라는 공개장소를 거치지 않고, 그 요건이 한정되어 있지 않다.

① ㉠, ㉡　　② ㉠, ㉢
③ ㉡, ㉢　　④ ㉢, ㉣

해설

× : ㉠ 기소유예는 공소를 제기하기에 충분한 범죄혐의가 있고, 소송조건을 갖추고 있음에도 검사의 재량으로 공소를 제기하지 않는 것을 말한다. ㉢ 형식적 공평과 경직적 사법처리라는 특성을 가지는 것은 기소법정주의이다.

○ : ㉡, ㉣

정답: ②

004 기소유예에 관한 설명으로 옳지 않은 것은?

① 기소편의주의를 제도적 전제로 하고 있다.
② 특히 정치적인 사건의 경우 검찰에 대한 국민적 신뢰감 조성에 기여한다.
③ 법무부장관의 일반적 지휘·감독권은 기소유예제도에 대한 보완적 성격을 지닌다.
④ 국가보안법상 공소보류는 기소유예제도와 유사한 기능을 수행한다.

해설

② 정치적으로 이슈화된 사건의 경우 검찰의 기소유예처분은 법원의 심판기회를 사실상 봉쇄한다는 점에서 검찰에 대한 국민의 불신을 가중시키는 요인이 될 수 있다.

정답: ②

005 다음 〈보기〉 중 기소유예제도에 대한 설명으로 옳은 것만을 모두 고른 것은? 해경간부 2023

보기
㉠ 초범자와 같이 개선의 여지가 큰 범죄자를 모두 기소하여 전과자를 양산시키고, 무의미한 공소제기와 무용한 재판 등으로 인하여 소송경제에 반하는 문제점이 있다.
㉡ 「소년법」상 검사는 피의자에 대하여 범죄예방 자원봉사위원회의 선도를 받게 하고 공소를 제기하지 아니할 수 있으며, 이 경우 소년과 소년의 친권자·후견인 등 법정대리인의 동의를 받아야 한다.
㉢ 공소권 행사에 있어 법 앞의 평등을 실현하고 공소권 행사에 정치적 영향을 배제할 수 있다.
㉣ 피의자에게 전과의 낙인 없이 기소 전 단계에서 사회복귀를 가능하게 하고, 법원 및 교정기관의 부담을 덜 수 있다.

① ㉠, ㉢ ② ㉡, ㉢
③ ㉡, ㉣ ④ ㉠, ㉣

해설
옳은 것은 ㉡, ㉣이다.
㉠ 기소법정주의의 단점이다.
㉡ 소년법 제49조의3
㉢ 정치적 개입이나 부당한 불기소처분의 가능성 등 검사의 지나친 자의적 재량의 여지가 있다.
㉣ 기소유예제도의 장점이다. 정답: ③

★중요★
006 선고유예제도에 관한 설명 중 옳지 않은 것으로 묶인 것은?

㉠ 일정한 기간 동안 형의 선고를 유예하고, 그 유예기간이 경과하면 면소된 것으로 간주하는 제도이다.
㉡ 14세기 영국보통법의 관행인 서약제도에서 유래하였다.
㉢ 일반예방효과의 목적달성을 위한 책임주의의 중대한 양보를 의미한다.
㉣ 1년 이하의 징역이나 금고의 형을 선고할 경우가 그 요건이다.

① ㉠, ㉡ ② ㉠, ㉣
③ ㉡, ㉢ ④ ㉢, ㉣

해설
× : ㉢ 선고유예제도는 특별예방효과의 목적달성을 위한 책임주의의 중대한 양보를 의미한다. ㉣ 선고유예는 1년 이하의 징역이나 금고, 자격정지 또는 벌금의 형을 선고할 경우에 그 선고를 유예하는 제도이다(형법 제59조 제1항).
○ : ㉠, ㉡ 정답: ④

007 선고유예제도에 관한 설명으로 옳은 것은?

① 집행유예에 비하여 사회복귀의 효과가 상대적으로 덜하다.
② 선고유예를 받은 날로부터 1년이 경과하면 면소된 것으로 간주된다.
③ 선고유예 시 재범방지를 위하여 지도와 원호가 필요한 때에는 보호관찰을 명할 수 있다.
④ 자격상실 이상의 형을 받은 전과가 있는 자에 대해서는 선고유예를 할 수 없다.

해설

① 선고유예는 범죄자라는 낙인성이 강하지 않고 자격제한이 특별히 수반되지 않으므로 집행유예에 비하여 사회복귀 효과가 큰 편이다. ② 선고유예를 받은 날로부터 2년을 경과한 때에는 면소된 것으로 간주한다(형법 제60조). ④ 자격정지 이상의 형을 받은 전과가 있는 자에 대해서는 선고유예를 할 수 없다(동법 제59조).

정답: ③

008 「형법」상 형의 선고유예에 대한 설명으로 옳지 않은 것은? (다툼이 있는 경우 판례에 의함)

보호7급 2023

① 주형의 선고유예를 하는 경우 몰수의 요건이 있더라도 몰수형만의 선고를 할 수는 없다.
② 피고인이 범죄사실을 자백하지 않고 부인할 경우에는 언제나 선고유예를 할 수 없다고 해석할 것은 아니다.
③ 형의 선고를 유예하는 경우에 재범방지를 위하여 지도 및 원호가 필요한 때에는 보호관찰을 받을 것을 명할 수 있는데, 이에 따른 보호관찰의 기간은 1년으로 한다.
④ 형의 선고유예 판결이 확정된 후 2년을 경과한 때에는 면소된 것으로 간주하고, 그 뒤에는 실효의 대상이 되는 선고유예의 판결이 존재하지 않으므로 선고유예 실효의 결정을 할 수 없다.

해설

① 형법 제49조 본문에 의하면 몰수는 타형에 부가하여 과한다라고 하여 몰수형의 부가성을 명정하고 있으나 같은 법조단서는 행위자에게 유죄의 재판을 아니할 때에도 몰수의 요건이 있는 때에는 몰수만을 선고할 수 있다고 규정함으로써 일정한 경우에 몰수의 부가형성에 대한 예외를 인정하고 있는 점으로 보아, 형법 제59조에 의하여 형의 선고의 유예를 하는 경우에도 몰수의 요건이 있는 때에는 몰수형만의 선고를 할 수 있다고 해석함이 상당하다(대법원 1973.12.11. 73도1133).
② 선고유예의 요건 중 '개전의 정상이 현저한 때'라고 함은, 반성의 정도를 포함하여 널리 형법 제51조가 규정하는 양형의 조건을 종합적으로 참작하여 볼 때 형을 선고하지 않더라도 피고인이 다시 범행을 저지르지 않으리라는 사정이 현저하게 기대되는 경우를 가리킨다고 해석할 것이고, 이와 달리 여기서의 '개전의 정상이 현저한 때'가 반드시 피고인이 죄를 깊이 뉘우치는 경우만을 뜻하는 것으로 제한하여 해석하거나, 피고인이 범죄사실을 자백하지 않고 부인할 경우에는 언제나 선고유예를 할 수 없다고 해석할 것은 아니다(대법원 2003.2.20. 2001도6138).
③ 형법 제59조의2 제1항·제2항

④ 형의 선고유예 판결이 확정된 후 2년을 경과한 때에는 형법 제60조에 따라 면소된 것으로 간주하고, 그 뒤에는 실효의 대상이 되는 선고유예의 판결이 존재하지 않으므로 선고유예 실효의 결정을 할 수 없다. 이는 원결정에 대한 집행정지의 효력이 있는 즉시항고 또는 재항고로 인하여 아직 선고유예 실효 결정의 효력이 발생하기 전 상태에서 상소심 절차 진행 중에 선고유예 기간이 그대로 경과한 경우에도 마찬가지이다(대법원 2018.2.6. 2017모3459). 정답: ①

009 현행법상 형의 선고유예에 관한 설명 중 옳지 않은 것은?

① 형의 선고유예는 유죄판결의 일종이다.
② 선고유예는 형의 선고만을 유예하는 것이지 유죄판결 자체를 유예하는 것은 아니다.
③ 형의 선고유예를 받은 날로부터 2년을 경과한 때에는 형의 선고는 효력을 잃는다.
④ 벌금형도 형의 선고유예를 할 수 있다.
⑤ 형의 선고를 유예하는 경우에 재범방지를 위하여 지도 및 원호가 필요한 때에는 법원은 1년 기간의 보호관찰을 받을 것을 명할 수 있다.

해설

③ 선고유예를 받은 날로부터 2년을 경과한 때에는 면소된 것으로 간주한다(형법 제60조). 정답: ③

010 다음 설명 중 가장 부적당한 것은?

① 우리나라는 기소편의주의를 취하나, 독일은 기소법정주의를 취한다.
② 선고유예의 효과는 형의 선고의 효력을 잃는다.
③ 집행유예의 효과는 형의 선고의 효력을 잃는다.
④ 마약사용 그 자체는 피해자가 없는 범죄이다.

해설

② 선고유예의 효과는 형의 선고유예를 받은 날로부터 2년을 경과한 때에는 면소된 것으로 간주한다(형법 제60조). 정답: ②

011 선고유예와 가석방제도에 대한 설명으로 옳은 것은?

① 선고유예와 가석방 모두 법원의 재량으로 결정할 수 있다.
② 선고유예와 가석방 모두 자격정지 이상의 형을 받은 전과가 없어야 한다.
③ 선고유예나 가석방 시 사회봉사를 명할 수 있다.
④ 선고유예의 경우는 유예기간이 경과하면 전과가 남지 않는 것이 가석방의 경우와 다르다.

해설

① 선고유예는 법원의 재량으로 결정되지만, 가석방은 행정처분, 즉 법무부장관의 허가에 의하여 결정

되므로 가석방이 법원의 재량으로 결정된다는 표현은 옳지 않다. ② 선고유예는 자격정지 이상의 형을 받은 전과가 있는 자에 대해서는 할 수 없으나, 가석방은 그러한 제한이 없다. ③ 선고유예 시와 가석방 시 모두 사회봉사를 명할 수 없다. 정답: ④

012 현행 형법에 규정되어 있지 않은 것은?

① 선고유예의 취소
② 선고유예의 실효
③ 가석방의 실효
④ 집행유예의 실효
⑤ 집행유예의 취소

해설

① 선고유예의 실효제도(형법 제61조)는 존재하나, 선고유예의 취소제도는 존재하지 않는다. ② 동법 제61조, ③ 동법 제74조, ④ 동법 제63조, ⑤ 동법 제64조 정답: ①

★중요★

013 집행유예에 관한 설명 중 옳지 않은 것으로 묶인 것은?

㉠ 형의 선고를 하면서 일정 기간 동안 형의 집행을 유예하고, 그 유예기간을 무사히 경과한 때에는 형선고의 효력을 잃게 하는 제도이다.
㉡ 우리나라의 집행유예제도는 조건부 특사주의유형에 해당한다.
㉢ 선고유예제도의 법적 성격에 대해서는 형벌이나 보안처분과 구별되는 제3의 독립된 제재라는 견해와 형집행의 변형이라는 견해가 대립하고 있다.
㉣ 현행법령상 집행유예를 하면서 보호관찰을 부과할 수 있으나, 사회봉사나 수강명령은 부과할 수 없다.

① ㉠, ㉡
② ㉠, ㉣
③ ㉡, ㉢
④ ㉡, ㉣

해설

× : ㉡ 집행유예의 유형에는 유예의 방법을 기준으로 조건부 유죄판결주의와 조건부 특사주의로 구분되는데, 전자는 유예기간 중 집행유예의 선고가 취소되지 않는 한 유예기간이 지나면 자동적으로 형의 선고가 없었던 것과 동일한 효과를 가지는 제도인 반면, 후자는 유예기간을 무사히 지난 경우 사면에 의해 형의 집행을 면제하되, 형의 선고는 여전히 유효한 제도를 말한다. 우리나라의 집행유예제도는 조건부 유죄판결주의를 따르고 있다. ㉣ 형의 집행을 유예하는 경우에는 보호관찰을 받을 것을 명하거나 사회봉사 또는 수강을 명할 수 있다(형법 제62조의2 제1항).

○ : ㉠, ㉢ 정답: ④

014 집행유예의 요건에 관한 설명으로 옳은 것은?

① 5년 이하의 징역 또는 금고의 형을 선고할 경우이어야 한다.
② 형의 집행을 유예할 수 있는 기간은 1년 이상 3년 이하이다.
③ 금고 이상의 형을 선고한 판결이 확정된 때부터 그 집행을 종료하거나 면제된 후 3년까지의 기간에 범한 죄에 대하여 형을 선고하는 경우에는 집행을 유예할 수 없다.
④ 형법 제51조에 규정한 정상참작사유가 없어도 집행유예가 가능하다.

해설

① 3년 이하의 징역이나 금고 또는 500만원 이하의 벌금의 형을 선고할 경우이어야 한다(형법 제62조 제1항). ② 형의 집행을 유예할 수 있는 기간은 1년 이상 5년 이하이다(동조 동항). ④ 형법 제51조에 규정한 정상참작사유가 있다고 판단되어야 한다(동조 동항). ③ 동법 제62조 제1항 정답: ③

015 우리나라의 형벌제도에 관한 설명 중 옳지 않은 것은?

① 피고인은 사형 또는 무기징역이나 무기금고가 선고된 판결에 대하여는 상소의 포기를 할 수 없다.
② 「소년법」에 의하면 법정형으로 장기 2년 이상의 유기형에 해당하는 죄를 범한 경우에는 그 형의 범위에서 장기와 단기를 정하여 선고하되, 장기는 10년, 단기는 5년을 초과하지 못한다.
③ 몰수는 타형에 부가하여 과하되 행위자에게 유죄의 재판을 아니할 때에도 몰수의 요건이 있는 때에는 몰수만을 선고할 수 있다.
④ 문서, 도화, 전자기록 등 특수매체기록 또는 유가증권의 일부가 몰수에 해당하는 때에는 그 부분을 폐기한다.
⑤ 집행유예의 선고를 받은 후 그 선고의 실효 또는 취소됨이 없이 유예기간을 경과한 때에는 면소된 것으로 간주한다.

해설

⑤ 집행유예의 선고를 받은 후 그 선고의 실효 또는 취소됨이 없이 유예기간을 경과한 때에는 형의 선고는 효력을 잃는다(형법 제65조). ① 형사소송법 제349조, ② 소년법 제60조 제1항, ③ 형법 제49조, ④ 형법 제48조 제3항 정답: ⑤

016 **현행법상 집행유예에 관한 설명으로 옳지 않은 것은?**

① 집행유예의 선고를 받은 자가 유예기간 중 고의 또는 중과실로 금고 이상의 형의 선고를 받아 그 판결이 확정된 때에는 집행유예의 선고는 효력을 잃는다.
② 사회봉사명령 또는 수강명령은 집행유예기간 내에 이를 집행한다.
③ 집행유예의 선고를 받은 후 그 선고의 실효 또는 취소됨이 없이 유예기간을 경과한 때에는 형의 선고는 효력을 잃는다.
④ 보호관찰·사회봉사·수강을 조건으로 집행유예를 받은 자가 준수사항이나 명령을 위반하고 그 정도가 무거운 때에는 집행유예의 선고를 취소할 수 있다.

해설

① 집행유예기간 중 고의로 금고 이상의 형의 선고를 받아 판결이 확정된 때에만 집행유예 선고의 효력을 잃는다(형법 제63조). 따라서 중과실로 인한 경우는 해당되지 않는다. ② 동법 제62조의2 제3항, ③ 동법 제65조, ④ 동법 제64조 제2항 정답: ①

★중요★
017 **현행법상 형의 집행유예에 관한 설명 중 옳지 않은 것은?**

① 3년 이하의 징역이나 금고 또는 500만원 이하의 벌금의 형을 선고할 경우에 양형의 조건을 참작하여 그 정상에 참작할 사유가 있는 때에는 1년 이상 5년 이하의 기간 형의 집행을 유예할 수 있다.
② 형을 병과할 경우에는 그 형의 일부에 대하여 집행을 유예할 수 없다.
③ 형의 집행을 유예하는 경우에는 보호관찰을 받을 것을 명하거나 사회봉사 또는 수강을 명할 수 있다.
④ 집행유예의 선고를 받은 자가 유예기간 중 고의로 범한 죄로 금고 이상의 실형을 선고받아 그 판결이 확정된 때에는 집행유예의 선고는 효력을 잃는다.
⑤ 보호관찰이나 사회봉사 또는 수강을 명한 집행유예를 받은 자가 준수사항이나 명령을 위반하고 그 정도가 무거운 때에는 집행유예의 선고를 취소할 수 있다.

해설

② 형을 병과할 경우에는 그 형의 일부에 대하여 집행을 유예할 수 있다(형법 제62조 제2항). ① 동법 제62조 제1항, ③ 동법 제62조의2 제1항, ④ 동법 제63조, ⑤ 동법 제64조 제2항 정답: ②

018 **현행 「형법」상 집행유예에 관한 설명 중 옳은 것은?(다툼이 있는 경우 판례에 의함)**

① 하나의 자유형으로 징역 1년의 형을 선고할 경우 그 일부인 6개월에 대해서만 형의 집행을 유예할 수 있다.
② 형의 집행을 유예하는 경우 보호관찰을 받을 것을 명하여야 한다.
③ 형의 집행을 유예하는 경우 보호관찰과 사회봉사를 동시에 명할 수 있다.
④ 집행유예기간 중 과실로 범한 죄로 금고 1년의 형이 확정된 때에는 집행유예의 선고는 효력을 잃는다.
⑤ 집행유예의 선고를 받은 후 그 선고의 실효 또는 취소됨이 없이 유예기간을 경과한 때에는 형의 집행을 종료한 것으로 본다.

해설

① 형을 병과할 경우에는 그 형의 일부에 대하여 집행을 유예할 수 있다(형법 제62조 제2항). 따라서 하나의 자유형을 선고할 경우 그 일부에 대해서만 형의 집행을 유예할 수 없다. ② 형의 집행을 유예하는 경우에는 보호관찰을 받을 것을 명하거나 사회봉사 또는 수강을 명할 수 있다(동법 제62조의2 제1항). ④ 집행유예의 선고를 받은 자가 유예기간 중 고의로 범한 죄로 금고 이상의 형의 선고를 받아 그 판결이 확정된 때에는 집행유예의 선고는 효력을 잃는다(동법 제63조). ⑤ 집행유예의 선고를 받은 후 그 선고의 실효 또는 취소됨이 없이 유예기간을 경과한 때에는 형의 선고는 효력을 잃는다(동법 제65조). ③ 대판 1998.4.24. 98도98

정답: ③

019 **현행 형법상 형의 집행유예를 선고하면서 명할 수 있는 것을 모두 고른 것은?**

㉠ 보호관찰	㉡ 사회봉사명령	㉢ 수강명령

① ㉠
② ㉠, ㉡
③ ㉠, ㉢
④ ㉡, ㉢
⑤ ㉠, ㉡, ㉢

해설

⑤ 형의 집행을 유예하는 경우에는 보호관찰을 받을 것을 명하거나 사회봉사 또는 수강을 명할 수 있다(형법 제62조의2 제1항).

정답: ⑤

020 다음 설명 중 옳지 않은 것은? (다툼이 있는 경우에는 판례에 의함)

① 징역형 수형자에게 정역의무를 부과하는 것은 헌법상 신체의 자유를 침해하지 않는다.
② 사형은 일반국민에 대한 심리적 위하를 통하여 범죄의 발생을 예방하며 극악한 범죄에 대한 정당한 응보를 실현하는 형벌로 위헌이라 할 수 없다.
③ 청소년 성매수자에 대한 신상공개는 성매수자의 일반적 인격권과 사생활의 비밀의 자유가 제한되는 정도가 청소년 성보호라는 공익적 요청에 비해 크다고 할 수 없어 과잉금지원칙에 위배되지 않는다.
④ 형의 집행을 유예하면서 사회봉사를 명할 수 있도록 한 것은 사회와 통합하여 재범방지 및 사회복귀를 용이하게 하는 것이 아니므로 과잉금지원칙에 위배된다.
⑤ 성매매에 제공되는 사실을 알면서 건물을 제공하여 얻은 임대수익 전부를 몰수·추징하는 것을 규정한 법률조항은 중대한 공익을 달성하기 위한 것으로 헌법규정이나 헌법상의 제원리에 반하여 입법재량권이 자의적으로 행사되었다고 볼 수 없다.

해설

④ 형의 집행을 유예하면서 사회봉사를 명할 수 있도록 한 형법 제62조의2 제1항은 범죄인에게 근로를 강제하여 형사제재적 기능을 함과 동시에 사회에 유용한 봉사활동을 통하여 사회와 통합하여 재범방지 및 사회복귀를 용이하게 하려는 것으로서 이에 근거하여 부과되는 사회봉사명령이 자유형 집행의 대체수단으로서 자유형의 집행으로 인한 범죄인의 자유의 제한을 완화하여 주기 위한 수단인 점, 기간이 500시간 이내로 제한되어 있는 점 등을 종합하여 보면 과잉금지원칙에 위배되지 아니한다(헌재 2012.3.29. 2010헌바100). ① 헌재 2012.11.29. 2011헌마318. ② 헌재1996.11.28. 95헌바1. ③ 헌재 2003.6.26. 2002헌가14. ⑤ 헌재 2012.12.27. 2012헌바46 정답: ④

★중요★
021 현행법상 형의 집행유예에 관한 설명으로 옳지 않은 것은?

① 3년 이하의 징역이나 금고 또는 500만원 이하의 벌금의 형을 선고할 경우 양형의 조건을 참작하여 그 정상에 참작할 만한 사유가 있는 때에는 1년 이상 5년 이하의 기간 형의 집행을 유예할 수 있다.
② 형을 병과할 경우에는 그 형의 일부에 대하여 집행을 유예할 수 있다.
③ 형의 집행을 유예하는 경우에는 보호관찰을 받을 것을 명하거나 사회봉사 또는 수강을 명할 수 있다.
④ 집행유예의 선고를 받은 자가 유예기간 중 고의로 범한 죄로 금고 이상의 실형을 선고받아 그 판결이 확정된 때에는 집행유예가 취소된다.

해설

④ 집행유예의 선고를 받은 자가 유예기간 중 고의로 범한 죄로 금고 이상의 형의 선고를 받아 그 판결이 확정된 때에는 집행유예의 선고는 효력을 잃는다(형법 제63조). ① 동법 제62조 제1항, ② 동조 제2항, ③ 동법 제62조의2 제1항 정답: ④

022 **형의 선고유예와 집행유예에 관한 설명으로 옳지 않은 것은?**

① 집행유예 시 보호관찰기간은 1년으로 한다.
② 선고유예나 집행유예의 결정은 법원의 재량이다.
③ 형을 병과할 경우에도 형의 전부 또는 일부에 대하여 그 선고를 유예할 수 있다.
④ 선고유예를 하기 위해서는 형법상 양형조건의 사항을 참작하여 개전의 정상이 현저하여야 한다.

해설

① 형의 집행을 유예하는 경우에는 보호관찰을 받을 것을 명하거나 사회봉사 또는 수강을 명할 수 있는데 이 경우 보호관찰의 기간은 집행을 유예한 기간으로 한다(형법 제62조의2 제2항).
③·④ 동법 제59조

정답: ①

★중요★
023 **형과 관련된 제도와 그 효과에 대한 설명으로 옳은 것은?**

① 집행유예 : 선고의 실효 또는 취소됨이 없이 유예기간이 경과하면 형의 선고는 효력을 잃는다.
② 선고유예 : 선고유예를 받은 날로부터 2년이 경과하면 형의 선고는 취소된 것으로 간주한다.
③ 가석방 : 가석방처분을 받은 후 처분이 실효 또는 취소되지 않고 기간이 경과하면 형의 집행이 면제된다.
④ 시효 : 시효가 완성되면 형의 집행이 종료된 것으로 본다.

해설

② 형의 선고유예를 받은 날로부터 2년을 경과한 때에는 면소된 것으로 간주한다(형법 제60조). ③ 가석방의 처분을 받은 후 그 처분이 실효 또는 취소되지 아니하고 가석방 기간을 경과한 때에는 형의 집행을 종료한 것으로 본다(동법 제76조 제1항). ④ 형의 선고를 받은 자는 시효의 완성으로 인하여 그 집행이 면제된다(동법 제77조). ① 동법 제65조

〈선고유예·집행유예·가석방 비교〉

구분	선고유예	집행유예	가석방
처분성격	사법처분	사법처분	행정처분
요건	• 1년 이하의 징역이나 금고, 자격정지 또는 벌금의 형을 선고할 경우 • 개전의 정상이 현저한 때 • 자격정지 이상의 형을 받은 전과가 있는 자는 예외	• 3년 이하의 징역 또는 금고와 500만원 이하의 형을 선고할 경우 • 정상에 참작할 만한 사유가 있는 때 • 금고 이상의 판결이 확정된 때부터 그 집행을 종료하거나 면제된 후 3년이 경과할 것	• 징역 또는 금고의 집행 중에 있는 자가 그 행상이 양호하여 개전의 정이 현저한 때 • 무기는 20년, 유기는 형기의 3분의 1을 경과한 때 • 병과된 벌금 또는 과료의 금액을 완납한 때

병과	형을 병과할 경우, 형의 전부 또는 일부에 대하여 선고유예 가능	형을 병과할 경우, 그 형의 일부에 대하여 집행유예 가능	–
기간	2년	1년 이상 5년 이하	무기형은 10년, 유기형은 남은 형기(10년 초과 금지)
보호관찰 사회봉사 수강명령	보호관찰(임의적)1년	• 보호관찰 : 집행유예기간 • 사회봉사명령·수강명령 : 집행유예기간 내에 집행	원칙적 보호관찰(허가관청이 필요 없다고 인정하면 예외)
효과	면소된 것으로 간주	형선고 효력상실	형집행 종료로 간주
실효	• 자격정지 이상의 판결이 확정되거나 자격정지 이상의 전과가 발견된 때 • 보호관찰기관 중에 준수사항을 위반하고 그 정도가 무거운 때	고의로 범한 죄로 금고 이상의 실형을 선고받아 그 판결이 확정된 때	금고 이상의 판결이 확정된 때 실효되나, 과실로 인한 경우는 예외
취소	취소사유 없음	• 집행유예의 선고를 받은 후 형법 제62조 단행의 사유(집행유예 결격사유)가 발각된 때 : 필요적 • 보호관찰·사회봉사명령·수강명령부 집행유예를 받은 자가 준수사항이나 명령을 위반하고 그 정도가 무거운 때 : 임의적	감시에 관한 규칙을 위배하거나 보호관찰의 준수사항을 위반하고 그 정도가 무거운 때 : 임의적

정답: ①

024 형의 유예제도에 대한 설명으로 옳은 것은?

① 형의 선고를 유예하는 경우 6개월 이하의 보호관찰을 명할 수 있다.
② 형의 선고유예를 받은 날로부터 2년이 경과한 때에는 형의 선고는 효력을 잃는다.
③ 형의 집행을 유예하는 경우 검사는 유예기간의 범위 내에서 보호관찰기간을 정할 수 있다.
④ 형을 병과할 경우에 그 형의 일부에 대해서 집행을 유예할 수는 없다.
⑤ 선고유예를 받은 자가 보호관찰기간 중에 준수사항을 위반하고, 그 정도가 무거운 때에는 유예한 형을 선고할 수 있다.

해설

① 형의 선고를 유예하면서 보호관찰을 명할 경우 그 기간은 1년으로 한다(형법 제59조의2 제1항·제2항). ② 형의 선고유예를 받은 날로부터 2년을 경과한 때에는 면소된 것으로 간주한다(동법 제60조). ③ 형의 집행을 유예하는 경우 법원은 유예기간의 범위 내에서 보호관찰기간을 정할 수 있다(동법 제62조의2 제2항). ④ 형을 병과할 경우에는 그 형의 일부에 대하여 집행을 유예할 수 있다(동법 제62조 제2항). ⑤ 동법 제61조 제2항

정답: ⑤

★중요★
025 집행유예에 관한 형사정책적 평가로 옳지 않은 것은?

① 단기자유형의 폐해를 예방할 수 있다.
② 형의 집행을 담보로 범죄인을 심리적으로 위하하여 개선을 유도할 수 있다.
③ 행위책임에 충실한 제도이다.
④ 대상자 선정의 형평성을 유지하기 어렵다.

해설

③ 책임주의원칙이 특별예방에 대한 양보라고 볼 수 있다. 정답: ③

★중요★
026 다음 甲, 乙, 丙의 사례를 읽고 집행유예가 실효되는 경우를 모두 고른 것은?

甲 : 절도죄로 징역 1년에 집행유예 2년을 선고받고 확정된 이후 집행유예기간 중 사기죄를 범하여 집행유예기간 중 재판을 받아 징역 1년의 실형이 확정되었다.
乙 : 절도죄로 징역 1년에 집행유예 2년을 선고받고 확정된 이후 절도범행 이전에 범한 사기죄가 발각되어 절도죄 집행유예기간 중 재판을 받아 징역 1년에 집행유예 2년을 추가로 선고받고 판결이 확정되었다.
丙 : 절도죄로 징역 1년에 집행유예 2년을 선고받고 확정된 이후 집행유예기간 중 업무상과실치사죄를 범하여 집행유예기간 중 재판을 받아 금고 1년의 실형이 확정되었다.

① 甲
② 甲, 乙
③ 甲, 丙
④ 乙, 丙
⑤ 甲, 乙, 丙

해설

집행유예의 실효요건은 집행유예의 선고를 받은 자가 유예기간 중 고의로 범한 죄로 금고 이상의 형의 선고를 받아 그 판결이 확정되는 경우이다(형법 제63조). ① 甲은 이 요건에 충족하므로 집행유예가 실효되나, 乙의 경우 사기죄는 유예기간 중에 범한 범죄가 아니므로 집행유예의 실효요건에 해당하지 않고, 丙의 경우 업무상과실치사는 고의가 아닌 과실에 의한 범죄이므로 집행유예의 실효요건에 해당하지 않는다. 정답: ①

027 **다음 중 형의 선고유예, 집행유예에 대한 설명으로 가장 옳지 않은 것은?** 해경간부 2023

① 판례에 따르면 집행유예기간의 시기(始期)에 관하여 명문의 규정을 두고 있지 않으므로 법원은 그 시기를 집행유예를 선고한 판결 확정일 이후의 시점으로 임의로 선택할 수 있다.

② 집행유예의 선고를 받은 자가 유예기간 중 고의로 범한 죄로 금고 이상의 실형을 선고받아 그 판결이 확정된 때에는 집행유예의 선고는 효력을 잃는다.

③ 형의 선고유예를 받은 날로부터 2년을 경과한 때에는 면소된 것으로 간주한다.

④ 형의 선고를 유예하는 경우에 재범방지를 위하여 지도 및 원호가 필요한 때에는 1년의 보호관찰을 받을 것을 명할 수 있다.

해설

① 형사소송법 제459조가 "재판은 이 법률에 특별한 규정이 없으면 확정한 후에 집행한다."라고 규정한 취지나 집행유예 제도의 본질 등에 비추어 보면 집행유예를 함에 있어 그 집행유예 기간의 시기는 집행유예를 선고한 판결 확정일로 하여야 한다(대판 2019.2.28. 2018도13382).

② 형법 제63조

③ 동법 제60조

④ 동법 제59조의2 제1항·제2항

정답: ①

4. 형벌론

001 **형벌의 기능에 관한 설명으로 옳지 않은 것은?**

① 처벌에 대한 예고의 기능을 수행한다.
② 응보감정을 충족·완화하는 기능을 수행한다.
③ 일반예방과 특별예방의 기능을 수행한다.
④ 범죄피해를 회복하는 기능을 수행한다.

해설

형벌은 범죄피해를 회복하는 기능을 수행하는 것이 아니라 범죄로부터 사회를 방위하고 보호하려는 범죄예방에 기여함을 목적으로 한다.

정답: ④

002 **형벌의 목적 중 소극적 일반예방에 대한 설명으로 가장 적절한 것은?** 경찰간부 2023

① 형벌을 통해 범인을 교육·개선함으로써 범죄자의 재범을 예방한다.
② 형벌을 통해 일반인의 규범의식을 강화하여 사회의 규범 안정을 도모한다.
③ 준엄한 형집행을 통해 일반인을 위하함으로써 범죄예방의 목적을 달성한다.
④ 형벌의 고통을 체험하게 함으로써 범죄자가 스스로 재범을 억제하도록 한다.

해설

- 예방이론은 목적형 주의에서 파생된 이론으로서 그 대상에 따라 일반예방과 특별예방으로 나누어지는데, 일반예방은 일반인에 대한 형벌위하 내지 규범의식의 강화를 수단으로 범죄의 예방을 추구하고, 특별예방은 범죄인 개인 중심으로 범죄를 예방하려는 것이다.
- 일반예방은 일반인에 대한 위하를 추구하는 소극적 일반예방과 일반인의 규범의식의 강화를 추구하는 적극적 일반예방으로, 특별예방은 범죄인의 격리를 추구하는 소극적 특별예방과 범죄인의 재사회화를 추구하는 적극적 특별예방으로 구분할 수 있다.

③ 소극적 일반예방
① 적극적 특별예방
② 적극적 일반예방
④ 소극적 특별예방

정답: ③

★중요★
003 양형에 관한 설명으로 옳지 않은 것을 모두 고른 것은?

> ㉠ 양형이란 법관이 선고형을 기초로 구체적 형벌의 종류와 범위를 정하는 일련의 과정을 말한다.
> ㉡ 현행 형벌법규는 양형에 관하여 법관에게 비교적 광범위한 재량을 인정하고 있다.
> ㉢ 양형기준은 법관에게 양형의 지침을 제공함은 물론 합리적인 양형을 가능하게 하여 형량의 균등성 확보에 기여한다.
> ㉣ 양형의 일반이론 중 단계이론이란 형벌에 상응하는 정당하고 유일한 형벌을 결정하는 것은 현실적으로 불가능하다는 것을 전제로 한다.

① ㉠, ㉡　　② ㉠, ㉣
③ ㉡, ㉢　　④ ㉢, ㉣

해설

× : ㉠ 선고형 → 법정형. ㉣은 폭의 이론에 관한 설명이다.
○ : ㉡, ㉢

〈양형의 일반이론〉

유일형 이론 (唯一刑 理論)	범죄에 대한 책임은 언제나 고정된 크기를 가지므로 정당한 형벌은 오직 하나일 수밖에 없다는 이론
폭(幅)의 이론	형벌에 상응하는 정당하고 유일한 형벌을 결정하는 것은 현실적으로 불가능하므로 범죄에 대한 책임은 일정한 상하의 폭이 있다는 이론(독일 연방최고법원의 입장)
단계이론 (段階理論)	형량은 불법과 책임에 따라 결정하고, 형벌의 종류와 집행 여부는 예방을 고려하여 결정해야 한다는 이론

정답: ②

004 양형의 합리화방안이라고 보기 어려운 것은?

① 양형지침서 활용
② 판결서에 양형이유 명시
③ 작량감경규정의 폐지
④ 법정감경사유의 폐지

해설

④ 형법 제55조의 법정감경사유는 법관의 재량 여지를 축소할 수 있다는 점에서 더욱 확대되어야 한다는 견해가 양형의 합리화방안으로 제시되고 있다. ②는 판결서에 양형이유를 명시하게 되면 법관의 신중한 양형을 유도할 수 있다는 점에서 양형의 합리화방안으로 논의되고 있다. ③ 형법 제53조의 정상참작감경규정은 법정감경사유와 동일한 효과를 가지면서 법관에게 지나치게 많은 재량 여지를 준다는 점에서 정상참작감경규정의 폐지가 양형의 합리화방안으로 제시되고 있다. 정답: ④

005 양형의 합리화방안으로 볼 수 없는 것은?

① 검사구형의 합리화
② 공판절차 이분제도 활용
③ 판결전조사제도 확대
④ 양형기준표 활용
⑤ 수형자의 가석방기준완화

해설

①·②·③·④는 양형 합리화방안으로 논의되고 있는 것들이나, ⑤는 형 확정 이후의 개념으로 양형 합리화와는 아무런 상관성이 없다. 정답: ⑤

006 양형의 형사정책적 의미에 대한 설명으로 옳지 않은 것은?

① 양형은 입법자와 법관의 분업적 공동작업으로 이루어진다.
② 일반적으로 유책한 불법의 한도 내에서 일반예방 또는 특별예방을 추구하고 있다.
③ 양형개혁은 양형위원회의 양형기준에 법관을 구속시키려는 것이다.
④ 양형기준은 판결에 대한 예측가능성을 높여주기 때문에 국민의 권리를 보장하기 위한 수단이 될 수 있다.

해설

③ 현재 우리나라에서 설치·운영 중인 양형위원회에서 설정한 양형기준은 법관을 구속시키지 않는다(양형위원회규칙 제2조 제2항 참조). 정답: ③

007 양형의 합리화방안에 관한 설명 중 옳지 않은 것은?

① 양형의 지역 간 불균형이나 법관의 개인 간 편차 등 양형의 불공정을 방지하기 위한 것이다.
② 유죄가 인정된 피고인에 대한 양형과정의 일부를 양형위원회에 맡기는 방안이 있다.
③ 판결전 조사제도를 활용하여 이를 양형의 기초자료로 이용하고자 하는 방안이 있다.
④ 양형지침서는 법관의 자유로운 판단을 구속하기 때문에 어떠한 경우에도 활용되어서는 안 된다.
⑤ 유·무죄 인부절차와 형량결정절차를 구분하는 소송절차 이분론의 방안이 있다.

해설

④ 양형지침서는 법관이 피고인에게 유리한 형량을 선고할 가능성까지 제한할 수 있다는 단점이 있기는 하나, 양형의 과학화에 기여하고, 판결에 대한 예측을 가능하게 한다는 장점이 있다는 점에서 양형의 합리화를 위해 통상 논의되고 있는 효과적인 방안 중 하나이다. 정답: ④

008 양형에 관한 설명으로 옳지 않은 것은?

① 양형은 유죄가 인정된 범죄에 대하여 구체적인 형벌의 종류와 범위를 결정하는 것이다.
② 행위자의 책임과 형벌목적이 양형의 기준으로 제시된다.
③ 양형합리화를 위해 법관의 양형재량 확대가 제안된다.
④ 유일점 형벌이론은 책임에 상응하는 정당한 형벌이 하나일 수밖에 없다고 한다.
⑤ 판결전 조사제도도 양형합리화 방안의 하나로 제시된다.

해설

③ 양형합리화를 위해 제안되는 것들은 주로 법관의 양형재량을 축소하기 위한 방안이 중심을 이루고 있다. 정답: ③

009 양형에 관한 설명으로 옳지 않은 것은?

① 유일점 형벌이론은 책임뿐만 아니라 예방목적까지 고려하여 하나의 고정된 크기의 형벌을 제시한다.
② 양형불균형의 문제를 해소하기 위하여 우리나라는 양형위원회제도를 도입하였다.
③ 형법은 범인의 지능도 양형의 조건으로 규정하고 있다.
④ 공판절차 이분제도는 공판절차를 사실인정절차와 양형절차로 구분하는 제도이다.
⑤ 판결전 조사제도는 양형의 합리화에 유용하게 이용될 수 있다.

해설

① 유일점 형벌이론이란 범죄에 대한 책임은 언제나 고정된 크기를 가지므로 정당한 형벌은 오직 하나라는 이론으로, 예방목적은 고려의 대상이 아니다. ③ 형법 제51조 정답: ①

010 양형에 관한 이론 및 현행법에 대한 설명 중 옳은 것은?

① 단계이론은 책임에 상응하는 형벌이 법정형의 범위 내에서 특정된 하나의 형으로 존재하는 것이 아니라, 폭으로 존재한다고 본다.
② 위가이론은 정당한 형벌이 언제나 하나일 수밖에 없다고 한다.
③ 양형위원회는 양형기준 설정 시 범행 후의 정황은 고려하되, 피고인의 범죄전력을 고려해서는 안 된다.
④ 양형위원회의 양형기준은 법적 구속력을 갖는다.
⑤ 법원이 양형기준을 벗어난 판결을 하는 경우에는 판결서에 양형의 이유를 적어야 한다.

해설

①은 단계이론에 관한 설명이 아니라, 폭의 이론에 관한 설명이다. ②는 위가이론이 아니라, 유일형 이론에 관한 설명이다. ③ 피고인의 범죄전력도 양형기준 설정 시 고려해야 할 사항에 포함된다(법원조

직법 제81조의6 제3항 제7호). ④ 양형위원회의 양형기준은 법적 구속력을 갖지 아니한다(동법 제81조의7 제1항 단서). ⑤ 동법 제81조의7 제2항 정답: ⑤

011 우리나라의 현행 양형기준제도에 대한 설명으로 가장 옳지 않은 것은? 해경간부 2024

① 양형기준은 법적 구속력을 갖지 아니한다.
② 법정형 – 처단형 – 선고형의 3단계 과정을 거쳐서 이루어진다.
③ 특별양형인자들이 일반양형인자들보다 더 중요하게 고려된다.
④ 형량범위 결정 시 해당 특별양형인자의 개수보다 그 내용과 질을 더 중요하게 고려한다.

해설

④ 특별양형인자의 내용과 질보다 그 개수를 더 중요하게 고려한다.
③ 특별양형인자는 일반양형인자보다 양형에 대한 영향력이 큰 인자로서 일반양형인자보다 더 중요하게 고려된다. 정답: ④

012 공판절차의 이분(二分)에 관한 설명으로 옳지 않은 것은?

① 공판절차를 범죄사실의 인정절차와 양형절차로 분리하는 것을 말하며, 양형의 합리화방안으로 논의된다.
② 피고인의 인권보호에 역행한다는 비판이 있다.
③ 영미법계에서 주로 행해지고 있는 공판절차이다.
④ 통상 배심원에 의한 유죄평결 후에 법관이 양형절차를 개시한다.

해설

② 범죄사실의 인정절차에서는 공소사실과 무관한 사항은 공개·조사되지 않으므로 피고인의 인권보호에 기여할 수 있다는 장점이 있다. 정답: ②

013 공판절차 이분론에 관한 설명 중 옳지 않은 것은?

① 형사소송절차를 사실인정절차와 양형절차로 나누자는 주장이다.
② 소송절차 이분제도는 영미의 형사소송에서 유래한 것으로 배심원에 의한 유죄평결 후 직업법관에 의한 형의 선고가 이루어진다.
③ 양형절차에서는 공개주의를 제한할 필요가 있다.
④ 변호권의 실질적 보장에 기여할 수 있으나, 피고인의 인격권 보장과는 직접적인 관련성이 없다.

해설

④ 소송절차 이분제도의 사실인정절차에서는 공소사실과 무관한 개인적 사항은 공개되지 않으므로 피고인의 인격권 보장에 유리하다는 장점이 있다. 정답: ④

014 공판절차의 이분제도에 대한 형사정책적 평가와 거리가 먼 것은?

① 변호인의 변호권을 실질적으로 보장할 수 있다.
② 소송경제에 유리하다.
③ 법원의 유죄예단을 방지할 수 있다.
④ 범죄사실인정절차에서 법률적 검토가 부실화될 우려가 있다.

해설

② 공판절차의 이분제도에서는 범죄사실인정절차에서 무죄로 판정된 경우 양형절차를 생략할 수 있다는 점에서 소송경제에 유리하다고 볼 수 있으나, 전문적인 양형자료 조사관이 확보되지 않은 상황에서 소송절차를 이분하면 심리절차의 장기화를 가져와 소송지연을 초래할 수 있다는 점에서는 소송경제에 유리하다고만 볼 수 없다. 정답: ②

015 판결전 조사제도에 관한 설명으로 옳지 않은 것은?

① 유죄가 인정된 범죄자를 대상으로 판결 전에 그의 소질 및 환경을 조사하는 것을 말하며, 주로 집행유예나 선고유예를 하기 전에 실시되나, 광의로는 기소 여부를 결정하기 위한 기소전 조사도 포함된다.
② 범죄인의 인격에 내포된 범죄위험성의 정도를 사회조사의 방법으로 예측하여 이를 양형에 반영하기 위하여 실시된다.
③ 법원의 종국처분에 앞서 행해진다는 점에서 사전조사적 성격을 지닌다.
④ 미국에서는 유·무죄 인부절차에서 그 인격과 환경에 관한 상황을 조사하는 방식을 취하고 있다.

해설

④ 판결전 조사제도는 미국에서 Probation제도의 발전과 함께 시작되었는데 미국의 판결전 조사제도는 유죄로 인정된 자를 대상으로 실시된다. 정답: ④

★중요★
016 다음 중 판결전 조사제도에 대한 장점은 모두 몇 개인가?

㉠ 판사가 가장 유효·적절한 판결을 할 수 있도록 돕는다(양형의 합리화 및 사법적 처우의 개별화에 기여)
㉡ 변호인의 변호활동을 보완하는 기능을 하여 피고인의 인권보장에 기여한다.
㉢ 교정시설에서 수용자에 대한 개별처우의 자료로 활용된다.
㉣ 보호관찰 시 조사보고서(보안처분의 기초자료)는 지역사회에서의 범죄인처우지침으로 활용된다.
㉤ 양형절차 이전에 유무죄 인부절차에서 무죄판결 시 피고인의 인격에 대한 조사가 불필요하여 소송경제에 유리하다.

① 1개 ② 2개 ③ 3개
④ 4개 ⑤ 5개

해설

모두 판결전 조사제도의 장점에 해당한다.

〈판결전 조사제도의 장단점〉

장점	단점
• 법관이 판결 전에 피고인의 자료를 얻을 수 있어 실체적 진실발견에 도움을 줄 수 있음 • 양형의 합리화 및 과학화에 기여 • 형확정 이후에는 수형자의 분류와 개별처우의 참고자료로 활용 • 보호관찰의 활성화에 기여 • 변호활동을 보완하여 피고인의 인권보장에 기여	• 사실인정절차와 양형절차가 합체된 소송구조하에서는 유죄인정의 자료로 이용될 수 있음 • 공정한 조사가 담보될 수 없을 경우 양형의 합리화에 역행 • 유죄판결 후 조사하는 경우 조사결과에 대한 피고인의 반론기회가 제공되지 않아 피고인에게 불리한 자료로 이용될 수 있음 • 정보제공자의 개인적 감정에 따라 조사결과가 달라질 수 있음 • 조사과정에 피고인이 관여할 여지가 없으므로 직권주의화로 흐를 가능성이 있음

정답: ⑤

017 우리나라의 판결전 조사제도에 관한 설명으로 옳지 않은 것은?

① 우리나라의 판결전 조사제도는 성인과 소년 모두 가능하다.

② 「보호관찰 등에 관한 법률」과 「소년법」에서 판결전 조사제도에 관한 내용을 규정하고 있다.

③ 「보호관찰 등에 관한 법률」에 따르면 법원이 필요하다고 인정하는 경우에 한하여 보호관찰소의 장에게 필요한 사항의 조사를 요구할 수 있다.

④ 「소년법」에 따르면 소년사건이 소년법원에 송치되면 소년부 판사는 보호관찰소의 장에게 필요한 사항의 조사를 명할 수 있다.

해설

④ 소년법 제11조에 따르면 소년부 판사는 조사관에 대하여 본인·보호자 또는 참고인의 신문 기타 필요한 사항의 조사를 명할 수 있다고 규정하고 있는데 이 경우 조사관은 소년부 소속의 조사관을 말한다. 「보호관찰 등에 관한 법률」에 따른 조사자는 보호관찰소장인 데 반하여, 소년법에 따른 조사관은 소년부 소속의 법원직원인 점에서 양자는 구별된다. ③ 보호관찰 등에 관한 법률 제19조 제1항 정답: ④

018 **판결전 조사제도에 대한 설명으로 옳지 않은 것은?**

① 보호관찰 등에 관한 법률에 의하면 판결전 조사의 대상자를 소년으로 한정하고 있다.
② 사실심리절차와 양형절차를 분리하는 소송절차이분(訴訟節次二分)을 전제로 하며, 미국에서 보호관찰(Probation)제도와 밀접한 관련을 가지고 발전되어 온 제도이다.
③ 판결전 조사보고서의 내용에 대하여 피고인에게 반대신문권을 인정할 것인지의 여부가 문제되는데, 미국은 법원이 피고인과 변호인에게 보고서에 대하여 논박할 기회를 충분히 제공하도록 하고 있다.
④ 형사정책적으로 양형의 합리화뿐만 아니라 사법적 처우의 개별화에도 그 제도적 의의가 있다.

해설

① 종전에는 판결전 조사제도를 소년범에 대해서만 인정하고 있었으나, 2008.12.26. 개정된 「보호관찰 등에 관한 법률」에서는 성인범 및 소년범을 모두 포함하는 것으로 그 대상이 확대되었다.

정답: ①

★중요★

019 **판결전 조사제도에 관한 설명으로 옳지 않은 것은?**

① 형사정책적으로 양형의 합리화뿐만 아니라, 사법적 처우의 개별화에도 그 제도적 의의가 있다.
② 미국에서 보호관찰(Probation)제도와 관련하여 널리 채택되고 있다.
③ 조사한 내용을 피고인과 그 변호인에게 공개하는 것이 제도적 취지에 부합한다.
④ 판결전 조사를 정밀하고 과학적으로 행한다고 하더라도 피고인에게 반드시 유리한 양형이 이루어지는 것은 아니다.
⑤ 보호관찰, 사회봉사 및 수강명령제도가 성인범에 대해서 전면적으로 실시되었음에도 현행법은 성인범을 판결전 조사의 대상자로 하고 있지 않다.

해설

⑤ 종전에는 판결전 조사제도를 소년범에 대해서만 인정하고 있었으나, 2008.12.26. 「보호관찰 등에 관한 법률」이 개정되면서 그 대상이 성인범까지 확대되었다.

정답: ⑤

020 **판결전 조사제도에 대한 형사정책적 평가로 가장 적절하지 않은 것은?**

① 실체적 진실발견에 도움을 주고, 양형의 합리화에 기여한다.
② 변호인의 변론활동을 보완하는 기능을 수행한다.
③ 보호관찰의 활성화에 기여한다.
④ 조사결과는 양형자료로만 활용되어야 하며, 형이 확정되어 교정시설에 수용되는 경우 해당 수형자의 처우에 관한 자료로 활용하여서는 아니 된다.

해설

④ 판결전 조사에 의해 수집된 자료는 형이 확정되어 교정시설에 수용되는 경우 해당 수형자의 분류와 처우를 위한 자료로 활용될 수 있다. 정답: ④

021 판결전 조사제도의 비판으로 가장 적절하지 않은 것은?

① 피고인에게 불리한 자료가 조직적으로 수집될 수 있어 형이 가중될 우려가 있다.
② 공정한 조사절차가 확보되지 않으면 오히려 양형의 합리화에 역행할 수 있다.
③ 조사대상자의 개인적 성향에 따라 조사결과가 좌우될 수 있다.
④ 보호관찰의 필요성 여부가 조사결과에 좌우되어 보호관찰의 활성화에 역행한다.

해설

④ 판결전 조사의 결과에 따라 보호관찰의 필요성 여부를 판단할 수 있게 되므로 판결전 조사는 보호관찰의 활성화에 기여한다. 정답: ④

022 판결전 조사제도의 문제점과 거리가 먼 것은?

① 조사관의 사실조사를 재판상 활용하는 것은 소송의 직권주의화를 초래할 우려가 있다.
② 정보제공자들이 주로 가까운 친지 등이므로 피고인과의 인간관계를 해칠 우려가 있다.
③ 양형의 합리화에는 기여하지만, 처우의 개별화에는 역행한다.
④ 소송법상에서는 엄격한 증거조사가 요구되는데 판결전 조사는 엄격한 증거조사와는 동떨어진 사회조사이다.

해설

③ 판결전 조사제도는 양형의 합리화뿐만 아니라, 재판단계 이후의 절차인 보호관찰 또는 교정단계에 있어서 범죄자처우에 필요한 자료를 제공함으로써 범죄자처우의 개별화에 기여한다. 정답: ③

023 범죄에 대한 일반예방의 설명으로 적절치 않은 것은?

① 소극적 일반예방은 형벌의 위협작용을 중시한다.
② 적극적 일반예방은 일탈행동에 대한 제재가 갖는 규범과 사회를 안정시키는 기능을 강조한다.
③ 형벌의 개별화는 중요한 전제조건이다.
④ 신속한 재판·소추 및 형의 선고를 통하여 처벌의 확실성이 담보되어야 한다.

해설

③ 개개 범죄인에 대한 형벌의 개별화를 통하여 장래의 범죄를 방지하여야 한다는 주장은 특별예방주의의 논거이다.

〈형벌의 목적이론〉

응보형 주의 (절대적 형벌이론)	• 형벌은 일정한 목적추구를 위하여 존재하는 것이 아니라, 범죄인에게 고통을 주는 그 자체를 가치 있는 것으로 보는 견해
목적형 주의 (상대적 형벌이론)	• 형벌은 자기목적적인 절대개념이 아니라, 국가 및 사회의 이익을 위해 일정한 목적을 가지고 범죄인에게 부과된다는 견해 • 일반예방주의 : 범죄예방의 대상을 사회일반인에 두고, 형벌로 사회일반인을 위하하여 범죄를 행하지 못하도록 함에 형벌의 본래적 임무가 있다는 견해 • 특별예방주의 : 형벌을 통해 범죄인을 교정하여 재범을 저지르지 못하도록 하거나 교정이 불가능한 범죄인을 사회로부터 격리하여 재범기회를 배제하여 범죄를 예방하려는 것에 형벌의 본래적 임무가 있다는 견해 • 교육형주의 : 형벌의 목적을 교육을 통한 재범방지에 두는 견해
절충설 (합일적 형벌이론)	• 적대적 형벌이론과 상대적 형벌이론을 절충한 입장으로 형벌은 응보를 본질로 하지만, 예방의 관점을 동시에 고려해야 한다는 견해
신응보형주의	• 교육형주의의 교육프로그램들이 재범방지에 도움을 주지 못했다는 비판에서 출발한 이론으로, 재범방지를 위해서는 개선위주의 교육보다는 적절한 응보가 필요하다는 견해

정답: ③

024 다음 중 응보형주의에 대한 설명으로 옳지 않은 것은?

① 칸트(Kant)·헤겔(Hegel)·비르크마이어(Birkmeyer) 등이 대표적 학자로 범죄자의 범행에 상응한 해악을 가하되, 형벌은 범행의 정도를 초과할 수 있다고 본다.

② 처벌 또는 형벌 그 자체를 응보로서 인정하고, 그 외의 목적들은 인정하지 않는다는 점에서 절대주의·절대설·절대적 행형론이라고도 한다.

③ 자유의사론을 전제로 하는 결과 사회적·문화적 조건으로 인한 범죄발생을 설명하기 곤란하다.

④ 범죄에 대해서는 응보를 가함으로써 사회질서가 유지된다고 보았고, 행형을 형벌 그 자체로 보았다.

해설

① 응보형주의는 절대국가의 자의적 형벌집행에 대응한 죄형균형주의의 원칙에서 나온 것으로 언제나 책임과 형벌은 균형을 이루어야 한다고 주장한다.

정답: ①

025 목적형주의에 대한 설명으로 옳지 않은 것은?

① 목적 없는 국가행위는 존재할 수 없다는 개념을 전제로 한다.

② 의사결정론을 이념적 토대로 하고 있다.

③ 형벌은 그 자체로서 의의를 가지는 것 외에 사회방위에 봉사하는 사회적 기능을 가진다고 본다.

④ 인간의 의지보다는 사회적 환경을 중시하는 숙명적 의사관에 입각하고 있다.

해설

③ 목적형주의에 따르면 형벌은 그 자체로서 의의를 가지는 것이 아니라, 사회방위에 봉사하는 사회적 기능에 가치가 있다고 본다. 정답: ③

026 범죄를 저지른 사람에 대한 처벌이 일반시민들로 하여금 처벌에 대한 두려움을 불러일으켜서 결과적으로 범죄가 억제되는 효과를 무엇이라 하는가?

① 특수예방효과 ② 일반예방효과
③ 부분예방효과 ④ 간접효과

해설

② 목적형주의 형벌이론 중 일반예방주의에 관한 설명이다. 정답: ②

027 다음 중 교육형주의와 관계있는 것은?

① 범죄인의 처벌 ② 범죄인에 대한 응보
③ 범죄인의 구금 ④ 범죄인의 교정교화

해설

④ 교육형주의는 리프만(Liepmann)·란짜(Lanza)·살다나(Saldana) 등이 대표적 학자로, 범죄원인과 범죄인의 성격을 조사하여 그에 맞는 교육적 행형관리를 하고, 교정교육프로그램의 개발을 중요시하며, 범죄인의 교정교화에 중점을 둔다. 정답: ④

028 형벌이론 중 일반예방주의에 관한 설명으로 옳은 것은?

① 형벌의 목적을 범죄인을 교정하여 재범을 방지하는 데 둔다.
② 교정이 불가능한 범죄인을 사회로부터 격리시켜 재범의 기회를 차단하고자 한다.
③ 범인에게 부당한 희생을 강요하는 결과로 나타나기 쉽다는 비판이 있다.
④ 형벌의 근거를 행위자의 위험성에서 찾고자 한다.

해설

③ 일반예방주의는 형벌의 위하력으로 사회일반인이 범죄를 범하지 못하도록 함에 형벌의 목적을 두고 있으므로 위하력을 높이기 위하여 가혹한 형벌이 따를 수 있고, 이는 범죄인에게 부당한 희생을 강요하는 결과로 나타날 수 있다는 비판이 있다. ①·②·④는 특별예방주의에 관한 설명이다.

〈형벌의 목적이론 요약정리〉

응보형주의 (절대적 형벌이론)	• 형벌은 일정한 목적추구를 위하여 존재하는 것이 아니라, 범죄인에게 고통을 주는 그 자체를 가치 있는 것으로 보는 견해 • 칸트, 헤겔, 빈딩 등이 대표적 인물

목적형주의 (상대적 형벌이론)	• 형벌은 자기목적적인 절대개념이 아니라, 국가 및 사회의 이익을 위해 일정한 목적을 가지고 범죄인에게 부과된다는 견해 • 일반예방주의 : 범죄예방의 대상을 사회일반인에 두고, 형벌로 사회일반인을 위하하여 범죄를 행하지 못하도록 함에 형벌의 본래적 임무가 있다는 견해로 아리스토텔레스, 프로타고라스, 홉스, 포이에르바하 등이 대표적 인물 • 특별예방주의 : 형벌을 통해 범죄인을 교정하여 재범을 저지르지 못하도록 하거나 교정이 불가능한 범죄인을 사회로부터 격리하여 재범기회를 배제하여 범죄를 예방하려는 것에 형벌의 본래적 임무가 있다는 견해로 리스트, 마르틴, 크라우제, 슈튀벨 등이 대표적 인물 • 교육형주의 : 형벌의 목적을 교육을 통한 재범방지에 두는 견해로 리프만, 란짜, 살다나 등이 대표적 인물
절충설 (합일적 형벌이론)	• 절대적 형벌이론과 상대적 형벌이론을 절충한 입장으로 형벌은 응보를 본질로 하지만, 예방의 관점을 동시에 고려해야 한다는 견해 • 히펠, 메르켈 등이 대표적 인물
신응보형주의	• 교육형주의의 교육프로그램들이 재범방지에 도움을 주지 못했다는 비판에서 출발한 이론으로, 재범방지를 위해서는 개선위주의 교육보다는 적절한 응보가 필요하다는 견해 • 알렌, 모리스, 포겔, 윌슨, 마틴슨 등이 대표적 인물

정답: ③

029 **형벌의 일반예방효과(General Deterrence Effect)에 대한 설명으로 옳지 않은 것은?**

① 인간의 합리적 선택가능성을 전제로 하며, 공리주의적 사고가 그 사상적 기초 내지 배경을 이루고 있다.
② 위하를 통한 예방이라는 소극적 효과와 규범의식의 강화라는 적극적 효과로 나누기도 한다.
③ 현행 교정실무는 특별예방을 추구할 뿐이고, 형벌의 일반예방효과와는 무관하다.
④ 형벌을 통한 일반예방의 추구는 한 인간을 다른 목적을 위한 수단으로 다루는 결점을 안고있다고 지적되기도 한다.

해설

③ 현행 교정실무는 교육형주의에 입각한 특별예방을 추구하는 제도들이 주류를 이루고 있으나, 형벌의 일반예방효과와 무관하다고 보기는 어렵다.

정답: ③

030 **다음 중 특별예방에 대한 설명으로 틀린 것은?**

① 범죄행위에 중점을 두고 있다.
② 생물학적 요인과 환경적 요인을 중요시한다.
③ 재사회화 및 재범방지를 목적으로 한다.
④ 국가형벌권의 자의성이 확대된다는 비판이 있다.

해설

① 특별예방주의는 범죄인을 교화개선하여 건전한 사회의 일원으로 복귀시키는 것을 중시하므로 범죄행위보다는 범죄인에 중점을 둔다.

정답: ①

031 **형벌의 목적에 대한 설명 중 옳지 않은 것은?**

① 적극적 일반예방이론은 형벌을 통해 사회의 규범의식을 강화시켜 범죄를 예방한다는 이론이다.
② 일반예방이론은 범죄자의 심리를 지나치게 단순화하였다는 비판을 받는다.
③ 특별예방이론은 범죄자의 재범방지에 그 목적을 둔다는 점에서 상대적 형벌이론이라고 할 수 있다.
④ 특별예방이론은 국가형벌권을 자의적으로 확장시킬 위험을 안고 있다는 비판을 받는다.
⑤ 통합설은 일반예방과 특별예방의 통합을 주장하고, 책임원칙을 부정한다.

해설

⑤ 통합설은 절대적 형벌이론과 상대적 형벌이론의 통합을 주장하므로, 절대적 형벌이론의 내용인 책임원칙을 부정하지 않고 수용한다.

정답: ⑤

032 **형벌이론에 관한 설명으로 옳지 않은 것은?**

① 일반예방주의는 법의식의 강화에 의해 일반인에게 범죄억제적인 형벌의 효과를 끼치는 것을 말하며, 이러한 효과를 거두려면 신속한 체포·소추 및 형의 선고가 이루어져야 한다고 중장한다.
② 특별예방주의는 범죄인의 교화개선을 통해 개개 범죄인이 장차 출소 후에도 재범을 저지르지 않도록 해야 한다고 주장한다.
③ 절충주의는 일반예방주의와 특별예방주의를 절충한 이론으로서 응보에 역점을 두는 응보적 절충주의와 사회방위에 중점을 두는 예방적 절충주의로 구분된다.
④ 사회방위이론에서는 사회적 공리주의를 강조하므로 범죄의 토양이 되는 사회의 구조적 모순을 먼저 해소해야 한다고 주장한다.

해설

④ 사회방위이론에서 사회는 개인에 의해서만 존재한다는 사회적 개인주의를 강조하므로 사회구조적 모순보다는 개인적인 예방에 중점을 둔다.

정답: ④

033 **형벌이론에 관한 비판 중 옳지 않은 것으로 묶인 것은?**

> ㉠ 응보형주의는 어떤 목적추구도 거부하므로 형사정책적으로 무기력하다는 비판이 있다.
> ㉡ 일반예방주의는 공포에 둔감한 자나 우발범인에게는 효과가 없다는 비판이 있다.
> ㉢ 목적형주의는 인간의 주체적 의사를 과대평가하고 있다는 비판이 있다.
> ㉣ 일반예방주의에 대해서는 국가형벌권을 무기력화할 수 있다는 비판이 있다.

① ㉠, ㉡　　② ㉠, ㉣　　③ ㉡, ㉢　　④ ㉢, ㉣

해설

× : ⓒ 목적형주의는 사회환경을 지나치게 강조하므로 인간의 주체적 의사를 과소평가하고 있다는 비판이 있다. ⓓ 일반예방주의는 위하에 대한 효과를 과신하여 국가폭력을 초래할 가능성이 있으며, 그로 인해 국가형벌권을 자의적으로 확장시킬 위험을 안고 있다는 비판이 있다.
○ : ⓐ, ⓑ

정답: ④

034 다음 중 신응보형주의에 관한 설명으로 옳지 않은 것은?

① 1970년대 중반 이후 미국의 알렌(Allen) · 모리스(Morris) · 포겔(Forgel) 등이 주장한 이론으로 교육형주의를 비판하면서 등장하였다.
② 격정범·누범·확신범에 대해서는 특별예방적 조치가 필요하다고 본다.
③ 범죄자의 교정교화는 불가능하고, 수형자에 대한 교육프로그램은 선량한 수형자를 만들 뿐이라고 본다.
④ 응보를 형벌의 목적으로 본다는 점에서 반교정주의라는 비판이 있다.

해설

② 신응보형주의는 특별예방적 효과를 의심하며, 특히 격정범·누범·확신범에 대해서는 성과가 없다고 본다.

정답: ②

035 죄형법정주의에 관한 설명으로 옳지 않은 것은?

① 법률 없으면 범죄도 형벌도 없다는 말로 표현된다.
② 자의적 국가형벌권으로부터 국민의 자유를 보장하기 위한 형법상 최고원리이다.
③ 몽테스키외는 사법권은 법률을 적용하는 기계에 불과하다고 봄으로써 죄형법정주의의 형성에 부정적 영향을 미쳤다.
④ 포이에르바하의 심리강제설은 죄형법정주의의 이론적 기초를 형성하였다.

해설

③ 몽테스키외는 「법의 정신」을 통해 범죄와 형벌의 관계가 법률에 엄격히 규정되어야 한다고 주장함으로써 죄형법정주의의 사상적 기초를 제공하였다.

정답: ③

★중요★

036 형벌의 종류에 관한 설명으로 옳지 않은 것은?

① 현행 형법은 형의 종류로서 사형·징역·금고·자격상실·자격정지·벌금·구류·과료·몰수 등 9종을 인정하고 있다.
② 박탈되는 법익의 종류에 따라 생명형·자유형·재산형·명예형 등 4가지 유형으로 구분된다.
③ 부가형은 주형과 함께 선고되는 형벌을 말한다.
④ 몰수는 원칙적으로 주형이다.

해설

④ 몰수는 원칙적으로 부가형이다. 형법 제49조는 "몰수는 타형에 부가하여 과한다"고 규정하여 몰수형의 부가성을 인정하고 있다.

정답: ④

037 현행 형법상의 형사제재가 아닌 것은?

① 무기징역
② 구류
③ 과태료
④ 자격정지

해설

과태료는 행정벌의 일종이다.

정답: ③

038 사형제도의 연혁에 관한 설명으로 옳지 않은 것은?

① 사형은 가장 오랜 역사를 가지고 있는 형벌이다.
② 18세기 이래 도입된 자연법사상으로 공개적 사형이 실시되기도 하였다.
③ 유럽국가는 대부분 사형제도를 폐지하였다.
④ 영국이나 스위스는 일반인에 대한 사형제도는 폐지하였으나, 일부 특수한 상황하에서의 사형제도는 인정하고 있다.

해설

② 18세기 이래 도입된 자연법사상은 계몽주의의 모태가 되었고, 이는 생명권 존중으로 이어져 사형제도 폐지의 사상적 토대를 제공하였다.

정답: ②

039 다음 중 사형폐지론자는?

① 칸트(Kant)
② 비르크마이어(Birkmeyer)
③ 리프만(Liepmann)
④ 벨첼(Welzel)

해설

③ 사형존치론자에는 칸트(Kant)·비르크마이어(Birkmeyer)·로크(Rocke)·벨첼(Welzel)·메츠거(Mezger)·루소(Rousseau)·블랙스톤(Blackstone) 등이 있고, 사형폐지론자에는 예세크(Jescheck)·코프카(E. Koffka)·리프만(M. Liepmann)·캘버트(E.R. Calvert)·서덜랜드(E.H. Sutherland)·셀린(Sellin) 등이 있다.

정답: ③

040 사형폐지론의 논거라고 보기 어려운 것은?

① 사형은 일반인이 기대하는 것과 같은 범죄억제적 효과를 가지지 못한다.
② 사형을 폐지한 나라에서 범죄가 증가하였다는 증거를 찾기 어렵다.
③ 교육 및 개선기능을 전혀 가지지 못한다.
④ 사형은 그 자체의 위하력으로 강력한 일반예방효과를 가진다.

해설

④는 사형존치론의 논거에 해당한다.

〈사형존폐론의 근거〉

사형폐지론의 논거	• 사형은 권위주의적 전체주의사상의 잔재로 오늘날의 국가이념과 부합하지 않는다. • 사형은 범죄억제력이 없으며, 특히 살인범과 정치범에 대하여는 위협력이 없다. • 실증적으로도 사형폐지국에서 범죄가 증가하였다는 증거를 찾을 수 없다. • 사회격리 · 사회보전의 효과를 기대한다면 무기형으로도 충분하다. • 사형이 위협적 목적에서 인정된다면 그 집행을 비공개로 함은 자기모순이다. • 사형은 현대교정의 이념에 반하며, 교육 · 개선기능이 없다. • 국가가 살인행위를 범죄로 규정하면서도 사형을 집행한다는 것은 논리적으로 모순이다. • 사형집행 후 오판으로 판명되면 구제방법이 없다. • 피해자에 대한 손해보상 내지 구제의 관점에서 전혀 도움이 되지 않는다. • 사형은 사회적 견지에서 비인도적이다. • 철학적 견지에서 생명박탈은 신만이 할 수 있는 것이므로 사형은 신성(神性)에 반한다.
사형존치론의 논거	• 사형은 응보적 요구차원에서 정당하며, 정의관념에도 부합한다. • 타인의 생명을 박탈한 자는 자신의 생명도 박탈당할 수 있다는 것이 국민의 법감정이다. • 사형은 강력한 일반예방효과를 가지므로 범죄에 대한 위협의 효과를 무시하기 어렵다. • 사형은 흉악범에 대한 일종의 필요악이다. • 살인범을 장기간 교정시설에 수용함은 국가경비의 낭비이다. • 오판의 회복불능은 정도의 차이는 있을지언정 사형이 아닌 다른 형벌에서도 존재한다. • 사형의 대체형벌인 무기자유형은 국가재정의 부담을 초래한다. • 무기자유형이 곧 범죄피해자의 구제를 담보하는 것은 아니다. • 사형은 피해자나 일반인의 피해감정을 국가가 대신 해소해 주는 효과가 있다.

정답: ④

041 사형존치론의 논거라고 보기 어려운 것은?

① 오판에 대한 구제방법이 없다.
② 응보적 요구차원에서 정당하며, 정의관념에 부합한다.
③ 무기자유형에 의한 대체는 국가재정의 부담을 초래한다.
④ 사형의 범죄에 대한 위협효과를 무시하기 어렵다.

해설

①은 사형폐지론의 논거에 해당한다.

정답: ①

042 사형제도에 대한 설명으로 맞지 않은 것은?

① 18세 미만의 자는 어떠한 경우에도 사형을 선고할 수 없다.
② 임산부는 법무부장관의 명에 의하여 형의 집행을 정지한다.
③ 법무부장관의 명에 의하여 집행한다.
④ 일반예방의 주장은 사형제도 폐지론자의 배경이 된다.

해설

④ 사형은 그 자체의 위하력으로 강력한 일반예방효과를 가진다는 주장은 사형제도 존치론자의 주장에 해당한다. 정답: ④

043 사형제도에 관한 설명으로 옳지 않은 것은?

① 사형은 응보나 예방 등 어떤 형벌이념에도 부합하지 않는다.
② 사형존치론은 사형이 일반인의 법감정에 부합한다고 본다.
③ 사형폐지론은 사형제도의 문제점으로 오판가능성이 있다고 지적한다.
④ 사형존치론은 사형이 위하에 의한 범죄억제 효과가 있다고 본다.
⑤ 사형을 제한하는 방안으로 사형 규정의 대폭적인 축소가 주장된다.

해설

① 응보형주의에 의하면 사형은 악에 대한 악의 반동으로 응보적 요구차원에서 정당성을 가진다.
정답: ①

★중요★
044 사형제도에 대한 설명으로 옳지 않은 것은?

① 국제사면위원회의 기준에 따르면 우리나라는 사실상 사형폐지국에 속한다.
② 헌법재판소 결정에 따르면 생명권도 헌법에 의한 법률유보의 대상이 될 수 있다.
③ 대법원 판례에 따르면 국가의 형사정책으로 질서유지와 공공복리를 위하여 사형을 형벌로 정했더라도 헌법에 위배된 것이라고 볼 수 없다.
④ 「시민적·정치적 권리에 관한 국제규약」 제6조 제5항은 18세 미만의 자에 대해서 사형을 선고할 수 없도록 명시하고 있다.
⑤ 소년법에는 사형 대신 절대적 부정기형에 대한 규정을 두고 있다.

해설

⑤ 소년법에서는 죄를 범할 당시 18세 미만인 소년에 대하여 사형 또는 무기형으로 처할 경우에는 15년의 유기징역으로 하도록 규정하고 있다(소년법 제59조). 정답: ⑤

045 자유형의 의의 및 본질에 관한 설명으로 옳지 않은 것은?

① 현행법은 자유형으로 징역·금고·구류의 3종을 규정하고 있다.
② 형법상 정역복무의무가 있는 자유형은 징역형과 구류형이다.
③ 구금에 따르는 자유박탈은 일반예방기능을, 교육프로그램을 통한 교정교화는 특별예방기능을 수행한다.
④ 오늘날 형벌제도의 중심을 형성하고 있다.

해설

② 형법 제67조(징역은 교정시설에 수용하여 정해진 노역에 복무하게 한다)에 따르면 형법상 정역복무의무가 있는 형벌은 징역형뿐이다.
정답: ②

046 자유형제도에 관한 설명으로 옳지 않은 것은?

① 현행법상 무기징역형을 인정하고 있다.
② 응보형주의하에서 가장 선호된 형벌방법이다.
③ 유기징역형은 특별사유로 50년까지 형을 가중할 수 있다.
④ 구류도 자유형의 일종이다.

해설

② 응보형주의는 고대 및 중세를 지배했던 행형이념이라고 볼 수 있으며, 이때 가장 선호되었던 형벌방법은 생명형과 신체형이었다. 현대 형벌의 주류를 이루고 있는 자유형은 교화개선과 사회복귀를 목표로 하는 교육형주의의 입장에 있다.
정답: ②

047 자유형에 관한 설명으로 옳지 않은 것을 모두 고른 것은?

㉠ 고대 및 중세에 있어서 형벌의 주류를 이루고 있었다.
㉡ 신체의 자유를 구속하고, 강제작업을 부과한다는 점에서 특별예방기능을 수행한다.
㉢ 자유형수형자를 대상으로 교정시설에서 각종 교정프로그램에 의한 교화개선을 행한다면 이는 특별예방기능에 해당한다.
㉣ 자유형수형자의 노역을 통해 얻어지는 국가재정수입은 자유형부과에 따르는 부수적 결과에 해당될 뿐 자유형 본래의 목적이라고 할 수 없다.

① ㉠, ㉡　　② ㉠, ㉣
③ ㉡, ㉢　　④ ㉢, ㉣

해설

× : ㉠ 고대 및 중세에 있어서 주류를 이루었던 형벌은 사형 및 신체형이었으며, 자유형이 형벌의 주

류를 이루게 된 것은 근대에 이르러서이다. ⓛ 신체의 자유를 구속하고, 강제작업을 부과한다는 점에서 사회일반인에 대한 일반예방기능을 수행한다.

O : ⓒ, ⓔ

정답: ①

048 자유형의 연혁에 관한 설명으로 옳지 않은 것은?

① 고대 및 중세의 자유형은 공역징발 또는 수사 및 재판을 위한 미결구금의 형태를 취하고 있다.

② 13세기경에 이르러서는 도시국가별로 형벌제도가 발전하였는데 이때 상업이 비교적 발달되었던 도시국가에서는 현대적 의미의 자유형을 실시하였다.

③ 근대적 의미의 자유형은 1595년 네덜란드의 수도 암스테르담에 설치한 노역장에서 비롯되었다.

④ 현재 자유형에 관해서는 단기자유형의 폐지, 자유형의 단일화, 부정기형제도의 도입 등이 논의의 주요 대상이 되고 있다.

해설

② 13세기에서 15세기경에 걸쳐 많은 도시국가의 법률이 자유형을 형사제재의 형태로 실시하기도 하였으나, 당시의 자유형에는 교화개선을 위한 프로그램이 존재하지 않았고, 변형된 신체형의 성격을 벗어나지 못하였으며, 자유형의 집행장소도 성곽의 탑이나 지하실 등이었다.

정답: ②

049 단기자유형의 폐지논거로 타당하지 않은 것은?

① 구금시설이 복잡하고 불충분하게 된다.

② 위하력이 약하다.

③ 일반예방적 효과는 인정된다.

④ 가족의 경제적 파탄 가능성이 있다.

해설

③ 단기자유형은 형기가 짧아 형벌로서의 위하력이 약하므로 일반예방효과를 거두기 어렵다는 비판이 있다.

단기자유형 폐지주장의 논거
• 형벌위하력이 미약하여 일반예방효과를 거두기 어렵다. • 짧은 형기로 인해 교화개선의 효과를 기대할 시간적 여유가 없어 특별예방효과를 거두기 어렵다. • 가족에게 정신적 부담과 경제적 파탄을 초래할 수 있다. • 범죄적 악풍에 감염되기 쉬우며, 출소 후 낙인효과로 재범위험성이 조장된다. • 수형기간이 짧아 효과적인 교정처우계획 수립이 곤란하다. • 과밀수용의 원인이 된다.

정답: ③

050 **자유형과 그 집행에 관한 설명 중 옳지 않은 것은?**

① 자유형의 집행은 수형자의 신체를 구속함으로써 사회를 방위하는 기능도 가지고 있다.
② 현행법이 규정하고 있는 자유형의 집행방법은 유형주의가 아닌 구금주의이다.
③ 교도작업은 신청에 의해서만 과해진다.
④ 구류의 기간은 1일 이상 30일 미만이다.
⑤ 자유형의 한 유형으로 규정되어 있는 무기형은 20년이 경과한 후에는 가석방이 가능하다.

해설

③ 교도작업은 징역형 수형자에게는 의무적으로 부과하나, 금고형 또는 구류형 수형자에게는 신청에 따라 부과한다(형법 제67조). ④ 동법 제46조. ⑤ 동법 제72조 제1항 정답: ③

★중요★
051 **다음은 단기자유형에 대한 설명이다. 틀린 것은?**

① 단기자유형은 범죄인을 개선시키는 데는 짧으나, 악풍감염에는 충분한 기간이라는 비판이 있다.
② 벌금은 단기자유형의 대체방안으로 논의되고 있다.
③ 미국에 있어 충격구금은 그 활용이 많아지고 있는 실정이다.
④ 부정기형은 단기자유형의 대체방안이다.

해설

④ 부정기형은 단기자유형의 대체방안이라고 보기 어렵다. 정답: ④

052 **자유형에 대한 설명으로 옳은 것은?**

① 금고형과 노역장 유치는 정역에 복무하지 않는다는 점에서 징역형과 구별된다.
② 구류는 형사소송법에 규정된 구금과 마찬가지로 미결구금의 일종으로서 기간도 동일하다.
③ 가석방은 성인범에 대하여 상대적 부정기형과 사실상 동일한 기능이 있다.
④ 15년을 초과하는 유기징역이나 유기금고는 현행법에서 허용되지 않는다.
⑤ 유기징역에 자격정지를 병과한 때에는 징역의 집행을 개시한 날로부터 정지기간을 기산한다.

해설

① 금고형은 정역에 복무하지 않으나, 노역장 유치는 형법 제69조 제2항에 따라 작업에 종사하게 한다. ② 구류는 자유형의 일종이라는 점에서 미결구금과 구별된다. ④ 유기징역이나 유기금고는 30년을 초과할 수 없는 것이 원칙이나, 형을 가중하는 때에는 50년까지 가능하다(형법 제42조). ⑤ 유기징역 또는 유기금고에 자격정지를 병과한 때에는 징역 또는 금고의 집행을 종료하거나 면제된 날로부터 정지기간을 기산한다(동법 제44조 제2항). 정답: ③

053 **자유형에 관한 설명으로 옳지 않은 것은?**

① 자유형의 집행방법은 구금주의와 유형주의로 나뉘는데 유형주의는 국가가 강제로 수형자를 국내나 국외의 먼 곳으로 보내 그곳에서 체류하게 하는 방법이다.
② 자유형은 수형자를 사회와 격리시키는 것을 내용으로 하기 때문에 사회에 대한 적응능력을 키워줄 수 없어 재사회화의 목적을 달성할 수 없다는 비판도 받는다.
③ 자유형은 수형자 가족에 대하여 간접적 형벌의 의미를 가진다는 비판도 받는다.
④ 자유형의 집행을 유예하는 경우 사회봉사명령, 수강명령 등을 병과할 수 없다.

해설

④ 형의 집행을 유예하는 경우에는 보호관찰을 받을 것을 명하거나 사회봉사 또는 수강을 명할 수 있다(형법 제62조의2 제1항).

정답: ④

054 **현행법상 자유형제도에 관한 설명 중 옳지 않은 것은?**

① 징역 또는 금고는 무기 또는 유기로 하고 유기는 1개월 이상 30년 이하로 한다.
② 무기징역의 집행 중에 있는 자에 대하여 20년이 경과하면 법원의 결정으로 가석방을 할 수 있다.
③ 유기징역 또는 유기금고에 대하여 형을 가중하는 때에는 50년까지로 한다.
④ 금고는 정역에 복무하지 않지만 수형자의 신청이 있으면 작업을 하도록 할 수 있다.
⑤ 구류는 수형자의 신청이 있으면 작업을 하도록 할 수 있다.

해설

② 징역 또는 금고의 집행 중에 있는 자가 그 행상이 양호하여 개전의 정이 현저한 때에는 무기에 있어서는 20년, 유기에 있어서는 형기의 3분의 1을 경과한 후 행정처분으로 가석방을 할 수 있다(형법 제72조 제1항). ①·③ 동법 제42조. ④·⑤ 형의 집행 및 수용자의 처우에 관한 법률 제67조

정답: ②

055 **단기자유형을 대체할 수 있는 제도는?**

① 주말구금제도
② 분류제도
③ 귀휴제도
④ 부정기형제도

해설

①은 구금을 완화할 수 있다는 점에서 단기자유형의 대체수단이 될 수 있다.

정답: ①

056 단기자유형의 폐지논거로 옳지 않은 것은?

① 짧은 형기로 인해 특별예방의 효과를 거두기 어렵다.
② 형벌의 위하력은 낮은 반면, 범죄자의 가족이 겪는 고통은 크다.
③ 전과자로 낙인받아 사회적응이 어렵다.
④ 청소년범죄·교통범죄·경제범죄 등의 경우에 있어 단기자유형은 특히 그 효용성을 인정하기 어렵다.

해설

④ 영국에서는 단기자유형의 효용성을 인정하는 입장에서 청소년범죄·교통범죄 등을 대상으로 단기수용소에 3개월 정도 수용하여 직업·스포츠 등으로 교육하는 프로그램이 운영되고 있고, 독일에서도 소년범에 대해서 단기형을 인정하고 있으며, 일본도 1961년부터 교통범죄에 대한 개방처우와 교통교육을 내용으로 하는 집단처우를 실시하고 있다.

단기자유형의 폐지논거
• 형벌위하력이 미약하여 일반예방효과를 거두기 어렵다. • 짧은 형기로 인해 교화개선의 효과를 기대할 시간적 여유가 없어 특별예방효과를 거두기 어렵다. • 가족에게 정신적 부담과 경제적 파탄을 초래할 수 있다. • 범죄적 악풍에 감염되기 쉬우며, 출소 후 낙인효과로 재범위험성이 조장된다. • 수형기간이 짧아 효과적인 교정처우계획 수립이 곤란하다. • 과밀수용의 원인이 된다.

정답: ④

057 단기자유형을 "수형자의 개선을 위해서는 너무나 짧은 기간이지만, 그를 부패시키는 데에는 충분한 시간"이라고 정의한 사람은?

① 포레스타(Poresta)
② 존 하워드(J. Howard)
③ 바그니츠(H. Wagnitz)
④ 리스트(Liszt)

정답: ①

058 단기자유형의 개선방안으로 논의되고 있는 것이 아닌 것은?

① 기소유예
② 부정기형
③ 주말구금제
④ 수강명령

해설

② 기소유예·수강명령, 선행보증 등은 구금을 대체할 수 있다는 점에서, 주말구금제는 구금을 완화할 수 있다는 점에서 단기자유형의 개선방안으로 논의되고 있으나, 부정기형은 단기자유형의 개선방안과 직접적 관련이 없다.

정답: ②

059 **단기자유형에 관한 설명 중 옳지 않은 것은?**

① 어느 정도 기간까지의 자유형이 단기자유형인지를 현행 「형법」은 규정하고 있지 않다.
② 단기자유형을 받는 수형자가 개선되기는커녕 시설 내의 다른 범죄자들로부터 악영향을 받는다는 비판이 제기되고 있다.
③ 단기자유형의 예로 현행 「형법」의 구류형이 언급된다.
④ 단기자유형의 대체방안으로 벌금형의 활용, 선고유예나 집행유예제도의 활용 등이 거론된다.
⑤ 현행법은 단기자유형의 폐단을 방지하기 위해 주말구금, 휴일구금, 충격구금(shock pro-bation)을 도입하고 있다.

해설

⑤ 현행법은 주말구금, 휴일구금, 충격구금을 도입하고 있지 않다. 정답: ⑤

060 **단기자유형에 대한 문제점으로 옳지 않은 것은 모두 몇 개인가?**

㉠ 구금시설의 과밀화 및 악풍감염의 우려가 있다.
㉡ 과실범죄자, 청소년범죄자에게 충격요법의 효과를 줄 수 있다.
㉢ 전과자로 낙인찍혀 사회복귀를 어렵게 할 수 있다.
㉣ 단기자유형도 누범문제에 포함되므로 3년 동안 집행유예의 결격사유가 된다.
㉤ 수형자의 구금으로 가족의 경제력이 파탄되기 쉽다.

① 1개 ② 2개 ③ 3개 ④ 4개

해설

× : ㉡ 최근 미국에서는 경고적 의미의 단기자유형이 반드시 부정적인 효과만을 초래하는 것은 아니라는 주장하에 단기구금을 할 수 있는 shock probation(단기자유형 집행 후 보호관찰), shock parole(단기자유형 집행 후 가석방) 등 충격요법이 활용되고 있는데, 이는 단기자유형의 문제점이 아니라 단기자유형의 폐해를 최소화하면서 그 장점을 살리자는 의미의 제도로 보아야 한다.
○ : ㉠, ㉢, ㉣, ㉤ 정답: ①

061 **다음 단기자유형에 대한 설명 중 틀린 것은?**

① 단기자유형의 기간은 6월 이하설이 통설이다.
② 신속한 사회복귀효과가 있다.
③ 단기자유형의 효과를 긍정하는 사례도 있다.
④ 벌금이나 보호관찰제도는 단기자유형의 대체방안에 해당한다.
⑤ 법원에서의 보석결정은 예상되는 단기자유형의 기간을 초과하여 구금하지 않는 효과가 있다.

해설

② 단기자유형은 경미한 범죄자를 구금함으로써 신속한 사회복귀를 저해하는 한편, 단기수용임에도 불구하고 범죄적 악풍에 감염될 우려가 많으며, 출소 후 전과자로 낙인받아 사회적응이 어려워 재범위험성이 조장되므로 신속한 사회복귀효과가 있다는 표현은 옳지 않다. 정답: ②

062 단기자유형의 개선방안과 관련한 설명으로 가장 적절하지 않은 것은?

① 단기자유형의 대체수단으로 총액벌금제가 일수벌금제보다 유용성 면에서 우수하다.
② 각종 유예제도는 현재 단기자유형의 대체수단으로 실무상 가장 많이 이용되고 있는 제도 중 하나이다.
③ 구금제도의 완화로 논의되고 있는 가택구금이나 거주지 제한 등은 보호관찰제도와 병행할 때 보다 효율적이다.
④ 주말구금제나 휴일구금제도는 단기자유형의 폐해를 감소하는 방안으로 논의되고 있으나, 현재 우리나라에서는 시행되고 있지 않다.

해설

① 일수벌금제란 행위자의 경제능력에 따라 벌금의 액수와 1일 벌금액을 구분하여 선고하는 벌금형 선고방식으로 먼저 책임에 따라 벌금일수를 정하고, 경제적 능력 내지 지불능력에 따라 1일 벌금액수를 정한 후 그를 곱한 액수를 벌금으로 정하는 방식을 말한다. 단기자유형을 벌금형으로 대체하려면 자유형을 부과하는 것과 동일한 형벌효과를 거둘 수 있어야 하는데 보통인의 경제능력을 기준으로 하는 총액벌금액만으로는 부유층에 대한 형벌효과를 기대하기 어려우므로 총액벌금제가 일수벌금제보다 유용성 면에서 우수하다고 볼 수 없다. 정답: ①

063 자유형의 단일화에 관한 설명으로 옳지 않은 것은?

① 응보형주의의 입장에서 논의되는 주장이다.
② 징역·금고·구류를 한 가지로 통합하자는 완전단일화론과 금고만을 폐지하자는 부분적 단일화론이 있다.
③ 자유형의 단일화 움직임은 1878년 제2회 「국제형법 및 형무회의」에서 처음으로 논의되었다.
④ 현재 영국·독일·스위스 등의 국가에서 단일화된 자유형을 채택하고 있다.

해설

① 자유형 단일화는 목적형주의 내지 교육형주의의 입장에서 논의되는 주장이다. 정답: ①

064 자유형의 단일화가 필요하다는 입장과 거리가 먼 것은?

① 징역과 금고의 구별기준인 파렴치성은 상대적인 것이고, 오늘날 행위형법에서 파렴치성 없는 범죄는 없다고 보아야 한다.
② 자유형의 이념을 교화개선에 두고 있다면 자유형의 종류를 구별할 실익이 없다.
③ 징역선고의 범죄와 금고선고의 범죄를 명확히 구별한다는 것은 입법기술상 용이하지 않다.
④ 구금형은 교육만을 목적으로 하는 것이 아니라, 응보적 징벌로서의 의미도 있다.

해설

④는 자유형의 단일화를 반대하는 논거이다. 즉 노동을 원하지 않는 자들에게 강제노역을 부과하는 것은 일정한 고통으로 여겨질 수 있으며, 이러한 점에서 볼 때 자유형은 일반예방적 기능을 수행한다는 것이다.

정답: ④

★중요★

065 자유형의 단일화를 반대하는 입장으로 보기 어려운 것은?

① 형벌종류의 다양화는 형벌의 개별화 실현에 유리하다.
② 금고형이나 구류형도 징역형과 구별되는 고유의 응보내용이 있다.
③ 교정정책의 일관성에 장애를 초래한다.
④ 과실범을 고의범과 동일시하는 것은 국민의 법감정과 부합하지 않는다.

해설

③은 자유형의 단일화에 찬성하는 논거이다.

〈자유형 단일화의 찬반논거 요약정리〉

찬성 논거	• 경비의 이중화와 교정실무상의 불편을 초래하고, 교정정책의 일관성에 장애를 초래한다. • 징역과 금고의 구별기준인 파렴치성은 그 개념이 모호하고 상대적이다. • 징역과 금고를 구별하는 것은 노동을 천시하던 구시대적 산물이다. • 금고수형자의 대다수가 실제로 청원작업에 종사하고 있다. • 징역과 금고는 작업부과 외에 다른 차이가 없다. • 현대 교정에서는 작업의 본질을 고통부과가 아닌 사회복귀에 필요한 기술습득에 중점을 두고 있으므로 양자를 구별하는 것은 의미가 없다.
반대논거	• 형벌종류가 다양할수록 책임에 따른 형벌의 개별화 실현에 유리하다. • 금고형은 징역형과 구별되는 고유한 응보내용이 있다. • 행형정책상의 불편은 이 구별을 부인할 근거로 타당하지 않다. • 정치범이나 사상범은 일반범보다 우대할 필요가 있다. • 노역부과가 강제적일 때에는 천시될 수 있다. • 과실범과 같은 수형자를 고의범과 같이 취급하는 것은 국민감정에 맞지 않는다.

정답: ③

066 부정기형제도에 관한 설명 중 옳은 것은?

① 상대적 부정기형은 죄형법정주의에 위배된다는 견해가 지배적이다.
② 단기자유형의 대체방안으로 거론되고 있다.
③ 현행법상 성인범에 대해서는 어떠한 경우에도 부정기형을 선고할 수 없다.
④ 교도관의 권한을 약화시킬 우려가 있다.

해설

① 죄형법정주의에 위배된다는 비판을 받는 것은 절대적 부정기형제도이다.
② 부정기형제도도 자유형에 해당하므로 단기자유형의 대체방안이 될 수 없다.
④ 부정기형은 근본적으로 형벌정도를 정하는 권한이 법관으로부터 교정담당자로 이전된다는 것을 의미하므로 교도관의 권한을 강화시킬 우려가 있다.

정답: ③

067 자유형 중 부정기형제도에 대한 설명으로 가장 적절하지 않은 것은? 경찰간부 2023

① 수형자의 개선의욕을 촉진할 수 있다.
② 책임을 초과하는 형벌을 가능하게 하는 문제가 있다.
③ 상대적 부정기형은 죄형법정주의에 반한다.
④ 소년법은 부정기형을 선고할 수 있도록 규정하고 있다.

해설

③ 상대적 부정기형은 죄형법정주의에 반하지 않고, 절대적 부정기형은 전혀 형기를 정하지 않는 것으로 죄형법정주의의 명확성의 원칙에 반한다.
① 부정기형 도입 찬성주장에 해당한다.
② 부정기형은 행위 당시의 책임을 넘어서는 처벌을 가능하게 할 수 있어 형의 판단은 행위 당시의 책임을 기준으로 하여야 한다는 죄형법정주의 이념에 위배된다고 주장한다. 즉, 부정기형의 반대논거이다.
④ 소년이 법정형으로 장기 2년 이상의 유기형에 해당하는 죄를 범한 경우에는 그 형의 범위에서 장기와 단기를 정하여 선고한다. 다만, 장기는 10년, 단기는 5년을 초과하지 못한다(소년법 제60조 제1항).

정답: ③

068 부정기형 제도에 대한 설명으로 옳지 않은 것은? 보호9급 2024

① 소년이 법정형으로 장기 2년 이상의 유기형에 해당하는 죄를 범한 경우에는 그 형의 범위에서 장기와 단기를 정하여 선고한다.

② 「특정강력범죄의 처벌에 관한 특례법」 소정의 특정강력범죄를 범한 소년에 대하여 부정기형을 선고할 때에는 장기는 15년, 단기는 7년을 초과하지 못한다.

③ 소년교도소의 장은 부정기형을 선고받은 소년이 단기의 3분의 1을 경과한 때에는 소년교도소의 소재지를 관할하는 보호관찰소의 장에게 그 사실을 통보하여야 한다.

④ 판례에 따르면, 상고심에서의 심판대상은 항소심 판결 당시를 기준으로 하여 그 당부를 심사하는 데에 있는 것이므로, 항소심판결 선고 당시 미성년이었던 피고인이 상고 이후에 성년이 되었다고 하여 항소심의 부정기형의 선고가 위법이 되는 것은 아니다.

해설

③ 교도소·구치소·소년교도소의 장은 징역 또는 금고의 형을 선고받은 소년이 「소년법」 제65조 각 호의 기간(무기형의 경우에는 5년, 15년 유기형의 경우에는 3년, 부정기형의 경우에는 단기의 3분의 1)을 지나면 그 교도소·구치소·소년교도소의 소재지를 관할하는 보호관찰심사위원회에 그 사실을 통보하여야 한다(보호관찰 등에 관한 법률 제21조 제1항).

① 소년법 제60조 제1항

② 특정강력범죄의 처벌에 관한 특례법 제4조 제2항

④ 대법원 1998.2.27. 97도34

정답: ③

★중요★

069 부정기형제도에 관한 설명으로 옳지 않은 것은?

① 부정기형 제도는 19세기 전반 교육형주의자들로부터 주장되었다.

② 가석방제도는 적극적 의미의 부정기형이라고 볼 수 있다.

③ 절대적 부정기형은 책임주의에 반한다.

④ 보안처분은 부정기형제도의 대체적 효과가 있다.

해설

② 가석방제도는 정해진 형기를 단축시킨다는 점에서 소극적 의미의 부정기형이라고 볼 수 있다.

정답: ②

070 부정기형제도에 관한 설명 중 옳은 것은?

① 상대적 부정기형은 죄형법정주의에 위배된다는 견해가 지배적이다.
② 단기자유형의 대체방안으로 거론되고 있다.
③ 현행법상 성인범에 대해서는 어떠한 경우에도 부정기형을 선고할 수 없다.
④ 교도관의 권한을 약화시킬 우려가 있다.
⑤ 범죄자의 개선보다는 응보에 중점을 둔 제도이다.

해설

① 죄형법정주의에 위배된다는 견해가 지배적인 것은 상대적 부정기형이 아니라 절대적 부정기형이다. ② 부정기형은 단기자유형의 대체방안과 직접적 관련이 없다. ④ 부정기형은 형기에 관한 재량권이 교정당국에 일임되므로 교도관의 자의가 개입될 여지가 많다는 비판이 있다. ⑤ 부정기형은 교육형주의자들로부터 제창되었으며, 수형자의 개선의욕을 촉진시킨다는 논리에 근거하고 있다. 정답: ③

071 다음 중 부정기형에 가장 적합한 처우대상자는?

① 조직폭력사범 ② 성폭력사범
③ 교통사범 ④ 소년사범

해설

④ 소년사범은 아직 범죄성이 고착되어 있지 않아 교화개선을 촉진할 목적으로 상대적 부정기형을 실시하는 경우가 있는데, 우리나라는 소년범에 한하여 상대적 부정기형을 선고할 수 있도록 하고 있으며, 세계 각국에서도 대체로 소년범의 경우 상대적 부정기형을 실시하고 있다. 정답: ④

072 다음은 부정기형제도에 관한 설명이다. 옳지 않은 것을 모두 고른 것은?

> ㉠ 우리나라 형법에서는 정기형과 부정기형을 모두 부과할 수 있도록 하고 있다.
> ㉡ 부정기형은 응보형주의자들로부터 주장되었다.
> ㉢ 상습범이나 위험성 있는 범죄인의 장기구금으로 사회를 방위할 수 있다는 장점이 있다.
> ㉣ 교정당국의 자의가 개입될 여지가 많다는 것이 단점으로 지적되고 있다.

① ㉠, ㉡ ② ㉡
③ ㉢, ㉣ ④ ㉣

해설

× : ㉠ 우리 형법은 정기형을 원칙으로 하고 있으며, 소년법에서 상대적 부정기형을 규정하고 있을 뿐이다. ㉡ 부정기형제도는 교육형주의자들로부터 주장되었다.
○ : ㉢, ㉣ 정답: ①

073 무기형에 관한 설명으로 옳지 않은 것은?

① 교육형이론에 의하면 가장 이상적인 자유형의 형태라고 볼 수 있다.
② 무기형은 범죄인의 수명에 따라 그 집행기간이 달라지므로 불공평한 형벌이라는 지적이 있다.
③ 범죄인의 개선의욕을 상실시키고, 자포자기를 유도한다는 비판이 있다.
④ 구금을 통하여 서서히 생명을 단절시키는 점에서 사형보다 가혹하다는 지적이 있다.

해설

① 무기형은 응보형이론의 입장에서는 범죄인에게 미래를 기약하지 못하게 하는 결과 가장 이상적인 자유형의 형태로 볼 수 있으나, 형벌의 본질을 교화개선으로 보는 교육형이론의 입장에서는 무기형은 범죄인의 사회복귀를 불가능하게 한다는 점에서 바람직한 형벌의 종류로 고려하지 않는다.

정답: ①

074 다음 범죄에 대한 형벌의 현대적인 추세로 보기 어려운 것은?

① 각 국가에서 벌금형의 활용은 축소되고 있다.
② 부정기형은 소년의 경우에 일반적으로 적용하고 있다.
③ 시설내처우의 폐해를 방지하기 위해 각종 유예제도의 활용이 증대되고 있다.
④ 자유형의 단일화 주장이 계속되고 있다.
⑤ 사형제도에 대한 찬반논쟁이 계속되고 있다.

해설

① 단기자유형의 대체방안으로 벌금형제도의 활용이 각국에서 활발히 논의되고 있으며, 실질적으로도 확대되는 추세에 있다.

정답: ①

075 자유형 단일화 반대논거가 아닌 것은?

① 노동이 형벌과 함께 강제된다는 사실만으로도 이미 노동의 형벌성을 인정할 수 있다.
② 형의 종류가 다양할수록 책임에 따른 형벌의 개별화는 그만큼 더 실현될 수 있다.
③ 과실범과 같은 수형자를 다른 고의범죄자와 같이 취급하는 것은 국민감정에 맞지 않는다.
④ 자유형의 세분화는 교정실무상의 불편을 초래할 수 있다.

해설

④는 자유형 단일화를 찬성하는 논거로서 징역과 금고를 구별하여 집행하는 것은 교정실무상의 불편을 가져오고, 교정정책의 일관성 있는 추진에 장애를 초래한다는 것이다.

〈자유형 단일화의 찬반논거〉

구분	논거
찬성 논거	• 경비의 이중화와 교정실무상의 불편을 초래하고, 교정정책의 일관성에 장애를 초래한다. • 징역과 금고의 구별기준인 파렴치성은 그 개념이 모호하고 상대적이다. • 징역과 금고를 구별하는 것은 노동을 천시하던 구시대적 산물이다. • 금고수형자의 대다수가 실제로 청원작업에 종사하고 있다. • 징역과 금고는 작업부과 외에 다른 차이가 없다. • 현대 교정에서는 작업의 본질을 고통부과가 아닌 사회복귀에 필요한 기술습득에 중점을 두고 있으므로 양자를 구별하는 것은 의미가 없다
반대 논거	• 형벌종류가 다양할수록 책임에 따른 형벌의 개별화 실현에 유리하다. • 금고형은 징역형과 구별되는 고유한 응보내용이 있다. • 행형정책상의 불편은 이 구별을 부인할 근거로 타당하지 않다. • 정치범이나 사상범은 일반범보다 우대할 필요가 있다. • 노역부과가 강제적일 때에는 천시될 수 있다. • 과실범과 같은 수형자를 고의범과 같이 취급하는 것은 국민감정에 맞지 않는다.

정답: ④

076 부정기형제도에 관한 설명으로 옳은 것은?

① 형벌의 개별화 원칙에 반한다.

② 사회방위의 목적으로도 이용할 수 있다.

③ 소년법에 의하면 소년범에 대하여 부정기형을 선고할 경우 그 장기는 7년을 초과하지 못한다.

④ 우리나라는 상습범에 대해서도 부정기형을 채택하고 있다.

해설

② 부정기형은 상습범이나 위험성 있는 범죄인을 장기구금할 수 있으므로 이들로부터 사회를 방위할 수 있다는 장점이 있다.

① 부정기형은 수형자의 노력 여하에 따라 석방기일을 앞당길 수 있어 개선의욕을 촉진하고, 행형단계에서 수형자의 범죄성을 재평가할 수 있어 형량의 불균형을 시정할 수 있다는 점에서 형벌의 개별화 원칙에 부합한다.

③·④ 우리나라는 절대적 부정기형을 인정하지 않고 있으며, 상대적 부정기형은 소년범에 대해서만 한정적으로 인정하고 있다. 소년법 제60조 제1항은 "소년이 법정형으로 장기 2년 이상의 유기형에 해당하는 죄를 범한 때에는 그 형의 범위 안에서 장기와 단기를 정하여 선고한다. 다만 장기는 10년, 단기는 5년을 초과하지 못한다"고 규정하고 있다.

정답: ②

077 벌금형의 연혁에 관한 설명으로 가장 옳지 않은 것은?

① 벌금형은 자유형보다 오랜 역사를 가지고 있다.
② 벌금형은 속죄금의 일종으로 시작되었다.
③ 고대 로마법이나 게르만법에서 속죄금은 공적 형벌의 성격만을 지니고 있었다.
④ 벌금이 형벌로서 주목받게 된 것은 20세기 이후이다.

해설

③ 벌금형은 고대 로마법이나 게르만법에서는 가해자가 피해자에게 지불하는 속죄금의 일종이었는데 당시는 민사책임과 형사책임이 구분되지 않았던 시대였으므로 속죄금은 손해배상과 형벌의 이중적 성격을 가지고 있었다고 보아야 한다. 정답: ③

★중요★

078 벌금형에 대한 설명으로 옳은 것은?

① 벌금은 판결확정일로부터 90일 내에 납입하여야 하며, 벌금을 선고할 때에는 동시에 그 금액을 완납할 때까지 노역장에 유치할 것을 명할 수 있다.
② 벌금형의 형의 시효는 3년이며, 강제처분을 개시함으로 인하여 시효의 중단이 이루어진다.
③ 환형유치기간의 상한은 없다.
④ 500만원 이하의 별금형이 확정된 벌금 미납자는 노역장 유치를 대신하여 사회봉사 신청을 할 수 있다.

해설

① 벌금과 과료는 판결확정일로부터 30일 이내에 납입하여야 한다. 다만 벌금을 선고할 때에는 동시에 그 금액을 완납할 때까지 노역장에 유치할 것을 명할 수 있다(형법 제69조 제1항). ② 벌금형의 형의 시효는 5년이다(동법 제78조). ③ 벌금을 납입하지 아니한 자는 1일 이상 3년 이하, 과료를 납입하지 아니한 자는 1일 이상 30일 미만의 기간 노역장에 유치하여 작업에 복무하게 한다(동법 제69조 제2항). 즉 환형유치기간의 상한은 3년이므로 유치기간의 상한이 없다는 표현은 옳지 않다. ④ 벌금 미납자의 사회봉사 집행에 관한 특례법 제4조 제1항 정답: ④

079 현행법상 벌금형에 관한 설명 중 옳지 않은 것은?

① 벌금을 선고할 때에는 납입하지 아니하는 경우의 유치기간을 정하여 동시에 선고하여야 한다.
② 벌금형에 관하여 선고유예가 가능하다.
③ 범행의 경중에 따라 일수를 정하고 피고인의 경제사정에 따라 1일 벌금액을 정하는 일수벌금제도는 아직 도입되지 않았다.
④ 벌금 미납자에 대한 노역장 유치를 사회봉사로 대신하여 집행할 수 있도록 하는 제도는 아직 도입되지 않았다.
⑤ 벌금을 감경하는 경우에는 5만원 미만으로 할 수 있다.

해설

④ 벌금 미납자의 사회봉사 집행에 관한 특례법을 시행하고 있다. ① 형법 제70조 제1항. ② 동법 제59조. ⑤ 동법 제45조

정답: ④

080 「벌금 미납자의 사회봉사 집행에 관한 특례법」 및 「동법 시행령」상 벌금 미납자의 사회봉사 집행에 대한 설명으로 옳은 것은?

① 징역 또는 금고와 동시에 벌금을 선고받은 사람은 사회봉사를 신청할 수 있다.

② 법원은 사회봉사를 허가하는 경우 벌금미납액에 의하여 계산된 노역장 유치기간에 상응하는 사회봉사시간을 산정하여야 하나, 산정된 사회봉사시간 중 1시간 미만은 집행하지 아니한다.

③ 천만원의 벌금형이 확정된 벌금 미납자는 검사의 납부명령일부터 30일 이내에 검사에게 사회봉사를 신청할 수 있다.

④ 사회봉사 대상자는 사회봉사의 이행을 마치기 전에는 벌금의 전부 또는 일부를 낼 수 없다.

해설

① 징역 또는 금고와 동시에 벌금을 선고받은 사람은 사회봉사를 신청할 수 없다(벌금 미납자의 사회봉사 집행에 관한 특례법 제4조 제2항). ③ 500만원 내의 벌금형이 확정된 벌금 미납자는 검사의 납부명령일부터 30일 이내에 주거지를 관할하는 지방검찰청의 검사에게 사회봉사를 신청할 수 있다(동법 제4조 제1항 본문). 따라서 천만원의 벌금형이 확정된 벌금 미납자는 검사에게 사회봉사를 신청할 수 없다. ④ 사회봉사 대상자는 사회봉사의 이행을 마치기 전에 벌금의 전부 또는 일부를 낼 수 있다(동법 제12조 제1항). ② 동법 제6조 제4항

정답: ②

★중요★

081 「벌금 미납자의 사회봉사 집행에 관한 특례법」에 대한 설명으로 옳지 않은 것은?

① 대통령령으로 정한 금액 범위 내의 벌금형이 확정된 벌금 미납자는 검사의 납부명령일부터 30일 이내에 주거지를 관할하는 지방검찰청(지방검찰청지청을 포함한다)의 검사에게 사회봉사를 신청할 수 있다. 다만, 검사로부터 벌금의 일부납부 또는 납부연기를 허가받은 자는 그 허가기한 내에 사회봉사를 신청할 수 있다.

② 사회봉사 대상자는 법원으로부터 사회봉사 허가의 고지를 받은 날부터 7일 이내에 사회봉사 대상자의 주거지를 관할하는 보호관찰소의 장에게 주거, 직업, 그 밖에 대통령령으로 정하는 사항을 신고하여야 한다.

③ 사회봉사는 1일 9시간을 넘겨 집행할 수 없다. 다만, 사회봉사의 내용상 연속집행의 필요성이 있어 보호관찰관이 승낙하고 사회봉사 대상자가 분명히 동의한 경우에만 연장하여 집행할 수 있다.

④ 사회봉사의 집행은 사회봉사가 허가된 날부터 6개월 이내에 마쳐야 한다. 다만, 보호관찰관은 특별한 사정이 있으면 검사의 허가를 받아 6개월의 범위에서 한 번 그 기간을 연장하여 집행할 수 있다.

해설

② 사회봉사 대상자는 법원으로부터 사회봉사 허가의 고지를 받은 날부터 10일 이내에 사회봉사 대상자의 주거지를 관할하는 보호관찰소의 장에게 주거, 직업, 그 밖에 대통령령으로 정하는 사항을 신고하여야 한다(벌금 미납자의 사회봉사 집행에 관한 특례법 제8조 제1항). 정답: ②

★중요★

082 벌금 미납자의 사회봉사에 대한 설명으로 옳은 것은?

① 법원으로부터 200만원의 벌금형을 선고받고 벌금을 완납할 때까지 노역장에 유치할 것을 명받은 사람은 지방검찰청의 검사에게 사회봉사를 신청할 수 있다.
② 검사는 납부능력확인을 위한 출석요구기간을 포함하여 피고인의 사회봉사신청일로부터 7일 이내에 사회봉사의 청구여부를 결정해야 한다.
③ 사회봉사신청을 기각하는 검사의 처분에 대해 불복하는 자는 사회봉사신청을 기각한 검사가 소속한 지방검찰청에 상응하는 법원에 이의신청을 할 수 있다.
④ 법원은 사회봉사를 허가하는 경우 벌금미납액에 의하여 계산된 노역장 유치기간에 상응하는 사회봉사기간을 산정하되, 산정된 사회봉사기간 중 1시간 미만은 1시간으로 집행한다.

해설

① 법원으로부터 벌금선고와 동시에 벌금을 완납할 때까지 노역장에 유치할 것을 명받은 사람은 사회봉사를 신청할 수 없다(벌금미납자의 사회봉사집행에 관한 특례법 제4조 제2항).
② 검사는 신청일부터 7일 이내에 사회봉사의 청구 여부를 결정하여야 한다. 다만, 제2항에 따른 출석요구, 자료제출 요구에 걸리는 기간은 위 기간에 포함하지 아니한다(동법 제5조 제4항). 따라서 '출석요구기간을 포함하여'는 틀린 표현이다.
④ 법원은 사회봉사를 허가하는 경우 벌금 미납액에 의하여 계산된 노역장 유치 기간에 상응하는 사회봉사시간을 산정하여야 한다. 다만, 산정된 사회봉사시간 중 1시간 미만은 집행하지 아니한다(동법 제6조 제4항).
③ 동법 제5조 제6항 정답: ③

083 벌금 미납자의 사회봉사 집행에 대한 설명으로 옳은 것은?

① 벌금 미납자의 사회봉사는 검사가 집행한다.
② 보호관찰관은 검사에게 사회봉사 집행실태에 대한 관련 자료의 제출을 요구할 수 있고, 사회봉사 집행방법 및 내용이 부적당하다고 인정하는 경우에는 이에 대한 변경을 요구할 수 있다.
③ 사회봉사는 원칙적으로 1일 5시간을 넘겨 집행할 수 없다.
④ 사회봉사의 집행은 특별한 사정이 있어서 관계기관의 허가를 받아 연장한 경우를 제외하고는, 사회봉사가 허가된 날부터 3개월 이내에 마쳐야 한다.
⑤ 사회봉사의 집행시간은 사회봉사기간 동안의 집행시간을 합산하여 시간 단위로 인정한다. 다만, 집행시간을 합산한 결과 1시간 미만이면 1시간으로 인정한다.

해설

① 사회봉사는 보호관찰관이 집행한다. 다만, 보호관찰관은 그 집행의 전부 또는 일부를 국공립기관이나 그 밖의 단체 또는 시설의 협력을 받아 집행할 수 있다(벌금 미납자의 사회봉사 집행에 관한 특례법 제9조 제1항). ② 검사는 보호관찰관에게 사회봉사 집행실태에 대한 관련 자료의 제출을 요구할 수 있고, 집행방법 및 내용이 부적당하다고 인정하는 경우에는 이에 대한 변경을 요구할 수 있다(동조 제2항). ③ 사회봉사는 1일 9시간을 넘겨 집행할수 없다. 다만, 사회봉사의 내용상 연속집행의 필요성이 있어 보호관찰관이 승낙하고 사회봉사 대상자가 분명히 동의한 경우에만 연장하여 집행할 수 있다(동법 제10조 제2항). ④ 사회봉사의 집행은 사회봉사가 허가된 날부터 6개월 이내에 마쳐야 한다. 다만, 보호관찰관은 특별한 사정이 있으면 검사의 허가를 받아 6개월의 범위에서 한 번 그 기간을 연장하여 집행할 수 있다(동법 제11조). ⑤ 동법 제10조 제3항

정답: ⑤

084 벌금 미납자의 사회봉사 집행에 관한 특례법령의 내용에 대한 설명으로 옳지 않은 것은?

보호7급 2024

① 500만원의 벌금선고와 동시에 벌금을 완납할 때까지 노역장에 유치할 것을 명받은 벌금 미납자는 검사에게 사회봉사를 신청할 수 없다.

② 사회봉사 신청인이 정당한 이유 없이 검사의 출석 요구나 자료제출 요구를 거부한 경우 검사는 신청을 기각할 수 있다.

③ 법원은 사회봉사를 허가하는 경우 벌금 미납자의 경제적 능력, 사회봉사 이행에 필요한 신체적 능력, 주거의 안정성 등을 고려하여 사회봉사시간을 산정하여야 한다.

④ 사회봉사 대상자가 미납벌금의 일부를 낸 경우 검사는 법원이 결정한 사회봉사시간에서 이미 납입한 벌금에 상응하는 사회봉사시간을 공제하는 방법으로 남은 사회봉사시간을 다시 산정하여 사회봉사 대상자와 사회봉사를 집행 중인 보호관찰소의 장에게 통보해야 한다.

해설

③ 법원은 사회봉사를 허가하는 경우 벌금 미납액에 의하여 계산된 노역장 유치기간에 상응하는 사회봉사시간을 산정하여야 한다(벌금 미납자의 사회봉사 집행에 관한 특례법 제6조 제4항). 벌금 미납자의 경제적 능력, 사회봉사 이행에 필요한 신체적 능력, 주거의 안정성 등을 고려하여야 하는 것은, 법원이 사회봉사 허가 여부를 결정할 때이다(동법 제6조 제1항).

① 동법 제4조 제2항 제2호, 동법 시행령 제2조

② 동법 제5조 제3항

④ 동법 제12조 제5항

정답: ③

085 벌금형의 장점이 아닌 것은?

① 단기자유형의 폐해를 줄일 수 있다.
② 이욕(利慾)에 의한 범죄를 억제할 수 있다.
③ 오판(誤判)의 경우 어느 정도 회복이 가능하다.
④ 환형처분으로의 대체가 불가능하다.

해설

현행법상 벌금형도 얼마든지 환형처분으로의 대체가 가능하다.
【환형유치제도】
벌금이나 과료를 내지 못한 사람을 일정 기간 교도소 안에 마련한 노역장에서 매일 일정 시간 노역에 종사하게 하는 제도이다.

정답: ④

086 벌금형의 특성에 대한 설명으로 옳지 않은 것은?

① 제3자의 대납이 허용되지 않는다.
② 국가에 대한 채권과 상계가 허용된다.
③ 공동연대책임이 허용되지 않는다.
④ 벌금은 범죄인의 사망으로 소멸된다.

해설

② 벌금은 범죄인이 국가에 대하여 가지고 있는 채권과 상계할 수 없다.

벌금형의 특징
• 일신전속적 성격을 지니므로 제3자의 대납이 허용되지 않는다. • 범죄인이 국가에 대하여 가지고 있는 채권과 상계할 수 없다. • 다수인이 함께 벌금을 선고받은 경우라도 각자 독립하여 벌금을 납부하여야 한다. • 18세 미만의 소년에 대해서는 노역장 유치처분을 할 수 없다. • 벌금납부의무는 원칙적으로 상속되지 않으므로 범죄인이 사망하면 벌금은 소멸한다. • 벌금형에 대하여 선고유예는 가능하나, 집행유예는 500만원 초과 선고에 대해서는 불가능하다.

정답: ②

087 「형법」상 벌금에 대한 설명으로 옳지 않은 것은? (다툼이 있는 경우 판례에 의함)

보호7급 2023

① 벌금을 감경하는 경우에는 5만원 미만으로 할 수 있다.
② 벌금을 선고하는 재판이 확정된 후 그 집행을 받지 아니하고 5년이 지나면 형의 시효가 완성된다.
③ 60억원의 벌금을 선고하면서 이를 납입하지 아니하는 경우의 노역장 유치기간을 700일로 정할 수 있다.
④ 「형법」 제55조 제1항 제6호의 벌금을 감경할 때의 '다액의 2분의 1'이라는 문구는 '금액의 2분의 1'을 뜻하므로 그 상한과 함께 하한도 감경되는 것으로 해석하여야 한다.

해설

③ 선고하는 벌금이 1억원 이상 5억원 미만인 경우에는 300일 이상, 5억원 이상 50억원 미만인 경우에는 500일 이상, 50억원 이상인 경우에는 1천일 이상의 노역장 유치기간을 정하여야 한다(형법 제70조 제2항).
① 벌금은 5만원 이상으로 한다. 다만, 감경하는 경우에는 5만원 미만으로 할 수 있다(동법 제45조).
② 동법 제78조
④ 형법 제55조 제1항 제6호의 벌금을 감경할 때의 다액의 2분의 1이라는 문구는 금액의 2분의 1이라고 해석하여 그 상한과 함께 하한도 2분의 1로 내려가는 것으로 해석하여야 한다. 형법 제55조 제1항 제6호에는 벌금을 감경할 때에는 그 다액의 2분의 1로 한다고 규정되어 있어 이를 문자 그대로 해석한다면 벌금을 감경할 때에는 그 상한액만이 2분의 1로 내려갈 뿐 하한액은 변동이 없게 된다고 보여진다. 그런데 그와 같이 해석한다면 재판실무상 벌금을 감경 특히 작량감경하는 경우, 각종 특별법에 규정되어 있는 벌금의 형태 등을 고려할 때 불합리한 점이 생기므로, 그 상한과 함께 하한도 2분의 1로 내려가는 것으로 해석하여야 한다(대법원 1978.4.25. 78도246). 정답: ③

088 벌금형에 관하여 현행법상 허용되는 것은? (다툼이 있는 경우 판례에 의함) 보호9급 2024

① 벌금형에 대한 선고유예
② 1000만원의 벌금형에 대한 집행유예
③ 범죄자의 경제력을 반영한 재산비례벌금제(일수벌금제)
④ 500만원의 벌금형을 선고하면서 300만원에 대해서만 집행유예

해설

① 1년 이하의 징역이나 금고, 자격정지 또는 벌금의 형을 선고할 경우에 제51조의 사항을 고려하여 뉘우치는 정상이 뚜렷할 때에는 그 형의 선고를 유예할 수 있다(형법 제59조 제1항 본문).
② 3년 이하의 징역이나 금고 또는 500만원 이하의 벌금의 형을 선고할 경우에 제51조의 사항을 참작하여 그 정상에 참작할 만한 사유가 있는 때에는 1년 이상 5년 이하의 기간 형의 집행을 유예할 수 있다(동법 제62조 제1항 본문).
③ 우리나라는 총액벌금제이다.
④ 허용되지 않는다(대법원 2007.2.22. 2006도8555). 정답: ①

089 벌금형에 관한 설명 중 옳지 않은 것은?

① 형법상 벌금형을 선고할 경우에 양형의 조건을 참작하여 그 정상에 참작할 만한 사유가 있는 때에도 그 집행을 유예할 수 없다.
② 형법상 벌금을 납입하지 아니한 자는 1일 이상 3년 이하의 기간 노역장에 유치하여 작업에 복무하게 한다.
③ 일수벌금제는 책임주의와 희생평등의 원칙을 조화시키고자 하는 제도이다.
④ 소년법상 18세 미만의 소년이 벌금을 미납한 경우에 대해서는 환형처분을 금지하고 있다.
⑤ 형법상 벌금은 판결확정일로부터 30일 이내에 납입하여야 한다.

해설

① 형법상 벌금형에 대하여 선고유예가 가능하고, 500만원 이하의 집행유예도 가능하다.
②·⑤ 형법 제69조, ④ 소년법 제62조 정답: ①

090 벌금형에 대한 형사정책적 평가와 가장 거리가 먼 것은?

① 단기자유형의 효과적인 대체수단이 될 수 있다.
② 집행의 번거로움으로 행정의 효율을 기하기 어렵다.
③ 총액벌금제의 경우 경제적 약자와 강자 간의 형평을 기할 수 없으므로 배분적 정의에 반한다.
④ 노역장 유치는 3년을 초과할 수 없으므로 미납 벌금이 거액인 경우 형의 실효성을 확보하기 어렵다.

해설

② 벌금형은 시설내구금을 필요로 하지 않고, 부과된 벌금액을 납부하면 집행이 종료되므로 집행절차가 간편하며, 행정의 효율을 기할 수 있다는 장점이 있다. 정답: ②

091 벌금형의 특징으로 보기 어려운 것은?

① 일신전속적 성격을 지닌다.
② 국가가 가진 채권과 상계할 수 없다.
③ 20세 미만의 소년에게는 벌금 미납의 경우에도 노역장 유치를 할 수 없다.
④ 범죄인이 사망하면 벌금도 소멸한다.

해설

③ 18세 미만인 소년에게는 노역장 유치선고를 하지 못한다(소년법 제62조). 정답: ③

092 벌금형의 문제점으로 지적되고 있는 것과 가장 거리가 먼 것은?

① 경제적 능력이 있는 자에게는 일반예방 및 특별예방의 효과를 기대할 수 없다.
② 벌금납부는 피고인의 가족에게 영향을 미치게 되어 결과적으로 형벌의 일신전속적 성격을 침해한다.
③ 화폐가치의 변동에 따라 범죄억제력에 영향을 가져올 수 있다.
④ 범죄인이 사망하면 형집행이 종료되는 여타 형벌과 달리 납부의무가 상속되는 불합리한 점이 있다.

해설

④ 원칙적으로 벌금납부의무는 상속되지 아니하므로 범죄인이 사망하면 벌금은 소멸한다.

〈벌금형의 장단점〉

장점	단점
• 형집행비용의 저렴 • 단기자유형의 폐해 방지 • 이욕적 범죄자나 법인에게 효과적인 형벌 • 오판의 경우에도 회복이 가능하며, 집행이 간편 • 범죄인의 명예보호 • 범죄인 개인의 경제적 여건에 맞게 처벌수위 조절 가능	• 범죄자의 격리불능으로 공공의 안전 위협 • 인플레이션하에서는 형벌의 효과를 기대하기 곤란 • 교화개선작용의 미흡 • 총액벌금제의 경우 배분적 정의에 반함 • 부자에게는 형벌적 효과 미흡 • 법원의 행정업무 과중

정답: ④

093 현행 벌금형의 장점이 아닌 것은?

① 배분적 정의에 부합 ② 법인에 대한 적절한 수단
③ 형집행비용이 적음 ④ 이욕적 범죄의 동기 배제

해설

현행 벌금제는 총액벌금제로서 배분적 정의를 실현할 수 없다는 점에서 일수벌금제의 도입이 논의되고 있다.

정답: ①

094 벌금형에 대한 설명으로 옳지 않은 것은?

① 형의 집행 및 수용자의 처우에 관한 법률은 일수벌금제를 취하고 있다.
② 일수벌금제는 배분적 정의에 적합하다.
③ 현행법은 선고유예를 인정하고 있다.
④ 벌금을 선고할 때에는 그 금액을 완납할 때까지 노역장 유치를 명할 수 있다.

해설

형의 집행 및 수용자의 처우에 관한 법률은 총액벌금제를 취하고 있다.

정답: ①

★중요★
095 재산형제도에 관한 설명 중 옳지 않은 것은?

① 형법은 벌금형에 대해서도 선고유예와 액수에 관계없이 집행유예를 인정하고 있다.
② 일수벌금제도는 범죄자의 경제상태를 실제로 조사한다는 것이 쉬운 일이 아니라는 점이 단점으로 지적될 수 있다.
③ 범죄에 제공된 공범자의 소유물은 몰수할 수 있다.
④ 벌금을 납입하지 않은 자는 1일 이상 3년 이하의 기간 노역장에 유치하여 작업에 복무하게 한다.

해설

벌금형에 대한 선고유예 및 집행유예 시 현행법상 벌금형에 대한 액수에 관계없이 선고유예는 가능하나 집행유예는 500만원 이하에 한한다. 정답: ①

096 현행 벌금형제도의 개선방안으로 볼 수 없는 것은?

① 총액벌금제의 채택
② 일수벌금제의 도입
③ 과료의 과태료 전환
④ 불법수익몰수제도의 확대

해설

총액벌금제는 현행 형법이 채택하고 있는 제도이며 일수벌금제가 배분적 정의에 맞다고 본다.

정답: ①

097 과료에 대한 설명으로 옳지 않은 것은?

① 과료는 규범위반에 대한 재산적 제재라는 점에서 과태료와 동일한 법적 성격을 지닌다.
② 과료 미납 시 1일 이상 30일 미만의 기간 동안 노역장에 유치된다.
③ 과료를 선고할 때에는 납입하지 아니하는 경우의 유치기간을 정하여 동시에 선고하여야 한다.
④ 과료의 금액이 소액이라는 점에서 비범죄화 또는 행정벌로 대체하는 것이 바람직하다는 주장이 있다.

해설

① 과료는 형벌이라는 점에서 행정벌인 과태료와 법적 성격상 구별된다. ② 형법 제69조 제2항. ③ 동법 제70조 제1항 정답: ①

098 몰수에 대한 설명으로 옳은 것은?

① 몰수는 재산권을 일방적으로 국가에 이전시키는 물권적 효과를 발생시킨다는 점에서 벌금형과 동일한 법적 효과를 가진다.
② 판례는 몰수의 법적 성격에 관하여 형식적으로는 대물적 보안처분이나, 실질적으로는 형벌이라는 입장을 취하고 있다.
③ 몰수 대상인 물건을 몰수할 수 없을 때에는 그 가액을 추징하고, 문서·도화·전자기록등 특수매체기록 또는 유가증권의 일부가 몰수에 해당하는 때에는 그 부분을 폐기한다.
④ 몰수는 법관의 기속재량에 속한다.

해설

① 벌금형은 금전지급 의무부담의 채권적 효과를 발생시키나, 몰수는 재산권을 일방적으로 국가에 이전시키는 물권적 효과를 발생시킨다는 점에서 구별된다. ② 판례는 몰수의 법적 성격에 관하여 형식적으로는 형벌이지만 실질적으로는 대물적 보안처분이라는 입장을 취하고 있다(대판 1982.3.9. 81도2930). ④ 몰수는 임의적 몰수가 원칙이므로 법관의 자유재량에 속한다고 볼 수 있다. ③ 형법 제48조 제2항·제3항 정답: ③

099 현행법상 몰수와 추징에 관한 설명 중 옳은 것은?(다툼이 있는 경우에는 대법원 판례에 의함)

① 뇌물로 받은 자기앞수표는 임의적 몰수의 대상이다.
② 절도를 하기로 약속하고 금품을 받았으면 실행의 착수에 이르지 않은 경우라도 그 금품을 몰수할 수 있다.
③ 검사의 몰수청구가 없으면 법원은 직권으로 몰수할 수 없다.
④ 추징가액의 산정은 재판선고 시의 가액을 기준으로 해야 한다.
⑤ 수인이 공동하여 뇌물을 수수한 경우에는 각자에 대하여 전체 가액을 추징해야 한다.

해설

① 범인 또는 정을 아는 제3자가 받은 뇌물 또는 뇌물에 공할 금품은 몰수한다(형법 제134조). 따라서 뇌물로 받은 자기앞수표는 필요적 몰수의 대상이다. ② 절도의 예비는 처벌대상이 아니므로 절도를 약속하고 금품을 받았더라도 절도의 실행에 착수하지 않았다면 몰수의 대상이 될 수 없다. ③ 검사가 공소를 제기하면서 몰수의 청구를 하지 않더라도 몰수의 요건이 있는 경우에는 법원이 형을 선고하면서 직권으로 몰수할 수 있으며, 이는 불고불리의 원칙에 반하는 것이 아니다(대판 1982.2.14. 88도2211). ⑤ 수인이 공동하여 수수한 뇌물을 분배한 경우에는 각자로부터 실제로 분배받은 금품만을 개별적으로 몰수하거나 그 가액을 추징하여야 한다(대판 1993.10.12. 93도2056). ④ 추징가액 산정의 기준시점에 대해서는 범행 시라는 견해와 재판선고 시라는 견해가 있는데 후자가 다수설 및 판례의 입장이다. 정답: ④

100 몰수와 추징에 관한 설명 중 옳지 않은 것은?(다툼이 있으면 판례에 의함)

① 몰수는 범죄의 반복을 막거나 범죄로부터 이득을 얻지 못하게 할 목적으로 범죄행위와 관련된 재산을 박탈하는 것을 내용으로 한다.
② 주형의 선고를 유예하지 않으면서 몰수와 추징에 대해서만 선고를 유예할 수는 없다.
③ 범인의 소유에 속하는 물건은 타인이 점유하더라도 몰수의 대상이 된다.
④ 행위자에게 유죄의 재판을 하지 않을 경우에도 몰수만을 선고할 수는 있다.
⑤ 추징가액은 범죄행위 시의 가격을 기준으로 한다.

해설

⑤ 추징가액 산정의 기준시는 재판선고 시라는 것이 판례의 입장이다(대판 1991.5.28. 91도352). ② 대판 1980.3.11. 77도2027. ③ 형법 제48조 제1항. ④ 동법 제49조 단서 정답: ⑤

101 형법상 형벌에 대한 설명으로 옳지 않은 것은?

① 과료를 납입하지 아니한 자도 노역장 유치가 가능하다.
② 유기징역 또는 유기금고에 자격정지를 병과한 때에는 징역 또는 금고의 집행을 종료하거나, 면제된 날로부터 정지기간을 기산한다.
③ 벌금형의 선고유예는 인정되고 벌금형의 집행유예는 500만원 이하의 선고형만 인정된다.
④ 행위자에게 유죄의 재판을 아니할 때에는 몰수의 요건이 있는 때에도 몰수만을 선고할 수는 없다.

해설

④ 행위자에게 유죄판결을 하지 않을 때에도 몰수요건이 있는 때에는 몰수만을 선고할 수 있다(형법 제49조). ① 동법 제69조 제1항. ② 동법 제44조 제2항. ③ 동법 제59조

정답: ④

★중요★

102 일수벌금제에 관한 설명으로 옳은 것만 묶은 것은?

ㄱ 경제사정의 변화 및 화폐가치 변동에 시의적절하게 대처할 수 있다.
ㄴ 범죄인의 지불능력에 따라 벌금일수를 먼저 정하고, 책임에 따라 1일의 벌금액수를 정한 다음 양자를 곱하여 벌금액을 정한다.
ㄷ 스칸디나비아 제국을 중심으로 발전되어 '스칸디나비아식'이라고도 한다.
ㄹ 배분적 정의에 부합하지 않는다는 비판이 있다.
ㅁ 우리나라에서는 현재 채택하지 않고 있다.
ㅂ 책임주의에 부합한다.

① ㄱ, ㄴ, ㄷ
② ㄱ, ㄷ, ㅁ
③ ㄴ, ㄹ, ㅁ
④ ㄹ, ㅁ, ㅂ

해설

○ : ㄱ, ㄷ, ㅁ
× : ㄴ 일수벌금제는 범죄인의 행위책임에 따라 벌금일수를 먼저 정하고, 범죄자의 경제능력 내지 지불능력에 따라 1일 벌금액을 정한 후 이를 곱한 액수로 벌금을 정한다. ㄹ 일수벌금제는 범죄자의 경제능력에 따라 벌금액을 정하므로 배분적 정의에 부합한다는 장점이 있다. ㅂ 일수벌금제는 범죄자의 경제능력에 따라 벌금을 부과하는데, 범죄자의 경제능력은 범죄와 무관하므로 책임주의에 부합하지 않는다는 비판이 있다.

정답: ②

103 아래의 설명에 모두 해당하는 제도는?

- 책임주의와 희생평등의 원칙을 조화시키는 의미를 가지고 있다.
- 범행 자체에 대한 평가를 분명히 하면서 행위자가 받는 고통의 내용에 대해 실질적 평등을 기한다는 장점이 있다.
- 범죄자의 경제상태를 실제로 조사한다는 것이 쉬운 일이 아니라는 단점이 있다.
- 양형과정이 범죄인의 재산상태조사에 치우칠 가능성이 높다.

① 정기벌금형제도
② 총액벌금형제도
③ 일수벌금제도
④ 노역장유치제도
⑤ 벌금형의 집행유예제도

해설

③ 주어진 지문은 일수벌금제도에 관한 설명이다. 정답: ③

104 다음 중 일수벌금제에 대한 비판으로 보기 어려운 것은?

① 범죄인의 지불능력이나 경제능력에 대한 정확한 조사가 용이하지 않다.
② 1일 벌금액을 산정함에 특별한 기준이 없어 검사의 자의적 산정이 우려된다.
③ 범죄와 관련 없는 재산적 상황을 형량결정의 주요기준으로 삼는 것은 책임주의에 배치된다.
④ 벌금총액을 먼저 확정하고 일수를 이에 맞추는 경우에는 총액벌금제와 다를 바 없게 된다.

해설

② 일수벌금제에서 1일 벌금액을 산정하는 것은 법관이다. 정답: ②

★중요★

105 현행법상 벌금형에 관한 설명 중 옳은 것을 모두 고른 것은?

㉠ 벌금형을 선고할 때에는 동시에 그 금액을 완납할 때까지 노역장에 유치할 것을 명할 수 있다.
㉡ 벌금의 형을 선고하는 경우에 700만원을 선고하여도 그 집행을 유예할 수 있다.
㉢ 벌금을 납입하지 않으면 1일 이상 3년 이하의 기간의 범위에서 노역장에 유치하여 작업에 복무하게 한다.
㉣ 형법 총칙상 벌금액의 상한에는 제한이 없다.
㉤ 벌금은 판결확정일로부터 3개월 내에 납입하여야 한다.

① ㉠, ㉡
② ㉢, ㉣, ㉤
③ ㉠, ㉡, ㉣
④ ㉠, ㉢, ㉣
⑤ ㉠, ㉢, ㉣, ㉤

해설

○ : ㉠ 형법 제69조 제1항 단서. ㉢ 동조 제2항. ㉣ 동법 제45조
× : ㉡ 벌금형에 대하여 500만원 초과의 집행유예는 불가능하다. ㉤ 벌금은 판결확정일로부터 30일 내에 납입하여야 한다(동법 제69조). 정답: ④

106 몰수에 관한 설명으로 옳은 것은?

① 유죄선고 없이 몰수만을 선고할 수 없다.
② 몰수는 필요적 몰수가 원칙이기 때문에 법관의 자유재량에 속한다.
③ 판례는 권리 또는 이익에 대한 몰수를 인정한다.
④ 몰수는 실정법상 대물적 보안처분에 가깝다.

해설

① 행위자에게 유죄판결을 하지 않을 때에도 몰수요건이 있는 때에는 몰수만을 선고할 수 있다(형법 제49조).
② 우리 형법은 임의적 몰수를 원칙으로 하고 있다.
④ 몰수는 형법에서 형벌의 종류로 규정하고 있으므로 실정법상 대물적 보안처분에 가깝다는 표현은 옳지 않다. 다만 실정법상 또는 형식상 형벌이지만 실질적으로는 대물적 보안처분에 가깝다는 견해가 다수설 및 판례의 입장이다.
③ 대판 1976.9.28. 76도2607 정답: ③

107 현행법상 형벌에 관한 설명으로 옳은 것은?

① 행위자에게 유죄의 재판을 아니할 때에도 몰수의 요건이 있는 때에는 몰수만을 선고할 수 있다.
② 유기징역에 자격정지를 병과하는 경우 형이 확정된 날로부터 정지기간을 기산한다.
③ 구류는 1일 이상 30일 미만의 자유형으로 정역에 복무하여야 한다.
④ 벌금의 형을 선고하는 경우에 그 선고를 유예할 수 없다.
⑤ 유기징역에 자격정지를 병과하는 경우 그 자격정지의 기간은 유기징역의 기간과 같다.

해설

② 유기징역 또는 유기금고에 자격정지를 병과한 때에는 징역 또는 금고의 집행을 종료하거나 면제된 날로부터 정지기간을 기산한다(형법 제44조 제2항). ③ 구류형은 자유형의 일종이지만 정역을 부과하지 않는다. ④ 가능하다. ⑤ 유기징역 또는 유기금고에 자격정지를 병과하는 경우 그 자격정지의 기간은 유기징역이나 유기금고의 기간과 동일하게 부과해야 하는 것은 아니다. ① 동법 제49조 정답: ①

108 범죄수익 박탈제도에 관한 설명으로 옳지 않은 것은?

① 범죄의 무력화보다는 범죄인의 재사회화에 초점을 두고 있는 제도이다.
② 조직범죄나 약물범죄 등의 수익차단이 주목적이다.
③ 범죄자의 재산이 형벌양정의 기준이 된다.
④ 개별책임에 반한다는 지적이 있다.

해설

① 범죄수익 박탈제도는 범죄활동으로 생긴 이득을 박탈하는 제도로 범죄인의 재사회화보다는 범죄의 무력화에 초점을 두고 있다.

정답: ①

★중요★
109 어느 법원에서 피고인 A에게 벌금 30억을 선고하면서 노역장 유치기간을 정하려고 한다. 형법상 최소 유치기간은?

① 100일 ② 300일
③ 500일 ④ 1,000일

해설

③ 선고하는 벌금이 1억원 이상 5억원 미만인 경우에는 300일 이상, 5억원 이상 50억원 미만인 경우에는 500일 이상, 50억원 이상인 경우에는 1,000일 이상의 유치기간을 정하여야 한다(형법 제70조 제2항).

정답: ③

110 다음 중 「형의 실효 등에 관한 법률」에 대한 설명으로 틀린 것은?

① 자격정지 이상의 형을 선고한 재판이 확정되면 지체 없이 그 형을 선고받은 수형인을 수형인 명부에 기재하여야 한다.
② 3년을 초과하는 징역형을 받은 자가 자격정지 이상의 형을 받지 아니하고 형의 집행을 종료하거나 그 집행이 면제된 날부터 5년이 경과하면 그 형은 실효된다.
③ 벌금형도 면제 혹은 종료일로부터 2년이 지나면 실효된다.
④ 하나의 판결로 여러 개의 형이 선고된 경우에는 각 형의 집행을 종료하거나 그 집행이 면제된 날부터 가장 무거운 형에 대한 실효기간이 경과한 때에 형의 선고는 효력을 잃는다.

해설

② 5년 → 10년(형의 실효 등에 관한 법률 제7조 제1항). ① 동법 제3조. ③ 동법 제7조 제1항. ④ 동법 제7조 제2항

〈형의 실효기간〉

3년을 초과하는 징역·금고	자격정지 이상의 형을 받지 아니하고 형의 집행을 종료하거나 그 집행이 면제된 날부터 10년

3년 이하의 징역·금고	자격정지 이상의 형을 받지 아니하고 형의 집행을 종료하거나 그 집행이 면제된 날부터 5년
벌금	자격정지 이상의 형을 받지 아니하고 형의 집행을 종료하거나 그 집행이 면제된 날부터 2년
구류·과료	형의 집행을 종료하거나 그 집행이 면제된 때

정답: ②

111 몰수에 관한 설명으로 옳은 것은?

① 필요적 몰수가 원칙이며, 예외적으로 임의적 몰수를 인정한다.
② 몰수는 다른 형벌에 부가하여 과하는 것이 원칙이다.
③ 몰수만을 선고할 수 없다.
④ 몰수의 요건이 충족되면 법관은 이에 기속되어 반드시 몰수를 선고해야 한다.

해설

① 임의적 몰수가 원칙이며, 예외적으로 필요적 몰수를 인정한다.
③ 행위자에게 유죄판결을 하지 않을 때에도 몰수요건이 있는 때에는 몰수만을 선고할 수 있다(형법 제49조).
④ 몰수는 임의적 몰수가 원칙이므로 법관의 자유재량에 해당한다. 따라서 몰수의 요건이 충족되더라도 법관은 이에 기속되지 않는다.

정답: ②

112 형법상 재산형에 대한 설명으로 옳지 않은 것은?

① 벌금과 과료는 판결확정일로부터 30일 내에 납입하여야 한다. 다만, 벌금을 선고할 때에는 동시에 그 금액을 완납할 때까지 노역장에 유치할 것을 명할 수 있다.
② 과료를 납입하지 아니한 자는 1일 이상 30일 미만의 기간 노역장에 유치하여 작업에 복무하게 한다.
③ 벌금 또는 과료를 선고할 때에는 납입하지 아니하는 경우의 유치기간을 정하여 동시에 선고하여야 한다.
④ 선고하는 벌금이 50억원 이상인 경우에는 500일 이상의 유치기간을 정하여야 한다.

해설

④ 선고하는 벌금이 1억원 이상 5억원 미만인 경우에는 300일 이상, 5억원 이상 50억원 미만인 경우에는 500일 이상, 50억원 이상인 경우에는 1,000일 이상의 유치기간을 정하여야 한다(형법 제70조 제2항).
① 동법 제69조 제1항, ② 동조 제2항, ③ 동법 제70조 제1항

정답: ④

113 다음 중 몰수에 대한 설명으로 틀린 것은?

① 부가형의 성격을 가지며, 몰수만을 위한 공소제기는 허용되지 않는다.
② 부가형으로 유죄선고의 경우에만 할 수 있다.
③ 예외적으로 마약이나 마약흡입도구는 필요적 몰수를 인정하고 있다.
④ 몰수는 실질적으로 대물적 보안처분의 성격을 갖는다.

해설

② 행위자에게 유죄판결을 하지 않을 때에도 몰수요건이 있는 때에는 몰수만을 선고할 수 있다(형법 제49조).

정답: ②

114 현행법상 형의 실효에 대한 설명으로 옳지 않은 것은?

① 수형인이 3년 이하의 징역형인 경우 자격정지 이상의 형을 받지 아니하고 형의 집행을 종료하거나 그 집행이 면제된 날부터 5년이 경과한 때에 그 형은 실효된다.
② 구류와 과료는 형의 집행을 종료하거나 그 집행이 면제된 날부터 1년이 경과한 때에 그 형은 실효된다.
③ 하나의 판결로 여러 개의 형이 선고된 경우에는 각 형의 집행을 종료하거나 그 집행이 면제된 날부터 가장 무거운 형에 대한 형의 실효 등에 관한 법률에서 정한 형의 실효기간이 경과한 때에 형의 선고는 효력을 잃는다. 이때 징역과 금고는 같은 종류의 형으로 보고 각 형기를 합산한다.
④ 징역 또는 금고의 집행을 종료하거나 집행이 면제된 자가 피해자의 손해를 보상하고 자격정지 이상의 형을 받음이 없이 7년을 경과한 때에는 본인 또는 검사의 신청에 의하여 법원은 그 재판의 실효를 선고할 수 있다.

해설

② 구류·과료는 형의 집행을 종료하거나 그 집행이 면제된 때에 그 형이 실효된다(형의 실효 등에 관한 법률 제7조 제1항 단서). ① 동조 제1항 본문. ③ 동조 제2항. ④ 형법 제81조

정답: ②

115 **명예형제도에 관한 설명으로 옳지 않은 것을 모두 고른 것은?**

> ㉠ 범죄인의 명예를 상실시키는 형벌이기보다는 일정한 권리나 법적 능력을 박탈하거나 제한하는 것을 말한다.
> ㉡ 위와 같은 의미에서 자격형이라고 할 수 있다.
> ㉢ 19세기 초까지는 범죄인을 일반대중에게 공개함으로써 수치심을 주거나 낙인을 찍는 등의 형태를 취하였다.
> ㉣ 현행법상 자격상실과 자격정지는 형선고에 따르는 부수적 효력이다.
> ㉤ 일반예방효과뿐만 아니라 특별예방효과에도 탁월하다는 평가를 받고 있다.

① ㉠, ㉡　② ㉡, ㉢
③ ㉢, ㉣　④ ㉣, ㉤

해설

× : ㉣ 현행법상 자격상실은 독립적 형벌로 부과하지 않으며 형선고에 따르는 부수적 효력에 불과하나, 자격정지는 선택형 또는 병과형으로 부과할 수 있다(형법 제44조 제1항). ㉤ 명예형은 일반예방효과뿐만 아니라 특별예방효과도 거의 없어 형벌 고유의 목적을 달성하기 어렵다는 비판이 있다.

○ : ㉠, ㉡, ㉢

정답: ④

116 **유기징역이나 유기금고의 판결을 받은 자에게 당연히 정지되는 자격이 아닌 것은?**

① 공무원이 되는 자격
② 공법상의 선거권 및 피선거권
③ 법률로 요건을 정한 공법상의 업무에 관한 자격
④ 법인의 이사 또는 감사가 되는 자격

해설

④는 사형·무기징역·무기금고의 판결을 받은 자에 대해서만 상실되는 자격이다. 즉 사형·무기징역·무기금고의 판결을 받은 자는 (ⅰ) 공무원이 되는 자격, (ⅱ) 공법상의 선거권과 피선거권, (ⅲ) 법률로 요건을 정한 공법상의 업무에 관한 자격, (ⅳ) 법인의 이사·감사 또는 지배인 기타 법인의 업무에 관한 검사역이나 재산관리인이 되는 자격 등이 당연히 상실되고(형법 제43조 제1항), 유기징역 또는 유기금고의 판결을 받은 자는 그 형의 집행이 종료되거나 면제될 때까지 위 (ⅰ)·(ⅱ)·(ⅲ)의 자격이 정지된다(동조 제2항).

정답: ④

117 **명예형에 관한 설명 중 옳지 않은 것은?**

① 유기징역의 판결을 받은 자도 별도의 명예형이 병과되지 않는 한 법률에 정한 일정한 자격이 당연히 정지되는 것은 아니다.
② 범죄인을 불명예자 혹은 자격결함자로 규정함으로써 형벌의 재사회화 목적에 배치된다는 비판이 있다.
③ 자격정지가 선택형인 때에는 판결이 확정된 날부터 정지기간을 기산한다.
④ 자격상실은 무기징역을 선고받은 자가 가석방되더라도 그대로 유효하다.

해설

① 자격정지에는 두 가지가 있는데 그중 하나는 일정한 형의 판결을 받은 자에게 당연히 자격이 정지되는 당연정지이고, 다른 하나는 판결의 선고에 의해서 자격이 정지되는 경우이다. 당연정지는 유기징역 또는 유기금고의 판견을 받은 자에 대하여 그 형의 집행이 종료되거나 면제될 때까지 형법 제43조 제1항 제1호부터 제3호에 기재된 자격(공무원이 되는 자격, 공법상의 선거권과 피선거권, 법률로 요건을 정한 공법상의 업무에 관한 자격)이 당연히 정지되는 것을 말한다. 정답: ①

118 **다음 중 명예형에 대한 비판으로 보기 어려운 것은?**

① 자격상실이나 정지로 인한 병역의무 면제 등은 오히려 범죄인의 이익으로 작용한다.
② 범죄인의 업무와 무관한 자격상실이나 정지는 실효성이 없다.
③ 선거권의 박탈은 과잉금지의 원칙에 반한다.
④ 범죄인 개개인의 경제적 사정에 대한 고려가 없어 배분적 정의에 반한다.

해설

④는 총액벌금형제도에 대한 비판내용이다. 정답: ④

119 **형의 시효에 관한 설명으로 옳지 않은 것은?**

① 확정된 형벌이 기간의 경과로 인하여 집행권이 소멸되는 것을 말한다.
② 형을 선고하는 재판이 확정된 후부터 시효가 시작된다.
③ 가석방기간 중에는 시효가 진행하지 않는다.
④ 시효의 정지사유가 소멸하면 시효는 처음부터 다시 시작한다.

해설

④ 시효의 정지사유가 소멸하면 잔여시효기간이 진행된다. ③ 형법 제79조 제1항 정답: ④

120 **다음 중 형의 소멸원인이 아닌 것은?**

① 형집행의 면제
② 선고유예
③ 가석방기간의 만료
④ 시효의 완성

해설

② 선고유예만으로는 형이 소멸되지 않고, 그 유예된 기간이 경과한 때에 형이 소멸된다. 형의 소멸원인으로는 형집행의 종료·면제, 선고유예·집행유예기간의 경과, 가석방기간의 만료, 시효의 완성, 사망, 사면, 형의 실효, 복권 등이 있다.

정답: ②

121 **사면에 관한 설명으로 옳은 것은?**

① 삼권분립의 근본취지에 부합한다.
② 검찰의 소추기능과 사법부의 재판기능에 대한 보완기능을 수행한다.
③ 대통령이 행사하는 사면권은 사법심사의 대상이 아니다.
④ 대통령이 행사하는 사면권은 내재적 한계가 없다.

해설

① 사면은 삼권분립의 예외적 조치라고 볼 수 있다. ② 사면은 국가원수의 특권에 의하여 형벌권을 소멸시키거나 제한하는 제도이므로 검찰의 소추기능과 사법부의 재판기능을 무력화시킬 수 있다는 비판이 있다. ④ 사면권의 행사에는 내재적 한계가 있으므로 그 행사는 사면권의 본질을 벗어나서는 아니 된다.

정답: ③

122 **사면 및 복권에 관한 설명으로 옳지 않은 것은?**

① 일반사면이 되면 형의 선고를 받은 자에 대하여는 그 선고의 효력이 상실된다.
② 특별사면은 특정한 범죄에 대한 사면이다.
③ 특별사면은 국무회의의 심의만 거쳐 대통령이 행한다.
④ 형법상의 복권은 재판상 복권을 의미한다.

해설

② 특별사면은 특정한 사람에 대한 사면을 말한다. 특정한 범죄에 대한 사면은 일반사면이다.

정답: ②

123 **「사면법」상 사면에 대한 설명으로 옳지 않은 것은?** 보호7급 2023

① 특별사면은 형을 선고받은 자를 대상으로 한다.

② 일반사면이 있으면 특별한 규정이 없는 한 형을 선고받지 아니한 자에 대하여는 공소권이 상실된다.

③ 형의 집행유예를 선고받은 자에 대하여는 형 선고의 효력을 상실하게 하는 특별사면을 할 수 없다.

④ 일반사면은 죄의 종류를 정하여 대통령령으로 한다.

해설

③ 형의 집행유예를 선고받은 자에 대하여는 형 선고의 효력을 상실하게 하는 특별사면 또는 형을 변경하는 감형을 하거나 그 유예기간을 단축할 수 있다(사면법 제7조).

① 동법 제3주 제2호

② 동법 제5조 제1항 제1호

④ 동법 제8조 정답: ③

124 **특별사면에 대한 설명으로 옳지 않은 것은?**

① 특별사면은 형의 선고를 받아 그 형이 확정된 자를 대상으로 하며, 원칙적으로 형의 집행이 면제된다.

② 검찰총장은 교도소장의 보고에 의해 법무부장관에게 특별사면을 상신할 것을 신청할 수 있다.

③ 법무부장관은 직권 또는 사면심사위원회의 심사를 거쳐 특별사면을 상신한다.

④ 대통령으로부터 특별사면의 명이 있을 때에는 법무부장관은 검찰총장에게 사면장을 송부한다.

해설

③ 법무부장관은 특별사면을 상신할 때에는 사면심사위원회의 심사를 거쳐야 한다(사면법 제10조 제2항). 즉 직권으로는 특별사면을 상신할 수 없다. ② 동법 제11조. ④ 동법 제21조 정답: ③

125 사면 및 복권에 관한 설명 중 옳지 않은 것으로 묶인 것은?

㉠ 사면은 검찰의 소추기능을 강화하는 작용을 하는 반면, 재판기능을 무의미하게 만드는 결과를 초래할 수 있다.
㉡ 일반사면이 되면 형의 선고를 받은 자에 대해서는 집행이 종료된 것으로 본다.
㉢ 일반사면은 국무회의의 심의를 거쳐 국회의 동의를 얻어야 한다.
㉣ 검찰총장은 직권으로 법무부장관에게 특정한 자에 대한 복권의 상신을 할 것을 신청할 수 있다.

① ㉠, ㉡
② ㉠, ㉢
③ ㉡, ㉢
④ ㉢, ㉣

해설

× : ㉠ 사면은 검찰의 소추기능과 사법부의 재판기능을 무의미하게 만드는 결과를 초래할 수 있다.
㉡ 일반사면이 되면 형의 선고를 받은 자에 대해서는 그 선고의 효력이 상실되고, 아직 형의 선고를 받지 않은 자에 대해서는 공소권이 상실된다.

○ : ㉢, ㉣

정답: ①

126 형법상 형의 실효 및 복권에 관한 설명으로 옳지 않은 것은?

① 형법상 형의 실효는 이른바 재판상 실효를 의미한다.
② 형법상 형의 실효는 징역 또는 금고의 집행을 종료하거나 집행이 면제된 자를 대상으로 한다.
③ 형법상 복권은 법원이 본인 또는 검사의 신청에 의하거나 직권에 의하여 선고한다.
④ 자격정지의 선고를 받은 자가 자격의 회복을 청구하려면 피해자의 손해를 보상하고, 자격정지 이상의 형을 받음이 없이 정지기간의 2분의 1을 경과하여야 한다.

해설

③ 형법상의 복권은 자격정지의 선고를 받은 자가 피해자의 손해를 보상하고, 자격정지 이상의 형을 받음이 없이 정지기간의 2분의 1을 경과한 때에 본인 또는 검사의 신청에 의하여 자격의 회복을 선고하는 것을 말한다(형법 제82조). 따라서 법원은 직권에 의해 복권을 선고할 수 없다.
④ 동법 제82조

정답: ③

127 형벌에 대한 설명으로 옳은 것은?

① 징역 또는 금고의 집행을 종료하거나 집행이 면제된 자가 피해자의 손해를 보상하고 벌금 이상의 형을 받음이 없이 5년을 경과한 때에는 본인 또는 검사의 신청에 의하여 그 재판의 실효를 선고할 수 있다.

② 선고하는 벌금이 1억원 이상 5억원 미만인 경우에는 300일 이상, 5억원 이상 50억원 미만인 경우에는 500일 이상, 50억원 이상인 경우에는 1,000일 이상의 노역장 유치기간을 정하여야 한다. 다만, 그 상한은 3년으로 제한된다.

③ 판결선고 전의 구금일수는 그 전부 또는 일부를 유기징역, 유기금고, 벌금이나 과료에 관한 유치 또는 구류에 산입하여야 한다.

④ 벌금과 과료는 판결확정일로부터 15일 이내에 납입하여야 한다. 단, 벌금 또는 과료를 선고할 때에는 동시에 그 금액을 완납할 때까지 노역장에 유치할 것을 명할 수 있다.

⑤ 형의 시효는 형 집행의 유예나 정지 또는 가석방 기타 집행할 수 없는 기간 및 형이 확정된 후 그 형의 집행을 받지 아니한 자가 형의 집행을 면할 목적으로 국외에 있는 기간 동안에도 진행된다.

해설

① 5년이 아닌 7년이다(형법 제81조). ③ 판결선고 전의 구금일수는 그 전부를 유기징역, 유기금고, 벌금이나 과료에 관한 유치 또는 구류에 산입한다(동법 제57조 제1항). ④ 15일이 아닌 30일이다(동법 제69조 제1항). ⑤ 시효는 형의 집행의 유예나 정지 또는 가석방 기타 집행할 수 없는 기간은 진행되지 아니한다(동법 제79조 제1항). 시효는 형이 확정된 후 그 형의 집행을 받지 아니한 사람이 형의 집행을 면할 목적으로 국외에 있는 기간 동안은 진행되지 아니한다(동조 제2항). ② 동법 제69조, 제70조 제2항

정답: ②

128 다음 중 가석방제도에 대한 설명으로 가장 옳은 것은? 해경간부 2023

① 가석방된 자가 보호관찰의 준수사항을 위반한 때에는 가석방처분을 취소하여야 한다.

② 가석방은 특별예방보다는 일반예방을 중시하는 제도이다.

③ 가석방처분이 취소된 경우에도 가석방 중의 일수는 형기에 산입할 수 있다.

④ 가석방된 자는 가석방기간 중 보호관찰을 받는다. 다만, 가석방을 허가한 행정관청이 필요가 없다고 인정한 때에는 그러하지 아니하다.

해설

④ 형법 제73조의2 제2항

① 취소할 수 있다(동법 제75조).

② 가석방은 특별예방을 중시하는 제도이다.

③ 형기에 산입하지 아니한다(동법 제76조 제2항).

정답: ④

5. 보안처분론

001 보안처분에 관한 설명으로 옳은 것은?

① 범죄로부터의 사회방위는 형벌로 충분하다는 생각을 이론적 바탕으로 한다.
② 헌법에서는 보안처분에 관한 명문규정을 두고 있지 않다.
③ 책임무능력자나 누범자에 대한 처우에 있어 특히 그 필요성이 인정된다.
④ 현재 사회보호법·소년법·보안관찰법 등에서 보안처분을 규정하고 있다.

해설

① 형벌만으로는 범죄로부터 사회방위가 불충분 또는 부적당하다는 인식에서 보안처분의 필요성이 대두되었다. ② 헌법 제12조 제1항은 "누구든지 법률과 적법한 절차에 의하지 아니하고는 보안처분을 받지 아니한다"고 규정하여 보안처분 법정주의를 명문화하고 있다. ④ 사회보호법은 2005년 8월 4일 폐지되었다.

정답: ③

★중요★

002 보안처분제도의 특징으로 보기 어려운 것은?

① 범죄위험성을 근거로 한다.
② 예방주의 내지 사회방위사상을 실현하기 위한 제도이다.
③ 행위자의 과거 책임성에 따라 부과하는 형벌 이외의 정책적 제재이다.
④ 사람뿐만 아니라 물건에 대해서도 보안처분이 부과될 수 있다.

해설

③ 보안처분은 범죄자의 장래의 위험성에 근거하여 사회방위를 목적으로 부과되는 형벌 이외의 각종 범죄예방처분을 말하므로 과거의 책임에 근거하는 형벌과 구별된다.

보안처분의 특징
• 범죄의 위험성을 근거로 한다. • 예방주의 내지 사회방위사상을 실현하기 위한 국가의 처분이다. • 행위자의 미래를 판단하는 제도이다. • 범죄자의 개선과 사회방위 등 특별예방을 중시한다. • 치료, 개선, 교육 등의 목적을 위한 강제처분이다. • 형벌을 대체하거나 보충하는 사회방위적 제재이다.

정답: ③

003 **보안처분에 대한 설명으로 잘못된 것은?**

① 범죄위험성을 사전에 방지하기 위한 강제적 예방처분을 말한다.
② 형벌을 대체하거나 보충하는 사회방위적 제재이다.
③ 일반예방보다는 범죄자의 개선과 사회방위 등 특별예방을 중시한다.
④ 보안처분도 형사제재이므로 응보나 고통 부과의 특성을 피하기 어렵다.

해설

④ 보안처분도 형사상 제재라는 점에서는 형벌과 동일하나, 형벌은 응보·속죄·일반예방적 기능을 가지는 반면, 보안처분은 응보나 고통부과보다는 개선·보안·특별예방적 기능을 중시한다. 정답: ④

004 **다음 중 형벌과 보안처분에 대한 설명으로 가장 옳지 않은 것은?** 해경간부 2023

① 형벌은 행위자가 저지른 과거의 불법에 대한 책임을 전제로 부과되는 제재이다.
② 일원주의에 따르면 형벌과 보안처분이 모두 사회방위와 범죄인의 교육 및 개선을 목적으로 하므로 본질적 차이가 없다고 본다.
③ 보안처분은 행위자의 재범의 위험성에 근거한 것으로 책임능력이 있어야 부과되는 제재이다.
④ 이원주의에 따르면 형벌은 책임을, 보안처분은 재범의 위험성을 전제로 부과되는 것으로 양자는 그 기능이 다르다고 본다.

해설

보안처분은 행위자의 사회적 위험성을 전제로 하여 특별예방의 관점에서 과하여지는 제재로, 책임주의를 전제로 한 형벌과는 다르다. 정답: ③

005 **보안처분을 형벌과 구별하여 그 독자적 필요성을 강조하고 최초로 보안처분이론을 정립한 학자는?**

① 클라인(E.F. Klein)
② 페리(E. Ferri)
③ 리스트(F. Liszt)
④ 슈토스(C. Stooss)

해설

① 클라인은 당시 경찰국가적 이상과 일치하는 특별예방을 위한 보안사상을 형법이론에 도입하고, 이원주의의 이론적 기초를 제공하는 등 보안처분이론을 최초로 정립하였다. 정답: ①

★중요★

006 보안처분에 관한 학자들의 주장내용으로 옳지 않은 것을 모두 고른 것은?

> ㉠ 페리(Ferri)는 사회방위의 견지에서 형벌 대신에 '제재'라는 말을 사용하여 형벌과 보안처분을 구별하지 않았다.
> ㉡ 리스트(Liszt)는 방위를 위한 조치에서 진압을 위한 조치로 전환할 것을 주장하였다.
> ㉢ 리스트(Liszt)는 보안형벌이라는 개념을 사용함으로써 보안처분과 형벌을 구별하는 이원적 입장을 취하였다.
> ㉣ 슈토스(Stooss)는 클라인(Klein)의 이원주의에 약간의 수정을 가한 이른바 대체주의를 정립하였다.

① ㉠, ㉡　　② ㉠, ㉢　　③ ㉡, ㉢　　④ ㉢, ㉣

해설

× : ㉡ 리스트는 진압을 위한 조치에서 방위를 위한 조치로 전환할 것을 주장하였다.
㉢ 리스트는 보안형벌이라는 개념을 사용함으로써 보안처분과 형벌의 구별을 부정하는 일원적 입장을 취하였다.

○ : ㉠, ㉣

정답: ③

007 위험성을 범죄적 위험성과 사회적 위험성으로 구분하고, 범죄적 위험성이 있는 자는 사법처분으로, 사회적 위험성이 있는 자는 행정처분으로 조치할 것을 주장한 학자는?

① 페리(Ferri)　　② 리스트(Liszt)
③ 슈토스(Stooss)　　④ 클라인(Klein)

해설

① 페리는 범죄인들의 위험성을 사회적으로 대체할 필요가 있다고 보았으며, 위험성을 범죄적 위험성(범죄인이 재범할 가능성)과 사회적 위험성(일반 사회인이 범죄를 저지를 가능성)으로 구분하고, 범죄적 위험성이 있는 자는 사법처분으로, 사회적 위험성이 있는 자는 행정처분으로 조치할 것을 주장하였다.

정답: ①

008 보안처분 법정주의에 관한 설명으로 옳지 않은 것은?

① 보안처분의 종류·요건·효과 등은 법률에 규정되어야 한다는 것을 의미한다.
② 보안처분에는 소급효금지의 원칙이 적용되지 않는다는 것이 다수설의 입장이다.
③ 우리 대법원은 1997.6.13. 판결을 통해 개정 형법 제62조의2에서 규정하고 있는 보호관찰처분은 재판 시의 규정에 의하여 그 이전의 행위자에 대하여 보호관찰을 명할 수 없다고 판시하였다.
④ 보안처분도 유추해석이 금지된다는 것이 다수설이다.

해설

③ 우리 대법원은 "개정 형법 제62조의2에서 규정하고 있는 보호관찰처분은 형벌이 아니므로 재판 시의 규정에 의하여 그 이전의 행위자에 대해서도 보호관찰을 받을 것을 명할 수 있다"고 보았고, 이 같은 해석이 형벌불소급의 원칙에 위배되는 것은 아니라고 판시하였다(대판 1997.6.13. 97도703). 즉 판례는 보안처분에 대해서는 소급효금지의 원칙이 적용되지 않는다는 입장을 취하고 있다.

정답: ③

009 **다음은 보안처분에 있어서의 비례의 원칙에 관한 설명이다. 옳지 않은 것은?**

① 보안처분의 목적을 달성하기 위한 수단에 정당성을 부여하는 기능을 수행한다.
② 파생원리로서 적합성·필요성·균형성이 있다.
③ 비례의 원칙은 입법과정뿐만 아니라, 법률의 해석에 있어서도 적용된다.
④ 비례의 원칙은 보안처분의 선고에는 적용되나, 그 집행에 대한 판단에는 적용되지 않는다.

해설

④ 비례의 원칙은 보안처분의 선고뿐만 아니라, 그 집행에 대한 판단에도 적용된다. 정답: ④

010 **보안처분의 전제조건에 관한 설명으로 옳지 않은 것은?**

① 보안처분의 대상이 되기 위해서는 구성요건과 위법성만 갖추면 되고, 유책성까지 갖출 필요는 없다.
② 보안처분의 대상이 되기 위해서는 구성요건과 위법성뿐만 아니라, 범죄위험성을 징표하는 요소들이 존재해야 한다.
③ 자유박탈을 내용으로 하는 보안처분을 부과하기 위해서는 위법행위의 기대가 중대하여야 한다.
④ 위험성에 대한 판단의 기준시기는 행위 시이다.

해설

④ 위험성의 판단은 미래에 대한 예상적 판단이므로 판단의 기준시기는 행위 시가 아니라, 보안처분이 선고되거나 집행되는 시기가 된다.

정답: ④

011 **형벌과 보안처분의 비교가 바르지 못한 것은?**

① 형벌의 지도원칙은 책임주의이고, 보안처분의 지도원칙은 비례성이다.
② 형벌의 기초는 책임이고, 보안처분의 기초는 사회적 위험성이다.
③ 형벌의 목적은 범죄예방에 있고, 보안처분의 목적은 범죄진압에 있다.
④ 형벌은 사법처분이고, 보안처분은 행정처분이다.

해설

③ 형벌은 과거의 범죄행위를 전제로 하므로 범죄진압적 성격이 강하고, 보안처분은 장래의 위험한 성격을 전제로 하므로 범죄예방적 성격이 강하다. 정답: ③

012 형벌과 보안처분의 관계에 대한 설명으로 옳지 않은 것은?

① 일원주의는 책임주의와 부합한다.
② 최근의 추세는 일원주의가 강조된다.
③ 사회방위론자들은 일반적으로 일원주의의 입장을 취하고 있다.
④ 이원주의는 형벌과 보안처분의 병과는 허용하나, 대체는 인정하지 않는다.

해설

① 일원주의는 형벌의 본질을 사회방위와 범죄인의 교화개선에 있다고 보고, 형벌을 넓은 의미의 보안처분으로 보므로 과거의 행위를 기준으로 하는 책임주의와 부합하지 않는다. 정답: ①

013 형벌과 보안처분의 관계에 대한 설명으로 옳지 않은 것은? 보호7급 2024

① 일원주의에 따르면, 형벌과 보안처분은 모두 사회방위와 범죄인의 교육 및 개선을 목적으로 하므로 본질적인 차이가 없다고 본다.
② 이원주의에 따르면, 형벌의 본질은 책임을 기초로 한 과거 행위에 대한 응보이고, 보안처분은 장래의 위험성에 대한 대책이므로 양자는 그 기능이 다르다고 본다.
③ 대체주의는 보안처분에 의해서도 형벌의 목적을 달성할 수 있는 경우, 형벌을 폐지하고 이를 보안처분으로 대체해야 한다는 입장이다.
④ 대체주의에 대해서는 책임원칙에 어긋나고 정의관념에 반한다는 비판이 있다.

해설

③ 대체주의는, 형벌은 책임 정도에 따라 선고하되, 집행단계에서 보안처분으로 대체하거나 보안처분의 집행종료 후에 집행할 것을 주장하는데, 범죄인의 사회복귀를 위해서는 보안처분의 선집행이 합리적이고, 보안처분도 자유의 박탈 내지 제한을 그 내용으로 하므로 형벌의 목적을 달성할 수 있다고 본다.

〈보안처분이론 요약〉

구분	이원론(이원주의)	일원론(일원주의)	대체주의
의의	형벌과 보안처분 구별	형벌과 보안처분 동일시	• 선고단계 : 이원론 • 집행단계 : 일원론
학자	클라인, 메이어, 비르크메이어, 베링(응보형)	리스트, 페리, 락신 (목적형·교육형·사회방위론)	칼 슈토스
논거	• 형벌(응보) • 보안처분(사회방위·교정교육)	형벌과 보안처분 동일시 (모두 사회방위)	• 현실적응성 有 • 형사정책적 측면 고려

대체성	대체성 부정, 병과 인정	대체성 인정, 병과 부정 (하나만을 선고하여 집행)	요건과 선고는 별개, 집행 시 대체성 인정
선고기관	행정처분(행정청)	형사처분(법원)	특별법이나 형소법에 특별규정
문제점	• 이중처벌 위험 • 상품사기 또는 명칭사기	• 책임주의에 반함 • 중복 시 문제됨	• 책임주의와 불일치 • 양자의 적용범위 불분명 • 정의관념에 반할 우려

정답: ③

★중요★

014 보안처분에 관한 이원론의 주장과 가장 거리가 먼 것은?

① 형벌과 보안처분의 병과와 대체성을 인정한다.
② 형벌은 형사처분이지만, 보안처분은 행정처분이다.
③ 형벌의 본질은 응보이고, 보안처분의 본질은 사회방위이다.
④ 책임무능력자에게 형벌은 과할 수 없으나, 보안처분은 과할 수 있다.

해설

① 이원론에 따르면 형벌과 보안처분은 그 본질을 달리하므로 양자의 병과는 인정하는 반면, 대체성은 부정한다.

정답: ①

015 보안처분과 형벌과의 관계에 관한 설명으로 옳은 것은?

① 일원주의에 따르면 보안처분의 집행유예를 인정할 가능성이 있다.
② 이원주의에 따르면 보안처분을 형벌보다 먼저 집행하는 것이 보통이다.
③ 대체주의에 따르면 형벌과 보안처분의 요건과 선고에서는 일원주의를 취하고, 그 집행에서는 이원주의를 취한다.
④ 대체주의는 기능적·형사정책적 고려를 하고 있다는 점에서 현실적응능력이 뛰어나다.

해설

① 일원주의에서는 형벌과 보안처분의 본질적 차이를 인정하지 않으므로 형의 유예와 보안처분의 유예를 구분하지 않는다. 따라서 보안처분의 집행유예를 인정할 가능성이 없다. ② 형벌의 기간은 특정되는 반면, 보안처분은 부정기형이므로 이원주의에서는 형벌을 보안처분보다 먼저 집행하는 것이 보통이다. ③ 대체주의는 형벌과 보안처분의 요건과 선고를 별개로 보아 이원주의를 취하고, 그 집행은 보안처분에 의한 형벌의 대체를 인정하여 일원주의를 취한다.

〈일원주의와 이원주의 요약비교〉

구분	일원주의	이원주의
주장학자	리스트, 페리, 록신	클라인, 마이어, 비르크마이어, 벨링
이론내용	형벌과 본질적 차이 부정	형벌과 본질적 차이 인정

형벌과의 관계	• 양자 중 어느 하나만 선고·집행 • 대체성 인정 • 형벌과의 병과 불인정	• 동시에 선고되고, 중복적 집행 가능 • 대체성 부정 • 형벌과의 병과 인정
집행유예	보안처분의 집행유예 불가능	보안처분의 집행유예 가능
선고기관	형벌과 보안처분 모두 법원	형벌은 법원, 보안처분은 행정부

정답: ④

016 보안처분의 이원주의에 관한 설명 중 옳지 않은 것은 모두 몇 개인가?

㉠ 마이어(Mayer), 비르크마이어(Birkmeyer), 벨링(Beling)에 의해 주장되었다.
㉡ 형벌과 보안처분의 병과를 인정하고, 대체성을 부정한다.
㉢ 형벌을 보안처분보다 먼저 집행하는 것이 보통이다.
㉣ 보안처분만의 집행유예를 할 수 없다.
㉤ 책임무능력자나 한정책임무능력자에게 보안처분을 과할 수 없다.
㉥ 형벌은 전망적 성격을 가지는 반면, 보안처분은 회고적 성격을 가진다.

① 1개 ② 2개 ③ 3개 ④ 4개

해설

× : ㉣ 이원주의에서는 형집행이 보안처분에 선행하므로 보안처분만의 집행유예가 가능하다. ㉤ 이원주의에서는 보안처분의 기초를 사회적 위험성에서 찾으므로 책임무능력자나 한정책임무능력자에게도 보안처분을 과할 수 있다. ㉥ 형벌은 과거의 범죄사실을 대상으로 하는 진압적·회고적 성격을 가지는 반면, 보안처분은 미래에 예상되는 범죄를 대상으로 하는 예방적·전망적 성격을 가진다.

○ : ㉠, ㉡, ㉢

정답: ③

017 형벌과 보안처분의 관계에 관한 설명 중 옳지 않은 것은?

① 이원주의는 형벌의 본질이 책임을 전제로 한 응보이고, 보안처분은 장래의 위험성에 대한 사회방위처분이라는 점에서 양자의 차이를 인정한다.
② 대체주의는 형벌과 보안처분이 선고되어 보안처분이 집행된 경우 그 기간을 형기에 산입하여야 한다고 한다.
③ 일원주의는 형벌과 보안처분의 목적을 모두 사회방위와 범죄인의 교육·개선으로 보고, 양자 중 어느 하나만을 적용하자고 한다.
④ 이원주의는 형벌이 범죄라는 과거의 사실에 중점을 두는 반면, 보안처분은 장래에 예상되는 범죄의 예방에 중점을 둔다고 한다.
⑤ 일원주의는 행위자의 반사회적 위험성을 척도로 하여 일정한 제재를 부과하는 것이 행위책임원칙에 적합하다고 한다.

해설

⑤ 일원주의에 대해서는 단순히 행위자의 반사회적 위험성만을 척도로 일정한 제재를 가하는 것은 행위자의 개별 책임원칙에 반한다는 비판이 있다. 정답: ⑤

018 형벌과 보안처분의 관계에 대한 설명으로 옳지 않은 것은?

① 치료감호와 형이 병과된 경우에는 치료감호를 먼저 집행한다.
② 현행 헌법에서 보안처분 법정주의를 선언하고 있다.
③ 보안처분은 일반예방보다는 범죄자의 개선과 사회방위 등 특별예방을 중시한다.
④ 보안처분은 행위자의 책임에 의해 제한되는 한도 내에서만 정당성을 갖는다.

해설

④ 행위자의 책임에 의해 제한되는 한도 내에서만 정당성을 갖는 것은 보안처분이 아니라, 형벌이다. 보안처분은 사회방위라는 합목적성 차원에서 행사되며, 그 정당성의 근거를 행위자의 책임이 아니라 기본권의 사회적 제약 내지 기본권의 내재적 한계에서 찾는 것이 일반적인 견해이다. ① 치료감호 등에 관한 법률 제18조. ② 우리 헌법 제12조 제1항은 "누구든지 법률과 적법한 절차에 의하지 않고는 보안처분을 받지 아니 한다"고 규정하여 보안처분 법정주의를 선언하고 있다. ③ 보안처분은 범죄자의 개선과 사회방위를 목적으로 하므로 일반인을 대상으로 하는 일반예방보다는 범죄자를 대상으로 하는 특별예방을 중시한다. 정답: ④

★경채★

019 보안처분에 대한 설명으로 옳지 않은 것은?

① 보안처분의 우선적 목적은 과거의 범죄에 대한 처벌이 아니라 장래의 재범위험을 예방하기 위한 범죄인의 교화개선에 있다.
② 보안처분의 법적 성격을 이원주의로 인식하는 입장에 대해서는 행위자의 개별책임원칙에 반한다는 비판이 제기되고 있다.
③ 보안처분이 정당성을 갖기 위해서는 비례성원칙이 적용되어야 한다.
④ 보안관찰처분의 기간은 2년으로 하는 것이 원칙이다.

해설

② 행위자의 개별책임원칙에 반한다는 비판이 제기되는 것은 일원주의이다. ④ 보안관찰법 제5조

정답: ②

020 사회방위이론에 관한 설명으로 옳지 않은 것은?

① 형사정책의 최우선 목표를 범죄로부터 사회를 보호하는 데 둔다.
② 개별적 범죄자의 재범방지에 중점을 두기 때문에 형벌의 범죄억제기능을 강조한다.
③ 이탈리아의 그라마티카(F. Gramatica)에 의하여 본격적으로 논의되었다.
④ 이탈리아 실증학파의 사상과 부합한다.

해설

② 사회방위이론은 개별적 범죄자의 재범방지와 처우에 중점을 두기 때문에 형벌보다는 재사회화를 위한 조치를 강조한다. 정답: ②

021 사회방위론에 관한 설명으로 옳지 않은 것은?

① 형벌이론적 측면으로는 특별예방 가운데 '보안'측면을, 형벌과제적 측면에서 보면 형벌의 '일반인 보호'측면을 강화한 이론이다.
② 범죄로부터 사회를 보호하는 데에 형사정책의 최우선 목표를 두고 있다.
③ 범죄위험성으로부터 사회를 사전에 보호하자는 것보다 이미 발생한 범죄행위를 강력하게 처벌하여 재범으로부터 사회를 보호하자는 데 중점을 두고 있다.
④ 범죄자의 재사회화를 위한 체계적 조치를 중시한다.

해설

③ 사회방위론은 이미 발생한 범죄행위를 처벌하는 것보다 범죄위험성으로부터 사회를 사전에 보호하자는 사전예방적 성격을 지니고 있다. 정답: ③

022 사회방위론에 대한 설명으로 옳지 않은 것은?

① 범죄의 위험으로부터 사회를 보호하기 위한 실증적 범죄대응이론이라고 할 수 있다.
② 앙셀(Ancel)은 효과적인 사회방위를 위하여 형법과 형벌의 폐지를 주장하였다.
③ 그라마티카(Gramatica)는 생물학적·심리학적 범죄원인론의 영향을 받아 예방적·교육적 치료처분의 도입을 주장하였다.
④ 범죄는 형벌보다 사회개혁을 통해 보다 효과적으로 감소될 수 있다고 보았다.
⑤ 사회방위론의 핵심인 사회적 위험성이라는 개념 자체가 모호하다는 비판이 있다.

해설

② 앙셀은 응보목적으로 지향된 형벌제도와 형사절차에 대해서는 부정적 견해를 가지고 있었으나, 그라마티카(Gramatica)와는 달리 사회를 위해서는 형법과 형벌의 존치가 필요하다고 주장하였다.
정답: ②

023 **다음 중 사회방위론과 관계없는 것은?**

① 사회안정을 위한 정책
② 실증주의
③ 개인예방주의
④ 인도주의적 형사정책
⑤ 범죄자의 사회격리

해설

⑤ 사회방위론은 형사정책의 최우선적 목표를 범죄로부터 사회를 보호하는 데에 두고 있으나, 그 방법론에 있어서는 이미 발생한 범죄행위를 처벌하는 데에 목적이 있는 것이 아니라, 개별적 범죄인의 재범방지와 처우에 중점을 두기 때문에 형벌보다는 재사회화를 위한 체계적 조치를 강조한다. 따라서 범죄자의 사회격리는 사회방위론에서 관심의 대상이 되기 어렵다. 정답: ⑤

024 **사회방위론에 대한 비판으로 보기 어려운 것은?**

① 법치국가원칙의 침해
② 평등원리의 위배
③ 사회적 위험개념의 모호성
④ 형벌의 사회방위기능 과대평가

해설

④ 사회방위론은 형벌의 범죄위하력을 과소평가하고 있으며, 형벌의 사회방위효과를 인정하지 않으려는 입장을 취하고 있다. 정답: ④

025 **현행법상 채택되고 있지 않은 보호처분은?**

① 보호관찰처분
② 보안관찰처분
③ 치료감호처분
④ 보호감호처분

해설

【현행법상 보호처분】

- 치료감호법 : 치료감호, 보호관찰
- 소년법 : 보호처분
- 보안관찰법 : 보안관찰
- 형법 : 보호관찰, 사회봉사명령, 수강명령
- 보호관찰 등에 관한 법률 : 보호관찰

정답: ④

026 **다음 중 자유박탈적 보안처분이 아닌 것은?**

① 교정처분
② 보호관찰
③ 사회치료처분
④ 보호감호처분

해설

①·③·④ 자유박탈 보안처분, ② 자유제한 보안처분

대인적 보안처분	자유박탈적 보안처분	치료감호, 교정처분, 노작, 보호감호, 사회치료 등
	자유제한적 보안처분	보호관찰, 선행보증, 직업금지, 운전면허박탈, 거주제한, 국외추방, 음주점 출입금지, 거세·단종 등
대물적 보안처분		몰수, 영업장 폐쇄, 법인의 해산 등

정답: ②

027 우리나라에서 시행되고 있는 범죄대책이 아닌 것은?

① 충격구금
② 수강명령
③ 가석방
④ 사회봉사명령

해설

충격구금은 우리나라에서 시행되는 범죄대책이라고 볼 수 없다. 정답: ①

028 다음 중 대인적 보안처분이 아닌 것은?

① 영업장의 폐쇄와 몰수
② 보호감호
③ 교정처분
④ 노작처분

해설

①은 대물적 보안처분에 속한다.

〈보안처분의 종류〉

대인적 보안처분	자유박탈적 보안처분	치료감호처분, 보호감호처분, 사회치료처분, 교정처분, 노작처분
	자유제한적 보안처분	보호관찰, 사회봉사명령, 수강명령, 선행보증, 음주점 출입금지, 단종, 거세, 거주제한, 국외추방, 직업금지, 운전면허 박탈
대물적 보안처분		몰수, 영업소 폐쇄, 법인해산

정답: ①

029 다음 대인적 보안처분 중 자유박탈적 보안처분이라고 볼 수 없는 것은?

① 거주제한
② 교정처분
③ 치료감호
④ 노작처분

해설

①은 자유제한적 보안처분이다. 보안처분은 그 대상에 따라 대인적 보안처분과 대물적 보안처분으로 구

분되고, 대인적 보안처분은 대상자의 자유침해 정도에 따라 자유박탈적 보안처분과 자유제한적 보안처분으로 구분된다. 자유박탈적 보안처분으로는 사회치료처분·치료감호처분·보호감호처분·노작처분·교정처분 등이 있다. 정답: ①

030 보안처분의 종류에 관한 다음 설명 중 옳지 않은 것은?

① 교정처분이란 부랑자·걸인·매춘부·노동기피자 등을 노역장에 수용하여 노동교육을 행함으로써 근면하고 규율 있는 생활습관을 가지도록 하는 처분을 말한다.
② 사회치료처분이란 정신병질자를 형벌과 더불어 사회치료시설에 수용하여 각종 치료요법을 동원하여 행동과 사고패턴을 변용시키는 처분을 말한다.
③ 선행보증이란 보증금을 제공하게 하거나 보증인을 세우게 하고, 정해진 기간 내에 범행여부에 따라 보증금을 몰수 또는 반환하는 처분을 말한다.
④ 수강명령이란 경미한 비행이나 범행을 저지른 자를 사회생활을 영위하게 하면서 일정 시간 지정된 장소에서 교육을 받도록 명하는 처분을 말한다.

해설

①은 노작처분(노동개선처분)에 관한 설명이다. 교정처분이란 마약·알코올 기타 약물중독으로 인해 범죄행위를 반복할 위험성이 있는 자의 범죄적 위험성을 제거할 목적으로 일정 시설에 수용하여 그 습벽을 치료·교정함을 내용으로 하는 보안처분을 말한다. 정답: ①

031 보호관찰제도에 관한 설명으로 옳지 않은 것은?

① 보안처분 중에서 가장 오랜 역사를 가지고 있다.
② 범죄인에게 형벌을 집행하지 않고 일정한 준수사항을 명령한 후 이를 준수하도록 보호하고 지도한다.
③ 우리나라의 보호관찰제도는 영미법계의 probation제도에 가깝다.
④ 대륙법계의 보호관찰제도는 조건부판결제도에서 유래되었다.

해설

③ 현재 우리나라의 보호관찰제도는 자유를 제한하는 보안처분의 성격을 가진다는 점에서 대륙법계에 가깝다고 할 수 있다. 보호관찰제도는 영미법계와 대륙법계에서 각기 다른 형태로 전개되었는데, 영미법계의 프로베이션(probation)은 유죄인정절차와 선고절차가 분리된 소송구조하에서 유죄인정 후 형의 선고를 유예하고, 일정 기간 보호관찰을 실시하는 제도를 말하고, 대륙법계의 조건부판결은 영미법계의 경우와 달리 선고유예·집행유예·가석방 등과 반드시 결합되는 것은 아니며, 자유를 제한하는 보안처분으로서 상습범 기타 법률이 정한 특수한 범죄 나아가 장기간의 형집행이 종료되어 석방된 자에게도 적용된다는 점에 특징이 있다. 정답: ③

032 **현행 형법상 인정하고 있는 보안처분만을 묶어 놓은 것은?**

① 보호관찰, 사회봉사명령, 수강명령
② 사회봉사명령, 치료감호, 수강명령
③ 보호관찰, 감호위탁, 수강명령
④ 수강명령, 치료감호, 보호관찰

해설

① 우리 형법은 보호관찰·사회봉사명령·수강명령만을 인정하고 있다. 즉 형의 선고유예자 및 집행유예자, 가석방된 자에 대하여 보호관찰을 과할 수 있도록 하고 있고(형법 제59조의2, 제62조의2, 제73조의2), 형의 집행유예자에 대하여 사회봉사명령이나 수강명령을 과할 수 있도록 하고 있다(동법 제62조의2 제1항).

정답: ①

★중요★
033 **현행법상 채택되고 있지 않은 보안처분은?**

① 피해자 접근제한
② 감호위탁
③ 치료감호처분
④ 사회치료처분

해설

④ 현행법상 채택되고 있지 않은 보안처분으로는 사회치료처분, 노작처분(노동개선처분), 주거제한, 보안감호, 보호감호, 단종·거세 등이다.

〈현행법상 보안처분 정리〉

법률	종류	내용
① 「치료감호 등에 관한 법률」	치료감호	• 심신장애인·정신성적 장애인 성폭력범죄자 : 15년 • 약물중독자 : 2년 • 특정 살인범죄자 : 2년 범위 3회 연장 가능
	보호관찰	가종료·치료위탁 시 3년(연장 ×)
	치료명령	보호관찰기간 내(선고유예자, 집행유예자)
② 「보안관찰법」	보안관찰	기간 2년(제한 없이 갱신 가능)
③ 「보호관찰 등에 관한 법률」	보호관찰	선고유예, 집행유예, 가석방, 임시퇴원, 기타 다른 법령
	사회봉사·수강명령	집행유예, 소년법, 기타 다른 법령
④ 「형법」	보호관찰	선고유예, 집행유예, 가석방된 자
	사회봉사·수강명령	집행유예
⑤ 「소년법」	보호처분	• 보호자 또는 보호자를 대신하는 자에게 감호위탁(6월, 6월 이내 1차 연장 가능) • 수강명령(12세 이상, 100시간 이내) • 사회봉사명령(14세 이상, 200시간 이내) • 단기 보호관찰(1년, 연장 ×) • 장기 보호관찰(2년, 1년 범위 1차 연장 가능) • 아동복지시설이나 소년보호시설에 감호위탁(6월, 6월 이내 1차 연장 가능)

⑤ 「소년법」	보호처분	• 병원, 요양소, 의료재활소년원에 위탁(6월, 6월 이내 1차 연장 가능) • 1개월 이내의 소년원 송치 • 단기 소년원 송치(6월 이내, 연장 ×) • 장기 소년원 송치(12세 이상, 2년 이내, 연장 ×) ※ 위탁 및 감호위탁(6월, 6월 이내 1차 연장 가능)
⑥ 「국가보안법」	감시·보도	공소보류자에 대한 감시·보도
⑦ 「성매매 알선 등 행위의 처벌에 관한 법률」	보호처분	보호처분기간 : 6월 사회봉사·수강명령 : 100시간 이내
⑧ 「가정폭력범죄의 처벌 등에 관한 특례법 」	보호처분	보호처분기간 : 6월 초과 × 사회봉사·수강명령 : 200시간 이내
⑨ 「마약류관리에 관한 법률」	마약중독자의 치료보호	검사기간 1개월 이내, 치료보호기간 12월 이내
⑩ 「아동·청소년의 성보호에 관한 법률」	수강명령 또는 이수명령, 보호처분	수강명령 또는 성폭력 치료프로그램 이수명령 : 500시간 이내
⑪ 「특정범죄자에 대한 보호관찰 및 전자장치 부착 등에 관한 법률」	전자장치 부착, 치료 프로그램 이수	• 1년 이상 30년 이하, 보호관찰 • 치료프로그램 이수명령 : 500시간 이내
⑫ 「성폭력범죄자의 성충동 약물치료에 관한 법률」	보호관찰, 성충동 약물치료	보호관찰, 약물치료명령 : 15년 이내(19세 이상)
⑬ 「성폭력범죄의 처벌 등에 관한 특례법」	보호관찰, 수강(이수)	보호관찰, 수강 또는 이수명령 : 500시간 이내
⑭ 「스토킹범죄의 처벌 등에 관한 법률」	보호관찰, 수강(이수)	보호관찰, 수강 또는 이수명령 : 200시간 이내

정답: ④

★중요★

034 형법상 보안처분에 관한 설명으로 옳은 것은?

① 가석방의 경우에는 예외 없이 보호관찰을 부과하여야 한다.

② 형의 선고유예 시 보호관찰을 부과하는 경우 그 기간은 2년으로 한다.

③ 형의 집행유예 시 보호관찰을 명하는 경우 그 기간은 집행유예기간으로 한다.

④ 형의 선고 또는 집행을 유예하는 경우 보호관찰을 받을 것을 명하거나 사회봉사 또는 수강을 명할 수 있다.

해설

① 가석방을 하는 경우 원칙적으로 가석방자는 가석방기간 중 보호관찰을 받아야 하지만 가석방을 허가한 행정관청이 필요 없다고 인정한 때에는 보호관찰을 부과하지 않을 수도 있다(형법 제73조의2). ② 형의 선고를 유예하면서 보호관찰을 부과할 수 있는 기간은 1년이다(동법 제59조의2). ④ 형의 집행을 유예하는 경우에는 보호관찰을 명하거나 사회봉사 또는 수강을 명할 수 있다(동법 제62조의2 제1항). 그러나 형의 선고를 유예하는 경우에는 보호관찰은 명할 수 있으나, 사회봉사나 수강명령은 명할 수 없다. ③ 동법 제62조의2

정답: ③

035 **소년법상 보호처분의 종류에 해당하지 않는 것은?**

① 보호관찰 ② 음주점 출입금지
③ 감호위탁 ④ 사회봉사명령

해설

①·③·④ 소년법상 보호처분의 종류에는 위탁, 감호위탁, 수강명령, 사회봉사명령, 보호관찰, 소년원 송치 등이 있다(소년법 제32조 제1항). 정답: ②

036 **현행 「소년법」상 10세 이상 12세 미만의 소년에 대하여 할 수 있는 보호처분에 해당하지 않는 것은?**

① 수강명령 ② 단기 소년원 송치
③ 보호관찰관의 단기 보호관찰 ④ 1개월 이내의 소년원 송치
⑤ 병원, 요양소 위탁

해설

① 수강명령은 12세 이상의 소년에게만 할 수 있다(소년법 제32조 제4항). 정답: ①

★중요★
037 **「치료감호 등에 관한 법률」에 대한 설명으로 옳지 않은 것은?**

① 소아성기호증, 성적가학증 등 성적 성벽이 있는 정신성적 장애인으로서 금고 이상의 형에 해당하는 성폭력범죄를 지은 피치료감호자를 치료감호시설에 수용하는 기간은 15년을 초과할 수 없다.
② 치료감호사건의 제1심 재판관할은 지방법원 및 지방법원지원의 단독판사로 한다.
③ 치료감호가 청구된 사건은 판결의 확정 없이 치료감호가 청구되었을 때부터 15년이 지나면 청구의 시효가 완성된 것으로 본다.
④ 보호관찰기간이 끝나면 피보호관찰자에 대한 치료감호가 끝난다.

해설

② 치료감호사건의 제1심 재판관할은 지방법원 합의부 및 지방법원지원 합의부로 한다(치료감호 등에 관한 법률 제3조 제2항).
① 동법 제16조 제2항 제1호
③ 동법 제45조 제2항
④ 동법 제32조 제3항 제1호

〈치료감호제도 정리〉

<table>
<tr><td rowspan="3">대상자</td><td>심신장애자</td><td colspan="2">금고 이상의 형에 해당하는 죄를 범한 때</td></tr>
<tr><td>약물중독자</td><td colspan="2">금고 이상의 형에 해당하는 죄를 범한 때</td></tr>
<tr><td>정신성적 장애인</td><td colspan="2">금고 이상의 형에 해당하는 성폭력범죄를 지은 자</td></tr>
<tr><td>청구</td><td colspan="3">① 사유 : 치료의 필요성과 재범의 위험성
② 전문가의 감정 여부 : 심신장애인·약물중독자는 참고, 정신성적 장애인은 필수 청구
③ 청구시기 : 항소심 변론종결 시, 합의부
④ 독립청구 : 심신상실자, 반의사불벌죄, 친고죄, 기소유예자
⑤ 검사의 청구가 없는 치료감호는 법원에서 선고할 수 없고, 청구를 요청할 수는 있음</td></tr>
<tr><td>치료감호 영장</td><td colspan="3">① 보호구속사유 → 검사청구 → 관할 지방법원 판사 발부
㉠ 일정한 주거가 없을 때
㉡ 증거를 인멸할 염려가 있을 때
㉢ 도망가거나 도망할 염려가 있을 때
② 치료감호청구만을 하는 경우에 구속영장은 치료감호영장으로 보며, 그 효력을 잃지 아니함</td></tr>
<tr><td rowspan="4">치료감호 집행</td><td>심신장애, 정신성적 장애인</td><td colspan="2">최대 15년</td></tr>
<tr><td>약물중독자</td><td colspan="2">최대 2년</td></tr>
<tr><td>집행순서</td><td colspan="2">치료감호 먼저 집행, 그 기간은 형기에 산입</td></tr>
<tr><td>살인범죄자
치료감호기간 연장</td><td colspan="2">① 법원은 검사의 청구로 3회까지 매회 2년 범위 연장결정 가능
② 검사의 청구 : 치료감호 종료 6개월 전
③ 법원의 결정 : 치료감호 종료 3개월 전</td></tr>
<tr><td rowspan="6">종료·가종료
치료위탁 심사</td><td>가종료 종료심사</td><td colspan="2" rowspan="2">① 집행개시 후 매 6개월마다 심사
② 가종료됐거나 치료위탁한 경우 보호관찰 개시 : 3년
③ 치료위탁·가종료자의 종료심사 : 매 6개월마다 심사</td></tr>
<tr><td>치료위탁·가종료</td></tr>
<tr><td>치료위탁 신청</td><td colspan="2">① 독립청구된 자 : 1년 경과 후 위탁
② 형벌병과 시 : 치료기간이 형기 경과한 때</td></tr>
<tr><td>재집행</td><td colspan="2">① 금고 이상 형에 해당되는 죄를 지은 때(과실 제외)
② 보호관찰에 관한 지시·감독 위반
③ 증상 악화되어 치료감호 필요</td></tr>
<tr><td>피치료감호자 등의
종료심사 신청</td><td colspan="2">• 치료감호의 집행이 시작된 날부터 6개월이 지난 후 가능
• 신청이 기각된 경우 6개월이 지난 후 다시 신청 가능</td></tr>
<tr></tr>
<tr><td>청구시효</td><td colspan="3">판결확정 없이 치료청구 시부터 15년</td></tr>
<tr><td>보호관찰</td><td colspan="3">① 기간 : 3년
② 대상자 신고의무 : 출소 후 10일 이내
③ 종료 : 기간종료, 치료감호 재수용, 금고 이상 형의 집행을 받게 된 때에는 종료되지 않고 계속 진행</td></tr>
<tr><td>유치</td><td colspan="3">① 요건 : 가종료의 취소 신청, 치료 위탁의 취소 신청
② 절차 : 보호관찰소장 → 검사(구인된 때부터 48시간 이내 유치허가 청구) → 지방법원 판사 허가 → 보호관찰소장 24시간 이내 검사에게 유치사유 신청 → 검사는 48시간 이내에 치료감호심의위원회에 가종료 등 취소 신청
③ 구인한 날부터 30일 + 1회 20일 연장 가능 + 유치기간은 치료감호기간에 산입</td></tr>
<tr><td>시효
(집행면제)</td><td colspan="3">• 심신장애인 및 정신성적 장애인에 해당하는 자의 치료감호는 10년
• 약물중독자에 해당하는 자의 치료감호는 7년</td></tr>
</table>

실효	재판상 실효	집행종료·면제된 자가 피해자의 피해를 보상하고 자격정지 이상의 형이나 치료감호를 선고받지 아니하고 7년이 지났을 때에 본인이나 검사의 신청에 의함
	당연실효	집행종료·면제된 자가 자격정지 이상의 형이나 치료감호를 선고받지 아니하고 10년이 지났을 때
피치료감호자 등 격리사유	① 자신이나 다른 사람을 위험에 이르게 할 가능성이 뚜렷하게 높은 경우 ② 중대한 범법행위 또는 규율위반 행위를 한 경우 ③ 수용질서를 문란케 하는 중대한 행위를 한 경우	

〈치료명령제도 정리〉

대상	① 통원치료 필요와 재범의 위험성 ② 심신미약자, 알코올중독자 및 약물중독자로 금고 이상의 형에 해당하는 죄를 지은 자
선고·집행유예 시 치료명령	① 보호관찰 병과(선고유예 1년, 집행유예 유예기간) ② 치료기간은 보호관찰기간을 초과할 수 없음
집행	① 검사의 지휘를 받아 보호관찰관이 집행 ② 정신보건전문요원 등 전문가에 의한 인지행동 치료 등 심리 치료프로그램의 실시 등의 방법으로 집행
치료기관 지정	법무부장관 지정
준수사항위반	선고유예 실효 또는 집행유예 취소
비용부담	원칙 본인부담, 예외 국가부담

정답: ②

★중요★

038 치료감호 등에 관한 법률상 옳은 것은?

① 마약·향정신성의약품·대마, 그 밖에 남용되거나 해독(害毒)을 끼칠 우려가 있는 물질이나 알코올을 식음(食飮)·섭취·흡입·흡연 또는 주입받는 습벽이 있거나 그에 중독된 자가 금고 이상의 형에 해당하는 죄를 범하여 치료감호의 선고를 받은 경우 치료감호시설 수용기간은 1년을 초과할 수 없다.

② 구속영장에 의하여 구속된 피의자에 대하여 검사가 공소를 제기하지 아니하는 결정을 하고 치료감호 청구만을 하는 때에는 그 구속영장의 효력이 당연히 소멸하므로 검사는 법원으로부터 치료감호영장을 새로이 발부받아야 한다.

③ 치료감호와 형(刑)이 병과(倂科)된 경우에는 치료감호를 먼저 집행하며, 이 경우 치료감호의 집행기간은 형 집행기간에 포함되지 않는다.

④ 피치료감호자의 텔레비전 시청, 라디오 청취, 신문·도서의 열람은 일과시간이나 취침시간 등을 제외하고는 자유롭게 보장된다.

해설

④ 치료감호 등에 관한 법률 제27조

① 치료감호시설 수용 기간은 2년을 초과할 수 없다(동법 제16조 제2항 제2호).

② 구속영장에 의하여 구속된 피의자에 대하여 검사가 공소를 제기하지 아니하는 결정을 하고 치료감호 청구만을 하는 때에는 구속영장은 치료감호영장으로 보며 그 효력을 잃지 아니한다(동법 제8조).

③ 치료감호와 형이 병과된 경우에는 치료감호를 먼저 집행한다. 이 경우 치료감호의 집행기간은 형 집행기간에 포함한다(동법 제18조).

정답: ④

039 **다음 중 「치료감호 등에 관한 법률」상 치료감호에 대한 설명으로 가장 옳지 않은 것은?**

해경간부 2023

① 구속영장에 의하여 구속된 피의자에 대하여 검사가 공소를 제기하지 아니하는 결정을 하고 치료감호 청구만을 하는 때에는 구속영장은 치료감호영장으로 보며 그 효력을 잃지 아니한다.

② 검사는 심신장애인으로 금고 이상의 형에 해당하는 죄를 지은 자에 대하여 정신건강의학과 등의 전문의의 진단이나 감정을 받은 후 치료감호를 청구하여야 한다.

③ 피의자가 심신장애로 의사결정능력이 없기 때문에 벌할 수 없는 경우 검사는 공소제기 없이 치료감호만을 청구할 수 있다.

④ 피치료감호자 등의 텔레비전 시청, 라디오 청취, 신문·도서의 열람은 일과시간이나 취침시간 등을 제외하고는 자유롭게 보장된다.

해설

② 치료감호대상자에 대한 치료감호를 청구할 때에는 정신건강의학과 등의 전문의의 진단이나 감정을 참고하여야 한다. 다만, 소아성기호증, 성적가학증 등 성적 성벽이 있는 정신성적 장애인으로서 금고 이상의 형에 해당하는 성폭력범죄를 지은 자에 대하여는 정신건강의학과 등의 전문의의 진단이나 감정을 받은 후 치료감호를 청구하여야 한다(치료감호 등에 관한 법률 제4조 제2항).

① 동법 제8조

③ 동법 제7조 제1호

④ 동법 제27조

정답: ②

040 **현행 치료감호에 대한 내용으로 거리가 먼 것은?**

① 법원은 공소제기된 사건의 심리결과 치료감호를 할 필요가 있다고 인정할 때에는 검사에게 치료감호청구를 요구할 수 있다.

② 치료감호청구서에는 피치료감호청구인의 성명, 그 밖에 피치료감호청구인을 특정할 수 있는 사항, 청구의 원인이 되는 사실, 적용 법 조문, 그 밖에 대통령령으로 정하는 사항을 기재하여야 한다.

③ 치료감호대상자에 대한 치료감호를 청구할 때에는 정신건강의학과 등의 전문의의 진단이나 감정을 참고하여야 한다.

④ 검사는 치료감호대상자가 치료감호를 받을 필요가 있는 경우 치료감호청구서를 관할 검찰청에 제출하여 치료감호를 청구할 수 있다.

해설

④ 검사는 치료감호대상자가 치료감호를 받을 필요가 있는 경우 관할 법원에 치료감호를 청구할 수 있다(치료감호 등에 관한 법률 제4조 제1항).

① 동법 제4조 제7항, ② 동조 제4항, ③ 동조 제2항 정답: ④

041 「치료감호 등에 관한 법률」상 치료감호에 관한 설명으로 옳지 않은 것은?

① 치료감호시설에 수용된 자도 면회, 편지의 수신·발신, 전화통화 등을 할 수 있다.
② 약물중독범을 치료감호시설에 수용한 경우 그 수용기간은 15년을 초과할 수 없다.
③ 치료감호사건의 판결은 원칙적으로 피고사건의 판결과 동시에 선고하여야 한다.
④ 검사가 치료감호대상자에 대한 치료감호를 청구할 경우 정신건강의학과 등 전문의의 진단 또는 감정을 참고하여야 한다.

해설

② 마약·향정신성의약품·대마 그 밖에 남용되거나 해독을 끼칠 우려가 있는 물질이나 알코올을 식음·섭취·흡입·흡연 또는 주입받는 습벽이 있거나 그에 중독된 자로서 금고 이상의 형에 해당하는 죄를 지은 자를 치료감호시설에 수용하는 기간은 2년을 초과할 수 없다(치료감호 등에 관한 법률 제16조 제2항 제2호).

① 동법 제26조, ③ 동법 제12조 제2항, ④ 동법 제4조 제2항 정답: ②

042 「치료감호 등에 관한 법률」상 치료감호제도에 관한 설명으로 옳지 않은 것은?

① 치료감호의 요건으로 재범의 위험성과 치료의 필요성이 규정되어 있다.
② 검사는 공소제기된 사건의 제1심 판결선고 전까지 치료감호를 청구하여야 한다.
③ 일정한 사유가 있는 경우 검사는 공소제기 없이 치료감호만을 청구할 수 있다.
④ 치료감호시설에의 수용은 원칙적으로 15년을 초과할 수 없다.

해설

② 검사는 치료감호대상자가 치료감호를 받을 필요가 있는 경우 공소 제기한 사건의 항소심 변론종결 시까지 관할법원에 치료감호를 청구할 수 있다(치료감호 등에 관한 법률 제4조 제1항·제5항).

① 동법 제2조 제1항, ③ 동법 제7조, ④ 동법 제16조 제2항 제1호 정답: ②

043 **「치료감호 등에 관한 법률」상 치료감호제도에 대한 설명으로 옳지 않은 것은?**

보호7급 2024

① 금고 이상의 형에 해당하는 죄를 저지른 마약중독자라도 재범위험성이 없는 경우라면 치료감호대상자에 해당하지 않는다.

② 검사는 성적 가학증(性的加虐症) 등 성적 성벽이 있는 정신성적 장애인에 대해 정신건강의학과 등의 전문의의 진단이나 감정 결과에 따라 치료감호를 청구하여야 한다.

③ 치료감호와 형이 병과된 경우 치료감호를 먼저 집행하고, 이 경우 치료감호의 집행기간은 형 집행기간에 포함된다.

④ 피치료감호자에 대한 치료감호가 가종료되면 그 기간이 3년인 「보호관찰 등에 관한 법률」에 따른 보호관찰이 시작된다.

해설

② 소아성기호증(小兒性嗜好症), 성적 가학증(性的加虐症) 등 성적 성벽(性癖)이 있는 정신성적 장애인으로서 금고 이상의 형에 해당하는 성폭력범죄를 지은 자에 대하여는 정신건강의학과 등의 전문의의 진단이나 감정을 받은 후 치료감호를 청구하여야 한다(치료감호 등에 관한 법률 제4조 제2항 단서).

① 재범위험성이 없는 경우, 치료감호대상자에서 제외된다.

③ 동법 제18조

④ 동법 제32조 제1항 제1호, 제2항

정답: ②

★중요★

044 **「치료감호 등에 관한 법률」상 치료감호에 대한 설명으로 옳지 않은 것은?**

① 구속영장에 의하여 구속된 피의자에 대하여 검사가 공소를 제기하지 아니하는 결정을 하고 치료감호 청구만을 하는 때에는 구속영장의 효력은 상실되므로 별도로 치료감호영장을 청구하여야 한다.

② 피치료감호자의 텔레비전 시청, 라디오 청취, 신문, 도서의 열람은 일과시간이나 취침시간 등을 제외하고는 자유롭게 보장 된다.

③ 치료감호와 형이 병과된 경우에는 치료감호를 먼저 집행하며, 이 경우 치료감호의 집행기간은 형 집행기간에 포함한다.

④ 피치료감호자에 대한 치료감호가 가종료되었을 때 보호관찰이 시작되며, 이때 보호관찰의 기간은 3년으로 한다.

해설

① 구속영장에 의하여 구속된 피의자에 대하여 검사가 공소를 제기하지 아니하는 결정을 하고 치료감호 청구만을 하는 때에는 구속영장은 치료감호영장으로 보며 그 효력을 잃지 아니한다(치료감호 등에 관한 법률 제8조).

② 동법 제27조, ③ 동법 제18조, ④ 동법 제32조 제2항

정답: ①

045 **「치료감호 등에 관한 법률」상 치료감호에 대한 설명으로 옳은 것은?**

① 「형법」상 살인죄(제250조 제1항)의 죄를 범한 자의 치료감호기간을 연장하는 신청에 대한 검사의 청구는 치료감호기간 또는 치료감호가 연장된 기간이 종료하기 3개월 전까지 하여야 한다.

② 치료감호심의위원회는 치료감호만을 선고받은 피치료감호자에 대한 집행이 시작된 후 6개월이 지났을 때에는 상당한 기간을 정하여 그의 법정대리인, 배우자, 직계친족, 형제자매에게 치료감호시설 외에서의 치료를 위탁할 수 있다.

③ 근로에 종사하는 피치료감호자에게는 근로의욕을 북돋우고 석방 후 사회정착에 도움이 될 수 있도록 법무부장관이 정하는 바에 따라 작업장려금을 지급할 수 있다.

④ 법원은 치료감호사건을 심리하여 그 청구가 이유 없다고 인정할 때 또는 피고사건에 대하여 심신상실 외의 사유로 무죄를 선고하거나 사형을 선고할 때에는 판결로써 청구기각을 선고하여야 한다.

해설

법원은 치료감호사건을 심리하여 그 청구가 이유 없다고 인정할 때 또는 피고사건에 대하여 심신상실 외의 사유로 무죄를 선고하거나 사형을 선고할 때에는 판결로써 청구기각을 선고하여야 한다(치료감호 등에 관한 법률 제12조 제1항).

① 살인범죄를 저질러 치료감호를 선고받은 피치료감호자가 살인범죄를 다시 범할 위험성이 있고 계속 치료가 필요하다고 인정되는 경우에는 법원은 치료감호시설의 장의 신청에 따른 검사의 청구로 3회까지 매회 2년의 범위에서 피치료감호자를 치료감호시설에 수용하는 기간을 연장하는 결정을 할 수 있고(동법 제16조 제3항), 검사의 청구는 피치료감호자를 치료감호시설에 수용하는 기간 또는 치료감호가 연장된 기간이 종료하기 6개월 전까지 하여야 한다(동법 제16조 제5항).

② 치료감호심의위원회는 치료감호만을 선고받은 피치료감호자에 대한 집행이 시작된 후 1년이 지났을 때에는 상당한 기간을 정하여 그의 법정대리인, 배우자, 직계친족, 형제자매(법정대리인 등)에게 치료감호시설 외에서의 치료를 위탁할 수 있다(동법 제23조 제1항).

③ 근로에 종사하는 피치료감호자에게는 근로의욕을 북돋우고 석방 후 사회정착에 도움이 될 수 있도록 법무부장관이 정하는 바에 따라 근로보상금을 지급하여야 한다(동법 제29조). 정답: ④

★중요★

046 **「치료감호 등에 관한 법률」상 치료감호에 대한 설명으로 옳지 않은 것은?**

① 형법상의 강간죄, 강제추행죄, 준강간죄, 준강제추행죄 등은 치료감호대상 성폭력범죄의 범위에 해당한다.

② 피치료감호자가 70세 이상인 때에는 검사는 치료감호의 집행을 정지할 수 있다.

③ 법원은 공소제기된 사건의 심리결과 치료감호를 할 필요가 있다고 인정할 때에는 검사에게 치료감호 청구를 요구할 수 있다.

④ 치료감호와 형이 병과된 경우에는 형을 먼저 집행한다.

해설

④ 치료감호와 형이 병과된 경우에는 치료감호를 먼저 집행한다. 이 경우 치료감호의 집행기간은 형집행기간에 포함한다(치료감호 등에 관한 법률 제18조).

① 동법 제2조의2, ② 동법 제24조, ③ 동법 제4조 제7항

정답: ④

047 「치료감호 등에 관한 법률」상 치료감호에 대한 설명으로 옳지 않은 것은?

① 피치료감호자에 대한 치료감호가 가종료되었을 때 시작되는 보호관찰의 기간은 3년으로 한다.

② 치료감호심의위원회는 피치료감호자에 대하여 치료감호 집행을 시작한 후 매 6개월마다 치료감호의 종료 또는 가종료 여부를 심사·결정한다.

③ 소아성기호증, 성적가학증 등 성직 싱벽(性癖)이 있는 정신성적 장애인으로서 금고 이상의 형에 해당하는 성폭력범죄를 지은 자는 치료감호대상자가 될 수 있다.

④ 치료감호의 내용과 실태는 대통령령으로 정하는 바에 따라 공개하여야 한다. 이 경우 피치료감호자나 그의 보호자가 동의한 경우라도 피치료감호자의 개인신상에 관한 것은 공개할 수 없다.

해설

④ 치료감호 등에 관한 법률에 따른 치료감호의 내용과 실태는 대통령령으로 정하는 바에 따라 공개하여야 한다. 이 경우 피치료감호자나 그의 보호자가 동의한 경우 외에는 피치료감호자의 개인신상에 관한 것은 공개하지 아니 한다(치료감호 등에 관한 법률 제20조).

① 동법 제32조 제2항, ② 동법 제22조, ③ 동법 제2조 제3호

정답: ④

048 「치료감호 등에 관한 법률」상 보호관찰에 대한 설명으로 옳지 않은 것은?

① 보호관찰의 기간은 3년으로 한다.

② 피치료감호자에 대한 치료감호가 가종료되었을 때 보호관찰이 시작된다.

③ 피치료감호자가 치료감호시설 외에서 치료받도록 법정대리인 등에게 위탁되었을 때 보호관찰이 시작된다.

④ 제37조에 따른 치료감호심의위원회의 치료감호 종료결정이 있어도 보호관찰기간이 남아있다면 보호관찰은 계속된다.

해설

④ 보호관찰기간이 끝나기 전이라도 제37조에 따른 치료감호심의위원회의 치료감호의 종료결정이 있을 때에는 보호관찰이 종료된다(치료감호 등에 관한 법률 제32조 제3항 제2호).

① 동법 제32조 제2항, ②·③ 동법 제32조 제1항

- 보호관찰의 시작사유(치료감호 등에 관한 법률 제32조 제1항)

1. 피치료감호자에 대한 치료감호가 가종료되었을 때
2. 피치료감호자가 치료감호시설 외에서 치료받도록 법정대리인등에게 위탁되었을 때
3. 제16조제2항 각 호에 따른 기간 또는 같은 조 제3항에 따라 연장된 기간(이하 "치료감호기간"이라 한다)이 만료되는 피치료감호자에 대하여 제37조에 따른 치료감호심의위원회가 심사하여 보호관찰이 필요하다고 결정한 경우에는 치료감호기간이 만료되었을 때

- 보호관찰의 종료사유(치료감호 등에 관한 법률 제32조 제3항)

1. 보호관찰기간이 끝났을 때
2. 보호관찰기간이 끝나기 전이라도 제37조에 따른 치료감호심의위원회의 치료감호의 종료결정이 있을 때
3. 보호관찰기간이 끝나기 전이라도 피보호관찰자가 다시 치료감호 집행을 받게 되어 재수용되었을 때

정답: ④

049 다음은 법무부 소속 각종 위원회에 대한 설명이다. 틀린 것은?

① 가석방심사위원회는 위원장 포함 5인 이상 9인 이하로 구성되며, 임기는 2년이다.
② 치료감호심의위원회는 위원장 포함 5인 이상 9인 이하로 구성되며, 임기는 2년이다.
③ 보호관찰심사위원회는 위원장 포함 5인 이상 9인 이하로 구성되며, 임기는 2년이다.
④ 중앙급식관리위원회는 위원장 포함 7인 이상 9인 이하로 구성되며, 임기는 2년이다.

해설

② 치료감호심의위원회는 판사·검사 또는 변호사의 자격이 있는 6명 이내의 위원과 정신건강의학과 등 전문의의 자격이 있는 3명 이내의 위원으로 구성하고, 위원장은 법무부차관으로 한다(치료감호 등에 관한 법률 제37조 제2항). 즉 치료감호심의위원회의 위원은 9인 이하로 구성되며, 위원장은 위원에 포함되지 않는다. 또한 공무원이 아닌 위원의 임기는 3년이다(동법 시행령 제14조 제2항).
① 형집행법 제120조 제1항. ③ 보호관찰법 제7조 제1항. ④ 수용자급식관리위원회 운영지침 제3조

정답: ②

050 치료감호법상 치료감호제도에 관한 설명 중 옳지 않은 것으로 묶인 것은?

㉠ 치료감호가 청구된 치료감호대상자에 대한 치료감호사건과 피고사건의 관할이 다른 때에는 치료감호사건의 관할에 따른다.
㉡ 구속영장에 의하여 구속된 피의자에 대하여 검사가 공소를 제기하지 아니하는 결정을 하고, 치료감호청구만을 하는 때에는 구속영장은 그 효력을 잃는다.
㉢ 피고사건의 판결에 대하여 상소 및 상소의 포기·취하가 있을 때에는 치료감호청구사건의 판결에 대하여도 상소 및 상소의 포기·취하가 있는 것으로 본다.
㉣ 법무부장관은 매년 1회 이상 치료감호시설의 운영실태 및 피치료보호자에 대한 처우상태를 점검하여야 한다.

① ㉠, ㉡ ② ㉠, ㉢ ③ ㉡, ㉣ ④ ㉢, ㉣

해설

× : ㉡ 구속영장에 의하여 구속된 피의자에 대하여 검사가 공소를 제기하지 아니하는 결정을 하고, 치료감호청구만을 하는 때에는 구속영장을 치료감호영장으로 보며, 그 효력을 잃지 아니한다(치료감호법 제8조). ㉣ 매년 1회 이상 → 연 2회 이상(동법 제31조)

○ : ㉠ 동법 제3조 제2항, ㉢ 동법 제14조 제2항

정답: ③

051 치료감호심의위원회에 관한 설명 중 옳지 않은 것을 모두 고른 것은?

㉠ 치료감호 및 보호관찰의 관리와 집행에 관한 사항을 심사·결정한다.
㉡ 각급 고등검찰청에 1개소씩 설치한다.
㉢ 총 6명의 위원으로 구성되며, 위원장은 법무부차관으로 한다.
㉣ 위원회는 위원장을 포함한 재적위원 과반수의 출석으로 개의하고, 출석위원 과반수의 찬성으로 의결한다.

① ㉠, ㉡　② ㉠, ㉢　③ ㉡, ㉢　④ ㉢, ㉣

해설

× : ㉡ 법무부에만 둔다(치료감호법 제37조 제1항). ㉢ 판사·검사 또는 변호사의 자격이 있는 6명 이내의 위원과 정신건강의학과 등 전문의의 자격이 있는 3명 이내의 위원으로 구성되므로 총 9명의 위원으로 구성된다고 보아야 한다(동조 제2항).

○ : ㉠ 동법 제37조 제1항, ㉣ 동법 제41조 제1항

정답: ③

052 보안관찰처분에 대한 내용으로 옳지 않은 것은?

① 보안관찰처분의 청구는 검사가 행한다.
② 보안관찰처분의 기간은 3년으로 하되, 갱신할 수 있다.
③ 보안관찰처분에 관한 결정은 보안관찰처분심의위원회의 의결을 거쳐 법무부장관이 행한다.
④ 보안관찰처분의 집행은 검사가 지휘한다.

해설

② 보안관찰처분의 기간은 2년이다(보안관찰법 제5조 제1항). 법무부장관은 검사의 청구가 있는 때에는 보안관찰처분심의위원회의 의결을 거쳐 그 기간을 갱신할 수 있다(동조 제2항). ① 동법 제7조, ③ 동법 제14조 제1항, ④ 동법 제17조 제1항

정답: ②

053 법무부장관은 보안관찰처분대상자 중 일정한 요건을 갖춘 자에 대하여는 보안관찰처분을 하지 아니하는 결정을 할 수 있는데 그 요건에 해당하지 않는 것은?

① 준법정신이 확립되어 있을 것
② 일정한 주거와 생업이 있을 것
③ 보안관찰처분심의위원회가 정하는 준수사항을 위반하지 않을 것
④ 대통령령이 정하는 신원보증이 있을 것

해설

법무부장관은 보안관찰처분대상자 중 ①·②·④의 요건을 갖춘 자에 대하여는 보안관찰처분을 하지 아니하는 결정을 할 수 있다(보안관찰법 제11조 제1항).

정답: ③

054 보안관찰법상 보안관찰처분에 관한 설명으로 옳지 않은 것을 모두 고른 것은?

㉠ 보안관찰처분심의위원회는 위원장 1인과 6인의 위원으로 구성한다.
㉡ 보안관찰처분에 관한 결정은 보안관찰처분심의위원회의 의결을 거쳐 법무부장관이 행한다.
㉢ 검사는 보안관찰처분심의위원회에 대하여 보안관찰처분의 취소 또는 기간의 갱신을 청구할 수 있다.
㉣ 보안관찰처분의 기간은 보안관찰처분결정을 집행하는 다음 날부터 계산한다.

① ㉠, ㉡
② ㉠, ㉢
③ ㉡, ㉢
④ ㉢, ㉣

해설

× : ㉢ 보안관찰처분심의위원회 → 법무부장관(보안관찰법 제16조 제1항). ㉣ 보안관찰처분의 기간은 보안관찰처분결정을 집행하는 날부터 계산한다(동법 제25조 제1항).
○ : ㉠ 동법 제12조 제2항. ㉡ 동법 제14조 제1항

정답: ④

055 「보안관찰법」에 대한 설명으로 옳지 않은 것은?

① 보안관찰처분의 기간은 2년이다.
② 검사가 보안관찰처분을 청구한다.
③ 보안관찰처분심의위원회의 위촉위원의 임기는 2년이다.
④ 보안관찰을 면탈할 목적으로 은신한 때에는 5년 이하의 징역에 처한다.

해설

④ 보안관찰처분대상자 또는 피보안관찰자가 보안관찰처분 또는 보안관찰을 면탈할 목적으로 은신 또

는 도주한 때에는 3년 이하의 징역에 처한다(보안관찰법 제27조 제1항).
① 동법 제5조, ② 동법 제7조, ③ 동법 제12조 제5항 정답: ④

056 내란목적살인죄로 10년 징역형을 선고받고 1년간의 형집행을 받은 자로서 다시 내란죄를 범할 가능성이 있다고 판단되는 자에게 내릴 수 있는 처분은?

① 보호감호처분 ② 치료감호처분
③ 보안관찰처분 ④ 보안감호처분

해설

③ 보안관찰의 대상자는 보안관찰 해당 범죄 또는 이와 경합된 범죄로 금고 이상의 형의 선고를 받고, 그 형기 합계가 3년 이상인 자로서 형의 전부 또는 일부의 집행을 받은 사실이 있는 자이다(보안관찰법 제3조). 여기에 해당하는 자 중 보안관찰 해당 범죄를 다시 범할 위험성이 있다고 인정할 충분한 이유가 있어 재범의 방지를 위한 관찰이 필요한 자에 대하여는 보안관찰처분을 한다(동법 제4조 제1항). 정답: ③

057 다음 중 사법처분의 형태로 이루어지는 것이 아닌 것은?

① 형법상 집행유예기간 중 보호관찰
② 보안관찰법상 보안관찰처분
③ 「성매매알선 등 행위의 처벌에 관한 법률」상 보호처분
④ 소년법상 보호처분
⑤ 치료감호법상 치료감호

해설

② 보안관찰처분에 관한 결정은 보안관찰처분심의위원회의 의결을 거쳐 법무부장관이 행한다(보안관찰법 제4조 제1항). 즉 보안관찰처분은 사법처분의 형태가 아니라, 행정처분의 형태로 이루어진다. 정답: ②

058 「가정폭력범죄의 처벌 등에 관한 특례법」에 규정되어 있는 가정폭력행위자에 대한 보호처분에 해당하지 않는 것은?

① 친권자인 행위자의 피해자에 대한 친권행사의 제한
② 행위자가 피해자에게 접근하는 행위의 제한
③ 상담소 등에의 상담위탁
④ 의료기관에의 치료위탁
⑤ 경찰관서 유치장 또는 구치소에의 유치

해설

「가정폭력범죄의 처벌 등에 관한 특례법」 제40조(보호처분의 결정 등) 제1항에서 규정하고 있는 보호처분은 다음과 같다.

1. 가정폭력행위자가 피해자 또는 가정구성원에게 접근하는 행위의 제한
2. 가정폭력행위자가 피해자 또는 가정구성원에게 「전기통신기본법」 제2조 제1호의 전기통신을 이용하여 접근하는 행위의 제한
3. 가정폭력행위자가 친권자인 경우 피해자에 대한 친권 행사의 제한
4. 「보호관찰 등에 관한 법률」에 따른 사회봉사·수강명령
5. 「보호관찰 등에 관한 법률」에 따른 보호관찰
6. 「가정폭력방지 및 피해자보호 등에 관한 법률」에서 정하는 보호시설에의 감호위탁
7. 의료기관에의 치료위탁
8. 상담소등에의 상담위탁

② 제1항 각 호의 처분은 병과(倂科)할 수 있다.

③ 제1항 제3호의 처분을 하는 경우에는 피해자를 다른 친권자나 친족 또는 적당한 시설로 인도할 수 있다.

제41조(보호처분의 기간) 제40조 제1항 제1호부터 제3호까지 및 제5호부터 제8호까지의 보호처분의 기간은 6개월을 초과할 수 없으며, 같은 항 제4호의 사회봉사·수강명령의 시간은 200시간을 각각 초과할 수 없다.

제45조(보호처분의 변경) ① 법원은 보호처분이 진행되는 동안 필요하다고 인정하는 경우에는 직권으로 또는 검사, 보호관찰관 또는 수탁기관의 장의 청구에 의하여 결정으로 한 차례만 보호처분의 종류와 기간을 변경할 수 있다.

② 제1항에 따라 보호처분의 종류와 기간을 변경하는 경우 종전의 처분기간을 합산하여 제40조 제1항 제1호부터 제3호까지 및 제5호부터 제8호까지의 보호처분의 기간은 1년을, 같은 항 제4호의 사회봉사·수강명령의 시간은 400시간을 각각 초과할 수 없다. 정답: ⑤

059 **「가정폭력범죄의 처벌 등에 관한 특례법」 제5조에 의하면 진행 중인 가정폭력범죄에 대하여 신고를 받은 사법경찰관리는 즉시 현장에 임하여 응급조치를 취하여야 한다. 이 경우 사법경찰관리가 취할 수 있는 응급조치에 해당하지 않는 것은?**

① 폭력행위의 제지
② 범죄수사
③ 피해자의 동의를 받은 경우에 가정폭력관련상담소 또는 보호시설로 피해자 인도
④ 긴급치료가 필요한 피해자의 의료기관 인도
⑤ 피해자의 주거, 직장 등에서 100미터 이내의 접근금지

해설

⑤는 임시조치의 내용이다.

「가정폭력범죄의 처벌 등에 관한 특례법」 제5조(가정폭력범죄에 대한 응급조치) 진행 중인 가정폭력범죄에 대하여 신고를 받은 사법경찰관리는 즉시 현장에 나가서 다음 각 호의 조치를 하여야 한다.

1. 폭력행위의 제지, 가정폭력행위자·피해자의 분리
1의2. 「형사소송법」 제212조에 따른 현행범인의 체포 등 범죄수사
2. 피해자를 가정폭력 관련 상담소 또는 보호시설로 인도(피해자가 동의한 경우만 해당한다)
3. 긴급치료가 필요한 피해자를 의료기관으로 인도
4. 폭력행위 재발 시 제8조에 따라 임시조치를 신청할 수 있음을 통보
5. 제55조의2에 따른 피해자보호명령 또는 신변안전조치를 청구할 수 있음을 고지

제29조(임시조치) ① 판사는 가정보호사건의 원활한 조사·심리 또는 피해자 보호를 위하여 필요하다고 인정하는 경우에는 결정으로 가정폭력행위자에게 다음 각 호의 어느 하나에 해당하는 임시조치를 할 수 있다.
1. 피해자 또는 가정구성원의 주거 또는 점유하는 방실(房室)로부터의 퇴거 등 격리
2. 피해자 또는 가정구성원이나 그 주거·직장 등에서 100미터 이내의 접근 금지
3. 피해자 또는 가정구성원에 대한 「전기통신기본법」 제2조 제1호의 전기통신을 이용한 접근 금지
4. 의료기관이나 그 밖의 요양소에의 위탁
5. 국가경찰관서의 유치장 또는 구치소에의 유치
6. 상담소등에의 상담위탁

정답: ⑤

060 **교정과 보호에 있어서 관심을 불러일으키고 있는 케이스워크(Casework)와 관련이 없는 것은?**

① 전문적인 보호관찰관 확보
② 수형자에 대한 교회활동에 있어서 본인과의 면접 중시
③ 개별적 접촉 이외의 그룹상담과 같은 기법 배제
④ 중간시설의 다양화

해설

③ 케이스워크(casework)는 개별처우·개별사회사업 등으로 번역되는 사회적 케이스워크(social casework)의 약칭으로 미국의 사회사업가 리치먼드(M.E. Richmond)에 의해 체계화되었다. 케이스워크는 케이스워커(Caseworker)라고 불리는 전문가가 일대일 면접 등 주로 개별적 접촉을 통해 대상자를 보호·원호하는 방식을 취하는데 그룹상담과 같은 기법을 완전히 배제하는 것은 아니다. 정답: ③

061 **다음 중 보호관찰에 관한 설명으로 틀린 것은?**

① 보호관찰로 인해 재범률이 낮아졌다는 경험적 증거가 확실해졌다.
② 주로 경미범죄인을 대상으로 적용할 수 있다.
③ 논란이 많은 보호감호 대신에 집중감시보호관찰 등이 대체수단으로 제기되곤 한다.
④ 보호관찰의 성격상 자발성과 강제성 사이에는 모순이 존재한다.

해설

① 보호관찰제도에 대한 부정적 견해에 따르면 보호관찰이 재범방지에 효과적이라는 사실을 경험적으

로 입증할 수 없다고 보고 있다. 미국의 랜드(Rand)연구소는 보고서를 통해 대부분의 보호관찰대상자가 재범을 행하고 있으며, 보호관찰제도의 재범방지효과를 확신할 수 없다고 보았다.

〈보호관찰제도의 장단점〉

장점	단점
• 일반인의 보호와 범죄인의 자유를 동시에 보장 • 범죄인의 사회복귀와 재범방지에 기여 • 구금으로 인한 범죄인 가족의 정신적·경제적 고통 방지 • 수용에 따른 행형비용의 절감 • 범죄적 악풍감염, 낙인 등 구금의 폐해 방지 • 각종 유예제도와 결합하여 효용성 상승 가능	• 보호관찰이 동시에 요구하는 자발성과 강제성은 상호 모순 • 대상자 선별과정이 공정치 못하면 형사사법 불신 초래 • 보호관찰조건이 지나치게 가혹 또는 관대하면 제도적 취지 퇴색 • 범죄인을 사회에 방치하여 공공의 안전이 위협 • 보호관찰프로그램 소요비용이 구금비용보다 과다할 수 있음 • 새로운 통제수단의 창설, 형사사법망의 확대라는 비판이 있음

정답: ①

062 보호관찰제도의 장점에 대한 설명으로 가장 적절하지 않은 것은? 경찰간부 2025

① 시설 내 처우가 초래하는 비인도성·낙인효과 등의 문제를 감소시킬 수 있다.
② 구금비용의 절감으로 국가의 재정부담을 줄일 수 있다.
③ 사회를 보호하는 동시에 범죄자의 자유를 보장할 수 있다.
④ 재범방지에 대한 실증적 효과가 탁월하고, 형사사법망을 축소시킬 수 있다.

해설

④ 보호관찰제도는 재범방지에 대한 실증적 효과가 의문시되고, 형사사법망을 확대시킬 수 있다.

정답: ④

★중요★
063 보호관찰을 규정하고 있지 않은 법률은?

① 형법
② 치료감호 등에 관한 법률
③ 청소년보호법
④ 성폭력범죄의 처벌 등에 관한 특례법

해설

③은 보호관찰에 관한 규정을 두고 있지 않다. ① 형법 제59조의2, 제62조의2, 제73조의2, ② 치료감호 등에 관한 법률 제32조, ④ 성폭력범죄의 처벌 등에 관한 특례법 제16조

정답: ③

★중요★
064 **올린(L. E. Ohlin)의 관점에 따라 보호관찰관의 유형을 통제와 지원이라는 두 가지 차원에서 그림과 같이 구분할 때, ㉠~㉣에 들어갈 유형을 바르게 연결한 것은?**

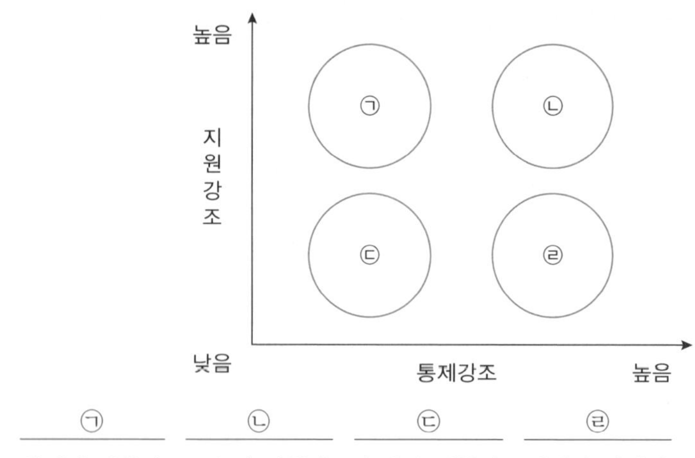

	㉠	㉡	㉢	㉣
①	복지적 관찰관	보호적 관찰관	수동적 관찰관	처벌적 관찰관
②	보호적 관찰관	복지적 관찰관	수동적 관찰관	처벌적 관찰관
③	복지적 관찰관	보호적 관찰관	처벌적 관찰관	수동적 관찰관
④	보호적 관찰관	복지적 관찰관	처벌적 관찰관	수동적 관찰관

해설

올린은 보호관찰관의 유형을 총 네가지로 분류하는데, 처벌적 보호관찰관은 위협을 수단으로 대상자를 규율에 동조하도록 통제를 강조, 복지적 보호관찰관은 목표를 대상자에 대한 복지향상에 두고 지원기능을 강조한다. 그 다음으로 보호적 보호관찰관은 통제기능과 지원기능을 적절히 조화시키려는 보호관찰관, 마지막으로 수동적 보호관찰관은 통제나 지원 모두에 소극적이며 자신의 임무는 최소한의 개입이라고 믿는 관찰관으로 분류하였다.

- 지원을 강조하나 통제는 약화되는 복지적 보호관찰관
- 지원과 통제를 모두 강조하는 보호적 보호관찰관
- 지원과 통제가 모두 약화되는 수동적 보호관찰관
- 지원은 약화되고 통제를 강조하는 처벌적 보호관찰관

정답: ①

065 보호관찰제도에 대한 설명으로 옳은 것을 모두 고른 것은?

> ㉠ 성인에 대해 보호관찰을 시작하게 된 계기는 형법과 「보호관찰 등에 관한 법률」의 입법에 의해서이다.
> ㉡ 「보호관찰 등에 관한 법률」에 의하면 성인에 대해서도 검사는 선도조건부 기소유예를 부과할 수 있다.
> ㉢ 형집행유예 보호관찰의 기간은 원칙적으로 집행을 유예한 기간으로 한다.
> ㉣ 대법원은 보호관찰의 성격을 보안처분으로 규명하면서 죄형법정주의원칙이 적용되지 않는다고 판시하였다.

① ㉠, ㉡, ㉢
② ㉡, ㉢, ㉣
③ ㉠, ㉡, ㉢, ㉣
④ ㉢, ㉣

해설

○ : ㉡ 현행법상 선도조건부 기소유예의 부과는 성인범과 소년범을 구별하지 않고 있다.
㉢ 보호관찰 등에 관한 법률 제30조 제2호. ㉣ 대판 1997.6.13. 97도703

× : ㉠ 성인범죄자에 대한 보호관찰제도의 시행은 1989년 3월 25일 구 「사회보호법」의 개정으로 보호감호 가출소자 등에 대하여 한정적으로 시행되다가 1993년 12월 「성폭력범죄의 처벌 및 피해자보호 등에 관한 법률」의 제정으로 1994년 4월 1일부터 성인 성폭력범 가석방자에게 확대 시행되었다.

정답: ②

066 보호관찰의 대상자가 아닌 사람은?

① 보호관찰을 조건으로 형의 선고유예를 받은 사람
② 보호관찰을 조건으로 형의 집행유예를 받은 사람
③ 보호관찰을 조건으로 가석방되거나 임시퇴원된 사람
④ 소년법상 보호관찰심사위원회에 의하여 보호처분을 받은 사람

해설

④ 보호관찰 등에 관한 법률 제3조 제1항 제4호의 보호관찰대상자는 소년법에 따라 단기 및 장기보호관찰처분을 받은 사람인데 이 경우 소년법상 보호처분의 결정은 법원의 권한이므로 '보호관찰심사위원회에 의하여 보호처분을 받은 사람'이 아니다(보호관찰 등에 관한 법률 제3조 제1항).

보호관찰대상자
• 형법상 보호관찰을 조건으로 형의 선고유예를 받은 사람 • 형법상 보호관찰을 조건으로 형의 집행유예를 받은 사람 • 형법상 보호관찰을 조건으로 가석방되거나 임시퇴원된 사람 • 소년법상 장기 및 단기의 보호관찰처분을 받은 사람 • 다른 법률에서 이 법에 따른 보호관찰을 받도록 규정된 사람

정답: ④

067 **보호관찰의 지도·감독 유형으로 올린(L. E. Ohlin)이 제시한 내용 중 지역사회 보호와 범죄자 보호 양쪽 사이에서 갈등을 가장 크게 겪는 보호관찰관의 유형은?**

① 보호적 보호관찰관 ② 수동적 보호관찰관
③ 복지적 보호관찰관 ④ 중개적 보호관찰관

해설

① 올린(Ohlin)은 보호관찰관의 유형으로 처벌적 관찰관, 보호적 관찰관, 복지적 관찰관, 수동적 관찰관을 들었는데, 이 중 보호적 관찰관이란 사회와 범죄인의 보호 양자 사이를 망설이는 유형으로 직접적인 지원이나 강연·칭찬·꾸중의 방법을 주로 이용한다. 이러한 유형은 사회와 범죄인의 입장을 번갈아 편들기 때문에 어중간한 입장에 처하기 쉬우며, 지역사회 보호와 범죄자 보호 양쪽 사이에서 갈등을 가장 크게 겪게 된다. 정답: ①

★중요★
068 **다음 설명에 해당하는 스미크라(Smykla)의 보호관찰 모형은?**

> 보호관찰관은 외부자원을 적극 활용하여 보호관찰대상자들이 다양하고 전문적인 사회적 서비스를 받을 수 있도록 사회기관에 위탁하는 것을 주요 일과로 삼고 있다.

① 프로그램모형(program model) ② 중재자모형(brokerage model)
③ 옹호모형(advocacy model) ④ 전통적 모형(traditional model)

해설

③ 스미크라(Smykla)는 보호관찰관의 기능과 자원의 활용이라는 측면에서 보호관찰을 전통적 모형(traditional model), 프로그램모형 (program model), 옹호모형(advocacy model), 중재자모형(brokerage model)으로 모형화하였는데, 지문은 옹호모형(advocacy model)에 해당한다. 정답: ③

★중요★
069 **다음 보호관찰과 관련된 설명 중 틀린 것은?**

① 보호관찰대상자의 성적이 양호할 때에는 보호관찰이 임시해제될 수 있다.
② 임시해제 중에는 보호관찰을 하지 않기 때문에 보호관찰대상자의 준수사항에 대한 준수의무는 없다.
③ 임시해제결정을 받은 사람에 대하여 다시 보호관찰을 하는 것이 적절하다고 인정되면 임시해제결정을 취소할 수 있다.
④ 임시해제결정이 취소된 경우에는 그 임시해제기간을 보호관찰기간에 포함한다.

해설

② 임시해제 중에는 보호관찰을 하지 아니한다. 다만 보호관찰대상자는 준수사항을 계속하여 지켜야 한다(보호관찰 등에 관한 법률 제52조 제2항).
① 동조 제1항, ③ 동조 제3항, ④ 동조 제4항 정답: ②

070 보호관찰이 가능한 기간으로 옳지 않은 것은? 보호7급 2024

① 형의 선고를 유예하면서 보호관찰을 명받은 자는 1년
② 소년부 판사로부터 장기 보호관찰을 명받은 소년으로 보호관찰관의 신청에 따른 결정으로 그 기간이 연장된 자는 최대 4년
③ 「가정폭력범죄의 처벌 등에 관한 특례법」상 보호처분으로 보호관찰을 명받은 후 법원의 결정으로 보호처분의 기간이 변경된 자는 종전의 처분기간을 합산하여 최대 1년
④ 「성매매알선 등 행위의 처벌에 관한 법률」상 보호처분으로 보호관찰을 명받은 후 법원의 결정으로 보호처분의 기간이 변경된 자는 종전의 처분기간을 합산하여 최대 1년

해설

② 최대 3년이다. 보호관찰관의 장기 보호관찰기간은 2년으로 한다. 다만, 소년부 판사는 보호관찰관의 신청에 따라 결정으로써 1년의 범위에서 한 번에 한하여 그 기간을 연장할 수 있다(소년법 제33조 제3항).
① 보호관찰 등에 관한 법률 제30조 제1호
③ 보호처분의 종류와 기간을 변경하는 경우 종전의 처분기간을 합산하여 보호처분의 기간은 1년을, 사회봉사·수강명령의 시간은 400시간을 각각 초과할 수 없다(가정폭력범죄의 처벌 등에 관한 특례법 제45조 제2항).
④ 보호처분의 종류와 기간을 변경할 때에는 종전의 처분기간을 합산하여 보호처분 기간은 1년을, 사회봉사·수강명령은 200시간을 각각 초과할 수 없다(성매매알선 등 행위의 처벌에 관한 법률 제16조 제2항).

정답: ②

071 「보호관찰 등에 관한 법률」상 보호관찰의 종료와 임시해제에 대한 설명으로 옳은 것은? 보호7급 2023

① 보호관찰을 조건으로 한 형의 선고유예가 실효되더라도 보호관찰은 종료되지 않는다.
② 보호관찰의 임시해제 결정이 취소된 경우 그 임시해제 기간을 보호관찰 기간에 포함한다.
③ 보호관찰 대상자는 보호관찰이 임시해제된 기간 중에는 그 준수사항을 계속하여 지키지 않아도 된다.
④ 임시퇴원된 보호소년이 보호관찰이 정지된 상태에서 21세가 된 때에는 보호관찰이 종료된다.

해설

② 보호관찰 등에 관한 법률 제52조 제4항
① 보호관찰을 조건으로 한 형의 선고유예가 실효되거나 보호관찰을 조건으로 한 집행유예가 실효되거나 취소된 때에는 보호관찰은 종료한다(동법 제51조 제1항 제2호).
③ 보호관찰의 임시해제 중에는 보호관찰을 하지 아니한다. 다만, 보호관찰 대상자는 준수사항을 계속하여 지켜야 한다(동법 제52조 제2항).
④ 보호관찰이 정지된 임시퇴원자가 22세가 된 때에는 보호관찰은 종료한다(동법 제51조 제1항 제6호).

정답: ②

072 **「보호관찰 등에 관한 법률」상 보호관찰 기간에 대한 설명으로 옳지 않은 것은?** 보호9급 2024

① 보호관찰을 조건으로 형의 선고유예를 받은 사람의 경우, 보호관찰 기간은 1년이다.
② 보호관찰을 조건으로 형의 집행유예를 선고받은 사람의 경우, 집행유예 기간이 보호관찰 기간이 되지만, 법원이 보호관찰 기간을 따로 정한 때에는 그 기간이 보호관찰 기간이 된다.
③ 소년 가석방자의 경우, 6개월 이상 2년 이하의 범위에서 가석방 심사위원회가 정한 기간이 보호관찰 기간이 된다.
④ 소년원 임시퇴원자의 경우, 퇴원일로부터 6개월 이상 2년 이하의 범위에서 보호관찰 심사위원회가 정한 기간이 보호관찰 기간이 된다.

해설

③ 소년 가석방자는 「소년법」 제66조에 규정된 기간에 보호관찰을 받는데(보호관찰 등에 관한 법률 제30조 제3호), 소년법에 따르면, 징역 또는 금고를 선고받은 소년이 가석방된 후 그 처분이 취소되지 아니하고 가석방 전에 집행을 받은 기간과 같은 기간이 그 가석방기간이다(소년법 제66조).
※ 임시퇴원자 : 퇴원일부터 6개월 이상 2년 이하의 범위에서 심사위원회가 정한 기간 정답: ③

073 **보호관찰, 사회봉사, 수강(受講)에 대한 설명으로 옳지 않은 것은?** 보호9급 2024

① 「보호관찰 등에 관한 법률」상 보호관찰은 법원의 판결이나 결정이 확정된 때 또는 가석방·임시퇴원된 때부터 시작된다.
② 사회봉사명령 대상자가 사회봉사명령 집행 중 금고 이상의 형의 집행을 받게 된 때에는 해당 형의 집행이 종료·면제되거나 사회봉사명령 대상자가 가석방된 경우, 잔여 사회봉사명령을 집행한다.
③ 판례에 따르면, 형의 집행을 유예하는 경우에 명해지는 보호관찰은 장래의 위험성으로부터 행위자를 보호하고 사회를 방위하기 위한 조치이다.
④ 판례에 따르면, 「보호관찰 등에 관한 법률」 제32조 제3항이 보호관찰 대상자에게 과할 수 있는 특별준수사항으로 정한 '범죄행위로 인한 손해를 회복하기 위하여 노력할 것(제4호)'은 수강명령 대상자에 대해서도 부과할 수 있다.

해설

④ 사회봉사명령·수강명령 대상자에 대한 특별준수사항은 보호관찰 대상자에 대한 것과 같을 수 없고, 따라서 보호관찰 대상자에 대한 특별준수사항을 사회봉사명령·수강명령 대상자에게 그대로 적용하는 것은 적합하지 않다. 보호관찰법 제32조 제3항이 보호관찰 대상자에게 과할 수 있는 특별준수사항으로 정한 "범죄행위로 인한 손해를 회복하기 위하여 노력할 것(제4호)" 등 같은 항 제1호부터 제9호까지의 사항은 보호관찰 대상자에 한해 부과할 수 있을 뿐, 사회봉사명령·수강명령 대상자에 대해서는 부과할 수 없다(대법원 2020.11.5. 2017도18291).
① 보호관찰 등에 관한 법률 제29조 제1항

② 동법 제63조 제2항
③ 대법원 1997.6.13. 97도703

정답: ④

074 「보호관찰 등에 관한 법률」에 따라 보호관찰심사위원회의 위원 위촉대상으로 열거되어 있지 아니한 자는?

① 경찰서장
② 소년원장
③ 교도소장
④ 판사

해설

②·③·④ 심사위원회의 위원은 판사, 검사, 변호사, 보호관찰소장, 지방교정청장, 교도소장, 소년원장 및 보호관찰에 관한 지식과 경험이 풍부한 사람 중에서 법무부장관이 임명하거나 위촉한다(보호관찰 등에 관한 법률 제7조 제3항).

정답: ①

075 보호관찰심사위원회의 관장사무에 해당되지 않는 것은?

① 임시퇴원과 그 취소에 관한 사항
② 가석방과 그 취소에 관한 사항
③ 보호관찰의 정지와 그 취소에 관한 사항
④ 보호관찰의 해제와 그 취소에 관한 사항

해설

보호관찰심사위원회 관장사무(보호관찰 등에 관한 법률 제6조)

1. 가석방과 그 취소에 관한 사항
2. 임시퇴원과 그 취소에 관한 사항 및 「보호소년 등의 처우에 관한 법률」 제43조 제3항에 따른 보호소년의 퇴원에 관한 사항
3. 보호관찰의 임시해제와 그 취소에 관한 사항
4. 보호관찰의 정지와 그 취소에 관한 사항
5. 가석방 중인 사람의 부정기형의 종료에 관한 사항
6. 이 법 또는 다른 법령에서 심사위원회의 관장사무로 규정된 사항
7. 제1호 내지 제6호에 관련된 사항으로서 위원장이 회의에 부치는 사항

정답: ④

076 보호관찰심사위원회의 권한으로 바르게 설명된 것은?

① 심사위원회는 임시해제결정을 받은 사람에 대하여 다시 보호관찰을 하는 것이 적절하다고 인정되면 보호관찰소의 장의 신청에 의해서만 임시해제결정을 취소할 수 있다.
② 심사위원회는 보호관찰대상자의 성적이 양호할 때에는 보호관찰소의 장의 신청을 받거나 직권으로 보호관찰을 임시해제할 수 있다.
③ 심사위원회의 회의는 재적위원 과반수의 출석으로 개의하고, 출석위원 3분의 2 이상의 찬성으로 의결한다.
④ 심사위원회의 회의는 공개를 원칙으로 한다.

해설

① 심사위원회는 임시해제결정을 받은 사람에 대하여 다시 보호관찰을 하는 것이 적절하다고 인정되면 보호관찰소의 장의 신청을 받거나 직권으로 임시해제결정을 취소할 수 있다(보호관찰 등에 관한 법률 제52조 제3항).
③ 심사위원회의 회의는 재적위원 과반수의 출석으로 개의하고, 출석위원 과반수의 찬성으로 의결한다(동법 제12조 제1항).
④ 심사위원회의 회의는 비공개로 한다(동조 제3항). ② 동법 제52조 제1항 정답: ②

077 「보호관찰 등에 관한 법률」상 보호관찰심사위원회에 대한 설명으로 옳은 것만을 모두 고른 것은?

㉠ 가석방과 그 취소에 관한 사항을 심사한다.
㉡ 보호관찰의 정지와 그 취소에 관한 사항을 심사한다.
㉢ 심사위원회의 위원은 고위공무원단에 속하는 별정직 국가공무원 또는 3급 상당의 별정직 국가공무원으로 한다.
㉣ 심사위원회는 위원장을 포함하여 5명 이상 9명 이하의 위원으로 구성한다.
㉤ 심사위원회는 심사에 필요하다고 인정하면 국공립기관이나 그 밖의 단체에 사실을 알아보거나 관계인의 출석 및 증언과 관계 자료의 제출을 요청할 수 있다.

① ㉠, ㉡, ㉢ ② ㉠, ㉡, ㉣
③ ㉠, ㉢, ㉤ ④ ㉡, ㉢, ㉣

해설

옳은 것은 ㉠, ㉡, ㉣이다.
㉠ 보호관찰 등에 관한 법률 제6조 제1호
㉡ 동법 제6조 제4호
㉢ 심사위원회의 위원은 판사, 검사, 변호사, 보호관찰소장, 지방교정청장, 교도소장, 소년원장 및 보호관찰에 관한 지식과 경험이 풍부한 사람 중에서 법무부장관이 임명하거나 위촉한다(동법 제7조 제3항). 심사위원회의 위원 중 3명 이내의 상임위원을 두며(동법 제7조 제4항), 상임위원은 고위공무원단에 속하는 별정직 국가공무원 또는 4급 상당의 별정직 국가공무원으로 한다(동법 제10조 제1항).

㉣ 동법 제7조 제1항.
㉤ 심사위원회는 심사에 필요하다고 인정하면 국공립기관이나 그 밖의 단체에 사실을 알아보거나 관계 자료의 제출을 요청할 수 있다(동법 제11조 제3항). 즉 국공립기관이나 그 밖의 단체에게는 사실을 알아보거나 관계 자료의 제출을 요청할 수 있을 뿐 출석 및 증언을 요청할 수는 없다. 정답: ②

078 보호관찰심사위원회의 심사·결정 사항으로 옳지 않은 것은? 교정7급 2024

① 소년수형자에 대한 가석방과 그 취소
② 성충동 약물치료의 치료명령을 받아 보호관찰 중인 자의 보호관찰 준수사항 위반 정도와 치료기간 연장
③ 가석방되는 성인수형자에 대한 보호관찰의 필요성과 보호관찰이 부과된 가석방의 취소
④ 가석방 또는 임시퇴원된 사람이 있는 곳을 알 수 없어 보호관찰을 계속할 수 없는 때의 보호관찰 정지 및 그 해제

해설

② 치료경과 등에 비추어 치료명령을 받은 사람에 대한 약물치료를 계속하여야 할 상당한 이유가 있거나 정당한 사유 없이 「보호관찰 등에 관한 법률」 제32조 제2항(제4호는 제외한다) 또는 제3항에 따른 준수사항을 위반한 경우, 정당한 사유 없이 제15조 제2항을 위반하여 신고하지 아니한 경우, 거짓으로 제15조 제3항의 허가를 받거나, 정당한 사유 없이 제15조 제3항을 위반하여 허가를 받지 아니하고 주거이전, 국내여행 또는 출국을 하거나 허가기간 내에 귀국하지 아니한 경우, 법원은 보호관찰소의 장의 신청에 따른 검사의 청구로 치료기간을 결정으로 연장할 수 있다. 다만, 종전의 치료기간을 합산하여 15년을 초과할 수 없다(성폭력범죄자의 성충동 약물치료에 관한 법률 제16조 제1항). 정답: ②

079 보호관찰 등에 관한 법령상 갱생보호제도에 대한 설명으로 옳지 않은 것은? 보호7급 2024

① 갱생보호의 방법 중 숙식제공은 연장기간을 포함하여 18개월을 초과할 수 없다.
② 갱생보호 신청은 갱생보호사업 허가를 받은 자 또는 한국법무보호복지공단 외에 보호관찰소의 장에게도 할 수 있다.
③ 갱생보호사업 허가를 받은 자가 정당한 이유 없이 허가를 받은 후 6개월 이내에 갱생보호사업을 시작하지 아니하거나 1년 이상 그 실적이 없는 경우, 법무부장관은 그 허가를 취소하여야 한다.
④ 갱생보호는 그 대상자가 자신의 친족 또는 연고자 등으로부터 도움을 받을 수 없거나 그 도움만으로는 충분하지 아니한 경우에 한하여 행한다.

해설

① 모두 합하면 24개월이다. 숙식제공은 6월을 초과할 수 없다. 다만, 필요하다고 인정하는 때에는 매회 6월의 범위 내에서 3회에 한하여 그 기간을 연장할 수 있다(보호관찰 등에 관한 법률 시행령 제

41조 제2항).

② 동법 제66조 제1항

③ 동법 제70조

④ 동법 시행령 제40조 제1항

※ **보호관찰 등에 관한 법률 제70조 【갱생보호사업의 허가취소 등】** 법무부장관은 사업자가 다음 각 호의 어느 하나에 해당할 때에는 그 허가를 취소하거나 6개월 이내의 기간을 정하여 그 사업의 전부 또는 일부의 정지를 명할 수 있다. 다만, 제1호 또는 제4호에 해당하는 때에는 그 허가를 취소하여야 한다.

1. 부정한 방법으로 갱생보호사업의 허가를 받은 경우
2. 갱생보호사업의 허가조건을 위반한 경우
3. 목적사업 외의 사업을 한 경우
4. 정당한 이유 없이 갱생보호사업의 허가를 받은 후 6개월 이내에 갱생보호사업을 시작하지 아니하거나 1년 이상 갱생보호사업의 실적이 없는 경우
5. 제69조에 따른 보고를 거짓으로 한 경우
6. 이 법 또는 이 법에 따른 명령을 위반한 경우

정답: ①

080 **「보호관찰 등에 관한 법률」상 보호관찰 심사위원회에 대한 설명으로 옳은 것만을 모두 고르면?** 보호7급 2024

ㄱ. 「보호관찰 등에 관한 법률」에 따른 가석방과 그 취소에 관한 사항을 심사·결정한다.
ㄴ. 검사가 보호관찰관의 선도를 조건으로 공소제기를 유예하고 위탁한 선도업무를 관장한다.
ㄷ. 위원은 판사, 검사, 변호사, 교도소장, 소년원장, 경찰서장 및 보호관찰에 관한 지식과 경험이 풍부한 사람 중에서 보호관찰소장이 임명하거나 위촉한다.
ㄹ. 위원 중 공무원이 아닌 사람은 「형법」 제127조(공무상 비밀의 누설) 및 제129조(수뢰, 사전수뢰)부터 제132조(알선수뢰)까지의 규정을 적용할 때 공무원으로 본다.

① ㄱ, ㄴ
② ㄱ, ㄹ
③ ㄴ, ㄷ
④ ㄷ, ㄹ

해설

② 옳은 것은 ㄱ, ㄹ이다.

ㄱ. 보호관찰 등에 관한 법률 제6조 제1호

ㄴ. 검사가 보호관찰관의 선도를 조건으로 공소제기를 유예하고 위탁한 선도업무는 보호관찰소의 관장사무이다(동법 제15조 제3호).

ㄷ. 심사위원회의 위원은 판사, 검사, 변호사, 보호관찰소장, 지방교정청장, 교도소장, 소년원장 및 보호관찰에 관한 지식과 경험이 풍부한 사람 중에서 법무부장관이 임명하거나 위촉한다. 경찰서장은 해당되지 않는다.

ㄹ. 동법 제12조의2

정답: ②

081 보호관찰심사위원회의 권한으로 바르게 설명된 것은?

① 심사위원회는 임시해제 결정을 받은 자에 대하여 다시 보호관찰을 하는 것이 상당하다고 인정되는 때에는 그 임시해제 기간을 보호관찰 기간에 산입하지 아니한다.
② 심사위원회는 심사결과 가석방 또는 임시퇴원을 취소함이 적합하다고 결정한 때에는 이를 허가할 수 있다.
③ 심사위원회는 재적위원 3분의 2 출석으로 개의하고, 출석위원 과반수의 찬성으로 의결한다.
④ 심사위원회는 심사를 위하여 필요하다고 인정하는 때에는 보호관찰 대상자를 소환하여 심문하거나 상임위원 또는 보호관찰관으로 하여금 필요한 사항을 조사하게 할 수 있다.

해설

④ 심사위원회는 심사를 위하여 필요하다고 인정하는 때에는 보호관찰 대상자 기타 관계인을 소환하여 심문하거나 상임위원 또는 보호관찰관으로 하여금 필요한 사항을 조사하게 할 수 있다(보호관찰 등에 관한 법률 제11조 제2항).
① 심사위원회는 임시해제 결정을 받은 자에 대하여 다시 보호관찰을 하는 것이 상당하다고 인정되는 때(임시해제취소결정)에는 그 임시해제 기간을 보호관찰 기간에 산입한다(동법 제52조 제4항).
② 심사위원회는 제23조에 따른 심사 결과 가석방, 퇴원 또는 임시퇴원이 적절하다고 결정한 경우 및 제24조에 따른 심사 결과 보호관찰이 필요없다고 결정한 경우에는 결정서에 관계 서류를 첨부하여 법무부장관에게 이에 대한 허가를 신청하여야 하며, 법무부장관은 심사위원회의 결정이 정당하다고 인정하면 이를 허가할 수 있다(동법 제25조).
③ 심사위원회는 재적위원 과반수의 출석으로 개의하고, 출석위원 과반수의 찬성으로 의결한다(동법 제12조 제1항). 제1항에도 불구하고 회의를 개최할 시간적 여유가 없는 부득이한 경우로서 대통령령이 정하는 경우에는 서면으로 의결할 수 있다. 이 경우 재적의원 과반수의 찬성으로 의결한다(동조 제2항). 심사위원회의 회의는 비공개로 한다(동조 제3항). 결정은 이유를 붙이고 심사한 위원이 서명 또는 기명날인한 문서로써 한다(동조 제4항).

정답: ④

082 다음 보호관찰에 관한 설명 중 맞는 것은?

① 보호관찰을 조건으로 형의 선고유예를 받은 자의 보호관찰기간은 2년으로 한다.
② 보호관찰에 관한 사무를 관장하기 위하여 법무부차관 소속하에 보호관찰소를 둔다.
③ 보호관찰에 관한 사항을 심사·결정하기 위하여 법무부장관 소속으로 보호관찰심사위원회를 둔다.
④ 보호관찰심사위원회는 사무처리를 위하여 보호관찰관을 둔다.

해설

① 보호관찰을 조건으로 형의 선고유예를 받은 자의 보호관찰기간은 1년이다(보호관찰 등에 관한 법률 제30조 제1호).
② 법무부장관 소속으로 보호관찰소를 둔다(동법 제14조 제1항).
④ 보호관찰소에는 보호관찰소의 사무를 처리하기 위하여 보호관찰관을 둔다(동법 제16조 제1항).
③ 동법 제5조 제1항

정답: ③

083 보호관찰제도에 대한 설명 중 타당한 내용은?

① 보호관찰을 부과할 시 사회봉사명령이나 수강명령을 선택하여 부과한다.
② 검사가 보호관찰관이 선도함을 조건으로 공소제기를 유예하면 보호관찰관은 선도위탁받은 사람들에게 선도업무를 수행한다.
③ 가석방될 자에 대하여는 반드시 보호관찰을 실시하여야 하고, 준수사항을 중대하게 위반하면 가석방은 실효된다.
④ 가석방의 결정과 그 취소에 관한 사항은 보호관찰심사위원회의 의결을 거쳐 법무부장관이 결정한다.

해설

① 형의 집행을 유예하는 경우에는 보호관찰을 받을 것을 명하거나 사회봉사 또는 수강을 명할 수 있다(형법 제62조의2 제1항). 즉 사회봉사명령이나 수강명령은 보호관찰을 전제하는 것이 아니라 독립적으로 부과할 수 있다.
③ 가석방된 자는 가석방기간 중 보호관찰을 받는다. 다만 가석방을 허가한 행정관청이 필요가 없다고 인정한 때에는 그러하지 아니하다(동법 제73조의2 제2항). 즉 가석방된 자에 대한 보호관찰은 예외적으로 부과하지 않을 수 있다. 또한 가석방의 처분을 받은 자가 감시에 관한 규칙을 위배하거나, 보호관찰의 준수사항을 위반하고 그 정도가 무거운 때에는 가석방처분을 취소할 수 있다. 즉 실효가 아니라 취소이다.
④ 성인수형자에 대한 가석방의 결정과 취소는 가석방심사위원회를 거쳐 법무부장관이 결정하나, 소년수형자에 대한 가석방의 결정과 취소는 보호관찰심사위원회를 거쳐 법무부장관이 결정한다.
② 보호관찰 등에 관한 법률 제15조 제3호 정답: ②

084 다음에서 설명하는 올린(L. E. Ohlin)의 보호관찰관 유형은?

> 이 유형의 보호관찰관은 주로 직접적인 지원이나 강연 또는 칭찬과 꾸중 등 비공식적인 방법을 이용한다. 또한 보호관찰관은 사회의 보호, 즉 사회방위와 범죄자 개인의 개선·보호를 조화시키고자 하므로 역할갈등을 크게 겪는다.

① 처벌적 보호관찰관(punitive probation officer)
② 보호적 보호관찰관(protective probation officer)
③ 복지적 보호관찰관(welfare probation officer)
④ 수동적 보호관찰관(passive probation officer)

해설

보호적 보호관찰관 유형이다.

〈올린의 보호관찰관 유형〉

보호관찰관의 유형	주요 특징
처벌적 보호관찰관	위협과 처벌을 수단으로 범죄자를 사회에 동조하도록 강요하고 사회의 보호, 범죄자의 통제 그리고 범죄자에 대한 체계적 의심 등 강조
보호적 보호관찰관	• 사회와 범죄자의 보호 양자 사이를 망설이는 유형 • 주로 직접적인 지원이나 강연 또는 칭찬과 꾸중의 방법을 이용 • 사회와 범죄자의 입장을 번갈아 편들기 때문에 어정쩡한 입장에 처하기 쉬움
복지적 보호관찰관	• 자신의 목표를 범죄자에 대한 복지의 향상에 두고 범죄자의 능력과 한계를 고려하여 적응할 수 있도록 도움을 줌 • 범죄자의 개인적 적응 없이는 사회의 보호도 있을 수 없다고 믿음
수동적 보호관찰관	자신의 임무를 단지 최소한의 노력을 요하는 것으로 인식하는 사람

정답: ②

085 (가)와 (나)에 들어갈 내용을 바르게 연결한 것은?

> (가)는(은) 보호관찰관의 기능과 자원의 활용에 따라 보호관찰을 모형화하였는데, 이 중 (나) 모형이란 전문성을 갖춘 보호관찰관이 외부의 사회적 자원을 적극 개발하고 활용하는 유형을 말한다.

	(가)	(나)
①	Crofton	옹호(advocacy)
②	Crofton	중개(brokerage)
③	Smykla	옹호(advocacy)
④	Smykla	중개(brokerage)

해설

④ 스미크라의 중개모형이다.

〈스미크라의 보호관찰 모형〉

전통적 모형	내부자원 활용 + 대상자에 대해서 지도·감독에서 보도원호에 이르기까지 다양한 기능을 수행하나 통제가 더 강조됨
프로그램모형	내부적으로 해결하고 관찰관이 전문가로 기능하기 때문에 대상자를 분류하여 관찰관의 전문성에 따라 배정하게 됨
옹호모형	외부자원을 적극 활용하여 관찰대상자에게 다양하고 전문적인 사회적 서비스를 제공받을 수 있도록 무작위로 배정된 대상자들을 사회기관에 위탁하는 것을 주요 일과로 삼고 있음
중개모형	사회자원의 개발과 중개의 방법으로 외부자원을 적극 활용하여 대상자가 전문적인 보호관찰을 받을 수 있게 하는 것

정답: ④

086 보호관찰 대상자의 보호관찰기간으로 옳지 않은 것은?

① 「치료감호 등에 관한 법률」상 치료감호 가종료자 : 3년
② 「소년법」상 단기 보호관찰처분을 받은 자 : 1년
③ 「형법」상 보호관찰을 조건으로 형의 선고유예를 받은 자 : 1년
④ 「가정폭력범죄의 처벌 등에 관한 특례법」상 보호관찰처분을 받은 자 : 1년

해설

보호관찰처분을 받은 자의 보호관찰기간은 6개월을 초과할 수 없다(가정폭력범죄의 처벌 등에 관한 특례법 제41조).

정답: ④

★3회★

087 현행법령상 보호관찰의 기간에 대해 틀린 것은?

① 보호관찰을 조건으로 형의 선고유예를 받은 자는 1년
② 소년원 퇴원자는 퇴원일로부터 6월 이상 2년 이하의 범위 안에서 심사위원회가 정한 기간
③ 가석방자는 형법 제73조의2 또는 소년법 제66조에 규정된 기간
④ 보호관찰을 조건으로 형의 집행유예를 선고받은 자는 그 유예기간

해설

보호관찰대상자의 보호관찰 기간(보호관찰 등에 관한 법률 제30조)

1. 보호관찰을 조건으로 형의 선고유예를 받은 자는 1년
2. 보호관찰을 조건으로 형의 집행유예의 선고를 받은 자는 그 유예기간. 다만, 법원이 보호관찰기간을 따로 정한 경우에는 그 기간
3. 가석방자는 형법 제73조의2 또는 소년법 제66조에 규정된 기간
4. 임시퇴원자는 퇴원일부터 6월 이상 2년 이하의 범위 내에서 심사위원회가 정한 기간
5. 「소년법」 제32조 제1항 제4호 및 제5호의 보호처분을 받은 자는 그 법률에서 정한 기간
6. 다른 법률에 의하여 이 법에 의한 보호관찰을 받은 자는 그 법률에서 정한 기간

정답: ②

088 **「보호관찰 등에 관한 법률」상 보호관찰 대상자의 일반적인 준수사항에 해당하는 것만을 모두 고른 것은?**

> ㉠ 주거지에 상주(常住)하고 생업에 종사할 것
> ㉡ 범죄행위로 인한 손해를 회복하기 위하여 노력할 것
> ㉢ 범죄로 이어지기 쉬운 나쁜 습관을 버리고 선행(善行)을 하며 범죄를 저지를 염려가 있는 사람들과 교제하거나 어울리지 말 것
> ㉣ 보호관찰관의 지도·감독에 따르고 방문하면 응대할 것
> ㉤ 주거를 이전(移轉)하거나 1개월 이상 국내외 여행을 할 때에는 미리 보호관찰관에게 신고할 것
> ㉥ 일정량 이상의 음주를 하지 말 것

① ㉠, ㉡, ㉢, ㉣
② ㉠, ㉢, ㉣, ㉤
③ ㉡, ㉢, ㉣, ㉤, ㉥
④ ㉠, ㉡, ㉢, ㉣, ㉤, ㉥

해설

② ㉠·㉢·㉣·㉤은 보호관찰 대상자의 일반준수사항에 해당하나, ㉡·㉥은 특별준수사항에 해당한다(보호관찰 등에 관한 법률 제32조 제2항·제3항 참조).

정답: ②

089 **보호관찰에 관한 설명으로 옳은 것은?**

① 법원의 판결이나 결정이 확정된 때부터 시작된다.
② 보호관찰은 부가적 처분으로 부과할 수 있을 뿐이고, 독립적 처분으로 부과할 수 없다.
③ 보호관찰대상자가 보호관찰의 준수사항을 위반한 경우 보호관찰을 취소해야 한다.
④ 보호관찰에 대한 임시해제결정이 취소된 때에는 그 임시해제기간은 보호관찰기간에 산입되지 않는다.

해설

② 보호관찰은 독립적 처분으로 부과할 수 있다. 즉 형법 제59조의2 제1항은 "형의 선고를 유예하는 경우에 재범방지를 위하여 지도 및 원호가 필요한 때에는 보호관찰을 받을 것을 명할 수 있다"고 규정하고 있고, 형법 제62조의2 제1항은 "형의 집행을 유예하는 경우에는 보호관찰을 받을 것을 명하거나 사회봉사 또는 수강을 명할 수 있다"고 규정하고 있다.
③ 보호관찰대상자가 보호관찰에 따른 준수사항을 위반한 경우에는 경고(보호관찰 등에 관한 법률 제38조)·구인(동법 제39조)·긴급구인(동법 제40조)·유치(동법 제42조)·가석방 및 임시퇴원의 취소(동법 제48조)·보호처분의 변경(동법 제49조) 등의 제재수단을 사용할 수 있다.
④ 임시해제 결정이 취소된 경우에는 그 임시해제 기간을 보호관찰 기간에 포함한다(동법 제52조 제4항).
① 동법 제29조 제1항

정답: ①

★중요★
090 **「보호관찰 등에 관한 법률」상 구인(제39조 또는 제40조)한 보호관찰 대상자의 유치에 대한 설명으로 옳지 않은 것은?**

① 보호관찰소의 장은 가석방 및 임시퇴원의 취소 신청이 필요하다고 인정되면 보호관찰 대상자를 수용기관 또는 소년분류심사원에 유치할 수 있다.
② 보호관찰 대상자를 유치하려는 경우에는 보호관찰소의 장이 검사에게 신청하여 검사의 청구로 관할 지방법원 판사의 허가를 받아야 하며, 이 경우 검사는 보호관찰 대상자가 구인된 때부터 48시간 이내에 유치 허가를 청구하여야 한다.
③ 유치된 사람에 대하여 보호관찰을 조건으로 한 형의 선고유예가 실효되거나 집행유예가 취소된 경우 또는 가석방이 취소된 경우에는 그 유치기간을 형기에 산입한다.
④ 유치의 기간은 구인한 날부터 20일로 한다. 다만, 보호처분의 변경 신청을 위한 유치에 있어서는 심사위원회의 심사에 필요하면 10일의 범위에서 한 차례만 유치기간을 연장할 수 있다.

해설

④ 법원은 보호관찰을 조건으로 한 형의 선고유예의 실효 및 집행유예의 취소 청구의 신청 또는 보호처분의 변경 신청이 있는 경우에 심리를 위하여 필요하다고 인정되면 심급마다 20일의 범위에서 한 차례만 유치기간을 연장할 수 있다(보호관찰 등에 관한 법률 제43조 제2항).

보호관찰소의 장은 가석방 및 임시퇴원의 취소 신청이 있는 경우에 심사위원회의 심사에 필요하면 검사에게 신청하여 검사의 청구로 지방법원 판사의 허가를 받아 10일의 범위에서 한 차례만 유치기간을 연장할 수 있다(동법 제43조 제3항).

정답: ④

091 **「보호관찰 등에 관한 법률」상 보호관찰 대상자의 구인 및 유치에 대한 설명으로 옳은 것은?**

보호9급 2024

① 보호관찰관은, 보호관찰 대상자가 준수사항을 위반하였다고 의심할 상당한 이유가 있고 조사에 따른 소환에 불응하는 경우, 관할 지방검찰청의 검사에게 구인장을 신청할 수 있다.
② 유치된 보호관찰 대상자에 대하여 보호관찰을 조건으로 한 형의 선고유예가 실효된 경우에 그 유치기간은 형기에 산입되지 않는다.
③ 구인한 대상자를 유치하기 위한 신청이 있는 경우, 검사는 보호관찰 대상자가 구인된 때부터 48시간 이내에 관할 지방법원 판사에게 유치허가를 청구하여야 한다.
④ 보호관찰부 집행유예의 취소청구를 하려는 경우, 보호관찰소의 장은 유치허가를 받은 때부터 48시간 이내에 관할 지방검찰청의 검사에게 그 신청을 하여야 한다.

해설

③ 보호관찰 등에 관한 법률 제42조 제2항
① 보호관찰관이 아닌 보호관찰소의 장은 보호관찰 대상자가 제32조의 준수사항을 위반하였거나 위반하였다고 의심할 상당한 이유가 있고, 일정한 주거가 없는 경우, 조사를 위한 소환에 따르지 아니

한 경우, 도주한 경우 또는 도주할 염려가 있는 경우에는 관할 지방검찰청의 검사에게 신청하여 검사의 청구로 관할 지방법원 판사의 구인장을 발부받아 보호관찰 대상자를 구인(拘引)할 수 있다(동법 제39조 제1항).

② 유치된 사람에 대하여 보호관찰을 조건으로 한 형의 선고유예가 실효되거나 집행유예가 취소된 경우 또는 가석방이 취소된 경우에는 그 유치기간을 형기에 산입한다(동법 제45조).

④ 보호관찰소의 장은 유치허가를 받은 때부터 48시간 이내에 관할 지방검찰청의 검사에게 그 신청을 하여야 한다(동법 제42조 제3항). 정답: ③

092 「보호관찰 등에 관한 법률」상 구인에 대한 설명으로 옳지 않은 것은?

① 보호관찰소의 장은 구인사유가 있는 경우 관할 지방검찰청의 검사에게 신청하여 검사의 청구로 관할 지방법원 판사의 구인장을 발부받아 보호관찰대상자를 구인할 수 있다.

② 보호관찰소의 장은 구인사유가 있는 경우로서 긴급하여 구인장을 발부받을 수 없는 경우에는 그 사유를 알리고 구인장 없이 보호관찰대상자를 구인할 수 있다.

③ 보호관찰소의 장은 보호관찰대상자를 긴급구인한 경우에는 긴급구인서를 작성하여 48시간 내에 관할 지방검찰청 검사의 승인을 받아야 한다.

④ 보호관찰소의 장은 긴급구인에 대하여 관할 지방검찰청 검사의 승인을 받지 못하면 즉시 보호관찰대상자를 석방하여야 한다.

해설

③ 보호관찰소의 장은 보호관찰대상자를 긴급구인한 경우에는 긴급구인서를 작성하여 즉시 관할 지방검찰청 검사의 승인을 받아야 한다(보호관찰 등에 관한 법률 제40조 제2항).

① 동법 제39조 제1항, ② 동법 제40조 제1항, ④ 동조 제3항 정답: ③

093 「보호관찰 등에 관한 법률」에 규정된 보호관찰의 절차로 틀린 것은?

① 보호관찰에 관한 사항을 심사결정하기 위하여 보호관찰심사위원회가 있다.

② 보호관찰소는 보호관찰, 사회봉사명령, 수강명령, 갱생보호업무를 관장한다.

③ 범죄예방자원봉사위원은 명예직으로 법무부장관이 위촉한다.

④ 보호관찰의 집행에 있어 예외적으로 경찰이 담당하는 경우도 있다.

해설

④ 보호관찰은 보호관찰대상자의 주거지를 관할하는 보호관찰소 소속 보호관찰관이 담당한다(보호관찰 등에 관한 법률 제31조).

① 동법 제5조 제1항, ② 동법 제15조 제1호·제2호, ③ 동법 제18조 제2항·제4항 정답: ④

★3회★
094 **「보호관찰 등에 관한 법률」상 범죄의 내용과 종류 및 본인의 특성 등을 고려하여 특별준수사항으로 따로 부과할 수 있는 것은?**

① 주거지에 상주하고 생업에 종사할 것
② 재범의 기회나 충동을 줄 수 있는 특정 지역·장소의 출입을 하지 말 것
③ 주거를 이전하거나 1개월 이상 국내외 여행을 할 때에는 미리 보호관찰관에게 신고할 것
④ 범죄로 이어지기 쉬운 나쁜 습관을 버리고 선행을 하며 범죄를 저지를 염려가 있는 사람들과 교제하거나 어울리지 말 것

해설

②는 특별준수사항에 해당하나(보호관찰 등에 관한 법률 제32조 제3항), ①·③·④는 일반준수사항에 해당한다(동조 제2항).

정답: ②

095 **보호관찰제도에 관한 법령과 판례에 대한 설명으로 옳은 것은?**

① 현역 군인 등 군법 적용 대상자에 대해서도 보호관찰, 사회봉사명령, 수강명령을 명할 수 있다.
② 성폭력범죄를 범한 피고인에게 형의 집행을 유예하면서 보호관찰을 받을 것을 명하지 않은 채 위치추적 전자장치 부착을 명하는 것은 적법하다.
③ 「가정폭력범죄의 처벌 등에 관한 특례법」상 사회봉사명령을 부과하면서 행위시법상 사회봉사명령 부과시간의 상한인 100시간을 초과하여 상한을 200시간으로 올린 신법을 적용한 것은 적법하다.
④ 보호관찰명령 없이 사회봉사·수강명령만 선고하는 경우 보호관찰대상자에 대한 특별준수사항을 사회봉사·수강명령대상자에게 그대로 적용하는 것은 적합하지 않다.

해설

④ 보호관찰 등에 관한 법률에서는 보호관찰대상자에 대한 특별준수사항과 사회봉사·수강명령 대상자에 대한 특별준수사항을 별도로 규정하고 있다(보호관찰 등에 관한 법률 제32조 제3항, 제62조 제3항).
① 군사법원법 제2조 제1항 각 호의 어느 하나에 해당하는 사람에게는 「보호관찰 등에 관한 법률」을 적용하지 아니한다(동법 제56조). 따라서 현역 군인 등 군법 적용 대상자에 대해서는 보호관찰, 사회봉사명령, 수강명령을 명할 수 없다.
② 「특정 범죄자에 대한 위치추적 전자장치 부착 등에 관한 법률」(현 특정 범죄자에 대한 보호관찰 및 전자장치 부착 등에 관한 법률) 제28조 제1항에 "법원은 특정범죄를 범한 자에 대하여 형의 집행을 유예하면서 보호관찰을 받을 것을 명할 때에는 보호관찰기간의 범위 내에서 기간을 정하여 준수사항의 이행 여부 확인 등을 위하여 전자장치를 부착할 것을 명할 수 있다"고 규정하고, 제9조 제4항 제4호에 "법원은 특정범죄사건에 대하여 선고유예 또는 집행유예를 선고하는 때(제28조 제1항에 따라 전자장치부착을 명하는 때를 제외한다)에는 판결로 부착명령 청구를 기각하여야 한다." 고 규정하고 있으며, 제12조 제1항에 "부착명령은 검사의 지휘를 받아 보호관찰관이 집행한다."고 규정하고 있다. 위 법률에 의하면 법원이 특정범죄를 범한 자에 대하여 형의 집행을 유예하면서 보호관찰을 받을 것을 명하는 때에만 전자장치를 부착할 것을 명할 수 있다고 할 것이다. 그런데도

원판결 및 제1심 판결이 피고인에 대하여 형의 집행을 유예하면서 보호관찰을 받을 것을 명하지 않은 채 전자 장치를 부착할 것을 명한 것은 법령에 위반한 것이다(대판 2011.2.24. 2010오1).

③ 「가정폭력범죄의 처벌 등에 관한 특례법」상 사회봉사명령을 부과하면서 행위시법상 사회봉사명령 부과시간의 상한인 100시간을 초과하여 상한을 200시간으로 올린 신법을 적용한 것은 위법하다(대결 2008.7.24. 2008어4).

정답: ④

★중요★

096 **「보호관찰 등에 관한 법률」상 보호관찰소 소속 공무원이 보호관찰대상자에 대한 정당한 직무집행 과정에서 도주방지, 항거억제, 자기 또는 타인의 생명·신체에 대한 위해방지를 위하여 필요하다고 인정되는 상당한 이유가 있을 때 사용할 수 있는 보호장구는?**

① 보호의자 ② 보호복
③ 머리보호장비 ④ 전자충격기

해설

④ 보호관찰 등에 관한 법률상 보호관찰대상자에게 사용할 수 있는 보호장구는 수갑, 포승, 보호대, 전자충격기, 가스총이다(보호관찰 등에 관한 법률 제46조의3항).

정답: ④

097 **주로 단기자유형을 선고해야 될 범죄자나 경미한 범죄를 저지른 자에 대해서 교정시설에 수용하여 자유형을 집행하는 대신 일정 기간 무보수로서 의무적인 작업을 실시하는 것으로 범죄로 인한 피해에 대해 노동으로 사회에 보상하는 것은?**

① 사회봉사명령 ② 보호관찰
③ 집행유예 및 선고유예 ④ 수강명령

정답: ①

098 **사회봉사명령제도에 대한 설명으로 옳지 않은 것은? (다툼이 있는 경우 판례에 의함)**

① 다양한 형벌목적을 결합시킬 수 없어 자유형에 상응한 형벌효과를 거둘 수 없다.
② 자유형의 집행을 대체하기 위한 것이므로 피고인에게 일정한 금원을 출연하거나 이와 동일시할 수 있는 행위를 명하는 것은 허용될 수 없다.
③ 강제노역으로서 이론상 대상자의 동의를 요한다고 하여야 할 것이나, 현행법은 대상자의 동의를 요건으로 하고 있지 않다.
④ 일반인의 직업활동을 저해할 우려가 있고, 대상자에게 또 다른 낙인으로 작용할 수 있다.

해설

① 사회봉사명령은 다양한 형벌목적을 결합시킬 수 있어 자유형에 상응한 형벌효과를 거둘 수 있다.

정답: ①

099 사회봉사명령의 장점이 아닌 것은?

① 피해배상의 성격을 가지고 있다.
② 교육적 효과가 있다.
③ 형벌적 성격을 완전히 배제한 형사제재에 해당한다.
④ 사회복귀적 요소가 있다.

해설

③ 사회봉사명령은 일상적인 사회생활을 유지하게 한다는 점에서 사회내처우에 해당하지만, 다양한 형벌목적을 결합할 경우 자유형에 상응한 형벌효과를 거둘 수 있다는 특징이 있다.

〈사회봉사명령제도의 장단점〉

장점	단점
• 범죄적 악풍감염 및 낙인을 방지 • 범죄인의 사회복귀에 유리 • 긍정적 가치관과 건전한 근로습관을 형성 • 범죄인을 통제의 대상에서 사회에 봉사하는 능동적 지위로 전환 • 타인을 위한 노동이 속죄의 수단으로 효과적 • 구금에 따르는 행형비용의 절감 • 다양한 형벌목적을 결합시켜 자유형에 상응한 형벌효과를 거둘 수 있음	• 대상자의 선정, 위반행위에 대한 조치, 교통비의 지급, 노동시간에의 산입 등에 있어 일관성 부족 • 관리인력이나 충분한 예산이 확보되지 않을 경우 형식에 흐를 수 있음 • 사회봉사명령의 목적이 지나치게 광범위하고, 법적 성격이 분명하지 않아 그 효과가 반감되고 있다는 비판이 있음 • 사회내처우의 유용성에 대한 실증적 저해 가능 • 일반사회인의 정상적 작업활동 저해 가능 • 대상자에게 또 다른 낙인으로 작용될 수 있음

정답: ③

100 사회봉사명령제도에 관한 설명으로 옳지 않은 것은 모두 몇 개인가?

㉠ 처벌적 성격, 사회에 대한 배상, 자신에 대한 속죄, 범죄인과 사회의 재통합 등 여러 이념을 내포하고 있어 보호관찰 이래 최대의 형벌개혁으로 평가받고 있다.
㉡ 보호관찰이 범죄인을 사회적으로 부조의 대상으로 보지 않고 그 주체로 보고 있다면, 사회봉사명령은 범죄의 원인을 범죄자의 사회적응실패로 보고 이를 해결하는 데에 중점을 둔다.
㉢ 보호관찰은 주로 가정이나 사무실에서 면담을 통해 이루어지는 반면, 사회봉사명령은 주로 외부사회에서 이루어진다.
㉣ 우리나라의 사회봉사명령제도는 1988년 12월 31일 소년법의 개정에 따라 1989년 7월 1일부터 시행되었으며, 1995년 12월 29일 형법 개정으로 그 대상이 성인으로 확대되었다.

① 1개　② 2개　③ 3개　④ 4개

해설

× : ㉡ 보호관찰이 범죄의 원인을 범죄자의 사회적응 실패로 보고 이를 해결하는 데에 중점을 두는 제도라면, 사회봉사명령은 범죄자를 사회적 부조의 대상으로 보지 않고 그 주체로 보는 제도이다.

O : ㉠, ㉢, ㉣

사회봉사명령과 보호관찰
• 보호관찰은 범죄의 원인을 범죄인의 사회적응 실패로 보고 이를 해결하는 것에 중점을 두는 반면, 사회봉사명령은 범죄인을 사회적 부조의 대상으로 보지 않고 그 주체로 본다. • 보호관찰은 주로 가정이나 사무실에서 면담을 통해 이루어지는 반면, 사회봉사명령은 주로 외부사회에서 이루어진다. • 보호관찰은 그 성취 여부를 객관적으로 확인하기 어려운 반면, 사회봉사명령은 성취 여부를 객관적으로 확인할 수 있다. • 보호관찰은 전문가에 의한 개별적 관찰과 원호가 중시되는 반면, 사회봉사명령은 독지가의 참여가 중시된다. • 보호관찰은 감시와 통제가 주류를 이루어 비생산적인 반면, 사회봉사명령은 노동을 통한 사회생산성에 기여하므로 사회적 비용 면에서 경제적이다. • 보호관찰에서는 범죄인이 지도 및 원조를 받는 수동적 존재인 반면, 사회봉사명령은 범죄인이 사회에 봉사하는 능동적 존재이다.

정답: ①

101 사회봉사명령에 적합한 성인 대상자의 유형으로 적절하지 않은 것은?

① 사회적으로 고립되어 있거나 단편적인 생활양식을 가진 자
② 자신을 비하하거나 목적 없이 생활하면서 자신의 능력을 모르는 때
③ 마약이나 알코올중독으로 비고의적 범죄를 범한 경우
④ 근로정신이 희박하고 다른 사람의 재물을 탐내거나 직무와 관련하여 부당한 대가를 받은 때

해설

③ 사회봉사명령은 비교적 경미한 범죄자를 대상으로 사회생활을 유지하게 하면서 사회봉사활동을 하도록 하는 제도이므로 마약이나 알코올중독으로 인한 비고의적 범죄를 범한 자는 그 대상이 되기 어렵다.

정답: ③

102 다음 중 현행법상 사회봉사명령에 대한 설명으로 가장 옳지 않은 것은? 해경간부 2023

① 형의 집행을 유예할 경우 부과할 수 있다.
② 소년범에 대하여는 사회봉사명령을 부과할 수 없다.
③ 사회봉사명령은 보호관찰관이 집행한다.
④ 보호관찰관은 사회봉사명령의 집행을 국공립기관이나 그 밖의 단체에 위탁한 때에는 이를 법원 또는 법원의 장에게 통보하여야 한다.

해설

② 소년부 판사는 심리 결과 보호처분을 할 필요가 있다고 인정하면 결정으로써 14세 이상 소년에게 사회봉사명령을 부과할 수 있다(소년법 제32조 제1항).

정답: ②

★중요★
103 「보호관찰 등에 관한 법률」상 사회봉사명령에 대한 설명으로 옳지 않은 것은?

① 보호관찰관은 국공립기관이나 그 밖의 단체에 사회봉사명령 집행의 전부 또는 일부를 위탁할 수 있다.
② 법원은 형법상 사회봉사를 명할 경우에 대상자가 사회봉사를 할 분야와 장소 등을 지정하여야 한다.
③ 사회봉사명령 대상자는 주거를 이전하거나 1개월 이상 국내외 여행을 할 때에는 미리 보호관찰관에게 신고하여야 한다.
④ 형법상 형의 집행유예 시 사회봉사를 명할 때에는 다른 법률에 특별한 규정이 없으면 500시간의 범위에서 그 기간을 정하여야 한다.

해설

② 법원은 사회봉사대상자가 사회봉사를 할 분야와 장소 등을 지정할 수 있다(보호관찰 등에 관한 법률 제59조 제2항).
① 동법 제61조 제1항, ③ 동법 제62조 제2항, ④ 동법 제59조 제1항 정답: ②

104 사회봉사명령에 대한 다음 설명 중 옳지 않은 것으로만 묶인 것은?

㉠ 1988년 12월 31일 소년법의 개정으로 우리나라에 처음으로 도입되었다.
㉡ 소년법상의 사회봉사명령은 12세 이상의 소년에게만 할 수 있다.
㉢ 형법은 사회봉사명령을 형의 집행유예에 대한 부수처분으로 규정하고 있다.
㉣ 「성폭력범죄의 처벌 등에 관한 특례법」은 형의 선고를 유예하는 경우에도 사회봉사를 명할 수 있도록 규정하고 있다.

① ㉠, ㉡ ② ㉢, ㉣ ③ ㉡, ㉢ ④ ㉡, ㉣

해설

× : ㉡ 소년법상의 사회봉사명령은 14세 이상의 소년에게만 할 수 있다(소년법 제32조 제3항). ㉣ 「성폭력범죄의 처벌 등에 관한 특례법」은 형의 선고를 유예하는 경우에 보호관찰만을 명할 수 있도록 하고 있다(동법 제16조 제1항).
○ : ㉠·㉢ 형법 제62조의2 제1항 정답: ④

105 사회봉사명령제도에 대한 설명으로 옳은 것은?(다툼이 있는 경우 판례에 의함)

① 형법상 사회봉사명령은 집행유예기간 내에 이를 집행한다.
② 소년법상 사회봉사명령은 12세 이상의 소년에게만 할 수 있다.
③ 보호관찰과 사회봉사명령 또는 수강명령은 동시에 명할 수 없다.
④ 형법상 사회봉사명령은 집행유예 또는 선고유예를 선고받은 사람에게 부과할 수 있다.

해설

② 사회봉사명령은 14세 이상인 소년에 대해서만 가능하다(소년법 제32조 제3항).
③ 대법원은 형법 제62조의2 제1항(형의 집행을 유예하는 경우에는 보호관찰을 받을 것을 명하거나 사회봉사 또는 수강을 명할 수 있다)은 보호관찰과 사회봉사를 각각 독립하여 명할 수 있다는 것이고, 그 양자를 동시에 명할 수 없다는 취지로 해석하여서는 아니 된다고 판시하고 있다(대판 1998.4.24. 98도98).
④ 형법상 사회봉사명령은 형의 집행유예를 선고하는 경우에만 부과될 수 있다(형법 제62조의2 제1항).
① 동법 제62조의2 제3항.

정답: ①

106 현행법상 사회봉사명령제도에 관한 설명으로 옳지 않은 것은?

① 형의 집행을 유예할 경우 부과할 수 있다.
② 소년범에 대하여는 사회봉사명령을 부과할 수 없다.
③ 형의 집행유예기간의 경과는 사회봉사명령 종료사유의 하나이다.
④ 형법에 의한 사회봉사는 500시간을 초과하여 명할 수 없다.

해설

② 우리나라 사회봉사명령제도는 1988년 12월 31일 개정된 소년법에 따라 1989년 7월 1일부터 소년범을 대상으로 시행되었으며, 1995년 12월 29일 개정된 형법에 따라 성인에게도 부과할 수 있게 되었다. 즉 현행 소년법에서는 수강명령을 보호처분의 하나로 규정하고 있다(소년법 제32조 제1항 제3호).
① 형법 제62조의2 제1항. ④ 보호관찰 등에 관한 법률 제59조 제1항

사회봉사명령 대상자
• 형법 제62조의2에 따라 사회봉사를 조건으로 형의 집행유예를 선고받은 사람 • 소년법 제32조에 따라 사회봉사명령을 받은 사람 • 다른 법률에서 「보호관찰 등에 관한 법률」에 따른 사회봉사를 받도록 규정된 사람

정답: ②

107 사회봉사명령 및 수강명령에 대한 설명으로 옳지 않은 것은?

① 사회봉사명령 또는 수강명령의 집행을 완료하거나 형의 집행유예기간이 지났을 때 사회봉사명령 및 수강명령은 종료된다.
② 보호관찰관은 사회봉사명령 또는 수강명령의 집행을 국공립기관에 위탁했을 때 이를 법원 또는 법원의 장에게 통보하여야 한다.
③ 사회봉사명령 및 수강명령 대상자는 법무부령으로 정하는 바에 따라 주거, 직업, 그 밖에 필요한 사항을 보호관찰소의 장에게 신고하여야 한다.
④ 사회봉사명령 또는 수강명령은 보호관찰관이 집행하고, 보호관찰관은 국공립기관이나 그 밖의 단체에 그 집행의 전부 또는 일부를 위탁할 수 있다.

해설

③ 사회봉사명령 및 수강명령 대상자는 대통령령으로 정하는 바에 따라 주거, 직업, 그밖에 필요한 사항을 관할 보호관찰소의 장에게 신고하여야 한다(보호관찰 등에 관한 법률 제62조 제1항).
① 동법 제63조, ② 동법 제61조 제2항, ④ 동조 제1항 정답: ③

108 보호관찰 등에 관한 법령상 사회봉사명령 및 수강명령에 대한 설명으로 옳지 않은 것은 교정7급 2024

① 보호관찰관이 사회봉사명령 또는 수강명령 집행을 국공립기관이나 그 밖의 단체에 위탁한 때에는 이를 법원 또는 법원의 장에게 서면으로 통보하여야 한다.
② 법원은 사회봉사명령 또는 수강명령 대상자가 지켜야 할 준수사항을 서면으로 고지하여야 한다.
③ 「소년법」상 사회봉사명령은 200시간, 수강명령은 100시간을 초과할 수 없다.
④ 사회봉사명령 또는 수강명령 대상자가 주거를 이전하거나 7일 이상 국내외여행을 할 때에는 미리 보호관찰소의 장에게 신고하여야 한다.

해설

④ 사회봉사명령 또는 수강명령 대상자가 주거를 이전하거나 1개월 이상 국내외여행을 할 때에는 미리 보호관찰관에게 신고하여야 한다(보호관찰 등에 관한 법률 제62조 제2항 제2호). 정답: ④

109 현행법상 사회봉사명령에 대한 설명으로 옳은 것을 모두 고른 것은?(다툼이 있으면 판례에 의함)

㉠ 형의 선고를 유예하거나 형의 집행을 유예하는 경우에 사회봉사를 명할 수 있다.
㉡ 집행유예를 선고하면서 사회봉사명령으로 일정액의 금전출연을 주된 내용으로 하는 사회공헌계획의 성실한 이행을 명하는 것은 허용되지 않는다.
㉢ 소년부 판사는 결정으로써 소년에 대한 독립된 보호처분으로 사회봉사명령을 부과할 수 있다.
㉣ 소년보호사건에서 12세 이상의 소년에 대하여는 단기보호관찰과 사회봉사명령을 병합하여 처벌할 수 있다.
㉤ 소년법상 사회봉사명령은 200시간을 초과할 수 없으며 형법상의 사회봉사명령은 500시간을 초과할 수 없다.
㉥ 사회봉사명령 대상자가 1개월 이상 국외여행을 한 때에는 귀국한 후 30일 이내에 보호관찰관에게 그 사실을 신고하여야 한다.

① ㉠, ㉡, ㉣ ② ㉠, ㉣, ㉥
③ ㉡, ㉢, ㉤ ④ ㉢, ㉤, ㉥

해설

○ : ㉡ 재벌그룹 회장의 횡령행위 등에 대하여 집행유예를 선고하면서 사회봉사명령으로서 일정액의 금전출연을 주된 내용으로 하는 사회공헌계획의 성실한 이행을 명하는 것은 시간단위로 부과될 수 있는 일 또는 근로 활동이 아닌 것을 명하는 것이어서 허용될 수 없다(대판 2008.4.11. 2007도8373).

㉢ 소년법 제32조 제1항 제3호

㉤ 소년법 제33조 제4항, 보호관찰 등에 관한 법률 제59조 제1항

× : ㉠ 형의 집행을 유예하면서 사회봉사를 명할 수는 있으나, 형의 선고를 유예하면서 사회봉사를 명할 수는 없다(형법 제62조의2 제1항, 보호관찰 등에 관한 법률 제3조 제2항 제1호).

㉣ 사회봉사명령은 14세 이상인 소년에 대해서만 가능하다(소년법 제32조 제3항).

㉥ 사회봉사대상자가 주거를 이전하거나 1개월 이상 국내외 여행을 할 때에는 미리 보호관찰관에게 신고하여야 한다(보호관찰 등에 관한 법률 제62조 제2항 제2호).

사회봉사명령 대상자의 준수사항
• 보호관찰관의 집행에 관한 지시에 따를 것 • 주거를 이전하거나 1개월 이상 국내외 여행을 할 때에는 미리 보호관찰관에게 신고할 것

정답: ③

110 다음 형법상 사회봉사·수강명령에 대한 설명 중 틀린 것은?

① 벌금미납의 경우 환형처분으로 노역장유치를 명할 수 있다.

② 사회봉사명령의 최장기간은 500시간이다.

③ 선고유예 시 수강명령만 가능하다.

④ 보호처분의 경우 보호관찰과 무관하게 독립하여 부과할 수 있다.

해설

③ 보호관찰은 형의 선고유예나 집행유예를 선고할 경우 모두 부과할 수 있지만, 수강명령은 선고유예를 선고할 경우에는 부과할 수 없다(형법 제59조의2 제1항, 제62조의2 제1항). 정답: ③

111 **다음 설명 중 옳은 것(O)과 옳지 않은 것(×)을 올바르게 조합한 것은? (다툼이 있는 경우 판례에 의함)**

㉠ 성인범에 대하여 집행유예를 선고할 경우에 보호관찰과 사회봉사 또는 수강을 동시에 명할 수 있다.
㉡ 치료감호 등에 관한 법률에 의하여 치료감호가 가종료된 피치료감호자에 대해서는 보호관찰이 시작되며, 보호관찰의 기간은 3년으로 한다.
㉢ 10년의 징역형을 선고받은 소년에 대해서는 3년이 경과하면 가석방을 허가할 수 있으며, 가석방된 후 그 처분이 취소되지 아니하고 남은 형기를 경과한 때에는 형의 집행을 종료한 것으로 한다.
㉣ 성폭력범죄를 범한 소년에 대하여 형의 선고를 유예하는 경우에는 반드시 보호관찰을 명하여야 한다.
㉤ 형의 선고를 유예하거나 집행유예를 선고하는 경우에는 사회봉사 또는 수강을 명할 수 있다.

① ㉠ (O), ㉡ (×), ㉢ (×), ㉣ (O), ㉤ (O)
② ㉠ (O), ㉡ (O), ㉢ (O), ㉣ (O), ㉤ (×)
③ ㉠ (O), ㉡ (×), ㉢ (O), ㉣ (×), ㉤ (O)
④ ㉠ (×), ㉡ (O), ㉢ (×), ㉣ (×), ㉤ (O)
⑤ ㉠ (O), ㉡ (O), ㉢ (×), ㉣ (O), ㉤ (×)

해설

㉠ (O) 형법 제62조의2 제1항
㉡ (O) 치료감호법 제32조 제1항 제1호와 제32조 제2항
㉢ (×) 징역 또는 금고를 선고받은 소년에 대하여는 다음 각 호의 기간이 지나면 가석방을 허가할 수 있다(소년법 제65조).
1. 무기형의 경우에는 5년
2. 15년 유기형의 경우에는 3년
3. 부정기형의 경우에는 단기의 3분의 1
㉣ (O) 성폭력범죄의 처벌 등에 관한 특례법 제16조 제1항 단서
㉤ (×) 사회봉사명령과 수강명령은 선고유예나 가석방에는 할 수 없고 집행유예를 하는 경우에만 할 수 있다.

정답: ⑤

★중요★

112 보호관찰 등에 관한 법률상 사회봉사명령과 수강명령에 대한 설명으로 옳지 않은 것은?

① 법원은 「형법」 제62조의2에 따른 사회봉사를 명할 때에는 500시간, 수강을 명할 때에는 200시간의 범위에서 그 기간을 정하여야 한다. 다만, 다른 법률에 특별한 규정이 있는 경우에는 그 법률에서 정하는 바에 따른다.

② 법원은 「형법」 제62조의2에 따른 사회봉사 또는 수강을 명하는 판결이 확정된 때부터 3일 이내에 판결문 등본 및 준수사항을 적은 서면을 피고인의 주거지를 관할하는 보호관찰소의 장에게 보내야 한다.

③ 사회봉사·수강명령 대상자는 주거를 이전하거나 10일 이상의 국외여행을 할 때에는 미리 보호관찰관에게 신고하여야 한다.

④ 사회봉사·수강명령 대상자가 사회봉사·수강명령 집행 중 금고 이상의 형의 집행을 받게 된 때에는 해당 형의 집행이 종료·면제되거나 사회봉사·수강명령 대상자가 가석방된 경우 잔여 사회봉사·수강명령을 집행한다.

해설

③ 사회봉사·수강명령 대상자는 주거를 이전하거나 1개월 이상 국내외 여행을 할 때에는 미리 보호관찰관에게 신고하여야 한다(보호관찰 등에 관한 법률 제62조 제2항 제2호).

① 동법 제59조 제1항, ② 동법 제60조 제1항, ④ 동법 제63조 제2항 정답: ③

113 보호관찰 등에 관한 법률상 보호관찰 심사위원회가 심사·결정하는 사항으로 옳지 않은 것은?

① 가석방과 그 취소에 관한 사항

② 임시퇴원, 임시퇴원의 취소 및 「보호소년 등의 처우에 관한 법률」 제43조 제3항에 따른 보호소년의 퇴원에 관한 사항

③ 보호관찰의 임시해제와 그 취소에 관한 사항

④ 보호관찰을 조건으로 한 형의 선고유예의 실효

해설

보호관찰을 조건으로 한 형의 선고유예의 실효 및 집행유예의 취소는 법원에서 한다.

보호관찰 심사위원회의 심사·결정사항(보호관찰 등에 관한 법률 제6조)

1. 가석방과 그 취소에 관한 사항
2. 임시퇴원, 임시퇴원의 취소 및 보호소년의 퇴원에 관한 사항
3. 보호관찰의 임시해제와 그 취소에 관한 사항
4. 보호관찰의 정지와 그 취소에 관한 사항
5. 가석방 중인 사람의 부정기형의 종료에 관한 사항
6. 이 법 또는 다른 법령에서 심사위원회의 관장 사무로 규정된 사항
7. 제1호부터 제6호까지의 사항과 관련된 사항으로서 위원장이 회의에 부치는 사항

정답: ④

114 사회내처우에 대한 설명으로 옳지 않은 것은?

① 배상제도는 범죄자로 하여금 범죄로 인한 피해자의 경제적 손실을 금전적으로 배상하게 하는 것으로, 범죄자의 사회복귀를 도울 수 있으며 범죄자에게 범죄에 대한 속죄의 기회를 제공한다.
② 사회봉사명령은 유죄가 인정된 범죄인이나 비행소년을 교화개선하기 위해 이들로부터 일정한 여가를 박탈함으로써 처벌의 효과도 얻을 수 있고, 동시에 교육훈련을 통하여 자기개선적 효과를 기대할 수 있다.
③ 집중감시(감독)보호관찰은 감독의 강도가 일반보호관찰보다는 높고 구금에 비해서는 낮은 것으로, 집중적인 접촉관찰을 실시함으로써 대상자의 욕구와 문제점을 보다 정확히 파악하고, 이에 알맞은 지도·감독 및 원호를 실시하여 재범방지의 효과를 높일 수 있다.
④ 전자감시(감독)제도는 처벌프로그램의 종류라기보다는 대상자의 위치를 파악할 수 있는 감시(감독)기술로서, 구금으로 인한 폐해를 줄일 수 있고 대상자가 교화개선에 도움이 되는 각종 교육훈련과 상담을 받을 수 있다.

해설

②는 수강명령에 대한 설명이다.

정답: ②

★중요★

115 보호관찰 등에 관한 법령상 '갱생보호대상자에 대한 숙식제공'에 관한 설명으로 옳지 않은 것은?

① 숙식제공은 갱생보호시설에서 갱생보호대상자에게 숙소·음식물 및 의복 등을 제공하고 정신교육을 하는 것으로 한다.
② 숙식을 제공한 경우에는 법무부장관이 정하는 바에 의하여 소요된 최소한의 비용을 징수할 수 있다.
③ 숙식제공기간의 연장이 필요하다고 인정되는 때에는 매회 6월의 범위 내에서 3회에 한하여 그 기간을 연장할 수 있다.
④ 숙식제공기간을 연장하고자 할 때에는 해당 갱생보호시설의 장의 신청이 있어야 한다.

해설

④ 사업자 또는 공단은 영 제41조 제2항 단서의 규정에 의하여 갱생보호대상자에 대한 숙식제공의 기간을 연장하고자 할 때에는 본인의 신청에 의하되, 자립의 정도, 계속보호의 필요성 기타 사항을 고려하여 이를 결정하여야 한다(보호관찰 등에 관한 법률 시행규칙 제60조).
① 동법 시행령 제41조 제1항, ② 동법 시행령 제41조 제3항, ③ 동법 시행령 제41조 제2항

정답: ④

116 다음 중 수강명령의 부과대상이 될 수 없는 것은?

① 「경범죄처벌법」상 과다노출이나 지속적 괴롭힘 행위를 한 자
② 「성매매 알선 등 행위의 처벌에 관한 법률」상 성매매를 한 자
③ 「가정폭력범죄의 처벌 등에 관한 특례법」상 가정폭력사범
④ 「성폭력범죄의 처벌 등에 관한 특례법」상 집행유예선고를 받은 성폭력범죄자

해설

① 수강명령의 부과대상에 해당하지 않는다.
② 성매매 알선 등 행위의 처벌에 관한 특례법 제14조
③ 가정폭력 범죄의 처벌 등에 관한 특례법 제40조
④ 성폭력범죄의 처벌 등에 관한 특례법 제16조

정답: ①

117 갱생보호제도에 관한 설명으로 옳지 않은 것은?

① 미국에서 갱생보호제도는 위스터(R. Wister)를 중심으로 한 「불행한 수형자를 돕는 필라델피아 협회」 등 민간단체를 중심으로 한 출소자 보호활동에서 출발하였다.
② 갱생보호 사업을 하려는 자는 요건을 갖추어 법무부에 신고함으로써 갱생보호사업을 할 수 있다.
③ 갱생보호 대상자는 형사처분 또는 보호처분을 받은 자이다.
④ 갱생보호의 목적을 효율적으로 달성하기 위하여 한국법무보호복지공단이 법인으로 설립되어 있다.

해설

② 갱생보호사업을 하려는 자는 법무부령으로 정하는 바에 따라 법무부장관의 허가를 받아야 한다(보호관찰 등에 관한 법률 제67조 제1항).
③ 동법 제3조 제3항, ④ 동법 제71조

정답: ②

118 「보호관찰 등에 관한 법률」상 갱생보호제도에 대한 설명으로 옳지 않은 것은?

① 갱생보호는 숙식제공, 주거지원, 창업지원, 직업훈련 및 취업지원 등의 방법으로 한다.
② 갱생보호사업을 하려는 자는 대통령령으로 정하는 바에 따라 법무부장관의 허가를 받아야 한다.
③ 법무부장관은 갱생보호사업자의 허가를 취소하려면 청문을 하여야 한다.
④ 갱생보호사업을 효율적으로 추진하기 위하여 한국법무보호복지공단을 설립한다.

해설

② 갱생보호사업을 하려는 자는 법무부령으로 정하는 바에 따라 법무부장관의 허가를 받아야 한다. 허

가받은 사항을 변경하려는 경우에도 또한 같다(보호관찰 등에 관한 법률 제67조 제1항).
① 동법 제3조 제3항, ③ 동법 제70조의2, ④ 동법 제71조 정답: ②

119 갱생보호에 대한 설명으로 옳지 않은 것은?

① 갱생보호의 실시에 관한 사무는 한국법무보호복지공단이 관장한다.
② 한국법무보호복지공단 이외의 자로서 갱생보호사업을 하고자 하는 자는 법무부장관의 허가를 받아야 한다.
③ 갱생보호 대상자와 관계기관은 보호관찰소의 장, 갱생보호사업의 허가를 받은 자 또는 한국법무보호복지공단에 갱생보호신청을 할 수 있다.
④ 갱생보호 대상자는 형사처분 또는 보호처분을 받은 사람으로서 자립갱생을 위한 숙식제공, 주거지원, 창업지원, 직업훈련 및 취업지원 등 보호의 필요성이 인정되는 사람이다.

해설

① 갱생보호의 실시에 관한 사무는 보호관찰소의 관장사무이다(보호관찰 등에 관한 법률 제15조 제2호). 갱생보호에 관한 사무의 관장은 보호관찰소, 갱생보호에 관한 사업의 관장은 한국법무보호복지공단이다.
② 동법 제67조 제1항, ③ 동법 제66조 제1항, ④ 동법 제3조 제3항 정답: ①

120 「보호관찰 등에 관한 법률 시행규칙」상 원호협의회에 대한 설명으로 옳은 것은?

① 위원의 임기는 3년으로 한다.
② 원호협의회는 3명 이상 5명 이하의 위원으로 구성한다.
③ 위원장은 보호관찰 대상자에 대한 특정분야의 원호활동을 각 위원에게 개별적으로 의뢰할 수 있다.
④ 검사는 원호활동을 종합적이고 체계적으로 전개하기 위하여 원호협의회를 설치할 수 있다.

해설

① 위원의 임기는 2년으로 한다(보호관찰 등에 관한 법률 시행규칙 제25조의2 제3항).
② 원호협의회는 5명 이상의 위원으로 구성하되, 보호관찰소의 장은 당연직 위원으로서 위원장이 된다(동조 제2항).
④ 보호관찰소의 장은 법 제34조의 원호활동을 종합적이고 체계적으로 전개하기 위하여 원호협의회를 설치할 수 있다(동조 제1항).
③ 동조 제6항 정답: ③

121 **「보호관찰 등에 관한 법률」 상 갱생보호제도에 대한 설명으로 옳은 것은?**

① 형사처분 또는 보호처분을 받은 자, 형집행정지 중인 자 등이 갱생보호의 대상자이다.
② 갱생보호대상자는 보호관찰소의 장에게만 갱생보호신청을 할 수 있다.
③ 갱생보호사업을 하려는 자는 대통령령으로 정하는 바에 따라 지방교정청장의 허가를 받아야 한다.
④ 갱생보호의 방법에는 주거 지원, 출소예정자 사전상담, 갱생보호대상자의 가족에 대한 지원이 포함된다.

해설

① 갱생보호대상자는 형사처분 또는 보호처분을 받은 사람으로서 자립갱생을 위한 숙식제공, 주거지원, 창업지원, 직업훈련 및 취업지원 등 보호의 필요성이 인정되는 사람이다(보호관찰 등에 관한 법률 제3조 제3항). 따라서 형집행정지 중인 자는 갱생보호의 대상자에 해당하지 않는다.
② 갱생보호대상자 및 관계기관은 보호관찰소의 장, 갱생보호사업 허가를 받은 자 또는 한국법무보호복지공단에 갱생보호 신청을 할 수 있다(동법 제66조 제1항).
③ 갱생보호사업을 하려는 자는 법무부령으로 정하는 바에 따라 법무부장관의 허가를 받아야 한다. 허가받은 사항을 변경하려는 경우에도 또한 같다(동법 제67조 제1항).
④ 동법 제65조

정답: ④

122 **우리나라 갱생보호제도에 대한 설명으로 옳지 않은 것은?**

① 갱생보호 대상자는 형사처분 또는 보호처분을 받은 사람이다.
② 갱생보호사업을 하려는 자는 법무부장관의 허가를 받아야 한다.
③ 우리나라는 석방자에 대한 필요적 갱생보호를 인정하고 있다.
④ 갱생보호사업을 효율적으로 추진하기 위하여 한국법무보호복지공단이 설립되어 있다.

해설

③ 「보호관찰 등에 관한 법률」상 석방자의 갱생보호는 대상자의 신청에 의하도록 함으로써 임의적 갱생보호를 원칙으로 하고 있다(동법 제66조 제1항).
① 동법 제3조 제3항. ② 동법 제67조 제1항. ④ 우리나라의 갱생보호사업은 「보호관찰 등에 관한 법률」에 의해 설립되어 법무부의 지휘·감독을 받는 공법인인 한국법무보호복지공단에서 담당하고 있다.

정답: ③

123 **〈보기〉에서 보호관찰과 수강명령을 병과할 수 있는 대상자를 모두 고른 것은?**

> ㉠ 형법상 선고유예를 받은 자
> ㉡ 형법상 가석방된 자
> ㉢ 소년법상 보호관찰관의 장기·단기보호관찰 처분을 받은 소년 중 12세 이상인 자.
> ㉣ 성폭력범죄의 처벌 등에 관한 특례법상 성폭력범죄를 범한 사람으로서 형의 집행을 유예 받은 자

① ㉡, ㉣ ② ㉢, ㉣ ③ ㉠, ㉡, ㉢ ④ ㉠, ㉢, ㉣

해설

② ㉢·㉣의 경우 보호관찰과 수강명령을 병과할 수 있지만(소년법 제32조, 성폭력범죄의 처벌 등에 관한 특례법 제16조), ㉠·㉡의 경우 수강명령을 부과할 수 없다. 정답: ②

★중요★
124 **다음의 내용에 모두 부합하는 제도는?**

> ㉠ 시설수용의 단점을 피할 수 있다.
> ㉡ 임산부 등 특별한 처우가 필요한 범죄자에게도 실시할 수 있다.
> ㉢ 판결 이전이나 형 집행 이후 등 형사사법의 각 단계에서 폭넓게 사용될 수 있다.

① 개방처우 ② 전자감시 ③ 사회봉사 ④ 수강명령

해설

② ㉠·㉡·㉢을 모두 충족하는 것은 전자감시이다. 개방처우는 시설내처우에 기반을 둔다는 점에서 ㉠과 부합되지 않고, 사회봉사는 임산부에게 실시하기에 적합하지 않으며, 개방처우·사회봉사·수강명령은 판결 이후에 사용될 수 있다는 점에서 ㉢과 부합되지 않는다. 정답: ②

125 **다음 중 「전자장치 부착 등에 관한 법률」상 전자장치 부착명령에 대한 설명으로 가장 옳지 않은 것은?** 해경간부 2023

① 전자장치 부착명령은 검사의 지휘를 받아 보호관찰관이 집행한다.
② 전자장치 부착명령의 임시해제 신청은 부착명령의 집행이 개시된 날부터 3개월이 경과한 후에 하여야 한다.
③ 전자장치가 부착된 자는 주거를 이전하거나 7일 이상의 국내여행을 하거나 출국할 때에는 미리 보호관찰관의 허가를 받아야 한다.
④ 성폭력범죄, 미성년자 대상 유괴범죄, 살인범죄, 강도범죄 및 방화범죄가 전자장치 부착 대상범죄이다.

해설

④ 성폭력범죄, 미성년자 대상 유괴범죄, 살인범죄, 강도범죄 및 스토킹범죄가 전자장치 부착 대상범죄이다(전자장치 부착 등에 관한 법률 제2조 제1호).

① 동법 제12조 제1항

② 동법 제17조 제2항

③ 동법 제14조 제3항

정답: ④

★중요★

126 전자장치 부착 등에 관한 법률에 의할 때 검사가 성폭력범죄를 범한 자로서 성폭력범죄를 다시 범할 위험성이 있다고 인정되는 사람에 대하여 전자장치 부착을 청구할 수 없는 경우는?

① 강간죄로 전자장치를 부착받은 전력이 있는 사람이 다시 강간죄를 저지른 때

② 강간죄를 2회 범하여 그 습벽이 인정된 때

③ 강간죄로 징역형의 실형을 선고받은 사람이 그 집행을 종료한 후 12년 되는 해에 강간죄를 저지른 때

④ 16세인 사람을 강간한 자가 아직 18세인 때

해설

① 전자장치 부착 등에 관한 법률 제5조 제1항 제2호, ② 동조 제3호, ④ 동법 제4조, 동법 제5조 제1항 제4호. ③은 여기에 해당하지 않는다.

검사가 성폭력범죄를 범한 자로서 성폭력범죄를 다시 범할 위험성이 있다고 인정되는 사람에 대하여 전자장치부착명령을 법원에 청구할 수 있는 경우
• 성폭력범죄로 징역형의 실형을 선고받은 사람이 그 집행을 종료한 후 또는 집행이 면제된 후 10년 이내에 성폭력범죄를 저지른 때 • 성폭력범죄로 이 법에 따른 전자장치를 부착받은 전력이 있는 사람이 다시 성폭력범죄를 저지른 때 • 성폭력범죄를 2회 이상 범하여(유죄의 확정판결을 받은 경우를 포함한다) 그 습벽이 인정된 때 • 19세 미만의 사람에 대하여 성폭력범죄를 저지른 때 • 신체적 또는 정신적 장애가 있는 사람에 대하여 성폭력범죄를 저지른 때

〈전자장치 부착 등에 관한 법률〉

분류	판결선고에 의한 부착명령 집행	가석방 및 가종료자 등의 부착집행	`집행유예 시 부착명령 집행
대상자	① 성폭력범죄자(임의적) ② 미성년자 대상 유괴범죄자, 살인범죄자(초범은 임의적, 재범 이상은 필요적) ③ 강도범죄자(임의적) ④ 스토킹범죄자(임의적)	① 보호관찰조건부 가석방(필요적) ② 특정범죄 이외의 범죄로 형의 집행 중 가석방된 자의 가석방기간의 전부 또는 일부 기간(임의적) ③ 보호관찰조건부 가종료, 치료위탁, 가출소(임의적)	특정범죄자로서 집행유예 시 보호관찰 대상자 (보호관찰 없는 부착명령 위법)
처분기관	법원의 부착명령판결	관련 위원회의 결정	법원의 부착명령판결

기간	① 법정형의 상한이 사형 또는 무기징역인 특정범죄 : 10년 이상 30년 이하 ② 법정형 중 징역형의 하한이 3년 이상의 유기징역인 특정범죄(①에 해당하는 특정범죄는 제외) : 3년 이상 20년 이하 ③ 법정형 중 징역형의 하한이 3년 미만의 유기징역인 특정범죄(① 또는 ②에 해당하는 특정범죄는 제외) : 1년 이상 10년 이하	보호관찰기간	집행유예 시의 보호관찰기간
집행권자	검사지휘하에 보호관찰관 집행	보호관찰관	검사지휘하에 보호관찰관 집행
집행개시 시점	① 형집행 종료, 면제, 가석방되는 날 ② 치료감호의 집행종료, 가종료되는 날	① 가석방되는 날 ② 치료감호의 치료위탁, 가종료, 가출소되는 날	법원판결이 확정된 때부터
종료사유	① 부착명령기간이 경과한 때 ② 부착명령과 함께 선고한 형이 사면되어 그 선고의 효력을 상실하게 된 때	① 가석방기간이 경과하거나 가석방이 실효 또는 취소된 때 ② 가종료자 등의 부착기간이 경과하거나 보호관찰이 종료된 때 ③ 가석방된 형이 사면되어 형의 선고의 효력을 상실하게 된 때	① 부착명령기간이 경과한 때 ② 집행유예가 실효 또는 취소된 때 ③ 집행유예된 형이 사면되어 형의 선고의 효력을 상실하게 된 때
형 집행 후 보호관찰	① 특정범죄에 대한 재범의 위험성이 있는 자에 대한 검사의 청구(항소심 변론종결 시까지) ② 금고 이상의 선고형에 해당하고 보호관찰명령의 청구가 이유 있다고 인정하는 때 : 2년 이상 5년 이하의 범위 내 선고(검사의 청구 또는 법원의 직권 명령 가능) ③ 치료프로그램의 이수에 대한 준수사항 : 300시간의 범위 ④ 준수사항 위반 시 1년 범위 내에서 보호관찰명령 연장 가능(10일 이내 출석, 7일 이상 여행 허가 등) ⑤ 형 집행 종료・면제・가석방되는 날, 치료감호 집행 종료・가종료되는 날부터 집행		
기타	① 검사의 청구 : 항소심 변론종결 시까지 하여야 함 ② 특정범죄사건에 대하여 판결의 확정 없이 공소가 제기된 때부터 15년이 경과한 경우에는 부착명령을 청구할 수 없음 ③ 주거이전 등 허가 : 피부착자는 주거를 이전하거나 7일 이상의 국내여행을 하거나 출국할 때에는 미리 보호관찰관의 허가를 받아야 함(10일 이내에 보호관찰소 출석) ④ 임시해제 신청 : 집행이 개시된 날부터 3개월이 경과한 후에 신청이 기각된 경우에는 기각된 날부터 3개월이 경과한 후에 다시 신청할 수 있음(임시해제기간은 부착명령기간에 산입 안 됨) ⑤ 준수사항 위반 등 위반 시 1년 범위 내 연장 가능 ⑥ 19세 미만에 대한 선고는 가능하나, 부착은 19세부터 가능 ⑦ 19세 미만의 사람에 대하여 특정범죄를 저지른 경우 부착기간 하한의 2배 가중 가능 ⑧ 보석과 전자장치 부착 ㉠ 법원은 보석조건으로 피고인에게 전자장치 부착을 명할 수 있음 ㉡ 보호관찰소의 장은 피고인의 보석조건 이행상황을 법원에 정기적으로 통지 ㉢ 보호관찰소의 장은 피고인이 전자장치 부착명령을 위반한 경우 및 보석조건을 위반하였음을 확인한 경우 지체 없이 법원과 검사에게 통지 ㉣ 구속영장의 효력이 소멸한 경우, 보석이 취소된 경우, 보석조건이 변경되어 전자장치를 부착할 필요가 없게 되는 경우에는 전자장치의 부착 종료		

정답: ③

127 **전자장치 부착 등에 관한 법률상 검사가 성폭력범죄를 다시 범할 위험성이 있다고 인정되는 사람에 대해 전자장치를 부착하도록 하는 명령을 법원에 청구할 수 있는 경우에 해당하지 않는 것은?**

① 정신적 장애가 있는 사람이 성폭력범죄를 저지른 때
② 성폭력범죄를 2회 이상 범하여 그 습벽이 인정된 때
③ 19세 미만의 사람에 대하여 성폭력범죄를 저지른 때
④ 성폭력범죄로 전자장치를 부착받은 전력이 있는 사람이 다시 성폭력범죄를 저지른 때

해설

②·③·④는 검사가 성폭력범죄를 다시 범할 위험성이 있다고 인정되는 사람에게 전자장치를 부착하도록 하는 명령을 법원에 청구할 수 있는 경우에 해당하나, ①은 여기에 해당하지 않는다(전자장치 부착 등에 관한 법률 제5조 제1항).

정답: ①

128 **전자장치 부착 등에 관한 법률상 검사가 위치추적 전자장치 부착명령을 법원에 반드시 청구하여야 하는 경우는?**

① 미성년자 대상 유괴범죄로 징역형의 실형 이상의 형을 선고받아 그 집행이 종료 또는 면제된 후 다시 미성년자 대상 유괴범죄를 저지른 경우
② 강도범죄를 2회 이상 범하여 그 습벽이 인정된 경우
③ 성폭력범죄로 징역형의 실형을 선고받은 사람이 그 집행을 종료한 후 또는 집행이 면제된 후 10년 이내에 성폭력범죄를 저지른 경우
④ 신체적 또는 정신적 장애가 있는 사람에 대하여 성폭력범죄를 저지른 경우

해설

① 전자장치 부착 등에 관한 법률 등에 관한 법률 제5조 제2항 단서
② 임의적 청구(동법 제5조 제4항 제3호).
③ 임의적 청구(동법 제5조 제1항 제1호).
④ 임의적 청구(동법 제5조 제1항 제5호).

정답: ①

★중요★
129 **검사가 전자장치 부착명령을 반드시 청구하여야 하는 경우는?**

① 성폭력범죄로 징역형의 실형을 선고받은 사람이 그 집행을 종료한 후 또는 집행이 면제된 후 10년 이내에 성폭력범죄를 저지른 때
② 성폭력범죄를 2회 이상 범하여(유죄의 확정판결을 받은 경우를 포함) 그 습벽이 인정된 때
③ 유괴범죄로 징역형의 실형 이상의 형을 선고받아 그 집행 종료 후 다시 유괴범죄를 행한 때
④ 살인범죄를 저지른 사람으로서 살인범죄를 다시 범할 위험성이 있다고 인정되는 때

해설

③ 검사는 미성년자 대상 유괴범죄를 저지른 사람으로서 미성년자 대상 유괴범죄를 다시 범할 위험성이 있다고 인정되는 사람에 대하여 부착명령을 법원에 청구할 수 있다. 다만, 유괴범죄로 징역형의 실형 이상의 형을 선고받아 그 집행이 종료 또는 면제된 후 다시 유괴범죄를 저지른 경우에는 부착명령을 청구하여야 한다(전자장치 부착 등에 관한 법률 제5조 제2항).

① 동법 제5조 제1항 제1호, ② 동조 제2호, ④ 동조 제3항 본문의 경우, 검사는 전자장치 부착명령을 법원에 청구할 수 있다. 정답: ③

130 「전자장치 부착 등에 관한 법률」상 전자장치 부착 등에 대한 설명으로 옳은 것은?

① 전자장치 피부착자는 주거를 이전하거나 3일 이상의 국내여행 또는 출국할 때에는 미리 보호관찰관의 허가를 받아야 한다.

② 19세 미만의 사람에 대하여 성폭력범죄를 저지른 경우에는 전자장치 부착기간의 상한과 하한은 법률에서 정한 부착기간의 2배로 한다.

③ 검사는 성폭력범죄로 징역형의 실형을 선고받은 사람이 그 집행을 종료한 후 또는 집행이 면제된 후 15년 이내에 성폭력범죄를 저지르고, 성폭력범죄를 다시 범할 위험성이 있다고 인정되는 때에는 전자장치를 부착하도록 하는 명령을 법원에 청구할 수 있다.

④ 여러 개의 특정범죄에 대하여 동시에 전자장치 부착명령을 선고할 때에는 법정형이 가장 중한 죄의 부착기간 상한의 2분의 1까지 가중하되, 각 죄의 부착기간의 상한을 합산한 기간을 초과할 수 없다. 다만, 하나의 행위가 여러 특정범죄에 해당하는 경우에는 가장 중한 죄의 부착기간을 부착기간으로 한다.

해설

① 피부착자는 주거를 이전하거나 7일 이상의 국내여행을 하거나 출국할 때에는 미리 보호관찰관의 허가를 받아야 한다(전자장치 부착 등에 관한 법률 제14조 제3항).

② 법원은 부착명령 청구가 이유 있다고 인정하는 때에는 다음 기간의 범위 내에서 부착기간을 정하여 판결로 부착명령을 선고하여야 한다. 다만 19세 미만의 사람에 대하여 특정범죄를 저지른 경우에는 부착기간 하한을 다음 부착기간 하한의 2배로 한다(동법 제9조 제1항).

③ 검사는 성폭력범죄로 징역형의 실형을 선고받은 사람이 그 집행을 종료한 후 또는 집행이 면제된 후 10년 이내에 성폭력범죄를 저지르고 성폭력범죄를 다시 범할 위험성이 있다고 인정되는 때에는 전자장치를 부착하도록 하는 명령을 법원에 청구할 수 있다(동법 제5조 제1항).

④ 동법 제9조 제2항 정답: ④

131 **「전자장치 부착 등에 관한 법률」상 '특정범죄'에 관한 형집행종료 후의 전자장치 부착에 대한 설명으로 옳지 않은 것은?** 보호9급 2024

① 검사는, 19세 미만의 사람에 대하여 성폭력범죄를 저지른 때에 성폭력범죄를 다시 범할 위험성이 있다고 인정되는 사람에 대하여 전자장치를 부착하도록 하는 명령을 법원에 청구할 수 있다.

② 검사는, 스토킹범죄를 2회 이상 범하여(유죄의 확정판결을 받은 경우를 제외한다) 그 습벽이 인정된 때에 스토킹범죄를 다시 범할 위험성이 있다고 인정되는 사람에 대하여 전자장치를 부착하도록 하는 명령을 법원에 청구할 수 있다.

③ 검사는, 미성년자 대상 유괴범죄를 저지른 사람으로서 미성년자 대상 유괴범죄를 다시 범할 위험성이 있다고 인정되는 사람에 대하여 전자장치를 부착하도록 하는 명령을 법원에 청구할 수 있다. 다만, 유괴범죄로 징역형의 실형 이상의 형을 선고받아 그 집행이 종료 또는 면제된 후 다시 유괴범죄를 저지른 경우에는 전자장치를 부착하도록 하는 명령을 청구하여야 한다.

④ 검사는, 강도범죄로 「전자장치 부착 등에 관한 법률」에 따른 전자장치를 부착하였던 전력이 있는 사람이 다시 강도범죄를 저지른 때에 강도범죄를 다시 범할 위험성이 있다고 인정되는 경우 전자장치를 부착하도록 하는 명령을 법원에 청구할 수 있다.

해설

② 검사는 스토킹범죄로 징역형의 실형을 선고받은 사람이 그 집행을 종료한 후 또는 집행이 면제된 후 10년 이내에 다시 스토킹범죄를 저지른 때, 스토킹범죄로 이 법에 따른 전자장치를 부착하였던 전력이 있는 사람이 다시 스토킹범죄를 저지른 때, 스토킹범죄를 2회 이상 범하여(유죄의 확정판결을 받은 경우를 포함한다) 그 습벽이 인정된 때에 해당하고 스토킹범죄를 다시 범할 위험성이 있다고 인정되는 사람에 대하여 부착명령을 법원에 청구할 수 있다(전자장치 부착 등에 관한 법률 제5조 제5항).

① 동법 제5조 제1항 제4호

③ 동법 제5조 제2항

정답: ②

132 **「전자장치 부착 등에 관한 법률」에 대한 설명으로 옳은 것은?**

① 만 18세 미만의 자에 대하여 부착명령을 선고한 때에는 18세에 이르기까지 이 법에 따른 전자장치를 부착할 수 없다.

② 전자장치 부착기간은 이를 집행한 날부터 기산하되, 초일은 산입하지 아니한다.

③ 전자장치 부착명령의 청구는 공소제기와 동시에 하여야 한다.

④ 법원이 특정범죄를 범한 자에 대하여 형의 집행을 유예하고 보호관찰을 받을 것을 명하면서 전자장치를 부착할 것을 명한 경우 이 부착명령은 집행유예가 실효되면 그 집행이 종료된다.

해설

① 만 19세 미만의 자에 대하여 부착명령을 선고한 때에는 19세에 이르기까지 이 법에 따른 전자장치를 부착할 수 없다(전자장치 부착 등에 관한 법률 제4조).

② 전자장치 부착기간은 이를 집행한 날부터 기산하되, 초일은 시간을 계산함이 없이 1일로 산정한다(동법 제32조 제1항).

③ 부착명령의 청구는 공소가 제기된 특정범죄사건의 항소심 변론종결 시까지 하여야 한다(동법 제5조 제5항).

④ 동법 제28조 제1항, 동법 제30조 제2호

정답: ④

133 「전자장치 부착 등에 관한 법률」상 전자장치 부착명령에 대한 설명으로 옳은 것은?

① 전자장치 부착명령 대상자는 성폭력범죄자, 미성년자 대상 유괴범죄자, 살인범죄자에만 국한된다.

② 검사는 부착명령을 청구하기 위하여 필요하다고 인정하는 때에는 소속 검찰청 소재지를 관할하는 보호관찰소의 장에게 피의자와의 관계, 심리상태 등 피해자에 관하여 필요한 사항의 조사를 요청할 수 있다.

③ 부착명령 청구사건의 제1심 재판은 지방법원 합의부의 관할로 한다.

④ 법원은 부착명령 청구가 있는 때에는 부착명령 청구서의 부본을 피부착명령 청구자 또는 그의 변호인에게 송부하여야 하며, 공판기일 7일 전까지 송부하여야 한다.

해설

① 「전자장치 부착 등에 관한 법률」상 "특정범죄"란 성폭력범죄, 미성년자 대상 유괴범죄, 살인범죄, 강도범죄 및 스토킹범죄를 말한다(전자장치 부착 등에 관한 법률 제2조 제1호).

② 검사는 부착명령을 청구하기 위하여 필요하다고 인정하는 때에는 피의자의 주거지 또는 소속 검찰청 소재지를 관할하는 보호관찰소의 장에게 범죄의 동기, 피해자와의 관계, 심리상태, 재범의 위험성 등 피의자에 관하여 필요한 사항의 조사를 요청할 수 있다(동법 제6조 제1항).

④ 법원은 부착명령 청구가 있는 때에는 지체 없이 부착 명령 청구서의 부본을 피부착명령청구자 또는 그의 변호인에게 송부하여야 한다. 이 경우 특정범죄사건에 대한 공소제기와 동시에 부착명령 청구가 있는 때에는 제1회 공판기일 5일 전까지, 특정범죄사건의 심리 중에 부착명령 청구가 있는 때에는 다음 공판기일 5일 전까지 송부하여야 한다(동법 제8조 제2항).

③ 동법 제7조 제2항

정답: ③

134 **「전자장치 부착 등에 관한 법률」에 대한 설명으로 옳지 않은 것은?**

① 법원은 특정범죄를 범한 자에 대하여 형의 집행을 유예하면서 보호관찰을 받을 것을 명할 때에는 전자장치를 부착할 것을 명할 수는 없다.

② 전자장치 부착집행 중 보호관찰 준수사항 위반으로 유치허가장의 집행을 받아 유치된 때에는 부착집행이 정지된다.

③ 만 19세 미만의 자에 대하여 부착명령을 선고한 때에는 19세에 이르기까지 이 법에 따른 전자장치를 부착할 수 없다.

④ 법원은 부착명령 청구를 기각하는 경우로서 보호관찰명령을 선고할 필요가 있다고 인정하는 때에는 직권으로 기간을 정하여 보호관찰명령을 선고할 수 있다.

해설

① 법원은 특정범죄를 범한 자에 대하여 형의 집행을 유예하면서 보호관찰을 받을 것을 명할 때에는 보호관찰기간의 범위 내에서 기간을 정하여 준수사항의 이행여부 확인 등을 위하여 전자장치를 부착할 것을 명할 수 있다(전자장치 부착 등에 관한 법률 제28조 제1항).

② 동법 제24조 제3항, ③ 동법 제4조, ④ 동법 제21조의3 제2항

정답: ①

135 **「전자장치 부착 등에 관한 법률」상 검사가 법원에 전자장치 부착명령을 청구할 수 있는 대상자를 설명한 것으로 옳지 않은 것은?**

① 성폭력범죄로 징역형을 선고받은 사람이 그 집행을 종료한 후 또는 집행이 면제된 후 20년 이내에 성폭력범죄를 저지르고, 성폭력범죄를 다시 범할 위험성이 있다고 인정되는 사람

② 신체적 또는 정신적 장애가 있는 사람에 대하여 성폭력범죄를 저지르고, 성폭력범죄를 다시 범할 위험성이 있다고 인정되는 사람

③ 성폭력범죄를 2회 이상 범하여 그 습벽이 인정되고, 성폭력범죄를 다시 범할 위험성이 있다고 인정되는 사람

④ 19세 미만의 사람에 대하여 성폭력범죄를 저지르고, 성폭력범죄를 다시 범할 위험성이 있다고 인정되는 사람

해설

① 성폭력범죄로 징역형의 실형을 선고받은 사람이 그 집행을 종료한 후 또는 집행이 면제된 후 10년 이내에 성폭력범죄를 저지른 때이다(특정 범죄자에 대한 보호관찰 및 전자장치 부착 등에 관한 법률 제5조 제1항 제1호).

②·③·④ 동법 제5조 제1항

정답: ①

★중요★
136 「전자장치 부착 등에 관한 법률」상 전자장치 부착에 대한 설명으로 옳지 않은 것은?

① 검사는 강도범죄로 징역형의 실형을 선고받은 사람이 그 집행을 종료한 후 8년 뒤 다시 강도범죄를 저지른 경우, 강도범죄를 다시 범할 위험성이 있다고 인정되는 때에는 부착명령을 법원에 청구할 수 있다.

② 전자장치 피부착자가 9일간 국내여행을 하거나 출국할 때에는 미리 보호관찰관의 허가를 받아야 한다.

③ 보호관찰소의 장 또는 피부착자 및 그 법정대리인은 해당 보호관찰소를 관할하는 심사위원회에 부착명령의 임시해제를 신청할 수 있으며, 이 신청은 부착명령의 집행이 개시된 날부터 3개월이 경과한 후에 하여야 한다.

④ 만 19세 미만의 자에 대해서는 부착명령을 선고할 수 없다.

해설

④ 만 19세 미만의 자에 대하여 부착명령을 선고한 때에는 19세에 이르기까지 이 법에 따른 전자장치를 부착할 수 없다(전자장치 부착 등에 관한 법률 제4조). 전자장치 부착명령을 선고할 수 있으나, 19세에 이르기까지 부착할 수 없다.

① 검사는 강도범죄로 징역형의 실형을 선고받은 사람이 그 집행을 종료한 후 또는 집행이 면제된 후 10년 이내에 다시 강도범죄를 저지른 자로서 강도범죄를 다시 범할 위험성이 있다고 인정되는 사람에 대하여 부착명령을 법원에 청구할 수 있다(동법 제5조 제4항 제1호).

② 피부착자는 주거를 이전하거나 7일 이상의 국내여행을 하거나 출국할 때에는 미리 보호관찰관의 허가를 받아야 한다(동법 제14조 제3항).

③ 보호관찰소의 장 또는 피부착자 및 그 법정대리인은 해당 보호관찰소를 관할하는 심사위원회에 부착명령의 임시해제를 신청할 수 있으며, 이 신청은 부착명령의 집행이 개시된 날부터 3개월이 경과한 후에 하여야 한다(동법 제17조 제1항·제2항).

정답: ④

137 「전자장치 부착 등에 관한 법률」에 대한 설명으로 옳지 않은 것은?

① '특정범죄'란 성폭력범죄, 미성년자 대상 유괴범죄, 살인범죄, 강도범죄 및 스토킹범죄를 말한다.

② 법원은 만 19세 미만의 자에 대하여는 전자장치 부착명령을 선고할 수 없다.

③ 검사는 미성년자 대상 유괴범죄로 징역형의 실형 이상의 형을 선고받아 그 집행이 종료 또는 면제된 후 다시 유괴범죄를 저지른 경우에는 전자장치 부착명령을 청구하여야 한다.

④ 전자장치 부착명령과 함께 선고한 형이 사면되어 그 선고의 효력을 상실하게 된 때에는 그 부착명령의 집행이 종료된다.

해설

② 만 19세 미만의 자에 대하여 부착명령을 선고한 때에는 19세에 이르기까지 이 법에 따른 전자장치를 부착할 수 없다.

정답: ②

138 **「전자장치 부착 등에 관한 법률」상 전자장치 부착명령에 대한 설명으로 옳지 않은 것은?**

보호7급 2024

① 부착명령의 집행 중 다른 죄를 범하여 구속영장의 집행을 받아 구금되거나 금고 이상의 형의 집행을 받게 된 때에는 부착명령의 집행이 정지된다.

② 법원은 스토킹범죄를 저지른 사람에 대해서 부착명령을 선고하는 경우에는 피해자 등 특정인에의 접근금지를 준수사항으로 반드시 부과하여야 한다.

③ 법원은 특정범죄사건에 대하여 벌금형을 선고하는 때에는 특정범죄사건의 판결과 동시에 부착명령을 선고하여야 한다.

④ 법원은 「형사소송법」에 따른 보석조건으로 전자장치 부착을 명하기 위하여 필요하다고 인정하면 그 법원의 소재지 또는 피고인의 주거지를 관할하는 보호관찰소의 장에게 피고인의 직업, 경제력, 가족상황, 주거상태, 생활환경 및 피해회복 여부 등 피고인에 관한 사항의 조사를 의뢰할 수 있다.

해설

③ 법원은 특정범죄사건에 대하여 벌금형을 선고하는 때에는 판결로 부착명령 청구를 기각하여야 한다(전자장치 부착 등에 관한 법률 제9조 제4항 제3호).

① 부착명령의 집행 중 다른 죄를 범하여 구속영장의 집행을 받아 구금된 때, 부착명령의 집행 중 다른 죄를 범하여 금고 이상의 형의 집행을 받게 된 때, 가석방 또는 가종료된 자에 대하여 전자장치 부착기간 동안 가석방 또는 가종료가 취소되거나 실효된 때에는 부착명령의 집행이 정지된다(동법 제13조 제6항 제1호·제2호).

② 법원은 성폭력범죄를 저지른 사람(19세 미만의 사람을 대상으로 성폭력범죄를 저지른 사람으로 한정한다)에 대해서 부착명령을 선고하는 경우에는 제1항 제1호(야간, 아동·청소년의 통학시간 등 특정 시간대의 외출제한) 및 제3호(피해자 등 특정인에의 접근금지)의 준수사항을 포함하여 준수사항을 부과하여야 한다. 다만, 제1항 제1호의 준수사항(야간, 아동·청소년의 통학시간 등 특정 시간대의 외출제한)을 부과하여서는 아니 될 특별한 사정이 있다고 판단하는 경우에는 해당 준수사항을 포함하지 아니할 수 있다(동법 제9조의2 제3항 제1호). 법원은 스토킹범죄를 저지른 사람에 대해서 부착명령을 선고하는 경우에는 제1항 제3호의 준수사항(피해자 등 특정인에의 접근금지)을 포함하여 준수사항을 부과하여야 한다(동조 동항 제2호).

④ 동법 제31조의2 제2항

※ **전자장치 부착 등에 관한 법률 제9조 【부착명령 청구의 기각사유】** ④ 법원은 다음 각 호의 어느 하나에 해당하는 때에는 판결로 부착명령 청구를 기각하여야 한다.

1. 부착명령 청구가 이유 없다고 인정하는 때
2. 특정범죄사건에 대하여 무죄(심신상실을 이유로 치료감호가 선고된 경우는 제외한다)·면소·공소기각의 판결 또는 결정을 선고하는 때
3. 특정범죄사건에 대하여 벌금형을 선고하는 때
4. 특정범죄사건에 대하여 선고유예 또는 집행유예를 선고하는 때(제28조 제1항에 따라 전자장치 부착을 명하는 때를 제외한다)

정답: ③

139 전자감시제도에 관한 설명으로 옳지 않은 것은?

① 보호관찰관의 감시업무 부담을 경감시키고, 시설수용보다 관리비용을 절감할 수 있다는 장점이 있다.

② 전자감시기구는 일반인들의 눈에 잘 띄지 않으므로 낙인효과도 작고, 시민의 자유침해를 최소화하여 형사사법망의 축소에도 도움이 된다.

③ 인간을 기계와 장비의 감시대상으로 전락시키며, 대상자의 사생활을 감시하여 과잉금지원칙에 위배된다는 비판이 있다.

④ 일반적으로 폭력범죄자나 약물남용자는 그 대상에서 제외하고 있다.

해설

② 전자감시는 대상자의 신체에 송신기를 부착하고, 행동의 세세한 부분까지 감시하게 되므로 이러한 경우 범죄인에 대한 통제력을 약화시키기보다는 오히려 강화시키는 이른바 형사사법망의 확대 내지 강화를 가져올 수 있다는 비판이 있다.

정답: ②

140 전자감시를 조건으로 한 가택구금에 대한 설명으로 옳지 않은 것은?

① 범죄자를 자신의 집에 구금시키고, 전자장비를 이용하여 범죄자를 감시하는 일종의 중간처벌이다.

② 과잉구금 및 교도소 과밀수용의 문제점을 해결하기 위한 대안으로 시작되었다.

③ 범죄자에 대한 통제 강화라는 엄격한 처벌의 요구와 구금비용 절약이라는 경제성의 요구를 동시에 만족시킬 수 있다.

④ 범죄적 악풍감염의 폐해와 낙인화를 초래한다는 단점이 있다.

해설

④ 전자감시 가택구금은 시설구금을 전제하지 않으므로 구금에 따르는 범죄적 악풍감염이나 낙인효과를 방지한다는 장점이 있다.

〈전자감시제도의 장단점〉

장점	단점
• 보호관찰관의 감시업무 부담을 경감 • 구금에 필요한 경비의 절감과 과밀수용 방지 • 특별한 시설을 필요로 하지 않으며, 형사사법의 각 단계에서 폭넓게 이용 가능 • 가족관계 및 종전 직장을 유지할 수 있어 생계유지 및 피해배상에 유리 • 직장과 집 이외에는 외출이 통제되므로 자유형의 집행효과를 거둘 수 있음 • 단기자유형의 폐해와 낙인효과 방지	• 대상자의 장치조작 우려 및 기계장치 결함에 따른 오작동 • 대상자의 소재파악은 가능하나, 구체적 행동파악은 곤란 • 일정한 주거가 없거나 전화가 없는 대상자는 사용 곤란 • 공공의 안전을 위협받을 수 있음 • 국민의 법감정에 배치 • 대상자의 비율이 적어 과밀수용문제 해결에 미흡 • 인간의 존엄성에 배치되며, 지나친 사생활 침해라는 비판 있음

정답: ④

141 **전자감시를 조건으로 한 가택구금에 대한 설명으로 옳지 않은 것은?**

① 시설구금의 대안으로 경비를 절감할 수 있다.
② 지역사회에서 가정생활, 직장생활을 영위함으로써 사회복귀에 도움이 된다.
③ 적절히 운영되면 교정시설의 과밀화 해소에 기여한다.
④ 대상자의 프라이버시를 보호하고 범죄로부터 지역사회를 더 안전하게 하는 데 기여한다.

해설

④ 전자감시는 대상자의 사생활이 필요 이상으로 노출될 가능성이 많고, 일거수 일투족을 감시하는 결과 프라이버시가 침해될 수 있다는 것과 범죄자를 시설구금이 아닌 사회 내에서 처우하는 것이므로 지역사회의 안전이 위협받을 수 있다는 것이 단점으로 지적되고 있다. 정답: ④

142 **전자감시제도에 관한 형사정책적 평가로 볼 수 없는 것은?**

① 미결·기결에 상관없이 형사사법의 각 단계에서 폭넓게 이용할 수 있다.
② 보호관찰관의 감시업무 부담을 경감하여 대상자의 원조활동에 전념할 수 있게 한다.
③ 공공의 안전이 위협받으며, 국민의 법감정에 부합하지 않는다.
④ 강력범죄자까지 포함한 과밀수용문제의 해결을 위한 근본적인 방안으로 평가받고 있다.

해설

④ 전자감시의 대상은 일반적으로 폭력범죄자·누범자 또는 약물중독자를 제외하므로 전체 범죄자의 일부분에만 적용할 수 있다. 따라서 과밀수용문제 해결을 위한 근본적인 대책이 될 수 없다는 지적이 있다. 정답: ④

143 **전자감시제도의 형사정책적 역기능에 해당하는 것은?**

① 사회내처우의 효과를 경감시킨다.
② 인간의 존엄성을 침해한다.
③ 행형비용을 증가시킨다.
④ 시설내처우의 단점을 증가시킨다.

해설

② 전자감시는 대상자의 신체에 송신기를 부착하고, 행동의 세세한 부분까지 감시하게 되므로 인간존엄성을 침해할 소지가 있다는 비판이 있다.
① 전자감시는 통상 보호관찰과 결부하여 실시되는데 보호관찰의 기능적 한계를 보완해 주는 역할을 수행하므로 사회내처우의 효과를 경감시킨다는 표현은 옳지 않다.
③ 전자감시는 시설수용에 따르는 행형비용을 절감시키는 장점이 있다.
④ 전자감시는 시설내처우에 따르는 범죄적 악풍감염의 폐해를 제거할 수 있다는 장점이 있다.

정답: ②

144 사회내처우제도에 대한 설명으로 옳지 않은 것은?

① 지역사회의 자원이 동원됨으로써 교정에 대한 시민의 관심이 높아지고, 나아가 이들의 참여의식을 더욱 강화할 수 있다.
② 수용시설의 제한된 자원과는 달리 지역사회에서는 다양한 자원을 쉽게 발굴 및 활용할 수 있다.
③ 범죄인이 경제활동을 포함하여 지역사회에서 일상생활을 하는 것이 가능하므로 범죄인 개인의 사회적 관계성을 유지할 수 있다.
④ 전자감시제도의 경우 처우대상자의 선정에 공정성을 기하기 용이하다.

해설

④ 일반적으로 전자장치의 부착은 재범이나 상습범을 대상으로 하여 '재범의 위험성'이 있는 경우에 한정해서 이루어진다는 것이 그 이유로 제시되고 있고, 우리나라의 경우에도 대상자를 선정함에 있어 유사 범죄를 다시 범할 위험성을 그 요건으로 하고 있는데 재범의 위험성이라는 개념 자체가 모호하고, 그에 대한 판단 또한 최종적으로 법관의 자유판단에 일임한다는 점에서 대상자 선정에 공정성을 기하기 용이하다는 표현은 옳지 않다. 정답: ④

145 「전자장치 부착 등에 관한 법률」에 대한 설명으로 옳지 않은 것은?

① 특정범죄는 성폭력범죄, 미성년자 대상 유괴범죄, 살인범죄, 강도범죄 및 스토킹범죄를 말한다.
② 만 19세 미만의 자에 대하여 전자장치의 부착명령을 선고할 수 없다.
③ 전자장치 부착명령의 선고는 특정범죄사건의 양형에 유리하게 참작되어서는 아니 된다.
④ 부착명령 판결을 선고받지 아니한 특정범죄자로서 형의 집행 중 가석방되어 보호관찰을 받게 되는 자는 준수사항 이행 여부 확인 등을 위하여 가석방기간 동안 전자장치를 부착하여야 한다.

해설

② 만 19세 미만의 자에 대하여 부착명령을 선고한 때에는 19세에 이르기까지 이 법에 따른 전자장치를 부착할 수 없다(전자장치 부착 등에 관한 법률 제4조). 즉, 만 19세 미만의 자에 대하여는 전자장치를 부착할 수 없을 뿐 전자장치의 부착명령을 선고할 수는 있다. ① 동법 제2조 제1호, ③ 동법 제9조 제7항, ④ 동법 제22조 제1항 정답: ②

146 「전자장치 부착 등에 관한 법률」상 전자장치 부착명령의 판결에 관한 내용으로 옳은 것은?

① 13세 미만의 사람에 대하여 특정범죄를 저지른 경우에는 부착기간 하한을 일반적인 부착기간 하한의 2배로 선고하여야 한다.
② 부착명령 청구사건의 판결은 특정범죄사건의 판결과 동시에 선고하여야 한다.
③ 부착명령의 선고는 특정범죄사건의 양형에 유리하게 참작되어야 한다.
④ 여러 개의 특정범죄에 대하여 동시에 부착명령을 선고할 때에는 법정형이 가장 중한 죄의 부착기간 상한의 2배까지 가중하되, 원칙적으로 각 죄의 부착기간의 상한을 합산한 기간을 초과할 수 없다.

해설

① 13세 미만 → 19세 미만(전자장치 부착 등에 관한 법률 제9조 제1항). ③ 참작되어야 한다. → 참작되어서는 아니 된다(동조 제7항). ④ 2배 → 2분의 1(동조 제2항). ② 동조 제5항 정답: ②

147 「전자장치 부착 등에 관한 법률」의 내용으로 옳지 않은 것은 모두 몇 개인가?

> ㉠ 검사는 미성년자 대상 유괴범죄로 징역형의 실형 이상의 형을 선고받아 그 집행이 종료 또는 면제된 후 다시 유괴범죄를 저지른 경우에는 전자장치 부착명령을 청구하여야 한다.
> ㉡ 검사는 살인범죄로 징역형의 실형 이상의 형을 선고받아 그 집행이 종료 또는 면제된 후 다시 살인범죄를 저지른 경우에는 전자장치 부착명령을 청구하여야 한다.
> ㉢ 부착명령은 검사의 지휘를 받아 보호관찰관이 집행한다.
> ㉣ 피부착자는 주거를 이전하거나 7일 이상의 국내여행을 하거나 출국할 때에는 미리 관할 경찰서장에게 신고하여야 한다.
> ㉤ 피부착명령자는 그 판결이 확정된 후 집행을 받지 아니하고 함께 선고된 특정범죄사건의 형의 시효가 완성되면 그 집행이 종료된 것으로 본다.

① 1개　　② 2개
③ 3개　　④ 4개

해설

× : ㉣ 관할 경찰서장에게 신고하여야 한다. → 보호관찰관의 허가를 받아야 한다(전자장치 부착 등에 관한 법률 제14조 제3항). ㉤ 종료된 것으로 본다. → 면제된다(동법 제21조 제1항).
○ : ㉠ 동법 제5조 제2항 단서, ㉡ 동조 제3항 단서, ㉢ 동법 제12조 제1항 정답: ②

148 **「스토킹범죄의 처벌 등에 관한 법률」에 대한 설명으로 옳지 않은 것은? (다툼이 있는 경우 판례에 의함)** 보호7급 2024

① 검사는 기간이 만료된 접근금지 잠정조치를 청구했을 때와 동일한 스토킹범죄사실과 스토킹범죄 재발 우려를 이유로 다시 새로운 잠정조치를 청구할 수 있다.

② 법원이 기존에 내려진 잠정조치 결정 당시 스토킹범죄사실과 동일한 스토킹범죄사실만을 이유로 한 새로운 접근금지 잠정조치 결정을 하는 경우, 각 2개월의 범위에서 두 차례에 한정해서만 추가로 가능하다.

③ 행위자가 전화를 걸어 피해자의 휴대전화에 벨소리가 울리게 하거나 부재중 전화 문구 등이 표시되도록 하여 피해자에게 불안감이나 공포심을 일으키는 행위는 스토킹행위에 해당한다.

④ 상대방을 따라다니는 행위가 객관적·일반적으로 볼 때 이를 인식한 상대방에게 불안감 또는 공포심을 일으키기에 충분한 정도라고 평가되더라도 현실적으로 상대방이 불안감 내지 공포심을 갖게 되지 않는 경우에는 스토킹행위에 해당하지 않는다.

해설

④ 스토킹행위를 전제로 하는 스토킹범죄는 행위자의 어떠한 행위를 매개로 이를 인식한 상대방에게 불안감 또는 공포심을 일으킴으로써 그의 자유로운 의사결정의 자유 및 생활형성의 자유와 평온이 침해되는 것을 막고 이를 보호법익으로 하는 위험범이라고 볼 수 있으므로, 구 스토킹범죄의 처벌 등에 관한 법률(2023.7.11. 법률 제19518호로 개정되기 전의 것, 이하 '구 스토킹처벌법'이라 한다) 제2조 제1호 각 목의 행위가 객관적·일반적으로 볼 때 이를 인식한 상대방에게 불안감 또는 공포심을 일으키기에 충분한 정도라고 평가될 수 있다면 현실적으로 상대방이 불안감 내지 공포심을 갖게 되었는지와 관계없이 '스토킹행위'에 해당하고, 나아가 그와 같은 일련의 스토킹행위가 지속되거나 반복되면 '스토킹범죄'가 성립한다. 이때 구 스토킹처벌법 제2조 제1호 각 목의 행위가 객관적·일반적으로 볼 때 상대방에게 불안감 또는 공포심을 일으키기에 충분한 정도인지는 행위자와 상대방의 관계·지위·성향, 행위에 이르게 된 경위, 행위태양, 행위자와 상대방의 언동, 주변의 상황 등 행위 전후의 여러 사정을 종합하여 객관적으로 판단하여야 한다(대법원 2023.12.14. 2023도10313).

①·② 기간이 정하여져 있으나 연장이 가능한 접근금지 잠정조치(스토킹처벌법 제9조 제1항 제2호의 100m 이내 접근금지, 제3호의 전기통신을 이용한 접근금지) 결정은 특별한 사정이 없는 한 그 기간의 연장결정 없이 기간이 만료되면 효력을 상실하고, 그 이후에는 해당 잠정조치 기간을 연장하는 결정을 할 수 없다. 그러나 검사는 기간이 만료된 접근금지 잠정조치를 청구했을 때와 동일한 스토킹범죄사실과 스토킹범죄 재발 우려를 이유로 제8조 제1항에 의하여 다시 새로운 잠정조치를 청구할 수 있고, 법원도 제9조 제1항에 의하여 피해자 보호 등을 위하여 필요하다고 인정하면 다시 새로운 접근금지 잠정조치 결정을 할 수 있다. 다만 접근금지 잠정조치 기간연장과의 균형을 위해 기존에 내려진 잠정조치 결정 당시 스토킹범죄사실과 동일한 스토킹범죄사실만을 이유로 한 새로운 접근금지 잠정조치 결정은 각 2개월의 범위에서 두 차례에 한정해서만 추가로 가능하다(대법원 2023.2.23. 2022모2092). 그러나 현행 개정법률은 제9조 제7항에서 "제1항 제2호(피해자 또는 그의 동거인, 가족이나 그 주거등으로부터 100미터 이내의 접근금지)·제3호(피해자 또는 그의 동거

인, 가족에 대한 「전기통신기본법」 제2조 제1호의 전기통신을 이용한 접근금지) 및 제3호의2(「전자장치 부착 등에 관한 법률」 제2조 제4호의 위치추적 전자장치의 부착)에 따른 잠정조치기간은 3개월, 같은 항 제4호(국가경찰관서의 유치장 또는 구치소에의 유치)에 따른 잠정조치기간은 1개월을 초과할 수 없다. 다만, 법원은 피해자의 보호를 위하여 그 기간을 연장할 필요가 있다고 인정하는 경우에는 결정으로 제1항 제2호·제3호 및 제3호의2에 따른 잠정조치에 대하여 두 차례에 한정하여 각 3개월의 범위에서 연장할 수 있다."고 규정하고 있다. 따라서 현행 개정법령에 따르면 ②는 틀린 지문이 된다.

③ 스토킹범죄의 처벌 등에 관한 법률(이하 '스토킹처벌법'이라 한다)의 문언, 입법목적 등을 종합하면, 피고인이 전화를 걸어 피해자의 휴대전화에 벨소리가 울리게 하거나 부재중 전화 문구 등이 표시되도록 하여 상대방에게 불안감이나 공포심을 일으키는 행위는 실제 전화통화가 이루어졌는지와 상관없이 스토킹처벌법 제2조 제1호 다목에서 정한 스토킹행위에 해당한다(대법원 2023.5.18. 2022도12037).

정답: ④ → ②·④

★중요★

149 「성폭력범죄자의 성충동 약물치료에 관한 법률」에 대한 설명으로 옳지 않은 것은?

① '성충동 약물치료'란 비정상적인 성적 충동이나 욕구를 억제하기 위한 조치로서 성도착증 환자에게 약물투여 및 심리치료 등의 방법으로 도착적인 성기능을 일정 기간 동안 약화 또는 무력화하는 치료를 말한다.

② 검사는 성도착증 환자로서 재범의 우려가 있다고 인정되는 19세 이상의 사람에 대하여 약물치료명령을 법원에 청구할 수 있다.

③ 검사는 치료명령 청구대상자에 대하여 정신건강의학과 전문의의 진단이나 감정을 받은 후 치료명령을 청구하여야 한다.

④ 치료명령은 검사의 지휘를 받아 보호관찰관이 집행한다.

해설

① "성충동 약물치료"란 비정상적인 성적 충동이나 욕구를 억제하기 위한 조치로서 성도착증 환자에게 약물투여 및 심리치료 등의 방법으로 도착적인 성기능을 일정 기간 동안 약화 또는 정상화하는 치료를 말한다(성폭력범죄자의 성충동 약물치료에 관한 법률 제2조 제3호).

② 동법 제4조 제1항, ③ 동조 제2항, ④ 동법 제13조 제1항

〈성폭력범죄자의 성충동 약물치료에 관한 법률〉

구분	판결에 의한 치료명령	수형자에 대한 법원의 결정	가종료자 등의 치료감호심의위원회의 결정
대상	사람을 성폭행한 19세 이상인 자로, 성도착증 환자	사람을 성폭행한 징역형 이상의 성도착증 환자로, 치료에 동의한 자	성도착증 환자(결정일 전 6개월 이내에 실시한 정신건강의학과 전문의의 진단 또는 감정 결과 반드시 참작)
기간	15년 범위 내 법원선고	15년 범위 내 법원결정 고지	보호관찰기간의 범위 내 치료감호심사위원회 결정
관할	지방법원 합의부	지방법원 합의부	치료감호심사위원회

집행	검사 지휘 보호관찰관 집행	검사 지휘 보호관찰관 집행	보호관찰관
비용	국가부담	원칙 본인부담, 예외 가능 (본인의 동의에 의함)	국가부담
통보	① 석방되기 3개월 전까지 보호관찰소장 통보 ② 석방되기 5일 전까지 보호관찰소장 통보	석방되기 5일 전까지 보호관찰소장 통보	석방되기 5일 전까지 보호관찰소장 통보
집행시기	석방되기 전 2개월 이내	석방되기 전 2개월 이내	석방되기 전 2개월 이내
임시해제	① 치료명령이 개시된 후 6개월 경과, 기각되면 6개월 경과 후 신청 ② 준수사항도 동시에 임시해제 ③ 임시해제기간은 치료명령기간에 산입되지 않음		
치료명령 시효	① 판결확정 후 집행 없이 형의 시효기간 경과 ② 판결확정 후 집행 없이 치료감호의 시효완성	치료명령 결정이 확정된 후 집행을 받지 아니하고 10년 경과하면 시효완성	없음
종료	① 기간경과 ② 사면(형선고 효력상실) ③ 임시해제기간 경과	① 기간경과 ② 사면(형선고 효력상실) ③ 임시해제기간 경과	① 기간경과 ② 보호관찰기간 경과 및 종료 ③ 임시해제기간 경과
기타	① 청구시기 : 항소심 변론종결 시까지 ② 주거 이전 또는 7일 이상의 국내여행을 하거나 출국할 때에는 보호관찰관의 허가 ③ 치료명령의 집행면제 신청 ㉠ 징역형과 함께 치료명령을 받은 사람 등 : 주거지 또는 현재지 관할 지방법원(지원 포함)에 면제신청(치료감호 집행 중인 경우 치료명령 집행 면제를 신청할 수 없음) ㉡ 면제신청 기간 : 징역형 집행 종료되기 전 12개월부터 9개월까지 ㉢ 법원의 결정 : 징역형 집행 종료되기 3개월 전까지(집행 면제 여부 결정에 대한 항고 가능) ㉣ 치료감호심사위원회의 치료명령 집행 면제 : 징역형과 함께 치료명령을 받은 사람의 경우, 형기가 남아 있지 아니하거나 9개월 미만의 기간이 남아 있는 사람에 한정하여 집행면제 결정		

정답: ①

150 **「스토킹범죄의 처벌 등에 관한 법률」상 조치에 대한 설명으로 옳지 않은 것은?**

보호9급 2024

① 사법경찰관리는 진행 중인 스토킹행위에 대하여 신고를 받은 경우, 즉시 현장에 나가 '스토킹행위자와 스토킹행위의 상대방의 분리 및 범죄수사' 조치를 하여야 한다.

② 사법경찰관은 스토킹행위 신고와 관련하여 스토킹행위가 지속적 또는 반복적으로 행하여질 우려가 있고 스토킹범죄의 예방을 위하여 긴급을 요하는 경우, 직권으로 스토킹행위자에게 '스토킹행위의 상대방으로부터 100미터 이내의 접근금지' 조치를 할 수 있다.

③ 법원은 스토킹범죄의 피해자 보호를 위하여 필요하다고 인정하는 경우, 결정으로 스토킹행위자에게 '피해자의 주거로부터 100미터 이내의 접근금지' 조치를 할 수 있다.

④ 사법경찰관은 스토킹범죄의 원활한 조사·심리를 위하여 필요하다고 인정하는 경우, 직권으로 스토킹행위자에게 '국가경찰관서의 유치장 또는 구치소에의 유치' 조치를 할 수 있다.

해설

④ 법원은 스토킹범죄의 원활한 조사·심리 또는 피해자 보호를 위하여 필요하다고 인정하는 경우에는 결정으로 스토킹행위자에게 잠정조치를 할 수 있는데, 잠정조치에는 국가경찰관서의 유치장 또는 구치소에의 유치가 포함된다(스토킹범죄의 처벌 등에 관한 법률 제9조 제1항).

① 동법 제3조 제2호

② 동법 제4조 제1항 제2호

③ 동법 제9조 제1항 제2호

※ **스토킹범죄의 처벌 등에 관한 법률 제9조 【스토킹행위자에 대한 잠정조치】** ① 법원은 스토킹범죄의 원활한 조사·심리 또는 피해자 보호를 위하여 필요하다고 인정하는 경우에는 결정으로 스토킹행위자에게 다음 각 호의 어느 하나에 해당하는 조치(이하 "잠정조치"라 한다)를 할 수 있다.

1. 피해자에 대한 스토킹범죄 중단에 관한 서면경고
2. 피해자 또는 그의 동거인, 가족이나 그 주거 등으로부터 100미터 이내의 접근금지
3. 피해자 또는 그의 동거인, 가족에 대한 「전기통신기본법」 제2조 제1호의 전기통신을 이용한 접근금지

3의2. 「전자장치 부착 등에 관한 법률」 제2조 제4호의 위치추적 전자장치의 부착

4. 국가경찰관서의 유치장 또는 구치소에의 유치

정답: ④

★중요★

151 **「성폭력범죄자의 성충동 약물치료에 관한 법률」상 치료명령의 집행에 대한 설명으로 옳지 않은 것은?**

① 치료명령은 검사의 지휘를 받아 보호관찰관이 집행한다.

② 치료명령의 시효는 치료명령을 받은 사람을 체포함으로써 중단된다.

③ 치료명령의 임시해제 신청은 치료명령의 집행이 개시된 날부터 1년이 지난 후에 하여야 한다.

④ 치료명령을 받은 사람은 7일 이상의 국내여행을 할 때에는 미리 보호관찰관의 허가를 받아야 한다.

해설

③ 치료명령의 임시해제 신청은 치료명령의 집행이 개시된 날부터 6개월이 지난 후에 하여야 한다. 신청이 기각된 경우에는 기각된 날부터 6개월이 지난 후에 다시 신청할 수 있다(성폭력범죄자의 성충동 약물치료에 관한 법률 제17조 제2항).

① 동법 제13조 제1항, ② 동법 제21조 제2항, ④ 동법 제15조 제3항

정답: ③

★중요★
152 「성폭력범죄자의 성충동 약물치료에 관한 법률」상 약물치료에 대한 설명으로 옳지 않은 것은?

① 법원은 정신건강의학과 전문의의 진단 또는 감정의견만으로 치료명령 피청구자의 성도착증 여부를 판단하기 어려울 때에는 다른 정신건강의학과 전문의에게 다시 진단 또는 감정을 명할 수 있다.
② 치료명령을 선고받은 사람은 치료기간 동안 보호관찰 등에 관한 법률에 따른 보호관찰을 받는다.
③ 치료명령을 받은 사람은 치료기간 중 상쇄약물의 투약 등의 방법으로 치료의 효과를 해하여서는 아니 된다.
④ 국가는 치료명령의 결정을 받은 모든 사람의 치료기간 동안 치료비용을 부담하여야 한다.

해설

④ 치료명령의 결정을 받은 사람은 치료기간 동안 치료비용을 부담하여야 한다. 다만, 치료비용을 부담할 경제력이 없는 사람의 경우에는 국가가 비용을 부담할 수 있다(성폭력범죄자의 성충동 약물치료에 관한 법률 제24조 제1항). 즉 치료비용은 본인부담을 원칙으로 한다.
① 동법 제9조, ② 동법 제8조 제2항, ③ 동법 제15조 제1항

정답: ④

153 「성폭력범죄자의 성충동 약물치료에 관한 법률」상 치료명령의 집행에 대한 설명으로 옳지 않은 것은? 보호9급 2024

① 치료명령은 범죄예방정책국장의 지휘를 받아 보호관찰관이 집행한다.
② 치료명령을 받은 사람은 주거이전 또는 7일 이상 국내여행을 하거나 출국할 때에는 미리 보호관찰관의 허가를 받아야 한다.
③ 치료명령을 받은 사람이 형의 집행이 종료되거나 면제·가석방 또는 치료감호의 집행이 종료·가종료 또는 치료위탁으로 석방되는 경우, 보호관찰관은 석방되기 전 2개월 이내에 치료명령을 받은 사람에게 치료명령을 집행하여야 한다.
④ 치료명령의 집행 중 구속영장의 집행을 받아 구금된 때에는 치료명령의 집행이 정지되며, 이 경우 구금이 해제되거나 금고 이상의 형의 집행을 받지 아니하는 것으로 확정된 때부터 그 잔여기간을 집행한다.

해설

① 치료명령은 검사의 지휘를 받아 보호관찰관이 집행한다(성폭력범죄자의 성충동 약물치료에 관한 법률 제13조 제1항).
② 동법 제15조 제3항
③ 동법 제14조 제3항
④ 동법 제14조 제4항 제1호, 제5항 제1호

정답: ①

154 **성폭력범죄자의 성충동 약물치료에 관한 법률상 '성폭력 수형자 중 검사가 치료명령을 청구할 수 있는 대상자'에 대한 치료명령에 관한 설명으로 옳지 않은 것은?**

① 법원의 치료명령 결정에 따른 치료기간은 10년을 초과할 수 없다.
② 치료비용은 법원의 치료명령 결정을 받은 사람이 부담하는 것이 원칙이다.
③ 가석방심사위원회는 성폭력 수형자의 가석방 적격심사를 할 때 치료명령이 결정된 사실을 고려하여야 한다.
④ 법원의 치료명령 결정이 확정된 후 집행을 받지 아니하고 10년이 경과하면 시효가 완성되어 집행이 면제된다.

해설

① 법원은 치료명령 청구가 이유 있다고 인정하는 때에는 15년의 범위에서 치료기간을 정하여 판결로 치료명령을 선고하여야 한다(성폭력범죄자의 성충동 약물치료에 관한 법률 제8조 제1항).
② 동법 제24조 제1항, ③ 동법 제23조 제2항, ④ 동법 제22조 제14항 정답: ①

155 **「성폭력범죄자의 성충동 약물치료에 관한 법률」상 치료명령에 대한 설명으로 옳은 것은?**
교정7급 2024

① 치료감호심의위원회는 징역형과 함께 치료명령을 받은 자로 형기가 남아 있지 아니하거나 12개월 미만인 피치료감호자에 대하여 치료감호의 종료, 가종료, 치료위탁 결정을 하는 경우, 치료명령의 집행이 필요하지 아니하다고 인정되면 치료명령의 집행면제를 결정할 수 있다.
② 교도소, 소년교도소, 구치소 및 치료감호시설의 장은 치료명령을 받은 사람이 석방되기 2개월 전까지 치료명령을 받은 사람의 주거지를 관할하는 보호관찰소의 장에게 그 사실을 통보하여야 한다.
③ 법원은 피고사건에 대하여 선고를 유예하거나 집행유예를 선고하는 때라도 치료명령을 선고할 수 있다.
④ 성폭력 수형자에게 고지된 법원의 치료명령 결정에 대한 항고와 그 항고법원의 결정에 대한 재항고는 치료명령 결정의 집행을 정지하는 효력이 없다.

해설

④ 성폭력범죄자의 성충동 약물치료에 관한 법률 제22조 제11항
① 치료감호심의위원회는 「치료감호 등에 관한 법률」 제16조 제1항에 따른 피치료감호자 중 치료명령을 받은 사람(피치료감호자 중 징역형과 함께 치료명령을 받은 사람의 경우 형기가 남아 있지 아니하거나 9개월 미만의 기간이 남아 있는 사람에 한정한다)에 대하여 같은 법 제22조 또는 제23조에 따른 치료감호의 종료·가종료 또는 치료위탁 결정을 하는 경우에 치료명령의 집행이 필요하지 아니하다고 인정되면 치료명령의 집행을 면제하는 결정을 하여야 한다(동법 제8조의3 제1항).
② 교도소, 소년교도소, 구치소 및 치료감호시설의 장은 치료명령을 받은 사람이 석방되기 3개월 전까

지 치료명령을 받은 사람의 주거지를 관할하는 보호관찰소의 장에게 그 사실을 통보하여야 한다(동법 제11조 제2항).

③ 법원은 피고사건에 대하여 선고를 유예하거나 집행유예를 선고하는 때에는 판결로 치료명령 청구를 기각하여야 한다(동법 제8조 제3항 제4호). 정답: ④

156 **다음은 「성폭력범죄자의 성충동 약물치료에 관한 법률」에 관한 내용이다. 틀린 것을 모두 고른 것은?**

> ㉠ 성폭력범죄사건에 대하여 판결의 확정 없이 공소가 제기되거나 치료감호가 독립청구된 때부터 10년이 지나면 치료명령을 청구할 수 없다.
> ㉡ 치료명령 청구사건의 제1심 재판은 지방법원 단독판사의 관할로 한다.
> ㉢ 법원은 치료명령 청구가 이유 있다고 인정하는 때에는 10년의 범위에서 치료기간을 정하여 판결로 치료명령을 선고하여야 한다.
> ㉣ 치료명령 청구사건의 판결은 피고사건의 판결에 앞서 선고하여야 한다.

① ㉠ ② ㉠, ㉡
③ ㉠, ㉡, ㉢ ④ ㉠, ㉡, ㉢, ㉣

해설

× : ㉠ 10년 → 15년(성폭력범죄자의 성충동 약물치료에 관한 법률 제4조 제5항). ㉡ 지방법원 단독판사 → 지방법원 합의부(지방법원지원 합의부를 포함)(동법 제6조 제2항). ㉢ 10년 → 15년(동법 제8조 제1항). ㉣ 치료명령의 선고는 피고사건의 판결과 동시에 선고하여야 한다(동조 제4항).
○ : 없음 정답: ④

157 **성범죄자의 신상정보 등록·공개·고지에 대한 설명으로 옳지 않은 것은?** 보호9급 2024

① 신상정보 등록의 원인이 된 성범죄로 형의 선고를 유예받은 사람이 선고유예를 받은 날부터 2년이 경과하여 면소된 것으로 간주되면 신상정보 등록을 면제한다.
② 성범죄자의 신상정보 등록·공개·고지에 관한 제도는 성범죄자의 교화·개선에 중점을 두기보다는 성범죄자의 정보를 제공하여 지역사회의 안전을 강화하고자 하는 것이다.
③ 신상정보의 등록은 여성가족부장관이 집행하고, 신상정보의 공개·고지는 법무부장관이 집행한다.
④ 판례에 따르면, 공개명령 및 고지명령 제도는 범죄행위를 한 자에 대한 응보 등을 목적으로 그 책임을 추궁하는 사후적 처분인 형벌과 구별되어 그 본질을 달리한다.

해설

③ 법무부장관은 송달받은 정보와 등록대상자 정보를 등록하여야 한다(성폭력범죄의 처벌 등에 관한 특례법 제44조 제1항). 등록정보의 공개는 여성가족부장관이 집행한다(동법 제47조 제2항). 등록정

보의 고지는 여성가족부장관이 집행한다(동법 제49조 제2항).

① 동법 제45조의2

② 성폭력범죄자의 신상정보를 공개하는 것은 이를 통하여 성폭력범죄행위에 대하여 일반 국민에게 경각심을 주어 유사한 범죄를 예방하고, 성폭력범죄자로부터 잠재적인 피해자와 지역사회를 보호하기 위해 정보를 제공하며, 궁극적으로 피해자의 성을 보호하고 사회방위를 도모하기 위한 것이다(헌법재판소 2016.5.26. 2015헌바212).

④ 대법원 2012.5.24., 2012도2765

정답: ③

158 「특정중대범죄 피의자 등 신상정보 공개에 관한 법률」상 신상정보 공개에 대한 설명으로 옳지 않은 것은? 보호7급 2024

① 수사 및 재판 단계에서 신상정보의 공개에 대하여는 다른 법률의 규정에도 불구하고 「특정중대범죄 피의자 등 신상정보 공개에 관한 법률」을 우선 적용한다.

② 특정중대범죄사건의 피의자가 미성년자인 경우에는 신상정보를 공개하지 아니한다.

③ 검사와 사법경찰관은 피의자의 얼굴을 공개하기 위하여 필요한 경우 피의자를 식별할 수 있도록 피의자의 얼굴을 촬영할 수 있고, 이 경우 피의자는 이에 따라야 한다.

④ 검찰총장 및 경찰청장은 신상정보 공개 여부에 관한 사항을 심의하기 위하여 신상정보공개심의위원회를 두어야 한다.

해설

④ 검찰총장 및 경찰청장은 신상정보 공개 여부에 관한 사항을 심의하기 위하여 신상정보공개심의위원회를 둘 수 있다(특정중대범죄 피의자 등 신상정보 공개에 관한 법률 제8조 제1항).

① 동법 제3조

② 동법 제4조 제1항 단서

③ 동법 제4조 제5항

정답: ④

6. 소년범죄론

001 다음에서 설명하는 수용자 구금제도는?

> 이 제도는 '보호' 또는 '피난시설'이란 뜻을 갖고 있으며, 영국 켄트지방의 지역 이름을 따 시설을 운영했던 것에서 일반화되어 오늘날 소년원의 대명사로 사용되곤 한다.
> 주로 16세에서 21세까지의 범죄소년을 수용하여 직업훈련 및 학과교육 등을 실시함으로써 교정, 교화하려는 제도이다.

① 오번 제도(Auburn system)
② 보스탈 제도(Borstal system)
③ 카티지 제도(Cottage system)
④ 펜실베니아 제도(Pennsylvania system)

해설

② 보스탈 제도에 대한 설명이다.
보스탈은 1897년 브라이스에 의해 창안된 것인데, 초기에는 군대식의 통제방식으로 엄격한 규율·분류수용·중노동 등이 처우의 기본원칙으로 적용되었다. 그 후 1906년 범죄방지법에 의해 보스탈제도가 법제화되면서 영국의 가장 효과적인 시설내 처우로 주목받고 있다. 1920년 보스탈 감옥의 책임자 페터슨은 종래의 군대식 규율에 의한 강압적 훈련을 비판하고, 소년의 심리변화를 목적으로 하는 각종 처우방식을 적용하였다. 1930년대의 보스탈 제도는 개방처우하에서 생산활동, 인근지역과의 관계, 수용자 간의 토의 등을 중시한 소년교정시설의 선구적 모델이 되었다.

정답: ②

002 청소년범죄 관련 다이버전(diversion, 전환) 프로그램에 대한 설명으로 옳지 않은 것은?

① 다이버전은 형사사법기관이 통상적인 형사절차를 대체하는 절차를 활용하여 범죄인을 처리하는 제도를 말한다.
② 공식적인 형사처벌로 인한 낙인효과를 최소화하려는 목적을 갖고 있다.
③ 다이버전은 주체별로 경찰에 의한 다이버전, 검찰에 의한 다이버전, 법원에 의한 다이버전 등으로 분류하는 경우도 있다.
④ 경찰의 선도조건부 기소유예 제도가 대표적인 기소전 다이버전 프로그램이라고 할 수 있다.

해설

④ 선도조건부 기소유예 제도는 검찰단계의 기소전 다이버전 프로그램이다.
선도조건부 기소유예 제도는 검사가 범죄소년에 대하여 일정한 기간 동안 준수사항을 이행하고 민간인인 범죄예방위원의 선도를 받을 것을 조건으로 기소유예처분을 하고, 그 소년이 준수사항을 위반하거나 재범을 하지 않고 선도기간을 경과한 때에는 공소를 제기하지 않는 제도를 말하며 소년에 대한 다이버전제도의 일종이라고 할 수 있다.

정답: ④

★중요★

003 다음 중 옳지 않은 것을 모두 고른 것은?

> ㉠ 청소년보호법은 18세 미만의 자를 청소년으로 규정하고 있다.
> ㉡ 아동복지법은 16세 미만의 자를 '아동'으로 규정하고 있다.
> ㉢ 소년법상 촉법소년은 형벌 법령에 저촉되는 행위를 한 12세 이상 14세 미만의 소년을 말한다.
> ㉣ 소년법은 19세 미만의 자를 소년으로 규정하고 있다.

① ㉠
② ㉠, ㉡
③ ㉠, ㉡, ㉢
④ ㉠, ㉡, ㉢, ㉣

해설

× : ㉠ 청소년보호법은 19세 미만의 자를 청소년으로 규정하고 있다(청소년보호법 제2조). ㉡ 16세 미만 → 18세 미만(아동복지법 제3조 제1호). ㉢ 12세 이상 14세 미만 → 10세 이상 14세 미만(소년법 제4조 제1항).

○ : ㉣

정답: ③

004 법률상 소년 등의 연령 기준으로 옳지 않은 것은? 보호7급 2023

① 「형법」상 형사미성년자는 14세가 되지 아니한 자이다.
② 「소년법」상 소년은 19세 미만인 자를 말한다.
③ 「청소년 기본법」상 청소년은 8세 이상 24세 이하인 사람을 말한다. 다만, 다른 법률에서 청소년에 대한 적용을 다르게 할 필요가 있는 경우에는 따로 정할 수 있다.
④ 「아동·청소년의 성보호에 관한 법률」상 아동·청소년은 19세 미만의 자를 말한다. 다만, 19세에 도달하는 연도의 1월 1일을 맞이한 자는 제외한다.

해설

③ 청소년이란 9세 이상 24세 이하인 사람을 말한다. 다만, 다른 법률에서 청소년에 대한 적용을 다르게 할 필요가 있는 경우에는 따로 정할 수 있다(청소년 기본법 제3조 제1호).
① 형법 제9조
② 소년법 제2조
④ 아동·청소년의 성보호에 관한 법률 제2조 제1호

정답: ③

005 우리나라의 소년보호이념에 대한 설명으로 가장 적절하지 않은 것은? 경찰간부 2024

① 인격주의는 소년사법절차에서 소년 개인을 단위로 한 독자적 사건으로 취급해야 한다는 것이다.

② 교육주의는 소년범죄자에 대한 처벌이 주된 수단이 되어서는 안 된다는 것이다.

③ 예방주의는 범법행위를 저지른 소년이 더 이상 규범을 위반하지 않도록 하고, 죄를 범할 우려가 있는 우범소년이 범죄에 빠지지 않도록 하는 데 소년법의 목적이 있다는 것이다.

④ 비밀주의는 소년범죄자가 사회에 적응하는 과정에서 다른 사람에게 범죄경력이 노출되지 않도록 하여 소년의 인권보장과 재범방지를 추구하는 것을 말한다.

해설

① 개별주의에 대한 설명이다. 인격주의는 소년보호를 위해 소년의 행위원인에 놓인 개성과 환경을 중시해야 한다는 것이다.

정답: ①

006 다음은 소년보호의 원칙에 대한 내용이다. ㉠, ㉡, ㉢에 해당되는 원칙이 가장 올바르게 짝지어진 것은? 해경간부 2025

보기

㉠ 우범소년이 범죄에 빠지지 않도록 하는 데 중점을 두어야 한다는 것으로, 「소년법」 제4조 제1항 제3호는 이를 구체화한 것이다.

㉡ 소년의 인권보장과 재범방지를 위한 필수적인 이념으로, 소년의 비행과 신상을 노출시키지 않아야 한다는 것으로 「소년법」 제68조 제1항 및 제70조 제1항은 이를 반영한 것이다.

㉢ 비행소년의 처우를 법관에게만 맡길 것이 아니라 여러 분야 전문가들의 조사결과와 분석을 검토하여 결정해야 한다는 원칙으로 「소년법」 제12조는 이를 반영한 것이다.

① ㉠ 예방주의 ㉡ 밀행주의 ㉢ 과학주의
② ㉠ 교육주의 ㉡ 개별주의 ㉢ 인격주의
③ ㉠ 예방주의 ㉡ 인격주의 ㉢ 개별주의
④ ㉠ 밀행주의 ㉡ 개별주의 ㉢ 과학주의

해설

㉠ 예방주의 : 소년범에 대해 과거의 비행에 대한 처벌보다는 장래의 범죄를 예방하는 데 중점을 두어야 한다는 원칙

㉡ 밀행주의 : 소년범에 대한 사회적 비난 또는 낙인의 결과를 초래하는 것을 방지하기 위해 소년범의 처리과정을 외부에 노출시켜서는 안 된다는 원칙

㉢ 과학주의 : 소년범에 대해 보다 과학적인 교육과 보호를 위해 조사·심리·처우의 단계에서 심리학, 의학, 교육학, 사회학 등 과학적이고 전문적인 지식을 활용하여야 한다는 원칙

〈소년보호의 원리〉

구분	내용
인격주의	소년의 객관적 비행사실보다는 그의 인격적 특성을 중요시하여 인격에 내재된 범죄의 위험성을 제거하는 데 힘써야 한다는 원칙
예방주의	소년범에 대해 과거의 비행에 대한 처벌보다는 장래의 범죄를 예방하는 데 중점을 두어야 한다는 원칙
개별주의	범죄인 처우의 개별화 이념에 따라 각각의 소년을 독립적으로 취급하고, 그 소년의 개별적인 특성에 알맞은 처우를 하여야 한다는 원칙
과학주의	소년범에 대해 보다 과학적인 교육과 보호를 위해 조사·심리·처우의 단계에서 심리학, 의학, 교육학, 사회학 등 과학적이고 전문적인 지식을 활용하여야 한다는 원칙
교육주의	교육적 관점에서 소년에 대한 처벌보다는 교화·개선에 중점을 두고 보호처분 등을 통해 소년을 건전하게 육성하자는 원칙
협력주의	소년의 보호를 위해 국가뿐만 아니라, 보호자, 시민단체 등 사회 전체가 협력하여야 한다는 원칙
밀행주의	소년범에 대한 사회적 비난 또는 낙인의 결과를 초래하는 것을 방지하기 위해 소년범의 처리과정을 외부에 노출시켜서는 안 된다는 원칙

정답: ①

007 소년보호의 원칙 중 사회 전체의 참여를 요구하는 것은?

① 교육주의　② 협력주의　③ 과학주의　④ 인격주의

해설

② 협력주의란 소년은 사회적 환경의 영향을 많이 받으므로, 보호자나 관계기관뿐만 아니라 사회구성원 모두가 소년보호활동을 위해 협력할 필요가 있다는 것을 말한다.

〈소년보호의 원칙〉

인격주의	소년의 객관적 비행사실보다는 그의 인격적 특성을 중요시하여 인격에 내재된 범죄의 위험성을 제거하는 데 힘써야 한다는 원칙
예방주의	소년범에 대해 과거의 비행에 대한 처벌보다는 장래의 범죄를 예방하는 데 중점을 두어야 한다는 원칙
개별주의	범죄인 처우의 개별화 이념에 따라 각각의 소년을 독립적으로 취급하고, 그 소년의 개별적인 특성에 알맞은 처우를 하여야 한다는 원칙
과학주의	소년범에 대해 보다 과학적인 교육과 보호를 위해 조사·심리·처우의 단계에서 심리학, 의학, 교육학, 사회학 등 과학적이고 전문적인 지식을 활용하여야 한다는 원칙
교육주의	교육적 관점에서 소년에 대한 처벌보다는 교화·개선에 중점을 두고 보호처분 등을 통해 소년을 건전하게 육성하자는 원칙
협력주의	소년의 보호를 위해 국가뿐만 아니라, 보호자, 시민단체 등 사회 전체가 협력하여야 한다는 원칙
밀행주의	소년범에 대한 사회적 비난 또는 낙인의 결과를 초래하는 것을 방지하기 위해 소년범의 처리과정을 외부에 노출시켜서는 안 된다는 원칙
분리주의	소년이 비행성을 가진 사람들과 교류하게 되면 쉽게 범죄적 악풍에 감염될 수 있으므로, 이들과 분리하여 처우해야 한다는 원칙
통고주의	보호할 필요가 있는 소년을 조기에 발견하여 보호기관에 통고함으로써 범죄자로 발전하는 것을 사전에 차단해야 한다는 원칙

정답: ②

008 **현행 법령에 저촉되는 행위를 할 우려가 있는 우범소년도 소년법의 규율대상으로 하는 것과 직접적으로 관계되는 원칙으로 가장 옳은 것은?** 해경간부 2024

① 밀행주의 ② 예방주의
③ 과학주의 ④ 개별주의

해설

② 소년범에 대해 과거의 비행에 대한 처벌보다는 장래의 범죄를 예방하는 데 중점을 두어야 한다는 원칙으로, 우범소년과 밀접한 관련이 있다. 정답: ②

009 **소년보호의 원칙에 대한 설명으로 옳지 않은 것은?** 보호9급 2024

① 개별주의 : 소년보호조치를 취할 때 소년사건을 형사사건과 병합하여 1개의 사건으로 취급한다.
② 인격주의 : 소년보호사건에서는 소년의 행위에서 나타난 개성과 환경을 중시한다.
③ 과학주의 : 소년범죄인의 처우를 법률가의 규범적 판단에만 맡기지 않고 여러 전문가의 조언·협조를 받아 그 과학적 진단과 의견을 바탕으로 행한다.
④ 협력주의 : 소년사법에서는 국가가 전담하는 사법뿐만 아니라 보호자와 관계기관은 물론 사회 전반의 상호부조와 연대의식이 뒷받침되어야 한다.

해설

① 개별주의란 범죄인 처우의 개별화 이념에 따라 각각의 소년을 독립적으로 취급하고, 그 소년의 개별적인 특성에 알맞은 처우를 하여야 한다는 원칙을 말한다. 즉, 병합이 아니라 분리하여야 한다. 정답: ①

010 **소년보호의 원칙에 관한 설명으로 가장 적절하지 않은 것은?** 경행2차 2024

① 밀행주의와 협력주의는 절차법적 성격을 가진다.
② 소년범죄자에 대한 사회 내 처우는 보호주의 및 예방주의와 관련이 있다.
③ 「소년법」 제24조 제2항에서 규정한 심리의 비공개는 인격주의와 관련이 있다.
④ 소년분류심사원의 분류심사는 과학주의와 관련이 있다.

해설

③ 심리의 비공개는 밀행주의와 관련이 있다.
① 개별주의, 직권주의, 심문주의, 과학주의, 협력주의, 밀행주의 및 통고주의는 절차법적 성격을 가지고 보호주의, 규범주의, 목적주의, 교육주의, 인격주의 및 예방주의는 실체법적 성격을 가진다.
② 옳은 지문이다.
④ 과학주의는 소년범에 대해 보다 과학적인 교육과 보호를 위해 조사 · 심리 · 처우의 단계에서 심리학, 의학, 교육학, 사회학 등 과학적이고 전문적인 지식을 활용하여야 한다는 원칙이다. 정답: ③

011 소년범죄의 처리원칙에 대한 설명으로 가장 적절한 것은? 경찰간부 2023

① 소년보호조치를 할 때 소년 개개인을 독립된 단위로 하여 독자적인 사건으로 취급해야 한다.
② 비행소년의 처우는 법률전문가인 법관에 의한 분석과 검토만을 고려해서 결정해야 한다.
③ 소년보호절차에서는 객관적 판단이 중요하므로 개인적 환경특성에 대한 판단을 최소화하고 비행사실 자체에 중점을 두어야 한다.
④ 소년범죄자에 대해서는 시설내처우를 우선적으로 고려하여야 한다.

해설

① 소년보호의 원칙 중 하나인 개별주의에 대한 설명이다.
② 과학주의 : 소년범죄에 대한 법률의 단순한 적용보다 소년을 교육하고 보호하는 데 적합한 대책을 전문가의 의견을 들어 결정하는 것이 중요하다.
③ 인격주의 : 소년을 보호하기 위해서는 소년의 행위·태도에서 나타난 개성과 환경을 중시하는 것을 말한다. 소년보호절차는 교육기능 및 사법기능을 동시에 수행하기 때문에 객관적 비행사실만 중요하게 취급되어서는 안 되고, 소년의 인격과 관련된 개인적 특성도 함께 고려되어야 한다.
④ 교육주의 : 시설내처우보다는 사회내처우를 우선적으로 고려하여야 한다.

정답: ①

012 비행소년에 대한 보호처분의 본질과 가장 거리가 먼 것은?

① 교육적이며 복지적 성격을 지닌 처분이다.
② 사법적 처분이다.
③ 개선과 교화보다 예방적 조치를 더 중시한다.
④ 비자발적 강제처분이다.

해설

③ 소년은 인격형성단계에 있는 관계로 교육을 통한 교화개선의 가능성이 높으므로 비행소년은 성인범과 달리 형벌보다는 특별한 원칙에 따른 보호처분에 따르도록 해야 한다. 소년보호의 원칙 중 하나인 예방주의란 장차 범죄의 우려가 있는 우범소년의 경우에도 소년보호의 대상으로 삼아 장차 범죄에 빠지지 않도록 해야 한다는 것을 말하는데 이는 사회방위적 차원에서 보안처분의 성격을 가지는 예방적 조치와는 그 성격이 다르다.

정답: ③

★중요★

013 바톨라스와 밀러(C. Bartollas, S.T. Miller)의 소년교정모형이 아닌 것은?

① 의료모형 ② 조정모형
③ 범죄통제모형 ④ 최대제한모형

해설

바톨라스와 밀러(C. Bartollas, S.T. Miller)가 소년교정의 모형으로 제시한 유형은 다음과 같다.

〈바틀라스와 밀러의 소년교정의 모형〉

의료모형	비행소년은 통제불능요인에 의해 범죄자로 결정된 사회적 병질자이므로 치료의 대상이다.
적응(조정)모형	비행소년은 환자가 아니라 합리적 결정을 할 수 있는 자이므로 전문가의 치료를 요한다.
범죄통제모형	비행소년에 대해서는 훈육과 처벌을 통해 강경하게 대처해야 한다.
최소제한모형	비행소년에 대해서는 형사사법기관의 개입을 최소화해야 하며, 비시설적 처우가 바람직하다.

정답: ④

014 바톨라스(Bartollas)와 밀러(Miller)의 소년교정모델에 대한 설명으로 옳지 않은 것은?

① 의료모형(medical model) – 비행소년은 자신이 통제할 수 없는 요인에 의해서 범죄자로 결정되었으며, 이들은 사회적으로 약탈된 사회적 병질자이기 때문에 처벌의 대상이 아니라 치료의 대상이다.

② 적응모형(adjustment model) – 범죄자 스스로 책임 있는 선택과 합법적 결정을 할 수 없다. 그 결과 현실요법, 환경요법 등의 방법이 처우에 널리 이용된다.

③ 범죄통제모형(crime control model) – 청소년도 자신의 행동에 대해서 책임을 져야 하므로, 청소년 범죄자에 대한 처벌을 강화하는 것만이 청소년범죄를 줄일 수 있다.

④ 최소제한모형(least-restrictive model) – 비행소년에 대해서 소년사법이 개입하게 되면, 이들 청소년들이 지속적으로 법을 위반할 가능성이 증대될 것이다.

해설

② 적응모형에서는 범죄자 스스로 책임 있는 선택과 합법적 결정을 할 수 있다고 간주하므로 현실요법, 환경요법, 집단지도 상호작용, 교류분석, 긍정적 동료문화 등의 처우기법을 활용한다.

의료모형	비행소년은 통제불능요인에 의해 범죄자로 결정된 사회적 병질자이므로 치료의 대상이다.
적응(조정) 모형	비행소년은 환자가 아니라 합리적 결정을 할 수 있는 자이므로 전문가의 치료를 요한다.
범죄통제모형	비행소년에 대해서는 훈육과 처벌을 통해 강경하게 대처해야 한다.
최소제한모형	비행소년에 대해서는 형사사법기관의 개입을 최소화해야 하며, 비시설적 처우가 바람직하다.

정답: ②

015 소년교정의 모형에 관한 설명으로 옳지 않은 것은?

① 의료모형은 국친사상·실증주의 범죄학 및 결정론을 결합시킨 것으로 비행소년을 사회적으로 약탈된 병질자로 파악한다.

② 적응모형은 범죄자 스스로 책임 있는 선택과 합법적 결정을 할 수 있다고 간주한다.

③ 범죄통제모형은 엄격한 처벌만이 소년비행을 억제하는 효과적인 수단이라고 본다.

④ 최소제한모형은 형사사법기관의 개입에 부정적이며, 아노미이론을 이론적 기초로 하고 있다.

해설

④ 최소제한모형은 형사사법기관의 개입을 최소화하자는 입장으로 낙인이론에 그 이론적 기초를 두고 있으며, 비행소년에 대한 모든 절차적 권리의 보장과 비시설적 처우를 바람직한 것으로 보고 있다.

정답: ④

016 **소년사법의 동향과 관련하여 범죄통제모델의 입장이라고 볼 수 없는 것은?**

① 종래의 재사회화모델이 실패하였다고 비판하고, 1970년대에 등장한 이론이다.
② 비행소년은 보호적 차원에서 처우해야 한다고 주장한다.
③ 범죄에 상응한 처벌이 재범방지에 효과적이라고 본다.
④ 지역사회의 보호를 최우선의 목표로 삼는다.

해설

② 범죄통제모델은 1970년대에 등장한 소년사법에 관한 이론으로 종전 소년보호적 입장에서의 재사회화 처우모델이 비행소년의 재범방지는 물론 사회방위에도 실패했다고 비판하고, 책임주의에 입각하여 비행소년을 성인범과 다름없이 범죄행위에 상응한 처벌로 대처해야 한다는 주장을 말한다.

정답: ②

017 **소년범죄의 경향에 관한 설명으로 옳지 않은 것은?**

① 폭력범죄가 증가하고 있다.
② 전체 소년범 중 여성이 차지하는 비율이 높아지고 있다.
③ 범죄소년의 연령이 낮아지고 있다.
④ 경제적으로 안정된 중류계층 출신 소년의 범죄는 줄어들고 있다.
⑤ 소년범의 경우 마약범죄보다는 유해화학물질관리법 위반 범죄가 더 큰 비중을 차지하고 있다.

해설

④ 우리나라 소년범의 출신가정을 보더라도 하류가정 출신은 감소하는 반면, 중류가정 출신의 비율은 오히려 높아지고 있는 것으로 나타나고 있다.

정답: ④

018 **오늘날 소년사법의 추세는 4D로 표현될 수 있는데 이에 속하지 않는 것은?**

① 비형벌화(Depenalization)
② 전환(Diversion)
③ 비범죄화(Decriminalization)
④ 적법절차(Due process)

해설

①·②·③ 소년은 성장발육기 내지 인격형성단계에 있는 관계로 유해한 사회적 환경에 접할 경우 쉽

게 범죄에 감염될 우려가 있는 반면, 교육을 통한 교화개선의 가능성도 높으므로 오늘날 소년사법의 추세는 가급적 형사사법절차에 개입시키지 않고, 사회내처우로 대신하려는 경향을 보이고 있는데 3D 이론·4D이론·5D이론 등이 그것이다.

3D	비형벌화(Depenalization)·비범죄화(Decriminalization)·비시설수용화(Deinstitutionalization)
4D	3D + 전환(Diversion)
5D	4D + 적법절차(Due process)

정답: ④

019 **바톨라스(C. Bartolas)의 소년교정모형에 대한 설명이다. 〈보기 1〉에 제시된 설명과 〈보기 2〉에서 제시된 교정모형을 옳게 짝지은 것은?**

보기 1

㉠ 비행소년은 통제할 수 없는 요인에 의해서 범죄자로 결정되어졌으며, 이들은 사회적 병질자이기 때문에 처벌의 대상이 아니라 치료의 대상이다.

㉡ 범죄소년은 치료의 대상이지만 합리적이고 책임 있는 결정을 할 수 있다고 하면서, 현실요법·집단지도 상호작용·교류분석 등의 처우를 통한 범죄소년의 사회 재통합을 강조한다.

㉢ 비행소년에 대해서 소년사법이 개입하게 되면 낙인의 부정적 영향 등으로 인해 지속적으로 법을 어길 가능성이 증대되므로, 청소년을 범죄소년으로 만들지 않는 길은 시설에 수용하지 않는 것이다.

㉣ 지금까지 소년범죄자에 대하여 시도해 온 다양한 처우 모형들이 거의 실패했기 때문에 유일한 대안은 강력한 조치로서 소년범죄자에 대한 훈육과 처벌뿐이다.

보기 2

A. 의료모형　　B. 적응(조정)모형

C. 범죄통제모형　　D. 최소제한(제약)모형

	㉠	㉡	㉢	㉣
①	A	B	C	D
②	A	B	D	C
③	A	C	D	B
④	B	A	D	C

해설

A. 의료(치료)모형 : 교정은 치료라고 보고, 소년원에 있어 교정교육기법의 기저가 되었다.

B. 적응(조정)모형 : 범죄자는 치료의 대상이지만 스스로 책임 있는 선택과 합리적 결정을 할 수 있는 자로 본다.

C. 범죄통제(정의)모형 : 청소년도 자신의 행동에 대해서 책임을 져야 하므로, 청소년 범죄자에 대한

처벌을 강화하는 것만이 청소년범죄를 줄일 수 있다.

D. 최소제한(제약)모형 : 낙인이론에 근거하여 시설수용의 폐단을 지적하며 처벌 및 처우개념을 모두 부정하며 불간섭주의를 주장한다. 정답: ②

020 다음 중 소년에 대한 낙인이론적 관점에서의 다이버전으로 볼 수 없는 것은?

① 기소유예 ② 훈방
③ 불기소처분 ④ 가석방

해설

④ 낙인이론에서는 형 확정 이후의 절차인 가석방을 다이버전에 포함시키기 어렵다. 정답: ④

021 소년비행과 관련하여 양친의 애정에 대한 태도나 가족 간의 애정관계가 영향을 미친다고 한 사람은?

① 글룩 부부 ② 올린
③ 서덜랜드 ④ 코헨
⑤ 머튼

해설

① 글룩 부부는 매사추세츠주의 교정원에 수용 중인 범죄소년과 정상소년을 비교하여 범죄예측을 한 결과 아버지의 훈육, 어머니의 감독, 소년에 대한 부모의 애정 정도가 비행에 상당한 영향을 미친다고 보았다. 특히 부모의 가정교육이 확고하고 자상했던 경우에 비행소년과 무비행소년의 비율은 각기 4.2%, 65.6%라는 조사결과를 토대로 부모의 가정교육 부실이 비행의 주요원인 중 하나라고 주장하였다. 정답: ①

022 현대 소년사법의 동향으로 옳지 않은 것은?

① 형사사법절차의 개입 최소화 ② 적법절차의 보장
③ 성인범과의 처우 일원화 ④ 소년사법구조의 일원화

해설

③ 현대 소년사법은 성인범과의 분리수용은 물론 연령 및 신체적 특성을 감안한 처우의 개별화를 추구하는 추세에 있다. 현대 소년사법에 관한 세계적 추세는 (ⅰ) 비범죄화·비형벌화·비시설수용화 등 형사사법절차의 개입 최소화, (ⅱ) 적법절차의 보장, (ⅲ) 소년사법구조의 일원화, (ⅳ) 처우의 개별화, (ⅴ) 망의 확대 등이다. 정답: ③

★중요★
023 **1967년 미연방최고법원이 선고한 이른바 '갈트(Gault)판결'과 가장 관련 있는 것은?**

① 비범죄화 ② 비형벌화
③ 적법절차의 보장 ④ 형사사법망의 확대(net widening)이론

해설

③ '갈트(Gault)판결'이란 미국에서 갈트라는 이름을 가진 15세 소년이 음란전화의 혐의로 소년법원에 의해 직업보도학교의 수용처분을 받았는데 미연방최고법원은 해당 소년법원이 심리절차의 비공개, 변호인선임권의 미통보, 진술거부권 미고지, 반대신문기회 미제공, 소송진행기록의 미작성 등 통상의 재판절차를 따르지 않아 적법절차(due process)를 위반하였다고 판시한 사건을 말한다. 정답: ③

024 **소년보호의 원칙에 대한 설명으로 옳지 않은 것은?**

① 인격주의는 소년을 보호하기 위하여 소년의 행위에서 나타난 개성과 환경을 중시하는 것을 말한다.
② 예방주의는 범행한 소년의 처벌이 아니라, 이미 범행한 소년이 더 이상 범죄를 범하지 않도록 하는 데에 있다.
③ 개별주의는 소년사건에서 소년보호조치를 취할 때 형사사건과 병합하여 1건의 사건으로 취급하는 것을 말한다.
④ 과학주의는 소년의 범죄환경에 대한 연구와 소년범죄자에게 어떤 종류의 형벌을 어느 정도 부과할 것인가에 대한 전문가의 활용을 말한다.

해설

③ 개별주의란 소년에 대한 보호조치를 취할 때에는 소년 개개인을 1건으로 독립해서 취급하고, 행위와 외형에 구애받지 않으며, 각 개인마다의 특성을 중시하여 처리해야 한다는 것을 말한다.

정답: ③

025 **소년범죄절차에 대한 설명이다. 거리가 먼 것은?**

① 범죄소년에 대해서도 경찰서장은 직접 소년부 송치가 가능하다.
② 보호소년 조사 시 소년부 또는 조사관은 진술거부권을 고지하여야 한다.
③ 우범소년은 보호자가 직접 소년부에 통고할 수 있다.
④ 보호자 또는 사회복리시설의 장은 촉법소년을 소년부에 통고할 수 있다.

해설

① 경찰서장이 직접 소년부에 송치할 수 있는 대상은 촉법소년과 우범소년에 한정된다.
② 소년법 제10조, ③·④ 동법 제4조 제3항 정답: ①

026 소년보호처분의 대상연령은?

① 10세 이상 19세 미만
② 10세 이상 20세 미만
③ 12세 이상 19세 미만
④ 12세 이상 20세 미만

해설

① 소년법 제2조에서는 소년을 19세 미만의 자로 규정하고 있고, 동법 제4조에서는 소년부 보호사건의 대상으로 제1항 제2호에서 촉법소년을 10세 이상 14세 미만으로, 제1항 제3호에서 우범소년을 10세 이상으로 규정하고 있으므로 소년법상 소년보호처분의 대상연령은 10세 이상 19세 미만이다.

〈소년법상 비행소년의 종류〉

범죄소년	죄를 범한 14세 이상 19세 미만의 소년
촉법소년	형벌 법령에 저촉된 행위를 한 10세 이상 14세 미만의 형사미성년자로서 형사처벌이 불가능하고 보호처분만 가능한 소년
우범소년	다음에 해당하는 사유가 있고, 그의 성격이나 환경에 비추어 앞으로 형벌 법령에 저촉되는 행위를 할 우려가 있는 10세 이상의 소년 • 집단적으로 몰려다니며 주위 사람들에게 불안감을 조성하는 성벽이 있는 것 • 정당한 이유 없이 가출하는 것 • 술을 마시고 소란을 피우거나 유해환경에 접하는 성벽이 있는 것

정답: ①

027 소년법의 특징으로 옳지 않은 것을 모두 고른 것은?

㉠ 형법의 특별법적 성격을 가진다.
㉡ 소년사건을 보호사건과 형사사건으로 구분하고 있다.
㉢ 소년형사사건에는 국친주의적 요소가 포함되어 있다.
㉣ 실체법적 특징으로는 분리주의, 직권주의, 과학주의를 채택하고 있다.

① ㉠, ㉡
② ㉠, ㉣
③ ㉡, ㉢
④ ㉢, ㉣

해설

× : ㉢ 국친주의적 요소가 포함되어 있는 것은 소년보호사건 처리절차이다. ㉣ 분리주의, 직권주의, 과학주의는 절차법적 특징에 해당한다.

○ : ㉠, ㉡

정답: ④

028 소년범죄 및 소년사법제도에 대한 적절한 설명은 모두 몇 개인가? 경찰간부 2025

㉠ 촉법소년과 우범소년에 해당하는 소년이 있을 때에는 경찰서장은 직접 관할 소년부에 송치하여야 한다.
㉡ 소년보호사건의 심리는 공개하지 아니한다. 다만, 중요 강력범죄의 경우에는 공개할 수 있다.
㉢ 소년보호사건의 기록과 증거물은 소년부 판사의 허가를 받은 경우에만 열람하거나 등사할 수 있으며, 보조인이 심리개시 결정 후에 소년보호사건의 기록과 증거물을 열람하는 경우에 소년부 판사의 허가를 받아야 한다.
㉣ 형벌 법령에 저촉되는 행위를 한 10세 이상 14세 미만인 소년도 「소년법」의 규율대상으로 하는 것은 비밀주의와 직접 관련이 있는 규정이다.

① 0개 ② 1개
③ 2개 ④ 3개

해설

㉠ 촉법소년과 우범소년에 해당하는 소년이 있을 때에는 경찰서장은 직접 관할 소년부에 송치하여야 한다(「소년법」 제4조 제2항).
㉡ 소년보호사건의 심리는 공개하지 아니한다. 다만, 소년부 판사는 적당하다고 인정하는 자에게 참석을 허가할 수 있다(동법 제24조 제2항).
㉢ 소년보호사건의 기록과 증거물은 소년부 판사의 허가를 받은 경우에만 열람하거나 등사할 수 있다. 다만, 보조인이 심리개시 결정 후에 소년보호사건의 기록과 증거물을 열람하는 경우에는 소년부 판사의 허가를 받지 아니하여도 된다(동법 제30조의2).
㉣ 예방주의와 관련이 있는 규정이다. 정답: ②

029 소년사건처리의 입법태도에 관한 설명으로 옳지 않은 것은?

① 검사선의주의는 영미법계의 입법태도이다.
② 우리 소년법은 법원선의주의를 채택하고 있다.
③ 일본은 검사선의주의를 채택하고 있다.
④ 대륙법계 국가들은 대체로 법원선의주의를 채택하고 있다.

해설

② 우리 소년법은 검사선의주의를 채택하고 있다. 소년사건처리에 관한 입법상 태도로는 검사선의주의와 법원선의주의가 있는데 검사선의주의란 소년피의사건에 대하여 형사절차에 따라 재판을 할 것인지 보호절차에 따라 재판을 할 것인지의 선택권을 검사에게 먼저 행사하게 하는 유형으로 영미법계와 일본의 입법태도가 여기에 해당하며, 법원선의주의란 소년 피의사건에 대해 수사한 검사는 모든 사건을 소년법원에 송치하고, 형사절차에 따라 재판을 할 것인지 보호절차에 따라 재판을 할 것인지의 선택권을 법원에 부여하는 유형으로 대륙법계의 입법태도가 여기에 해당한다. 정답: ②

030 **검사선의주의에 관한 설명 중 옳지 않은 것으로 묶인 것은?**

㉠ 소년비행 당사자의 불안감을 증폭시킬 수 있다.
㉡ 법원의 부담을 경감시킨다.
㉢ 장기구금의 폐해를 해소할 수 있다.
㉣ 소년복지를 위한 행정적 조치를 강구하기에 용이하다.
㉤ 소년법에서 검사가 형사법원에 송치한 소년사건에 대해 법원이 심리한 결과 보호처분에 해당할 사유가 있다고 인정하면 결정으로써 사건을 관할 소년부에 송치하도록 규정하고 있는 것은 검사선의주의에 대한 사법적 통제에 해당한다.

① ㉠, ㉡
② ㉠, ㉢
③ ㉡, ㉣
④ ㉢, ㉤

해설

× : ㉠ 검사선의주의는 검사가 절차의 초기단계에서부터 처리절차를 결정할 수 있으므로 소년비행 당사자의 불안감을 완화시킬 수 있다. ㉢ 검사선의주의에 따르면 범죄소년이 구속되면 먼저 경찰서 유치장에 구금되고, 검찰에 송치되면 교정시설에 구금되며, 기소되어 재판을 받는 도중 법원 소년부로 송치되면 그때 비로소 소년분류심사원으로 이송되는데 이 경우 보호처분 대상인 소년을 형사기소한 결과가 되어 부당한 장기구금이 초래될 우려가 있다는 비판이 있다.
○ : ㉡, ㉣, ㉤

정답: ②

031 **선도조건부 기소유예에 관한 설명으로 옳은 것은?**

① 법률적 제도가 아니라, 법무부가 실무적으로 운영하고 있는 기소유예제도의 일종이다.
② 일정사항 준수 및 범죄예방위원의 선도를 조건으로 기소를 유예하는 것을 말한다.
③ 준수사항 위반이나 재범 없이 선도기간을 경과한 때에는 공소를 취소한다.
④ 기소법정주의의 표현이다.

해설

① 소년법의 제도이다. ③ 대상자가 준수사항 위반이나 재범을 저지르지 않고 선도기간을 경과한 때에는 공소를 제기하지 않는 제도이다. ④ 선도조건부 기소유예제도는 검찰이 공소제기의 여부를 결정하는 기소편의주의의 표현이다.

정답: ②

★중요★
032 소년법상 선도조건부 기소유예제도에 관한 설명 중 옳지 않은 것은?

① 이 제도는 기소편의주의와 검사선의주의를 전제로 한다.
② 협의의 불기소처분대상(혐의 없음, 죄가 안 됨)사건은 조건부 기소유예의 대상에서 제외된다.
③ 검사는 조건부 기소유예 시 소년으로 하여금 소년의 선도·교육과 관련된 단체·시설에서 상담·교육·활동 등을 받게 할 수 있다.
④ 검사는 조건이행에 대하여 소년과 소년의 법정대리인의 동의를 받은 경우에 한해 조건부 기소유예를 할 수 있다.
⑤ 법정형이 1년 이하의 징역이나 금고 또는 벌금의 형에 해당하는 죄를 범한 경우에 한하여 이 제도를 활용할 수 있다.

해설
⑤ 조건부 기소유예를 행할 수 있는 구체적 요건에 대해서는 법률에 명확한 규정이 없다.
③ 소년법 제49조의3 제2호
④ 소년법 제49조의3

정답: ⑤

033 소년보호사건에 대한 설명으로 옳지 않은 것만을 모두 고른 것은?

㉠ 형벌법령에 저촉되는 행위를 한 12세 소년이 있을 때에 경찰서장은 직접 관할 소년부에 소년을 송치하여야 한다.
㉡ 법으로 정한 사유가 있고 소년의 성격이나 환경에 비추어 향후 형벌법령에 저촉되는 행위를 할 우려가 있더라도 10세 우범소년은 소년부에 송치할 수 없다.
㉢ 소년법상 14세 촉법소년은 소년부 보호사건의 대상이 되고, 정당한 이유 없이 가출하는 9세 소년은 소년보호사건의 대상에서 제외된다.
㉣ 죄를 범한 소년을 발견한 보호자 또는 학교·사회복지시설·보호관찰소(보호관찰지소 포함)의 장은 이를 관할 소년부에 통고할 수 있다.

① ㉠, ㉡ ② ㉠, ㉢
③ ㉡, ㉢ ④ ㉢, ㉣

해설
× : ㉡ 촉법소년·우범소년(법으로 정한 사유가 있고 그의 성격 또는 환경에 비추어 장래 형벌법령에 저촉되는 행위를 할 우려가 있는 10세 이상 19세 미만인 소년)이 있을 때에는 경찰서장은 직접 관할 소년부에 송치하여야 한다(소년법 제4조 제2항). ㉢ 소년보호사건의 대상이 되는 촉법소년은 형벌법령에 저촉되는 행위를 한 10세 이상 14세 미만인 소년을 말한다(동조 제1항 제2호). 따라서 14세의 촉법소년은 소년보호사건의 대상이 될 수 없다.
○ : ㉠ 동조 제2항, ㉣ 동조 제3항

정답: ③

034 소년보호사건에 관한 설명으로 옳지 않은 것을 모두 고른 것은?

㉠ 소년보호사건은 가정법원 소년부 또는 지방법원 소년부에 속한다.
㉡ 소년보호사건의 심리와 처분결정은 소년부 단독판사가 한다.
㉢ 우범소년이 있을 때에는 경찰서장은 검사에게 송치하여야 한다.
㉣ 보호관찰소장이 범죄소년을 발견한 경우에는 직접 관할 소년부에 송치하여야 한다.

① ㉠, ㉡
② ㉠, ㉢
③ ㉡, ㉢
④ ㉢, ㉣

해설

× : ㉢ 촉법소년·우범소년이 있을 때에는 경찰서장은 직접 관할 소년부에 송치하여야 한다(소년법 제4조 제2항). ㉣ 범죄소년·촉법소년·우범소년을 발견한 보호자 또는 학교·사회복리시설·보호관찰소의 장은 이를 관할 소년부에 통고할 수 있다(동조 제3항).
○ : ㉠ 동법 제3조 제2항, ㉡ 동조 제3항

정답: ④

035 경찰서장이 직접 소년부로 송치할 수 있는 경우는?

① 18세 이하의 범죄소년
② 10세 이상 14세 미만의 촉법소년
③ 19세 미만의 소년
④ 10세 이하의 소년

해설

② 경찰서장이 직접 소년부에 송치할 수 있는 경우는 촉법소년과 우범소년인데 소년법은 촉법소년의 연령을 10세 이상 14세 미만으로, 우범소년의 연령은 10세 이상 19세 미만으로 규정하고 있다.

정답: ②

036 우리나라 소년보호사건의 관할에 관한 것으로 옳지 않은 것은?

① 심리와 처분의 결정은 소년부 단독판사가 행한다.
② 소년분류심사원에의 위탁은 종국처분에 해당한다.
③ 관할에 속하지 아니한 때에는 필요적으로 다른 소년부에 이송하여야 한다.
④ 가정법원은 소년보호사건의 관할권을 가지고 있다.

해설

② 소년분류심사원에의 위탁은 임시조치에 해당한다(소년법 제18조 제1항 제3호).

정답: ②

037 소년보호사건 처리절차에 대한 설명으로 옳은 것은?

① 소년이 소년분류심사원에 위탁된 경우 보조인이 없을 때에는 법원은 소년 본인이나 보호자의 신청에 따라 변호사 등 적정한 자를 보조인으로 선임할 수 있다.

② 소년부 판사는 사건을 조사 또는 심리하는 데에 필요하다고 인정하면 소년의 감호에 관하여 결정으로써 보호자나 소년을 보호할 수 있는 적당한 자 또는 병원이나 소년분류심사원에 위탁하는 조치를 할 수 있다.

③ 소년부가 심리한 결과 12세 소년이 금고 이상의 형에 해당하는 범죄를 범하여 형사처분을 할 필요가 있다고 인정하면 결정으로써 사건을 관할 검찰청 검사에게 송치하여야 한다.

④ 소년부 판사는 심리과정에서 소년에게 피해자와의 화해를 권고할 수 있으며, 소년이 피해자와 화해하였을 경우에는 불처분결정으로 심리를 종결하여야 한다.

해설

① 소년이 소년분류심사원에 위탁된 경우 보조인이 없을 때에는 법원은 변호사 등 적정한 자를 보조인으로 선정하여야 한다(소년법 제17조의2 제1항). 즉 소년 본인이나 보호자의 신청을 요하지 않는다.

③ 소년법상 형사처분이란 소년법 제32조 제1항의 보호처분과 달리 형법에 의한 제재를 과할 목적으로 14세 이상 19세 미만의 소년에게 부과하는 처분을 말한다. 따라서 12세의 소년은 형사처분의 대상이 되지 않는다.

④ 소년부 판사는 소년이 피해자와 화해하였을 경우에는 보호처분을 결정할 때 이를 고려할 수 있다(동법 제25조의3 제3항). 즉 화해하였을 경우 소년부 판사는 보호처분을 결정할 때 고려할 수 있을 뿐이다.

② 동법 제18조 제1항 제1호

정답: ②

★중요★

038 「소년법」상 보호처분에 대한 설명으로 옳지 않은 것만을 고른 것은?

㉠ 사회봉사명령은 14세 이상의 소년에게만 할 수 있다.

㉡ 보호관찰처분을 하는 경우 2년 이내의 기간을 정하여 야간 등 특정 시간대의 외출을 제한하는 명령을 보호관찰대상자의 준수사항으로 부과할 수 있다.

㉢ 장기로 소년원에 송치된 소년의 보호기간은 2년으로 한다. 다만, 소년부 판사는 보호관찰관의 신청에 따라 결정으로써 1년의 범위에서 한 번에 한하여 그 기간을 연장할 수 있다.

㉣ 1개월 이내의 소년원 송치처분은 보호관찰관의 단기 보호관찰처분과 병합할 수 있다.

㉤ 보호처분이 계속 중일 때에 사건 본인에 대하여 새로운 보호처분이 있었을 때에는 그 처분을 한 소년부 판사는 이전의 보호처분을 한 소년부에 조회하여 어느 하나의 보호처분을 취소하여야 한다.

① ㉠, ㉡, ㉢　　② ㉠, ㉢, ㉤

③ ㉠, ㉣, ㉤　　④ ㉡, ㉢, ㉣

해설

× : ㉡ 보호관찰처분을 하는 경우 1년 이내의 기간을 정하여 야간 등 특정 시간대의 외출을 제한하는 명령을 보호관찰대상자의 준수사항으로 부과할 수 있다(소년법 제32조의2 제2항). ㉢ 장기로 소년원에 송치된 소년의 보호기간은 2년을 초과하지 못한다(동법 제33조 제6항). ㉣ 1개월 이내의 소년원 송치처분은 보호관찰관의 단기 보호관찰처분과 병합할 수 없다(동법 제32조 제2항 참조).

○ : ㉠ 동법 제32조 제3항, ㉤ 동법 제40조

정답: ④

039 「소년법」상 보호관찰 처분에 대한 설명으로 옳은 것은? 보호9급 2024

① 1개월 이내의 소년원 송치 처분을 하는 경우 이 처분과 장기 보호관찰을 병합할 수 없다.

② 단기 보호관찰을 받은 보호관찰 대상자가 준수사항을 위반하는 경우, 1년의 범위에서 보호관찰 기간을 연장할 수 있다.

③ 장기 보호관찰의 기간은 2년 이내로 한다.

④ 보호관찰 처분을 할 때는 1년 이내의 기간을 정하여 야간 등 특정 시간대의 외출을 제한하는 명령을 보호관찰 대상자의 준수사항으로 부과할 수 있다.

해설

① 1개월 이내의 소년원 송치 처분을 하는 경우 이 처분과 장기 보호관찰을 병합할 수 있다(소년법 제32조 제2항 제5호).

② 단기 보호관찰기간은 1년으로 한다(동법 제33조 제2항). 기간의 연장규정은 없다.

③ 장기 보호관찰기간은 2년으로 한다. 다만, 소년부 판사는 보호관찰관의 신청에 따라 결정으로써 1년의 범위에서 한 번에 한하여 그 기간을 연장할 수 있다(동법 제33조 제3항).

④ 제32조 제1항 제4호(단기 보호관찰) 또는 제5호(장기 보호관찰)의 처분을 할 때에 1년 이내의 기간을 정하여 야간 등 특정 시간대의 외출을 제한하는 명령을 보호관찰대상자의 준수사항으로 부과할 수 있다(소년법 제32조의2 제2항).

정답: ①

040 소년법상 보호사건에 대한 조사와 심리에 관한 설명으로 옳지 않은 것은?

① 소년부 또는 조사관이 범죄사실에 관하여 소년을 조사할 때에는 미리 소년에게 불리한 진술을 거부할 수 있음을 알려야 한다.

② 소년부 판사는 소년이 도망 또는 증거인멸의 우려가 있는 때에는 소환절차 없이 동행영장을 발부하여 소년의 신병을 확보할 수 있다.

③ 사건의 조사·심리를 위한 임시조치로서 소년분류심사원에 위탁하는 경우에 그 기간은 최장 2개월을 넘지 못한다.

④ 소년부 판사는 사안이 가볍다는 이유로 심리를 개시하지 아니한다는 결정을 할 때에는 소년에게 훈계하거나 보호자에게 소년을 엄격히 관리하거나 교육하도록 고지할 수 있다.

해설

② 소년부 판사는 사건 본인을 보호하기 위하여 긴급조치가 필요하다고 인정하면 소환 없이 동행영장을 발부할 수 있다(소년법 제14조).

① 동법 제10조

③ 임시조치로서 소년분류심사원에 위탁하는 경우 위탁기간은 1개월을 초과하지 못한다. 다만 특별히 계속 조치할 필요가 있을 때에는 한 번에 한하여 결정으로써 연장할 수 있으므로(동법 제18조 제3항) 최장 2개월을 초과할 수 없다는 것은 맞는 표현이다.

④ 동법 제19조 제2항

정답: ②

★중요★

041 소년법상 보호처분에 대한 내용으로 옳은 것만을 모두 고르면?

㉠ 보호관찰관의 단기 보호관찰기간은 1년으로 한다.
㉡ 보호관찰관의 장기 보호관찰기간은 2년으로 한다. 다만, 소년부 판사는 보호관찰관의 신청에 따라 결정으로써 1년의 범위에서 한 번에 한하여 그 기간을 연장할 수 있다.
㉢ 보호자 또는 보호자를 대신하여 소년을 보호할 수 있는 자에게 감호 위탁하는 기간은 3개월로 하되, 소년부 판사는 결정으로써 3개월의 범위에서 한 번에 한하여 그 기간을 연장할 수 있다. 다만, 소년부 판사는 필요한 경우에는 언제든지 결정으로써 그 위탁을 종료시킬 수 있다.
㉣ 단기로 소년원에 송치된 소년의 보호기간은 3개월을 초과할 수 없다.
㉤ 장기로 소년원에 송치된 소년의 보호기간은 2년을 초과할 수 없다.

① ㉠, ㉡, ㉢
② ㉠, ㉡, ㉣
③ ㉠, ㉡, ㉤
④ ㉢, ㉣, ㉤

해설

○ : ㉠ 소년법 제33조 제2항, ㉡ 동법 제33조 제3항, ㉤ 동법 제33조 제6항

× : ㉢ 보호자 또는 보호자를 대신하여 소년을 보호할 수 있는 자에게 감호 위탁, 아동복지시설이나 그 밖의 소년보호시설에 감호 위탁, 병원·요양소 또는 소년의료보호시설에 위탁하는 기간은 6개월로 하되, 소년부 판사는 결정으로써 6개월의 범위에서 한 번에 한하여 그 기간을 연장할 수 있다. 다만, 소년부 판사는 필요한 경우에는 언제든지 결정으로써 그 위탁을 종료시킬 수 있다(동법 제33조 제1항). ㉣ 단기로 소년원에 송치된 소년의 보호기간은 6개월을 초과하지 못한다(동법 제33조 제5항).

정답: ③

042 **15세 된 甲은 학교에서 乙이 평소에 자신을 괴롭히는 것을 참지 못해 乙에게 폭행을 가하였다. 甲에 대해서 검사가 취한 조치 중 옳지 않은 것은?**

① 甲에 대해 선도가 필요하다고 판단하고, 조건부 기소유예처분을 하였다.
② 甲에게 피해 변상 등의 방법으로 피해자인 乙과 화해할 것을 권고하였다.
③ 형사처분보다는 보호처분이 필요하다고 판단하고, 甲을 지방법원 소년부로 송치하였다.
④ 甲의 폭행을 벌금형에 처할 사건으로 판단하고, 약식명령을 청구하였다.

해설

② 소년범에 대하여 피해자와의 화해를 권고할 수 있는 것은 소년부 판사이며(소년법 제25조의3 제1항), 검사의 권한에 해당하지 않는다. 정답: ②

043 **소년보호사건의 처리절차에 관한 설명으로 옳은 것은?**

① 소년부 판사는 사건 본인을 보호하기 위하여 긴급조치가 필요하다고 인정하면 본인 또는 보호자의 소환 없이 동행영장을 발부할 수 있다.
② 최초 보호사건의 송치를 받은 소년부는 사건이 그 관할에 속하지 않는 경우 외에는 해당 사건을 다른 관할 소년부에 이송할 수 없다.
③ 소년부는 조사 또는 심리의 결과 금고 이상의 형에 해당한 범죄사실이 발견되면 예외 없이 사건을 관할 지방법원에 대응한 검찰청 검사에게 송치하여야 한다.
④ 소년부는 보호사건 본인이 18세 이상인 것으로 밝혀진 경우에는 사건을 관할 지방법원에 대응하는 검찰청 검사에게 송치하여야 한다.

해설

② 보호사건을 송치받은 소년부는 보호의 적정을 기하기 위하여 필요하다고 인정하면 결정으로써 사건을 다른 관할 소년부에 이송할 수 있다(소년법 제6조 제1항). ③ 소년부는 조사 또는 심리한 결과 금고 이상의 형에 해당하는 범죄사실이 발견된 경우 그 동기와 죄질이 형사처분의 필요성이 있다고 인정하면 결정으로써 사건을 관할 지방법원에 대응하는 검찰청 검사에게 송치하여야 한다(동법 제7조 제1항). ④ 18세 이상 → 19세 이상(동법 제7조 제2항). ① 동법 제14조 정답: ①

044 **소년보호사건의 처리절차에 관한 설명 중 옳지 않은 것으로 묶인 것은?**

> ㉠ 보조인의 선임은 심급마다 하여야 한다.
> ㉡ 조사관, 보호자 및 보조인은 심리기일에 출석할 수 없다.
> ㉢ 소년부 판사는 소년이 피해자와 화해하였을 경우에는 보호처분을 결정할 때 이를 고려하여야 한다.
> ㉣ 소년부 판사는 심리결과 보호처분을 할 수 없거나, 할 필요가 없다고 인정하면 그 취지의 결정을 하고, 이를 사건 본인과 보호자에게 알려야 한다.

① ㉠, ㉡　　② ㉠, ㉢
③ ㉡, ㉢　　④ ㉢, ㉣

해설

× : ㉡ 조사관, 보호자 및 보조인은 심리기일에 출석할 수 있다(소년법 제23조 제2항).
㉢ 고려하여야 한다. → 고려할 수 있다(동법 제25조의3 제3항).
○ : ㉠ 동법 제17조 제5항, ㉣ 동법 제29조 제1항

정답: ③

045 **소년법상 소년사건의 처리절차에 관한 설명으로 옳은 것은?**

① 소년부 판사는 소년의 품행을 교정하고 피해자를 보호하기 위하여 필요하다고 인정하면 소년에게 피해변상 등 피해자와의 화해를 권고할 수 있다.
② 변호사를 보조인으로 선임하는 경우에는 소년부 판사의 허가를 받아야 한다.
③ 소년에 대한 소년원 송치는 최장 3년까지 가능하다.
④ 18세 미만인 소년에게도 원칙적으로 노역장 유치선고가 가능하다.
⑤ 소년부는 송치받은 사건을 조사 또는 심리한 결과 사건의 본인이 18세 이상인 것으로 밝혀지면 송치한 법원에 사건을 다시 이송할 수 있다.

해설

② 보호자나 변호사를 보조인으로 선임하는 경우에는 소년부 판사의 허가를 받지 아니하여도 된다(소년법 제17조 제2항). ③ 장기로 소년원에 송치된 소년의 보호기간은 2년을 초과하지 못한다(동법 제33조 제6항). ④ 18세 미만인 소년에게는 원칙적으로 노역장 유치선고를 하지 못한다(동법 제62조). ⑤ 18세 이상 → 19세 이상, 이송할 수 있다. → 이송하여야 한다(동법 제51조). ① 동법 제25조의3 제1항

정답: ①

046 소년사건의 처리절차에 대한 설명으로 옳지 않은 것은?(다툼이 있는 경우 판례에 의함)

① 죄를 범한 소년을 발견한 학교의 장이 관할 소년부에 통고한 경우 소년부는 통고된 소년을 심리할 필요가 있다고 인정하면 그 사건을 조사하여야 한다.
② 소년 형사사건의 경우 법원은 검사의 송치서에 따른 조사결과가 있더라도 소년의 품행, 교우관계, 그 밖의 환경 등 형사사건에 관하여 필요한 사항을 조사하도록 조사관에게 위촉할 수 있다.
③ 소년 피의사건의 경우 검사는 소년부 송치 또는 공소제기의 처분을 결정하기 위하여 소년부 판사의 허가를 얻어 소년분류심사원장에게 피의자의 품행, 경력, 생활환경이나 그 밖에 필요한 사항에 관한 조사를 요구할 수 있다.
④ 소년부 판사는 소년에게 피해변상 등 피해자와의 화해를 권고할 수 있으며, 소년이 권고에 따라 피해자와 화해하였을 경우 보호처분을 결정할 때 이를 고려할 수 있다.
⑤ 소년이 소년분류심사원에 위탁된 경우 보조인이 없을 때에는 법원은 변호사 등 적정한 자를 보조인으로 선정하여야 한다.

해설

③ 검사는 소년 피의사건에 대하여 소년부 송치, 공소제기, 기소유예 등의 처분을 결정하기 위하여 필요하다고 인정하면 피의자의 주거지 또는 검찰청 소재지를 관할하는 보호관찰소의 장, 소년분류심사원장 또는 소년원장에게 피의자의 품행, 경력, 생활환경이나 그 밖에 필요한 사항에 관한 조사를 요구할 수 있다(소년법 제49조의2 제1항). 즉 소년부 판사의 허가를 요하지 않는다. ① 동법 제11조 제2항, ② 동법 제56조, ④ 동법 제25조의3 제1항·제3항, ⑤ 동법 제17조의2 제1항 정답: ③

047 소년법상 보호사건에 대한 조사와 심리에 관한 설명으로 옳지 않은 것은?

① 소년부 또는 조사관이 범죄사실에 관하여 소년을 조사할 때에는 미리 소년에게 불리한 진술을 거부할 수 있음을 알려야 한다.
② 소년부 판사는 소년이 도망 또는 증거인멸의 우려가 있는 때에는 소환절차 없이 동행영장을 발부하여 소년의 신병을 확보할 수 있다.
③ 사건의 조사·심리를 위한 임시조치로서 소년분류심사원에 위탁하는 경우에 그 기간은 최장 2개월을 넘지 못한다.
④ 소년부 판사는 사안이 가볍다는 이유로 심리를 개시하지 아니한다는 결정을 할 때에는 소년에게 훈계하거나 보호자에게 소년을 엄격히 관리하거나 교육하도록 고지할 수 있다.

해설

② 소년부 판사는 사건 본인을 보호하기 위하여 긴급조치가 필요하다고 인정하면 소환 없이 동행영장을 발부할 수 있다(소년법 제14조). ① 동법 제10조. ③ 임시조치로서 소년분류심사원에 위탁하는 경우 위탁기간은 1개월을 초과하지 못한다. 다만 특별히 계속 조치할 필요가 있을 때에는 한 번에 한하여 결정으로써 연장할 수 있으므로(동법 제18조 제3항) 최장 2개월을 초과할 수 없다는 것은 맞는 표현이다. ④ 동법 제19조 제2항 정답: ②

048 「소년법」상 보호사건의 심리와 조사에 대한 설명으로 옳지 않은 것은? 교정9급 2024

① 소년이 소년분류심사원에 위탁되지 아니하였을 때에도 소년에게 신체적·정신적 장애가 의심되는 경우 법원은 직권에 의하거나 소년 또는 보호자의 신청에 따라 보조인을 선정할 수 있다.
② 소년부 판사는 보조인이 심리절차를 고의로 지연시키는 등 심리진행을 방해하거나 소년의 이익에 반하는 행위를 할 우려가 있다고 판단하는 경우에는 보조인 선임의 허가를 취소하여야 한다.
③ 소년부 판사는 사안이 가볍다는 이유로 심리를 개시하지 아니한다는 결정을 할 때에는 소년에게 훈계하거나 보호자에게 소년을 엄격히 관리하거나 교육하도록 고지할 수 있다.
④ 소년부 판사는 심리기일을 지정하고 본인과 보호자를 소환하여야 한다. 다만, 필요가 없다고 인정한 경우에는 보호자는 소환하지 아니할 수 있다.

해설

② 소년부 판사는 보조인이 심리절차를 고의로 지연시키는 등 심리진행을 방해하거나 소년의 이익에 반하는 행위를 할 우려가 있다고 판단하는 경우에는 보조인 선임의 허가를 취소할 수 있다(소년법 제17조 제4항).
① 동법 제17조의2 제2항 제1호
③ 동법 제19조 제2항
④ 동법 제21조 제1항

정답: ②

049 소년보호사건에 관한 설명으로 옳지 않은 것은?

① 본인이 보호자를 보조인으로 선임하는 경우에는 소년부 판사의 허가를 필요로 하지 않는다.
② 소년부는 이송을 결정하면 지체 없이 그 사유를 사건 본인과 그 보호자에게 알려야 한다.
③ 우범소년에 대한 보호처분이 계속 중일 때에 사건 본인이 처분 당시 10세 미만으로 밝혀진 경우에는 소년부 판사는 결정으로써 그 보호처분을 취소하여야 한다.
④ 경찰서장은 범죄소년이 있을 때에는 직접 관할 소년부에 송치하여야 한다.
⑤ 사회복리시설의 장은 범죄소년, 촉법소년, 우범소년을 발견하였을 때에는 관할 소년부에 통고할 수 있다.

해설

④ 경찰서장이 직접 관할 소년부에 송치할 수 있는 것은 촉법소년과 우범소년이다(소년법 제4조 제2항).
① 동법 제17조 제2항, ② 동법 제8조, ③ 동법 제38조 제2항, ⑤ 동법 제4조 제3항

정답: ④

★중요★
050 소년법에 대한 설명으로 옳은 것은?

① 소년이 소년분류심사원에 위탁되었는지 여부를 불문하고 보조인이 없을 때에는 법원은 국선보조인을 선정하여야 한다.
② 검사가 소년피의자에 대하여 선도조건부 기소유예를 하는 경우 소년의 법정대리인의 동의를 받으면 족하고 당사자인 소년의 동의는 요하지 아니한다.
③ 소년부 판사는 피해자 또는 그 법정대리인이 의견진술을 신청할 때에는 피해자나 그 법정대리인의 진술로 심리절차가 현저하게 지연될 우려가 있는 경우에도 심리기일에 의견을 진술할 기회를 주어야 한다.
④ 법원이 소년에 대한 피고사건을 심리한 결과 보호처분에 해당할 사유를 인정하여 사건을 관할 소년부에 송치하였으나, 소년부가 사건을 심리한 결과 사건의 본인이 19세 이상인 것으로 밝혀지면 결정으로써 송치한 법원에 사건을 다시 이송해야 한다.

해설

① 소년이 소년분류심사원에 위탁된 경우 보조인이 없을 때에는 법원은 변호사 등 적정한 자를 보조인으로 선정하여야 한다(소년법 제17조의2 제1항).
② 검사는 피의자에 대하여 다음에 해당하는 선도 등을 받게 하고, 피의사건에 대한 공소를 제기하지 아니할 수 있다. 이 경우 소년과 소년의 친권자·후견인 등 법정대리인의 동의를 받아야 한다(동법 제49조의3).
③ 소년부 판사는 피해자 또는 그 법정대리인·변호인·배우자·직계친족·형제자매가 의견진술을 신청할 때에는 피해자나 그 대리인 등에게 심리기일에 의견을 진술할 기회를 주어야 한다. 다만, 신청인의 진술로 심리절차가 현저하게 지연될 우려가 있는 경우에는 그러하지 아니하다(동법 제25조의2).
④ 동법 제51조

정답: ④

051 소년부 판사가 사건을 조사 또는 심리하는 데에 필요하다고 인정할 경우 소년의 감호에 관하여 결정으로써 할 수 있는 임시조치에 해당하지 않는 것은?

① 보호자에 위탁, 소년을 보호할 수 있는 적당한 자에 위탁
② 병원이나 그 밖의 요양소에 위탁
③ 소년분류심사원에 위탁
④ 소년원에 위탁

해설

①·②·③ 소년부 판사는 사건을 조사 또는 심리하는 데에 필요하다고 인정하면 소년의 감호에 관하여 결정으로써 다음과 같은 임시조치를 할 수 있다(소년법 제18조 제1항).

소년부 판사가 소년의 감호에 관하여 할 수 있는 임시조치
• 보호자, 소년을 보호할 수 있는 적당한 자 또는 시설에 위탁 • 병원이나 그 밖의 요양소에 위탁 • 소년분류심사원에 위탁

정답: ④

052 소년분류심사원에 대한 설명으로 옳지 않은 것은?

① 소년분류심사원장은 분류심사 또는 조사결과와 의견 등을 각각 법원 소년부 또는 검사에게 통지하여야 한다.

② 소년분류심사원의 위탁기간은 1개월을 초과하지 못하나, 특별히 계속 조치할 필요가 있을 때에는 한 번에 한하여 결정으로써 연장할 수 있다.

③ 소년분류심사원은 법원 소년부가 상담·조사를 의뢰한 소년의 상담과 조사의 임무를 수행한다.

④ 가정법원 소년부 또는 지방법원 소년부는 소년의 형사처분에 대한 결정을 하기 위하여는 소년분류심사원에 분류심사를 위탁하여야 한다.

해설

④ 소년부 판사는 사건을 조사 또는 심리하는 데에 필요하다고 인정하면 결정으로써 소년을 소년분류심사원에 위탁할 수 있다(소년법 제18조 제1항 제3호). ① 보호소년 등의 처우에 관한 법률 제27조 제1항. ② 소년법 제18조 제3항. ③ 보호소년 등의 처우에 관한 법률 제2조 제2항 정답: ④

053 「소년법」상 보호사건의 조사와 심리에 대한 설명으로 옳지 않은 것은? 보호7급 2023

① 소년부 또는 조사관이 범죄 사실에 관하여 소년을 조사할 때에는 미리 소년에게 불리한 진술을 거부할 수 있음을 알려야 한다.

② 소년부는 조사 또는 심리를 할 때에 정신건강의학과의사 등 전문가의 진단, 소년분류심사원의 분류심사 결과와 의견, 보호관찰소의 조사결과와 의견 등을 고려하여야 한다.

③ 소년부 판사는 조사 또는 심리에 필요하다고 인정하여 기일을 지정해서 소환한 사건 본인의 보호자가 정당한 이유 없이 소환에 응하지 아니하면 동행영장을 발부할 수 있다.

④ 소년부 판사가 사건을 조사 또는 심리하는 데에 필요하다고 인정하여 소년의 감호에 관한 결정으로써 병원이나 그 밖의 요양소에 위탁하는 조치를 하는 경우 그 위탁의 최장기간은 2개월이다.

해설

④ 제1항 제1호(보호자, 소년을 보호할 수 있는 적당한 자 또는 시설에 위탁) 및 제2호(병원이나 그 밖의 요양소에 위탁)의 위탁기간은 3개월을, 제1항 제3호(소년분류심사원에 위탁)의 위탁기간은 1개월을 초과하지 못한다. 다만, 특별히 계속 조치할 필요가 있을 때에는 1회에 한하여 결정으로써 연장할 수 있다(소년법 제18조 제3항).

① 동법 제10조

② 동법 제12조

③ 동법 제13조 제2항

정답: ④

054 **현행법상 소년사법정책에 관한 설명 중 옳지 않은 것은?**

① 소년사건을 보호사건과 형사사건으로 나누고, 그중 소년보호사건을 가정법원 소년부 또는 지방법원 소년부가 담당한다.
② 소년에 대한 형사사건의 심리는 다른 피의사건과 관련된 경우에도 심리에 지장이 없으면 그 절차를 분리하여야 한다.
③ 범죄소년에 대해서는 형사처분도 할 수 있도록 하고 있으며, 소년형사사건의 관할은 일반 형사법원이다.
④ 보호처분은 소년의 건전한 육성이 주목적이므로 일사부재리의 원칙이 적용되지 않는다.
⑤ 소년원장은 보호소년이 22세가 되면 퇴원시켜야 한다.

해설

④ 소년보호처분의 심리와 처분결정은 법원 소년부 판사에 의한 강제적 사법처분에 해당하므로 일사부재리의 적용을 받는다. 소년법은 제53조에서 "보호처분을 받은 소년에 대하여는 그 심리가 결정된 사건은 다시 공소를 제기하거나 소년부에 송치할 수 없다"고 규정하여 이를 명문화하고 있다. ② 소년법 제57조. ⑤ 보호소년 등의 처우에 관한 법률 제43조 제1항 정답: ④

055 **소년보호사건의 심리에 대한 설명으로 옳지 않은 것은?**

① 심리는 친절하고 온화하게 하며, 공개를 원칙으로 한다.
② 소년부 판사는 적당하다고 인정되는 자에게 참석을 허가할 수 있다.
③ 소년부 판사는 심리기일을 변경할 수 있다.
④ 소년부 판사는 본인, 보호자, 참고인을 소환할 수 있다.

해설

① 소년보호사건의 심리는 공개하지 아니한다(소년법 제24조 제2항). 정답: ①

056 **소년법상 보호관찰에 관한 설명 중 옳지 않은 것은?**

① 보호관찰과 사회봉사명령, 수강명령은 모두 병합하여 부과할 수 있다.
② 보호관찰 처분 시 소년의 보호자에게 소년보호를 위한 특별교육을 받도록 명할 수 있다.
③ 보호관찰 처분 시 1년 이내로 기간을 정하여 야간에 외출을 제한하는 명령을 준수사항으로 부과할 수 있다.
④ 단기보호관찰은 6개월로 한다.
⑤ 장기보호관찰은 2년으로 한다.

해설

④ 단기보호관찰기간은 1년으로 한다(소년법 제33조 제2항). ① 동법 제32조 제2항 제1호·제2호, ② 동법 제32조의2 제3항, ③ 동조 제2항, ⑤ 동법 제33조 제3항 정답: ④

057 **「소년법」상 소년보호사건의 조사·심리절차에서 피해자 참여에 대한 설명으로 옳지 않은 것은?** 보호7급 2024

① 피해자의 조부모는 피해자에게 법정대리인이나 변호인이 없는 경우에 한하여 의견진술의 기회를 가질 수 있다.

② 피해자의 변호인이 의견진술을 신청하였으나 신청인이 이미 심리절차에서 충분히 진술하여 다시 진술할 필요가 없다고 인정되는 경우에는 의견진술의 기회가 주어지지 않을 수 있다.

③ 소년부 판사는 피해자를 보호하고 소년의 품행을 교정하기 위하여 필요한 경우 피해자와의 화해를 권고할 수 있다.

④ 소년부 판사의 화해권고에 따라 소년이 피해자와 화해하였을 경우에 소년부 판사는 그 소년에 대한 보호처분의 결정에 이를 고려할 수 있다.

해설

① 변호인 유무와는 관련이 없다. 소년부 판사는 피해자 또는 그 법정대리인·변호인·배우자·직계친족·형제자매가 의견진술을 신청할 때에는 피해자나 그 대리인등에게 심리기일에 의견을 진술할 기회를 주어야 한다(소년법 제25조의2).

② 동법 제25조의2 제2호

③ 동법 제25조의3 제1항

④ 동법 제25조의3 제3항

정답: ①

058 **현행법상 소년보호사건처리에 관한 설명으로 옳은 것(O)과 옳지 않은 것(X)을 올바르게 묶은 것은?**

> ㉠ 소년보호사건에 있어서 보호자는 소년부 판사의 허락이 없어도 보조인을 선임할 수 있다.
> ㉡ 소년부 판사는 보호관찰관의 단기보호관찰 처분 시 14세 이상의 소년에 대하여 사회봉사를 동시에 명할 수 있다.
> ㉢ 소년의 보호처분은 그 소년의 장래의 신상에 어떠한 영향도 미치지 아니 한다.
> ㉣ 보호처분의 계속 중에 징역형을 선고받은 소년에 대하여는 먼저 징역형을 집행한다.
> ㉤ 보호처분의 계속 중에 새로운 보호처분의 선고를 받은 소년에 대하여는 어느 하나의 보호처분을 취소하여야 한다.

① ㉠(×), ㉡(○), ㉢(○), ㉣(×), ㉤(○)
② ㉠(×), ㉡(×), ㉢(○), ㉣(○), ㉤(○)
③ ㉠(○), ㉡(○), ㉢(×), ㉣(○), ㉤(×)
④ ㉠(×), ㉡(○), ㉢(○), ㉣(○), ㉤(○)
⑤ ㉠(○), ㉡(×), ㉢(×), ㉣(○), ㉤(×)

해설

× : ㉠ 사건 본인이나 보호자는 소년부 판사의 허가를 받아 보조인을 선임할 수 있다(소년법 제17조 제1항).

○ : ㉡ 동법 제32조 제2항
㉢ 동법 제32조 제6항
㉣ 동법 제64조
㉤ 동법 제40조

정답: ④

059 현행법상 소년보호사건에 관한 설명 중 옳은 것을 모두 고른 것은?

㉠ 정당한 이유 없이 가출한 11세의 소년이 그의 성격에 비추어 앞으로 형벌 법령에 저촉되는 행위를 할 우려가 있는 경우 경찰서장은 직접 관할 소년부에 송치하여야 한다.
㉡ 사건 본인인 소년이 보호자를 보조인으로 선임하는 경우에는 소년부 판사의 허가를 받아야 한다.
㉢ 소년이 소년분류심사원에 위탁된 경우 보조인이 없을 때에는 법원은 변호사 등 적정한 자를 보조인으로 선정하여야 한다.
㉣ 소년부 판사는 사건을 조사 또는 심리하는 데에 필요하다고 인정하면 소년의 감호에 관하여 결정으로써 소년분류심사원에 위탁할 수 있으며, 이 결정은 취소하거나 변경할 수 없다.
㉤ 소년부 판사는 사안이 가볍다는 이유로 심리를 개시하지 아니한다는 결정을 할 때에는 소년에게 훈계하거나 소년의 보호자에게 소년을 엄격히 관리하거나 교육하도록 고지할 수 있다.

① ㉠, ㉡
② ㉡, ㉣, ㉤
③ ㉠, ㉢, ㉤
④ ㉡, ㉢, ㉣
⑤ ㉢, ㉤

해설

○ : ㉠ 소년법 제4조 제2항, ㉢ 동법 제17조의2 제1항, ㉤ 동법 제19조 제2항

× : ㉡ 사건 본인이나 보호자는 소년부 판사의 허가를 받아 보조인을 선임할 수 있는데(동법 제17조 제1항) 보호자나 변호사를 보조인으로 선임하는 경우에는 소년부 판사의 허가를 받지 아니하여도 된다(동조 제2항). ㉣ 소년부 판사는 사건을 조사 또는 심리하는 데에 필요하다고 인정하여 소년의 감호에 관하여 결정으로써 소년분류심사원에 위탁할 수 있으며(동법 제18조 제1항), 이 결정은 취소하거나 변경할 수 있다(동조 제6항).

정답: ③

060 **「소년법」상 소년부 판사가 취할 수 있는 임시조치로 옳지 않은 것은?**

① 소년을 보호할 수 있는 적당한 자에게 1개월간 감호 위탁
② 소년분류심사원에 3개월간 감호 위탁
③ 요양소에 3개월간 감호 위탁
④ 보호자에게 1개월간 감호 위탁

해설

소년부 판사의 임시조치 및 감호위탁기간(소년법 제18조 제1항·제3항)

1. 보호자, 소년을 보호할 수 있는 적당한 자 또는 시설에 위탁 : 3개월
2. 병원이나 그 밖의 요양소에 위탁 : 3개월
3. 소년분류심사원에 위탁 : 1개월

다만, 특별히 계속 조치할 필요가 있을 때에는 한 번에 한하여 결정으로써 연장할 수 있다. 정답: ②

★중요★
061 **소년법에 관한 설명이다. 다음 중 ( ) 안에 순서대로 들어갈 말은?**

> ㉠ 형벌 법령에 저촉되는 행위를 한 10세 이상 14세 미만의 소년을 ( )이라 한다(제4조 제1항 제2호).
> ㉡ 소년부는 조사 또는 심리한 결과 ( ) 이상의 형에 해당하는 범죄사실이 발견된 경우 그 동기와 죄질이 형사처분을 할 필요가 있다고 인정하면 결정으로써 사건을 관할 지방법원에 대응한 검찰청 검사에게 송치하여야 한다(제7조 제1항).
> ㉢ 검사는 소년에 대한 피의사건을 수사한 결과 ( )에 해당하는 사유가 있다고 인정한 경우에는 사건을 관할 소년부에 송치하여야 한다(제49조 제1항).
> ㉣ 보호자 또는 보호자를 대신하여 소년을 보호할 수 있는 자에게 감호를 위탁하는 기간은 ( )으로 하되, 소년부 판사는 결정으로써 ( )의 범위 안에서 한 번에 한하여 그 기간을 연장할 수 있다(제33조 제1항).
> ㉤ 사회봉사명령의 처분은 ( ) 이상의 소년에게만 할 수 있다(제32조 제3항).

① 촉법소년, 금고, 보호처분, 6개월, 14세
② 우범소년, 자격정지, 보호처분, 6개월, 18세
③ 촉법소년, 금고, 형사처분, 1년, 14세
④ 우범소년, 자격정지, 형사처분, 1년, 18세

해설

㉠ 소년법 제4조 제1항 제2호, ㉡ 동법 제7조 제1항, ㉢ 동법 제49조 제1항, ㉣ 동법 제33조 제1항, ㉤ 동법 제32조 제3항 정답: ①

062 **소년법상 소년부 판사가 내릴 수 있는 보호처분의 내용으로 옳지 않은 것은?**

① 1개월 이내의 소년원 송치
② 소년분류심사원에서의 특별교육
③ 소년보호시설에 감호위탁
④ 보호관찰관의 장기보호관찰

해설

②는 소년부 판사가 내릴 수 있는 보호처분의 종류에 해당하지 않는다.
① 소년법 제32조 제1항 제8호, ③ 동조 제6호, ④ 동조 제5호

정답: ②

063 **중학생 甲(15세)은 동네 편의점에서 물건을 훔치다가 적발되어 관할 법원 소년부에서 심리를 받고 있다. 소년법상 甲에 대한 심리 결과 소년부 판사가 결정으로써 할 수 있는 보호처분의 내용에 해당하지 않는 것은?**

① 50시간의 수강명령
② 250시간의 사회봉사명령
③ 1년의 단기보호관찰
④ 1개월의 소년원 송치

해설

② 소년부 판사가 결정으로 할 수 있는 보호처분 중 사회봉사명령은 200시간을 초과할 수 없다(소년법 제33조 제4항).

정답: ②

★중요★
064 **소년법상 보호처분에 있어서 2호와 3호 처분을 바르게 연결한 것은?**

	<2호>	<3호>
①	단기보호관찰	장기보호관찰
②	수강명령	사회봉사명령
③	사회봉사명령	단기보호관찰
④	보호자에게 감호위탁	수강명령

해설

② 소년법 제32조 제1항

〈보호처분의 종류〉

종류	내용	기간
제1호	보호자 또는 보호자를 대신하여 소년을 보호할 수 있는 자에게 감호 위탁	6개월(6개월 범위에서 한 번 연장)
제2호	수강명령(12세 이상만 가능)	100시간 이내
제3호	사회봉사명령(14세 이상만 가능)	200시간 이내
제4호	보호관찰관의 단기보호관찰	1년

제5호	보호관찰관의 장기보호관찰	2년(1년 범위에서 한 번 연장)
제6호	아동복지법에 따른 아동복지시설이나 그 밖의 소년보호시설에 감호 위탁	6개월(6개월 범위에서 한 번 연장)
제7호	병원, 요양소 또는 「보호소년 등의 처우에 관한 법률」에 따른 의료재활소년원에 위탁	6개월(6개월 범위에서 한 번 연장)
제8호	1개월 이내의 소년원 송치	–
제9호	단기 소년원 송치	6개월 이내
제10호	장기 소년원 송치(12세 이상만 가능)	2년 이내

정답: ②

065 소년법상 보호관찰관의 장기보호관찰처분을 받은 자의 보호처분기간 연장에 대한 설명으로 옳은 것은?

① 소년부 판사는 소년에 대한 보호관찰기간을 연장할 수 없다.
② 소년부 판사는 소년의 신청에 따라 결정으로써 2년의 범위에서 한 번에 한하여 그 기간을 연장할 수 있다.
③ 소년부 판사는 보호관찰관의 신청에 따라 결정으로써 1년의 범위에서 한 번에 한하여 그 기간을 연장할 수 있다.
④ 소년부 판사는 보호관찰관의 신청에 따라 결정으로써 2년의 범위에서 한 번에 한하여 그 기간을 연장할 수 있다.

해설

③ 소년부 판사는 보호관찰관의 신청에 따라 결정으로써 1년의 범위에서 한 번에 한하여 그 기간을 연장할 수 있다.

정답: ③

066 소년에 대한 보호처분에 관한 설명 중 옳지 않은 것은?

① 보호자 또는 자원보호자에게 감호위탁을 하는 처분의 기간은 6개월이다.
② 단기보호관찰의 기간은 1년이며, 6개월의 범위에서 한 번 연장이 가능하다.
③ 병원 또는 요양소위탁처분의 기간은 6개월이며, 6개월의 범위에서 한 번 연장이 가능하다.
④ 장기보호관찰처분은 2년이며, 1년의 범위에서 한 번 연장이 가능하다.

해설

② 단기보호관찰기간은 1년이며, 연장이 불가하다(소년법 제33조 제2항).

정답: ②

067 **보호관찰대상자와 그 보호관찰기간이 바르게 연결되지 않은 것은?**

① 형법상 보호관찰을 조건으로 형의 집행유예를 받은 자 – 집행을 유예한 기간이나, 다만 법원이 유예기간의 범위 내에서 보호관찰기간을 따로 정하는 경우에는 그 기간
② 전자장치 부착 등에 관한 법률상 강도범죄를 저지른 자로 강도범죄를 다시 범할 위험성이 있으며 금고 이상의 선고형에 해당하고 보호관찰명령의 청구가 이유 있다고 인정되는 자 – 2년 이상 5년 이하
③ 형법상 형의 선고를 유예하는 경우에 재범방지를 위하여 지도 및 원호가 필요한 자 – 1년
④ 소년법상 단기보호관찰처분을 받은 자 – 2년

해설

④ 단기보호관찰기간은 1년으로 한다(소년법 제33조 제2항).
① 형법 제62조의2 제2항, ② 전자장치 부착 등에 관한 법률 제21조의3, ③ 형법 제59조의2

정답: ④

068 **소년법에 대한 설명으로 옳지 않은 것은?**

① 범죄소년의 연령은 14세 이상 19세 미만, 촉법소년의 연령은 10세 이상 14세 미만이다.
② 수강명령은 12세 이상의 소년에게만, 장기 소년원 송치는 14세 이상의 소년에게만 할 수 있다.
③ 법원이 소년에 대한 피고사건을 심리한 결과 보호처분에 해당할 사유를 인정하여 사건을 관할 소년부에 송치하였으나, 소년부가 사건을 심리한 결과 사건의 본인이 19세 이상인 것으로 밝혀지면 법원에 사건을 다시 이송해야 한다.
④ 수강명령은 100시간을, 사회봉사명령은 200시간을 초과할 수 없다.

해설

② 수강명령과 장기 소년원 송치 모두 12세 이상의 소년에게만 할 수 있다(소년법 제32조 제4항).
① 동법 제4조 제1항, ③ 동법 제51조, ④ 동법 제33조 제4항

정답: ②

069 **다음 〈보기〉에서 현행 「소년법」에 규정된 보호처분 중 그 기간을 연장할 수 있는 것을 모두 고른 것은?** 해경간부 2023

보기

㉠ 보호관찰관의 장기 보호관찰
㉡ 「아동복지법」에 따른 아동복지시설이나 그 밖의 소년보호시설에 감호 위탁
㉢ 보호자 또는 보호자를 대신하여 소년을 보호할 수 있는 자에게 감호 위탁
㉣ 「보호소년 등의 처우에 관한 법률」에 따른 의료재활소년원에 위탁

① ㉠, ㉡
② ㉠, ㉢
③ ㉠, ㉡, ㉢
④ ㉠, ㉡, ㉢, ㉣

해설

장기 보호관찰(제5호)기간은 2년으로 한다. 다만, 소년부 판사는 보호관찰관의 신청에 따라 결정으로써 1년의 범위에서 한 번에 한하여 그 기간을 연장할 수 있다(소년법 제33조 제3항).
ⓐ 보호자 등에게 감호위탁(제1호), ⓑ 아동복지시설이나 그 밖의 소년보호시설에 감호위탁(제6호), ⓒ 병원·요양소 또는 의료재활소년원에 위탁(제7호)하는 기간은 6개월로 하되, 소년부 판사는 결정으로써 6개월의 범위에서 한 번에 한하여 그 기간을 연장할 수 있다(동법 제33조 제1항). 정답: ④

070 「소년법」상 사건의 송치 및 통고 등에 대한 설명으로 옳지 않은 것은? 보호7급 2023

① 형벌 법령에 저촉되는 행위를 한 10세 이상 14세 미만인 소년이 있을 때에는 경찰서장은 직접 관할 소년부에 송치하여야 한다.
② 법원이 소년에 대한 피고사건을 심리한 결과 보호처분에 해당할 사유가 있다고 인정하여 결정으로써 사건을 관할 소년부에 송치한 경우, 해당 소년부는 조사 또는 심리한 결과 사건의 본인이 19세 이상인 것으로 밝혀지면 결정으로써 송치한 법원에 사건을 다시 이송하여야 한다.
③ 소년부는 송치받은 보호사건이 그 관할에 속하지 아니한다고 인정하더라도 보호의 적정을 기하기 위하여 필요하다고 인정하면 그 사건을 관할 소년부에 이송하지 않을 수 있다.
④ 정당한 이유 없이 가출하고 그의 성격이나 환경에 비추어 앞으로 형벌 법령에 저촉되는 행위를 할 우려가 있는 10세의 소년을 발견한 보호자는 이를 관할 소년부에 통고할 수 있다.

해설

③ 보호사건을 송치받은 소년부는 보호의 적정을 기하기 위하여 필요하다고 인정하면 결정으로써 사건을 다른 관할 소년부에 이송할 수 있으며(소년법 제6조 제1항), 소년부는 사건이 그 관할에 속하지 아니한다고 인정하면 결정으로써 그 사건을 관할 소년부에 이송하여야 한다(동법 제6조 제2항). 즉 필요적 이송이다.
① 동법 제4조 제2항
② 법원은 소년에 대한 피고사건을 심리한 결과 보호처분에 해당할 사유가 있다고 인정하면 결정으로써 사건을 관할 소년부에 송치하여야 하고(동법 제50조), 소년부는 법원으로부터 송치받은 사건을 조사 또는 심리한 결과 사건의 본인이 19세 이상인 것으로 밝혀지면 결정으로써 송치한 법원에 사건을 다시 이송하여야 한다(동법 제51조).
④ 범죄·촉법·우범소년을 발견한 보호자 또는 학교·사회복리시설·보호관찰소의 장은 이를 관할 소년부에 통고할 수 있다(동법 제4조 제3항). 정답: ③

071 **소년법상 보호처분 중 기간의 연장이 허용되지 않는 것은?**

① 보호자에게 감호위탁 ② 소년보호시설에 감호위탁
③ 보호관찰관의 단기보호관찰 ④ 보호관찰관의 장기보호관찰

해설

③ 보호관찰관의 단기보호관찰기간은 1년이며, 연장이 불가하다(소년법 제33조 제2항).
①·②·④는 모두 연장이 가능하다.

정답: ③

★중요★
072 **소년부 판사가 결정으로 그 기간을 연장할 수 있는 보호처분만을 모두 고르면?**

ㄱ. 보호관찰관의 단기 보호관찰
ㄴ. 병원, 요양소 또는 보호소년 등의 처우에 관한 법률에 따른 의료재활소년원에 위탁
ㄷ. 장기 소년원 송치
ㄹ. 보호자 또는 보호자를 대신하여 소년을 보호할 수 있는 자에게 감호 위탁

① ㄱ, ㄷ ② ㄴ, ㄷ ③ ㄴ, ㄹ ④ ㄷ, ㄹ

해설

ㄴ·ㄹ 모두 6개월 연장 가능하다.

〈보호처분〉

처분종류	내용	기간	전부 또는 일부 병합
① 1호 처분	보호자 등에게 감호위탁	6월, (6월의 범위, 1차 연장 가능)	수강명령, 사회봉사명령, 단기 보호관찰, 장기 보호관찰
② 2호 처분	수강명령 (12세 이상)	100시간 이내	보호자 등에게 감호위탁, 사회봉사명령, 단기 보호관찰, 장기 보호관찰
③ 3호 처분	사회봉사명령 (14세 이상)	200시간 이내	보호자 등에게 감호위탁, 수강명령, 단기 보호관찰, 장기 보호관찰
④ 4호 처분	단기 보호관찰	1년 〈연장 안 됨〉	보호자 등에게 감호위탁, 수강명령, 사회봉사명령, 소년보호시설 등에 감호위탁
⑤ 5호 처분	장기 보호관찰	2년, (1년의 범위, 1차 연장 가능)	보호자 등에게 감호위탁, 수강명령, 사회봉사명령, 소년보호시설 등에 감호위탁, 1개월 이내 소년원 송치
⑥ 6호 처분	소년보호시설 등에 감호위탁	6월, (6월의 범위, 1차 연장 가능)	단기 보호관찰, 장기 보호관찰
⑦ 7호 처분	병원, 요양소, 의료재활소년원에 위탁	6월, (6월의 범위, 1차 연장 가능)	–
⑧ 8호 처분	1개월 이내 소년원 송치	1월 이내	장기 보호관찰
⑨ 9호 처분	단기 소년원 송치	6월 이내 〈연장 안 됨〉	–
⑩ 10호 처분	장기 소년원 송치 (12세 이상)	2년 이내 〈연장 안 됨〉	–

정답: ③

073 **「소년법」상 보호처분과 그 변경 등에 대한 설명으로 옳지 않은 것은?** 보호7급 2023

① 수강명령 및 장기 소년원 송치의 처분은 12세 이상의 소년에게만 할 수 있다.
② 소년부 판사는 보호관찰관의 장기 보호관찰의 처분을 할 때에 1년 이내의 기간을 정하여 야간 등 특정 시간대의 외출을 제한하는 명령을 보호관찰대상자의 준수사항으로 부과할 수 있다.
③ 소년부 판사는 보호관찰관의 단기 보호관찰의 처분을 할 때에 3개월 이내의 기간을 정하여 「보호소년 등의 처우에 관한 법률」에 따른 대안교육을 받을 것을 동시에 명할 수 있다.
④ 보호처분을 집행하는 자의 신청이 없더라도 소년부 판사는 직권으로 1개월 이내의 소년원 송치의 처분을 변경할 수 있다.

해설

④ 소년부 판사는 위탁받은 사나 보호처분을 집행하는 자의 신청에 따라 결정으로써 보호처분과 부가처분을 변경할 수 있다. 다만, 보호자 등에게 감호 위탁(제32조 제1항 제1호), 아동복지시설이나 그 밖의 소년보호시설에 감호 위탁(제32조 제1항 제6호), 병원·요양소 또는 의료재활소년원에 위탁의 보호처분(제32조 제1항 제7호)과 보호관찰 처분 시 대안교육 또는 상담·교육 처분(제32조의2 제1항)은 직권으로 변경할 수 있다(소년법 제37조 제1항). 따라서1개월 이내의 소년원 송치의 처분(제32조 제1항 제8호)은 소년부 판사의 직권으로 변경할 수 없다.
① 동법 제32조 제4항
② 동법 제32조의2 제2항
③ 동법 제32조의2 제1항

정답: ④

074 **소년법상 보호처분에 관한 설명으로 옳지 않은 것은?**

① 사회봉사명령의 처분은 14세 이상의 소년에게만 할 수 있다.
② 보호자 또는 보호자를 대신하여 소년을 보호할 수 있는 자에게 감호위탁하는 경우 위탁기간은 6개월로 하되, 소년부 판사는 결정으로써 6개월의 범위에서 한 번에 한하여 그 기간을 연장할 수 있다.
③ 보호처분이 계속 중일 때에 사건 본인에 대하여 새로운 보호처분이 있었을 때에는 그 처분을 한 소년부 판사는 이전의 보호처분을 한 소년부에 조회하여 이전의 보호처분을 취소해야 한다.
④ 소년부 판사는 보호소년에게 수강명령처분을 할 수 있다.

해설

③ 보호처분이 계속 중일 때에 사건 본인에 대하여 새로운 보호처분이 있었을 때에는 그 처분을 한 소년부 판사는 이전의 보호처분을 한 소년부에 조회하여 어느 하나의 보호처분을 취소하여야 한다(소년법 제40조).
① 동법 제32조 제3항, ② 동법 제33조 제1항, ④ 동법 제32조 제1항 제2호

정답: ③

075 「소년법」상 보호처분의 취소에 대한 설명으로 옳지 않은 것은? 보호9급 2024

① 보호처분이 계속 중일 때에 당해 보호사건 본인에 대하여 새로운 보호처분이 있었을 때에는 그 처분을 한 소년부 판사는 이전의 보호처분을 한 소년부에 조회하여 이전의 보호처분을 취소하여야 한다.

② 보호처분이 계속 중일 때에 당해 보호사건 본인이 처분 당시 19세 이상인 것으로 밝혀진 경우, 법원이 소년에 대한 피고사건을 심리한 결과 보호처분에 해당할 사유가 있다고 인정하여 결정으로써 관할 소년부에 송치한 사건에 대해서는 소년부 판사는 결정으로써 그 보호처분을 취소하고 송치한 법원에 이송한다.

③ 보호처분이 계속 중일 때에 당해 보호사건 본인에 대하여 유죄판결이 확정된 경우에 보호처분을 한 소년부 판사는 그 처분을 존속할 필요가 없다고 인정하면 결정으로써 보호처분을 취소할 수 있다.

④ 보호처분이 계속 중일 때에 당해 보호사건 본인이 처분 당시 19세 이상인 것으로 밝혀진 경우, 검사·경찰서장의 송치에 의한 사건에 대해서는 소년부 판사는 결정으로써 그 보호처분을 취소하고 관할 지방법원에 대응하는 검찰청 검사에게 송치한다.

해설

① 보호처분이 계속 중일 때에 사건 본인에 대하여 새로운 보호처분이 있었을 때에는 그 처분을 한 소년부 판사는 이전의 보호처분을 한 소년부에 조회하여 어느 하나의 보호처분을 취소하여야 한다(소년법 제40조).
② 동법 제38조 제1항 제2호
③ 동법 제39조
④ 동법 제38조 제1항 제1호

정답: ①

076 소년범죄의 형사처분에 대한 설명으로 옳지 않은 것은? 보호7급 2024

① 검사가 보호처분에 해당한다고 인정하여 소년부에 송치하였으나 소년부가 금고 이상의 형사처분을 할 필요가 있다고 인정하여 담당 검사에게 다시 송치한 사건은 검사가 이를 다시 소년부에 송치할 수는 없다.

② 소년형사사건에 있어 소년에 대한 구속영장은 부득이한 경우가 아니면 발부할 수 없고, 모든 사건은 필요적 변호사건에 해당한다.

③ 소년이 법정형으로 장기 2년 이상 유기형에 해당하는 죄를 범한 경우에 그 소년에게 선고할 수 있는 장기형의 상한은 10년이지만, 소년에 대하여 무기형으로 처할 경우에는 장기형의 상한이 15년이 된다.

④ 판결선고 전에 소년분류심사원에 위탁되었을 때에는 그 위탁기간 전부를 유기징역, 유기금고, 벌금이나 과료에 관한 유치 또는 구류에 산입한다.

해설

③ 소년이 법정형으로 장기 2년 이상의 유기형에 해당하는 죄를 범한 경우에는 그 형의 범위에서 장기와 단기를 정하여 선고한다. 다만, 장기는 10년, 단기는 5년을 초과하지 못한다(소년법 제60조 제1항). 즉, 부정기형의 경우에 장기형의 상한은 10년이다. 또한 죄를 범할 당시 18세 미만인 소년에 대하여 사형 또는 무기형으로 처할 경우에는 15년의 유기징역으로 한다(동법 제59조). 다만, 만 18세의 소년에 대해서는 무기형을 선고할 수 있으므로, 그 상한은 없다.
① 동법 제49조 제3항
② 소년에 대한 구속영장은 부득이한 경우가 아니면 발부하지 못한다(동법 제55조 제1항). 모든 소년 형사사건은 필요적 변호사건에 해당한다.
④ 제18조 제1항 제3호(소년분류심사원에 위탁)의 조치가 있었을 때에는 그 위탁기간은 「형법」 제57조 제1항의 판결선고 전 구금일수로 본다(동법 제61조).

정답: ③

077 「소년법」상 조사와 소년분류심사에 대한 설명으로 옳지 않은 것은? 보호7급 2024

① 조사관은 소년부 판사의 명을 받아 사건 본인이나 보호자를 심문할 수 있지만, 참고인에 대한 심문은 허용되지 않는다.
② 소년부 판사는 사건의 조사에 필요한 경우 기일을 정하여 보호자 또는 참고인을 소환할 수 있고, 보호자가 정당한 이유 없이 이에 응하지 아니하면 동행영장을 발부할 수 있다.
③ 조사관이 범죄사실에 관하여 소년을 조사할 때에는 미리 소년에게 불리한 진술을 거부할 수 있음을 알려야 한다.
④ 소년부 판사가 소년을 소년분류심사원에 위탁하는 조치를 하는 경우 위탁기간은 1개월을 초과하지 못하지만, 특별히 필요한 경우에는 결정으로 1회 연장할 수 있다.

해설

① 소년부 판사는 조사관에게 사건 본인, 보호자 또는 참고인의 심문이나 그 밖에 필요한 사항을 조사하도록 명할 수 있다(소년법 제11조 제1항).
② 동법 제13조 제1항·제2항
③ 동법 제10조
④ 동법 제18조 제3항

정답: ①

078 소년법상 보호처분에 대한 설명으로 옳은 것은?

① 보호자 및 보호·복지시설 등에의 위탁은 최장 12개월까지 가능하다.
② 사회봉사명령과 수강명령은 14세 이상의 소년에게만 부과할 수 있다.
③ 단기로 소년원에 송치된 소년의 보호기간은 1년을 초과하지 못한다.
④ 단기보호관찰은 1회에 한하여 연장할 수 있으나, 장기보호관찰은 연장할 수 없다.

해설

② 사회봉사명령은 14세 이상의 소년에게만 할 수 있고(소년법 제32조 제3항), 수강명령은 12세 이상의 소년에게만 할 수 있다(동조 제4항).
③ 단기로 소년원에 송치된 소년의 보호기간은 6개월을 초과하지 못한다(동법 제33조 제5항).
④ 단기보호관찰기간은 1년이며, 그 기간을 연장할 수 없다(동법 제33조 제2항). 장기보호관찰기간은 2년으로 한다. 다만, 소년부 판사는 보호관찰관의 신청에 따라 결정으로써 1년의 범위에서 한 번에 한하여 그 기간을 연장할 수 있다(동조 제3항).
① 보호자 및 보호·복지시설 등에의 위탁기간은 6개월로 하되, 소년부 판사는 결정으로써 6개월의 범위에서 한 번에 한하여 그 기간을 연장할 수 있으므로(동법 제33조 제1항) 최장 12개월까지 가능하다.

정답: ①

079 「소년법」상 보호처분에 대한 설명으로 옳지 않은 것은?

① 사회봉사명령은 200시간을, 수강명령은 100시간을 초과할 수 없으며, 보호관찰관이 그 명령을 집행할 때에는 사건 본인의 정상적인 생활을 방해하지 아니하도록 하여야 한다.
② 보호처분이 계속 중일 때에 사건 본인이 처분 당시 19세 이상인 것으로 밝혀진 경우에는 소년부 판사는 결정으로써 그 보호처분을 취소하여야 한다.
③ 장기 보호관찰처분을 할 때에는 해당 보호관찰기간 동안 야간 등 특정 시간대의 외출을 제한하는 명령을 보호관찰대상자의 준수사항으로 부과할 수 있다.
④ 사회봉사명령은 14세 이상의 소년에게만 할 수 있으며, 수강명령은 12세 이상의 소년에게만 할 수 있다.

해설

③ 보호관찰관의 단기(短期) 보호관찰 또는 보호관찰관의 장기(長期) 보호관찰의 처분을 할 때에 1년 이내의 기간을 정하여 야간 등 특정 시간대의 외출을 제한하는 명령을 보호관찰대상자의 준수사항으로 부과할 수 있다(소년법 제32조의2 제2항).
① 동법 제33조 제4항, ② 동법 제38조, ④ 동법 제32조 제3항·제4항
※ **소년법 제38조【보호처분의 취소】** ① 보호처분이 계속 중일 때에 사건 본인이 처분 당시 19세 이상인 것으로 밝혀진 경우에는 소년부 판사는 결정으로써 그 보호처분을 취소하고 다음의 구분에 따라 처리하여야 한다.
  1. 검사·경찰서장의 송치 또는 제4조 제3항의 통고에 의한 사건인 경우에는 관할 지방법원에 대응하는 검찰청 검사에게 송치한다.
  2. 제50조에 따라 법원이 송치한 사건인 경우에는 송치한 법원에 이송한다.
② 제4조 제1항 제1호·제2호의 소년에 대한 보호처분이 계속 중일 때에 사건 본인이 행위 당시 10세 미만으로 밝혀진 경우 또는 제4조 제1항 제3호의 소년에 대한 보호처분이 계속 중일 때에 사건 본인이 처분 당시 10세 미만으로 밝혀진 경우에는 소년부 판사는 결정으로써 그 보호처분을 취소하여야 한다.

정답: ③

080 소년범죄에 대한 설명이다. 틀린 것은?

① 판결 시 18세에 이른 소년이 사형·무기형에 해당하는 때에는 15년의 유기징역으로 한다.
② 소년이 법정형 장기 2년 이상의 유기형에 해당하는 죄를 범한 경우에는 그 형의 범위에서 장기와 단기를 정하여 선고한다.
③ 18세 미만의 소년에게는 노역장 유치선고를 하지 못한다.
④ 소년에 대한 형사사건의 심리는 다른 피의사건과 관련된 경우에도 그 절차를 분리하여야 한다.

해설

① 죄를 범할 당시 18세 미만인 소년에 대하여 사형 또는 무기형으로 처할 경우에는 15년의 유기징역으로 한다(소년법 제59조).
② 동법 제60조 제1항, ③ 동법 제62조, ④ 동법 제57조

정답: ①

081 소년법 제38조 내지 제40조에 규정된 보호처분의 취소사유에 해당하는 것은?

① 보호처분의 결정이 그 결정에 영향을 미칠 중대한 사실오인이 있는 경우
② 보호처분 변경의 결정이 그 결정에 영향을 미칠 법령위반이 있는 경우
③ 보호처분의 결정이 그 결정에 영향을 미칠 법령위반이 있는 경우
④ 보호처분의 계속 중 사건 본인이 처분 당시 19세 이상인 것으로 밝혀진 경우

해설

④ 소년법상 보호처분의 취소사유(소년법 제38조~제40조)는 다음과 같다.

보호처분의 취소사유
• 보호처분이 계속 중일 때에 사건 본인이 처분 당시 19세 이상인 것으로 밝혀진 경우 • 보호처분이 계속 중일 때에 사건 본인이 행위 당시 10세 미만으로 밝혀진 경우 • 보호처분이 계속 중일 때에 사건 본인이 처분 당시 10세 미만으로 밝혀진 경우 • 보호처분이 계속 중일 때에 사건 본인에 대하여 유죄판결이 확정된 경우 • 보호처분이 계속 중일 때에 사건 본인에 대하여 새로운 보호처분이 있었을 경우

정답: ④

082 「소년법」상 형사사건의 처리에 대한 설명으로 옳은 것은?

① 죄를 범할 당시 19세 미만인 소년에 대하여 사형 또는 무기형으로 처할 경우에는 15년의 유기징역으로 한다.
② 보호처분이 계속 중일 때에 사건 본인에 대하여 유죄판결이 확정된 경우에 보호처분을 한 소년부 판사는 결정으로써 보호처분을 취소하여야 한다.
③ 소년보호사건에서 소년부 판사는 사건의 조사 또는 심리에 필요하다고 인정하면 기일을 지정하여 사건 본인이나 보호자 또는 참고인을 소환할 수 있으며, 사건 본인이나 보호자가 정당한 이유 없이 소환에 응하지 아니하면 소년부 판사는 동행영장을 발부할 수 있다.
④ 검사가 소년피의사건에 대하여 소년부 송치결정을 한 경우에는 소년을 구금하고 있는 시설의 장은 검사의 이송 지휘를 받은 때로부터 법원 소년부가 있는 시·군에서는 12시간 이내에 소년을 소년부에 인도하여야 한다.

해설

③ 소년법 제13조
① 죄를 범할 당시 18세 미만인 소년에 대하여 사형 또는 무기형으로 처할 경우에는 15년의 유기징역으로 한다(동법 제59조).
② 보호처분이 계속 중일 때에 사건 본인에 대하여 유죄판결이 확정된 경우에 보호처분을 한 소년부 판사는 그 처분을 존속할 필요가 없다고 인정하면 결정으로써 보호처분을 취소할 수 있다(동법 제39조).
④ 검사의 소년부 송치(동법 제49조 제1항)나 법원의 소년부 송치(동법 제50조)에 따른 소년부 송치결정이 있는 경우에는 소년을 구금하고 있는 시설의 장은 검사의 이송 지휘를 받은 때로부터 법원 소년부가 있는 시·군에서는 24시간 이내에, 그 밖의 시·군에서는 48시간 이내에 소년을 소년부에 인도하여야 한다.

정답: ③

083 다음 중 「소년법」상 소년형사사건에 대한 설명으로 가장 옳지 않은 것은? 해경간부 2023

① 징역 또는 금고를 선고받은 소년에 대하여는 특별히 설치된 교도소 또는 일반 교도소 안에 특별히 분리된 장소에서 그 형을 집행한다. 다만, 소년이 형의 집행 중에 19세가 되면 일반 교도소에서 집행할 수 있다.
② 징역 또는 금고를 선고받은 소년에 대하여는 무기형에서 5년, 15년 유기형에는 3년, 부정기형에는 단기의 3분의 1이 경과하면 가석방을 허가할 수 있다.
③ 보호처분이 계속 중일 때 징역, 금고 또는 구류를 선고받은 소년에 대하여는 먼저 그 형을 집행한다.
④ 죄를 범할 당시 18세 미만인 소년에 대하여 사형 또는 무기형으로 처할 경우에는 15년의 유기징역으로 한다.

해설

① 징역 또는 금고를 선고받은 소년에 대하여는 특별히 설치된 교도소 또는 일반 교도소 안에 특별히

분리된 장소에서 그 형을 집행한다. 다만, 소년이 형의 집행 중에 23세가 되면 일반 교도소에서 집행할 수 있다(소년법 제63조). 정답: ①

084 **소년형사사건의 절차상 특칙에 관한 설명으로 옳지 않은 것을 모두 고른 것은?**

㉠ 소년부는 법원으로부터 송치받은 사건을 조사 또는 심리한 결과 사건의 본인이 19세 이상인 것으로 밝혀지면 결정으로써 해당 검찰청 검사에게 송치할 수 있다.
㉡ 소년에 대한 구속영장을 발부할 경우에는 해당 검찰청 검사의 의견을 고려하여야 한다.
㉢ 소년에 대한 형사사건의 심리는 친절하고 온화하게 하여야 한다.
㉣ 모든 소년형사사건은 필요적 변호사건이므로 소년에 대하여 변호인이 출석하지 아니한 때에는 법원은 직권으로 변호인을 선정하여야 한다.

① ㉠, ㉡ ② ㉠, ㉢
③ ㉡, ㉢ ④ ㉢, ㉣

해설

× : ㉠ 소년부는 법원으로부터 송치받은 사건을 조사 또는 심리한 결과 사건의 본인이 19세 이상인 것으로 밝혀지면 결정으로써 송치한 법원에 다시 이송하여야 한다(소년법 제51조). ㉡ 소년에 대한 구속영장은 부득이한 경우가 아니면 발부하지 못한다(동법 제55조 제1항).
○ : ㉢ 동법 제58조 제1항. ㉣ 형사소송법 제33조, 제283조 정답: ①

085 **소년형사사건에 대한 설명으로 옳지 않은 것은?**

① 소년부는 검사로부터 송치된 보호처분사건을 조사 또는 심리한 결과 그 동기와 죄질이 금고 이상의 형사처분을 할 필요가 있다고 인정할 때에는 결정으로써 해당 검찰청 검사에게 송치할 수 있다.
② ①에 따라 검사에게 송치된 사건을 검사는 다시 소년부에 송치할 수 있다.
③ 검사는 소년 피의사건에 대하여 소년부 송치, 공소제기, 기소유예 등의 처분을 결정하기 위하여 필요하다고 인정하면 피의자의 주거지 또는 검찰청 소재지를 관할하는 보호관찰소의 장 등에게 피의자의 품행, 경력, 생활환경이나 그 밖에 필요한 사항에 관한 조사를 요구할 수 있다.
④ 법원은 소년에 대한 피의사건을 심리한 결과 보호처분에 해당할 사유가 있다고 인정하면 결정으로써 사건을 관할 소년부에 송치하여야 한다.

해설

② 소년부는 검사로부터 송치된 사건을 조사 또는 심리한 결과 그 동기와 죄질이 금고 이상의 형사처분을 할 필요가 있다고 인정할 때에는 결정으로써 해당 검찰청 검사에게 송치할 수 있는데(소년법

제49조 제2항) 이렇게 송치한 사건은 다시 소년부에 송치할 수 없다(동조 제3항).
① 동법 제49조 제2항, ③ 동법 제49조의2 제1항, ④ 동법 제50조 정답: ②

086 소년법상 형사처분에 관한 특칙으로 옳지 않은 것은?

① 죄를 범할 당시 18세 미만의 소년에 대하여 무기형으로 처할 경우에는 15년의 유기징역으로 한다.
② 소년에 대한 상대적 부정기형의 장기는 10년, 단기는 5년을 초과하지 못한다.
③ 보호처분이 계속 중일 때에 자유형의 선고를 받은 소년에 대하여는 보호처분을 먼저 행한다.
④ 15년의 유기자유형을 선고받은 소년의 경우에는 3년이 경과하여야 가석방을 허가할 수 있다.
⑤ 형의 집행이 끝난 후에는 자격에 관한 법령을 적용할 때에는 장래에 향하여 형의 선고를 받지 아니한 것으로 본다.

해설

③ 보호처분이 계속 중일 때에 징역, 금고 또는 구류를 선고받은 소년에 대하여는 먼저 그 형을 집행한다(소년법 제64조). ① 동법 제59조, ② 동법 제60조 제1항, ④ 동법 제65조, ⑤ 동법 제67조
정답: ③

087 「소년법」상 소년에 관한 형사사건에 대한 설명으로 옳지 않은 것은?

① 단기 3년, 장기 6년의 징역형을 선고받은 소년에게는 1년이 지나면 가석방을 허가할 수 있다.
② 소년에 대한 형사사건의 심리는 다른 피의사건과 관련된 경우에는 그 절차를 병합하여야 한다.
③ 보호처분이 계속 중일 때에 징역, 금고 또는 구류를 선고받은 소년에 대하여는 먼저 그 형을 집행한다.
④ 징역 또는 금고를 선고받은 소년에 대하여는 특별히 설치된 교도소 또는 일반 교도소 안에 특별히 분리된 장소에서 그 형을 집행하나, 소년이 형의 집행 중에 23세가 되면 일반 교도소에서 집행할 수 있다.

해설

② 소년에 대한 형사사건의 심리는 다른 피의사건과 관련된 경우에도 심리에 지장이 없으면 그 절차를 분리하여야 한다(소년법 제57조).
① 부정기형을 선고받은 소년의 경우 단기의 3분의 1이 지나면 가석방을 허가할 수 있다(동법 제65조). 따라서 단기인 3년의 3분의 1인 1년이 지나면 가석방을 허가할 수 있다.
③ 동법 제64조, ④ 동법 제63조 정답: ②

088 **소년사범에 대한 「소년법」상의 처우 및 그 효력에 대한 설명으로 옳은 것은?**

① 소년부 판사는 사건의 조사 또는 심리에 필요하다고 인정하는 경우 기일을 지정하여 사건 본인이나 보호자 또는 참고인을 소환할 수 있고, 이들이 정당한 이유 없이 소환에 응하지 아니하면 동행영장을 발부한다.
② 보호처분이 계속 중일 때에 징역, 금고 또는 구류를 선고받은 소년에 대하여는 먼저 그 형을 집행한다.
③ 소년부 판사는 보호관찰관의 신청에 따라 단기와 장기로 구분되는 보호관찰처분을 1년의 범위에서 한 번에 한하여 결정으로써 그 기간을 연장할 수 있다.
④ 「소년법」상의 소년에게는 「형법」 제70조의 노역장 유치선고를 하지 못한다.
⑤ 소년이었을 때 범한 죄에 의하여 형을 선고받은 자가 그 집행을 종료하거나 면제받은 경우에는 장래에 향하여 그 형의 선고를 받지 아니한 것으로 본다.

해설

① 소년부 판사는 사건의 조사 또는 심리에 필요하다고 인정하면 기일을 지정하여 사건 본인이나 보호자 또는 참고인을 소환할 수 있다(소년법 제13조 제1항). 사건 본인이나 보호자가 정당한 이유 없이 소환에 응하지 아니하면 소년부 판사는 동행영장을 발부할 수 있다(동조 제2항). 즉 참고인은 소환의 대상은 될 수 있으나, 동행영장 발부의 대상은 아니다. ③ 장기보호관찰처분은 연장이 가능하나, 단기보호관찰처분은 연장이 불가하다(동법 제33조 제2항·제3항). ④ 형법상 벌금 또는 과료를 납입하지 않는 경우에는 노역장 유치기간을 정하여 동시에 선고하여야 하나, 18세 미만의 소년에게는 노역장 유치 선고를 하지 못한다(동법 제62조 본문). ⑤ 소년이었을 때 범한 죄에 의하여 형을 선고받은 자가 그 집행을 종료하거나 면제받은 경우 자격에 관한 법령을 적용할 때에는 장래에 향하여 형의 선고를 받지 아니한 것으로 본다(동법 제67조). ② 동법 제64조 정답: ②

089 **소년법상 형의 선고에 관한 설명 중 옳지 않은 것은?(다툼이 있으면 판례에 의함)**

① '소년'인지의 여부는 사실심 판결선고 시를 기준으로 판단한다.
② 범행 당시 18세 미만인 소년에 대하여 사형 또는 무기형으로 처할 경우에는 15년의 유기징역으로 한다.
③ 법원은 집행유예 선고 시 부정기형을 선고할 수 있다.
④ 법원이 부정기형을 선고하는 경우 장기는 10년, 단기는 5년을 초과하지 못한다.
⑤ 18세 미만의 소년이 벌금 또는 과료를 선고받고 이를 납부하지 않더라도 노역장 유치선고를 하지 못한다.

해설

③ 소년에게 형의 집행유예나 선고유예를 선고할 때에는 부정기형을 선고하지 못한다(소년법 제60조 제3항). ① 대판 2009.5.28. 2009도2682. ② 동법 제59조. ④ 동법 제60조 제1항 정답: ③

090 「소년법」에 관한 설명 중 옳은 것을 모두 고른 것은?

㉠ 소년부 판사의 소년 보호사건에 대한 심리 개시결정이 있었던 때로부터 그 사건에 대한 보호처분의 결정이 확정될 때까지 공소시효는 그 진행이 정지된다.
㉡ 사건 본인이나 보호자가 정당한 이유 없이 소환에 응하지 아니하면 소년부 판사는 동행영장을 발부할 수 있다.
㉢ 법원은 소년에 대한 피고사건을 심리한 결과 벌금 이하의 형에 해당하는 범죄이거나 보호처분에 해당할 사유가 있다고 인정할 때에만 결정으로써 사건을 관할 소년부에 송치할 수 있다.
㉣ 보호처분의 계속 중에 징역, 금고 또는 구류의 선고를 받은 소년에 대하여는 보호처분을 먼저 집행한다.

① ㉠, ㉡ ② ㉠, ㉢ ③ ㉠, ㉡, ㉢, ㉣
④ ㉡, ㉢ ⑤ ㉡, ㉢, ㉣

해설

○ : ㉠ 소년법 제54조. ㉡ 동법 제13조 제2항
× : ㉢ 법원은 소년에 대한 피고사건을 심리한 결과 보호처분에 해당할 사유가 있다고 인정하면 결정으로써 사건을 관할 소년부에 송치하여야 한다(동법 제50조). ㉣ 보호처분이 계속 중일 때에 징역·금고 또는 구류를 선고받은 소년에 대하여는 먼저 그 형을 집행한다(동법 제64조).

정답: ①

091 「소년법」상 보조인 선임과 국선보조인에 대한 설명으로 옳은 것만을 모두 고르면?

보호7급 2024

ㄱ. 사건 본인이나 보호자가 변호사를 보조인으로 선임하려면 소년부 판사의 허가를 받아야 한다.
ㄴ. 소년이 소년분류심사원에 위탁되지 아니하였을 때에도 빈곤이나 그 밖의 사유로 보조인을 선임할 수 없는 경우에는 법원은 직권에 의하거나 소년 또는 보호자의 신청에 따라 보조인을 선정할 수 있다.
ㄷ. 소년부 판사는 보호자인 보조인이 소년의 이익에 반하는 행위를 할 우려가 있다고 판단되는 경우 보조인 선임의 허가를 취소할 수 있다.
ㄹ. 소년이 소년분류심사원에 위탁된 경우 보조인이 없을 때에는 법원은 변호사 등 적정한 자를 보조인으로 선정하여야 한다.

① ㄴ, ㄹ ② ㄷ, ㄹ
③ ㄱ, ㄴ, ㄷ ④ ㄴ, ㄷ, ㄹ

해설

ㄱ. 사건 본인이나 보호자는 소년부 판사의 허가를 받아 보조인을 선임할 수 있다(소년법 제17조 제1항). 보호자나 변호사를 보조인으로 선임하는 경우에는 소년부 판사의 허가를 받지 아니하여도 된다(동조 제2항).

ㄴ. 동법 제17조의2 제2항 제2호

ㄷ. 소년부 판사는 보조인이 심리절차를 고의로 지연시키는 등 심리진행을 방해하거나 소년의 이익에 반하는 행위를 할 우려가 있다고 판단하는 경우에는 보조인 선임의 허가를 취소할 수 있다(동법 제17조 제4항).

ㄹ. 동법 제17조의2 제1항

정답: ①

092 현행법상 소년에 대한 행형의 특칙에 관한 설명 중 옳지 않은 것은?

① 소년교도소에 수용된 소년이 형의 집행 중에 23세가 되면 일반교도소에서 집행할 수 있다.

② 무기징역형의 선고를 받은 소년에 대하여는 5년이 경과하여야 가석방을 허가할 수 있다.

③ 소년범이 단기 3년, 장기 5년의 징역형을 선고받아 1년 3월을 복역하고 가석방된 경우 가석방 취소 없이 1년 3월이 경과하면 형의 집행을 종료한 것으로 한다.

④ 소년범에 대하여 자유형과 자격정지형이 병과된 경우 자유형의 집행이 종료되거나 면제된 날로부터 자격정지기간이 기산된다.

⑤ 소년이 15년의 유기징역형을 선고받아 10년을 복역하고 가석방된 경우 가석방 취소 없이 5년이 경과하면 형의 집행을 종료한 것으로 한다.

해설

④ 소년이었을 때 범한 죄에 의하여 형을 선고받은 자가 그 집행을 종료하거나 면제받은 경우 자격에 관한 법령을 적용할 때에는 장래에 향하여 형의 선고를 받지 아니한 것으로 본다(소년법 제67조).
① 동법 제63조, ② 동법 제65조 제1호, ③ 동법 제66조 본문, ⑤ 동법 제66조 단서

정답: ④

093 소년형사사건과 관련된 설명으로 옳지 않은 것은?

① 소년에 대한 변호인이 없는 때에는 법원은 직권으로 국선변호인을 선정해야 한다.

② 징역 또는 금고를 선고받은 소년에 대하여는 특별히 설치된 교도소 또는 일반 교도소 안에 특별히 분리된 장소에서 그 형을 집행한다.

③ 소년에게 형의 집행유예나 선고유예를 선고할 때에는 부정기형을 선고하지 못한다.

④ 부정기형을 선고받은 소년에 대하여는 단기의 2분의 1이 지나야 가석방을 허가할 수 있다.

⑤ 소년이 법정형으로 장기 2년 이상의 유기형에 해당하는 죄를 범한 경우에는 그 형의 범위에서 장기와 단기를 정하여 선고한다. 다만, 장기는 10년, 단기는 5년을 초과하지 못한다.

해설

④ 2분의 1 → 3분의 1(소년법 제65조 제3호). ① 형사소송법 제33조 제1항 제2호, ② 소년법 제63조, ③ 동법 제60조 제3항, ⑤ 동법 제60조 제1항

정답: ④

094 「소년법」상 소년사범의 형 집행 및 가석방에 대한 설명으로 옳은 것은?

① 소년에게 무기형을 선고할 때에는 15년의 유기징역으로 한다.
② 소년에게 2년 미만의 유기형을 선고하는 때에는 부정기형을 선고할 수 없다.
③ 소년에 대한 부정기형을 집행하는 기관의 장은 형의 단기가 지난 소년범의 행형성적이 양호하고 교정의 목적을 달성하였다고 인정되는 경우에는 교도관회의의 심의를 거쳐 그 형의 집행을 종료시킬 수 있다.
④ 소년이 부정기형을 선고받은 경우, 단기의 3분의 1을 경과한 때에는 가석방을 허가할 수 있다.

해설

① 죄를 범할 당시 18세 미만인 소년에 대하여 사형 또는 무기형으로 처할 경우에는 15년의 유기징역으로 한다(소년법 제59조).
② 소년이 법정형으로 장기 2년 이상의 유기형에 해당하는 죄를 범한 경우에는 그 형의 범위에서 장기와 단기를 정하여 선고한다. 다만 장기는 10년, 단기는 5년을 초과하지 못한다(동법 제60조 제1항). 즉 부정기형 선고요건의 기준은 법정형이다.
③ 소년에 대한 부정기형을 집행하는 기관의 장은 형의 단기가 지난 소년범의 행형성적이 양호하고 교정의 목적을 달성하였다고 인정되는 경우에는 관할 검찰청 검사의 지휘에 따라 그 형의 집행을 종료시킬 수 있다(동법 제60조 제4항).
④ 동법 제65조

정답: ④

095 「소년법」상 형사사건의 심판 등에 대한 설명으로 옳지 않은 것은? 보호7급 2023

① 소년에 대한 부정기형을 집행하는 기관의 장은 형의 단기의 3분의 1이 지난 소년범의 행형 성적이 양호하고 교정의 목적을 달성하였다고 인정되는 경우에는 관할 검찰청 검사의 지휘에 따라 그 형의 집행을 종료시킬 수 있다.
② 무기징역을 선고받은 소년에 대하여는 5년의 기간이 지나면 가석방을 허가할 수 있다.
③ 징역 또는 금고를 선고받은 소년에 대하여는 특별히 설치된 교도소 또는 일반 교도소 안에 특별히 분리된 장소에서 그 형을 집행한다. 다만, 소년이 형의 집행 중에 23세가 되면 일반 교도소에서 집행할 수 있다.
④ 죄를 범할 당시 18세 미만인 소년에 대하여 사형 또는 무기형으로 처할 경우에는 15년의 유기징역으로 한다.

해설

① 소년에 대한 부정기형을 집행하는 기관의 장은 형의 단기가 지난 소년범의 행형 성적이 양호하고 교정의 목적을 달성하였다고 인정되는 경우에는 관할 검찰청 검사의 지휘에 따라 그 형의 집행을 종료시킬 수 있다(소년법 제60조 제4항).
② 동법 제65조 제1호

③ 동법 제63조
④ 동법 제59조
※ **소년법 제65조 【소년의 가석방】** 징역 또는 금고를 선고받은 소년에 대하여는 다음 각 호의 기간이 지나면 가석방(假釋放)을 허가할 수 있다.
1. 무기형의 경우에는 5년
2. 15년 유기형의 경우에는 3년
3. 부정기형의 경우에는 단기의 3분의 1

정답: ①

096 「소년법」상 소년 형사절차에 대한 설명으로 옳지 않은 것은?

① 18세 미만인 소년에게는 노역장 유치를 선고할 수 없다.
② 소년에 대한 형사사건은 다른 피의사건과 관련된 경우에도 분리하여 심리하는 것이 원칙이다.
③ 형의 집행유예를 선고하면서 부정기형을 선고할 수 있다.
④ 소년에 대한 구속영장은 부득이한 경우가 아니면 발부할 수 없다.

해설

③ 형의 집행유예나 선고유예를 선고할 때에는 제1항을 적용하지 아니한다(소년법 제60조 제3항).
① 동법 제62조
② 소년에 대한 형사사건의 심리는 다른 피의사건과 관련된 경우에도 심리에 지장이 없으면 그 절차를 분리하여야 한다(동법 제57조).
④ 동법 제55조 제1항

정답: ③

097 소년법상 형사처분에 관한 특칙으로 옳지 않은 것은?

① 죄를 범할 당시 18세 미만의 소년에 대하여 무기형으로 처할 경우에는 15년의 유기징역으로 한다.
② 소년에 대한 상대적 부정기형의 장기는 10년, 단기는 5년을 초과하지 못한다.
③ 보호처분이 계속 중일 때에 자유형의 선고를 받은 소년에 대하여는 보호처분을 먼저 행한다.
④ 15년의 유기자유형을 선고받은 소년의 경우에는 3년이 경과하여야 가석방을 허가할 수 있다.

해설

③ 보호처분이 계속 중일 때에 징역, 금고 또는 구류를 선고받은 소년에 대하여는 먼저 그 형을 집행한다(소년법 제64조).
① 동법 제59조, ② 동법 제60조 제1항, ④ 동법 제65조

정답: ③

098 **소년형사사건의 처리에 대한 설명으로 옳지 않은 것은?**

① 사건의 조사·심리를 위해 소년분류심사원에 위탁된 기간은 형법 제57조 제1항의 판결선고 전 구금일수로 본다.
② 무기형을 선고받은 소년에 대하여는 5년이 경과하면 가석방을 허가할 수 있다.
③ 보호처분이 계속되는 중 징역·금고·구류의 선고를 받은 소년에 대해서는 계속되는 보호처분을 먼저 집행한다.
④ 18세 미만인 소년에게는 원칙적으로 환형처분이 금지된다.

해설

③ 보호처분이 계속 중일 때에 징역·금고 또는 구류를 선고받은 소년에 대하여는 먼저 그 형을 집행한다(소년법 제64조).
① 동법 제61조, ② 동법 제65조, ④ 동법 제62조

정답: ③

099 **다음은 소년에 대한 설명이다. 맞는 것은?**

① 소년수는 장기 10년, 단기 3년 내에서 부정기형을 선고한다.
② 죄를 범할 당시 18세 미만인 경우 무기형을 과할 때는 10년의 유기징역에 처한다.
③ 보호처분이 계속 중일 때에 자유형을 선고받은 소년에 대하여는 먼저 그 형을 집행한다.
④ 15년의 유기징역의 경우 형기 3분의 1이 지나야 가석방을 허가할 수 있다.

해설

① 소년이 법정형으로 장기 2년 이상의 유기형에 해당하는 죄를 범한 경우에는 그 형의 범위에서 장기와 단기를 정하여 선고한다. 다만 장기는 10년, 단기는 5년을 초과하지 못한다(소년법 제60조 제1항).
② 죄를 범할 당시 18세 미만인 소년에 대하여 사형 또는 무기형으로 처할 경우에는 15년의 유기징역으로 한다(동법 제59조).
④ 징역 또는 금고를 선고받은 소년에 대하여는 무기형의 경우에는 5년, 15년 유기형의 경우에는 3년, 부정기형의 경우에는 단기의 3분의 1이 경과하면 가석방을 허가할 수 있다(동법 제65조).
③ 동법 제64조

정답: ③

100 **다음 중 소년법상 설명 중 틀린 것은?**

① 죄를 범할 당시 18세 미만인 소년에 대하여 사형·무기형으로 처할 경우에는 15년의 유기징역으로 한다.
② 형의 집행유예나 선고유예를 선고할 때는 상대적 부정기형을 선고할 수 없다.
③ 18세 미만인 소년에게는 벌금에 대한 환형처분을 금지한다.
④ 보호처분 심리개시의 결정이 있었던 때로부터 그 사건에 대한 보호처분의 결정이 확정될 때까지 공소시효는 계속된다.

해설

④ 보호처분 심리개시의 결정이 있었던 때로부터 그 사건에 대한 보호처분의 결정이 확정될 때까지 공소시효는 그 진행이 정지된다(소년법 제54조).
① 동법 제59조, ② 동법 제60조 제3항, ③ 동법 제62조 정답: ④

101 다음 설명 중 옳지 않은 것은?(다툼이 있는 경우에는 판례에 의함)

① 「소년법」이 적용되는 '소년'이란 19세 미만인 사람을 말하므로 피고인이 「소년법」의 적용을 받으려면 사실심 판결선고 시 19세 미만이어야 한다.
② 제1심에서 부정기형을 선고한 판결에 대한 항소심 계속 중 개정 「소년법」이 시행되었고, 항소심 판결선고 시에는 이미 신법상 소년에 해당하지 않게 된 경우 항소심 법원은 피고인에 대하여 정기형을 선고하여야 한다.
③ 항소심 판결선고 당시 미성년자로서 부정기형을 선고받은 피고인이 상고심 계속 중에 성년이 되었다면 항소심의 부정기형 선고를 정기형으로 고쳐 선고해야 한다.
④ 소년범에 대하여 법정형 중에서 무기징역을 선택한 후 정상참작감경한 결과 유기징역을 선고하게 되었을 경우에는 피고인이 미성년자라 하더라도 부정기형을 선고할 수 없다.
⑤ 소년보호사건에서 항고제기기간 내에 항고이유를 제출하지 않은 항고인에게 항고법원이 별도로 항고이유 제출 기회를 부여하여야 하는 것은 아니다.

해설

③ 항소심 판결선고 당시 미성년자로서 부정기형을 선고받은 피고인이 상고심 계속 중에 성년이 되었다 하더라도 항소심의 부정기형 선고를 정기형으로 고칠 수는 없다(대판 1990.11.27. 90도2225).
① 대판 2009.5.28. 2009도2682, ② 대판 2008.10.23. 2008도8090, ④ 대판 1988.5.24. 88도501, ⑤ 대결 2008.8.12. 2007트13 정답: ③

102 소년에 대한 형사처분의 내용으로 옳은 것은?

① 형사사건 심리 전에 소년이 분류심사원에 위탁된 기간은 소년부 판사의 재량에 의하여 판결선고 전 구금일수에 산입하지 아니할 수 있다.
② 법정형이 장기 2년 이상의 유기형에 해당하는 죄를 범한 경우 소년에 대한 상대적 부정기형의 장기는 10년, 단기는 5년을 초과하지 못한다.
③ 보호처분의 계속 중에 구류형의 선고를 받은 소년에 대하여는 먼저 그 보호처분을 집행한다.
④ 무기형을 선고받은 소년에 대해서는 3년이 경과하면 가석방을 허가할 수 있다.
⑤ 법원은 소년에 대한 형사피고사건을 심리한 결과 보호처분에 해당할 사유가 있다고 인정하면 결정으로 사건을 검사에게 이송하여야 한다.

해설

① 소년부 판사가 사건을 조사 또는 심리하는 데에 필요하다고 인정하여 소년을 소년분류심사원에 위탁한 경우 그 위탁기간은 판결선고 전 구금일수로 본다(소년법 제61조). ③ 보호처분이 계속 중일 때에 징역·금고 또는 구류를 선고 받은 소년에 대하여는 먼저 그 형을 집행한다(동법 제64조). ④ 무기형을 선고받은 소년에 대해서는 5년이 경과하면 가석방을 허가할 수 있다(동법 제65조 제1호). ⑤ 법원은 소년에 대한 피고사건을 심리한 결과 보호처분에 해당할 사유가 있다고 인정하면 결정으로써 사건을 관할 소년부에 송치하여야 한다(동법 제50조). ② 동법 제60조 제1항 정답: ②

103 **소년법상 항고에 대한 설명으로 옳지 않은 것은?**

① 항고를 제기할 수 있는 기간은 7일로 한다.
② 항고는 결정의 집행을 정지시키는 효력이 없다.
③ 보호처분의 변경 결정에 대해서는 항고할 수 없다.
④ 항고를 할 때에는 항고장을 원심 소년부에 제출하여야 한다.

해설

③ 제32조에 따른 보호처분의 결정 및 제32조의2에 따른 부가처분 등의 결정 또는 제37조의 보호처분·부가처분 변경 결정이 다음 각 호의 어느 하나에 해당하면 사건 본인·보호자·보조인 또는 그 법정대리인은 관할 가정법원 또는 지방법원 본원 합의부에 항고할 수 있다(소년법 제43조 제1항).
① 동법 제43조 제2항, ② 동법 제46조, ④ 동법 제44조 제1항 정답: ③

104 **「소년법」상 보호처분에 대한 설명으로 옳은 것은?**

① 사회봉사명령은 14세 이상의 소년에게만 할 수 있다.
② 수강명령과 장기 소년원 송치는 14세 이상의 소년에게만 할 수 있다.
③ 보호관찰관의 단기 보호관찰과 장기 보호관찰 처분 시에는 2년 이내의 기간을 정하여 야간 등 특정 시간대의 외출을 제한하는 명령을 보호관찰대상자의 준수사항으로 부과할 수 있다.
④ 수강명령은 200시간을, 사회봉사명령은 100시간을 초과할 수 없으며, 보호관찰관이 그 명령을 집행할 때에는 사건 본인의 정상적인 생활을 방해하지 아니하도록 하여야 한다.

해설

① 소년법 제32조 제3항
② 12세 이상의 소년에게만 할 수 있다(동법 제32조 제4항).
③ 단기 보호관찰 또는 장기 보호관찰의 처분을 할 때에 1년 이내의 기간을 정하여 야간 등 특정 시간대의 외출을 제한하는 명령을 보호관찰대상자의 준수사항으로 부과할 수 있다(동법 제32조의2 제2항).
④ 수강명령은 100시간을, 사회봉사명령은 200시간을 초과할 수 없으며, 보호관찰관이 그 명령을 집

행할 때에는 사건 본인의 정상적인 생활을 방해하지 아니하도록 하여야 한다(동법 제33조 제4항).

정답: ①

105 소년사법의 대표적 제도인 소년법원의 특성으로 옳지 않은 것은?

① 소년법원은 반사회성이 있는 소년의 형사처벌을 지양하며 건전한 성장을 도모하기 위한 교화개선과 재활철학을 이념으로 한다.

② 소년법원은 범죄소년은 물론이고 촉법소년, 우범소년 등 다양한 유형의 문제에 개입하여 비행의 조기발견 및 조기처우를 하고 있다.

③ 소년법원의 절차는 일반법원에 비해 비공식적이고 융통성이 있다.

④ 소년법원은 감별 또는 분류심사 기능과 절차 및 과정이 잘 조직되어 있지 못한 한계가 있다.

해설

【소년법원의 목적과 특성】

- 소년법원의 설립목적은 비행소년을 일반 형사법원에서 재판할 때 생기는 부작용인 부정적 낙인으로부터 아동을 보호하기 위한 것이다.
- 일반법원에 비해 소년법원은 감별 또는 분류심사 기능과 절차 및 과정이 비교적 잘 조직되어 있으며 절차가 일반법원에 비해 훨씬 비공식적이고 융통성이 있다는 점이 있는 반면, 적법절차에 대한 관심은 적다.
- 관할대상이 범죄소년만을 대상으로 하지 않는다. 비행소년은 물론이고, 지위비행자와 방치된 소년, 다양한 유형의 가정문제도 그 대상으로 하고 있고, 일반법원이 선택할 수 있는 형의 종류에 비해 소년법원에서 결정할 수 있는 처분의 종류가 더 다양하다.

정답: ④

106 소년에 대한 형사처분의 내용으로 옳은 것은?

① 형사사건 심리 전에 소년이 분류심사원에 위탁된 기간은 소년부 판사의 재량에 의하여 판결선고 전 구금일수에 산입하지 아니할 수 있다.

② 법정형이 장기 2년 이상의 유기형에 해당하는 죄를 범한 경우 소년에 대한 상대적 부정기형의 장기는 10년, 단기는 5년을 초과하지 못한다.

③ 보호처분의 계속 중에 구류형의 선고를 받은 소년에 대하여는 먼저 그 보호처분을 집행한다.

④ 무기형을 선고받은 소년에 대해서는 3년이 경과하면 가석방을 허가할 수 있다.

해설

① 소년부 판사가 사건을 조사 또는 심리하는 데에 필요하다고 인정하여 소년을 소년분류심사원에 위탁한 경우 그 위탁기간은 판결선고 전 구금일수로 본다(소년법 제61조).

③ 보호처분이 계속 중일 때에 징역·금고 또는 구류를 선고받은 소년에 대하여는 먼저 그 형을 집행한다(동법 제64조).

④ 무기형을 선고받은 소년에 대해서는 5년이 경과하면 가석방을 허가할 수 있다(동법 제65조 제1호).
② 동법 제60조 제1항 정답: ②

107 소년의 형사사건에 대한 설명으로 옳은 것은?

① 협의의 불기소처분 사건은 조건부 기소유예의 대상에서 제외된다.
② 법원은 판결만을 선고하는 경우라도 피고인인 소년에 대하여 변호인이 없거나 출석하지 아니한 때에는 국선변호인을 선정하여야 한다.
③ 소년에 대해 형의 선고유예 시에는 부정기형을 선고하지 못하나, 집행유예 시에는 부정기형을 선고할 수 있다.
④ 소년에 대한 부정기형을 집행하는 기관의 장은 교정 목적이 달성되었다고 인정되는 경우에는 법원의 결정에 따라 그 형의 집행을 종료할 수 있다.

해설

① 선도조건부 기소유예제도는 범죄를 저지른 소년을 검사가 공소제기나 소년부 송치로 처리하는 대신 선도보호를 받을 것을 조건으로 기소유예를 하는 제도를 말한다(소년법 제49조의3). 그리고 협의의 불기소 처분은 피의자가 범죄 사실이 없거나 유죄를 입증할 증거가 충분하지 않은 경우 또는 친고죄에 있어 고소가 없거나 처벌을 희망하지 않는 의사 표시가 있을 때 사건을 종결하는 처분이다. 선도조건부 기소유예는 범죄혐의가 인정되어 기소가 가능한 소년에 대한 조치이므로 협의의 불기소처분을 해야 할 소년사건은 그 대상에서 제외된다.
② 형사소송법 제33조 제1항 각 호의 어느 하나에 해당하는 사건(국선변호인 선임대상사건) 및 같은 조 제2항·제3항의 규정에 따라 변호인이 선정된 사건에 관하여는 변호인 없이 개정하지 못한다. 단, 판결만을 선고할 경우에는 예외로 한다(형사소송법 제282조).
③ 형의 집행유예나 선고유예를 선고할 때에는 부정기형을 선고하지 못한다(소년법 제60조 제3항).
④ 소년에 대한 부정기형을 집행하는 기관의 장은 형의 단기가 지난 소년범의 행형(行刑) 성적이 양호하고 교정의 목적을 달성하였다고 인정되는 경우에는 관할 검찰청 검사의 지휘에 따라 그 형의 집행을 종료시킬 수 있다(동법 제60조 제4항). 정답: ①

108 「소년법」상 항고에 대한 설명으로 옳은 것만을 모두 고른 것은?

㉠ 가정법원 소년부의 보호처분결정에 대한 항고사건의 관할법원은 가정법원 또는 지방법원 본원합의부이다.
㉡ 보호처분의 결정에 대하여 보조인도 항고할 수 있으며, 항고를 할 때에는 7일 이내에 항고장을 원심 소년부에 제출하여야 한다.
㉢ 원심 소년부는 항고가 이유 없다고 인정할 때에는 결정으로써 항고를 기각할 수 있다.
㉣ 항고법원은 항고가 이유 있다고 인정한 경우에는 원결정을 취소한 후, 사건을 원심 소년부로 환송할 수 없고 다른 소년부로 이송하여야 한다.
㉤ 항고는 결정의 집행을 정지시키는 효력이 없다.
㉥ 항고법원이 사실을 오인했거나 법령을 위반하여 항고를 기각한 때에는 7일 이내에 대법원에 재항고할 수 있다.

① ㉠, ㉡, ㉤
② ㉠, ㉢, ㉣
③ ㉡, ㉢, ㉥
④ ㉡, ㉤, ㉥
⑤ ㉢, ㉣, ㉤

해설

○ : ㉠ 소년법 제43조 제1항. ㉡ 동법 제43조 제1항·제2항, 제44조 제1항. ㉤ 동법 제46조
× : ㉢ 항고법원은 항고절차가 법률에 위반되거나 항고가 이유 없다고 인정한 경우에는 결정으로써 항고를 기각하여야 한다(동법 제45조 제1항). ㉣ 항고법원은 항고가 이유가 있다고 인정한 경우에는 원결정을 취소하고, 사건을 원소년부에 환송하거나 다른 소년부에 이송하여야 한다(동조 제2항). ㉥ 항고를 기각하는 결정에 대하여는 그 결정이 법령에 위반되는 경우에만 대법원에 재항고를 할 수 있다(동법 제47조 제1항).

정답: ①

109 중학생인 甲(15세)은 인터넷사이트에서 유명 아이돌 그룹의 음악을 불법으로 내려받는 등 저작권을 침해하였다. 甲에 관한 처리절차로 옳지 않은 것은?

저작권법 제136조(권리의 침해죄) ① 저작재산권, 그 밖에 이 법에 따라 보호되는 재산적 권리를 복제·공연·공중송신·전시·배포·대여·2차적 저작물 작성의 방법으로 침해한 자는 5년 이하의 징역 또는 5천만원 이하의 벌금에 처하거나 이를 병과할 수 있다.

① 검사는 甲에 대해 저작권 교육을 조건으로 기소를 유예하였다.
② 검사는 甲에 대해 약식명령을 청구하였다.
③ 소년부 판사는 甲에 대해 80시간의 사회봉사를 명하였다.
④ 소년부 판사는 甲에 대해 1개월의 소년원 송치를 명하였다.
⑤ 소년부 판사는 甲에 대해 보호관찰처분 없이 소년원학교에서 상담 교육을 받을 것을 명하였다.

해설

⑤ 보호관찰처분을 할 때에 3개월 이내의 기간을 정하여 「보호소년 등의 처우에 관한 법률」에 따른 대안교육 또는 소년의 상담·선도 교화와 관련된 단체나 시설에서의 상담·교육을 받을 것을 동시에 명할 수 있다(소년법 제32조의2 제1항). 따라서 보호관찰처분 없이 상담·교육을 받을 것을 명할 수 없다. 정답: ⑤

110 다음 사례에서 甲에 대한 처분이 「소년법」의 규율내용에 위배되는 것만을 모두 고른 것은?

㉠ 만 14세인 甲은 친구들과 술을 마시고 난투극을 벌인 혐의로 검사에 의해 가정법원 소년부에 송치되었다.
㉡ 소년부 판사는 사건의 조사를 위하여 甲을 소년분류심사원에 3개월간 임시로 위탁하였다.
㉢ 소년부는 금고 이상의 형사처분이 필요하다고 판단하여 甲의 사건을 결정으로써 해당 검찰청 검사에게 송치하였다.
㉣ 그러나 담당 검사는 보호처분이 보다 적합하다고 판단하여 甲의 사건을 다시 소년부에 송치하였다.
㉤ 소년부 판사는 甲에게 보호관찰 1년과 사회봉사 300시간을 병합하여 처분하였다.

① ㉠, ㉡, ㉢　　② ㉠, ㉢, ㉣
③ ㉠, ㉣, ㉤　　④ ㉡, ㉣, ㉤

해설

× : ㉡ 이 경우 위탁기간은 1개월을 초과할 수 없다(소년법 제18조 제3항 참조). ㉣ 검사가 소년부에 송치한 사건을 소년부가 조사 또는 심리한 결과 그 동기와 죄질이 금고 이상의 형사처분을 할 필요가 있다고 인정하여 검사에게 송치한 사건에 대해 검사는 다시 소년부에 송치할 수 없다(동법 제49조 제3항). ㉤ 소년에 대한 사회봉사명령은 200시간을 초과할 수 없다(동법 제33조 제4항 참조).
○ : ㉠ 동법 제49조 제1항. ㉢ 동조 제2항 정답: ④

111 「보호소년 등의 처우에 관한 법률」에 대한 설명으로 옳은 것은?

① 보호소년등은 남성과 여성, 보호소년과 위탁소년 및 유치소년, 16세 미만인 자와 16세 이상인 자 등의 기준에 따라 분리수용한다.
② 보호소년등이 규율 위반행위를 하여 20일 이내의 기간 동안 지정된 실(室) 안에서 근신하는 징계를 받은 경우에는 그 기간 중 원내 봉사활동, 텔레비전 시청 제한, 단체 체육활동 정지, 공동행사 참가 정지가 함께 부과된다.
③ 보호장비는 징벌의 수단으로 사용되어서는 아니 된다.
④ 소년원 또는 소년분류심사원에서 보호소년등이 사용하는 목욕탕, 세면실 및 화장실에는 전자영상장비를 설치하여서는 아니 된다.

해설

③ 보호소년 등의 처우에 관한 법률 제14조의2 제7항

① 보호소년 등은 다음 각 호(제1호 : 남성과 여성, 제2호 : 보호소년, 위탁소년 및 유치소년)의 기준에 따라 분리 수용한다(동법 제8조 제2항).

② 제1항 제7호(20일 이내의 근신)의 처분을 받은 보호소년 등에게는 그 기간 중 같은 항 제4호부터 제6호(20일 이내의 텔레비전 시청 제한, 20일 이내의 단체 체육활동 정지, 20일 이내의 공동행사 참가 정지)까지의 처우 제한이 함께 부과된다 그러나 원내 봉사활동은 포함되지 않는다.

④ 자해의 우려가 큰 때에는 설치할 수 있다(동법 제14조 3항). 정답: ③

112 「보호소년 등의 처우에 관한 법률」상 징계에 대한 설명으로 옳지 않은 것은?

보호7급 2024

① 지정된 실(室) 안에서 근신하는 처분을 받은 보호소년도 매주 1회 이상 실외운동을 할 수 있도록 하여야 한다.

② 소년원장 또는 소년분류심사원장은 보호소년등에게 징계를 한 경우에는 지체 없이 그 사실을 보호자에게 통지하여야 한다.

③ 소년원 및 소년분류심사원에 보호소년등처우·징계위원회를 구성함에 있어 해당 심의·의결 사안에 대한 비밀유지를 위하여 민간위원의 참여는 제한된다.

④ 지정된 실 안에서 근신하는 징계를 받은 보호소년에 대한 면회는 그 상대방이 변호인이나 보조인 또는 보호자인 경우에 한정하여 허가할 수 있다.

해설

③ 보호소년등처우·징계위원회는 위원장을 포함한 5명 이상 11명 이하의 위원으로 구성하고, 민간위원은 1명 이상으로 한다(보호소년 등의 처우에 관한 법률 제15조의2 제2항).

① 원장은 20일 이내의 기간 동안 지정된 실(室) 안에서 근신하게 하는 처분을 받은 보호소년등에게 개별적인 체육활동 시간을 보장하여야 한다. 이 경우 매주 1회 이상 실외운동을 할 수 있도록 하여야 한다(동법 제15조 제4항).

② 동조 제8항

④ 동법 제18조 제1항 단서 정답: ③

113 **「보호소년 등의 처우에 관한 법률」상 보호소년등의 수용 및 보호에 대한 설명으로 옳지 않은 것은?** 보호7급 2024

① 보호소년이 사용하는 목욕탕, 세면실 및 화장실에 전자장비를 설치하여 운영하는 것은 자해등의 우려가 큰 때에만 할 수 있다.

② 소년원장은 비행집단과 교제하고 있다고 의심할 만한 상당한 이유가 있는 경우 보호소년의 면회를 허가하지 않을 수 있다.

③ 소년원에 근무하는 간호사는 야간 또는 공휴일 등 의사가 진료할 수 없는 경우 대통령령으로 정하는 경미한 의료행위를 할 수 있다.

④ 소년원장은 보호소년의 보호 및 교정교육에 지장이 있다고 인정되는 경우 보호소년의 편지(단, 변호인등과 주고받는 편지는 제외함)왕래를 제한할 수 있으며, 내용을 검사할 수 있다.

해설

① 보호소년등이 사용하는 목욕탕, 세면실 및 화장실에 전자영상장비를 설치하여 운영하는 것은 자해등의 우려가 큰 때에만 할 수 있다(보호소년 등의 처우에 관한 법률 제14조의3 제2항).

② 원장은 비행집단과 교제하고 있다고 의심할 만한 상당한 이유가 있는 경우 등 보호소년등의 보호 및 교정교육에 지장이 있다고 인정되는 경우 외에는 보호소년등의 면회를 허가하여야 한다(동법 제18조 제1항).

③ 소년원 및 소년분류심사원에 근무하는 간호사는 「의료법」 제27조에도 불구하고 야간 또는 공휴일 등 의사가 진료할 수 없는 경우 대통령령으로 정하는 경미한 의료행위를 할 수 있다(동법 제20조 제4항).

④ 원장은 공동으로 비행을 저지른 관계에 있는 사람의 편지인 경우 등 보호소년등의 보호 및 교정교육에 지장이 있다고 인정되는 경우에는 보호소년등의 편지왕래를 제한할 수 있으며, 편지의 내용을 검사할 수 있다(동법 제18조 제4항).

정답: ①

114 **「보호소년 등의 처우에 관한 법률」상 보호소년의 처우에 대한 설명으로 옳지 않은 것은?**

① 퇴원이 허가된 보호소년이 질병에 걸리거나 본인의 편익을 위하여 필요하면 본인의 신청에 의하여 계속 수용할 수 있다.

② 보호소년이 친권자와 면회를 할 때에는 소속 공무원이 참석하지 아니한다. 다만, 보이는 거리에서 보호소년을 지켜볼 수 있다.

③ 전자영상장비로 보호소년을 감호할 경우에는 여성인 보호소년에 대해서는 여성인 소속 공무원만, 남성인 보호소년에 대해서는 남성인 소속 공무원만이 참여하여야 한다.

④ 소년원장은 공범 등 교정교육에 해가 된다고 인정되는 사람과의 전화통화를 제한하는 등 보호소년의 보호 및 교정교육에 지장을 주지 아니하는 범위에서 가족과 전화통화를 허가할 수 있으며, 교정교육상 특히 필요하다고 인정할 때 직권으로 외출을 허가할 수 있다.

해설

② 보호소년 등이 변호인이나 보조인과 면회를 할 때에는 소속 공무원이 참석하지 아니한다. 다만 보이는 거리에서 보호소년 등을 지켜볼 수 있다(보호소년 등의 처우에 관한 법률 제18조 제3항).
① 동법 제46조 제1항. ③ 동법 제14조의3 제2항. ④ 동법 제18조 제6항, 동법 제19조 정답: ②

115 **「보호소년 등의 처우에 관한 법률」상 보호소년의 수용·보호에 대한 설명으로 옳지 않은 것은?**

① 소년원장은 미성년자인 보호소년이 친권자나 후견인이 없거나 있어도 그 권리를 행사할 수 없을 때에는 법원의 허가를 받아 적당한 자로 하여금 그 보호소년을 위하여 친권자나 후견인의 직무를 행사하게 하여야 한다.
② 소년원장은 공동으로 비행을 저지른 관계에 있는 사람의 편지인 경우 등 보호소년의 보호 및 교정교육에 지장이 있다고 인정되는 경우에는 보호소년의 편지 왕래를 제한할 수 있으며, 편지의 내용을 검사할 수 있다.
③ 보호소년이 사용하는 목욕탕, 세면실 및 화장실에 전자영상장비를 설치하여 운영하는 것은 이탈·난동·폭행·자해·자살, 그 밖에 보호소년의 생명·신체를 해치거나 시설의 안전 또는 질서를 해치는 행위의 우려가 큰 때에만 할 수 있다.
④ 소년원장은 분류수용, 교정교육상의 필요, 그 밖의 이유로 보호소년을 다른 소년원으로 이송하는 것이 적당하다고 인정하면 법무부장관의 허가를 받아 이송할 수 있다.

해설

① 소년원장은 미성년자인 보호소년 등이 친권자나 후견인이 없거나 있어도 그 권리를 행사할 수 없을 때에는 법원의 허가를 받아 그 보호소년 등을 위하여 친권자나 후견인의 직무를 행사할 수 있다(보호소년 등의 처우에 관한 법률 제23조). 정답: ①

★중요★
116 **「보호소년 등의 처우에 관한 법률」에서 규정된 보호장비에 해당하는 것만을 모두 고른 것은?**

㉠ 수갑	㉡ 포승
㉢ 가스총	㉣ 전자충격기
㉤ 보호대	㉥ 발목보호장비

① ㉠, ㉡, ㉢ ② ㉡, ㉣, ㉤
③ ㉠, ㉡, ㉢, ㉣, ㉤ ④ ㉠, ㉢, ㉣, ㉤, ㉥

해설

③ 「보호소년 등의 처우에 관한 법률」상 보호장비의 종류는 수갑, 포승, 가스총, 전자충격기, 머리보호장비, 보호대이다(동법 제14조의2 제1항). 정답: ③

117 **「보호소년 등의 처우에 관한 법률」상 보호소년 등의 처우와 교정교육에 대한 설명으로 옳지 않은 것은?**

① 보호소년 등은 그 처우에 대하여 불복할 때에는 법무부장관에게 문서로 청원할 수 있다.
② 보호장비는 보호소년 등에 대하여 징벌의 수단으로 사용되어서는 아니 된다.
③ 보호소년 등이 사용하는 목욕탕, 세면실 및 화장실에 전자영상장비를 설치하여 운영하는 것은 자해 등의 우려가 큰 때에만 할 수 있다.
④ 소년분류심사원이 설치되지 아니한 지역에서는 소년분류심사원이 설치될 때까지 소년분류심사원의 임무는 소년을 분리 유치한 구치소에서 수행한다.

해설

④ 소년분류심사원이 설치되지 아니한 지역에서는 소년분류심사원이 설치될 때까지 소년분류심사원의 임무는 소년원이 수행하고, 위탁소년 및 유치소년은 소년원의 구획된 장소에 수용한다(보호소년 등의 처우에 관한 법률 제52조).
① 동법 제11조, ② 동법 제14조의2 제7항
③ 보호소년 등이 사용하는 목욕탕, 세면실 및 화장실에 전자영상장비를 설치하여 운영하는 것은 자해 등의 우려가 큰 때에만 할 수 있다. 이 경우 전자영상장비로 보호소년 등을 감호할 때에는 여성인 보호소년 등에 대해서는 여성인 소속 공무원만, 남성인 보호소년 등에 대해서는 남성인 소속 공무원만이 참여하여야 한다(동법 제14조의3 제2항).

정답: ④

118 **「보호소년 등의 처우에 관한 법률」의 내용으로 옳지 않은 것을 모두 고른 것은?**

㉠ 소년원은 소년법 가정법원소년부 또는 지방법원소년부로부터 위탁되거나 송치된 소년을 수용하여 교정교육을 하는 것을 임무로 한다.
㉡ 소년원은 전문가 진단의 일환으로 법원소년부가 상담조사를 의뢰한 소년의 상담과 조사를 하는 임무를 수행한다.
㉢ 소년원장 또는 소년분류심사원장은 보호소년, 위탁소년 또는 유치소년을 처우할 때에 인권보호가 소홀하지 않도록 하여야 한다.
㉣ 위탁소년을 소년분류심사원에 수용할 때에는 법원소년부의 결정서에 의하여야 한다.

① ㉠, ㉡
② ㉠, ㉢
③ ㉡, ㉢
④ ㉢, ㉣

해설

× : ㉡은 소년분류심사원의 임무에 해당한다(보호소년 등의 처우에 관한 법률 제2조 제2항). ㉢ 소년원장 또는 소년분류심사원장은 보호소년, 위탁소년 또는 유치소년을 처우할 때에 인권보호를 우선적으로 고려하여야 한다(동법 제5조 제1항).
○ : ㉠ 동법 제2조 제1항, ㉣ 동법 제7조 제1항

소년분류심사원의 임무
• 위탁소년의 수용과 분류심사 • 유치소년의 수용과 분류심사 • 법원소년부가 상담조사를 의뢰한 소년의 상담과 조사 • 소년 피의사건에 대하여 검사가 조사를 의뢰한 소년의 품행 및 환경 등의 조사 • 위 네 가지에 해당되지 아니하는 소년으로서 소년원장이나 보호관찰소장이 의뢰한 소년의 분류심사

정답: ③

119 **「보호소년 등의 처우에 관한 법률」상 보호소년의 처우에 관한 사항으로 옳지 않은 것은?**

① 소년원장은 법무부장관의 허가를 받아 보호소년을 이송할 수 있다.

② 보호소년, 위탁소년 또는 유치소년이 소년원이나 소년분류심사원을 이탈하였을 때에는 그 소속공무원이 재수용할 수 있다.

③ 소년원장은 보호소년이 포상을 받았다는 이유로 특별한 처우를 하여서는 아니 된다.

④ 징계는 당사자의 심신상황을 고려하여 교육적으로 하여야 한다.

해설

③ 원장은 포상을 받은 보호소년 또는 위탁소년에게는 특별한 처우를 할 수 있다(보호소년 등의 처우에 관한 법률 제16조 제2항). ① 동법 제12조, ② 동법 제14조 제2항, ④ 동법 제15조 제3항

정답: ③

120 **「보호소년 등의 처우에 관한 법률」상 보호소년의 처우에 관한 설명으로 틀린 것을 모두 고른 것은?**

㉠ 보호장비의 종류로 수갑, 포승, 가스총을 규정하고 있다.
㉡ 소년원장은 자해·자살을 방지하기 위하여 수갑이나 포승을 사용할 수 있다.
㉢ 소년원장은 보호소년이 징계를 받은 경우 교정성적 점수를 뺄 수 있다.
㉣ 보호소년이 면회를 할 때에는 소속 공무원이 참석하여 일정한 지도를 할 수 있다.

① ㉠, ㉡
② ㉠, ㉢
③ ㉡, ㉢
④ ㉢, ㉣

해설

× : ㉠ 보호장비의 종류로 수갑, 포승, 가스총, 전자충격기, 머리보호장비, 보호대를 규정하고 있다(보호소년 등의 처우에 관한 법률 제14조의2 제1항). ㉢ 뺄 수 있다. → 빼야 한다(동법 제15조 제2항).

○ : ㉡ 동법 제14조의2 제2항. ㉣ 동법 제18조 제2항

보호소년, 위탁소년 또는 유치소년에 대해 수갑이나 포승을 사용할 수 있는 경우
• 이탈·난동·폭행·자해·자살을 방지하기 위하여 필요한 경우 • 법원 또는 검찰의 조사·심리, 이송, 그 밖의 사유로 호송하는 경우 • 그 밖에 소년원·소년분류심사원의 안전이나 질서를 해칠 우려가 현저한 경우
보호소년, 위탁소년 또는 유치소년에 대해 수갑이나 포승 외에 가스총, 전자충격기를 사용할 수 있는 경우
• 도주·자살·자해하거나 도주·자살·자해하려고 하는 때 • 다른 사람에게 위해를 끼치거나 끼치려고 하는 때 • 위력으로 소속 공무원의 정당한 직무집행을 방해하는 때 • 소년원·소년분류심사원의 설비·기구 등을 손괴하거나 손괴하려고 하는 때 • 그 밖에 시설의 안전 또는 질서를 크게 해치는 행위를 하거나 하려고 하는 때

정답: ②

★중요★

121 「보호소년 등의 처우에 관한 법률」에 대한 설명으로 옳지 않은 것은?

① 보호소년 등을 소년원이나 소년분류심사원에 수용할 때에는 법원소년부의 결정서에 의하여야 한다.

② 보호소년 등이 소년원이나 소년분류심사원을 이탈하였을 때에는 그 소속 공무원이 재수용할 수 있다.

③ 보호소년 등은 그 처우에 대하여 불복할 때에는 법무부장관에게 문서로 청원할 수 있다.

④ 원장은 보호소년 등이 규율을 위반하였을 경우 훈계, 원내 봉사활동, 14세 이상인 자에게 지정된 실내에서 30일 이내의 기간 동안 근신하게 할 수 있다.

해설

④ 원장은 보호소년 등이 규율을 위반하였을 때에는 훈계, 원내 봉사활동, 14세 이상인 자에게 지정된 실내에서 20일 이내의 기간 동안 근신하게 할 수 있다(보호소년 등의 처우에 관한 법률 제15조 제1항).
① 동법 제7조 제1항, ② 동법 제14조 제2항, ③ 동법 제11조

※ **보호소년 등의 처우에 관한 법률 제15조 【징계】** ① 원장은 보호소년등이 제14조의4 각 호의 어느 하나에 해당하는 행위를 하면 제15조의2 제1항에 따른 보호소년등처우·징계위원회의 의결에 따라 다음 각 호의 어느 하나에 해당하는 징계를 할 수 있다.

1. 훈계
2. 원내 봉사활동
3. 서면사과
4. 20일 이내의 텔레비전 시청 제한
5. 20일 이내의 단체 체육활동 정지
6. 20일 이내의 공동행사 참가 정지
7. 20일 이내의 기간 동안 지정된 실(室) 안에서 근신하게 하는 것

② 제1항 제3호부터 제6호까지의 처분은 함께 부과할 수 있다.
③ 제1항 제7호의 처분은 14세 미만의 보호소년 등에게는 부과하지 못한다.
④ 원장은 제1항 제7호의 처분을 받은 보호소년등에게 개별적인 체육활동 시간을 보장하여야 한

다. 이 경우 매주 1회 이상 실외운동을 할 수 있도록 하여야 한다.
⑤ 제1항 제7호의 처분을 받은 보호소년등에게는 그 기간 중 같은 항 제4호부터 제6호까지의 처우제한이 함께 부과된다. 다만, 원장은 보호소년등의 교화 또는 건전한 사회복귀를 위하여 특히 필요하다고 인정하면 텔레비전 시청, 단체 체육활동 또는 공동행사 참가를 허가할 수 있다.
⑥ 소년원장은 보호소년이 제1항 각 호의 어느 하나에 해당하는 징계를 받은 경우에는 법무부령으로 정하는 기준에 따라 교정성적 점수를 빼야 한다.
⑦ 징계는 당사자의 심신상황을 고려하여 교육적으로 하여야 한다.
⑧ 원장은 보호소년등에게 제1항에 따라 징계를 한 경우에는 지체 없이 그 사실을 보호자에게 통지하여야 한다.
⑨ 원장은 징계를 받은 보호소년등의 보호자와 상담을 할 수 있다.

정답: ④

122 소년원에 관한 설명 중 옳지 않은 것은?

① 소년원장은 일정한 경우에 보호소년 등의 편지 왕래를 제한할 수 있으며, 편지의 내용을 검열할 수 있다.
② 소년원의 임무는 가정법원 소년부 또는 지방법원 소년부로부터 위탁되거나 송치된 소년을 수용하여 교정교육을 행하는 것이다.
③ 소년원장은 보호소년이 22세에 달한 때에도 교정의 목적상 필요하다고 인정되는 경우에는 퇴원시키지 않을 수 있다.
④ 보호소년에게는 품행의 개선과 진보의 정도에 따라 점차 향상된 처우를 하여야 한다.
⑤ 소년원장은 보호소년이 직업능력개발훈련과정을 마쳤을 때에는 산업체에 통근취업하게 할 수 있다.

해설

③ 소년원장은 보호소년이 22세가 되면 예외 없이 퇴원시켜야 한다(보호소년 등의 처우에 관한 법률 제43조 제1항). ① 동법 제18조 제4항, ② 동법 제2조 제1항, ④ 동법 제5조 제2항, ⑤ 동법 제37조 제1항

정답: ③

123 **「보호소년 등의 처우에 관한 법률」상 수용과 보호 등에 대한 설명으로 옳지 않은 것은?**

보호7급 2023

① 소년원장은 분류수용, 교정교육상의 필요, 그 밖의 이유로 보호소년을 다른 소년원으로 이송하는 것이 적당하다고 인정하면 법무부장관의 허가를 받아 이송할 수 있다.
② 소년원장은 14세 미만의 보호소년에게는 20일 이내의 기간 동안 지정된 실(室) 안에서 근신하게 하는 징계를 할 수 없다.
③ 소년원장은 미성년자인 보호소년이 친권자나 후견인이 없거나 있어도 그 권리를 행사할 수 없을 때에는 법무부장관의 허가를 받아 그 보호소년을 위하여 친권자나 후견인의 직무를 행사할 수 있다.
④ 소년원장은 품행이 타인의 모범이 되는 보호소년에게 포상을 할 수 있고, 이에 따른 포상을 받은 보호소년에게는 특별한 처우를 할 수 있다.

해설

③ 소년원장은 미성년자인 보호소년등이 친권자나 후견인이 없거나 있어도 그 권리를 행사할 수 없을 때에는 법원의 허가를 받아 그 보호소년등을 위하여 친권자나 후견인의 직무를 행사할 수 있다(보호소년 등의 처우에 관한 법률 제23조).
① 동법 제12조 제1항
② 20일 이내의 기간 동안 지정된 실(室) 안에서 근신하게 하는 것은 14세 미만의 보호소년등에게는 부과하지 못한다(동법 제15조 제3항).
④ 소년원장은 교정성적이 우수하거나 품행이 타인의 모범이 되는 보호소년 등에게 포상을 할 수 있으며(동법 제16조 제1항), 포상을 받은 보호소년 등에게는 특별한 처우를 할 수 있다(동법 제16조 제2항).

정답: ③

124 **다음 중 「보호소년 등의 처우에 관한 법률」상 보호소년의 출원에 관한 설명으로 옳지 않은 것은?**

① 소년원장은 교정성적이 양호하며, 교정의 목적을 이루었다고 인정되는 보호소년에 대하여는 보호관찰심사위원회에 퇴원을 신청하여야 한다.
② 소년원장은 소년법상 수용상한기간에 도달한 보호소년은 보호관찰심사위원회에 퇴원을 신청해야 한다.
③ 보호소년의 임시퇴원을 위해서는 일차적으로 보호관찰심사위원회에 임시퇴원 신청절차를 거쳐야 한다.
④ 퇴원하는 보호소년 또는 위탁소년의 사후지도기간은 6개월 이내로 하되, 6개월 이내의 범위에서 한 번에 한하여 그 기간을 연장할 수 있다.

해설

② 소년원장은 소년법상 수용상한기간에 도달한 보호소년은 즉시 퇴원시켜야 한다(보호소년 등의 처우에 관한 법률 제43조 제2항). ① 동조 제3항. ③ 동법 제44조. ④ 동법 제45조의2 제2항 정답: ②

7. 교정보호론

001 **자유형이 지니는 반사회성의 한계를 극복하기 위해 여러 가지 방안들이 모색되어 왔다. 다음 중 가장 바람직한 것은?**

① 행형의 완화 ② 누진처우제
③ 개방교도소제 ④ 사회내처우

해설

④ 자유형은 시설에 구금하여 일반사회와 격리한 상태에서 처우하므로 사회성의 배양에 한계가 있다는 비판이 제기됨에 따라 이러한 한계를 극복하기 위한 어러 가지 방안들이 모색되어 왔는데 이러한 노력들의 결실로 등장하게 된 것이 사회내처우이다. 정답: ④

002 **회복적 사법(Restorative Justice)에 관한 설명으로 가장 적절하지 않은 것은?** 경행1차 2023

① 피해자, 가해자 및 지역사회 등의 참여를 중시한다.
② 중재나 협상 및 합의 등을 통해 피해자 회복과 가해자의 처벌에 그 목표를 둔다.
③ 양형서클은 피해자와 가해자를 공동체 내로 재통합하려는 시도로써 회복적 사법에 해당한다.
④ 이론적 근거로는 브레이스웨이트(Braithwaite)의 재통합적 수치이론(Reintegrative Shaming Theory)을 들 수 있다.

해설

② 회복적 사법은 가해자의 재범가능성을 낮추고 재통합을 목표로 한다. 다만, 가해자 치유의 목표는 피해자 회복과 피해자를 위한 정의달성이라는 목표가 양립 가능할 경우에만 추구된다. 또한 처벌의 결정보다는 치유와 변화의 과정에 초점을 둔다. 정답: ②

003 **응보적 사법과 회복적 사법에 대한 설명으로 가장 적절하지 않은 것은?** 경찰간부 2024

① 응보적 사법은 응보, 억제, 무력화를 위한 유죄확정과 처벌을 목표로 한다.
② 회복적 사법은 범죄의 본질을 특정인 또는 지역사회에 대한 침해행위라고 본다.
③ 응보적 사법에서 피해자는 사법절차의 직접 참여자, 범죄해결 과정의 중심인물이다.
④ 회복적 사법에서 가해자는 책임을 수용하고 배상과 교화의 대상으로 인식된다.

해설

③ 응보적 사법에서 피해자는 고소인이나 기소를 위한 증인 등으로 한정된다.

〈전통적 형사사법과 회복적 사법 비교〉

기존의 형사처벌	회복적 사법
• '범죄자 처벌' 중심 • 국가(정부)가 주도하는 방식 • 가해자와 피해자 간 조정 없음	• '피해자 (피해)회복' 중심 • 피해자의 적극적인 참여 유도 • 가해자와의 갈등해소·원상회복

정답: ③

★중요★
004 다음에서 사회내처우가 아닌 것은?

① 보호관찰　② 외부통근
③ 가석방　④ 갱생보호

해설

② 외부통근은 시설내처우, 즉 교정시설의 수용을 전제로 하는 사회적 처우의 일종이다. 사회내처우란 범죄인을 시설에 구금하지 않고 사회에서 생활하게 하면서 개선을 도모하는 제도를 말하며, 가석방·보호관찰·사회봉사명령·수강명령·갱생보호 등이 여기에 해당한다. 정답: ②

★중요★
005 선별적 무능화에 대한 설명 중 가장 옳지 않은 것은?

① 경미한 범죄자나 재범의 위험성이 낮은 범죄자에게는 사회내처우를 확대하자는 전략이다.
② 교도소의 과밀화를 해소하기 위하여 구금되어야 할 범죄자를 선별할 수밖에 없다는 사정 등이 배경이 되었다.
③ 특별억제를 포기하고 일반억제를 강조하는 전략이다.
④ 교육형주의에 대한 회의를 배경으로 한다.

해설

③ 범죄자의 재범을 막고자 한다는 측면에서 소극적인 특별억제의 기능이 부정된다고 할 수는 없다.
정답: ③

006 **다음 중 구금에 의한 무능력화(incapacitation) 전략에 대한 설명으로 가장 옳지 않은 것은?** 해경간부 2025

① 범죄자가 교도소를 출소한 이후의 어떤 행동을 할 것인지에 대해서도 예측이 가능하다는 장점이 있다.
② 범죄자들을 감금함으로써 그들이 범죄를 범할 기회를 줄이려는 시도이다.
③ 각종 범죄자들에 대한 무능력화가 늘어나게 되면 교도소가 만원이 되어 교정시스템의 운영에 막대한 예산이 투입된다는 단점이 있다.
④ 선별적 무능력화(selcctive incapacitalion)는 재범의 위험성이 높은 소수의 범죄자들만 선별적으로 장기수용하는 것을 의미한다.

해설

① 범죄자가 교도소를 출소한 이후의 이떤 행동을 할 것인지에 대해서는 예측이 불가능하다.

〈구금에 의한 무능력화의 장단점〉

장점	단점
• 즉각적인 범죄예방 • 피해자 보호 • 범죄자 개선기회 제공	• 인권침해 가능성 • 사회적 비용 증가 • 사회적 편견 심화 • 2차 피해 발생가능성 • 효과성에 대한 의문

정답: ①

007 **다음 중 성격이 다른 하나는?**

① 가족만남의 집
② 갱생보호
③ 사회견학
④ 개방교도소

해설

①·③·④는 사회적 처우이고, ②는 사회내처우이다.

정답: ②

008 **다음 중 사회내처우에 대한 설명으로 틀린 것은?**

① 진정한 자유의 학습은 자유 가운데서 이루어져야 한다는 것에 기초한다.
② 범죄인의 개별처우를 실현하기 위한 처우방법으로 시설내처우의 폐해를 줄이기 위한 대안으로 등장하였다.
③ 비판범죄학에서는 이를 단순히 행형전략을 변형시킨 것에 불과하다고 비판하였다.
④ 처우대상자가 시설 내에서 사회내처우로 옮겨가면서 사법기관의 인적·물적 부담은 더욱 가중되었다.

해설

④ 사회내처우는 범죄인에 대하여 사법우회절차(전환, diversion)를 적용할 수 있으므로 사법기관의 부담을 경감시키고, 수용관리에 따르는 시간·인력·재원 등을 절감할 수 있다는 장점이 있다.

정답: ④

009 다음 중 사회내처우에 해당하는 것만으로 묶인 것은?

㉠ 사회견학	㉡ 보호관찰	㉢ 보호감호
㉣ 치료감호	㉤ 교정처분	㉥ 갱생보호
㉦ 사회봉사명령	㉧ 귀휴	

① ㉠, ㉡, ㉢
② ㉡, ㉢, ㉣
③ ㉢, ㉣, ㉤
④ ㉡, ㉥, ㉦

해설

사회내처우에 해당하는 것으로는 가석방·보호관찰·사회보호명령·수강명령·갱생보호 등이다. 사회견학·귀휴는 사회적 처우이고, 보호감호·치료감호·교정처분은 시설내처우이다.

정답: ④

010 사회내처우에 해당하지 않는 것을 모두 고른 것은?

㉠ 보호관찰	㉡ 외부통근
㉢ 귀휴	㉣ 사회봉사명령, 수강명령
㉤ 주말구금	㉥ 갱생보호
㉦ 부부 및 가족접견	㉧ 가석방
㉨ 개방교도소	㉩ 전자감시부 가택구금

① ㉠, ㉣, ㉥, ㉦, ㉧
② ㉠, ㉢, ㉤, ㉧, ㉩
③ ㉡, ㉣, ㉥, ㉨, ㉩
④ ㉡, ㉢, ㉤, ㉦, ㉨

해설

- 사회내처우 × : ㉡ 외부통근, ㉢ 귀휴, ㉤ 주말구금, ㉦ 부부 및 가족접견, ㉨ 개방교도소
- 사회내처우 ○ : ㉠ 보호관찰, ㉣ 사회봉사명령·수강명령, ㉥ 갱생보호, ◎ 가석방, ㉩ 전자감시부 가택구금

정답: ④

011 사회적 처우(개방처우)에 관한 설명으로 가장 적절하지 않은 것은? 경행2차 2024

① 보스탈(Borstal) 제도는 경미범죄를 저지른 성인범죄자의 교정·교화를 위한 사회적 처우이다.
② 가족, 친지 등과의 유대를 지속시켜 범죄자의 갱생의욕을 자극할 수 있다.
③ 귀휴, 외부통근제, 주말구금제, 가족만남의 날(가족·부부접견)은 사회적 처우에 해당된다.
④ 통상적 형벌관념이나 일반국민의 법감정에 적합하지 않다는 단점이 있다.

해설

① 보스탈(Borstal)은 '보호' 또는 '피난시설'이라는 뜻으로, 영국 켄트(Kent)지방 로체스터시 인근 마을인 보스탈의 이름을 따서 보스탈 교도소(Borstal Prison)라고 하였다. 1897년 브라이스(E. R. Brise)에 의해 창안되어 초기에는 철저한 분류수용을 도입하고, 엄격한 규율하에 중노동을 실시하였으며, 출소 후에는 조직적으로 관찰하였다. 이후 16세에서 21세 사이의 범죄소년을 수용하여 직업훈련, 학과교육 및 상담치료 등으로 교정·교화를 실시하였다. 특히 성인과 분리한 소년시설로 운영했던 것에서 일반화되어 오늘날 '소년원'을 일컫는 말로 사용되고 있다. 정답: ①

★중요★
012 지역사회교정(community-based corections)에 대한 설명으로 옳지 않은 것은?

① 범죄자에 대한 인도주의적 처우, 사회복귀의 긍정적 효과 그리고 교정경비의 절감과 재소자관리상 이익의 필요성 등의 요청에 의해 대두되었다.
② 통상의 형사재판절차에 처해질 알코올중독자, 마약사용자, 경범죄자 등의 범죄인에 대한 전환(diversion) 방안으로 활용할 수 있다.
③ 범죄자에게 가족, 지역사회, 집단 등과의 유대관계를 유지하게 하여 지역사회 재통합 가능성을 높여줄 수 있다.
④ 사회 내 재범가능자들을 감시하고 지도함으로써 지역사회의 안전과 보호에 기여하고, 사법통제망을 축소시키는 효과를 기대할 수 있다.

해설

④ 과거에는 범죄통제의 대상이 되지 않았던 대상자를 범죄의 통제대상이 되게 함으로써 형사사법망 확대를 초래한다는 비판을 받고 있다. 정답: ④

013 다음 중 지역사회교정에 대한 설명으로 가장 부적절한 것은?

① 수용자 관리 및 경제적 비용 측면에서 고려되었다고 볼 수 있다.
② 지역사회교정은 인권침해의 요소는 없다.
③ 1967년 미국에서는 지역사회교정을 교정의 주요업무로 규정한 바 있다.
④ 사회복귀와 재통합이라는 목표를 갖고 있다.

해설

② 지역사회교정은 사회내처우이므로 구금에 따르는 폐해를 제거할 수 있다는 장점은 있으나, 관계기관들이 강도 있는 처우를 행할 경우 실질적으로 구금과 다를 바 없다는 점과 형사사법망의 확대를 초래할 수 있다는 점을 고려할 때 인권침해의 요소가 없다고 볼 수 없다. 정답: ②

014 지역사회 교정에 대한 설명으로 옳지 않은 것은? 교정9급 2024

① 교정시설의 과밀수용 문제를 해소하기 위한 방안 중 하나이다.
② 범죄자의 처벌·처우에 대한 인도주의적 관점이 반영된 것이다.
③ 형사제재의 단절을 통해 범죄자의 빠른 사회복귀와 재통합을 실현하고자 한다.
④ 실제로는 범죄자에 대한 통제를 증대시켰다는 비판이 있다.

해설

③ 교정시설 내에서의 처벌을 지역사회에서의 교정으로 전환하는 것이므로, 처벌의 연속성이 유지된다. 즉, 형사제재의 단절과는 거리가 멀다. 정답: ③

015 지역사회교정의 장점을 기술한 것으로 옳지 않은 것은?

① 새로운 사회통제 전략으로서 형사사법망의 확대효과를 가져온다.
② 교정시설 수용에 비해 일반적으로 비용과 재정부담이 감소되고 교도소 과밀수용 문제를 해소할 수 있다.
③ 대상자에게 사회적 관계의 단절을 막고 낙인효과를 최소화하며 보다 인도주의적인 처우가 가능하다.
④ 대상자에게 가족, 지역사회, 집단 등과 유대관계를 유지하게 하여 범죄자의 지역사회 재통합 가능성을 높여 줄 수 있다.

해설

① 지역사회교정의 지나친 확대는 범죄통제의 대상이 되지 않았던 경미한 범죄인까지도 통제대상에 포함하게 되어 형사사법망의 확대를 초래할 수 있다. 즉 ①은 지역사회교정의 장점이 아니라 단점에 해당한다. 정답: ①

016 지역사회교정에 관한 설명 중 틀린 것은?

① 지역사회교정의 출현은 교정시설의 과밀수용, 재범률 증가가 큰 영향을 미쳤다.
② 다이버전은 범죄자에 대한 부정적 낙인을 최소화함으로써 2차적 범죄를 막으려는 목적이 있다.
③ 지역사회교정에서 민간의 개입은 최소화된다.
④ 지역사회의 보호, 처벌의 연속성, 사회복귀, 재통합 등이 목표이다.

해설

③ 지역사회교정은 사회내처우를 통하여 범죄인과 사회의 기존 유대관계를 유지시키고, 나아가 보다 긍정적인 사회관계를 개발하도록 원조하는 데 그 목표가 있다. 따라서 지역사회교정에서 민간의 개입은 필수적인 요소인 동시에 제도의 핵심적 본질에 해당한다고 보아야 한다. 정답: ③

017 지역사회교정에 대한 설명으로 옳지 않은 것은?

① 교정의 목표는 사회가 범죄자에게 교육과 취업기회를 제공해주고 사회적 유대를 구축 또는 재구축하는 것이다.
② 구금이 필요하지 않은 범죄자들에게는 구금 이외의 처벌이 필요하다.
③ 전통적 교정에 대한 새로운 대안의 모색으로 지역사회의 책임이 요구되었다.
④ 교정개혁에 초점을 둔 인간적 처우를 증진하며 범죄자의 책임을 경감시키는 시도이다.

해설

지역사회교정은 범죄자에 대한 인도주의적 처우, 사회복귀의 긍정적 효과 그리고 교정경비의 절감과, 지역사회의 보호와 사회복귀, 재통합 등을 목표로 한다. 범죄자의 책임을 경감시키는 것과는 관련이 없다. 정답: ④

★중요★
018 다음의 괄호 안에 들어갈 내용으로 옳은 것은?

보기 1

집합적 무능화(collective incapacitation)란 (A)를 정해진 기간 동안 구금함으로써 범죄를 예방할 수 있다고 보는 것이다. 반면에 선별적 무능화(selective incapacitation)란 (B)를 장기간 구금함으로써 대부분의 중요범죄를 예방할 수 있다고 주장한다. 그런데 선별적 무능화는 (C)으로 개인의 자유와 인권을 침해할 우려가 있으며, (D)으로 인하여 안전한 사람을 지속적으로 수용할 우려가 있다.

보기 2

㉠ 모든 범죄자 ㉡ 소수의 위험한 범죄자
㉢ 잘못된 긍정(false positive) ㉣ 잘못된 부정(false negative)

	A	B	C	D
①	㉠	㉡	㉢	㉣
②	㉠	㉡	㉣	㉢
③	㉡	㉠	㉣	㉣
④	㉠	㉡	㉢	㉢

해설

〈집합적 무능화와 선별적 무능화 요약비교〉

구분		집합적 무능화	선별적 무능화
공통점		범죄자로부터 사회를 방위함에 목적을 두고 있음	
차이점	대상	유죄가 확정된 모든 강력범죄자	소수의 중·누범죄자
	무능화 방법	• 정기형 – 장기형을 강제하는 법률 제정 – 선시제도의 경우 선행에 대한 가산점 축소 • 부정기형 – 가석방 지침이나 요건 강화로 가석방 지연	• 소수의 중·누범죄자: 장기구금 • 경미범죄자 : 사회내처우

정답: ④

★중요★

019 범죄인처우모델에 대한 설명 중 거리가 먼 것은?

① 의료모델이나 치료모델에서는 처벌이 범죄자의 문제를 해결하는 데 도움이 되지 않는다고 주장한다.
② 공정모델은 자유의사론적 시각에서 정당한 처벌을 통하여 사법정의의 확보와 그에 따른 인권 보호의 차원에서 초점을 맞추고 있다.
③ 의료모델이나 치료모델은 부정기형보다 정기형을 선호한다.
④ 지역사회교정과 관련된 것은 재통합모델이다.

해설

③ 의료모델(치료모델)에서는 수형자를 개선 또는 치료되어야 할 범인성을 가진 환자로 보므로 치료되지 않은 범죄인은 정해진 형기에 관계없이 석방될 수 없다는 부정기형의 이론적 기초를 이루고 있다. 따라서 정기형보다 부정기형을 선호한다.

정답: ③

020 범죄인처우모델(교정처우모델) 중 교화개선을 위한 모델과 가장 거리가 먼 것은?

경찰간부 2023

① 의료모델(치료모델)
② 경제모델(적응모델)
③ 재사회화모델(재통합모델)
④ 정의모델(공정모델)

해설

①·②·③ 교화개선을 위한 모델(교화개선모델)
④ 사법정의를 위한 모델

정답: ④

021 교정처우모델과 관련된 설명으로 옳은 것은?

① 정의모델은 선시제도에 의한 형기단축을 지지한다.
② 삼진아웃과 관련된 것은 의료모델이다.
③ 지역사회교정은 치료모델의 이념에 기초한다.
④ 부정기형제도는 정의모형에서 그 의미가 크다.

해설

② 삼진아웃제는 1990년대에 등장한 이론으로 야구경기의 삼진아웃(Three strikes out)이라는 경기규칙을 형사사법절차에 원용하여 범죄인에 대한 선별적 무능화방안을 제도화한 것이며, 선별적 무능화방안은 정의모델의 이념과 부합된다.
③ 지역사회교정은 범죄방지를 위해서는 수형자의 행동변화와 더불어 사회의 변화도 동시에 수반되어야 한다는 것으로 재통합모델의 이념과 부합된다.
④ 부정기형제도는 정해진 형기에 관계없이 치료되지 않은 범죄자는 석방할 수 없다는 의료모델의 이념과 부합된다.

정답: ①

022 범죄학에 관한 고전주의와 실증주의에 대한 설명으로 옳지 않은 것은? 교정9급 2024

① 고전주의는 형벌이 범죄결과의 정도에 상응하여야 한다고 주장한 반면, 실증주의는 부정기형과 사회 내 처우를 중요시하였다.
② 고전주의는 인간은 누구나 자유의지를 지닌 존재이기 때문에 평등하고, 범죄인이나 비범죄인은 본질적으로 다르지 않다고 인식하였다.
③ 19세기의 과학적 증거로 현상을 논증하려는 학문사조는 실증주의 범죄학의 등장에 영향을 끼쳤다.
④ 실증주의는 적법절차모델(Due Process Model)에 바탕을 둔 합리적 형사사법제도 구축에 크게 기여하였다.

해설

④ 적법절차모델은 실증주의가 아닌 고전주의와 처우모델 중 정의모델을 기반으로 하는데, 이는 기존의 의료모델이나 개선모델을 비판하고, 공정한 처벌을 통해 사법정의를 확보하는 동시에 범죄자의 인권보호를 위해 적법절차를 중시하는 모델이다. 실증주의는 의사결정론에 기반한 의료모델, 개선모델 등에 영향을 미쳤다.

정답: ④

023 **다음이 설명하는 교정처우모델로 가장 적절한 것은?** 경행경채 2022

> 범죄자의 문제는 범죄가 발생한 사회 내에서 해결되어야 한다는 전제를 기초로 한 교정처우모델로 지역사회에 기반한 교정프로그램을 강조한다.

① 정의모델(justice model)
② 의료모델(medical model)
③ 적응모델(adjustment model)
④ 재통합모델(reintegration model)

해설

④ 재통합모델은 범죄자의 사회재통합을 위해서는 지역사회와의 접촉과 유대관계가 중요한 전제이므로, 지역사회에 기초한 교정을 강조한다. 범죄자의 문제는 범죄가 발생한 사회 내에서 해결되어야 함을 기초로 한 교정처우모델로서 지역사회에 기반한 교정프로그램을 강조한다.

〈교정처우모델의 요약비교〉

구분 \ 유형	구금모델	의료모델(치료모델)	개선모델(적응모델)	정의모델(사법모델)	재통합모델
교정목적	범죄인 격리를 통한 사회보호	범죄인 치료를 통한 사회재적응	범죄인 처벌로 사회를 보호	사법정의 실현	범죄인 사회재적응
처우전략	물리적 질서	동일화	복종	교정제도 개선	내재화
교도소 역할	규율 유지장소	병원의 일종	범죄인 처벌장소	형벌집행 및 자치를 위한 훈련장	유사 거주단위
교도관 역할	질서유지	질서유지	사회문화규범 강제	공정한 형벌집행	범죄인의 행동 변용
처우프로그램	육체노동 실시	심리적·내적 조건의 변용시도	노동과 기술훈련으로 행위교정	자치프로그램	직업훈련과 교육을 통한 사회재적응

정답: ④

024 수용자 처우모델에 대한 설명으로 옳은 것만을 모두 고르면? 교정9급 2024

ㄱ. 정의모델(Justice Model)은 범죄자의 법적 지위와 권리보장이라는 관점에서 처우의 문제에 접근하는 것으로, 형집행의 공정성과 법관의 재량권 제한을 강조한다.
ㄴ. 의료모델(Medical Model)은 치료를 통한 사회복귀를 목적으로 하는 것으로, 가석방제도를 중요시한다.
ㄷ. 적응모델(Adjustment Model)은 정의모델에 대한 비판·보완을 위해 등장한 것으로, 교정처우기법으로 현실요법과 교류분석을 중요시한다.
ㄹ. 재통합모델(Reintegration Model)은 사회도 범죄유발의 책임이 있으므로 지역사회에 기초한 교정을 강조한다.

① ㄴ, ㄷ　　② ㄷ, ㄹ
③ ㄱ, ㄴ, ㄷ　　④ ㄱ, ㄴ, ㄹ

해설

④ 옳은 것은 ㄱ, ㄴ, ㄹ이다.
적응모델은 1960년대 등장한 의료모델에 대한 비판·보완을 위해 등장한 것으로, 19세기 후반의 진보주의와 교육형주의 사상에 기초한다. 적응모델에 따르면, 범죄자는 결함이 있는 환자로서 치료의 대상이며, 스스로 의사결정을 하고 책임 또한 질 수 있다고 본다. 참고로, 교정처우기법으로는 현실요법과 교류분석을 중요시한다. 정답: ④

025 다이버전(Diversion, 전환처우)에 관한 설명으로 가장 적절한 것은? 경행2차 2023

① 보석과 구속적부심사제도는 다이버전의 한 종류이다.
② 법원 단계에서의 다이버전은 선고유예, 집행유예 등이 있다.
③ 검찰 단계에서의 다이버전은 불기소처분, 가석방 등이 있다.
④ 경찰 단계에서의 다이버전은 훈방, 경고, 약식명령청구 등이 있다.

해설

② 법원 단계에서의 다이버전은 선고유예, 집행유예와 더불어 약식명령 등이 있다.
① 보석이나 구속적부심사제도는 재판이 계속 중인 통상의 형사절차에 해당한다는 점에서 다이버전이라고 할 수 없다.
③ 가석방은 교정 단계에서의 다이버전에 해당한다.
④ 약식명령청구는 검찰 단계에서의 다이버전에 해당한다. 정답: ②

026 **전환처우(다이버전)에 대한 설명으로 가장 적절하지 않은 것은?** 경찰간부 2025

① 낙인효과에 의한 2차 범죄를 방지하고 법원의 업무경감을 통해 형사사법제도의 능률성을 높인다는 장점이 있다.
② 검찰 단계의 (조건부) 기소유예, 법원의 집행유예와 구속적부 심사제도 등이 있다.
③ 경찰 단계의 훈방과 「경범죄 처벌법」, 「도로교통법」상 통고처분이 이에 해당한다.
④ 교도소의 수용인원을 줄여 과밀수용 문제를 해결하는 장점이 있다.

해설

② 구속적부 심사제도나 보석과 같은 통상의 형사절차는 다이버전에 해당하지 않는다. 정답: ②

027 **다이버전(diversion)에 대한 설명으로 옳지 않은 것은?** 보호9급 2024

① 범죄학 이론 중 낙인이론의 정책적 함의와 관련이 있다.
② 소년범에 대해 그 필요성이 강조되고 있다.
③ 검찰 단계의 대표적 다이버전으로서 훈방과 통고처분이 있다.
④ 형사사법기관의 업무량을 줄여 상대적으로 더 중요한 범죄사건에 집중할 수 있게 해 준다.

해설

③ 훈방과 통고처분은 경찰 단계의 다이버전이다. 검찰 단계의 다이버전은 검사의 기소유예처분과 약식명령청구 등이다. 정답: ③

028 **다음 교정(행형)제도의 각 단계를 역사적 발전 순서대로 나열한 것은?**

㉠ 교육적 개선단계	㉡ 위하단계
㉢ 복수단계	㉣ 사회적 권리보장단계
㉤ 과학적 처우단계	

① ㉢ → ㉡ → ㉠ → ㉣ → ㉤　　② ㉢ → ㉡ → ㉤ → ㉠ → ㉣
③ ㉢ → ㉡ → ㉠ → ㉤ → ㉣　　④ ㉡ → ㉢ → ㉠ → ㉣ → ㉤

해설

③ 세계의 교정 역사는 복수적 시대 → 위하적 시대(형벌의 국가화) → 교육적 개선시대(형벌의 법률화) → 과학적 처우시대(형벌의 개별화) → 사회적 협력시대(행형의 국제화)의 순서로 발전되었다.
정답: ③

029 **다음중 조선시대의 5형이 아닌 것은?**

① 태형　　② 사형
③ 도형　　④ 휼형

해설

①·②·③ 조선시대의 5형이란 태형, 장형, 도형, 유형, 사형을 말한다.

정답: ④

030 **조선시대 유형 중 집 주위에 가시나무 울타리를 치고 그 안에서 살게 하는 형벌은?**

① 본향안치　　② 위리안치
③ 절도안치　　④ 부처

해설

조선시대 유형의 종류로는 죄인을 먼 곳으로 강제이주시키는 천사, 관원에 대하여 과하는 유형의 일종으로 일정 거주지역을 지정하여 그곳에서만 거주하도록 하는 부처, 유형 중에서 행동의 제약이 가장 심한 것으로 일정한 장소에 격리하는 안치가 있었다. ② 안치에는 은전적 차원에서 죄인을 그의 고향에 안치하는 본향안치, 가옥 주위에 가시나무 울타리를 치고 외출을 통제하는 위리안치, 외딴 섬에 격리하는 절도안치 등이 있었다.

〈조선시대 유형의 종류〉

천사	• 일반 상민을 대상으로 죄인을 1,000리 밖으로 강제이주시키는 형벌 • 일단 이주 후에는 일반양민과 동등한 생활을 유지 • 전가사변은 전 가족을 이주시키는 형벌로 천사 중에서 가장 가혹
부처	• 관원이나 유생에 대하여 과하는 유형
안치	• 왕족이나 고위관직에 있는 자를 대상으로 일정한 장소에 격리하여 유거하게 하는 방법 • 본향안치 : 죄인을 그의 고향에 안치하는 것으로 안치 중 가장 가벼운 형벌 • 위리안치 : 가옥주위에 가시나무 울타리를 치고 외출을 통제 • 절도안치 : 외딴 섬에 죄인을 격리하여 안치하는 것으로 안치 중 가장 가혹

정답: ②

031 **조선시대 행형제도에 대한 설명으로 옳은 것만을 모두 고르면?** 교정9급 2024

ㄱ. 인신을 직접 구속할 수 있는 권한이 부여된 기관인 직수아문(直囚衙門)에 옥(獄)이 부설되어 있었다.
ㄴ. 휼형제도[恤刑制度, 또는 휼수제도(恤囚制度)]는 조선시대에 들어와서 더욱 폭넓게 사용되었으며, 대표적으로 감강종경(減降從輕)과 보방제도(保放制度)가 있었다.
ㄷ. 도형(徒刑)에는 태형(笞刑)이 병과되었으며, 도형을 대신하는 것으로 충군(充軍)이 있었다.
ㄹ. 1895년 「징역처단례」를 통하여 장형(杖刑)과 유형(流刑)을 전면적으로 폐지하였다.

① ㄱ, ㄴ
② ㄷ, ㄹ
③ ㄱ, ㄴ, ㄷ
④ ㄱ, ㄴ, ㄹ

해설

① 옳은 것은 ㄱ, ㄴ이다.
ㄱ. 형조, 한성부, 사헌부, 병조, 승정원, 수령 등의 직수아문에는 감옥시설이 부설되어 있어 구금기능을 담당하였다.
ㄴ. 조선시대 휼형의 종류로는 보방(保放), 감강종경(減降從輕), 사면(赦免)제도 및 각종의 인권보호 조치가 있었다.
ㄷ. 도형(徒刑)에는 장형이 병과되었으며, 도형을 대신하는 것으로 충군(充軍)이 있었다.
ㄹ. 1895년 「징역처단례」에서 장형을 폐지하였고, 유형은 정치범에 한하여 적용하였다. 정답: ①

032 **조선시대 유형의 종류에 관한 설명이다. 바르지 않은 것은?**

① 천사는 죄인을 1,000리 밖으로 강제이주시켜 일반양민과 동등한 생활을 유지하게 하는 형벌이다.
② 본향안치는 죄인을 그의 고향에 안치하는 형벌로서 은전적 차원에서 시행하였다.
③ 위리안치는 가옥주위에 가시나무 울타리를 치고 외출을 통제하는 형벌이다.
④ 절도안치는 관원에 대하여 과하는 유형의 일종으로 일정 지역을 지정하여 거주하게 하는 형벌이다.

해설

④ 절도안치는 외딴 섬에 죄인을 격리하는 안치의 유형이다. 관원에 대하여 과하는 유형은 부처이다.
정답: ④

033 조선시대의 형벌제도에 관한 설명으로 틀린 것은?

① 유교적 인본주의에 입각하여 사형에 관하여 3복제를 실시하였다.
② 죄수의 구금은 주로 의금부에서 시행하였다.
③ 형벌의 종류로는 태형·장형·도형·유형·사형의 5종류가 있었다.
④ 사형수 외의 죄수로 친상을 당한 경우에는 현행법 규정의 특별귀휴와 같이 죄수를 석방하여 상을 치르게 하였다.

해설

② 일반죄수의 구금은 주로 전옥서에서 담당하였으며, 의금부는 왕실, 왕족에 대한 범죄, 관원으로서 관기를 문란하게 한 범죄, 사헌부가 탄핵한 사건, 국사범, 역모 및 반역죄의 사건 등을 관장하였다. ④는 휼형제도의 일종인 보방에 관한 설명이다. 정답: ②

034 조선시대 행형제도와 관련한 다음 설명 중 틀린 것은?

① 형벌의 종류로는 고려시대와 마찬가지로 태형, 장형, 도형, 유형, 사형의 5형을 기본으로 하였다.
② 남형을 방지하고 인권을 보호하려는 취지에서 인신을 구속할 수 있는 기관을 직수아문이라고 하여 경국대전에 특별히 규정하였다.
③ 사형은 삼복제를 시행하고, 국왕의 재결에 의해서만 집행할 수 있었다.
④ 유형은 오늘날의 징역형에 해당하는 것으로 장형이 부과되었다.

해설

④ 유형은 오늘날의 무기금고형에 해당하는 것으로 장형이 병과되었다. 오늘날의 징역형에 해당하는 조선시대 형벌은 도형으로 단기 1년에서 장기 3년까지 5종으로 구분하였다. 정답: ④

035 조선시대 휼형과 형벌제도에 대한 설명으로 옳지 않은 것은?

① 휼형이란 범죄인에 대한 수사와 재판, 형집행을 엄중·공정하게 진행하되, 죄인을 진실로 불쌍히 여겨 성심껏 보살피며 용서하는 방향으로 고려해주는 일체의 행위라고 정의할 수 있다.
② 휼형의 사례로는 사형은 유형으로, 유형은 장형으로, 도형은 태형으로 처리하는 감형이 있었다.
③ 구금 중인 죄인의 건강이 좋지 않거나 구금 중에 친상을 당한 때에 죄인을 옥에서 석방하여 불구속상태로 재판을 받게 하거나 상을 치르고 난 후 다시 구금하는 보방제도가 있었다.
④ 조선시대 유형은 중죄자를 지방으로 귀양 보내 죽을 때까지 고향으로 돌아오지 못하게 하는 형벌로 기간이 정해지지 않았다는 점에서 오늘날 무기금고형에 속한다.

해설

② 유형은 도형으로, 도형은 장형으로 죄를 한 단계씩 강등해 주었다.

〈조선시대 휼형제도〉

사면	죄를 용서하여 형벌을 면제해 주는 제도
감강종경	사형에 해당하는 죄는 유형으로, 유형은 도형으로, 도형은 장형으로 죄를 한 단계씩 강등해 주는 것으로 오늘날 감형과 유사한 제도
보방	구금 중인 죄인의 건강이 좋지 않거나 친상을 당한 경우 죄인을 옥에서 석방하여 불구금상태로 재판을 받게 하거나 상을 치른 후 다시 구금하는 것으로 오늘날 구속집행정지, 형집행정지, 특별귀휴 등과 유사한 제도

정답: ②

036 수용자에 관한 설명으로 틀린 것은?

① 벌금을 완납하지 아니하여 노역장 유치명령을 받은 사람은 수형자이다.
② 구속영장 없이 긴급체포된 사람은 미결수용자이다.
③ 법원의 감치명령을 받아 수용된 자는 수용자가 아니다.
④ 사형확정자, 미결수용자, 수형자는 수용자이다.

해설

③ "수용자"란 수형자·미결수용자·사형확정자 등 법률과 적법한 절차에 따라 교정시설에 수용된 사람을 말한다(형집행법 제2조 제1호). 즉 법원의 감치명령을 받아 수용된 자는 수형자도 미결수용자도 아니나, '그 밖에 법률과 적법한 절차에 따라 교정시설에 수용된 사람'에 해당하므로 수용자에 해당한다.

① 동조 제2호, ② 동조 제3호, ④ 동조 제1호

〈형집행법상 수용자〉

수형자	• 징역형, 금고형, 구류형의 선고를 받아 그 형이 확정되어 교정시설에 수용된 사람 • 벌금 또는 과료를 완납하지 아니하여 노역장 유치명령을 받아 교정시설에 수용된 사람
미결수용자	형사피의자 또는 형사피고인으로서 체포되거나 구속영장의 집행을 받아 교정시설에 수용된 사람
사형확정자	사형의 선고를 받아 그 형이 확정되어 교정시설에 수용된 사람
기타	법률과 적법한 절차에 따라 교정시설에 수용된 사람(예 일시수용자, 감치명령을 받은 자)

정답: ③

★중요★
037 다음의 내용 중 틀리게 기술한 것은?

① 벨기에의 간트교도소는 분류수용이 보다 과학적으로 시행되고, 개선된 의료시설을 구비하였으며, 독거제를 인정하는 등 가장 모범적인 근대교도소의 효시로 평가받고 있다.
② 네덜란드의 암스텔담 노역장은 가장 오래된 최초의 교정시설로 평가받고 있다.
③ 파빌리온식은 푸신에 의해 고안된 병렬식 구조로서 계호인원이 많이 소요되지만, 사동 간 공간이 확보되어 채광과 통풍 등 보건위생에 유리하고, 수용자의 유형별 처우 및 경비기능에 유리하다.
④ 오번형은 주간에는 혼거작업하고, 야간에는 독거수용하기에 적합한 건축구조이다.

해설

② 1555년 설립된 영국의 브라이드웰 노역장이 가장 오래된 최초의 교정시설로 알려져 있다.

브라이드웰 노역장	1555년 영국에 설치된 교정시설로 가장 오래된 교정시설
암스테르담 노역장	1595년 네덜란드에 설치된 교정시설로 교정처우 근대화의 기초
산 미켈레 소년감화원	1703년 교황 클레멘스 11세가 로마에 설치한 교정시설로 소년구금시설의 시초
간트교도소	1773년 필립 빌레인에 의해 건축된 교도소로 근대 교도소의 시초

정답: ②

★중요★
038 교정시설의 경비등급에 관한 설명으로 가장 적절하지 않은 것은?

① 개방시설 – 도주방지를 위한 통상적인 설비의 전부 또는 일부를 갖추지 아니하고, 통상적인 관리·감시의 전부 또는 일부를 하지 아니하는 교정시설
② 완화경비시설 – 수형자의 자율적인 활동이 가능하도록 통상적인 설비 및 수형자에 대한 관리·감시를 일반경비시설보다 완화한 교정시설
③ 일반경비시설 – 도주방지를 위한 통상적인 설비를 갖추고, 수형자에 대하여 통상적인 관리·감시를 하는 교정시설
④ 중경비시설 – 도주방지 및 수형자 상호 간의 접촉을 차단하는 설비를 강화하고, 수형자에 대한 관리·감시를 엄중히 하는 교정시설

해설

② 완화경비시설이란 도주방지를 위한 통상적인 설비 및 수형자에 대한 관리·감시를 일반경비시설보다 완화한 교정시설을 말한다(형집행법 제57조 제2항 제2호).

〈교정시설의 경비등급별 구분〉

개방시설	도주방지를 위한 통상적인 설비의 전부 또는 일부를 갖추지 아니하고, 수형자의 자율적 활동이 가능하도록 통상적인 관리·감시의 전부 또는 일부를 하지 아니하는 교정시설
완화경비시설	도주방지를 위한 통상적인 설비 및 수형자에 대한 관리·감시를 일반경비시설보다 완화한 교정시설

일반경비시설	도주방지를 위한 통상적인 설비를 갖추고, 수형자에 대하여 통상적인 관리·감시를 하는 교정시설
중경비시설	도주방지 및 수형자 상호 간의 접촉을 차단하는 설비를 강화하고, 수형자에 대한 관리·감시를 엄중히 하는 교정시설

정답: ②

039 참관이 금지된 곳이 아닌 것은?

① 미결수용실 ② 사형이 확정된 자의 수용거실
③ 경찰서 유치장 ④ 여자수용실

해설

④ 형집행법상 참관이 금지된 곳은 미결수용자와 사형확정자가 수용된 거실에 한하므로 여자수용실은 참관의 대상이 될 수 있다.

③ 형집행법 제87조에서 "경찰관서에 설치된 유치장은 교정시설의 미결수용실로 보아 이 법을 준용한다"라고 규정하고 있으므로 경찰서 유치장은 교정시설의 미결수용실로 간주되어 참관이 금지된다.

정답: ④

040 시찰 및 참관에 대한 설명 중 틀린 것은?

① 시찰이란 판사와 검사가 직무상 필요한 경우 교정시설을 방문하여 수용자의 수용실태를 살펴보는 것을 말한다.

② 시찰은 특정 업무수행의 참고를 위해 인정되는 제도라는 점에서 감독권의 작용인 순회점검과 구별된다.

③ 참관이란 판사와 검사 외의 자가 학술연구 기타 정당한 이유로 소장의 허가를 받아 교정시설의 내부를 돌아보는 것을 말한다.

④ 외국인의 참관은 원칙적으로 금지된다.

해설

④ 소장은 외국인에게 참관을 허가할 경우에는 미리 관할 지방교정청장의 승인을 받아야 한다(시행령 제3조 제2항). 따라서 외국인이라 할지라도 관할 지방교정청장의 승인을 받으면 참관을 허가할 수 있다.

〈시찰과 참관〉

구분	시찰	참관
주체	판사, 검사	판사와 검사 외의 사람
요건	직무상 필요	학술연구 등 정당한 이유
소장허가	불필요	필요
절차상 특칙	신분증표 제시, 시찰부에 서명 또는 날인	외국인 참관 시 지장교정청장 승인
범위	미결수용자와 사형확정자 시찰 가능	미결수용자와 사형확정자 참관 불가

정답: ④

041 형의 집행 및 수용자의 처우에 관한 법률 시행령상 수용에 대한 설명으로 옳은 것은?

① 혼거수용 인원은 2명 이상으로 한다. 다만, 요양이나 그 밖의 부득이한 사정이 있는 경우에는 예외로 한다.
② 처우상 독거수용이란 주간과 야간에는 일과에 따른 공동생활을 하게 하고, 휴업일에만 독거수용하는 것을 말한다.
③ 계호상 독거수용이란 사람의 생명·신체의 보호 또는 교정시설의 안전과 질서유지를 위하여 실외운동·목욕 시에도 예외 없이 독거수용하는 것을 말한다.
④ 수용자를 호송하는 경우 수형자는 미결수용자와, 여성수용자는 남성수용자와, 19세 미만의 수용자는 19세 이상의 수용자와 서로 접촉하지 못하게 하여야 한다.

해설

④ 「형의 집행 및 수용자의 처우에 관한 법률 시행령」 제24조
① 혼거수용 인원은 3명 이상으로 한다. 다만, 요양이나 그 밖의 부득이한 사정이 있는 경우에는 예외로 한다(동법 시행령 제8조).
② 처우상 독거수용이란 주간에는 교육·작업 등의 처우를 위하여 일과(日課)에 따른 공동생활을 하게 하고 휴업일과 야간에만 독거수용하는 것을 말한다(동법 시행령 제5조 제1호).
③ 계호상 독거수용이란 사람의 생명·신체의 보호 또는 교정시설의 안전과 질서유지를 위하여 항상 독거수용하고 다른 수용자와의 접촉을 금지하는 것을 말한다. 다만, 수사·재판·실외운동·목욕·접견·진료 등을 위하여 필요한 경우에는 그러하지 아니하다(동법 시행령 제5조 제2호). 정답: ④

★중요★
042 다음 중 혼거수용의 장점은?

① 형집행의 통일에 유리
② 위생적이고 방역상 유리
③ 적절한 개별처우
④ 교도관의 감시유리

해설

혼거수용은 ② 위생 및 방역에 불리하고, ③ 개별처우가 곤란하며, ④ 교도관의 감시가 용이하지 않다는 단점이 있다.

〈혼거제의 장단점〉

장점	단점
• 사회성 배양에 적합 • 형벌집행 및 처우의 통일성에 유리 • 수용관리비용의 절감 • 작업 및 직업훈련 등의 효율성 제고 • 출소 후 원만한 사회복귀에 유리 • 정신적 장애나 자살 등의 방지 • 수형자 상호감시를 통한 계호사각지대의 최소화	• 범죄적 악풍감염의 우려가 높음 • 모의에 의한 교정사고의 우려가 높음 • 개별처우의 곤란 • 친분관계 형성으로 출소 후 재범 가능성이 많음 • 수형자에 대한 감시와 통제의 곤란 • 질병감염의 우려, 비위생 및 방역상의 곤란 • 동성애 등 성적 문란행위 방지 곤란

정답: ①

★중요★
043 독거제의 장점이 아닌 것은?

① 형벌의 통일성을 기할 수 있다. ② 회오반성의 기회를 준다.
③ 악풍감염을 방지한다. ④ 개별처우를 할 수 있다.

해설

① 혼거제의 장점에 해당한다.

〈독거제의 장단점〉

장점	단점
• 회오와 반성의 기회제공 등 교화에 유리 • 범죄적 악풍감염의 폐해 방지 • 통모에 의한 교정사고 및 증거인멸 방지 • 수형자의 명예보호 및 개별처우에 적합 • 감염병 예방 및 확산방지에 효과적 • 계호 및 규율유지에 효과적	• 사회적 존재로서의 인간본성에 반함 • 재정부담의 과다 • 개별처우에 따르는 관리인력의 낭비 • 자살·정신장애 등 정신적·생리적 장애의 유발 • 집단적 교육 및 작업의 곤란으로 행형실무상 불편 초래 • 공동생활의 적응을 저해하여 사회복귀에 부적합

정답: ①

044 구금방법에 대한 설명으로 옳지 않은 것은?

① 펜실베니아시스템(Pennsylvania System)은 독거생활을 통한 반성과 참회를 강조한다.
② 오번시스템(Auburn System)은 도덕적 개선보다 노동습관의 형성을 더 중요시한다.
③ 펜실베니아시스템은 윌리엄 펜(William Penn)의 참회사상에 기초하여 창안되었으며 침묵제 또는 교담금지제로 불린다.
④ 오번시스템은 엘람 린즈(Elam Lynds)가 창안하였으며 반독거제 또는 완화독거제로 불린다.

해설

③ 펜실베니아제는 절대침묵과 정숙을 유지하며 주야구분 없이 엄정한 독거수용을 통해 회오반성을 목적으로 한 구금방식으로 엄정독거제, 분방제, 필라델피아제로 불린다. 오번제는 엄정독거제의 결점을 보완하고 혼거제의 폐해인 수형자 상호 간의 악풍감염을 제거하기 위한 구금형태로 절충제(엄정독거제와 혼거제를 절충), 완화독거제(반독거제, 엄정독거제보다 완화된 형태), 교담금지제(침묵제, 주간작업 시 엄중침묵 강요)라고도 한다.

정답: ③

045 구금 및 교정처우제도에 대한 설명으로 옳지 않은 것은? 교정7급 2024

① 펜실베이니아제(Pennsylvania system)는 혼거구금을 통해 상호 간의 대화를 장려하여 자신의 범죄에 대해 반성하고 속죄케 하는 정신적 개선에 중점을 둔 구금제도이다.

② 오번제(Auburn system)는 주간에는 대화를 엄격히 금지한 가운데 수형자들을 공장에 혼거 취업하게 하고, 야간에는 독방에 구금하여 취침하게 하는 제도이다.

③ 보스탈제(Borstal system)는 주로 16세에서 21세까지의 범죄소년을 수용하여 직업훈련 및 학과교육 등을 실시함으로써 교정·교화하려는 제도이다.

④ 아일랜드제(Irish system)는 단계별 진급에 따라 수용자들을 관리하고 석방이나 조건부 석방이 가능한 제도이다.

해설

① 펜실베이니아제(Pennsylvania system)는 독거구금을 통해 절대침묵하에 자신의 범죄에 대해 반성하고 속죄케 하는 정신적 개선에 중점을 둔 구금제도이다.

정답: ①

046 다음은 구금제도에 대한 설명이다. (　　) 안에 들어갈 내용으로 〈보기〉에서 골라 순서대로 바르게 나열한 것은?

보기 1

구금제도로는 수용자를 주야 구별 없이 계속하여 독거수용하는 (　　)와(과) 주간에는 엄격한 침묵하에 함께 작업시키고 야간에는 독거수용하는 (　　) 등이 있다. 이에 따른 구금시설로는 (　　)는(은) 전자의 기원이라고 볼 수 있으며, (　　)는(은) 후자의 기원을 이룬 교도소라 할 수 있다.

보기 2

㉠ 오번제　　㉡ 월넛 스트리트 감옥
㉢ 펜실베니아제　　㉣ 싱싱 교도소
㉤ 간트 교도소　　㉥ 엘마이라제

① ㉢ - ㉠ - ㉤ - ㉡　　② ㉠ - ㉢ - ㉣ - ㉤
③ ㉠ - ㉥ - ㉤ - ㉡　　④ ㉢ - ㉠ - ㉡ - ㉤

정답: ④

047 **구금제도에 관하여 바르게 설명하고 있는 것을 모두 고른 것은?**

> ㉠ 펜실베니아제도는 퀘이커교도들의 감옥개량운동의 일환으로 펜실베니아주에서 시행된 제도이다.
> ㉡ 펜실베니아제도는 모든 수용자의 독거를 전제로 한다.
> ㉢ 엘람 린즈는 재범방지에 있어서 교도작업의 역할을 중시하였다.
> ㉣ 오번제는 펜실베니아제의 엄정독거에 따른 폐해를 방지하는 데는 유리하나, 수용자의 노동력 착취수단을 제공한다는 비난이 있다.

① ㉠
② ㉠, ㉡
③ ㉠, ㉡, ㉢
④ ㉠, ㉡, ㉢, ㉣

해설

○ : ㉠·㉡·㉢·㉣ 1823년 오번감옥의 2대 소장이 된 엘람 린즈는 혼거구금과 엄정독거구금의 단점을 제거하고, 장점만을 취하여 절충적인 구금제도인 오번제를 창안하였다. 즉 주간에는 수용자를 공장에 취업시키되 혼거구금의 폐해인 범죄적 악풍감염의 제거를 위하여 수용자 상호 간의 교담을 엄격히 금지하고, 야간에는 독방에 구금하도록 하였다. 교도작업의 역할을 중시한 오번제는 노동력의 부족을 느끼고 있던 미국에서 지지를 받았다.

× : 없음

〈펜실베니아제와 오번제〉

구분	펜실베니아제	오번제
개창자	윌리엄 펜	엘람 린즈
시초	월넛 교도소	오번 교도소
구금형태	주야간 엄정구금	주간혼거, 야간독거
중점	정직한 인간	복종적 시민
수단	명상을 통한 회개 촉구	침묵 속 공동노동, 엄격한 규율
지향점	종교적 수공업사회	산업사회

정답: ④

★중요★

048 **수용자를 3등급으로 분류하여 월별 점수 합산방식에 의한 누진처우 점수제를 실시하고, 가석방제도와 연계하여 수용자들의 자발적인 개선노력을 유도하였던 제도는?**

① 오번제
② 엘마이라제
③ 펜실베니아제
④ 카티지제

해설

② 엘마이라제는 부정기형제도와 누진제를 결합한 것으로 수형자들을 3등급으로 나누어 신입자는 제2급으로 편입시킨 후 작업·교육 등의 실적을 평가하여 제1급으로 진급시키거나 제3급으로 강등시

키고, 제1급으로 격상되면 가석방하는 제도로 19세기 인도적 형벌집행의 결정체라는 평가를 받고 있다.

정답: ②

049 수형자 자치제의 장점이 아닌 것은?

① 정기형의 책임주의에 부합할 수 있다.
② 자율적이고 자발적인 교정질서를 유지할 수 있다.
③ 교정시설의 계호부담을 경감할 수 있다.
④ 수형자의 명예심과 자존심을 자극한다.

해설

① 수형자 자치제는 부정기형제도와 부합한다.

〈수형자 자치제〉

장점	단점
• 수형자의 자기통제력 회복 • 엄격한 통제에 따르는 마찰 감소 • 자율적인 수용질서 유지 • 수형자와 교도관의 인격관계 회복 • 계호에 수반되는 인력 및 시설 비용의 절감 • 자력개선의지의 고양 • 사회성 훈련 또는 사회적응능력의 함양	• 국민의 법감정에 부합되지 않음 • 형벌의 위하력 약화로 범죄자의 악성을 키울 수 있음 • 자율성과 책임성 없는 수형자에게는 효과를 기대하기 어려움 • 소수의 힘 있는 수형자에게 다수의 수형자가 억압될 수 있음 • 법집행의 준엄함과 교도관의 권위가 저하될 수 있음 • 교정비용의 증가 우려 • 선량한 시민보다는 선량한 수형자를 만들기 쉬움

정답: ①

050 수형자 자치제에 관한 내용으로 옳지 않은 것으로만 묶인 것은?

㉠ 미국 메사추세츠주의 노포크 교도소에서 최초로 시작되었다.
㉡ 과학적 분류처우가 전제되어야 하며, 대규모 시설보다 소규모 시설에서 효과적이다.
㉢ 사회내처우의 일환으로 혼거제하에서 그 효용성이 높다.
㉣ 대규모 수형자처우제의 단점을 보완하기 위한 보완적 제도로 카티지 제도가 시행되었다.
㉤ 계호인원이 늘어 행형경비가 증가할 수 있다.
㉥ 수형자의 자치의식과 책임감을 기본으로 하며, 정기형하에서 실시하는 것이 효과적이다.

① ㉠, ㉢, ㉣, ㉤
② ㉠, ㉢, ㉤, ㉥
③ ㉡, ㉢, ㉣, ㉥
④ ㉡, ㉣, ㉤, ㉥

해설

× : ㉠ 수형자 자치제가 현행제도로 처음 실시된 곳은 뉴욕주의 오번교도소이다. ㉢ 수형자 자치제는 시설내처우의 일종이다. ㉤ 수형자 자치제는 교도관의 계호를 최소화하고, 수형자의 자치활동을 최대한 보장하므로 계호인원이 늘어 행형경비가 증가한다는 표현은 틀리다. ㉥ 정기형제도하에서는 자치심이 형성되지 않은 수형자라도 형기가 종료되면 사회에 복귀시켜야 하므로 부정기형제도가 수형자 자치제에 보다 효과적이다.

○ : ㉡, ㉣

정답: ②

051 (가)~(라)에 들어갈 숫자를 바르게 연결한 것은? 교정7급 2024

> 「형의 집행 및 수용자의 처우에 관한 법률 시행규칙」상 기본수용급은 여성수형자, 외국인수형자, 금고형수형자, (가) 세 미만의 소년수형자, (나) 세 미만의 청년수형자, (다) 세 이상의 노인수형자, 형기가 (라) 년 이상인 장기수형자, 정신질환 또는 장애가 있는 수형자, 신체질환 또는 장애가 있는 수형자로 구분한다.

	(가)	(나)	(다)	(라)
①	18	23	65	15
②	18	25	70	10
③	19	23	65	10
④	19	25	70	15

해설

③ 19세 미만의 소년수형자, 23세 미만의 청년수형자, 65세 이상의 노인수형자, 형기가 10년 이상인 장기수형자, 정신질환 또는 장애가 있는 수형자, 신체질환 또는 장애가 있는 수형자로 구분한다.

※ **형집행법 시행규칙 제73조【기본수용급】** 기본수용급은 다음 각 호와 같이 구분한다.

1. 여성수형자
2. 외국인수형자
3. 금고형수형자
4. 19세 미만의 소년수형자
5. 23세 미만의 청년수형자
6. 65세 이상의 노인수형자
7. 형기가 10년 이상인 장기수형자
8. 정신질환 또는 장애가 있는 수형자
9. 신체질환 또는 장애가 있는 수형자

정답: ③

052 카티지제에 관한 설명으로 옳지 않은 것은?

① 기존의 대형화·집단화 행형에 대한 반성에서 비롯되었다.
② 1904년 뉴욕주의 소년보호수용소에서 채택한 이래 점차 여자·소년·성인교도소로 확대되었다.
③ 가족적 분위기를 창출할 수 있다는 장점이 있는 반면, 독거제와 혼거제의 단점이 모두 나타날 수 있다는 문제점이 있다.
④ 과학적 분류제도의 완비가 전제될 때 실효성을 거둘 수 있다.

해설

③ 독거제와 혼거제의 단점이 모두 나타날 수 있다는 지적이 있는 구금제도는 오번제이다. 오번제는 독거제와 혼거제의 장점만을 취한다는 제도적 취지에도 불구하고 그 취지를 제대로 살리지 못하게 되면 양자의 장점은 고사하고 단점만이 나타날 수 있다.

〈카티지제의 장단점〉

장점	단점
• 수형자의 개별처우에 적합 • 독거제 및 혼거제의 단점을 보완 • 독립적 자치심 배양에 유리 • 규율의 확립과 교화에 유리	• 시설의 소규모화에 따르는 재정부담 증가 • 국민의 법감정 및 피해자의 감정과 부합되지 않음 • 과학적 분류제도와 전문요원 확보가 선행되지 않으면 제도적 장점을 살릴 수 없음

정답: ③

053 과밀수용 해소방안으로 옳지 않은 것은?

① 선별적 무능화 ② 사회적 처우의 확대
③ 전자감시 가택구금 ④ 교정시설의 민영화

해설

② 사회적 처우로 논의되는 귀휴·외부통근 등은 일시적으로(귀휴는 귀휴기간, 외부통근은 외부 일반업체에서의 작업을 위해 시설 밖에 있는 시간, 사회참관은 참관을 위해 시설 밖에 머무는 시간) 수용인원을 감소시킬 수는 있으나, 근본적인 과밀수용 해소방안으로 볼 수 없다. 정답: ②

★중요★
054 다음 선시제도에 대한 설명 중 틀린 것은?

① 선행을 통하여 자기의 형기를 단축하는 제도이다.
② 시설내처우이다.
③ 사회방위에 불리하다.
④ 가석방과 동일하다.

해설

④ 선시제도는 법률에 정한 일정 요건이 충족되면 반드시 석방해야 한다는 점에서 일정한 요건에 해당되는 경우라도 석방하지 않을 수 있는 가석방과 구별된다.

〈선시제도와 가석방제도 요약 비교〉

구분	선시제도	가석방
처우의 성격	시설내처우	사회내처우
보호관찰 부과	임의적 부과	필요적 부과(예외 있음)
요건충족 시 조치	반드시 석방	임의적 석방
효력	형기의 종료	형집행 방법의 변경에 불과
판단기준	선행과 근면	교정성적과 재범위험성

정답: ④

055 형집행법상 수용자를 혼거수용할 수 있는 사유가 아닌 것은?

① 독거실의 부족 등 시설여건이 충분하지 아니한 때
② 수용자의 생명 또는 신체의 보호를 위하여 필요한 때
③ 수용자의 이송을 위하여 필요한 때
④ 수형자의 교화 또는 건전한 사회복귀를 위하여 필요한 때

해설

①·②·④ 형집행법 제14조

형집행법상 혼거수용사유(동법 제14조)
• 독거실 부족 등 시설여건이 충분하지 아니한 때 • 수용자의 생명 또는 신체의 보호, 정서적 안정을 위하여 필요한 때 • 수형자의 교화 또는 건전한 사회복귀를 위하여 필요한 때

정답: ③

056 다음 중 틀린 것을 골라 묶은 것은?

㉠ 소장은 수용, 작업, 교화, 그 밖의 처우를 위하여 필요하다고 인정하면 법무부장관의 승인을 받아 수용자를 다른 교정시설로 이송할 수 있다.
㉡ 지방교정청장의 이송 승인은 관할 내 이송으로 한정된다.
㉢ 소장은 노역장 유치명령을 받은 수형자와 구류형을 선고받아 형이 확정된 수형자를 혼거수용해서는 아니 된다.
㉣ 교정시설을 새로 설치하는 경우에는 독거실과 혼거실의 비율을 5 : 5로 하여야 한다.
㉤ 소장은 어떠한 경우라도 남성교도관이 야간에 수용자 거실에 있는 여성수용자를 시찰하게 하여서는 아니 된다.

① ㉡, ㉤ ② ㉢, ㉣
③ ㉠, ㉢ ④ ㉣, ㉤

해설

× : ㉣ 교정시설을 새로 설치하는 경우에는 수용자의 거실수용을 위하여 독거실과 혼거실의 비율이 적정한 수준이 되도록 한다(형집행법 시행령 제4조). ㉤ 소장은 특히 필요하다고 인정하는 경우가 아니면 남성교도관이 야간에 수용자거실에 있는 여성수용자를 시찰하게 하여서는 아니 된다(동법 시행령 제7조). 따라서 소장이 특히 필요하다고 인정하는 경우에는 야간이라도 남성교도관이 거실에 있는 여성수용자를 시찰하게 할 수 있다.
○ : ㉠ 동법 제20조 제1항. ㉡ 동법 시행령 제22조 제2항. ㉢ 동법 시행령 제9조 정답: ④

★중요★
057 블럼스타인이 주장한 교도소 과밀화의 해소방안을 모두 고른 것은?

㉠ 집합적 무력화 ㉡ 정문정책
㉢ 후문정책 ㉣ 교정시설의 확충

① ㉠, ㉡ ② ㉠, ㉢, ㉣
③ ㉡, ㉢, ㉣ ④ ㉠, ㉡, ㉢, ㉣

해설

③ 블럼스타인이 교도소 과밀화의 해소방안으로 주장한 것은 무익한 전략, 선별적 무능화, 수용인구감소전략(정문정책, 후문정책), 형사사법정책 개선전략, 교정시설 확충전략이다. 집합적 무력화란 유죄확정된 모든 강력범죄자에게 장기형의 선고를 권장하는 것으로 이는 선별적 무력화에 비해 과밀화를 초래할 수 있다.

〈과밀수용 해소방안〉

무익한 전략	수용인원이 증가하더라도 별도 대책 없이 자체적으로 증가인원을 소화하자는 방안
선별적 무능화	중범자나 누범자만을 선별적으로 구금하여 교정시설공간을 효율적으로 운영하자는 방안

수용인구 감소전략	정문정책	범죄인의 구금보다는 비구금적 제재로 전환하여 수용인원을 처음부터 줄이자는 방안
	후문정책	기존의 수형자를 형기만료 이전에 출소시켜 수용인원을 줄여가자는 방안
형사사법절차 개선전략		형사절차과정에서 범죄인을 수용할 경우 교정시설의 수용능력을 고려하여 결정하자는 방안
교정시설 확충전략		교정시설을 증설하여 수용능력을 확대하자는 방안

정답: ③

058 다음 중 가석방, 감형, 선시제도, 사면 등과 관계있는 것은?

① 수용공간의 확대방식
② 선별적 무능화방식
③ 정문정책
④ 후문정책

해설

④ 가석방, 감형, 선시제도, 사면 등은 교정시설에 수용 중인 기존의 수형자를 형기 종료 이전에 미리 출소시키는 후문정책에 해당한다.

정답: ④

059 다음중 수용자의 권리구제에 대한 사법적 권리구제수단이 아닌 것은?

① 행정소송
② 헌법소원
③ 형사소송
④ 국가인권위원회 진정

해설

④는 비사법적 권리구제수단에 해당한다.

〈수용자의 권리구제 종류〉

비사법적 권리구제제도	순회점검, 소장면담, 청원, 행정심판, 국가인권위원회 진정, 감사원의 심사청구 및 직무감찰
사법적 권리구제제도	민사소송, 형사소송, 행정소송, 헌법소원

정답: ④

060 형의 집행 및 수용자의 처우에 관한 법률상 수용자 권리구제에 대한 설명으로 옳지 않은 것은?

① 소장은 수용자가 정당한 사유 없이 면담사유를 밝히지 아니하는 때에는 면담을 거부할 수 있다.
② 수용자는 그 처우에 관하여 불복하는 경우 법무부장관, 순회점검공무원 또는 관할 지방법원장에게만 청원할 수 있다.
③ 수용자는 그 처우에 관하여 불복하여 순회점검공무원에게 청원하는 경우 청원서가 아닌 말로도 할 수 있다.
④ 수용자는 청원, 진정, 소장과의 면담, 그 밖의 권리구제를 위한 행위를 하였다는 이유로 불이익한 처우를 받지 아니한다.

해설

② 수용자는 그 처우에 관하여 불복하는 경우 법무부장관·순회점검공무원 또는 관할 지방교정청장에게 청원할 수 있다(형집행법 제117조 제1항).

① 동법 제116조 제2항 제1호, ③ 동법 제117조 제2항, ④ 동법 제118조 정답: ②

061 수용자의 권리구제수단에 관한 설명으로 옳은 것은?

① 수용자가 법무부장관에게 청원하는 경우에는 청원서를 작성하여 당해 시설의 소장에게 제출하며, 소장은 청원서를 검토한 후 법무부장관에게 송부한다.

② 수용자가 순회점검공무원에게 청원하는 경우에는 서면 또는 구술로써 할 수 있으며, 순회점검공무원이 구술로써 청취하는 때에는 교도관을 참여시킬 수 있다.

③ 법무부장관은 교정시설을 순회점검하거나 소속 공무원으로 하여금 순회점검하게 하여야 하며, 판사와 검사는 직무상 필요하면 교정시설을 시찰할 수 있다.

④ 수용자는 교도소의 처우에 대하여 행정심판 및 행정소송을 제기할 수 있으나, 헌법소원의 제기는 불가능하다.

해설

① 소장은 청원서를 개봉하여서는 아니되며, 이를 지체 없이 법무부장관·순회점검공무원 또는 관할 지방교정청장에게 보내거나 순회점검공무원에게 전달하여야 한다(형집행법 제117조 제3항). 따라서 소장은 청원서를 검토할 수 없다.

② 순회점검공무원이 청원을 청취하는 경우에는 교정시설의 교도관이 참여하여서는 아니 된다(동법 제117조 제4항).

④ 수용자는 교도소의 처우에 대하여 행정심판·행정소송은 물론 헌법소원도 제기할 수 있다.

③ 동법 제8조, 제9조 제1항 정답: ③

062 수용자에 대한 징벌 및 권리구제에 대한 설명으로 옳은 것은?

① 소장은 동일한 사유로 면담한 사실이 있음에도 불구하고 정당한 사유 없이 반복하여 면담을 신청하는 경우 수용자의 면담에 응하지 아니할 수 있다.

② 수용자가 청원서를 제출한 경우 소장은 지체 없이 청원내용을 확인하여야 한다.

③ 2회 이상 정보공개 청구비용을 납부하지 않은 수용자는 향후 정보공개를 청구할 수 없다.

④ 징벌위원회는 징벌대상자에게 일정한 사유가 있는 경우 3개월 이하의 기간 내에서 징벌의 집행유예를 의결할 수 있다.

해설

② 소장은 청원서를 개봉하여서는 아니 되며, 이를 지체 없이 법무부장관, 순회점검공무원 또는 관할 지방교정청장에게 보내거나 순회점검공무원에게 전달하여야 한다(형집행법 제117조 제3항).

③ 현재의 수용기간 동안 법무부장관, 지방교정청장 또는 소장에게 정보공개청구를 한 후 정당한 사유 없이 그 청구를 취하하거나 「공공기관의 정보공개에 관한 법률」 제17조에 따른 비용을 납부하지 아니한 사실이 2회 이상 있는 수용자가 제1항에 따른 정보공개청구를 한 경우에는 법무부장관, 지방교정청장 또는 소장은 그 수용자에게 정보의 공개 및 우송 등에 들 것으로 예상되는 비용을 미리 납부하게 할 수 있다(동법 제117조의2 제2항).

④ 징벌위원회는 징벌을 의결하는 때에 행위의 동기 및 정황, 교정성적, 뉘우치는 정도 등 그 사정을 고려할 만한 사유가 있는 수용자에 대하여 2개월 이상 6개월 이하의 기간 내에서 징벌의 집행을 유예할 것을 의결할 수 있다(동법 제114조 제1항).

① 동법 제116조 제2항 제3호

정답: ①

★중요★

063 **「형의 집행 및 수용자의 처우에 관한 법률」상 수용자의 권리구제에 대한 설명으로 옳지 않은 것은?**

① 처우에 불복하여 청원하려는 수용자는 청원서를 작성하여 봉한 후 소장에게 제출하여야 하나, 순회점검공무원에 대한 청원은 말로도 할 수 있다.

② 소장은 청원에 관한 결정서를 접수하면 청원인에게 지체 없이 전달하여야 한다.

③ 청원에 관한 결정은 문서 또는 말로 할 수 있다.

④ 수용자가 정당한 사유 없이 면담사유를 밝히지 아니하고 면담을 신청한 경우 소장은 그 면담에 응하지 아니할 수 있다.

해설

③ 청원에 관한 결정은 문서로써 하여야 한다(형집행법 제117조 제2항). ① 동법 제117조 제2항, ② 동조 제6항, ④ 동법 제116조 제2항

정답: ③

064 **현행법령상 청원에 관한 설명 중 틀린 것을 모두 고른 것은?**

㉠ 수용자는 그 처우에 관하여 불복하는 경우 법무부장관 또는 감사관에게 청원할 수 있다.
㉡ 수용자가 청원서를 작성하면 교도관은 이를 봉한 후 소장에게 제출하여야 한다.
㉢ 소장은 수용자가 순회점검공무원에게 청원한 경우 인적사항과 청원요지를 청원부에 기록한다.
㉣ 청원에 관한 결정은 문서로써 하여야 한다.

① ㉠
② ㉠, ㉡
③ ㉠, ㉡, ㉢
④ ㉠, ㉡, ㉢, ㉣

해설

× : ㉠ 수용자가 청원을 신청할 수 있는 대상은 법무부장관, 지방교정청장, 순회점검공무원이다(형집행법 제117조 제1항). ㉡ 청원하려는 수용자는 청원서를 작성하여 봉한 후 소장에게 제출하여야

한다(동조 제2항). 즉 청원서를 봉하고 제출하는 것의 주체는 교도관이 아니라 수용자이다. ⓒ 소장은 수용자가 순회점검공무원에게 청원하는 경우에는 그 인적사항을 청원부에 기록하여야 한다(동법 시행령 제139조 제1항). 즉 청원부에 기록하는 것은 인적사항에 한정된다.

○ : ⓔ 동법 제117조 제5항

정답: ③

065 다음중 누진제도에 관한 설명 중 틀린 것은?

① 1840년 호주의 마코노키가 처음 시행하였다.

② 크로프턴은 마코노키의 점수제에 수정을 가해 아일랜드제를 제안하였다.

③ 잉글랜드제는 아일랜드제를 수정한 제도이다.

④ 엘마이라제는 미국에서 부정기형제도와 함께 운영한 제도이다.

해설

③ 누진제도는 영국의 고사제에서 비롯된 제도로 호주의 마코노키가 이 제도에 점수제를 결합하여 발전시켰고, 이 제도를 영국에서 다시 채택하여 잉글랜드제를 시행하였으며, 크로프턴이 이를 변형하여 아일랜드제를 시행하였다. 즉 아일랜드제는 잉글랜드제를 변형한 제도이다.

〈잉글랜드제와 아일랜드제〉

구분	잉글랜드제	아일랜드제
소득점수	매일 계산	매월 계산
처우단계	독거 → 혼거 → 가석방	독거 → 혼거 → 중간교도소 → 가석방
최상급 점수차 처우	가석방	중간교도소 이송
가석방자 경찰감시	불필요	필요

정답: ③

066 수형자의 처우방식 중 누진처우제도에 대한 설명으로 옳지 않은 것은?

① 일종의 토큰경제에 해당하는 제도로서, 재판상 선고된 자유형의 집행단계를 여러 개의 단계로 나누어 수형자의 개선정도에 따라 상위 계급으로 진급하게 함으로써 점차 자유제한적 처우를 완화하는 것이다.

② 영국에서 시작된 일종의 고사제에 호주의 마코노키가 점수제를 결합시킴으로써 더욱 발전하였다고 한다.

③ 아일랜드제는 크로프톤이 창안한 것으로 매월 소득점수로 미리 일정한 책임점수를 소각하는 방법을 말하며, 우리나라의 누진처우방식과 유사하다.

④ 엘마이라제는 자력적 갱생에 중점을 둔 현행제도로 일명 감화제라고도 하는데, 전과 3범 이상의 청소년범죄자를 대상으로 하여 개성, 교화를 위해 교도소를 학교와 같은 분위기에서 운영하는 제도이다.

해설

④ 엘마이라제는 전과가 없는 초범 청소년범죄자를 대상으로 교정시설을 학교와 같은 분위기에서 운영하는 제도이다. 정답: ④

067 다음 중 수용자의 건강진단에 관한 설명으로 옳지 않은 것은?

① 소장은 계호상 독거수용자에게는 6개월에 1회 이상 건강검진을 하여야 한다.
② 소장은 19세 미만의 수용자에게는 6개월에 1회 이상 건강검진을 하여야 한다.
③ 기타의 수용자에게는 1년에 1회 이상 건강검진을 하여야 한다.
④ 19세 미만의 자가 독거수용된 경우에는 3개월에 1회 이상 건강검진을 하여야 한다.

해설

④ 소장은 19세 미만의 수용자와 계호상 독거수용자에 대하여는 6개월에 1회 이상 건강검진을 하여야 한다(형집행법 시행령 제51조 제1항).
①·②·③ 동법 시행령 제51조 제1항 정답: ④

068 수용자의 거실지정과 수형자의 작업부과 시 동일한 고려사항으로만 묶인 것은?

① 형기, 성격　② 범죄경력, 나이
③ 죄명, 건강상태　④ 수용생활 태도, 취미

해설

① 소장은 수용자의 거실을 지정하는 경우에는 죄명·형기·죄질·성격·범죄전력·나이·경력 및 수용생활 태도, 그 밖에 수용자의 개인적 특성을 고려하여야 한다(형집행법 제15조). 소장은 수형자에게 작업을 부과하려면 나이·형기·건강상태·기술·성격·취미·경력·장래생계, 그 밖의 수형자의 사정을 고려하여야 한다(동법 제65조 제2항). 수용자의 거실지정과 수형자의 작업부과 시 고려해야 할 사항 중 공통적인 것은 형기, 성격, 나이, 경력이다. 정답: ①

069 「형의 집행 및 수용자의 처우에 관한 법률」상 교도작업에 대한 설명으로 옳은 것으로만 묶은 것은?

> ㉠ 취사 등 특히 필요한 작업을 제외하고는 공휴일·토요일과 그 밖의 휴일에는 작업을 부과하지 아니한다.
> ㉡ 수형자가 작업을 계속하기를 원하는 경우가 아니라면 소장은 수형자의 가족 또는 배우자의 직계존속이 사망하면 2일간, 부모 또는 배우자의 기일을 맞이하면 1일간 해당 수형자의 작업을 면제한다.
> ㉢ 작업수입은 국고수입으로 한다.
> ㉣ 소장은 금고형 또는 구류형의 집행 중에 있는 사람에 대하여는 교도작업을 신청하여도 작업을 부과할 수 없다.
> ㉤ 작업장려금은 특별한 사유가 없는 한 석방 전에 지급하여야 한다.

① ㉠, ㉡, ㉢　　② ㉠, ㉣, ㉤
③ ㉡, ㉢, ㉣　　④ ㉡, ㉢, ㉤

해설

○ : ㉠ 형집행법 시행령 제96조. ㉡ 동법 제72조 제1항. ㉢ 동법 제73조 제1항
× : ㉣ 소장은 금고형 또는 구류형의 집행 중에 있는 사람에 대하여는 신청에 따라 작업을 부과할 수 있다(동법 제67조). ㉤ 작업장려금은 석방할 때에 본인에게 지급한다. 다만 본인의 가족생활 부조, 교화 또는 건전한 사회복귀를 의하여 특히 필요하면 석방 전이라도 그 전부 또는 일부를 지급할 수 있다(동법 제73조 제3항).

정답: ①

070 직업훈련대상자 선정의 제한사유를 모두 고른 것은?

> ㉠ 15세 미만인 경우
> ㉡ 교육과정을 수행할 문자해독능력 및 강의이해능력이 부족한 경우
> ㉢ 징벌대상행위의 혐의가 있어 조사 중인 경우
> ㉣ 징벌집행 중인 경우

① ㉠, ㉡　　② ㉠, ㉡, ㉢
③ ㉡, ㉣　　④ ㉠, ㉡, ㉢, ㉣

해설

㉠·㉡·㉢·㉣ 모두 직업훈련대상 선정의 제한사유에 해당한다(시행규칙 제126조).

직업훈련대상자로 선정할 수 없는 자
• 15세 미만인 경우 • 교육과정을 수행할 문자해독능력 및 강의이해능력이 부족한 경우

- 징벌대상행위의 혐의가 있어 조사 중이거나 징벌집행 중인 경우
- 작업, 교육·교화프로그램 시행으로 인하여 직업훈련의 실시가 곤란하다고 인정되는 경우
- 질병·신체조건 등으로 인하여 직업훈련을 감당할 수 없다고 인정되는 경우

정답: ④

★중요★

071 **수용시설의 안전과 질서유지를 위한 수용자의 보호실 및 진정실 수용에 대한 설명으로 옳은 것은?**

① 의무관은 수용자가 자살 또는 자해의 우려가 있는 때에는 소장의 동의를 받아 보호실에 수용할 수 있다.
② 수용자의 보호실 수용기간은 15일 이내로 하며, 기간연장 시 계속하여 2개월을 초과할 수 없다.
③ 소장은 수용자가 교정시설의 설비 또는 기구 등을 손괴하거나 손괴하려고 하는 때에는 보호장비를 사용하여 그 목적을 달성할 수 있는 경우에도 진정실에 수용할 수 있다.
④ 진정실에 수용할 수 있는 기간은 24시간 이내로 하되, 기간연장 시 계속하여 3일을 초과할 수 없다.

해설

① 소장은 수용자가 자살 또는 자해의 우려가 있는 때에는 의무관의 의견을 고려하여 보호실에 수용할 수 있다(형집행법 제95조 제1항 제1호).
② 수용자의 보호실 수용기간은 15일 이내로 하며(동조 제2항), 기간연장은 1회당 7일 이내로 하되 계속하여 3개월을 초과할 수 없다(동조 제3항).
③ 소장은 수용자가 교정시설의 설비 또는 기구 등을 손괴하거나 손괴하려고 하는 때에 강제력을 행사하거나 보호장비를 사용하여도 그 목적을 달성할 수 없는 경우에만 진정실에 수용할 수 있다(동법 제96조 제1항 제1호).
④ 동법 제96조 제2항·제3항

구분		보호실	진정실
정의		자살 및 자해방지 등의 설비를 갖춘 거실	일반 수용거실로부터 격리되어 있고, 방음설비 등을 갖춘 거실
수용요건		• 자살 또는 자해의 우려가 있는 때 • 신체적·정신적 질병으로 인하여 특별한 보호가 필요한 때	• 교정시설의 설비 또는 기구 등을 손괴하거나 손괴하려고 하는 때 • 교도관의 제지에도 불구하고 소란행위를 계속하여 다른 수용자의 평온한 수용생활을 방해하는 때
의무관 의견	최초	○	×
	연장	○	○
기간	최초	15일 이내	24시간 이내
	연장	1회당 7일 이내	1회당 12시간 이내
	최대연장	3개월	3일

정답: ④

★중요★

072 「형의 집행 및 수용자의 처우에 관한 법률」에 규정된 보호장비가 아닌 것은 몇 개인가?

㉠ 수갑	㉡ 머리보호장비	㉢ 발목보호장비
㉣ 보호대	㉤ 교도봉	㉥ 보호의자
㉦ 보호침대	㉧ 안면보호구	㉨ 포승
㉩ 손목보호장비	㉪ 보호복	㉫ 휴대식 금속탐지기

① 2개 ② 3개
③ 4개 ④ 5개

해설

③ 형집행법에서 보호장비의 종류로 규정하고 있는 것은 ㉠·㉡·㉢·㉣·㉥·㉦·㉨·㉪이고, 아닌 것은 ㉤·㉧·㉩·㉫이다.

정답: ③

073 형의 집행 및 수용자의 처우에 관한 법률 시행규칙상 교정장비의 하나인 보안장비에 해당하는 것만을 모두 고르면?

㉠ 포승	㉡ 교도봉
㉢ 전자경보기	㉣ 전자충격기

① ㉠, ㉢ ② ㉠, ㉣
③ ㉡, ㉢ ④ ㉡, ㉣

해설

㉡·㉣ 교도봉과 전자충격기는 보안장비에 해당한다(형집행법 시행규칙 제186조).
㉠ 포승은 보호장비에 해당한다(동법 제98조 제1항, 동법 시행규칙 제169조).
㉢ 전자경보기는 전자장비에 해당한다(동법 시행규칙 제160조).

정답: ④

074 다음 중 현행법령상 보호장비 사용 시 고려사항이 아닌 것은?

① 수용자의 나이 ② 수용생활 태도
③ 수용자의 죄질 ④ 건강상태

해설

①·②·④ 보호장비를 사용하는 경우에는 수용자의 나이·건강상태 및 수용생활 태도 등을 고려하여야 한다(형집행법 제97 조 제2항). 즉 수용자의 죄질은 보호장비 사용 시 고려사항에 해당하지 않는다.

정답: ③

075 **「형의 집행 및 수용자의 처우에 관한 법률 시행규칙」상 수용자의 번호표에 사용하지 않는 색상은?**

① 초록색 ② 노란색 ③ 파란색 ④ 붉은색

해설

② 관심대상수용자와 조직폭력수용자의 번호표 및 거실표의 색상은 노란색으로 한다(형집행법 시행규칙 제195조 제1항).
③ 마약류수용자의 번호표 및 거실표의 색상은 파란색으로 한다(동법 시행규칙 제195조 제1항).
④ 사형확정자의 번호표 및 거실표의 색상은 붉은색으로 한다(동법 시행규칙 제150조 제4항).

정답: ①

076 **현행법령상 엄중관리대상자에 관한 설명으로 옳은 것은?**

① 조직폭력수용자, 마약류수용자의 번호표 및 거실표의 색상은 노란색이다.
② 체포영장, 구속영장 공소장 또는 재판서에 조직폭력사범으로 명시된 수용자는 교도관회의 또는 분류처우위원회의 심의·의결에 따라 조직폭력수용자로 지정한다.
③ 소장은 관심대상수용자의 지정사유가 해소되었다고 인정되는 경우에는 교도관회의의 심의를 거쳐 그 지정을 해제한다.
④ 엄중관리대상자의 상담책임자 1명당 상담대상자는 10명 이내로 하고, 상담책임자는 수시로 개별상담을 하여야 한다.

해설

① 조직폭력수용자의 번호표 및 거실표의 색상은 노란색이고, 마약류수용자의 번호표 및 거실표의 색상은 파란색이다(형집행법 시행규칙 제195조 제1항).
② 체포영장, 구속영장, 공소장 또는 재판서에 조직폭력사범으로 명시된 수용자는 별도의 심의·의결절차 없이 조직폭력수용자로 지정한다(동법 시행규칙 제198조 제1호, 제199조 제1항).
③ 소장은 관심대상수용자의 수용생활 태도 등이 양호하고 지정사유가 해소되었다고 인정하는 경우에는 분류처우위원회의 의결을 거쳐 그 지정을 해제한다. 다만 미결수용자, 노역장 유치명령만 받은 사람 등 분류처우위원회의 의결 대상에서 제외되는 수용자라도 관심대상수용자의 지정을 해제할 필요가 있다고 인정되는 경우에는 교도관회의의 심의를 거쳐 그 지정을 해제할 수 있다(동법 시행규칙 제211조 제2항).
④ 동법 시행규칙 제196조 제2항·제3항

정답: ④

077 **형의 집행 및 수용자의 처우에 관한 법령상 조직폭력수용자에 대한 설명으로 옳지 않은 것은?**

① 소장은 공범·피해자 등의 체포영장, 구속영장, 공소장 또는 재판서에 조직폭력사범으로 명시된 수용자에 대하여는 조직폭력수용자로 지정한다.

② 소장은 조직폭력수용자에게 거실 및 작업장 등의 봉사원, 반장, 조장, 분임장, 그 밖에 수용자를 대표하는 직책을 부여해서는 아니 된다.

③ 소장은 조직폭력수용자로 지정된 사람이 공소장 변경 또는 재판 확정에 따라 지정사유가 해소되었다고 인정되는 경우에는 교도관회의의 심의 또는 교정자문위원회의 의결을 거쳐 지정을 해제한다.

④ 소장은 조직폭력수형자가 작업장 등에서 다른 수형자와 음성적으로 세력을 형성하는 등 집단화할 우려가 있다고 인정하는 경우에는 법무부장관에게 해당 조직폭력수형자의 이송을 지체 없이 신청하여야 한다.

해설

③ 소장은 조직폭력수용자로 지정된 사람에 대하여는 석방할 때까지 지정을 해제할 수 없다. 다만, 공소장 변경 또는 재판 확정에 따라 지정사유가 해소되었다고 인정되는 경우에는 교도관회의의 심의 또는 분류처우위원회의 의결을 거쳐 지정을 해제한다(형집행법 시행규칙 제199조 제2항).

① 동법 시행규칙 제198조 제3호, ② 동법 시행규칙 제200조, ④ 동법 시행규칙 제201조

정답: ③

★중요★

078 **형집행법상 징벌의 종류에 해당하지 않는 것은?**

① 경고

② 30일 이내의 공동행사 참가 정지

③ 30일 이내의 도서열람의 제한

④ 3개월 이내의 작업장려금 삭감

해설

③은 형집행법상 징벌의 종류에 해당하지 않는다. 형집행법상 징벌의 종류는 다음과 같다(동법 제108조).

〈징벌의 종류〉

제1호	경고
제2호	50시간 이내의 근로봉사
제3호	3개월 이내의 작업장려금 삭감
제4호	30일 이내의 공동행사 참가 정지
제5호	30일 이내의 신문열람 제한
제6호	30일 이내의 텔레비전 시청 제한
제7호	30일 이내의 자비구매물품 사용 제한
제8호	30일 이내의 작업정지
제9호	30일 이내의 전화통화 제한

제10호	30일 이내의 집필제한
제11호	30일 이내의 편지수수 제한
제12호	30일 이내의 접견제한
제13호	30일 이내의 실외운동 정지
제14호	30일 이내의 금치

정답: ③

079 **「형의 집행 및 수용자의 처우에 관한 법률」에 있어서 수용자의 징벌에 대한 설명으로 옳지 않은 것은?**

① 교도소장은 수용자가 수용생활의 편의 등 자신의 요구를 관철할 목적으로 자해하는 경우에 징벌위원회의 의결에 따라 수용자에게 징벌을 부과할 수 있다.

② 수용자에게 부과되는 징벌의 종류에는 30일 이내의 실외운동 정지와 30일 이내의 금치가 포함된다.

③ 징벌위원회에서 수용자에 대하여 징벌이 의결되더라도 행위의 동기 및 정황, 교정성적, 뉘우치는 정도 등 그 사정을 고려할 만한 사유가 있는 수용자에 대하여 교도소장은 2개월 이상 6개월 이하의 기간 내에서 징벌의 집행을 유예할 수 있다.

④ 교도소장은 징벌의 집행이 종료되거나 집행이 면제된 수용자가 교정성적이 양호하고 법무부령으로 정하는 기간 동안 징벌을 받지 아니하면 법무부장관의 승인을 받아 징벌을 실효시킬 수 있다.

해설

③ 징벌위원회는 징벌을 의결하는 때에 행위의 동기 및 정황 교정성적, 뉘우치는 정도 등 그 사정을 고려할 만한 사유가 있는 수용자에 대하여 2개월 이상 6개월 이하의 기간 내에서 징벌의 집행을 유예할 것을 의결할 수 있다(형집행법 제114조 제1항). 즉 징벌집행의 유예는 교도소장의 권한이 아니라, 징벌위원회의 권한이다.

① 동법 제107조 제2호, ② 동법 제108조 제13호·제14호, ④ 동법 제115조 제1항

정답: ③

080 **징벌의 실효에 관한 내용으로 틀린 것은?**

① 소장은 수용자가 교정사고 방지에 뚜렷한 공로가 있다고 인정되면 징벌의 실효기간에 관계없이 분류처우위원회의 의결을 거친 후 법무부장관의 승인을 받아 징벌을 실효시킬 수 있다.

② 징벌의 내용이 16일 이상 20일 이하의 금치인 경우에는 징벌의 실효기간이 2년이다.

③ 징벌의 내용이 9일 이하의 금치인 경우에는 징벌의 실효기간이 6개월이다.

④ 소장은 징벌을 실효시킬 필요가 있으면 징벌의 실효기간이 지나거나 분류처우위원회의 의결을 거친 후에 지체 없이 법무부장관에게 그 승인을 신청하여야 한다.

해설

③ 징벌의 내용이 9일 이하의 금치인 경우에는 징벌의 실효기간이 1년이다(형집행법 시행규칙 제234조 제1항 제4호). ① 동법 제115조 제2항. ② 동법 시행규칙 제234조 제1항 제2호, ④ 동법 시행규칙 제234조 제2항

〈징벌의 실효기간〉

징벌의 종류		실효기간
• 21일 이상 30일 이하의 금치		2년 6개월
• 16일 이상 20일 이하의 금치	• 3개월의 작업장려금 삭감	2년
• 10일 이상 15일 이하의 금치	• 2개월의 작업장려금 삭감	1년 6개월
• 9일 이하의 금치 • 1개월의 작업장려금 삭감 • 30일 이내의 실외운동·공동행사 참가 정지 • 30일 이내의 접견·편지수수·집필 및 전화통화 제한 • 30일 이내의 텔레비전 시청 및 신문열람 제한		1년
• 30일 이내의 접견제한 • 30일 이내의 집필제한 • 30일 이내의 작업정지 • 30일 이내의 텔레비전 시청 제한 • 30일 이내의 공동행사 참가 정지 • 경고	• 30일 이내의 편지수수 제한 • 30일 이내의 전화통화 제한 • 30일 이내의 자비구매물품 사용 제한 • 30일 이내의 신문열람 제한 • 50시간 이내의 근로봉사	6개월

정답: ③

081 징벌에 대한 설명으로 옳지 않은 것은?

① 징벌대상행위에 대한 조사결과에 따라 교정시설의 장은 징벌위원회로의 회부, 징벌대상자에 대한 무혐의 통고, 징벌대상자에 대한 훈계, 징벌위원회 회부 보류, 조사종결 중 어느 하나에 해당하는 조치를 할 수 있다.

② 금치 중인 수용자가 다른 교정시설로 이송되거나 법원 또는 검찰청 등에 출석하는 경우에는 이송기간 또는 출석기간 동안 징벌집행이 중단되는 것으로 본다.

③ 징벌대상행위에 대하여 조사할 수 있는 최대기간은 17일이다.

④ 징벌사유가 발생한 날로부터 2년이 지나면 이를 이유로 징벌을 부과하지 못한다.

해설

② 징벌집행 중인 수용자가 다른 교정시설로 이송되거나 법원 또는 검찰청 등에 출석하는 경우에는 징벌집행이 계속되는 것으로 본다(형집행법 시행령 제134조).

① 동법 시행규칙 제220조 제2항. ③ 수용자의 징벌대상행위에 대한 조사기간은 10일 이내로 한다. 다만 필요하다고 인정하는 경우에는 1회에 한하여 7일을 초과하지 아니하는 범위에서 그 기간을 연장할 수 있다(동법 시행규칙 제220조 제1항). ④ 동법 제109조 제4항

정답: ②

082 **「형의 집행 및 수용자의 처우에 관한 법률」 및 「동법 시행규칙」상 수용자의 상벌에 대한 설명으로 옳지 않은 것은?**

① 징벌사유가 발생한 날부터 1년이 지나면 이를 이유로 징벌을 부과하지 못한다.
② 사람의 생명을 구조한 수용자는 소장표창 및 가족만남의 집 이용대상자 선정기준에 해당된다.
③ 소장은 금치 외의 징벌을 집행하는 경우 그 징벌의 목적을 달성하기 위하여 필요하다고 인정하면 해당 수용자를 징벌거실에 수용할 수 있다.
④ 수용자의 징벌대상행위에 대한 조사기간은 조사를 시작한 날부터 징벌위원회의 의결이 있는 날까지를 말하며 10일 이내로 하나, 특히 필요하다고 인정하는 경우에는 1회에 한하여 7일을 초과하지 아니하는 범위에서 그 기간을 연장할 수 있다.

해설

① 징벌사유가 발생한 날부터 2년이 지나면 이를 이유로 징벌을 부과하지 못한다(형집행법 제109조 제4항). ② 동법 시행규칙 제214조의2. ③ 동법 제231조 제3항. ④ 동법 시행규칙 제220조 제1항

정답: ①

083 **다음은 수용자의 석방에 대한 설명이다. 틀린 것은?**

① 수용자의 석방은 사면, 형기종료, 권한이 있는 자의 명령에 따라 소장이 한다.
② 사면, 가석방, 형의 집행면제, 감형에 따른 석방은 그 서류 도달 후 12시간 이내에 행하는 것이 원칙이다.
③ 권한이 있는 자의 명령에 따른 석방은 서류 도달 후 6시간 이내에 행하여야 한다.
④ 형기종료에 따른 석방은 형기종료일에 행하여야 한다.

해설

③ 권한이 있는 자의 명령에 따른 석방은 서류 도달 후 5시간 이내에 행하여야 한다(형집행법 제124조 제3항). ① 동법 제123조, ② 동법 제124조 제1항, ④ 동조 제2항

석방사유		
법정사유	수형자	형기종료에 의한 석방
	미결수용자	• 구속기간의 종료 • 무죄, 면소, 형의 면제, 형의 선고유예, 집행유예, 공소기각, 벌금, 과료
권한 있는 자의 명령	수형자	사면, 감형, 가석방, 형의 집행면제, 형의 집행정지
	미결수용자	구속취소, 불기소처분, 보석, 구속의 집행정지

정답: ③

084 사형확정자의 처우에 대한 설명 중 옳지 않은 것만을 모두 고른 것은?

㉠ 사형확정자의 교육·교화프로그램, 작업 등의 적절한 처우를 위하여 필요한 경우에는 사형확정자와 수형자를 혼거수용할 수 있다.
㉡ 사형확정자의 번호표 및 거실표의 색상은 붉은 색으로 한다.
㉢ 사형이 집행된 후 10분이 지나야 교수형에 사용한 줄을 풀 수 있다.
㉣ 사형확정자의 신청에 따라 작업을 부과할 수 있다.
㉤ 사형확정자를 수용하는 시설은 완화경비시설 또는 일반경비시설에 준한다.
㉥ 사형확정자의 교화나 심리적 안정을 위해 필요한 경우에 접견 횟수를 늘릴 수 있으나 접견 시간을 연장할 수는 없다.

① ㉠, ㉢, ㉤ ② ㉡, ㉣, ㉤ ③ ㉢, ㉣, ㉤ ④ ㉢, ㉤, ㉥

해설

× : ㉢ 소장은 사형을 집행하였을 경우에는 시신을 검사한 후 5분이 지나지 아니하면 교수형에 사용한 줄을 풀지 못한다(형집행법 시행령 제111조). ㉤ 사형확정자를 수용하는 시설의 설비 및 계호의 정도는 일반경비시설 또는 중경비 시설에 준한다(동법 시행령 제108조). ㉥ 소장은 사형확정자의 교화나 심리적 안정을 도모하기 위하여 특히 필요하다고 인정하면 접견 시간대 외에도 접견을 허가할 수 있고, 접견시간을 연장하거나 접견 횟수를 늘릴 수 있으며, 접촉차단시설이 없는 장소에서 접견하게 할 수 있다(동법 시행령 제110조).

○ : ㉠ 동법 시행규칙 제150조 제3항. ㉡ 동조 제4항. ㉣ 동법 제90조 제1항 정답: ④

085 다음 중 미결수용자와 사형확정자에 대한 설명으로 틀린 것은?

① 미결수용자와 사형확정자의 거실은 참관할 수 없다.
② 미결수용자와 사형확정자는 신청에 의해 교육 및 작업을 부과할 수 있다.
③ 미결수용자와 사형확정자는 동일한 계호시설에 수용되는 경우가 있다.
④ 사형확정자의 자살·도주 등의 사고를 방지하기 위하여 필요한 경우에는 사형확정자와 미결수용자를 혼거수용할 수 있다.

해설

② 미결수용자는 신청에 따라 교육 또는 교화프로그램을 실시하거나 작업을 부과할 수 있는 반면(형집행법 제86조 제1항), 사형확정자는 신청에 따라 작업을 부과할 수 있지만, 교육 또는 교화프로그램은 신청과 관계없이 실시할 수 있다(동법 제90조 제1항).
① 동법 제80조, 제89조 제2항
③ 미결수용자를 수용하는 시설의 설비 및 계호의 정도는 일반경비시설에 준하고(동법 시행령 제98조), 사형확정자를 수용하는 시설의 설비 및 계호의 정도는 일반경비시설 또는 중경비시설에 준한다(동법 시행령 제108조). 따라서 미결수용자와 사형확정자 모두 일반경비시설에 수용될 수 있다.
④ 동법 시행규칙 제150조 제3항 정답: ②

★중요★
086 다음 수형자 중 소장이 귀휴를 허가할 수 없는 사람은?

① 배우자가 위독한 甲(징역 7년 선고, 3년 복역)
② 작업 중 중상을 입은 乙(징역 21년 선고, 6년 복역)
③ 장모가 위독한 丙(징역 5년 선고, 4년 복역)
④ 아들의 혼례가 있는 丁(징역 3년 선고, 10월 복역)

해설

②는 일반귀휴의 사유(질병이나 사고로 외부의료시설에의 입원이 필요한 때)에는 해당하나, 21년 이상의 유기형은 7년이 경과해야 하므로 귀휴의 허가대상이 될 수 없다(형집행법 제77조 제1항).
①·③은 일반귀휴의 사유(가족 또는 배우자의 직계존속이 위독한 때)에 해당하고, 형기의 3분의 1이 경과하였으므로 귀휴의 허가대상이 된다(동조 동항).
④는 특별귀휴의 사유(직계비속의 혼례가 있는 때)에 해당하므로 복역기간과 상관없이 귀휴의 허가대상이 된다(동조 제2항).
일반귀휴 및 특별귀휴사유는 다음과 같다(동법 제77조 제1항·제2항).

〈귀휴사유〉

구분	사유
일반귀휴사유	1. 가족 또는 배우자의 직계존속이 위독한 때 2. 질병이나 사고로 외부의료시설에의 입원이 필요한 때 3. 천재지변이나 그 밖의 재해로 가족, 배우자의 직계존속 또는 수형자 본인에게 회복할 수 없는 중대한 재산상의 손해가 발생하였거나 발생할 우려가 있는 때 4. 그 밖에 교화 또는 건전한 사회복귀를 위하여 법무부령으로 정하는 사유가 있는 때
특별귀휴사유	1. 가족 또는 배우자의 직계존속이 사망한 때 2. 직계비속의 혼례가 있는 때

정답: ②

087 「형의 집행 및 수용자의 처우에 관한 법률」상 귀휴제도에 대한 설명으로 옳은 것은?

① 소장은 수형자가 질병이나 사고로 외부의료시설에의 입원이 필요한 때에는 5일 이내의 특별귀휴를 허가할 수 있다.
② 소장은 귀휴 중인 수형자가 거소의 제한이나 그 밖의 귀휴허가에 붙인 조건을 위반한 때에는 귀휴를 취소하여야 한다.
③ 귀휴기간은 형집행기간에 포함되지 않는다.
④ 소장은 무기형의 경우 7년이 지나고 교정성적이 우수한 수형자에 대하여 가족이 위독한 때에는 1년 중 20일 이내의 귀휴를 허가할 수 있다.

해설

①은 일반귀휴사유에 해당한다(형집행법 제77조 제1항 참조). ② 취소하여야 한다. → 취소할 수 있다(동법 제78조 참조). ③ 귀휴기간은 형집행기간에 포함한다(동법 제77조 제4항). ④ 동법 제77조 제1항

정답: ④

088 **형의 집행 및 수용자의 처우에 관한 법령상 귀휴에 대한 설명으로 옳은 것은?**

교정7급 2024

① 재해로 수형자 본인에게 회복할 수 없는 중대한 재산상의 손해가 발생하였거나 발생할 우려가 있는 때는 귀휴허가사유에 해당하지 아니한다.

② 2개 이상의 징역형 또는 금고형을 선고받은 수형자의 경우, 그중 중한 형을 기준으로 귀휴허가요건으로서의 형기를 계산하여야 한다.

③ 소장은 귀휴를 허가하면서 교도관을 동행시킨 경우, 귀휴자의 가족 또는 보호관계에 있는 사람으로부터 보호서약서를 제출받지 아니할 수 있다.

④ 무기형을 선고받은 수형자가 형의 집행을 받은 기간이 7년이 지났다면, 귀휴허가요건으로서의 형기를 충족한다.

해설

④ 형집행법 제77조 제1항

① 재해로 수형자 본인에게 회복할 수 없는 중대한 재산상의 손해가 발생하였거나 발생할 우려가 있는 때는 일반귀휴의 허가사유에 해당한다(동법 제77조 제1항 제3호).

② 일반귀휴의 형기를 계산할 때 부정기형은 단기를 기준으로 하고, 2개 이상의 징역 또는 금고의 형을 선고받은 수형자의 경우에는 그 형기를 합산한다(동법 시행규칙 제130조 제1항).

③ 예외 없다. 소장은 귀휴자의 가족 또는 보호관계에 있는 사람으로부터 보호서약서를 제출받아야 한다(동법 시행규칙 제141조 제2항).

정답: ④

★3순★

089 **특별귀휴에 관한 설명 중 옳은 것은?**

① 6개월 이상 복역한 수형자만 특별귀휴가 가능하다.

② 최장 7일까지 특별귀휴가 가능하다.

③ 개방처우급 수형자와 완화경비처우급 수형자에게만 특별귀휴를 허가할 수 있다.

④ 특별귀휴 허가 시에도 귀휴심사위원회의 심사를 거쳐야 한다.

해설

① 일반귀휴는 6개월 이상 복역한 수형자를 대상으로 하나, 특별귀휴는 복역기간의 제한이 없다(형집행법 제77조 제2항 참조).

② 특별귀휴의 최장기간은 5일이다(동법 제77조 제2항 참조).

③ 일반귀휴는 원칙적으로 개방처우급과 완화경비처우급 수형자를 대상으로 하나, 특별귀휴는 경비처우급의 제한을 받지 않는다(동법 제77조 제2항 참조).

④ 소장은 귀휴를 허가하는 경우에는 귀휴심사위원회의 심사를 거쳐야 한다(동법 시행규칙 제129조 제1항). 동 규칙에서는 예외규정을 두고 있지 않으므로 일반귀휴와 특별귀휴의 구별 없이 모든 귀휴는 귀휴심사위원회의 심사를 거쳐야 한다.

정답: ④

090 **구금제도에 대한 설명으로 가장 적절하지 않은 것은?** 경찰간부 2025

① 오번제(Auburn System)는 엄정독거제의 결점을 보완하고 혼거제의 폐해를 제거하기 위한 목적으로 고안된 것으로, 주간에는 침묵상태에서 혼거작업하고 야간에는 독거수용하는 제도이다.

② 우리나라는 독거수용을 원칙으로 하고 있으나, 현실적으로는 독거실 부족 등의 사유로 혼거수용이 일반적으로 이루어지고 있다.

③ 귀휴제는 행형성적이 우수한 수형자를 일정 기간 동안 가정이나 사회에 내보내어 장기간 수형생활로 인하여 단절된 사회사정을 접할 수 있는 기회를 줌으로써 사회적응을 보다 용이하게 하는 제도이다.

④ 일반귀휴는 형 집행기간에 포함하나, 특별귀휴는 형 집행기간에 포함하지 않는다.

해설

④ 일반귀휴와 특별귀휴 모두 형 집행기간에 포함한다(형집행법 제77조 제4항). 정답: ④

091 **「형의 집행 및 수용자의 처우에 관한 법률 시행규칙」상 수형자의 외부통근작업에 대한 설명으로 옳은 것은?**

① 외부통근자는 개방처우급·완화경비처우급에 해당하고, 연령은 18세 이상 60세 미만이어야 한다.

② 소장은 외부통근자가 법령에 위반되는 행위를 하거나 법무부장관 또는 소장이 정하는 준수사항을 위반한 경우에는 외부통근자 선정을 취소하여야 한다.

③ 소장은 외부통근자로 선정된 수형자에 대하여는 자치활동·행동수칙·안전수칙·작업기술 및 현장적응훈련에 대한 교육을 하여야 한다.

④ 소장은 외부통근자의 사회적응능력을 기르고 원활한 사회복귀를 촉진하기 위하여 필요하다고 인정하는 경우에는 수형자 자치에 의한 활동을 허가하여야 한다.

해설

① 외부통근자는 개방처우급·완화경비처우급에 해당하고, 연령은 18세 이상 65세 미만이어야 한다(형집행법 시행규칙 제120조 제1항).

② 소장은 외부통근자가 법령에 위반되는 행위를 하거나 법무부장관 또는 소장이 정하는 준수사항을 위반한 경우에는 외부통근자 선정을 취소할 수 있다(동법 시행규칙 제121조).

④ 소장은 외부통근자의 사회적응능력을 기르고 원활한 사회복귀를 촉진하기 위하여 필요하다고 인정하는 경우에는 수형자 자치에 의한 활동을 허가할 수 있다(동법 시행규칙 제123조). 정답: ③

092 **다음은 외부통근작업과 관련된 설명이다. 틀린 것은?**

① 외부통근작업의 시초는 1913년 미국의 후버법에 의한 사법형 외부통근제이다.
② 외부통근작업을 하는 수용자는 시설 외에서는 사회인과 동일한 조건으로 취업하여 사복을 착용할 수 있고, 사회인과 동일한 근로조건과 임금을 받으며 근무한다.
③ 우리나라에서는 5차 행형법 개정(1995.1.5.)에 의해 그 근거가 마련되었다.
④ 우리나라의 외부통근제는 사법형 외부통근제이다.

해설

④ 우리나라의 외부통근제는 행정형 외부통근제에 해당한다. 사법형 외부통근제는 법원의 선고에 의하는 것을 말하고, 행정형 외부통근제는 교정기관 또는 가석방위원회 등 행정기관의 결정에 의하는 것을 말한다.

정답: ④

★중요★
093 **외부통근자의 선정기준으로 옳지 않은 것은?**

① 18세 이상 65세 미만
② 개방처우급·완화경비처우급·개별처우급에 해당할 것
③ 외부기업체에 통근하는 수형자는 집행할 형기가 7년 미만이고, 가석방이 제한되지 아니할 것
④ 교정시설 안에 설치된 외부기업체의 작업장에 통근하며 작업하는 수형자는 집행할 형기가 10년 미만이거나 형기기산일부터 10년 이상이 지났을 것

해설

② 개방처우급·완화경비처우급에 해당할 것(형집행법 시행규칙 제120조 제1항 제3호).
① 동조 제1항 제1호, ③ 동조 동항 제5호, ④ 동조 제2항
우리나라의 외부통근자 선정기준은 다음과 같다(동법 시행규칙 제120조 제1항·제2항).

외부통근자 선정기준
1. 18세 이상 65세 미만일 것 2. 해당 작업수행에 건강상 장애가 없을 것 3. 개방처우급, 완화경비처우급에 해당할 것 4. 가족·친지 또는 교정위원 등과 접견·편지수수·전화통화 등으로 연락하고 있을 것 5. 외부기업체에 통근하는 수형자는 집행할 형기가 7년 미만이고, 가석방이 제한되지 아니할 것 ※ 교정시설 안에 설치된 외부기업체의 작업장에 통근하며 작업하는 수형자는 위 1.2.3.4의 요건(3의 경우 일반경비처우급 수형자도 포함)을 갖춘 수형자로서 집행할 형기가 10년 미만이거나 형기기산일부터 10년 이상이 지난 수형자 중에서 선정한다.

정답: ②

094 **주말구금제도에 관한 설명으로 옳지 않은 것은?**

① 단기자유형의 악성감염 등의 폐해를 제거한다.
② 장기수형자에게 적합하다.
③ 피해자에 대한 손해배상에 유리하다.
④ 경범죄자로 하여금 명예감정을 자각시켜 자신의 범죄적 책임을 반성토록 촉구한다.

해설

② 주말구금제는 단기자유형의 폐해를 방지할 목적에서 경범죄 수형자를 대상으로 시행되는 사회적 처우이므로 장기수형자에게는 적합하지 않다.

〈주말구금제도의 장단점〉

장점	단점
• 수형자의 명예감정을 자극하여 반성을 촉구 • 단기자유형의 폐해 제거 • 생활안정 유지 • 피해자에 대한 손해배상 유리	• 국민의 법감정에 배치 • 피해자와의 접촉이 가능하여 법집행의 실효성 약화 • 오랜기간 집행으로 계속집행보다 가혹할 수 있음 • 도주 우려 상존

정답: ②

095 **중간처우에 대한 설명으로 옳지 않은 것은?**

① 중간처우란 출소기일이 임박한 수형자의 정상적인 사회복귀를 돕기 위한 출소 전 준비제도로 많이 활용된다.
② 중간처우제도의 기원은 1854년 아일랜드의 감옥소장이었던 크로프턴이 설치한 중간교도소에서 시작되었다.
③ 우리나라에서는 외부통근제, 귀휴제도, 중간처우의 집 등의 중간처우가 실시되고 있다.
④ 중간처우제도는 시설 내 중간처우와 사회 내 중간처우로 나뉘는바, 중간처우의 집(Halfway House), 석방 전 지도센터(Pre-release Guidance Center)는 시설 내 중간처우에 속한다.

해설

④ 중간처우의 집(Halfway House)이나 석방 전 지도센터(Pre-release Guidance Center)는 사회 내 중간처우에 속한다.

정답: ④

096 **「형의 집행 및 수용자의 처우에 관한 법률 시행규칙」상 지역사회에 설치된 개방시설에 수용하여 중간처우를 할 수 있는 자만을 모두 고르면?**

> ㉠ 완화경비처우급 수형자이고, 형기는 1년이며, 범죄횟수는 1회, 중간처우를 받는 날부터 가석방 예정일까지의 기간이 3개월인 자
> ㉡ 개방처우급 수형자이고, 형기는 3년이며, 범죄횟수는 1회, 중간처우를 받는 날부터 형기 종료 예정일까지의 기간이 6개월인 자
> ㉢ 완화경비처우급 수형자이고, 형기는 2년이며, 범죄횟수는 1회, 중간처우를 받는 날부터 가석방 예정일까지의 기간이 6개월인 자
> ㉣ 개방처우급 수형자이고, 형기는 3년이며, 범죄횟수는 1회, 중간처우를 받는 날부터 형기 종료 예정일까지의 기간이 1년 6개월인 자

① ㉠, ㉡
② ㉡, ㉢
③ ㉠, ㉡, ㉢
④ ㉡, ㉢, ㉣

해설

㉠ 형기가 1년이므로 중간처우 대상자가 아니다.
㉡·㉢ 지역사회에 설치된 개방시설에 수용하여 중간처우를 할 수 있는 대상자이다(형집행법 시행규칙 제93조 제2항).
㉣ 1년 6개월 미만이어야 한다.

- 교정시설의 개방시설 수용 중간처우 대상자
  - 개방처우급 혹은 완화경비처우급 수형자
  - 형기가 2년 이상인 사람
  - 범죄 횟수가 3회 이하인 사람
  - 중간처우를 받는 날부터 가석방 또는 형기 종료 예정일까지 기간이 3개월 이상 2년 6개월 미만인 사람
- 지역사회의 개방시설 수용 중간처우 대상자
  - 개방처우급 혹은 완화경비처우급 수형자
  - 형기가 2년 이상인 사람
  - 범죄 횟수가 1회인 사람
  - 중간처우를 받는 날부터 가석방 또는 형기 종료 예정일까지의 기간이 1년 6개월 미만인 수형자

정답: ②

097 **형의 집행 및 수용자의 처우에 관한 법령상 중간처우에 대한 설명으로 옳지 않은 것은?** 교정7급 2024

① 중간처우 대상자의 선발절차는 분류처우위원회의 심의를 거쳐 소장이 정한다.
② 중간처우 대상자는 전담교정시설에 수용되어 그 특성에 알맞은 처우를 받되, 전담교정시설의 부족 등 부득이한 사정이 있는 경우에는 예외로 할 수 있다.
③ 형기가 2년 이상으로 범죄횟수가 1회이고 중간처우를 받는 날부터 가석방 또는 형기종료 예정일까지 기간이 3개월 이상 1년 6개월 미만인 개방처우급 또는 완화경비처우급 수형자에 대하여는 지역사회에 설치된 개방시설에 수용할 수 있다.
④ 소장은 교도작업에 지장을 주지 아니하는 범위에서 작업기술이 탁월하고 작업성적이 우수한 중간처우 대상 수형자에게 1일 2시간 이내로 개인작업을 하게 할 수 있다.

해설

① 중간처우 대상자의 선발절차, 교정시설 또는 지역사회에 설치하는 개방시설의 종류 및 기준, 그 밖에 필요한 사항은 법무부장관이 정한다(형집행법 시행규칙 제93조 제3항). 정답: ①

098 **다음 중 중간처벌에 대한 설명으로 거리가 먼 것은?**

① 중간처벌은 일반보호관찰처분과 구금형 사이의 대체처벌이다.
② 주로 사회 내에서 이루어지는 범죄자에 대한 강화된 통제방안 등이 포함되어 있다.
③ 구금형과 보호관찰 사이에 계단식 형벌단계를 제공하여 형벌의 적정성에 기여한다.
④ 보호관찰 관련 중간처벌로는 쇼크구금(shock incarceration)과 병영식 캠프(boot camp)를 들 수 있다.

해설

④ 보호관찰 관련 중간처벌로는 집중감시보호관찰, 배상제도, 사회봉사명령, 수강명령, 전자감시 등이 있다. 쇼크구금과 병영식 캠프는 교정 관련 중간처벌에 해당한다.

〈중간처벌의 유형〉

재판단계 중간처벌	벌금형, 판결 전 전환제도 등
보호관찰관련 중간처벌	집중감시보호관찰, 배상제도, 사회봉사명령, 수강명령, 전자감시 등
교정관련 중간처벌	충격구금, 병영식 캠프 등

정답: ④

099 충격구금(shock incarceration)에 대한 설명으로 옳지 않은 것은?

① 장기구금에 따른 폐해를 해소하거나 줄이는 대신 구금의 긍정적 측면을 강조하기 위한 것이다.
② 구금의 고통이 큰 기간을 구금하여 범죄억제효과를 극대화하는데 제도적 의의가 있다.
③ 형의 유예 및 구금의 일부 장점들을 결합한 것으로 보호관찰과는 결합될 수 없다.
④ 짧은 기간 구금되지만 범죄자가 악풍에 감염될 우려가 있다.

해설

③ 충격구금이란 보호관찰에 앞서 구금의 고통이 가장 큰 짧은 기간 동안만 범죄인을 구금하여 수감의 고통을 경험하게 함으로써 장래 범죄행위를 억제하려는 것으로 구금, 형의 유예 및 보호관찰의 일부 장점들을 결합한 것이다. 정답: ③

100 다음 중 가석방에 대한 설명으로 틀린 것은?

① 가석방의 경우 보호관찰은 임의적 절차이다.
② 부정기형제도처럼 가석방은 정기형의 엄격성을 보완한다.
③ 1791년 영국의 식민지 호주에서 처음으로 실시되었다.
④ 가석방 결정을 위한 과학적 예측의 중요성이 점차 높아지고 있다.

해설

① 가석방된 자는 가석방기간 중 보호관찰을 받는다. 다만 가석방을 허가한 행정관청이 필요가 없다고 인정한 때에는 그러하지 아니하다(형법 제73조의2 제2항). 따라서 현행법상 가석방 기간 중 보호관찰은 필요적 절차이다. 정답: ①

101 가석방에 대한 설명으로 옳지 않은 것은?

① 형기에 산입된 판결선고전 구금일수는 가석방에 있어서 집행을 경과한 기간에 산입한다.
② 가석방된 자는 가석방 기간 중 반드시 보호관찰을 받아야 하는 것은 아니다.
③ 징역 또는 금고의 집행 중에 있는 자에 대하여 행정처분으로 가석방을 하는 경우에 벌금 또는 과료의 병과가 있는 때에는 그 금액을 완납하여야 한다.
④ 가석방 기간은 무기형에 있어서는 15년으로 한다.

해설

④ 가석방의 기간은 무기형에 있어서는 10년, 유기형에 있어서는 남은 형기로 하되 그 기간은 10년을 초과할 수 없다(형법 제73조의2 제1항).
① 동법 제73조 제1항, ② 동법 제73조의2 제2항, ③ 동법 제72조 제2항 정답: ④

102 가석방에 대한 설명으로 옳지 않은 것으로만 묶인 것은?

㉠ 가석방의 경우 보호관찰은 임의적 절차이다.
㉡ 노역장유치자는 가석방대상이 될 수 없다.
㉢ 가석방기간으로 무기형은 10년, 유기형은 남은 형기로 하되, 그 기간은 15년을 초과할 수 없다.
㉣ 가석방은 행정처분이다.
㉤ 가석방심사위원회는 위원장을 포함한 5인 이상 9인 이하의 위원으로 구성한다.
㉥ 소장은 가석방이 허가되지 않은 수형자에 대하여는 다시 가석방 심사신청을 할 수 없다.

① ㉠, ㉡, ㉣　　② ㉠, ㉢, ㉥
③ ㉡, ㉢, ㉣　　④ ㉡, ㉤, ㉥

해설

× : ㉠ 가석방된 자는 가석방기간 중 보호관찰을 받는다. 다만, 가석방을 허가한 행정관청이 필요가 없다고 인정한 때에는 그러하지 아니하다(형법 제73조의2 제2항). 따라서 가석방의 경우 보호관찰은 필요적 절차이다. ㉢ 가석방의 기간은 무기형에 있어서는 10년, 유기형에 있어서는 남은 형기로 하되 그 기간은 10년을 초과할 수 없다(동법 제73조의2 제1항). ㉥ 소장은 가석방이 허가되지 아니한 수형자에 대하여 그 후에 가석방을 허가하는 것이 적당하다고 인정하는 경우에는 다시 가석방적격심사신청을 할 수 있다(형집행법 시행규칙 제251조).

○ : ㉡ 징역 또는 금고의 집행 중에 있는 자가 그 행상이 양호하여 개전의 정이 현저한 때에는 무기에 있어서는 20년, 유기에 있어서는 형기의 3분의 1을 경과한 후 행정처분으로 가석방을 할 수 있다(형법 제72조 제1항). 즉 가석방대상자는 징역 또는 금고의 집행 중에 있는 자에 한하므로 노역장유치자는 가석방대상이 될 수 없다. ㉣ 형법 제72조 제1항은 행정처분으로 가석방을 할 수 있다. ㉤ 형집행법 제120조 제1항

정답: ②

103 甲, 乙, 丙, 丁 중 가석방의 대상이 될 수 있는 수형자는?

㉠ 성년인 甲은 15년의 유기징역을 선고받고 6년을 경과하였고, 병과하여 받은 벌금의 3분의 2를 납입하였다.
㉡ 성년인 乙은 무기징역을 선고받고 16년을 경과하였다.
㉢ 현재 18세 소년인 丙은 15년의 유기징역을 선고받고 3년을 경과하였다.
㉣ 현재 18세 소년인 丁은 장기 9년, 단기 3년의 부정기형을 선고받고 2년을 경과하였다.

① 甲, 乙　　② 乙, 丙
③ 甲, 丁　　④ 丙, 丁

해설

성년의 가석방요건은 무기형은 20년, 유기형은 형기의 3분의 1이 경과하고, 벌금 또는 과료가 있는 때

에는 그 금액을 완납하여야 한다(형법 제72조 제1항·제2항). 소년의 가석방요건은 무기형은 5년, 유기형은 3년, 부정기형은 단기의 3분의 1이 경과하여야 한다(소년법 제65조).

- 가석방 대상 ○ : ⓒ 소년인 경우 유기형은 3년이 경과하면 가석방요건이 충족되는데 丙은 3년을 경과하였으므로 가석방 대상이 된다. ⓓ 소년인 경우 부정기형은 단기의 3분의 1이 경과하면 가석방요건이 충족되는데 丁은 3년의 3분의 1인 1년을 경과하였으므로 가석방 대상이 된다.
- 가석방 대상 × : ㉠ 성년인 경우 유기형은 형기의 3분의 1이 경과하고 벌금이 있는 때에는 그 금액을 완납하여야 가석방요건이 충족되는데 甲은 형기의 3분의 1인 5년은 경과하였으나 벌금을 완납하지 아니하였으므로 가석방 대상이 될 수 없다. ㉡ 성년인 경우 무기형은 20년이 경과하여야 가석방요건이 충족되는데 乙은 16년을 경과하였으므로 가석방 대상이 될 수 없다.

〈가석방 요건〉

구분	성년수형자	소년수형자
가석방 요건	무기형은 20년, 유기형은 형기의 3분의 1 경과	무기형은 5년, 유기형은 3년, 부정기형은 단기의 3분의 1 경과
가석방 심사기관	가석방심사위원회	보호관찰심사위원회
가석방 기간	무기형은 10년, 유기형은 남은 형기로 하되, 그 기간은 10년 초과 금지	가석방 전에 집행을 받은 기간과 동일한 기간

정답: ④

104 형법상 가석방에 대한 설명으로 옳지 않은 것은?

① 징역 또는 금고의 집행 중에 있는 자에 대하여는 무기형의 경우에는 20년, 유기형의 경우에는 형기의 3분의 1을 경과한 후 행정처분으로 가석방을 할 수 있다.

② 가석방의 기간은 무기형의 경우에는 10년으로 하고, 유기형의 경우에는 남은 형기로 하되, 그 기간은 10년을 초과할 수 없다.

③ 가석방심사위원회는 가석방과 그 취소에 관한 사항을 심사·결정한다.

④ 가석방된 자는 가석방을 허가한 행정관청이 필요가 없다고 인정한 경우를 제외하고 가석방기간 중 보호관찰을 받는다.

해설

③ 가석방심사위원회는 가석방과 그 취소에 관한 사항을 심사할 권한만을 가진다(형집행법 시행규칙 제236조 참조). 가석방과 그 취소에 관한 결정은 법무부장관의 권한이다.

① 형법 제72조, ② 동법 제73조의2 제1항, ④ 동조 제2항

〈가석방 절차〉

교정시설	• 소장이 분류처우위원회의 의결을 거쳐 가석방적격심사신청대상자 선정 • 대상자 선정 후 5일 이내에 가석방심사위원회에 가석방적격심사 신청
⬇	
가석방심사위원회	• 가석방 적격 결정 • 가석방 적격 결정 후 5일 이내에 법무부장관에게 가석방 허가 신청
⬇	
법무부장관	• 가석방 허가 결정
⬇	
교정시설	• 서류 도달 후 12시간 이내 석방 • 서류에서 석방일시를 지정하고 있으면 그 일시

정답: ③

105 **「형법」상 가석방제도에 대한 설명으로 옳지 않은 것은? (다툼이 있는 경우 판례에 의함)**

보호7급 2024

① 가석방은 가석방심사위원회의 허가신청에 의해 법무부장관이 결정하는 행정처분이다.
② 형기에 산입된 판결선고 전 구금일수는 가석방을 하는 경우 집행한 기간에 산입한다.
③ 사형이 무기징역으로 특별감형된 경우 사형집행 대기기간을 가석방에 필요한 형의 집행기간에 산입할 수 있다.
④ 가석방의 처분을 받은 후 그 처분이 실효 또는 취소되지 아니하고 가석방기간을 경과한 때에는 형의 집행을 종료한 것으로 본다.

해설

③ 사형집행을 위한 구금은 미결구금도 아니고 형의 집행기간도 아니며 특별감형은 형을 변경하는 효과만 있을 뿐이고 이로 인하여 형의 선고에 의한 기성의 효과는 변경되지 아니하므로 사형이 무기징역으로 특별감형된 경우 사형의 판결확정일에 소급하여 무기징역형이 확정된 것으로 보아 무기징역형의 형기 기산일을 사형의 판결 확정일로 인정할 수도 없고 사형집행대기기간이 미결구금이나 형의 집행기간으로 변경된다고 볼 여지도 없으며, 또한 특별감형은 수형 중의 행장의 하나인 사형집행대기기간까지를 참작하여 되었다고 볼 것이므로 사형집행대기기간을 처음부터 무기징역을 받은 경우와 동일하게 가석방요건 중의 하나인 형의 집행기간에 다시 산입할 수는 없다(대법원 1991.3.4. 90모59).
① 형집행법 제122조 제2항
② 형법 제73조 제1항
④ 동법 제76조 제1항

정답: ③

106 **「형의 집행 및 수용자의 처우에 관한 법률」상 가석방심사위원회에 대한 설명으로 옳지 않은 것은?**

① 가석방심사위원회의 위원장은 법무부차관이 된다.
② 가석방심사위원회는 위원장을 포함한 5인 이상 9인 이하의 위원으로 구성한다.
③ 가석방심사위원회 위원의 명단과 경력사항은 임명 또는 위촉 즉시 공개한다.
④ 가석방심사위원회는 가석방 적격결정을 하였으면 3일 이내에 법무부장관에게 가석방 허가를 신청하여야 한다.

해설

④ 가석방심사위원회는 가석방 적격결정을 하였으면 5일 이내에 법무부장관에게 가석방 허가를 신청하여야 한다(형집행법 제122조 제1항).
① 동법 제120조 제2항, ② 동조 제1항, ③ 동조 제3항 정답: ④

107 **민영교도소에 대한 설명으로 옳지 않은 것은?**

① 민영교도소에서 형벌부과의 본질적 기능은 국가에 귀속되어 있다.
② 민영교도소는 비용절감과 처우프로그램의 융통성과 다양성을 제공할 수 있다.
③ 우리나라에서도 민영교도소 설립을 위한 입법이 되어 있다.
④ 민영교도소의 본질은 법률이 위임하는 범위 안에서 그 운영을 위탁하는 것이므로 국가의 형벌권 독점에 대한 예외를 인정하고 있다.

해설

④ 범죄인의 수사, 형의 선고, 형의 집행은 전형적인 국가공권력의 영역에 속하는 업무이므로 민간에게 위임하는 것은 법이론상 성립될 수 없다는 의견이 주류를 형성하고 있다. 우리나라의 「민영교도소 등의 설치·운영에 관한 법률」에서도 보호장비의 사용, 무기의 사용, 강제력의 행사, 징벌 등 형벌권에 관한 주요사항에 관해서는 민영교도소 측에 일임하지 않고 법무부장관이 파견한 소속공무원의 승인을 받도록 하고 있다(동법 제27조). 정답: ④

108 **민영교도소에 대한 설명으로 옳지 않은 것은?**

① 1989년 호주의 보랄린(Borallin)교도소는 민영교도소이다.
② 우리나라에서는 1999년 행형법에 교정시설의 민간위탁에 관한 법적 근거가 처음으로 마련되었다
③ 법무부장관은 교정업무를 법인 또는 개인에게 위탁할 수 있다.
④ 민영교도소에 수용된 수용자가 작업하여 생긴 수입은 법인 또는 개인의 수입으로 한다.

해설

④ 민영교도소 등에 수용된 수용자가 작업하여 생긴 수입은 국고수입으로 한다(민영교도소 등의 설치·운영에 관한 법률 제26조).

① 1989년 호주교정회사(CCA)가 보랄린(Borallin) 교도소를 운영한 것이 교도소 민영화의 효시인데 민영교도소의 건물과 부지는 정부의 소유이고, 관리와 운영만을 민간기업체가 담당하고 있다.

③ 동법 제3조 제1항

정답: ④

109 현행법상 민영교도소에 관한 설명 중 틀린 것은?

① 교도소 운영의 효율성을 도모하기 위해 도입하였다.

② 민영교도소 수형자의 작업수입은 국고수입으로 함이 원칙이다.

③ 민영교도소에 교정업무를 포괄적으로 위탁하는 경우 단체에게 위탁이 가능하다.

④ 수탁자가 설치비용을 부담하는 경우의 위탁기간은 10년 이상 20년 이하로 한다.

해설

③ 법무부장관은 필요하다고 인정하면 이 법에서 정하는 바에 따라 교정업무를 공공단체 외의 법인·단체 또는 그 기관이나 개인에게 위탁할 수 있다. 다만 교정업무를 포괄적으로 위탁하여 한 개 또는 여러 개의 교도소 등을 설치·운영하도록 하는 경우에는 법인에만 위탁할 수 있다(민영교도소 등의 설치·운영에 관한 법률 제3조 제1항).

② 동법 제26조, ④ 동법 제4조 제4항

정답: ③

110 현행법상 민영교도소에 대한 설명으로 옳지 않은 것은?

① 교도소 등의 운영의 효율성을 높이고, 수용자의 처우향상과 사회복귀를 촉진하기 의해 도입하였다.

② 법무부장관은 민영교도소 등의 직원이 위탁업무에 관하여 명령이나 처분을 위반하면 그 직원의 임면권자에게 해임이나 정직·감봉 등 징계처분을 하도록 명할 수 있다.

③ 법무부장관은 민영교도소 등의 업무 및 그와 관련된 교정법인의 업무를 지도·감독하며, 필요한 경우 지시나 명령을 할 수 있다.

④ 교정법인의 대표자는 민영교도소 등의 장 및 대통령령으로 정하는 직원을 임면할 때에는 미리 교정본부장의 승인을 받아야 한다.

해설

④ 교정법인의 대표자는 민영교도소 등의 직원을 임면한다. 다만 민영교도소 등의 장 및 대통령령으로 정하는 직원을 임면할 때에는 미리 법무부장관의 승인을 받아야 한다(민영교도소 등의 설치·운영에 관한 법률 제29조 제1항).

① 동법 제1조, ② 동법 제36조 제1항, ③ 동법 제33조 제1항

정답: ④

111 **「민영교도소 등의 설치·운영에 관한 법률」상 민영교도소 등의 설치·운영에 대한 설명으로 옳지 않은 것은?**

① 법무부장관은 필요하다고 인정하면 교정업무를 공공단체 외의 법인·단체 또는 그 기관이나 개인에게 위탁할 수 있다. 다만, 교정업무를 포괄적으로 위탁하여 한 개 또는 여러 개의 교도소 등을 설치·운영하도록 하는 경우에는 법인에만 위탁할 수 있다.

② 교정업무의 민간 위탁계약 기간은 수탁자가 교도소 등의 설치비용을 부담하는 경우는 10년 이상 20년 이하, 그 밖의 경우는 1년 이상 5년 이하로 하되, 그 기간은 갱신할 수 있다.

③ 교정법인의 대표자는 그 교정법인이 운영하는 민영교도소 등의 장을 겸할 수 없고, 이사는 감사나 해당 교정법인이 운영하는 민영교도소 등의 장이나 직원을 겸할 수 없다.

④ 법무부장관은 민영교도소 등의 업무 및 그와 관련된 교정법인의 업무를 지도·감독하며, 필요한 경우 지시나 명령을 할 수 있다. 다만, 수용자에 대한 교육과 교화프로그램에 관하여는 그 교정법인의 의견을 최대한 존중하여야 한다.

해설

③ 교정법인의 대표자는 그 교정법인이 운영하는 민영교도소 등의 장을 겸할 수 없고, 이사는 감사나 해당 교정법인이 운영하는 민영교도소 등의 직원(민영교도소 등의 장은 제외한다)을 겸할 수 없으며, 감사는 교정법인의 대표자·이사 또는 직원(그 교정법인이 운영하는 민영교도소 등의 직원을 포함한다)을 겸할 수 없다(민영교도소 등의 설치·운영에 관한 법률 제13조). 정답: ③

MEMO

MEMO

MEMO

MEMO

MEMO

MEMO

MEMO